# 长治县政协志

主编：傅永祥

山西出版集团
山西人民出版社

**图书在版编目(CIP)数据**

长治县政协志 / 傅永祥主编. —太原：山西人民出版社，2011.5

ISBN 978-7-203-07296-6

Ⅰ.①长… Ⅱ.①傅… Ⅲ.①中国人民政治协商会议—地方委员会—概况—长治县 Ⅵ.①D628.254

中国版本图书馆CIP数据核字(2011)第090384号

**长治县政协志**

**主　　编：** 傅永祥
**责任编辑：** 隋兆芸

**出 版 者：** 山西出版集团·山西人民出版社
**地　　址：** 太原市建设南路21号
**邮　　编：** 030012
**发行营销：** 0351-4922220　4955996　4956039
0351-4922127(传真)　4956038(邮购)
**E-mail：** sxskcb@163.com　发行部
sxskcb@126.com　总编室
**网　　址：** www.sxskcb.com

**经 销 者：** 山西出版集团·山西人民出版社
**承 印 者：** 山西省长子县地方国营印刷厂

**开　　本：** 889mm×1194mm　1/16
**印　　张：** 52.25
**字　　数：** 1500千字
**印　　数：** 1-1300册
**版　　次：** 2011年5月　第1版
**印　　次：** 2011年5月　第1次印刷
**书　　号：** ISBN 978-7-203-07296-6
**定　　价：** 258.00元

## 《长治县政协志》编纂委员会

主　　任：傅永祥

顾　　问：郝审成　贾圪堆

副 主 任：牛外则　申有宝　鲍金章　李志文

委　　员：范李斌　赵银虎　李春萍　张建忠　王和平
　　　　　韩金保　郭海波　崔东明　刘　亮　段电良

## 《长治县政协志》编辑部

主　　编：傅永祥

副 主 编：赵银虎　常树毅　李岳峰

执行主编：李岳峰

撰　　稿：张贵祥　赵银虎　常树毅　宋海祥　李岳峰
　　　　　王　敏

文稿输入：宋旭平　王　敏　付秀丽

责　　校：张建忠　韩金保　张海平　牛小亮　王晓竹

图片提供：李俊祥　宋贵文

《长治县政协志》评审会

《长治县政协志》编辑人员合影

# 长治县在山西省的位置

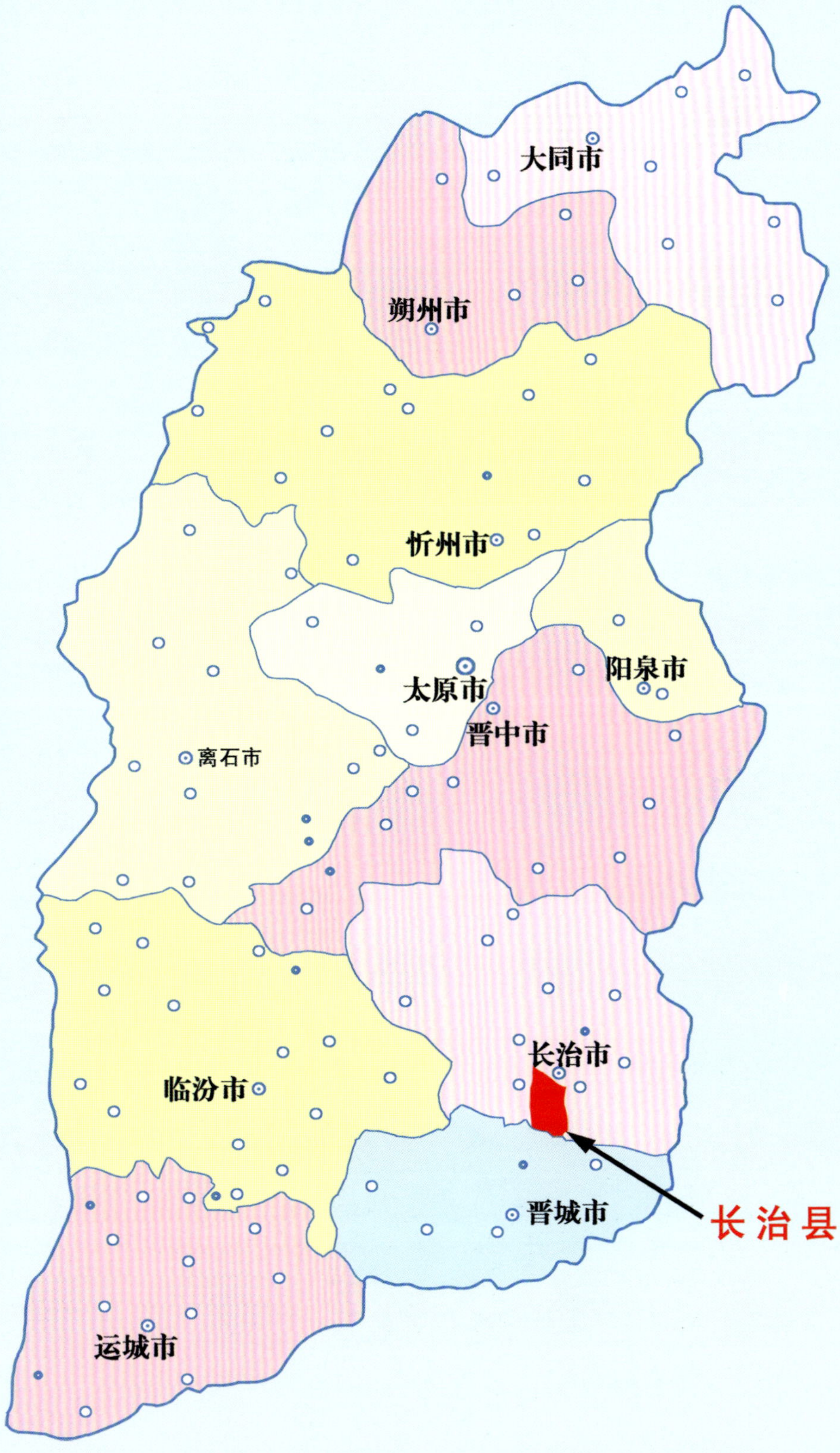

大同市
朔州市
忻州市
太原市
阳泉市
晋中市
离石市
临汾市
长治市
长治县
晋城市
运城市

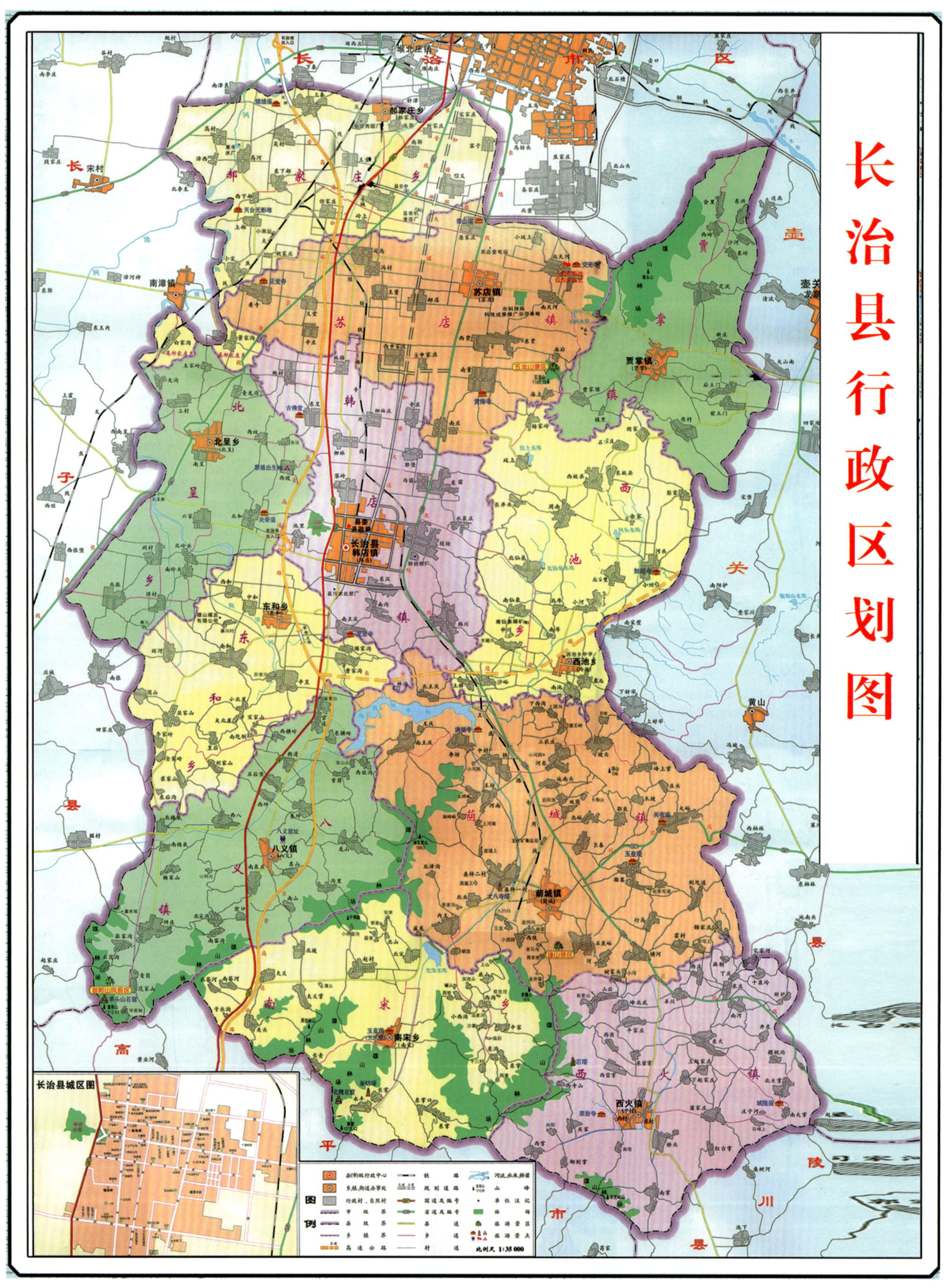
长治县行政区划图
长治县城区图
郝家庄乡
苏店镇
贾掌镇
北呈乡
长治县
韩店镇
东和乡
西池乡
八义镇
荫城镇
南宋乡
西火镇
黄山
宋村
南漳镇
图例
县(市)级行政中心
乡镇、街道办事处
行政村、自然村
铁路
高速公路
比例尺 1:35 000

以志为学，资政育人，齐心协力共谋发展。

郭良孝

省政协副主席 郭良孝 题

以志為鑒
開創未来
吴錦文

原省政协副主席 吴锦文 题

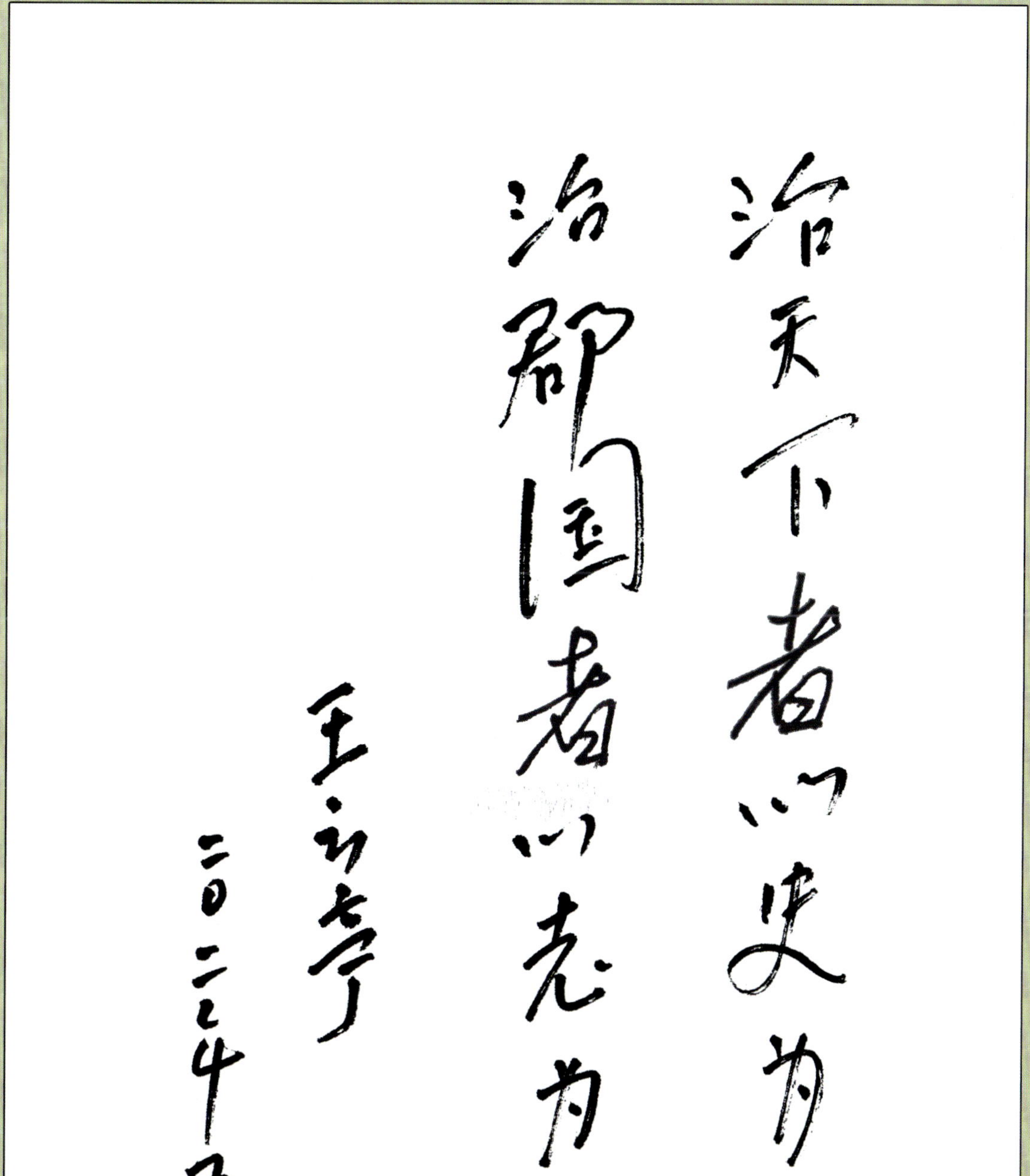

治天下者以史为鉴

治郡国者以志为鉴

王云亭

二〇二四年五月

市政协主席　王云亭　题

发挥政协职能
建设和谐黎都

裴少飞

中共长治县委书记、长治县人民政府县长 裴少飞 题

2009年6月16日，全国政协副主席王文元（左四）在本县荆圪道村视察指导工作

2010年8月24日，全国政协副主席张榕明（左四）在本县视察指导工作

2010年9月10日，十届全国政协副主席张怀西（左二）、省政协副主席卫小春（右二）在本县经坊煤业视察调研

2011年4月4日，全国政协常委、中国文联副主席冯骥才（前排左二）在本县陈家大院视察调研

省委书记袁纯清（前排右三），省委副书记、省长王君（前排左二）在本县成功集团视察调研

省政协主席、党组书记薛延忠（左四），省人大副主任郭海亮（左五）在本县荫城镇视察调研

原省政协主席李修仁（右二）在本县黎都公园视察指导生态建设工程

2006年7月6日，省政协副主席阎爱英（右二）在本县视察指导工作

2009年4月21日，省政协副主席郭良孝（左三）在本县振东集团视察指导工作

2010年4月14日，省政协副主席令政策（右二）在本县琚寨玉皇观视察指导工作

2011年3月，省政协副主席周然（左三）在本县振东集团视察调研

2011年3月，市委书记田喜荣（左一）在本县工业园区视察指导工作

1995年9月1日，市八届政协主席戴海水（左二）在本县视察调研

市十届政协主席常福江（前排右二）在振东集团视察指导工作

市十一届政协主席王云亭（右二）在振东集团视察指导工作

全国人大代表、市人大副主任申纪兰（左一）与县政协主席傅永祥亲切交谈

2003年3月22日，市政协十届副主席曹焕兰（右一）在本县视察调研

2006年10月26日，市政协副主席魏武（右一）在本县振东集团视察调研

市政协秘书长柴守忠（左二）在本县视察调研

八届县政协主席、副主席离会合影

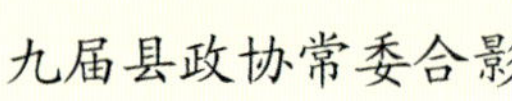
九届县政协常委合影

十届县政协常委合影

九、十届县政协主席韩国华（前排右二）主持政协九届三次会议

县政协十届三次会议于1992年4月12日胜利召开

县政协十一届五次会议于1997年3月25日胜利召开

十一届县政协常委同历届离退休主席、副主席、常委合影

十一届县政协主席郝审成在十一届二次会议作工作报告

十、十一届县政协副主席花明星在十一届三次会议作提案工作报告

十一届县政协副主席傅怀珠在政协会议上

十一届县政协副主席张贵祥在十一届二次会议作提案征集报告

县政协十二届一次会议于1998年5月17日胜利召开

县委书记王斗林在县政协十二届四次会议讲话

十二届县政协主席贾圪堆作政协工作报告

县政协十二届一次会议主席台

十二届县政协副主席牛二锁在十二届二次会议作工作报告

十一、十二届县政协副主席张守孝在十二届二次会议作提案工作报告

十一、十二届县政协副主席陈一评在十二届三次会议作工作报告

县政协十三届一次会议会场

县政协十三届一次会议主席台

县委书记常光明在县政协十三届一次会议讲话

傅永祥在十三届一次县政协会议当选为政协主席

十二、十三、十四届县政协副主席在政协会议上

十二、十三、十四届县政协副主席申有宝在十三届三次会议作提案工作报告

十四届一次县政协会议于2007年5月17日胜利召开

县委书记、县长裴少飞在县政协十四届四次会议讲话

十三、十四届县政协主席傅永祥作工作报告

县政协十四届四次会议主席台

十二、十三、十四届县政协副主席鲍金章在政协会议上

十三、十四届县政协副主席李志文在政协十四届二次会议作提案审查情况报告

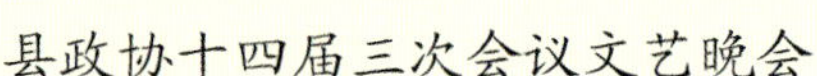

县政协十四届三次会议文艺晚会

八届县政协委员合影

1995年5月17日，县五套班子领导和县政协十一届三次会议工作人员合影

县政协十一届

县政协十二

会议委员合影

会议委员合影

县政协十三届

县政协十四届

会议委员合影

会议委员合影

认真听取报告

政协委员积极参加政协会议

认真学习报告

讨论工作报告

政协会议小组讨论会场

交流学习心得

畅谈自己心声

大会议政发言

商讨提案内容

政协委员为群众义诊

认真审理提案

大会通过有关决议

投票选举

会议期间政协委员举行联谊会

县政协向县委领导汇报“天下都城隍”旅游文化节准备工作

县政协向县委领导汇报工业园区建设工作

县政协视察新农村建设

县政协视察煤矿兼并重组工作

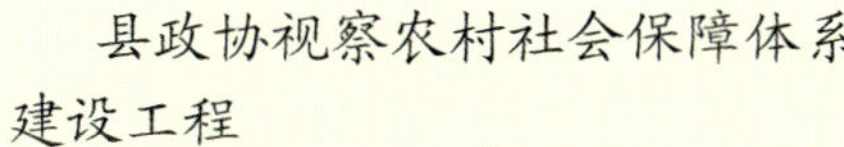

县政协视察农村社会保障体系建设工程

县政协视察蔬菜基地建设

县政协视察农村合作社建设工作

县政协视察重点工程建设

县政协视察计生工作

市、县政协视察失地安置重建工作

县政协视察民办教育工作

县政协视察电力工作

县政协办公大楼

县政协机关工作人员在西沟廉政教育基地与全国劳模申纪兰合影

县政协共产党员在“红旗渠”前重温入党誓言

县政协机关干部在南京中山陵前合影

县政协机关干部参加义务植树劳动

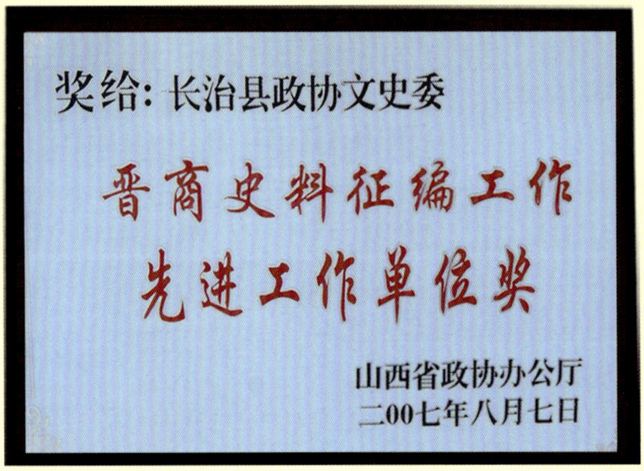

奖给：长治县政协文史委

晋商史料征编工作

先进工作单位奖

山西省政协办公厅

二00七年八月七日

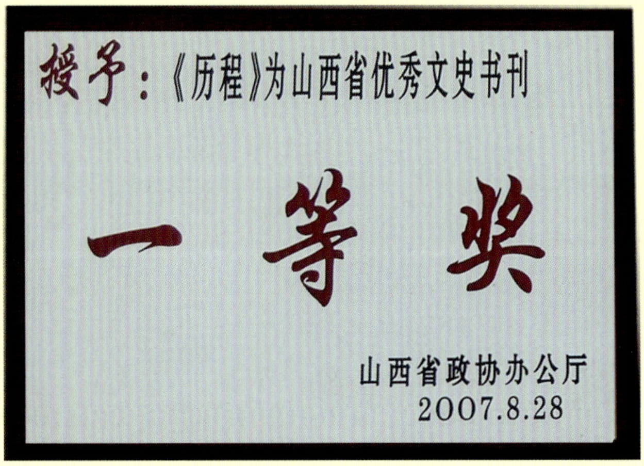

授予：《历程》为山西省优秀文史书刊

一等奖

山西省政协办公厅

2007.8.28

授予：长治县文史委2003-2007年文史工作先进单位

一等奖

山西省政协办公厅

2007.8.28

授予：《峥嵘岁月》为山西省优秀文史书刊

二等奖

山西省政协办公厅

2007.8.28

授予：《长治县潞商》为山西省优文史书刊

三等奖

山西省政协办公厅

2007.8.28

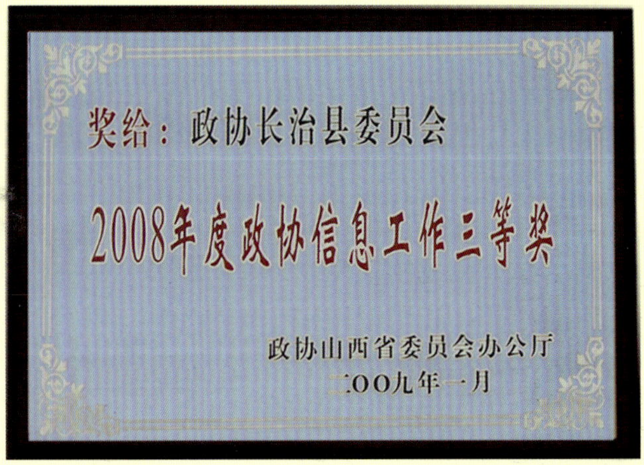

奖给：政协长治县委员会

2008年度政协信息工作三等奖

政协山西省委员会办公厅

二00九年一月

奖给：政协长治县委员会
2009年度政协信息工作先进单位
政协山西省委员会
二○一○年一月

政协长治县委员会
2007年度反映社情民意信息工作
三等奖
政协长治市委员会
2008年5月

奖给：长治县政协
2008年度政协信息工作三等奖
政协长治市委员会办公厅
二00九年三月

奖给：长治县政协
2009年度政协信息工作二等奖
政协长治市委员会办公厅
二○一○年四月

第十九委员学习活动小组
2009年度
模范委员学习活动小组
政协长治市委员会办公厅
二○一○年五月

长治县政协
2010年度政协信息工作一等奖
政协长治市委员会办公厅
二○一一年三月

政协办公室
“十五”期间档案工作
先进集体
长治县人民政府
2006.8

创建国家卫生县城
先进单位
中共长治县委
长治县人民政府
二○一一年一月

政协机关工作人员合影

# 序 一

史为镜明秋毫,志纪实启后人。《长治县政协志》即将付梓出版,通读送审稿,感触颇深。

人民政协是中国人民最广泛的爱国统一战线组织,是中国共产党领导的多党合作和政治协商的重要机构,是我国政治生活中发扬社会主义民主的重要形式,是马克思主义政党理论和统一战线学说与我国实际相结合的一大创举。长治县政协与共和国同龄,其前身是各界人民代表大会,已历经61个春秋。过去的61年,是人民政协在黎都大地生根、发展、壮大的61年;是人民政协积极参政议政、坚持民主监督、大有作为的61年;是人民政协为全县经济发展、社会进步做出贡献的61年。61年来,历届县政协和广大委员在长治县委的正确领导下,在上级政协的指导下,高举爱国主义、社会主义两面旗帜,围绕团结、民主两大主题,紧跟时代步伐,把握历史机遇,认真履行政治协商、民主监督、参政议政职能,与全县人民风雨同舟、荣辱与共,在探索中前进,在前进中开拓,为县域经济振兴、社会繁荣作出了积极贡献。尤其是近几年来,委员素质不断提高,工作不断创新,其影响越来越大,成绩显著,功不可没。

欲明大道、必先知史。《长治县政协志》用朴实简洁的语言,遵循方志原则,横陈纵述,系统而深刻地反映了长治县政协产生及发展演变的整体面貌,全面地叙述了从1949年10月到2010年12月底这一历史时期内,长治县政协的重大事件、重大决策和主要活动。全书百余万字,既是一部内容丰富、资料翔实的历史文献,也是一部忠于历史、诠释历史、总结历史、传承历史的特色志书。全书重点突出,纲目相宜,图文并茂,详略得当,篇目清晰,行文缜密,颇具特色,很有资政价值。通读志书可尽揽长治县政协人才荟萃、精英云集之特色,也可领略政协委员赤心为民、多谋善议的精神风貌,对我们今后尊重人才，使用人才，充分发挥政协“人才库”、“智囊团”的优势和作用，颇有启示。这对于我们把握执政规律、提高执政能力、完善执政方略、改进执政方式、提高驾驭全局和处理各种复杂事物的能力，具有十分重要的现实意义。

《长治县政协志》是一部以史为鉴、继往开来、惠益后世的史料专著，是长治县政协史上的里程碑。君子处盛世，树德建诤言。历史已进入新的发展时期，衷心希望长治县政协一如既往地发挥桥梁、纽带作用，担当助手参谋的使命，按照县委“四个发展”的总体要求，唱响率先发展的主旋律，坚定不移地以科学发展观为主题，以转型跨越为主线，为加快全县工业新型化、农业现代化、县域城镇化、城乡生态化发展步伐，为早日跨入全国百强县行列，实现全面建设小康社会的宏伟目标，作出新的更大贡献。

中共长治县委书记

长治县人民政府县长

2011年4月

# 序　二

《长治县政协志》面世，是长治县政协史上的一件值得庆贺的大事，实现了历届政协委员企盼多年的夙愿。

《长治县政协志》在资料缺失、人员更迭、时间紧迫等诸多困难条件下，全体编撰人员不辞劳苦，认真搜集资料，历时一年零六个月，终于完成了这部百余万字的鸿篇巨著。在此，我向他们表示诚挚的谢意！

长治县政协与共和国同步，其前身是各界人民代表大会。1949 年 10 月长治县首届一次各界人民代表会议在县城(今长治市)召开，来自 12 个界别的 148 名代表出席了本次会议，宣告了长治县新政权机构建设的开始。这是本县民主政治建设的一个新起点，为此后政协工作的开展奠定了雄厚的基础。61 年来，县政协在中共长治县委的正确领导下，始终高举爱国主义、社会主义两面旗帜，牢牢把握团结和民主两大主题，认真贯彻落实中国共产党在各个时期、各个阶段的大政方针，团结和动员全县各民主党派、人民团体、各界人士围绕中心，服务大局，发挥优势，开拓创新，认真履行政治协商、民主监督和参政议政职能，为推动本县的政治稳定，经济发展和社会进步作出了不可磨灭的贡献。本县政协植根于人民之中，融汇于振兴长治县的宏伟事业里，始终与长治县的发展风雨同舟、共铸辉煌，显示出旺盛的生命力。

《长治县政协志》真实记载了 61 年来长治县政协敢于创新、积极探索的的光辉历史，反映了历届政协委员、政协工作者勤奋学习、认真履职、甘于奉献的精神风貌。它的付梓出版，对于广大政协委员认真履行职能无疑是一种激励和鞭策。

“治天下者以史为鉴，治郡国者以志为鉴”。《长治县政协志》凝聚着集体的心血和智慧，是一部提纲挈领、去粗取精、去伪存真的政协专志，是资政、教化、存史、育人的极好教材，是一部具有重要价值的历史文献，为后人提供了较为准确、全面、完整、系统的政协史料，为社会各界正确了解政协、认识政协、支持政协架起了一座通达的桥梁，为今后政协事业的发展必将产生深远的影响。

《长治县政协志》的问世，既是对长治县政协工作的回顾和总结，也是新时代开启长治县政协工作征程的宣言书。在新的征程中，长治县政协将继续努力学习实践科学发展观，紧紧围绕县委、县政府的工作思路，紧密团结各界人士，认真履行政治协商、民主监督和参政议政职能，充分发挥协调关系、汇聚力量、建言献策、服务大局的重要作用，以坚定的信念、高昂的斗志、良好的作风、冲天的干劲，全力推进“四个发展”，为把本县建成“上党交通港、太行新明珠、三晋文明城”而不懈奋斗。

是为序。

长治县政协主席 傅永祥

2011年4月

# 凡 例

一、本志以马列主义、毛泽东思想、邓小平理论、“三个代表”重要思想和科学发展观为指导,运用辩证唯物主义和历史唯物主义的观点,遵循《中国人民政治协商会议章程》,实事求是地记述了长治县政协的发展历程与现状,力求做到思想性、科学性和资料性相统一,起到存史、资政、教化、育人作用,为改革和现代化建设服务。

二、本志编写时,对一些时期的文件及领导讲话,不加删减,全文照录,但涉及的一些历史问题,以中共中央《关于建国以来党的若干历史问题的决议》、有关文件和本县的发展情况为准。

三、本志上限为1949年10月长治县各代会成立之日,下限至2010年12月底。

四、本志按编、章、节、目结构形成设置;以类记事,以时为序,横排竖写,详近远略;以志为主,记、述、传、录、图、表、照并用。

五、本志以语体文记述,采用第三人称。纪年采用公元年号,文字使用及数字书写,按山西省人民政府颁布的《山西省第二轮修志行文规定》要求编写。

六、本志中的称谓,首次出现用全称,之后用简称。

七、本县为革命老区,“解放前后”时间以1945年10月8日为界。

八、本志记叙的县城,1971年11月前为长治市城区,之后为韩店。

九、本志“人物”篇所记政协干部,记叙时按主席、副主席、办公室主任次序排列。

十、本志资料来源包括《长治县志》、《长治市政协志》、《长治县文史资料》、《历程》和晋城市档案局、长治县档案局、长治县政协提供的档案资料以及访问相关单位与个人的口碑资料等,一般不注明出处。

# 目 录

## 第二编　政协委员



## 第三编　政协机构

## 第四编 履行职能



## 第五编 提案工作

## 第六编 社会活动



## 第七编 社情民意信息

## 第八编 文史资料



## 第九编 人物

## 附　录

# 概　述

长治县位于山西省东南部，上党盆地南缘，中华民族始祖炎帝曾在此尝百草，教农桑，建黎(耆)国，故别称黎都。殷商时期，汤封同姓于羊头岭建黎园。商亡周建，封帝尧之后于黎国，仍设都于羊头岭。秦时，设上党郡，县境属秦。汉设壶关县，隋后至元，称上党县。明洪武二年废县入潞州，明嘉靖八年(1529)，取“长治久安”之意，封称长治县，并沿用至今。1971 年 11 月，县治从长治市区搬迁至羊头岭下的韩店镇一带。长治县现辖 6 镇 5 乡 2 区、254 个行政村，总人口 33.8346 万人，县域面积 483 平方公里，占长治市域面积的 3.48%。2009 年，长治县认真学习实践科学发展观，提出了“率先发展，转型发展，同城发展，文明发展”的战略思路，着力把长治县建设成“上党交通港，太行新明珠，三晋文明城”，综合经济实力不断增长，跨入了山西省经济“十强县”行列，实现了全县人民多年“建设全省十强县”的梦想。2010 年，长治县继续保持强劲势头，财政税收名列长治市第一、山西省第五，在转型发展中实现了跨越式发展。全县人民生活水平不断提高，城乡建设日新月异，一个充满活力的古邑新城展现在世人面前。

## 一

为了更好地让人民当家做主，1945 年长治县解放后，新生的人民政权在中共长治县委、民主政府的领导下，迅速动员全县各界人士参加到民主革命斗争和建设中来。新中国诞生后，1949 年 10 月下旬，长治县召开了第一届各界人民代表会议。从 1949 年 10 月至 1954 年，相继召开了两届 17 次各界人民代表会议。各界人民代表会议的胜利召开，为以后的政协长治县委员会开展工作积累了丰富的经验，奠定了雄厚的基础。统一战线是中国共产党夺取政权、巩固政权，取得新民主主义革命胜利的三大法宝之一，在社会主义革命与建设时期，其组织形式仍为重要。1954 年 7 月，长治县与潞城县合并成立潞安县后，中共潞安县委根据山西省委、长治地委指示精神，按照《中国人民政治协商会议组织法》规定，于 1957 年 3 月下旬成立了政协筹备委员会，负责筹备成立政协委员会一切事宜。经过 40 余天准备，1957 年 4 月 29 日，政协潞安县一届一次会议在长治市南街潞安剧院召开。此次会议选举产生了政协潞安县第一届委员会组成人员,选出常委17名,其中主席1名,副主席2名。1958年6月,政协一届二次会议召开后,因行政区划调整,原拟定召开的政协潞安县二届一次会议未及落实,即于1958年9月划入长治市。长治市于1959年7月召开了政协三届一次会议。1961年9月,长治县从长治市分出,恢复长治县建制,建立了中国人民政治协商会议长治县委员会(简称长治县政协);1962年8月,沿用政协长治市会议届次,召开了政协长治县四届一次会议。从1963年到1966年2月,又相继召开了第五、第六两届4次政协会议。1966年5月,"文化大革命"开始后,长治县政协同党、政机关一样受到冲击。1967年1月造反派夺权后,政协长治县委员会被迫停止工作。

从1957年4月至1966年2月,长治县政协委员人数在50余名之间变化,县政协主席由县委书记兼任,政协机关仅有1名副主席和两三名办公人员驻会。此一时期,政协机构的主要工作是组织各界委员开展思想政治学习和教育活动,运用座谈会、大会等形式,召集委员学习马列主义、毛泽东思想,学习党和国家社会主义过渡时期和建设时期的路线、方针、政策,进行社会主义思想教育和改造。同时,重视统一战线工作,将一些民主人士吸收进政府机关担任领导职务,引导各界人士拥护共产党、拥护毛主席,配合县委、政府的工作,开展"三反五反"、公私合营、建立人民公社、批判资本主义路线等活动,积极推进社会主义改造和建设。

党的十一届三中全会后,经过全面拨乱反正,长治县政协工作进入全面发展时期,县政协组织机构不断建立、健全和完善。中共长治县委根据中央和省、地委等恢复政协组织的指示,于1981年4月9日至15日在县城召开了政协长治县七届一次会议。会议选举了政协长治县第七届常务委员会,选出常务委员14名,其中主席1名,副主席4名。从1981年召开第七届政协委员会到2010年底,长治县政协又经历了8个届次召开了26次会议,并召开了91次政协常委会。

从第七届政协开始,县委书记不再兼任政协主席职务,政协主席驻会负责全面工作。这一时期,长治县政协积极动员各界委员参与拨乱反正、平反冤假错案和建立各项工作制度等方面,做了大量工作。随着时代发展,长治县政协也进入了一个新的发展阶段。县政协围绕中心,服务大局,在参政议政、建言献策、反映社情民意等崭新的领域,积极探索,开拓创新,为促进本县经济建设、社会发展和社会稳定作出了积极的贡献。

## 二

改革开放三十多年来,长治县政协在中共长治县委领导下,高举爱国主义、社会主义伟大旗帜,不断加强同各族各界人士的联系,认真贯彻执行中国共产党的路线、方针、政策,紧紧围绕团结和民主两大主题,切实履行政治协商、民主监督、参政议政职能,为推进经济建设、政治建设、文化建设和社会建设发挥了重要作用。

长治县政协围绕中心，服务大局，在实践中不断探索，在开拓中不断创新，积累了比较丰富的经验。

长治县政协始终把坚持中国共产党领导、坚持正确的政治方向放在首位，在政治上与中共中央保持高度一致。县政协中的中共党员，真心诚意同非中共人士交朋友，做合作共事、发扬民主的模范；对重要问题和重大活动，主动向中共长治县委请示汇报，了解和把握县委工作意图，当好参谋和助手；及时反映政协委员的意见、建议及社情民意，供县委、政府决策参考，并注意发挥政协的特点和优势，主动协助县委、政府做好协调关系，化解矛盾工作，促进政治稳定、社会安定和人民团结。

中共长治县委高度重视政协工作。为了加强政协工作，1985 年 5 月 25 日，中共长治县委制定了《中共长治县委关于进一步加强人民政协工作的意见》；1989 年 9 月 29 日，政协长治县委员会、长治县人民政府制定了《关于加强协商联系的暂行规定》等文件，积极支持政协开展工作，认真办理政协提案和建议案，积极采纳政协委员的意见和建议，不断改进政府工作。1990 年 9 月，长治县委下发了《中共长治县委《关于贯彻〈中共中央关于坚持和完善中国共产党领导的多党合作和政治协商的意见〉的通知》，不断加强对政协工作的领导。为进一步坚持和完善中国共产党领导的多党合作和政治协商制度，1995 年初，全国政协作出了《关于政治协商、民主监督、参政议政的规定》，中共中央下发了《通知》，省委印发了《关于进一步加强人民政协工作的决定》。《通知》、《规定》、《决定》下发后，长治县委、县政府认真落实《规定》、《决定》，把政协工作纳入决策程序，大事要事协商于决策之前。县委、县政府确定一名常委联系政协工作；政协主席列席县委常委会议；政协副主席参加政府、人大有关会议；县委和县政府领导亲自参加政协有关会议；政协干部与党政干部一视同仁，纳入双向交流；对政协重要建议、函件及时批复；聘请政协委员担任特聘纪检员、监察员、检察员、审计员、督导员，接受政协民主监督，采取多种办法让政协知情出力。

围绕中心，服务大局，是人民政协履行职能必须遵循的原则，也是做好政协工作的基本要求。长治县政协自觉、主动地紧紧围绕经济建设大局，团结各界，协商讨论，建言献策，在经济建设和社会发展中出实招、鼓实劲、办实事，充分体现自身价值，发挥了应有作用。

1981 年以来，县政协始终以县委、政府的中心工作为重点，无论是会议协商，还是专题调研，无论是民主评议，还是开展“五个一”活动，始终把促进长治县经济社会发展作为履行职能必须遵循的原则和不断开创新局面的基础，始终使政协工作充满了生机和活力。

团结和民主是人民政协的两大主题，也是人民政协性质的集中体现。长治县政协牢牢把握这两大主题，始终贯穿于全部工作之中，使政协的一切工作和活动都体现了团结和民主的精神。特别是在改革开放和建立社会主义市场经济体制、全面建设社会主义新农村的新形势下，长治县政协充分发挥组织上的广泛代表性和政治上的最大包容性的独特优势，通过多种形式和途径，了解和反映社情民意，密切与各阶层群众的联系，协助县委和政府做好协调关系，化解矛盾工作，为调动一切积极因素，团结一切可以团结的力量，维护全县团结稳定的大局作出自己的贡献，得到广大人民群众的拥护和支持。

## 三

长治县政协适应新时期社会主义民主政治建设的新要求，积极倡导把学习新时期统战理论和指导政协工作实践结合起来，把创新工作思路与改进工作方式结合起来，把总结典型经验与推动全局工作结合起来，在全面履行政协职能的同时，在民主监督方面进行了新的探索；在抓好自身建设的同时，对基层政协工作经验进行了总结推广；在发扬优良传统的同时，探索新的方式方法，使人民政协工作不断创新和发展。

实践证明，中国共产党领导的多党合作和政治协商制度是我国的一项基本政治制度，体现了我国政治制度的特点和优势，完全符合我国国情，是建设中国特色社会主义的重要组成部分。长治县政协高举建设中国特色社会主义伟大旗帜，以邓小平理论、“三个代表”重要思想和科学发展观为指导，深入贯彻落实科学发展观，解放思想，实事求是，与时俱进，开拓创新，继往开来，不断开创人民政协工作新局面，坚持把发展作为履行职能的第一要务，突出团结、民主两大主题，把政协工作推向新的阶段。

长治县政协为了提高学习实效，逐步形成了一些基本的方式方法，如建立委员学习日制度，举办专题讲座、报告会、研讨会、座谈会，编印学习参考资料等。在学习中，坚持自我教育和理论联系实际，采取学习和知情出力相结合，学习与参观考察相结合，辅导与座谈讨论相结合的方法。通过学习，坚持用马列主义、毛泽东思想、邓小平理论、“三个代表”重要思想和科学发展观武装头脑，指导实践，推动工作；坚持与中共中央保持一致，在中共长治县委领导下，巩固和发展共同政治基础上的团结合作，增强做好政协工作的使命感和责任感。

政协常委会是人民政协履行职能的主要形式。在历次会议和常委会议上，通过听取、协商、讨论县政府工作报告和其他专题报告，围绕全县改革发展稳定中的重大问题建言献策。这些会议对全县发展全局的一些重大问题进行协商讨论，提出意见和建议，为全县的改革开放和经济社会发展发挥了积极的推动作用。

专题调研是人民政协履行职能的基础。县政协理顺机构，加强专委会建设，使之成为一个重要协商层次，专题调研活动更加经常和规范，每届都开展 10 多次调研活动。其中关于本县农业和农村工作、搞好国有企业、扩大对外开放、改善经济发展环境、历史文化保护与建设、旅游开发、专业市场及小城镇建设、加强法制建设、维护社会稳定、党风廉政及精神文明建设等课题，通过专题调研提出了一些重要思路和对策，受到了县委、县政府及有关部门的重视，促进了决策的民主化、科学化。

提案是人民政协参政议政的重要形式。历次全会都把提案作为一项重要工作,并对提案审查报告作出决议。各代会时期,共收到提案2496件;从1984年政协八届一次至2010年十四届四次会议,据不完全统计,共收到提案1735件,立案1695件,大多交由有关部门和单位办理。这些提案涉及全县政治、经济、文化、教育和社会生活的方方面面,既有情况反映,也有对策建议,对协助党和政府加强与各族各界人士的联系,促进各方面工作落实,起到重要作用。

了解和反映社情民意是人民政协履行职能的关键环节。2006年县政协创办内部刊物《政协信息》,完善制度,建立网络,加强和规范反映社情民意工作,许多信息被全国政协、省政协、市政协采用,一些引起了县直有关部门的重视,促使许多问题得到及时处理和解决。从2008年到2010年,本县政协连续三年被长治市政协表彰为"反映社情民意信息先进单位",被省政协表彰为"政协信息工作先进单位"。

为大力弘扬爱国主义精神,长治县政协突出统一战线组织特色,开展丰富多彩的活动,对辛亥革命、抗日战争胜利、长治解放、人民政协成立等近、现代史上的重大事件,都要召开纪念大会。县政协通过举办新年茶话会、联欢会、座谈会、电影招待会和书画展等,宣传长治县改革开放取得的巨大成绩,增进了海内外炎黄子孙的广泛团结。同时,县政协充分发展自身优势,组织各界别委员为全县精神文明建设和民主法制建设,以及民族团结竭尽绵薄之力,为建设和谐黎都作出了贡献。

县政协文史资料委员会积极开展文史资料征编出版工作,从县政协七届到十四届四次会议期间,征集史料约520万字,编辑出版《长治县文史资料》、《历程》、《潞商》、《长治县寺庙》等资料,约200余万字,充分发挥了文史资料"存史、资政、团结、育人"的作用,为长治县的文化事业繁荣和精神文明建设作出了积极贡献。

建立和健全各项规章制度,是自身建设的重要保证。政协长治县委员会制定了主席会议、常务委员会议规则、县政协委员持证视察办法、机关建设等各项规章制度,保证了政协各项工作高效、有序、稳健地开展。1983年5月,县政协制定了《政协长治县委员会关于实行机关岗位责任制的意见》;7月,为责己正身,率先垂范,又制定了《长治县人民政协约法六条》;1986年,制定了《政协长治县委员会机关制度》;1987年,制定了《政协长治县委员会关于几项制度的规定》。这些规章制度历经各届委员会不断修改,不断充实,更加完善。2007年8月,县政协制定了《关于政协委员履行职能的考评办法》;2009年6月,制定了《关于厉行节约的实施方案》、《政协委员履行职责管理办法》等制度,使政协工作逐步走向制度化、规范化。为了适应形势发展的需要,县政协在乡镇还建立了政协工作委员会,通过召开基层政协工作经验交流会、座谈会、举办基层政协负责人培训班、县政协领导深入基层调研和邀请基层政协负责人列席县政协会议等措施,了解情况,解决问题,交流经验,指导工作,进一步推动了全县政协工作健康地向前发展。

中国人民政治协商会议，是中华人民共和国成立后中国共产党和国家按照我国社会主义的国情设立的一项基本政治制度，既是爱国统一战线的组织，也是多党合作和政治协商的重要机构，更是发扬社会主义民主的重要形式。61年来，长治县政协从成立到经历挫折，然后全面恢复活动，到如今按照政治协商、民主监督和参政议政职能，深入活跃地开展各项工作，在长治县当代发展史上的各个时期、各个方面都留下了不可磨灭的印迹。由于政协委员绝大多数都是各个时期、各个领域的代表和人才，所以长治县发展的很多时期和领域都展示了众多政协委员的才华。长治县政协的发展历史，是长治县政治演变的一个缩影。总结政协各个方面的发展历程，继往开来，开拓创新，进一步搞好政协未来的工作，是时代的召唤，是党和政府及人民的需要。

在建设有中国特色社会主义的新时代，科学发展观和和谐社会理论给政协工作开辟了新的思路。在“十二五”开局之年，县政协将继续深入学习实践科学发展观，以围绕中心、服务大局为根本宗旨，坚持把发展作为履行职能的第一要务，突出团结、民主两大主题，在县委领导下，以坚定的信念、高昂的斗志、良好的作风、冲天的干劲，全力推进“四个发展”，为冲刺全国“百强县”扎扎实实做好各项工作，长治县政协事业将会日益呈现出一个崭新的局面。

# 大事记

## 1949年

10月,长治县首届一次各届人民代表会议在县城(今长治市区)召开,来自12个界别的148名代表出席了本次会议,这次会议为建立新的长治县政权机构奠定了基础。

12月19日至22日,长治县首届二次各界人民代表会议召开,133名代表出席了会议并听取讨论了县长鲍德山所作的政府工作报告。

## 1950年

2月,长治县首届三次各界人民代表会议召开。

3月24日至27日,长治县首届四次各界人民代表会议召开。

10月24日至27日,长治县首届五次各界人民代表会议召开,中心议题是审查政府三个月来的工作报告,布置工作任务及制定农村农业生产方针和方向,贯彻1950年增产计划,通过夏征办法,组织生产自救,渡过夏荒。会议期间以投票方式,民主补选了各代会常务委员。

11月,长治县首届六次各界人民代表会议召开。

## 1951年

3月21日至25日,长治县首届七次各界人民代表会议召开,158名代表出席了这次会议,并听取了政府工作报告、1951年方针任务报告和当前工作意见报告。依照各代会组织章程,改选了常务委员,县委书记王林堂、县长李时哉、文化界代表王化行、卫生界代表李自贞等15人当选为委员。

5月,长治县首届八次各界人民代表会议召开。

6月16日至18日,长治县首届九次各界人民代表会议在本县四区桑梓村召开。

11月,长治县首届十次各界人民代表会议召开。

## 1952年

3月16日至19日,长治县首届十一次各界人民代表会议召开,165名代表出席本次会议,中心议题是解决群众对“三反五反”的糊涂认识,讨论议定防旱春耕工作方案。

6月16日至18日,首届十二次各界人民代表会议召开,做出了关于下次各代会代行人代会职权的决议。

9月12日至18日,长治县第二届各界人民代表会议第一次会议,在长治中学大礼堂召开,225名代表出席了会议，会议选举了政府县长、副县长、人民委员会委员、各代会主席、副主席及常务委员。

11月8日至11日，长治县第二届各界人民代表会议第二次会议召开。

## 1953年

2月21日，长治县第二届各界人民代表会议第三次会议召开。172名代表出席会议，听取了县委书记师丕珍作的政治报告、县长范任卿作的关于宣传贯彻婚姻法方案的报告

10月26日，长治县第二届各界人民代表会议第四次会议召开，163名代表出席会议。

11月30日，长治县第二届各界人民代表会议第五次会议召开，中心内容是传达国家过渡时期的总路线、总任务，传达收购方案。141名代表和68名列席代表出席会议。

## 1954年

7月2日，长治县、潞城县合并成立潞安县，同时原两县各代会常务委员会合并。

## 1955年

3月20日，潞安县各代会常务委员会总结了五年来的工作，决定本县各界人民代表会议常务委员会即行结束。

## 1957年

3月下旬，潞安县成立政协筹备委员会，负责筹备成立政协委员会一切事宜。

4月29日至5月2日，政协潞安县第一届委员会第一次会议在长治市南街潞安剧院召开，全县各界人士90余人参加此次大会。会议推选出55名政协委员，选举县委书记范任卿为县政协主席，王化行、郑兆兰、王松保当选为副主席；张河当选为秘书长。

## 1958年

6月7日至9日，潞安县政协召开了首届二次全体会议。此次会议，实到政协委员51名。会议听取一年来政协常委会的工作报告，协商地方工业发展30条及夏收分配方案等。

9月，潞安县并入长治市（时为县级市），县政协同时并入长治市政协，55名委员成为长治市政协委员，县政协副主席郑兆兰任市政协副主席。

## 1959年

7月13日至16日,政协长治市第三届委员会第一次会议召开。

## 1960年

6月14日至17日,政协长治市三届二次会议召开。

## 1961年

9月,长治县恢复建置。

## 1962年

8月26日至29日,政协长治县第四届委员会第一次会议召开,此次会议沿用长治市政协会议届次。会议选举宋务迪为政协长治县第四届委员会主席,王化行为副主席,焦克功、李保珠、祝永春、胡纪道、杨官元、董永芬、张金玉、郭玉仓、张新年、张志恒为常务委员。

## 1963年

6月19日,长治县人民委员会和政协长治县委员会联合发文,决定联合召开五届一次人代会和五届二次政协会议。

6月26日至7月2日,政协长治县五届二次全体会议召开。参加此次会议应出席委员43人,实出席36人。会议听取并审议了政协副主席王化行作的政协长治县五届一次会议以来常务委员会工作报告,列席了长治县五届一次人代会,通过了政协长治县五届二次会议的各项决议。会议补选李良弼为政协副主席,王二禿、邓坚、马妙然、许殿魁为政协常务委员。

## 1965年

8月10日至14日,政协长治县六届一次全体会议在县城召开。会议听取并审议了政协副主席王化行向大会作的政协长治县五届常务委员会工作报告,听取了县委书记尹正南的讲话;列席了长治县六届一次人民代表大会。会议选举尹正南为政协长治县第六届委员会主席,王化行为副主席,选举产生了政协长治县六届委员会常务委员。

## 1966年

2月14日至18日，政协长治县六届二次全体会议召开。

5月，“文化大革命”开始，政协工作受到冲击。

## 1967年

1月，县政协被造反派夺权，其一切活动被迫中断。

## 1981年

4月9日至15日，政协长治县七届一次会议在县城召开。会议听取和审议政协长治县六届委员会常务委员会工作报告，列席县人大七届一次代表大会，通过关于政协长治县七届委员会政治决议。会议选举史忠和为政协长治县七届委员会主席，程金成、郝保兴、张金玉为副主席，王荣生、史中和、申安福、刘天顺、许殿魁、李保珠、汪裕国、张海棠（女）、张金玉、胡纪道、郝保兴、郭继忠、梁吉祥、程金成为常务委员会委员。

5月25日，中共晋东南地委下发东发干字〔1981〕76号文件，任命史中和为七届政协主席，程金成、郝保兴、张金玉为政协副主席，申安福等10人为县政协常委。

12月，崔凤鸣调县政协任办公室主任。

## 1982年

2月24日至26日，县政协召开七届一次常委会议，贯彻全国政协五届四次会议和省政协四届四次常委会议精神，学习中共长治县委扩大会议有关文件。全体委员参加了此次会议。

5月10日，政协长治县七届二次全体会议在县招待所召开。会议主要传达了全国统战会议精神，列席七届二次人民代表大会，听取讨论了县长荆共民作的政府工作报告和人大主任王良玉作的人大常委会工作报告。

5月26日至6月11日，县政协组织各界人士代表，由副主席郝保兴带队先后赴北京、天津、太原、大同、五台等地进行参观学习。

6月16日，县政协召开学习讨论《宪法（修改草案）》座谈会。

6月23日，县政协组织县城部分委员学习中国政治学会常务理事许崇德关于《宪法（修改草案）》的辅导报告。

8月5日，县政协委员、一中教师张汉捐款1000元，支助沁水县水灾受害人民。

8月18日至21日，县政协召开全体委员会议，认真讨论《中国人民政治协商会议章程(修改草案)》。

10月12日至14日，县政协召开学习贯彻中共十二大文件精神会议，听取并讨论县委书记郝永和关于全县在本世纪末实现工农业总产值翻两番的初步打算，和人大主任王良玉传达的全国政法会议精神。

10月16日，县政协结合“五讲四美”组织政协委员赴晋城参观学习，实地察看了城市建设、东关大队和东四义大队在两个文明建设中取得的新成就。

10月18日，中共长治县委长县委字〔1982〕第69号文件，转发县政协《关于对张汉同志为灾区人民自愿捐款1000元的通报》表扬，号召全县政协委员向张汉同志学习。

12月14日至18日，县政协牵头会同县科委等单位，组织召开全县科技工作者座谈会，来自科技、教育、工农业、医疗卫生系统的51名科技工作者参加了座谈讨论，并向全县科技工作者发出了《振奋精神努力开创我县科技工作新局面倡议书》。

## 1983年

1月19日至21日，县政协召开七届二次常委会议，会议中心内容是传达省政协四届五次会议精神。

3月26日至30日，政协长治县七届三次全体委员会议召开。参加此次会议的政协委员列席了七届人代会第三次会议，听取讨论了县长荆共民作的《政府工作报告》及其他工作报告。

4月20日至22日，县政协召开常委会议，传达全国及省政协会议精神。

4月24日至5月6日，县政协根据上半年工作安排，先后两次组织部分政协委员赴贾掌、北呈、屈家山等乡镇对“专业户”“重点户”进行视察调研。

5月25日，县政协召开七届四次常委会议，传达省政协五届一次会议精神。

6月23日至25日，县政协召开七届五次常委会议，学习全国政协六届一次会议和全国六届一次人大会议精神。

7月10日，县政协出台《责己正身，率先垂范，长治县人民政协约法六条》的规章制度。

7月27日至29日，县政协召开七届六次常委会议，会议着重传达学习了省政协五届二次会议精神。

9月5日，县政协委员、一中老教师张汉给湖北黄冈灾区捐款300元。

9月16日至18日，县政协召开全体委员紧急会议。

9月20日，长治县由晋东南地区划归长治市。

11月8日至11日，县政协召开七届七次常委会议，学习传达中共十二届二中全会精神，针对整党工作和消除精神污染等问题开展座谈。

12月中下旬，县政协两次组织部分委员分赴县一中、荫城、八义、贾掌等学校对学生视力状况再次进行调研。

## 1984年

1月16日至18日，县政协召开长治县政协委员和各界人士座谈会议，学习讨论邓颖超《在新年茶话会上的讲话》。

3月22日，县政协全体委员列席长治市七届人民代表大会。

4月17日，县政协参加市政协六届八次常委会，并作《充分发挥政协委员作用》的经验介绍。

4月24日，县政协召开政协委员会议，传达中央领导有关讲话精神。

9月24日至29日，县政协召开八届一次会议，会议选举朱培荣为主席，李爱花、李树德、胡纪道、张金玉、张汉为副主席。

10月16日至18日，县政协召开八届一次常委会，学习上级文件政策，研究相关事宜，并安排下一步工作。

11月6日至9日，县政协召开八届二次常委会，学习贯彻中共十二届三中全会精神，并划分了学习工作组。

11月12日至13日，县政协组织全体政协委员集中学习讨论十二届三中全会会议精神。

11月26日，县政协召开台、港、侨胞家属代表座谈会。

11月30日，县政协向全体委员下发了关于认真学习贯彻执行《中共中央关于经济体制改革的决定》的通知。

## 1985年

1月3日至5日，县政协召开“我这一年”为主题的座谈会，县政协常委、部分政协委员、各界人士代表参加了会议。县政协主席朱培荣主持了会议。

1月5日至8日，县政协召开八届三次常委扩大会议，传达中央、省、市政协会议精神，总结1984年工作，制定1985年打算，并研究了关于召开八届二次全体会议有关事宜。

2月13日，县政协、县委宣传部、县委统战部在县招待所召开各界人士迎春座谈会。

3月11日至13日，县政协召开八届四次常委会，学习贯彻中央一号文件及省、县委三级干部会议精神。

3月25日至29日，县政协组织医务界委员对全县36名政协委员和离休老干部、部分专业户、军烈属巡回医疗。

4月15日至19日，县政协召开八届二次全委会。

4月28日至29日，县政协李爱华副主席出席了省政协召开的省、市、县(区)政协工作经验交流会，做了题为《发挥委员作用，做好政协工作》的书面经验交流。

5月22日至25日，县政协召开八届五次常委扩大会议，传达全国、省政协会议精神。

5月25日，中共长治县委出台《关于进一步加强人民政协工作的意见》。

6月25日至7月14日，县政协组织县政协委员一行14人，由副主席、统战部长李树德，副主席胡纪道带队，赴山东、河北两省及省内五台山等地参观考察学习。

7月24日至26日，县政协召开八届六次常委扩大会议，认真贯彻落实中共山西省委党代会精神。

10月5日，县政协召开各界人士“中秋”座谈会。

10月8日至10日，县委召开政协统战工作会议。全体政协委员、民主党派人士、乡镇分管政协工作负责人，及县直各单位、企业的负责人，共108人出席了会议。县政协副主席、统战部长李树德，副主席胡纪道出席了会议，并做了政协统战理论辅导，县委副书记张学忠出席会议并做了讲话，县政协主席朱培荣做了大会总结发言。

11月7日至9日，县政协组织部分委员前往黎城县黄崖洞等地学习参观。

## 1986年

1月2日，县政协设立文史资料办公室，办公室由部俊保、陈铁保、阎有则等组成。

1月27日至29日，县政协召开八届七次常委会议，学习中央领导在国家机关干部大会上的讲话，传达省、市"为四化服务"先进表彰会议精神，争先进，比贡献，总结过去一年的经验，讨论安排下一年的工作。

3月17日，县政协召开八届八次常委会议，研究政协八届三次会议召开事宜。

4月2日至4日，县政协召开九次常委会议，传达中央、省、市政协会议精神。

5月20日至25日，县政协召开八届三次会议。

6月9日，县政协召开八届九次常委扩大会议，学习了中共中央文件，围绕经济建设成立了文化教育、医卫、工业、社会服务、农业5个咨询服务组。

6月26日至28日，县政协组织本县部分医师到边远山区对老党员、老红军、军烈属以及离退休老干部进行医疗服务。

7月3日至4日，县政协召开八届十次常委会议，学习有关文件，研究落实全国地方政协工作会议精神，研究机构和编制及人事任免。

9月27日至29日，县政协召开八届十一次常委会，传达九届会议精神，听取县委、县政府整党、经济形势情况通报，研究召开四化服务经验交流会。

10月28日，县政协召开政协十二次常委会议，学习中央六中全会决议，通报四化服务经验交流会议准备情况。

12月15日，县政协启用"中国人民政治协商会议山西省长治县委员会"、"中国人民政治协商会议山西省长治县委员会办公室"新印章。

12月18日至20日，长治市县、区政协工作经验交流会在市政协三楼会议室召开，县政协副主席李爱华参加了此次会议。

## 1987年

1月8日至9日，县政协召开长治县各界人士"为四化服务"经验交流会，会议上对108个先进集体和个人进行了表彰，并向全县各界人士发出了倡议书。

2月16日，县政协召开八届十三次常委扩大会议，传达中共中央一号文件和省、市政协工作经验交流会情况。

3月17日至21日，县政协召开第二次文史研究工作会议，核查本县去年下半年以来所征集到的部分资料。

6月9日至11日，县政协召开八届十四次常委扩大会议，传达学习政协长治市七届一次会议精神和研究本县换届工作有关事宜。

8月18日，县政协召开部分委员座谈会。

8月20日至26日，县政协召开九届一次全委会，选举韩国华为主席，选举李树德、胡纪道、张金玉、张志恒为副主席。

9月20日，县政协出台数项基本制度规定及第四季度工作安排意见。

9月21日至23日，县政协召开九届一次常委会，通过了四季度工作安排意见，成立了5个委员会、10个工作组。

10月5日，县政协召开各界人士“国庆、中秋”茶话会。

10月10日至14日，县政协举办统战理论培训班，参加人员为各乡镇、县直各单位、厂矿分管统战工作负责人和九届政协委员。

11月4日，县政协召开九届二次常委会，学习中共十三大报告。县委副书记李补安、县委宣传部长贾圪堆参加了会议。

12月8日至10日，县政协召开九届三次常委会议。县委书记张学忠、政府副县长阎建华、县委办主任贾河泽等参加了会议，并做了十三大报告的学习辅导。

12月18日至23日，县政协会同县民政局组织医疗界委员，由县政协副主席李树德带队，为部分老干部、老委员、军烈属进行巡回医疗服务。

## 1988年

1月7日至9日，长治市十三县(区)政协联谊会第一次会议在襄垣县召开。

2月初，根据省政协通知精神，县政协组织部分委员会同有关部门就全县的供电、用电情况作了调查，并于3月13日向县委、县政府提出关于对全县供电、用电情况的调查和建议。

3月22日至24日，县政协召开九届四次常委会议。

6月3日，县政协召开县政协九届五次常委会，安排部署召开九届二次全委会议有关工作。

6月7日至11日，县政协召开九届二次会议。

12月20日，县政协下发关于认真学习贯彻中国共产党十三届三中全会精神的通知。

## 1989年

1月17日，县政协召开各界人士迎春座谈会，各界人士欢聚一堂，共议长治县10年改革情况，共商来年发展大计。

1月19日至21日，县政协领导到基层走访委员，并对病休在家的部分老委员进行了慰问。

3月2日至25日，县政协会同县科委等有关部门，组织熟悉农业方面的科技人员，召开“1989年农业技术研讨会”。

3月下旬，县政协组织部分政协委员会同县教育部门对全县中小学学生流失和德育工作进行了调研。

4月25日，县政协召开九届六次常委会议，传达学习省、市政协会议精神，研究准备召开政协九届三次会议的有关事宜。

5月11日，县政协召开九届七次常委会议，研究确定九届三次会议、筹备组建县政协老委员联谊会有关事宜。

5月22日至25日，县政协召开九届三次会议。中共长治县委书记张学忠、副书记李补安参加了会议，并分别做了讲话。长治市政协副主席李森庭、秘书长燕景仪到会祝贺。

5月27日，县政协经九届三次全体会议研究通过，向县委、县政府提交了“重视粮食生产，增加农业投入”、“搞好秸秆还田，走有机农业之路”、“大力推广科学养猪等三项实用技术”、“组建乡镇农科站”“加强中小学德育工作和防治学生流失”“关于开展以当地校友会为中心的全民读写活动”等六项建议。

6月6日，县政协召开九届八次常委会，传达中央有关文件。

6月20日，县政协召开各界人士座谈会，座谈学习中央领导重要讲话精神，全体县政协常委、驻县城的部分政协委员和各界知名人士代表出席了会议。

7月12日，县政协召开九届九次常委会议，专题学习中共中央十三届四中全会精神。

9月21日至22日，县政协主席韩国华参加市政协举行的庆祝人民政协成立40周年暨表彰大会。

9月26日，县政协召集政协常委、老委员联谊会部分成员及各界人士代表30余人，在县政协会议室举行了庆祝新中国诞辰及人民政协成立40周年座谈会。

9月26日至27日，县政协召开九届十次常委会，传达市政协会议精神，研究部署下阶段工作。

9月29日，县政协以县委、县政协名义出台《关于加强协商联系的暂行规定》。

11月5日，长治县民革支部在县政协会议室召开全体会议，集中学习讨论江泽民总书记在国庆40周年庆祝大会上的讲话，县政协主席韩国华，副主席李树德、胡纪道，政教文史委主任郜俊保出席了会议，并分别做了讲话和发言。

11月23日，县政协召开九届十一次常委会议，学习讨论贯彻十三届五中全会精神，研究通过成立政协长治县老委员联谊会，安排下一步学习与工作。

## 1990年

1月12日，县政协召开九届十二次常委会，总结1989年工作，安排部署1990年工作。

1月16日，县政协召开各界人士迎春座谈会。

2月23日，县政协召开九届十三次常委会，认真学习《中共中央关于坚持和完善中国共产党领导的多党合作和政治协商的意见》；并传达县三干会精神等。

4月20日，县政协召开九届十四次常委会，传达中央、省、市精神。

5月22日，县政协与县政府共同签发了《关于加强协商联系的暂行规定》，文件发至各乡镇和政府职能部门。

6月12日，县政协召开九届十五次常委会，研究政协换届事宜。

6月13日，县政协召开离会委员座谈会。

6月17日至22日，长治县政协十届一次会议召开。会议选举韩国华为主席，选举李树德、张志恒、花明新为副主席。

7月4日，县政协召开十届一次常委会，安排换届后有关事宜。

7月12日，县政协召开委员提案发布会议。会议由政协主席韩国华主持，委员提案内容涉及的县直各有关单位负责人出席了会议。

8月23日，县政协召开十届二次常委会，讨论政协有关事宜，讨论长治县"八五"计划纲要和十年规划设想。

9月5日6日，县政协视察"庭院经济"。

9月7日，中共长治县委下发文件，要求各乡镇、县直各党委、总支、支部认真贯彻落实《中共中央关于坚持和完善中国共产党领导的多党合作和政治协商制度的意见》。

9月18日至19日，长治市十三县(市、区)政协主席联谊会在本县召开，县政协主席韩国华在会上作了《围绕经济建设做好政协工作，做好政协工作促进经济建设》为题的经验交流。

9月29日，县政协召开各界人士中秋茶话会。

10月11日，县政协召开十届三次常委会，传达市政协会议精神，研究外出考察事宜。

10月17日至11月2日，县政协组织部分常委分赴西安、四川、武汉、上海、南京等地进行了15天考察学习。

## 1991年

1月28日，县政协召开十届四次常委会，传达市政协七届二十一次常委会精神，并研究安排当前工作。

3月27日至30日，县政协举办果树技术培训班。

3月28日，县政协召开十届五次常委会，传达上级精神，研究准备十届六次会议。

4月26日，县政协召开十届六次常委会，研究第十届二次会议事宜。

5月19日至23日，长治县政协召开第十届第二次会议。

6月25日，县政协召开部分政协委员和有关人士"迎七一、办实事、献厚礼"座谈会。

9月25日至27日，长治市县(市、区)政协学习工作座谈会在长子县召开，本县政协参加了此次会议。

11月25日至27日，县政协举办冬季果树技术培训班。

12月26日，县政协召开十届七次常委会，传达学习中央八中全会精神和省委六届二次会议精神，研究讨论全县下年农村工作开创新局面的建议和研讨下年政协工作的新打算。

## 1992 年

1月21日,县政协召开各界人士迎春茶话会。

3月3日,长治市政协召开县(市、区)政协学习工作座谈会;传达全省市县(区)政协学习工作座谈会精神。

3月23日,县政协召开十届八次常委会,传达贯彻省政协六届五次会议精神。

4月1日,县政协正式启用“经济建设委”、“提案委”、“政教文史委”、“祖国统一委”、“学习法制委”印章。

4月2日,县政协召开十届九次常委会,研究商议第十届第三次会议有关事宜。

4月12日至16日,长治县政协第十届第三次会议召开。

8月14日,县政协学习法制委召开扩大会议。

9月8日,县政协召开各界人士中秋佳节座谈会。

9月9日,县政协召开十届十次常委会。

11月9日,县政协举办政协统战知识竞赛。

## 1993 年

1月20日,县政协召开十届十一次常委会,总结1992年工作,安排1993年计划。

2月24日,本县政协委员中的部分高级工程技术人员和高级管理人员,参加了市政协成立的“长治威达实业公司”。

4月24日,县政协组织部分委员及相关人士,针对委员如何发挥作用,为社会服务召开座谈会。

6月21日,县政协召开十届十二次常委会,研究关于第十一届第一次会议有关事项。

6月25日,县政协召开十届十三次常委会,研究政协换届事宜。

6月29至7月3日,长治县政协十一届一次会议召开,选举郝审成为主席,选举陈一评、花明新、张守孝、傅怀珠为副主席。

7月10日,县政协主席郝审成、副主席陈一评、统战部长张贵祥等一行到县西蛮掌煤矿视察调研,听取了西蛮掌煤矿矿长王山虎关于煤矿煤炭产销情况的汇报。

7月27日,市政协在长治公路大夏召开县(区)政协主席会议,县政协主席郝审成前往参加。

7月29日,县政协成立“长治县政协老委员联谊会”。

8月6日至25日,县政协组织部分经济界政协委员对本县国营、集体工业企业技术改造情况进行了专题调研。

8月19日,市政协副主任胡德政、办公厅主任牛玉山等一行来本县调研,县政协主席郝审成,副主席陈一评、张守孝等陪同。

9月16日至17日，长治市十三县(区)政协联谊会第八次会议在沁源县举行，本县政协参加了此次会议。

9月27日，县政协召开各界人士中秋座谈会。

10月4日，县政协组织部分县政协委员、驻县市政协委员参加了全县经济开发研讨座谈会。

11月14日，县政协发文通知学习《邓小平文选》第三卷。

11月15日至17日，市政协召开政协学习工作经验交流会，县政协主席郝审成参加了此次会议。

11月24日，县政协召开十一届一次常委会，专题学习国家、省、市政协有关精神。

12月11日，县政协主席郝审成、副主席陈一评、张守孝会同市政协，针对本县非公有制经济在发展中存在的问题，到民营企业和个体工商户中进行调研。

## 1994年

1月29日，县政协召开各界人士迎春茶话会。

4月20日至21日，县政协领导到荫城、苏店片走访政协委员，对如何搞好政协工作征求基层政协委员意见。

5月9日至10日，县政协召开十一届二次常委会。

5月16日至18日，县政协十一届二次会议召开。会议通过无记名投票，增选张贵祥为县政协副主席，魏太平为县政协常委。

5月17日，县政协召开十一届三次常委会议。

5月26日至30日，县政协就发展农村经济问题，组织部分委员进行了调研。

6月9日，县政协外出考察探讨社会主义市场经济的框架结构。

9月19日，县政协召开各界人士中秋座谈会。

9月21日，县政协组织各界人士、书画爱好者以回顾人民政协45周年的光辉历程为主题，在县职工俱乐部举办了庆祝人民政协成立45周年书画展。

10月20日至21日，长治市十三县(市、区)政协联谊会九次会议在潞城市宾馆召开。县政协主席郝审成、办公室副主任赵银虎前往参加会议。

10月27日至28日，县政协召开十一届三次常委会。

11月28日至30日，长治市十三县、(市、区)政协微观服务办实事经验交流会在黎城县召开。本县政协副主席张守孝、办公室副主任赵银虎等前往参加会议，并在会上做了题为《履行职能，发挥优势，搞好服务，多办实事》的发言。

## 1995年

1月20日，县政协召开各界人士迎春茶话会。

2月21日至22日，县政协副主席张守孝、办公室副主任赵银虎等到荫城、苏店片走访委员。

4月12日，县政协组织部分科技界和农业界委员对全县玉米战略和蔬菜种植实施情况进行视察调研。

5月5日,县政协召开十一届四次常委会议。

5月6日,省政协文史委主任李裕民等来本县考察羊头山炎帝遗迹,县政协主席郝审成等陪同。

5月15日至17日,长治县政协第十一届第三次会议召开。

5月下旬,县政协视察全县农副产品加工情况。

8月25日,县政协对全县工业经济增长点培植情况进行视察。

9月8日,县政协召开各界人士中秋佳节座谈会。

10月11日至13日,长治市十三县(市、区)政协第十次联谊会在长治市郊区政协召开。本县政协副主席陈一评、办公室主任赵银虎等前往出席,并在会上做了题为《抓重点、重实效、提高参政议政的质量》的大会发言。

10月14日,县政协副主席陈一评、办公室主任赵银虎到县焊条厂进行视察调研。

11月3日,县政协召开十一届五次常委会议。

## 1996年

1月30日,市政协来本县视察三胞联谊工作。

2月6日,县政协组织巡回医疗队慰问农村贫困户、五保户和特级残废军人。

2月9日,县政协召开迎春茶话座谈会。

3月29日,县政协主席郝审成,副主席花明新、傅怀珠参加省政协七届四次会议。

5月20日,县政协召开十一届六次常委会议。

5月26日,县政协召开十一届四次会议。

6月13日至21日,县政协主席郝审成,副主席张贵祥、张守孝和畜牧局、农工部、政协部分常委、委员对全县畜牧业发展状况进行视察调研,并提出了《关于我县畜牧业发展情况的报告》。

6月27日至28日,江苏省洪泽县政协副主席周永法等来本县考察食用菌培育和市场销售等有关情况,县政协主席郝审成、副主席张守孝、办公室主任赵银虎等陪同考察。

7月3日,市政协副主席赵怀卿等人来本县视察食品检疫和生猪屠宰点,县政协副主席张守孝等参加视察。

7月3日,在全省旅游资源调研论文征集活动中,长治县政协撰写的《长治县旅游资源初探》一文荣获论文奖。

7月3日,市政协副主席王怀中一行来本县视察卫生医疗工作,县政协副主席、统战部长张贵祥,县卫生局党委书记李保清陪同。

7月11日,中共长治市委政协工作会议在长治宾馆召开。县政协主席郝审成、办公室主任赵银虎前往参加。

8月9日,县政协开展以“净化社会环境”为主要内容的精神文明建设情况调研活动。

9月16日,县政协召开各界人士中秋佳节座谈会。

11月18日,县政协举办巡回果树技术义务培训活动。

12月23日,县政协组织农林界部分委员对全县经济林发展状况进行调研视察。

## 1997年

1月7日,县政协召开主席、副主席办公会议。

1月13日,县政协召开第十一届七次常务委员会议。

1月27日,县政协主席、副主席分别参加县政府组织的访贫问寒慰问活动。

1月30日,县政协召开一年一度的各界人士以及台属春节茶话会。

2月1日,县政协经济委员会和学习联络委员会组织部分医疗界委员到各乡镇进行巡回医疗服务活动。

2月3日,县政协主席郝审成和办公室主任赵银虎等一行慰问历届退休主席、副主席和常委。

3月5日,县政协召开十一届常务委员会八次会议。

3月6日,县政协召开主席、副主席办公会议。

3月25日至27日,县政协召开十一届五次会议,会议通过了各项议程、日程,并通过无记名投票方式,增补贾圪堆为县政协副主席,裴秋虎为县政协常委。

8月18日,市政协组织部分政协委员、有关部门负责人和专家,由市政协主席戴海水、副主席简世祥带队对全县部分国有中小企业改革进行调研视察,县政协主席郝审成,副主席陈一评、张守孝及县有关部门负责人陪同视察。

9月12日,县政协和对台办联合召开各界人士及台属中秋座谈会。

9月13日,长治市政协提案委副处长陈永忠、李过则等来本县政协视察培训情况,并对提案工作作了详细安排。

9月16日,县政协召开第十一届九次常务委员会议。

10月7日,市政协提案委员会主任杨大琛,副主任陈永忠、杨栖莺来本县对驻县市政协委员进行提案知识培训。

10月10日至11日,县政协主席郝审成等前往长子县政协参加十三县(市、区)政协联谊会十二次会议。

12月3日,县政协组织部分政协委员和有关人士,由主席郝审成,副主席、统战部长张贵祥带队,针对本县农业产业化经营管理情况到各乡镇调研视察,事后形成《关于我县农业产业化的调查报告》,呈报县委、县政府。

## 1998年

1月21日,县政协召开各界人士迎春茶话会。

3月,县政协对县营企业改制情况调研。

5月11日,县政协召开十一届十次常委会议。

5月17日至20日,县政协召开县政协十二届一次全委会,选举贾圪堆为主席,选举陈一评、牛二锁、张守孝、牛外则为副主席。

5月29日,县委调整县政协党组,贾圪堆任县政协党组书记。

6月15日,市政协副主席简世祥等一行到本县视察个体私营企业,县政协主席贾圪堆、副主席张守孝等陪同视察。

6月25至26日,县政协对个体私营企业发展情况调研。

7月28日,县政协召开十二届一次常委会。

9月7日至8日,县政协主席贾圪堆、提案委副主任王照星,前往参加在屯留县召开的长治市政协系统提案工作经验交流会,并作了《抓好三个转变,提高提案质量》交流发言。

8月31至9月4日,县政协对实施科教兴县和人才战略情况调研。

9月30日,县政协召开各界人士中秋座谈会。

11月10日至12日,县政协对全县部分龙头企业视察。

10月17日,市政协对本县台属个体私营经济实体的经营状况进行调研,县政协主席贾圪堆,副主席、统战部部长牛外则陪同调研。

## 1999年

2月8日,县政协召开各界人士春节茶话会。

3月22日,县政协召开县政协主席会议,规范政协有关工作。

5月7日,县政协召开县政协十二届三次常委会。

5月16日至18日,县政协召开十二届二次全委会。

5月28,市政协到县职业高中,就职业教育发展情况进行视察调研。

8月2日至9月5日,县政协举办建国50周年和人民政协成立50周年书画展览。

8月5日,县政协召开十二届四次常委会。

8月20日至9月18日,县政协组织政协委员及各界人士举办纪念人民政协成立50周年知识竞赛。

9月23日,县政协召开全县各界人士中秋座谈会。

10月27日,县政协召开县政协十二届五次常委会。

11月15日,县政协组织部分委员就全县农民增收情况进行专题调研。

## 2000年

1月12日至13日,县政协进行春节前巡回义诊活动。

1月28日,县政协召开各界人士迎春茶话会;

6月14日,县政协召开县政协十二届六次常委会;

6月15日，原经济建设委员会更名为“经济与人口资源环境委员会”；原政教文史委员会更名为“科教文卫体委员会”；原学习联络委员会更名为“学习联络和法制委员会”。

7月4日，县政协党组开展警示教育活动。

7月19日至21日，县政协召开县政协十二届三次会议。

8月10日，省政协副主席张正明、县政协主席贾圪堆陪同英国牛津大学柯大卫博士在本县东火村考察古代乡规民约制度。

8月25日，县政协党组召开“三讲”教育民主生活会。

9月11日，县政协召开各界人士中秋茶话会。

9月19日至20日，县政协对全县农村基础教育现状开展调研。

11月2日，县政协党组召开警示教育民主生活会。

12月5日至6日，市政协九届二十次常委会议在本县召开。

## 2001年

1月11日至12日，县政协组织医疗界委员由主席贾圪堆、副主席陈一评带队分别到本县西火、贾掌等贫困山区搞巡回医疗，为贫困百姓免费送医送药。

1月15日，县政协主席贾圪堆、办公室主任赵银虎等到长治市慰问县政协驻市离退休老干部。

1月16日，县政协召开各界人士迎春茶话会。

1月18日，县政协主席贾圪堆，副主席陈一评、张守孝等分别对县政协机关离退休老干部职工进行节前慰问。

3月4日，县政协成立政协机关“三个代表”重要思想学习教育活动领导组。

3月24日，县政协赵银虎、李生贵等机关干部响应市委机关“下基层联系农户”号召，到石炭峪村了解村民种植养殖情况及社情民意。

3月29日，县政协副主席陈一评、牛外则等到西池乡调研当地香菇培植、小尾寒羊饲养情况。

4月28日，县政协召开县政协十二届七次常委会议。

6月27日，县政协组织部分委员对本县水库水资源开发利用和保护状况进行专题调研。

7月4日，市政协副主席简世祥等一行到本县视察调研水库资源情况，县政协主席贾圪堆陪同。

7月20日至26日，市、县政协联动对引深创造环境，促进公正执法问题开展视察调研。

8月16日，长治市郊区政协主席李秋莲、副主席关迷苟带政协机关一行9人，到本县考察学习，县政协主席贾圪堆陪同参观，并相互交流了政协工作经验。

8月29日，县政协召开十二届八次常委会议，研究召开十二届四次全体会议有关事宜。

9月5日至7日，县政协召开十二届四次全体会议。

9月27日，县政协召开各界人士中秋节茶话会。

10月10日至12日，县政协对本县农村经济结构调整暨农民增收情况进行调查。

11月9日，县政协主席贾圪堆、办公室主任赵银虎等到荫城镇石炭峪村调研当年农民收入及农副业发展情况。

## 2002年

2月4日,县政协召开各界人士迎春茶话会。

2月5日至6日,县政协开展巡回义诊活动。

3月7日至10日,县政协召开十二届五次会议。在此次会议上,补选申有宝、鲍金章为政协副主席。

3月21日,县政协为荫城镇石炭峪村送去5吨水泥,帮助该村硬化街道。

3月25日,县政协主席贾圪堆带政协机关各委室主任等一行到南宋乡东掌村、小峪沟、八仙岭调研大棚桃种植及经济林建设情况。

5月15日至16日,县政协对本县基础教育现状开展调研。

5月17日,全市政协工作会议在武乡县召开,本县政协参加了此次会议。

5月22日至23日,市政协文史委主任尹钟子同南开大学导师来本县调研地方方言。

5月24日,市政协副主席曹焕兰等一行到本县对领导干部转变作风情况进行调研。

5月31日,县政协办会同县委、县政府两办在县政府小会议室召开"提案办理协调会议"。

6月6日,县政协主席贾圪堆带领有关人员在本县荫城镇调研当前农村农忙情况。

6月10日,市政协办公厅原副秘书长崔盼旺等一行4人,到本县对特种植物、树种花卉种植进行调研。

8月27日至31日,县政协对本县旅游资源开发现状开展调研。

9月18日,县政协召开各界人士中秋节茶话会。

11月26日至29日,县政协针对加入WTO后经济建设调整情况进行调研。

## 2003年

1月15日至16日,县政协在荫城镇、郝家庄乡开展巡回义诊活动。

1月18日,市政协办公厅副秘书长连正元等来本县走访驻县市政协委员。

1月24日,县政协召开迎春茶话会。

3月22日,市政协副主席曹焕兰、秘书长苏里平一行,带调研组来本县对实施市"百强工程"及需要重视的一些问题进行调研。

6月24日至27日,县政协召开十三届一次会议,选举傅永祥为主席,选举牛外则、申有宝、鲍金章、李志文为副主席。

7月8日至7月9日,县政协就乡镇政府转变职能进行视察调研。

7月12日,县政协就开展走新型工业化道路专题调研。

9月2日至5日,县政协就全面推进农村小康建设专题调研。

9月10日,县政协召开中秋节茶话会。

12月3日至4日，县政协就全县民营企业现状专题调研。

## 2004年

1月8日至9日，县政协开展巡回义诊和慰问活动。

1月13日，县政协召开全县各界人士春节茶话会。

2月26日，县政协召开十三届二次常委会议。

3月2日，省政协副主席边鸣涛来本县振东集团金晶药业有限公司进行调研。

4月6日，县政协召开县政协老干部工作座谈会。

4月14日，由县政协提案委牵头会同有关部门共同组织对提案承办情况进行调研。

6月3日，由申有宝、鲍金章两位副主席带队参加在潞城市召开的长治市十三县(市、区)政协联谊会。

6月18日，省政协副主席周然、市政协主席常福江、副主席曹焕兰等到本县劳动和社会保障局、民政局、财政局及有关部门就促进社会保障体系建设进行考察调研。县政协主席傅永祥陪同视察。

6月18日，县政协召开十三届三次常委会议。

6月25日至27日，县政协召开十三届二次全委会议。

7月16日，县政协对全县的社会保障体系建设进行专题调研。

8月11日，县政协召开十三届四次常委会议，贯彻市政协工作会议精神并安排有关工作。

9月23日，县政协召开全县各界人士中秋茶话会。

9月23日，市政协组织召开纪念人民政协成立55周年理论研讨会，本县政协花明新、傅怀珠、赵银虎撰写的论文在会上获奖。

10月10日，中共长治县委召开政协工作会议，并印发《关于进一步加强新时期人民政协工作的决定》。

10月12日，县政协对县城建设进行专题视察。

10月19日，县政协组织部分委员、离退休老干部和机关干部到外地考察学习。

10月29日至30日，县政协主席傅永祥、办公室主任赵银虎及韩金保、李有生等参加在黎城县召开的长治市十三县(市、区)政协联谊会。

11月9日，县政协主席傅永祥前往市政协参加长治市建市60周年暨市政协成立50周年庆祝活动。

12月3日，根据市政协安排部署，县政协组织部分县政协委员和民主党派代表对农民减负增收问题开展了为期10天的专题调研。

12月21日，县政协召开十三届五次常委会，学习《中共中央关于加强党的执政能力建设的决定》，研究《关于我县农民减负增收问题的调研报告》及关于成立乡镇政协工作委员会有关事宜。

12月26日，市政协主席常福江带队来本县进行减负增收调研，县政协主席傅永祥陪同市政协调研组到有关乡镇进行调研。

12月30日，各乡镇举行“乡镇政协工作委员会”挂牌仪式。

## 2005年

1月12日至13日，县政协深入西火镇、东和乡开展巡回义诊活动。

1月24日，市政协来本县走访驻县市政协委员，并召开了征求意见座谈会。

1月31日，县政协召开全县各界人士春节茶话会。

2月4日，县政协开展以实践“三个代表”重要思想为主要内容的保持共产党员先进性教育活动。

4月13日，县政协召开十三届六次常委会，传达省政协五届三次全会精神和市政协十届四次会议精神，研究确定县政协十三届三次会议召开事宜。

4月18日至20日，县政协召开十三届三次会议。

5月24日，市政协召开信息、文史工作会议，并安排纪念长治建市60周年、政协成立50周年有关工作，县政协赵银虎、王树芳参加会议。

6月9日至10日，县政协主席傅永祥带队到沁源参加长治市政协十三县(市、区)联谊会。

6月20日，市政协主席常福江带队来本县就非公有制企业贯彻《中华人民共和国劳动法》有关情况进行专题调研，县委副书记、县长关小平，县委副书记崔惠斌，政协副主席牛外则、鲍金章等陪同调研。

6月21日，县政协召开十三届七次常委会，传达省、市信息工作会议精神，研究讨论县政协“关于加强信息工作的意见”，通报政协《保持共产党员先进性教育整改方案》。

6月23日，县政协召开信息工作会议，传达省、市政协信息工作会议精神，宣读政协常委会《关于进一步加强政协信息工作的意见》，宣读政协关于《政协信息考核奖励办法》，为特邀信息员颁发聘书。

7月1日，县政协组织机关共产党员到红旗渠参观学习。

8月4日，县政协对县城在建工程项目进行视察。县政协主席傅永祥，副主席牛外则、申有宝、李志文参加，政府分管副县长李安虎陪同视察。

9月16日，县政协召开本县各界人士中秋茶话会。

9月21日，长治市十三县(市、区)政协联谊会在武乡县召开。

9月22日，长治市政协主席常福江带队一行13人来本县就工矿企业节约和保护自然资源、发展循环经济、推进百强调产进行专题视察和调研。县政协主席傅永祥，副主席牛外则、李志文陪同调研。

10月10日，县政协召开政协信息工作培训会。

10月14日，县政协召开十三届八次常委会议，学习《中国共产党第十六届中央委员会第五次全体会议公报》，讨论关于开展推进节约资源、循环经济、百强调产的专题调研报告及人事任免等事宜。

11月16日，省政协副主席阎爱英一行在市政协副主席曹焕兰、县领导常光明、关小平、傅永祥等陪同下，视察了县城新建三纵三横道路工程和黎都公园建设工程。

11月20日至21日，县政协主席傅永祥、办公室主任赵银虎赴太原参加省政协报刊发行工作会议。

12月8日，由县政协主席傅永祥带队，会同其他副主席及有关单位负责人、部分政协委员对本县新农村建设情况进行视察。

12月13日至20日，县政协组织机关全体干部，由政协主席傅永祥、副主席李志文带队，分两组深入基层开展看望和走访政协委员活动。

12月16日，县政协机关领导及全体干部、职工，向灾区捐款捐物，共计人民币980元，物品81件。

## 2006年

1月7日，县政协主席傅永祥参加省政协九届四次会议。

1月19日至20日，县政协深入郝家庄乡、苏店镇部分偏僻村庄，开展为贫困患者义诊活动。

1月24日，县政协召开迎春茶话会。

3月16日，县政协主席傅永祥率机关各委室主任到韩店村讲党课，宣传中央一号文件。

3月24日，县政协老委员联谊会召开三届一次会议。

4月23日，市政协副主席任铎夫到本县科工贸园区进行视察调研，县长关小平、政协主席傅永祥、副县长王明德陪同。

5月10日，县政协召开十三届九次常委会议。

5月12日，省委统战部副部长薛永辉在市委常委、统战部长赵志忠陪同下，就非公有制经济发展情况和存在的问题到本县进行调研，县政协副主席、统战部长牛外则陪同调研。

5月19日，县政协召开十三届四次全委会议。

6月28日，县政协组织机关离退休老干部，集中贯彻学习《中共中央关于进一步加强政协工作意见》暨县委书记常光明在县十届一次党代会上的讲话。

7月1日，县政协组织机关全体党员赴平顺县西沟革命教育基地接受再教育活动。

7月6日，省政协副主席阎爱英在市政协领导陪同下，到本县对小城镇建设和新农村建设情况进行调研，县政协主席傅永祥陪同参加了调研。

7月16日，县政协邀请县直有关部门及部分政协委员召开"机关作风整顿"征求意见座谈会。

7月20日，市政协秘书长柴守忠、副秘书长连正元、信息科科长姚泽荣等人来本县指导检查信息工作，政协主席傅永祥、副主席李志文、办公室主任赵银虎陪同检查。

7月26日，市政协主席常福江一行就社会主义新农村建设到本县调研。县长关小平，政协主席傅永祥、常务副县长张向东及市、县相关部门负责人陪同调研。

8月9日至10日，县政协主席傅永祥、副主席李志文、办公室主任赵银虎等赴长子县参加长治市十三县(市、区)政协联谊会议。

8月19日，襄垣县政协主席武如水一行50余人来本县参观学习社会主义新农村建设。县委副书记崔惠斌、县政协主席傅永祥、副主席牛外则陪同参观。

8月24日，根据省、市政协工作精神，县政协主席傅永祥、副主席申有宝带队，邀请部分政协老委员于8月24至27日对教育、科技、文化卫生、体育几个部门进行了调研。

9月8日，县政协组织机关离退休暨退居二线老干部，学习讨论县委办《关于在全县开展纪念红军长征胜利70周年宣传教育活动的方案》。

9月14日，县政协召开十三届十次常委会。

9月25日，祁县政协副主席赵怀柱带队一行几十人来本县参观、学习新农村建设。

10月10日，县政协被省政协授予“2006年度全省政协工作宣传先进单位”称号。

10月26日，市政协副主席魏武及市政协秘书长柴守忠带领市政协部分委员，就推进工业新型化情况到本县调研，县长关小平、政协主席傅永祥陪同调研。

11月14日至15日，长治市十三县(市、区)政协联谊会第九次会议在本县召开。

11月20日至22日，县政协主席傅永祥赴省城太原参加《山西政协报》发行座谈会暨全省政协工作经验交流会。

## 2007年

1月15日，县政协组织走访慰问委员活动。

1月23日，在市政协组织的“庆祝市政协成立50周年书画展义卖暨慈善捐赠仪式”上，本县雄山煤炭有限公司、王庄煤矿分别出资20万元、10万元收藏名家书画作品197件，县政协主席傅永祥，副主席申有宝、鲍金章、李志文出席了义卖捐赠仪式。

1月24日至25日，县政协深入到西火镇、南宋乡等偏僻贫困村，进行巡回义诊和慰问活动。

2月28日，县政协召开主席办公会议。

3月9日，县政协召开县政协十三届十一次常委会。

4月23日，县政协召开十三届十二次常委会。

4月26日，县政协召开长治县政协信息工作会议。

4月27日，县政协召开县政协十三届部分离任委员座谈会。

5月11日，县政协召开十三届十三次常委会。

5月14日至17日，县政协召开十四届一次会议，选举傅永祥为主席，选举牛外则、申有宝、鲍金章、李志文为副主席。

7月16日，由省政协副主席阎爱英带队，组织部分人士来本县视察新农村建设。市政协主席王云亭、副主席魏武与县委书记常光明、县长关小平、县政协主席傅永祥陪同视察。

7月20日，县政协主席傅永祥带队参加在屯留县召开的长治市十三县(市、区)政协联谊会。

7月24日至25日，县政协视察县农村义务教育经费保障和落实及城乡基层医疗体系建设情况。

8月1日，长治市政协召开全市政协系统信息工作座谈会，县政协办公室主任赵银虎、学法委副主任张建忠参加了会议。

8月3日，县政协召开十四届一次常委会。

8月7日，县政协教科文卫体委员会被市政协评为“晋商史料征编工作”先进工作单位。

8月16日，县政协对本县农村社保体系建设情况进行了专题调研。

8月27日，县政协组织部分政协委员对本县“三化”建设项目进行专题视察，县政协主席傅永祥、副主席牛外则、申有宝、鲍金章、李志文等参加了视察。

8月28日，县政协编辑并出版了《历程》、《峥嵘岁月》、《长治县潞商》等书刊，被省政协分别授予一、

二、三等奖，被授予“2003至2007年文史工作先进单位”称号。

9月20日至23日，县政协举办十四届委员培训班。

10月13日，县政协组织部分政协常委、机关工作人员赴江西、湖南等地进行实地考察学习。

11月4日，县政协搬迁新办公楼办公，并举行了挂牌仪式。

11月16日，县政协组织部分政协常委和委员就本县的环境保护与生态建设情况进行调研。

11月18日，县政协傅永祥主席带队参加在壶关县政协召开的长治市十三县(市、区)联谊会，并在大会上发言。

11月29日，县政协召开十四届二次常委会议。

## 2008年

1月12日，县政协协同市政协到南宋乡、荫城镇部分偏僻村庄，为贫困患者进行义诊和慰问活动。

1月16日，县政协开展走访委员和慰问老干部活动。

2月1日，县政协召开各界人士中秋茶话会。

3月11日，长治市城区政协主席杨栖莺、副主席常红兵一行12人来本县考察交流。傅永祥主席等陪同到南宋乡五凤楼、西火镇城隍庙、县城黎都公园等地进行了视察。

4月9日，政协主席傅永祥带领有关委员对本县畜牧养殖业情况进行专题调研视察。

4月18日，全市政协工作座谈会在本县召开。市政协主席王云亭、党组书记王斗林、秘书长柴守忠等参加了会议并作了重要讲话。县委书记常光明、副书记崔惠斌到会致欢迎词。各县(市、区)政协主席出席了会议。

4月25日，县政协主席傅永祥，副主席申有宝、鲍金章、李志文带领部分政协常委、委员对全县环境保护与节能减排情况进行专题调研。

5月7日，县政协在主席傅永祥，副主席申有宝、鲍金章带领下，对本县农村劳动力转移情况进行了专题调研。

5月9日，县政协为加强信息工作，特面向社会公开招聘了2名政协信息员。

5月15日，县政协全体干部、职工积极响应号召，踊跃向四川灾区人民献爱心，共计捐款62750元。

5月20日，长治市政协召开2007年度信息工作表彰会，本县政协荣获“2007年度反映社情民意信息工作三等奖”。

5月27日，长治县精神文明建设会议召开，县政协在创建精神文明活动中被评为“文明单位”。

6月13日，县政协全体机关人员赴大同市政协、宁武县政协进行联谊交流活动。

6月18日，政协第十四届长治县委员会常务委员会第三次会议在政协常委会议室召开。会议确定政协第十四届长治县委员会第二次会议于6月24日至26日在县城召开。

6月24日，政协第十四届长治县委员会第二次会议在县政协会议室胜利召开。

6月27日至28日，十三县(市、区)政协联谊会第十二次会议在平顺县举行。县政协主席傅永祥、副主席申有宝、办公室主任赵银虎等参加了会议。

7月3日，省政协常委、农村委主任刘俊谦、副主任杨宝明及市政协副主席赵春英、党组书记王斗林等，在副县长张向东、政协主席傅永祥的陪同下，对本县城乡统筹、促进农村劳动力转移、增加农民收入情况进行了调研。

7月18日，市政协主席王云亭带领20余名政协委员对本县通道绿化工作进行了视察。县政协主席傅永祥陪同视察。

8月21日，县政协主席傅永祥、副县长李安虎与部分市政协委员，深入困难家庭郑丽琴家进行送温暖帮扶慰问活动。

8月29日至31日，市政协组织全市政协系统举行庆奥运乒乓球比赛，县政协台侨委主任李春萍带队前往参加。

9月3日，全市十三县(市、区)政协主席工作座谈会在襄垣召开，县政协主席傅永祥前往参加。

9月12日，县政协各界人士迎中秋茶话会在县宾馆召开。

9月18日，市政协主席王云亭带领20余名政协委员来本县视察禽畜规模养殖工作，县政协主席傅永祥陪同视察。

9月25日，由傅永祥主席带队，县政协组织部分常委、委员对县城集中供热情况进行了专题调研。

10月17日，县政协主席傅永祥，副主席牛外则、申有宝、鲍金章及政协常委对县医院工作情况进行专题调研。

10月20日，市政协对全县煤炭企业及非煤矿山和化工企业的安全生产情况进行了专题调研。县政协主席傅永祥、副县长王明德陪同调研。

11月5日，政协第十四届长治县委员会召开第五次常委会议。

11月5日，由市政协、市委宣传部、长治太行书画院共同举办的纪念改革开放30周年“三元杯”书画摄影作品展在市旭源家居广场开展。县政协副主席申有宝，办公室主任赵银虎，委员王华栋、焦万君等人的书画作品入展。

11月19日，为解决全县中小企业发展现状及面临的一些困难，县政协对部分中小企业进行专题调研。

12月16日，市政协十一届七次常委会议在本县召开。

12月24日，中共长治市委召开全市政协工作会议，中共长治县委被受予“重视政协工作先进单位”称号。

12月24日至25日，县政协到韩店镇桥沟村、东和乡中和村开展义诊和慰问活动。

## 2009年

1月5日至7日，政协主席傅永祥带领机关有关人员对基层委员进行了走访，了解他们的工作和履职情况。

1月20日，本县新春团拜会在县宾馆举行。县四套班子领导与社会各界人士欢聚一堂，共迎新春。

3月18日，县政协主席傅永祥，副主席申有宝、鲍金章、李志文及各专委会有关人员，到华泰水泥熟料有限公司进行了专题学习和调研。

3月19日，按照县委安排布署，县政协召开深入学习实践科学发展观活动动员大会。

3月27日，按照开展学习实践科学发展观活动关于搞好调研的要求，县政协傅永祥主席带领政协专委会负责人及有关人员深入到农业局、劳动保障局及部分乡镇和村庄，就本县农村劳动力就业现状进行了专题调研。

4月13日至14日，市政协副主席赵春英、闫建国与部分市政协常委到本县就中小企业发展情况进行专题调研。县委书记常光明、县长裴少飞、副县长张向东、县政协主席傅永祥陪同调研。

4月21日，省政协常务副主席郭良孝带领省政协调研组，对本县中小企业发展情况进行专题调研。市委书记杜善学，市委常委、秘书长李东峰，市政协主席王云亭，副主席杜保和，县委书记常光明，县长裴少飞，县政协主席傅永祥等陪同调研。

4月24日，县政协主席傅永祥、副主席申有宝带领部分政协常委和委员，对本县新型农村合作医疗工作情况进行专题调研。

4月28日，县政协召开信息工作会议，对2008年度优秀信息工作者进行表彰奖励。

5月6日，县政协召开政协十四届六次常委会议。会议研究确定政协第十四届长治县委员会第三次会议召开时间及会议有关事项、审议政协常委会工作报告和提案工作报告等。

5月11日至13日，县政协第十四届三次会议在县鑫华生态园召开。

6月16日，九届全国政协副主席王文元，在省政协副主席刘殿生、市政协主席王云亭等陪同下，到本县西火镇荆圪道村、东庄村调研视察新农村建设情况。县委副书记崔惠斌、县政协主席傅永祥陪同调研。

6月18日至20日，政协主席傅永祥，副主席申有宝、鲍金章带领部分常委、委员对全县创业就业工作进行专题调研。

6月26日，县政协召开十四届七次常委会议。会议讨论通过了《我县创业就业情况专题调研报告》、《政协委员履行职能管理办法》等。

7月20日，省政协副主席李潭生带领省民族宗教界委员，在市政协主席王云亭等陪同下，来经坊煤业进行调研视察，县政协主席傅永祥等陪同调研。

7月28日，县政协邀请本县部分社会知名人士和政协委员召开座谈会，对县城"2009—2030"战略发展规划征求意见。政协主席傅永祥、副主席申有宝参加了座谈。

8月13日，在本县开展的"科学发展我来谈"大讨论活动中，政协主席傅永祥，副主席申有宝、鲍金章带领政协机关人员及各乡镇工委主任到襄垣县参观学习。

8月20日，县政协组织部分政协常委、委员对成功淮海发动机项目、长晋高速池里出口、千亩园林改造工程、综合体育馆等重点工程进行了专题视察。政协主席傅永祥，副主席申有宝、鲍金章、李志文参加视察。

9月19日，省政协副主席周然等一行来本县对高河煤矿工程建设情况进行调研视察。市政协秘书长柴守忠、县政协主席傅永祥陪同调研视察。

9月27日，为庆祝新中国成立60周年和人民政协成立60周年，县政协、县委宣传部、县文联联合举办书画民间艺术作品展。县政协主席傅永祥，副主席牛外则、申有宝出席并参观展览。

9月29日，县政协在县宾馆召开庆祝县政协成立60周年暨迎中秋茶话会。

10月23日，政协主席傅永祥，副主席牛外则、申有宝、鲍金章、李志文，带领部分政协常委、委员和机关各委室负责人对本县电力工作进行专题视察。

11月26日，县政协召开十四届八次常委会议，专题学习了《胡锦涛同志在庆祝中国人民政治协商会议成立60周年大会上的讲话》及《中共中央关于加强和改进新形势下党的建设若干重大问题的决定》。

12月8日，市政协副主席秦跃晋、魏武带领市政协调研组，对本县卫生部门的工作情况进行专题视察。县政协主席傅永祥陪同视察。

12月21日至22日，县政协主席傅永祥、副主席申有宝，带领医卫界政协委员深入到八义镇、北呈乡部分村开展医疗巡回义诊活动，并走访慰问了部分特困家庭。

12月23日，县政协组织部分政协常委、委员对全县计生工作进行专题视察。政协主席傅永祥，副主席牛外则、申有宝、鲍金章、李志文参加了视察。

## 2010年

1月12日，县政协组织部分政协委员对本县民办教育工作进行调研。政协主席傅永祥，副主席牛外则、申有宝、鲍金章参加了调研。

1月18日至21日，县政协主席傅永祥带领机关有关工作人员对基层委员进行走访，了解他们的工作情况和履职情况。

2月8日，本县新春团拜会在县宾馆举行。县四套班子领导与民主党派、工商联、各人民团体、无党派人士等社会各界人士欢聚一堂，共迎新春。县政协主席傅永祥主持团拜会。

3月11日，县政协组织部分委员对本县天下都城隍景区建设进行了专题视察。政协主席傅永祥，副主席牛外则、申有宝、鲍金章、李志文参加了专题视察。

3月24日，市政协副主席秦跃晋带领市政协有关委员来本县对国税部门工作进行调研。政协主席傅永祥陪同调研。

4月14日，省政协副主席令政策来本县就进一步促进文化产业发展进行专题调研。市委书记杜善学，组织部长王维卿、市政协主席王云亭，市委常委、秘书长李东峰，市政协副主席杜保和以及县委书记、县长裴少飞，副书记崔惠斌，县委常委、宣传部长魏俊英，县政协主席傅永祥陪同调研。

5月5日，县政协召开十四届常委会第九次常委会议，审议通过县政协十四届四次全会时间、工作报告、提案报告及报告人、秘书长名单等；调整了部分委员；县政府办通报了提案办理情况。

5月10日至13日，县政协第十四届委员会第四次会议在县鑫华生态园召开。

6月22日，中华千秋和谐天下都城隍祈福节暨长治县首届文化旅游节在本县隆重举行。国家、省、市有关领导及有关人员参加了开幕式。活动总指挥县政协主席傅永祥主持开幕式。

6月24日，市政协副主席魏武带领市政协有关委员来本县就煤矿兼并重组后的工作进展情况进行调研。县政协主席傅永祥、副县长王明德陪同调研。

7月30日，县政协主席傅永祥，副主席牛外则、申有宝、鲍金章、李志文带领部分政协委员对全县新农村建设工作进行专题调研。

8月12日，市委督查组来本县对贯彻落实市委政协工作会议精神进行督查。县委副书记崔惠斌，政协主席傅永祥、副主席牛外则陪同。

8月13日,县政协召开十四届常委会第十次常委会议。会议学习省委书记袁纯清在全省领导干部大会上的讲话，通报了全县2010年前半年农业工作情况，审议了《关于对我县新农村建设工作的调研报告》,确定了民主评议单位。

8月24日,全国政协副主席张榕明一行在省政协副主席韩儒英陪同下,来本县就文化产业发展进行视察调研。市委书记杜善学,市政协主席王云亭、副主席阎建国,县委书记裴少飞,县政协主席傅永祥陪同视察调研。

9月6日至9日,县政协主席傅永祥,副主席牛外则、申有宝、鲍金章、李志文参加了县委组织的到内蒙古鄂尔多斯、陕西榆林、山西大同、右玉等地的参观学习。

9月10日,十届全国政协副主席、中国国土经济学会理事长、全国低碳国土实验区指导委员会主任张怀西率全国低碳经济考察团一行,在省政协副主席卫小春陪同下来本县进行调研。市政协主席王云亭,副主席赵春英,县委书记、县长裴少飞,县政协主席傅永祥,副主席牛外则陪同调研。

9月16日,县政协在文化中心演艺厅举办主题为“政协委员争做解放思想的先锋,争当转型跨越发展的领头雁”的学习省委书记袁纯清重要讲话精神专场论坛会。

9月28日,县政协在政协常委会议室召开台属座谈会,县政协主席傅永祥、副主席鲍金章出席了座谈会。

10月10日,县政协荣获2010年度全省文史工作宣传先进单位三等奖。

11月8日,县政协傅永祥主席到“六个一”活动联系点韩店镇黎岭村就开展创先争优活动和发展农村经济进行调研。

11月17日,县政协组织部分政协委员对本县成功集团、华泰水泥熟料厂、易通公司、振东公司、天下都城隍等重点工程项目进行视察。政协主席傅永祥、副主席牛外则、申有宝、鲍金章、李志文参加了视察。

12月2日,县政协在政协常委会议室召开民主评议县卫生局总结测评会。政协主席傅永祥,副主席牛外则、申有宝、鲍金章以及政协常委、部分委员等共40余人出席了会议。

12月9日,市政协副主席赵春英带领市政协调研组来本县就失地农民生活保障问题进行调研。县政协主席傅永祥,副县长县张向东、李安虎陪同调研。

12月14日,全市政协老委员联谊会座谈会在本县召开,各县(市、区)政协老委员联谊会负责人及有关人员参加了会议。市政协副主席秦跃晋、县政协主席傅永祥出席会议并分别讲话。

12月23至24日,县政协主席傅永祥带领有关医卫界委员深入到贾掌镇、荫城镇部分农村开展巡回义诊活动。

# 第一编

会议是人民政协履行职能的主要形式，是政协组织开展工作的主要载体，也是政协委员履行自身职责的主要途径。根据政协章程和相关配套规章制度的规定，长治县政协现有的会议主要有：全体委员会议、常务委员会议、主席会议、专题协商会、座谈会、茶话会以及以党组名义召开的有关会议、各专门委员会召开的会议等。本编仅收录了长治县政协全体会议、全体委员会议、常务委员会议、主席会议及历届各代会。

# 第一章　各代会

各界人民代表会议(简称各代会)是新中国建国初期国家政权建设的一种组织形式,参会代表一部分由各界人民协商产生,一部分由人民政府特别邀请,是人民民主统一战线的组织形式,是县政协的前身。其常设机构具有协商提出建议和协助政府工作的职能。长治县第一届各代会第一次会议于 1949 年 10 月下旬在县城(今长治市区)召开。第二届各代会于 1952 年 9 月召开,两届各代会共召开了 17 次会议。各代会的机构模式与工作方式,为以后长治县政协参政议政、履行职能奠定了基础。

## 第一节　第一届各代会

长治县第一届各代会从 1949 年 10 月到 1952 年 9 月,共召开了 12 次会议。

第一届各代会第一次会议于 1949 年 10 月下旬在县城(今长治市)召开,会议决定原长治县民主政府改称为长治县人民政府,原长治县民主政府县长鲍德山任长治县人民政府县长。本次会议,标志着本县新政权机构的建立开始,为政协长治县日后发展奠定了基础。

第一届各代会第二次会议于 1949 年 12 月 19 日上午正式召开,会期三天半。此次会议,应出席会议代表 189 人。县长鲍德山首先向大会作了政府一个半月来的工作报告,各代表分小组讨论后大会发言,在肯定成绩的同时,对政府工作提出了批评。会议还就 1950 年度地方粮款收支概算进行了认真讨论,并提出了意见。大会还听取了劳模曹林水在天津参观时受到毛主席接见的情况介绍,中共长治县委书记王朝进介绍了中苏友好与成立中苏友好长治协会的意义。21 日大会通过决议,就如何贯彻决议进行讨论,22 日中午散会。这次会议首先解决了群众最关心最迫切需要解决的当年负担问题,真正反映了各方面群众的意见,表现了政府是实心实意为老百姓办事的政府,深得代表拥护,进一步密切了政府与人民的关系。

第一届各代会第三次会议于 1950 年 2 月召开。

第一届各代会第四次会议于 1950 年 3 月 24 日—3 月 27 日召开。

第一届各代会第五次会议于 1950 年 7 月 24 日召开,会期 3 天。中心议题是审查政府 3 个月来的工作,布置当前工作任务,包括制定农村生产方针和方向,贯彻 1950 年增产计划并通过夏征办法,以组织生产自救渡过夏荒。同时,以民主票选办法补选各代会常务委员,推选参加山西省各界人民代表会议第二次政治协商委员会列席代表。本次会议应出席代表 195 人,实出席代表 137 人,会议召开前曾召开过两次预备会。首次预备会于当月18日召开，讨论了各代会召开时间、审查出席代表、改选补选个别代表等事项。第二次预备会于当月23日召开，确定第五次会议的内容和会议议程。在参会代表报到时，各代会常务委员到代表中广泛征求意见，让广大代表做好思想准备，积极参加大会讨论。大会第一天举行开幕式，代县长李时哉作政府工作报告，晚上小组讨论。第二天以区为单位分组讨论，准备大会发言。第三天解答提案，由提案审查委员会召开有关部门会议作充分准备后，分部门解答。第四天早上补选各代会常务委员，大会通过了《反对美帝国主义侵略朝鲜、台湾，争取和平的通电》。27日上午散会。会议期间听取了政府3个月来工作报告与农村生产方针及当前工作任务报告，解决了群众普遍关心的几个大问题。代表们发言争先恐后，知无不言，言无不尽。会议气氛民主热烈，圆满完成了会议议程。

第一届各代会第六次会议于1950年11月召开。

第一届各代会第七次会议于1951年3月21日—3月25日召开。会议应到代表198人，实到代表158人。中共长治县委书记王林堂在会上作了政治形势报告。县长李时哉作了1950年冬季4个月（上次会议至本次段）的政府工作和1951年方针任务及当前工作意见的报告。会议重点解决了优属代耕、加强卫生、镇压地主反攻三个问题。经代表充分讨论，一致通过，形成了3个决议。依照县各代会组织章程，会议改选了常务委员会。县委书记王林堂、县长李时哉、文化界代表王化行、卫生界代表李自贞（后2人为驻会委员）等15人当选委员。会议中广泛进行了抗美援朝宣传发动工作，最后经代表提议，以会议名义向毛主席及中国人民志愿军与朝鲜人民军发出通电2则。这次各代会切实贯彻了民主原则，代表们对政府大胆承认自已错误，诚恳进行自我批评的做法表示满意，认为解除了政府与人民之间的隔阂，充分体现了政府对各界代表的尊重与负责，对参加会议的代表也起了很大的教育作用。

第一届各代会第八次会议于1951年5月召开。

第一届各代会第九次会议于1951年6月16日在四区桑梓村召开，会期两天半。这次会议应出席代表237名，实出席148名。会议是在深入抗美援朝、进行反美爱国思想教育的大形势下召开的，中心内容有两个：一是继续镇压反革命，讨论对本县第3批23个反革命罪犯的处理意见；二是讨论如何响应抗美援朝总会号召，推行爱国公约，做好优抚工作，捐献飞机大炮。会议第一天，县长师丕珍作了关于镇压反革命的报告，公安局冯局长做了关于23个反革命罪恶事实的报告。第二天学习抗美援朝总会的文件。经过小组酝酿，大会发言，最后形成决议。第三天早上报告夏收政策，上午参加公审大会。公审大会参加人数约22000人，当天镇压了长治县原国民党县长聂士庆。此次会议肯定了成绩，指出了不足，提出了今后意见，进一步明确了《惩治反革命条例》的精神，增强了代表们的政策观念和对敌斗争意识。代表们坚决拥护抗美援朝总会的号召，一致同意捐献“长治号”飞机大炮，支援前线。会议还检查了过去订立爱国公约和执行中存在的问题，又把优抚和捐献内容列入爱国公约之内，以保证两大任务的完成。本次会议通过新旧社会对比、前后方对比，激发了广大代表的爱国主义热情，大家发言踊跃，捐献积极，会议开得很成功。

第一届各代会第十次会议于1951年11月召开。会议的主要内容是加强民主建设、搞好冬学运动和贯彻《婚姻法》。

第一届各代会第十一次会议于1952年3月16日召开。会议应出席代表209名，实出席代表165名。会议的中心议题是解决群众对“三反五反”的糊涂认识，讨论议定防旱春耕工作方案。本次会议会期3天。第一天上午中共长治县委书记王林堂报告了“三反五反”的目的、政策和本县战果，下午小组讨论。第二天上午县长师丕珍报告当前防旱春耕运动概况和今年爱国丰产方针任务及春季防旱春耕工作草案,下午小组讨论。第三天上午大会发言,下午解答提案并由税务局报告了农村税收政策。19日一早通过决议,大会胜利闭幕。本次会议民主气氛浓厚,有责问,有批评,有建议,代表提出了许多宝贵意见,使政府干部受到了很大教育。代表们在这次会议上听到美帝国主义在朝鲜前线和我国东北撒布细菌、企图杀害中朝两国人民的消息后义愤填膺。大家一致通过了抗议美帝暴行,拥护周外长声明的通电。

第一届各代会第十二次会议于1952年6月16日召开,会期3天。会议应出席代表260人,实到会代表236人。16日上午,会议听取了政府工作、常委会会务工作以及三年经济建设计划草案3个报告,下午小组讨论。17日上午小组讨论,下午大会发言,晚上作了夏征工作报告。18日早上研究代行人代会职权工作,同时补选了模范代表,随后进行提案解答,并通过了决议。19日早上进行会议总结。会议紧紧围绕三年经济建设计划这个主要内容,重点讨论了兴修水利、扩大麻田等几个紧迫问题,达到了预期目的。

## 第二节 第二届各代会

长治县第二届各代会从1952年9月到1954年6月,共召开了5次会议。

第二届各代会第一次会议于1952年9月12日在长治中学大礼堂开幕。会议应到代表228人,实到代表225人,会议历时6天,开幕前举行了预备会议。会议审查并通过了县人民政府1952年前半年工作报告和县人民政府关于官僚主义的检查报告、1951年财政收支预算执行情况与1952年财政收支预算报告、各代会常委会会务工作报告、一届十二次会议提案处理情况报告。选举了县人民政府县长、副县长、委员和县各代会常委会主席、副主席、委员,并通过向毛主席、中国人民志愿军致敬等3个电文,作出了《关于长治县三年经济建设计划、1953年生产指标与当前任务的决议》、《关于大力贯彻婚姻法的决议》、《关于大力推行速成识字法,开展扫盲运动的决议》和《关于长治县民兵建设工作决议》,会议于9月18日下午闭幕。遵照省政府决定,本次会议结合审查政府工作报告,重点开展了反官僚主义斗争。政府工作报告中在几件大的事件上作了虚心负责的检查,代表们以高度负责的主人翁精神,揭发批判了政府领导和各部门存在的官僚主义不良作风。一些代表还揭发批判了某些干部的腐化行为。县长师丕珍代表县政府宣布接受代表意见,将严重违法乱纪的事件责任人给予撤职处分,得到了大家的一致拥护。会议还听取和讨论了副县长金城作的三年经济建设计划报告,对计划中的每一个问题都进行了认真讨论。

第二届各代会第二次会议于1952年11月8日召开,11日闭幕,历时4天。会议应出席代表228名,实出席代表177名(列席3名)。会议中心议题为审议政府工作报告、今冬明春生产计划及物资交流报告和7项工作传达。会议第一天,县委书记师丕珍作政治报告,副县长金城作政府工作报告,各代会副主席王化行作常委会会务工作报告。会议第二天,县长范任卿作了关于今冬明春生产计划报告,最后经过讨论,形成决议。此次会议听了县委书记师丕珍的报告,代表们对国内外政治形势进行了分析和讨论,对抗美援朝保卫祖国的胜利信心更加坚定,对中苏两国友谊有了进一步的认识。代表认真审查政府工作报告,讨论中积极发言,肯定成绩时也提出了许多宝贵的批评与建议,树立了主人翁思想。代表们总结过去丰产经验,决定了1953年的奋斗目标。

第二届各代会第三次会议于1953年2月21日召开,会期3天。会议应到代表228人,实到代表172人。这次会议的中心议题有两个,第一是宣传贯彻《婚姻法》;第二是检查第一季度工作,并制定第二季度工作计划。会议听取了县委书记师丕珍的政治报告,县长范仁卿关于宣传贯彻婚姻法方案的报告、常务委员会会务工作报告、政府第一季度工作报告及提案解答报告。会议充分发扬民主,代表们审查讨论了各个报告,同时揭发批评了政府的官僚主义,补选了政府委员2人。讨论中,代表们联系实际畅谈自《婚姻法》颁布以来的执行情况,全面领会了这次宣传贯彻《婚姻法》的目的意义。会议充分发扬民主,提出政府不少官僚主义作风及区干部干涉婚姻自由和不执行《婚姻法》等问题,对有些干部只布置工作不检查,提出了批评。会议最后作出了关于贯彻《婚姻法》的决议。

第二届各代会第四次会议于1953年10月26日召开,会期3天。会议应出席代表213名,实出席代表163名。此次会议共收到提案302件,其中会前收到257件,会中收到45件。本次会议是贯彻落实中共中央、国务院和中共山西省委、省政府关于“增加生产,增加收入,紧缩开支,厉行节约,超额完成国家建设计划”精神的一次重要会议。会议听取了县长范任卿关于开展增产节约方案的报告(草案)、副县长金城关于开展普选运动方案的报告、副县长王化行关于半年来的政府工作报告、副主席裴成业关于常务委员会会务工作报告和人民武装工作、提案解答等6个报告,讨论了努力完成全县增产节约20亿元(旧币)的计划。最后全体代表讨论通过了6个报告,并对前两个报告作出决议。通过认真讨论,代表们认识到增产节约对抗美援朝、支援国家经济建设和支援灾区有着十分重要的意义。参会代表进一步明确了工农联盟在经济建设中的重要作用。会议对下一步的普选工作做了安排,代表们一致赞成。认为只有政治民主化,才能进一步发挥人民群众的积极性。普选是充分发扬民主的最好形式,应该认真实行。与会代表纷纷表示,会后一定要以身作则,带领并大力发动全县群众搞好增产节约运动。

第二届各代会第五次会议于1953年11月30日召开,会期3天。应出席代表228名,实出席代表141名,列席代表68名。会议的中心内容是传达国家过渡时期的总路线、总任务,贯彻收购方案。县委书记师丕珍、副县长金城分别向大会作了报告。会议围绕社会主义工业化的总路线,对如何过渡,如何发展社会主义经济,如何改造小农经济、手工业和私人资本主义经济、贯彻国家收购政策多卖余粮等问题进行了热烈讨论。此次会议用新旧社会对比的方法,开展了批评与自我批评,解除了代表的顾虑,提高了代表的思想觉悟。

# 第二章 全体会议

政协长治县委员会是人民政协在地方政治协商活动中的一个重要组成部分，是中共长治县委领导的爱国统一战线组织及多党合作与政治协商的重要机构。根据《中国人民政治协商会议章程》的规定，各级地方委员会全体会议由该委员会常务委员会召集并主持，每年至少举行一次。各级地方委员会全体会议，是人民政协围绕团结和民主两大主题，履行政治协商、民主监督、参政议政的最高形式。1954 年 7 月，长治、潞城两县合并为潞安县；1958 年 9 月，潞安县并入长治市；1961 年 9 月又恢复长治县建制，长治县政协与潞安县政协、长治市政协交错在一起。从 1957 年 4 月县政协一届一次会议至第十四届四次会议，到 2010 年 12 月底，因第二届会议没有召开，实际经历了 13 届召开 35 次全体会议。县政协从第七届开始，工作进入了一个新的历史发展阶段。县政协充分发挥革命统一战线作用，工作重点从为阶级斗争服务转变到为社会主义现代化建设服务上来，认真履行职责，主动参与政治协商、民主监督、参政议政，在促进经济建设和推动社会发展方面做了大量工作。

## 第一节 第一届委员会

政协潞安县第一届委员会，共召开全体委员会议 2 次，常委会议 6 次。

### 第一次会议

#### 会议概况

根据山西省、长治地委指示精神，按照《中国人民政治协商会议组织法》规定，1957 年 3 月下旬，潞安县成立了政协筹备委员会，负责筹备成立政协会议一切事宜。经过 40 余天准备，1957 年 4 月 29 日，中国人民政治协商会议潞安县第一届委员会第一次会议在长治市南街潞安剧院召开，来自全县各界人士 90 余人参加了此次大会。会议从 4 月 29 日召开至 5 月 2 日结束，历时 4 天。会议期间，参加会议代表听取了中共长治县委书记范任卿作的政治报告，听取和审议了县委副书记王阳和作的《开展社会主义思想宣传运动》、《增产节约，反对浪费，争取 1957 年农业大丰收》的报告。经过社会各界讨论酝酿，此次会议推选出 55 名政协委员，其中：中共 5 人，团体 6 人，工商 3 人，文教 4 人，医务 8 人，文艺 7 人，工农业技术人员 3

人，农民3人，宗教2人，民族1人，在乡知识分子和社会人士12人，起义军官1人。会议选举产生了政协潞安县第一届委员会主席、副主席及常务委员。县委书记范任卿当选为县政协主席；王化行、郑兆兰、王松保当选为副主席；王阳和、郭步堂、朱瑞兰、罗文华、杨秀清(女)、梁马豆、郝聘芝、吕根山、张金玉、焦克功、郭继忠、张厚卷、王喜英当选为常务委员；张河当选为秘书长，郑兆兰、张河为驻会委员，处理日常工作。

**会议总结**

**潞安县政治协商会议首届委员会第一次会议总结**

1957年6月8日

根据当前时局的大变化和形势发展的需要，在县委直接指导下，由统战部组织成立了政治协商会议，进一步扩大人民民主制度，调动一切积极因素加强团结，依据“长期共存、互相监督”的方针，正确认识人民内部矛盾和处理人民内部矛盾问题，为共同建设社会主义新农村而努力。

**1.情况**

这次会议委员涉及面广，年龄悬殊，情绪饱满信心很高，特别是老委员们畅所欲言，表现出人老心不老的姿态。会议历时4天，应到正式委员55名，实到49名；应列席40名，实到28名，其余委员因太原学习和有病等共缺席18名(委员6名，列席12名)。首先由主席范任卿传达了毛主席《关于正确处理人民内部的矛盾问题》的报告，继由委员王阳和作了《开展社会主义思想宣传运动》和《增产节约，反对浪费，争取1957年农业大丰收》的报告。会议充分发扬民主，经过酝酿讨论，选出了主席1人、副主席2人、秘书长1人、正式委员55名、常务委员17名，并确定了驻会地址并办理日常工作。这次会之前在3月27日，由统战部名义邀请了有关单位和各界人士15名组成政协筹委会，经过请示领导批准，才正式召开了会议。所以说，这次会议开得比较成功，但也有缺点和问题存在。

**2.会议提出的意见**

根据“百花齐放、百家争鸣、长期共存、互相监督”的方针，在小组讨论、大会发言中，委员充分发表意见，可以说是“有批评，有建议，有监督，有反映，有意见，有要求，有认识，有感觉”。有的意见是宝贵的，这些宝贵意见来自各方，对党和国家机关工作中是有益而无害的。通过批评和监督，可以纠正我们工作中的错误和缺点，也可以更进一步促进社会主义事业向前发展。

(1)农业大丰收方面：1957年粮食增产指标表述不一，人代会提出23斤，这次会议提出是26斤半；同时肥料不足，质量不高，经营管理不好，肥料计分定额不大合理。

水利方面：有些计划不周，有些地方打井没有因地制宜；有些是形式主义，打的井没有全部发挥它的作用；有些打开井口未完成，有窝工浪费现象。

植树方面：植树不少，成树不多，年年植树不见树，定下护林公约不起作用。

养猪方面：今年要求发展养猪数字高，但是缺小猪，这项工作怕要落空。

增产节约方面：农业社有增产指标，没有节约指标，对农户缺少节约要求，总体数字不很响亮。

(2)工商业方面：过渡以后待遇不高，原来说要工资改革，为啥又不改革了？因此一些人的生活受到影响。对资方定息问题，有些人半年和几个月未付，不知还不？

(3)医务界提到，以前评薪不合理，和中央“预防为主、治疗为辅”的方针不对头。县南、县北挂号不一等,应当是南北挂号费统一,卫生院领导有些问题处理不当。

(4)文教方面:学校教职员只有工作和业务,缺乏领导指导,学习政治和劳动教养等不够,如不先提高自己怎去教育学生?学生缺乏德育教育,不愿参加农业生产;另一方面也需教育家长和批评社会的不正当言论。义务教员对有些地方扫盲工作做得不好,急想速成,前学后忘。

(5)其他方面提到:乡、社干部作风不够好,部分农业社生产经营管理不好。潞城红星一社员没钱就不给人家分粮,现在已缺口粮。当前煤价物价都涨价,粮价为什么不涨价,这样工农业产品差额要大,农民吃亏。有的要求救济和找工作,有的要求解决问题。

存在以上问题和意见,范任卿以主席团名义在大会作解答:今后应该冷静考虑,想尽一切办法克服领导的官僚主义作风,但有些问题有出入。虽有出入也得协商,实事求是地进行解决。总之说要倾听群众意见,要走群众路线,深入实际,和群众同甘共苦建设社会主义新农村。

**3.会议几点体会**

(1)领导重视。这次大会开得很庄严,小组讨论很热烈,缺席很少,好多委员是领导,要下乡工作,但是闭幕后才下乡(王阳和)。所以这次会议开得比较成功。

(2)各委员在讨论中充分发扬了民主和思想自由,如高仰卿发言时间特长,什么都说出来了。

(3)这次会议给委员发了文件材料,空隙时间有的委员三五人在床上同读。特别是高小毕业生申洪乐回村参加农业生产,休息时一人在家学决议。原春田老人 78 岁(在乡知识分子),手拿文件问:什么是统一战线组织? 那里有统战部? 他感到很稀罕。

(4)在生活方面调剂较好。委员来时带米票,到市购粮只供 30%白面。为了开好会,到县粮食局通过局长兑成白面,又到县食品公司要求供应了 60 斤猪肉,给委员们改善了生活。工商业委员说:这次会议召开,既隆重,生活又非常好,大家情绪很饱满。我要把这次会议精神贯彻到工商界各个角落,动员并发挥信贷员的积极作用,带贷下乡供应,节省下劳动人民的劳力,投入生产战线,打个胜战,争取农业大丰收。

**4.存在问题**

(1)对县上领导提的批评性和监督性意见不多,对乡对社干部提的批评意见较多。

(2)是没有组织发动委员们来时带提案,结果在会议提出意见来,还得大会解答。

(3)常委会对会后工作制度和工作任务缺乏具体指导和研究,要组织一个 13 名委员的学习委员会。

## 第二次会议

1958 年 6 月 7 日至 9 日,潞安县政协召开了首届二次全体会议。此次会议,实到政协委员 51 名。会议主要议程为:听取一年来政协常委会的工作报告;协商地方工业发展 30 条及夏收分配方案等;通过关于政协中右派分子的处理意见,提出了调整扩大政协委员名单,以作下届委员;参观了原潞城县域各界人士交心现场会。

1958 年 9 月,潞安县并入长治市(时为县级市),县政协同时并入长治市政协,55 名委员成为长治市政协委员,县政协副主席郑兆兰任市政协副主席。由于时间及历史的原因,潞安县政协因并入长治市,并没有产生第二届委员会。

## 第二节 第三届委员会

1958 年 9 月，潞安县与长治市合并后，1959 年 7 月 13 日至 16 日召开了长治市政协第三届委员会第一次会议。此次会议学习了省长卫恒在省人大二届一次会议上作的政府工作报告、省委副书记郑林在政协二届一次会议上作的政治报告；听取讨论了市委书记、市政协主席魏庶民作的政治报告；听取讨论了市政协副主席李天德作的《政协二年来工作总结及 1959 年工作计划的报告》；听取讨论了市政协副主席郑兆兰作的《学习委员会工作总结报告》。会议选举魏庶民为长治市政协第三届委员会主席，王一浩、李天德、董希儒、郑兆兰、李枝润为副主席，赵志刚为秘书长，同时，选举出常务委员 24 名。

市县合并期间，长治市政协三届二次会议于 1960 年 6 月 14 日至 17 日召开。

## 第三节 第四届委员会

### 会议概况

政协长治县第四届委员会共召开全体会议一次。1961 年 9 月，长治县恢复建制，于 1962 年 8 月 26 日至 29 日召开了长治县政协第四届委员会第一次会议，此次会议沿用长治市政协会议届次。出席此次会议的委员有 50 人，代表中国共产党、无党派民主人士、共青团长治县委员会、长治县总工会、长治县妇女联合会、文化艺术、科学技术、农村、医药卫生、工商、教育、手工业、民革、军烈属、少数民族、宗教 16 个界别。会议听取了县委书记宋务迪作的工作报告，听取了政协副主席王化行作的工作报告，审议了本次会议的各项决议。会议选举产生了长治县政协第四届委员会主席、副主席及常务委员；宋务迪当选为主席，王化行当选为副主席，焦克功、李保珠、祝永春、胡纪道、杨官元、董永芬、张金玉、郭玉仓、张新年、张志恒当选为常务委员。因此次会议沿用长治市政协会议届次，以后的长治县政协会议届次皆依次排列。

### 政协工作报告

#### 四届一次会议工作报告

1962 年 8 月 26 日

王化行

各位委员：

自去年(1961 年)9 月 1 日市县分开以来，至今将近一年时间了。过去市已召开过第三届第二次会议了，分开后，县只有常委 2 人、委员 6 人，共 8 人。委员虽少，但也联系了不少的各界人士，在中共长治县委领导下,进行了一系列的工作。这次会议是和县第四届第二次人民代表大会同时召开的,分别举行、列席了人民代表大会会议。从县说来,这种开法还是第一次。我受主席团的委托,向全体委员作关于政协一年来的工作报告,并提出了今后工作意见;是否妥当,尚请各位委员审查批准贯彻执行。

## 基本情况

市县分开后,根据我县实际情况,经过详细调查,联系了 30 余位各界代表人物,组织起来进行学习。又协同中共长治县委统战部,结合上届政协常务委员和委员,共同提出政协委员 43 人,健全组织进行工作。

## 政协委员会的工作报告

从去年 9 月 1 日市县分开以来,在这一年期间,我们明确地看到国内外形势的发展:国际形势的发展愈能证明毛主席说的"敌人一天一天烂下去,我们一天一天好起来"的英明论断是完全正确的。世界社会主义阵营日益强大,民族民主革命运动日益高涨,形成了世界两个伟大的潮流;世界资本主义体系进一步崩溃,以美帝国主义为首的帝国主义阵营,矛盾重重,处于四分五裂状态,越来越清楚地证明,"东风进一步压倒西风"。这是国际形势发展不可抗拒的主流。国内方面,我国人民在中国共产党和毛主席的英明领导下,高举三面红旗,发愤图强,自力更生,为建设伟大的社会主义祖国而艰苦奋斗。过去两年中,在战胜严重的自然灾害和克服严重经济困难方面,在整顿农村人民公社和恢复发展农业生产方面,在总结经验和克服工作中的缺点错误方面,在贯彻党的方针政策和各方面的具体政策等方面,都取得了显著成效。目前我国的经济情况已经开始好转,我国各民族、各民主党派、各阶层、工商界、知识界在中国共产党的领导下,以工农联盟为基础的人民民主的统一战线,有了进一步的巩固和发展,全国人民是空前的大团结。各界人士在党的领导与帮助下,经过自我教育和自我改造,是大有进步的,为社会主义服务的积极性有了新的提高,为社会主义建设事业发挥了应有的作用。正如周总理在政府报告中说的,从旧社会过来的绝大多数知识分子,已经属于劳动人民的知识分子了。所以说,近几年来,国内外形势都正朝着有利于我国社会主义建设和全世界人民解放事业的方向发展。目前,美帝国主义支持它的走狗,我国人民的死敌蒋介石匪帮妄图串犯我沿海地区,梦想复辟,重新骑在我国人民头上。我们伟大领袖毛主席说:蒋介石匪帮总是对他估计的过高,对人民估计的过低,在解放了的中国人民面前,蒋介石匪帮胆敢真的冒险,送上门来,我们就坚决、彻底、干净、全部地消灭它。但是,我们应提高警惕,做好准备,支援前线,做好我们的各项工作(民兵工作、国防、生产工作等)。

基于上述形势的发展,在中共长治县委的领导和政协山西省委员会的指导下,我们加强了政协工作,组织发动了各界人士的自我教育和自我改造,扩大了同各界人士的联系,增强了团结,积极为社会主义建设事业服务。在反对美帝国主义的侵略政策与战争政策、支持民族民主革命运动与保卫世界和平的斗争中,我们做了不少工作,并取得了一定成绩,现将一年来的主要工作成绩分说如下:

### 1.加强了政协委员和各界人士的时事政策学习

在一年中,本会组织了 5 次时事、政策报告会,参加人数共 141 人次,学习讨论了农村人民公社 60 条、文化教育 50 条、科学技术 40 条、商业 100 条、手工业 35 条以及党的统一战线政策等,还学习了周总理和陈毅副总理关于国内外形势及我国外交政策的报告,传达了政协山西省委员会二届三次会议精神。通过时事政策学习,使政协委员和各界人士对于国内外形势、党的方针政策,以及统一战线工作和各项工作,有了明确的了解和认识,和党沟通了政策思想,对贯彻党的政策有了一致的看法和行动。同时,由于对时事有了正确的认识,各界人士都有了发愤图强、艰苦奋斗、积极为社会主义服务的决心,并同党和全国人民共同经受了严重的困难考验。

**2.组织推动政协委员和各界人士的政治理论学习工作**

政协在组织推动各界人士政治理论学习方面,认真贯彻了政协全国委员会1960年政治理论学习工作会议精神和指示,并结合我县的具体情况分片,以县级各机关、荫城、韩店、北呈组织了四个学习小组;县级各机关单位为政协直属小组,荫城、韩店为中心小组。除四个学习小组外,其余分散的各界人士采取了自学和联系的办法进行学习,参加学习人数共76人。在学委会的领导下,统一布置了学习1962年元旦献词,红旗社论,1957年苏联莫斯科会议81个国家共产党和工人党的宣言,1960年莫斯科会议声明,毛主席的"一论和再论无产阶级专政、列宁主义万岁"三篇文章,以及全国人大二届三次会议周总理的政府工作报告和政协三届三次会议陈叔通副主席的常务委员会的工作报告。在学习中贯彻了"神仙会"、"三自"和"三不"的办法。通过学习、组织、座谈、讨论,在各抒己见、坦诚相见的基础上,提高认识、解决问题,共座谈了70余人次。有的委员和各界人士还主动写出了学习心得。在学习中,传达了东北、华北地区政治理论学习工作经验,推动了各界人士的学习积极性。特别是学习了毛主席著作,不少人开始懂得了马列主义的一些基础理论知识,以马列主义的立场、观点、方法和毛泽东思想为指导来观察问题、分析问题,解决问题。运用理论联系实际的方法,用毛泽东思想之矢,射自我改造之的,逐步加强了世界观的改造,非无产阶级的思想意识有了初步的克服。

**3.扩大社会联系,进一步加强团结**

市县分开后,我县政协委员只有8人,在扩大统一战线、加强各民族、各阶层、知识界和工商界人士团结方面,政协委员和学委会的委员都做了不少工作,深入联系了各界人士。对于一些年老、体弱、经常有病的各界人士,还做了一些生活照顾和慰问工作。通过广泛联系,已联系70余人,增强了团结,使各界人士陆续参加到政协工作中来,程度不同地活跃了我县的政治生活和民主气氛。

**4.对于政协委员会委员和政协学委会委员的人事安排进行了协商**

市县分开后,为了及时组织推动各界人士的学习工作,以政协委员为主,和各界有代表性人物对政协学委会的委员进行了协商。在建立了学委会的组织机构之后,逐步加强了各界人士的政治理论学习。为了恢复政协组织,健全政协委员会,在今年1月16日召开了各界人士座谈会,由中共、各民族、各人民团体、各界代表人物对政协委员的名单进行了协商。虽说协商工作还做得不够完善,但已构成了今天召开全体委员会的条件。通过这次会议,就可以进一步加强政协工作,为政协选举工作奠定基础。

上面所述的是政协委员会一年来的主要工作,至于政协的基本设置和一些具体工作就不再讲了。要向委员们说明的是,实际上政协委员会的工作还没有一年,正式工作亦是从今年1月份才开展起来,也不过是七八个月的时间。在这短短的几个月内,还是做了不少工作,取得了一定成绩。但是检查起来,政协工作不论从主观上,还是客观上也还存在着不少问题:一是市县分开后,由于人员配备、机关设置都没有及时就绪,所以工作也就不能很快开展起来;二是政协委员在市县分开后只有8人,又无常务委员会,各委员本身都有具体的业务工作,这对很好地开展政协工作是有一定困难的;三是政协委员和各界人士居住分散,集中开会,进行协商工作,是有困难的;四是从所进行的工作来看,也存在有不少缺点和问题,如时事政策学习工作,还贯彻得不够全面,不深不透,有些人还没有参加到时事政策学习中来,通过学习究竟解决了些什么问题,没有深入检查总结;五是在政治理论学习工作上,布置的多,检查的少,座谈讨论也不多,个别小组的学习流于形式;六是在政治协商工作,由于常务委员会不健全,对于党和政府的方针政策。我县的计划措施和各个方面的重要工作,以及政协本身的计划和决议都缺乏协商讨论;七是各界人士还有些人对政协组织和政协工作,抱有不正确的看法和错误的认识,这对于开展政协工作,是有一定影响的。这些主要问题,有的已经解决,有的还没有解决,有些问题应引起重视,今后要认真加以解决。

## 今后政协委员会工作意见

人民政协是人民民主统一战线的组织,是为社会主义服务的组织,通过人民政协可以推动统一战线的工作。要活跃人民政协的工作,扩大统一战线的联系面,必顺充分发挥它的作用。随着人民政协的团结面和联系面的扩大,人民政协的经常工作相对地增加,我们必须明确这一点,认识人民政协的重要性。究竟人民政协的工作任务是什么呢? 主要有以下几方面的工作:

**1.加强政治协商**

政治协商是贯彻中国共产党同民主党派、无党派各界人士“长期共存、互相监督”方针的一个重要方面,是党同民主党派、无党派各界人士沟通思想、实现政治领导的一种重要方法,也是我国社会主义的重要特色。在中国共产党的领导下,政治协商是我们国家政治生活中的优良传统。凡属有关国家政治生活和统一战线的重大问题,党总是要同各界人士进行协商的,经过充分的协商,使大多数人取得一致认识,从而调动各方面的积极性,化阻力为助力,团结一切可以团结的力量,为社会主义服务。要活跃政治协商工作,必须活跃政协常务委员会政治协商工作。在协商的内容上,包括全国性的重大方针政策、重大计划措施,本县要协商工农业生产计划和措施,财政预决算,又如压缩城镇人口、支援农业、市场管理、粮食征购和分配分案,民族关系,阶级关系,人民内部、党与党外人士的合作共事关系,以及政协人事安排、统一战线工作等其他有关问题,但也不是一切都得经过协商。活跃政治协商工作,政协常务委员会应每季召开一两次会议,每次会议都要有计划有目的地解决一些主要问题,这项工作在我县来说,是做得很不够的,今后应加强人民政协的政治协商工作。

**2.加强政协组织工作,扩大联系面**

政协要组织工作组,主要是加强政协和各界人士的联系,以便利各界人士向政协反馈情况、提出意见和建议与有关方面协商,解决有关问题。为此政协工作组要不断深入到工商界、知识界、民族、宗教界和各界人士进行座谈,参观访问等有组织的活动,以贯彻“长期共存、互相监督”,“百花齐放、百家争鸣”的方针,使工作组起到常务委员会的助手作用。从而推动各界人士与政协经常保持有组织的联系、讨论、协商解决一些共同关心的和必须解决的问题,进一步加强各界人士的团结。这件工作从我县来说是没有基础的。意见是会后要专门召开会议,组织一两个工作组,加强政协工作,扩大社会联系。

**3.加强政治时事学习教育**

我国社会主义建设事业中的一切工作,都离不开形势和党的方针政策。不闻政治,不按党的政策办事都不可避免地要犯严重的错误。为了使我们的立场、观点和方法能够适应新形势的需要,沟通政策思想,克服对党的政策的怀疑,协助党正确贯彻执行政策,我们必须加强时事政策的学习。因此,人民政协委员会在党的领导下，结合各个时期的政治形势中心工作、党的各项方针政策，每月要召开一次时事政策报告会议，邀请党委负责同志作报告。但参加人数可以不等，需要根据具体情况决定。通过时事政策报告，联系实际认真讨论，达到克服错误认识、提高思想、解决问题的目的。对于党的方针政策和各方面的具体政策，各位委员应结合自己的岗位工作，有重点的继续加以学习，在学习中要联系自己的思想工作实际，提高政治思想水平。同时，要在党的政策的感召下，进行自我改造。总之，我们把时事政策的学习教育工作，作为政协组织和各位委员的经常工作。

**4.政治理论学习工作**

为了进一步团结各界人士更好地为社会主义服务，并帮助他们继续进行自我教育和自我改造，人民政协应帮助各界人士，学习马克思、列宁和毛主席的著作，学习马列主义的基础理论，以毛泽东思想为指导，不断提高思想认识，逐步改造自己的世界观。为此，提出以下意见：

(1)组织学习领导小组，在学委会的统一领导下，全县应以上级机关单位为政协直属小组，荫城、韩店为中心小组，中心小组并可按照具体情况再分若干小组。北呈、八义和西火为学习小组，其余特别分为委员和各界人士。采取自学和联系实际的办法进行学习，各小组在各组的学委会委员和小组长领导下学习。

(2)政治理论学习的内容，主要以马列主义和毛主席著作为中心内容，着重学习时事政策。

(3)学习方法要采取“神仙会”的方法，贯彻“三自、三不”的政策和理论联系实际的原则，各抒己见，通过学习，组织座谈，努力从马克思列宁和毛主席著作中找立场、观点和方法，以马列主义和毛主席思想之矢射自我改造之的，以马列主义和毛主席思想为指导来帮助各界人士解决政治思想上存在的最基本和最主要的问题。同时，政治理论学习主要以自学为主，每月最少要组织一次学习座谈，进行互相帮助，并要求通过学习写出学习心得。

(4)学委会要深入检查，总结学习经验，相互交流，以推动政治理论学习。

**5.文史资料征集工作**

为了调动各界人士中老年人的积极性，为社会主义贡献力量，要密切联系在乡的老知识分子，并帮助鼓励他们根据自己的经历编写一些文史资料。通过拟写文史资料的实践，提高思想认识，促进自我改造，为社会主义服务。

为了搞好上述政协的重要工作，政协组织和全体委员必须在党的领导帮助与支持下，与有关方面搞好协助，深入到工作实践中，依靠广大的人民群众，踏踏实实、实事求是地把政协工作活跃起来，为建设伟大的社会主义祖国贡献力量。

报告妥否，请各位委员审查，并提出批评。

最后祝大会胜利成功，祝各委员身体健康。

## 第四节 第五届委员会

政协长治县第五届委员会召开2次全体会议。

第一次会议时间不详。

第二次全体会议于1963年6月26日至7月2日召开。

1963年6月19日，长治县人民委员会和政协长治县委员会联合发文，决定两会同时召开。此次会议主席团成员为：人委会代副县长王化行、红专剧团团长王二秃、韩店医院主治医师邓坚、县委书记宋务迪、统战部部长李良弼、韩店中学教师祝永春、财政局副局长胡纪道、宣传部部长郭玉仓、韩店皮革厂副主任郭继忠、政协秘书张新年、荫城矿机厂技术员张志恒、体委会秘书马妙然、横河加工厂副厂长许殿魁。参加此次会议应出席委员43人，因病、因公请假7人，实出席36人。会议听取并审议了政协副主席王化行作的政协长治县第五届委员会第一次会议以来常务委员会的工作报告，列席了长治县第五届人民代表大会第一次会议；通过了政协长治县委员会五届二次会议的各项决议；会议补选李良弼为政协副主席，王二秃、邓坚、马妙然、许殿魁为政协常务委员。

## 第五节 第六届委员会

政协长治县第六届委员会共召开2次全体会议。

### 第一次会议

第一次全体会议于1965年8月10日至14日在县城召开，出席会议的委员32名。会议听取并审议了政协副主席王化行向大会作的政协第五届长治县委员会常务委员会工作报告，听取了县委书记尹正南的讲话；列席了长治县第六届人民代表大会；审议通过了本次会议的政治决议和其他决议；选举尹正南为政协长治县第六届委员会主席、王化行为副主席，选举产生了政协长治县第六届委员会常务委员。

### 第二次会议

第二次会议于1966年2月14日至18日召开。

1966年5月，“文化大革命”开始，政协工作受到挫折。1967年1月，县政协被造反派夺权，其一切活动被迫中断。

# 第六节 第七届委员会

1978年12月，中共十一届三中全会召开后，根据中央统战部《关于恢复省辖大城市的区和县政协问题的意见》和中共山西省委、中共晋东南地委的指示，长治县政协开始恢复工作。1981年4月9日，县政协在县城召开了七届一次会议。这次会议的召开，标志着县政协组织开始进入一个新的蓬勃发展时期。恢复后的长治县政协，因工作尚不规范，把每次政协全体委员集中学习或培训工作，统称为全体会议。按此时期政协有关会议通知排列，政协长治县第七届委员会召开了6次全体会议。对照本县有关会议资料，县政协七届全体会议与县人民代表大会同步召开，届次相同。故本志记载时，纠正全体政协委员学习会议也称“政协全体会议”之记，以与人大会议同步的政协会议记为全体会议。

## 第一次会议

### 会议概况

长治县政协七届一次会议于1981年4月9日至15日在县城召开。会议的主要议程是：听取和审议政协长治县第六届委员会常务委员会工作报告；列席县人大七届一次代表大会；选举政协长治县七届委员会主席、副主席、常务委员；通过关于政协长治县七届委员会政治决议。来自全县的40名委员参加了大会。

9日上午，召开了预备会议，讨论通过本次会议的议程、日程、大会领导机构和工作机构。主席团常务主席由史中和、程金成、郝保兴、张金玉担任；大会主席团由15人组成：王聚才、王荣生、史中和、申安福、刘天顺、许殿魁、李保珠、汪裕国、张海棠（女）、张金玉、胡纪道、郝保兴、郭继忠、梁吉祥、程金成。秘书长：程金成。副秘书长：郝保兴、张金山、王聚才、申安福。9日上午政协长治县七届一次会议开幕，县委书记郝永和致开幕词。程金成代表政协长治县第六届委员会向大会做工作报告。报告对政协过去15年经历作了总结，并对县政协今后的工作提出了意见，提出要充分发挥人民政协在本县政治生活和经济建设中的积极作用，组织与推动政协委员和各界人士积极开展学习，促进思想改造，积极为四化建设服务。与会全体委员列席了本县七届一次人民代表大会，听取并讨论了县长荆共民作的《政府工作报告》和其他重要报告。全体委员讨论了政协工作报告，并酝酿政协长治县第七届委员会主席、副主席、常务委员会委员候选人名单；讨论通过选举办法。

15日上午，召开选举大会，会议选举史中和为政协长治县七届委员会主席，程金成、郝保兴、张金玉为副主席，王荣生、史中和、申安福、刘天顺、许殿魁、李保珠、汪裕国、张海棠（女）、张金玉、胡纪道、郝保兴、郭继忠、梁吉祥、程金成为常务委员会委员。会议通过政协长治县第七届委员会政治决议。新当选的政协副主席郝保兴致闭幕词后，宣布大会闭幕。

## 政协工作报告

### 巩固和发展革命的爱国统一战线<br>为实现经济调整和政治安定而努力奋斗

1981 年 4 月 9 日

程金成

各位委员、各位同志:

现在,我向大会作我县政协六届一次会议以来的工作情况报告,请予审议。

(一)

我县政协自 1965 年六届一次会议到现在,已经十五年零八个月了。15 年来,我县政协工作经历了艰难曲折的战斗历程,经受了严峻的考验。特别是在“文化大革命”的十年浩劫中,我县统一战线和政协工作受到极其严重的破坏,林彪、“四人帮”出于篡党夺权的罪恶目的,从“文化革命”一开始就互相勾结,推行一条极左路线。疯狂地破坏革命的统一战线和政协工作,肆意践踏党的路线、方针、政策。他们全盘否定“文化革命”前统一战线和人民政协的伟大成绩,否定广大知识分子、工商业者和各界爱国人士 17 年在社会主义革命和社会主义建设中的巨大贡献,竭力从政治上、思想上、组织上瓦解革命的统一战线,致使我县的统一战线和政协组织机构被迫解散,中断工作达 15 年之久。他们大搞“全面专政”,打倒一切。把革命的领导干部打成“走资派”,把矛头直接指向无产阶级专政,指向革命统一战线的领导核心中国共产党。他们残酷打击迫害同我们党长期合作的民主党派和爱国人士,把他们诬蔑为“牛鬼蛇神”,把知识分子诬蔑为“臭老九”、“反动学术权威”,把民族资产阶级和工商业者诬蔑为“反动资本家”,把爱国的归侨和侨眷诬蔑为“敌特”、“卖国”。他们歧视、侮辱少数民族和宗教界人士,以种种莫须有的罪名,对统战对象进行围攻、揪斗、任意抄家、扣工资、私设公堂、刑讯逼供,以至株连到家属、亲友,使她们蒙受了不白之冤。由于林彪、“四人帮”的严重破坏,“文化大革命”十年中在我县知识分子、工商业者和各界爱国人士中就制造了三十多起骇人听闻的冤、假、错案。由于林彪、“四人帮”的破坏,党的统战和政协工作被迫停顿下来,从而破坏了党群关系,割断了中国共产党同广大知识分子、爱国人士和各界朋友的直接联系,失去了他们的团结合作和真诚帮助,压抑了他们建设社会主义的积极性和创造性。

粉碎“四人帮”使我县的统战和政协工作获得了新生。特别是党的十一届三中全会以来,通过深入批判和肃清林彪、“四人帮”极“左”路线的流毒和影响,解放思想,落实政策,拨乱反正,正本清源,我县的爱国统一战线工作,逐步得到恢复。各民族、广大知识分子、各界爱国人士和各方面的委员,在全县政治生活和经济建设中,发挥着越来越大的作用。具体来说,主要做了以下工作:

**1.广泛深入地传达、学习、贯彻党和国家的重要会议文件和精神,进行了统战和政协政策的再教育**

县委对统战和政协工作十分重视,经常利用各种会议贯彻中央有关政治协商、统一战线的方针、政策。去年专门召开了两次统战工作会议,传达贯彻中央、省、地有关统战工作的重要文件和全国政协三次会议精神,县委主要负责同志亲自到会作报告。特别是党的十一届三中全会以来,进一步肃清了极“左”思想,克服了对统战、政协工作的错误认识,提高了广大干部群众对统一战线和人民政协工作重要性的认识，为逐步恢复我县的人民政协，发展革命的统一战线，奠定了牢固的思想基础。

**2.认真落实党的各项政策，积极慎重地做好了冤、假、错案的平反昭雪工作**

“文化大革命”中，我县被错误立案审查的统战和政协人士有20人，有355人受到了批判斗争。粉碎“四人帮”以来，在党中央和省、地正确领导下，县委组织有关部门采取积极有效措施，认真落实党的统战和政协政策，对在“十年浩劫”中受迫害、受打击、受审查的375人的问题，一一进行了调查落实，纠正了冤、假、错案三十起，为受害者平了反、昭了雪、恢复了名誉。根据中央的指示，认真地进行了右派摘帽、安置、改正工作，对全县原划的106名右派分子全部摘掉了帽子，先后给尚能工作的27人分四批安置了适当工作。对已经死亡的16人进行了抚恤，对4户因右派问题受株连返乡的8位同志重新上了户口和恢复供应。在摘帽、安置的同时，我们还本着有错必纠的原则，对属本县复审的99人中的97人实事求是地做了改正，8个人恢复了党籍，两个人重新调整了工作，委以重任。此外，我们还对全县的159名工商过渡人员进行了调查和复核，对原来没收的财物和被扣的股金、利息等也都进行了处理。对全县的12名起义投诚人员也按照党的政策做了妥善安置，将其中在乡的3人安排了工作。对在“文化大革命”中多次受批揪斗的胡纪道同志，给恢复了名誉，安排其当了县政协常委。对已故的罗子敬同志，按规定补发了安葬费、抚恤金，安置了家属生活。所有这一切，使各位委员和各界爱国人士都深切地感到党的政策的温暖和党的关怀，激发了大干四化的热情。年老的同志老当益壮，争挑重担，有病的同志振作精神，抱病工作，人人争当经济调整和安定团结的促进派。

**3.合理安排和使用党外人士，积极开展知识分子工作，大胆提拔科技人员**

为了充分调动广大党外人士和知识分子为四化建设服务的积极性、在县委的直接领导下，根据量才使用、合理安排、各得其所的精神，对党外人士和知识分子做了认真的安置和使用。首先对分布在全县各条战线上的知识分子、业务骨干进行了认真的调查、考核，协助各级党委采取措施，帮助他们妥善地解决了一些学习、工作、生活上存在的实际困难，将他们中的优秀分子大胆地提拔到各级领导岗位上来。对有技术、有管理特长的统战人士恢复了原来的工作职务和职称，让他们有职有权地工作。到目前，我县已有32名大专院校毕业生和科技人员以及老知识分子被提拔到各级领导岗位上来，有60名用非所学的专业技术人员进行了对口调整，有158名科技人员重新审定套改了技术职称，还有25名非党同志担任了县级科、局、公司以及厂矿、学校等单位的领导职务。

**4.恢复和发扬了民主协商的传统，积极参与国家政治活动，促进了四化建设**

召开民主协商会，各党派人士在一起对党和政府的方针政策等重大问题进行民主协商，这是毛泽东、刘少奇、周恩来等老一辈无产阶级革命家开创的优良传统。现在这个传统又逐步得到了恢复。党的十一届三中全会以来，县委曾多次邀请政协委员、工商业者、少数民族代表、归国华侨和党外人士，举行报告会，进行座谈学习党的方针、政策，商讨党和国家政治生活和经济建设中的重大问题，征求大家对县委、大政方针和具体工作的意见和建议。这对活跃我县的政治生活，进一步改进我县的工作，起了良好的积极的作用。

总之，这几年来，我县政协各方面的工作得到逐步恢复，并有所前进。但目前也存在着不少问题：一是由于十年浩劫，林彪、“四人帮”对党的统战和政协工作的严重破坏，“左”的流毒和影响还没有完全肃清，人们思想上的余悸还没有完全消除，应该落实的政策还没有完全落实；二是统战机构尚未健全，政协组织至今还没有完全恢复起来，使政协和党的统战工作开展受到很大限制，不能广泛倾听各位委员和各界人士对党和政府工作的意见、建议和批评；三是贯彻党的统一战线、民族政策、宗教政策、知识分子政策还不广泛深入，有的同志对新时期统战和政协工作的重要性，缺乏正确认识；四是组织大家学政治、学业务，参与政治协商，进行调查研究，促进自我教育等方面，也做得很不够。以上这种状况，远远不能适应四化建设的要求，远远不能适应经济调整的要求，需要我们做进一步的努力。

（二）

各位委员、各位同志：

建立和发展革命统一战线，这是毛泽东同志的一贯战略思想，是中国共产党领导中国人民进行革命和建设的三大法宝之一。现在，我国已经进入了以实现四化为中心的新的历史时期。随着全党工作着重点的转移，随着国内状况的根本变化和国际形势的发展，新时期统一战线的性质、任务、方针、基本政策都发生了新的重大变化。我们的统一战线已经发展成为全体社会主义劳动者、拥护社会主义的爱国者和拥护祖国统一的爱国者的最广泛的联盟，成为在中国共产党的领导下，为实现社会主义的四个现代化服务的政治力量。这个联盟将把一切能够联合的力量都联合起来，它充分体现了新时期统一战线的广大和强大的生命力。现在，我们的统一战线和人民政协的任务，就是要认真贯彻落实中央工作会议精神，坚定不移地贯彻执行十一届三中全会以来党中央确定的政治路线、思想路线和组织路线以及一系列方针政策，坚决清除“左”的错误影响，在政治上同党中央保持真正的一致。要充分发挥人民政协在国家政治生活和现代化建设中的协商、监督作用，大力促进经济调整，努力实现政治安定，团结一致，振作精神，同心同德、群策群力，为把我国建设成为现代化的、高度民主、高度文明的社会主义强国共同奋斗，为促进台湾回归祖国，完成祖国统一大业贡献力量。根据目前形势发展及全国五届政协三次会议精神，现对我县政协今后的工作提出以下意见：

**1.充分发挥人民政协在我县政治生活和经济建设中的积极作用**

人民政协是在共产党领导下，实现各党派和无党派人士团结合作的重要组织，也是我国政治体制中发扬社会主义民主的重要形式。为了充分发挥人民政协的作用，我们要在本次会议建立健全政协机构的基础上，加强同政府各个部门之间的联系，围绕党和国家各个时期的中心任务和国内、国际重大事件，按期开好全体委员会议和常务委员会议，组织好各界人士参加的报告会、座谈会，就有关我县的大政方针、政治生活、社会经济、文化教育以及群众普遍关心的问题，开展民主协商，使政协委员和各方面人士进一步了解党的方针、政策和有关情况，充分发表意见，广开言路、广开才路，积极参与干部制度的改革，努力发现和推荐人才，积极协同有关部门纠正浪费人才的现象，务使有用之才，特别是富有科学技术等专业知识、能力的人，各得其所，才尽其用。要加强关于社会主义民主与法制的宣传、教育，充分发挥政协在监督宪法和法律实施方面的积极作用，搞好社会治安。要协助党和政府进一步贯彻落实各项政策，尤其是统一战线方面的政策，调整好各方面的关系。要认真倾听和搜集各界人士的意见、建议，积极同各有关部门协商处理，充分调动委员和各界人士参与国家政治生活和建设四化的积极性，共同把我县的各项事情办好。

**2.组织与推动政协委员和各界人士开展学习、调查研究活动，促进思想改造，积极为四化建设服务**

随着全党工作重点的转移和经济调整的进行，为了使全体委员和各界人士认清形势、统一思想、了解和掌握国内外政治经济、文化教育、科学技术等情况，以便积极改进工作，适应四化要求。我们要继续和各界人士在自愿的基础上学习马列主义、毛泽东思想，要认真贯彻党的“双百”方针，进一步组织好各种文化教育、科学技术的讲座和报告会，不断提高大家的政治业务水平。在学习中，要解放思想，实事求是，贯彻实践是检验真理的唯一标准的原则，把马列主义、毛泽东思想基本原理同实现四化的实践结合起来，完整地、准确地掌握马列主义、毛泽东思想的科学体系。要发扬实事求是、理论联系实际的优良学风，在党的领导下，坚持“三自”(自我学习、自我教育、自我改造)，实行“三不”(不抓辫子、不扣帽子、不打棍子)。要在全体委员和各界人士中大力提倡读书之风、思考问题之风、调查研究之风、平等待人互相商量问题之风，要认真做好文史资料的征集、研究和编辑出版工作，有计划地抢救重要史料，搞好县志编写工作。要根据条件和可能，组织政协委员开展参观、视察和调查研究工作，不断研究新情况，探索新问题，进一步促进委员和各界人士接触实际，开阔眼界，提高认识，积极为四化建设献计献策，贡献力量。

**3.积极开展对台宣传工作，加强宗教管理，加强同少数民族的团结，扩大革命的爱国的统一战线**

新时期的统一战线和政协担负着两大任务，一项是为四化建设服务，另一项就是促进台湾回归祖国，完成祖国统一大业。目前形势对台湾回归祖国十分有利。我们要按照中央指示和《告台湾同胞书》的精神，在县委的领导之下，向党内外群众进行对台政策教育，组织对台宣传，做好对台湾同胞，去台人员家属以及其他同台湾有关人士的团结教育和落实政策工作，发动各民主党派、各人民团体、各界爱国人士，通过他们在台湾、港澳和国外的社会关系，开展和台湾人员交往、通话、通邮、通商工作，做好对台湾同胞、港澳同胞和国外侨胞、爱国人士的团结、争取、接待工作，为他们回国参观、访问、探亲、访友提供方便，把他们的积极性调动起来，促进台湾早日回归祖国，完成统一祖国大业，要继续贯彻落实党的民族、宗教政策，广泛宣传宗教活动的八条管理办法，加强对我县西苗、东和天主教、伊斯兰教活动的保护和管理，以便做好对宗教人士的团结争取工作。要尊重少数民族的风俗习惯，积极帮助回族群众聚居的大队发展生产，团结他们同心同德搞四化。要做好对原工商业者的安排使用，鼓励他们为我县的经济建设贡献力量。

**4.认真地进行统战政策的再教育，积极开展政协工作**

统一战线工作，是党的一项重要工作。由于林彪、“四人帮”极“左”路线的流毒和影响还没有彻底肃清，我们有一些同志，对新时期统战和政协工作的必要性还认识不足，重视不够。有一些同志至今仍然心有余悸，还有统战工作“危险论”、“收缩论”的错误思想，认为这些工作是软任务，可有可无，无关紧要。为此，我们必须认真地、深入地进行统战工作的再教育，进行统战政策的再学习。要组织政协委员和各界人士认真学习中央领导同志关于统战和政协工作的指示，学习中央制定的新的历史时期统一战线的方针和任务。建议各级党的组织要因地制宜地安排好统战政协政策的再教育。进一步提高广大干部群众的政治觉悟和政策水平，为搞好我县爱国统一战线和人民政协工作发挥积极作用。

各位委员、各位同志，目前我县同全国一样，正处于一个非常重要的时期。在这个新的历史时期，人民政协的地位、任务更加光荣，担子也更加重大。我们一定要以与党同心、为国分忧、对人民负责的精神，在党中央的路线、方针、政策的指引下，在中共长治县委的领导下，树立信心，鼓足干劲，同心同德，群策群力，为我县经济建设贡献才智，做经济调整和安定团结的促进派。

### 第二次会议

第二次全体会议于1982年5月10日在县招待所召开。会议主要传达了全国统战会议精神；列席七届二次人民代表大会；听取讨论了县长荆共民作的政府工作报告和人大主任王良玉作的人大常委会工作报告。

### 第三次会议

第三次全体委员会议于1983年3月26日至30日召开。参加此次会议的政协委员列席了第七届人代会第三次会议，听取讨论了县长荆共民作的《政府工作报告》及其他工作报告、

## 第七节 第八届委员会

政协长治县第八届委员会共召开3次全体委员会议。

### 第一次会议

#### 会议概况

政协长治县第八届一次会议于1984年9月24日至29日在县城召开，代表着中国共产党、中国国民党革命委员会、无党派民主人士、共青团、总工会、妇联、文化艺术、科学技术、农村、教育、体育、医药卫生、少数民族、宗教、特邀人士、15个界别的56名委员出席了会议。

24日上午举行了预备会议，通过了会议议程、宣布了会议组织机构和人员名单及其他有关事项。大会主席团由申安福、刘天顺、朱培荣、李爱华（女）、李树德、李保珠、张金玉、张海棠（女）、张汉、范志、胡纪道、部俊保、郭继忠、高恩祥、董振祥15人组成。下午，政协长治县八届一次会议开幕，朱培荣致开幕词，中共长治县委书记王家壁作了重要讲话。会议期间听取并审议了政协副主席张金玉作的政协长治县第七届委员会常务委员会工作报告和李爱华作的政协第七届一次会议以来的提案办理情况报告。

25日，列席县人大八届一次会议，听取代县长李晋鸿作的《政府工作报告》及其他报告。

26日，列席县人大八届一次会议。

27日，分组酝酿讨论政协长治县八届常务委员会主席、副主席、常务委员候选人。

28日，举行第二次全体会议，并进行大会选举，会议选举朱培荣为政协长治县八届委员会主席，李爱华（女）、李树德、胡纪道、张金玉、张汉为副主席，申安福、刘天顺、朱培荣、李爱华（女）、李树德、李保珠、张金玉、张海棠（女）、张汉、范志、胡纪道、部俊保、郭继忠、高恩祥、董振祥为常务委员。尔后，政协长治县八届一次会议举行第三次全体会议，通过政协长治县八届一次会议政治决议和政协长治县八届一次会议关于七届常委会工作报告的决议。新当选的政协副主席李树德致闭幕词。

## 政协工作报告

### 第七届委员会常委会工作报告

1984年9月24日

张金玉

各位委员、各位代表:

我受政协七届委员会常务委员会的委托,向本会作工作报告。请予审议。

我县政协七届一次会议以来,到现在已经三年多了。三年多来,在党的十一届三中全会和党的十二大精神指引下,我县人民在县委的领导下,不断消除"左"的影响,解放思想,锐意改革,大胆探索,勇于开拓,工农业生产和各项社会主义事业都取得了重大成就,人民物质文化生活步步上升,安定团结生动活泼的政治局面更加巩固和发展,爱国统一战线出现了前所未有的好形势,全县到处呈现出一派欣欣向荣、蒸蒸日上的繁荣景象。广大人民群众、各界人士,精神振奋,笑逐颜开。这一切成就,都是在县委的领导下,认真贯彻执行党的十一届三中全会以来制定的路线、方针政策的结果,是全县广大人民群众、知识分子、各界爱国人士通力合作、共同努力的结果。

我县人民政协在三年多的实践中受到了锻炼,积极地开展了各项活动,使人民政协的地位和作用不断得以提高和加强,充分有效地发挥了它的重要作用。概括起来,我们主要进行了以下四个方面的工作:

**1.组织委员和各界人士学习,提高认识,增强委员为四化建设服务的自觉性**

我县政协七届一次会议以来,在党的十一届三中全会和十二大精神鼓舞下,本会认真组织推动政协委员和各界人士学习时事政治,提高大家对党的路线、政策的认识,提高大家为四化建设出力献策的自觉性。全国人大六届一次和全国政协六届一次会议以后,本会根据胡耀邦同志提出的"毋忘团结奋斗,致力振兴中华"的号召,组织委员学习了赵紫阳总理的《政府工作报告》、邓颖超主席在政协会议上的《开幕词》。通过学习,委员们进一步认识到党的十一届三中全会以来制定的路线、方针和政策的正确性,增强了实现80年代、90年代三大任务的信心和决心与自己肩负的重任。

《邓小平文选》出版后,本会立即组织委员和各界人士学习。学习中,就有关统一战线方面的文章作了重点辅导。通过学习,使委员们进一步明确了新时期统一战线工作的方针、政策,认识到爱国统一战线的重要性和今后的历史使命,从而提高了认识,统一了思想,增强了做好统战、政协工作的信心。

学习贯彻党的十二大精神,提高委员和各界人士为四化建设作贡献的自觉性。党的十二大召开,是全国各族人民政治生活中的一件大事,大会提出和决定的一系列方针、政策是今后党和国家各项工作的基本依据。从十二大召开之日起,本会根据县委的统一安排,及时地组织委员和各界人士认真学习文件。通过三个多月的学习,委员们领会了文件精神,提高了认识,写了20多篇学习心得和打算,决心在四化建设的征途上贡献自己的力量。如我县一中教师张汉同志在一次学习会议上发言说:"我是一名人民教师,忠诚党的教育事业是我的天职,热爱学生,是老师职业道德的核心,也是做好教学工作的前提。我愿身体力行,为党的教育事业奋斗终生……"张汉同志这样说了,他也这样做了。在1983年,他曾先后以自己三个月的工资300多元钱为学生们订阅报纸、购置图书,赠送纪念章等,以鼓励学生上进。

学习了《中华人民共和国宪法》和《政协章程修改草案》,委员们一致认为:新宪法总结了新中国成立以来的新经验,反映了我国的形势和现状,指明了政协工作的方针和任务,是一部顺乎民心、合乎民意、治国安邦的根本大法。一致表示要热情地宣传贯彻,模范地遵守执行,并先后提出了37条修改意见。学习了《政协章程修改草案》以后,委员们深深地感到:这是一次新时期统一战线理论的再学习、再教育。通过学习,加深了对人民政协的性质、任务和作用的理解,增加了进一步活跃人民政协工作的决心和信心。

围绕各个时期的中心工作,本会不失时机地组织和推动委员、各界人士进行学习、使委员们能根据规定的范围,看到应该看到的文件,听到应该知道的报告,贯彻落实了胡耀邦同志知情出力的指示。如学习了党中央有关整党文件以后,委员们感动地说:"党这样信任我们,我们也要把心交给党,做到知无不言,言无不尽。在端正党风的同时,我们自己也能从中得到锻炼和提高。"

**2.认真落实政策,增强团结,调动一切积极因素**

认真落实党的各项统战政策和政协委员政策,对于拨乱反正,巩固安定团结的政治局面、调动各界人士建设社会主义现代化的积极性,加强爱国统一战线进一步开创人民政协工作新局面都具有重要的意义。本会七届一次会议以来,根据胡耀邦总书记和全国政协主席邓颖超的讲话精神,对政协委员在知情、出力、落实政策方面的情况进行了摸底调查,在调查摸底的基础上,协同所在单位,该纠正的纠正,该平反的平反,该退赔的退赔。如有的因历史上的政治问题,而屡遭批斗的,给予恢复名誉,当众平反;有的因出于爱国之心,上书直言,而受撤职罢官的,给予平反昭雪,恢复职务。通过落实政策,既增进了党与党外人士的合作关系,也体现了胡耀邦总书记提出的"肝胆相照、荣辱与共"的精神。在为他们落实政策以后,有的委员投书政协,对党感恩报德;有的捐赠巨款,救济灾区人民;有的带领全家修桥补路,争作贡献;有的义务办学,为四化培养人才;有的辛苦奔波,为抢救学生近视眼而日夜工作;有的急病人之急,走乡串户扶危救人;有的心情激动,赋歌吟诗,同声赞扬党的方针政策好,表示决心为统一祖国,振兴中华,贡献自己的力量。实践证明,落实一个人的政策,能调动和团结一大批人,团结一致,共为四化出力。同时,在民族、宗教等方面的政策落实也做了很多工作。但是,落实政策工作,尚有一些"尾巴"未清,我们将继续努力,克服"左"的思想影响和干扰。把落实政协委员政策的工作一抓到底。

**3.参与全县大事的协商和讨论,发挥民主和监督作用**

政治协商,民主监督,是人民政协的主要职能,也是我国人民在中国共产党领导下发扬社会主义民主的一种重要形式。七届一次会议以来,本会常委会举行了十一次会议,先后听取了"全国统战工作会议"的传达报告、打击刑事犯罪活动的传达报告,列席了县人大历次常委会议,听取和讨论了有关政治经济、文化建设等全县重要问题的报告。通过对这些报告的座谈讨论,常委们既加深了对国内外形势的了解,也对全县的重要事宜提出了意见和建议,积极发挥了政治协商和民主监督的作用。

为了更有效地组织和推动本会委员积极为四化建设献计献策、贡献力量,本会定期组织工作组,围绕各个时期的中心,组织了一系列的专题座谈和专题调查,向县委和政府提出许多兴利除弊的意见和建议。如改善教学条件,实现全县无近视的建议;重视幼儿教育的建议;发挥知识分子、技术人员专长的建议;开展文明村、文明单位的建议;均得到了县委和政府的重视和采纳。实践证明,组织委员参观视察,专题调查,是活跃政协工作、发挥人民政协主要职能的最好形式。在1983年贯彻落实中央一号文件中,我们组织委员对农村的"两户"进行了专访,写出了"这股力量了不得"、"还是有点竞争好"、"致富户在想什么"等报告，为农村两户大喊大叫，有力地促进了"两户"的发展。配合落实知识分子政策，本会召开了知识分子、科技人员座谈会，提出了关于有关落实知识分子政策的八条建议，推动了这一工作的进展。

1982年春，按照本会计划，组织了部分委员赴京参观学习，在省与全国政协的帮助与支持下，瞻仰了毛主席遗容，参观了中南海和革命军事博物馆等。委员们受到了很大的鼓舞，开阔了眼界，增长了知识，受到了一次深刻的爱国主义教育。

其次，通过办理委员提案，对于促进我县"两个文明"建设进一步落实党的各项方针政策，推动各项工作的发展，都起了积极的作用。

**4.加强机关建设，积极推动政协工作的开展**

在县委的统一领导下，政协机关本着未整先改的精神，修订和建立了各项规章制度，对工作人员不时地进行了自尊、自信、自重、自爱的教育，加强了思想政治工作，改进了工作作风，推动了机关工作，也为办成"委员之家"创造了条件，使中央的方针、政策，上级的指示精神能及时传达贯彻。由于机关工作的革命化，出现了人人出主意、个个想办法，推动了政协工作的开展。如在1982年，本会结合"五讲四美三热爱"活动，在机关和委员中开展了"读书活动"和"为四化服务"活动。在这两次活动中，委员们结合本身业务，各尽所长，做出了许许多多令人敬佩的好事，模范事迹、先进人物不断涌现。其中，有的委员出席了全国为人师表先进表彰大会；有的被选为省劳模；有的参加了市里的"双先会"并受了奖励；有的被选为县劳模和先进工作者；有的被推荐为省人大代表或市、县人大代表。总之，通过这两次活动，既涌现出了一大批热心为四化建设作贡献的人才，也推动了全县各项工作，打开了政协工作新局面。

与此同时，本会对台湾回归祖国，实现和平统一也积极开展了工作。及时组织委员学习了《廖承志致蒋经国先生的信》，召开了去台家属座谈会，同时也组织委员写了对台湾宣传稿。对台湾回归祖国、实现统一大业做了一定的工作。

除上述各项工作外，本会也不失时机地围绕各个时期的中心工作，召开各种形式的座谈会、茶话会、经验交流会。通过这些会议交流思想，共谈心事，促进团结。

尽管我们做了很多工作，也取得了一定的成绩，但同人民政协肩负的光荣任务来比，还存在着很大的差距。如:在工作中同有关部门配合不够，专题调查不深不透，工作还抓得不紧等，还有待改进。

各位委员、各位同志，全国人大六届二次会议和全国政协六届二次会议两个大会刚过不久，摆在我们面前的是为加快现代化建设步伐，以改革的精神迎接新技术的挑战。面临新技术革命的形势，人民政协的任务更加重大，我们要发挥自己的优势，挖掘潜力，迈开改革的步伐，开拓前进。现在我就上届工作的实际经验，对下届的工作，提如下几点建议:

**1.积极组织委员和各界人士，开展政治理论业务的学习**

随着国家工作重点的转移和新技术革命的要求，对大会组织推动委员进行学习的工作也更为迫切。所以，在学习上仍应以爱国主义和社会主义教育为中心，着重学习党的十一届三中全会以来的路线、方针、政策和国内外重大时事政治；学习马列主义、毛泽东思想有关论著；学习《邓小平文选》和《陈云文选》；同时要学好全国六届人大二次会议和全国六届政协二次会议的各项文件，使我们的思想适应新形势的需要。当前，除继续做好统战政策再教育外，要突出地学好《邓小平文选》。要从思想实际出发，深刻领会邓小平同志事事从我国国情出发，走中国式的社会主义道路的基本思想；学习他实事求是，一切从实际出发的求实精神;学习他以国为怀、顾全大局、勇于创新的大无畏思想,争做四化建设的革新家;学习邓小平同志关于统一战线理论和方针政策的论述,增强我们贯彻十二大精神的自觉性,把我们的工作做得更好些。

学习方法仍以自学为主,做到思想与实际结合,理论与业务结合,注重讲求实效,为了帮助同志们更好地学有成效,今年要有计划地结合党校训练,举行理论学习辅导、形势报告会以及业务知识讲座。在适当的时期,也将分期分批组织委员到外地参观学习,进而使我们在政治上不断进步,知识上不断更新,业务上不断提高,更好地发挥自己在四化建设中的作用。

**2.参与全县大事的协商讨论,进一步发挥民主监督作用**

人民政协的主要职能,是对国家的大政方针、政策和地方的重要事务以及群众生活、统一战线内部关系等主要问题进行政治协商,并通过建议、批评,发挥民主监督作用。

协商是民主的、平等的、真诚的,要做到经常、及时而富有成效。在日常工作中必须不断地同县人大、县政府保持密切的联系,积极参与全县重大问题协商,并运用各种形式,不断地开展活动,包括召开各界人士座谈会,列席人大会议、主席办公会以及有计划地组织委员参观、视察、专题调查等活动,使人民政协真正成为在四项基本原则的基础上进行民主协商的重要场合,使委员能更多地参与政府的各项改革活动,从而达到广开言路、广开才路的目的。

根据中共中央整党工作指导委员会第三号通知精神,本着“长期共存,互相监督”、“肝胆相照,荣辱与共”的方针,以知无不言、言无不尽的态度,诚心诚意帮助党整风,并在整党中受教育、受锻炼。

**3.按照全国人大、政协六届二次会议精神,结合我县的实际,应重点抓好以下几项工作**

(1)继续抓好政协委员政策的落实工作,特别是知识分子政策的落实。在落实知识分子政策中,本会要积极地配合有关单位关心他们,了解他们,敦促和推动各部门合理安排使用他们,使知识分子真正能够人尽其才,才尽其用。

(2)积极参加改革,热情支持改革,发挥人民政协人才荟萃的优势。挖掘潜力,发挥优势,大胆改革,开拓前进,是现代化的需要,是时代的要求,改革新风,势在必行。人民政协,要充分发挥自己“知识库”的优势,站在改革的前列,为改革铺路。今后,要通过专题调查,对现代化建设中出现的新情况、新事物、新经验,做到及时总结、传播,热烈支持,并将采取各种不同形式,召开技术交流会、学术报告会,从而传播知识,反映情况,提出新建议,积极参加改革。同时,本会也将协同科技讲座,改革展览,鼓励科技人员改革创新,开展“多部门、多学科”为社会服务活动。

(3)与教育部门密切配合,在改革中开展“防治近视症,实现基本无近视眼县”的活动。本会委员曾向县委及政府建议,要在改革教学、学好文化课的同时,注重对学生德育、体育的教育,并针对目前在学生中严重存在近视的情况,提出“力争在较短时间内,防治近视,实现在校学生无近视眼”的建议。本会委员很多从事文化教育工作,要积极赞助、协助并参与这项建议的实现。儿童是祖国的未来,是祖国的财富。本会要与有关单位配合加强幼儿教育,使儿童和青少年健康成长。

(4)做好文史资料的征集和抢救工作。为了使我县一部分珍贵的文史资料不致淹没,要组织专人组成文史资料组,对文史资料进行征集汇编。向全县各界人士、退休、离休老干部、宗教界人士以及起义投诚人员征集史料。特别要利用那些年事已高、阅历又深、经历颇多的老人,抓紧进行史料抢救工作。同时,对全县的文物、古迹、也要配合有关部门,进一步探索、整理、保护。

(5)经常与县对台办公室取得联系,继续组织对台宣传,为实现祖国统一大业而作出贡献。

**4.做好委员参观、视察、专题调查活动,活跃政协工作**

七届一次会议以来,在这方面我们做了不少工作,也对工交、财贸、农业、文教、医卫、宗教等方面的工作提出了不少比较好的建议,取得了不少成绩,推动了各方面的工作,今后要继续开展这项活动。

同时,本会要采取各种形式,积极主动地帮助各民主党派开展工作,并协助有关部门落实"三胞"政策,宣传贯彻党和政府关于统一祖国方针政策,为发展祖国大团结、大统一而努力。

**5.进一步加强政协机关工作,不断提高工作效率**

人民政协的机关工作,直接关系着政协工作的开展。因此,要继续以改革的精神,建立健全各项规章制度。在配好配齐工作人员的基础上,加强机关岗位责任制。组织工作人员认真学习政治理论、统战政策和业务知识,以提高工作效率,力争把政协机关建设成为"五讲四美三热爱"的文明单位;办成名副其实的"委员之家";办成知识分子、各界人士"知无不言,言无不尽"之所,为推动我县四化建设积极发挥应有的作用。

当前,我县的形势和全国一样,形势大好。由于党大力落实各项政策,调动了人民群众建设社会主义现代化的积极性,各民主党派、各界人士为四化服务的热情空前高涨。在此大好形势下,让我们高举爱国主义的旗帜,更紧密地团结起来,坚持四项基本原则,发扬统一战线的优良传统和作风,坚决贯彻党的"长期共存、互相监督,肝胆相照、荣辱与共"的方针,彻底否定"文化大革命",消除派性,做好工作,为庆祝国庆三十五周年,为进一步全面开创统一战线和人民政协工作的新局面作出新的贡献。

## 第二次会议

### 会议概况

政协长治县八届委员会二次会议于1985年4月15日至18日在县招待所三楼会议室召开。全县55名委员参加了会议,县直有关部门负责人列席了会议。县委、县人大、县政府、县纪检委的领导出席了会议。政协主席朱培荣向大会作《政协长治县八届常委会工作报告》。报告针对新时期人民政协的新任务和新要求,围绕经济建设中心,为巩固爱国统一战线,为调动一切积极因素,促进全县经济建设做好各个方面的工作做了阐述。

政协副主席李爱华做了《关于八届一次会议以来提案办理情况报告》。八届一次会议以来,共收到委员提案39件;其中属于党政方面的7件,文教卫生方面的21件,政法方面的5件,科学技术方面的3件,其他方面的3件。提案审查委员会对上述提案及时地逐案进行了审查,对所有审查立案的提案,都按照提案审查委员会的意见,由本会办公室分别送有关单位研究办理。截至4月1日,已收到受理单位对提案的回应38件,占全部提案的99%。

会议期间,与会委员列席了县人大八届二次会议,听取讨论了县长李晋鸿作的《政府工作报告》以及其他报告。大家一致认为,报告是积极的,实事求是的,要振奋精神,同心协力,积极完成《政府工作报告》提出的各项任务,为加快本县经济体制改革步伐、促进全县经济腾飞、更好地开创社会主义现代化建设的新局面而努力奋斗。委员在讨论中对政府工作提出了许多有益的建议和意见。

县委书记王家壁作了重要讲话。大家一致认为,过去一年,在中共长治县委和政府的领导下,由于坚决贯彻执行了中共中央的路线、方针、政策,在全县各条战线取得了显著成绩。会议期间,委员们听取了政协长治市六届一次会议精神的传达。会议通过了《政协长治县八届委员会二次会议政治决议》、《关于常委会工作报告的决议》。4 月 18 日,会议圆满完成各项议程后胜利闭幕。

## 政协工作报告

### 发挥优势 献计献策<br>为以经济建设为中心的三大任务服务

1985 年 4 月 15 日

朱培荣

各位委员、各位同志:

我受县政协八届常务委员会的委托,做八届一次会议以来的工作报告,请予审议。

(一)

政协八届一次会议以来的五个多月中,在党中央路线、方针、政策的指引下,在县委的正确领导下,本会全体委员、各界人士同心同德、奋发图强,为我县的经济建设和经济体制改革做了许多工作,并逐步引起了人民群众和有关方面对人民政协工作的理解和重视。实践证明,政协工作为经济建设服务,为三大任务服务,为对内搞活经济,为对外开放政策服务是大有可为的。

近半年来,县政协八届常务委员会,根据新时期人民政协的新任务和新要求,结合我县换届后班子新、人员新、业务生,对政协工作认识不足的实际,围绕经济建设这个中心,为巩固爱国统一战线,为调动一切积极因素,促进全县经济建设做了以下五个方面的工作:

**1.组织和推动委员学习政治、时事,学习党和国家的方针政策,促使大家进一步知情出力,投身四化,为振兴中华而献策献计**

开展学习活动,及时地组织委员和各界人士学习政治时事,学习党和国家的方针政策,是人民政协更好地发挥政治协商、民主监督作用的重要环节。为此,我们把组织委员学习作为本会经常性的工作之一。半年来,我们通过举办理论学习辅导会、学习心得座谈会、专题讨论会等多种形式,发动和组织委员认真学习了赵紫阳总理在六届全国人大二次会议上的《政府工作报告》,邓颖超主席在全国政协六届二次会议上的讲话以及其他重要文件。《中共中央关于经济体制改革的决定》公布以后,我们立即组织委员和各界人士集中三天时间进行了学习。并聘请了县委党校王太盛校长进行了专题辅导,引导大家联系实际,深刻认识加快以城市为重点的整个经济体制改革的必要性和紧迫性,明确改革的方向、性质、目的、内容和基本原则。为使委员们真正能够知情出力还及时按规定让副主席和常委们传看有关文件,并为之订阅了《学习资料》等刊物。在学习中很多委员对贯彻中央这一具有历史意义的重大决定,表现了很高的自觉性,有的积极为经济体制改革献计献策,有的在自己的工作岗位上勤奋努力,积极进取,做出了优异的成绩,受到社会的尊重与好评。

**2.座谈讨论国家大事,积极参与全县大政方针的政治协商,发挥民主监督作用**

八届一次会议以来,本会连续召开了 4 次常委会和常委(扩大)会议,5 次主席办公会以及 3 次各界人士座谈会，先后讨论了《长治县经济体制改革的方案》，并提出了修改意见45条。在委员中开展了“我为改革献良策”活动。同时，列席了县人大会议，听取了县政府工作报告、经济计划和政法方面的工作汇报。通过这些活动，为全县的大政方针、体制改革、群众生活等问题提出了积极的建议和意见，较有效地发挥了政治协商和民主监督作用。

**3.围绕经济建设中心，开展服务活动**

随着党和国家工作重点的战略转移，人民政协工作也必须迅速纳入以经济建设为中心的三大任务服务的轨道。在此情况下，八届一次会议以来，我们一方面组织广大委员和各界人士认真学习党的各项方针、政策，让委员们知情出力，一方面认真贯彻执行中共中央1985年一号文件和关于经济体制改革的决定和县委、县政府各项经济决策，发动委员在各自的工作岗位上，积极为振兴经济发挥自己一技之长，开展各项有意义的活动。

八届一次会议以来，本会结合各个不同时期的工作重点，紧紧围绕“翻番”总目标，先后开展了“我为四化献良策”、“我这一年”和“为三大任务服务”等社会活动。通过这些活动，委员们在自己的工作岗位上献计出力，各显神通，基本做到了有言就参，有计就献，有力就出，有技就展，只要对经济建设和改革开放有利，我们就干。因而，在50多个委员中，出现了许许多多令人敬佩、受人尊重的好人好事，受到了社会的赞扬。不少委员被评为劳动模范和先进工作者，有的出席了省、市、县劳模大会，受到了奖励。政协委员、县中医院院长陈忠同志，调中医院后身体力行，带头实干，在很短时间内把一个破破烂烂的后进单位改变成了市、县受表彰的先进集体。副主席胡纪道同志，在古稀之年，壮志不衰，不辞劳苦，徒步下乡搞社会调查，所到之处深受群众称赞。半年来，他跑了6个公社，对各类学校进行了调查，提建议27条，给各报社、中央教育部等单位写了近3万多字的教学改革意见。工作之余，他又与民革同志一起组织离休、退休的老医师成立了“中山医疗咨询服务组”开展活动，被称为“知心服务组”。其他诸如张汉、王新宇、高恩祥等委员，均在自己的岗位上做了许多令人敬佩的工作。总之，通过这些有益的活动，推动和促进了我县各条战线的工作。

**4.做党和政府联系人民群众的纽带，深入下去，广交朋友，把人民政协办成“委员之家”**

元旦、春节期间，本会领导同志对一部分年老体弱以及散居在农村的委员进行了家访和慰问，并向他们传达了中央一号文件和县委、政府的各项决策。今年3月，本会又组织医务界的委员为久病床头的36名委员和老干部串户治病，委员和同志们为此深受感动。委员杨凌云同志说：“领导在百忙中不忘我们，我谢谢同志们，感谢党。我年事已高，没有为国为民出上力，很遗憾。”委员专业户李雪兰丈夫琚松珍同志说：“我和雪兰感激党的政策好，走上了富裕道路，我们要迈开大步，做到扶贫共富人人富。”总之，我们通过下乡串友，既沟通了思想又融洽了感情，团结了同志，活跃了工作，为把人民政协办成“委员之家”奠定了良好的基础。

**5.认真办理委员提案，进一步发挥人民政协民主监督的作用**

委员提案是实施民主监督的重要途径。根据以往教训，我们成立了提案委员会，并有专人承办。五个多月来，共收到委员提案39件，内容广泛，意见中肯。经过提案委员会审查陆续将这些提案送交有关单位处理，截止3月底，所受理提案，已全部办理完毕。有些积极建议也已被有关单位采纳，如胡纪道同志的“在全县普及幼儿教育教学改革杜绝近视眼”的建议，王金海同志“建立煤炭工业公司”的建议等，都被采纳和推行，对全县经济体制改革起了促进作用。不少单位的同志反映，提案内容多，质量好，诚心赤胆，有水平，受到了各方面的重视。对少数处理不认真或不彻底的，我们将组织专人亲自下去，慎重处理。

此外，本会还两次召开台港、侨胞家属座谈会，以及各方面的能人座谈会，并协同县委统战部复查和落实了政协委员政策，调动了委员们为三大任务服务的积极性，活跃了政协工作。

## (二)

各位委员、各位同志：

五个多月来，在县委和政府的支持下，虽也做了点工作，但距党的要求和形势发展的需要，尚有差距，主要表现在以下三方面：一是长期受“左”的思想影响，思想不解放，工作束手束脚；二是对人民政协的优势未能充分发挥出来，如人才智慧的潜力挖得不够；三是缺乏开拓新局面的胆略，对统一战线这个法宝运用发挥得不够。加之，人员少，交通工具不便，因而走不出来，深入不下去，工作被动。针对这些问题，我们必须采取新的措施，下大功夫，在彻底否定文革继续清除“左”的思想基础上提高认识，发挥人民政协“人才库”优势，为搞活我县经济出谋划策，走出去寻找门路，扎扎实实地开创政协工作新局面。为此，对下一步工作提以下初步意见：

**1.继续加强学习提高认识，端正为四化服务的指导思想**

一要认真细致地学好十二届三中全会的《决定》，和全国六届人大三次会议和全国政协六届三次会议有关文件，进一步明确加快以城市为重点的经济体制改革的必要性、紧迫性及其方向、性质、任务和各项基本方针政策，吃透精神、融会贯通，做到识大体，顾大局，通本行，见行动；二要抓紧对新时期统一战线理论的学习，不断端正为四化建设服务的指导思想，把政协工作同经济建设紧密联系起来。学习方法仍以自学为主和每月开展一次集体学习活动，不定期聘请党委领导同志或理论教师等进行讲课辅导，每年搞两至三次学习经验交流会，以促进学习。

**2.参观考察，调查研究，更好地发挥政治协商、民主监督作用**

根据经济体制改革和对内搞活对外开放的方针政策，本会将有计划地深入各个领域，进行一些有益的调查研究和考察工作，确实为振兴我县经济服务。经八届三次常委会议研究，时间初步定在3至5月，结合建设文明县城对食品卫生，市场贸易，文明礼貌等方面组织考察；5至7月组织文化工作组对全县的文化教育系统进行视察，对教师队伍、教学质量、文化宣传方面出现的不健康书报、录音带等进行普查；8至10月广泛开展一次“尊师爱生”活动，组织科技界委员深入农村、厂矿进行科技推广应用的考察，并传授技术，防治家禽、家畜的疾病传染，把科学技术送上门。通过视察把群众的要求意见带回来写成报告，提供县委和政府参考处理。

**3.围绕经济中心，继续开展服务活动**

随着我县商品经济不断发展、经济体制改革与日俱兴的大好形势，人民政协工作亦应迅速纳入以经济建设为中心的三大任务的轨道。为此，我们为了更充分有效地发挥人民政协“智力库”的作用，要求政协委员和各界人士，要以自己的一技之长，为振兴经济、为“翻番”贡献力量；并要求每个委员联系2—3户党外朋友，共为四化服务，力争做到：凡有益于经济振兴的言就参、凡有益于经济改革的事就干，凡有利于人民群众的担子就担，凡有利于促进生产发展的技术就传。要利用“人才库”的优势，组织各种技术讲座，培训各方面人才；利用委员分布广泛的特点，做好信息收集和传递工作；利用各方面关系，为我县引进资金、人才、技术而积极努力。

**4.诚心诚意帮助整党**

中央整党工作指导委员会作出关于在整党中要充分听取党外朋友和党外群众意见的规定，这是党对我们的信任。今年后半年，我县整党工作将全面铺开，我们要本着知无不言、言无不尽的精神对本单位党组织和党员提出意见，改进工作，同时，我们也要在整党中学习文件、提高认识。

**5.认真搞好文史资料的机构建设，收集编纂工作**

根据全省文史工作会议精神，结合我县实际情况，要尽快将文史资料委员会及其工作机构建立健全起来，争取时间，尽快开展搜集、整理工作，做到定人员、定机构、定题目、定时间，把这一工作确实抓上去。

**6.重视委员提案，做好提案工作**

委员提案，是委员民主权利、广开言路、参与管理国家事务的一种主要方式，也是党和政府联系人民群众，听取各方面意见的一个重要渠道。因此，我们应重视提案办理工作，把提案工作当做一项经常性的工作一抓到底。做到“两不”、即:不抓辫子，不扣帽子。做到“三放开”，即时间放开：由一年一次会议提案，变为会期会后都可提；人权放开：由过去三人为限变为人多人少都可提；内容放开：有话就说，有议就参，成绩要说，失误也提，凡对全县经济建设和改革开放有利的都可以提，成绩、缺点、批评、建议都可以提。这就要求我们要加强这一工作的领导，认真进行检查、督促、催办，做到提案有着落，案文有交代。

**7.加强三胞和民族宗教工作**

继续贯彻党统一祖国的方针、政策和对“三胞”、民族、宗教工作的政策，帮助他们解决实际问题，要广泛开展中央有关台湾回归方针、政策的宣传，为早日实现祖国统一大业作出贡献。

**8.继续加强机关工作，改进工作作风，提高工作效率**

县政协机关各工作部门要进一步健全和完善，根据政协章程精神，文史资料办公室、提案办公室都要迅速予以配备。人民政协是统一战线总部，也是一个工作班子，过去社会上对人民政协认识不够，问题是我们工作没做到，对党的统战政策宣传的不够。我们一定要明确自己的业务范围和工作职责，尽职尽力，做好工作，改变以往工作拖拉和工作不负责任的工作作风，增强责任心，提高工作效率。要深入进行统战理论学习，提高政治素质和业务水平，把政协工作进一步活跃起来。

各位委员、各位同志，今年是我国执行经济体制改革决定的第一年，中共中央提出“坚定不移、慎重初战、务求必胜”的方针，号召全国人民团结一致，打好第一仗。面临新的形势，我们的任务光荣而艰巨。让我们团结起来，在中共长治县委的领导下，积极为经济体制改革、为实现80年代的三大任务各抒己见，出谋献策，调动一切积极因素，努力工作，为在新形势下取得优异成绩而努力奋斗。

## 第三次会议

### 会议概况

政协长治县八届委员会三次会议于1986年5月20日至25日在县招待所召开。会议的主要议程是：听取政协长治县八届二次会议以来常务委员会工作报告；听取政协长治县委员会八届二次会议以来提案办理情况的报告;传达全国,全省政协工作会议精神;列席县人大八届三次会议并听取各项报告;增补政协委员及常务委员会委员;通过各项决议。来自全县各条战线上的政协委员参加了会议,县直各部、委、局负责人,特邀人士列席了会议。

20 日上午,举行预备会议,通过会议议程、组织机构及人员名单;通过了补选常务委员选举办法,宣布增补委员名单。大会主席团由申安福、刘天顺、朱培荣、李爱华(女)、李树德、李保珠、张金玉、张海棠(女)、张汉、范志、胡纪道、部俊保、高恩祥、董振祥 14 人组成。

20 日下午,政协长治县八届三次会议开幕,县政协副主席李树德致开幕词,中共长治县委书记王家壁作了重要讲话。会议听取并审议了县政协主席朱培荣作的八届二次会议以来常务委员会工作报告和张金玉副主席作的八届二次会议以来提案办理情况报告。

21 日,列席县人大八届三次会议并听取县长李晋鸿作的《政府工作报告》及其他报告。

22 日上午,讨论了县长李晋鸿作的"七五"计划报告(草案)。

22 日下午,传达贯彻全国政协六届四次会议和省政协五届四次会议精神;学习了党和国家领导人的有关讲话。

23 日,列席长治县人大八届三次会议,听取各项报告。

24 日,列席长治县人大八届三次会议。

25 日,根据政协常务委员补选办法,增补张守孝、郭树清为政协常委;表决通过政协长治县八届三次会议决议和工作报告决议;县政协主席朱培荣致闭幕词,会议胜利闭幕。

## 政协工作报告

### 八届委员会常务委员会工作报告

1986 年 5 月 20 日

朱培荣

各位委员、各位同志:

我受县政协八届委员会的委托,向八届三次会议作工作报告,请予审议。

#### 1995 年工作回顾

县政协八届二次会议闭会一年来,在上级政协的指导下,在中共长治县委领导下,随着党的统一战线政策的进一步落实,我县爱国统一战线得到了巩固和发展,民革也召开了支部成立大会并在自己的工作上迈出了新的步伐。民族、宗教和各界人士在党的统战政策的激励下大展宏图,这就为我县更好地开展政治协商民主监督开辟了更为广阔的天地。

过去的一年,是不平凡的一年。在这一年里,我县政治经济形势和全国一样,出现了持续稳定,协调发展的好势头,圆满地实现了县委提出的提前五年翻一番的奋斗目标。1985 年全县虽然遭受了严重旱、雹、风灾的袭击,但粮食总产量仍达 16899 万斤,是历史上第三个丰收年,乡镇企业蓬勃发展多种经营增产增收,农民生活逐步改善,农业总产值达到 11648 万元,比上年增长 28%。

工业生产，围绕提高经济效益这个中心，也进入了生机旺盛的新时期。1985年，全县工业企业在原材料涨价的情况下完成总产值11879万元，比上年增长了38.1%，出现了利润、税收增长速度大大超过产值增长速度的好势头。在这一年里，我县政协八届委员会根据新时期人民政协的新任务、新要求，在县委的领导下，围绕经济建设这个中心，团结我县各民主党派、各界人士，互勉互励，携手共进，为推动和促进我县各项工作起了积极的作用。概括起来主要进行了以下五个方面的工作。

**1.组织和推动委员学习党和国家的方针、政策，增强为“两个文明”建设服务的积极性和自觉性**

本会八届二次会议以来，在党的十二大精神指引下，认真组织委员学习了会议有关文件，学习时事政治，提高大家对党的路线、方针和各项政策的认识，提高了委员和各界人士为“两个文明”建设服务的自觉性，一年来，我们先后组织委员和各界人士以“小组议、自觉学、请进来、走出去”等多种形式，发动和组织委员和各界人士先后学习了《中共中央关于经济体制改革的决定》、《中共中央关于整党的决定》以及《教育体制改革的决定》，全国党代表会议召开以后我们先后召开了三次较大规模的学习讨论会，引导大家围绕这些文件的精神深刻认识党的路线、方针、政策的正确性，以及经济体制改革、整党和教育体制改革的必要性和紧迫性。明确改革的方向、性质、目的、内容和基本原则。特别是省、市各界人士为四化建设服务经验交流会以后，我们结合精神文明建设，立即在委员和各界人士中掀起了一个学先进赶先进的学习高潮。通过传达学习，使委员和各界人士进一步明确了自己应该干什么？怎么干？心里有了主心骨。如委员孙安熙同志说：“代表们的发言，给我们摆出了榜样，除了他们感人的高尚情操外，也给我们指出了劲应往哪里使，力往哪里出。”尤其是学习了省委书记李立功同志在省政协五届十一次常委会议上的讲话以后，使同志们的思想进一步解放了，视野更开阔了，一致表示，不负省委的重望，决定为振兴中华，奉献一技之长。

总之，通过学习，政协工作要为党的中心工作服务的思想，更加自觉了也更加明确了。如苏店学习组，一年来认真坚持了学习，在提高思想的基础上共给乡镇学校提出了24条合理化建议。组长张德喜年过七旬主动当校外辅导员，校内校外他都管，东家出西家进忙个不停，既要访问家长，又要解决民事纠纷，他顶住来自各方面的冷言冷语，做了大量的工作，受到了群众的拥护和爱戴。

为了使委员和各界人士开阔视野、增长知识、提高爱国主义思想，根据中央首长关于“走出去，看一看，大有好处”的指示，本会组织部分委员赴山东等地的政协统战工作先进县进行了参观学习，学到了在机关单位所学不到的知识，增长了见识，坚定了搞好政协工作的决心。

**2.座谈讨论国家大事，充分发挥政治协商和民主监督的作用**

政治协商和民主监督是政协工作中的主要工作之一。一年来我们召开了二次全委会，六次常务委员会，三次常委(扩大)会议和二次各界人士座谈会；主席和部分常委还多次列席了县人大常委会议，通过这些会议的参与和对国家大事和本县重大问题的讨论，充分发表了意见和建议，受到了县委和有关部门的重视。

县级单位整党开始之后，本会根据中共中央整党工作指导委员会关于在整党中要充分听取党外朋友和党外群众意见的若干规定，召开了两次全县各界人士座谈会，座谈中委员和各界人士诤言直谏，肝胆相照，为端正党风，提出了中肯的改进意见。县委书记王家壁与县委整党办公室有关人员也参加了座谈，倾听了来自各方面的反映和建议。这是充分发扬社会主义民主，坚持“长期共存、互相监督”，“肝胆相照、荣辱与共”基本方针的具体体现，也是整党走群众路线的重要方面。通过座谈，代表们一致感到这是党对各界党外人士的信任,也是“协商和监督”方针的真正体现。

在“请上来”征求意见的同时,本会领导也不断深入到各个学习小组把上边的方针政策和县里贯彻执行的情况向委员们通气,征求委员和各界人士的看法和意见,然后,将这些建议和意见带回来,并以提案的形式转交有关部门参考和解决。通过这些活动,促进了工作,也起到了民主监督的职能作用。

在列席人大代表会议和人大常委会议上,听取和讨论了政府工作报告,财政预决算报告,法院、检察院报告以及党和政府在贯彻落实一号文件和中央《经济体制改革决定》、《整党决定》和《教育改革决定》等所采取的重大措施和各条战线的工作情况。通过这些会议增进了常委和委员对国家大事和政府工作的了解。

为了开好八届三次会议,本会连续召开了主席办公会、常务委员会,对会议议程、增补委员名单都进行了充分的讨论和协商、所有这些都体现了民主和平等。为更好地发扬社会主义民主创造了良好的条件。

**3.发挥政协联系广泛的优势,积极开展工作**

本会根据政协,联系广泛,经验丰富,影响较深的特点,围绕经济建设这个中心,积极地开展各项工作。

(1)协同县委统战部、对台办公室帮台属脱贫致富。赵村乡太义掌村台属李振国同志人多劳力少,又无技术,全靠两只手劳动为生。每年除一家生活费用外,所剩无几,政协协同台办、统战部一起深入太义掌和乡政府以及县林业局共同商议,让台属李振国一家包山造林,扶其尽快走上劳动致富的道路,这件事深深感动了李振国一家。他们逢人便说:党和政府对我这样关心和照顾,我们全家一定要尽自己的力量让荒山变绿岭,并表示要给远在美国的弟弟写信告诉他家乡的情况,让他也回家看看。

(2)召开了文史资料委员会会议。初步组建了《长治县文史资料》办公室。并向全县发出了文史资料征集启事,力争在年内将《长治县文史资料》第一辑的资料搜集整理。并编审成册,但这仅仅是计划。由于办事机构一无人、二无经费,必要的办公所需均无处着落。外出采访,向知情者征稿,所需报酬也一文未付,大大影响供稿者的积极性,致使至今未能开展工作,望有关领导予以重视和支持,尽快把这项惠及子孙的工作搞好。

(3)“走亲串友”。开展了“交朋友,结知心”活动。省、市各界人士为四化服务经验交流会议以后,为了认真贯彻这次会议精神,本会以朱培荣主席为主,组织驻会常委以及办公室的同志,分别到荫城、苏店以及长治市内和政协委员共坐一起,联系会议精神,促膝谈心。并提出要在现有委员的基础上开展广泛交朋友活动,使我们的队伍不断扩大,接着又结合年关慰问,逐户走访慰问委员,从而融洽了感情,增进了团结。

(4)开展了抗日战争胜利40周年庆祝活动,并召开了各界人士座谈会。同志们在座谈会上抚今追昔,畅谈抗战时期军民一致抗日斗争的事迹,决心继承革命传统,以愚公移山精神,为四化建设服务。会后,我们组织委员赴上党战役的“老爷山”、抗日战争时期的八路军总部所在地武乡的王家峪和砖壁等地进行了参观学习。委员们触景生情,有的赋诗忆英雄,有的在留言簿上挥笔抒怀,有的在座谈会上激昂陈词,愿在有生之年为振兴中华付出自己的心血。

各民主党派,如民革支部也组织自己成员办起了“中山医疗咨询服务中心”为离退休老干部巡回医疗,颇受群众欢迎。

**4.召开了政协统战工作理论学习会议,贯彻学习了党在新时期统一战线的方针、政策及其地位和作用,提高了认识**

多年来,由于深受"左"的思想影响,在一部分干部和群众中,对党的统一战线工作不认识也不理解,成了"统盲",甚至有些人谈"统"色变。为改变人们这种思想状况,在县委领导的支持下召开了统战工作会议,除了学习统战理论政策外,还重新贯彻了全国统战会议精神和中央领导的一系列指示,通过学习,进一步提高了同志们对新时期党的统一战线工作的重要性和必要性的认识。"统盲" 现象也初步得到了解决。有些同志深有体会地说:想不到统一战线工作在历史上还能发挥那么大的作用,真是硬有硬的长处,软有软的绝招,潜移默化有时候比硬打硬还能解决问题呢!也有的忆起极左时期那种"斗争"年月,有多少能人志士有志难展、报国无门,错过了多少建设祖国的大好机会。十一届三中全会以后,党恢复了爱国统一战线这一"法宝",调动起千军万马干四化。这是一件英明的决策,所以都感到这个会是一个"明大理,长知识"的会议。在此基础上县委又签发了《关于进一步加强人民政协工作的意见》。文件中强调了搞经济工作的要有统战观点的精神。要求各级党委把党的统一战线工作列入党委的议事日程。定期研究,并提出:县直各党组、总支、支部、乡镇党委都要有一名副书记或党委委员分管政协统战工作。做到统战工作全党抓,上上下下有人管。县委的这一决定对进一步开创政协统战工作新局面创造了极为有利的条件。

**5.加强政协机关的自身建设,密切与各民主党派和各界人士的联系**

为开创政协统战工作新局面的需要,常务委员会十分注意和不断加强政协机关的组织建设和思想建设。近一年来,政协机关充实了工作人员,解决了交通工具。成立了文史资料办公室。同时,结合机关整党,我们十分注重了机关工作人员思想作风上的整顿,建立健全了各项规章制度,加强了机关党支部的建设,建立了"一课三会"制度,使机关工作逐步正轨化、制度化。

此外,我们协同县委统战部落实了政协委员政策,接待了群众和各界人士的来信来访,处理转办了委员提案。增进了与党外朋友合作共事的友谊。

总而言之,在过去的一年里。本会在县委和政府领导的大力支持下,在我县政治生活和"两个文明"建设中,做了一定的工作,也取得了成效,这是和全体委员和各界人士的共同努力分不开的。同时,也是和县级各单位,各乡镇同志们的大力支持和配合分不开的。

由于同志们的共同努力和各方面的协商、配合,虽然在实际工作中取得了一定的成绩,但也必须看到,我们在思想认识上或在实际工作中还存在着不少问题,表现在对如何发挥人民政协的优势,在经济体制改革中对内搞活,对外开放的认识不足,因而在实际工作中主动进取不足,被动反应有余,瞻前顾后,怕拿起来放不下。怕表了态不顶事,怕这怕那,显得不知所措。在工作作风上表现浮而不实,言而不行。与新的任务与要求不相适应。这些问题的存在有客观方面的原因。但更多的是主观方面的问题。需要我们在今后工作中加以认真克服和改进。

## 1986 年的工作要点

1986 年,是我国实施"七五"计划的第一年,也是我国国民经济进入新的发展时期的一年,是更加充满活力和希望的一年,也是我国统战工作进入了第二个黄金时代的最好时期。

在这新的一年里,根据县委的指导思想和统一安排,必须紧紧围绕经济建设这个中心,发扬"愚公"精神，在深入改革，端正党风，全面促进"两个文明"建设中，认真行使"政治协商、民主监督"职能，充分发挥"综合人才库"的优势，积极为三大任务服务。为此，提出我县政协1986年工作初步意见：

(1)要继续把组织委员和各界人士的政治理论学习放在首位。学习方法仍坚持以分散自学为主，读原著为主，自己解决问题为主的三为主方针。同时，为了使各界委员按规定能及时地学到上级党委、政府的文件，能知晓各级领导的讲话精神，也要采取适当集中，集体学习的方法。为此，确定每月集中学习一次，每月20日为集中学习日。县中心学习组为每月的15日为学习日（如遇星期日，可推后一天），具体学习内容，由学委会和中心学习组根据不同时期的形势与中心负责安排。在抓好政治理论学习的同时，要抓紧委员和各界人士理论政策的学习宣传，并要在适当时期组织一次统战理论的培训，以消灭"统盲"。

(2)认真贯彻省、市召开的各界人士为四化服务的经验交流会精神和全国政协召开的地方政协座谈会议精神，并选印一部分先进典型材料，广为传播。同时，要即早准备在适当时间召开一次全县性的规模较大的各界人士为四化服务经验交流会，会前要大张旗鼓地宣传，以促进各界人士积极贡献自己的才能，在自己岗位上创造新的业绩，迎接这次盛会的召开。

(3)有效地发挥协商、监督的职能作用，要切实贯彻"长期共存，互相监督、肝胆相照、荣辱与共"的方针，围绕改革和端正党风两件大事开展各项活动，除开好全委会议、常委会议和其他各种会议外，还要按规定列席县委、政府、人大召开的各种会议，积极参与全县政治、经济、文化教育等有关本县重要问题的讨论。并要提出自己的意见和建议。除此，委员还要参加所在单位应该参加的会议，学习应该学习的文件，为民主监督创造条件，根据搞经济工作的要有统战观点的指示，各级党政领导同志要善于同政协委员、各界人士交朋友、广泛听取他们的意见，以便兴利除弊，改进工作。各界政协委员也要通过视察、专题调查。取得第一手资料，为民主监督，提供真实情况。

(4)深入开展调查研究工作。要把参观视察、专题调查研究，当作人民政协一项经常性的工作，这样才能把意见提在点子上，把建议提到关键上。为此，正副主席、常委都要亲自走出去，每年至少拿出三分之一时间，深入基层调查研究，并写出调查报告。主席、副主席要把自己的联系点搞成"两个文明"的先进单位，并总结经验，促进工作。

(5)组织咨询服务组，努力开展咨询服务活动。要扎扎实实为"三大"任务服务，确实发挥"人才库"的作用，根据工作实际和委员的业务和特长，分别组建工、农、文卫、科技、教育和为社会服务等咨询服务组。每个组都要根据情况开展二至三次咨询服务活动。在可能的条件下，还将举办"畜禽防疫保健培训班"。为乡镇兽医界和个体联营户培训专业人才，同时还要组织医务界委员下去进行巡回医疗。

(6)狠抓文史资料工作。《政协章程》第十六条规定：中国人民政治协商会议全国委员会和地方委员会，根据统一战线工作的特点进行关于中国近代史、现代史资料的征集、研究和出版工作，这是历史赋予人民政协的一项光荣使命，但由于机构和人员的不健全，这项工作至今无人过问，急需抓紧抢救。否则，随着时间的推移。将造成不可挽回的损失，应立即配备人员着手工作。力争在年内完成《长治县文史资料》第一集的征稿。

(7)狠抓政协机关干部的思想政治工作，改进工作作风。人民政协机关，对搞好政协整个工作起着重要的作用。所以，不断地提高政协机关工作人员的政治、文化和业务素质，就应成为一项经常性的工作。政协工作是为搞好统战工作服务的，主要任务是参加考察和深入调查研究，以及撰写调查报告，整理经验材料和搜集整理有关材料,为经济建设服务。为此,就必须坚持学习理论业务知识,建立健全一套接近实际而容易办得到的管理制度和纪律,真正做到职责明确,任务清楚,各行其职,完成任务。并在党组和支部组织领导下,开展竞赛活动。认真搞好评比奖励,力争把政协机关办成"委员之家"和文明单位。

(8)加强同各界人士和乡镇分管政协工作同志们的联系,做好延伸工作。根据形势和任务发展的需要,政协统战工作势必向广度和深度发展,向基层延伸,这就要在广泛联系的基础上,逐步建立乡、镇各界人士学习小组,由乡、镇分管政协统战工作的负责同志组织学习活动,使政协统战工作在全县开花。

总之,在新的一年里,我县将在中共长治县委领导下和全县人民一起,高举爱国旗帜,坚持四项基本原则,坚持贯彻党的"长期共存、互相监督、肝胆相照、荣辱与共"的方针。巩固和发展爱国统一战线,发扬自身的优势,为社会主义现代化建设,为实现"七五"计划的胜利完成,为迎接统战工作的第二个黄金时代,为实现80年代、90年代的三大任务,为我县经济体制改革和"七五"计划的胜利实现团结奋斗,艰苦奋斗,扎实奋斗!

## 第八节 第九届委员会

政协长治县第九届委员会共召开全体委员会议3次。

### 第一次会议

#### 会议概况

长治县政协九届一次会议于1987年8月20日至26日在长治县招待所召开。会议的主要议程是:听取并审议政协长治县八届委员会工作报告;听取并审议政协长治县八届委员会提案工作报告;列席长治县九届人民代表大会一次会议;选举政协长治县九届委员会主席、副主席、常务委员;通过政协长治县九届委员会一次会议各项决议。来自全县各界、各条战线上的84名政协委员参加了会议,县委、县人大、县政府主要领导出席了开幕式,县直各部、委、局、室负责人及社会知名人士应邀列席了会议。

20日上午,举行了预备会议,通过了长治县政协九届一次会议的日程、议程和工作机构。大会主席团由:刘天顺、刘唐哲、朱培荣、李树德、李步云、张守智、张俊英(女)、张守孝、张金玉、张志恒、胡纪道、范志、部俊保、高恩祥、韩国华、郭树清、蒋喜福等17人组成。秘书长由李树德兼任。

20日下午,长治县政协九届一次会议开幕。市政协副主席李森庭、秘书长燕景仪到会祝贺并讲话。长治县政协八届委员会主席朱培荣作八届委员会工作报告;政协长治县八届委员会副主席李爱华作八届一次会议以来提案工作情况的报告。

21日上午,分组讨论工作报告和提案工作报告;下午,全体委员列席县人大九届一次会议。

23日上午,与会人员列席县人大九届一次会议,听取并讨论了县长李晋鸿作的《政府工作报告》及其他报告。

24日，传达有关文件，学习《中国人民政治协商会议章程》，并进行了讨论。

25日上午，分组酝酿讨论政协长治县九届委员会主席、副主席、常务委员候选人名单。

26日上午，会议选举韩国华为政协长治县九届委员会主席，李树德、胡纪道、张金玉、张志恒为副主席，刘天顺、刘唐哲、李树德、李清文、李步云、张守智、张守孝、张金玉、张志恒、张俊英（女）、胡纪道、范志、郜俊保、高恩祥、韩国华、郭树清、蒋喜福为常务委员。而后，听取中共长治县委书记张学忠作的重要讲话。听取政协长治县九届一次会议提案征集情况报告。通过政协长治县八届常务委员会工作报告的决议、提案工作报告的决议和九届一次会议政治决议。新当选的政协主席韩国华致闭幕词，会议胜利闭幕。

## 政协工作报告

### 政协长治县第八届常务委员会工作报告

1987年8月20日

朱培荣

各位委员、各位同志：

我受政协长治县第八届常务委员会的委托，向大会作工作报告。请予审议。

三年来，在中共长治县委的领导下，在政协长治市委员会的指导下，我县政协高举爱国主义的旗帜，坚持十一届三中全会以来的路线、方针、政策，认真贯彻“长期共存、互相监督、肝胆相照、荣辱与共”的方针，紧紧围绕以经济建设为中心的三大任务，充分发挥人民政协“政治协商、民主监督”的职能作用，为我县两个文明建设作出了应有的贡献。

回顾总结八届一次会议以来的工作，主要有以下四个方面：

**1.组织和推动政协委员认真学习，不断加强自身建设**

为了使政协委员更加适应新形势、新任务的要求，我们把组织推动政协委员和各界人士的学习，作为一项主要任务放在了首位。县政协专门设立了学习委员会，在学习委员会领导下，成立了学习中心组，组长由分管书记担任、副组长由政协主席担任，吸收驻会常委和部分委员参加，坚持每月集中学习一次。对分散在各条战线上的78名政协委员，采取了集中与分散相结合的办法，按驻地条件和行业特点分别编成九个学习小组，每组确定了一名政协常委或委员担任组长，每组固定一个学习地点和学习时间，组织委员开展学习，基本上做到了一个月一集中，常抓不断线。为了促进学习，县政协除用业务费为每个学习小组和委员订阅了《人民政协报》、《山西政协报》、《半月谈》等报刊外，还建立了上下联系制度，机关工作人员每人重点联系一个学习小组，负责掌握情况，总结交流经验。三年来，我们已组织和推动委员比较系统地学习了党的十一届三中全会以来的重要文献汇编，学习了《宪法》、《刑法》、《经济合同法》等九法一例，学习了邓小平同志关于坚持四项基本原则，反对资产阶级自由化的一系列重要讲话，学习了《中国人民政治协商会议章程》以及全国政协六届历次会议和全国地方政协工作座谈会议的有关文件。通过学习，全体委员对十一届三中全会的路线、方针、政策的理解和认识有了进一步提高，对新时期人民政协、统一战线的性质、地位、作用、任务有了进一步明确。大家一致表示，一定要牢固树立以经济建设为中心的三大任务服务的观点，努力为和平统一祖国，建设有中国特色的社会主义作贡献。尤其是今年深入开展坚持四项基本原则,反对资产阶级自由化斗争开展以来,我们通过组织委员认真学习中共中央发布的一系列重要文件和赵紫阳同志在全国政协六届十四次常委会上的重要讲话,委员们联系实际,畅谈政治安定团结,改革步步深入,经济持续发展,人民生活改善的大好形势,痛斥极少数公开鼓吹资产阶级自由化头面人物的错误观点,进一步明确了没有共产党就没有新中国,只有社会主义才能救中国,只有坚持四项基本原则,坚持改革、开放搞活的方针,建设有中国特色的社会主义才能实现。

参观考察,也是委员们学习的一种好形式。三年来,我们先后组织部分委员到山东、河北省和本省的五台、太谷、祁县、武乡、黎城以及本县的洗衣机厂等单位参观考察,使委员们开阔了视野,看到了党的十一届三中全会以来各地在改革、开放、搞活方针的指引下,出现的大好形势,受到了深刻的教育。更加提高了学习、宣传、贯彻执行三中全会以来路线、方针、政策的自觉性和为四化建设服务的积极性。

随着我县政协工作的开展,政协机关也在县委的亲切关怀和政府的支持下,不断加强了自身建设。八届一次会议以来,根据新形势新任务的要求,县政协及时增设了办事机构,配备和增加了工作人员,建立健全了各项规章制度,县人民政府还拨专款改善了办公条件,机关工作人员素质逐步提高,这一切都为进一步开创我县政协工作新局面创造了条件。

**2.发挥职能作用,积极参政议政**

人民政协的主要职能是实行政治协商和民主监督。本会从长治县实际出发紧紧围绕经济建设这个中心,不断摸索协商和监督的内容和方法,使协商和监督逐步制度化、经常化。

在参政议政方面,我们主要是根据县委和政府在不同时期提出的任务、决策。如经济建设计划、经济体制改革、精神文明建设、重大人士变动、人民生活等重大问题,广泛开展协商和监督,共商宏观大计,同谋战略决策,积极参政议政,基本上做到了协商于决策之前。例如我县"七五"计划的制订,就是在政协八届三次会议上广泛征求全体委员意见的基础上修改制定的。在县、乡、村三级开展整党过程中,县委书记曾亲自参加政协召开的常委扩大会议,听取和征求各界人士对整党的意见和建议,有力地推动了整党工作的开展。

在如何进行协商方面,我们一是坚持例会制度。八届一次全委会议以来,本会共召开全委会议 3 次、主席会议 21 次,常委(扩大)会议 17 次,各种学习会、座谈会、茶话会 27 次,基本上做到了一年一次全委会,两月一次常委(扩大)会。同时政协主席、副主席、常委还分别列席县委常委会 13 次,参加人大常委会 10 次。通过上述各种会议,委员们个个畅所欲言,人人就本县范围内的重大问题提出建议,献计献策,面对面地进行协商,为县委和政府科学决策提供了可靠的依据,起到了参政议政、协商和监督的作用。二是认真处理委员提案。委员提案是人民政协参政议政、协商和监督的主要办法,是充分发扬社会主义民主的重要途径。三年来,提案工作委员会共接收委员提案 241 件,这些提案涉及长治县的政治、经济、文化教育、人民生活等各个方面,内容充实,意见中肯,建议可行,具有广泛性、代表性和建设性,对于这些提案,我们都通过政府及有关单位积极予以办理,基本上做到了案案有着落,件件有交代。比如"校校无近视眼"、"乡镇建立幼儿园"、"加强党风党纪教育"、"开展双文明活动"、"加强市场管理,保障消费者利益"等提案已由有关部门实施。对于个别提案因客观原因暂时还不能兑现的,我们也同有关单位协商说明了原因,做出了客观的答复。三是调查考察。三年来,本会普遍要求政协委员在力所能及的情况下进行调查考察报告的撰写,如"清除精神污染,纠正不正之风"的十条建议,被县委采纳,对纠正不正之风起到了促进作用。胡纪道副主席关于把识字寓于读书之中的调查报告,受到了上级有关部门的重视。政协委员县科协主席王新宇同志关于推广"喹乙醇"养猪先进技术的调查报告,得到县委和政府的重视。长治市政府还在我县召开了全市各县区有关单位负责人现场会,有力地推动了养猪事业的发展。

**3.认真落实政策,调动积极因素**

认真落实党的各项统战政策和政协委员的政策,对于拨乱反正,增强团结,调动委员们积极参加社会主义现代化建设的积极性具有十分重要的意义。长期以来,由于"左"的影响,政协委员和各界人士中的一些同志政治上、精神上遭受迫害,长期受到压抑和不公正的待遇,他们有劲无处使,有力无处出,党的十一届三中全会后随着政协的恢复,我们把情况向有关部门反映,先后对18名政协委员的历史遗留问题进行了调查落实和纠正,政治上予以平反昭雪,经济上给予适当补贴,工作上合理安排使用,生活上妥善加以照顾,大大提高了党在群众中的威信,促进了安定团结,调动了政协委员和各界人士为四化建设服务的积极性。如张汉副主席落实政策之后,他呕心沥血全心全意为人民服务,为社会主义四化建设服务,得到了党和群众的称赞,于1985年光荣地加入了中国共产党。

**4.围绕中心,搞好服务**

八届一次全委会后的三年来,人民政协工作也进入了新的发展时期,为适应形势的发展要求,本会积极引导委员们为以经济建设为中心的三大任务服务,有力地推动了我县两个文明建设。在开展为四化建设服务中,我们充分发挥了人民政协各类人才集聚的优势,利用各工作委员会和咨询服务组,采用多种形式开展服务活动,得到了良好效果,受到了人民群众的赞誉。在这方面我们主要做了以下四项工作:

一是有组织、有计划、有目的开展活动。八届一次全委会后,我们根据每个委员的特长和现在所担任的职务,把78个委员分别编为工业、农业、教育、医卫、统一祖国、社会福利等六个咨询服务组,各组都紧紧围绕县委和政府在各个时期的中心工作,结合本职业务,有计划地开展服务活动。如医卫咨询服务组的范志、陈忠、刘天顺等同志,他们在完成本职工作任务的基础上或抽出工余时间或利用星期天和节假日,深入基层调查研究,除提出了改变农村医疗卫生条件,引深农村医疗卫生改革的建议外,还先后深入西火、东火、八义、屈家山、贾掌、故县等13个乡镇的24个村,10余个乡镇企业、学校,为254名老干部、老农民、老教师以及退离休老干部治病送药,他们精湛的医疗技术,全心全意为人民服务的精神,受到了广大群众的称赞,群众反映"人民政协为我们办了好事,把党的温暖送到了家里"。负责统一祖国工作的委员,采用多种方法为早日实现祖国统一办实事。如在孙中山先生诞生120周年纪念日时,县民革支部和市民革支部配合,举办了孙中山诞生120周年纪念活动。胡纪道副主席写了给蒋经国先生的公开信,敦促他为实现祖国统一、振兴中华早作抉择。与此同时,我们还和统战部、对台办密切配合,利用中秋佳节、国庆节、春节召开台湾亲友座谈会,帮助台属和在台人员取得通信联系,到目前为止我县13名在台人员已有3人取得了通信联系。政协委员、对台办副主任郭学勤同志,不失时机地深入在台人员的家庭了解情况、排忧解难、帮贫致富。通过这些活动有效地宣传了"一国两制"的方针,为早日实现祖国统一作出了贡献。在有计划地组织开展各项为四化建设服务活动中,不少政协委员利用自己的知识和技术优势,发挥聪明才智,为四化建设出力。如张汉副主席虽年过花甲,退休在家仍然关心学习工作委员会的工作,他领导的驻市政协委员学习小组,全组八名成员都在不同的岗位上为四化服务中做出了优异成绩,在各界人士为四化建设服务经验交流会议上,被评为先进学习小组。他退休回家后,为了更好地宣传党的十一届三中全会以来的路线、方针、政策,自费200余元,订阅了各种报志杂志,办起了法律咨询服务站。民革成员政协常委董振祥同志退休回家后,联系本村三名退休老干部、老教师充分利用本村黑板报,大力宣传党的方针、政策和法律知识,深受群众的欢迎。

二是积极参加党的中心工作。八届三次会议后,根据县委统一安排,政协机关有3名正副主席和两名办公室主任积极参加了党的中心工作和扶贫工作,3名正、副主席分别联系的赵村、东火、司马乡和两名主任包的赵村乡的太义、关头村经过一年的积极工作,使这些乡、村的各项工作发生了变化,贫困面貌得到了改变。

三是大力抢救文史资料。八届三次全委会后,县政协专门成立了文史资料办公室,在收集我县文史资料中,虽然遇到不少困难,但由于李树德副主席和部俊保同志的辛勤工作,经过充分发动,认真收集,精心整理,已出版《长治县文史资料》第一集,在整个文史资料的收集、整理、排印过程中,政协委员刘宣、刘连云等同志都做了大量工作,付出了心血,作出了贡献。

四是召开了全县各界人士为四化服务经验交流会。为了总结经验,表彰先进,最大限度地调动各界人士为四化建设服务的积极性,推动人民政协工作的开展。本会和统战部于今年元月份联合召开我县首次各界人士为四化服务经验交流会议,出席会议的108个先进集体和个人代表,欢聚一堂,畅谈三中全会以来我县四化建设的大好形势,交流本人为四化服务的先进经验,使与会同志深受教育,各界人士那种热爱社会主义,拥护党的领导,刻苦学习,钻研技术,勤恳创业,勇于协商,善于监督的精神深受与会代表赞扬。他们的经验,各有千秋,催人奋进,大会还给108个先进集体和个人颁发了奖品和荣誉证,向全县各界人士发出了倡议书。这次会议规模大,范围广,经验好,影响深,是我县各界人士的空前盛会,对于推动各界人士在党的领导下,坚持四项基本原则,反对资产阶级自由化,维护安定团结的大好局面,坚持改革、开放、搞活的方针,更好地为四化建设 服务起到了很大推动和促进作用。

各位委员、各位同志,三年来,本届会议在县委的关怀下,在市政协的指导下,由于各位主席、常委、委员的共同努力,做了大量的工作,取得了一些成绩,但也存在着不少的问题,主要表现在,对人民政协新形势下的地位、作用、任务还认识不足,工作学习的主动性和创造性还不够,人民政协的政治协商和民主监督的职能作用还未得到充分发挥,少数委员参政议政的能力还不高,对个别委员的提案办理还不够及时,答复还不够认真,政协工作尚未延伸到乡镇等,这些不足都有待今后认真加以改进。

各位委员、各位同志,人民政协是中国人民爱国统一战线的组织,是我国政治生活中发扬社会主义民主的一种主要形式。1987年党中央和省委指示我们要集中力量办好两件事:一是政治上坚持四项基本原则,反对资产阶级自由化。二是在经济上开展增产节约增收节支运动把国民经济建立在长期稳定发展的基础上。今后我县政协工作,要在县委的领导下,紧紧围绕统一祖国、振兴中华的总目标,坚持四项基本原则,开展“双增双节”运动,充分发挥人民政协人才集聚的优势,积极为四化建设服务,大力促进我县两个文明建设,把我县人民政协工作推向新的阶段。

第一,全体政协委员和各界人士要自觉地学习马列主义、毛泽东思想,认真学好两本书,坚定不移地坚持四项基本原则,坚持改革、开放、搞活的方针、政策,维护安定团结的政治局面,维护中国共产党的政治领导,把自己培养成为有理想、有道德、有文化、守纪律的社会主义公民。

第二,全体政协委员和各界人士都要发扬艰苦奋斗的优良传统,自力更生,勤俭节约,奋发工作,积极协助本部门、本单位出主意、想办法，增产节约，增收节支，促进国民经济健康稳定发展。

第三，要充分发挥政治协商和民主监督的职能作用，积极参政议政，每个政协委员都要自强自奋，勇于协商，善于监督，要进一步完善协商和监督内容、方法和制度，使政治协商和民主监督逐步做到经常化、制度化。

第四，积极开展各工作委员会和咨询服务组的活动，深入基层调查研究，积极为我县两个文明建设开展多渠道、多层次的服务活动。

第五，要进一步做好统一祖国工作。实现和平统一祖国，是我国80年代以至90年代的三大任务之一，我们要放宽视野，立足国内，面向海外，积极宣传“一国两制”的方针，做好“三胞”工作，广交朋友，发展广泛的爱国统一战线，促进中华民族的大团结。

各位委员、各位同志，根据政协章程规定，我们这次大会将产生新的委员会和常务委员会，我衷心地希望新的委员会在县委的领导下，为进一步开创我县政协工作的新局面而努力。以上报告，请予审议。

## 第二次会议

### 会议概况

政协长治县九届二次会议于1988年6月7日至11日在长治县政府招待所召开。县委、县人大、县政府、县纪检委领导出席了开幕式。全县86名政协委员参加了会议，17名特邀代表和县直部分单位负责人应邀列席了会议。

政协副主席李树德受政协长治县九届委员会常务委员会委托作工作报告。政协副主席胡纪道作《九届一次会议以来提案办理情况报告》。报告指出，九届一次会议以来，共收到委员提出的各方面提案64件，经审查立案63件，经县党、政有关部门的努力，92%以上的提案得到了办理，从办理结果看可分三种情况：第一种情况是，凡是能及时办理答复的。都已及时会同有关单位进行了办理；第二种情况是：建议很好，提的问题也比较准确，涉及人民群众的切身利益，本应及时办理，但因政策和条件尚不具备，马上解决确有困难。第三种情况是：少数意见和建议，涉及到个人问题，缺乏可行性，或不符合党的政策规定，给予了解释说明。

会议期间，全体委员和与会同志还听取了副主席张金玉对省市政协会议精神的传达。

与会人员列席了县人大九届二次会议，听取并讨论了县长郭正义作的《政府工作报告》及其他报告，对《政府工作报告》及其他报告均表示赞同，同时提出了一些建设性的意见和建议，希望政府能高度重视，以推动本县各项事业顺利前进。

会议通过了政协长治县九届二次会议工作报告决议。政协长治县九届二次会议政治决议。

县委副书记李补安在闭幕会上做了重要讲话。对县政协过去的工作作了充分的肯定，对今后的工作提出了希望。县政协副主席李树德宣布大会闭幕。

## 政协工作报告

### 政治长治县九届二次会议常务委员会工作报告

1988 年 6 月 7 日

李树德

各位委员、各位同志：

今天，我县政协九届二次会议开幕了，我代表政协长治县九届委员会向大会致以热烈祝贺。

现在，我受政协长治县九届委员会常务委员会的委托，作九届一次会议以来的工作报告，请予审议。

在九届一次会议以来的九个月时间里，我们在省、市政协的具体指导下，在中共长治县委的直接领导和县政府及有关部门的配合和支持下，我们组织全体委员和各界人士紧紧围绕统一祖国。振兴中华这一大目标。高举社会主义和统一祖国两面旗帜。根据党的十三大精神努力为社会主义经济服务；为改革发展社会主义生产力服务；为社会主义民主与法制服务。积极参政议政、充分发挥了人民政协“政治协商，民主监督”的职能作用。为社会主义精神文明建设和物质文明建设，作出了有益的贡献。具体讲：主要有以下五个方面的工作：

**1.认真学习社会主义初级阶段统一战线的理论，打开统战、政协工作新局面**

党的十三大代表会闭幕后，赵紫阳同志强调指出：“党的十三大对统战工作意味着什么？我们要认真研究、回答这一问题”要党的十三大给我们提出了新题目，指出新目标、新任务、新要求，为了适应这个新形势的要求。就必须组织委员认真学习十三大文件，深刻领会统战、政协工作在新时期的重要地位和必要性。换届以后，随着委员的调整和增加，新委员占的比例较大，他们大都对政协统战工作缺乏认识、再加上多年来“左”的习惯势力和陈腐观念，对人民政协在新时期的地位和作用了解甚少。鉴于这种情况，我们根据县委对学习十三大文件的统一安排结合政协实际，把学习十三大文件和新形势下政协工作的重要性，揉在一起。作了进一步部署，为了卓有成效地组织委员学好文件，真正从思想上提高认识，我们采取了以下四条措施：

(1)为委员学习及时提供学习资料，除了按时给各学习组分发省政协学委会所发的《学习资料》外，我们还分别给每个委员征订了“两报一刊”，即《人民政协报》、《山西政协报》、《半月谈》为委员学习提供了精神食粮，委员们高兴地说：“有了学习资料、就给学习创造了条件、我们学有据、干有依、文实对照、心中有底…”。

(2)集中培训，为了集中时间，集中精力，提高统战干部和县级中层干部对社会主义初级阶段统一战线工作的认识。县委批准于去年 9 月，由政协、统战部共同组织在县委党校集中四天时间，对全县 20 个乡镇和县级部委、局、室分管统战工作的领导。进行了培训，对新时期统战工作的方针、政策、任务、对象、进行了全面系统的学习，集训期间，我们还特意把中央统战部在大同市集训县团以上干部中的讲话录音有重点的进行了播放。同志们感到很开眼界，很受启发，不少同志反映：参加工作几十年，对统战理论的系统学习还是第一次，真正认识了统战、政协工作的重要性、长期性、艰巨性、决心搞好这一工作，确实为经济建设服务，为统一祖国服务。这次集训，对全县影响很深、震动很大，会后，苏店镇党委还组织全镇各单位和镇政府全体干部听取录音，促进了全镇的各项工作。政协工作组还因势利导，组织了全镇的能人志士，为经济建设出谋献策,推动了全镇各项工作。

(3)组织学习组,召开统战理论学习会、座谈会,邀请县委领导到会通报情况,把理论和实践紧密地结合起来。加深了对新时期统战工作方针、政策任务的理解。

(4)参加进修学习。换届以后,我们先后派干部参加了省社会科学院及市、县委党校的学习。通过这些学习渠道,使委员和政协机关的领导进一步提高了对人民政协性质、地位和作用的认识,为更好地参政议政打下了思想基础。

去年10月,我们着重抓了十三大文件的学习,组织了三次学习研讨会,引导委员联系实际,加深理解。如结合政协工作的实际,重点学习了十三大报告中关于高举两面旗帜,加强两个紧密团结和努力建设社会主义民主政治与协商监督经常化、制度化的有关论述,从而树立了社会主义初级阶段统战工作不是不重要,而是更有强大生命力的观念和政协工作不是可有可无,而是责任重大,大有可为的观念。通过学习,委员们深刻认识到:十三大把政协工作提到了一个新的高度,因而,信心足了,精神振奋了。

**2.发挥政治协商、民主监督的职能作用,积极参政议政**

在这方面,我们主要抓了四方面的工作。

(1)举行工作例会。9个月时间,共举行了5次常委会,6次主席办公会,政协领导或办公室主任还列席参加了县人大常委会议,先后听取了有关农业、科技、教育、煤炭、计划生育等工作汇报,讨论中,坦率地发表了自己的意见和群众的反映,结合实际先后为我县两个文明建设提出了近20多条有益的意见和建议,推动了我县各项工作。同时,政协领导还不断参加四大班子工作会议,列席县委常委会议,对建设全县的大政方针和重大事宜,直接建言议政。

(2)适时地召开各界人士座谈会、意见听取会。换届以来,我们利用重大节日举行形式多样的座谈会、茶话会、对话会,邀请县委或政府领导,就全县的政治经济形势进行通报,同时,领导也能直接聆听各界人士的意见。这样,使社会协商效果有了更大的提高,促进了全县各项工作。

(3)围绕中心工作,开展调查研究,使政协工作面向实际。换届以后,我们组织委员,有计划地进行了卓有成效的三次调查研究。

一是在2月初,我们根据省政协指示精神,组织人员就全县的供电、用电情况作了调查,并向县委、政府写了《关于对我县供电用电情况的调查报告》,提出了四条建议,其中一条就提到利用我县煤炭资源优势,建设一个24000千瓦的火力发电厂以缓解我县工农业生产用电之不足。政府对这项建议十分重视,县长郭正义亲自组织有关部门专题研究,并责成二轻局具体承办。政协常委张守孝两进北京三上太原为办电厂四处奔忙,县政协还为筹集资金引进外资多方面进行了联系。目前,厂址的选择可行性报告,均已得到省市有关部门认可,可望在近期开工建设。这就为从根本上改变我县供电、用电情况,奠定一个坚实的基础。

二是配合市政协就教育改革问题深入县实验小学进行了调查,并写出了《注音识字、提前读写》等教改实验的调查报告,得到市教育部门的支持,并召开了现场会议,进行了推广。县一中政协小组的同志,充分发挥了整体功能作用,调动了教职员工的积极性,推动了教学改革,使一中的工作有了很大的起色。

三是对推广"S921"果树防治以及人工诱发根瘤菌等四项科技新项目的试行情况,也写了调查报告,引起全市各县、区的注目。市政协还组织各县科协部门进行了实地参观,认为科技面向农业,服务农业,方向对头,效益显著,起到了样板作用。对此,县政协立即向县委、政府写了报告《建议在全县推广四项科技新成果》的建议案，得到了政府各有关部门的支持，有力地推动了全县科技事业的发展。

此外，有些委员结合自己工作也做了力所能及的调查考察工作。如常委张守智亲自进焊条厂、下高河乡进行了实地考察，提出了很好的建议。通过调查研究，对推动各项工作和两个文明建设，均起到了促进作用，同时，也有效地发挥了政协参政议政的职能作用。

四是加强对委员的提案办理工作，做到了案案有交代，件件有着落。换届以来，我会共受理委员提案63件。对这些提案，我们本着为工作、为本人双负责的精神，进行了认真细致的分类、审核与交办。同时，也采用直接对话的办法，对所有提案进行了办理，做到了案案有着落，件件有交代，同时对文史资料的抢救工作也进行了征集，为市文史办提供了稿件。

**3.围绕经济建设这个中心，广泛开展社会服务**

按照《政协章程》要求："人民政协除利用各种形式参与国家事务和地方重要问题讨论外，还要充分发挥自己的人才优势，推动社会力量，在社会主义建设事业中，开展咨询服务、办实事活动"。换届以来，我们不断地组织和发动委员狠抓了这方面的工作。

一是发挥科技界委员专长，开展了科学技术面向农业、服务农业生产的活动。根据中央"一靠政策，二靠科学"的指示精神，我们组织科技界委员，认真学习了十三大精神，从思想上真正转到科技为发展生产力服务，为农民脱贫致富服务，为治贫治愚服务上来。委员们通过学习，结合我县实际先后引进了四项科技实用项目，取得了显著效益。政协委员王新宇同志带领科协全体干部为推广"喹乙醇"养猪、"S921"果树腐烂病的防治等实用技术，对50多个重点养猪户和30多处果园进行了实际考察。他跋山涉水，跑遍了全县20个乡镇，制定了推广措施，总结了经验，使新技术得以在全县推广。政协常委，科委主任李清文为了更好地使科学技术尽快地转变成生产力，组织技术人员积极开展科技经济信息的收集、筛选传递工作，并以此为基础，开展了新技术的引进和推广。如给东和乡引进了蔬菜脱水技术，并已定点投产，还从东北等地引进巨峰葡萄等新品种，在全县普遍推广。促进了庭院经济的发展，今春又从河南等地购进"人工诱发根瘤菌"下发各乡镇收到了效益，促进了全县经济的发展。

为了推广这些先进技术，科学界的委员深入各乡镇，在技术上指导，操作上把关，并为贫困村庄解决资金不足等问题，得到了广大群众的赞誉。同时，为了适应农业新技术的推广和发展，还组织了农业技术讲师团，深入乡镇就"作物栽适技术"、"配方栽培"等内容举办科普讲座，使五千多人掌握了一般技术。农忙时组织短期培训，参加人数达到521人次，在全县造成了学文化、学科学的好风气，使广大干部群众真正认识到提高生产力必须注重科学技术的发展。

二是结合本身业务，开展为社会服务活动。政协委员在"我为四化作贡献"活动中，都能结合自己的业务，发挥自己一技之长，为社会服务。年过八旬的名老中医刘天顺，早已退休在家，但他总是闲不住，每天登门治病者不下数10人。他还主动为那些卧床不起的病人上门治疗，深受人民群众的爱戴。政协常委高恩祥，是祖传三代的老兽医，在业务上精益求精，工作认真负责，特别是对一些疑难病症从不放过，一钻到底。在消灭牲畜"三号病"问题上，他苦下功夫，反复验证，终于取得成效，被评为省、市、县劳动模范。

三是为全县两个文明建设添砖加瓦。根据政协工作的特点，我们组织委员开展多方面的服务活动。去年10月，我们组织医务界的委员配合县民政局，对全县的军烈属、残废军人、老干部和老山前线的战士家属，进行了巡回医疗。广大群众高兴地说："老八路的作风又回来了。"

有的政协委员,结合自己本身业务,发挥一技之长,为两个文明建设服务。委员傅怀珠利用业务之便,坚持创作,先后写出剧本30多个,其他文艺作品100多篇,他创作的《三月雪》、《醋为媒》等先后参加了全国大奖赛和全省会演。《醋为媒》在1986年全国大奖赛中获文化部二等奖,1987年又在晋冀鲁豫四省举办了《山河杯》曲艺赛中获一等奖。省劳动竞赛委员会为他记了一等功,为全县争得了荣誉。政协常委蒋喜福发挥自己长于漫画的特长,为精神文明建设作出了贡献,他的作品不断在全国各种报刊上刊用,并在全省获一等奖。

新委员韩国珍,办厂致富以后,自己拿出资金,为全村青年办起了"图书阅览室",吸引广大青年向知识靠拢。他发现社会上一些人以打台球为名,进行变相赌博,就用自己的款购置了一个"球台",让广大青年们免费娱乐,备受群众欢迎。有的委员开商店不是为了单纯赚钱,而是为了便利群众。委员陈富山同志为方便农民买化肥、购农药,自己投资开办了一家商店,将化肥、农药拆整为零,变总卖为零售,想农民之所想,急农业之所急,办了一件大好事。同时为了建设文明村,使人与人之间,互相友爱,互相帮助,亲密团结,和睦共处,他担任了义务调解员,为千家万户送进了温暖,促进了安定团结。

**4.为统一祖国服务**

换届不久,正逢中秋、国庆、春节相继而至,我们借这个机会先后召开了台属座谈会、各界人士联谊会、春节茶话会以及意见听取会等。在这些会上,我们特意邀请县委领导对全县情况进行了通报,畅谈振兴全县经济大计,听取中央领导同志关于台湾形势的录音报告,借此互通情报,联络感情,交流思想,起到了团结奋进的作用。

此外,我们还和对台办协作走访台属和他们交朋友,帮助他们解决生产、生活中的问题。胡纪道副主席年过八旬担负着长治市民革副主委之职,但他还在百忙中挤出时间访问台属,为统一祖国贡献自己的力量。去年,台湾当局放宽大陆探亲的政策后,他亲自到苏店台属申金根家里进行访问,帮助他给台湾兄长寄书,劝其归国探亲,并多方托人与其兄联系,申金根很受感动。他在信中把胡纪道同志的亲身经历和他对家里的热心关怀告诉了他哥哥,希望他对祖国统一能做些力所能及的工作。台胞牛政文先生抱着不露面、不接触、不串亲的"三不主义",趁出国的空隙中回家探亲。在阔别40年的故乡,他看到一切都和在台湾所听的有天壤之别,他看到故乡翻天覆地的变化,从心底里高兴。后来,经过家里人介绍,他转变了"三不主义"思想,受到了荫城镇、故县乡和县委、政府、政协、对台办等领导的热情接待,并进一步介绍了家乡的变化。他感激万分,在临行前举行了私人宴会,招待了当地领导,并表示1988年要带女儿归国探亲。回台湾不久就来信表示,要投资到韩店建设一商场,繁荣祖国经济,为祖国富强出一把力。

**5.加强机关自身建设,建立健全各项制度,主要做了以下四项工作**

(1)组织上调整和充实了5个委员会,10个工作组,并在苏店、韩店、荫城、西火等镇建立了政协小组,扩大了工作范围,初步把统战工作向基层延伸,并摸索到了一些经验。

(2)坚持机关学习制度,按时组织干部学习党的各项方针、政策和统战理论,树立了政协工作的光荣感和责任感。

(3)根据机关党支部的安排,对机关进行了纪律整顿,制定了工作人员守则,健全完善了财务、用车、上班、请假等7项制度,基本上解决了政治上的自由主义,思想上的个人主义,改进了工作作风。

(4)恢复举办了《长治政协》简讯,及时反映政协的工作动态、工作组的活动情况,做到了上情下达,下情上晓，促进了工作交流。

总之，换届以来，在县委的直接领导下，在省、市政协的具体指导下，经过全体委员和各界人士的共同努力，在活跃政协工作、发展我县两个文明建设中做了一些工作。但由于领导不健全，视野不开阔以及办公条件和住房、用车、人员编制等方面的问题，直接影响着同志们的思想情绪和工作信心，使政协工作的开展受到了一定影响。这种情况很不适应党的十三大对政协工作的要求，应引起领导重视，妥善予以解决。

各位委员、各位同志，今年是党的十三大后全党、全国人民全面贯彻大会路线的第一个年头，党的十三大为政协工作提出了新的任务，增加了新的内容，开辟了新的天地。今年，我们要坚定不移地按照十三大的指导思想和战略任务，积极地创造性地把人民政协工作推向一个新的高峰。

形势喜人，形势逼人，我们要紧跟时代的步伐，以新的姿态，跨入新的里程。为此，要认真抓好以下几项工作。

**1.系统、深入地抓好十三大文件的学习，进一步提高对社会主义初级阶段政协工作的认识**

党的十三大是我国历史上又一里程碑，十三大报告，是指导全国一切工作纲领性的文件。学习十三大文件是全党全国的首要任务，我们要集中精力把学习、宣传、贯彻十三大文件当作头等大事来抓。通过学习，一要加深对党在社会主义初级阶段基本路线的理解；二要加快对新时期党的统一战线理论和方针政策的理解；三要加深对我国政治体制改革必要性的理解。从思想上树立当诤友、讲真话，为振兴中华兴利除弊而参政议政的新风气。

**2.进一步发挥“政治协商、民主监督”的职能作用，积极参政议政**

政治协商、民主监督，是人民政协的主要任务，政协委员一定要以主人翁的态度积极参政议政。为此，我们一方面要主动加强同县委、政府部门的联系，沟通情况，为充分发挥“政治协商、民主监督”创造条件。另一方面我们也要深入实际，通过参观、考察、视察专题调查等活动，做一些调查研究工作，做到情况明，事实清，言之有物，令人心口皆服。三要广泛联系群众，广交天下朋友，倾听万众呼声，当好党联系群众的桥梁。

为了使协商监督经常化、制度化，继续坚持一年一次全委会、两月一次常务工作会议和一月一次主席办公会议制度，并建立三月一次委员活动日制度，以保证协商、监督的经常化、制度化。

**3.加强各委员会和工作组的工作，更有效地发挥整体功能和“人才库”的作用**

加强工作组(委)的工作，开展调查研究，是充实、活跃政协工作的重要一环。为此，我们要紧紧围绕中心工作，突出重点，发挥自身优势，务求实效，采取灵活多样的工作方式，活跃我们的工作。每个委员都要在工作组的统一安排下，结合本身业务，为经济建设搞好多项目服务。各委员会、工作组要积极主动组织委员在发挥整体功能作用上下功夫。为此，政协将在主席或常务工作会上定期研究工作组活动问题，出题目，讲经验，推动组委工作。

**4.认真办好委员提案**

为使提案工作更好地适应新形势的要求，就必须十分注意提案的质量，使提案真正达到有情况、有分析，出真心、讲实话。为此，提案委员会要不断探索办理提案的好方法，使提案办理逐步科学化、制度化，长流水、不断线。在处理提案时，力争做到有案必复，有疑必释，件件有安排，条条有交代。

**5.高举两面旗帜,做好统一祖国工作**

祖国统一,振兴中华,是人民政协的主要目标。十三大报告中指出,要高举两面旗帜,一面是建设有中国特色的社会主义旗帜,一面是统一祖国、振兴中华的爱国主义旗帜。在这两面旗帜下,搞好两个联盟,即大陆全体劳动者、爱国者等组成的以社会主义为政治基础的联盟和广泛团结八千万台胞、港澳同胞、海外华侨以拥护祖国统一为基础的联盟。人民政协是广泛的统一战线组织。我们要以统一祖国为己任,要为促进"一国两制"的实施贡献力量,利用一切机会开展"三胞、三属"联谊活动,加强往来,沟通信息,交流思想,增进了解,为促进祖国统一和"一国两制"的实现而尽力。

**6.继续做好文史资料的搜集,整理工作**

我县文史资料工作刚刚起步,加之人手不足,又缺乏这方面的经验,这给工作带来很大困难。今年要努力克服困难,广泛开展文史资料的搜集、抢救。确切把这一工作赶上去。

**7.加强自身建设、做好历史赋予我们的重任**

随着新时期统一战线形势、任务、对象的变化,要求人民政协也必须更新观念,改变作风。为此:

(1)加强委员和机关干部的政治业务学习,不断提高政治业务素质,从思想上牢固树立改革开放的观念、爱国主义大团结的观念、统一战线"三服务"的观念和社会主义初级阶段发展生产力的观念,以及求大同、存小异,合作共事大团结的观念,树立密切联系群众、调查研究、讲真话、办实事的作风。

(2)善于做综合组织工作,充分发挥各委员会、工作组整体功能作用,更好地为经济建设服务。

(3)在现有基础上进一步健全完善各项规章制度,完善岗位责任制,做到有标可达,有章可循,把政协办成委员之家。

(4)深入实际,调查研究,要有计划地组织委员参观、视察、考察,以掌握实情,更有效地参政议政。

各位委员、各位同志,党的十三大对人民政协提出了更高的要求,我们要不负众望,在十三大精神指引下,在中共长治县委领导下,高举两面旗帜,振奋精神,鼓足勇气,团结一致,为完成十三大提出的宏伟目标,为深化改革、振兴长治县经济作出更新更大的贡献。

## 第三次会议

### 会议概况

政协长治县九届三次会议于1989年5月22日至25日在县城召开。县人大主任吕敏、县长郭正义、县委副书记李补安、县纪委书记冯俊琪、县武装部政委刘作勇、县委宣传部长贾圪堆等出席了开幕式。全县82名政协委员参加了会议,县直各单位负责人应邀列席了会议。

政协长治市委员会副主席李森庭、秘书长燕景仪到会祝贺,李森庭副主席讲了话。

中共长治县委书记张学忠在会上作了重要讲话,代表县委对这次会议的召开表示热烈的祝贺。

长治县政协主席韩国华作了题为《高举两面旗帜,积极参政议政,为治理整顿深化改革作贡献》的工作报告。

政协长治县委员会副主席李树德作了九届二次会议以来提案工作报告,报告中提到九届二次会议以来,有45名委员共提出各种提案29件,占委员总数的54%。提案委员会对这些提案进行了逐案审理,责成政协办公室具体承办，到本次会议召开之前，提案办复29件，占交办提案总数的100%，基本上做到了件件有着落，案案有交代。一年来，在提案工作上，主要抓了两个方面的工作：一是加强提案工作的领导，九届一次会议后，常委会决定成立提案委员会，并确定了一名副主席兼任主任委员，县政府办公室责成专人负责政府各职能部门提案的交办、收集和催办工作。这就为提案办理提供了组织保证；二是同承办单位密切配合，共同办好提案。

政协长治县委员会副主席李树德作了政协长治县九届委员会三次会议《关于提案征集和审查情况的报告》。报告指出，在九届三次会议期间，共收到提案34件，其中工业方面4件、农业方面6件、财贸方面4件、文教卫生方面9件、科学技术方面2件、社会治安方面3件，其他方面6件。

会议期间，与会委员列席了县人大九届三次会议，听取并讨论了县长郭正义代表县政府所作的《政府工作报告》及其他有关报告。

会议通过了政协长治县九届委员会三次会议政治决议和工作报告的决议。

县委副书记李补安在闭幕会上作了重要讲话。

25日，大会胜利闭幕。

## 政协工作报告

### 高举两面旗帜 积极参政议政<br>为治理整顿深 化改革作贡献

1989年5月22日

韩国华

各位委员、各位同志：

长治县政协九届二次会议以来，常务委员会根据九届一次委员会的要求，从人民政协的特点出发，在上级政协的指导下，在县委的正确领导和政府的支持下，围绕全县的中心工作，积极开展政治协商、民主监督，为推进我县的政治、经济体制改革和振兴我县经济建设，进行了不懈的努力，取得了一定的成绩。现在，我受政协长治县九届常务委员会的委托，对一年来的主要工作报告如下，请予审议。

#### 1988年工作回顾

**1.认真组织委员学习，提高参政议政水平**

组织和推动委员学习，是政协工作的一项重要任务，也是加强政协自身建设的一个主要内容。九届常委会为了适应十三大以后人民政协工作面临的新形势、新任务，我们坚持把学习十三大文件放在了统领全年工作的主导地位，除要求委员坚持自学以外，我们还组织了两次比较大型的学习研讨会，就赵紫阳总书记提出的“十三大对统战政协工作意味着什么”的问题与社会主义初级阶段政协统战工作的重要地位结合起来，联系实际进行学习研讨。同时，我们还根据市政协《关于学习十三大文件的安排意见》发出了学习通知，并给各位委员订阅了《人民政协报》、《山西政协报》等学习资料，为委员的学习提供了诸多方便。

在学习活动中，委员们表现了十分高涨的政治热情，有的学习组逢十必聚，认真学习；有的写心得谈体会,发表了不少很有见解的意见。政协常委张守智同志,光学习心得就写了近三万字。他说:“洋洋万言,诉不尽心头热浪;滴滴汗水,浇不尽改革花朵。”他决心在整顿治理、深化改革中与民革的同志们一起同党和衷共济,共闯难关。

一年来,通过对十三大文件和十三届三中全会精神的深入学习,委员们受到了社会主义初级阶段理论和党的基本路线的教育,提高了对建设有中国特色的社会主义的认识,明确了坚持四项基本原则和贯彻执行治理、整顿、深化改革的辩证关系,加深了对人民政协主要职能的理解,更明确了新时期人民政协所肩负的历史使命,增强了参政议政的能力和自觉性。特别是通过对新时期统战理论和人民政协的性质、任务及其在改革开放中所处的重要地位的学习,使大家深刻认识到政协工作只有积极为经济建设服务,才能更好地发挥其特殊作用,进一步调动了委员们积极为经济建设服务的积极性,在各自的岗位上奉献自己的力量。

**2.围绕经济建设这个中心,履行人民政协“政治协商、民主监督”的职能**

一年来,我们根据十三大精神和县委的安排,紧紧围绕经济建设这个中心,就全县经济建设、精神文明建设、人民生活和脱贫致富的翻身工程等重大问题,抓大事、议大事,开展了多层次、多渠道、多方面的协商与监督活动,取得了一定的成绩。近一年中,政协委员以书面提案形式向县委、县政府以及有关部门提出了29件批评、建议、意见和议案,其中受到各部门重视已被采纳的占70%以上。

为了充分发挥政治协商、民主监督的职能作用,我们采取了“一摆正、二掏心、三实干”的三部曲。一摆正:就是要把自己位置摆正,使政协真正成为建设四化强有力的工作班子,同县委、县政府同吹一把号,同唱一台戏。不是光挑毛病只拍手,而是真诚实意,共同把全县的事情办好,共同为振兴全县的经济而努力。提意见,要坚持从全局出发,从群众利益着想,实事求是,切实起到团结、鼓劲的作用,把委员们的才与智用在经济建设的刀刃上。二掏心:就是要掏真心,说真话,不讽刺,不挖苦,从大局出发,以人民群众利益为重,以改进工作,振兴经济为目的,进行参政议政。三实干:就是组织发动委员,结合自己本身业务和特长在搞好本职工作的同时,发挥自己的优势,进行调查研究,了解情况,在实地考察的基础上提出自己的建议和意见。政协委员、水利局副局长陈天文,是我县水利战线上有权威的一名老兵,对全县水利建设流过不少汗水,他多次建议修复遭受破坏的北呈水电站,建议被采纳后就一头扎进去既当设计师,又当指挥员,同时也是施工员。他到处奔波呼吁,要投资,搞设备,终于引起省水利厅重视,被列为全省重点建设工程之一。经过短短三年的努力,现已投产见效。如今,每当清水流过时,人们总会伸出大拇指说:“这是实干家老陈的一份功劳啊。”在具体做法上,我们十分重视了与政协例会相结合、与本身业务相结合和与政府部门的业务会议相结合的三个结合,这就更加拓宽了参政议政的路子。政协委员、科协主席王新宇同志结合本身业务提出了《在全县推广三项实用技术的建议》案,自己身体力行,已见成效。我们还利用召开计划工作会议之机,就如何使今年农业生产上一个新台阶提出了五条建议:一是从思想上提高认识,强化农业的基础地位;二是从改土治水入手,改变农业的生产条件;三是从科学技术上下功夫,走科技兴农之路;四是从制度上完善生产责任制,逐步实现农业的适度经营和逐步发展立体农业的途径(发挥我县地平水浅、近郊的地理优势,在抓好粮食生产的同时,发展蛋、奶、肉、菜、果,以增加社会的有效供给);五是从领导上下决心,增加农业投入。政协副主席李树德成立县工商联的建议被县委采纳后,随即亲自动手组建,并协助初组建的工商联办起了“电子累加秤厂”、“装潢设备厂”等,并开始试制一批新产品,初步探索了一些统战工作为经济建设服务的路子。

**3.发挥委员智能优势,积极为经济建设服务**

全县有政协委员82人,具有高中以上文化程度的占59.6%,大专以上的21人,占25%,分布在全县50多个单位,被群众誉为“智囊团”、“人才库”。为了充分发挥为经济建设服务的专长,我们在实际工作中采取了“一学二帮三关心四联系五推广”的办法,效果比较明显。一学,就是定期不定期地组织委员学习党的各项方针政策和业务知识。通过学习,更新委员观念,提高委员的政治业务素质。二帮,就是帮他们解决学习、工作、生活上的具体困难。三关心,就是不断关心委员们思想上的进步,工作上的具体困难和问题,生活上的吃、住、行,以及逢年过节对年老、患病、离退休委员组织进行慰问。四联系,就是通过座谈、访问、办简报、协商对话、个别谈话等形式进行广泛联系,把政协机关办成委员之家。五推广,就是不断推广委员为经济建设服务的先进经验,表扬好人好事,以点带面,推动全局。通过这些办法,大大调动了政协委员为经济建设服务的积极性。政协常委、科委主任李清文同志联系本身业务,着手在全县推广老果树改造和果品加工、人工诱发根瘤菌等实用科学技术、他亲自动手,实地操作,达到了当年试验,当年见效,实现产值30万元,盈利39000余元。为了进一步推广这一成果,在全县举办了25期实用科技培训班,1500余人掌握了这几项科技知识,迅速使科学技术转化为生产力。政协委员、科协主席王新宇同志为了发展养猪,亲自下河南周口地区兽药厂引进养猪新技术,在北呈乡农民王书成家里定点试验,初见成效后,随即又发动7户用新技术养猪97头,平均7个半月成猪,共增收4365元。为使这一成果在全县范围内开花结果,他与科协的同志们日夜苦战编发了54000份科学养猪方面的技术资料,发往全县宣传推广,同时也引起了市政府有关方面的重视。市政协的领导及市科协的同志,带领全市部分县、区的同志召开了现场会议,进行了现场参观,在全市推广他们的经验。政协常委高恩祥,是全县有名的兽医,去年以来,经他一手治愈的病畜即达1700余头。在实践中积累了不少诊治疑难病症的经验,他把这些经验写成论文,不断在全国兽医杂志上发表。政协委员眼科医师杨富合,对技术热心钻研,从业务上拓宽了服务领域,在全县开展了防盲治盲工作,数年已诊治眼疾25000余人,治愈疑难病症1300例,其中复明手术300余例。写出论文五篇,先后在《眼科通讯》及《山西医药杂志》上发表。其中“硅胶摘除白内障61例(72只眼)”一文,被长治市评为科技成果进步四等奖。他光荣地出席了1988年4月召开的第一届国际眼外科手术学术会议,交流了经验。杨富合委员工作大胆泼辣,敢于创新,他说:“当一个政协委员,这是党和人民对我的信任,我常想,我是个医生,又是一名政协委员,我愿发挥自己的专长,对四化有所贡献。”在他的带动下,眼科同志们共同努力,在全县26万人中进行了视力普检,为144名双目失明的患者进行了复明手术,被卫生部命名为防盲先进县。

为了深入贯彻党的十三届三中全会精神,抓住治理整顿、深化改革工作的重点,我们组织委员配合教育部门的同志,对群众反映强烈的学生严重流失现象做了专题调查,提出了建议。同时,对物价问题也进行了市场调查,并就调查中发现的问题和情况,写成报告,提出了建议,交有关单位办理。

总之,近一年来,全体委员,在“一个中心、两个基本点”的方针指引下,踢破框框,面向社会,拓宽了活动范围。他们有的为科技服务,培训人才;有的为治理环境,办展览、搞宣传;有的医药下乡,服务群众;有的深入基层调查研究;有的致富不忘办教育。政协委员、专业户苏改青,办厂致富后,自愿捐出22万元为全乡办起一所中学,受到了社会各方面的好评。

特别应当肯定的是，一年来，政协委员在参政议政方面出现了三个新的特点：一是由小范围变成大范围，走向社会，调查研究，参与面广，议的准确；二是由挑毛病，发议论变为说实话办实事；三是由议琐事，提私事，变为议公事，讲大事，一心操在国事上，提高了参政议政办实事的自觉性。

**4.广交朋友，联络友谊，为振兴中华，统一祖国而服务**

人民政协的根本任务就是高举社会主义和爱国主义两面旗帜，以振兴中华、统一祖国为目标，积极为建设两个文明服务，为社会主义民主和法制建设服务。为此，人民政协的首要任务就是发挥自己的优势，调动一切积极因素，同心同德，为振兴经济和统一祖国大业作出贡献。一年来，我们与对台办公室、县委宣传部等有关单位配合，利用春节、国庆、中秋、元旦等重大节日，走访了台属，慰问了老红军、老委员、老干部等各方面有影响的人士，不失时机地组织了各种座谈会、联谊会，如“元旦诉衷情”、“中秋话统一”、“春节谈贡献”等各种座谈活动。同时，通过个别走访、慰问，联络了感情，增进了友谊。如九届政协委员、统一祖国工作委员会副主任郭学勤同志，对全县15户台属挨户进行了家访，向他们宣传党的政策，并在生活上关心他们，不时地为他们提供致富信息，并亲自提笔为他们给在台的亲人写家书，把工作切切实实做到了家。在他的辛勤工作下，15户与在台人员全部通了信，一半以上在台人员给家乡汇了款，资助了家乡的生产与生活。先后有6户6人回来家乡探亲，受到了县、乡两级领导的热情接待，使他们“担心而来，放心满意而去”，收到了很好的效果。

为了增进同兄弟民族的团结和友谊，县政协领导多次亲赴回族聚居的东和乡拜访回民群众，看望了阿訇马吉武先生，帮助他解决了生活和住房困难，从而联络了感情，增进了友谊。同时，我们组织巡回医疗队下乡为老红军、军烈属及老委员、离退休老干部等送医送药，扩大了人民政协在社会上的影响。此外，我们通过对文史资料的征集和整理，广采博访，既收集了历史资料，也联络了友谊，收到了较好的效果。

在处理委员提案中，我们也十分注意联络感情，从团结同志改进工作为出发点，处理好承办和交办之间的关系，调整好提案者和受理者之间的关系，从而，促进了委员提案的办理速度，也提高了办理质量，真正起到了党联系群众的桥梁作用。

与此同时，还进一步加强了与五个乡镇政协小组的联系，采取了请进来，走下去，上情下达，下情上报的办法，多渠道联系，大面积接触，交流了经验，活跃了工作。

**5.以两个文明建设为中心，不断加强政协的自身建设**

党的十三大对人民政协工作提出了更高的要求，为了使政协工作适应新形势发展的需要，就必须加强政协的自身建设，不断改进政协工作。在这方面，我们抓了三个方面的工作：

一是狠抓了委员和机关干部政治业务的学习，提高委员和同志们政治业务素质，树立做好政协工作的光荣感、责任感；二是调整健全了政协的工作机构，建立健全经济建设、政教工作、文史研究、统一祖国、提案工作5个委员会和包括4个乡镇政协小组的10个工作组。工作组按行业和居住条件划分，这样便于活动，有利于发挥作用；三是建立健全了财务、用车、工作学习等项规章制度，做到有章可循，提高了办事效率。与此同时也健全了组织生活会，开展了批评与自我批评，改进了工作作风，增强了服务观念。

总结一年来的工作实践，我们的体会有四条：一是下功夫解决好自身建设，这是政协工作积极为经济建设服务的思想基础。要狠抓机关干部和政协委员政治理论和统战业务的学习，在提高政治业务素质的基础上树立自强、自爱、自信、自重的思想；二是拓宽新的服务领域，积极创造为经济建设服务的条件，就是要拓宽工作面，扩大服务范围，逐步由一般的参政议政、咨询服务发展到参与本县、本地区发展战略的讨论和决策，在引进人才、引进技术、引进资金、开发新产品等方面做文章，办实事；三是发挥政协委员的智能优势，千方百计要调动委员的积极性，尽其所长，为振兴全县经济贡献力量；四是依靠和争取党委领导的重视，是积极为经济建设服务，做好政协工作的根本保证。这里贵在主动、重在务实。近年来县委领导对政协工作是支持的，县委书记张学忠和副书记李补安同志总是每会必到，与委员们同堂共议，互谈衷情，有力地支持了政协工作。上述四点我们深有感受。差距是：思想赶不上形势发展的需要，协商监督的职能作用还没经常化、制度化，政协的整体功能和人才优势，还没有充分发挥出来，工作作风还不够深入，这些都需要今后工作中逐步改进。

## 1989 年的工作要点

为了保证党的十三届三中全会提出的治理经济环境，整顿经济秩序，全面深化改革方针的贯彻执行，县委及时向全县人民提出了"振奋精神、增强信心"，夺取治理经济环境、整顿经济秩序和两个文明建设新胜利的具体措施。为落实这一措施，县委强调：县级五大班子要心往一处想，劲往一处使，同心同德为振兴全县经济作贡献，同时也作了具体分工，让政协联系农业口和科技战线，重点在农业这个基础上做文章。那么，如何围绕经济建设搞好政协工作，搞好政协工作又促进经济建设呢？我们的初步设想是：

**1.要加强学习，进一步提高认识，统一思想，增强改革必胜的信心**

继续深入学习党的十三大和十三届三中全会文件，不断加深对文件精神的理解。通过学习，正确认识形势，振奋精神，坚定必胜信心和党共渡难关的决心，在各自岗位上发挥作用；同时要学习《政协章程》及党在新时期的统战理论，提高业务素质以适应政协职能和业务的要求；

**2.发挥政协优势，搞好参政议政工作**

政治协商，民主监督，是人民政协的主要职能，要具体体现这个主要职能，应集中精力做好三项工作：

(1)集中精力，下功夫搞好调查研究。要对全县有关兴县富民，发展经济等大政方针以及整顿治理、深化改革等重大问题，出题目、定专题，有计划地组织委员深入实际调查研究，写出有一定份量的报告、建议和意见。

(2)搞好委员的提案审理工作，提高办案质量，做到不积、不压、不拖，同时要不断地深化提案工作，强化政协委员通过提案来参政议政。

(3)多形式多渠道地开展协商对话活动。为了发扬社会主义民主，反映社会各方面的意见和要求，在加强政协内部的协商外，要采取多种形式、多种渠道拓宽对话新场地。如以政协名义或以政协常委会，以及各民主党派名义组织几次与县委、政府有关部门有关领导参加的协商对话，对那些群众反映强烈而又为群众十分关心的群众切身利益的社会、生活等问题举行专题对话，通过对话增进互相了解、交融感情。

**3.密切与委员联系，加强各工作委员会和工作组的工作**

(1)加强同委员的联系是发挥委员作用、做好人民政协工作的重要一环。各工作委员会是由委员组成的，是组织委员、联系各界人士、开展活动的工作机构，因此，应加强这一工作。要定期不定期地举行委员活动，通过活动促进委员互相之间、委员与党政领导之间的接触了解，联系交流。

(2)要加强各工作委员会的思想建设和组织建设，从而进一步活跃各工作委员会的工作。为使委员能知情出力,除了每年为委员免费订阅《人民政协》、《山西政协报》外,还将不定期地召开形势报告会、学习交流会,以互通信息,更好地使委员知情出力。同时要求每个政协委员积极参加政协组织的各项活动,如调查研究、参观视察、"一事一议"等活动,并写出有一定分量的建议。各工作委员会要通过充实整顿,加强领导体制,充实工作内容,使其真正发挥应有的作用。

**4.发挥人民政协人才荟萃的优势,搞好咨询服务**

人民政协聚集了各个方面的人才,发挥这一优势,开展对经济、科技、文教、医卫等方面的咨询服务活动是大有可为的。为此,我会除要求委员在搞好本职业务工作外,还不定期地组织他们走上社会,开展医药、科技、文教等咨询活动、适当时间政协将召开一个为经济建设服务经验交流会议,以交流经验,表彰先进。

**5.加强内外联系,做好团结、统一共勉、互进工作**

(1)主动向省、市政协和县委领导多作请示汇报,取得领导的指导和支持。

(2)与兄弟县、区政协横向联系,互通信息,交流经验。

(3)与本县有关单位密切配合,如县委办、政府办、宣传、统战、对台办等,做好"三胞"工作,促进祖国统一。

(4)做好对各个专门委员会和四个乡镇政协小组的指导工作。

(5)继续搞好文史资料的收集整理、出版和委员的提案办理工作。

**6.加强政协机关的自身建设**

(1)根据人民政协工作新任务的要求,对政协机关的机构进行适当调整、充实,使机构设置、人员配备更科学、更合理、更协调、更富有活力,更能发挥作用。

(2)进一步制订和完善各项工作制度,各司其职,各尽其力。

(3)努力学习马克思主义、毛泽东思想和社会主义初级阶段的理论,廉洁奉公,办事认真,坚持改革,引进竞争,树立正气,搞好服务,为政协工作再上一个新台阶,为振兴我县经济建设作出更大贡献。

## 第九节 第十届委员会

政协长治县第十届委员会共召开全体委员会议 3 次。

### 第一次会议

#### 会议概况

政协长治县十届一次会议于 1990 年 6 月 17 日至 20 日在县城招待所召开。来自全县各条战线的政协委员 90 人参加了会议。县委、县人大、县政府、县纪委、武装部的领导出席了会议。驻县市政协委员、已退休的原县政协主席、副主席、常委及县直各有关部委局的负责人和老委员联谊会成员等 31 人应邀列席了会议。会议主要议程为:听取并审议政协长治县第九届委员会工作报告和提案工作报告;学习贯彻《中共中央关于坚持和完善中国共产党领导的多党合作和政治协商制度的意见》;列席县人大十届一次会议;

选举政协长治县第十届委员会主席、副主席、常务委员；通过政协长治县十届一次会议各项决议。

6月17日上午，举行预备会议，通过本次会议的议程、日程、主席团和秘书长名单；宣布大会工作机构及注意事项。大会主席团由傅怀珠、刘唐哲、花明新、李步云、李树德、李清文、张守孝、张志恒、张俊英（女）、范志、赵怀忠、郜俊保、高恩祥、郭树清、蒋喜福、韩国华、裴福宏17人组成，大会秘书长为郜俊保。

6月17日上午，政协长治县十届一次会议开幕。政协长治市委员会秘书长燕景仪和中共长治市委统战部长田龙到会祝贺，花明新致开幕词，中共长治县委书记张学忠作重要讲话，九届政协主席韩国华作《政协长治县九届委员会常务委员会工作报告》、政协副主席李树德作《关于政协长治县九届委员会三次会议以来提案工作报告》。

6月18日，分组讨论《政协长治县九届委员会常务委员会工作报告》和《提案工作报告》。

6月19日上午，列席长治县十届人大一次会议，听取代县长刘德宝作的《政府工作报告》以及其他报告。

6月19日下午，参会委员学习《中共中央关于坚持和完善中国共产党领导的多党合作和政治协商制度的意见》，并举行大会发言。有8位委员围绕依靠科技，发展经济，兴县富民进行了大会议政发言。

6月20日上午，酝酿讨论政协长治县第十届委员会常务委员会主席、副主席、常务委员候选人名单；讨论提出政协长治县十届一次会议选举办法；讨论提出总监票员、总计票员、监票员、计票员名单。

6月20日上午，大会举行选举，委员们首先以举手表决方式通过了选举办法、总监票员、总计票员及政协长治县第十届委员会主席、副主席、常务委员候选人名单，然后进行选举。会议选举韩国华为政协长治县十届委员会主席；李树德、张志恒、花明新为副主席；傅怀珠、刘唐哲、花明新、李步云、李树德、李清文、范志、张守孝、张志恒、张俊英（女）、赵怀忠、郜俊保、郭树清、高恩祥、韩国华、蒋喜福、裴福宏为常务委员。选举结束后，举行闭幕大会，会议通过了政协长治县十届一次会议政治决议、常务委员会工作报告决议和提案工作报告决议。县委副书记郝审成在闭幕会上作了重要讲话。当选的政协主席韩国华致闭幕词。

## 政协工作报告

### 风雨同舟为稳定大局出力，同心协力为兴县富民献策

1990年6月17日

韩国华

各位委员、各位同志：

我受政协九届常务委员会的委托，向大会作工作报告，请予审议。

#### （一）九届一次会议以来的回顾

从九届一次会议到现在已近三年了，三年来，我县政协在省、市政协的指导下，在县委的领导和县政府等各有关部门的支持下，在各位委员的共同努力下，坚持贯彻了“长期共存、互相监督、肝胆相照、荣辱与共”的方针，围绕经济建设这个中心有效地开展了各项活动，圆满完成了九届一次会议以来的任务。现将几项主要工作报告如下：

**1.高举两面旗帜，齐心协力维护安定团结的政治局面**

过去的三年是不平常的三年。三年来，全党全军全国人民在党中央、国务院的正确决策下，团结一致、

共同奋斗，在治理整顿深化改革取得明显成效的同时，批判和排除了资产阶级自由化的干扰，使党提出的治理整顿、深化改革的方针已进一步落实。正当全国人民在党的领导下建设有中国特色的社会主义强国的关键时刻，一小撮顽固坚持资产阶级自由化的人，在国际大气候的影响下掀起了一场旨在推翻共产党领导、颠覆我国社会主义制度的反革命暴乱，我们党和国家又一次经历了一场严肃的斗争，政协工作也受到了一次严峻的考验。在这场关系国家命运的关键时刻，党采取果断措施平息了暴乱，挽救了社会主义祖国，维护了全国人民的根本利益。

面对那种尖锐复杂的形势，县政协在县委的领导下，始终坚持了四项基本原则，旗帜鲜明地坚持了正确的政治方向，为维护全县安定团结的政治局面做了大量的工作。

首先，我们通过召开各种类型的学习会、座谈会，及时传达贯彻了党中央国务院和省、市委的一系列指示，学习了邓小平等中央领导同志的重要讲话，组织委员和各界人士学习了《人民日报》社论，引导大家认清形势，统一认识。在这段时间，我们先后召开了十多次学习座谈会、形势报告会以及思想交流会，通过学习、座谈、交流思想，使大家清醒地认识到，极少数坚持资产阶级自由化立场的人，打着争民主、要自由的招牌，干着否定中国共产党的领导、推翻社会主义制度的勾当。这是一场你死我活的斗争，它关系着改革开放和四化建设的成败，关系着国家民族的存亡。同时，大家也从这场尖锐复杂的斗争中受到了深刻的启示和教育。有的委员在讨论中说:这场斗争是国际大气候和国内小气候的产物。事实告诉我们，国际上的反动势力，从来没有放弃敌视和颠覆我国社会主义制度的根本立场。和平演变和反和平演变、渗透与反渗透、社会主义与资本主义两种制度、两种思想体系的斗争是长期的，我们必须保持高度的警觉。从而，使大家对国际敌对势力、和平演变的战略阴谋看得更清了，对坚持开展反资产阶级自由化的斗争更自觉了，对坚持四项基本原则、坚持和完善中国共产党领导的多党合作和政治协商制度的重大意义更理解深刻了。严峻的现实考验了同志，教育了委员。大家表示，今后不论遇到什么险阻，也不管遇到什么风浪，我们都要坚定不移地坚持四项基本原则，坚持社会主义方向，协助党和政府稳定大局、维护安定团结的政治局面。李清文等很多政协委员自觉地给在外地工作和上学的子女、亲属写信，规劝他们不要听信谣言，不要参加游行和所谓“声援”等活动，要求他们在政治上同党中央保持一致，坚决同反革命暴乱斗争到底。疾风知劲草，危难见真情。在那严峻的政治形势面前，全县 80 多位政协委员和 10 多名政协机关的干部没有一个离开岗位，没有一个参加游行和声援，也没有一个亲属子女随波逐流上街参与动乱。事实证明，我县的广大政协委员，各民主党派和各界爱国人士是经得起考验的，为维护全县安定团结的政治局面，为治理整顿、深化改革和经济建设的持续、稳定、协调发展作出了应有的贡献。

**2.围绕中心，抓住重点，深入调查研究，积极参政议政，为两个文明建设服务**

在过去的三年中，我们紧紧围绕县委、政府各个时期的工作部署，围绕治理整顿、深化改革、发展经济兴县富民的战略目标，组织委员有目的、有计划地进行专题调查研究，以建议案的形式，把经济建设中群众反映强烈以及在两个文明建设中出现的热点、难点，有根有据、有分析地向县委县政府作反映、提建议，使人民政协参政议政的内容更加丰富，效果更加明显。概括起来，主要抓了以下六个方面的工作。

第一，组织委员，认真学习党的十三大以来的路线、方针、政策，深刻领会治理整顿、深化改革的重大意义。

首先组织统战理论报告会。去年和今年，按照县委安排，政协正副主席分别在 600 多人参加的党的活

动日做统战理论报告，从理论和实践的相结合上讲明多党合作和政治协商的伟大意义，

其次，组织专题培训会。我们为了落实中央14号文件精神，政协常委连续召开会议进行学习。统战部、工商联组织短期培训60多人次，从而深刻领会了中央精神，并在实际工作中具体对照执行。

再次，组织小型座谈会和政协机关用简报形式通报学习工作经验，达到互相促进、共同提高的目的。按照中央精神，积极组建工商联，并帮助办起了企业；为全县推销积压煤炭，价值达百万多元。

通过学习，要求委员和从事政协统战工作的同志要树立“六个观念”，一是树立全局观念；二是树立大团结、大统一的观念；三是树立实事求是、一切从实际出发的观念；四是树立民主政治的观念；五是树立科技兴农的观念；六是树立为委员服务的观念。政协机关加强了思想组织建设，建立健全了各项规章制度，在县委的领导和支持下培养提拔了干部，加强了办公室和提案委员会的工作，团结一心，配合密切，逐步成为委员之家。

第二，围绕经济建设，深入调查研究，积极为兴县富民作贡献。

三年来，我们根据县委、政府的工作部署，围绕中心，选择一些关键性的、群众反映较强烈的问题，进行专题调查，提出建议案，得到各方面人士的欢迎。

按照县委分工，我们政协抓农业和科技工作，蹲点两个乡(西火镇、东火乡)，抓好一个片(4个乡镇)。这样，我们县政协主要领导一年有不少时间深入农村调查研究。由于深入实际了解情况，我们写出了6个调查报告，并作为建议案送交县委、县政府领导。比如在西火镇蹲点发现农村科技网络不健全，无专人管理，科学技术推广落不到实处，了解这一情况后，召开了科技兴农座谈会，大家提出：“科技要兴农，必先兴科技，俗话说:打铁先得本身硬，只有把科技队伍武装起来，才能更好地兴农。”于是，县政协联合县科协、科委给县政府写了提案。对此，县长办公会专门进行了研究，从思想上、管理上、政策上、资金上，人才使用上、各部门的配合上加强了科技队伍的建设，建立了县、乡、村三级农科网。配备了专人，使科技兴农工作逐步落到实处。再如，去年冬季大搞农田水利基本建设，我们县20个乡镇分为五大战区，五大班子各包一个战区，政协正副主席担任全县副总指挥和两个战区的指挥，一月一检查，开展对手赛。我蹲点西火镇，李树德副主席蹲点东火乡，在大搞农田水利建设中，我们发现西火镇中村煤窑废水不能充分利用，经与乡、村干部共同商议，并从县里请来水利工程师、县政协委员陈天文进行勘察设计，电业局帮助解决了抽水电器设备，县水利局给投资了25000元，买了管道，并搞了安装。村里干部群众进行平田整地，大家齐动手，不到一个月，不仅把煤窑废水利用起来，而且把过去学大寨时修的万方水池装满了水，今年即可浇地百余亩。根据这一实践，我们经过进一步调查，全县157个小煤窑，其中有116个煤窑废水白白流去，一年可排水494.7万吨，仅此一项就可浇地2万余亩。于是，政协提出“利用煤窑废水，灌溉万亩良田”的建议。另外，我们在下乡调查中，发现果园果树死亡严重，进一步对全县223个果园中184个果园进行调查研究，写出了“挽救果树死亡，发展果品生产”调查报告，受到县委、县政府领导高度评价。

第三，认真办理委员提案，充分发挥委员民主监督的职能作用。

提案是人民政协行使政治协商、民主监督职能的一个重要方面，是委员行使民主权利、对政府工作提出建议和意见、参与管理国家事务的一个重要方式，也是党和政府联系人民群众听取人民意见的一个重要渠道。三年来，我县政协提案委员会充分利用这一形式，发挥政治协商、民主监督的职能作用，发挥自己的“智囊团”、“智力库”的优势，利用不同方式积极参政议政，为县委、县政府决策科学化、民主化出谋献

策，为振兴我县经济、加速四化建设步伐发挥了积极作用。我县九届三次会议以来，共收到提案、建议案50件，其中，提案29件，建议案6件。这些提案涉及工业、农业、交通、财政、工商、物价、农村水利、科技、卫生、党群政法等14个方面25个党政部门，已经全部办理完毕并编印成册，发给各位委员参阅。如政协副主席胡纪道，常委范志、郜俊保、张俊英，委员刘连云、王新宇、陈天文、马吉武等写的提案，得到了有关部门重视和采纳。为了使政治协商民主监督逐步实现制度化、规范化，县政府、县政协于1989年9月29日制定了《关于加强协商联系的暂行规定》，为推进民主政治建设起到了积极作用。

第四，发挥文史资料在社会主义精神文明建设中的作用。

三年来，文史资料工作委员会坚持实事求是的原则，在人员少、任务重的情况下，组织部分文史委员广征博采，在出版一集之后，又总结经验，认真进行征集撰稿，到目前除往省、市政协选送23篇资料共5万余字外，现正为出版《长治县文史资料》第二辑和《政协人物志》积累资料。

第五，鼓励委员结合自己的业务专长和本职工作，搞好社会服务。

我县政协80多位委员，分布在全县各条战线上，在各自的岗位上默默奉献，如西火、韩店、苏店、荫城四大镇的政协小组积极开展调查研究和咨询服务，协助当地党和政府做了很多工作，促进了地方经济的发展。苏店镇政协小组组织政协委员组成支农服务队，不失时机地把优种、化肥、柴油等生产资料送到农民手中，受到了广大农民的欢迎。西火镇政协小组组长朱宋保结合党在各个时期的中心工作，组织委员学习、宣传党的方针政策。他不但学得好，而且见义勇为，今年春天协助公安机关破获了一起倒卖假磷肥案，得到了群众好评。委员王新宇为在全县推广“喹乙醇”养猪，身体力行，培育典型，实地示范，使全县养猪事业大发展，1988年一年为全县农民增加收入800万元。政协常委张守孝在工业战线上，哪里有困难就到那里去。政协常委高恩祥是全县的名兽医，多年来，他走遍全县，去年一年共治疗病畜达400余头，治愈率达98%以上，对一些疑难病症也深有研究。县医院眼科医生杨富合，政协常委、科委主任李清文，政协常委张俊英，政协委员、财政局长张德义等同志，都结合自己的业务为全县两个文明建设出了大力，作了贡献，也都先后受到省、市、县党委与政府的表彰，有的光荣地出席了省、市、县先进模范表彰会。政协委员杨富合、马吉武同志的先进事迹在市政协出版的《政协委员的足迹》一书中作了介绍。政协委员、农民曲艺家傅怀珠编的潞安大鼓《醋为媒》，香飘整个太行山。

第六，做好对台工作，为统一祖国实现“一国两制”的方针尽心出力。

统一祖国是人民政协的一项重要任务，政协九届委员会，同县对台办协调工作，利用各种场合，多次组织委员和台属学习对台政策，通报国家形势互谈工作体会，帮助台属按照政策合法致富。政协还会同县委、县政府有关部门，对台胞接待，到台属家中走访，倾听他们的意见和呼声，为其排忧解难，疏通渠道。政协委员对台办主任郭学勤，走访了全县9户台属，帮助他们全部通了信，并有5户探亲，成为台属的贴心人。

此外，为了开阔政协工作视野，我们连续参加了13个县区政协组织的联谊会。还组织常委参观了太行八路军革命纪念馆，使大家受到了革命传统教育。

### （二）今后工作建议

回顾三年来的政协工作，有成绩、有发展，也有明显不足。展望1990年的工作，任务重，要求高，肩负重要使命。总的指导思想是:坚持在党的领导下充分发扬社会主义民主,要以稳定政治、稳定经济、稳定社会为前提,促进我县治理整顿、深化改革工作的顺利开展。在1990年,做好如下6项工作。

**1.加强学习,提高认识,稳定大局,旗帜鲜明地坚持四项基本原则**

中共中央总书记江泽民同志在全国政协新年茶话会上提出,他希望各民主党派、各人民团体和各族各界人士与我们党一道,加强对马克思主义立场、观点、方法的学习,并对人民政协发扬学习和自我教育的优良传统寄予很大的希望。我们把组织推动委员学习仍然要放在首位,要根据委员居住分散、工作性质不同的特点,本着学习与实践、知情与出力相结合的原则,以自学为主,运用学习座谈、形势分析、专题讨论等形式抓紧对马列主义、毛泽东思想、党和国家方针政策的学习。通过学习,真正认识到稳定高于一切,大于一切;没有党的领导,就没有社会主义的祖国;没有稳定的环境,就没有经济发展;提高委员明辨是非的能力,确保在政治上思想上同党中央保持一致。为社会的安定团结,治理整顿的顺利推行,为我县经济建设的持续稳定、协调发展作出新的贡献。

**2.认真学习贯彻中共中央《关于坚持和完善中国共产党领导的多党合作和政治协商制度的意见》,进一步发挥人民政协的职能作用**

中共中央《关于坚持和完善中国共产党领导的多党合作和政治协商制度的意见》是一个马克思主义的纲领性文件,是我国政治生活中的一件大事,更是政协工作中的一件大事,我们要在实际工作中认真贯彻落实。

人民政协是实行共产党领导的多党合作和政治协商制度的重要组织形式,也是各民主党派、爱国人士合作共事、参政议政的主要场所。为此,要根据中央《意见》的要求,做到"三要",一要保障政协委员在政协会议上知无不言,言无不尽、发表意见、提出建议的自由;二要尊重民主党派和无党派政协委员的视察、举报及参与调查研究和检查活动的权利;三要积极为民主党派、工商联开展参政活动创造条件,提供方便。

江泽民同志指出:人民政协要进一步履行政治协商、民主监督的职能,在自己的工作中创造更加民主的气氛,就国家大政方针开展充分协商,积极参政议政,促进决策的科学化、民主化。根据江泽民总书记的讲话精神,县政协一要学习贯彻中央《意见》和全国政协的《暂行规定》;二要在贯彻执行《意见》和全国政协《暂行规定》的基础上结合我县实际再制订一些有关协商监督的规则和规定,使工作有章可循,逐步把协商监督纳入政府决策程序,做到协商在决策之前,监督于实施之中,并使之经常化、制度化,协商高质量,监督见效益。

**3.认真贯彻治理整顿、深化改革的经济建设方针,围绕兴县富民的战略目标积极参政议政,提出合理建议**

为了认真贯彻治理整顿、深化改革的经济建设方针,每个政协委员都要立足本职工作,充分发挥自己的聪明才智,扎扎实实为全县两个文明建设服务。为此,我们要发动委员开展"三个一"活动,即写一篇有分量的调查报告,提一条有见地的建议,办一件有益于社会的实事;并组织委员外出参观学习、视察,开展调查活动,并写出学习心得、调查报告,还要进一步抓好委员提案和文史资料的征集出版工作。这两项工作是政协的重要组成部分,由专门委员会负责抓出效果来。

**4.推动社会各方面的力量,积极开展社会主义精神文明建设**

精神文明建设是建设有中国特色的社会主义的重要组成部分，根本任务是培养有理想、有道德、有文化、守纪律的四有新人，我们要与工、青、妇密切配合，和家庭、学校配合，促进青少年一代健康成长，从根本上促进社会风气的根本好转。

**5.做好民族、宗教、三胞、联谊等项工作，巩固发展广泛的爱国统一战线**

毛泽东同志曾经说过："国家的统一，人民的团结，国内各民族的团结，是我们事业必定胜利的基本保证。"我们要认真贯彻民族宗教政策，同时要搞好港、澳、台同胞的联谊工作，做好他们的眷属工作，加强统一战线工作，积极为统一大业作贡献。

**6.加强政协的自身建设，把人民政协的工作提高到一个新水平**

根据中共中央的《意见》精神，人民政协肩负着光荣的历史使命，这就要求我们每个政协委员和机关干部不断学习，提高自己的政治素质和业务水平，以适应时代的要求。在机关建设上要完善机关各种规章制度，认真贯彻《中共中央关于加强党同人民群众联系的决定》，改进工作作风，深入基层广交朋友，虚心听取委员和各界人士的意见。要做与党外人士合作共事的模范，做团结的模范，做发扬民主的模范，做带头说实话办实事的模范；在工作中提倡主动开拓的精神，提倡团结合作的精神，提倡无偿服务的奉献精神，以及为稳定大局勇于向坏人坏事作斗争的精神。

各位委员、各位同志，90年代，是充满生机和希望的时代，是我们每个人在社会主义建设事业中建功立业的时代，我们的任务艰巨而光荣。让我们在中共长治县委的领导下高举社会主义和爱国主义两面大旗，同全县人民一道振奋精神，和衷共济，团结奋斗，为促进祖国统一、振兴中华发挥更大的作用，为推进我县两个文明建设和社会的稳定作出更大的贡献！

## 第二次会议

### 会议概况

政协长治县十届二次会议于1991年5月19日至23日在县城招待所召开。全县90名政协委员参加了会议。县委、县人大、县政府、县纪检委的领导出席了会议。政协历届退下来的老主席、副主席、驻县市政协委员、及各界知名人士32人应邀列席了会议。

长治市政协、市委统战部的领导同志到会祝贺并作了重要讲话。中共长治县委书记张学忠在会议上作了重要讲话。

政协主席韩国华代表县政协作了政协长治县十届一次会议以来常委会工作报告。政协副主席李树德代表提案委员会作了政协长治县十届一次会议以来提案工作报告。报告指出，一年来，共收到提案81件，立案77件，作为意见处理的4件。立案的77件中，属于经济建设方面的28件，科教文卫体方面的23件，属党群政法、人大政协、社会治安方面的26件。提案办复率为100%。

与会人员列席了长治县人大十届二次会议，听取并讨论了县长刘德宝所作的《政府工作报告》及其他有关报告。

会议通过了政协长治县委员会提案委员会关于十届二次会议提案审查报告。通过了十届二次会议政治决议、常委会工作报告决议和提案委员会工作报告决议。最后，政协主席韩国华致闭幕词。

## 政协工作报告

### 政协长治县十届二次会议常务委员会工作报告

1991 年 5 月 14 日

韩国华

各位委员，各位同志：

我受政协长治县第十届委员会常务委员会的委托，向十届二次全委会议作一年来的工作报告，请予审议。

#### （一）1990 年的工作回顾

刚刚过去的 1990 年，是不平凡的一年。一年来，在县委领导和上级政协的指导下，认真贯彻中共十三届五中、六中和七中全会精神，紧紧围绕县委和政府的中心工作，履行了人民政协的基本职能，在推动治理整顿和深化改革及两个文明建设中，发挥了人民政协应有的作用，使我县政协工作有了新的进展和起色。

**1.组织委员学习社会主义理论，树立四个“坚定信念”**

一次会议以来，我们组织委员重点学习了《中共中央关于坚持和完善中国共产党领导的多党合作和政治协商制度的意见》，委员们在学习讨论中联系自己的思想和工作实际，通过讲历史、忆过去、摆事实、谈经历，以自己的实际经历和活生生的事实说明：没有共产党就没有新中国，没有共产党的领导就不可能实现社会主义，就没有国家的兴旺发达。从而，使大家进一步坚定了只有在中国共产党的领导下，才能有从胜利走向胜利，人民才有希望，社会主义才能兴旺发达，坚定了坚持共产党领导的多党合作政治协商制度，坚定了跟共产党走的信念。

中共十三届六中全会召开以后，我们不失时机地组织常委、委员认真学习了六中全会的有关文件，学习中委员们联系实际，重点学习讨论了《中共中央关于加强党同人民群众联系的决定》。经过学习，委员们一致认为，这是一个影响深远、又有现实意义的重要文件，是党中央为发扬党的优良传统和作风，全面加强党的建设的又一重大决策，抓住了要害，击中了时弊。大家表示要以实际行动从各方面保持和加强党与人民群众的血肉联系，真正起到桥梁和纽带作用，通过学习进而坚定了密切联系群众、事事走群众路线的信念。并提出凡党员委员一人至少要交三至五个党外朋友，做到一人交友三五个，十人联系一大片，发扬时时、事事走群众路线的光荣传统。

与此同时，我们还不失时机地采取住党校、搞培训、开座谈会、写学习心得等形式，组织常委和委员学习了哲学和社会主义理论等方面的有关资料。通过学习，一方面提高了委员们的政治理论和业务知识，一方面也进一步坚定了委员们只有在党的领导下坚定地走社会主义道路，才是唯一正确的光明大道的信念。

今年 1 月，我们又见缝插针，借县委召开统战政协工作会议之机，组织委员参加会议，认真地听取了领导的讲话，学习了统战理论，提高了委员们对统战政协工作重要性的认识，树立了统一战线工作在新的历史时期仍然是党的一大法宝的坚定信念。

在学习方法上，我们采取了“三个结合”。一是小组集体学习与委员自学相结合，以自学为主:二是学习理论与自己工作实际相结合，学以致用:三是学习理论与提高思想和提高业务知识相结合，讲求实效。因而，学习收获大，领会深，委员们深得其益。

总之，一年来通过组织学习，委员们在政治思想和业务素质等方面均有不同程度的提高。新增委员高兴地说：当个委员听得多、见的广、看的宽，学到了知识，增长了才干，思想比以前明亮得多了。为了进一步巩固学习成果，使学习见诸于行动，落到实处，本会起草了《关于贯彻落实 < 中共中央关于坚持和完善中国共产党领导的多党合作和政治协商制度的意见 > 的具体实施意见》及《关于加强协商联系的暂行规定》，以中共长治县委发了文件，县政府和政协又联合下了通知，这就为进一步开展人民政协工作创造了极为有利的条件。也是理论联系实际，最后落到实处的一大实践。

**2.认真履行人民政协的基本职能，推动社会主义民主制度建设**

人民政协的基本职能，是对国家的大政方针和群众生活中重大问题进行政治协商，并在实施中提建议，作批评，进行民主监督。一次会议以来，本会在履行政协基本职能中着重抓了以下几个方面的工作:

第一，通过各种会议，进行协商监督。一年一度的全体委员会议、常务委员会、主席办公会议以及主席、副主席、常务委员列席的其他一些重要会议，都是人民政协履行自己职能的主要形式和委员们参政议政的重要场所。十届一次会议以来，共举行全体委员会议1次，常务委员会议6次，主席办公会议5次，主席、副主席、常委列席县委、人大、政府等有关会议17次。通过这些会议，就我县的政治、经济、社会方面的重要决策，以及一年一次的政府工作报告、财政预决算、国民经济与社会发展计划及人事安排等重大问题以及政协统战工作内部的重要事项均进行了协商，并在协商监督中发挥了积极主动的作用。

第二，主动主办意见听取会。一年来，我们利用各种座谈会的形式，主动请县委、县政府的领导讲形势，通报全县情况，面对面地协商，并就关系全县两个文明建设方面的建议和意见当面提出，有效地发挥了职能作用。

第三，通过委员提案这条重要渠道，引导委员和各界人士围绕全县的大政方针积极撰写提案，使提案这种履行职能的重要形式在促进全县各项工作中发挥更有效的作用。

**3.选择重点，确定专题，深入调查，提出建议**

十届一次会议以来，本会依照县委、政府的工作部署，围绕工作中心，就群众反映强烈又足以影响全县国民经济发展的、人民群众普遍关心的较大问题，作了专题座谈和调查研究，向县委和政府提出了“建议案”。如在去年四五月间，由县政协主要领导牵头，组织部分委员和政协机关的同志就全县煤矿废水的流失、果品生产上的不良现象以及在科技兴农方面存在的问题，进行了专题座谈、调查研究，并根据群众的意见，以“建议案”的形式，提交了县委、县政府，为县委、县政府决策民主化、科学化提供了有利条件。

在选择专题调查研究中，我们采取了以下三种方法:

(1)请进来促膝谈心，把群众呼声提出来。去年2月上旬，本会根据省政协提出要把科技兴农抓上去的指示，立即召开了全县科技人员座谈会。大家通过座谈，一致认为科技要兴农，必先兴科技。很多事实说明，我县当前科技队伍的技术力量和组织建设等方面还远远跟不上形势发展的需要和农民对科学技术的要求，要真正起到科技兴农的作用，就必须下功夫建设一支强有力的科技队伍。要求在组织上、思想上、资金上、机构设置上、待遇上以及技术推广网络上下点硬功夫，规定一些倾斜政策，确实建设一支思想、技术都过硬的科技队伍，科技兴农才能落到实处。建议受到了县委和政府重视。目前，全县自上而下都已重视并配备了技术干部，建立完善了乡镇科技组织，配备了科技副乡长，村里也建立了科技服务站，达到了领导体系和服务体系的完整。一个以科技扶农为主战场的热潮，正在全县兴起。

(2)深入实地考察调研。长治县煤炭资源丰富，煤炭生产遍及城乡，近年来，随着乡镇矿的发展，使地下水资源严重流失，一度被誉为地平水浅的长治县将变成干旱区。面对这一事实，我们根据实地考察，提出了“利用煤矿废水，灌溉万亩良田”的建议，并在县委和政府等有关部门的大力支持下，在西火镇西火中村搞了山区管灌试点，仅投资5万多元，利用管灌即可使千亩旱地变成水浇地，为全县山区利用煤矿废水发展管灌提供了可靠的依据。西火镇群众说：“政协一条好建议，千亩旱地变水地。”西火镇的山区管灌被列为山西之最之一，并在《山西政协报》上发表了消息。

(3)结合调查研究，既要献计，又要出力，虚实并举。去年四五月间，我们配合部分果树枝术界的同志，对全县果品生产进行了座谈，并以西火粱家庄果园为点作了解剖，认为全县果品生产已呈下降趋势。多年来，由于管理不善，技术不过硬，加上掠夺性的生产，果树死亡严重，果品质量低，如不及早采取过硬措施，后果难以设想，于是向县委、政府提出了《挽救果树死亡，发展果品生产》的建议案。议案一经提出，在全县引起很大反响，也受到了县委、政府的重视。政协的同志一方面继续调查研究，从提高果品质量和效益上下工夫。一方面身体力行，与县科协一起对全县果农进行技术培训，全县40多人学到了技术，受到了教育，达到了思想业务技术双丰收。政协办公室王树方同志，还利用业余时间不断深入果园实地指导，并针对存在问题编写了《果树修剪要诀及病虫害防治》一书，赠给果农，深受群众欢迎。在这次培训中，他一方面尽自己所能传授技术，一方面还带领学员实地示范。为提高我县果品生产的品种质量，亲自去省果树研究所找门路，引进美国短枝型新红星等优良品种，为我县填补了空白。

**4.组织发动委员，在各自岗位上作贡献**

十届一次会议以来，我们十分重视发挥每个委员在各自工作岗位上的积极性，取得了较好的成效。

政协常委张守孝同志，在县二轻工业局主持生产技术工作。他在自己的岗位上一丝不苟、埋头实干、扎扎实实地起到了一颗普通螺丝钉的作用。平时他常对人说：“我最大的愿望就是工作。”言如其人，他成了岗位上的一个“大忙人”。几年来，他不辞劳苦，见困难就上，有问题就帮，先后帮县铸造厂由亏转盈。去年他又一头钻进濒临绝境的“红旗木器厂”，为他们出谋划策，追捕市场信息，终于在原来产品的基础上，经过技术加工改造，推出了一项新产品。产品投入市场后，因质优价廉，十分畅销，被有关单位评为名优产品。从此，厂况为之改观。

常委傅怀珠同志，身在韩店文化站工作，他把农村这块沃土，当做自己创作的源泉，农民群众生活中的一点一滴，作为他自己写作中的主要素材。他辛勤耕耘，创作了闻名全国、全省的《醋为媒》和《九月九》等曲艺作品，先后在全国、省、市曲艺工作大奖赛中连连获奖。本人被评为省级劳动模范，并被誉为“农民作家”。

委员朱宋保同志，虽年近花甲又退居二线，但他不减当年勇，一如既往兢兢业业地埋头实干，他说：“我是个政协委员，又是共产党员，是党员哪能分一线二线啊。”这几年他除了出色地完成了镇党委分配给的任务外，还利用业余时间为报刊写稿，反映农民心声。去年长城(香港)文化出版公司出版的《华夏子孙》一书中收进了他的三篇作品，并光荣地出席了在北京人民大会堂举行的首发式大会。

**5.狠抓委员提案的办理工作,充分发挥协商监督作用**

十届一次会议以来,我们进一步敞开了委员提案的大门,委员的提案排除了以往的局限性,不论会上会下、会前会后,随时可以提出提案。因此,委员的那种高度的主人翁精神得到了很大的发挥。截至现在共收到委员提案87件,包括建议案3件,比去年35件增加了46件;提案人次数较去年增加50人,达到117人次,提案涉及全县工交、财贸、工商、物价、农业、水利、科技、教育、文化、卫生、党群、政法等各个方面31个党政部门,内容广泛,问题集中,尤其是围绕党的理论,有关治理、整顿、深化改革、经济建设、科技兴农等方面涉及的较多。属于经济建设方面的28件,占提案总数的36%,属于科技、文教,卫生等方面的23件,占总数的30%,其他26件,占总数的34%。从委员提案的内容来看,有三个特点:一是紧贴全县中心工作和两个文明建设,抓住了要害,说到了点子上。二是把上层建筑领域的参政议政摆在了重要位置上,提的亲切、中肯。三是注意发挥了本界别或小组内的整体功能作用。因而内容丰富、议案恰当,使提案质量向高层次迈进了一步。在提案办理上,由于各级、各部门的领导重视,至今已全都办理完毕。为了提高办案质量,我们于去年7月12日专门召开了提案发布会。通过会议既讲了办理委员提案的重要意义,同时手接手地将提案交给了有关单位领导,所以使办理提案的质量大大提高,做到了及时准确,案案有交代,件件有着落。提案委员会还把一年来的委员提案汇编成册,逐步向规范化、制度化迈进。

**6.发挥历史资料在社会主义精神文明建设中的作用**

十届一次会议以来,政教文史委员会,在人少事多的情况下,广征博采,共征集到文史资料20多篇,约五万余字,一部分已供市文史处参考采用。大部分正在整理,准备于今年内出版《长治县文史资料第二集》。通过资料的征集,既为进行社会主义精神文明建设积累和提供了资料,也为开展爱国主义、革命传统教育发挥了作用。

**7.加强与台属、侨胞的联谊,促进"一国两制"的实施**

统一祖国是人民政协的一项重要任务。十届一次会议以来,我们遵照中共中央关于加强海外统战工作的指示,会同县委统战部、对台办等有关单位,利用各种形式组织委员学习对外对台方针政策,举行台属、侨胞茶话会,通报国家形势,交谈思想体会,帮助台属掌握政策,了解台属亲情动态,并定期深入台属家中访朋问友,听取他们的反映和呼声。一次会议以来,与台办共同走访台属3次,接待回乡探亲的台胞2次,访问中向他们介绍了统一祖国的方针政策和两个文明建设的成就,增进了相互了解和友谊。

**8.广泛开展联谊活动,促进政协工作**

去年9月,本会在市政协的直接指导下,以"东道主"的身份,邀请13个县(区)的政协主席,召开了一个别开生面的"政协主席联谊会"。会议期间各县(区)政协都根据各自的特点,介绍了自己在工作中的经验。会议通过工作交流,互相学习,取长补短,生动活泼,大受裨益。会期我们应各县政协主席的要求,参观了"海裳牌"洗衣机厂,走访了数家"庭院经济",观看了"五风楼"等文物古迹。三天会议既交流了经验,又沟通了思想,促进了政协工作的开展。

**9.组织部分常委和政协机关部分同志外出学习考察,开阔了视野,学习了经验,提高了爱国主义思想**

在县委和政府的领导与支持下,我们于去年10月上旬,组织部分常委分赴西安、四川、武汉、上海等地进行了为期15天的考察学习,沿途走访了成都、重庆和武汉江岸区政协。通过考察学习,大家一致反映："这一次考察学习，大有教益，领略了祖国的大好河山，看到了改革开放以来的伟大成就，学到了经验，受到了教育，开阔了视野，提高了认识。获益匪浅，不虚此行。"

**10.加强了政协机关的自身建设，为把政协机关办成"委员之家"创造良好的条件**

随着形势的发展，人民政协工作将越来越显得重要，工作担子亦将越来越重，为适应形势的需要，我们在县委领导下，调整了5个工作委员会，即学习、经济、政教、提案、统一祖国委员会和政协办公室等6个机构，均以局级设计，人员也在逐渐配备与补充中。为更好地开展政协工作，我们十分重视提高政协委员和机关干部的政治和业务素质，加强政协的自身建设，不断组织学习马克思列宁主义、毛泽东思想和党的统战理论政策，提高政治业务水平。同时建立健全了各项规章制度，改进了工作作风，使政协机关逐步建成一个名符其实的委员之家。

总之，十届一次会议以来，我县政协工作迈出了新的步伐，这和县委的重视、政府等各部门的支持和全体委员的努力是分不开的。为此，向大家表示深切的谢意。

回顾一年来的工作，虽然取得了一定的成绩，但还存在着一些不容忽视的问题。主要是帮助委员知情不够及时，对各个委员会和工作组的活动还缺乏必要的组织和有力的指导，调查研究还不深不透等，对此，我们必须有个清醒的认识，以便今后在实际工作中加以克服和改进。

## （二）1991年的主要工作任务

1991年，是实施十年规划和"八五"计划的头一年，是努力实现现代化建设第二步战略目标，把国民经济提高到一个新水平的重要一年。在这一年里，人民政协肩负着相当繁重的任务。每一个委员都应当进一步强化自己的时代感、责任感，进一步提高参政意识、统战意识、监督意识和民主意识。在新的一年里，我们要在中共长治县委领导下，在政府和各部门的支持下，坚定不移地贯彻执行党的十三届七中全会确定的指导方针和各项任务，认真学习领会我县"十年规划"和"八五"计划发展战略的指导思想，积极有效地开展"政治协商"、"民主监督"为实现我县的政治、经济、社会稳定，全面实施"十年规划"和"八五"计划而献计出力，为此，我们要集中精力，抓好以下五个方面的工作。

**1.继续深入学习党的十三届七中全会精神和社会主义理论**

组织委员在继续学习贯彻落实《中共中央关于坚持和完善中国共产党领导的多党合作和政治协商制度的意见》的同时，要把学习党的十三届七中全会精神，放在首要位置。通过学习提高认识，更好地参政议政。同时，要进一步领会多党合作、政治协商的含义，贯彻落实全国、省、市统战、政协工作会议精神，要把学习马列主义、毛泽东思想和政协工作联系起来，达到提高思想改进工作的目的。

**2.围绕经济建设，组织委员继续开展参政议政调查研究活动，多方面为经济建设服务**

今年是实施十年规划和"八五"计划的第一年，是质量、品种、效益年，在新的一年里，我们要组织委员在自己的岗位上开展调查研究。与此同时，政协也要选择专题，下工夫做几个像样的专题调查。当前，随着经济形势的发展，以共同富裕为基点，对我县"双层经营"的形式做点文章，另外为利用煤矿废水发展山区灌溉以及进一步提高果品生产，向质量、效益方面努力等方面作些重点调查，提出有价值的建议案。

**3.以提高思想道德和科学文化为目标，发动委员为全县精神文明建设作出新贡献**

1991年是中共建党70周年，辛亥革命80周年纪念日。为了纪念这两个有历史意义和现实意义的日子,一方面要以这两个纪念日为主题,征集这方面的文史资料,为市政协文史处出专辑提供必要资料。我们也将争取在今年内出版《长治县文史资料》第二辑;另一方面要加强爱国主义和社会主义思想教育的宣传,促进社会主义精神文明建设。同时,我们要继续在文化、教育、医疗卫生等群众非常关心的问题方面进行考察研究,并组织一至二次巡回医疗。

**4.继续抓好委员提案的办理工作**

坚持委员提案时间、内容、形式三不限的原则,逐步提高提案的可行性、有效性,以及办理提案的及时性。同时,要抓好审理、转办、反馈三个环节,确保提案工作向经常化、规范化、科学化方向发展。

另外,要继续做好祖国统一联谊活动,配合县委统战部、县对台办、工商联等有关部门,把这项工作抓到实处。

**5.加强自身建设,推动人民政协工作不断发展**

为适应形势发展的需要,作为爱国统一战线组织的人民政协,一要进一步学习贯彻中共中央和山西省委关于统战政协工作的方针政策,强化提高理论水平;二要注意在政协工作中充分发挥各民主党派和政协委员的作用,发挥他们参政议政、民主监督的职能作用。在组织建设和制度建设上,要继续配备各专门委员会的组成人员,要继续建立健全各项规章制度,从而进一步提高机关的办事效率和服务质量,确实把政协机关办成委员之家。

回顾过去,我们取得了令人鼓舞的成绩,展望未来,前景更加美好,但任务更加艰巨。我们有决心,有信心,在县委领导下,在人大、政府、纪检委等有关部门的关怀和支持下,通过全体委员的共同努力和创造性的工作,我们一定会在新的征途中取得更大的胜利。

最后,预祝大会圆满成功!祝与会同志们、朋友们工作顺利,万事如意!

## 第三次会议

### 会议概况

政协长治县十届三次会议于 1992 年 4 月 12 日至 15 日在县城招待所召开。全县 91 名政协委员参加了会议。县委、县人大、县政府、县纪委的领导出席了会议,29 名政协往届离退主席、副主席、常委、驻县市政协委员及各界知名人士应邀列席了会议。

市政协秘书长燕景仪到会祝贺并讲了话。

中共长治县委书记张学忠作了题为《为改革开放献计献策,为经济建设建功立业》的讲话。

政协主席韩国华代表县政协作了常务委员会工作报告。报告回顾了过去一年的工作,并对今后的工作进行了安排。

政协副主席李树德代表县政协提案委员会作了提案工作报告。报告指出,县政协十届二次会议以来,截止 1991 年 12 月 30 日,共收集委员提案 79 件,立案处理 75 螺丝刀会议召开之前已办理完毕。

与会人员列席了长治县十届三次人大会议,听取讨论了代县长郝韵章作的《政府工作报告》及其他报告。会议通过了政协长治县十届三次会议政治决议、常委会工作报告决议和提案委员会工作报告决议。最后,政协主席韩国华致闭幕词并宣布会议闭幕。

## 政协工作报告

### 政协长治县第十届委员会常务委员会工作报告

1992年4月13日

韩国华

各位委员、同志们：

现在，我受中国人民政治协商会议长治县第十届委员会的委托，向大会作一年来的工作报告，请予审议。

正当全县上下全面贯彻执行党的基本路线，积极加大改革开放步伐的关键时刻，我县政协第十届委员会第三次会议隆重开幕了。首先，借此机会我向参加会议的各位领导、全体政协委员、全体同志们致以亲切的问候和热烈的祝贺！

过去的一年，是我县政协在县委的直接领导下，省市政协的积极指导下，人大、政府、纪委的支持和配合下，团结奋斗、克服困难、励精图治、开拓前进的一年；是政治稳定、经济稳定、社会稳定、社会主义各项事业进一步发展的一年；是政通人和，万民欢庆，具体实施我县"八五"计划的头一年；是围绕各项经济建设，加快改革开放进程，取得一定成效的一年。在这一年里，我们县政协紧紧围绕县委、县政府的中心任务，继续贯彻《中共中央关于坚持和完善中国共产党领导的多党合作和政治协商制度的意见》和全国、省、市统战工作会议和政协工作会议精神，加强同各民主党派、人民团体、各界代表人士和党外爱国人士的联系，认真履行政治协商、民主监督的职能，共举行常委会议和主席会议10次，参加市政协十三个县区联谊会2次，举行春节茶话会1次，迎"七一"各界人士座谈会1次，举行专题报告会2场，5个专门委员会和办公室积极开展各种活动，做了大量工作。一年来，共收到委员提案79件，包括专题调查报告10件，立案75件，截至目前为止已办复75件，交办案率达100%。通过这些辛勤的工作和活动，以及全体政协委员和机关工作人员的精诚合作，鼎力奋斗，为我县的经济建设、社会发展作出了应有贡献。

#### 1991年的工作总结

过去的一年，是我县执行十年规划和"八五"计划纲要的头一年，这一年里，尽管国际风云变幻，我们坚定不移地走自己的路，以经济建设为中心，坚持四项基本原则，坚持改革开放，取得了新的成绩，安定团结的政治局面进一步得到巩固，经济稳定发展，深化改革迈出较大步伐。农业在大旱之年仍然获得较好收成，人民生活继续改善。这是全县人民团结奋斗的结果；也是人民政协与党风雨同舟、和衷共济的结果，充分显示了全县人民强大的凝聚力和社会主义制度的优越性。

**1.继续深入贯彻执行党的基本路线，统一思想，提高全体政协委员的政治责任感**

过去的日子里，人民政协为建设有中国特色的社会主义的伟大事业建立了不可磨灭的贡献，我们的经济建设和科技、文教事业的发展，有人民政协的重要贡献；安定团结的政治局面的巩固，社会主义民主和法制建设的发展，有人民政协的重要贡献；按照"一国两制"的构想，促进两岸"三通"，推动和平统一祖国的大业，也有人民政协的重要贡献。毋庸讳言，无可辩驳的事实向世人昭示：人民政协作为我国多党合作和政治协商的一种重要组织形式，适合国情、县情，是发扬社会主义民主的重要渠道，具有独特的优势和强大的生命力。人民政协是马克思主义统一战线理论同中国革命和建设的具体实践相结合的产物，是夺取中国社会主义革命和建设胜利的三大法宝之一。《中共中央关于坚持和完善中国共产党领导的多党合作和政治协商制度的意见》，科学地总结了历史的经验，系统地阐述了统一战线的理论，是人民政协工作的正确指针。县委也相应制定了《实施意见》，并经常请政协主席多次列席县委常委会议和县人大会议，共同讨论协商关系县计民生的大事、人事任免和人民群众关心的事情，县政府已专门配备了民主副县长和其他民主干部，同时注意了包括政协在内的各种形式进行民主协商，倾听民主党派和各界人士的意见和建议。长治县委、县政府在制订十年规划和"八五"计划的《纲要》(草稿)时，两次征求县政协的意见，进行了协商讨论，大家提出了许多中肯积极的意见和建议；同时，在发展农业等其他事业中也多次提请县政协讨论，举行专题座谈，征求意见。

人民政协是爱国统一战线的神经枢纽和重要组织，是优秀人才济济相汇的高水平的"智力库"。过去的一年，我县政协委员本着对祖国对人民利益高度负责的精神，风尘仆仆，调查研究，殚精竭虑，建言献计，赢得了敬重，赢得了赞誉。全体政协委员为巩固和扩大爱国统一战线，为四化建设，改革开放，安定团结等方面的工作尽责尽力，充分发挥了自己的民主权利，出主意、想办法、提建议、作批评，做到了知无不言，言无不尽，为贯彻落实我县"八五"计划做出了自己的努力。

**2.围绕县委和政府的中心任务，做好政协工作**

紧紧围绕县委和政府的中心工作，献计献策，协商监督，是履行人民政协基本职能的重要渠道，县政协有计划有重点地开展了专题调研。其中，我们为了扭转忽视集体经济的局面，深入林移村进行调查，撰写了《关于完善双层经营中必须引起高度重视和认真解决的几个问题建议》，就稳定和完善以家庭联产承包为主的责任制，不断完善统分结合的双层经营体制，积极发展社会化服务体系，逐步壮大集体经济实力，调动农民的积极性，提高农村的生产力，通过一部分人和地区先富起来，引导农民逐步实现共同富裕，缩小剪刀差，增加农业投入等问题提出许多意见和建议。县委、县政府制定了尽快改变"空壳村"、"萎缩村"的切实有效措施，受到市政协视察组的肯定和赞赏。现在起步较好、成效明显的已有26个，占两村总数的70%。为发展我县果树生产，改变落后面貌，县政协领导和机关工作同志经常深入各果园调查研究，分析问题，寻找解决办法，由王树芳同志先后撰写了《挽救果树死亡，发展果品生产》、《加强果树生产现代化建设，提高我县果品生产率》的专题调查报告，经县委和政府采纳后，制定了发展果树生产的规划，仅去年就在全县发展三千多亩果树，使果树生产真正成为农村共同富裕的主体产业。与此同时，县政协和县科协配合，在去年春季、冬季分别举办了两期果树技术培训班。王树芳同志带领部分果农上省果树研究所引进新的优良品种，考察了祁县、太谷果树先进地区的科学管理和规模，并编写了材料，经常到各个果园技术指导，为发展先进的果树科学技术奠定了良好的基础。

阳春三月，县政协还聘请原市委宣传部副部长、市委党校校长李文江同志和原和平医院院长、高级医师戴典章同志来我县讲学，李文江同志做了题为《让延安精神代代相传，永放光芒》的报告，使在场的一千多名干部和学生深深为老一辈无产阶级革命家为了中华民族的解放事业不惜牺牲自己的一切，和自力更生、艰苦奋斗的精神所感动，受到一次深刻的革命传统教育；戴典章同志做了题为《发烧的诊断及鉴别诊断》的报告，给大家上了一堂高技术、高水平的医学技术课，增长了知识，大家深感满意。

组织和推动委员在自愿的基础上学习马克思列宁主义、毛泽东思想，学习中共中央和国家的方针政策，是人民政协的优良传统。县政协先后针对性地选择了一些重要题目，如围绕经济建设，坚持和完善中国共产领导的多党合作和政治协商制度，春节茶话会，七一座谈会，科技兴农，利用煤矿废水，发展果树生产，开创农业和农村工作新局面，讨论八五计划和十年规划，国内外形势等事项，多次举行专题座谈会和常委会议。通过《政协工作》通讯及时报道情况，送达委员之手，对于委员们提高认识，统一思想，增强在共同政治基础上的团结合作，更好地知情出力和参政议政，起到了促进作用。

事实证明，只有灵活多样地组织有意义活动，才能充分发挥政协"政治协商、民主监督"的基本职能，使政协工作生动有力，有声有色，相得益彰，呈现勃勃生机。

**3.组织调动委员的积极性，为社会主义物质文明和精神文明建设服务**

一年来，县政协十分重视组织和调动委员的积极性，在各自的岗位上，为社会主义物质文明和精神文明建设努力工作，涌现出许多优秀人物。

政协副主席、县一中校长花明新同志，几十年如一日，时刻把人民的重托和党的教育事业牢记在心，克己奉公，兢兢业业，锐意进取，呕心沥血，正如他在述怀诗中写道："唯恐言行有差错，贻笑大方误后人。常欲桃李满天下，更望大木参天起。我为人民搞教育，欲使黄土变成金。当年风华今安在，惟余拳拳不老心。恐负长治父老托，笔风墨雨苦耕耘。"县一中开创了新的校风，成为全市一流学校，受到领导和同志们的首肯和赞扬。

政协常委、经济建设委员会主任张守孝同志，为我县二轻工业的崛起和发展，不辞劳苦，见困难就上，有问题就帮，先后使许多企业攻克难关，扭亏为盈。最近，又和县棉织厂技术员一起研制成功一种新型的耐酸碱耐高温的玻璃纤维丝，为工业生产又添补了一项空白。

常委傅怀珠同志，人在韩店镇文化站工作，素以农民作家"山药蛋派"而著称，在农村这片广袤而肥美的黄土地上辛勤耕耘。他的著作深得广大农民的喜爱，并连续在全国、省、市获得特别奖、一等奖等。最近，又应《求是》编辑部之约，撰写了《童年旧事》，目前已脱稿。

政协常委、科委主任李清文同志，坚持科技是第一生产力的意识，始终把科技作为振兴国民经济的关键，先后组织了省、市级科技项目6项，在1991年科技战线上做出了显著成绩，被市人民政府和市政协命名为科技先进工作者称号，颁发了荣誉证书和奖品。

政协委员朱宋保同志，人老心不老，把群众生活中的大事当作自己义不容辞的职责，及时向县、镇领导汇报，帮助群众寻觅解决办法，并经常召开政协小组会，学习形势，贯彻中央精神，研究解决问题的方法和措施，仅他建议破获假农药一案，就为农民挽回经济损失3万余元。他还给《华夏子孙》一书撰写了大量文章，并成为负责其区经济篇的主编，由于出色地履行了一个政协委员的光荣职责，受到领导和同志们的一致好评。

正是这些优秀人才的汇聚，构成了人民政协的重要地位和强大生命力，受到人民群众的敬重和赞誉。

**4.进一步改进和加强提案工作，更好地发挥政协行使"政治协商、民主监督"职能中的作用，使政协提案在推动社会主义各项事业的进步和发展中作出更大贡献**

一年来，在各位委员和承办单位的支持下，经过提案委员会工作人员的艰苦细致的努力工作，提案工作取得了一定成绩。从二次会议以来，提案委员会共收集到委员提案79件，包括建议案10件，立案75件。截至目前为止，已全部办理完毕，交办案率达100%。办理提案的质量大大提高，做到了及时准确，案案有交代,件件有着落。这些提案已由提案委员会汇编成册,逐步向规范化、制度化、科学化迈进。

**5.文史资料工作坚持为统一战线服务,为社会主义精神文明建设服务的方向**

一年来,政教文史委员会通过艰苦细致的积极工作,深入乡村调查考察核证,寻访有关人士,广征博采,文史资料第二辑已整理出20余篇5万余字的材料,完成了初稿、审稿、定稿,正在筹备出版。

**6.加强了对台工作,促进两岸交往,为早日实现和平统一祖国而奋斗**

今天,正当我们在此欢聚一堂的时候,我们深切思念广大的台湾同胞、港澳同胞和海外侨胞,更加感到完成祖国和平统一大业是海峡两岸人民共同的心愿和根本利益。政协和对台办密切配合,政协委员、对台办主任郭学勤同志亲自抓,做了大量的工作。我县在台人员有18户108人、台属49户215人,经过我党政策的强大影响和艰苦卓绝的努力,现在,我县通信率达100%,通汇率达95%,并有14户19人25次先后回乡探亲祭祖、观光旅游。这就为早日结束两岸敌对状态,尽快实现两岸直接三通,促进两岸交流,逐步实现和平统一祖国创造了条件。但是也要警告那些热衷于搞"台独"的分裂主义分子,台湾人民不答应,大陆人民更不答应,不要错打算盘,不识时务,玩火自焚。我们相信,经过海峡两岸人民坚持不懈的共同努力,祖国统一大业一定会早日实现。

**7.做好政协机关工作,把政协机关办成"委员之家",为政协工作的开拓进取努力工作**

县委对政协工作十分重视,为了加强领导,经县委推荐,政协常委令任命,张守孝同志为祖国统一委员会主任。健全了各个委员会,加强了组织建设,从根本上保证了政协工作的开展。

(1)政协机关办了《政协工作》通讯,在宣传统一战线的方针政策,交流人民政协工作情况和经验,推动委员学习等方面取得了一定的效果。

(2)建立健全了各种规章制度,经常组织机关同志学习中央的路线、方针、政策和上级政协的精神,武装每个同志的头脑,为委员更好地服务。

(3)关心委员。逢年过节、委员有病,县政协领导经常前去看望他们,使他们感到温暖如家。

总结一年来的工作实践,我们确实取得了一定的成绩,迈出了新的步伐,但仍然存在一些不足。比如:政协作为"人才智力库"还不够全面,对个别委员照顾不到,对提案办理有的单位还不够重视,沟通委员与承办单位之间的联系还不够广泛。这些不足我们一定会在今后的工作中扬长避短,存利除弊,努力改进。回顾过去,成绩是主要的、可喜的,为90年代的政协工作创造了一个良好的开端,展望1992年的政协工作,我们对未来的事业信心百倍,豪情满怀。

### (三)对1992年政协工作展望

90年代,对于中华民族的前途命运来说,是非常时期,人民政协肩负着更加光荣而艰巨的使命。中国共产党领导的多党合作和政治协商制度,是我国的基本政治制度,人民政协是我国广泛的爱国统一战线组织,是发扬社会主义民主的重要渠道,作为这种制度的生动体现,在中国共产党的领导下,继续按照"长期共存,互相监督,肝胆相照,荣辱与共"的方针,加强亲密合作,积极履行政治协商、民主监督的职能,在经济发展和社会进步中,在加快改革开放中,在社会主义民主和法制建设中,在社会主义精神文明建设中,以及在执政党建设中,继续地提出改进意见、建议和批评。做到大事大家抓,大家想办法,大家来办,共同为推进我县的各项工作献计出力,建功立业。为此,我们政协要在今后一年做好以下几项主要工作。

**1.联系实际,认真学习贯彻执行中央二号文件精神和“八五”计划**

人民政协历来具有自觉学习和自我教育的优良传统。要始终如一地加强学习、教育工作,组织政协委员和各界人士对改革开放,对政治、时事及其他业务方面进行学习讨论,把大家的思想统一到全县的经济建设中,从而,有效地做好我们的政协工作。

(1)深刻领会中央二号文件精神,在根本的政治基础上达成共识,以实际行动迎接党的十四大召开。从委员中了解到,大家关心最多的是关于改革开放、经济建设、解放生产力的问题。在新的一年里,全县人民和全国一样同样面临着新的更艰巨的任务,这就是:在治理整顿主要任务基本完成的基础上,抓住有利时机,加快改革开放步伐,集中精力把经济建设搞上去,新的形势、新的任务赋予人民政协新的使命,也为人民政协发挥作用提供了新的广阔天地。为此,应当胆子更大一些,应当进一步解放思想,放开眼界,增加锐气,开展各种改革开放的实践活动。只有这样,才能大刀阔斧地真抓实干,开拓新路,真正做到无论古今中外,凡是优秀的东西,凡对我们发展社会主义有利的都敢于为我所用,使建设有中国特色的社会主义事业走上一个新台阶。加快改革开放的步伐是为全县30万人民谋利益的事业,也要依靠30万人民的智慧和力量才能实现,人民政协作为中国共产党领导的爱国统一战线组织,过去曾经为我们革命和建设事业的胜利做出过巨大的贡献,今天乃至今后也一定能为加快改革开放作出新的贡献。

二是做好落实“八五”计划和十年规划工作。要吸取以往宣传、实践的好经验、好办法,大张旗鼓地宣传执行“八五”计划和十年规划的主要奋斗目标和基本指导方针,把握其精神实质,领会五条基本原则:一是坚定不移地走建设有中国特色的社会主义道路;二是坚定不移地推进改革开放;三是坚定不移地贯彻执行独立自主、自力更生、艰苦奋斗、勤俭建国的方针:五是坚定不移地贯彻物质文明和精神文明建设一起抓的方针。在纷繁复杂的工作中保持清醒的头脑,坚持正确的方向。

**2.充分发挥政协的人才优势,为我县的各项工作做出成绩**

人民政协人才济济,具有联系广泛、智力结构优越的特长,有经验丰富、卓有建树的老干部,有做出较大贡献的科技工作者,有成绩突出的文艺、教育工作者等等。这是我们搞好改革开放的智力库,是推动有中国特色的社会主义伟大事业蓬勃发展的可靠保证,我们面临着一系列新的重大问题需要解决,农村的改革,城市的改革,经济体制的改革,政治体制的改革以及其他改革,都需要我们全体委员集思广益、群策群力才能顺利进行。中国共产党一贯重视发挥人民政协这个智力库的作用,在新的一年里,我们要一如既往地充分发挥自己的优势,施展自己的聪明才智,为规划和计划涉及的政治、经济、文化教育、科学技术进步中的难点和重点,开展调查研究和政策咨询,并按照政治协商和民主监督的民主程序,主动献计建言,知情出力。同时,也要尽一切可能,直接参与社会主义物质文明和精神文明建设,在伟大的社会主义建设的实践中发挥应有的作用。今年,县政协要具体搞几个示范点,为县委和政府的科学决策提供可靠的依据。

**3.进一步改进和加强提案工作,更好地发挥政协提案在履行“政治协商、民主监督”职能中的作用**

做好政协提案工作,是政协履行“政治协商、民主监督”职能的重要形式,为使提案工作更好地为社会主义各项事业作出贡献。1992年提案工作要做好:

(1)鼓励和支持委员加强调查研究,提出更多更好的提案,为促进我县的经济振兴、改革开放和社会进步发挥更大的作用。

(2)做好提案的提出、审查立案、交办、催办等各个环节的工作,促进提案工作的制度化、规范化。

(3)选择重点,组织专题调查,协助充实和完善提案内容,提高质量。

(4)密切与县委办、政府办、人大办、纪委办及各承办单位的联系,交流信息,促进提案办理效率,采取多种形式(如现场办案)向委员们及时通报提案工作进展情况,听取意见,改进工作。

**4.抓住时机,进一步开展祖国统一联谊工作**

要认真贯彻全国对台工作会议精神,充分发挥政协与"台""外"联系面广的优势,坚持"和平统一、一国两制"的总构想和"寄希望于台湾当局,更寄希望于台湾人民"的原则,积极扩大交往,多层次多渠道地开展联谊活动,为尽早实现"三通",扩大双向交流,增进互信,确立共识,促进国共两党对等商谈、和平统一而努力奋斗。

**5.改进工作作风,加强自身建设**

为适应新形势下政协工作的需要,加强机关干部队伍的建设,要求机关工作人员学习好中央的文件、方针政策,学习好马克思列宁主义、毛泽东思想的统一战线理论和方法,提高机关干部的政治素质、业务素质,把党的统一战线方针政策贯彻落实好,把政协机关办成委员之家,每个工作人员都要成为委员的贴心人。

办公室与各专门委员会要协调配合,要认真做好各自的工作,在新的一年里作出新的贡献。《政协工作》通讯要及时反映政协的主要活动情况,反映委员的心声,把党的统一战线方针政策和中央精神宣传报道好,成为各有关领导和单位了解政协工作的窗口,成为委员学习的阵地。后勤工作要继续总结经验,明确后勤工作的宗旨和基本任务,推动政协后勤工作更好地为政协工作服务,为政协委员服务,为政协机关工作及机关工作人员服务。

峥嵘岁月翻然过,又是春风劲吹时。在新的一年里,让我们同心同德,再接再厉,抓紧时机,埋头苦干,为振兴中华大业,为改革开放的实践写下辉煌的新篇章,以社会主义现代化建设和改革开放的优异成绩,迎接党的十四大召开!

## 第十节 第十一届委员会

政协长治县第十一届委员会共召开全体委员会议 5 次。

### 第一次会议

#### 会议概况

政协长治县十一届一次会议于 1993 年 6 月 29 日至 7 月 2 日在县城招待所召开。此次会议的主要议程是:听取和审议政协长治县第十届委员会常务委员会工作报告;听取和审议政协长治县第十届委员会提案委员会关于十届一次会议以来提案工作情况的报告;列席长治县第十一届人民代表大会一次会议,听取和讨论《政府工作报告》和其他重要报告；选举政协长治县十一届委员会主席、副主席、常务委员；通过政协长治县十一届委员会一次会议的各项决议。全县101名政协委员参加了会议。市政协的领导，县委、县人大、县政府、县纪委的领导出席了会议；驻县市政协委员、历届县政协的老领导、老委员、县政协老委员联谊会会员、各民主党派、无党派民主人士。县直有关单位的领导、各人民团体负责人应邀列席了会议。

29日上午，举行预备会议。通报了换届领导组关于政协长治县十一届一次会议的大会筹备情况，通过了会议议程、日程和大会工作机构。大会主席团有18人组成：牛志忠、傅怀珠、田金旺、陈一评、陈铁保、李水文、李先孝、李清文、李福娥（女）、张守孝、张俊英（女）、张贵祥、张德毅、花明新、郜家珍、高恩祥、郝光熙、郝审成。预备会议召开后，大会主席团召开了主席团一次会议。

29日下午，政协长治县十一届委员会一次会议开幕，会议听取了政协长治县第十届委员会副主席李树德作的《政协长治县十届委员会常务委员会工作报告》和张守孝作的《政协长治县十届委员会提案委员会提案工作情况报告》。

6月30日上午，审议政协长治县第十届委员会常务委员会工作报告和政协长治县第十届委员会提案委员会工作情况报告。

6月30日下午，列席县人大十一届一次会议。听取讨论县长郝韵章作的《政府工作报告》和其他报告。

7月2日上午，召开主席团二次会议，协商讨论政协长治县十一届一次会议大会选举办法，讨论并提出政协长治县十一届委员会主席、副主席、常务委员候选人建议名单。

上午10时召开主席团三次会议，根据委员对候选人建议名单讨论情况，提出候选人正式名单。

上午11时大会举行第二次全体会议，通过选举办法，举行正式选举。会议选举郝审成为政协长治县第十一届委员会主席，陈一评、花明新、张守孝、傅怀珠为副主席，选举牛志忠、田金旺、刘唐哲、李水文、李步云、李清文、张俊英（女）、张贵祥、张德毅、范志、赵怀忠、郜家珍、高恩祥、裴福宏为常务委员。

7月2日下午，2时半召开主席团四次会议，讨论政治决议、工作报告决议和其他有关决议。4时举行第三次全体会议，通过政协长治县十一届委员会一次会议政治决议，常务委员会工作报告决议和提案工作情况报告决议。中共长治县委书记王虎林作了重要讲话。新当选的政协主席郝审成致闭幕词，会议胜利闭幕。

## 政协工作报告

### 政协长治县第十届常务委员会工作报告

1993年6月29日

李树德

各位委员：

我受政协长治县第十届常务委员会的委托，向大会作工作报告，请审议。

## (一) 三年工作的回顾

十届一次会议至今,我们走过了三年的历程。三年来,我县政协在中共长治县委的正确领导下,在省、市 政协的积极指导下,在县人大、政府、纪委的支持和配合下,全体委员,同心协力,紧紧围绕县委、县政府的中心任务,始终不渝地贯彻执行"一个中心、两个基本点"的基本路线,认真贯彻落实《中共中央关于坚持和完善中国共产党领导的多党合作和政治协商制度的意见》,加强同民主党派、人民团体、各界代表人士和党外爱国人士的联系,切实履行政治协商、民主监督的基本职能,积极为社会主义经济建设服务,为改革开放进言,为社会主义的民主和法制建设献策,为实现祖国和平统一架桥、铺路,为促进我县经济发展、文化繁荣、农业、科技、教育、医疗卫生等各项事业的兴旺发达,作出了积极的贡献。具体讲有以下几项主要工作:

**1.认真学习建设有中国特色的社会主义理论,坚定不移地贯彻执行党的基本路线,增强爱国统一战线的凝聚力,增进在共同政治基础上的团结合作**

中国人民政治协商会议是我国最广泛的爱国统一战线组织,是中国共产党领导中国人民长期革命斗争的胜利成果,是具有中国特色社会主义政治体制的重要组成部分。中国人民政治协商会议建立以来,中国共产党的杰出领导人毛泽东、周恩来、邓小平、邓颖超、李先念、李瑞环相继担任主席。在他们的卓越领导下,人民政协为建立中华人民共和国,为推动社会主义革命和建设,为促进中华民族大团结和国际友好交往,发挥了重要的作用。特别是中共十一届三中全会以来,在拨乱反正、巩固和发展安定团结的政治局面中,在推进改革开放和两个文明建设中,在促进祖国统一和维护世界和平的事业中,人民政协都做出了重大的贡献。所以说,中国共产党和各民主党派、无党派民主人士共同开创的人民政协事业,是我们取得革命和建设胜利的三大法宝之一。正如邓小平同志肯定的人民政协那样,"前程远大、大有可为"。

三年来,县委十分重视政协工作。《中共中央关于坚持和完善中国共产党领导的多党合作和政治协商制度的意见》,科学地总结和阐述了具有中国特色的社会主义统一战线理论,形成了人民政协工作的正确指针。县委紧接着相应制定了实施意见,并经常请政协领导列席县委、政府、人大会议,共同讨论协商关系县计民生的大事,并从组织上在政府、人大等有条件的部分职能单位配备了非党领导干部,对有政协委员的单位如何发挥政协委员的作用作了实事求是的规定,有效地调动了全体政协委员在各个方面的作用。县委、县政府在制订十年规划和"八五"计划《纲要》(草案)时,曾两次征求县政协的意见,协商讨论,大家提出了许多中肯积极的意见和建议;在发展农业及其他事项中也多次提请县政协讨论,举行专题座谈,使委员们畅所欲言,广开言路,共出主意,同想办法,献计献策。从根本上增强了全体委员的政治责任感,增强了爱国统一战线的凝聚力,增进了在共同政治基础上的团结合作,体现了人民政协与党风雨同舟、和衷共济的密切关系。

人民政协历来具有自觉学习自我教育的优良传统。三年中,我们注意组织引导委员在自愿的基础上对时事政治和对邓小平建设有中国特色的社会主义理论、中共中央文件、"八五"计划等进行学习。如对邓小平南行谈话和中共十四大召开后的重要文件,我们先后召开了4次常委会、6次机关会,组织大家进行学习。通过学习,提高了认识,解放了思想,振奋了精神,明确了加快改革开放、狠抓经济建设的主导地位;《中共中央关于坚持和完善中国共产党领导的多党合作和政治协商制度的意见》出台后,我们两次在常委会上进行了学习讨论，并以县委文件的形式发至县直各单位和各政协委员，提高了政协的知名度，使全体政协委员为改革开放，为巩固和扩大爱国统一战线，为经济上新台阶，为维护社会安定团结，为农村提前五年达小康，做出了自己的努力。西火镇政协小组组长朱宋保同志，经常组织小组学习和召开工作研讨会，围绕西火镇群众关心的大事，开展各种形式的活动，为群众适时地排忧解难。1991年初，全镇发生了鸡瘟，他立即组织小组委员全力防治，控治了病源扩散，出色地履行了一个政协委员的光荣职责，受到了领导和同志们的好评。

**2.围绕经济建设中心，积极开展政治协商和民主监督**

人民政协素以"人才库"、"智囊团"而著称，有政治、经济、科技、文艺、教育等各个领域的优秀人才和各方面代表人士。全体政协委员本着对祖国、对人民利益高度负责的精神，风尘仆仆，奔走呼吁，在深入实际调查研究的基础上，献计献策，提出了很多诤言良策。十届委员会期间，我们共向县委、县政府提出了25条建议，这些建议既反映了客观实际，又有翔实的科学依据，有措施，有方法，对党政领导正确决策起了重要的作用。许多委员和机关干部主动参与、积极指导和帮助发展农村经济，编印了技术资料，举办了四期农业实用技术培训班，同时，在政协经费短缺、又无车辆的困难条件下，还先后数次奔赴山东、河北、北京等地，为我县几个乡镇引进先进技术和优种树苗，为振兴长治县经济做出了应有的贡献。政协常委、经济建设委员会主任张守孝同志成年累月，栉风沐雨，为我县的经济发展倾注了大量心血，成为经济建设主战场的行家里手。最近，他又积极投身于南宋新型果茶饮料厂的筹建工作。政协委员、县福利厂厂长牛志忠，面对残疾人人才技术差、条件有限等不利因素，靠打烟筒起家，勤俭办厂，瞄准市场，引进技术，不断更新产品，扩大生产，现已拥有固定资产140多万元，自有资金40万元，被省、市政府命名为"优秀企业"，他本人被授予全省十佳优秀企业家之一。从去年开始，又着手开辟了玛钢产品，靠企业自己增强活力，今年又计划在原来的基础上总产值再翻一番。政协委员、苏店电子元件厂厂长王保珍同志，1985年白手起家，生产电子元件，到目前已拥有固定资产50万元，年产值70—120万元的私有企业，不仅为国家创利税数十万元，安排农村剩余劳动力近百名，同时，还为教育事业、社会治安等方面提供了资助，在我县私有经济企业中独占鳌头。

政协全体委员会议、常务委员会议和主席会议作为政治协商主要形式和各民主党派、各人民团体、各界人士参政议政的重要场所，在十届期间发挥了一定作用。三年来，共举行全委会议3次，常委会议13次，专题座谈会2次，各种茶话会5次。除参与我县"八五"计划纲要，每年的政府工作报告和国民经济与社会发展计划以及全县财政预算等重大事项的协商外，还围绕经济建设、发展果树生产、利用煤矿废水、发展科技教育事业、发展农村经济等重要问题进行专题讨论。同时，政协领导与其他县级主要领导经常深入基层检查督促工作。通过这些协商活动，不仅对县委、县政府的决策和推进有关部门的工作起到了重要作用，而且对团结各方面的人士，同心同德地贯彻县委、县政府的决策也起到了积极作用。从而，进一步提高了政协在人民群众中的信誉。

**3.发挥人民政协的优势，促进社会主义物质文明和精神文明建设的发展**

人民政协人才济济，具有联系广泛、智力结构优越的特长，有经验丰富、卓有建树的老干部，也有做了较大贡献的科技工作者，还包括有突出成就的文艺、教育工作者，等等。这是我们搞好改革开放的"人才库"，是推动中国特色的社会主义伟大事业蓬勃发展的"智力源"。三年来，我县政协委员十分重视做好自己的本职工作,深知政协委员的光荣职责,以致许多委员已成为自己岗位上的带头人,做出了显著的成绩。政协副主席、县一中校长花明新同志几十年如一日,忠诚党的教育事业,时刻牢记人民的重托,在他的带领下,校风校纪愈来愈好,教学质量稳步提高。他拖着重病未愈的身体,率先大胆推行了"优化组合—开源节流—整体规划"的改革三部曲,把市场机制率先引入学校,既节省了教学开支,又优化了教学质量;去年,他光荣地当选为省八届人大代表。县政协常委、省八届人大代表傅怀珠同志,是全国著名的农民曲艺家,经过三年深入生活艰苦创作,先后有20余篇作品在全国全省连连获奖,并有一些优秀作品被选进中南海为中央领导作了汇报演出。去年6月初,中国曲艺家协会、山西省文联等单位成功地在我县联合召开了"傅怀珠曲艺作品研究会",对他的文风给予了很高的评价,对他的艺术成就给予了充分肯定。政协委员朱宋保同志,虽年逾花甲,但老骥伏枥,壮心不已,撰写的40篇反映民间风土人情的故事已收入《民间文学·山西卷》,反映我县改革成就的20余篇报告文学也编入《中国区县经济》,在国内外发行。政协常委李清文同志,先后组织了省、市级科技项目6项,为乡镇企业引进11项,为全县引进定植优种枣树2万株,在司马、北呈等乡镇开发高产高效的"双千田"、"吨粮田"、"千亩田"5000亩;今年,他又根据我县的实际情况,创办了"长治县新技术防水公司"等3个科技经济实体,为我县经济腾飞插上了科技翅膀。

1991年阳春,为让革命后代了解红色江山来之不易,我们聘请原市委党校校长李文江同志到我县做了题为《让延安精神代代相传、永放光芒》的报告,使在场的一千多名干部和学生进一步了解老一辈无产阶级革命家为了中华民族的解放事业不惜牺牲自己的一切和自力更生、艰苦奋斗的革命精神,受到了一次深刻的革命传统教育。为提高我县医疗界的技术水平,我们还聘请了原和平医院院长高级医师戴典章同志来我县做了《发烧的诊断及鉴别诊断》,给大家上了一堂高技术、高水平的医学技术课,大家纷纷为戴医师高超的技术折服。"七一"前夕,我们又请全国人大代表、市政协委员、名医张斌严同志对我县5个偏远山区21个村义务送医送药、巡回医疗,所到之处深受当地干部群众的热情欢迎。

政教文史委员会十分重视文史资料在社会主义精神文明建设中的作用,在人少事多的情况下,不断深入乡村调查考察核证,寻访有关人士,广征博采,经过艰苦细致的积极工作,三年来共完成《长治县文史资料》一至三辑的编纂出版工作。去年年底,还配合市政协领导,对我县的部分文化站及初级卫生保健等进行了视察,总结了经验,进行了推广。

**4.加强和改进提案工作,深化提案工作在推进社会主义各项事业向前发展中的重要作用**

积极引导和充分发挥委员的民主权利,结合形势,结合自己的工作实际,围绕县委县政府的中心工作和人民群众关心的大事,通过"政治协商、民主监督"的民主渠道,积极有效地提出改进意见、寻访建议和批评,群策群力地推进我县各项事业的进步和发展,是我县政协的重要任务。三年来,提案委员会密切与县委办、政府办、人大办、纪委办联系,经过认真细致的工作,共收到委员提案188件,参与提案的委员占委员总数的98%,予以立案184件,到这次大会召开前,已办复184件,占立案总数的100%,采纳率达到85%。发展果树生产、科技兴农、利用煤矿废水等建议案,被采纳和兑现后,产生了较大的经济效益和社会效益,对推动我县经济建设和改善其他各项工作发挥了积极作用。为了更好地调动委员的积极性,履行政协的基本职能,围绕当前全县主要工作我们召开了提案发布会。为了提高提案的质量,我们向全体委员印发了"提案导向",使提案工作由反映个人问题较多转向了反映国计民生的大事;由编写提案转向了先调查、后提提案;由只有意见、缺乏措施,转向了既有问题、也有解决办法的三个转变,使提案工作有了质的飞跃。提案工作制度化、规范化、民主化的进程向前迈进了一大步。

**5.拓展祖国统一联谊工作领域,促进两岸“三通”**

完成祖国统一大业,是中华民族的根本利益所在,是全国人民包括台湾同胞、港澳同胞和海外侨胞的共同愿望,自然也是人民政协的重要任务之一。三年来,政协与对台办密切合作,使我县18户108名在台人员与台属49户215人,经过我党政策的强大影响和我们艰苦细致的工作,通信率已达100%,通汇率达95%,台胞有的回乡探亲祭祖、观光旅游,有的为家乡捐资助学,为乡邻治病助资。与此同时,还积极支持台属勤劳致富,人均收入已达到了900元以上。另外,还积极有效地开展了对台宣传,通报我县经济建设的优势、发展状况、优惠政策和改革成就,吸引台商来我县投资办厂。为早日结束两岸敌对状态,尽快实现两岸直接三通,拓宽两岸在各个领域的交流往来,为实现和平统一祖国创造了条件。

**6.加强了自身建设,提高自身素质**

政协专委会是组织委员进行经常性活动的办事机构。1991年,经县委推荐、政协常委会任命,充实加强了经济、学习和祖国统一联谊委员会,为政协开展专项工作奠定了基础。

去年11月,举办了由政协委员和机关干部参加的“政协基本知识竞赛”活动,使大家更加深入地掌握了政协基本知识,提高了参政议政水平,有力地促进了政协工作的开展。

《政协工作》通讯三年共出46期,立足于政协,面向社会,报道政协工作活动,反映对重要问题进行协商监督的情况,发挥了积极作用,真正成为我们的学习阵地,成为其他领导和部门了解政协工作的窗口。

每至逢年过节、委员有病的时候,县政协领导和机关人员都要经常去看望他们,关心他们的生活,给予亲切的问候,让他们感到社会主义大家庭的温暖。

今年年初,为了更好地开展政协工作,改进工作作风,提高工作效率,真正把政协机关办成“委员之家”,政协机关又补充健全和完善了各项规章制度,为今后政协工作开创新局面奠定了良好的基础。

从十届一次会议以来的三年,我们做了大量的工作,特别应该指出的是我们政协委员中的绝大多数同志都出色地完成了党和人民交给的任务,这是应该肯定的。但在新形势下,我们的工作同党和人民对我们的要求,同先进县、区相比,差距还是很大的。政协领导班子整体功能的作用发挥不够,调动每个委员的积极性,组织委员经常性活动制度不够完善。因此,我们一定要适应新形势,增强新认识,迈开新步伐,踏上新征途,跃上新水平,使政协工作迈上一个新台阶。

### (二)今后五年的工作建议

新一届政协即将经历的五年,将是我国各项事业面临全面改革、全面发展的关键时期,在“大事多、新事多、难事多”的新形势下,人民政协如何充分地发挥其职能作用,富有成效地开展工作,开拓新局面,是摆在新的一届政协面前的一项重要任务。

中共十四大报告提出:进一步完善共产党领导的多党合作与政治协商制度,巩固和发展新时期的爱国统一战线,充分发挥人民政协在政治协商和民主监督中的作用;坚持“长期共存、互相监督、肝胆相照、荣辱与共”的方针,加强同民主党派协商议事,支持民主党派和无党派人士在国家机关担任领导职务,进一步巩固我们党同党外人士的联盟。这就为人民政协工作进一步指明了方向,也对人民政协的工作提出了更高的要求。为此,要对新的一届政协工作提出以下几项建议。

**1.必须毫不动摇地全面贯彻中共十四大精神,积极主动地围绕经济建设这个中心抓大事、议大事**

用邓小平同志关于建设有中国特色的社会主义理论武装我们的头脑,坚持全面贯彻执行党的"一个中心、两个基本点"的基本路线,不仅是县委、县政府的主要工作,也是我县政协共同遵循的基本原则。在新的历史时期,人民政协的任务就是调动一切积极因素,团结一切可以团结的力量,同心同德 ,群策群力,维护和发展安定团结的政治局面,为把我国建设成为现代化社会主义国家而奋斗。因此,我县政协要根据自身的特点和实际状况,通过履行协商监督职能,积极主动地为我县建设和改革开放服务,为解放和发展生产力服务。要经常就经济建设和改革开放中的重大问题进行协商 ,及时反映全县各方面 人士的意见和建议,协助县委、县政府做好宏观决策。并为保证这些决策的贯彻落实发挥民主监督作用。要积极支持和配合县政府大胆试验,积极探索,不断研究新问题,总结新经验,加快改革开放和经济建设的步伐。同时,要坚持"两手抓,两手都要硬"的方针,促进民主法制建设和精神文明建设,组织推动爱国主义、集体主义、社会主义的学习和宣传教育,通过爱国统一战线的团结促进全县人民的大团结,把各方面的力量集中到全县经济建设的共同目标、共同任务上来。所以说,今后五年我县政协要把学习建设有中国特色的社会主义理论,贯彻中共十四大精神摆在各项工作的首位,积极围绕社会主义市场经济体制,在全县经济尽快上一个新台阶和提前五年达小康奋斗目标中参政议政,作出新的贡献。

**2.要充分发扬民主,切实履行政治协商、民主监督职能,努力完善共产党领导的多党合作和政治协商制度**

民主是历史发展的必然趋势,是社会进步的重要标志,是人民群众的普遍要求,也是中国共产党和各民主党派、无党派人士长期为之努力奋斗的目标。我国的政治体制改革的目标,是建设有中国特色的社会主义民主政治。政治体制改革,是完善人民代表大会制度,完善共产党领导的多党合作和政治协商制度的基础。人民政协作为共产党领导的多党合作和政治协商的政治组织,始终以政治协商、民主监督为主要职能。这种协商和监督,是人民政协各组成单位和各界人士所联系的广大人民群众行使民主权利的重要体现,是统一战线内部沟通思想、加强团结、增进共识的基本方式,也是实行重大决策科学化、民主化的重要环节,它对发扬社会主义民主,建设社会主义民主政治,具有十分重要的意义。十一届政协要在十届政协的基础上,切实建立健全委员经常性活动制度,动员和引导委员多出有分量有价值的提案,在各种协商监督活动中,努力创造民主、团结的环境,充分尊重和保护委员的民主权利,鼓励大家在共商县计、互相监督、发表政见的过程中各抒已见、畅所欲言。随着我县各项经济建设和民主法制建设的发展,在县委的直接领导下,更加充分运用和发挥我们政协的优势,加强政协制度化建设,使统一战线各方面的重大决策前的协商这一民主渠道更加畅通,使政协真正成为各党派、各人民团体、各界代表人士团结合作、参政议政的重要场所,为完善共产党领导的多党合作和政治协商制度,建设社会主义民主政治做出自己的努力。

**3.要进一步贯彻大团结、大统一的精神,增进统一战线的团结合作,共同致力于振兴中华、统一祖国的事业**

建设现代化社会主义国家,实现祖国的和平统一,是本世纪末的一项伟大事业。从其组织结构上来看,人民政协生动地、具体地体现了大团结、大统一的精神。政协委员有一定的代表性和社会影响,有着各自不同的经历和不同的社会背景,甚至不同的信仰。因此,存在不同的认识和思想差异是正常的、客观的、必然的，特别是随着改革开放的深入、经济关系的变动、经济结构的调整，各种不同的利益、要求、意见和错综复杂的社会矛盾，必然会反映到统一战线中来，这就更加需要加强统一战线内部的相互沟通和思想交流，需要我们政协加强化解矛盾、协商关系、反映意见、增进共识的工作，保持一种团结、民主、和谐的合作共事环境，充分调动全体政协委员的积极性和创造性，把大家的思想和精力统一到全县国计民生的重大问题上来，统一到县委、县政府的中心工作上来，共同促进全县各项事业的进步和发展。

完成祖国统一大业，是中华民族的根本利益所在，是全中国人民包括台湾同胞、港澳同胞和海外侨胞在内的共同愿望。十届政协期间，祖国统一联谊工作做出了一定成绩。十一届政协期间更要发扬成绩，努力工作，为早日实现和平统一祖国而奋斗。我们不仅要扩大对外经济合作，而且要在其他各个领域加强联谊活动。我们要坚定不移地按照"一国两制、和平统一"的方针，积极促进祖国统一，反对任何旨在制造台湾独立分裂祖国的企图和行径；我们要坚决以《中英联合声明》为准，实现香港平稳过渡，回归祖国，反对以任何借口有违《中英联合声明》的行为；我们还要拥护《中葡联合声明》，实现澳门近期回到祖国怀抱，最终实现祖国的统一。

**4.切实加强自身建设，建立健全经常性活动制度**

十一届政协委员会要组织委员，特别是新委员，认真贯彻落实中共十四大精神和《中共中央关于中国共产党领导的多党合作和政治协商制度的意见》，系统学习建设有中国特色的社会主义统一战线理论和新的政协章程，加深对人民政协在新时期的性质、地位、任务、作用的认识，提高参政议政能力。适应新形势，探索新路子，作出新贡献，为开创和发展政协工作新局面真抓实干，奋力拼搏。要注意吸收新的科学文化知识，扩大知识领域，努力发挥政协理论联系实际和整体功能作用，调动各方面的积极因素。要根据政协章程的规定，按期召开常委会、主席办公会。会前要向每个领导通报情况，说明议题。会中要广开言路，各抒已见，形成民主和谐的气氛。要兼收并蓄，集思广益，经过认真讨论做出决定和决议，对大家的意见和建议及时认真对待，做到有始有终。要努力把我县政协建设成一个团结、民主、求实、奋进的集体，当好县委和政府的参谋和助手。

要在抓好物质文明建设的同时，抓好精神文明建设。在抓好精神文明建设的过程中，首先要抓好党的建设和我们政协工作的自身建设。要加强自身建设，首先要加强廉政建设，只有这样，我们才能进行理直气壮的民主监督。

政协办公室和5个专委会是组织委员进行经常性活动的工作机构，是政协履行政治协商和民主监督的职能部门，同时也是做好参政议政的重要基础。政协专委会要根据干部"四化"标准和德才兼备的原则，按照政协章程有关规定，进行必要的调整充实，使今后的各项政协工作跃上新水平，做出新成绩。

政协机关工作要进一步落实和完善各项规章制度，每个机关工作人员要进一步强化服务意识，牢固树立为委员服务，为政协工作服务，把政协机关建设成务实、活跃、高效的委员之家。

《政协工作》通讯要准确有力地宣传党的统一战线理论和方针政策，及时有效地反映政协各种活动和委员情况，鼓励委员在围绕县委、县政府的主要工作中不断做出新成绩，确实成为政协委员的学习阵地，成为政协工作的新闻喉舌，提高政协工作在全县的知名度。

各位委员、同志们，根据中共十四大精神和我县经济上新台阶、人民生活达小康的要求，今后五年的政协工作仍然要继续高举爱国主义和社会主义两面旗帜，全面贯彻落实中共十四大精神，坚持党的基本路线,坚持共产党领导的多党合作和政治协商制度,坚持改革和开拓创新,紧紧围绕经济建设中心,围绕我县经济上新台阶、实现提前五年达小康的奋斗目标,进一步调动和发挥全县政协委员和各界人士的积极性和创造性,积极履行政治协商和民主监督的职能作用,同心同德,群策群力,出谋献计,积极开展各种参政议政活动,努力开创政协工作新局面。我们相信,在县委的正确领导下,政协长治县第十一届委员会一定能在建设有中国特色的社会主义事业中,作出新的更大贡献。

## 第二次会议

### 会议概况

政协长治县十一届二次会议于1994年5月16日至19日在县宾馆召开。全县101名政协委员除因病因事请假外,实到会87名委员参加了会议。县委、县人大、县政府、县纪检委的领导出席了开幕式。驻县市政协委员历届政协的老领导、县政协老委员联谊会成员、县直有关部、委、局、室负责人等全县各界有关人士应邀列席了会议。

市政协副秘书长张木锁到会祝贺并讲了话。

政协主席郝审成受政协长治县十一届常务委员会的委托作了工作报告。报告回顾了十一届一次会议以来的工作情况,对新一年的工作提出了意见。

县委书记王虎林代表县委在会上作了重要讲话,讲话肯定了县政协过去一年的工作,并对进一步做好政协工作提出了意见。

政协副主席陈一评作政协长治县十一届委员会提案委员会关于十一届一次会议以来提案工作情况的报告。报告指出,县政协十一届一次会议以来,截止1994年3月31日前,共收到委员提案62件,经审查立案61件,其中属于经济建设方面27件,占立案总数的43.5%;属于城建环保、科教文卫体方面的25件,占立案总数的41%;属于党群政法和劳动人事方面的10件,占立案总数的15.5%。这些提案到大会召开前已由各承办单位办理完毕,办复率为100%。

新增选的政协副主席张贵祥作政协长治县十一届委员会二次会议关于提案征集和审查情况报告,报告指出,本次会议截止5月19日上午12时,共收到委员提案57件,经提案委员会审查,予以立案的54件,作为意见处理的3件。在立案的54件中,属于经济建设方面的23件,占立案总数的42%;属于科教文卫体方面的12件,占立案总数的22%;属于交通、环保、城市建设方面的13件,占立案总数的23%;属于党群政法、劳动人事方面的6件,占立案总数的13%。

会议除增选张贵祥为政协长治县十一届委员会副主席外,还增选魏太平为县政协常务委员。

会议通过了政协长治县十一届委员会二次会议政治决议,常务委员会工作报告的决议,提案委员会提案工作报告的决议。最后,政协主席郝审成在闭幕会上作了闭幕讲话,而后,会议胜利闭幕。

## 政协工作报告

### 十一届委员会常务委员会工作报告

1994 年 5 月 16 日

郝审成

各位委员、同志们：

我代表政协长治县第十一届委员会常务委员会，向大会作工作报告，请各位委员予以审议。

#### (一) 十一届一次会议以来的工作情况

政协长治县十一届一次会议以来，常务委员会在省、市政协的指导和中共长治县委的领导下，以邓小平同志建设有中国特色社会主义的理论和党的基本路线为指针，紧紧围绕改革、发展、稳定三件大事，高举爱国主义和社会主义两面旗帜，在“协商、监督、服务”三位一体的原则指导下，努力调动全体委员和各界人士的积极性和创造性，同心协力，围绕县委的工作部署，政府的中心任务，找准位置，发挥优势。在前几届政协工作经验的基础上，积极探索新形势下政协工作的新路子，充分发挥人民政协在新时期的协商、监督作用；注重选好角度切实而不表面地搞好参政议政，不断组织委员开展多种形式的经常性活动；加强调查研究，及时、准确地反映民情民意，拓宽政协工作领域。使人民政协这一民主政治形式更好地适应新时期社会主义现代化建设的要求，为全县的政治、经济、文化生活发挥了重要作用，作出了积极有益的贡献。

**1.围绕中心参政议政**

人民政协进行参政议政的根本任务是宏观献策，微观服务。一年来，我们把建设经济强县作为工作主线，组织委员议大事、办实事，把宏观献策和微观服务有机地结合起来，富有实效地参政议政，使政协工作在宏观参与和微观服务方面取得了较大进展，。

(1)认真履行职责，注重宏观献策。为了积极参与经济社会领域里的协商、监督，就党和国家及地方的重大方针、政策、决策、部署提出建议和意见。一次会议以来，针对全县重大事务的决策，县政协领导多次参加和列席了县委、县人大、县政府的有关会议，就全县经济活动中的重大问题参与了研究讨论和协商监督，参加了全县农村经济、工业经济、乡镇企业、三项建设等一系列重大经济建设活动。

各专门委员会也都积极主动地配合全县的各项中心工作，参加了全县人民关注的重大社会活动。如：整顿农村社会治安活动，财税、物价大检查活动以及农村卫生保健达标活动等。通过参与这些活动，不仅了解全县落实党和国家方针、政策的实际情况，人民群众的真实希望。同时，也为参政议政取得了第一手资料，为提出有情况、有分析、有价值的意见和建议，提供了可靠的依据。

(2)深入调查研究，积极开展视察活动。调查研究是政协各项工作的基础。只有深入调查研究，才能了解实情，反映民意，才能开展有效的协商、监督活动。换届之后，为了使委员知情出力，提高参政议政的质量，我们鼓励和支持委员持证视察，深入实际，调查研究。同时，在各种茶话会、座谈会以及常委会上针对全县的各项改革成就和经济建设情况，向委员和各界人士进行情况通报。我们还有重点地组织委员进行了两次较大规模的视察、调查活动。一是对我县部分国营、集体工业企业“八五”技术改造情况作了视察。

为了加快企业技术改造，提高企业经济效益，去年8月下旬，组织经济界的委员和部分驻县市政协委员，邀请了县里熟悉经济工作有关方面的领导，对我县部分国营和集体工业企业“八五”技术改造情况，进行了视察、调查。这次活动，面上进行了书面调查和委员个人持证视察，点上组织了集中考察。利用三天时间，共深入视察了两个国营、两个集体工业企业，对企业技改中存在的问题做了认真的调查了解。并针对如何提高我县工业企业技术改造的总体效益，企业自身如何适应市场经济的要求，通过技术改造如何尽快焕发新的活力等问题，在分析研究的基础上，向县委、政府报送了视察报告，提出了建议和意见。二是配合市政协对我县非公有制经济发展情况进行了视察。根据市政协工作安排，去年12月中旬，我们配合市政协组织的部分省、市政协委员，对我县非公有制经济发展情况进行了视察。视察中详细听取了县工商局负责同志关于全县非公有制经济发展情况介绍，实地考察了3个私营企业和部分个体工商户。这次视察，通过实地了解、调查研究，组织论证，委员们对我县非公有制经济发展中存在的问题，如何进一步鼓励、支持、引导非公有制经济健康发展，提出了建议和意见，为推动和促进我县非公有制经济的发展起了积极的指导作用。

**2.选好角度，发挥优势，搞好微观服务**

李瑞环主席提出的政协工作“三条原则”，最基本的指导思想是要我们认认真真地尽职，诚诚恳恳地帮忙，切切实实地开展各项活动。遵循这一原则，我们注重一切从实效出发，努力发挥政协人才荟萃、联系广泛的优势，围绕全县的经济发展，开展各项服务活动。主要做了以下三个方面的工作：

(1)实实在在，扶持帮助。针对我县部分乡村企业和一些个体私营经济发展中的困难，我们从不同角度为他们提供多方面服务和扶持帮助。如：南董村拟建一座年产500万块机制瓦，300万块机制砖的砖瓦厂，经过考察论证后，急需购进一套砖瓦生产设备，但由于资金所限，未能及时落实。了解到这一情况后，我们配合老委员联谊会四处奔走，为他们多渠道筹集资金，到3月底，设备已准备就绪，可以顺利开工建厂，适时地为其排了忧，解了难。预计7月初即可正式投入生产。

南宋村是我县水果生产基地，多年来，一直想走出一条水果深加工的路子。副主席张守孝同志为此先后多次外出选项目、引技术、搞服务，从筹建到投产倾注了大量心血。至目前，这座年产1000吨的新型果茶饮料厂已正式投入了批量生产，产品质量达到了原轻工部食品发酵研究所的标准要求，投入市场后，因质量好，价格合理，十分畅销。

(2)开展各种咨询服务活动。为了确实使科学技术转化为第一生产力，科技界的委员在常委李清文同志的带领下，会同政府职能部门积极开展了各项科技宣传和信息咨询服务。他们立足本职，创办了“科学技术信息中心”，在全县开展了“科技达标”、“十佳科技示范乡”、“百家科技示范户”活动，为全县工农业生产提供了各项科技信息服务。给北呈、苏店等7个乡镇引进优质枣树品种，先后跑了太谷、交城、稷山等许多地方。此外，为了推广科技成果，还组织宣传、咨询十多次，落实推广项目十多个，印发2100余份信息。在山西省首届实用技术交易会上参展了三个项目，受到社会各界关注，推动了我县科技事业的发展。委员县职中讲师王中秋同志，结合本职工作创办了“高效农业科学技术开发部”，长期无偿为我县南圪道、曹家沟、郭堡等村的农民提供咨询服务，认真履行了委员职责。

(3)走出机关，服务基层。为改变政协工作务虚多、务实少的局面，我们组织委员和政协机关工作人员积极参加社会各项有益活动，丰富工作内容，改变工作作风。经济委员会围绕经济建设，始终把服务对象瞄准基层，以各种所有制经济为服务对象，深入实际了解情况，提供信息咨询和技术服务。政教文史和学习委员会，也都结合本职工作深入偏远乡村为老红军、离退休老干部、政协老委员以及五保户老人搞巡回医疗服务。一年来，各专委会共组织下乡服务十多次，力所能及地为群众办实事，为基层排忧，为患者除病，受到了社会和群众的称赞。

**3.立足本职，开拓进取**

十一届县政协的101名委员中，包含了各方面的专业人才，他们既懂政协职能，又懂具体工作部门专业业务；既能发挥委员功能，又能在各自的岗位上起到带头作用。他们各有所长，在各个领域、各个界别中都起到了带头作用。教育界的委员，在县政协副主席、一中校长花明新同志带动下，时刻牢记人民重托，兢兢业业立足本职，多年如一日，献身教育事业，深化教育改革，使教学质量逐年提高。县一中考入各级各类高等院校的学生连续三年突破百人大关，为国家培养了一大批合格人才，为我县教育事业争得了荣誉，得到了社会的尊敬和好评。

经济界委员王新芳同志，带领全矿职工，艰苦奋斗，一年一个新变化，使新建煤矿成为下辖1矿、2井、1部、4厂的企业集团，一个拥有职工600多名、固定资产750多万元、年产值1560多万元新型企业。如今又与太原云海高科技总汇、榆次脱水食品厂联合组建了“中国山西亚通贸易有限公司”，将发展的触角伸向了国际市场。

县政协常委、太行玛钢厂厂长牛志忠同志，立足市场抓质量、搞技改、求发展，三年实现经济效益翻三番，为我县残疾人就业和生活创造了有利条件，产生了良好的经济效益和社会效益。他撰写的《培养大型专业市场，推动市场经济发展》的研究文章，在《长治日报》“长治发展战略”研究专栏首篇刊发，显示了我县政协委员参政议政、献计献策的深层次和高水平。

王保珍委员，是一位私营企业家，他经营的苏店电器元件厂，年产值80多万元，拥有职工56人，不但每年向国家缴纳税款4万元，还为村里剩余劳动力的就业开辟了门路，成为我县私营企业的佼佼者。

**4.加强机关建设，做好机关工作**

人民政协能否高质量地完成各项工作任务，高效率地发挥参政议政作用，取决于政协自身建设的好坏。为此，我们根据新时期政协工作的特点，进一步充实完善了各项工作制度，强化了思想作风建设。

(1)完善机关制度，提高服务质量和工作效率。换届后，首次主席办公会就对机关工作制度及下半年工作计划进行了研究，在总结过去、结合现实的基础上，充实完善了部分规章制度，制定了机关岗位责任制、会议制度、提案制度、专门委员会活动制度等，部署安排了工作任务；教育机关干部树立为统战工作服务、为政协委员服务的思想，增强廉政勤政意识，严格执行党纪政纪，树立全局观念，增进各部门之间的配合与协作，使机关工作在过去的基础上扎扎实实地向前迈进了一步。各项服务也逐步趋向制度化、规范化的轨道。

(2)加强提案工作。提案是人民政协各参加单位与个人履行协商、监督职能，行使民主权利的重要方式。本届一次会议以来，共收到委员提案62件。通过审查，予以立案61件，作为意见处理的1件。常委会着力从加强提案审理，提高办案质量入手，高度重视提案的处理，采取联合办案、追踪促办的方式，推动了提案落实。截止会前，已办复提案62件，办复率达到100%，采纳率达到68%，其中属于经济建设方面的占到41%，使提案办复率和采纳率均好于往年。

(3)强化文史征编。根据近年来人民政协文史工作的发展趋势，结合我县实际，我们将文史工作侧重点转到新中国成立后的史料征集上，尤其是注重了经济、科技、教育、文化方面的史料。在征集过程中，文史委的同志克服了经费不足，资料匮乏的困难，通过登门走访，座谈了解，信函联系，重点征稿等办法，广征博采各种有价值的史料47份，7万多字，目前，已进入整理编辑过程。

(4)注重祖国统一联谊。县政协作为县委领导下的统一战线组织，始终重视统战工作。祖国统一委员会一年来紧紧围绕统一祖国、振兴中华的总目标，以贯彻学习党的统战政策，宣传"一国两制"、和平统一祖国的方针出发，不断加强全县"三胞"及其亲属的思想政治工作和接待工作。同时，为联络感情、增进共识，去年中秋节和春节前夕，我们为各界人士和台属在县宾馆举行了节日茶话会，大家欢聚一堂，坦诚议事，就祖国统一大业和全县经济发展建言献策，结成了广泛的爱国统一战线。

**5.扩大交流，增进交往，开展广泛联谊**

为了增进交往，丰富政协工作，提高业务水平，我们从多方面开展了广泛的联谊。

(1)横向联系。为开阔眼界，交流经验，沟通信息，增进相互之间的了解，我们开展了各种联谊活动，参加了全市13个县(区)政协在沁源举行的政协工作联谊会。通过横向联系，同各县(区)之间建立了网络，开展了活动，密切了关系，加强了合作，同时也拓宽了视野。

(2)纵向联系。政协开展工作其特点是位置超脱，联系广泛，下通各界，上达中央，代表性强，信息量大，能够反映各界人士的意见，包容各方面群众的愿望和要求，是社会各界、各民主党派、无党派人士联络、协商的重要场所，与社会各方面有着十分广泛的联系。为了凝集各界的力量，疏通各方面的关系，我们注重了与各界人士、民主党派、民族宗教界的关系。县民革主委高恩祥同志患病住院期间，政协领导亲自前去看望，并帮助解决困难。积极为全县改革开放和经济发展创造一个关系融洽、政通人和、民主团结的社会环境，从而促进全县稳定、和谐的政治局面。

(3)广泛联系。为使退下来的政协老委员继续发挥作用，奉献才智，在自愿的基础上组织部分身体状况好、有一定工作经验、热心政协工作的离退休老委员，组建了"政协长治县老委员联谊会"，并协助其组织召开了第一次会议，推选出了会长、副会长，给全县离退休老委员开辟了继续发挥作用、自觉为社会服务的用武之地，为我县政协工作的广泛联系开创了又一新途径。

**6.适应形势，加强学习**

自我学习是人民政协的优良传统，也是政协工作的一项重要任务。新时期，人民政协面临的任务繁重，肩负的责任重大，如何发挥好政协的职能作用，就需要不断加强学习，以适应新形势下政协工作的要求。一次会议以来，我们始终把发扬人民政协自我学习、自我教育的优良传统放在政协工作的重要位置，本着学习与实践、知情与出力相结合的原则，坚持不懈地开展学习活动。

(1)自学与集中学习相结合。为使委员学习做到经常化、制度化，我们因地制宜，采取多种形式，按委员驻地划分了12个学习小组，制定了学习计划。给每个委员征订了《人民政协报》和《环海时报》等学习资料，要求在主动自学、了解国内外的形势和党的改革、开放政策的同时，写出心得体会，然后以小组每月集中交流，畅谈收益，使自学与集中学习相互结合。

(2)培训交流相结合。去年换届之后，县政协的新任领导占到80%，新委员也占到40%，新成分占的比例较大。相当一部分同志对政协工作不了解，不熟悉。根据这种情况，新任政协领导分别在去年参加了由省、市政协、统战部门举办的政协、统战理论培训班。与此同时，为了加强相互学习，我们参加了市政协在襄垣县举办的政协委员学习经验交流会，并在会上作了交流。通过培训班交流，对人民政协工作有了一个较深的了解，使我县政协与兄弟县、区政协之间沟通了思想，学到了经验，对新时期人民政协的地位，作用和任务有了比较明确的认识，增强了搞好政协工作的自觉性和主动性。

三是点与面相结合。中共十四届三中全会结束之后，针对如何加深对邓小平同志建设有中国特色社会主义理论和中共十四届三中全会提出的建立社会主义市场经济体制的决定的理解，我们采取了以点带面、点面结合的办法。根据政协委员分布面广、不易集中的实际情况，制定了分部学习计划。首先是组织县政协常委集中学习了中共中央《关于学习〈邓小平文选〉第三卷的决定》和江泽民总书记的重要讲话以及党的十四届三中全会作出的《关于建立社会主义市场经济体制若干问题的决定》，使每个常委率先对国家经济形势和对策，建立社会主义市场经济体制，加强国家机关廉政建设等，有了较为深刻的认识。随之，又给全体委员发出了通知，并按照县委要求具体制定了学习安排意见，发了简报，通报了情况，使点上和面上的学习得到了互相配合，互相促进，互相提高。

回顾一年来的工作，我们虽然取得了一些成绩，迈出了新的一步，但就新的形势和全县经济发展的要求来讲，尚有很大差距，主要表现在：委员活动的广度、深度不够，民主监督的职能作用显得比较薄弱，提案的质量还不够高，办理也不够及时；组织委员集中学习培训、赴外考察学习，加强与经济发达地区政协之间的联系，还有待于进一步开展。县政协能够较好地履行政治协商、民主监督的职能，很重要的因素有三条：

一是党政部门的通力合作和支持。去年换届之后，县委、县政府给了政协极大的支持。县委、人大、县政府在研究讨论重大问题时，都事先通知政协领导列席参加。县委、县政府领导多次在座谈会、茶话会上向政协委员和各界人士通报全县重要工作情况，征求意见。县委、县政府的一些重要报告、文件，也都提前同政协取得了协商讨论。在财政吃紧的情况下，基本保证了政协所需经费，还为我们更新了车辆。所有这些都有力地保证了政协工作切实而有成效地开展。

二是全体委员的共同努力，各个方面的协助配合。一年来，广大委员解放思想、开拓创新，积极参与政协的各项工作和活动，立足本职，选准角度，努力发挥优势，献良策、办实事，各尽所能，做出了有益的贡献。各单位、各部门也都对政协工作给予了热情支持和积极配合，为我们的“尽职”、“到位”提供了条件。

三是指导思想明确，领导班子团结。新一届政协班子团结奋进，始终高举爱国主义和社会主义两面旗帜，以中共十四大和十四届三中全会精神为指针，坚持“一个中心、两个基本点”的基本路线，坚持共产党领导的多党合作和政治协商制度，牢固树立政协委员工作为经济建设服务的思想，心往一处想，劲往一处使，发挥了政协委员和各界人士的积极性和创造性，形成了一个民主、和谐、活泼，团结的政治局面。为推进政协工作跃上新水平增强了合力，增添了实力。为此，我谨代表政协长治县第十一届常务委员会，向县委、县人大、县政府、县纪检委，向各位政协委员、老委员以及关心、支持政协工作的各单位、各部门和社会各界人士表示崇高的敬意和诚挚的感谢！

### （二）1994年的工作建议

1994年是我国建立社会主义市场经济体制非常关键的一年。抓住机遇、深化改革、扩大开放、促进发展、保持稳定是今年全党和全国工作的大局。我们政协工作一定要服从、服务于这个大局，按照中共长治县委七届三次全体会议所确定的指导思想和经济发展的奋斗目标,进一步调动政协委员和各界人士的积极性和创造性,选好角度,找准位置,发挥优势,在新的一年里,为农村提前达小康,经济再上新台阶,真正把我县建设成为全省的经济强县建言献策,尽职出力,作出新的贡献。为此,我们建议:

**1.加强学习、解放思想,增强参与建立社会主义市场经济体制的自觉性**

中共十四届三中全会描绘出建立社会主义市场经济体制的宏伟蓝图。标志着我国经济体制改革进入了整体推进、重点突破的新阶段。为了在这场伟大变革中肩负起自己的历史重任。我们必须继续发扬人民政协自我教育的优良传统,加强学习,用邓小平同志建设有中国特色社会主义的理论武装自己,提高贯彻执行党的基本路线的坚定性和自觉性。我们一定要把学习《邓小平文选》第三卷和十四届三中全会的《决定》紧密结合起来,学立场,学观点,学方法,牢牢掌握解放思想、实事求是这一精髓,提高认识世界、改造世界的能力和水平,整体把握社会主义市场经济体制的基本框架及其科学内涵,深刻理解《决定》提出的基本方针政策和各项任务,积极参加建立和完善社会主义市场经济体制这一伟大的系统工程。

从政协工作的实际出发,学习要解决好三个方面的问题:一是深刻认识改革、发展、稳定三件大事的重要意义,改革是动力,发展是目标,稳定是前提,三者是统一的整体。理解并把握三者的内在联系,努力使自己的思想和工作适应新的形势,为改革、发展、稳定献计献策;二是深刻认识政协参与建立社会主义市场经济体制的必要性、围绕如何适应社会主义市场经济客观要求这个新课题,研究和探索政协工作的新路子;三是深刻认识政协工作的活力在于全体委员积极性、创造性的发挥和整体功能作用的发挥。每一位委员都应当认识自己肩负的历史使命和责任、人民的重托和希望,转变观念,开拓进取,在完成本职工作的同时,完成政协安排的工作,尽职到位,努力开创我县政协工作的新局面。

**2.深入实际、调查研究,积极开展参政议政**

参政议政是政协的重要职责。我们要围绕经济建设这个中心和县委、县政府的工作重点,选择对我县大局具有影响力、推动力的问题,加大工作力度,做深层次的调查研究,提出有价值、有分量、带有超前性和全局性的意见和建议。我们初步考虑今年重点搞好两个专题:一是在经济体制改革上,要以我县重点企业为对象深入研究全县企业在转换经营机制上,建立现代企业制度上的难点和对策;二是要深入研究探索把以家庭经营为基础的农业和农村经济引入社会主义市场经济的有效途径。

要动员组织政协委员和政协各参加单位,尤其是民主党派、工商联、各人民团体多提团体提案,选择经济建设、改革开放、精神文明建设和人民生活中的重要课题,有组织地深入实际,调查研究,确实搞好参政议政。

**3.发挥优势、多办实事,在微观服务上要有新进展**

要继续推动和支持广大委员同社会力量结合起来,兴办各种有利于现代化建设的实事,深入开展“五个一”活动,从事各种社会服务活动。要进一步发挥人民政协的人才智力优势和联系广泛优势,重点做好经济技术信息服务,技术培训跟踪服务、推广科研成果示范服务、家庭教育咨询服务、医疗保健服务、活跃文化生活服务、法律咨询服务、“三胞三属”联谊和“三引进”服务等,多办好事、办好实事。

**4.履行职能,大胆实践,在民主监督上要有新的探索**

民主监督是人民政协的主要职能之一。过去,我们在履行政协基本职能中,与政治协商相比,民主监督显得相对薄弱。今年要努力改变这种状况,从三个方面进行大胆实践和积极探索,一是要把政协全委会和常委会作为实施民主监督的重要场所，针对宏观决策中的问题提出批评和建议，加强监督力度，对重大的热点问题有准备地组织参政议政活动；二是要充分发挥委员提案的作用，实行有效的民主监督，积极支持委员坚持原则，敢于直言，勇于发表不同意见，既提兴利之言，又提除弊之见，以主动精神实施主动监督；三是围绕社会主义市场经济、社会主义民主政治、社会主义精神文明，拓宽民主监督的新领域，创造民主监督的新形式。特别要努力探索建立民主监督的有效机制，使民主监督制度化、经常化。当前要抓住人民群众关心的一些热点问题，比如反腐败斗争、市场物价、行业不正之风、社会治安等，组织委员进行视察、调查。

**5.广泛团结，凝聚人心，维护社会稳定**

人民政协作为共产党领导的多党合作和政治协商机构，作为最广泛的爱国统一战线组织、具有大团结、大联合的显著特征。我们要继续发挥人民政协的独特优势，依靠自身的影响，积极协助县委、县政府，不断加强社会主义民主政治建设，加强社会主义法制建设，加强社会主义精神文明建设，加强廉政建设，深入持久地开展反腐败斗争。

今年我们国家有一系列重大改革措施出台和实施，大事多、新事多、难事多、复杂的事情多，必然会出现许多新情况、新问题。特别是在深化改革中，由于要进一步进行利益格局、利益关系的调整，而可能引发新问题、新矛盾。因此，我们要竭尽全力支持改革，政协各参加单位和全体委员都要密切同各族、各界人士的联系，反映民情民意，认真做好下情上达、协调关系、沟通思想、理解情绪，化解矛盾的工作，、有效地消除不稳定因素，把全县人民的意志和智慧凝聚到县委部署的经济发展和社会进步的目标上来。

**6.沟通感情，增进共识，进一步加强海外联谊工作**

完成祖国统一大业，是全体中国人民的神圣使命，也是人民政协义不容辞的光荣责任。不断加强海外联谊工作，密切同“三胞”的交往，既为祖国统一大业所要求，又为促进现代化建设所必需，我们要发挥人民政协联系广泛的优势、依靠统一战线大团结、大联合的力量，在爱国主义的基础上，广泛团结、增进交流、联络友谊、沟通感情、寻找共识、化解隔膜与障碍，要进一步宣传我县改革开放的新形势、投资环境、资源优势及出台的优惠政策，积极为引进资金、技术、人才牵线搭桥。要通过视察调查，进一步推动办好现有的“三资”企业，增强对外开放的吸引力。

**7.转变作风，完善制度，不断加强自身建设**

改革开放的新形势、给政协自身建设提出了新的更高要求，要使我们的工作在新的一年里有新变化，就要努力加强自身的制度建设、组织建设、思想建设、作风建设和机关建设。要围绕人民政协的基本职能，根据全国政协八届二次会议审议通过的《中国人民政治协商会议章程(修正案)》，制定、充实和完善有关制度和规定，使政协工作制度化、规范化。要进一步活跃专门委员会的工作，认真研究它的设置，使之适应形势发展的需要。要进一步提高主席会、常委会参政议政的水平。参加政协的各党派、各团体和各界人士，要发挥人民政协的优良传统，在重大原则上始终同中国共产党保持一致，坚持共同基础上的团结合作。政协委员要经常开展学习和自我教育，进一步认清形势，统一认识，自觉地为党和国家的中心任务服务，做一名尽职尽责的委员。要依靠全体委员的积极性和创造性，发挥政协的整体功能，即全体委员的参与、全部优势的发挥、全面工作的活跃、全新形象的塑造。县政协机关是直接为政协委员服务的，要进一步提高机关工作人员的素质，增强服务意识、发扬主动精神，转变工作作风，提高工作效率，形成一种团结进取、奋发向上、廉洁勤政、热情服务的新风尚。

各位委员、同志们,当前,我国的改革和发展进入了一个新阶段。这是完成90年代战略任务的关键时刻,是向光辉灿烂的21世纪冲刺的起跑线。我们要珍惜和抓住这个有利时机,认真贯彻落实中共十四大和十四届三中全会精神,认真贯彻落实长治县委七届三次会议确定的各项任务,积极履行"政治协商、民主监督"的基本职能,调动一切积极因素、团结一切可以团结的力量,为促进全县的改革、发展和稳定,为加快社会主义市场经济体制的建立,做出新的更大的贡献!

## 第三次会议

### 会议概况

政协长治县十一届三次会议于1995年5月15日至17日在县宾馆召开。全县106名委员,除20名因病因事请假外,86名委员参加了会议。县委、县人大、县政府、县纪检委负责人、驻县市政协委员出席了会议。历届政协主席、副主席、政协老委员联谊会成员、县直各有关单位负责人应邀列席了会议。

县委书记王虎林在会议上作了重要讲话。

政协主席郝审成作《政协长治县十一届常务委员会工作报告》。报告对十一届二次会议以来的工作情况作了总结,并提出了今后的工作任务。

政协副主席张贵祥作了《政协长治县十一届委员会提案委员会关于十一届二次会议以来提案工作情况的报告》,报告指出,县政协十一届二次会议以来,截止本次会议召开前夕,共征集到委员提案61件,经审查立案58件,其中采纳落实25件,.解释办理型28件,说明答复型5件。

政协副主席张贵祥代表县政协提案委员会作《关于政协长治县十一届委员会三次会议提案征集和审查情况的报告》。报告指出,截至到5月17日,提案委员会共征集到提案65件,经提案委员会逐案审查,已立案64件。与会人员列席了县十一届人民代表大会三次会议,听取并讨论了代县长柴守忠作的《政府工作报告》及其他报告。

会议通过了政协长治县十一届委员会三次会议《政治决议》、《工作报告的决议》和《提案工作报告的决议》。

政协副主席傅怀珠致闭幕词,5月17日下午大会胜利闭幕。

### 政协工作报告

#### 十一届委员会常务委员会工作报告

1995年5月15日

郝审成

各位委员、同志们:

我代表政协长治县第十一届委员会常务委员会,向大会作第十一届二次会议以来工作情况和今年工作建议的报告,请予审议。

## （一）十一届二次会议以来的工作情况

政协长治县第十一届委员会第二次会议从去年5月召开到现在，已经一年时间了。过去的一年，我们在省、市政协的有力指导和中共长治县委的正确领导下，以邓小平同志建设有中国特色社会主义理论和党的基本路线为指导，高举爱国主义和社会主义两面旗帜，从改革、发展、稳定的大局出发，坚持政协各项工作与县委的决策思路和工作部署紧密配合的指导思想，围绕经济建设这个中心，认真履行“政治协商、民主监督、参政议政”三项主要职能，选好角度，找准位置，发挥优势，积极开展工作，胜利完成了十一届二次会议提出的各项任务，为促进全县改革开放，经济发展和社会稳定与进步做出了积极的贡献。概括起来，主要做了以下几个方面的工作：

### 1.加强学习，解放思想，观念上有了新转变

组织和推动委员认真学习马克思列宁主义、毛泽东思想、学习邓小平同志建设有中国特色社会主义理论，学习时事政治，学习交流有关业务和科学技术知识，树立新观念，是新时期人民政协工作的一项主要任务。一年来，我们采用中心学习组示范带头和委员小组学习相结合、专题学习座谈和委员自学相结合、开展知识竞赛和理论研讨相结合等多种形式，引导和组织委员认真学习了《邓小平文选》、《中共中央关于建立社会主义市场经济体制若干问题的决定》、《中共中央关于加强党的建设几个重大问题的决定》、全国政协八届二次会议修订的《中国人民政治协商会议章程》以及党的统一战线理论、方针、政策和人民政协有关知识。在庆祝人民政协成立45周年活动中，积极参加了省、市政协组织的理论研究征文活动，组织撰写的5篇论文，其中3篇被省、市政协选中，并获得山西省首次政协理论研讨三等奖、长治市政协理论研讨二等奖。参加了市政协与《长治日报》社联合举办的“人民政协知识竞赛”活动。在这次活动中，由于我们组织得力，宣传发动充分，因而参赛人数多、范围广，共收到答卷1036份，受到了市政协的表彰，获得“人民政协知识竞赛”组织奖。与此同时，我们又组织政协委员和书画爱好者，举办了人民政协成立45周年“书画展”。通过书画作品颂扬党恩，赞美国策，讴歌改革，展现了我县改革开放的精神风貌；此外，我们还运用图文结合的形式，制作了宣传版面，展示了人民政协光辉历程，介绍政协有关知识以及政协委员先进事迹，进一步扩大了人民政协在社会各界的影响。

通过以上多种形式的学习、宣传，委员们从理论上进一步加深了对党的路线、方针、政策的理解，提高了对新时期人民政协性质、地位、作用的认识，探讨了在社会主义市场经济条件下人民政协工作的运作规律，增强了做好政协工作为全县改革开放和两个文明建设服务的积极性。

### 2.深入实际，调查研究，在宏观献策上取得了新进展

十一届二次会议以来，我们紧紧抓住为经济建设服务这条工作主线，围绕县委、县政府的工作重点，组织委员积极开展调查视察活动，在宏观献策上取得了明显成效。一年来，我们共组织了5次较大规模的调查视察活动。去年5月26日至30日，根据市政协的工作安排，采取市、县政协联合作战的方法，组织部分政协委员并邀请一些县直涉农部门的领导，深入我县北呈、南宋、屈家山、苏店4个乡镇9个村，就农村以家庭为基础的小生产如何同大市场接轨的问题，广泛同干部、群众交谈，了解情况。通过为期5天的调查视察，委员们亲身感受到，在当前市场经济大潮的推动下，农民蛰伏在心底的致富欲望已强烈地涌动起来，但由于受到诸多因素的制约，当前又处在新旧体制的转轨时期，发展农村市场经济与社会化服务滞后

的矛盾已日渐突出。一方面农民开始注重按照价值规律调整产业结构，力争获取较多的家庭经济收入；另一方面，由于市场发展还不完善，各项服务如信息咨询、技术指导、产品销售等跟不上，农民对发展什么心中无数。针对这些情况，向县委、县政府报送了《关于对我县四乡镇九村经济发展现状调查视察的情况报告》，提出了"突破传统的小农经济思想，大力发展开发性、商品型农业"；"改变生产方式，围绕主导产业，实施区域资源的规模开发"；"强化科学技术，发展优质、高产、高效的科技型农业"；"大力发展农副产品加工业，健全社会化服务体系，加强服务功能，构建农民进入市场的新机制"等四条推进农业经济发展的对策和建议，受到县委、县政府的重视。农业标准化种植和管理是科技兴农的新突破，它着力于农业种植和管理的全方位、全过程，集先进的实用技术和管理经验为一体，系统地规范为"标准"，取向于"农业工厂化"，大大改变了农业粗放型种植和管理的传统方式，是在社会主义市场经济新形势下，向现代农业迈出的关键性一步。为推进我县农业标准化种植和管理的进程，9 月 22 日，我们协同市政协组织有关专家和委员，对市农业标准化种植示范区的我县林移村进行了现场视察，在深入研讨、达成共识的基础上提出了三条建议。

为了促进我县三资企业健康、快速发展，9 月 6 日，配合市政协对我县洗衣机厂、起重设备厂等三资企业就投资、生产、销售、经营管理、经济效益、政策运用、环境条件以及影响和制约三资企业发展原因和亟待解决的问题等具体情况进行了视察，并提出了四条对策和建议：一是要强化兴办三资企业的意识；二是要有特殊的优惠政策，使投资者有利可图，增加吸引力；三是要改善投资环境，保证外商的合法权益；四是要设立精干的工作班子和办事机构。

非公有制经济作为公有制经济的有益补充，为稳定局势、增加收入、安排农村剩余劳动力，做出了一定贡献。为了促进非公有制经济进一步发展，去年 8—9 月份，我们还组织部分政协委员和有关职能部门的同志，深入全县各个集贸网点和部分私营企业，采取个别访谈、集体座谈等形式，进行了四个专题的抽样调查，即"私营企业职工思想政治状况的调查"，"非公有制经济领域党员作用发挥情况的调查"，"私营企业职工劳动保护情况的调查"和"四大镇非公有制经济成分结构的调查"。针对个体私营经济存在的主要问题，提出了扶持引导，加快发展的意见和建议，撰写了《社会主义市场经济建设的重要力量》的调查报告。通过调查研究，发现和培养了一批勇于开拓，善于经营，爱国、敬业、守法，积极投身"光彩事业"，热心社会公益事业的先进典型。

为了开发我县的旅游业，根据省政协晋协办字〔1994〕15 号文件精神，我们组织部分委员和有关部门的领导，于 1994 年 11 月 12 日至 26 日，对我县的南宋五凤楼，原家庄泰山圣母庙，八义鹞子山千佛洞，大峪关帝庙明代壁画等古迹进行了全面细致的实地考察，向省政协及有关部门呈送了《长治县旅游资源初探》的调查报告。特别是西火镇西村外 1 公里处的翠岩寺，三面环山，松柏繁茂，清泉流水，地居幽僻，可谓"春来花满山，秋至野果香，清泉溪中流，云雾绕山转"，是旅游观光和休息疗养的天然佳境。我们通过与文博馆等方面的有关人士研究论证，认为具有较高的开发价值，提出了《雄山翠岩寺院风景旅游开发建议》，目前正在同新华社中国图片报驻山西工作站协商合作开发事宜。

**3.发挥优势，多办实事，在微观服务上做出了新成绩**

宏观献策与微观服务相结合，是政协工作为经济建设服务的一项开创性经验。一年来，我们紧紧围绕县委的中心工作，选好角度，找准位置，既注重宏观献策议大事，又注意微观服务办实事，进一步增强了政协工作的活力。

政协副主席张守孝同志，为了把我县“潞府酿造厂”生产的熏醋系列产品打入外省市场，1994年5月，在河南辉县市召开的人才技术交易会上，提出了在辉县市建立“潞府酿造分厂”的建议，得到辉县市政

政协常委、科委主任李清文同志，组织科技界的政协委员，积极开展多种形式的科技宣传和技术服务，先后在化肥厂引进脱硫新技术，解决了化肥淡季积压问题；为县糠醛厂引进废水回收乙酸新工艺，在太原工业大学的帮助下，现已落实技术问题；为乡镇企业提供可推广的先进科技成果300多项，适用科技信息50余条，科技咨询200多人次；引进资金500余万元。

政协常委、工商局局长田金旺同志，积极引导、扶持个体私营企业，使个体工商户发展到3188户，比去年增加504户，私营企业发展到25户，比去年增加8户。同时，为维护消费者的合法权益，积极组织政协委员和有关部门参与市场管理，开展打假、打私、打骗活动。去年，查处走私车4辆，捣毁制造假烟黑窝点2个，没收假酒1100多件，假烟300余条，查处各种违法违纪案件37起，价值50余万元。

政协常委、太行玛钢厂厂长牛志忠同志，立足市场抓质量，通过技改求发展。经过不懈努力，玛钢件技术改造计划被列为国家民政部重点技改项目，技改后，可形成年产1000吨成品玛钢件的生产规模，将为残疾人提供更多的就业机会。

经济界委员、新建煤矿工业集团公司总经理王新芳同志，十几年如一日，艰苦创业，奋力拼搏，不断深化企业内部改革，率先走出了以矿为主、大力发展地面企业和第三产业的新路子。去年，经赴俄罗斯波尔姆市实地考察，同太原云海高科技总会联合投资180万元，租赁土地30余亩，建筑面积1400平方米，开办了文化娱乐、易货交流、蔬菜花卉等多种经营业务，是我县在境外开办的第一企业。

政协委员、西蛮掌煤矿矿长王山虎同志，狠抓企业内部管理，在实现安全生产无事故，超额完成本矿各项经济技术指标外，1994年先后投资150万元兼并了西火中村矿和荆圪道两座濒临倒闭的村办煤矿，率先成立了紧密型的煤炭企业集团，增强了企业的发展后劲。

王保珍委员，是一位私营企业家，他创办的“苏店镇无线电元件厂”，1994年进入“长治市私营企业二十强”，实现产值80余万元，上交税费5万余元，捐资助教3000余元，支援村政建设5000元，成为我县民营经济界遵纪守法、勤劳致富的带头人。

为了充分发挥政协的自身优势，我们在全县政协委员中继续开展了为改革开放和经济建设献一条良策、办一件实事、搞一次咨询服务、写一篇论文、推广一项新技术或新经验的“五个一”活动。一年来，委员们共献良策114条，办实事208件，提供咨询服务367次，撰写论文12篇，推广新技术、新经验23项。总之，立足本职，发挥优势，围绕经济建设这个中心开展微观服务办实事，已经成为全体委员的共识和行动，他们既热心政协工作，又在各自的岗位上起到了骨干带头作用。

**4.广泛团结，凝聚人心，维护社会稳定方面出现了新局面**

通过政协各参加单位和全体委员宣传党的路线、方针、政策，密切同各方面人士的联系，做好上情下达，下情上达，协调关系，理顺情绪，化解矛盾的工作，消除不安定因素，保证改革开放和经济建设的顺利进行，是新时期人民政协义不容辞的责任。一年来，我们通过各种行之有效的活动，为维护社会的稳定做出了积极的努力。一是注重民族、宗教工作。民族、宗教工作是安定团结的一个敏感问题，做好民族、宗教工作，就是要把民族、宗教人士的意志和力量集中到建设现代化的社会主义强国这个共同目标上来。我们

通过调查研究,协同有关部门对少数民族经济文化的发展加以扶持和引导,帮助少数民族出主意、办实事,使少数民族经济得到了进一步的发展。去年东和村举行清真寺重建落成典礼和请哈吉活动,我们特意前往表示祝贺。在宗教工作中,我们积极宣传党的宗教政策,不断巩固和扩大同爱国宗教界人士的统一战线,从而引导、推动、帮助宗教教职人员和信教群众去挖掘、阐发宗教教义、宗教道德、宗教文化中有益于社会主义社会的因素,积极稳妥地推动宗教与社会主义社会相适应,为经济建设作贡献。二是进一步密切了与民主党派、工商联、无党派人士的联系与交往,进一步加强了统一战线内部的团结。我们特别注重做好各方面代表人士的工作,召开各种会议,组织各项调查、视察活动,都十分注意邀请民主党派、工商联的负责人及其成员和无党派民主人士参加;逢年过节,我们坚持慰问、座谈,登门看望;对他们在工作、生活中遇到困难和问题尽力帮助解决,通过他们做好各自所代表和联系的群众工作。所有这些,都对创造稳定和谐的社会环境起到了积极的作用。

**5.转变作风,完善制度,自身建设上有了新提高**

加强政协自身建设,提高政协队伍的整体素质,是新形势下开创政协工作新局面的重要保证。一年来,我们从思想作风、组织和制度等方面,加强政协队伍的自身建设,坚持用邓小平同志建设有中国特色社会主义理论和党的路线、方针、政策武装全体委员和机关工作人员的思想,从整体上提高政协队伍的素质,通过建立规章制度,进一步规范了常务委员会的工作、会议和活动,提高了常委会议的质量和参政议政的水平。通过整顿机关工作作风,明确岗位责任制,进一步增强了政协机关工作人员的服务意识,提高了服务质量和工作效率,使各项工作进一步制度化、规范化。

一年来,我们把征集、办理、落实好委员提案作为帮助县委和政府实现决策民主化、科学化的一条重要渠道。通过加强同委员的联系、发放提案工作基本知识、开展提案知识咨询等形式,促进了委员提案数量的增加和质量的提高。提案的办复率和采纳率也好于去年。据统计,十一届二次会议以来,共征集委员提案 61 件,经过审查立案的 58 件,到本次会议召开前,共办复 58 件,占立案总数的 100%,落实采纳的 45 件,采纳率为 78%。

在过去的一年里,我们还参加了市政协在黎城县召开的微观服务办实事经验交流会和在潞城召开的十三县(区、市)政协第九次联谊会,交流探讨了在建立社会主义市场经济体制的新形势下,政协工作如何为改革开放和经济建设服务的经验,开阔了视野,拓展了工作思路。

这些成绩的取得是中共长治县委正确领导、县政府大力支持和县人大常委会、县纪检委热情关照的结果,是全体委员努力奋斗,各有关单位大力协助和社会各界人士热情配合的结果。县政协常委会对此表示衷心的感谢!

回顾一年来的工作,我们深深地体会到,政协工作要有所作为,必须组织政协委员认真学习建设有中国特色社会主义理论,增强履行政协职能的自觉性;必须服从服务于我县党政工作的中心,主动尽心尽责,取得县委的重视、政府的支持;必须充分发挥全体委员的积极性、创造性,选准角度,竭尽全力体现政协的整体优势;必须主动活跃,实实在在地为群众办事,赢得人民群众和有关单位的理解和支持。只有坚持做到这些,我们政协的工作才会不断提高到新的水平。

在过去的一年里,我们的工作取得了一定的进展,积累了一些好的经验,但是,还有许多困难和问题,例如,如何加强同委员的联系,使更多的委员能够经常地参政议政和参加政协的活动;如何更好地发挥专门委员会的作用;如何加强反映社情民意的工作;如何更加扎实有效地开展微观服务办实事等,这些尚需我们继续努力,逐步加以解决。

### (二)1995 年工作要点

1995 年是全面完成国民经济和社会发展第八个五年计划的最后一年,也是为“九五计划”奠定基础做好准备的重要一年。做好今年工作具有承前启后的重大意义。中共长治县委和县人民政府根据省委、省政府确定的“四大战役”和“五个一工程”,市委、市政府确定的“五个重点”、“六大目标”,提出我县今年经济工作的指导思想、奋斗目标和工作重点。概括起来讲就是,坚持一个序列,实施四大战略,抓好五个重点,实现十大目标,促进全县国民经济持续、快速、健康发展。具体讲就是坚持重工—强农—兴商的经济运行序列;实施“工业兴县”、“三产两带”、“三强”和“小区建设”四大战略;抓好农业增产增收,工业增产增效,财政增收节支,乡镇企业高效发展和基础设施建设五项重点工作;实现十大基本目标,即国民生产总值比 1994 年增长 36.9%;县营工业总产值比 1994 年增长 20%;乡办以上工业企业经济综合效益指数达到 105%;全县粮食总产量稳定在 1.32 亿公斤;乡镇企业总产值保证完成 23.4 亿元,比 1994 年增长 40%,力争达到 25.1 亿元,比 1994 年增长 50%;农民人均纯收入达到 1350 元,比 1994 年增长 11%;全县生猪饲养量达到 25 万头,出栏 13 万头,比 1994 年增长 35.4%;蔬菜总产量达到 1 亿公斤,比 1994 年增长 37.9%,发展塑料大棚 1000 个;地方财政收入保证达到 2963 万元,比 1994 年增长 10.77%,力争达到 3346 万元,比 1994 年增长 25.8%,可用财力保证达到 3915 万元,争取达到 4292 万元;全县人口自然增长控制在 7.17%以下。这个指导思想,奋斗目标和工作重点,反映了全县人民的共同愿望,是摆在全县人民面前的共同任务。

在新的希望之年、奋斗之年里,我们要紧紧围绕县委、县政府工作的重点,充分发挥人民政协人才荟萃、位置超脱、联系广泛等优势,团结进取,求实创新,活跃高效地开展工作,在两个文明建设中发挥更大的作用。今年,我县政协工作总的指导思想是;以邓小平同志建设有中国特色社会主义理论和党的基本路线为指导,贯彻党的十四大和十四届三中四中全会精神,继续坚持“抓住机遇,深化改革,扩大开放,促进发展,保持稳定”的方针,继续高举两面旗帜,加强两个联盟,积极履行“政治协商、民主监督、参政议政”三项主要职能。

委员是政协的主体。政协职能的履行,整体优势的发挥重在全体委员的努力。新的《政协章程》,拓展和延伸了政协工作的渠道和领域,为政协委员及其所联系的各界人士参与国事,发挥专长提供了更多的机会。今年全县经济建设的新形势、新任务,要求我们每一位政协委员要更加重视自身形象的塑造,不仅要出色完成所在工作单位职责内的工作任务,而且要进一步发挥自身优势,积极参加政协组织的各项活动,出色地完成政协角度的工作任务,为政协工作的前进尽心竭力。做出成绩,今年我们要通过全体委员的共同努力,牢牢把握与县委决策思路和工作部署紧密合拍的指导思想,认真做好以下五个方面的工作:

#### 1.围绕中心,搞好调查研究,不断提高参政议政水平

参政议政是政协工作的主要职能。我们要紧紧围绕经济建设这个中心和县委、县政府的工作重点,选择政协有条件做好的关键课题、重点课题和难点课题,深入实际,做深层次的调查研究,提出有价值,带有超前性的意见和建议。我们初步拟出今年重点搞好三个专题的调查视察:一是要紧扣发展两高一优农业、

实施玉米战略、畜牧战略和蔬菜战略,就农副产品的加工增值,进行调查视察;二是紧扣提高经济质量和效益,就有效地培植新的工业经济增长点,进行调查研究;三是紧扣扩大开放,就开发利用旅游资源,继续进行考察和研究,争取拿出一个初步规划。在对上述三个重点课题进行视察的同时,还要就如何加快长陵、长晋公路沿线"两高一优"农业区的建设,进一步发展教育和科技事业,抓好市场物价管理和社会治安等课题,组织委员和有关方面的力量,进行视察和调查。并对前两年先后进行的工、农业方面的调查课题,继续跟踪视察。要组织政协委员和政协各参加单位,就经济建设、改革开放、精神文明建设和人民生活中的重要课题,深入实际,调查研究,在调查研究的基础上,通过委员提案、党派团体提案和建议提出切实可行的意见和建议,在宏观献策上要有新突破。

**2.发挥优势,多办实事,进一步搞好微观服务**

在搞好宏观献策的同时,要继续推动和支持广大委员同社会力量结合起来,兴办各种有利于现代化建设的实事,进一步发挥人民政协的人才智力优势和联系广泛优势,把微观服务办实事活动推向新的发展阶段。我县各民主党派、工商联、政协各专门委员会,都要从各自的实际情况出发,选择短、平、快项目,动员和组织各自所联系的委员与社会力量结合起来,积极开展微观服务办实事活动。继续大力示范、推广玉米、谷子优良品种,大力示范、推广农业标准化种植,大力推广日光大棚先进生产技术和管理经验;继续大力推动"光彩事业"的实施,并组织有条件的政协委员对部分困难企业进行帮扶;继续在全体政协委员中深入开展"五个一活动";继续与有关部门联手开展好法律咨询服务,巡回医疗服务和经济技术等服务。总之,要更加提高委员的参与意识,积极创造条件,进一步扩大委员的参与面,把委员引导到微观服务办实事活动中来,为全县两个文明建设和广大人民群众提供直接的服务。

**3.加强团结,凝聚人心,积极维护社会稳定**

人民政协作为共产党领导的多党合作和政治协商的统一战线组织,具有大团结、大联合的显著特征。我们要努力发挥人民政协的独特优势,积极协助县委和政府不断加强社会主义政治建设、法制建设、精神文明建设和廉政建设,深入持久地开展反腐败斗争。要认真研究改革开放新形势下出现的新情况、新问题,研究在社会主义市场经济条件下,由于新的利益格局、利益关系的调整而引发的新问题、新矛盾、并做好疏通思想、化解矛盾、维护稳定的工作。要深入实际,深入群众,体察民情,反映民意,做好上情下达和下情上达工作,向群众宣传党的主张和党各个时期的重大部署,把党的正确主张和战略部署变成群众的自觉行动。同时,还要经常同各民主党派,各界群众交心,把他们的意见、建议、要求向党委反映上来,使党委发现问题及时,掌握动态敏锐,以便于驾驭工作全局。要进一步贯彻落实党和国家的民族、宗教政策,加强民族团结,同民族宗教界人士广交朋友,坦诚相见,真诚合作。总之,政协工作要通过务实创新的工作方式,与县委、政府工作部署紧密合拍的工作思路,为我县改革、发展创造一个稳定的社会环境。把全县人民的意志和力量凝聚到县委部署的经济发展和社会进步的目标上来。

**4.广泛联谊,增进交流,努力开展内引外联**

完成祖国和平统一大业,促进中华民族的全面振兴,是全国人民的神圣使命和崇高目标。春节前夕,江泽民总书记发表了《为促进祖国统一大业的完成而继续奋斗》的重要讲话,就现阶段发展两岸关系,推进祖国和平统一进程的若干重要问题,提出了八项看法和主张。我们要认真学习这篇重要讲话,坚决拥护支持和热情宣传这八项主张,热情宣传祖国大陆现代化建设的伟大成就和实现祖国统一的有关政策。我们要发挥人民政协联系广泛的优势，依靠统一战线大团结、大联合的力量，在爱国主义的基础上，广泛团结，增进交流，联络友谊，沟通感情，寻找共识，化解隔膜与障碍，在海外联谊上有新的作为。要在"和平统一、一国两制"方针的指引下，紧紧围绕经济建设这个中心，把我县海外联谊工作的重点放到发展经贸交往上。既可通过经贸合作、学术研讨、文化交流等形式加强实质性的联系，又可通过旅游观光、探亲访友、共度佳节等形式开展联谊。在联谊活动中，要充分发挥"三胞眷属"的穿针引线作用，有计划、有目标地搞好内引外联，为我县的经济发展引进资金、引进技术、引进人才。

我们要热情支持、帮助三胞眷属兴办各种经济实体，发展经济，提高生活水平。要充分发挥工商联的作用，支持他们在实施"光彩工程"，发展私营企业中大显身手。

**5.认真学习，提高思想，继续加强自身建设**

政协机关是政协工作的载体，是组织、协调、做好政协各项工作的办事机构，必须进一步抓好政协机关的自身建设。要围绕人民政协的基本职能，进一步制定、充实和完善有关规章制度，使政协工作更趋制度化、规范化。要进一步活跃各专门委员会的工作，充分发挥各专门委员会的作用，要进一步提高主席会、常委会参政议政的水平。参加政协的各党派、各团体和各界人士要充分发挥人民政协的优良传统，在重大原则上始终同党中央保持一致，坚持共同基础上的团结合作。政协委员要经常开展自我学习和自我教育，进一步认清形势，统一认识，自觉地为当前党和国家的中心任务服务，做一名尽职尽责的委员。要依靠全体委员的积极性和创造性，发挥政协的整体功能，即全体委员的参与，全部优势的发挥，全面工作的活跃，全新形象的塑造。县政协机关工作是直接为政协委员服务的，要进一步提高机关工作人员的素质，增强服务意识，发扬主动精神，转变工作作风，提高工作效率，形成一种团结进取、奋发向上、廉洁勤政、热情服务的新风气。

各位委员、同志们，1995 年是实现经济上台阶、提前达小康、建设经济强县至关重要的一年。让我们更加紧密地团结在以江泽民同志为核心的党中央周围，在中共长治县委的领导下，认真履行"政治协商、民主监督、参政议政"三项基本职能，以争先创优的新姿态，开拓进取的新风貌，为促进我县经济建设和社会发展各项目标的实现，做出新的更大的贡献！

## 第四次会议

### 会议概况

政协长治县十一届委员会四次会议于 1996 年 5 月 26 日至 28 日在县城召开。全县 109 名政协委员，除因病因事请假外，103 名政协委员参加了会议。县委、县人大、县政府、县纪检委领导出席了会议。驻县市政协委员历届政协的老领导、县政协老委员联谊会成员、县直各单位负责人以及全县各界人士 83 人应邀列席了会议。

中共长治县委书记王虎林代表县委在会上作了重要讲话。

政协副主席陈一评代表政协长治县第十一届委员会常务委员会作《工作报告》报告对政协一年来的工作进行了总结。对今后的工作提出了要求。

政协副主席花明新代表提案委员会作《政协长治县十一届委员会三次会议以来提案工作情况报告》。

报告指出，十一届三次会议以来，提案委员会共收到提案67件，立案66件，作为意见送有关部门参考落实的1件，其余转送37个单位办理。到本次大会召开前，66件提案全部办复，办复率为100%。

政协长治县十一届四次会议于1996年5月26日召开

政协副主席张守孝作《政协长治县十一届委员会四次会议提案征集和审查情况的报告》。报告指出，从大会开始到5月28日止，提案委员会共征集到提案75件，经提案委员会逐案认真审查，立案72件。与会人员列席了县人大十一届四次会议，听取讨论了县长柴守忠作的《关于长治县国民经济和社会发展"九五"计划与2010年远景目标规划(草案)的报告》及其他有关报告。

会议通过了政协长治县十一届委员会四次会议政治决议、常委会工作报告决议和提案委员会工作报告决议。

政协主席郝审成致闭幕词，28日下午会议胜利闭幕。

## 政协工作报告

### 十一届委员会常务委员会工作报告

1996年5月26日

陈一评

各位委员、各位同志：

我受政协长治县第十一届委员会常务委员会的委托，向大会作工作报告，请予审议。

#### (一) 十一届三次会议以来的工作情况

政协长治县第十一届委员会从去年5月召开第三次会议到现在，已经一年时间了。一年来，常务委员会在省、市政协的有力指导和中共长治县委的正确领导下，以邓小平同志建设有中国特色社会主义理论和党的基本路线为指导，高举爱国主义和社会主义两面旗帜，从改革、发展、稳定的大局出发，坚持政协各项工作与县委的决策思路和工作部署紧密合拍的指导思想，围绕经济建设这个中心，认真履行"政治协商、民主监督、参政议政"三项主要职能，充分发挥人民政协位置超脱、人才荟萃、渠道畅通等特有优势，在各参加单位和全体政协委员的共同努力下，务实、活跃、高效地开展工作，为促进全县改革开放、经济发展和社会稳定与进步做出了积极贡献。概括起来主要做了以下几个方面的工作：

**1.围绕中心，深入调查研究，积极参政议政**

十一届三次会议以来，常务委员会把努力提高宏观献策水平作为履行政协主要职能的最重要工作和追求的主要目标，组织委员和有关部门领导，深入实际，调查研究，分析论证，积极建言献策，为县委、县政府提供决策依据。去年以来，我们根据县委、县政府确定的"五个重点"、"十大目标"，重点选择了三大课题，进行了调查视察。

(1)对我县玉米战略和蔬菜种植实施情况进行了视察。去年4月12日，县政协协同市政协，邀请县农工部、农经委、农业局、蔬菜办等涉农部门有关领导，就我县玉米战略和蔬菜种植的实施情况，分别对西火、北呈、苏店等乡镇进行了调查视察。从这次专题调查视察的情况看，广大干部群众对农业结构调整的认识已经从解决温饱问题转变到致富达小康的重要途径上来，同时也了解到，由于农业基础设施还比较落后，农村系列化服务还没有完全有效运作，部分农民对科技致富的认识不足，积极性还不够高，因此，在不同程度上影响着玉米战略和蔬菜种植的实施和效益的提高。针对这些情况，我们向县委、县政府报送了《关于对我县玉米战略和蔬菜种植实施情况视察报告》，提出了"增加对土地的投入，努力改变生产条件"、"加强领导，搞好宏观调控"、"加强农技队伍建设，健全服务网络"、"实行首长负责制，分级管理，分片包干"、"加强宣传，提高认识，实行政策倾斜"等5条对策性建议，受到县委、县政府的重视。

(2)对我县农副产品加工转化和综合利用情况进行了视察。为了研究农副产品的加工转化和综合利用，提高农业的总体效益，推动我县"玉米战略"、"三产两带"和农村经济综合开发。去年5月下旬，市、县政协联合行动，邀请县农经委、农业局、乡镇局、区划办等有关涉农部门的领导参加，就农副产品加工转化和综合利用问题，深入西火、柳林、苏店等乡镇的12个行政村26个农副产品加工企业和种养专业户，进行了认真细致的调查视察，通过视察，委员们普遍感受到，随着农村种养业的迅速发展，农副产品加工业正悄然兴起。广大农民群众的市场经济意识明显增强，不再满足于出售粮食和原料等初级产品来获取较低的经济效益，而是以追求产品的最佳经济效益为目标，瞄准市场上项目，搞农副产品深加工，发展起了一大批以家庭为单位的加工作坊。与此同时，一些村办、乡办、县办加工企业也相继建起，使部分农副产品获得了增值转化。但由于系列服务不够配套，行业之间缺乏协调，加之少数基层干部急功近利，只注重短期利益，而忽视长远规划，对发展科技含量高和具有规模效应的农副产品加工未能引起足够的重视，尚未树立起大农业、大工业的思想。针对这些情况，我们向县委、县政府报送了《关于我县农副产品加工情况的视察报告》，提出了6条推动我县农副产品工业发展的建议，为县委、县政府提供了决策参考。

(3)对培植新的工业经济增长点进行了视察。为了积极引导工交企业努力培植新的经济增长点，带动全县经济持续、快速、健康发展，去年8月25日，又配合市政协分别对我县的造纸厂、通用机械厂和锅炉厂，就培植新的工业经济增长点进行了专题视察。在就有关问题充分分析研究的基础上，向县委、县政府提出了5点建议：一是要统筹规划，保证重点；二是要科学论证，选好项目，把好审批立项关；三是要引入风险机制，完善县域技术配套政策和措施，重点是建立完善企业抚恤工作"三定"、"三奖"、"一兑现"制度；四是要千方百计落实资金到位，确保全县几个在建项目尽快投产达效；五是要转变职能，搞好服务。

此外，我们还对台属兴办经济实体情况、市场物价管理情况、城市建设情况进行了调查、视察，对《长治县国民经济和社会发展第九个五年计划及2010年远景目标的建议》(讨论稿)进行了协商讨论。

在组织各项专题视察、调查过程中，我们始终注意抓住县委、县政府工作中的难点问题和群众普遍关心的热点问题，以增强参政议政的针对性；始终注意在力量、时间的投入和了解情况的深度、广度上做文章，以加强调查研究的力度；始终注意对调查研究的情况、问题和对策，进行充分的分析、论证和多方协商，力求提高实效性，使所提意见和建议既符合实际，又有较高的参考价值。在调查研究的过程中由于问题，功夫下得深，所提对策和建议与县委、县政府的决策思路和工作部署相合拍，因而得到了县委、县政府的重视和采纳，有效地促进了全县两个文明建设的健康发展。

一年来，在县五套班子同唱一台戏的舞台上，县政协发挥了不同角色却又不可替代的重要作用，直接参与了县委、县政府的大事，积极参加了全县的各项中心工作。在实施“四大战略”、抓好“五个重点”、实现“十大目标”中，努力发挥人民政协政治协商、民主监督、参政议政的职能，为我县的经济建设和发展发挥了积极作用。

一年来，常务委员会认真执行《政协全国委员会提案工作条例》，以提高提案质量和办理效率为重点加强提案工作。十一届三次会议以来，广大委员以高度的政治责任感，运用提案形式积极参政议政，至召开这次会议前为止，共收到提案 67 件，经过审查立案的 66 件，作为意见送有关部门落实的 1 件。这些提案内容广泛，涉及工业、农业和社会生活方方面面，多数提案有建议、有对策，及时地反映了社情民意，为领导机关的决策提供了重要依据。如政协副主席张贵祥同志在深入实际调查研究的基础上，提出了《创造条件，繁荣经济，定集开市促进城乡贸易的建议》，得到县委和政府高度重视，县委书记王虎林亲自指示由政协牵头协调工商、税务、物价、县供销社等有关单位拿出具体方案，县长柴守忠签发了《关于在四镇一乡起集开市》的通告：城关镇每月农历初六、苏店镇每月初五、荫城镇每月农历初三、西火镇每月农历十五、八义乡每月农历初九为起集开市时间，为我县物资流通，丰富农民的物质文化生活发挥了一定作用。

**2.发挥优势，积极参与实践，搞好微观服务**

宏观献策与微观服务相结合，是政协工作为经济建设服务的一项开创性经验。一年来，常务委员会在搞好宏观献计献策、提高参政议政水平的同时，动员和组织政协委员围绕县委和政府的中心工作，富有成效地开展了微观服务办实事活动。

(1)为企业发展提供服务。针对当前部分企业步履维难、效益低下等问题，政协副主席陈一评同志以自己的专业特长先后为电力开关厂开发研制了用于电机保护的新产品——三相断路保护器；帮助飞华电器厂为配套产品提供技术咨询；掌握动态，为企业牵线搭桥，把小型煤矿安全装置——井口防坠装置推荐给县飞华电器厂劳动服务公司生产；组织玻璃钢制品厂与飞华电器厂共同开发可用于灌溉及施肥的玻璃钢多功能罐车；在市场调研的基础上，应用先进的电子技术研制开发补偿器的更新换代产品——微机控制可控硅软启动器及小型三相电力稳压器。

政协委员、西蛮掌煤矿矿长王山虎同志，采取科学管理、内部挖潜、革新改造、兼并收容、扩大生产规模等方法，使一个年产 5 万吨的小煤矿扩大为 3 个煤矿、4 个坑口、年产量达到 34 万吨、总产值 2000 万元、年交利税 180 万元的“煤炭集团”。王山虎同志被评为“市劳动模范”和“中原明星企业家”。

政协常委、工商局长田金旺同志，积极引导、扶持个体私营企业，为其提供经济信息和系列化服务，使全县个体工商户发展到 3608 户，比去年增长 17%；私营企业发展到 30 户，比去年增加 20%。非公有制经济年上交国家税收 670 余万元，占县财政收入的 11%，为全县经济注入新的活力。

(2)围绕发展“两高一优”农业搞服务。为发展“两高一优”农业，政协常委、科协主席部家珍同志为实施三项“金桥”工程，一年来为农村培训技术人员 530 人次，开展“大篷车”科技咨询活动 780 人次。在推广良种包衣、地膜覆盖、配方施肥、模式化栽培等方面做了大量工作。并协助北呈、东和、司马三乡成立了“蔬菜开发集团公司”和蔬菜批发市场。为北呈乡引进日本“小人参”胡萝卜，种植面积达到1000亩，销售量350万公斤，成交245万元。委员、农业局局长关扎根，为推广农业新技术，下乡镇跑地头，除干好行政领导工作外，他充分发挥自己的技术专长，千方百计为实施“玉米战略”献计出力。为搞好玉米新品种的试验工作，他一人联系了王坊村、关头村两个试验点，星期天、节假日他都泡在这里，从耕作、施肥、下种、覆膜，每一个步骤都亲自指导，先后解决了试验方案设计错位、操作失误、化肥种子同垄争水造成的缺苗等问题，取得了“全苗”成活率的阶段成果。这两个新品种的试验成功，将使我县玉米产量提高两成。经济委员会为推广大盖蘑菇栽培技术，专门在城关镇建立了三个大棚栽培试验点，还多次请市政协常委、省农科院副研究员吴芳兰亲临现场指导，并组织有关人员集中培训学习，为在全县大面积推广准备了条件，为农民朋友寻找到了一条致富门路。

(3)为发展文化教育事业开展服务。县政协副主席、一中校长花明新同志，认真执行党中央科教兴国战略，积极贯彻“一纲三法”，充分发挥人才库作用，在改革教学方法、提高教学质量方面不断取得新成绩。1995年在长治市教育局组织的学校管理督导评估时，县一中获得98分的高分数，通过检查，山西省教委对一中的教研工作给予高度评价，获得市委、市政府授予的“先进单位”称号，再次被命名为市级文明单位和卫生模范单位。1995年一中为国家输送了157名大专生，在全市13个县区名列榜首，获得县委、县政府奖金5万元。同时，花明新同志也评为县特级劳模。目前花明新同志又在学校工作由“应试教育”向“素质教育”转变方面大做文章，并取得初步成效。

政协副主席张守孝同志，为帮助东火乡羊川小学解决校舍问题，根据县委书记王虎林的指示，从中央统战部争取到由爱国华侨用于光彩事业的6万元捐款，作为我县羊川小学专项建校资金，从而使40余名小学生就近上学变成了现实。张守孝同志还四处奔走，把我县非公有制经济人士捐赠的价值3000元的学习、文化用品送到急需的学校和学生手里。

政协副主席傅怀珠同志，呕心沥血，精心为人民创作生动活泼、健康向上的文艺作品。在县委、县政府的支持下，他创作的曲艺作品《新编珍珠倒卷帘》，由我县独立排练演出，代表山西省参加第二届中国曲艺节，捧回了国家曲艺最高奖——“牡丹奖”。省委书记胡富国将他编写的节目录像连看两遍，连口称赞“写得好”！

(4)为加强基层党组织建设搞好服务。去年，围绕县委抓好后进支部整顿，加强农业和农村工作的部署，县政协副主席张贵祥对他所包的东火乡后进支部存在的问题，深入实际、调查了解，与乡党委共同分析研究后，支持帮助乡党委下决心调整了后进支部的班子，收到了较好的效果。南河村支部瘫痪，煤矿停产多年，群众意见很大，调整班子后，三个月时间恢复了煤矿生产，盈利近20万元，不仅偿还了两年拖欠矿工的工资，还给群众发了过春节的大米、白面，对群众鼓舞很大，村里的工作很快发生了变化，一跃而成为一个先进党支部。在乡镇工作的5名政协委员也都积极参加了整顿后进支部工作，开展了联系一个后进支部、扶持两个贫困户的活动，较好地完成了任务。还有3个在县直机关工作的委员参加了农村工作队，奔赴后进村帮助工作，对我县农村工作起了一定的促进作用，受到了当地群众的好评。

为了充分发挥政协的自身优势，我们在全县政协委员中继续开展了为改革开放和经济建设献一条良策、办一件实事、搞一次咨询服务、写一篇论文、推广一项新技术或新经验的“五个一”活动。一年来，委员们共献良策140余条，办实事93件，提供咨询服务160次，撰写论文5篇，推广新技术、新经验3项。

总之，立足本职，发挥优势，围绕经济建设这个中心开展微观服务办实事，已经成为全体委员的共识和行动,他们既热心政协工作,又在各自的岗位上起到了骨干带头作用。

**3.转变作风,加强自身建设,提高办事效率**

(1)认真贯彻《规定》精神,积极履行政协职能。去年初,全国政协制定了《政协全国委员会关于政治协商、民主监督、参政议政的规定》,中共中央就此发出通知,要求各地区、各部门结合实际认真贯彻执行。常务委员会把贯彻落实中共中央通知精神和《规定》作为1995年的工作重点。第五次常委会议专门讨论了新形势下如何更好地履行职能问题,常委们提出了许多改进工作的意见和建议。常务委员会更加明确了人民政协的主要工作就是履行职能,只有贯彻好《规定》,在履行职能上有所作为,才能在建设有中国特色社会主义的伟大事业中有所贡献。并向全体政协委员和机关干部印发了《中国人民政治协商会议章程》和《李瑞环主席关于反映社情民意的重要论述》。同时还组织全体政协委员、民主党派、工商联和政协机关干部参加了由全国政协新闻办公室和《人民政协报》社联合举办的关于学习《规定》的有奖知识问答活动。在实际工作中,我们结合学习贯彻《中共山西省委关于进一步加强人民政协工作的决定》,认真贯彻执行《政协全国委员会关于政治协商、民主监督、参政议政的规定》,进一步发挥了各民主党派、各人民团体、无党派人士和社会各界人士在政治生活中的作用。

(2)进一步拓展了海外联谊活动。江泽民总书记在1995年1月30日中央台办、国务院台办和全国政协祖统委等单位举办的新春茶话会上作的《为促进祖国统一大业的完成而继续奋斗》的重要讲话发表后,我们向三胞眷属印发了江泽民总书记提出的推进祖国和平统一进程的八项主张,并邀请他们举行了座谈会,强烈谴责李登辉分裂祖国搞“台独”的狂妄野心和罪恶行径。许多三胞眷属用写书信、通电话、寄资料等形式,积极对台、对外宣传。有的利用外出探亲访友,为文化交流牵线搭桥,进一步扩大了对外联系。去年,借纪念抗日战争胜利50周年和世界反法西斯战争胜利50周年之机,我会还组织全体机关干部参加了党群口歌咏比赛,并要求机关干部要以此为契机,重温中国近代史。

为了加强与兄弟县(市、区)政协的联系与交往,去年10月我们参加了市政协在郊区召开的十三县(市、区)政协第十次联谊会,交流探讨了在建立社会主义市场经济体制的新形势下,政协工作如何为改革开放和经济建设服务的经验,扩展了工作思路。

各位委员、各位同志,过去的一年,我们认真履行“政治协商、民主监督、参政议政”三项主要职能,突出工作重点,为促进全县“五个重点”、“十大目标”的实现,积极建言献策,知情出力,做出了很大成绩。回顾一年来的工作,我们深深体会到,政协工作要有所作为,必须组织政协委员认真学习邓小平同志建设有中国特色社会主义的理论,增强履行政协职能的自觉性;必须服从服务于我县党政工作的中心,主动尽心尽责,取得县委的重视,政府的支持;必须充分发挥全体委员的积极性、创造性,选准角度,竭尽全力体现政协的整体优势;必须主动实实在在地为群众办事,赢得人民群众和有关单位的理解和支持。只有坚持做到这些,我们政协的工作才会提高到一个新水平。

过去的一年,我们的工作取得了一定成绩,但也存在不少缺点和不足。例如,如何最大限度地调动委员们的积极性,使他们能够经常地参政议政和参加政协的活动;如何更好地发挥专门委员会的作用;如何加强反映社情民意的工作;坚持团结,反对分裂,为促进祖国统一作出贡献。

(3)开展了“争创最佳服务机关”活动。一年来,我们继续注重搞好自身建设,注重提高办事效率,为政协各方面的工作奠定了良好的基础。首先,是加强了机关工作人员的学习。办公室认真组织干部职工深入学习邓小平建设有中国特色社会主义理论，学习老一代领导人和江泽民同志关于统一战线和人民政协的论述，配合公务员制度的实施，组织干部职工学习公务员知识，机关人员的政治思想素质和业务素养都有了明显提高。其次是重新修订印发了机关各项工作制度、岗位职责、年度目标。对每一时期的工作都事先作出安排，每项工作都落实到人，责任明确。从而增强了机关工作人员的组织性、纪律性，形成了良好的工作秩序，提高了办事效率。三是继续改善办公条件，注重信息工作。1995 年为加强政协工作，县里为政协机关又增加了一部办公用车，县政协同时成立了信息中心，目前信息中心已与市政协信息中心沟通，下一步将与各地政协信息机构联网，这样我们就可以通过信息宣传政协工作，为委员知情提供服务。四是机关工作人员不断加强同委员的联系，尽力为委员的工作学习、调查研究、来信来访等提供了良好的服务，受到委员们的好评。

## （二）1996 年工作要点

"九五"到 2010 年，是我县经济、社会发展的重要时期。统一思想、着眼长远、立足当前、奋力赶超、加速发展，事关我县未来发展的大局，事关全县人民的根本利益。根据全国以及省、市的战略部署，结合本县实际，县委、县政府将我县"九五"到 2010 年的发展总体确定为"三步走"的战略，即：第一步，从现在起到 1998 年，进入全省经济强县行列；第二步，到 2005 年，进入中西部地区经济强县行列；第三步，到 2010 年，跨入全国经济强县行列。"九五"我县经济和社会发展的主要奋斗目标是：继续坚持"重工—强农—兴商"的经济运行序列，继续抓好"四大战略"的创新、巩固和完善，推动经济持续、快速、健康发展和社会的全面进步。主要经济目标是：国内生产总值达到 30.2 亿元，年平均递增 19.52%；人均国内生产总值达到 9179.33 元,.年平均递增 18.58%；工农业总产值达到 58.68 亿元，年平均递增 19.53%。其中，工业总产值 55.68 亿元，年平均递增 20%，农业总产值达到 3 亿元，年平均递增 12.4%，乡镇企业总产值达到 60.38 亿元，年平均递增 15%，收入达到 1.5 亿元，年平均递增 17.59%；农民人均纯收入达到 3200 元，年平均递增 15.21%；粮食总产量达到 1.5 亿公斤。以上赶超目标，是一个鼓舞人心、催人奋进的宏伟蓝图，是摆在全县人民面前的共同任务，也是时代赋予人民政协的光荣使命。我们全体政协委员和参加政协的各党派、各团体，要不负重托，胸怀大局，放眼未来，立足当前，开拓进取；要紧紧围绕县委、县政府的工作重点，认真履行"政治协商、民主监督、参政议政"三项主要职能，为促进全县两个文明建设的健康发展做出新的成绩。今年，常务委员会工作总的指导思想是：坚持以邓小平同志建设有中国特色社会主义理论和党的基本路线为指导，全面贯彻"抓住机遇、深化改革、扩大开放、促进发展、保持稳定"的基本方针，高举两面旗帜，加强两个联盟，履行政协职能，突出工作重点，为实施县委、县政府确定的赶超战略献计出力。我们工作的重点是：适应经济体制和经济增长方式两个转变，继续引深建设有中国特色社会主义理论的学习，围绕"九五"计划和 2010 年规划的实施，选准角度，发挥优势，切实履行人民政协的主要职能，继续推进政治协商、民主监督、参政议政的规范化、制度化，充分发挥人民政协在国家政治生活中的作用。据此，常委会提出 1996 年工作要点：

**1.深入学习建设有中国特色社会主义理论，进一步增强做好政协工作的责任感和使命感**

邓小平同志建设有中国特色社会主义理论，是全党全国各族人民团结奋斗的根本指导思想，是中华民族振兴和发展的强大精神支柱，是引导改革开放和社会主义现代化建设事业走向胜利的科学指南。在这一理论指导下,我国的社会主义现代化建设事业已经取得举世瞩目的伟大成就。坚持这个理论,已经成为全国人民最大的共识。我们要发扬理论联系实际的优良学风,继续组织和推动委员深入学习建设有中国特色社会主义理论,把学习基本理论同学习老一代领导人和以江泽民同志为核心的中共中央关于统一战线和人民政协的论述结合起来,同学习中共十四届五中全会精神结合起来,同学习国家的重大方针政策结合起来,统一思想,增进共识,进一步坚定建设有中国特色社会主义的信念,增强执行党的路线、方针、政策的自觉性,增强贯彻执行共产党领导的多党合作和政治协商制度的自觉性,增强做好政协工作的责任感和使命感,形成讲学习、讲政治、讲正气的良好学风,努力提高参政议政水平。

去年,省委书记胡富国同志基于对我国社会主义民主政治建设前瞻性的预测,指出“政协是实班子,是一线机构,政协委员是全劳力”。省委又适时地作出了《中共山西省委关于进一步加强人民政协工作的决定》,对各级党委和政府提出对政协工作要做到“思想到位”、“工作到位”和“条件到位”,从而为各级政协履行职能到位提供了必要的保证,使全省的政协工作进入了黄金时期。我们的政协组织和全体委员,要珍惜和把握这一历史契机,积极地富有创造性地开展工作,紧紧依靠党委、政府、政协三者的合力和省、市、县政协三者的合力,并把这两种合力持久地坚持下去,形成整体推进政协工作的新局面。

**2.认真履行政协职能,围绕实施赶超战略参政议政**

今年是跨世纪赶超战略和“九五”计划的开局之年,奠基之年,也是我县实现第一步三年建强县目标的关键年。做好今年的工作,开好头,起好步,对于实施赶超战略和“九五”计划,保证全县经济快速发展,社会全面进步,实现三年建强县的目标具有重要和特殊的意义。因此,再鼓劲,再加油,再创政协工作新业绩。围绕实施赶超战略参政议政,是本次大会的主要任务。大会以后,各专委会和全体政协委员,要紧紧围绕县委、县政府确定的赶超战略,选择一些政协有条件做好的经济和社会发展的重点、难点问题和人民群众普遍关心的热点,如实现经济体制和经济增长方式的转变,实施科教兴县战略、农业增产增收、工业增产增效、推动精神文明和民主法制建设、抑制通货膨胀、建立社会保障制度、搞好社会综合治理、保护资源与环境等问题,深入调查研究,提出意见和建议。我们要在全体政协委员中努力营造讲学习、讲政治、讲正气的良好氛围,要与有关部门携手,共同开展反腐败、打团扫恶、禁黄、禁赌、禁毒斗争,还要积极参与省、市政协开展的以“净化社会环境”为主要内容的精神文明建设情况调研活动,促进全社会风气的进一步改善。

在参政议政上,我们要特别强调讲质量,上水平,求实效。各项视察调查,要在保证数量的基础上,进一步提高质量,要通过创造性的工作争一流水平。既要讲究时效性,又要讲究实效性,使所提意见、建议见真见实,收到实际效果。

**3.发挥政协人才智力优势,广泛开展微观服务办实事活动**

政协不仅是调查研究的主体,也是社会实践的直接参与者。因此,着眼于宏观献策议大事,着手于微观服务办实事,是新时期政协工作的重要体现和基本取向。我们政协各参加单位和全体委员,都要选好角度,找准位置,发挥优势,在搞好宏观献策的同时,继续把微观服务办实事活动推上一个新台阶。要从服务于经济建设这个中心出发,发挥委员“两头到位”的作用,把政协优势和委员所在部门、单位的优势结合起来。从事微观服务办实事活动,要逐步建立微观服务的联系、试验、示范点(区),直接参与社会实践;要围绕某项主导产业的发展,组织、支持有条件的委员同有关部门和社会力量结合起来,开展产前、产中、产后的服务活动；要积极主动接受党委和政府的委托，抓好某一项经济工作或某项具体项目。今年我们要重点从六个方面办好实事：一是继续大力示范推广玉米、谷子、小麦优良品种；二是继续大力示范、推广农业标准化种植；三是继续大力推广日光大棚蔬菜先进生产技术和管理经验；四是继续组织有条件的委员对部分困难企业进行帮扶；五是继续大力推动“光彩事业”的实施，促进经济发展；六是在扶持贫困户中发挥政协的特殊优势，组织广大政协委员和各参加单位，为全县的贫困户尽快脱贫作贡献。与此同时，要继续在全体政协委员中深入开展“五个一活动”。总之，我们要通过提高委员的参与意识，扩大委员的参与面，把委员的意志和力量引导到微观服务办实事活动中来，为全县两个文明建设和广大人民群众提供直接的服务。

**4.贯彻中共中央《通知》精神，推进履行职能的规范化、制度化**

政治协商、民主监督、参政议政是人民政协的主要职能，按照履行政协职能规范化、制度化的要求，今年，我们要重点做好六个方面的工作。一是要进一步加强对中共中央《通知》、全国政协《规定》和中共山西省委《决定》的学习、宣传，统一思想，确立共识。二是要制订执行《规定》的实施办法，结合实际，循序渐进，有计划、有步骤地将有关要求逐项付诸实践。三是健全执行《规定》的配套措施，按照《规定》的要求，使政治协商真正纳入党委和政府的决策程序。四是要继续在民主监督方面进行积极的探索，努力寻求新的突破，逐步完善民主监督的活动方式，使民主监督工作切实有效地开展起来。五是要通过广泛参与，进一步拓宽参政议政的领域。六是继续搞好与市政协的联手协作，在合作的课题上进行探索。

总之，我们要按照规范化、制度化的要求，在各个环节上逐步形成一系列可供操作的具体制度和措施，使政治协商、民主监督、参政议政在实际工作中取得明显成效。我们要积极探索，狠抓落实，认真做好推进履行职能规范化、制度化的各项工作，迎接省政协关于《通知》、《规定》和《决定》贯彻落实情况的大检查，迎接全省各级政协推进“两化”建设经验交流会的召开。

**5.加强团结，凝聚人心，积极维护社会稳定**

人民政协作为中国共产党领导的多党合作和政治协商的统一战线组织，具有大团结、大联合的显著特征。我们要努力发挥人民政协的独特优势，积极协助县委和政府不断加强社会主义民主政治建设、法制建设、精神文明建设和廉政建设；要认真研究改革开放新形势下出现的新情况、新问题，研究社会主义市场经济条件下，由于新的利益格局、利益关系的调整而引发的新问题、新矛盾，并做好疏通思想、化解矛盾、维护稳定的工作；要深入实际、深入群众、体察民情、反映民意，做好上情下达和下情上达的工作，向群众宣传党的主张和党在各个时期的重大部署，把党的正确主张和战略部署变成群众的自觉行动。同时，还要经常同各民主党派、各族各界群众交心，把他们的意见、建议、要求向党委反映上来，使党委发现问题及时，掌握动态敏锐，以便于驾驭工作全局。要进一步贯彻落实党和国家的民族、宗教政策，加强民族团结，同民族宗教界人士广交朋友，坦诚相见，真诚合作。总之，政协工作要通过务实创新的工作方法，与县委、政府工作部署、工作思路紧密合拍，为我县的改革、发展创造一个稳定的社会环境，把全县人民的意志和力量凝聚到县委部署的经济发展和社会进步的目标上来。

在努力完成好上述五项重点工作的同时，我们还要积极响应市政协的倡导，开展好三项活动：

(1)开展好政协提案的争先创优竞赛活动。提案是政协委员和政协各参加单位参政议政的最直接、最有效的方式，也是党和政府密切联系群众，了解各界人士意见、建议，实现决策民主化、科学化的一条主要渠道。全体政协委员、各民主党派、工商联、各人民团体,都要认真学习党的路线、方针、政策,大兴调查研究之风,深入基层、深入实际,就实施"九五"计划和2010年远景目标纲要以及人民群众普遍关心的热点问题,在调查研究的基础上,多提提案,努力提高办案时效和质量,切实把办理提案当作发挥政协职能作用的一项重要工作去落实。

(2)开展好祖国统一联谊工作。团结海内外一切爱国力量,为实现和平统一祖国、振兴中华的总目标而奋斗是新时期爱国统一战线的根本任务之一。我们要进一步发挥人民政协联系广泛的优势,开展各种海外联谊活动,促进两岸交流。一要继续组织政协委员和三胞三属深入学习江泽民总书记关于台湾问题的重要讲话和中共中央关于祖国和平统一的一系列重要政策,揭露和谴责李登辉依仗国外势力分裂祖国的罪恶行径,进一步增进共识,坚定统一祖国的信念。二要积极拓展海外联络和三胞三属联谊工作,要通过开展文化、学术、经贸等多种形式的民间交往,沟通思想,联络感情,增进相互之间的了解和友谊,促进两岸联谊活动的进一步发展。三要大力宣传我县吸引台港澳同胞和海外侨胞来投资的优惠政策,做好来访三胞的接待工作,积极为"三引进"牵线搭桥。四是要热情支持和帮助三胞三属利用外资兴办各种经济实体,发展经济。

(3)进一步搞好政协机关自身建设。政协机关是政协工作的载体,是组织、协调、联络政协各项工作的办事机构,为此,必须进一步抓好机关自身建设,要结合深入开展最佳服务机关活动,围绕人民政协基本职能,进一步制定、充实和完善有关规章制度,使政协工作更趋制度化。要进一步活跃各专门委员会的工作,充分发挥各专门委员会的作用。要进一步提高主席会、常委会参政议政的水平。参加政协的各党派、各团体和各界人士要充分发挥人民政协的优良传统,在重大原则上始终同党中央保持一致,坚持共同基础上的团结合作。政协委员要经常开展自我学习和自我教育,进一步认清形势,统一认识,自觉地为当前党和国家的中心任务服务,做一名尽职尽责的委员。要依靠全体委员的积极性和创造性,发挥政协的整体功能,即全体委员的参与,全部优势的发挥,全面工作的活跃,全新形象的塑造。政协机关工作是直接为政协委员服务的,要进一步提高机关工作人员的素质,增强服务意识,发扬主动精神,转变工作作风,提高工作效率,形成一种团结进取、奋发向上、廉洁勤政、热情服务的新风气。

各位委员、各位同志,当前正处在承前启后、继往开来的重要历史时期,我县跨世纪的发展蓝图,鼓舞人心,催人奋进。让我们在省、市政协的指导和中共长治县委的领导下,紧密团结在以江泽民同志为核心的中共中央周围,坚定不移地贯彻执行党的基本理论、基本路线和基本方针,实现最广泛的大团结、大联合,围绕中心,服务大局,振奋精神,开拓创新,积极投身到实施赶超战略的热潮之中,为促进我县"九五"计划和2010年远景目标纲要的实现,奉献出我们全部的力量!

## 第五次会议

### 会议概况

政协长治县十一届五次会议于1997年3月25日至27日在县城召开。85名委员参加了会议。县委、县人大、县政府、县纪检委领导出席了会议。驻县市政协委员、历届政协的老领导、政协老委员联谊会成员、县直各单位负责人及全县各界人士共91人应邀列席了会议。

县委书记王虎林在会上作了重要讲话。

政协副主席张贵祥代表政协长治县十一届常务委员会作工作报告。报告对四次会议以来的工作进行了回顾;对1997年的工作提出了要求。

政协副主席张守孝代表政协长治县十一届委员会作《关于十一届四次会议以来提案工作情况的报告》。报告指出,截止到本次会议召开前,提案委员会共收到提案76件,经审查立案73件,作为意见或建议送有关部门参考办理的3件。在承办单位的积极努力下,73件提案全部办理完毕,办复率为100%。政协副主席傅怀珠作《关于政协长治县十一届委员会五次会议提案征集和审查情况的报告》。报告指出,截止3月27日止,提案委员会共收到提案82件,经认真审查,已立案79件。与会人员列席了十一届县人大五次会议,听取并讨论了县长柴守忠作的《政府工作报告》和其他报告。

会议增选贾圪堆为县政协副主席,裴秋虎为县政协常务委员会委员。

会议通过了政协长治县十一届委员会五次会议政治决议、常委会工作报告决议和提案委员会提案工作报告决议。

县政协主席郝审成致闭幕词,会议胜利闭幕。

## 政协工作报告

### 十一届委员会常务委员会工作报告

1997年3月25日

张贵祥

各位委员、各位同志:

我受政协长治县第十一届委员会常务委员会的委托,向大会作工作报告,请予审议。

#### 十一届四次会议以来的工作回顾

政协长治县十一届四次会议以来,在近一年时间里,常务委员会在县委的正确领导和县政府的积极支持下,在省、市政协的指导下,坚持以邓小平同志建设有中国特色社会主义理论和党的基本路线为指导,高举爱国主义和社会主义两面旗帜,抓住改革开放和社会主义现代化建设不断发展,社会主义民主政治建设稳步推进的大好机遇,紧紧围绕县委、县政府的工作中心,在各参加单位和全体委员的努力下,自觉服从服务于大局,选好角度,发挥优势,确实履行政治协商、民主监督、参政议政职能,务实、活跃、高效地开展工作,为促进全县改革开放、经济发展和社会稳定与进步做出了积极贡献。政协的各项工作呈现出生动、活跃的可喜局面,圆满完成了十一届四次会议提出的各项任务。

**1.围绕中心工作,开展调查视察,积极参政议政**

宏观献策是人民政协参政议政的根本任务之一,政协要履行职能就必须搞好宏观献策,而调查研究又是宏观献策的基础。近一年来,常务委员会围绕县委、县政府"三步走"的赶超战略和建设经济强县的奋斗目标,组织委员和邀请有关部门有针对性地选择了五个方面的课题,进行调查视察、分析论证、建言献策,为县委、县政府提供了决策依据。

(1)围绕农村提前达小康,进行了经济林发展状况的调查视察。1992年以来,为了建设经济强县,使农民尽快达小康，县委、县政府狠抓了种植业结构的调整。经济作物的种植面积由原来的2：8调整到3：7,经济林在我县有了较大发展。为了研究当前经济林发展中存在的问题,常务委员会组织部分农林界委员,邀请林业局、农业局等单位的负责人和专业技术人员,历时4天,对苏店、贾掌、西故县、荫城、西火、东火、师庄、北呈等八个乡镇的16个重点村进行了实地调查视察,针对性地提出了进一步加强经济林建设的五点建议,即要进一步提高认识,加强领导;坚持发展与提高并重,克服重发展、轻管理的倾向;提高科技含量,加快优质品种的更新换代;加强对种植户的技术培训,培养一批技术队伍;完善承包制,健全管理制度等,为县委、县政府提供了决策参考。

(2)围绕我县畜牧业上水平、上规模、上效益,开展了畜牧业发展状况的调查视察。去年6月13日—21日,县政协配合市政协,邀请农工部、农经委、农业局、畜牧局等有关部门的领导和专业技术人员,就我县畜牧业的发展现状,深入北呈、苏店、司马、郝家庄等乡镇进行调查视察。从这次调查视察的情况看,1995年全县生猪饲养量达到23.5万头，其中瘦肉猪占82.5%;1996年上半年瘦肉猪普及率为89.5%,基本上达到基地县建设的要求标准;养鸡79.8万只、大牲畜7375头、养羊41000只;全县涌现出11个养猪万头乡镇、50个养猪千头村、25个百头养猪场、2700户养猪规模户、6个万只以上养鸡场，县里实施的“1435”畜牧工程已初见成效。由于畜禽产品直接靠市场驱动,当时我县生猪生产下降幅度较大。针对宏观调控乏力、畜产品深加工和流通严重滞后、市场经济运行机制尚未形成、小生产与大市场接轨机制不健全、屠宰定点少农民不方便、基地县建设资金不配套等问题,我们向县委、县政府提出五点建议:一是加大宏观调控力度,力求畜禽生产持续稳定发展;二是大力推进畜牧产业化进程;三是积极鼓励引导发展畜禽产品深加工,建立畜牧业绿色食品基地;四是推广科学饲养、建立育种基地,加强畜牧兽医队伍建设;五是尽快落实基地建设配套资金,发展规模畜牧业。这些建议,得到了县委、县政府的重视。

(3)按照省、市政协部署,开展了财政税收情况的调查。为贯彻中央和省委经济工作会议精神,坚持稳中求进,推动全省经济持续、稳定、健康发展和社会进步,省委委托省政协统一组织领导,在全省范围内开展振兴我省财政的调查研究工作。从宏观角度了解各县(市、区)近几年来的财政税收完成情况,总结经验教训,寻找潜在财源,确保财政收入任务的完成,为振兴全省财政献计献策。常务委员会组织经委、财政、地税、国税、工商联等单位,认真开展了财政税收调查工作。调查表明:我县从1994年财税体制改革来,财政收入平均以37.49%的高速度递增,年年超计划完成。1996年我县财政收入完成8777万元,除支出外实际结余资金170余万元,比前几年有较大好转。但从总体来着,我县财政仍属“吃饭”财政,形势喜中有忧。调查视察之后,经过分析研究,我们报送了题为《关于我县财税情况的调查报告》并提出六点建议:①制定财政税收计划,一定要从实际出发,既要积极又要有余地,切不可使企业税负过重,缺乏发展后劲;②积极组织技术、资金,培植新的经济增长点,开辟新的财源;③进一步加强《税法》宣传工作,严厉打击偷、骗、抗税的不法行为;④强化税收征管和稽查工作,做到应收尽收;⑤加大监督管理力度,杜绝跑、冒、滴、漏;⑥做好各方面的协调配合工作,确实管好预算外资金。

(4)开展了精神文明建设情况的调查。为加强我县精神文明建设,使其与经济建设同步发展,我们同宣传部、政法委等有关部门,于8月对锅炉厂、南宋乡永丰村、教育局、计生委、公安局、税务局等窗口单位和行业进行了为期4天的调查。同时,还对部分政协委员和各界人士代表进行了精神文明建设问卷调查。在汇总调查意见和实地调查情况的基础上,我们从反腐倡廉、规范文化市场管理、破除封建迷信活动等方面提出了建议和意见。

(5)围绕人民群众普遍关心的热点问题开展调查视察。人民群众普遍关心的热点问题,最直接地反映着他们的情绪和要求。近一年来,常务委员会对人民群众普遍关心的勤政廉政建设、市场物价管理、假冒伪劣产品、生猪屠宰和卫生检疫、环境保护等问题,先后组织人员进行调查,及时向县委、县政府反映社情民意。

同时,政协各参加单位和委员积极通过提案履行职能。十一届四次会议以来,提案委员会共收到委员提案76件,立案73件,总数比上一年度有较大增加,提出提案的委员达96人次,占委员总数的90%以上,多数提案有分析、有建议、有对策。

一年来,常务委员会主动发挥职能作用,积极参与县委、县政府大事要事的协商、研究、决策和实施。在组织各项调查视察活动中,注意抓住县委、县政府工作中的重点、难点问题和群众普遍关心的热点问题,集中力量和时间在调查研究的深度、广度上做文章,并进行充分的分析、论证和协商,力求提高实效性,使所提建议和意见具有较高的参考价值。由于我们尽量做到准确,从而使所提意见和建议与县委、县政府的决策思路和工作部署相合拍。近一年来,我们共组织规模较大的调查视察活动6次,深入到农村、机关、企业进行的调查视察达60余人次,涉及工业、农业、财贸、精神文明建设等各个方面,写出理论文章和调查报告26篇,提出意见和建议74条,多数被采纳,从而有力地促进了全县两个文明建设的健康发展。

**2.发挥政协优势,勤奋务实工作,搞好微观服务**

宏观献策与微观服务相结合,是政协工作的一项开创性经验。常务委员会本着"认认真真尽职,诚诚恳恳帮忙,切切实实地开展各项活动"的原则,选好角度,找准位置,既重视宏观献策议大事,又注重微观服务办实事,从而进一步增强了政协工作的活力。

工业界委员围绕工业增产增效,全力帮助企业提高经济增长质量。政协副主席陈一评同志,经常深入到工厂、车间,帮助企业解决生产中的技术难题,并以技术信息为内容,积极为企业推荐新产品、新技术,受到了企业和工人们的好评。政协委员,长治县雄山煤炭企业集团董事长兼总经理王山虎同志大胆改革、锐意进取,筹资650余万元,仅半年时间就启动了已倒闭五年之久的钛白粉厂,解决了150多人的再就业问题,为地下企业向地面企业发展创出了一条新路子。

农林界委员围绕农业增产增收,全力参与农田水利基本建设和农业综合开发。政协副主席、县委统战部部长张贵祥同志,在去年的农建中,担任全县农建副总指挥兼第一战区司令。他深入基层协调指导,和乡村干部一道制订工作计划、确定工程重点、宣传发动群众、巡回检查督促。不论是星期天还是节假日,一心一意扑在工作上,所包战区7项重点工程被县里评为样板工程,多次迎接了国家、省、市的农建检查,圆满地完成了县委、县政府交给的任务,为我县再次夺得"禹王杯"作出了积极努力。关扎根委员长年战斗在农业生产第一线,坚持科技兴农,大抓示范推广,把农业科学技术亲自送到田间、送到农民手中,为我县农业综合开发做出了显著成绩,受到领导和群众的好评。

科技界委员围绕实用技术推广,积极实施"科教兴县"战略。政协常委李清文同志,为把科学技术转化为生产力,振兴我县经济,积极参与了科学技术成果转化和实用技术推广。他先后奔波于北京、太原等地,为我县争取到国家和省、市"火炬计划"和"星火计划"5项,引进科技拨款和贴息贷款900多万元。政协常委部家珍同志积极实施三项“金桥工程”，下乡送技术3175人次，培训农民技术骨干3189人次，赠送技术书籍和资料2万余份，推动了我县“一户一个明白人，十户一个技术员，百户一个农艺师”工程的实施。

文教界委员围绕素质教育，积极推动我县精神文明建设。政协副主席、一中校长花明新同志，认真贯彻“科教兴国”战略，狠抓素质教育，在改革教学方法、提高教学质量方面取得了新成绩。1996年县一中经省教委验收为省级德育示范校，为国家输送大中专学生172名，在全市名列前茅。政协副主席傅怀珠同志新创作的潞安鼓书《牛年说牛》，今年春节，在北京、广州、山西等九省、市电视台同时播出，潞安鼓书《声声唱给城建人》小品《红花秧歌队》等作品也先后在省城太原和长治市专场演出。卫生医疗界委员，特别是政协常委、县一院副主任医师范志同志，不辞劳苦，连续多年参加了政协同民政局联合组织的义务巡回医疗，为老红军、军烈属、孤寡老人、离退休政协委员认真诊病治病，送医送药，受到群众的好评。政协常委、太行玛钢厂厂长牛志忠和县书法协会副主席申有宝委员出资举办了“1997迎春书法研讨笔会”，活跃了人们的业余生活，丰富了县城的文化活动。

政协副主席、县工商业联合会会长张守孝同志，积极做好非公有制人士的思想政治工作，推动了我县“光彩事业”的实施。他深入到农贸网点和私营企业当中，为非公有制经济人士提供政策、法律上的帮助，积极开展“团结、帮助、引导、教育”工作，发现和培养了一批勇于开拓、善于经营、爱国、敬业、守法，积极投身“光彩事业”，热心社会公益事业的先进典型。大峪煤矿矿长郭孝科同志捐款4000元、苏店电器元件厂厂长王保珍同志捐软1000元，资助屈家山屈小利等10名因家境困难而辍学的小学生重返校园，并将资助这些学生到初中毕业；民营企业荆屹道营口车队经理赵国祥同志捐款2000元，为县实验小学购置爵士鼓一套；东苗木器厂厂长陈全有同志向东苗幼儿园捐助新桌凳20套，价值2000余元。在这些先进典型的带领下，全县出现了一个非公有制经济人士以捐资修路、兴办公益事业为荣的新局面。

**3.贯彻《规定》、《决定》，形成三方合力，推进“两化”建设**

为进一步坚持和完善中国共产党领导的多党合作和政治协商制度，1995年初，全国政协作出了《关于政治协商、民主监督、参政议政的规定》，中共中央下发了《通知》，省委印发了《关于进一步加强人民政协工作的决定》。《通知》、《规定》、《决定》等文件的不断落实，使政协工作逐步走上了规范化、制度化的轨道，人民政协的作用得到更加充分的发挥。十一届四次会议以来，常务委员会把贯彻《通知》、《规定》、《决定》作为大事来抓，有效地促进了我县政协工作的规范化、制度化。

县委、县政府的大力支持为政协工作规范化、制度化提供了有力保证。《通知》、《规定》、《决定》下发后，县委、县政府对贯彻政协“两化”建设工作十分重视，认真落实《规定》、《决定》，把政协工作纳入决策程序，大事要事协商于决策之前。县委、县政府确定一名领导联系政协工作;政协主席列席县委常委会议；政协副主席参加政府、人大有关会议；县委和县政府领导亲自参加政协有关会议；政协干部与党政干部一视同仁，纳入双向交流;对政协重要建议、函件的批复;接受政协的民主监督，聘请政协委员担任特聘纪检员、监察员、检察员、审计员、督导员等形成了制度，并采取多种办法让政协知情出力，从而使《规定》、《决定》落到了实处。

要搞好政协工作需要有良好的外部条件和环境，但政协自身的积极性、主动性和创造性更是内在因素。一年来，常务委员会认真组织委员学习《通知》、《规定》、《决定》，深刻领会精神实质，进一步加深了对新时期人民政协工作性质、地位、作用的认识，增强了工作的参与意识，提高了履行职能的积极性。在具体贯彻落实中，常务委员会主动请示、主动汇报、主动宣传、主动沟通，形成了县委、政府、政协三者抓“两化”建设的合力。

由于县委重视、政府支持和政协全体委员的共同努力，有力地推进了规范化、制度化建设，做到了思想、工作、条件三到位。政协的作用得到充分发挥，团结协调的功能得到了施展，政协的各项工作见到了实效，有力地促进了我县改革开放和经济建设的健康发展。

**4.搞好自身建设，增强整体素质，提高办事效率**

政协机关是政协工作的主要载体，是组织、协调、联络政协各项工作的办事机构。加强政协自身建设，提高政协队伍的整体素质，是新形势下开创政协工作新局面的重要保证。一年来，常务委员会从提高政协机关的整体功能入手，狠抓了政协队伍的自身建设。

(1)坚持用邓小平同志建设有中国特色社会主义理论和党的路线、方针、政策，武装机关工作人员的头脑，组织学习全国政协《规定》和山西省委《决定》并选派6名同志到市委党校和有关部门举办的专业培训班学习，从整体上提高了机关工作人员的政治业务素质。

(2)继续坚持和完善了机关工作岗位责任制，把政协工作的软指标硬化，硬指标量化，做到了人人头上有指标，个个身上有责任，从而较好地调动了机关人员的工作积极性和创造性。经济委员会发挥自己的优势，主动参与了食用菌栽培技术在我县的推广示范工作。政教文史资料委员会发挥自身特长与县职业中学联合开办了为期三年的果树技术义务培训班。学习委员会积极开展反映社情民意工作，报送的《应防止青少年隐形文盲出现》等4条信息被市政协采用。祖国统一委员会和对台办一起，印发了江泽民总书记关于祖国和平统一论述的宣传材料4000余份，积极宣传江总书记提出的对台“和平统一、一国两制”的八项主张，反对任何制造“两个中国，一中一台”的图谋。提案委员会为规范提案标准，印发了《山西省办理政协提案的规定》等学习资料，提高了提案质量和提案办理质量。办公室克服了人手少、头绪多、涉及面广的困难，较好地协调了各方面的工作，为常务委员会和委员提供了周到的服务。

(3)开展了争创最佳服务机关活动。我们从机关整顿入手，狠抓作风建设，使机关干部进一步树立了为统战工作服务、为政协委员服务的思想，增强了勤政廉政意识，加强了组织纪律性，强化了全局观念，增进了同各部门之间的配合与协调。修订和完善了各项规章制度，规范了各委员会的工作职责，形成了良好的机关工作秩序。成立了信息服务中心，配备了专职人员，加强了同委员的联系，提高了办事效率，使机关建设取得了明显的变化。1996年，政协机关被县委评为建强县“模范单位”。

各位委员、各位同志，过去的一年，常务委员会认真履行“政治协商、民主监督、参政议政”三项主要职能，围绕县委、县政府“三步走”的赶超战略和建设经济强县的奋斗目标，发挥政协优势，积极调查视察、建言献策、知情出力，做出了积极努力。回顾一年来的工作，我们体会到：政协工作要有所作为，必须服从服务于全县工作的大局；必须取得县委的重视和县政府的支持；必须从实际出发、认真选好角度、发挥优势、做到尽心尽职；必须加强同有关部门的配合、实实在在地为群众办实事。只有坚持做到这些，政协工作才会出现活跃可喜的局面。

过去的一年，我们的工作取得了一些成绩，但也存在着缺点和不足。譬如，如何进一步增强三方合力，如何最大限度地调动委员的积极性，如何提高建言献策的水平，如何才能把“两化”建设推向更高的境界等等。所有这些，都有待于我们今后在工作中不断改进、不断提高。

### （二）1997年工作要点

1997年是我国社会主义现代化建设进程中的重要一年。我国将恢复对香港行使主权，邓小平“一国两制”的伟大构想将变成现实，和平统一祖国将迈出十分重要的一步；中国共产党将召开第十五次全国代表大会，把建设有中国特色社会主义的伟大事业向新世纪全面推进。这是举世瞩目的两件大事。为做好今年的工作，县委、县政府已经确定了1997年全县工作的奋斗目标和主攻方向，这就是“继续创新四大战略、全力打好三大战役、突击抓好六项工程”。这不但是全县人民的共同任务，同时也是摆在我们政协委员面前的光荣使命。因此，我们要顾全大局、再接再厉、同心同德、开拓前进，把今年的工作做得更好。

1997年政协工作的指导思想是：高举邓小平建设有中国特色社会主义理论的旗帜，坚持党的基本路线、基本理论和基本方针，服从服务于全县工作的大局，继续推进政治协商、民主监督、参政议政的规范化、制度化，充分发挥人民政协在团结各界、协商问题、听取意见、协调关系中的重要作用，为我县物质文明建设、精神文明建设和祖国和平统一大业作出新的贡献。

1997年政协工作的重点是：继续加强爱国统一战线工作，促进在振兴中华、统一祖国共同目标下的大团结、大联合；充分发挥民主党派、无党派民主人士、人民团体和各界代表人士在政协中的积极作用，努力调动一切积极因素，团结一切可以团结的力量，协助县委和政府巩固与发展我县团结稳定的社会政治局面；发动与组织广大政协委员围绕实施“九五”计划与2010年远景目标规划和加强社会主义精神文明建设的决策，大力推进经济体制和经济增长方式的转变；按照县委、县政府“三步走”的赶超战略和建设经济强县的奋斗目标，选准角度，发挥优势，调查研究，献计献策；切实履行主要职能，努力探索新形势下做好政协工作的新途径。为此，常务委员会提出1997年度工作要点：

**1.加强学习，增强做好政协工作的责任感和使命感**

邓小平建设有中国特色社会主义理论，是全党全国各族人民团结奋斗的根本指导思想，是中华民族振兴和发展的强大精神支柱，是引导改革开放和社会主义现代化建设事业走向胜利的科学指南。邓小平同志关于统一战线与人民政协的一系列重要论述是建设有中国特色社会主义理论的重要组成部分，是新时期人民政协工作的理论基础和政策依据。我们要发扬人民政协自我学习的优良传统，积极组织和推动政协委员深入学习邓小平同志建设有中国特色社会主义理论，并同学习江泽民同志关于统一战线与人民政协的论述相结合，同学习中共十四届五中、六中全会，特别是将要召开的中共十五大精神相结合。通过学习，统一思想，增进共识，进一步坚定建设有中国特色社会主义信念，增强执行党的基本路线的自觉性，增强贯彻执行中国共产党领导的多党合作和政治协商制度的自觉性，增强作好人民政协工作的责任感和使命感。

**2.围绕县委、县政府工作中心，履行职能、建言献策**

调查研究、建言献策是履行政协职能的重要内容。我们要围绕“九五”计划和2010年远景目标纲要以及县委、县政府1997年的工作中心，针对经济和社会方面的重点、难点问题以及人民群众普遍关心的热点问题，如实现经济体制和经济增长方式的转变、实施“科教兴县”战略、加强农业基础地位、工交企业改革、财税征收管理、精神文明建设、勤政廉政建设、社会治安综合治理等方面，选择题目，有计划有组织地调查研究，为县委、县政府提供决策依据。各专门委员会和全体政协委员要根据自身特点，结合实际，自选题目，深入调查研究，提出可供参考的意见和建议，努力提高调查视察的实效和质量，使所提意见或建议符合实际，具有可行性和可操作性，收到实际效果。要进一步做好提案工作，努力提高提案质量和提高办理质量，使政协提案在政治和经济生活中发挥更大的作用。

**3.进一步推动政协工作规范化、制度化**

规范化、制度化建设是改革开放的新形势，对政协工作的客观要求。在“两化”建设方面，我们必须发挥自身的积极性、主动性和创造性。一是要进一步加强对中共中央《通知》、全国政协《规定》和山西省委《决定》的学习、宣传，统一思想，达成共识；二是要结合实际，有组织有计划把政治协商、民主监督、参政议政引向深入；三是要进一步完善民主监督的活动方式，使民主监督工作切实有效地开展起来；四是要主动接受省市政协的工作指导，搞好同兄弟县(市、区)政协的联谊与协助，总结经验、扎实工作，把人民政协工作提高到一个新水平。

**4.发挥优势，努力开展微观服务办实事活动**

微观服务办实事，是新时期基层政协工作的重要内容。我们要发挥政协参加单位和全体委员的人才、智力、精力和联系广泛等优势，做到“两头”到位，把微观服务办实事活动推上一个新台阶。一是要积极主动接受党委和政府的委托，认真做好每一项具体工作；二是围绕某项产业，组织、支持有条件的委员同有关部门和社会力量结合起来，搞好服务；三是继续组织有条件的委员对部分困难企业、困难职工进行帮扶；四是组织广大政协委员和各参加单位，为全县的贫困户、后进村改变面貌多做实事；五是以“净化社会环境”和维护社会稳定为内容，组织委员积极开展为社会主义精神文明建设作贡献活动；六是大力推动“光彩事业”的实施，促进经济发展与社会进步。与此同时，我们要继续在全体委员中深入开展“六个一”竞赛活动。

**5.完善制度、改进作风，继续加强政协的自身建设**

加强自身建设，是适应新的形势与任务，更好地服务大局的需要，也是切实履行政协职能的重要条件。因此，政协委员要保持与群众的密切联系，经常反映群众的愿望和要求。要加强学习，充实知识，了解国家的重大方针和法律、法规，了解县委、县政府的工作重点。要认真履行委员职责，积极参加政协组织的各项活动，努力提高自身素质，不断提高参政议政水平。

政协机关是承担政协工作的组织、参谋、服务和后勤保障的办事机构。为此，今后要继续搞好政协机关的思想建设、组织建设、作风建设和制度建设。一是要狠抓机关工作人员的政治学习和业务学习，不断提高自身素质，使每个工作人员懂理论、懂政策、会办事、讲效率；二是要结合政协干部双向交流制度的落实，进一步加强机关干部队伍建设，增强政协机关的整体服务功能；三是不断完善政协机关的规章制度和岗位责任制，进一步加强机关制度建设；四是要深入开展争创最佳服务机关活动，充分发挥各专门委员会的作用，积极为政协委员了解情况、熟悉政策、扩大视野、参政议政当好参谋，搞好服务。从而使政协机关真正成为政协委员参政议政的园地，联系社会各界的桥梁。

**6.凝聚人心，继续巩固和发展团结稳定的政治局面**

举世瞩目的两件大事和改革开放的新形势，给政协工作提出了更新更高的要求。我们要认真贯彻“长期共存、互相监督、肝胆相照、荣辱与共”的方针，加强同参加政协的各党派、各团体和各族各界代表人士的联系，充分发挥他们的积极作用，切实做好协调关系、化解矛盾、增进共识的工作。积极协助县委、政府贯彻执行国家的民族宗教政策,多渠道开展"三胞三属"联谊活动,宣传"一国两制"和平统一祖国的方针政策,围绕大目标、促进大团结,为巩固和发展我县安定团结的政治局面,作出新的贡献。

各位委员、同志们,1997年,是我县建设经济强县的关键一年,我们的任务更为艰巨,我们的责任更加重大。让我们继承邓小平同志的遗志,更加紧密地团结在以江泽民同志为核心的党中央周围,高举邓小平建设有中国特色社会主义理论的伟大旗帜,同心同德、群策群力、服务大局、扎实工作,为全面开创我县两个文明建设的新局面而努力,以实际行动迎接香港回归和中共十五大的胜利召开。

## 第十一节 第十二届委员会

政协长治县第十二届委员会共召开全体委员会议5次。

### 第一次会议

#### 会议概况

政协长治县十二届一次会议于1998年5月17日至20日在县公安局会议厅召开。会议的主要议程是:听取并审议政协长治县十一届委员会常务委员会工作报告;听取并审议政协长治县十一届委员会提案委员会工作报告;列席长治县十二届人民代表大会一次会议,听取并讨论《政府工作报告》及其他重要报告;选举政协长治县十二届委员会主席、副主席、常务委员;通过政协长治县十二届委员会一次会议各项决议。全县政协委员110名,除因病人事请假外实参加会议委员98名。县委、县人大、县政府、县纪检委领导出席了会议。驻县市政协委员,县政协历届退下来的主席、副主席、常委及县直各有关单位领导、政协各工作委员会主任、副主任共84人列席了会议。

17日上午,举行预备会议,由政协换届领导组成员、十一届政协副主席、统战部长张贵祥介绍大会筹备情况及十二届政协委员组成情况。通过本次会议的议程、日程、大会领导机构和工作机构,大会主席团由牛二锁、牛外则、申有宝、李水文、李平书、李安平、李振国、张守孝、张起山、张贵祥、张俊英、陈一评、宋平英(女)、宋安生、郝审成、赵怀忠、赵银虎、贾圪堆、常树毅、崔德胜、鲍金章、翟清则、裴福宏23人组成,秘书长为陈一评。

17日下午,政协长治县十二届委员会举行第一次全体会议。

政协长治市委员会副主席简世祥到会祝贺并讲了话。

中共长治县委书记王虎林作了重要讲话。

十一届县政协主席郝审成受县政协十一届常务委员会的委托,向大会作了常务委员会工作报告。报告对五年来的主要工作进行了回顾,并对今后工作提出了建议。

十一届县政协副主席张贵祥受县政协十一届提案委员会委托作了提案工作报告。县政协十一届委员会共收到委员提案392件,立案358件,参与提出提案的委员103人,占委员总数的95%,五年间每年提案的办复率达100%。多数提案有分析、有建议、有对策、为县委和县政府把握群众脉搏，了解社情民意，进行正确决策提供了重要参考。

18日，与会人员列席了县人大十二届一次会议。听取讨论代县长阎建书作的《政府工作报告》及其他有关报告。

19日，召开主席团会议，协商讨论了政协长治县十二届委员会一次会议大会选举办法及主席、副主席、常务委员候选人名单。会议选举贾圪堆为县政协十二届委员会主席，牛二锁、陈一评、张守孝、牛外则为副主席，牛二锁、牛外则、申有宝、李水文、李平书、李安平、李振国、宋平英(女)、宋安生、张守孝、张起山、张俊英(女)、陈一评、赵怀忠、赵银虎、贾圪堆、常树毅、崔德胜、鲍金章、裴福宏、翟清则为常务委员会常务委员。

30日，举行全体会议。政协副主席陈一评作政协长治县十二届委员会一次会议提案征集和审查情况的报告。听取通过政协长治县十二届委员会一次会议政治决议，常务委员会工作报告决议，提案委员会提案报告决议。新当选的政协长治县十二届委员会主席贾圪堆致闭幕词，会议在进行完所有议程后胜利闭幕。

## 政协工作报告

### 十一届委员会常务委员会工作报告

1998年5月17日

郝审成

各位委员：

我受政协长治县第十一届委员会常务委员会的委托，向大会作五年工作回顾和今后工作建设的报告，请予审议。

#### (一) 五年来的主要工作回顾

政协长治县第十一届委员会从召开第一次会议到现在，已经历时五年了。五年来，县政协十一届委员会，在中共长治县委的领导下和在上级政协的指导下，坚持以邓小平建设有中国特色社会主义理论和党的基本路线为指导，认真学习中共十四、十五大精神，积极贯彻以江泽民同志为核心的中共中央关于政协工作的决策和指示，紧紧团结和依靠全体委员，高举社会主义和爱国主义两面旗帜，牢牢把握团结、民主两大主题，不断巩固和发展爱国统一战线，在继承和发扬历届政协好传统好作风好经验的基础上，切实有效地履行政协职能，努力使县政协成为县委团结各界协商问题、听取意见、协调关系的重要渠道，并在宏观献策、微观服务和拓展政协工作领域等方面都取得了新的成绩，从而使十一届政协工作成为我县政协历史上最好的时期之一。应当说，十一届政协任期的五年，是开拓前进的五年；是不断推进政协职能规范化、制度化，使政协工作积极、稳步、活跃、有序向前发展的五年；是服从服务于工作大局，为促进全县经济发展和社会进步作出积极贡献的五年。通过五年努力，我县政协工作迈上了一个新台阶。主要表现在：

**1.围绕中心服务大局，积极开展调查视察，在建言献策上取得了可喜成效**

根据中共中央和全国政协关于“对国家和地方的大政方针以及经济、政治、文化和社会生活中的重大问题，要在决策之前与政协进行协商”的要求，本届政协充分运用全委会议、常委会议、主席会议和专题协商座谈会议等形式，对全县的重大问题进行协商讨论，在政治上对我县的全局工作提供具有广泛民主基础的支持。五年来，我们重视开好每年一次的全委会议，认真听取和讨论《政府工作报告》及其他重要报告；在常委会议、主席会议上，分别就学习贯彻十四、十五大精神和县委有关会议精神，就每年的《政府工作报告》征求意见稿，就我县制定的国民经济和社会发展计划征求意见稿，以及建设全省经济强县，实施科教兴县战略和加强社会主义精神文明建设等重大问题，在充分协商讨论的基础上，郑重地提了意见、建议；同时，我们还就我县经济形势、加强农业基础地位、搞好工业企业改革、勤政廉政建设、社会治安综合治理和重大人事安排等许多方面进行了专题协商讨论。有些意见和建议，对县委、县政府以及有关部门的决策起到了重要参考作用，有的还被直接吸收到有关文件之中。

五年来，本届政协本着围绕中心，服务大局的方针，根据县委、县政府作出的重大决策和确定的工作任务以及群众普遍关心的重要问题，结合政协自身的优势，年年有组织、有计划、有重点地选择课题，组织委员深入实际广泛开展了专题调研和视察调查活动。五年间，我们共组织规模较大的专题调研和视察调查活动34次，深入到全县20个乡镇146个行政村，48家厂矿企业，114个集贸网点，共计形成视察报告48份，提出意见和建议259条。其中，《关于视察我县农业产业化经营情况的报告》、《关于我县经济林发展状况的调查报告》、《关于对我县四乡镇九村经济发展现状调查的情况报告》、《关于对我县实施玉米战略和蔬菜种植情况的视察报告》、《关于对我县国有企业视察情况的报告》、《关于我县财政税收完成情况的调查报告》等，受到县委、县政府的高度重视。关于当前农村以家庭联产承包为基础的经营方式应尽快同商品经济大市场接轨的建议、关于实施“玉米战略”和扩大蔬菜种植规模的建议、关于加强生猪屠宰和卫生检疫管理的建议、关于加快招商引资促进三资企业发展的建议、关于发展“龙头企业特色县”和培植新的经济增长点的建议等等，被县委、县政府以及有关部门在工作中吸纳，并产生了很好的经济效益和社会效益。

提案是政协各参加单位和委员履行主要职能的重要形式。五年来，本届政协十分重视提案工作，并适应新形势的要求，努力提高提案质量和提案办理质量，充分发挥政协提案在政治、经济和文化生活中的作用。十一届一次会议以来，共收到提案392件，立案358件，总数比上一届政协有明显增加，提交提案的委员103人，占委员总数的95%，提案的办复率连续五年都是100%。多数提案有分析、有建议、有对策，为县委和县政府把握群众脉搏，了解社情民意，进行正确决策提供了重要参考。如《创造条件、繁荣经济、定集开市，促进城乡贸易的建议》、《应合理开发管好用好煤炭资源的建议》、《要抓好种子质量管理的建议》、《关于成立县城综合执法队的建议》、《县体校应附设初中班的建议》等一些提案，由于问题抓的准，办法建议可行，具有较强的操作性，因此，得到重视和采纳。

在过去五年多的时间里，由于广大政协委员以高度的责任感、强烈事业心努力履行职责，积极建言献策，所以在围绕中心服务大局方面取得了可喜成效，得到县委的肯定，赢得了社会的好评。

**2.选好角度发挥优势，找准位置多办实事，在微观服务方面做出了新成绩**

宏观献策议大事，微观服务办实事，是新时期人民政协的主要工作内容。五年来，常委会本着“认认真真尽责，诚诚恳恳帮忙，切切实实做事”的原则，在搞好宏观献计献策、提高参政议政水平的同时，动员和组织委员围绕县委和县政府的中心工作，富有成效地开展了微观服务办实事活动，从而使十一届政协工作充满生机和活力。

根据胡富国书记提出的“政协是一线机构,是实班子,政协委员是全劳力”的要求,本届政协积极参与了县委、县政府部署的各项中心工作。尤其是在农田水利基本建设、公路建设和重点工程建设中,身先士卒,率先垂范,既是指挥员,又是战斗员,为我县连续夺取省农建的“禹王杯”和市农建的“漳河杯”以及“全省修路先进县”等荣誉,作出了积极努力。我们还邀请省农科院谷子研究所研究员吴芳兰6名专业技术人员,先后来我县传授蔬菜种植、食用菌栽培、科学养禽养畜等新技术、新方法。还联系教育界的委员在县职业高中举办了五期果树栽培短期培训班,免费为学员提供教材和学习资料,深受农民朋友的欢迎。

与此同时,本届政协还注重发挥委员个人特长和其所在部门、单位的优势,动员和鼓励他们在岗位上选好角度,找准位置、多办实事。农林界委员,五年来,千方百计为农业增产,农民增收献计出力,普及和推广了模式栽培、配方施肥、立体种植、秸秆覆盖、地膜覆盖、节水灌溉,高接换优,科学养禽养畜等二十多项农业适用技术,力求使科学技术尽快转化为生产力,为我县粮食的稳产高产和林果畜牧业的发展做出了积极的贡献。经济界委员在帮助工业企业增产增效和提高产品质量方面,发挥人才优势,组织懂技术会管理的委员,深入工厂、车间、帮助企业解决生产中的实际问题。参加了洗衣机厂、锅炉厂等企业的股份制试点工作;为电力开关厂开发研制了三相断路保护器;为玻璃钢制品厂和飞华电器厂推荐了玻璃钢多功能罐车等产品。一些担任厂长、经理的委员,积极推进“两个转变”大胆进行体制改革,主动探索公有制的多种实现形式,努力开拓煤炭企业向地面企业发展的新路子。科技界委员围绕实施“科教兴县”战略,开展了多种形式的科技宣传和技术服务活动,先后为我县争取到国家、省、市“火炬计划”和“星火计划”5项,推广先进科技成果300多项,提供科技信息340多条,培训技术骨干5480人次,赠送技术书籍和资料2万余(册)份。

在建设物质文明的同时,本届政协鼓励和推动广大政协委员积极投身精神文明建设。教育界委员不断引深教育、教学改革,积极推进由应试教育向素质教育的转变,在为国家输送合格人才,为发展县域经济培养适用人才等方面付出了辛勤劳动和无私奉献。文艺界委员为繁荣文艺创作、活跃群众文化生活,创作了不少群众喜闻乐见的文艺作品。如《新编珍珠倒卷帘》,在第二届中国艺术节上获得大奖,潞安鼓书《牛年说牛》在全国九家省级电视台黄金时间同时播出;有些委员的书画作品在省、市展出中多次获奖,有的还被收录在《书画作品精品选》中;卫生医疗界委员,连续多年参加了政协同有关部门联合组织的义务巡回医疗活动,为老红军、军烈属、孤寡老人、离退休政协委员义务诊病治病、送医送药,深受群众的好评。

在推动“光彩事业”的发展上,本届政协认真做好非公有制经济人士的“团结、帮助、引导、服务”工作,多次深入个体私人企业和个体工商户中间,为他们提供政策、法律等方面的咨询和服务,发现和培养了勇于开拓、善于经营、爱国、敬业、守法,积极投身”光彩事业的先进典型。五年间,非公有制经济人士为助学、修路,赈灾共捐款50多万元,资助9名因家庭贫困而中途辍学的小学生重返校园,全县出现了一个非公有制经济人士以捐资助教兴办公益事业为荣的可喜局面。

五年来,我们还在广大政协委员中广泛开展了为改革开放和经济建设献一条良策,办一件实事,搞一次咨询服务,写一篇论文,推广一项新技术或新经验的“五个一”活动。五年间,委员们共献良策217条,办实事193件,提供科技咨询服务台360人次,撰写论文27篇,推广新经验、新技术136项,在发挥政协优势,多办实事方面做出了新的成绩。

**3.认真贯彻《规定》、《决定》,主动形成三方合力,在政协工作规范化、制度化建设上做出了新努力**

全国政协作出《关于政治协商、民主监督、参政议政的规定》,中共中央专门为此发出了《通知》,省委结合山西的实际情况下发了《关于进一步加强人民政协工作的决定》及其《补充规定》,我们正是抓住这些契机,认真贯彻《通知》、《规定》、《决定》,有效地推动了政协工作的规范化、制度化。

(1)争取县委重视、政府支持,形成良好的外部环境。纵观本届政协的五年,县委、县政府对政协工作十分重视和支持,做到了"思想到位,工作到位,条件到位"。政治协商职能的履行已逐步纳入党政决策程序,每年的《政府工作报告》和大事要事提交人大审议之前先在政协协商,决策执行过程中遇有重大问题先在政协广泛征求意见已初步形成制度;作为民主监督重要形式之一的委员提案,从提出到办理,也基本上纳入制度约束之内,有关部门还主动聘请政协委员担任,特聘纪检员、监察员、审计员、检察员、督导员和物价员直接参与了监督;参政议政职能的履行力度明显加大,工作更为活跃,县委、县政府各确定一名副书记、副县长负责联系政协工作,政协主席列席县委常委会议,副主席参加政府、人大有关会议,各专门委员会同相关部门实行了对口联系,加强了工作配合,政协机关干部与党政机关干部一视同仁、双向交流等均已落实。可以这样讲,经过本届政协五年的工作努力,县委、政府、政协三方抓政协工作的合力已初步形成,有效地促进了政协工作的规范化、制度化。

(2)发挥政协内部的积极性、主动性和创造性,形成了良好的内部环境。五年来,本届政协认真学习贯彻《通知》、《规定》、《决定》,不断落实省、市政协工作会议精神,进一步加深了对新时期人民政协工作性质、地位、作用的认识,增强了履行政协三项基本职能的积极性。在政协一些常委会、座谈会、茶话会上,邀请县委、县政府主要领导或有关领导通报全县情况,帮助委员了解全县形势,做到知情出力。在每次组织的调查视察中,注重选好课题,找准切入点。视察调查的内容大都选择县委、县政府在每年工作过程中需要不断作出重大决策、提出切实建议的题目。只有做到这些,政协工作才能同县委、县政府工作思路合拍,才能紧扣全县工作中心,也才能使政协工作的着力点与县委、政府的注意力更为契合,使所提意见和建议更容易被重视和采纳。

**4.巩固发展爱国统一战线,促进大团结大联合,为维护社会稳定和促进祖国统一做出积极贡献**

围绕大目标,促进大团结、大联合是十一届政协的重要工作。五年来,本届政协认真贯彻"长期共存、互相监督、肝胆相照、荣辱与共"的方针,牢牢把握团结和民主两大主题,通过联谊,座谈和谈心等形式,就统一战线内部问题和各种社会问题,同民主党派、工商联、各族各界人士,互通信息,交流思想、听取意见、增进共识。在开展的各项活动中,我们力求充分发挥各族各界人士的积极作用,特别是在每一次全委会议和常委会议上,鼓励委员围绕议题,畅所欲言,发表不同看法,活跃合作共事的氛围。在促进和维护社会团结稳定方面,我们通过举办中秋联谊会、春节茶话会等多种活动,弘扬中华民族的优良传统和爱国主义精神,增进了各界人士在爱国主义、社会主义旗帜下的广泛团结。我们还协助有关部门,积极宣传贯彻中国共产党的民族宗教政策,尊重在民族大团结下的信仰自由,重视发挥少数民族和宗教界委员的积极作用,并尽力协助解决一些实际问题。进一步疏通下情上达、上情下达的渠道,做了大量的协调关系、化解矛盾、增进共识、理顺情绪的工作,为维护团结稳定的政治局面,为我县改革开放和两个文明建设创造了良好的社会政治环境。

完成祖国统一大业,是全中华民族的共同心愿,也是人民政协肩负的历史重任。本届政协坚持运用多种形式,积极宣传贯彻"和平统一"、"一国两制"的基本方针和江泽民主席在1995年新春茶话会上关于

《为促进祖国统一大业的完成而继续奋斗》的讲话精神，把加强同各方面的联系，促进祖国统一作为经常性的重要工作，鼓励台属向在台的亲人发宣传资料和信件200余件，邀请在台人员来我县探亲访友、观光旅游，达30余人次，利用台资100万美元，扩大了联系与交往。大力宣传并坚持一个中国的主场，反对分裂，反对"台独"，反对制造"两个中国"、"一中一台"的图谋，为完成祖国统一大业做了许多有益的工作。

**5.适应形势发展需要，不断加强自身建设，在提高效率搞好服务方面有了新进步**

加强政协自身建设是新形势下社会主义民主政治建设不断发展不断完善的客观要求。五年来，本届政协把自身建设当作更好地服务大局的基础性工作来抓。一是按照"讲质量、讲效率、讲规范、讲协作"的要求，以搞好服务，当好参谋为目标，全面加强了机关建设。通过开展讲学习、讲政治、讲正气和创建文明机关活动，倡导和弘扬了敬业精神、服务精神、协作精神、务实精神和创新精神。使政协机关的思想建设、组织建设、作风建设得到加强，机关干部的政治素质和业务素质得到提高，二是从增强政协内部的凝聚力着手，狠抓了政协自身主动作用、委员整体作用的发挥和政协机关服务功能的提高。因此，在政协领导班子、政协委员和政协机关工作人员中间构架了一种关系融洽、同心同德、埋头苦干、奋发向上的精神状态，成为政协能够主动发挥作用并做好每项工作的力量源泉。三是坚持把推进履行职能的规范化、制度化，作为加强自身建设的一个工作重点，进一步建立健全了学习制度、考勤制度、考绩制度、各委员会工作制度等各项规章制度，从而调动了每位工作人员的工作积极性。四是发扬历届政协的好传统好经验好作风，采取举办报告会、委员培训和编发学习资料等多种形式，积极组织和推动委员在自愿基础上学习马列主义、毛泽东思想、邓小平理论，学习时事政治、业务知识和科技知识。我们给每位委员征订了有关报纸和刊物，帮助委员了解社会，扩大视野。五年来所形成的一批具有较强参考价值的建议、富有独到见解的发言稿、含有深刻思想性、针对性的视察报告，在省市政协获奖的论文和具有前瞻性和超前性的委员提案，从一定意义上讲都是反映了广大政协委员认真学习，联系实际、深入研究、敢献净言的结果。因此，几年来，政协机关多次受到县委和县政府表彰。

### （二）从实践中得到的启示和体会

过去的五年，县政协十一届委员会，经过全体委员的共同努力，取得了显著的工作成绩，但与党委的要求，与全国政协的规定和社会各界的期望，还有不小的差距。例如，在履行政协职能上有些环节还不够规范，存在一定的随意性，尤其是民主监督工作还比较薄弱；在发挥政协委员的主体作用和政协各界别的作用方面，还有不足；政协自身的宣传工作也还很薄弱。这些都需要今后在工作实践中不断加以探索、研究和改进。

现在，县政协十一届委员会已经完成了自己的任务。回顾过去五年的工作实践，我们深深感到，县政协十一届委员会之所以在工作中取得各方面的进展，从根本上说，靠的是邓小平理论的指导，靠的是以江泽民同志为核心的党中央的正确领导，靠的是县委、县政府的重视和支持，以及全体委员的共同努力和勤奋工作。同时，与各部门的积极配合，社会各界的理解和帮助也是分不开的。县委重视，政府支持，政协主动，形成三方合力是做好本届政协工作最基本，最重要的经验。就政协自身工作来讲，通过五年来的探索和实践，我们感到有以下几点启示和体会：

**1.必须积极进取，主动尽职，把握正确的政治方向**

人民政协根据宪法和政协章程的规定，就国家和地方的大政方针，经济与社会发展以及群众生活中的重要问题，在决策之前进行政治协商，并通过建议和批评实施民主监督，组织政协委员参政议政，这是我们国家在民主政治建设上的一大创造，也是我国社会主义民主制度的一大特色、一大优势。但是，由于人们对人民政协的性质、地位、作用的认识还没有完全到位，在政协委员和做政协工作的同志中，存在着难有作为的情绪。鉴于这种情况，县政协十一届委员会组成之后，就十分注意教育和引导委员加强学习，转变观念，要求全体委员和政协机关干部一定要认清形势，增强责任感和使命感，认真履行政协职能，用自己的实际行动为人民政协增辉添彩。政协领导班子要振奋精神，努力工作，积极进取，主动尽职，发扬政协的优良传统，保持政协的性质和特点，始终强调必须坚持党的领导，服从和服务于大局，必须注意从实际出发，加强同有关部门的配合，始终做到履行职能同社会主义民主政治建设进程相适应，同全县的中心任务和总体工作部署相一致，尽职而不越位，帮忙而不添乱，切实而不表面。这样，就使十一届政协的各项工作，在县委的领导下，沿着正确的方向富有成效地向前推进。

**2.必须深入实际、调查研究，提高参政议政水平**

政协履行职能，为县委和政府决策建言献策，它不仅需要有良好的愿望和饱满的热情，而且更要有严肃认真的科学态度。必须深入实际，进行周密细致的调查研究，切实把问题吃准吃透，才能做到言之有据，言之有物，具有科学性和超前性。过去五年，县政协十一届委员会提出的一系列重要建议和提案，之所以能够得到县委、县政府的重视，并产生较大的社会影响，正是我们在调查研究上下功夫而取得的结果。根据五年的工作实践，我们体会到，搞好调查研究，是有效履行政协职能，提高参政议政水平的重要方法和途径，是新的历史条件下做好政协工作的一项重要的基本功。调查研究必须求深度、讲实效，把握好三个环节：一是要紧紧围绕县委和县政府的中心任务，结合政协自身特点，从那些已经看准了的，条件成熟的、力所能及的事情入手，认真选择调研题目；二是要精心组织调查。在调查之前要组织委员认真学习有关文件和政策规定，邀请有关部门通报情况，使调查人员吃透“上情”，把握方向，明确调查的目的和任务。调查中，要深入了解情况，倾听各方面的意见和呼声，把“下情”吃准。调查后，要对所了解的情况进行认真分析研究，找出问题的症结，提出解决问题的办法；三是要切实发挥调研成果的作用，搞好调查报告的催促督办、信息反馈和跟踪服务工作。十一届政协对重点课题所做的一系列专题调查，都是遵循上述原则进行的，因而取得了较好的社会效果。

**3.必须坚持以团结、民主为工作主题，发挥优势，实现共同目标**

人民政协是中华民族大团结的象征。通过五年的工作实践，我们感到，政协作为爱国统一战线组织，一切工作和活动都要体现广泛联系，求同存异的特点，都把出发点和落脚点放到调动一切积极因素、团结一切可以团结的力量，实现现代化建设宏伟目标和统一祖国、振兴中华而努力奋斗上来。从我县来讲，就是要把各方面的积极性、创造性凝聚到贯彻落实县委、县政府的决策上来，同心同德，群策群力，为实现经济强县的共同目标而努力。

根据五年来的工作实践，我们认为，政协要做好增强团结、凝聚人心的工作，重点要把握好以下三个方面。第一，必须认真贯彻执行党的基本路线和统一战线的方针、政策，加强理论学习，不断增进共识，巩固和加强参加人民政协的各党派、团体和各界代表人士团结合作的共同政治基础。要不断总结经验，改进学习方法，适时组织形势报告会、情况通报会、学习座谈会，运用多种生动活泼的形式，达到统一思想，增强团结的目的。第二,充分调动和有效发挥各方面的积极性和创造性,为政协委员参政议政,献计出力创造条件,提供场所和舞台。要做好组织联络工作,向政协委员及其所联系的各界人士宣传有关改革开放和两个文明建设的方针、政策和基本任务,及时通报工作进展情况,使决策思路得到理解并支持县委、县政府的决策思路和工作部署,从而在思想上达成共识,在行动上形成合力。第三,充分发挥政协团结协调功能和民主渠道作用。随着社会主义市场经济体制的深刻变革,正确认识和处理新时期人民内部矛盾显得十分重要,必须保持和发扬政协的民主特色,既体现各界别和大多数人的共同愿望,又尊重并反映每个界别或少数人的特殊要求,协助党委和政府做好协调关系,化解矛盾的工作。十一届政协由于较好地把握了团结、民主两大主题,因此在维护全县团结稳定和活跃民主政治生活中发挥了应有的作用。

**4.必须注重实践、勇于开拓,积极探索做好新时期政协工作的新路子**

江泽民同志指出:"人民政协是实现共产党领导的多党合作和政治协商制度的重要政治形式和组织形式,是发扬社会主义民主的重要渠道。人民政协汇集了社会各个层次,各个方面的代表人士,也是一个高层次的智力库。"在新的历史条件下,我们做政协工作面临的重要课题和责任,就是要把人民政协人才荟萃,联系广泛,位置超脱及其所具有的政治优势充分发挥出来,使之转化为实现党的根本任务的强大力量。这就要求我们必须积极探索发挥政协整体作用的有效方法和途径。正是基于这种认识,本届政协提出了务实、活跃、高效地开展政协工作的总体思路,并对如何充分发挥政协职能作用的具体形式、方法等进行了积极探索。我们认为,政协要履行好职能,最基本的思路和方法是重视实践,在实践中探索,在实践中开拓,在实践中总结经验,用实践经验指导工作。本届政协根据这一思路和方法,大力倡导广大委员和政协工作者把学习理论、总结经验、推动工作结合起来,解放思想、实事求是,创造性地开展工作,逐步加深对新时期政协工作规律性的认识,不断推动各项工作向前发展。

## 对今后的五年工作的建议

各位委员,县政协十二届委员会正处于世纪之交,承前启后的重要时刻,是跨世纪的一届政协。中共十五大制定的宏伟目标为人民政协的发展提供了新的机遇,展示了广阔的前景,提出了更高的要求。今后五年,将是我县人民奋力实施中共长治县第八次党代会确定的建设高标准小康县和建设经济强县的奋斗目标的重要时期,也是我们以更大的力度推动政协工作规范化、制度化建设,适应新形势、探索新路子,作出新贡献,使政协工作取得新进展的重要时期。据此,建议今后五年政协工作总的指导思想是:高举邓小平理论伟大旗帜,坚持党的基本路线,基本理论和基本方针,服从服务于全县工作的大局,继续推进政治协商、民主监督、参政议政的规范化、制度化,充分发挥人民政协在团结各界、协商问题、听取意见、协调关系中的重要作用,为促进全县经济发展、政治稳定和社会进步做出积极的贡献。为此,提出以下几点建议:

**1.要深入学习邓小平理论**

邓小平理论是马克思主义在中国的新发展,是振兴中华民族的强大精神支柱。邓小平关于统一战线与人民政协的一系列重要思想,是建设有中国特色社会主义理论的重要组成部分,是新时期人民政协工作的理论基础、政策依据和科学指南。我们要积极组织和推动委员深入学习邓小平理论,要造成认真学习、民主讨论、求真务实的学风,密切联系改革开放、现代化建设和政协工作的实际,加深对邓小平理论基本观点、基本精神以及新时期人民政协重要论述的理解和掌握,不断增进参加人民政协的各党派、各团体和各族各界人士的共识，巩固合作共事的政治基础，增强贯彻执行党的基本路线和基本方针的自觉性，增强贯彻执行中国共产党领导的多党合作和政治协商制度的自觉性，以更加高昂的政治热情和科学态度，进一步做好人民政协工作。

**2.要围绕县委、县政府的奋斗目标参政议政**

政协应当适应新形势、新任务的要求，把实施县委、县政府的奋斗目标和各项任务作为参政议政的重要内容，要围绕县委、县政府的工作部署，有计划地组织委员精选题目，集中力量，深入开展专题调研，下功夫提出具有较高参考价值的意见和建议。要继续把反映社情民意作为履行职能的重要基础和关键环节，依靠广大委员，广辟信息来源，使政协的各项工作，各种活动都具有反映社情民意的意义。要改进提案工作，提高提案质量和提案办理质量，积极建言献策，更好地发挥政协在县委决策科学化、民主化过程中的重要作用。

**3.要积极推进履行职能的规范化、制度化**

切实有效地履行政治协商、民主监督、参政议政职能，是人民政协的重要工作，是发扬社会主义民主政治建设的必然要求，要按照中共十五大精神，根据国家政治体制改革和民主法制建设的总体部署，准确把握客观情况，积极而适时地推进民主政治建设。实事求是地开展履行职能的各项工作，积极主动地探索履行职能，尤其是开展民主监督工作的有效形式，不断探索创新，不断推进履行职能的规范化、制度化，使十二届政协成为县委团结各方面人士的重要渠道，进一步在团结各界，协商问题，听取意见，协调关系方面发挥重要作用。

**4.要坚持和发扬人民政协的优良传统**

牢牢把握团结、民主两大主题，认真贯彻“长期共存、互相监督、肝胆相照、荣辱与共”的方针，加强同参加政协的各党派、各团体和各族各界代表人士的联系，增进共识，求同存异，巩固和发展爱国统一战线在共同目标下的大团结，大联合，虚心听取，积极采纳来自统一战线各个方面的意见和建议，充分发挥政协作为各党派、各团体和社会各界参政议政重要场所的作用，进一步疏通上情下达，下情上达的渠道，巩固和发展全县团结稳定的社会政治局面。

**5.努力做好促进祖国统一的联谊工作**

实现祖国统一，是海内外全体中华儿女的共同心愿，香港回归祖国，标志着“一国两制”构想的巨大成功，同时增强了中华儿女最终实现祖国完全统一的信心，面对新的形势，人民政协应当把促进祖国的完全统一作为自己的历史重任，继续大力宣传“和平统一、一国两制”的基本方针和发展两岸关系，推进祖国和平统一进程的八项主张，进一步扩大同香港各界人士、澳门同胞、台湾同胞和海外侨胞的联谊，在维护香港的长期稳定繁荣，实现澳门的顺利回归，发展两岸的交流与合作，完成祖国统一大业中作出不懈的努力。

**6.切实搞好政协自身建设**

社会在发展，时代在前进。人民政协为了适应新形势的需要，必须努力搞好自身建设，发扬自我教育的优良传统。新老委员都要不断加强学习，充实知识，了解国家的重大方针和法律法规，努力提高政协委员的整体素质。要继续搞好政协机关的思想、组织、作风建设和制度建设，讲质量、讲效率、讲规范、讲协作，搞好服务，当好参谋，深入开展创建文明机关活动，进一步增强政协机关的活力。

各位委员，政协长治县第十一届委员会历时五年，现在已经届满。县政协十二届委员会即将产生。我们相信，县政协新一届委员会的工作一定做得更好。让我们高举邓小平理论伟大旗帜，更加紧密地团结在以江泽民同志为核心的党中央周围，在中共长治县委的领导下，同心同德，群策群力，为人民政协事业的不断发展，为实现县委、县政府提出的跨世纪战略目标做出新的更大的贡献！

预祝本次会议圆满成功！

## 三、贺词

### 在政协长治县十二届一次会议上的贺词

1998年5月17日

长治市政协副主席　简世祥

各位委员、同志们、朋友们：

长治县政协十二届一次会议今天开幕了。我能够参加这次会议，感到由衷的高兴，请允许我代表长治市政协和戴海水主席，向大会表示热烈的祝贺，向各位委员和全体与会同志致以诚挚的问候！

刚才王虎林同志作了很好的讲话，对开好这次大会以及做好新时期的政协工作提出了迫切的希望和要求，我完全赞成。县委、县人大、县政府、县纪委的领导同志都出席了今天的会议，表明各大班子对这次会议以及对政协的工作极大重视、极大支持、极大关怀。我们这次会议开在了全国贯彻十五大精神不断深入、不断进取、更加广泛的重要时期，开在了世纪之交。这届委员会三年在本世纪、两年在下世纪，这是我们这代人难得的机遇。所以这次会议非常之重要。我们就是要在世纪之交，把这次会议开成一个求实的大会、鼓劲的大会，开成一个把政协工作全面推向21世纪的动员大会，誓师大会。

长治县在全市来讲，有着丰富的矿产资源和人才资源，经济发展有着良好的基础。近年来，长治县委、县政府带领全县人民紧紧围绕经济建设中心，深化改革，扩大开放，在全县经济建设和社会各项事业中做出了很大成绩。长治县政协在过去五年来，积极推进履行职能的“两化”建设，围绕中心，服务大局，巩固大团结，发展大联合，积极反映社情民意，坚持微观服务办实事、宏观献策议大事，做了大量卓有成效的工作，对于长治县政协五年来的工作，市政协是满意的，也是认可的，尤其是一些工作在全市政协系统内走在了前头，提供了新的经验。长治县政协工作做得好，是县委的重视、政府的支持、人大的关照、政协委员的努力和社会各方面配合的结果。据政协同志讲，县委、县政府不论是重视支持政协履行职能，还是经费投入、配备干部以及改善工作环境，都尽了最大的努力。在此，我向大家表示衷心的感谢！

这次会议上，由于年龄等关系，部分老委员从岗位上退下来，他们顾全大局，以实际行动响应和执行党中央提出的新老干部交替政策，为大家做出了榜样，在此我代表市政协向他们致以崇高的敬意。

长治县十二届委员的构成，据政协同志们讲，数量增加，界别扩大，素质提高，年龄降低，结构更趋合理，吸纳了各界有识之士和社会名流，新增了改革第一线并具有丰富实践经验的企业家、经济人，真可谓人才济济、群英荟萃。这就给我们一种信心、一种希望。我们热烈祝贺大家荣任政协委员担当跨世纪参政议政的重任。我们充分相信，新的一届政协一定能够胜任承前启后、继往开来的历史使命，在跨世纪的征途上，做出新的、更大的贡献。会一如既往地走在全市的前列。

今后的政协工作面临着新的形势、新的机遇、新的挑战,这就要求我们每个政协委员以新的姿态、新的风貌加倍努力,勤奋工作,进一步增强使命感和责任感,牢牢抓住世纪之交的历史机遇,积极发挥自身的优势,紧密联系全县经济和社会发展中的一些重大问题,认真履行职能,大力推进民主政治建设。最近召开的全国政协工作会议突出了“民主、团结、求实、鼓劲”,这就要求每位委员要讲政治、讲正气、讲大局、讲团结、讲实话、讲真话;要具有敏锐的政治性和较强的民主意识;要有良好的精神状态;要有象朱镕基总理的那种一往无前精神,即使前面是地雷阵,是万丈深渊,也在所不惧,义无反顾,鞠躬尽瘁,死而后已。,我们要在人民政协的伟大事业中,真正体现自身的价值,无愧于时代,无愧于人民,无愧于组织。

各位委员、同志们、朋友们,让我们更高地举起邓小平理论的伟大旗帜,以中共十五大精神为指导,尽职尽责地把我们政协的事情办好。希望大家在县委的正确领导下,集中精力开好会议,顺利完成各项议程,真正开成一个团结的大会、胜利的大会,大会之后,取得更大的成绩!

预祝大会圆满成功。谢谢大家!

## 第二次会议

### 会议概况

政协长治县十二届二次会议于1999年5月16日至18日在县宾馆召开。全县110名政协委员参加了会议。县委、县人大、县政府、县纪检委的领导出席了开幕式。驻县市政协委员、历届县政协主席、副主席、常委、专委会负责人、县直各单位负责人、政协老委员联谊会成员等94人应邀列席了会议。

县政协副主席牛二锁受政协长治县十二届委员会常务委员会委托作常务委员会工作报告。

政协副主席张守孝代表政协长治县十二届委员会提案委员会作了《关于县政协十二届一次会议以来提案工作情况的报告》。到本次会议召开前夕,提案委员会共收到提案67件,经审查立案63件。从提案的整体情况看,随着改革开放的不断深入和社会主义民主政治建设的不断完善,委员的政治责任感大大加强,参政议政的民主意识大大提高,通过提案行使基本职能的积极性大大高涨。

政协副主席牛外则作政协长治县十二届委员会二次会议提案征集和审查情况的报告。截至5月18日,提案委员会共收到提案74件,参与提出提案的委员94人,占委员总数的90%。经提案委员会的审查,立案69件。

与会人员列席了县人大十二届二次会议,听取讨论了县长阎建书作的《政府工作报告》及其他重要报告。

会议通过了政协长治县十二届委员会二次会议政治决议、常务委员会工作报告决议和提案委员会提案工作报告决议。

政协主席贾圪堆致闭幕词，18日下午大会胜利闭幕。

## 政协工作报告

### 十二届委员会常务委员会工作报告

1999年5月16日

牛二锁

各位委员、同志们：

我受政协长治县第十二届委员会常务委员会的委托，向大会作工作报告，请予审议。

#### 十二届一次会议以来的工作回顾

换届以来，我县政协在中共长治县委的领导下，高举邓小平理论伟大旗帜，认真贯彻中共十五大和县第八次党代会精神，紧紧围绕全县工作大局，牢牢把握团结和民主两大主题，努力履行政治协商、民主监督、参政议政三项主要职能，各项工作呈现出了开局之年的良好态势，为促进全县的改革开放、经济发展和社会稳定做出了积极的贡献。

**1.围绕中心，建言献策，履行职能取得了新进展**

政治协商、民主监督、参政议政是人民政协的三项主要职能。一年来，县十二届政协常委会和全体委员，按照政协《章程》、中央《通知》和省委《决定》要求，以饱满的政治责任感和历史使命感，充分发挥政协班子和委员的作用，积极建言献策，认真履行职能，有力地促进了县域经济的发展和社会的全面进步。

开好政协全委会议、常委会议、主席会议，就事关全县的重大问题进行民主协商，是人民政协履行职能的主要形式。在政协十二届一次会议上，全体政协委员列席了县十二届一次人民代表大会，认真听取了阎建书同志所作的《政府工作报告》及其他重要报告。大家围绕全县政治、经济和社会发展中的重大问题，积极献计献策，广泛发表意见。在政协召开的常委会议、主席会议上，与会同志就科教兴县战略和实施人才战略、搞好国有企业改革和加快非公有制经济发展、加强党风廉政建设和加强社会主义精神文明建设等重大问题，郑重地提出了不少有见地的意见和建议，为县委、县政府的科学决策尽到了参谋作用。与此同时，县政协的各位主席、副主席、常委，还利用列席和参加县委、县政府及有关部门召开的各种会议之机，讲实情，道民意，进铮言，献良策。比如，为了正确分析经济形势，采取积极对策，县政协的各位主席，曾先后深入乡镇和企事业单位，进行专题调查，并有4位副主席先后走出山西到北京、山东、四川等地，调查市场，了解信息，写出了有独特见解的调查报告。在县委、县政府召开的经济分析会上，有3位同志分别作了中肯而有见地的发言，为消除亚洲金融危机的消极影响，扭转县域经济的滑坡提供了良策。

调查研究，建言立论，是政协履行职能的又一重要形式。一年来，政协十二届委员会努力适应新形势，积极探索新路子。在工作中，我们本着围绕中心，服务大局的方针，结合政协自身优势，有组织、有计划、有重点地选择课题，组织委员深入农村、工厂、机关，开展了五次深入细致的专题调研和视察活动。去年六月，县政协刚刚换届不久，我们就采用上下配合、条块结合、全面了解、重点剖析的方法，邀请政府办、农小办、农业局、工商联、国税局、地税局、乡镇局、工商局等有关单位参加，组织部分政协委员，对全县个体私营经济的发展状况进行了为期半个月的调查，并向县委、县政府报送了《关于视察我县个体私营经济情况的报告》。据此情况，县委、县政府及时召开了全县加快发展私营经济工作会议，进一步放宽了政策，优化了环境，加大了工作力度。紧接着，去年8月我们组织了20余位政协委员，深入人事、科技、教育、卫生、工交、财贸等部门和单位，就实施科教兴县战略和人才战略情况进行了认真的调查视察，进一步摸清了全县各级各类的人才底子，提出了“合理使用人才，加快培养人才，大胆引进人才”的新思路。去年9月、10月，我们还根据市政协安排，组织部分政协委员，两次就台属致富、发展庭院经济和农村合作医疗等问题，深入赵村、郝家庄、荫城、城关、苏店、柳林、师庄等乡镇进行调查视察。进入四季度后，为了加速培育龙头企业，推进农业产业化进程，我们又于11月份，组织经济界、科技界的政协委员和农小办、乡镇局、农业局、林业局、畜牧局等单位的领导同志和专家，先后深入到南宋果茶厂、城关糠醛厂、柳林陈醋厂、苏店造纸厂、县苗圃、振东蔬菜加工批发市场等单位，对涉农“龙头企业”及其技改项目进行视察调查，提出了《关于调整产业结构，培育龙头企业，推进产业化进程》的专题调查报告，及时报送县委、县政府和有关部门。除此之外，我们还组织发动政协常委、委员，利用工作之余撰写调研报告，报送信息。据初步了解，一年来县政协委员共撰写调查报告21篇，提出各种合理化意见和建议172条。

提案是政协委员履行职能最直接最有效的形式。一年来，我们共收到委员提案67件，参与提出提案的委员79人，占委员总数72%。经提案委员会审查立案63件，占提案总数的94%。提案内容涉及经济建设、公路交通、城建环保、社会治安等方面一些热点、焦点问题。由于情况吃得透，问题抓得准，建议切实可行，多数提案普遍受到承办单位的赞扬和高度重视，提案的回复率达到100%，落实率也比去年有较大幅度增加。

**2.发挥优势，开拓进取，微观服务做出了新贡献**

宏观献策与微观服务相结合，是人民政协直接参与社会实践的一条开创性经验。换届以来，新一届政协常委会，不仅把自己工作看做是调查研究的主体，而且当作是参与社会实践的主角。一年来，在探索政协工作新路子的实践中，我们注重引导委员联系本系统、本单位和委员身边的人和事，选好角度，找准位置，发挥优势，开拓进取，积极开展了微观服务办实事活动。

(1)从政协机关看，政协领导积极参与了县委、县政府的中心工作，主动深入所包乡镇和所包企业指导工作。县政协副主席陈一评同志，为了充分发挥科学技术在兴县富民中的重大作用，他在工作之余，牺牲了节假日，牺牲了休息时间，不看电视，不玩扑克，不下象棋，不聊天，终于设计出了新一代开关逆变式交流电力稳压器，并获得国家专利，现已初步与有关方面达成批量生产的意向。主席和其他副主席有的抓公路建设，有的抓企业改革，有的抓农田水利基本建设，有的还担任了县重点工程的总指挥，协助县委、县政府抓出了一批典型工程。副处级调研员、政协党组副书记张贵祥，因年龄关系，去年换届，从副主席的岗位上退了下来，但他时刻关心着全县的经济建设，多次同县政府有关领导跑长治，上省城，搞设计，列项目，终于使长陵商品公路成了全省公路建设的重点工程。之后，他又担任了长陵商品公路建设副总指挥兼拆迁协调组组长，整日奔波在40多里的工地上，做耐心细致的思想工作，使沿线的征地、拆迁、补偿工作提前完成，保证了工程近期开工。县政协副主席张守孝同志担任王庄铁路建设副总指挥，为铁路的顺利开通运营，花费了大量心血，流下了辛勤汗水。政协机关的同志们，还积极参加了羊头岭公园建设、全县农田水利基本建设、城南护城河清淤、打黄扫非、税收攻坚、百日禁毒等一系列活动，既活跃了气氛，又树立了政协新形象。

(2)从政协常委和政协委员来看，一年来，委员们在各自岗位上，围绕大局搞服务，立足本职办实事，做出了显著成绩。县政协常委翟清则同志在本职工作岗位上，围绕“农民健康工程”这一战略目标，在多渠道筹集资金完成县医院住院部大楼扫尾工程的同时，还筹资80余万元新建翻修了柳林、北呈、屈家山、八义、高河等五个乡镇卫生院，改善了基层卫生院医疗条件，改变了农民求医难的状况。政协常委常树毅同志积极实施科教兴县战略和可持续发展战略，先后深入20多个乡镇100余个行政村，利用农村庙会人员集中的场面，大张旗鼓地开展了“科技之春”、“科技与法”宣传活动，印发宣传材料30000余份，受教育人数达5万人次，整个科技宣传工作，走在全市各县(市、区)之首。政协常委、振东实业公司董事长李安平同志，以一个企业家的眼光与胆识，从一个作坊式小油站起步，滚动成为固定资产达2600余万元的民营股份制企业集团。现在已拥有3个子公司、18个加油站、2个油库、1个汽运队、2个餐饮部、1个停车场、1个打火机厂、1个汽配厂、1个印刷厂。1998年营业收入1.2亿元，上交税金235万元，成为个体私营企业的杰出代表。政协常委李平书、张起山同志，面对煤炭市场极度疲软的困难，千方百计抓销售、拓市场，为全县财政增收作出了新的贡献。

委员是政协工作的主体。一年来，常委会特别注重发挥委员个人的特长和其所在部门所在单位的优势，动员和鼓励委员在岗位上选好角度、找准位置、多办实事。政协委员李保富，思想解放，敢想敢干，走出了一条两个文明一齐抓，农村各业一齐上，依托集体经济，实现强村富民的新路子。他本人曾荣获“全省共产党员标兵”、“省特级劳模”、“省优秀农民企业家”等称号，被群众称为致富奔小康的“领头雁”。政协委员宋长生一手抓队伍建设，一手抓作风建设，带出了一支敢打硬仗、敢打恶战的工商管理队伍，端掉了加工劣质熟肉制品的黑窝点三个，查处了横河粮站在玉米中掺入贝壳粉等多起影响极坏的案件，维护了消费者的权益，树立了我县工商队伍的新形象。政协委员蔡金水、宋明生以“两基”教育为重点，积极推进由应试教育向素质教育的转变，为国家输送了一批又一批合格人才。政协委员常立新潜心研究、刻苦钻研医学技术，创建了我县第一家创伤骨科医院，以精湛的医术、高尚的品格、优质的服务治愈了一批又一批的伤病患者，赢得了社会的好评。农林界、经济界、科技界、卫生教育界、文艺界的委员，也都在各自的岗位上就推广农业新技术，帮助企业增产增效，繁荣文艺创作，活跃群众文化生活等方面，积极开展了微观服务办实事活动。

一年来，我们还在委员中间广泛开展了为改革开放和经济建设献一条良策、办一件实事、搞一次咨询服务、写一篇论文、推广一项新技术或新经验的“五个一”活动。1998年委员们献良策294条，办实事204件，提供科技服务420次，撰写论文36篇，推广新经验、新技术124项，发挥了政协“人才库”、“智囊团”的积极作用。

与此同时，我们还在政协委员和各界人士中，广泛开展了“光彩事业”献爱心活动。民营企业界的政协委员，在努力办好企业，自觉依法纳税的同时，还主动出力投资，帮贫济困，积极兴办公益事业，用“光彩事业”的实际行动，充分体现了充满感情的道德、道义行为和人身价值。民营企业家李安平，除一年为国家纳税230多万元外，还捐资20多万元，兴建东和乡办中学教学楼和改造本村电网，民营企业家郭玉兰也为东和乡办中学教学楼捐资2万多元。尤其是去年长江、松花江发生特大洪灾后，全县广大政协委员和各界人士，主动捐款捐物，支援灾区抗洪救灾。另外，县政协在春节期间，还会同民政局、卫生局等单位，组织县医院、中医院的政协委员、名医专家，到故县、八义等边远山区，义务送医送药，也受到了社会各界的好评。

**3.和衷共济，广交朋友，团结联合呈现了新气象**

围绕大目标，建立大联合，促进大团结，是人民政协的又一重要任务。一年来，十二届政协常委会，认真贯彻落实中共中央"长期共存、互相监督，肝胆相照、荣辱与共"的十六字方针，充分发挥人民政协团结和民主两大优势，在理顺情绪、沟通思想、协调关系、化解矛盾、增进共识、维护稳定方面，下功夫，做工作。

首先，我们切实加强了与党派团体的联系和沟通，通过联谊、座谈和谈心等多种形式，就统一战线内部以及社会热点问题，经常同民主党派、工商联及各族各界人士互通信息，交流思想。在全委会议、常委会议上，我们鼓励支持民主党派、工商联等团体以组织名义积极发表政见，提出建议。在民主监督方面，我们注重吸收和组织民主党派团体及其非中共人士，参与政协组织的监督评议和调研活动，请他们发表意见和看法。在促进和维护社会团结稳定方面，我们通过举办中秋联谊会、春节座谈会等多种活动，大力弘扬中华民族的优良传统和爱国主义精神，努力增进同各界人士在爱国主义、社会主义旗帜下的广泛团结。与此同时，我们还会同县委统战部等有关部门，组织开展了"宗教与社会主义"相适应的专题讨论，积极宣传贯彻中国共产党的民族宗教政策，重视发挥少数民族和宗教界人士的积极作用，为全县的改革开放和经济建设创造了良好的社会环境。

一年来，我们坚持共产党领导的多党合作和政治协商制度，特别注意团结各民主党派、工商联、无党派人士和各界人士一道工作，合作共事。坚持政协重要会议、重大活动邀请民主党派主要负责人参加，坚持同民主党派利用各种方式交流参政议政经验，共商振兴我县发展大计；坚持把民主党派的提案作为重要提案，实行高层动作；坚持把民主协商的原则贯穿于政协各项工作之中，形成了畅所欲言、生动活跃、民主团结的氛围。一年来，我们还特别注重非中共干部的培养和选拔，使一批优秀的党外干部走上县直单位和乡镇的领导岗位。完成祖国统一大业，是全中华民族的共同心愿，也是人民政协肩负的历史重任。一年来，我们坚持运用多种形式，大力宣传贯彻"和平统一"、"一国两制"的基本方针和江泽民主席关于《为促进祖国统一大业的完成而继续奋斗》的讲话精神，把加强同台胞台属联系，作为促进祖国统一的经常性重要工作，鼓励他们向在台人员寄发介绍长治历史沿革、文化名胜、风土人情和投资环境等宣传资料，邀请在台人员回家乡探亲访友，观光旅游。所有这些，都对扩大影响，促进交往，加深了解，增进感情起到了积极作用。

**4.适应形势，增强素质，自身建设上了新水平**

加强政协自身建设，是新形势下社会主义民主政治建设不断发展，不断完善的客观要求。新一届政协产生之后，面临的首要问题是如何开好局、起好步，出色完成十二届一次会议确定的工作目标和任务。换届之后，我们首先从强化班子建设、制定规章制度、建立新的秩序开始，全面启动了新一届政协的各项工作。

(1)强化政协常委会的作用。政协常委会状态如何，对政协各项工作的开展起着至关重要的作用。面对新形势、新任务、新情况，政协常委会明确提出：新一届政协常委，一定要从自身做起，加倍努力，勤奋工作，在开拓中前进，在前进中开拓。按照这一指导思想，我们从思想、作风、组织三个方面，切实加强了常委会的自身建设。在思想建设方面，坚持用邓小平理论统一思想、指导工作，通过政协党组成员带头学、政协常委集体学、委员小组集中学、工作之中挤时间学等形式，不断深化了对邓小平理论的认识。在学习过程中，各位常委充分显示了率先垂范作用，大家带头在实践中学习，在学习中提高。在组织建设方面，我们突出强调了规范化，制度化建设，及时修订了常委会议、主席会议等会议制度，明确规定每年要开好全委会议、一季召开一次常委会议、一月召开一次主席会议，一周一次办公会议，并划分了委员学习小组，确定了委员学习日，设置了专门委员会，任命了专委会主任、副主任，充实了专委会办事人员。通过这一系列的工作，初步建立了政协工作新秩序，为开好局、起好步，提供了重要的组织保证。在作风建设方面，总结经验、深入调查研究，我们坚持在创新上下功夫。一年来，突出抓了四个重点课题：一是如何用邓小平理论指导政协;二是如何围绕中心服务大局；三是如何从实际出发，找准位置，发挥优势；四是如何选准切入点，使调查研究建言献策更贴近县委、县政府的中心工作。

各位委员、同志们，过去的一年，是我们在中共长治县委的领导下，高举邓小平理论伟大旗帜，围绕中心，服务大局，努力探索，开局良好的一年。一年中，我们做了大量工作，取得了一些成效。但是，仍存在不少差距，主要表现在：

一是面对跨世纪的政协工作，认识还不完全到位，思路还不科学清晰，工作主动性还较欠缺。

二是履行职能的规范化、制度化建设还存在较大差距，中央、省、市关于加强政协工作、推动“两化”建设的有关通知、决定和规定还没有真正落到实处，存在着很大的随意性。

三是政协委员和党派团体的主体作用发挥的还不够充分，委员活动不够经常，活动方式尚不完全符合实际，活动内容也不够具体。

四是政协机关自身建设尚须继续加强，机关工作人员的思想素质、业务能力还不适应需要，机关的办公用房、交通工具、设施设备比较落后，经费尚欠账较多。

### (二) 1999 年工作建议

1999 年是我国历史进程中具有特殊意义的一年。今年，我国隆重庆祝建国 50 周年，人民政协将迎来 50 岁生日，我国政府将恢复对澳门行使主权。新的形势、新的任务、新的目标、新的使命，寄予我们在新的一年里更为重大的责任。在这极为重要的一年里，县政协工作的指导思想和总体思路是：高举邓小平理论伟大旗帜，深入贯彻中共十五大和全国“两会”精神，在中共长治县委的领导下，围绕建设高标准小康县和经济强县的奋斗目标，认真履行政治协商、民主监督、参政议政三项主要职能，选好角度，发挥优势，建言献策，为推动全县改革、发展和稳定，作出新的贡献。为此建议：

**1.继续引深邓小平理论学习，不断提高全体委员的政治素质和业务素质**

大兴学习之风，是新时期形势和任务的要求。面对知识经济时代的到来，我们要响应江泽民总书记：“学习、学习、再学习，实践、实践、再实践”的号召，努力提高广大委员和政协工作人员的政治素质和业务素质。在学习内容上，一要学习邓小平理论和党的十五大精神，要紧密联系改革和发展中的现实问题，联系政协工作实际，准确把握解放思想，实事求是这一精髓；二是深入学习邓小平关于社会主义民主和法制建设的理论，全面理解关于依法治国和民主政治建设的一系列方针、政策；三要深入学习邓小平新时期统一战线和人民政协的理论，系统掌握人民政协工作的基本知识、经验和方法。我们要通过学习，进一步提高认识，始终坚持围绕党和政府的中心任务履行职能，牢牢把握正确的政治方向，始终坚持民主和团结这两大主题，把维护团结稳定作为神圣使命。

在学习理论的同时，我们还要抓好三个方面的教育活动。一是以整风的精神，深入开展“讲学习、讲政治、讲正气”的三讲教育活动；二是结合新中国建国五十周年和人民政协成立五十周年庆典活动，加强对党史、国史、政协史的学习，增强爱党、爱国、爱政协、爱长治的政治责任感；三是组织和鼓励广大委员和政协机关干部，学习现代市场经济知识，从而更好地为全县经济建设、社会发展当好参谋，搞好服务。

**2.围绕县委、县政府的中心工作，进一步提高政协参政议政水平**

今年要继续按照县委、县政府提出的建设高标准小康县和经济强县的奋斗目标以及本年度工作重点，选好题目，深入调研，建言立论。

首先，要围绕建设高标准小康县和经济强县的奋斗目标，理清工作思路。要抓住新体制和新机制运行中以及社会生活中的焦点、热点和难点问题，深入调研，建言立论，建良言，献良策。提出的建议和意见，要符合实际，确实可行，具有前瞻性、科学性，能够为县委、县政府或有关部门提供决策参考。

其次，要狠抓提案质量和提案办理工作，要完善提案的征集和办理制度，提案委员会要为委员提供案前、案中、案后服务，提高提案质量和提案的办理质量。广大政协委员和政协机关干部，要主动收集社情民意，反映群众意见，及时掌握动态，作好团结引导工作，密切党与群众的联系。

再次，在抓好宏观献策议大事的同时，要鼓励委员在所在单位、所在岗位，搞好微观服务办实事活动。我们要充分发挥政协“人才库”、“智囊团”的作用，充分调动广大政协委员和政协工作者的积极性，增强参与意识和服务意识，使宏观议大事，微观办实事活动开展的更加生动、活跃、有效。

第四、要抓好文史资料的征集和出版工作，争取出一本小册子，为建国50周年，人民政协成立50周年献礼。

**3.继续推进政协工作的规范化、制度化，不断增强履行职能的意识**

政治协商、民主监督、参政议政的主要职能，体现了人民政协的性质和特点。政协工作必须在党委领导下，政府支持下，按照经济建设和社会发展的客观规律办事，充分履行这一职能。在新的一年里，我们要围绕县委、县政府制定的工作重点，选准角度，发挥优势，切实履行人民政协主要职能。要发挥内因和外因两个作用，继续推进政治协商、民主监督、参政议政的规范化、制度化。按照履行政协职能规范化、制度化的要求，今年我们要做好五个方面的工作：一是要进一步加强对中共中央《通知》、全国政协《规定》、山西省委《决定》和长治市委《决定》的学习、宣传，掌握精神，提高认识，增强党委对政协工作的重视，政府对政协工作的支持，上级对政协工作的指导，社会各界对政协的关心和帮助，形成社会上下、党内党外、内部和外部共同关心政协工作的新局面；二是党委、政府、政协共同商讨实施《规定》的办法和措施，并结合实际，循序渐进，量力而行，有计划、有步骤地逐条付诸实施；三是要继续在民主监督这个薄弱环节进行大胆探索，努力寻求新的突破，逐步完善民主的活动方式，真正使政协的民主监督工作有效地开展起来；四是要通过社会邀请，广泛参加，进一步拓宽参政议政的领域；五是要吸收兄弟县(市、区)的先进经验和委员在实行民主监督方面创造出的好典型，并积极组织推广和落实。总之，我们要按照规范化、制度化的要求，在各个环节上逐步形成一系列可供操作，又量力而行的具体制度和措施，使政协在履行职能实际工作中能够取得明显成效。

**4.围绕21世纪的宏伟目标，促进大团结，发展大联合，切实做好促进团结、维护稳定的工作**

团结和民主是政协工作的两大主题。我们要认真贯彻"长期共存、互相监督、肝胆相照、荣辱与共"的方针,加强同参加政协的各党派、各团体和各族各界代表人士的联系,增进共识,求同存异,巩固和发展爱国统一战线在共同目标下的大团结、大联合。充分发挥政协作为各党派、各团体和社会各界参政议政重要场所的作用,切实做好协调关系、化解矛盾、增进共识的工作。要协助县委和政府正确处理新形势下的内部矛盾,注意了解社会动态和群众的情绪,及时捕捉各种社会热点、难点问题,帮助县委和政府把问题解决在萌芽状态,解决在基层,解决在当地。要通过座谈、谈心、对话等各种双向沟通形式,引导群众正确处理眼前和长远、局部和整体、个人与国家利益的关系,消除误会,理解改革,支持改革,从而自觉维护安定团结的大局,为加快改革创造更好的条件。我们要协助落实好党的民族政策和宗教政策,增强各族人民之间的团结,帮助宗教界更好地与社会主义相适应,为我县的社会稳定和经济发展贡献力量。

海外联谊工作是人民政协促进大团结、发展大联合的重要组成部分,是为促进祖国统一服务的重要形式。今年,我们要按照县委的统一部署,广交朋友,多做工作,拓宽联谊渠道,多渠道开展"三胞三属"联谊活动。要继续宣传贯彻江泽民主席提出的关于发展两岸关系,推进祖国和平统一进程的八项主张,进一步扩大同台湾同胞和海外侨胞的联谊,为实现澳门顺利回归,为发展两岸的交流合作,为完成祖国统一大业做出不懈努力。

**5.完善规章制度,改进工作作风,不断加强政协的自身建设**

十二届政协作为跨世纪的一届政协,能否围绕大局,当好参谋,搞好服务,归根结底取决于政协自身的组织状况、努力程度和工作水平。因此,必须进一步加强政协的自身建设。今年的主要任务是:

(1)进一步加强政协常委会的建设。政协常委会的精神状态如何,对政协各项工作的开展至关重要。我们一定要把邓小平理论的旗帜高举起来。这是讲政治、讲大局的根本体现;一要关心改革、拥护改革、支持改革,以实际行动、实际工作,树立改革开放者的整体形象;一定要在履行职能的"两化"建设中充分发挥带头作用,讲质量、上水平、求实效,身体力行,率先垂范;一定要从人民群众中吸取营养,向各位委员虚心求教,勤于学习、勤于思考、勤于调研、分工负责、团结协作;同时还要研究和探索建立健全规章制度,更好地发挥常委会的整体功能,不断提高常委会的决策水平和组织实施能力。

(2)进一步加强政协委员队伍建设。政协委员是政协履行职能的主体。为了进一步发挥委员作用,我们将继续根据委员分布情况,在建立委员联系学习小组的基础上,定期开展活动,加强委员与委员、委员与政协组织、委员与人民群众的联系。要在委员中继续开展"六个一"活动,比学习、比服务、比贡献,进一步活跃委员的生活。我们希望广大政协委员,要认真学习邓小平理论和十五大精神,学习政协章程,学习社会主义市场经济理论,努力提高自身素质,真正在改革大潮中树立市场意识、竞争意识、信用意识、人才意识和法制意识,为我县经济、政治和文化生活多作贡献。

(3)进一步加强政协机关建设。政协机关是承担政协工作的组织、参谋、服务和后勤保障的办事机构。今年政协机关建设总的目标,就是李瑞环主席关于讲质量、讲效率、讲规范、讲协作和加强办公现代化的要求。一是要狠抓机关的思想建设,用邓小平理论武装每一个工作人员的头脑,增强服务意识、奉献精神;二是要加强政协各委员会的组织建设;三是要努力提高办文、办会、办事的效率和质量;四是要加强机关管理、不断完善和健全规章制度,严格按照规章制度考核、管理、晋级晋职,增强每个工作人员的工作积极性;五是要围绕建国五十周年,人民政协成立五十周年和澳门回归庆祝活动,以书法展览、论文征集等多种形式,搞好庆祝纪念活动。总之,我们要形成一股强大的合力,把政协工作搞的更加活跃、扎实。

各位委员、同志们,面对世纪之交的新形势和新任务,我们要更加紧密地团结在以江泽民同志为核心的党中央周围,全面贯彻中共中央“统一思想、坚定信心、抓住机遇、知难而进、团结一致、艰苦奋斗”的工作方针,在中共长治县委领导下,按照李瑞环主席“尽职不越位,帮忙不添乱、切实不表面”的要求,围绕全县工作大局,选好角度,发挥优势,履行职能,以优异的成绩,向新中国50周年和人民政协成立50周年献厚礼!

## 第三次会议

### 会议概况

政协长治县十二届三次会议于2000年7月19日至21日在县宾馆召开。全县102名政协委员参加了会议。长治市政协副主席赵志忠到会祝贺并讲了话。县委、县人大、县政府、县纪检委领导出席了开幕式。驻县市政协委员、原县政协主席、副主席、常委、政协老委员联谊会成员、县直各单位负责人、县政协各专委会负责人等共93人应邀列席了会议。

县委副书记程前代表县委在政协长治县十二届常务委员会三次会议上作了重要讲话。

政协副主席陈一评受政协长治县十二届常务委员会委托作常务委员会工作报告。报告回顾了十二届二次会议以来的工作,并对今后一年的工作提出了建议。

政协长治县十二届三次会议于2000年7月19日召开

政协副主席张守孝受政协长治县十二届委员会常务委员会作关于十二届二次会议以来提案工作情况的报告。报告指出,十二届二次会议以来,共收到提案74件,经提案委员会审查,立案70件,作为意见送有关单位参考的4件。

全体与会人员列席了县人大十二届三次会议,听取并讨论了县长课。阎建书作的《政府工作报告》及其他有关报告。

7月21日下午举行全体会议,会议通过了政协长治县十二届委员会三次会议政治决议、常务委员会工作报告决议和提案工作报告决议。

政协副主席张守孝在会上作了政协长治县十二届委员会三次会议提案征集和审查情况的报告。截止7月21日中午12时,提案委员会共收到提案78件,经提案委初步审查,立案78件。

政协主席贾圪堆在闭幕会上作了重要讲话，讲话对下一年的政协工作着重强调了三点意见：一是认清形势，与时俱进，抓住机遇，开拓进取；二是找准位置，以民为本，认真履行三项职能；三是加强学习，提高素质，努力实践“三个代表”。

## 政协工作报告

### 十二届委员会常务委员会工作报告

2000 年 7 月 19 日

陈一评

各位委员：

我受政协长治县第十二届委员会常务委员会委托，向大会作工作报告，请予审议。

#### 十二届二次会议以来的工作回顾

县政协十二届二次会议至今已一年有余了。过去的一年，是我国大事多、喜事多的一年，也是我县政治上特殊、经济上特困、工作上特难的一年。从全国看，这一年中，举国同庆中华人民共和国成立 50 周年，普天庆祝人民政协 50 华诞，四海欢呼澳门回归祖国；这一年中，全国人民强烈抗议以美国为首的北约袭击我驻南使馆的野蛮暴行，严厉批驳李登辉、吕秀莲分裂祖国的卑劣行径，深入开展同“法轮功”邪教组织的斗争；这一年中，我国的改革开放不断深入扩大，经济建设平稳发展，各项事业有了可喜进步，“三讲”教育取得了明显成效。从我县讲，这一年中，新闻媒体披露了原县委书记王虎林突击提干、大搞官帽批发的严重问题，引起了中央、省、市各级领导的高度重视，查案工作常年不断，在全社会引起了极大影响；这一年中，全县经济运行遇到了前所未有的困难，主导产业严重萎缩，县乡企业艰难奋进，财政收支矛盾非常严峻；这一年中，城乡长期积累下来的矛盾日渐显现，干部思想波动很大，群众上访告状频繁，方方面面的社会难点、热点问题接踵而来；这一年中，全县上下团结进取，艰苦奋斗，坚韧不拔，迎难而上，战胜了种种灾害，排除了种种干扰，克服了种种困难，农业生产喜获丰收，县域经济平稳运行，社会各项事业同步发展，财政收入再超亿元。

在这样的大形势下，一年中，县政协在中共长治县委的领导下，以邓小平理论为指导，牢牢把握团结和民主两大主题，始终坚持尽职不越位、帮忙不添乱、切实不表面的根本原则，认真履行政治协商、民主监督、参政议政三大主要职能，动员和组织全体政协委员，同舟共济，克服困难，围绕中心，服务大局，为推进全县的改革、发展、稳定做出了积极贡献。具体来讲，主要有以下几点：

**1.履行职能有了实质性的进步**

政治协商、民主监督、参政议政是新时期人民政协的三项主要职能。政协职能的到位，取决于县委、政府、政协到位，尤其是县委首先到位，政协工作才能真正到位。鉴于这样的认识，一年来，县委真正从实质上加强了政协工作。一是按照中央通知和省委决定的要求，认真纠正了原县委书记王虎林不让人大主任、政协主席列席县委常委会，政协主席不能够直接参与全县重大事项讨论和决策的错误；二是确实把政治协商纳入了决策程序，凡涉及全县大政方针以及政治、经济、文化和社会生活中的重要问题，都要征求政协意见，诚心实意地同政协进行协商，请政协主席、常委以及委员提出意见；三是注意充分发挥政协的特长和优势,不放二线放一线,不当摆设当骨干。针对政协班子多数成员熟悉工业、精通经济、善于管理的情况,经常给出课题,压重担,包乡包厂包企业,真正发挥了政协班子成员的作用。

县委的重视,工作的到位,使政协工作的方式愈来愈规范,履行职能的实效愈来愈明显。一年来,县政协紧紧围绕县改革开放和经济建设的重大决策部署,进行政治协商;紧紧抓住人民群众关注的焦点、难点、热点问题,积极参政议政;紧紧依据政协章程的规定,开展民主监督,为促进全县的经济发展和社会进步做了大量工作。在这方面,一是在十二届二次人代会召开前,政协常委就对1999年度《政府工作报告》征求意见稿进行了两次协商,提出了许多卓有见地的修改和补充意见。十二届二次会议上,委员们又认真听取和讨论了《政府工作报告》及其他报告,对1999年全县改革和发展大计提出不少有价值的建议和意见;二是原县委书记王虎林问题在新闻媒体披露后,在上级部门查处过程中,县委、政府及有关部门多次同政协进行协商讨论,县政协各位主席、常委,本着对党的事业高度负责、对人民的利益高度负责、对长治县的发展前景高度负责的态度,公正客观真实地反映、提供情况,主动积极配合有关部门进行查证落实,使上上下下、方方面面思想认识逐步上到了高度,案件查纠逐步加大了力度;三是在深入开展的县级"三讲"教育中,县委及时通过开会协商、个别交谈、发卡征求等多种形式,广泛征求政协意见,不少委员、常委本着着眼教育、热忱帮助的精神,积极帮助四套班子和六个部门的领导班子和领导干部,查找党性党风方面存在的突出问题,分析全县经济三年倒退三大步的主要原因,使县级"三讲"教育 收到了明显成效,达到了预期目的;四是县委在确定今年和今后一个时期全县经济工作基本思路过程中,政协领导班子和各方面代表人士,根据县委要求,两次深入基层,就县域经济的水平和现状、效益下滑的表现和症结、走出困境的措施与建议等,进行了专题调研,为县委制定围绕两个目标、突出四个重点、借助五个依托、抓好五个发展的"二四五"经济发展思路,提供了大量翔实科学的依据。

**2.基础工作有了突破性的加强**

进行专题调研、办理委员提案、反映社情民意是人民政协履行职能的三项经常性的基础工作。一年来,这三项工作,无论在广度上,还是在深度上,都有了突破性的加强。

首先,在专题调研方面,牢牢把握科学选题、深入调查、专题研究三个环节。确定选题,紧紧围绕全县改革发展的中心大局,瞄准人民群众关注的热点、难点、焦点问题;调研方法,既注意面上的情况综合,又注重典型的具体剖解;专题研究,既注意对当前问题提出应对措施,更注重对长远问题进行前瞻性分析。一年来,县政协共组织了两次大型专题调研活动。一是去年7月份,与县委、人大、政府共同对全县经济运行情况进行了一次全面性的大调查,县政协的五位主席和各专委会负责同志,先后深入到20个乡镇30多个企业进行调查,了解经济运行状况,分析经济滑坡原因,商讨经济发展大计,培育新的经济增长点。调查结束后,向县委写出了调查报告,进行了专题汇报。县委在此基础上制定了调整结构、扭转滑坡、广开税源的具体办法,保证了全年财政收入再度超亿元目标的实现;二是去年11月份,县政协组织部分政协委员并会同农业部门,对全县农民收入情况进行了一次专题大调研。整个调研采取听取汇报、重点了解、抽样统计、入户算账的方法进行。调查发现,全县农村经济因遇到种种困难,效益大都不如上年,农民收入明显下降,一般情况,农民实际人均收入比上年有水分的统计数字大约减少500元左右。为此,我们对造成农民收入下降的五个原因及三条建议及时向县委、县政府做了书面报告,使全县的统计报表数字真实可信,特别是为"三讲"中进一步挤干水分提供了可靠的依据。

(2)在办理提案上,二次会议之后,县政协提案委员会以讲质量、上水平、求实效为目标,在提案征集办理上注意突出了四点:一是认真搞好委员提案的收集、审查、整理,确保提案质量。对意义深刻、建议具体、书写规范的,及时立案;对事实不清、缺乏建议、不合要求的,帮助重写;二是加强同承办单位的联系和配合,加强督办力度。改变了单纯由县委办、政府办向有关部门分发文件提案的方式,而是提案委员会同县委办、政府办共同协商确定承办单位,遇到问题共同协商解决;三是有选择地筛选一些难案、要案,带案视察,强化高层运作。对有重要经济价值和社会效益的提案,组织政协主席、副主席和有关委员深入进行调查论证和实地视察,将提案与调查论证结果一同报县委、政府领导批示,促进了提案的办理落实;四是及时跟踪反馈办理结果,抓好成果转化。十二届二次会议以来收到的所有提案到目前已全部办理完毕,并逐一回复了提案单位和委员。

(3)在反映社情民意上,为了实现我县政协信息工作的突破,县政协常委会把了解和反映社情民意作为履行职能的重要基础和参政议政的关键环节,作为政协工作的一个特色和重要职责,察民情、看民意、听民声、集民智、应民望、从民愿,围绕"民"字做文章。一年多来,县政协各位主席、副主席、常委、委员从反映人民群众的呼声,维护人民群众的根本利益出发,敢抓难点、敢触热点、敢碰焦点,共向省、市报送各类信息和社情民意 40 多条(件),其中被全国政协采用 2 条(件),被省政协采用 15 条(件),被市政协采用 25 条(件),其中农民增收困难重重、探头征收使企业步履维难、乡镇招聘干部过多过滥、中小学生减负"游戏厅"发财的现象值得重视、果树生产存在的问题及建议、财政收入吃紧支出浪费惊人、"海选"村官中的问题应充分重视、公开出台回收拖欠货款提取"费用"的办法弊端过多、各级政府应确保大中专毕业生如期分配上岗等重要的信息和社情民意,均引起了省市领导的高度重视,有的上级领导还亲自作了批示,有的还被党报党刊加编者按,公开刊登。

3.微观服务有了开创性拓展

宏观献策议大事是政协工作的出发点和落脚点,微观服务办实事是政协工作的着力点和支撑点。一年多来,分布在全县各条战线、各个方面的政协委员,充分发扬团结进取、求实创新精神,以兴县富民为己任,围绕中心,选择角度,找准位置,发挥优势,在经济建设的主战场上竭尽全力,努力工作,做出了很大贡献。

经济界的委员,面对产业结构失衡、产品市场萎缩、资金产品短缺、包袱负担沉重的问题,知难而进,迎难而上,促进了县域经济平稳运行。政协常委、王庄煤矿矿长李平书,政协常委、红山煤矿矿长张起山,为开拓市场,扩大销路,跑山东,下郑州,一年中有三分之二的时间抓促销,终于实现了产销平衡。1999年,两矿均超额完成年度计划,分别上交国家税款 231 万元和 266.5 万元。

民营企业界的委员在国有企业还在困境中艰难奋进的情况下,充分发挥非公有制经济机制合理、经营灵活的优势,解放思想,放开胆子,甩开膀子,采取股份合作、联营兼并、收购买断等形式,大干快上,使个体私营经济很快成为我县最有生命力的经济增长点。政协常委、振东公司总经理李安平,以"服务社会、奉献人民、开发产业、富强国家"为企业理念,在石油经营这块"蛋糕"越做越大的同时,去年又创办了振东农产品开发公司,大力发展绿色食品生产,走出了一条"龙头带基地、基地连农户"的农村经济高效发展之路。去年,振东公司又以交纳国家税款 450 多万元的巨大贡献蜚声三晋,名扬上党。县政协常委、县文通微波发展公司经理宋安生,多年来以质量、信誉赢得了省电力公司的信任,稳坐了全省电力微波通讯设施建设的头把交椅。

科技界的委员，充分利用各自基础扎实、专业精通、信息灵通等科学技术方面的优势，充分发挥“科学技术是第一生产力”的作用，主动帮助企业开发创新产品，积极推广农业致富实用技术，为科技兴县、振兴上党、实施可持续发展战略奠定了坚实的基础。县政协常委、县科委常务副主任常树毅，一年中多次联络全县各条战线上的科技骨干、专家学者，座谈商讨科技兴县大计，组织开发名优高新产品，建立健全科技创新体制，有力地促进了科技全面进步。政协常委申有宝、政协委员刘建忠，是我县城建部门的工程师，一年来，他们整天趴在写字台前，兢兢业业、一丝不苟地搞设计、绘图纸，默默无闻地把心血和汗水洒在了县城建设的幅幅蓝图之上。

教育界的委员认真贯彻落实江泽民总书记关于教育问题的重要谈话，大力弘扬“春蚕”、“红烛”精神，乐为人梯，甘做路石，努力适应新世纪教育事业发展的需要。政协委员、县五中校长蔡金水，政协委员、县二中校长宋明生，在五中与城关中学、二中与荫城镇办中学合并办学之后，面对规模大、人数多、经费缺、条件差、校舍分散、难以管理等问题，从“开展教学研究，改革课堂结构，强化主体参与”入手，大胆进行探索和实践，收到了明显的成效。县五中“强化主体参与，唱好素质教育重头戏”的经验受到了上级领导的高度评价，被评为“全省素质教育优秀学校”；县二中强化“五制”管理的做法，被中国教育电视台以“五制拓出新天地”为题，摄制了五十分钟的专题片，在全国推广，并被省命名为文明学校。政协委员、县职高教师王中秋，自70年从北京农业大学毕业到长治县工作以来，采取课堂讲授、现场指导、技术承包三位一体的教育法，坚持不懈地探索农科教结合之路，近年来，先后举办农林中专班3个，农林短训班8期，共为农村培养农林技术人才上千名，技术承包服务果园四千余亩，为全县农林业的发展作出了贡献。

医疗卫生界的委员，以“救死扶伤，实行革命的人道主义”为天职，全心全意为病人服务，为全民健康服务，受到广大人民群众的称赞。政协常委、县卫生局局长翟清则，常年为提高全县人民健康而奔走，为改善三级医疗卫生条件而呼吁，为转变群众卫生习惯而努力。近年来，通过其努力工作，全县共新建、改建卫生院十二所，为四所卫生院配备了B超，两所卫生院配上了X光机。政协委员、立新正骨医院院长常立新，以其高超的技术、优质的服务、合理的收费赢得了骨伤患者的信任。市政协委员、县医院副院长李天保，县政协委员、县医院医师李淑梅、王国兵等，数九寒天坚持义务为贫困山区送医、送药，上门服务，诊治患者360余人，受到人民群众的广泛赞扬。

工会、妇联、共青团、民主党派、工商联以及民族宗教、特邀界的广大政协委员，也都充分发挥各自的代表性质和特点，串百家门、听千人声，集民智，进诤言，广联络，求共识，在团结、民主这两大主题上做了大量工作，为化解社会矛盾，稳定社会大局，促进经济发展做了不懈的努力。

**4.自身建设有了明显的变化**

一年来，在政协自身建设方面，政协常委会主要抓了五个方面的工作：一是按照中央和省、市委的部署，严肃认真地开展了“三讲”教育。县政协领导班子和领导干部经过两个多月的学习、查摆、剖析、整改，基本找出了在党性党风和工作上的突出问题，比较深刻地剖析了产生问题的原因和根源，认真总结了经验教训，制定出台了整改意见和办文、办会、办事制度，使政协领导班子、领导干部普遍受到了一次马克思主义和党性党风教育，提高了认识，增进了团结，振奋了精神，转变了作风。二是加强了对机关干部的学习培训。除主席、副主席坚持参加每周一县中心学习组的集中学习外，政协机关每周二上午组织机关干部集中学习党的基本理论，学习政协统战理论，学习现代科学知识。三是组织机关五名科级干部组成工作队深入荫城、高河农村同群众同吃同住同劳动，抓党建，保稳定，促发展，帮助桑梓、河下、上秦、鸡山等村公开村务、财务，解决群众反映强烈的热点问题和经济发展实际困难。四是在县委、政府的支持下，加强了机关办公设施的硬件建设。去年，新增了微机一台，为实现和省市的信息联网做好了准备，新购置了时代超人小轿车一辆，解决了机关公务用车紧张的困难。五是在庆祝人民政协五十华诞和县政协成立五十周年之际，召开了庆祝大会，举办了知识竞赛和书画展，总结撰写了反映长治县五十年发展变化的文史资料十多篇。庆祝大会还邀请了市级领导和兄弟县区的政协主席参加，进一步树立了我县政协的形象，展示了我县政协五十年的光辉历程。

总结一年来的工作实践，我们在中共长治县委的领导下，高举邓小平理论伟大旗帜，努力开拓进取，各项工作都取得了新的进展。我们深切体会到，要做好政协工作，必须坚持“围绕中心，服务大局”的方针，切实履行三大职能；必须突出民主、团结两大主题，调动一切积极因素；必须党委重视、政府支持、政协主动；只有这样，才能实现政协工作的规范化、制度化。这是政协工作的根本所在、活力所在、关键所在。

各位委员、各位同志，十二届二次会议以来政协常委会的工作，虽然取得了一定成绩，迈出了较大步伐，但与新世纪、新形势、新任务的要求相比，与兄弟县区政协的工作横向相比，我们还存在较大差距：一是对党的基本理论、政协统战理论还缺乏全面系统的理解和把握，学习自觉性不高，联系实际不紧。二是没有充分发挥出人民政协政治协商、民主监督、参政议政的重要作用，政治协商不主动，程序不规范，内容不具体；民主监督缺乏手段，监督不力，渠道不畅；参政议政弹性较大，参不在关键处，议不到点子上。三是两大主题不够突出，团结范围不够广泛，民主意识较差，委员主体作用发挥不够，协商共事风气不浓。四是自身建设还不能适应跨世纪政协工作需要，硬件欠账多，软件基础差，人员素质低，特别是为委员提供服务做得很不够。五是委员联谊活动少，不经常。对以上主要问题和不足，我们将在今后工作中认真研究并努力加以改进。

### 今后一年的工作建议

2000年已经过去一半多了，21世纪距我们已为时不远了。从现在起，到明年十二届四次会议召开这一段，正是千年更迭、世纪交替的重要时期。李瑞环主席在全国政协九届三次会议闭幕会上的讲话指出，世纪之交是个十分重要的时间标志，对我们国家和民族来说，时间就是发展，时间就是前途，时间就是命运。我们应当继承和发扬中华民族惜时如金、与时俱进的精神，坚定信心，集中精力，埋头苦干，使我们的祖国在21世纪以更快的步伐走向现代化的辉煌。因此，我们一定要高举邓小平理论伟大旗帜，全面学习贯彻江泽民总书记在纪念人民政协成立50周年大会上的重要讲话，紧紧围绕县委提出的“二四五”经济发展思路，突出团结和民主两大主题，充分调动广大政协委员和社会各界人士的积极性，发挥政协优势，切实履行职能，深入调查研究，积极建言献策，为推进全县改革、发展、稳定，实现经济复苏、兴县富民的战略目标作出新的贡献。为此建议：

**1.认真学习邓小平理论和江泽民“三个代表”的重要论述及其在纪念人民政协成立50周年大会上的重要讲话，统一思想，提高认识**

21世纪是世界新经济发展时代，面对跨世纪发展的繁重任务，党和人民对政协的要求更高了，人民政协的任务更重了。今后,我们在理论学习上要抓好四个方面:一是要继续组织委员深入学习邓小平理论,真正掌握其精神实质,坚定建设有中国特色社会主义的理想和信念。二是着重学习好江泽民总书记关于"三个代表"的重要论述,牢牢把握"三个代表"这个纲,用"三个代表"的要求深化"三讲"教育。三是要联系政协实际,学好江泽民总书记在纪念人民政协成立50周年大会上和全国政协新年茶话会上的重要讲话,进一步明确跨世纪人民政协的地位和作用,进一步明确跨世纪人民政协工作应当遵循的方针和原则,进一步明确跨世纪人民政协履行职能的方向和重点。四是以提高建言立论水平为目标,不断学习现代市场经济理论和新经济知识,提高政协委员的大局观念、理论水平和参政能力。

**2.紧紧围绕全县经济建设与社会发展中的重大问题,履行职能,建言献策,参政议政,尽职到位**

江泽民总书记指出:"围绕中心、服务大局是政协履行职能必须遵循的原则,是政协工作不断开创新局面的基础"。今后,县政协要充分发挥自身的特点和优势。在履行职能方面的专题调研、建言献策,一定要围绕县委确定的"二四五"经济发展思路全面展开。参政议政、微观服务一定要全力为全县的工作大局尽职尽责,竭诚服务。要在调整产业结构、开发潜力产品、县营企业改制、科技人才创新、政府创造环境等方面选择一些重点课题,进行深入调研,拿出一些高质量的切实可行的"点子"来。

**3.努力增进团结,维护社会稳定,进一步搞好民主监督**

要加强同民主党派、人民团体和社会各界人士的联系,反映他们的意见和要求,倾听他们的批评和建议,求同存异,合作共事,同舟共济,不断巩固和发展爱国统一战线。在经济结构和社会关系出现新变化的情况下,县政协要充分运用联系广泛、信息畅通等有利条件,深入实际,深入群众,了解情况,沟通思想,及时准确地反映社情民意,积极协助县委、县政府做好协调关系、化解矛盾、增进团结的工作,努力维护全县社会政治的稳定。同时我们还要充分发挥人民政协的各种优势,不断完善各种例会、提案、视察、信息反馈等行之有效的民主监督形式,增强民主监督的实效性。今年,我们还要适当选择县委和县政府十分关注、人民群众反映强烈的一些问题,进行专题议政、重点评议,逐步建立一种规范有序、切实有效的民主监督工作机制。

**4.不断加强联谊工作,进一步做好文史资料的征集出版工作**

完成祖国统一大业,是中华民族的根本利益所在,也是全中国人民的共同愿望。随着香港、澳门的顺利回归,全国盼望祖国最终完全统一的呼声日益高涨。今年,我们要进一步加强对台的联谊宣传工作。要积极宣传党的对台工作政策,宣传长治县的经济建设成就。要认真落实李瑞环主席关于抓紧做好文史资料整理出版工作的重要指示精神,更好地发挥文史资料在爱国主义教育活动中的作用;发挥其在存史、资政、团结、育人等方面的职能作用,把周恩来总理倡导的文史资料工作继续推向前进。

**5.切实加强自身建设,把政协真正建设成为团结民主、开拓创新的统一战线组织**

人民政协是政治机关,是最广泛的爱国统一战线的政治组织。为实现江总书记提出的跨世纪人民政协工作的重要任务,我们必须高标准、严要求,努力加强政协的自身建设。一是要加强县政协领导班子建设。我们要从坚持中国共产党领导的多党合作和政治协商基本政治制度的高度出发,充分重视县政协领导班子的建设。在"三讲"教育取得阶段性成果的基础上,要从思想上、组织上和作风上认真落实各项整改措施,巩固和扩大整改成果。使县政协领导班子在加强政治理论学习、改进思想作风、深入调查研究、坚持平等协商和民主集中制、联系委员和社会各界人士等方面,取得新的进展。二是加强专委会的建设。专委会是县政协履行职能的基础。为使专委会发挥更大作用,我们要结合机构改革,调整充实专委会的工作人员,同时也要赋予专委会更多的职责,建立专委会同县委、政府各部门、各单位的对口联系制度,鼓励支持专委会多出成果。各专委会除根据常委会工作要点完成确定的任务外,还要有针对性地选择与自己有关的课题进行调研,组织委员进行活动,以活跃政协工作。三是加强委员的自身建设。要通过组织学习、培训等多种形式和渠道,提高委员的政治业务素质,使广大委员正确认识自己担负的光荣使命和历史责任,支持委员履行自己的职责。要组织委员深入实际做好调查研究,把体察民情、反映民意,当作自己的天职,把各界群众普遍关注、反映强烈、要求紧迫的问题,及时反映给县委和县政府。要对委员履行三项职能,进行专题调研、撰写提案、反映社情民意和参加重大活动等进行量化考核,逐步建立和完善对委员的考评体系,以便更好地发挥委员的主体作用。同时,还要注意发挥老委员的作用。四是加强政协机关建设。政协机关对整个政协工作,担负着参谋、协调、服务的职能。今后县政协机关的建设,要继续落实中央 13 号文件和省委 39 号文件精神,着重抓好学习制度的落实、工作作风的转变和工作制度的完善三个方面。通过学习教育,在机关干部中树立大局意识、服务意识和创新意识,讲求工作效率,讲求工作质量,讲求服务水平,讲究政德实绩,使政协机关的各项工作达到规范化、制度化的要求。

长风破浪会有时,直挂云帆济沧海。各位委员、同志们,21 世纪是中华民族实现腾飞和伟大振兴的世纪,也是人民政协继往开来、大有作为的世纪。让我们团结在以江泽民同志为核心的党中央周围,高举邓小平理论伟大旗帜,在中共长治县委的领导下,加强团结,振奋精神,抓住机遇,迎接挑战,勇敢承担起时代赋予的历史重任,把人民政协事业进一步推向前进。

## 第四次会议

### 会议概况

政协长治县十二届委员会四次会议于 2001 年 9 月 5 日至 7 日在县城召开。全县 109 名政协委员,101 人参加了会议。县委、县人大、县政府领导出席了开幕式。历届离退休县政协老领导、常委、驻县市政协委员、县直各单位负责人、政协老委员联谊会成员等 98 人应邀列席了会议。

市政协副主席简世祥到会祝贺,并作了重要讲话。

县委书记王斗林代表县委在大会上作了重要讲话。

政协副主席张守孝受政协长治县十二届委员会常务委员会的委托作常务委员会工作报告。

政协副主席陈一评受政协长治县十二届委员会提案委员会委托作十二届三次会议以来提案工作情况的报告。政协十二届三次会议以来共收到提案 79 件,经提案委员会审查,立案 78 件,作为意见处理的 1 件。

与会人员列席了县人大十二届四次会议。听取并讨论了县长阎建书作的《长治县国民经济和社会发展第十个五年计划纲要的报告》及其他报告。

会议通过了政协长治县十二届委员会四次会议政治决议,常务委员会工作报告决议和提案工作情况报告决议。

县政协副主席陈一评作政协长治县十二届委员会四次会议提案征集和审查情况报告。报告指出,截止 9 月 7 日中午 12 时,提案委共收到提案 21 件,参与提出提案的委员 30 人,经提案委审查共立案 21

件，占收到提案总数的100%。

县政协主席贾圪堆在闭幕会上发表了重要讲话。

最后，由大会执行常委牛外则宣布会议胜利闭幕。

## 政协工作报告

### 十二届委员会常务委员会工作报告

2001年9月5日

政协副主席 张守孝

各位委员：

我受政协长治县第十二届委员会常务委员会的委托，向大会作工作报告，请予审议。

#### （一）十二届三次会议以来工作回顾

十二届三次会议以来，县政协在中共长治县委的正确领导下，以邓小平理论和党的基本路线为指导，认真贯彻江泽民总书记“三个代表”重要思想以及在庆祝人民政协成立50周年大会和全国统战工作会议上的讲话精神，紧紧围绕县委、县政府的中心工作，切实履行人民政协政治协商、民主监督、参政议政三大主要职能，各项工作取得了明显进展，为维护全县团结稳定的政治局面发挥了重要作用，为推进全县的改革开放和两个文明建设作出了积极贡献。

**1.围统中心，服务大局，履行职能实效明显**

政治协商是人民政协的首要职能。一年多来，县委、县政府在研究决定重大问题时，按照协商在“党委决策之前，人大通过之前，政府实施之前”的要求，就全县改革、发展、稳定的重大事务和干部群众普遍关注的人事调整、撤并乡镇、财政收支、反腐倡廉等社会焦点问题，及时同政协主席、副主席、政协常委、委员进行协商讨论，认真坚持了政协主席列席书记办公会、县委常委会议制度，主动听取县政协代表社会各界提出的意见和建议，认真实行四套班子领导包乡镇、包村、包企业、包新的经济增长点的制度，让政协领导知情出力，直接参与一些重大活动和决策。与此同时，县政协也主动利用全委会议、常委会议、主席会议和调查视察、专题建议等形式，积极围绕全县政治、经济、文化等方面的重大问题，进行专题调研、协商讨论。去年九月，县政协曾邀请宣传部、教育局等有关部门，针对基础教育存在问题，进行了专题视察、协商讨论，并向县委、县政府报送了《夯实基础，深化改革，突出重点》的专题报告，就“调整布局，规模办学”问题提出了6条建议，就“健全机制，保证发展”问题提出了4条建议，就“提高师资素质，加强师资队伍建设”提出了5条建议，为县委、县政府宏观指导全县的基础教育事业提供了决策依据。今年年初，县委在制定关于我县国民经济和社会发展第十个五年计划纲要的建议时，县政协曾两次组织部分政协常委和委员以及民主党派、工商联的有关人士进行协商讨论，从指导思想、建议指标、主要措施等多方面提出了不少很有见地的建议和意见，县委均认真地进行了深层次的考虑和采纳。

此外，在民主监督方面，县政协坚持从实际出发，把民主监督同政治协商、参政议政有机地结合起来，在政治协商中进行监督，在参政议政中也进行监督，组织政协委员和县政协各专委会的同志，积极参与全县的有关执法检查、行风评议和政法机关的案件审评等活动。特别是在“三讲”中，县委曾多次请政协委员代表列席县委常委生活会、民主测评会、座谈会，多方征求各界人士的意见和建议，参加这些活动的政协委员，以党和人民的利益为重，积极帮助县级四套班子领导和有关部门，认真查找问题，深挖思想根源，提出了许多意见和建议，大大促进了县级“三讲”教育质量的提高。

**2.加大力度，寻求突破，基础工作不断拓展**

政治协商、民主监督、参政议政是人民政协的三大主要职能，而进行专题调研、办理委员提案、反映社情民意则是政协履行职能的三项经常性的基础工作。这既是人民政协履行职能的关键所在，也是政协工作制度化、规范化建设的重要标志。一年多来，县政协在主动协商县委重大事项和中心工作的同时，首先在广度和深度上强化了专题调研工作，先后围绕全县经济和社会发展等重大问题，进行了五次规模较大的集中专题调研。一是围绕落实市委七年赶超战略，同市政协上下联动，对我县实施七年赶超战略情况进行了为期 10 天的专题调研，详细视察、考察了科宏型煤、燃气锅炉、特种养殖、电石炉改造等新的经济增长点，二是针对普九急需解决的几个问题，组织教育界的政协委员深入韩店、北呈、屈家山、赵村、八义、西池等乡镇和县一中、五中、实小、英杰中学等重点学校进行了专题调研，吃透了情况，达成了共识；三是配合县旅游开发领导组对全县的重点旅游景点进行了现场调研，摸清了底子，理清了思路；四是今年 5 月份，和市政协共同对全县的水库水资源开发利用及保护状况进行了专题调研视察，发现了我县的 7 座中小型水库均属险库，管理体制不健全，干群麻痹思想严重等三个问题，针对性地向县委、县政府提出了加强管理、健全责任制、增加投入、除险加固、活化机制、综合开发的 6 条建议；五是今年 7 月份，对全县政法部门的“引深创造环境，促进公正执法”情况进行了调研视察，就如何加强政法工作提出了五条具体建议，其次是在提案征集上加大了办理力度。三次会议以来，委员们本着服务为主、把握重点、选准热点、反映民意的指导思想，共提出了各种提案 79 件，经和县委办政府办及有关单位密切配合，提案办复率达到 100%，进一步拓宽了民主渠道，加大了监督力度。在这方面，一是突出了重大问题的带案视察、跟踪督办。二是强化了高层运作，领导领办。三是提高了质量，注重了落实。第三，了解和反映社情民意是保证党委政府密切联系人民群众的重要渠道，是政协委员参政议政、履行职能的基础工程。去年以来，县政协把及时准确地了解和反映社情民意，作为人民政协工作的一大特点，积极察民情、听民声、集民智、应民意，围绕“民”字做文章，全年共收集整理反映社情民意 25 篇 40 多条，其中被全国政协采用 2 条，被省政协采用 8 条，被市政协采用 28 条，有三条重要的社情民意信息被省市有关领导批示，新闻单位公开刊登。今年初在黎城县召开的全市政协工作会议上，我县的信息工作受到市政协的肯定，政协主席贾圪堆同志被评为全市模范信息工作者，受到奖励。

**3.发挥优势，开拓创新，政协委员展风采**

在过去的一年里，我县政协组织和分布在全县各条战线、各个方面的政协委员，高举邓小平理论伟大旗帜，按照江泽民总书记“三个代表”的要求，充分发挥人民政协的传统优势，以求实创新的精神认真履行人民政协的三项职能，不仅积极建言献策，反映社情民意，在我县企业改制、结构调整、优化环境、可持续发展、推动社会主义精神文明等方面，提出了很多切实可行的意见和建议，而且在全县经济和社会发展的主战场上殚精竭虑，开拓创新，作出了新的贡献。

政协常委、民营企业家李安平，面对石化、石油两大集团垄断产家抢占市场，毅然决定走资产重组之路，使振东这个大兵团变成了一支叱咤市场的精锐部队。在继续巩固长治地区石油销售市场的同时，又利用资本积累先后成立了西安分公司和太原分公司，并巩固和扩大了农产品开发公司，大力开发绿色食品，使振东公司资产总值达到近亿元，去年销售总收入1.78亿元，上交国家税金631.88万元，使振东这个品牌享誉上党，名扬三晋。

政协常委、王庄煤矿矿长李平书，在工作中始终把井下当作“一线”，把销售当作“前线”，不断完善内部管理机制，以团结求稳定，以安全促生产，闯市场增收入，向管理要效益，以技改求发展，以爱心换人心等一系列独到的管理模式，以勤奋务实、严谨求细的工作作风，使王庄煤矿年生产能力由10万吨增长为45万吨，逐步成为市、县地方煤矿中低成本、高效益的先进企业。去年共销售煤炭19.6万吨，完成销售收入1380万元，上缴税金257万元，超额完成了县委、县政府下达的任务。

政协常委、红山煤矿矿长张起山，长期以来，拖着多病的身体，以身作则，积极进取，努力工作，始终坚守在工作岗位上，将一个面临倒闭的企业起死回生，使一个年年有事故原煤产量只有5万吨的小企业发展到年产原煤30余万吨，产值由原来的100多万元提高到1600多万元，销售金额由原来的200多万元提高到1700多万元，企业固定资产由原来的200多万元增加到2000多万元，仅去年上缴国家税金就达217万元。

政协常委、原县科委常务副主任常树毅，坚持科技是第一生产力，始终把科技作为振兴国民经济、实施“科教兴县”战略的关键，为了加快技术普及、科技转化步伐，去年创办了《长治县科技》报，编发《科技决策参考》，印发科技资料，请专家开论证会，为企业和农村经济发展出点子、引资金、上项目，不断拓宽科技创新路子，为2000年赢得全市科技先进县做出了显著贡献。

政协常委鲍金章，常年工作在农业生产第一线，以发展农村经济、提高农业经济效益为中心，积极开展农业技术培训、试验、示范和推广工作，帮助农民出主意、想办法。一年来共培训农业技术骨干3000多人次，承担了“粮食自给工程”、“旱作农业工程”、“无公害”蔬菜生产、“无公害"果树生产等工程项目，并取得良好的经济效益；与此同时，他根据《植物检疫条例》开展了调运、产地、市场的检疫，使我县植物检疫逐步走向正规化、法制化轨道，促进了我县农业生产稳定、健康的发展。

工商界政协委员、西火镇个体协会会长周五红，荫城镇个体协会会长宋建设，为发展地方经济，搞好集镇贸易市场不辞劳苦、呕心沥血，组织个体工商户认真学习党的政策，学习“三五”普法知识，教育个体户守法经营。去年冬季他们还组织荫城、西火两地个体户下温州等地参观学习，解放了思想，更新了观念，受到了启发，生意越做越大。

教育界委员忠诚于党的教育事业，以培养21世纪现代化建设需要的、具有创新精神和实践能力的社会主义新人为目标，坚持德育为首、育人为本的办学思想，不断深化教育教学改革，为一代新人的茁壮成长甘洒热血。政协委员宋明生，身为县二中校长，时刻把实践“三个代表”作为自己义不容辞的职责，不断完善内部管理机制，以“主体参与、培养能力、训练思维、渗透创新”为特征，以“典型引路、全员参与”为有效方式，开展了一系列切实可行的课堂教学研究活动，有力地促进了教育教学改革的深入开展。政协委员、县五中校长蔡金水把弘扬团结奋斗精神、建设校园文化作为德育教育的突破口，素质教育取得了喜人成绩。去年中考，该校马俊炯同学夺得全市总分第一名，李俊杰、范飞飞两同学双双获得全市物理单科状元。

医疗界政协委员、长治县立新正骨医院院长常立新，以“救死扶伤、实行革命的人道主义”为天职，全心全意为患者服务，为全民健康服务，去年共收治门诊患者1.2万人次，住院患者2000余人，收治范围

300公里,对困难、年老体弱患者实行家庭病床,共治愈200余人。由于该院治愈率高、恢复快、收费低(每年约为患者直接节省100余万元)的信誉,早已誉满上党,蜚声省内外。

其他界别的政协委员也都充分发挥各自的代表性质和工作特点,走百家门,听千人声,集民智,进诤言,广联络,求共识,围绕团结、民主这两大主题做了大量艰苦细致的工作,为宣传党的方针政策,实践"三个代表",化解社会矛盾,稳定社会大局,促进全县经济发展做了不懈的努力。也正是这些优秀人才的济济相汇,才构成了人民政协的重要地位和强大生命力,受到全县人民群众的敬重和赞誉。

**4.和衷共济,合作共事,民主团结气氛和谐**

在过去的一年里,我们始终把围绕大目标、建立大联合、促进大团结作为政协工作的重要任务,充分发挥了政协在促进团结合作、维护社会稳定中的重要作用。

(1)切实加强与各民主党派、团体的联系合作。去年,我们进一步加强了同民主党派、工商联和各界人士的联系,积极组织各党派、团体及其委员参与政协组织的一些重大活动。县工商联在民营企业的大型调研中,全力以赴,发挥了重要的骨干作用。县民革支部顺利地完成了新老交替的换届工作。在政协全会、常委会、茶话会及专题研讨会上,鼓励支持党派、团体以组织名义发表意见,仅党派、团体的提案就有48件。从组织形式上体现了大团结、大联合的精神。

(2)不断拓展对台联谊工作。由县委办对台办和政协学习联络委员会通力合作,在联系台湾同胞、帮助台属致富、宣传党的对台政策、创造台胞投资环境、反对台独、举办全县副科级以上干部《中国台湾问题》考试等方面做了一些实实在在的工作。据了解,我县在台人员15户、台属46户,经台属亲人引导鼓励和介绍,绝大多数实现了正常通信、通邮,在台人员有的已回乡探亲多次。去年,东汉村在台人员李作宾之子还在上海搞起了装潢业。这些对台联谊工作的开展和基础工作的加强,发挥了政协在对台联谊和对外交流中心的优势,推动了本县的对外开放。

(3)积极协助县委和政府做好民族宗教工作。本县是民族宗教工作大县,去年我们组织民族宗教界人士认真学习党的民族宗教政策,批判"法轮功"的歪理邪说,帮助他们树立现代文明新观念,引导并保证了宗教活动的健康发展。与此同时,统战部门还为民族宗教群众较集中的地方订阅《宗教普法读本》、《民族宗教工作要点》等共95套册;在宗教界认真进行了一次不安定因素大排查,并通过深入推广"双五好"活动,主动为民族经济发展营造宽松环境,积极扶持少数民族发展经济。东和村的皮革加工制作企业已由原来的14家增加到去年的25家,安排剩余劳力360余名。目前,全县已涌现出与社会主义社会相适应,为当地经济发展服务、爱国爱教的好堂点7个、好教徒45名。

(4)充分发挥文史资料工作在团结联系各界人士中的纽带和社会主义精神文明建设中的特殊作用。去年,县政协科教文卫体委员会,共完成了向省、市政协送稿9篇5万余字的征稿任务;《长治县寺庙大观》和历代碑刻研究正在加紧收集整理之中。

**5.提高素质,转变作风,机关建设进一步加强**

加强政协自身建设,是履行政协职能、搞好政协工作的关键所在。去年,我们在自身建设上,主要抓了两个方面的工作。

(1)深入开展"三讲",进一步加强领导班子建设。去年上半年,根据县委的统一部署,县政协党组班子、主席班子认真开展了"讲学习、讲政治、讲正气"的"三讲"教育。年底,又用两个月的时间,进行了系统的“三讲”教育回头看。一年多来,县政协党组班子、主席班子坚持“三讲”标准,按照“三个代表”要求,采取群众揭、自己查、上级点、互相帮的办法,认真地在政治上、思想上、工作上进行了自查自看,深刻剖析,“三观”改造明显进步,工作作风明显转变,实践“三个代表”明显自觉。在此基础上,政协领导班子针对自己存在的突出问题和群众的意见和建议,认真制定和出台了一系列整改规定和措施,并切实付诸实施。一年中,县政协的各位主席,以“三个代表”为镜子,发扬中共长治市委倡导的“三敢”精神,坚持“三深”、“三带”认认真真地与群众实行“三同”,扎扎实实地为群众办实事,为全年工作任务的完成提供了有力的组织保证。

(2)切实加强委员队伍建设。政协委员是政协工作的主体。政协工作的开展,离不开政协委员的智慧和创造,而加强自我学习、自我教育则是政协自身建设的优良传统。一年多来,我们始终把加强委员学习、提高委员素质作为政协基础性的工作来抓。为委员、常委们分别订阅了《山西政协报》和《政协之友》学习资料等报刊,广泛组织委员认真学习老一辈无产阶级革命家关于政协工作的重要论述,认真学习江总书记在庆祝政协成立50周年大会上的重要讲话和在全国统战工作会议上的讲话,认真学习党的政协理论、统战政策,以及时事政治和现代知识。积极组织委员开展理论研究,撰写理论文章,在市政协组织的政协理论研究会上,我县共报送论文五篇,其中贾圪堆主席撰写的论文《县域经济结构调整之我见》获全市一等奖。

(3)重视加强了机关自身建设。在政协领导班子进行“三讲”教育活动同时,在县委领导下,去年第四季度,在政协机关开展了以胡长清、成克杰、王虎林等重大典型案例为反面教材的警示教育。通过开展警示教育,特别是通过对王虎林错误和犯罪行为的批判和揭露,使全体机关干部充分认识到,王虎林从一名党的领导干部堕落为人民的罪人,其根本原因就在于他放松了“三观”改造,把人民赋予的权力私有化、个人化,以权谋私,由此走向人民的对立面,受到了人民的审判。大家纷纷联系身边的事、身边的人,联系自己思想和工作实际,深入进行自查和自我教育,认真整改,并迅速落实到行动上,用加倍努力的工作来洗涮王虎林错误给我县带来的不良影响,迎难而上,做好本职工作。在此基础上,政协机关认真制定和完善了学习、考勤工作日志、岗位目标责任、民主生活会、廉政建设等六项制度;今年3月份以来,政协机关又开展了“三个代表”重要思想的学习教育活动,全体机关干部深入农村包农户、搞项目、讲党课、送技术。先后为荫城镇石炭峪,南宋乡东掌、南宋,苏店镇王董等村传授果树修剪管理技术、果树大棚反季节栽培等先进技术,在帮助指导韩店镇柳林村特种养殖、南王庄村荒山开发,韩店、郝家庄等电石炉的改造扩容上做了大量工作,受到群众好评

各位委员,县政协一年来的工作取得了一定成绩,这应当归功于市政协的积极指导、县委的正确领导、县政府的大力支持、社会各方面的积极配合,以及政协各参加单位和广大委员的共同努力。在这里,我代表县政协常委会对各位领导和广大委员表示衷心的感谢!回顾一年的工作,我们深深体会到:要做好政协工作,必须自觉地接受党的领导,始终把党的中心工作作为我们履行职能的主线;必须坚持创新思维和开拓精神,在工作实践中不断探索新路子,寻求新突破;必须高扬民主团结主旋律,广泛联系社会各界,形成统一战线的整体合力;必须不断加强政协自身建设,提高政协队伍适应新形势的综合素质。面对新世纪、新形势、新任务,常委会的工作还存在不少差距和不足。主要是履行职能的一些程序、制度、环节还不够规范,民主监督与形势发展的需要还存在较大差距,政协组织的界别特点和委员的主体作用发挥得仍

不够充分,政协机关的服务工作需要今后继续改进。这些问题和不足,今后仍需要通过强化党委重视的力度,强化政府支持的力度,强化政协主动的力度,强化社会各方面配合的力度,逐步加以解决。

## (二)今后几个月的工作建议

从现在到年底,只剩三个来月了,从本次会议到下次会议,也只有半年多一点的时间。当前,一个深入学习贯彻江泽民同志"七一"讲话精神的热潮正在全国上下兴起。我们一定要按照中央的新部署和新要求,在中共长治县委的领导下,把深入学习、贯彻"讲话"精神当作一项长期的战略任务来抓,在理论上不断加深认识,在实践中努力身体力行,真正把"三个代表"的重要思想贯穿于人民政协履行政治协商、民主监督、参政议政职能的全部过程之中,围绕中心,服务大局,集中民智,建言献策,协调关系,凝聚力量,共同把新世纪的政协工作推向一个新的阶段,为"十五"期间"五年实现双翻番,再造一个长治县"而努力奋斗。

为此,我建议今后几个月,我们要重点抓好以下几项工作。

**1.坚持先进生产力的发展要求,紧紧围绕中心,全力服务大局,不断推进县域经济的发展**

坚持以"三个代表"重要思想为指导,抓住关系国计民生的大政方针、重大问题,围绕中心,服务大局,切实履行政协职能,这是我们县政协一贯坚持的工作方针。因此,我们一要进一步增强大局意识、中心意识和服务意识,紧紧把握发展县域经济这一中心主题,重点围绕"五年实现双翻番,再造一个长治县"这个奋斗目标,不断强化调查研究,主动献言献策,建言立论。今年四季度,县政协各专委会要组织力量,选好角度,发挥优势,分别对调产、改制、小城镇建设和旅游资源开发这"四个重点"战略的实施进行专题调研视察,总结经验,发现问题,理清思路,策划项目,找到支撑,建好载体,积极为发展生产力,为县委、县政府的科学决策提出有价值、有分量的可行性的真知灼见。二要着力提高政治协商效果,积极探讨专题议政新路子。县政协要努力站在时代的高度,树立宽广的眼界,立足于新的实践,克服因循守旧、墨守成规、不思进取、无所作为、照抄照搬、按图索骥的思维方式和思想作风,积极探讨和创造履行政协职能的新形式、新方法、新途径、新载体,着力提高政治协商的实效,坚决克服临时动议、仓促协商、即兴发言、泛泛而谈的作法。

**2.坚持先进文化的前进方向,广泛集中民智、强化民主监督,积极推进社会主义精神文明建设**

社会主义是全面发展、全面进步的社会。我们政协必须根据自身的特点,牢牢把握中国先进文化的发展趋势和要求,立足于建设有中国特色社会主义的实践,着眼于"一纲"(高举邓小平理论伟大旗帜,毫不动摇地坚持马克思主义的指导地位),"两翼"(依法治国,以德治国),"五种精神"(解放思想、实事求是的精神,紧跟时代、勇于创新的精神,知难而进、一往无前的精神,艰苦奋斗、务求实效的精神,淡泊名利、无私奉献的精神)。加强对精神文明建设等方面的政治协商和民主监督。今后几个月,县政协要就严打斗争情况,网吧现状及管理对策,中小学管理和危房改造,乡村医疗卫生服务等问题开展调查视察,提出合理化建议。与此同时,要注重充分发挥科技、教育、文化、卫生、体育等界别的人才优势,利用各种形式和渠道,继续搞好科技、文化、卫生"三下乡"活动,促进科学文化事业的发展。此外还要通过对文史资料的收集、编纂、研究,充分发挥其在资政、存史、育人中的作用,大力弘扬爱国主义精神,努力促进中华民族的伟大复兴。

**3.坚持代表最广大人民群众的根本利益,认真转变作风搞好微观服务,积极做好提案征集办理和反**

映社情民意工作

提案和反映社情民意是人民政协履行职能的基础工作。通过提提案反映社情民意的方式，把人民群众的愿望和呼声，把蕴藏在人民群众中的真知灼见和智慧及时反映上来，这是我们政协履行职能的一件大事。今后，我们一定要按照"三个代表"的要求，从长治县的实际出发，充分发挥政协联系广泛、上下通达的优势，认真做好提案的征集、督办和办理工作，积极做好反映社情民意的工作，坚决维护最广大人民群众的根本利益。我们一要通过在办理有关反映人民群众普遍关心的社会热点难点问题的提案中，不断推进提案办理工作规范化、制度化，通过对重点提案的带案视察，跟踪督办，着力督促有关部门和单位把政协委员的提案办理好，给人民群众一个满意的答复。二要动员和组织全体政协委员，始终保持与人民群众的联系，保持"三深"，积极"三带"，敢于"三敢"，弘扬"四不怕"精神，多为群众办好事，办实事。三要加大信息信访工作力度，积极推进反映社情民意工作。县政协要制定出台对政协委员、常委反映社情民意的考核办法，努力把政协反映社情民意工作提高到一个新的水平。

**4.坚持与时俱进的风格，大兴学习之风，创新政协工作，内强素质，外塑形象**

江泽民总书记的"七一"重要讲话，进一步阐述了"三个代表"重要思想的丰富内涵，科学地指出了我国当前和今后社会发展中的许多重大理论问题，是对马克思主义、毛泽东思想、邓小平理论的继承、发展和创新，是新世纪实现三大历史任务的强大思想武器，也是做好新世纪人民政协工作的行动指南。人民政协作为中国共产党领导的最广泛统一战线的政治机构，应当带头学好讲话，深刻领会和全面把握讲话的基本内容和精神实质。学习江总书记的讲话，学好是前提，武装是关键，实践是根本。要原原本本地学，正确理解"讲话"的原意，切忌断章取义、望文生义，坚决防止和克服片面性、表面性和简单化。要不断拓展学习的广度和深度，深刻领会"讲话"的重大意义，真正把思想和行动统一到"讲话"精神上来，把"讲话"精神贯彻落实到改革、发展、稳定的实践中去。一要紧密联系政协自身的实际，理清工作思路，解决现实突出问题，特别要在推动具体工作上下功夫；二要结合学习江总书记在全国统战工作会议上的讲话、李瑞环主席在全国政协九届四次会议上的讲话，进一步明确新时期人民政协的性质、地位和历史任务，进一步增强坚持中国共产党领导的多党合作和政治协商制度的自觉性。此外，还要通过举办多种形式的活动，隆重纪念辛亥革命 90 周年，弘扬孙中山等革命先辈致力于国家统一、民族团结和振兴中华的精神。

当前，我们还必须特别重视强化委员队伍建设，加强政协机关干部的思想作风建设，搞好"三深"，"三带"，身体力行地实践"三个代表"。要通过组织报告会、座谈会、学习培训、视察调研等方式，不断增强委员的政治责任感，使委员更好地知情出力。同时要注意加强政协机关工作规范化、制度化建设，搞好政协机关的机构改革工作，内强素质，外塑形象，力争项项工作都创新，项项工作争一流，使全县的政协工作整体跨上一个新的台阶。

各位委员，随着新形势的发展，随着经济建设和民主政治建设的不断推进，党和人民对政协工作提出了新的更高的要求。我们一定要坚定不移地高举邓小平理论伟大旗帜，以江泽民总书记"三个代表"重要思想为指导，解放思想，转变观念，围绕中心，服务大局，自尊自重，不辱使命，努力创新政协工作，为"五年实现双翻番，再造一个长治县"而努力奋斗。

## 第五次会议

### 会议概况

政协长治县十二届委员会五次会议于2002年3月7日至10日在县城召开。全县政协委员117名，有107名委员参加了会议，因病因事请假，缺席10人。县委书记王斗林、县人大主任王玮、县政府县长阎建书等出席了开幕式。驻县市政协委员，历届县政协主席、副主席、常委，县直各部、委、局、办有关负责人，政协老委员联谊会成员等100人应邀列席了会议。

政协长治县十二届五次会议于2002年3月7日召开

县委书记王斗林代表县委向大会的召开表示热烈祝贺，并作了重要讲话，他对县政协一年来的工作做了充分肯定，并对县政协2002年的工作提出了总体要求。

县政协副主席牛外则，受政协长治县十二届委员会常务委员会委托，向大会作《政协常委会工作报告》。报告对2001年的工作进行了回顾，并对2002年的工作提出了建议。

县政协副主席陈一评受政协长治县十二届委员会常务委员会委托向大会作《十二届四次会议以来提案工作情况的报告》。县政协十二届四次会议以来，各民主党派，人民团体和政协委员，用提案形式，积极为本县的经济建设和社会发展建言献策，共提出提案23件。到本次会议召开前，所有提案全部回复完毕，办复率达100%。

会议以无记名投票方式，补选申有宝、鲍金章为政协长治县十二届委员会副主席。

与会人员列席了县人大十二届五次会议，听取并讨论了县长阎建书作的《政府工作报告》及其他报告，会议通过了县政协十二届五次会议各项决议。

县政协副主席陈一评作《关于政协长治县十二届委员会五次会议提案征集和审查情况的报告》。报告指出：截至到3月10日上午12时，本次会议期间共收到委员提案48件，良言良策46条。提案紧紧围绕县委、县政府提出的奋斗目标，为全县社会发展、经济发展建言献策，既提出问题，又分析原因提高了参政议政的质量。

县政协主席贾圪堆作闭幕讲话。

县政协副主席牛外则主持了闭幕式。

## 政协工作报告

### 政协长治县第十二届委员会常务委员会工作报告

2002 年 3 月 7 日

牛外则

各位委员:

我受政协长治县第十二届委员会常务委员会的委托,向大会作工作报告,请予审议。

#### (一) 2001 年的工作回顾

刚刚过去的 2001 年,是迈向新世纪的第一年,也是实施"十五"计划的开局之年。一年来,全县人民以"三个代表"重要思想为指导,认真贯彻党的十五大和十五届五中、六中全会精神,紧紧围绕经济建设这个中心,真抓实干,奋力拼搏,全县政治上出现了安定团结的大好局面,经济迈上了一个新台阶,精神文明建设上取得了较大进步,党风和干部作风有了明显转变。全县财政总收入达到 12308 万元,比上年增长 22%;绝对额增收 2070 万元。调产初见成效,改制基本完成,小城镇建设迈出新的步伐,旅游资源开发全面起动,全县社会政治稳定,各项事业全面发展。

过去的一年,也是我县人民政协事业取得新发展,实现新进步的一年:在这一年里,县政协和广大政协委员高举邓小平理论伟大旗帜,按照江泽民总书记"三个代表"要求和"七一"讲话精神,认真落实中共十五届六中全会《决定》,"坚持围绕中心,服务大局"的工作方针,充分发挥自身独特优势,在继承中发展,在发展中创新,认真履行人民政协的政治协商、民主监督、参政议政三项职能,深入开展调查研究,积极建言立论,反映社情民意,在调产改制、结构调整、小城镇建设、旅游资源开发和科教兴县、优化环境、社会主义精神文明建设各方面,提出了很多切实可行的意见和建议,为制定和实施"十五"计划,为全县的政治稳定和社会发展,作出了积极的贡献。

**1.围绕全县大局,协商发展大计**

人民政协的首要职能是政治协商。一年来,常委会坚持围绕中心、服务大局的工作方针,按照顾大局、议大事、求实效的工作思路,遵循协商在"党委决策之前、人大通过之前、政府实施之前"的要求,就全县改革、发展、稳定的重大事务和干部群众普遍关注的机构改革、新建制乡镇换届、人事调整、财政收支状况等社会焦点问题,及时进行了协商;认真坚持了政协主席列席书记办公会、县委常委会议制度,听取县政协代表社会各界提出的意见和建议,主动进行了协商;认真实行了四套班子领导包乡镇、包村、包企业、包新的经济增长点的制度,让政协领导知情出力,积极参与一些重大活动和决策,直接进行了协商。与此同时,县政协还主动利用全委会议、常委会议、主席会议和调研视察、社情民意等形式,积极围绕《长治县国民经济和社会发展第十个五年计划纲要》的制定和修正进行了多次协商讨论,提出了许多有价值、有分量的意见和建议,县委均认真地进行了深层次的考虑和采纳。

**2.深入调查研究,积极建言立论**

去年以来,县政协把深入实际调查研究始终摆在政协工作的突出位置,积极组织视察、调研,努力提高调查研究的工作水平,主动为县委、县政府工作服务,先后围绕全县经济和社会发展等重大问题,进行了四次规模较大的集中专题调研。一是配合县旅游开发领导组对全县的重点旅游景点进行了现场调研，摸清了底子，理清了思路，并提出了开发旅游景点的点线布局意见;二是去年5月份，和市政协共同对全县的水库资源开发利用及保护状况进行了专题调研视察，发现了我县的七座中小型水库均属险库，管理体制不健全，干部麻痹思想严重等三个问题，针对性地向县委、县政府提出了加强管理、健全责任制、增加投入、除险加固、活化机制、综合开发等六条建议;三是去年7月23日至27日对全县政法部门的“引深创造环境，促进公正执法”情况进行了调研视察，就如何加强政法工作提出了五条具体建议;四是县政协在10月10日至12日组织农林界政协委员和农小办、统计局、农业局、经管局领导深入全县11个乡填22个村100余农户，针对我县“农村经济结构调整暨农民增收情况”进行了调研，并根据调查情况写出了我县调整农业经济结构必须引起重视的两大问题，应当防止的三种倾向，需要解决的四个难题，必须实现的五个突破，特别注重的十个环节的可行性调查报告。这些调研视察都为县委、县政府及其相关部门的有关决策提供了必要的依据。

**3.疏通民主渠道，抓好信息提案工作**

办理委员提案，反映社情民意是人民政协履行职能的重要的民主渠道和基础性工作。一年来，常委会在提案征集上加大了办理力度，不断规范办理程序，使提案工作更加扎实有效;委员们本着服务为主、把握重点、选准热点、焦点的指导思想，共提出各种提案23件，立案23件，截至目前已全部办复完毕，办复率达100%，进一步拓宽了民主渠道，加大了监督职能，突出了带案视察，强化了高层运作，注重了督查落实。

了解和反映社情民意是实现民主政治的一条快捷、灵活的有效形式，是保证党委政府密切联系人民群众的重要渠道，也是政协委员参政议政的基础工程。去年以来，我们结合县政协“三深”计划的落实，实行到基层，到委员所在地，同委员“三同”，实地了解委员的工作、生活情况，倾听委员的呼声和看法，查民情、集民智、应民意，加大了收集社情民意的力度，掌握了第一手素材，一年来共收集社情民意78条，上报9条，被上级采用9条，采纳率达100%。如《不要把“典型”当“点心”》等信息引起上级领导的重视，成为热点问题，在群众中产生了良好的影响，县政协主席贾圪堆同志因此成为全市信息模范工作者，受到市委、市政府、市政协的表彰和奖励。

**4.维护团结稳定，发展统一战线**

在过去的一年里，我们始终把围绕大目标、建立大联合、促进大团结作为政协工作的重要任务，充分发挥了政协在促进团结合作、维护社会稳定、发展统一战线中的重要作用。

(1)利用政协委员和各界人士座谈会以及节日茶话会等形式，大力宣传通报县委、县政府的工作思路、工作进展和工作措施，营造民主协商、平等议事的环境和氛围，协助县委、县政府协调关系、把握全局。每次座谈会我们都要邀请县委、县政府主要领导参加，一方面向社会各界人士及时通报全县经济建设和社会发展的情况，通报我县经济发展和社会稳定等方面所面临的困难和问题:另一方面让领导直接听取各界群众的呼声、愿望和要求，为县委、县政府同各界群众直接对话，达成谅解，达成共识，创造了必要的条件。

(2)会同县委统战部，组织民族宗教界人士认真学习了党的民族宗教政策，并为他们订阅学习资料，加强了政协与民族宗教界委员的沟通与交流，每逢宗教界的重大节日，县委、政府的领导会同县统战部领导深入到堂点，看望慰问，表示对节日的祝贺。积极引导宗教活动与社会主义相适应。同时，我们还深入基层，走访了部分台属，帮助他们兴办经济实体，鼓励他们为本县经济发展建功立业，发挥了政协在对台对外联谊工作中的优势，从而推动了对外开放，起了理顺情绪、凝聚人心的作用。

(3)发挥文史资料工作在存史、资政、团结、育人等方面的职能作用，除完成省市政协下达的征稿任务外，长治县文史资料第三辑——《长治县寺庙大观》和历代碑刻考证研究正在加紧收集整理，届时将为开发我县旅游资源提供极为有价值的历史性珍贵资料。

**5.以“三个代表”重要思想为指导，转变作风，提高素质**

去年年初，我们政协机关在县委的统一安排部署下，扎实有效地开展了为期三个月的学教活动，系统学习了江泽民总书记“三个代表”的重要思想及其有关文件，并按照“三个代表”的要求，采取群众揭、自己查、上级点、互相帮的办法，在政治上、思想上、工作上进行了自查自看、深刻剖析，“三观”改造明显进步，工作作风明显转变，实践“三个代表”明显自觉。并针对存在问题，制定出台了一系列整改规定、办法及机关“三深”计划，深入基层，深入委员家中和广大农村，讲党课、授技术，送学习资料，帮助农民制定增收计划和发展规划，与委员和农民群众实行“三同”，扎扎实实为老百姓办实事，受到农村干部群众和委员的好评，大大提高了机关的整体素质和服务效率。随后，在县委学教办的统一安排下，去年 11 月 15 日抽调部分机关干部参加了荫城镇农村“三个代表”学教活动督导组，大家按照县学教办的要求，三个阶段六个环节都做到了高标准、严要求。同志们坚守岗位，吃住在乡镇和农村，并为困难学校捐款捐物，使荫城镇村级及驻镇站所“三个代表”学教活动搞得扎实有效，受到县学教办的肯定和干部群众的一致赞扬。

其次，我们还注重强化了新时期人民政协委员的整体素质。去年以来，我们不仅注重发挥政协委员自我学习、自我教育的优良传统，为委员订阅了《山西政协报》和《政协之友》等报刊，保证了委员的学习；而且还十分注重了发挥委员联系基层、联系群众的独特优势，积极反映社情民意，并在各自的岗位上，为全县社会主义物质文明和精神文明建设努力建功立业，做出积极贡献。

回顾 2001 年的政协工作，县政协较好地完成了年初制订的《2001 年度工作要点》所定任务，在一些工作方面还取得了突破性进展，创造性地开展了工作。但是工作中还存在一些不足和差距，主要表现在履行职能还没有达到规范化、制度化。民主监督仍显不力，参政议政的质量有待提高。所有这些，都需要我们在今后的工作中认真研究，制定相应措施，努力加以改进。

### (三) 2002 年的工作建议

本次会议是十二届县政协的最后一次会议，做好 2002 年的政协工作，对于巩固和发展我县“十五”开局的良好势头，维护全县改革稳定的大好局面，促进政协工作承前启后、继承发展有着至关重要的作用。在新的一年里，我们要继续高举邓小平理论伟大旗帜，以江泽民同志“三个代表”重要思想为指导，全面贯彻党的十五届五中、六中全会精神，围绕县委提出的“五年实现双翻番，再造一个长治县的发展目标和财政收入增收 2000 万元的任务，在调整产业结构、发展民营经济、加快小城镇建设和旅游资源开发四个重点上有新的突破；要切实转变作风，增强政协委员的责任感和使命感，按照“八个坚持、八个反对”，继续坚持“三深”，搞好“三带”，勇于“三敢”，努力发挥政协优势，切实有效地履行好三大职能，大兴调查研究之风，围绕县委、县政府的中心工作助威加劲，提出建设性的建议和意见，唱好同一台戏；要着力抓好全县的社会稳定工作,发挥政协在政治上的包容性和组织上的广泛性,努力体现政协组织大团结、大联合、大民主的特征,积极反映社情民意,做好协调关系、化解矛盾、凝聚人心、凝聚力量的具体工作,推动全县各项工作总体前进。为此建议:

**1.围绕中心,服务大局,在履行职能上要发挥新作用**

政治协商、民主监督、参政议政是人民政协必须履行的三大职能。在新的一年里,我们要围绕“五年实现双翻番,再造一个长治县”的奋斗目标和“四个重点”,发挥政协独特优势,多渠道、多形式地开展政协工作,在履行三大职能中取得明显成效。

(1)要通过召开各种会议发挥职能作用。政协会议是一种高层次的政治活动,是政协进行建言献策的主要场所之一,也是体现政协履行职能的主要渠道之一。因此,我们要十分注重发挥各种政协会议的作用,集中精力和人力,精心组织好每次会议,把会前的调查及第一手资料、会中的发言、合理化建议同全县的发展大计和群众关注的热点、难点、焦点问题结合起来,形成有价值的决策参考,发挥政协会议在履行职能中的独特优势。

(2)要通过参加各种活动发挥职能作用。县政协主要领导要坚持列席县委常委会,四套班子联席会和人大、政府召开的重要会议,直接参与全县重大事情的决策讨论。其他领导和各专委成员还要积极参与全县有关政治、经济、文化、执法、环保等工作的检查,直接发挥监督作用。同时,我们还要发挥委员行风专门监督员的作用,并及时向政协反映监督结果和问题,以便政协组织集体评议和监督,发挥委员的职能监督作用。

(3)要通过运用提案形式发挥作用。全体政协委员要以高度的政治责任感和历史使命感,认真运用提案这种形式,积极开展民主监督和参政议政。要及时通报提案办理情况,加大办理监督力度,狠抓提案落实,对一些重点难办的提案,要组织要案视察,强化高层运作,使政协委员的提案能产生积极的经济效益和社会效益。

(4)县委、县政府把2002年确定为“民营经济发展年”,目的就是要千方百计加快我县的民营经济特别是个体私营企业的发展,使全县的民营经济发展再上一个新台阶。我们政协是人才智力密集的组织,有些政协委员本人就是本县久负胜望的民营企业家。县政协在2002年要配合县委、县政府在发展民营经济方面有新的举措,从产业导向、发展空间、发展环境等方面,一是广泛宣传民营经济在县域经济中的地位,二是为全面发展民营经济搞好服务,使今年的民营企业特别是非煤民营企业增加比重,成为全县经济发展的新亮点。

**2.精选课题,强化调研,在建言立论上取得新突破**

深入实际,调查研究,充分掌握第一手资料才能做到立论准确,建言有理,献策实用。在本届政协的最后一年,县政协要紧紧围绕“五年实现双翻番,再造一个长治县”和财政增收2000万元的奋斗目标,抓住两个文明建设中的宏观问题组织几次较大的调查研究,政协各职能专委要根据自己工作的实际,组织一次深层次的调研活动,经济委不得少于两次。在组织调研过程中,要精选课题,数据要翔实准确,论证要有理有据,措施办法要与县委、县政府的工作思路吻合并切实可行,利于采纳。要力求实效,出精品,不要只是满足于一次调研形式,写一份报告。不仅如此,在调研过程中,事先要听取县领导和主管部门对有关情况和问题的通报,了解上级有关政策,制定严密的视察调研方案;事中要深入实际了解情况,并召开基层有关人员座谈会和退休老领导、技术人员知识分子和各界人士座谈会,充分听取意见,反复核准有关情况,掌握第一手翔实准确的资料,要多层次全方位的听、看、访,广泛听取各方面的意见和建议,才能正式形成书面调查报告,并经政协常委会研究讨论后,还要邀请县党政领导及主管部门负责人召开民主议政会,提出具体意见和建议。只有这样,才能使政协的视察调研扎实有效,才是高质量、高水平的参政议政,才能得到县委、县政府的高度重视和采纳。

**3.加强联谊,促进团结,在维护稳定上作出新贡献**

高举社会主义和爱国主义两面旗帜,调动一切积极因素,投入祖国的现代化建设,是人民政协的重大主题和神圣使命。在新一年的政协工作中,我们要利用一切机会,努力做好港澳台和外事联谊工作,促进我县的对外开放;要不失时机地掌握民族宗教政策,依法做好民族宗教工作,弘扬中华民族的光荣传统和伟大精神;要在党校增设港澳台和外事知识讲座及统战理论课程;要组织好两次全县各界人士暨台属座谈会,针对突出的问题,进行直接对话,形成共识,达成合力,要在座谈会上严厉批驳台独行径和分裂祖国的卑劣图谋,团结一切爱国力量,促进祖国统一大业早日实现;要利用群众上访接待日对一些到政协上访的干部群众做深入细致的思想政治工作,根据不同情况,该上报的上报,该转办的转办,该协商的协商;要号召全体政协委员不仅要做好本职工作,还要利用空暇时间,深入基层,深入群众,深入人心,积极反映社情民意,确实转变工作作风,做好自己所代表阶层和群众的工作,维护全县改革、发展、稳定大局,为协调关系、化解矛盾、凝聚人心、凝聚力量、保持稳定做出积极的贡献。

**4.立足本职,发挥优势,在办实事作贡献上创造新业绩**

人民政协具有人才荟萃、代表性强、联系面广、位置超脱的优势,素以“人才库”、“智囊团”而著称。2002年,我们要注重发挥这些优势,紧紧围绕县委、县政府的中心工作,主动参与社会实践,积极开展“三深”活动,搞好“三带”,勇于“三敢”,为群众多办实事办好事,进一步激活政协工作:一、政协有关专委要积极组织有关界别委员开展“五下乡”活动,落实政协“三深”计划,送科技,送医疗,送文化,送计生,送法律,急群众所急,想群众所想,倾听群众心声,同群众打成一片,多办实事;二、政协主席、副主席除做好政协本职工作外,还要积极参加全县建设和经济开发,并搞好所包乡镇、所包企业工作,为2002年奋斗目标尽心出力;三、广大政协委员要立足本职,积极发挥自己的特长和优势,围绕“五年实现双翻番,再造一个长治县”的奋斗目标和财政增收2000万元奋斗目标的实施,各尽所能,创造出自己的新业绩。

**5.体察民情,广泛征集,在反映社情民意和文史编辑工作上推出新举措**

反映社情民意是近年来政协开展的一项基础性工作,是政协履行职能的重要途径和具体体现,是政协进行两化建设的有效方式。今后,我们要把反映社情民意工作作为一项系统工程来抓,要经过多方努力,建立和完善信息工作制度和奖罚制度,加大力度,营造政协领导人人抓信息,政协委员人人写信息,政协机关人员人人报信息,力争在省、中央反映不少于10条高质量的社情民意信息,使社情民意工作成为委员议政建言的重要渠道,为密切党群关系发挥积极作用。

文史资料工作是政协的一项专业性经常性工作,在存史、资政、团结、育人等方面有其独到的作用。在新的一年里,除完成省、市政协交办的征集任务外,我们要多方筹措资金,争取出版《长治县寺庙大观》文史第三辑,并争取完成长治县碑牌刻字等历史珍贵文物采编收集工作,以配合我县旅游资源开发这项战略性的工作,增强上党旅游资源开发的透明度。

**6.注重学习，提高素质，在强化自身建设上要有新提高**

政治协商、民主监督、参政议政是政协的三大职能，政协工作的主体是政协委员。为使政协在履行职能的质量、水平、实效等方面取得新的突破和进步，我们要十分重视政协的自身建设。首先是把组织委员理论学习和坚持正确的政治方向作为自身建设的重中之重，常抓不懈。要继续发扬自我学习、自我教育的优良传统，组织委员开展多种形式的学习讨论。学习委要做好具体安排，保证学习效果;其次，要组织委员积极参加视察调查，通报各种情况，增强委员的参政意识，提高参政能力，使委员知情出力;第三，要通过茶话会、座谈会以及议政会等机会和场合，广泛征求意见，不断总结和完善政协自身的工作，探索“两化”建设的方法和途径，从而使政协工作与全县整体事业融为一体，携手共进，使政协工作保持旺盛的生机和活力。第四，积极做好政协工作的宣传报道，加强对政协工作的宣传力度，认真搞好政协全委会、常委会和政协重大活动及委员先进事迹的宣传报道工作，增强政协工作的透明度和社会影响。第五，狠抓机关作风建设和条件建设，以“三个代表”学习教育活动为基础，加强对机关干部职工的思想政治教育和“五风”整顿，进一步激发大家的政治热情、爱国热情和工作热情，增强大局意识、公仆意识和服务意识，逐步形成争先创优、自逼加压的工作激励机制和良好风尚。

各位委员，2002 年是我国加入世贸组织的第一年，也是我市“转变作风、强化责任年”，改革和建设的任务十分艰巨，经济和社会生活中还存在着许多不可忽视的矛盾和问题。比如，面对入世后的新形势，不少干部特别是企业还有许多不适应，经济结构调整的任务还很大，农业产业化程度还比较低，建立现代企业制度任务还远未完成，小城镇建设的规模和效应还没有到位。这些问题和困难，很值得我们政协委员去认真分析和研究，以各种方式提出建设性的意见和建议。

各位委员、同志们，21 世纪是中华民族实现腾飞和伟大振兴的世纪，也是人民政协事业继往开来、大有作为的世纪。我们必须以邓小平理论、江泽民总书记“三个代表”重要思想和十五届六中全会《决定》精神为指针，在县委的正确领导下，紧紧围绕“五年实现双翻番，再造一个长治县”的奋斗目标，发挥优势，建言献策，积极履行三大职能，解放思想，与时俱进，创新创优，扎实苦干，确保我县调整结构初见成效，经济建设快速推进，社会事业蓬勃发展，以优异的成绩迎接党的十六大的胜利召开!

## 第十二节　第十三届委员会

长治县政协第十三届委员会共召开全体委员会议 4 次。

### 第一次会议

#### 会议概况

政协长治县十三届一次会议于 2003 年 6 月 24 日至 27 日在县城宏运宾馆召开。会议的主要议程是：听取并审议政协长治县十二届委员会常务委员会工作报告；听取并审议政协长治县十二届委员会常务委员会提案工作情况的报告；列席长治县十三届人民代表大会一次会议，听取并讨论《政府工作报告》及其他重要报告；选举政协长治县十三届委员会主席、副主席、常务委员；通过政协长治县十三届委员会一次会议各项决议。全县145名政协委员参加了会议。驻县市政协委员、原政协主席、副主席、县直各有关部、委、局、室的主要领导和县政协老委员联谊会成员等95人应邀列席了会议。

热烈庆祝政协长治县十三届一次会议胜利召开

24日上午，召开预备会议。通过本次会议的议程、日程、领导机构和工作机构。当日大会主席团执行主席由7人组成:傅永祥、贾圪堆、陈一评、牛外则、申有宝、鲍金章、李志文。主席团由27人组成:马国兵、王广清、王联兵、车建斌、牛玉清、牛外则、申有宝、乔和平、乔俊红、李平书、李志文、李振国、李淑梅(女)、宋平英(女)、宋安生、张俊英(女)、张起山、陈一评、赵银虎、段志荣、秦金水、贾圪堆、崔德胜、傅永祥、鲍金章、鲍喜堂、裴福宏,秘书长:陈一评。

24日上午,政协长治县十三届委员会一次会议开幕。中共长治市委常委、市政协党组副书记,统战部长赵志忠到会祝贺并讲话。县委、县人大、县政府领导常光明、关小平、崔惠斌、樊志新、任文琳、王玮、郭文忠、李世钟、黄福喜、张向东等出席了开幕式。

十二届县政协主席贾圪堆受政协长治县十二届委员会常务委员会委托,向大会作常务委员会工作报告,报告对十二届县政协工作进行了回顾,并对今后工作提出了建议。

十二届县政协副主席陈一评受政协长治县十二届委员会常务委员会委托,向大会作《关于十二届一次会议以来提案工作情况的报告》。县政协十二届一次会议以来的五年,各民主党派、人民团体和广大政协委员,围绕县委、县政府的中心工作,围绕社会关注的热点、难点和焦点问题,以提案形式积极履行政协职能,为改革建言,为发展献策,为稳定出力,提出了许多有价值的意见和建议,受到了县委、县政府的高度重视。提案委共征集提案346件,经提案审查委员会认真审查,正式立案335件,送交有关部门参考的11件。参与提出提案的委员105人,占委员总数的90%。

县委书记常光明代表县委对大会的胜利召开表示热烈的祝贺,对县政协十二届委员会五年来的工作给予了充分的肯定,并对县政协今后的工作提出了要求。

25日上午,分组讨论政协长治县十二届委员会常务委员会工作报告和提案工作情况的报告;下午,与会人员列席县人大十三届一次会议。听取代县长关小平作的《政府工作报告》及其他重要报告。

26日上午,讨论《政府工作报告》;讨论提出政协长治县十三届委员会主席、副主席、常务委员候选人建议名单;下午,通过选举办法、监票人、计票人、政协长治县十三届委员会主席、副主席、常务委员正式候选人名单。

27日上午，举行选举大会，会议选举傅永祥为政协长治县十三届委员会主席；牛外则、申有宝、鲍金章、李志文为副主席；马国兵、王广清、王联兵、车建斌、牛玉清、牛外则、申有宝、乔和平、乔俊红、李平书、李志文、李振国、李淑梅（女）、宋平英（女）、宋安生、张俊英（女）、张起山、赵银虎、段志荣、秦金水、崔德胜、傅永祥、鲍金章、鲍喜堂、裴福宏25人为常务委员。

27日下午，举行闭幕大会。会上听取了政协副主席申有宝作的十三届一次会议提案征集审查报告。报告指出，截至到6月27日中午12时，本次会议共收到委员提案81件，经提案委员会审查、立案81件。占提案总数的100%。提案的数量质量比以前都有较大的提高。

新当选的政协主席傅永祥作了闭幕讲话，表示新一届县政协一定要认真学习贯彻十六大精神，按照“三个代表”重要思想要求，继往开来，与时俱进，努力把政协工作推向一个新阶段，为开创全县全面建设小康社会的新局面而努力奋斗！

会议通过了政协长治县十三届委员会一次会议政治决议、常务委员会工作报告决议和提案工作报告的决议。

## 政协工作报告

### 十二届委员会常务委员会工作报告

2003年6月24日

贾圪堆

各位委员：

我受中国人民政治协商会议长治县第十二届委员会常务委员会的委托，向大会作工作报告，请予审议。

#### （一）十二届工作的回顾

中国人民政治协商会议长治县第十二届委员会自1998年5月20日选举产生以来，历经五个春秋，跨越两个世纪，现已圆满完成历史使命。五年来，县政协第十二届常务委员会在中共长治县委的领导下，高举邓小平理论伟大旗帜，以“三个代表”重要思想为指导，认真贯彻中共十五大、十六大精神，始终坚持共产党领导的多党合作和政治协商制度，牢牢把握团结、民主两大主题，团结全县政协委员和各界人士，积极有效地履行三大职能，为全县的改革开放和现代化建设做出了应有贡献。

回顾五年来常务委员会的工作，比较明显的有以下五个方面：

**1.突出重点，尽职到位谋发展**

人民政协是我国发扬社会主义民主的重要形式，政治协商、民主监督、参政议政是新时期赋予人民政协的主要职能。五年来，县政协十二届常务委员会，按照“民主、团结、求实、鼓劲”的工作方针，不断地通过全委会总体参政、常委会重点协商、主席会专题议政、专委会对口监督的方式，不断地利用政协主席参加书记办公会、列席县委常委会和召开四套班子联席会的机会，认真履行职能，共谋发展。五年中，十二届常务委员会共召开全委会5次，常委会10次，主席会34次，先后就年度政府工作报告、制定十五计划草案、加快县域经济发展、加强精神文明建设、促进社会各项事业进步等重大问题，及时进行协商讨论，既增进了各方面人士的相互沟通和理解,也发现和集中了广大委员的智慧和经验,还促进了县委、县政府决策的民主化、科学化。与此同时,十二届常务委员会还在深入调研、广纳铮言、集思广益、增进共识的基础上,采取集中委员视察、撰写督办提案等方法,多次就改革开放、经济发展、社会进步中人民群众极为关注的热点问题,主动向县委、政府建言立论、献计献策。五年中,县政协先后向县委、政府及有关部门提出建议、意见300多条,报送专题报告50多份,征集督办团体、委员提案346件,内容涉及可持续发展、科教兴县、人才战略、公正执法、生态环境保护、基础设施建设、旅游资源开发、完善社会保障体系以及关注弱势群体、做好下岗职工再就业工作等方方面面。这些建议、意见和提案,有的被县委、政府作为决策的重要依据,有的被直接吸收到县委、政府的文件之中,政协工作真正做到了尽职不越位,尽职不缺位,尽职不添乱。

**2.精选课题,调研献策不空谈**

围绕县委、县政府的中心工作,服从和服务于全县改革发展稳定的大局,这是人民政协履行职能的一条重要经验,而搞好专题调研,则是政协履行职能的基础环节,也是调动各界委员积极性的有效形式。五年来,县政协十二届常务委员会,进一步把开展专题调研、建言献策作为活跃政协工作的重要途径。每年都要根据上级的指示、县委的要求和全县的实际,精选一批课题,采取单独组织或上下联动的方法,组织政协常委、委员和专委会成员以及有关职能部门的负责同志,集中进行视察,深入实际调研,然后经过反复讨论分析,形成内容翔实、观点鲜明、操作性强的调查报告和专题建议案,报送县委、政府和上级政协及有关单位。五年中,政协十二届常务委员会共先后组织大型专题调研视察活动29次,其中配合省、市政协上下联动共同搞的10次,自定课题、单独组织的19次,形成实事求是、实话实说、实情实报的调查报告和专题建议案35份,提出针对性解决问题的建议170条,及时地为县委、政府和有关方面了解情况、改进工作提供了重要的参考和决策依据,其中关于旅游资源的开发利用、农村中小学校的布局调整、基础教育急需注意解决的问题、农民增收减负情况分析、县域经济结构调整之我见、建设龙头引导的特色农业经济、引深创优环境、促进公正执法等报告和建议,都引起了县委、县政府等部门的高度重视,有的县里主要领导还亲自作过专门批示,有效地促成了问题的解决,有力地推动了工作的开展。和专题调研密切相连的反映社情民意,是人民政协一项实际效果突出、更富有政协特色、又有广阔发展前景的工作,五年来,政协十二届常务委员会多次要求和鼓励参加政协的各党派、团体、界别和广大政协委员广泛调查,讲真话,进铮言,献良策,把深入调研了解和反映社情民意寓于政协各项工作中,县政协还专门出台了进一步加强政协信息工作、及时反映社情民意的意见,政协办公室机关专门配备了微机和传真机,建起了政协信息网络系统。五年中,县政协共受理基层群众来信210多件,收集整理各种信息500条件,其中有137条被省、市及全国政协采用。这些来自基层和群众中的真实情况,集中了全县各界人士的愿望和呼声,集中了人民群众关注、社会反映强烈的热点、难点、焦点问题,引起了各方面的高度重视,为县委、县政府和有关部门掌握情况、化解矛盾、解决问题、制定政策、改进工作起到了很重要的作用。

**3.围绕中心,服务大局作贡献**

宏观献策议大事,微观服务办实事,是新时期人民政协工作的主要工作内容。紧扣经济建设中心,服务改革开放大局,是人民政协必须遵循的原则和主旨。十二届县政协汇集了全县各条战线、各个方面的各种人才,是一定意义上的智慧组合。五年来,政协十二届常务委员会始终把围绕中心、服务大局作为政协工作的着力点和落脚点,十分注重发挥各位委员在经济建设和社会发展中的积极作用。主席、副主席和县委、人大、政府的领导同志一样,人人包乡镇、包企业、包项目、包工程,实实在在地为基层排忧解难。常委、委员也都发挥了各自的专业特长、智力优势和社会影响力,选好角度,找准位置,实事求是、争先奉献。经企界的委员,绝大多数是企业的法人、董事长、厂长、经理和业务技术骨干,在实际工作中,他们以结构调整为中心,以改革开放为动力,狠抓调产改制、扩规重组和挖潜改造,企业市场竞争能力日益增强,企业经济效益快速增长,经坊、王庄、红山、东山、西山等一批企业已成了年上交数百、上千万元的纳税大户。工商联、非公经济界的委员,坚持"发展是硬道理,引资是生命线,人才是第一资源",敢闯禁区,敢破藩篱,敢为人先,路子越走越宽,企业越做越强,事业越兴越旺。振东实业有限公司,短短几年,在巩固扩大石油经营的基础上,通过扩规上挡,超常发展,又新上了金晶制药和五和食品两大龙头企业,成了蜚声三晋的巨人集团。辛呈电石厂、文通微波发展公司、鑫磊电脑、内王二矿等二十多个民营企业,也都越搞越火,成了全县民营经济的骨干。

此外,农林、教育、卫生、科技、文化、体育、民族宗教、社会福利、群众团体和民主党派中的委员,也都充分利用各自的代表性和工作特点,在全县两个文明建设中,尽职尽责,施展才华,做出了显著贡献,闯出了一片新的天地。

**4.发挥优势,促进团结保稳定**

团结和民主是政协工作的课题。五年来,县政协十二届常务委员会,在扩大联谊、增进共识、维护稳定、促进团结方面也做了大量工作。一是坚持共产党领导的多党合作和政治协商制度,十分注重团结民主党派、工商联、无党派人士一道工作,县政协经常向民革支部、工商联互通信息,交流思想,积极组织党派团体及委员,参与政协组织的重大活动,大力营造和谐宽松的民主氛围;二是认真做好民族、宗教工作,广泛同民族宗教界人士交友谈心,引导宗教与社会主义社会相适应,组织批判"法轮功"邪教组织,充分发挥爱国宗教人士在全县团结稳定中的作用;三是协助党委、政府做好化解矛盾、凝聚人心的工作,经常组织委员和政协机关干部经常深入基层、深入群众,对事关人民群众切身利益的问题,如农民减负增收、下岗职工再就业、城镇特困群体生活安排、纠正社会"三乱"现象、强化社会治安综合治理等问题,多次以多种形式、多条渠道及时反映,提出建议,耐心细致地做说服解释工作;四是不断扩大交友联谊,促进祖国和平统一。五年中,县政协先后举办了纪念改革开放20周年、庆祝建国50周年、庆祝中国共产党成立80周年、纪念辛亥革命90周年、欢庆香港、澳门回归祖国等纪念庆典活动8次,先后举办了大型书画、文体活动十多次,极大地激发了各界人士的爱国热情。除此之外,每年中秋、春节,县政协都要专门召开各界人士和台胞台属座谈会、茶话会,庆佳节,话团圆,增友谊,促统一。五年中,县政协还先后接待安徽、山东以及本省兄弟县(市)、区的联谊考察组5批100多人,接待省、市政协的调研、考察、视察活动120多人次。并派出部分常委、委员和机关工作人员到四川、云南、浙江、江苏、山东及本省的一些地方进行专题考察学习。这些活动的开展,对激发各界人士爱国的政治热情,对促进相互了解、扩大内外交流、增进团结友谊,都起到了很好的作用。

**5.提高素质,转变作风重建设**

搞好政协工作,需要有一支高素质的委员队伍,需要有完善的规章制度,需要有良好的工作作风和工作环境,需要政协机关提供优质服务。县政协十二届常务委员会,十分重视政协的自身建设工作,始终把提高领导班子、委员队伍、机关人员的综合素质作为搞好政协工作的前提和基础来抓。一是通过加强政治理论学习,深入开展“三讲”教育,不断地加强了政协领导班子的建设。县政协领导班子所有成员,都认真地坚持了党校统一培训、中心组集中学习、机关学习日等规章制度,并能联系实际,加深理解,用邓小平理论、“三个代表”重要思想指导政协各项工作。特别是在县级“三讲”教育中,每个成员都能够自觉对照剖析,查找突出问题,并实实在在地解决了一些群众反映强烈的问题。二是通过多种形式,不断地增强了委员队伍的整体素质。县政协建立了主席、副主席、常委联系委员、委员联系群众制度,建立了委员集中学习日制度,还专门为常委、委员们订阅了《政协之友》、《山西政协报》,印发了一些学习资料,积极引导政协委员系统学习邓小平理论、“三个代表”重要思想和党的各项方针政策,系统学习政协统战理论与各方面的知识,从而进一步提高了广大政协委员履行职能的自觉性和水平。三是通过机构改革,整合了力量,理顺了关系。县政协调整配齐了各专门委员会的主任、副主任,优化了专委会的工作,健全了机关规章制度,基本上形成了管理科学、规范有序、精简效能的工作运行机制。四是以提高服务水平为目标加强了机关建设。特别是通过开展争创最佳服务机关活动,大力弘扬了敬业精神、服务精神、协作精神。与此同时,还在县委、政府的支持下,初步装修了办公场所,更新了一定数量的办公设备,使机关的办文、办会、办事效率有明显提高。

各位委员,十二届县政协是在历届县政协特别是十一届县政协奠定的良好基础上开展工作的。五年的实践,我们深深体会到,要做好县级政协工作,必须自觉接受中国共产党的领导,始终把县委的中心工作作为履行职能的主线;必须深入体察民情、及时反映民意、始终把维护人民群众的根本利益作为履行职能的出发点和归宿;必须吃透情况、知情明政,始终把专题调研作为履行职能的基础环节和重要途径;必须以人为本,坚持民主、团结两大主题,始终把充分发挥常务委员的骨干和主体作用作为履行职能的着力点;必须解放思想、与时俱进、立足自身的优势和特点,始终把开拓创新作为履行职能的动力和源泉;必须不断加强自身建设、不断提高整体素质,始终把邓小平理论和“三个代表”重要思想作为履行职能的行动指南。十二届县政协的工作虽取得了很大进展,但面对新世纪的新形势、新任务,县政协十二届常务委员会的工作还存在不少差距,比如,对共产党领导的多党合作和政治协商制度以及对政协工作的重要性的认识还待进一步提高,履行职能的制度化、规范化建设还有待进一步加强;政治协商、民主监督方面还有不少薄弱环节,督办提案、建言献策的跟踪落实还缺乏得力措施,党派、团体、政协委员的主体作用发挥的还不够,政协工作还不够活跃有序。这些差距和不足,都是工作中的问题,只要今后认真对待,是一定能逐步加以改进和解决的。

### (二)今后工作的建议

各位委员,中共十六大提出了我国在本世纪头二十年的奋斗目标,开启了我国社会主义现代化建设新的伟大进军的征程。县政协第十三届委员会将在我国全面建设小康社会、加快推进社会主义现代化建设的新形势下展开工作。新形势、新任务对政协工作提出了新的更高的要求也为人民政协事业的发展提供了新的机遇。今后,我县政协工作的指导思想是:高举邓小平理论伟大旗帜,全面贯彻中共十六大精神,忠实实践“三个代表”重要思想,在中共长治县委的领导下,围绕全县工作大局,突出团结、民主两大主题,切实履行三大职能,为实现中共长治县第九次党代会提出的实现“一个确保、两个突破、三个加快、四个提高”的奋斗目标,为全面建设小康社会努力奋斗。为此建议:

1.认真学习,深入贯彻落实中共十六大精神,努力构建学习型政协

十六大是中国共产党在新世纪召开的第一次全国代表大会。十六大报告,是新世纪、新阶段党领导全国各族人民全面建设社会主义现代化的政治宣言,是全党全国一切工作的行动纲领,也是政协履行职能的工作指南。十六大把"三个代表"重要思想,同马克思列宁主义、毛泽东思想、邓小平理论一道确立为党的指导思想,这关系到党和国家事业继往开来,关系到党和国家工作的与时俱进,关系到中国特色社会主义的长远发展,关系到中华民族的伟大复兴。为此,十三届政协一定要把全面贯彻中共十六大精神,深刻领会"三个代表"重要思想的科学内涵,作为当前和今后一个时期的首要政治任务,周密安排,精心组织。要注意把全面系统学习与掌握理论核心结合起来,把学习十六大报告精神与学习党的基本理论结合起来把学习理论知识与政协的工作实际结合起来。通过学习,把思想和认识统一到十六大精神上来,把智慧和力量凝聚到全面建设小康社会的实践中来,把效果和作用体现到履行政治协商、民主监督、参政议政三大职能上来。

重视学习,是人民政协的优良传统。江泽民同志提出,要"构筑终身教育体系,建设学习型社会"。这是实践"三个代表"重要思想的客观要求,是应对新世纪各种挑战的必然选择,是加快社会主义物质文明、精神文明、政治文明建设的重要保障,是实现中华民族伟大复兴的重大举措。人民政协的历史,就是一个学习、运用马克思主义基本原理与中国具体实践相结合的历史。人民政协的理论和实践必须在学习中发展和创新,政协领导班子的组织和领导能力必须在学习中培养和增强,政协委员的参政水平和议政质量必须在学习中获得和提升,大团结、大联合的政治局面必须在学习中巩固和发展。为此,广大政协委员一定要确立"学习为本"的理念,确立"终身学习"的理念,在深入学习贯彻十六大精神同时,鼓励广大政协委员认真学习政协统战理论,学习政协工作知识,学习市场经济知识,学习法律知识科学文化知识。学习要注意划分学习层次,拓展学习形式,建立测评机制。要摆正工学关系,讲究学以致用,努力把政协建设成学习型政协组织。

2.与时俱进,围绕全面建设小康社会,认真履行三大职能

全面建设小康社会是我国在20世纪头二十年的奋斗目标。这一目标,符合国情实际,符合人民愿望。实现这一宏伟目标,需要上下同心同德,需要艰苦不懈努力。新形势下的十三届政协,要清醒地认识到肩负的历史责任,紧紧围绕建设小康社会的宏伟目标,认真组织委员履行职能,参政议政,建言立论,献计献策。一要围绕中心,服务大局,共谋发展,切实搞好政治协商。要围绕全县文明建设中的一些深层次问题,积极主动与党委、政府进行协商,向党委、政府讲实情,说真话,谋良策,进忠言,共谋发展大计;二要拓宽渠道,努力探索,服务经济,积极开展民主监督。要在县委的正确领导下,准确把握民主监督的方向和"度",做到监督促进改革、发展稳定,监督寓于服务之中;三要发挥优势,开拓创新,要抓住关键,积极开展参政议政。要紧紧把握时代潮流和社会发展脉搏,紧紧抓住人民群众关注的热点、焦点、难点问题,深入开展专题调研,及时反映社情民意。要充分发挥政协委员的自身优势和委员的界别作用,选准切入点,抓好契合点,主要向县委、政府建有用之言,献务实之策,立发展之论,努力做到参政参在点子上,议政议在关键处。

3.突出主题,认真搞好大团结大联合,努力维护安定团结、昂扬向上的政治局面

团结民主是人民政协工作的主题,十三届政协一定要充分发挥自身的政治优势,促进统一战线内部

的大联合,促进全县各界人民的大团结。首先,在指导思想上,要坚持"长期共存、互相监督、肝胆相照、荣辱与共"的方针,要坚持突出民主、平等、协商、联合,增进了解、增进团结的目的,努力建立与民主党派、工商联和各人民团体合作共事的保障机制,促进统一战线各方面的团结合作。第二,要在发扬民主的基础上增进团结,在增进团结的过程中发扬民主。要针对国际国内形势的深刻变化和社会主义市场经济的发展而带来的世界多极化、经济多重化、生活多样化、思想多元化,认真做好协调关系、化解矛盾、疏通思想,理顺情绪,排忧解难,鼓舞斗志、凝聚人心的工作,充分调动一切积极因素,团结一切可以团结的力量,使社会各界人士能够"智者尽其谋、勇者竭其力、仁者播其惠"。第三,要继续做好"三胞""三属"工作,做好与我县在台人员的通信通话探亲访友、招商引资、交流合作工作,做好扶持帮助台属发展经济、致富奔小康工作,坚决反对台湾分裂势力,为实现祖国的完全统一作出新的贡献。第四,要进一步扩大友好交往,加强同兄弟县、市、区政协的联谊活动,广泛同经济发达地区政协组织的接触与交流,虚心学习外地发展经验,大力宣传本县的投资发展环境,不断增进相互的友谊和信任,以吸引更多的朋友来长治县投资入股,兴办实业,促进我县经济的快速健康发展。

**4.以人为本,切实加强自身建设,始终保持政协工作的生机和活力**

切实加强政协自身建设,努力改进政协工作作风,是政协委员履行政治协商、民主监督、参政议政三大职能的重要基础。加强政协自身建设的根本在以人为本,以人为先,重点是加强思想建设和队伍建设。因此,十三届政协一定要按照中共十六大的精神,以"三个代表"重要思想为指导,采取积极措施,努力提高整体素质。一要不断加强领导班子建设。主席、副主席、常委都要以身作则,带头学习和实践"三个代表"重要思想,积极主动履行政协三大职能。要努力成为勤奋学习、善于思考的模范;成为解放思想、与时俱进的模范;成为勇于实践、锐意创新的模范;成为发扬民主、精诚团结的模范。二要努力建设一支高素质的政协机关干部队伍。政协机关对整个政协工作,担负着参谋、协调、服务的职能,一定要以严格的制度约束人,以适当的待遇激励人,以诚挚的真情感动人。政协的每个工作人员,必须不断增强政治意识、大局意识、服务意识、统战意识和创新意识,讲求工作效率,注重工作质量,提高服务水平。努力在理论学习上求深,在履行职能上求实,在调查研究上求精,在团结联谊上求广。委员是政协活动的主体。政协委员必须热爱政协工作,有为政协工作无私奉献的精神,必须有较强调查研究及参政议政能力,必须能够同各界人士精诚团结,合作共事,必须善于发现问题,敢说真话,及时反映人民群众的愿望和呼声。十三届政协委员中新委员占了很大比例,这些委员对政协工作还不太熟悉,所以一定要从严要求,加强培训,不断提升委员的综合素质。

各位委员,新一届县政协继往开来,任重道远。人民政协事业,前程远大,大有作为。当一名政协委员,既是荣誉,也是地位,更是责任。我衷心地祝愿新一届县政协在邓小平理论和"三个代表"重要思想指引下,在中共长治县委的领导下,更加自觉地把社会荣誉同社会责任统一起来,尽心尽力地履行政协《章程》所赋予的权利和义务,扎实工作,奋发进取,求真务实,开拓创新,为全面实施县委提出的"三五"战略,努力开创我县全面建设小康社会新局面作出新的贡献。

## 贺词

### 在政协长治县十三届一次会议上的贺词

市委常委、市政协党组副书记、统战部长 赵志忠

人民政协作为最广泛的爱国统一战线组织，在实现社会主义现代化、维护祖国统一和促进各民族人民团结的伟大事业中，肩负着光荣的历史使命。这就要求我们每个委员充分发挥作用，切实作出努力。特别是在当前深入贯彻中共十六大精神、全面建设小康社会、加快推进社会主义现代化的进程中，我们政协委员更要以积极的姿态，投身到改革开放和现代化建设事业中去，为中华民族的伟大复兴，为本地区的发展繁荣，贡献自己的聪明才智。

首先，要多参与政协工作，认真实践“三个代表”。政协委员，当然要参与政协的工作，按时参加政协的会议，经常参加政协的活动，认真做好政协分工办理的事情。许多委员具有双重身份，既是政协委员，又有各自的工作岗位，许多同志还担负着较为重要的领导职务，工作繁忙是可以理解的。要正确处理政协工作与本职工作的关系，决不能把政协工作与本职工作对立起来，更不能把政协工作当成一般的社会性事务。政协委员是通过层层协商推荐、组织考核而慎重产生的，具有广泛的代表性。政协委员参政议政，不仅是个人的事情，更重要的是体现着自己所代表的界别和群体的利益。因此，我们必须严肃认真，尽职尽责地对待政协工作，积极参加政协的各项活动，在政协工作中尽展其才，尽显其能。应当看到，我们绝大多数委员十分热爱政协事业，认真负责，努力工作，积极参加政协的各项活动。但不可否认，也有少数委员存在着“四少”的问题，即出席会议少，参加活动少，撰写提案少，发表意见少。这都是责任意识不强的表现，必须努力加以克服。要做好政协工作，就要用“三个代表”重要思想武装自己，查找差距，明确责任。要切实以“三个代表’’重要思想为指导，积极履行职能，认真开展工作。代表先进社会生产力的发展要求，政协委员就必须在服务经济建设中心上献计出力；代表先进文化的前进方向，政协委员就必须在政协活动中，坚持马克思主义的指导地位，积极关心和参与精神文明建设；代表最广大人民群众的根本利益，既是中国共产党的性质决定的，也是人民政协的性质、地位所要求的，政协委员就必须关心群众的疾苦，反映群众的要求，与人民群众保持密切的联系。因此，我们要把“三个代表”重要思想贯穿于政协履行职能的全过程，贯穿于委员提高责任意识的始终，用责任激起我们履行职能的热情，用责任鼓起我们不断开拓创新的勇气，用责任推进我们的事业不断向前发展。

其次，要多开展调查研究，积极当好“智囊高参”。“没有调查就没有发言权”开展调查研究，是政协委员履行职能的前提和基础，也是提高履行职责的质量和实效的关键。我们只有深入实际，深入基层，深入群众，充分了解情况，并紧紧围绕经济建设这个中心，抓住群众普遍关心，人民政府亟待解决的问题，才能提出切实可行的意见和建议，履行职责才能落到点子上。特别是在全面建设小康社会，加快推进社会主义现代化的进程中，新事物、新情况不断涌现，不深入调查研究，履行职能就只是一句空话。我认为，未经过深入调查研究就不要建言、立论和监督。要大兴调查研究之风，大办调查研究之事，大倡调查研究之实，使调查研究在我们政协委员中蔚然成风。这样，政协的工作就会更有活力，就可以迈上新的台阶。

政协委员的调查研究主要是依托专委会、依托本职岗位、依托本界别，在参加政协专委会的活动中，在本职工作实践中，在与本界别群众的联系中，深入了解情况，认真研究问题，积极探讨解决问题的方式

方法。在调查研究中,要选准课题,紧紧围绕党委、政府的中心工作,抓住关系改革、发展、稳定大局的关键问题,务求深入,扬长避短,有所作为。要不断改进方式方法,细致谋划,准确把握,切中实质,实事求是。要善于抓住经济和社会发展的重点、难点和人民群众关心的热点问题,直面现实,选准角度,竭诚尽智,敢进良言,善进诤语,多提具有前瞻性、可行性、科学性的意见和建议,促进科学决策,服务改革和建设。要善于运用政协视野开阔、地位超脱、渠道畅通的优势,及时反映社情民意,加强民主监督,解决社会矛盾,密切党群关系,维护安定团结,推动经济发展,当好现代化建设的"智囊高参"。

第三,要多创造新鲜经验,努力实现"与时俱进"。中共十六大强调要坚持和完善共产党领导的多党合作和政治协商制度。这就要求我们坚持与时俱进,更好地发挥政协的作用。人民政协的历史表明,探索发展是其存在、完善和发挥作用的关键因素。在加快推进社会主义现代化的新的发展阶段,时代在变,环境在变,人民群众的思想观念、思维方式、生活方式,以及参政议政的需求都在变,人民政协必须适应这些变化,不断增强思想的前瞻性,密切关注天下大势和时代潮流,关注经济社会生活的发展,把握新趋势,驾驭新局面。开展政协工作规律的探索,需要大批的政协工作热心人。在以往的政协工作中,正是许多这样的热心人,注意从工作中总结经验教训,使我们的工作得以不断的改进,使政协工作不断迈上新的台阶。但也不可否认,我们有些委员对政协工作得过且过,跟风走,随大流,不动脑筋,懒动手,对周围的事情漠不关心,对参政议政工作无所用心。所有这些,如不改进,对我们的工作是不利的。

第四,我们要以发展为出发点,不断探索工作规律,不断深化政协建设。特别是在加快现代化建设的新时期、新形势面前,更需要我们用发展的眼光看问题,保持奋发进取的精神状态,自觉把改革开放和社会主义现代化建设的实践同建设小康社会的长远目标联系起来,立足当前,着眼长远,既从我们的实际情况出发,又跟上大局的需要;既为解决经济和社会发展的现实问题作出努力,又高瞻远瞩,筹划未来;既为经济建设建言立论,又为政协发展探索路子,推进政协履行职能的制度化、规范化、程序化。不断把民主政治建设推向前进,积极为建设社会主义政治文明添砖加瓦。

## 第二次会议

### 会议概况

政协长治县十三届二次会议于2004年6月25日至27日在县宏运宾馆召开。全县156名委员,有126名委员参加了会议。县委、县人大、县政府领导出席了大会开幕式。驻县市政协委员、县政协离任主席、副主席、政协老委员联谊会成员、县直各单位负责人等98人列席了会议。

县委书记常光明代表县委对大会的召开表示热烈的祝贺,对新一届政协一年来的工作给予充分肯定和高度评价,并对县政协今后的工作提出了希望和要求。

政协主席傅永祥受政协长治县十三届委员会常务委员会委托向大会作工作报告。

政协副主席李志文受政协长治县十三届委员会常务委员会委托向大会作《关于十三届一次会议以来提案工作情况的报告》。一次会议以来,县政协共征集提案91件,立案办理89件,送交有关部门参考2件;参与提出提案的委员129人,占委员总数的87%。截至6月24日,所有提案已全部办复完毕,办复率为100%。这些提案,由于紧扣中心,调研深入,建议可行,操作性强,得到县委、县政府及有关部门的高度重视，为决策民主化、科学化发挥了重要作用。

政协长治县十三届二次会议于2004年6月25日召开

政协副主席李志文作政协长治县十三届委员会二次会议提案征集和审查情况的报告。报告指出，政协长治县十三届二次会议开幕以来，各民主党派、人民团体和广大政协委员，紧紧围绕全市“百强调产”和县委、县政府提出的“三五”战略，积极通过提案的方式进行政治协商、民主监督和参政议政，就本县经济、政治、文化和广大群众关心的热点、焦点问题，提出了许多有价值的意见和建议。到6月27日12时，征集提案截止时间止，本次会议共收到委员提案98件，参与提案人数达141人，占到了委员总数的90%。

与会全体人员列席了县人大十三届二次会议，听取讨论了县长关小平作的《政府工作报告》及其他报告。

会议通过了政协长治县十三届委员会二次会议政治决议、常务委员会工作报告决议和提案工作报告决议。

县政协主席傅永祥在闭幕会上做了重要讲话。

## 政协工作报告

### 十三届委员会常务委员会工作报告

2004年6月25日

傅永祥

各位委员：

我受中国人民政治协商会议第十三届长治县委员会常务委员会的委托，向大会作工作报告，请予审议。

#### (一) 2003年工作回顾

2003年，是全县上上下下认真学习贯彻中共十六大精神，努力实践“三个代表”重要思想，创环境抓调产、引资金、上项目，全面建设小康社会的起步之年。全县人民在县委、县政府的正确领导下，紧紧围绕“经济快发展，全面建小康”这个目标，认真实施“三五”战略，解放思想，真抓实干，克服了“非典”疫情所带来的负面影响，初步开创了社会大稳定、经济大发展的新局面。过去的一年，是我县经济和社会各项事业快速发展的一年，取得的各项成绩令人鼓舞、令人振奋！

2003年，也是十三届长治县政协的开局之年。在中共长治县委领导下，新一届长治县政协常委会坚持以“三个代表”重要思想为指导，围绕中心、服务大局，团结各界、发扬民主，突出特点、发挥优势，积极履行了政治协商、民主监督、参政议政三大职能，广泛动员和组织政协各参加单位和政协委员，为促进我县社会主义物质文明、政治文明和精神文明的协调发展献计出力，有力地推进了政协的各项工作，取得了令人满意的业绩。一年来，我们主要做了以下几项工作：

**1.加强学习，着意创新，政协队伍的整体素质有了新提高**

学习和自我学习历来是人民政协的光荣传统。一年来，十三届县政协坚持解放思想、实事求是、与时俱进的思想路线，努力营造创新的氛围，拓展创新的内涵，提升创新的品位。面对换届后的新形势和新任务，为了更好地履行政协各项职能，切实提高广大政协委员的素质，提高政协机关的凝聚力和亲和力，新一届政协把加强学习作为一项重要任务来抓。学习贯彻“三个代表”重要思想和中共“十六大”精神是人民政协的首要任务。新一届政协常委会组成后，按照围绕主题、把握灵魂、狠抓落实的要求，对所有政协委员进行了分组，组成了学习活动小组九个。学习和法制委还发放了学习资料，并进行了个别督促检查，而且要求广大政协委员通过学习贯彻“三个代表”重要思想，在武装头脑、指导实践和推动工作三个方面取得了新成效，掀起了学习贯彻“三个代表”重要思想的热潮。为了进一步增强学习效果，我们还组织部分政协委员到沿海地区及邻近县、区学习考察，进一步解放思想，开阔视野，增强履行职能的能力。

去年12月，县政协组织新委员进行了集中学习和培训，使来自不同界别的新委员比较系统地了解了我国的基本政治制度和人民政协的性质、职能，熟悉了委员的权利、义务和责任，尽快实现了角色的转换。

围绕建立“学习型组织”、“学习型机关”的创新目标和建立“文秘调研、宣传舆论、会务联络、后勤保障”四支骨干队伍的要求，十三届政协把加强委员和机关干部的政治理论学习作为提高素质的重要手段来抓。一年来，我们不仅加强了对委员学习的督查，同时也狠抓了机关干部的政治理论学习。为使学习能长期坚持下去，不流于形式，我们加强了制度建设。在制度建设方面，本着“巩固、规范、提升”的原则，我们重审了已有规章制度22项，修订、补充规章制度3项，重新制定了1项，有力促进了政协工作向制度化、规范化方向发展。

新闻宣传的力度大、影响广，开展活动的数量多、质量高是去年政协工作的一大特色。一年来，县政协主动与新闻媒体加强沟通联系，对政协的工作进行了全方位的报道。长治县电视台和长治县报社除出色地完成了县政协全体会、常委会、茶话会和委员会培训的宣传报道外，还积极报道了政协组织的各项调研视察活动、巡回义诊活动、提案带案视察等重大活动。《中国政协》杂志和《山西政协报》对我县政协工作也进行了全方位报道，发了专版，在社会上产生了很大的反响。同时，也为政协工作的开展营造了良好的内外环境。

通过开展形式多样、内容丰富的学习活动，提高了广大政协委员的素质，进一步增进了参加政协的党派团体和全县各界人士的共识，牢固树立了围绕中心、服务大局的意识，增强了为全面建设小康社会服务的自觉性和坚定性。

**2.不断探索，努力实践，政治协商取得新进展**

政治协商是人民政协最重要、最基本的一项职能。运用各种会议进行协商，是政治协商的主要形式。一年来，新一届政协通过不断地探索，不断实践，进一步完善了全体会议整体协商、常委会议专题协商、主席会议重点协商、专委会议对口协商制度。全年共举行常委会3次，主席会议10次，各种专题会议15次，对全县经济和社会发展的重大问题和群众关心的热点问题进行认真的协商。县委、县政府出台重大决策和重要人事变动，都坚持了事前同政协协商，在一些重大问题上达成了共识。并坚持了政协主席列席县委常委会、书记办公会制度，使协商提前介入。

常委会议是政治协商的重要场合。为了把每次政协常委会都开成一次成功的政治协商会议。县政协在安排每次常委会中心议题时，都紧密结合县委、县政府当前的中心工作，确定议题，并事先组织委员进行视察调研，在会上通报全县经济和社会发展情况，使常委们做到知情明政，因而能积极建言献策，确保了常委会所形成的意见和建议符合县情、切实可行。

政协专委会是政协开展工作和各种活动的基础。一年来，政协各专委会主动同县委、县政府各职能部门加强联系，开展对口协商。比如，在促进民营经济发展，加强基础教育以及县城配套设施建设等方面提出了许多建设性的意见，得到县委、政府的高度重视和采纳。

**3.围绕中心，服务大局，参政议政有了新作为**

围绕中心、服务大局，是人民政协履行职能必须遵循的原则，是政协工作不断开创新局面的前提。一年来，常委会广泛动员和组织参加政协的民主党派、各人民团体、各界人士，把促进发展作为履行职能的第一要务，以推动改革和抓百强调产作为参政议政的重点课题，集中力量，深入调研，提出了一批有重要价值的意见和建议。

专题调研是人民政协参政议政的重要方式，也是政协工作的基础工程。一年来，县政协坚持与县委、政府目标同向、工作同心、行动同步，为加快我县发展积极建言立论。县政协紧紧围绕县委、县政府的中心工作，组织部分政协委员，深入农村、厂矿企业进行专题调研。先后就我县的百强调产工程、政府转变职能、走新型工业化道路、全面推进农村小康建设、民营企业发展、社会保障体系建设等经济建设方面课题，进行了7次社会调研活动，形成了翔实而成熟的可行性调研报告，这些报告都针对存在问题，提出了针对性强、有见地的建议。经县政协常委会议研究，向市政协和县委、县政府报送了建议报告。这些重要成果，凝结着政协委员和政协各参加单位的心血和智慧，集中了委员们对我县经济社会发展的真知灼见，受到市政协和县委、县政府的高度重视，为科学决策发挥了重要作用。

县政协的主席、副主席和县委、人大、政府的领导一样，人人包乡镇、包工程、包项目，直接参与一些重要工作和决策，比如县城改造工程、高速路建设工程，协助县委、县政府有关领导抓一些具体工作等，真正做到了议政参政。

**4.贴近群众，反映民意，民主监督有了新突破**

一年来，我们在履行民主监督职能方面，认真贯彻落实“三个代表”重要思想，敢于反映群众呼声和愿望，敢于为群众代言，始终把关系人民群众切身利益的问题作为民主监督的重点。政协提案是委员履行职能、反映人民群众意见的重要渠道，是民主监督的一种重要形式。因此，我们对提案的征集、办理十分重视。一年来，县政协在围绕提高提案质量和服务质量方面，不断创新工作理念，积极探索提案征集、办理、落实和反馈的新途径、新方法，取得了明显成效。全年共征集提案91件，立案处理89件，作为意见处理2件，其中被政府有关部门采纳66件。在办理过程中，通过开好提案交办会、带案视察、联合办案、追踪督办等，使提案的办复率达到100%，提案被采纳，已经落实和正在逐步落实的占到90%以上，无论是提案数量还是质量都是历年来情况最好的一年。

同时，我们还进一步探索民主监督的新渠道、新形式，充分发挥政协监督员、巡视员、行风评议员的作用,通过组织委员视察、发放调查问卷等形式,多方面、多形式收集影响和妨碍我县软环境建设的各种信息,针对性地提出了改进建议。并通过下发社情民意考核办法,召开总结表彰会等措施,激发了政协委员反映社情民意的积极性。有些问题通过社情民意反映后,及时得到了解决。实践证明,了解和反映社情民意是新时期人民政协履行职能的一个重要环节,做好反映社情民意工作,是贯彻落实"三个代表"重要思想的具体体现。同时,反映社情民意已成为党委和政府倾听民声、了解民情、体察民意的重要渠道,也是人民群众进行民主监督的重要方式。

**5.团结协作,凝聚人心,政协工作有了新拓展**

政协是党统一战线工作的大舞台,政协委员是党和政府联系各界群众的桥梁和纽带。为此,我们始终把围绕大目标、建立大联合、促进大团结作为政协工作的重要任务,充分发挥政协组织在维护社会稳定中的重要作用。

(1)利用每年的中秋、迎春茶话会等形式,大力宣传通报县委、县政府的工作思路、工作进展和工作举措,营造了民主协商、平等议事的环境和氛围,协助县委、县政府协调关系、把握全局。每年两次茶话会上我们都要邀请县委、县政府领导参加,一方面向社会各界人士及时通报全县经济建设和社会发展的基本情况和存在问题;另一方面让领导直接听取政协委员和各界人士代表的呼声、愿望和要求,把全县人民的意志统一到百强调产和实施"三五"战略上来,为我县经济大发展、全面建小康而努力工作。

(2)开展了"百名委员走访活动"。今年年初,县政协各专委会共同举办了"百名委员走访活动"。他们深入机关、厂矿、农村、学校、家庭,到委员所在单位和住地,直接和委员促膝谈心,面对面地了解一年来委员的工作生活情况,认真听取委员的意见和建议,使各专门委员会的工作更加贴近群众、贴近实际、贴近生活。同时促进了机关干部和委员交朋友,加强了联系,达成了共识,强化了政协机关和委员之间,政协和各参加单位之间、政协委员之间在政治上团结合作、工作上相互支持、生活上彼此关心,成为肝胆相照的挚友和诤友。

(3)协助县委、县政府做好对外联谊和民族宗教工作。广泛团结海内外力量,不断增强中华民族的凝聚力,实现中华民族的伟大复兴,是人民政协的一项重要任务。一年来,我们会同统战部,针对台湾形势一度紧张而复杂的态势,为认清台独分子的卑劣行径,我们在报刊上登文章,积极宣传"和平统一、一国两制"的基本方略。

为贯彻落实好民族宗教政策法规,我们多次深入基层,印发有关传单,向宗教活动场所负责人和管理人赠送宣传资料,并精心组织建立了县乡村宗教工作三级联络点,而且还利用宗教节日对信教群众进行爱国教育,回答群众提出的相关问题。促进了民族间的团结和宗教文化交流,维护了社会的稳定。

(4)发挥文史资料工作在存史、资政、团结、育人等方面职能作用。根据上级政协关于抢救文史资料、抓紧收集出版已存文史资料,使珍贵的东西流于后人的指示。县政协教科文卫体委员会除完成上级的征稿任务外,现已收集整理出长治县文史资料第三辑初稿,年内可望出版。

(5)组织医卫界政协委员深入到偏僻贫困山区进行了巡回义诊。今年1月份,在春节即将到来之际,县政协组织医卫界的政协委员,深入到郝家庄乡、八义镇部分偏僻农村,对缺医少药的农村贫困患者进行了巡回义诊,诊治患者达500人之多,所到之处,受到广大干部群众的热烈欢迎。

各位委员,过去的一年,我们各项工作开局顺利、成效显著,呈现出良好的发展态势。这些成绩的取得，是县委高度重视、正确领导的结果，是县政府和社会各方面大力支持的结果，是县政协各参加单位和广大政协委员共同努力的结果。在此，我代表十三届县政协常委会对大家表示衷心的感谢！但是，我们也必须清醒地看到，与新形势、新任务的要求和广大委员的期望相比，我们在工作中还存在不少差距和不足，还有许多方面工作需要拓展和改进。诸如，如何让各界别委员开展活动，发挥作用；如何搞好调研活动，提高调研质量，更好地为县委和县政府的决策服务；如何搞好反映社情民意工作，发挥其民主监督的作用；如何搞好政协日常工作中各种会议、活动和服务水平；如何落实省委和市委政协工作会议精神等等，都是我们需要下大力气研究改进的，我们真诚希望各位委员对常委会的工作提出意见和批评，以利把我县政协的各项工作做得更好。

### （二）2004年工作任务

2004年，是我国改革和发展十分关键的一年。中共中央总书记胡锦涛同志在全国政协新年茶话会上的重要讲话中指出："在新的一年里，希望人民政协紧紧围绕党和国家的中心工作，进一步做好政治协商、民主监督、参政议政工作，发扬优良传统，发挥自身优势，深入调查研究，积极建言献策，为全面建设小康社会作出新的更大的贡献。"

今年是全市"百强调产"的攻坚年，是我县"三五"战略的落实年，也是我县加快发展的关键年。在新的一年里，十三届县政协要在中共长治县委的领导下，继续坚持以邓小平理论和"三个代表"重要思想为指导，深入贯彻中共十六大和十六届三中全会、省委八届五次全会、市委八届八次全会，县委九届二次全会精神，全面落实省市委政协工作会议精神，紧紧围绕县委、县政府的中心工作，服务大局，团结各界、发扬民主，突出特点、发挥优势，树立和落实科学发展观，大力弘扬求真务实的精神，认真履行职能，巩固和发展民主团结、生动活泼、安定和谐的政治局面，促进我县社会主义物质文明、政治文明协调发展。

**1.深入学习"三个代表"重要思想，大力推进人民政协的各项工作**

"三个代表"重要思想是全党全国人民在新世纪、新阶段团结奋斗的共同思想基础，也是人民政协事业实现新发展、开创新局面的强大动力，更是我们政协委员实现自我发展、奉献社会的需要。要充分认识加强学习的重大意义，发扬政协重视学习的优良传统，组织推动政协委员把学习贯彻"三个代表"重要思想新高潮的活动不断引向深入，进一步在武装头脑、指导实践、推动工作上下功夫。要把学习"三个代表"重要思想同学习中共十六大和十六届三中全会、省委八届五次全会、市委八届八次全会、县委九届二次全会精神结合起来，同学习贯彻省委和市委政协工作会议精神结合起来，同政协履行职能、开展工作所需要的理论、政策和业务知识结合起来，深入研究与人民政协事业发展密切相关的重大问题，努力提高运用科学理论分析和解决实际问题的能力。比如，如何坚持和完善中国共产党领导的多党合作和政治协商制度；如何正确把握人民政协团结和民主两大主题，切实有效地推进人民政协工作；如何运用人民政协人才密集的有利条件，为县委、县政府提供有价值、高质量的研究成果等等。我们要始终坚持解放思想、实事求是，与时俱进，求真务实，不断在新的实践基础上推进学习创新、制度创新和工作创新，使我们政协各项工作真正体现时代性、把握规律性、富于创造性。

**2.发扬民主，深入调研，为我县全面建设小康社会建言献策**

全面建设小康社会，为人民政协事业的发展提供了难得的机遇，也为广大政协委员参政议政提供了广阔的舞台。在新的一年里,县政协要把促进发展作为履行职能的第一要务,紧紧围绕县委、县政府的中心工作,积极服务大局,突出政协特点,发挥独特优势,选择关系县计民生和人民群众切身利益的一些重大问题参政议政。政协组织是各党派团体团结合作的机构,具有很高的政治地位和社会影响。应该多关注一些重大的政策性举措,积极提出意见和建议;政协组织由各个界别组成,与各方面群众具有广泛的联系,应该多了解一些社会普遍关注的问题,及时反映社情民意,发挥民主监督作用;政协组织汇聚了各个方面人才,具有综合优势,应该多选择一些具有综合性、战略性、前瞻性、县委和政府在决策中迫切需要研究的重大问题,集中力量,深入进行调研。比如,农民增收问题、依托煤炭产业发展非煤产业的问题等。县政协要通过发挥自己的独特优势,把各界别的人才组织起来,把各方面的智慧集中起来,充分发扬民主,深入调查研究,向县委和县政府提出切实可行的意见和建议。

**3.努力增进团结,切实维护稳定**

随着我国经济社会的发展,统一战线已经成为全体社会主义劳动者、社会主义事业的建设者、拥护社会主义的爱国者和拥护祖国统一的爱国者的最广泛联盟。县政协作为我县最广泛的爱国统一战线组织,要充分体现广泛的代表性和包容性,把全县一切可以团结的力量团结起来,把全县一切可以调动的积极因素都调动起来,共同推进我县"三五"战略的实施,加快我县经济发展和全面建设小康社会步伐。今后我们还要把团结新的社会阶层作为一项重要任务,加强与他们的联系,不断为我县全面建设小康社会增添力量。

稳定是改革发展的前提。要加快发展,必须保持和谐稳定的社会环境。我县政协是由全县各党派、各人民团体和各界人士组成,在维护全县的社会稳定方面也应该发挥重要作用。要针对当前社会上存在的影响稳定的突出问题,组织委员深入调研,为维护社会稳定出主意、谋良策。要及时了解全县社会生活中的重要情况和群众关注的热点问题,关心民意、体恤民情,与人民群众实行"零距离"接触,如实反映人民群众的意见、呼声和要求,积极协助县委和县政府做好协调关系、化解矛盾、理顺情绪的工作。要认真宣传和贯彻党的民族宗教政策,积极发挥民族宗教界政协委员的作用,促进民族团结、宗教和睦,使民族宗教发展与社会主义相适应,努力维护民主团结、生动活泼、安定和谐的政治局面。要继续贯彻"和平统一、一国两制"的基本方针和现阶段发展两岸关系、推进祖国和平统一进程的八项主张,积极促进祖国统一大业的早日完成。

**4.认真贯彻新修订的政协章程,不断加强自身建设**

政协章程是参加人民政协的各党派团体、各族各界人士各级政协组织共同的行为规范。全国政协十三届二次会议审议通过的政协章程修正案,体现了"三个代表"重要思想和中共十六大精神,体现了新时期政协工作的一些成熟经验,凝聚了各级政协组织、政协各参加单位和广大委员的心血。为此,县政协根据全国和省市政协的通知精神和号召,作出"在全县各政协参加单位和广大政协委员中开展全面贯彻学习新修正的《中国人民政治协商会议章程》的决定",并把学习新章程的活动,作为关系坚持和完善中国共产党领导的多党合作和政治协商制度、建设社会主义政治文明的一件大事,所以我们广大政协委员都要认真学习章程,广泛宣传章程,切实贯彻章程。要完整、准确地把握人民政协的性质,全面履行政治协商、民主监督、参政议政职能,特别要努力落实民主监督的有关规定。要适应社会主义民主政治建设的要求,逐步完善各种程序,包括履行职能的程序、委员产生和撤销的程序、各种会议的程序、提案以及其他各项工作的程序等，进一步推进政协工作的制度化、规范化、程序化。章程修正案增列了一条对政协委员条件和职责要求的规定，这是适应形势发展，加强政协队伍建设的一项重大举措。应当充分认识到，作为政协委员不仅仅是一种地位和荣誉，更是一种责任。我们要不负全县人民的重托和期望，努力为全县各项事业的发展、为人民政协的发展作出贡献。

各位委员，我们正处在一个伟大的时代，肩负着光荣的历史使命。让我们紧密团结在以胡锦涛同志为总书记的党中央周围，高举邓小平理论和“三个代表”重要思想伟大旗帜，按照县委的统一部署，发挥优势，建言献策，求真务实，与时俱进，积极履行三大职能，继续谱写我县全面建设小康社会的新篇章！

## 第三次会议

### 会议概况

政协长治县十三届三次会议于2005年4月18日至20日在县城宏运宾馆召开。全县政协委员156人，参加会议的147人。县委、县人大、县政府等领导出席了会议。驻县市政协委员、历届县政协离任主席、副主席、县直有关单位负责人、县政协离任常委、政协老委员联谊会成员等113人应邀列席了会议。

政协长治县十三届三次会议于2005年4月18日召开

政协长治市委员会副主席任铎夫，副秘书长连正元到会祝贺。

中共长治县委书记常光明作了重要讲话。

受政协长治县十三届委员会委托，政协主席傅永祥向大会报告工作。报告以共谋发展为中心、切实搞好政治协商，以服务发展为重点、不断深化民主监督，以促进发展为目的、积极开展参政议政，以团结民主为主题、努力构建和谐社会，以加强自身建设为基础、全面提升整体素质等5个方面回顾了2004年的县政协工作。在新的一年里，十三届县政协工作要以邓小平理论和“三个代表”重要思想为指导，以先进性教育活动为契机，认真贯彻党的十六大、十六届三中、四中全会和县委九届三次全会精神，继续实施“三五”战略，全面落实科学发展观，牢牢把握团结和民主两大主题，切实有效地履行人民政协的各项职能，为全县经济社会全面协调可持续发展，构建社会主义和谐社会作出贡献。

受政协十三届长治县委员会常务委员会委托，政协副主席申有宝向大会报告政协十三届二次会议以来的提案工作。一年来，县政协共收到提案98件，经审查，全部立案。截止2005年4月10日，所有提案都已办复。

政协副主席申有宝作政协长治县十三届委员会三次会议提案征集和审查情况的报告。报告指出，截止4月20日12时,本次会议共收到委员提案78件,参与提案人数112人,占到委员总数的72%。

与会全体人员列席了县人大十三届三次会议。听取讨论了县长关小平作的《政府工作报告》及其他报告。

会议通过了政协长治县十三届委员会三次会议政治决议、常务委员会工作报告决议和提案工作报告决议。

县政协主席傅永祥宣布大会闭幕。

## 政协工作报告

### 十三届委员会常务委员会工作报告

2005年4月18日

傅永祥

各位委员:

我受政协长治县第十三届委员会常务委员会的委托,向大会作工作报告,请予审议。

#### (一)2004年工作回顾

2004年,是我县全面推进百强调产、加快发展县域经济的关键之年。一年来,在中共长治县委的正确领导下,广大干部群众紧紧围绕县委、县政府"三五"战略,开拓创新,扎实工作,取得了可喜的成绩。经济建设实现了跨越式发展,各项社会事业呈现了繁荣景象,县城面貌发生了明显改变,人民群众得到了更多实惠。2004年,县政协在县委的正确领导下,以邓小平理论和"三个代表"重要思想为指导,牢牢把握团结和民主两大主题,深入贯彻省、市、县委政协工作会议精神,围绕中心,服务大局,切实履行政治协商、民主监督、参政议政职能,各项工作都取得了明显进步,为维护我县和谐稳定的社会局面发挥了重要作用,为我县全面建设小康社会作出了新的贡献。

**1.以共谋发展为中心,切实搞好政治协商**

政治协商是发扬社会主义民主的重要形式,也是协助党委和政府进行科学决策的重要环节。一年来,我们认真坚持政治协商制度,规范协商程序,改进协商方式。一是协商渠道更加畅通。县委、政府专门明确一名县委副书记和政府一名副县长联系政协工作,注意发挥政协作用,支持政协履行职能;坚持了政协主席或副主席列席县委常委会、书记办公会及政府有关重要会议制度,营造了一个良好的讨论协商的氛围,以便充分听取政协的意见和建议;县委、县政府领导多次出席政协全委会、茶话会、专题座谈会等有关会议,向政协通报我县经济建设和社会各项事业进展情况,广泛征求政协委员和社会各界人士的意见和建议,及时进行面对面的沟通。二是协商的范围更加广泛。县委、县政府每遇关系国计民生的重大决策和举措的实施,都要请政协事前讨论协商,实现了对重要问题在决策之前和决策执行过程中的协商。三是协商的形式更加灵活,在政协十三届二次全会期间,县委、县政府领导同志深入到政协各讨论小组,同委员共商全县改革发展大计还主动听取了委员的大会发言。年内我们组织委员就全县实施百强调产、"三农"问题、县城建设、民营经济发展等情况进行了视察,从不同角度、不同层次提出了许多建设性的意见和建议。县委、政府和政协领导参与包厂矿、包工程项目等工作,直接参与经济建设。比如县政协主席傅永祥同志在参与县城道路拓宽改造工程期间，和其他领导同志一起精心组织、认真负责地工作，顺利完成了县城拆迁改造和道路建设工程；政协副主席、统战部部长牛外则同志在参与长晋高速公路我县段协调工作中，不辞劳苦，认真负责，面对一些突发事件，凭着自己丰富的农村工作经验，千方百计想办法，保证了高速公路的正常施工和全线通车；政协副主席李志文在参与全县经济工作中，为我县调产改制、职工社会保障做了大量工作。政协副主席申有宝、鲍金章，也在各自分管工作中费了心、尽了力。

**2.以服务发展为重点，不断深化民主监督**

人民政协的民主监督是我国社会主义监督体系的重要组成部分。一年来，我们在政协例会、调研报告、委员视察等基础上，通过办理委员提案、反映社情民意、选派行风监督员等途径，对涉及人民群众的热点难点焦点问题，进行了民主监督，加大了民主监督的力度，提高了民主监督的水平。

(1)是充分发挥提案在民主监督中的重要作用。提案工作是政协履行民主监督职能的主要形式，也是政协的常规工作。提案"提"的好，有利于党政领导科学决策；提案"办"的好，有利于政府有关部门多为人民群众办实事好事；"提"、"办"两者同时好，有利于进一步调动政协委员和各界人士的积极性。十三届二次会议以来，政协常委会及时总结经验，努力创新思路，制定了"分层办理委员提案制度"，对事关全局性的重要提案，经主席会议研究，直接提交县委办、政府办，对一些重点提案进行督办；对涉及面广的提案，召开提案办理会议，进行现场办案。通过认真落实分层办理制度，提高了办理效率和效果。十三届二次会议以来，共征集提案98件，全部立案处理。截至目前为止，立案提案已全部办理完毕，办复率为100%。

(2)是通过反映社情民意，加强民主监督。委员反映社情民意，是及时准确向各级党委政府传达人民群众呼声和愿望的重要手段，领导联系广大人民群众的桥梁和纽带，是体察民情的重要一环。去年，我们为了加强反映社情民意工作，专门确立了一名同志负责政协信息工作，购置了微机、传真机，开通了省市政协信息网络，完善了制度，出台了信息工作奖励办法。为县委政府和上级部门提供了一批比较有价值的信息。

(3)选派了30余名有一定经验的政协委员应聘到全县执法执纪部门任监督员，积极配合政府开展了"树立行业新风、优化发展环境"行风评议活动，拓宽了民主监督渠道，为优化全县发展环境尽了一份力量。

**3.以促进发展为目的，积极开展参政议政**

一年来，县政协把促进发展作为第一要务，把调研视察作为政协履行参政议政职能的重要工作来抓，取得了明显成效。

去年7月，县政协组织劳动、财政、民政等部门政协委员，对全县的社会保障体系建设进行了专题调研。发现我县在社会保障方面还存在不足，提出了改进意见；8月中旬，我们组织经济界政协委员，针对我县民营经济发展的现状，进行了一次调研，在肯定民营经济发展的基础上，指出了存在问题，提出了改进意见；10月下旬，我们又组织医务界政协委员，对我县农村卫生和新型合作医疗工作进行了一次视察调研，针对3个方面的问题提出了6条建设性的建议；城建重点工程是全县社会各界群众关心的热点问题，为此，我们经主席会议研究，在10月份还组织相关部门的委员，对城建重点工程项目进度进行了视察，及时指出存在的问题，提出了5条改进建议；为贯彻落实好中央"一号文件"精神，根据县委、县政府及市政协安排，12月中旬，县政协组织农林界委员和民革支部对我县减轻农民负担情况进行了专题调研，调研组在视察中普遍认为，2004 年，县委、县政府在贯彻落实中央一号文件实践中，农民负担明显减轻、收入明显增加、致富热情高涨、农业产业化和第三产业发展迅速，但出现了农贸价格上涨及少数村公益事业难以为继等情况和问题，对此也提出了相关建议。

同时，县政协常委会还十分重视委员提案在参政议政职能方面的作用。为了提高和增强办理委员提案质量和效果，我们经过筛选，对委员重点提案进行了一次综合性的带案视察活动，部门涉及土地、交通、城建、卫生、劳动、教育工商等单位，内容涉及公共卫生、公益设施、土地、交通、城建、农村卫生、职工养老、市场打假、小学生减负等问题，引起办案单位的重视，所提意见也被有关部门采纳，收到了良好效果。

围绕县委、县政府的中心工作，精心选择课题，组织政协委员积极开展调研视察活动，是新时期政协在履行职能制度化、规范化和程序化建设方面的一项重要工作。2004 年举行的调研视察活动是历年中数量最多的一年，也是效果最好的一年，在每次视察调研中所形成的意见和建议，都得到了县委、县政府的高度重视和采纳。

**4.以团结民主为主题，努力构建和谐社会**

团结和民主，是人民政协性质的集中体现，也是人民政协在建设社会主义和谐社会中的独特优势。一年来，我们牢牢把握两大主题，充分调动各方面的积极性，为构建和谐社会献计出力。

（1）利用县政协的各种会议和活动，尽可能吸收各界别委员和政协组成单位代表参加，一方面向大家通报全县重大项目实施情况和事关全县政治、经济、文化和社会各方面事业的发展状况。另一方面向县委、县政府提出相关建议和意见，营造民主团结的环境和氛围，协助县委、县政府和团结全县各界群众。为实施“三五”战略、构建社会主义和谐社会而努力工作。

（2）继续开展了“走访百名委员，联系千名群众”活动。由政协各专门工作委员会联系，深入到机关、厂矿、农村、学校、家庭，到委员所在地，面对面谈心，直面接触委员的环境，认真听取委员的意见和建议。同时促动委员自觉深入到自已所代表的界别群众中去，倾听人民群众的心声、意愿和要求，主动帮助解决群众反映的热点问题。

（3）去年元旦春节期间，政协和统战部的同志一起走访慰问了 30 多名台属，了解他们的生活状况，倾听他们宣传“和平统一、一国两制”的基本方针，请他们通过有关途径向海外亲人传送国内经济快速发展的信息和改革开放的成果。

**5.以加强自身建设为基础，全面提升整体素质**

切实加强自身建设，努力提高政协委员和政协机关工作人员的整体素质，是不断开创政协工作新局面，提高政协工作水平，充分发挥职能作用的基础和根本保证。一年来，我们在加强自身建设方面主要做了以下三个方面的工作：

（1）贯彻落实省委、市委政协工作会议精神，积极配合县委召开了中共长治县政协工作会议。全县 11 个乡镇成立了政协工作委员会，配齐了领导，为政协开展各项活动，有效地履行职能，奠定了坚实的基础。

（2）注意发挥委员的主体作用。首先，从提高委员素质入手，为委员订阅了《山西政协报》、《政协之友》等学习资料，组织 13 个委员小组开展了学习和活动；其次是委员小组除参加每年的全委会外，我们调研视察活动尽量扩大委员的参与面，为委员熟悉业务、知情明政、建言献策搭建平台；第三，组织委员参加一些积极向上、健康有益的活动。2004 年组织政协委员中书画爱好者参加了省市政协举办的两次书画展，举行了一次知识竞赛，搞了一次巡回医疗活动和多次下乡义务服务活动，活跃了政协工作，扩大了政协的影响，提高了政协委员履行职能的整体素质。

(3)强化了机关建设。政协机关除每周二坚持学习外，结合"三个代表"重要思想学习，结合保持共产党员先进性教育活动，引深了机关作风的转变，完善和健全了各项规章制度，使其操作性、针对性进一步提高；其次是继续开展了争创"最佳服务机关"和创办"委员之家"活动，弘扬机关人员的敬业精神、服务精神、协作精神和创新精神，使机关的办文、办事、办会效率进一步提高；第三，努力做好老干部和老委员联谊会工作，积极为发挥老干部的余热创造条件，政治上、生活上关心他们，学习上为他们订阅杂志、提供学习场所，定期组织老委员开展活动，使每一位老干部、老委员都尽可能心情舒畅、老有所为。

各位委员，过去一年十三届政协常委会的各项工作之所以能有发展、有进步、有成效，是中共长治县委正确领导、县人民政府积极支持的结果，是政协各参加单位和广大政协委员团结奋斗的结果，是全县党政部门与社会各方面大力支持的结果，在此，我代表县政协常委会向大家表示衷心的感谢！

总结一年来的工作实践，回顾人民政协的发展历程，我们更加深切体会到：始终不渝地坚持党的领导，依靠政府的支持，是做好政协工作的前提；切实提高履行职能水平，是整体推进政协工作的核心；不断加强自身建设，积极开展适合政协特点的社会活动，是扩大政协社会影响力的重要手段；不断创新委员活动方式，丰富委员活动内容，搞好与社会各界的大团结、大联合，是人民政协永葆生机和活力的源泉。这些基本经验是我们做好政协工作的宝贵财富和重要成果，也是政协工作的重要原则。但也必须看到，我们在工作中仍然存在许多不足，主要表现在一些委员履行职能的素质不高，个别委员甚至不愿意参加政协组织的活动，当了"挂名"委员；民主监督评议工作开展不够，存在不小差距；按界别组织委员开展活动还是个薄弱环节；政协履行职能的内容、形式和程序还有待进一步明确和完善。这些都需要我们在今后的工作中加以改进。

### (二) 2005 年工作建议

2005 年是我县继续实施"三五"发展战略，贯彻落实科学发展观，努力构建和谐社会的关键一年。在新的一年里，十三届县政协工作的指导思想和总的要求是：以邓小平理论和"三个代表"重要思想为指导，以保持先进性教育活动为契机，认真贯彻党的十六大、十六届三中、四中全会和县委九届三次全会精神，继续实施"三五"战略，全面落实科学发展观，牢牢把握团结和民主两大主题，切实有效地履行人民政协的各项职能，为全县经济和社会全面协调可持续发展，构建社会主义和谐社会作出贡献。

**1.加强学习，在政治思想上要有新提高**

邓小平理论和"三个代表"重要思想是当代中国的马克思主义，是全党全国各族人民团结奋斗的共同思想基础，也是人民政协做好工作、发挥作用的根本思想基础和指导思想。在新的一年里，我们按照胡锦涛总书记在庆祝人民政协成立 55 周年大会上的讲话要求，坚持以邓小平理论和"三个代表"重要思想统揽政协工作，坚持用"三个代表"重要思想武装头脑、指导实践、推进工作，使政协工作真正体现时代性、把握规律性、富于创造性，使人民政协事业始终保持旺盛的生机活力。我们要深入学习贯彻邓小平理论和"三个代表"重要思想，重点学习贯彻好《中共中央关于进一步加强中国共产党领导的多党合作和政治协商制度建设的意见》，进一步学好中共十六大、十六届三中、四中全会和县委九届三次会议精神，进一步学习修订的《政协章程》,深刻认识政协在社会主义政治文明建设、构建社会主义和谐社会和科学民主决策中的重要作用和地位;要坚定不移地坚持党对政协工作的领导,履行好政协的各项职能;要贯彻落实好省、市委政协工作会议精神和《中共长治县委关于加强新时期人民政协工作的决定》,要不断研究新情况、解决新问题,不断认识和把握人民政协工作的特点和规律,不断开创人民政协工作新局面。政协党组要自觉肩负起县委赋予的工作职责,带头遵守《政协章程》,推动全县各界和政协委员自觉坚持共产党的领导,使党的主张变成全体委员的共识。按照县委统一安排部署,政协机关要认真开展和实践以"三个代表"重要思想为主要内容的保持共产党员先进性教育活动,重点解决好机关党员和领导班子干部在思想、作风、组织以及工作方面存在的突出问题。通过扎实开展保持共产党员先进性教育活动,使政协机关干部进一步增强立党为公、执政为民意识,进一步增强民主意识、团结意识和服务意识。

**2.建言献策,在促进发展上要有新贡献**

发展是时代的主题,是中国共产党执政兴国的第一要务,加快发展是人心所向。人民政协作为建设中国特色社会主义事业的有机组成部分,必须把促进发展作为履行职能的第一要务。我们继续围绕"三五"战略的实施和县委、县政府工作大局,认真搞好在决策之前和决策执行过程中的协商。广泛听取各方面意见,使政治协商真正成为县委和政府广集民智、实行科学民主决策的重要环节。要切实加强以建议和批评为主要形式的民主监督,发挥对国家宪法、法律和法规的实施,重大方针政策的贯彻执行,国家机关及其工作人员工作的监督作用。要大力拓宽参政议政的范围,丰富参政议政的内容,提高参政议政的实效,坚持以实施"三五"战略为中心,牢固树立和全面落实科学发展观,按照聚精会神搞建设、一心一意谋发展的要求,选择一些具有综合性、全局性、前瞻性的课题,组织委员深入开展调查研究,反映社情民意,进行协商讨论,提出有见解、有分量的批评意见和建议,充分发挥人民政协人才荟萃和智力密集的特点,谋发展之计,献发展之策,建发展之言。

**3.凝聚人心,在为构建社会主义和谐社会上要有新作为**

在构建社会主义和谐社会的伟大事业中,人民政协肩负着义不容辞的神圣使命,具有特殊的重要作用。我们要认真学习胡锦涛同志关于构建社会主义和谐社会的重要精神,深刻领会和把握构建社会主义和谐社会的重大意义、科学内涵和主要任务,自觉承担起为和谐社会建设服务的历史任务。县政协和广大委员要发挥自身的政治优势,突出团结和民主两大主题,调动一切积极因素,努力化消极因素为积极因素,切实做好凝聚人心的工作。促进不同党派、不同信仰、不同民族和不同界别人士之间的合作共事。要积极做好民族宗教工作,巩固和发展社会稳定、民族和睦的大好局面。要深入实际,深入群众,把社会生活中的重要情况和各方面关注的热点问题及时向县委县政府反映,保持反映社情民意的渠道畅通。积极协助党委和政府协调各种利益关系,化解突出矛盾、妥善消除妨碍团结、影响稳定的因素,充分发挥人民政协在政治和社会生活中的特殊作用,为维护好团结民主、生动活泼、安定和谐的政治局面,为我县的经济和社会发展进一步减少阻力、增加动力、形成合力,为建设民主法治、公平正义、诚信友爱、充满活力、安定有序、人与自然和谐相处的社会主义和谐社会贡献力量。

**4.加强自身建设,在提高履行职能的水平上要有新突破**

委员是政协工作的主体,要履行好政协的各项职能,开展各种活动,就必须不断提高我们委员的工作能力水平。根据新形势新任务的要求,要组织委员,认真学习并自觉遵守宪法和法律,坚决维护宪法和法律的权威、维护社会主义法制的统一，提高依法履行职能的能力。进一步建立和完善委员视察调研、学习培训、小组活动等方面的制度，加强对委员的培训，为委员知情察政、参政议政提供场所、拓宽渠道，使他们各尽所能、各展所长，努力在“三个文明”建设中发挥作用。要按照发扬社会主义民主政治，建设社会主义政治文明的要求，以与时俱进的精神坚持改革创新。按照新修订的《政协章程》，抓紧对县政协现有的规章制度的修改、补充和完善，使之与中共十六大精神和《政协章程》相衔接。同时，认真总结工作，把带有普遍规律和比较成熟的经验，用制度的形式确定下来，切实推进政协履行职能的制度化、规范化和程序化，要在创新政协工作机制、工作思路、工作方式的基础上，努力提高办文、办会和办事能力。认真做好政协机关干部的选拔、任用、交流和教育培养工作，关心他们的成长和进步，努力造就一支高素质的政协干部队伍。

各位委员，2005 年是我县全面完成“十五”计划的最后一年，是确保经济结构调整明显见效的关键年，是加快推进全面建设小康社会进程的重要一年，我们要倍加珍爱这种好机遇、好形势、好局面，全力以赴地投入到实施“三五”战略的实践中。让我们紧密团结在以胡锦涛同志为总书记的中共中央周围，高举邓小平理论和“三个代表”重要思想伟大旗帜，在中共长治县委的正确领导下，同心同德、群策群力，求真务实、开拓进取，为继续实施“三五”发展战略，为全面建设小康社会，为构建社会主义和谐社会做出新的更大的贡献！

## 第四次会议

### 会议概况

政协长治县十三届四次会议于 2006 年 5 月 15 日至 18 日在县城宏运宾馆召开。全县 156 名政协委员，有 149 名参加了会议。县委、县人大、县政府领导出席了会议。驻县市政协委员、历届离任政协主席、副主席、县直各单位负责人、政协老委员联谊会成员等 111 人应邀列席了会议。

政协长治县十三届四次会议于 2006 年 5 月 15 日召开

中共长治县委书记常光明作了重要讲话。

政协主席傅永祥受政协长治县十三届委员会常务委员会的委托向大会作工作报告。报告总结了长治县政协开拓创新，不断发展、与时俱进，大力弘扬求真务实的精神，在县委、县政府的大力支持下，着力推进“三五”发展战略，工作呈现出行动活泼、有序推进的良好局面，从五个方面回顾了 2005 年的县政协工作。同时，又对 2006 年县政协工作提出五点建议，强调在新的一年里，全面落实科学发展观，深入学习贯彻《中共中央关于加强人民政协工作的意见》,牢牢把握团结和民主两大主题,充分履行政治协商、民主监督、参政议政职能,为实施“十一五”规划和构建社会主义和谐社会服务,全面推进本县的经济建设和各项社会事业进步作出新的贡献。

受政协长治县十三届委员会常务委员会委托,县政协副主席李志文作提案工作报告。一年来,县政协共收到提案 79 件。经审查,立案 79 件。截至 2006 年 5 月 15 日,所有提案均已办复完毕,办复率达到 100%。

政协副主席李志文作政协长治县十三届四次会议提案征集和审查情况报告。截止 5 月 18 日中午 12 时,本次会议共收到委员提案 73 件,参与提案人数 118 人,占到委员总数的 76%。

与会人员列席了县人大十三届四次会议,听取讨论了县长关小平作的《政府工作报告》及其他报告。

会议通过了政协长治县十三届四次会议政治决议、常委会工作报告的决议和提案工作情况报告的决议。

## 政协工作报告

### 十三届委员会常务委员会工作报告

2006 年 5 月 16 日

傅永祥

各位委员:

我代表中国人民政治协商会议第十三届长治县委员会常务委员会,向大会报告工作,请予审议。

#### (一) 2005 年工作回顾

2005 年,是我县在全面建设小康社会的伟大征程上阔步前进的一年。全县人民在中共长治县委的领导下,高举邓小平理论和“三个代表”重要思想的伟大旗帜,坚持以科学发展观统领全县经济社会发展全局,全面引深“三五”发展战略,全县的经济建设和各项社会事业全面推进,圆满完成了“十五”计划确定的各项任务,创造了新的辉煌。2005 年,也是我县政协事业开拓创新、不断发展的一年。政协第十三届长治县委员会及其常委会,牢牢把握团结和民主两大主题,围绕中心,服务大局,切实履行政治协商、民主监督、参政议政职能,与时俱进,大力弘扬求真务实的精神,着力推进“三五”发展战略,长治县政协工作呈现出生动活泼、有序推进的良好局面。

**1.积极主动,政治协商进一步改进**

政治协商是我国政党体制的重要体现,是党和政府实行科学民主决策的重要环节,是党提高执政能力的重要途径。把政治协商纳入决策程序,在决策之前和决策执行过程中进行协商,是政治协商的重要原则。一年来,我们县政协紧紧围绕全县经济、政治和社会发展,特别是“三五”发展战略实施中的重大问题,采取会议协商和专题协商等形式,增强了政治协商的主动性、时效性、针对性和前瞻性。

(1)充分利用政协主席、副主席参加县委常委会、县四套班子联席会、县长办公会等重大决策会议的时机,参与协商,建言献策,从宏观上为我县经济、政治和社会发展等重大的决策,提出了合理的建议和意见,使协商走在了党委决策之前。

(2)在县政协十三届三次会议上,委员们在认真听取和讨论《政府工作报告》及其他有关报告的基础上，有22名委员就全县的政治、经济、教育、文化和社会发展写出书面发言材料，还有八名委员借中秋、迎春茶话会之际进行了大会发言，实现了会议协商，使协商走在政府执行之前。

(3)在县委制定“十一五”规划纲要期间，我们采取专题协商方式，专门召开了政协常委会议，就我县的“十一五”规划纲要及整个社会发展的总体思路提出了意见和建议，真正使协商走在了人大通过之前。

(4)在十三届三次政协全委会上，县委、县政府领导同志深入到政协各讨论小组，同委员们共商全县改革发展大计，主动听取委员们的意见和建议，实现了直接协商，使政协的协商走在了决策之前和决策执行过程中。

**2.努力探索，民主监督进一步拓展**

民主监督是社会主义监督体系的重要组成部分，是在坚持四项基本原则的基础上通过提出意见、批评、建议的方式进行的监督。一年来，我们在民主监督领域的拓宽上狠下功夫，使民主监督的力度进一步加大，取得了较好的社会效果。

(1)加大了提案办理力度。十三届三次会议以来，我们共收到各人民团体和各界委员提出的提案79件，立案79件。为尽快促进这些提案的办理和落实，我们围绕提高提案质量狠抓了五项工作：一是充分发挥提案委员会的基础作用，专门制定了对提案者和承办单位的奖励制度，对优秀提案人和模范承办单位进行了奖励，提高了大家的重视程度，使政协、政府各职能部门及提案人达成了共识，相互协调，密切配合；二是建立重点回访制度和督促制度，做到件件有效果，案案有着落，为党政部门决策提供了依据；三是坚持急案急办的原则，对社会发展中的重点、人民群众反映强烈和普遍关心的热点、难点及事关全局的提案做到尽快办理、尽快答复；四是对提案办理的时间、内容、格式提出统一的具体要求，不断使提案工作规范化、制度化；五是对重点提案坚持带案视察回访，跟踪调研，及时提出意见和建议，及时督促落实。

(2)积极反映社情民意。了解和反映社情民意是政协履行职能的基础性工作之一，也是新时期政协工作的重要拓展和有效形式。去年，我们为了加强这项工作，根据全国政协和省市政协关于加强信息工作的精神，县政协在6月份专门召开了信息工作会议，制定了“信息考核奖励办法”，组建了信息队伍，确定了专人负责，反映社情民意的质量得到了提高。一年来，我们共编发社情民意信息84条，被省市政协采纳10余条。

(3)努力改进监督方式和扩大监督影响。一年来，我们积极探索，努力实践，加大了民主监督力度，在认真调查研究、科学分析的基础上，通过全委会、常务委员会、专委会和委员视察、委员提案、团体建议案、委员受聘专职监督等各种形式，多渠道地开展了行之有效的民主监督工作，初步形成了委托视察、重点视察、对口视察与公开监督、到位监督、跟踪监督的新格局，充分展示出民主监督的有效作用。

**3.围绕中心，参政议政水平进一步提高**

参政议政是人民政协履行职能的重要形式。一年来，县政协紧紧围绕县委、县政府的工作部署，通过参政议政这种形式，对全县政治、经济、文化和社会生活中的重大问题以及人民群众普遍关心的热点问题，开展调查研究，反映社情民意，进行协商讨论，向县委、县政府写出调研报告和建议案，履行了自己的职能。

(1)精选课题搞调研。十三届三次会议以来，我们紧紧围绕县委、县政府的工作重点，组织政协常委、政协委员和社会各界人士，积极开展了各种类型的调研视察活动。去年6月下旬，我们针对非公有制企业贯彻执行《中华人民共和国劳动法》情况进行专题调研，针对五个方面的问题提出了三条建议；8月上旬，我们针对大家关注的7项城建重点工程项目，组织有关政协委员进行了视察，及时指出一些存在问题，提出合理化建议，受到城建部门的称赞；9月下旬，我们又以“开展节约资源发展循环经济推进百强调产”为专题，组织了一次深入细致的调研视察，针对性地提出了四条建议；为贯彻落实党中央关于加强新农村建设的精神，进一步推动全县新农村建设，12月上旬，县政协组织了专题视察，提出了五条有建设性的意见；今年3月份，我们根据省市政协安排，对我县少数民族聚居村脱贫致富进行了调研，针对东和村回族群众在脱贫致富中存在的问题提出了建议。

(2)做好包乡镇工程工作。按照县委的统一安排，政协班子主要成员都包了乡镇和重点工程。一年来，他们尽责尽力，深入基层，深入群众，面对实际问题，出谋划策，排忧解难，做了许多具体工作，确保了所包乡镇的稳定发展、所包工程项目的顺利实施。

(3)扶贫济困送温暖。去年我们积极响应号召，为贫困地区捐助衣物和钱财。春节前夕，县政协教科文卫体委员会与市政协文教委上下联动，组织医务界政协委员踏积雪、冒严寒，深入郝家庄乡和苏店镇义务诊治贫困患者500余人，缓解了部分农村老百姓看病难、看病贵的问题，得到当地群众的普遍称赞。

**4.促进团结，政协的政治优势进一步发挥**

人民政协具有包容各界、联系广泛、人才聚集的有利条件，具有了解和反映社会不同阶层、不同群体的愿望和要求的独特优势。构建社会主义和谐社会，必须充分发挥人民政协的作用。一年来，我们利用政协的这一政治优势，主要做了以下几点：

(1)加强沟通，增进团结。为加强与民主党派、工商联和各人民团体的合作共事，我们在召开有关通报会和座谈会时，都邀请民主党派、工商联、各人民团体负责人参加，就统一战线和人民政协内部的共同事务交换意见。同时，还组织他们参加政协的重大活动，在政协全委会、常委会等重要会议上，优先安排发言，鼓励他们多提建议，提好建议。

(2)加强联系，凝聚人心。进一步坚持和完善了“主席接待委员日”制度和下访制度，开展了以“进委员门、交委员心、聚委员力，集委员智”为主要内容的深入基层走访委员活动，增进了了解和友谊，增强了政协的亲和力和凝聚力。

(3)加强教育，化解矛盾。一年来，在县政协的倡导下，来自各条战线、不同界别的政协委员，在自己所代表的群众中做了许多协调关系、理顺情绪、化解矛盾、增进共识的工作，广泛争取人心、凝聚力量，使大家的精力都集中到实施“三五”发展战略上来，集中到全面建设小康社会上来。

(4)充分发挥政协文史资料工作的桥梁纽带作用。去年，县政协为纪念抗日战争胜利60周年，长治解放60周年，编辑出版了《峥嵘岁月》一书。教科文卫体委员会在人员少、经费不足的情况下，除为省、市政协完成抗战史稿和上党名人诗词文稿外，还与县志办合作完成了《长治县潞商》的史料征集、审核、出版工作，使文史工作真正起到了资政存史、团结育人的作用。

(5)积极协助县委和县政府做好民族宗教工作。一年来，我们根据全县信教人员和回族聚集村情况，充分利用政协、统战部门的政治优势，认真宣传贯彻执行党的民族宗教政策。

(6)充分发挥政协老委员的积极作用。今年3月，对老委员联谊会进行了换届，组成了新的领导机构，进一步明确了职责、任务，为调动老委员的积极性、发挥老委员的余热创造了条件。

(7)参加了沁源、武乡两县的长治市十三县(区)联谊会,通过学习交流,加强了横向联系,促进了工作。

**5.加强自身建设,政协的整体素质进一步增强**

"三个代表"重要思想,既是新时期执政党党建理论新的概括和总结,也是人民政协工作的根本指导思想。一年来,我们用"三个代表"重要思想总揽政协工作全局,认真实践"三个代表",切实加强了自身建设。

(1)强化政协党组织的核心作用。去年年初,我们按照县委的统一安排部署,集中精力,集中时间,开展了以"三个代表"重要思想为主要内容的保持共产党员先进性教育活动,在这次活动中,大家重点检查了自身在理想信念、宗旨、作风、纪律等方面存在的问题,开展了严肃认真的批评与自我批评;认真思考推进新世纪新阶段我县政协工作的实际问题。特别是今年中共中央《关于加强人民政协工作的意见》出台后,我们组织政协常委和部分委员进行了认真学习讨论,进一步明确了政协的性质、地位、作用、任务、职能和工作原则、自身建设等,这一指导政协工作的纲领性文件,为政协事业发展指明了正确的方向。

(2)加强了政协组织建设。一是强化班子建设,积极改进领导方法和领导作风,使政协班子成为有战斗力和凝聚力的领导集体;其次是强化了组织建设,增强了贯彻落实"三个代表"重要思想的自觉性和坚定性,使干部群众切实感受到政协工作发生的新变化,使先进性教育成为群众满意的工程;第三,强化了政协机关的廉政建设,增强了拒腐防变能力。

(3)加强了政协制度建设。结合保持共产党员先进性教育活动的开展。我们对过去制定的学习、会议、考核、活动和联系委员等制度,进行了修订和完善,逐步使政协的各项制度规范化,并对一些制度进一步量化、细化,强化了约束力度,初步规范了履行职能的内容、形式、方法和要求。

(4)加强了政协专委会建设。完善了各专委会工作职能,充实了工作人员,规范了专委会制度,发挥了专委会应有的作用。

各位委员,过去一年政协工作取得的各项成绩,是县委正确领导的结果,是县政府大力支持的结果,是政协各参加单位、广大政协委员通力合作的结果。在此,我代表县政协常委会表示衷心的感谢!

回顾过去一年的工作实践,我们深切体会到:坚持中国共产党的领导,是政协事业蓬勃发展的根本保证;围绕中心议大事,是政协履行职能的首要任务,推进"三化"建议,是提高履行职能实效的制度保障;广泛开展各种形式的活动,是增强政协组织凝聚力和向心力的有效途径;与时俱进,开拓创新,是增强政协工作活力的不竭动力和源泉。但我们必须看到,与新形势新任务的要求和人民政协肩负的使命相比,我们的工作还存在许多不足和差距,比较突出的问题是:履行职能的工作机制有待完善;政协发挥作用的领域需要拓宽;界别特点和优势需要进一步发挥;民主监督还有待加强和规范。在新的一年里我们将采取积极措施,认真研究和改进。我们真诚希望各位委员对常委会工作提出意见,以推动县政协工作不断取得新进展。

## (二)2006年工作建议

2006年,是实施"十一五"规划的开局之年,是站在新的起跑线上全面推进建设小康社会的重要一年。在新的一年里,十三届县政协要坚持以邓小平理论和"三个代表"重要思想为指导,在县委的正确领导下,全面落实科学发展观,深入学习贯彻《中共中央关于加强人民政协工作的意见》,牢牢把握团结和民主两大主题，充分履行政治协商、民主监督、参政议政职能，把为实施“十一五”规划和构建社会主义和谐社会服务，作为履行职能的重点，求真务实，开拓创新，扎实工作，为全面推进我县的经济建设和各项社会事业进步作出新的贡献。

**1.认真学习贯彻《中共中央关于加强人民政协工作的意见》**

本次会议为大家印发了《中共中央关于加强人民政协工作的意见》学习材料。这个《意见》高度概括了中国共产党三代领导人关于人民政协事业的重要论述和以胡锦涛同志为总书记的中共中央对人民政协工作的新思想、新要求，明确提出人民政协充分履行职能和切实搞好自身建设的任务，为人民政协事业发展指明了正确的方向，是指导新阶段人民政协事业发展的纲领性文件。我们县政协要把学习贯彻《意见》作为当前和今后一个时期推动各项工作的重要任务，摆在突出位置，切实抓紧抓好。要结合我县政协工作实际，采取有力措施认真加以落实，并积极主动协助县委和县政府制定贯彻实施《意见》的具体方案，推动学习贯彻活动的开展。要把学习贯彻《意见》与充分履行职能结合起来，积极探索履行职能的新形式；要把学习贯彻《意见》与全面加强政协自身建设结合起来，努力在促进参加政协的各党派、无党派人士的团结合作，充分发挥界别、委员和机关作用方面取得新进展；要把学习贯彻《意见》与广泛宣传人民政协结合起来，大力宣传中国共产党领导的多党合作和政治协商制度，宣传人民政协的性质、地位和作用，宣传县政协履行职能的情况，努力形成有利于人民政协事业发展的良好氛围。

**2.围绕实施“十一五”规划，切实履行职能**

围绕中心、服务大局，是人民政协履行职能必须遵循的原则。县委九届四次会议通过的“十一五规划”《建议》和十三届县人大四次会议即将通过的长治县《国民经济和社会发展第十一个五年规划纲要》，是当前和今后五年工作的重点，我们要紧紧围绕《纲要》的贯彻实施，精心选择带有综合性、全局性、前瞻性的重大问题，以各专委会为依托，开展重点课题的专题调研。比如，建设社会主义新农村；加快建设资源节约型和环境友好型社会；推进调整优化经济结构，培养新的支柱产业；推进和谐社会建设，加快各项社会事业发展等事关我县发展的重大问题。在深入调查研究的基础上，召开常委会协商讨论，并根据需要召开专题协商会，向县委和县政府提出有价值的意见和建议，为顺利实现今年经济发展和社会进步的主要目标，为推动我县经济社会切实转入科学发展的轨道作出应有的贡献。

**3.突出团结民主两大主题，积极构建和谐长治县**

为构建社会主义和谐社会服务是人民政协的一项重点工作和战略任务。要把围绕团结和民主两大主题履行职能同发挥政协在构建社会主义和谐社会中的作用结合起来，首先要突出政协工作的党派性。县政协要与民革、县工商联以及各人民团体和无党派人士进一步拓展合作领域，充分发挥其智力资源和社会资源的独特优势，努力营造宽松稳定、和谐民主的氛围，切实体现党派性在政协中的重要作用。

其次，要充分发挥政协协调关系的重要功能，促进全县各界人士的团结合作。要充分发挥政协界别优势，注重通过界别渠道，为各界群众有序参与政治生活创造条件。全县政协委员要深入基层，联系群众，积极反映群众的愿望和要求，帮助群众排忧解难，促进群众间的相互理解和沟通，化解矛盾，维护社会和谐稳定。要引导各界人士正确认识和处理各种利益关系，通过平等协商增进共识。要加强同社会各阶层，特别是非公有制经济代表人士的联系，积极帮助他们做好“引资”、“引技”“引智”、“引才”工作。要进一步加强与人民群众的血肉联系，关注民生、体察民情、反映民意、集中民智，切实促进困难群众的生产、生活问题的解决。

第三，要充分发挥民主监督职能作用。要学习省市政协和兄弟县区政协工作经验，成立专项监督小组，开展民主评议等一系列符合政协性质和特点的民主监督方式，进一步丰富民主监督的形式和内容；主动加强与党的纪律监督、法律监督和舆论监督的协作配合，加强与民主党派、人民团体的党派监督和社团监督的配合，形成整体优势，增强监督合力。要改进委员视察形式，努力使委员视察与提案督促办理、专题调研、反映社情民意结合起来。同时，进一步拓展反映社情民意的渠道。通过采取开门办、联合办、集中办、跟踪办和重点办案等措施，提高提案办理的满意率。

**4.适应形势，与时俱进，努力搞好自身建设**

适应形势发展要求，完成历史所赋予的重要任务，就必须与时俱进，搞好自身建设。搞好自身建设是政协履行职能的重要基础。加强自身建设，重点是加强委员队伍建设，发挥委员主体作用。每位政协委员要解放思想、与时俱进、勇于实践、大胆探索、积极贯彻执行《中共中央关于加强人民政协工作的意见》和《政协章程》所赋予的权利和义务，增强履行职能的使命感、责任感，加强学习，不断充实新的知识，围绕中心、发挥职能、殚精竭虑、建言献策，努力提高参政议政的能力和水平。

政协机关要重视政治理论学习，牢固树立和全面落实科学发展观，弘扬与时俱进和改革创新精神，提高全局观念、服务意识和政策水平。要加强政协机关的制度建设，完善为政协履行职能服务的各项工作制度，提高工作水平和效率，保证我们政协机关协调统一、规范有序、精干高效地运行。要根据《中共中央关于加强人民政协工作的意见》的要求，加强政协机关组织建设，着眼于统一战线和人民政协事业的长远发展，加强干部的选拔、交流、任用工作，努力造就一支政治坚定、作风优良、学识丰富、业务熟练的高素质干部队伍，巩固保持共产党员先进性教育活动的成果，发挥政协机关的中共党员的先锋模范作用。

各位委员，展望未来，我们的前程充满希望。在实现"十一五"规划宏伟蓝图的奋斗过程中，我们县政协肩负着更加庄严的历史使命，政协工作大有可为、大有作为。让我们紧密团结在以胡锦涛同志为总书记的党中央周围，高举邓小平理论和"三个代表"重要思想的伟大旗帜，在中共长治县委的正确领导下，同心同德，开拓进取，全面贯彻落实科学发展观，为实现国民经济和社会发展第十一个五年规划和全面建设小康社会的宏伟目标而努力奋斗！

## 第十三节　第十四届委员会

长治县政协第十四届委员会从 2007 年 5 月至 2010 年底，共召开全体委员会议 4 次。

### 第一次会议

#### 会议概况

政协长治县十四届一次会议于 2007 年 5 月 13 日至 17 日在县城宏运宾馆召开。会议的主要议程是：听取并审议政协长治县十三届委员会常务委员会工作报告；听取并审议政协长治县十三届委员会常务委员提案工作情况的报告;列席长治县十四届人民代表大会一次会议;选举政协长治县十四届委员会主席、副主席、常务委员;通过政协长治县十四届委员会一次会议各项决议。全县159名委员,有141名参加了会议。县政协历届离任主席、副主席、县直各单位负责人、驻县、市政协委员、县政协老委员联谊会成员等116人,应邀列席了会议。

5月13日下午,召开预备会议。通过了本次会议的议程、日程,大会领导机构和工作机构,大会主席团由马国兵、王建卫、牛外则、牛志川、牛振玲(女)、车建斌、申有宝、付会平(女)、吕彦青、李志文、李平书、李振国、李淑梅(女)、张起山、段志荣、赵国祥、秦金水、郭海波、原永红、崔晋慧(女)、傅永祥、鲍金章、鲍喜堂、潜小梅(女)、魏志明25人组成,秘书长为李志文。

5月14日,政协长治县十四届委员会一次会议开幕。政协长治市委员会副主席魏武到会祝贺并致贺词。县委、县人大、县政府、县人武部领导出席了大会。

受政协长治县十三届委员会常务委员会的委托,十三届县政协主席傅永祥向大会作工作报告。

报告对十三届政协工作进行了回顾,对2007年工作提出了建议。

十三届县政协副主席申有宝代表政协十三届委员会常务委员会,向大会报告政协十三届一次会议以来的提案工作。从2003年6月至2007年5月本次会议召开前,县政协共收到委员提案331件。经审查,立案326件,截止本次会议召开前,所有立案提案都已办复完毕。

5月15日,与会人员列席了长治县十四届人民代表大会一次会议,听取讨论了县长关小平作的《政府工作报告》。

5月17日召开选举大会。会议通过选举办法、监票人、计票人名单和政协长治县十四届委员会主席、副主席、常务委员候选人名单。会议选举傅永祥为政协长治县十四届委员会主席;牛外则、申有宝、鲍金章、李志文为副主席;马国兵、王建卫、车建斌、牛外则、牛志川、牛振玲(女)、申有宝、付会平(女)、李平书、李志文、李振国、李淑梅(女)、品彦青、张起山、段志荣、郭海波、秦金水、原永红、崔晋慧(女)、傅永祥、鲍金章、鲍喜堂、潜小梅(女)、魏志明当选为常务委员。

政协副主席申有宝作政协长治县十四届一次会议提案征集和审查情况的报告。报告指出,截止到5月17日中午,共征集提案76件,经提案委员会审查,共立案76件,占到提案总数的100%。

会议通过了政协长治县十四届一次会议政治决议、常委会工作报告决议和提案委员会提案工作报告决议。

县委书记常光明在闭幕会上作了重要讲话。

当选的政协主席傅永祥主持了闭幕大会,并宣布大会胜利闭幕。

## 政协工作报告

### 十三届委员会常务委员会工作报告

2007年5月14日

傅永祥

各位委员：

我代表中国人民政治协商会议第十三届长治县委员会常务委员会，向大会报告工作，请予审议。

### 十三届政协工作回顾

过去的四年，我县改革开放和社会主义现代化建设，取得了丰硕的成果，人民政协事业也得到了蓬勃发展。全县人民在中共长治县委的正确领导下，全面贯彻落实科学发展观，努力构建社会主义和谐社会，万众一心、团结奋斗，经济建设、政治建设、文化建设、社会建设都取得了新的成就，向全面建设小康目标迈出较大步伐。十三届政协及其常委会，认真贯彻《中共中央关于加强人民政协工作的意见》，高举爱国主义、社会主义旗帜，坚持团结和民主两大主题，紧紧围绕县委、县政府的中心任务，切实履行政治协商、民主监督、参政议政职能，积极推动工作创新，为推进我县经济社会的又好又快发展，巩固和扩大最广泛的爱国统一战线，维护团结稳定的政治局面发挥了积极的作用，各项工作都取得了明显的进展。

**1.坚持科学发展观，政治协商谋大计**

发展是党执政兴国的第一要务，也是政协组织履行职能的第一要务。四年来，我们紧紧围绕县委提出的“三五”发展战略，精心组织例会协商，谋发展之策，立发展之论，为我县经济社会全面、协调、可持续发展提供了智力支持。

(1)紧扣中心议大政。在委员深入基层、深入实际、深入群众，进行深入调查研究的基础上利用每年的例会，组织委员列席县人大会议，听取《政府工作报告》及其他报告，紧扣“三五”发展的热点、难点问题，进行大会发言，实现了整体协商。委员们坦吐诤言，就招商引资、小城镇建设、新农村建设、民营经济发展等方面的问题踊跃发言，受到县委、县政府领导和有关部门负责同志的重视，为“三五”战略的实施做出了积极的贡献。

(2)紧贴中心谋发展。运用各种会议进行协商，是政治协商的主要形式。四年来，十三届政协通过不断探索，不断实践，进一步完善了全体会议整体协商、常委会议专题协商、主席会议重点协商、专委会对口协商、兄弟政协交流协商制度，共举行常委会议13次，主席会议38次，各种专题座谈会26次，就实施和引深“三五”发展战略、坚持发展是第一要务、搞好新农村建设、县城改造等县委、县政府的中心工作进行了认真协商，不仅在一些重大问题上达成了共识，而且使政协形成的意见和建议符合县情，切实可行，得到上级政协和县委、县政府的高度重视和采纳。此外，2006年11月份我们还成功举办了全市十三县(区、市)政协联谊会，兄弟县(区、市)的同志在我县进行了参观，相互交流了经验，加深了与兄弟县(区、市)政协的友谊。

围绕中心促发展。四年来，常委会广泛动员和组织参加政协的民主党派、各人民团体、各界人士，把促进发展作为履行职能的第一要务，与县委、政府目标同向、工作同心、行动同步，以推动实施和引深“三五”

发展战略为重点，组织委员深入厂矿、农村、学校进行专题调研，先后就全面推进小康社会建设、民营企业发展、新农村建设、社会保障体系建设、乡镇政府职能转变等课题，进行了24次较大规模的社会调研活动，针对存在问题，提出了120余条可行性建议，向市政协和县委、县政府报送了24篇调研报告。这次重要成果，凝结着政协委员和政协各参加单位的心血和智慧，集中了委员们对我县经济社会发展的真知灼见，受到市政协和县委、县政府的高度重视，为科学决策发挥了重要作用。

县政协的主席或副主席，还利用列席参加县委、县人大、县政府会议，以及县委中心组学习讨论等重要会议的时机，从宏观上为我县经济、政治和社会发展的决策和工作，提出政协的建议和意见，实现了重大事务面对面直接协商。

**2.围绕发展第一要务，民主监督建真言**

民主监督是社会主义监督体系的重要组成部分。四年中，我们坚持以大局为重议大事，围绕发展第一要务，加强监督力度，创新监督形式，努力把民主监督贯穿于履行职能的全过程。

提案是政协委员履行民主监督的有效载体。为了做好提案工作，我们修订完善了《提案工作规则》，采取发放信函和征集要点、召开会议、组织视察、表彰奖励、重点引导等形式，四年来共征集提案342件，立案342件。在提案办理过程中，继续坚持重点提案领导督办、难点提案协商联办、热点提案会议催办等形式，有力地促进了提案工作上台阶。截至目前，342件提案已全部办复完毕，委员满意和基本满意率达到90%以上，通过对一些委员提案的办理，有力地促进了全县经济和社会的又好又快发展。

了解和反映社情民意是政协履行职能的基础工作之一，也是构建和谐社会的有效形式。本届政协十分重视加强这项工作，从一开始就制定了《信息考核奖励办法》，组建了信息队伍，确定了专人负责，反映社情民意的质量得到较大提高。四年来，我们共编发社情民意120余条，被省市政协采纳20余条。召开表彰会议四次、召开信息工作会议二次，使政协信息发挥了重要作用。实践证明，了解和反映社情民意是人民政协履行职能的一个重要环节，做好反映社情民意已成为党委、政府倾听民声、了解民情、体察民意的重要渠道，也是人民群众进行民主监督的重要方式。

我们还选派了不同界别30多名懂业务、责任心强的委员应聘到全县执法执纪部门任监督员，积极配合县委、政府开展"树立行业新风、优化发展环境"的行风评议活动。几年来，受聘监督员共参加各行业各部门行风、政风评议120余次，拓宽了民主监督渠道，为优化全县发展环境尽了一份力量。

四年来，我们通过努力改进监督方式和扩大监督影响，积极探索，努力实践，加大了民主监督力度。在认真调查研究、科学分析的基础上，通过全委会、常委会、专委会和委员视察、委员提案、专题建议、委员受聘专职监督等各种形式，多渠道开展了行之有效的民主监督工作，初步形成了公开监督、到位监督、跟踪监督的新格局，充分展示出民主监督的有效作用。

**3.一切从发展出发，参政议政结硕果**

参政议政是人民政协的三大职能之一。四年来，我们从全县发展大局出发，找准重心和切入点，坚持建言献策与参与中心工作相结合，积极为全县发展献计出力。

(1)把握大局，促进发展。围绕中心服务大局，是人民政协履行职能必须遵循的原则，也是政协工作不断开创新局面的前提。四年来，常委会把促进发展作为履行职能的第一要务，以推动改革和引深"三五"战略作为参政议政的重点课题，先后就普遍关注的几项城建工程、循环经济发展、农村合作医疗，组织了大型调研活动,形成了一批调研报告,有力地促进了全县经济和社会各项事业的健康发展。

(2)参与中心,促进发展。政协领导同党政部门领导一样,在县委统一安排下,还直接参与了包乡镇、包厂矿企业、包重点工程工作,特别是在县城改造、高速路建设、长陵路拓宽改造等重点工程中,县政协领导不分白天黑夜,废寝忘食、奔波在工作的第一线。为解决拆迁等困难,深入实际了解情况,走访群众,通过召开协调会等形式,理顺关系,化解矛盾,使工程项目如期完成,受到上级领导的和全县人民的称赞。

**4.以团结民主为主题,努力构建和谐长治县**

实施和引深"三五"发展战略,需要全县社会各界的共同努力。十三届政协一贯坚持求同存异、体谅包容、增进共识的原则,在政协开展的各项活动中努力营造民主协商、团结和谐的氛围,充分发挥政协团结面广、联系性强、包容性大的优势,积极为全县的经济社会发展凝聚力量,集聚智慧。

(1)加强合作共促发展。多年来,县政协不断完善联系制度,坚持政协主席、常委和专委会主任经常性走访政协委员制度,定期向各参加单位、各界人士了解情况、征求意见制度。各专委会坚持经常与对口单位和相关人民团体负责人交流思想、通报工作、交换意见。邀请人民团体和各界人士参加县政协组织的有关会议和开展的调研视察活动。重视和支持民主党派和人民团体在政协全委会议、常委会议、两节茶话会上发表意见。号召全县政协委员充分发挥自身的优势,积极投入到"三五"战略的主战场,形成了万众一心搞经济、群策群力促发展的喜人局面。

(2)发挥优势扶贫济困。县政协领导不仅参加了县委、县政府组织扶贫慰问活动,而且还发挥自己的独特优势,在每年春节即将到来之际与市政协上下联动,组织医务界政协委员和知名专家,同县民政局、县残联一齐深入到偏僻贫困山区进行巡回义诊,送医送药,所到之处,均受到当地干部群众的欢迎和称道。

(3)知情明政共建和谐。我们每年都要利用全会和中秋、迎春茶话会之机向各界人士通报县域经济发展基本情况,大力宣传县委、县政府的工作思路和工作举措,并广泛倾听多方面意见、建议,营造民主协商、平等议事的和谐气氛,让领导直接听取政协委员和社会各界人士代表的呼声、愿望和要求,把全县人民的意志统一到引深实施"三五"战略上来。

(4)搞好民族宗教和对外联谊工作。为了贯彻落实好民族宗教政策法规,我们多次深入基层,印发有关宣传资料,赠送书刊、杂志和学习资料,组织建立了县、乡、村三级联络点。去年,我们还配合省政协对我县少数民族脱贫致富情况进行了调研,向省政协提交了调研报告。同时,我们还应邀积极参加了兄弟市县政协联谊会和有关联合调研活动,学习了兄弟市县的先进经验和成果,向外介绍了我县飞速发展情况,促进了交流,增进了友谊。

(5)发挥文史资料的独特作用。根据全国政协关于抢救文史资料、抓紧出版库存文史资料的指示,2005年,为纪念抗日战争胜利60周年和长治解放60周年,我们编辑出版了《峥嵘岁月》;2006年,为弘扬潞商精神,搞好经济建设,我们征集出版了《长治县潞商》;为总结政协工作经验,推进政协工作制度化、规范化、程序化建设,我们通过艰苦细致的努力工作,编纂了记录县政协发展史料的《历程》一书。这在历届政协中是第一次,真正发挥了文史资料工作的"存史、资政、团结、育人"的社会功能。

(6)余热生辉,老有所为。努力做好政协离退休老干部和老委员联谊会工作,是本届工作的又一大亮点。由于历史原因，近年来从政协领导岗位上退下来的老干部就有30多人，加上历届离任老委员共有300多人，他们有的是经验丰富的老领导，有的是学有专长的技术人员，有的是经济建设的排头兵，毋庸置疑，他们是我县改革和发展的宝贵财富。十三届政协不仅从思想上重视他们，生活上尽可能关心他们，而且还创造条件为他们提供学习场所和学习资料，定期集中学习，每年组织他们外出参观学习。去年还对老委员联谊会进行换届，为配合新农村建设，他们在南呈村蹲点帮扶结对，指导沼气建造推广，他们的足迹遍布南呈村的家家户户，不厌其烦地为农户讲解沼气的好处和技术要领，和南呈村的干部群众结下了浓厚的友谊。

**5.加强自身建设，政协的整体素质得到全面提升**

县政协按照“围绕主题、把握灵魂、推动工作”的工作要求，以强化效能为宗旨，以增进活力为目标，政协的整体素质得到全面提升。

（1）强化委员学习，切实提高政协整体素质。十三届县政协十分重视学习和自我学习，把建立“学习型政协”作为一项重要工作来抓。首先把委员按片进行了分组，组成了九个学习活动小组。2003年12月份，对新委员进行了集中学习和培训，使新委员比较系统地了解了人民政协的性质、职能，熟悉掌握了委员的权利、义务和责任，尽快实现了角色的转换。县政协领导除参加每周一的中心组学习外，还以主席会、常委会、机关会议等形式学习了十六大和十六届三中、四中、五中、六中全会和省市县党代会精神，《江泽民文选》和“三个代表”重要思想，《中共中央关于加强人民政协工作的意见》及省市政协工作会议精神，在武装头脑、指导实践和狠抓落实三个方面取得了新成效。特别是每周二的政协机关学习，形式活跃、内容丰富。同时每年还组织机关党员到革命纪念地、红色教育基地参观学习，组织机关干部职工参加了各类培训班和各方面的知识讲座及知识竞赛活动，在机关显现出“讲学习、讲和谐、讲奉献”的良好风尚。

（2）完善工作制度，推进政协工作规范化、制度化、程序化建设。为使政协履行职能“制度更加完善、运作更加规范、程序更加严谨”，十三届县政协把制度建设放在更加突出的位置，积极建立、健全与政协章程相配套的各项规章制度，重新审定规章制度22项，修订补充制度3项，重新制定制度1项，为更好地履行职能提供了制度保障，并对委员履行职能情况进行定期考核，更好地激发了广大委员履职的积极性和主动性。在县委和县政府的重视下，机关办公条件得到极大改善，办公室配备了电脑、复印机，更新了车辆。办公楼正在改造中，可望年内迁入。

（3）新闻宣传力度大、影响广，开展活动的数量多、质量高是十三届政协工作的一大特点。四年来，县政协主动与新闻媒体沟通联系，运用电视、报刊、网站等宣传媒体，及时宣传并全方位报道了县政协的会议、调研、视察、下乡等重大活动和重要工作，宣传政协在推进我县三个文明建设中的积极作用。《中国政协》杂志和《山西政协报》，对我县政协工作也进行了全方位报道，发了专版。省政协副主席阎爱英、边鸣涛分别到我县调研指导工作，对我县的政协工作给予了充分肯定。我县政协撰写的《事关长治县农村发展的几项建议》论文，被市委专家组评为二等奖。

各位委员、各位同志，十三届县政协的各项工作之所以有发展、有进步、有成果，是中共长治县委正确领导、县政府大力支持的结果；是县政协常委会和全体政协委员的共同努力、县各有关部门和单位、县各人民团体及社会各界人士积极参与的结果，在此，我代表县政协常委会向大家表示衷心的感谢！

回顾十三届县政协的历程，总结四年来的工作实践，我们更加深切地体会到：始终不渝地坚持党的领导，依靠政府的支持是做好政协工作的前提；切实提高履行职能水平，是整体推进政协工作的核心；不断加强自身建设，积极开展形式多样、丰富多彩的活动，是扩大政协社会影响力的重要手段；不断开拓创新，搞好与社会各界的大团结、大联合，是人民政协永葆生机和活力的源泉。这些基本经验是我们做好政协工作的宝贵财富和重要成果，也是工作的重要原则。但也必须看到，我们还存在一些不足和差距，主要表现在如何运用人民政协这一民主形式，扩大公民有序的政治参与；如何发挥政协协调关系、汇集力量、建言献策、服务大局的作用，促进全县上下的团结和谐等方面还有差距；个别委员履行职能素质不高，甚至不愿参加政协组织的活动；民主监督评议工作还是个薄弱环节等。这些都需要我们在今后的工作中采取积极措施，认真加以改进。在此我真诚地希望在座的各位委员对今后的常委会工作提出意见和建议。

### （二）2007年工作建议

2007年是深入落实科学发展观，积极推进社会主义和谐社会建设的重要一年，也是十四届政协工作的开局年，更是中共十七大召开的喜庆年。做好今年的工作，保持经济社会又好又快地发展，对于引深"三五"发展战略具有十分重要的意义。在新的一年里，县政协及其常委会工作的指导思想和总体要求是：高举邓小平理论和"三个代表"重要思想伟大旗帜，深入学习贯彻《中共中央关于加强人民政协工作的意见》，巩固和壮大最广泛的爱国统一战线，全面落实科学发展观，坚持民主和团结两大主题，紧紧围绕县委工作部署，团结和动员政协各参加单位及各界人士，认真履行政治协商、民主监督、参政议政职能，为实现经济社会又好又快发展，加快构建和谐长治县作出新的贡献。

**1.深入学习贯彻中共中央《意见》，努力开创十四届政协工作新局面**

继续贯彻落实中共中央《意见》精神，坚持和完善中国共产党领导的多党合作和政治协商制度，充分发挥人民政协在发展社会主义民主政治、建设社会主义政治文明中的重要作用，把学习贯彻《意见》精神，同学习省市委关于政协工作的一系列文件精神结合起来，把学习贯彻《意见》精神，同学习贯彻即将召开的党的十七大精神结合起来，深刻领会和准确把握《意见》的精神实质和基本要求，重点领会和把握，政协围绕团结和民主两大主题履行职能的要求，坚持以科学发展观为指导，把促进发展作为政协履行职能的第一要务，实现和维护好最广大人民群众的根本利益，在县委的统一部署和协调下，加强同政府及其有关部门的配合，按照规定程序，搞好政治协商、积极推进民主监督、广泛开展参政议政，努力推进履行职能的制度化、规范化和程序化。

**2.全面履行三项职能，促进经济社会又好又快发展**

坚持围绕中心、服务大局，把推动经济社会发展，切实转入科学发展轨道，促进县域经济又好又快发展作为履行职能、发挥作用的重点。组织好委员发言和政协小组讨论活动，营造政协整体协商的氛围。会后要围绕引深"三五"发展战略和构建和谐长治县，选择具有全局性、前瞻性的重大课题，深入开展调查研究，向县委和政府提出有见解、有分量的意见和建议，为县委和政府的科学决策提供有价值的参考，使政协履行职能，真正成为党和政府广集民智、科学民主决策的重要环节，为促进全县经济社会又好又快发展贡献自己独特力量。

**3.突出民主团结两大主题，合力营造和谐长治县**

团结和民主是人民政协工作的两大主题。在构建和谐长治县的过程中，县政协肩负着义不容辞的历史责任。我们要始终把促进团结、发扬民主作为政协工作的出发点和落脚点，坚持以人为本，高度关注民生，积极协助县委和县政府解决好全县人民最关心、最直接、最现实的利益问题。要充分发挥政协协调关系、汇集力量、建言献策、服务大局的作用，加强与民主党派、工商联、人民团体及各界人士的联系，努力为他们履行职能、发挥作用创造条件，通过强化服务、畅通信息等方式，充分发挥他们在政协组织中的调研、视察活动和提案、反映社情民意等各项工作中的作用；加强与新的社会阶层的联系，搞好服务工作，引导和鼓励他们为加快长治县发展多作贡献；认真贯彻落实党的民族宗教政策，协助有关方面做好民族宗教工作，充分发挥民族宗教在促进社会和谐方面的作用；要广泛宣传和加强爱国统一战线工作，充分发挥委员的主体作用，不仅要在自己的岗位上尽心尽责，还要善于做协调关系、理顺情绪、化解矛盾、凝聚人心的工作；要最大限度地团结和动员广大政协委员，努力投入到经济建设中来，多方联系，积极招商引资，为经济又好又快发展和构建和谐长治县营造良好的氛围。

**4.加强委员队伍建设，充分发挥委员的主体作用**

政协委员是参加政协的党派团体和社会各界的代表人士，是人民政协履行职能的主体，是建设社会主义物质文明、政治文明、精神文明和构建和谐社会的重要力量。政协的优势、政协的活力、政协的潜能都蕴藏在政协委员中。因此，必须进一步加强委员队伍建设，更好地发挥委员的主体作用。首先要认真组织政协委员的学习和培训，特别是对新委员的培训，进行政协章程、政协理论、统战政策和时事政策教育，深化对人民政协的性质、职能、作用和工作方式的认识，引导委员提高素质，从而不断增强委员的主体意识和履行职能的自觉性。其次要精心构建委员活动平台。政协委员大多是兼职，来自某一部门、某一行业、某一界别，对全局的工作了解有限，必须为他们知情明政提供帮助，在办好各种会议的基础上，通过学习小组会、通报会、调研视察、参观考察、新闻宣传等形式，使委员对国家的大政方针及全县的重大决策和部署，有一个比较全面的了解和清醒认识，从而更好地履行职能。同时要加强与委员的联系和管理，对委员的履职情况要建立档案卡，定期通报，定期考核，对不能履行职责的委员要提出批评或做出调整。

**5.搞好机关建设，努力为政协工作服务**

政协机关是为政协履行职能服务的政治机关，担负着组织协调、参谋助手、服务保障等任务，是做好政协工作的重要保障。因此，要努力把政协机关的各项工作提升到一个新水平，一是要一如既往地抓好机关的政治理论学习，继续开展建设“学习型机关”活动，使机关干部保持思想解放、视野开阔、学识丰富状态，增长做好政协工作的才干和本领；二是转变作风，狠抓落实。政协机关要认真贯彻省市委关于转变作风的会议精神，狠抓各项工作的落实，不断推进观念转变、职能转变，提高履职效能，提高工作效率，开创工作新局面。三是要积极推进组织建设，要着眼于统一战线和人民政协事业的长远发展，加大对机关干部的培养、选拔和交流的力度，改善政协干部队伍结构，努力造就一支政治坚定、作风优良、学识丰富、业务熟练的高素质干部队伍；四是要继承传统、不断创新，积极探索做好新时期政协工作的新方法，使政协的各种活动严密、井然有序，更好地为委员履行职能服务；五是进一步推进政协工作的制度化、规范化、程序化建设，把比较成熟的经验和做法，用制度加以规范，同时不断补充和完善现有的规章制度，使政协工作协调统一、规范有序、灵活高效。

各位委员，我们正处在一个大有作为的时代，我们的使命光荣而神圣，我们的任务艰巨而繁重。让我们紧密团结在以胡锦涛同志为总书记的党中央周围，高举邓小平理论和“三个代表”重要思想伟大旗帜，在中共长治县委的正确领导下，全面贯彻落实科学发展观，团结奋斗，开拓创新，积极履行三大职能，努力构建和谐长治县，以优异成绩迎接党的十七大胜利召开！

## 贺词

### 在长治县政协十四届一次会议上的讲话

2007年5月14日

市政协副主席　魏　武

各位委员、同志们、朋友们：

政协长治县第十四届委员会第一次会议今天隆重开幕了。这是省、市、县"转变作风、狠抓落实"会议之后，长治县的一次重要会议，今天我能参加这次会议，感到由衷地高兴。在此，我谨代表政协长治市委员会和常福江主席对大会的胜利召开表示热烈祝贺！

今天，中共长治县委、县人大、县政府的领导同志都出席了会议，充分说明了县各大班子对政协工作的高度重视、大力支持和特殊关照。我相信，在中共长治县委的领导下，在全体与会人员的共同努力下，本次会议一定能够开成一个民主、团结、求实、鼓劲的大会；一定能够开成一个同心同德，共铸辉煌，全面构建和谐社会的誓师大会。

长治县钟灵毓秀、人才辈出，在我市经济建设和社会发展中具有十分重要的作用。近年来，县委、县政府带领全县人民开拓进取、求真务实、扎实工作，使全县经济运行保持了快速增长态势。2006年全县生产总值累计完成34亿元，财政收入完成10.63亿元，农民人均纯收入达到4855元。主要经济指标均达到或超额完成年计划任务，全县社会各项事业取得长足发展，10多项工作获得国家和省级荣誉称号，一批部门单位在全市系统综合考核中名列前茅。这一切充分表明，长治县四套班子是一个解放思想、勇于创新的班子；是一个与时俱进、奋发向上的班子；是一个心系群众，求真务实的班子；同时，也充分反映了长治县人民具有勤劳、智慧、敢为天下先的拼搏精神。

政协第十三届长治县委员会在中共长治县委的领导下，各项工作取得了新的进展，政协主席傅永祥同志带领这支队伍，紧紧围绕全县工作大局，认真履行政治协商、民主监督、参政议政职能，在深入调查研究、建言献策方面，在突出民主团结、构建和谐社会方面，在了解民情、反映民意、集中民智方面，做出了新成绩，取得了新进展。特别是在开展调研视察活动、提高履行职能水平上，为全市政协系统带了个好头，为整体推进市政协工作提供了经验，作出了贡献。政协这些成绩的取得，充分体现了中共长治县委、县政府对政协工作的重视和支持，凝聚着政协各参加单位和广大委员的心血和汗水。近两年中共长治县委、县政府大力改善县政协办公条件，改扩建办公楼，配置相关办公设施，使县政协办公条件发生巨大变化。在此，我谨代表市政协对中共长治县委、县政府以及县政协委员、社会各界人士表示衷心的感谢！

长治县新的一届政协，汇集了八方俊杰和各路英才，吸纳了各界有识之士和社会名流，充实了经验丰富的党政领导和作出贡献的民营企业家。队伍更加强大，阵容更加整齐，智力更加充盈。可以说是人才济济、群英荟萃。这是长治县政协的希望；是全县人民的希望！刚才，我目睹了咱们会议的开幕式，使我深深感到，县委、县政府对政协委员的深切期望，全县人民对政协委员的真诚重托，我衷心希望长治县新的一届政协委员，要勇敢地担当起历史赋予我们的神圣职责和使命，不负重托，不负众望，当一名合格的政协

委员、向人民群众交一份满意的答卷。下面,我就政协工作提两点意见与大家共勉:

第一,希望大家要聚精会神地把会议开好。这次会议是全国上下认真贯彻中共十六大精神,全面建设小康社会的热潮中召开的一次非常重要的换届会。会议不仅要选出一个好的新班子,委员们还要列席县人大十四届一次会议,听取并讨论《政府工作报告》和其他重要报告,规划咱们县今后五年的宏伟蓝图,会议非常重要,希望各位委员都要集中精力把会议开好。充分发挥我们政协人才荟萃、代表性强、联系面广、民主渠道畅通的优势,在讨论《政府工作报告》时,一定要坚持解放思想,实事求是,与时俱进的思想路线;要有大思路、大思想、大战略;要讲真话,讲实话,畅所欲言,积极为县委、县政府提出具有宏观性、前瞻性和可操作性的意见和建议,真正发挥政协"建言立论"的作用,推动和促进经济和社会事业又好又快发展、构建和谐长治县,真正把这次会议开成一个民主、团结、求实、鼓劲的大会。

第二,新形势、新任务对政协工作提出了新的要求,希望新一届政协,要适应新的形势发展变化,不断研究新情况、总结新经验、开拓创新,与时俱进,不断开创全县政协工作的新局面。具体要在"高"、"精"、"准"、"实"四个字上下功夫:一是"高",工作的着眼点要"高"。要从我国基本政治制度这个高度,充分认识履行政协职能的重要意义,把履行职能的本质要求体现到科学发展、建立和谐社会和推进民主政治建设上来。二是"精",工作的着眼点要"精"。调查研究是我们的"谋事之基,成事之道"。既要乐于深入调查,又要勤于"精品工程"。通过实地考察、个别走访、集体座谈、深入研究,努力提出高质量、高水平的"精品",为县委、县政府当好参谋。三是"准",工作着重点要"准"。要用发展的眼光、发展的思路,既要认真调查研究经济社会发展中出现的突出问题,又要把代表最广大人民群众利益的要求落实到我们政协的各项工作中去。四是"实",工作的落脚点要"实"。始终把抓落实作为推进政协工作的关键环节。讲求实际,尊重实践,脚踏实地,埋头苦干,讲实话,办实事,求实效,使政协各项工作把握规律性,突出创造性,体现实效性。

各位委员、同志们,政协长治县委员会在构建和谐社会的征途中面临新的机遇和挑战,政协事业任重道远,希望我们长治县的县委、县政府要进一步加强对政协工作的领导和支持,更加重视和关注政协工作,长治县政协要在县委的领导下,不负历史使命,自觉地用"三个代表"重要思想统领政协工作,牢牢把握发展这个第一要务,找准角度、发挥优势,对全县经济社会发展中一些综合性,战略性的重大问题进行深入调查研究,努力构建社会主义和谐社会,奉献为民之心、恪守为民之责、多办利民之事,在全面引深实施"三五"战略的伟大实践中,创出新业绩,作出新贡献。

## 第二次会议

### 会议概况

政协长治县十四届二次会议于 2008 年 6 月 23 日至 26 日在县政协三楼会议室召开,来自全县的 160 名委员参加了会议。县委、县人大、县政府领导出席了开幕式。驻县市政协委员、县政协历届离任主席、副主席、县直各单位负责人、政协各专委主任、副主任、县政协老委员联谊会成员、政协历届离任常委等 124 人,应邀列席了会议。

政协长治市委员会秘书长柴守忠、副秘书长李义广到会祝贺,柴守忠作了热情洋溢的讲话。

政协主席傅永祥受长治县十四届委员会常务委员会的委托向大会作工作报告。报告对十四届一次会议以来的工作进行了回顾,对今后工作提出了建议。

政协副主席申有宝代表政协十四届委员会常务委员会,向大会报告政协十四届一次会议以来的提案工作。一年来,县政协共收到提案76件。经审查,全部立案,到会议召开之前已全部办复完毕。

县委书记常光明作了重要讲话。

政协副主席李志文作政协长治县十四届委员会二次会议提案征集和审查情况的报告。报告指出。截至6月26日12时,本次会议共收到委员提案77件,参与提案人数达152人,占委员总数的95%。

与会人员列席了长治县十四届人民代表大会二次会议,听取并讨论了常务副县长张向东作的《政府工作报告》及其他重要报告。

会议通过了政协长治县十四届委员会二次会议政治决议、常务委员会工作报告的决议和提案工作报告的决议。26日下午,在完成会议议程后,大会胜利闭幕。

## 政协工作报告

### 十四届委员会常务委员会工作报告

2008年6月24日

傅永祥

各位委员、同志们:

我们这次会议,是去年换届以来的第二次会议。我代表政协第十四届长治县委员会常务委员会,向大会报告工作,请予审议,并请列席会议的同志提出意见。

#### 十四届一次会议以来的工作回顾

政协十四届一次会议以来,县政协及其常委会在中共长治县委的正确领导下,在上级政协的指导下,认真贯彻中共十七大精神,高举中国特色社会主义伟大旗帜,牢牢把握团结、民主两大主题,围绕中心,服务大局,组织全体政协委员,认真履行政治协商、民主监督、参政议政职能,充分发挥协调关系、汇聚力量、建言献策的作用,为促进我县经济建设、政治建设、文化建设和社会建设作出了积极贡献。

概括起来,我们主要做了五个方面的工作:

**1.围绕中心,认真组织政治协商**

一年来,在认真总结上届工作经验的基础上,按照新形势新任务的要求,我们进一步完善了全委会总体协商、常委会重点协商、专委会对口协商的协商机制。为使协商更加有效,我们尤其重点抓了全委会的总体协商。在政协十四届一次会议期间,组织委员对"一府、两院"及财政预决算报告进行协商讨论。委员们以高度的政治热忱,进诤言、献良策、谋发展,提出了许多有价值、有分量的意见和建议。对各小组的讨论意见,我们及时收集汇总,提出了20多条修改补充建议。县委、县政府领导分别参加各小组讨论,面对面听取委员对全县工作的意见和建议,使不少意见建议得到及时交流和采纳。与此同时,我们还把大会发言作为协商议政的又一重要形式。根据众多委员的要求,确定了8名委员进行大会发言,开展协商交流。委员们从不同角度,对全县的"三农"工作、生态环境保护、社会保障体系建设、经济可持续发展、新农村建设以及教育卫生等方面的工作,提出了具有前瞻性、战略性和可操作性的意见和建议,受到了县委、县政府领导及各方面的重视,为县委县政府科学决策提供了重要参考。

**2.发挥优势,切实加大民主监督**

针对以往民主监督力度不大、效果不明显这一薄弱环节,我们从三个方面做了努力:

一是通过民主评议,实施民主监督。为了认真落实十七大精神,进一步推动和促进我县的环境保护和生态建设,我们组织部分政协常委、委员对县环保局、林业局的工作进行了视察评议。在评议过程中,我们按照"民主监督、正面评议、献计献策、共谋发展"的原则,把评议的重点放在促进县委、县政府决策的落实上,放在强化机关公务人员为群众服务的宗旨意识上,放在促进职能部门依法行政、改进工作上。通过视察评议,充分肯定了县环保部门认真落实科学发展观,在规范企业排污行为、有效降低排污强度和防范新的污染源方面所做的卓有成效的工作;肯定了县林业部门认真贯彻国家林业政策,在加强生态建设方面取得的突出成绩。同时,我们针对其中存在的结构性污染较为突出、缺少长效资金投入机制等突出问题,提出了"增强责任意识、加大监管和处罚力度、建立专业队伍、设立专项资金、保证环保和生态建设事业的可持续发展"等切实可行的建议,基本达到了被评议部门满意,县委、县政府满意,常委、委员们满意。一年来,县政协有70多名常委、委员积极参与了对县直部门及垂直管理部门的行风评议和考核,参加了对县委口科级干部的民意测评。就党风廉政建设等问题,向县委、政府及有关部门提出意见建议170多条,有效地促进了机关作风和行风的转变,增强了部门工作的积极性和主动性。

二是通过提案形式,实施民主监督。十四届一次会议以来,我们共征集提案76件,全部立案处理。内容涉及社会保障、收入分配、扩大就业、基本医疗、环境保护、劳动关系和谐、精神文明建设等各个方面。我们以提案办理的制度化、规范化为重点,加强指导,规范运作。通过带案视察、重点提案督办、表彰优秀提案、加强提案反馈以及完善提案办理责任追究制度等行之有效的方法和措施,提高了提案征集、交办、督办的质量和效率。在政府领导和有关部门的高度重视和支持下,目前各项提案已全部办复完毕。从反馈情况看,委员们对提案的办理工作是比较满意的。提案的办理,对全县各方面的工作产生了较好的影响,对实施民主监督、推动发展、促进和谐发挥了重要作用。

三是通过政协信息,实施民主监督。为了加强政协信息工作,推动民主监督,政协常委会通过召开信息工作会议,建立专业信息队伍,严格考核和奖励制度,领导带头撰写信息等有效措施,加大了政协信息工作力度,并与全国政协和省市政协实现了信息联网。一年来,县政协先后刊发《社情民意》信息177条。在这些信息中,上报全国政协8条,省政协采用5条,市政协采用15条,县委县政府信息中心转发23条。县委、县政府领导和各部门也对政协报送的信息给予了极大的关注和积极回应,使信息起到了应有的作用,也使广大委员受到鼓舞。最近,县委专门研究为县政协机关增加了事业编制、充实了信息人员,为政协信息工作再上新台阶创造了条件。

**3.服务大局,提高参政议政实效**

十四届一次会议以来,我们根据新形势的要求,把促进发展、关注民生、构建和谐社会作为参政议政的重点,围绕县委提出的坚持'好'字当头、创新驱动、统筹兼顾、稳中求进,打好五场硬仗、抓好五大民生工程、办好十二件惠民实事,努力实现经济社会又好又快发展的总体工作思路,紧紧抓住事关全县经济社会发展全局的重大问题开展调查研究,积极建言献策。我们先后就"三化"建设(工业新型化、城镇特色化、农业产业化)、农村合作医疗、社保体系建设、畜牧养殖业发展、农村富余劳动力转移等课题,组织常委、委员开展调研10多次,参与调研人数180人次,形成专题调研报告15篇。同时,我们还与省、市政协联合开展了四个重点课题的调研活动。调研报告中提出的不少意见和建议,得到了市政协及县党政领导的重视和肯定,有的被采纳到有关文件和规划中,调研成果得到了及时转化。

在对农村社会保障体系建设情况的调研中,针对我县农村养老保险进展缓慢、覆盖率低、参保农民少、农民大病报销难的问题,我们及时提出了建议:一是建议加大投入,扩大覆盖面,逐步提高农村低保户标准;二是建议加快农村养老院建设,切实解决五保户的“住、医、葬”问题。县委、政府对这些建议高度重视,有关部门很快拿出了实施细则,有些问题已经得到解决。如农村新型合作医疗医药费报销环节多、手续繁的问题,经过有关部门的努力,已有明显改善,使农民真正享受到了新型农村合作医疗制度带来的实惠。

在建言献策的同时,县政协机关还身体力行,积极参与新农村建设结对帮扶活动。我们派出工作队深入到联系点韩店镇桥沟村,与干部群众一道研究解决农民增收、实施新农村建设规划等问题,并多方筹集资金1.5万元用于解决群众吃水和修路问题。我们连续10多年坚持每年春节前组织医疗界政协委员深入乡村为群众巡回义诊,送医送药,受到广大干部群众的热烈欢迎和好评。汶川特大地震发生后,县政协机关干部职工和广大政协委员积极捐资20多万元,表达了对灾区人民的大爱真情。

**4.强化素质,提升委员履职能力**

我们针对换届后新委员较多,对政协工作的理论和业务不太熟悉的实际,我们着重加强了对委员的培训和管理。一是组织委员专题培训。去年9月份,我们举办了新委员培训班。邀请省、市政协专家学者作了专题讲座。组织委员系统地学习了政协基本理论、政协基本常识和提案撰写知识,全县150多名政协委员受到了培训。二是完善考核制度。县政协制定了《政协委员履职考评办法》,细化量化了考核指标,对委员提案、撰写社情民意信息、参加会议、开展活动等情况进行记录考核和书面述职,并作为换届调整的重要依据之一。三是创造良好的履职环境。修订完善了《委员按界别活动试行办法》,建立了8个活动小组。在视察调研活动中,尽可能邀请部分委员参加;建立了政情通报制度和对口联系制度,帮助委员知情明政、知情议政,鼓励委员察真情、讲真话、建诤言;通过会议对积极履行职能的优秀政协委员进行表彰奖励;通过新闻媒体反映委员在各自岗位上建功立业,尽委员之责、建发展之言、排稳定之忧、办利民之事的先进事迹。通过上述一系列措施,不仅提高了委员素质,而且提升了委员履行职能的荣誉感和使命感。据不完全统计,全县政协委员一年来共向各级党委、政府提出意见建议670多条。委员作用的充分发挥,进一步扩大了政协工作的影响力。

**5.改善条件,提高机关服务水平**

我们本着“创新、活跃、求实、和谐”的工作思路,深入开展了创建“三型”机关活动。一是创建学习型机关。在自学的同时,建立健全学习制度,坚持每星期二上午组织集体学习。特别是党的十七大召开后,坚持把学习政协理论同学习十七大文件结合起来。同时以创办“学习园地”的形式,开展学习和交流,营造了良好的学习氛围。二是创建服务型机关。在全机关强化讲大局、讲奉献、讲责任的意识,着力提高办文、办会、办事的质量和水平。三是创建和谐型机关。为使机关充满生机和活力,我们开辟了活动室,还积极组织了元宵节文艺活动,迎新春书画展,参加了县直工委组织的体育比赛和各种丰富多彩的活动,融洽了干群关系,活跃了机关气氛,形成了奋发向上,共谋发展的良好氛围。一年来,在县委、县政府的大力支持下,投资

300多万元,对原文化局办公楼进行了加层、改造、装修。去年年底,县政协机关喜迁新居。机关新配备了电脑、空调、复印机、桌椅沙发等办公用具,更新了工作用车,使政协机关办公住房拥挤、设施简陋的状况得到了根本改善。政协的办公经费、委员视察活动经费也列入了财政预算,做到了基本满足、逐年增加。对政协全委会、茶话会、调研视察、文史资料编纂等所需费用,县委、政府同样给予大力支持,予以保障。今年4月市政协在我县召开了全市十三县(市、区)政协工作座谈会,对我县县委、政府高度重视和支持政协积极改善办公条件的做法和经验给予充分肯定和高度评价,并向全市进行了推广。这对于我们的政协工作,是极大的鼓励和鞭策。县委、政府的重视支持,办公条件的改善,也极大地调动了政协机关干部职工的工作积极性。大家的敬业精神、服务精神、团队精神、创新精神进一步弘扬,工作效率和服务能力大大提高。由教科文委牵头,集体编纂的《历程》、《峥嵘岁月》、《长治县潞商》等三本书分别荣获省政协办公厅2007年文史资料一、二、三等奖。政协经济环境人口委员会牵头,先后组织了10多次大的调研活动,其中配合省市同题调研4次,从人员组织、车辆准备到调研内容都安排得井井有条。政协机关各委不仅积极参加县、市组织的各种视察调研活动,还积极撰写社情民意,不仅数量多,而且采用率较高,去年荣获市政协信息工作三等奖,首次跃入先进行列。

各位委员、同志们,过去的一年是本届政协的开局之年、起步之年。一年来,我们做了大量的工作,取得了可喜的成绩。这主要得益于中共长治县委的正确领导和县政府的大力支持,得益于政协各参加单位和广大政协委员的主动履职,得益于社会各界的关注配合。在此,我代表政协常委会向大家致以崇高的敬意和衷心的感谢!

在取得成绩的同时,我们也清醒地看到,我们的工作距中共长治县委的殷切希望和人民群众的热切期盼还有一定的差距。主要表现在:政治协商的主动意识还不够强;民主监督的手段和方法还不够多;参政议政的质量和水平还不够高;特别是对保障民生为重点的社会建设问题研究还不够深;政协自身建设还有待于进一步加强。这些问题,我们要在今后的工作中认真研究,切实加以改进。

### (二)今后工作的建议

当前,全县上下正在认真学习贯彻党的十七大精神。新形势新任务为政协更好地履行职能、发挥作用开辟了广阔舞台,同时也对政协工作提出了新的更高要求。我们要高举中国特色社会主义伟大旗帜,坚持团结和民主两大主题,认真履行政治协商、民主监督、参政议政职能,切实加强自身建设,把工作重点放在加强调查研究、破解经济社会发展的深层次矛盾上,放在关注社情民意、保障和改善民生上,放在推进履行职能的制度化、规范化、程序化建设上,放在巩固和发展团结民主、生动活泼、安定和谐的政治局面上,团结一切可以团结的力量,为推动全县经济、政治、文化和社会建设作出更大贡献。

**1.要始终把学习贯彻中共十七大精神作为首要政治任务,进一步增强走中国特色社会主义道路的自觉性和坚定性**

中国特色社会主义伟大旗帜,是当代中国发展进步的旗帜,是中国共产党同各民主党派、人民团体、各族各界人士团结奋斗的旗帜。人民政协事业是中国特色社会主义事业的重要组成部分,坚定不移地高举中国特色社会主义伟大旗帜,毫不动摇地坚持中国特色社会主义道路和中国特色社会主义理论体系,是人民政协沿着正确道路前进的必然要求,是人民政协事业在新的历史起点上生机勃勃向前发展的根本保证。广大政协委员要把学习贯彻十七大精神，作为当前和今后一个时期的首要政治任务，进一步在武装头脑，指导实践，推动工作上狠下功夫。要通过学习，不断深化对中共十七大重大理论观点、重大战略思想、重大工作部署的认识，不断深化对科学发展观的科学内涵、精神实质和根本要求的认识，不断深化对发展人民政协事业新论述、新要求的认识。要紧密联系实际，采取多种形式，增强学习效果，使学习贯彻中共十七大精神的过程，成为统一思想、增进团结、凝聚人心、汇聚力量的过程；成为研究新情况、总结新经验、解决新问题的过程；成为推动科学发展，促进社会和谐的过程，努力把十七大精神转化为政协工作的新思路、新举措，落实到政协工作的各个方面，推动全县政协事业在新的起点上实现新的发展。

**2.要始终把推动科学发展、促进社会和谐作为履行职能的第一要务，进一步为实现经济又好又快发展献计出力**

政协组织汇集了全县各行各业和各个方面的优秀人才，集中了来自全县各个界别的优秀代表。要进一步增强加快发展的紧迫感和责任感，自觉按照科学发展观的要求，集思广益谋发展、议发展、促发展。要充分发挥智力密集、位置超脱的优势，针对综合性、全局性、前瞻性的重点问题，针对项目建设、节能减排发展循环经济、新农村建设、生态建设、县城建设、社区建设中的难点问题，针对影响和制约推进创业就业、农民增收、社会保障、医疗健康、教育提升等五大民生工程落实中的突出问题，以政协专委会和各界别为依托，精心选择调研课题和视察主题，组织委员深入开展专题调研和视察活动。认真进行协商讨论，形成内容翔实、观点鲜明、论证周密的调研报告，提出有分量、有价值、操作性强的提案和建议，为县委、县政府科学决策、完善思路、推进工作建净言、献良策。要充分发挥联系广泛、朋友众多的优势，着眼于全面扩大开放，积极开展联络联谊活动，加大宣传推介长治县的力度，广泛宣传我县近年来经济社会发展的新成就、丰厚的自然人文资源、日益改善的投资发展环境以及巨大的发展潜力，推动经济、科技、文化等方面的交流和合作，为引进更多的资金、项目、技术、人才牵线搭桥，促进全县开放型经济的发展。

**3.要始终把实现、维护和发展好广大群众的根本利益作为政协工作的出发点和落脚点，进一步协助县委、县政府保障和改善民生**

反映社情民意，高度关注民生，既是人民政协的优良传统，也是人民政协的重要职责。广大政协委员要进一步拓宽视野、找准角度，把履行职能同建设和谐黎都的具体实践紧密结合起来，强化以人为本、履职为民的理念，在促进社会和谐特别是解决民生问题上，切实发挥好协调关系、汇聚力量、建言献策、服务大局的作用。我们要积极创造条件，进一步畅通反映社情民意的渠道，丰富和活跃履行职能的内容和形式，鼓励和组织政协委员深入基层、接触实际、体察民情、了解民意，密切联系群众特别是本界别的群众，加强同各方面人士包括新社会阶层人员的联系沟通，及时反映各界别、各阶层、各群体的愿望、特别是困难群众的呼声，多建利民之言，多献利民之策，多办利民之事，真正成为联系各界群众的纽带和桥梁。我们要围绕广大群众最关心、最直接、最现实的利益问题，特别是就业、医疗、社会保障以及增收、环保等与群众生活密切相关的难点问题，通过调研、视察、民主评议和提案等多种形式，积极推动五大民生工程和十二件惠民实事的有效实施，让广大群众共享改革发展的成果。我们要认真研究新时期各种利益关系出现的新变化，积极宣传党的方针政策和县委、县政府解决民生问题的一系列举措，多做化解矛盾、理顺情绪的工作，多做释疑解惑、排忧解难的工作，多做凝聚人心、增进团结的工作，引导各方面群众以发展的眼光和辩证的观点，正确对待利益的调整，正确认识改革发展中暂时的困难和问题，不断增强推进改革、加快发展的信心和勇气,为促进社会和谐减少阻力,增加动力,形成合力,在共建共享中加快推进和谐黎都建设。

**4.要始终把加强自身建设作为基础性工作来抓,进一步提高履行职能的本领和水平**

政协组织要肩负起人民赋予的历史使命,更好地发挥作用,必须适应时代发展的需要,按照"四位一体"的要求,坚持不懈地抓好自身建设,继续在突出界别特色、发挥委员主体作用和重视政协机关建设上狠下功夫。

突出界别特色,就是要进一步健全政协界别活动的组织机制,继续探索政协界别与党政职能部门的联系机制,根据界别特点和"立足本界别、立足本行业"的要求开展活动,把协商议政作为反映界别呼声的重要平台,把政协提案作为集中界别智慧的重要手段,把专题调研和视察作为发挥界别优势的重要途径,充分发挥界别的纽带和辐射作用,不断拓展政协工作的领域,扩大政协工作的覆盖面。

发挥委员主体作用,就是要认真组织委员学习和培训,尊重和依法保护委员的各项民主权利,为政协委员发挥作用创造更好的条件,促进委员增添荣誉感、责任感和使命感,提高思想理论水平、政策水平和履职能力,自觉遵守政协章程、履行委员职责,密切联系群众,更加关注民生、参与政事、致力发展、奉献社会。县政协初步计划,今年后半年再对委员进行一次理论辅导;围绕全县五大民生工程和十二件惠民实事的实施情况,组织3至5次调研视察;年底搞一次委员履行职责情况的书面述职和测评;对优秀委员进行一次表彰奖励;开展丰富多彩的迎奥运和纪念改革开放30周年庆祝活动,不断增强政协组织的凝聚力和向心力,为委员搭建展示风采的良好平台。

重视政协机关建设,就是要以改革创新精神,全面加强政协机关的思想、作风、制度和组织建设,努力把政协领导班子建设成为政治可靠、团结民主、清正廉洁、委员信任、群众拥护的领导集体,把政协干部队伍建设成为政治坚定、作风优良、学识丰富、业务熟练的高素质干部队伍,把政协机关建设成为政协委员之家、各界人士之家、基层政协之家,为政协委员、为各界人士、为广大人民群众搞好服务,为政协履行职能,开展工作提供有力保障。

各位委员、同志们,我们正处在一个大发展、大变革的伟大时代,政协组织和广大政协委员责任重大、使命光荣、大有可为。让我们高举中国特色社会主义伟大旗帜,全面贯彻科学发展观,在中共长治县委的领导下,在县政府的支持下,保持和发扬人民政协的优良传统和作风,与民主党派、工商联、无党派人士、人民团体和各界人士一道,同心同德、和衷共济、群策群力、奋力拼搏,进一步开创全县政协工作的新局面,为加快实力、魅力、和谐长治县建设,谱写全县人民美好生活新篇章而努力奋斗!

## 第三次会议

### 会议概况

政协长治县十四届三次会议于2009年5月10日至13日在县文化中心召开。来自全县的163名委员参加了会议。县委、县人大、县政府、县人武部领导出席了开幕式。驻县市政协委员,县政协历届离任主席、副主席,县直各有关单位负责人,各乡镇政协工委主任,政协各专委主任、副主任,政协历届离任常委,政协老委员联谊会成员等122人应邀列席了会议。

长治市政协港澳台侨委员会主任韩义到会祝贺,并作重要讲话。

政协主席傅永祥受政协长治县十四届委员会的委托,向大会作工作报告。

报告对过去一年的主要工作作了回顾,并对今后一年的工作提出了建议。

政协副主席申有宝代表政协十四届委员会常务委员会,向大会报告政协十四届二次会议以来的提案工作。一年来,县政协共收到提案88件。经审查,立案处理86件,转为来信处理2件,所有立案的提案均办复完毕。

县政协十四届三次会议于2009年5月10日召开

县委书记常光明做了重要讲话。

会议增补王海燕(女)、李旭日、韩富山、李建生、杨会刚、宋继卫、常琪亮为政协长治县十四届委员会委员,补选王有明、吉阳萍(女)、李建生、范李斌为政协长治县十四届常务委员会委员。

与会人员列席了县人大十四届三次会议,听取并讨论了代县长裴少飞作的《政府工作报告》及其他报告。

政协副主席李志文作政协长治县十四届委员会三次会议提案征集和审查情况的报告。报告指出,截至5月13日12时,本次会议共收到委员提案80件,参与提案委员人数达135人,占委员总数的82%。

会议通过了政协长治县十四届委员会三次会议政治决议、常务委员会工作报告决议和提案工作情况报告决议。

13日下午,政协主席傅永祥主持了闭幕式,大会在雄壮的国歌声中胜利闭幕。

## 政协工作报告

### 认清形势 坚定信心<br>为促进全县经济社会又好又快发展再作新贡献

2009年5月11日

傅永祥

各位委员、同志们:

现在,我代表政协第十四届长治县委员会常务委员会,向大会报告工作,请予审议,并请列席会议的同志提出意见。

#### (一)过去一年的主要工作

过去的一年,是全县贯彻党的十七大和十七届三中全会精神迈出坚实步伐、科学发展观更加深入人心、惠民措施全面落实、人民群众得到更多实惠的一年,也是政协工作取得新成效的一年。在中共长治县委的正确领导和上级政协的指导下，常委会坚持以邓小平理论和“三个代表”重要思想为指导，深入贯彻落实科学发展观，以改革创新为动力，以制度建设为保障，以抓出亮点和特色为突破口，紧紧围绕全县经济社会发展战略和工作大局，认真履行政治协商、民主监督、参政议政职能，较好地完成了政协十四届二次会议确定的目标任务，为加快我县科学发展步伐，扎实推进社会和谐作出了积极贡献。

**1.高举旗帜、坚定信念，不断夯实做好人民政协工作的思想政治基础**

根据新形势、新任务的要求，常委会把学习贯彻中共十七大精神，作为本届政协的首要政治任务，作为贯穿于履行职能全过程的一条主线，组织开展形式多样的学习贯彻活动，力求全面准确地领会十七大提出的一系列新的战略思想和决策部署。为了增强效果，我们把学习十七大同纪念改革开放30周年紧密结合起来，认真组织学习胡锦涛同志在纪念党的十一届三中全会召开30周年大会上的重要讲话，通过举办纪念改革开放30周年书画作品展，开辟“改革开放30周年亲历记”专栏，召开研讨会以及组织参观展览等形式，引导大家用“三亲”资料见证改革开放的伟大成果，用书画文章抒发对改革开放国策的赞美，更加坚定了走中国特色社会主义道路，继续推进对外开放和现代化事业的信念。去年是“五一”劳动节口号发布60周年，县政协与县委统战部联合举办座谈会，和民主党派、无党派人士重温人民政协事业的辉煌历程，展望中国共产党领导的多党合作和政治协商制度的光明前景，更加坚定了走中国特色社会主义政治发展道路的信念。去年也是我国的奥运之年，县政协举办机关文体活动等一系列迎奥运活动，激发了大家爱祖国、爱家乡的情感，增强了用自己的心血和汗水建设美好家园的责任感和使命感。中共十七届三中全会召开后，我们及时组织常委学习贯彻十七届三中全会精神，深入我县荆圪道、东庄等新农村建设示范村调研视察，使大家进一步明确了人民政协为推进农村改革服务的重点。在讨论中，大家紧紧围绕新形势下的农业、农村、农民问题，就实现城乡一体化、加快农村劳动力转移、关注农村弱势群体、千方百计增加农民收入等提出了不少意见和建议，经过归纳整理，向县委、县政府提出了相应报告，一些建议已被吸纳到有关文件中。

在学习实践科学发展观活动中，县政协党组和机关党员干部从思想、工作和作风等方面认真检查不适应、不符合科学发展观要求的问题，分析原因，针对性地制定整改措施。在此基础上，县政协还结合自身职能，突出实践特色，由主席班子成员带队，分3批50余人次深入华泰熟料公司、荣泰木业等中小企业进行视察调研，并向委员及有关部门发出征求意见函，努力探索我县转型发展、安全发展、和谐发展的现实途径，寻求抵御国际金融危机的有效措施以及改进创新政协工作的方式方法。使学习实践科学发展观的过程成为推动政协工作讲质量、上水平、求实效的强大动力。

**2.围绕中心、认真履职，为我县“三个发展”建言献策**

按照党的十七大提出的深入贯彻落实科学发展观，促进国民经济又好又快发展的要求，常委会广泛动员和组织全县政协各党派团体和各界人士，把促进发展作为履行职能的第一要务，把推动“转型发展、安全发展、和谐发展”作为履行职能的重点课题，集中力量、深入调研、集思广益，提出了一批有价值的意见和建议，从政治上对我县的全局工作提供了有广泛民主基础的支持。

围绕在新起点上推动科学发展议政建言。十四届二次全委会议期间，组织委员围绕又好又快发展的增长点培育、增强经济发展后劲、生态环境建设、实施十项惠民工程等进行小组讨论和大会发言，不少意见和建议被县委、县政府采纳。全会闭会期间召开的三次政协常委会议先后就“加强环保和节能减排”、

"统筹城乡发展、加快农村劳动力转移"、"副食品价格上涨对我县种养殖业的影响"提出建议案，为县委、县政府科学民主决策提供了重要参考。针对国际金融危机冲击我县中小企业造成的煤炭价格下跌、企业利润减少、社会投资增速回落、县域经济增长速度减缓、不利影响不断加深的现状，政协常委会组织了应对危机专题议政会，通过摆问题、找原因，提出了加大扶持力度、加快资源整合、淘汰落后产能、促进产业升级、转变发展方式等意见和建议，县委、县政府据此出台了相关文件，提出了实施意见，引起了各级和相关部门的高度重视。

围绕民生问题议政建言。改善民生是我们一切工作的出发点和落脚点。县医院现址建于70年代，由于多方面原因，基础设施落后，医疗设备老化，人才严重短缺，致使病人大量流失，干部群众反映十分强烈。政协领导多次向县委反映，去年年初，县委对医院领导班子进行了调整，并先后拨出数百万元用于改善基础设施和解决遗留问题。去年10月，县政协组织常委和委员对医院进行了专题视察。在肯定医院新班子工作成绩的同时，针对上述问题，向县委、县政府提出了继续加大财政支持力度、加强管理、提升服务等建议。县委、县政府为医院减免取暖初装费30余万元，并将该院退休职工工资地方补贴部分首次按比例纳入财政预算，为职工解除了后顾之忧，极大地调动了医护人员工作积极性。目前，医院面貌大为改观。为了确保县城居民集中供暖，我们根据群众意见，通过视察，提出了理顺管理体制、协调供热用煤、按比例支付配套资金、降低成本、提高效益等建议。使一度反映强烈的集中供暖问题得到妥善解决。一年来，政协还先后就《安全生产法》的贯彻落实，农村医疗卫生资源合理配置、民营企业职工收入、环境保护与生态建设等大量与群众生产生活密切相关的问题，通过调研、视察、提案、社情民意等多种形式，向县委、县政府和有关部门提出了不少意见和建议，取得了较好的效果。有的问题已经得到解决，有的正在创造条件解决。

以提案和信息为载体，反映社情民意。县政协十四届二次会议以来的88件提案，紧紧围绕县委、政府的中心工作，围绕国计民生，从不同角度提出了大量具有全局性、前瞻性、可行性的意见建议，体现了政协特色和时代气息。我们以提案办理的制度化、规范化为重点，加强指导，规范运作，通过重点提案督办、带案视察、表彰奖励优秀提案者和办理单位、加强提案反馈以及完善提案办理责任追究制等办法和措施，提高了征集、交办、督办的质量和效率。提案经承办单位认真办理，收到了明显成效，为推进党委和政府各项工作，推动科学发展、促进社会和谐发挥了积极作用。

反映社情民意信息是近年来我县政协工作的一大亮点。尤其今年以来，我们通过召开信息工作座谈会，修订《政协信息工作考核奖励办法》、完善报送机制、建成编报网络等，有效调动了政协各参加单位和广大政协委员反映社情民意的积极性。全年共征集编发社情民意249篇，其中全国政协采用4篇，省政协采用及上报全国政协10篇，《山西政协报》采用8篇，市政协采用15篇。我县政协信息工作在全省政协系统首次名列前茅，荣获山西省2008年度信息工作三等奖。

开展行风评议，是我们近年来积极配合县委做的一项工作。在前几年工作的基础上，先后推荐20多名政协委员担任了行风监督员，参与督查调研了20多个单位的行风建设情况。数次参加了对县委系统副科级以上干部的民主测评工作，有效地发挥了民主监督作用。

**3.发挥优势、协调关系，积极促进和谐社会建设**

一年来，县政协积极发挥代表性强、联系面广等优势，千方百计为和谐社会建设献计出力。

积极促进政党关系和谐。常委会认真贯彻“长期共存、互相监督、肝胆相照、荣辱与共”的方针，多形式多渠道地发挥民主党派、工商联和无党派人士在政协中的作用。支持他们就我县政治、经济、文化、社会发展提出见解和主张；开展重要视察、考察、协商和对外活动时，有计划地邀请他们参加。十四届二次会议期间，民主人士共提出提案53件，反映社情民意30余篇，5名代表作了大会发言。这些发言、提案和信息，得到了党政有关部门的及时采纳和反馈。

积极促进界别和阶层关系的和谐。常委会注重在政协多项会议活动中突出界别特色。积极宣传贯彻党和国家的民族宗教政策，认真反映少数民族和宗教界人士的意见和要求，重视发挥他们的作用，组织他们参观考察，了解有关民族、宗教政策的贯彻执行情况，鼓励他们履行职能，就做好新形势下的民族宗教工作献计献策。

自觉接受上级政协指导，多层次多领域地开展对外交流。过去的一年，省、市政协先后有10多位主席、副主席来我县视察指导。去年4月，全市政协工作座谈会在我县召开，重点推广我县县委、县政府重视政协工作，大力改善政协机关办公条件的经验和做法。去年12月，市政协十一届七次常委会议在我县召开，对我县政协工作的开展起到了重要的推动作用。与省市政协联合开展专题调研9次。特别是借助十三县(市、区)政协联谊会这一平台展开学习交流活动，收效更为明显。如借鉴学习平顺县政协加强制度化、规范化、程序化建设的经验，本着“巩固、规范、提升”的原则，重申、修订、补充、新建规章制度7项，为提高履行职能的质量和水平提供了制度保障；学习借鉴长治市郊区加强政协信息工作的经验，加大了信息工作力度，领导带头、落实人员、加大投入，使政协信息工作又上新台阶；借鉴宁武县政协以当地丰富的旅游资源带动经济发展的经验，加强了对长治县丰厚人文资源的宣传，促进了招商引资工作。在这些对外交往活动中，我们着力介绍我县改革开放和近年来经济社会建设发展的辉煌成就，宣传我县美好的发展前景，起到了增进友谊、广交朋友、扩大开放的作用。

**4.提升素质、完善制度，扎实推进自身建设**

不断加强政协组织自身建设，是新形势下更好发挥人民政协作用的重要前提和保证。一年来，常委会全面加强以搞好机关建设为主要内容的自身建设，机关自身建设又有效地带动和促进了委员队伍的建设。

努力建设“学习型、服务型、创新型、和谐型”机关。近两年来，随着办公条件的改善，极大地调动了机关干部职工的工作积极性。为了更好地适应新形势新任务的要求，更进一步提高机关干部服务大局能力、研究分析能力、开拓创新能力和综合协调能力，常委会在加强组织建设的同时，着重抓了政治理论学习、思想作风建设和制度建设三件事。政治理论学习方面，在强调自学的基础上，修订了每周二的集体学习制度，规定了学习内容，提出了具体要求；作风建设方面，修订完善了考核奖励办法，加强了德、能、勤、绩的测评考核；制度建设方面，积极探索提案办理、委员视察、专题调研、社情民意、文史资料等工作的特点和规律，制定了4项加强和改进相关工作的意见，这些都大大激发了政协机关干部干事的工作热情。在奥运期间，县政协特别加强了安保值班制度，相关责任人恪尽职守、尽心尽责，高质量地完成了安全保卫工作。春节前组织医疗界政协委员深入偏远山村为群众巡回义诊、送医送药。汶川特大地震发生后，广大政协委员、机关干部职工通过各种渠道为灾区捐款6万余元。并帮助立新正骨医院组成医疗队前往灾区开展救治活动，充分体现了为国分忧、为民解难的政治责任感和关注民生、倾情履职的高尚情怀。

在全县政协委员中广泛开展了"我为建设社会主义新农村添光彩"活动。我们把能否积极参与新农村建设作为对委员履职进行考评的重要依据,抓住新农村建设中的倾向性问题,先后三次组织了规模较大的集体调研和视察活动,参加委员达120余人次。从去年年初至今,委员们紧紧围绕新农村建设,共提出各类意见建议170余条。内容涉及新农村建设规划、农民增收、文化教育、村政建设等各个方面。经政协常委会议讨论,以主席建议案的形式报送县委、政府后,受到高度重视,不少建议被采纳。

在创建省级文明和谐县城活动中,政协按照县委、县政府的统一部署,发挥自身优势,主动参与、积极宣传、建言献策、尽心尽力,做了大量卓有成效的工作。

各位委员、同志们,一年来政协工作的成绩,是中共长治县委统揽全局、正确领导的结果,是政协各参加单位和广大政协委员同心同德、团结奋斗的结果,也是各级党委、政府和社会各方面密切配合、大力支持的结果。在这里,我代表十四届政协常委会,向大家表示衷心的感谢!

在肯定成绩的同时,也要清醒地看到,我们的工作与新形势新任务的要求相比,与广大政协委员的期盼相比,还有一定差距。比如,政治协商纳入决策程序有待于进一步规范化、程序化、制度化;民主监督的力度仍需进一步加大;与委员之间的互动联系还不够广泛;机关管理还需进一步理顺和加强,等等。这些都需要我们认真研究并在今后的工作中切实加以改进。

**今后一年的工作建议**

2009年是新中国和人民政协成立60周年,也是深入贯彻党的十七大精神,积极应对金融危机,加快我县科学发展的关键之年。新的形势对做好今年的工作提出了新的更高要求。针对我县的实际情况,在新的一年里,常委会工作的总体要求是:在中共长治县委的领导下,坚定不移地高举中国特色社会主义伟大旗帜,坚持以邓小平理论和"三个代表"重要思想为指导,全面深入贯彻落实科学发展观,关注民生,服务大局,紧紧围绕保持经济平稳较快发展这一首要任务,更加有效地履行政协职能,为扎实推进我县"三个发展"作出新的贡献。

贯彻这个总体要求,必须把握好三点:一是进一步以科学发展观统领政协工作。要致力于研究影响我县科学发展的突出问题与薄弱环节,努力找准政协工作与全县大局的结合部和着力点,使政协工作与全县发展目标同向、工作同步。二是坚持以人为本、履职为民。这是政协工作能否取得实效的根本所在。政协是党的统一战线组织,要了解群众的所思、所想、所盼,促进解决群众最关心、最直接、最现实的利益问题,促进党的各项惠民政策得以落实,促进社会和谐稳定,人民安居乐业。三要继续解放思想,不断创新政协工作。要通过深入学习实践科学发展观,切实解决政协工作中不符合、不适应科学发展的突出问题,与时俱进,使政协工作更加符合客观规律、体现自身特点、顺应时代要求。

按照这个总体要求,今后要着重抓好以下工作:

**1.坚持以科学发展观为指导,推动政协工作实现新突破**

目前,县直机关学习实践科学发展观活动正深入开展,从上到下都非常重视。县政协要把这项活动作为重大政治任务,作为加强自身建设、推动政协事业科学发展的契机和动力,周密安排,精心组织,抓出成效。要通过活动的开展,全面把握科学发展观的科学内涵和精神实质,增强贯彻落实科学发展观的自觉性和坚定性,把科学发展观贯彻落实到政协工作的各个方面。政协常委要做学习的表率、实践的表率,围绕不同时期的工作重点,确定学习内容,通过持之以恒的学习,真正做到政策理论水平有新提高,研究分析问题能力有新增强，以此带动和引导全体委员自觉为促进科学发展和构建社会和谐献计出力。采取举办形势报告会、情况通报会、学习交流会、专题讲座及编发学习资料等，推动学习实践活动。通过深入学习实践科学发展观活动，把思想和行动进一步统一到中央、省市县委的决策部署上来，统一到建设文明和谐新黎都这一宏伟目标上来，进一步增强做好新时期人民政协工作的使命感和责任感，不断解放思想、更新观念，提高履职水平，推动政协工作实现新突破。

**2.紧紧围绕“三个发展”履行职能，不断提高履职实效**

保持经济平稳较快发展，维护社会和谐稳定，努力推动“三个发展”，是全县工作的大局，也是今年政协工作的重中之重。各专委会和广大委员要认真贯彻落实中共长治县委、县政府应对金融危机的重大决策，统一认识、坚定信心，在逆境中发现和培育积极因素，从变化中捕捉和把握难得机遇，为促进我县经济平稳较快发展作出积极贡献。要充分发挥政协人才汇聚、智力密集、位置超脱的优势，以课题为纽带，选择具有全局性、宏观性、前瞻性的重大课题展开深入调研，运用常委会议、专题议政会议等形式集思广益，为促进“三个发展”建言献策。在转型发展方面，重点研究推进传统产业改造提升、新兴产业科学发展、现代农业产业化、物流服务业和旅游文化产业发展、资源能源的合理开发利用、中小企业发展等课题；在安全发展方面，重点研究建立健全安全生产工作考核评价体系、安全状况评估机制、构建煤矿企业管理新体制、创新政府安全监管体制等课题；在和谐发展方面，重点研究社会保障体系建设、创业就业、统筹教育协调、推进保障性住房建设等课题，向县委、县政府提出切实可行的意见和建议。

要认真学习《中共中央国务院关于2009年促进农业稳定发展农民持续增收的若干意见》，围绕建立健全土地承包经营权流转市场、集体林权制度改革、严格耕地保护制度、建立新型农村社会养老保险制度等热点问题，展开协商讨论，进一步发挥政协优势，提高履行职能实效。

**3.坚持团结和民主两大主题，关注民生、反映民意、促进和谐**

促进党政关系、民族关系、宗教关系、阶层关系、海内外同胞关系的和谐，是构建和谐社会的重要内容，也是保持经济平稳较快增长，实现“三个发展”的重要保证。我们要高举爱国主义、社会主义两面旗帜，把团结各界、凝聚人心的工作摆在突出位置。认真研究我县社会结构和统一战线内部出现的新情况、新变化，加强同各方面人士的联系，调动一切积极因素，切实加强中国共产党同民主党派和无党派人士的合作共事，巩固和发展多党合作的政治格局。全面落实党的宗教工作的基本方针，发挥宗教界人士和信教群众在促进经济社会发展中的积极作用。充分发挥文史资料“存史、资政、团结、育人”的作用。进一步做好港澳台侨和外事工作。始终把团结和民主两大主题贯穿于我县政协工作的各方面、贯穿于政协事业发展的全过程，不断增强人民政协的感召力、凝聚力，使人民政协事业始终充满生机、充满活力，不断创新。

要把维护好、发展好、实现好人民群众的根本利益作为履行职能的出发点和落脚点。政协委员是各界群众的代表，在较高层次上参与国事，必须始终扎根于界别之中，扎根于群众之中。要经常深入群众，了解群众的需求，体察群众的情绪，关心群众的疾苦，通过视察、调研、走访等形式，运用提案、建议案、社情民意信息等手段，把群众的愿望和呼声、意见和建议，搜集起来，反映上去，推进党委政府决策的科学化、民主化，推动人民群众最关心、最直接、最现实的利益问题的解决，为“改善民生、促进民和、确保民安”作出应有贡献。

各位委员,同志们,2009年是充满希望、充满挑战、充满机遇的一年。风正时济,自当破浪扬帆;任重道远,更需策马扬鞭。我们正处在一个非常特殊的历史时期,时代赋予了我们光荣的使命,人民群众期盼着我们积极作为。让我们在中共长治县委的坚强领导下,高举中国特色社会主义伟大旗帜,深入贯彻落实科学发展观,同心同德,团结奋斗,开拓进取,求实创新,为构建和谐发展的长治县作出应有贡献,为进一步开创我县人民政协工作新局面而努力奋斗!以履行职能的新成效迎接新中国成立60周年和人民政协60华诞!

**贺词**

## 在县政协十四届三次会议上的讲话

2009年5月11日

市政协港澳台侨委员会主任 韩 义

长治县四大班子的各位领导、同志们:

长治县第十四届委员会第三次会议今天隆重开幕了!这是在全市上下深入开展学习实践科学发展观的热潮中召开的一次盛会。开好这次会议,对于化挑战为机遇、变被动为主动、转不利为有利,促进转型发展、安全发展、和谐发展具有十分重要的意义。有幸参加这次会议,我感到非常高兴。在此,我首先代表长治市政协和王云亭主席对大会的召开表示热烈的祝贺!向出席会议的各位委员和同志们致以诚挚的问候和良好的祝愿!

长治县物华天宝、人杰地灵。近年来,在全市经济社会发展的各项指标中始终名列前茅。去年,在各种自然灾害和国际金融危机的巨大冲击下,全县的年生产总值和财政收入仍取得了很大的突破。这充分证明,长治县的四大班子是一个团结进取、求真务实的班子,是一个经得起困难考验的班子,是值得长治县人民信赖的班子。

我十分欣喜地看到,在过去的一年里,长治县政协在中共长治县委的领导下,在傅永祥主席为班长的常委班子带领下,紧紧围绕全县工作大局,深入基层,深入实际,开展了一系列政治协商活动,促进了县委、县政府决策的科学化、民主化;充分利用有效形式,积极畅通下情上达渠道,集中民智,反映民情,报送了不少有价值的社情民意;积极配合协调省市组织的各项视察调研活动,做了大量卓有成效的工作。这些成绩的取得,首先归功于长治县委、县政府对政协工作的高度重视和大力支持,更离不开广大政协委员、政协各参加单位和各界人士的辛勤工作。

今年是新中国成立60周年,也是人民政协60华诞。历史赋予我们更加神圣的使命,我衷心希望广大政协委员和政协工作者,再接再厉,在今后的工作中,认真履行职能,为维护改革发展稳定大局多作贡献。

借此机会,我讲三点意见与大家共勉。

1.勤学习、强素质。我们在座的委员中,有连任几届的老委员,也有刚刚进来的新同志。不论是在理论水平,实践经验方面,还是在文化素质,知识结构方面都有一个继续学习、提高完善的问题。尤其是在推进科学发展、构建和谐社会的过程中,新情况、新问题层出不穷,新知识日新月异,未来的社会是一个知识构建的社会,未来的文明是一个知识构建的文明,未来的发展是以知识构建为基础的发展。知识就是力量,作为一名政协委员,要自觉学习各种知识,丰富自己,充实自己,开阔视野,提升能力,十分必要,也十分关键。不但要学习十七大精神,学习人民政协基本理论和基本知识,还要学习现代科学知识和管理知识,只有通过学习,解放思想,提高认识,提高素质,才能创造性地开展工作,才能更好地履行职能。

(2)察民情、解民忧。人民政协素有“人才库”、“智囊团”之称。政协委员是全县各个领域的代表人物,政治地位高、社会影响大,理应对民生、国事担负起更大的责任。希望大家首先要当好社会各界群众的“代言人”,始终以实现好、维护好、发展好最广大人民群众的根本利益为出发点和落脚点,及时了解、收集并反映来自不同群体、不同阶层、不同界别的呼声,特别是困难群众和弱势群体的意愿和要求,为各级党委听民生、察民情、集民智、聚民力提供信息平台;其次要当好社会各界群众的“知心人”,通过调研、视察、走访、座谈、提案等形式,主动带着问题、带着感情、带着责任深入到基层和群众中去,准确把握群众的所喜、所忧、所需、所盼,掌握履行职能的第一手资料;最后还要当好社会各界群众的“贴心人”,把对广大群众的关心落实到政协的各项活动中,开展多种形式的扶贫济困活动,真情实意为群众办实事、解难事、做好事,把党和政府的温暖送到群众的心坎里。

(3)讲真话、报实情。讲真话,作为人格,是取信于人,立身于世的基本道德和品格;讲真话,作为工作,是人民政协履行职能的题中应有之义,是人民政协发挥作用的先决条件,更是政协委员自身素质的基本要求和义不容辞的职责所在。中国古代历史上曾有过魏征,党的历史上出过老一辈革命家彭德怀等犯颜直谏的英雄。在历届政协委员中,都不乏敢于直言、敢讲真话、敢做诤友的有胆有识之士,这正是人民政协生机勃勃,充满活力的原动力所在。当前,正是社会转型、各种矛盾凸显期,解决这些矛盾和困难,党和政府需要了解真实情况,以便做出正确决策。人民政协位置超脱、渠道畅通,无论是大会发言,小组讨论,还是撰写提案,反映社情民意,都要发扬知无不言、言无不尽的优良传统,始终站在党和人民的立场上,理性履行职责,出于公心、敢于直言,有喜报喜、有忧报忧,把作批评与提建议有机结合起来,大力营造仁者见仁、智者见智、畅所欲言、民主和谐的良好氛围。

各位委员、同志们,我们正处于全面建设小康社会伟大事业的关键时刻,使命光荣、任务艰巨,人民政协大有所为,我们一定要用时代发展的要求审视自己,以高度的政治责任感和事业心,切实履行政协委员的职责,为扎实推进“三个发展”做出新的更大的贡献。

最后,预祝长治县政协十四届三次会议圆满成功!

## 第四次会议

### 会议概况

政协长治县十四届委员会四次会议于 2010 年 5 月 10 日至 13 日在县文化中心召开。全县 165 名委员有 156 名参加了会议。县委、县人大、县政府、县人武部领导出席了开幕式。驻县市政协委员、县政协历届离任主席、副主席、县直各单位负责人、各乡镇政协工委主任、老委员联谊会成员等 119 人应邀列席了会议。

政协长治市委员会副主席魏武、文史委主任尹钟子到会祝贺。市政协副主席魏武作了重要讲话。

政协主席傅永祥受政协长治县十四届委员会常务委员会委托,向大会作工作报告。报告对 2009 年工作作了回顾，对县政协2010年的工作进行了部署，要求政协委员为全面推进本县“6131”发展战略和“三全”、“五更”目标，为推动科学技术发展作出新贡献。

热烈庆祝长治县政协十四届四次会议胜利召开

政协副主席申有宝受政协长治县十四届委员会常务委员会委托，向大会报告政协十四届三次会议以来的提案工作。一年来，共征集提案80件，经审查全部立案。提案所提问题已得到解决的28件；正在解决或列入计划解决的20件，作为决策参考的24件；因条件所限目前难以解决已作出说明解释的8件，办复率达到100%。

县委书记裴少飞作了重要讲话，他在讲话中充分肯定了县政协一年来的工作，并代表县委对如何做好新形势下的政协工作提出了具体意见。

与会人员列席了县人大十四届四次会议，听取并讨论了县长裴少飞作的《政府工作报告》及其他报告。

政协副主席申有宝作政协长治县十四届委员会四次会议提案征集和审查情况的报告。报告指出，截至5月13日12时，本次会议共收到委员提案92件，参与提案人数达161人，占委员总数的98%。

会议通过了政协长治县十四届委员会四次会议政治决议、常委会工作报告决议和提案工作报告决议。

## 政协工作报告

### 十四届委员会常务委员会工作报告

2010年5月11日

傅永祥

各位委员、同志们：

现在，我代表政协第十四届长治县委员会常务委员会，向大会报告工作，请予审议，并请列席会议的同志提出宝贵意见和建议。

#### (一) 2009年工作回顾

2009年，是我们长治县经济加快转型、后续发展能力得到培育的一年，是全县干部群众激情迸发、各方面工作取得显著成绩的一年，也是我县人民政协事业在推动科学发展中取得新成效、实现新进步的一年。

一年来，在中共长治县委的正确领导和上级政协的指导下，县政协及其常委会始终高举中国特色社会主义伟大旗帜,把保持经济平稳较快发展作为首要任务,把维护社会和谐稳定作为重要职责,团结带领政协各参加单位和广大政协委员,在应对危机中建言献策,在加快发展中主动作为,在促进和谐中发挥优势,为我县有效抵御国际金融危机影响、实现经济社会平稳较快发展作出了积极贡献,政协各项工作取得了新成绩、人民政协事业有了新进展。

**1.坚持围绕中心,推动全县科学发展**

县政协坚持把促进科学发展作为履行职能的第一要务,把提出破解改革发展难题的应对之策作为工作的着力点,选择全县经济社会发展中具有综合性、全局性、前瞻性的重大问题和关系人民群众切身利益的重要问题,认真调查研究、深入协商讨论、积极建言献策,提出了不少较高质量的意见和建议。

十四届三次全会期间,常委会组织委员围绕推进传统产业改造提升、新型产业科学发展、现代农业产业化、物流服务业和旅游文化产业发展等课题进行小组讨论和大会发言,共商应对危机和持续发展之策。尤其针对国际金融危机冲击我县中小企业造成的煤炭价格下跌、企业利润减少、县域经济增速减缓、不利影响不断加深的现状,委员们通过摆问题、找原因,提出了"加大扶持力度、加快资源整合、淘汰落后产能、促进产业升级、转变发展方式"等意见和建议。县委、县政府据此出台了相关文件,提出了实施意见,引起了各级和相关部门的高度重视,凸显了全会议政实效。全会闭会期间召开的政协常委会议先后就重点工程建设、加强环保和节能减排提出建议,为县委、县政府制定新的调产政策提供了重要参考。为了帮扶民营企业战胜金融危机,县政协主要领导带领常委、委员先后到华泰熟料公司、荣泰木业公司等企业实地调研,向县委、县政府提交了专题调研报告,提出并推动落实了许多切实可行的帮扶措施。

一年来,常委会组织政协委员和机关干部认真学习领会"四个发展"精神,积极参与"科学发展我来谈"大讨论,提出了"在制定总体规划时,要制定相应的具体实施办法,根据经济实力分步骤、分期限实施;在具体实施过程中,注重生态建设和相关的配套措施"等意见建议,不少对策措施吸纳到实施规划的工作方案中,有力地推动了规划的贯彻实施。在如火如荼的创建"全省文明和谐县城"和"全国卫生县城"活动中,县政协常委会对创建情况组织了多次视察、调研,对创建中小打小闹,重治标轻治本等问题,针对性地提出了"高标准规划、大规模植绿、精细化管理、新机制运作、大手笔投入"等建设性的意见和建议,为全省文明县城、卫生县城的创建尽心尽力,做出了积极贡献。

**2.坚持服务民生,促进社会和谐稳定**

"天地之间,莫贵于人"。科学发展观的核心是以人为本,县政协坚持把以人为本的理念贯穿于各项工作的始终,将保障和改善民生摆在履职的重要位置,始终为人民群众的切身利益鼓与呼,努力使全县人民共享经济社会发展的成果,为实现全县跨越式发展争取人心、凝聚力量。

督促落实好中央和省市县一系列惠民利民政策,是县政协履职为民的基本思路。按照"全年关注、跟踪了解、重点视察、促进落实"的思路,由主席、副主席带队,组织常委、委员深入基层对县政府承诺的十件实事落实情况进行重点视察。召开座谈会,就视察中了解掌握的情况和有关部门交流沟通,并向县委、县政府报送了视察报告。提出的意见和建议不少得到采纳,由现实中的热点变为施政中的亮点。

为了全力助推重大民生项目建设,县政协先后组织委员对成功淮海发动机项目、农村电气化建设、新型农村合作医疗、创业就业、民办教育、计划生育等民生工程进行了重点视察。就加快工程建设进度和确保工程质量、解决好存在的困难和问题进行协商讨论。针对重点项目征地中群众反映强烈的征地补偿问题，在组织委员深入实地调研与各方沟通协商的基础上，提出了相关建议，县政府从实际出发专门出台了文件，就失地农民的安置补偿问题作了具体规定，有力地推动了民生问题的有效解决。针对因政策性因素和受金融危机影响，部分小煤矿、小砖厂、石灰厂被关闭整合，外出务工人员返乡，就业形势严峻的现实问题，县政协在专题议政中针对性地提出了“政府促进，优化就业创业环境；财政支持，降低创业门槛；完善培训体系，提升创业人员的综合素质；加大服务力度，提高就业创业的成功率”等建议，县委、县政府协调组织各部门，先后开展农民工就业知识免费培训、启动农村青年创业小额贷款项目、积极开发公益岗位、制定出台优惠政策、鼓励企业吸纳下岗职工等，有效地促进了农民工返乡创业和下岗职工再就业，适当缓解了就业难的问题。

**3.坚持畅通民主渠道，增强政协监督实效**

常委会深入贯彻《中共中央关于加强人民政协工作的意见》，重点对提案、社情民意、特邀监督、民主评议等工作进行了加强和改进，认真履行了民主监督的职能。

(1)提案办理扎实有效。常委会把提案工作摆在全局工作的重要位置，结合实际，制定下发了《关于加强和改进提案工作的意见和建议》，对新形势下加强提案工作提出新的要求，拓宽了提案征集渠道，改进了提案督办方式，加强了提案办理落实力度。十四届三次会议以来，共收到提案80件，全部立案办理，办复率达到100%。在此当中，我们充分发挥重点提案的带动、促进及监督作用，选择了十多件群众关注、涉及面广的提案，主席、副主席亲自带案视察督办，在推动有关部门依法行政、完善政策、转变作风方面发挥了积极作用。

(2)信息工作不断加强。利用信息渠道反映社情民意是政协加强民主监督的一项重要工作，也是近年来政协工作的一大亮点。一年来，我们采取创新工作方法、广辟信息来源、领导带头撰写、加大奖励力度等措施，有效调动了政协各参加单位和广大政协委员反映社情民意的积极性。全年共征集编发342篇，其中全国政协采用5篇，省政协采用24篇，市政协采用10篇，许多信息引起党政部门的重视，促使一些群众广泛关注、社会反映强烈的问题得到解决。在省市排名不断前移，并荣获“2009年度山西省政协信息工作先进单位”称号。

(3)充分发挥委员视察的民主监督作用。常委会把履行民主监督职能寓于委员视察活动中。今年以来，组织委员对高速路连接线生态治理绿化工程、综合体育馆建设工程、华鹏铝塑型材等重点工程项目进行了认真视察。座谈中大家畅所欲言，在充分肯定成绩的基础上，对今后发展提出了三点建议和意见：一是进一步加大力度，创优环境，确保项目顺利实施；二是进一步加强监管，确保工程项目的进度和质量；三是注重项目规划科学合理，力求各项目建设与全县总体规划相同步、相配套。这些意见建议对于重点工程建设起到了积极的推动作用。为了把“天下都城隍道教文化盛典”这一全县上下极为关注的大事办好，县政协先后两次组织委员和有关人员进行了专题视察。针对存在问题，提出了科学组织施工，确保工程进度和质量；加大宣传力度；统筹景区协调发展等建议，有关部门正在采取措施加紧落实。

**4.坚持改善政协宣传工作，彰显政协社会影响力**

在新的形势下，县政协新闻宣传工作坚持凸显履职亮点、拓宽工作领域、扩大宣传覆盖面，进一步加强与中央、省、市、县级媒体的合作，以更丰富的手段在更高层次、更大范围宣传长治县新形象和县政协履职新成效。据统计，十四届三次全会以来，县政协在《人民日报》刊登文章1篇，《山西政协报》刊登信息18

条,在《山西画报·长治版》刊登报道6篇,本县主流媒体全年登载和播报政协履职新闻28条(次),去年9月16日《长治日报》以专版突出报道了我县政协认真履职、推动发展、促进和谐的典型事迹,在社会上引起强烈反响。

2009年是新中国60华诞,也是人民政协和我县政协成立60周年。本着隆重、热烈、简朴的原则,县政协举办了主题突出、内容丰富、特色鲜明的系列庆祝纪念活动,扩大了社会影响,为进一步推进人民政协事业发展营造了良好氛围。

(1)召开庆祝大会。县委书记、县长裴少飞同志作了重要讲话,全面回顾了我县政协事业60年来的发展历程和辉煌成就,明确提出了新形势下做好人民政协工作的要求和希望,对于政协进一步把握政治方向、提高工作水平、推动事业发展具有重要的指导意义。

(2)组织征文活动。在较短时间内,编辑出版了《情系政协》文集,真实记录展示了改革开放以来我县政协和广大政协委员积极履职的奋斗历程,表达了各界人士奉献政协事业的满腔热情。县委书记裴少飞同志欣然应邀为本书作序,并给予高度评价,使我们很受鼓舞,更感到责任重大、使命光荣。

(3)与县委宣传部、县文联、县书协共同举办了长治县文学艺术作品大赛和书画民间工艺作品展。经认真筛选展出的160多件作品,受到社会各界的广泛好评。展出后出版了《长治县书画民间工艺作品集》,表达了广大政协委员和书画爱好者对伟大祖国和人民政协60华诞的祝福,对黎都大地的深情厚爱,对我县实现"四个发展"的美好憧憬。

**5.坚持有效激发委员内动力,持续提高政协履职能力**

一是着眼提升履职水平、狠抓能力建设。我们通过教育培训、工作实践、激励考评,着力提升委员的政治把握能力、参政议政能力、合作共事能力、干事创业能力,着力提升机关干部的理论政策水平和办文、办事、办会能力,以更好地适应政协事业发展需要。二是着眼规范履职程序、狠抓制度建设。我们着力推进委员履职激励机制、专委会与党政部门对口联系机制、政协系统工作指导协作机制、重点提案领办督办机制、社情民意信息汇集报送机制的创新完善,政协工作的制度化、规范化、程序化水平得到了新的提高。三是着眼增强履职实效、狠抓作风建设。我们以密切与人民群众的血肉联系为核心,以思想教育、完善制度、严肃纪律为抓手,着力解决作风方面的突出问题,不断增强大局意识、责任意识、协作意识和服务意识,大力弘扬勤政敬业之风、求实创新之风、团结和谐之风、公正廉洁之风,广大委员和机关干部作风得到进一步改进。同时,新闻宣传、文史编撰和机关后勤保障、联络接待、对口扶贫等各项工作也取得了新的进展。

各位委员,过去一年,县政协及其常委会工作取得了新的成绩,人民政协事业得到了新的加强,对此我们深受鼓舞、备受激励。这些成绩的取得,是中共长治县委正确领导和县政府大力支持的结果,是县政协各参加单位团结奋进和广大委员共同努力的结果,是社会各方面热忱关心和人民群众积极配合的结果。我代表县政协及其常委会向县委、县人大、县政府,向所有关心支持人民政协事业发展的各级党委、政府及社会各界人士表示崇高的敬意和衷心的感谢!

在回顾过去一年工作的时候,我们也清醒地看到,与新形势、新任务、新要求和广大人民群众对政协工作的新期望相比,我们在工作中还存在明显不足,主要是:发挥委员主体作用的方式和渠道有待进一步探索;民主监督的力度有待进一步加大,等等。我们要进一步增强责任感和使命感,正视存在的差距和不足,在今后的工作中,积极采取有效措施,切实加以改进和解决。

## 2010年工作部署

2010年,是我县狠抓各项工作落实、全面实施“四个发展”战略的开局之年。做好今年的各项工作,至关紧要,意义重大。根据新的形势和任务,县政协十四届常委会确定今年工作的指导思想和总体要求是:以科学发展观为统领,全面贯彻落实党的十七届四中全会和县委十届二次党代会精神,把深化“八大规划”实施、推动科学发展、关注民生民意、促进社会和谐作为履行职能的着力点,为全面推进我县“6131”发展战略和“三全”、“五更”目标,为推动长治县科学发展作出新贡献。

**1.深入学习,明确使命**

胡锦涛总书记在庆祝人民政协成立60周年大会上的重要讲话,是新时期指导人民政协工作、推动人民政协事业创新发展的纲领性文件。我们要准确理解、全面领会,认真学习好、贯彻好、落实好。要深刻认识讲话对人民政协历史贡献的新概括,对人民政协基本经验的新总结,对人民政协工作的新要求,进一步增强以改革精神推动政协事业发展的自觉性和坚定性,切实把思想和行动统一到讲话精神上来。要把学习贯彻讲话精神与夯实共同思想政治基础结合起来,毫不动摇地坚持中国特色社会主义理论体系,坚定不移地走中国特色社会主义政治发展道路。要与发展社会主义民主政治实践结合起来,充分发挥人民政协在扩大公民有序政治参与中的重要渠道和平台作用,广泛吸收各党派、各团体、各民族、各阶层、各界人士参与国事,丰富专题协商、对口协商、界别协商、提案办理协商的内容和形式,寓民主监督于委员提案、调研视察、工作检查等活动之中,使人民政协参政议政成为充分反映民意、广泛集中民智、切实改进工作、提高党的执政能力的有效方式和重要途径。要与贯彻落实《中共中央关于加强人民政协工作的意见》结合起来,巩固全社会重视和支持政协工作的良好局面。

**2.围绕中心,推动发展**

当前,我县正处于巩固经济回升向好势头、推进“四个发展”的关键时期。县政协委员、各参加单位和各级组织,要坚持围绕中心、服务大局,认真贯彻落实中央大政方针,按照县委、县政府落实“八大规划”、推动“四个发展”的总体部署要求,积极为保增长、促转型、惠民生献智出力,重点在以下几个方面积极开展工作:一是要在服务经济平稳较快发展上积极开展工作,围绕服务企业生产、重点工程建设等建言献策,努力巩固经济回升的好势头。二是要在服务经济结构调整、发展方式转变上积极开展工作,围绕“八大规划”的推进实施,紧扣整合提升传统产业、加快发展新兴产业、着力提高创新能力等重点问题建言献策,努力推进全县转型发展。今年,县政协将安排一次常委会议,就发展旅游文化产业、推动文化强县进行专题研究。三是要在服务“三农”事业上积极开展工作,深入贯彻统筹城乡发展基本方略,着重就发展现代农业、壮大特色产业、增加农民收入等建言献策,努力推动全县社会主义新农村建设。四是要在服务生态文明建设上积极开展工作,认真贯彻可持续发展战略思想,围绕发展低碳经济、绿色产业、清洁能源,加强节能减排、生态治理、环境保护建言献策,努力推动全县资源节约型和环境友好型社会建设。五是要在服务民生改善上积极开展工作,围绕我县“十大惠民实事”的推进实施,着重就教育均衡、创业就业、医疗健康、社会保障、住房安居等民生工程的落实、民生问题的解决、民生事业的发展建言献策,努力推动全体人民共享改革发展成果。同时,要把制定“十二五”规划作为协商议政的重要内容,建有据之言、献务实之策,为提高规划的指导性、科学性、操作性发挥应有作用。

**3.协调关系,汇聚力量**

首先,要多做协调关系、化解矛盾的工作。充分发挥政协联系广泛、渠道畅通的优势,鼓励和动员广大政协委员,加强同本界别群众的联系,围绕群众思想认识上的"困惑点"、矛盾"易发点",主动协助党委、政府多做说服教育、理顺情绪的工作,及时清除影响社会稳定的因素,减少阻力,增加助力,形成合力。努力把党委的决策、主张转化为履行职能的共识,转化为全体委员及其所联系群众的共同意志,把各阶层、各团体和各界人士的注意力引导到推进"八大规划"和"四个发展"上来,把方方面面的智慧凝聚到全面建设小康社会的宏伟目标上来。

其次,要多做团结联谊、凝聚力量的工作。一要坚持民主协商、平等议事的原则,加强同政协各参加单位和各界委员的联系,认真听取并及时反映他们的意见和建议,努力营造团结合作、民主和谐的政治氛围。二要积极做好非公有经济人士的团结联谊工作,为县域经济发展凝聚力量。三要切实做好政协港澳台侨外事工作,开展丰富多样的联谊交友活动,重点加强与全县在台人士的联谊与交往,为宣传推介长治县和"三引进"工作继续作出新的贡献。四要积极支持老委员联谊会,本着"团结联谊、舒心健体、发挥余热"的宗旨,有计划的组织视察考察活动,集中老委员的智慧,为全县经济社会发展聚合力量。五要继续做好本县文史资料的征集和《政协志》、《人物志》的编撰工作,为传播社会主义精神文明,为构建和谐长治县提供有力的精神支撑。六要进一步加强政协的宣传工作,按照"积极主动、体现特色、讲求实效"的工作思路,主动加强与新闻媒体的联系与协作,选择具有一定价值的提案和政协委员风采作为宣传的重点,宣传委员在履行参政议政职能中发挥的重要作用,宣传委员在推进"四个发展"中所作的突出贡献,增强委员的光荣感,扩大政协的影响力。

**4.务实创新,提升形象**

巩固和发展人民政协事业,必须根据新形势新任务的要求,坚持解放思想、实事求是、与时俱进,不断加强和改进自身建设。今年,我们要在上年工作的基础上,进一步抓好四项建设:一是要进一步加强党派及界别建设,调动激发党派和界别参政议政的主动性、积极性,深入研究党派在人民政协发挥作用的新途径、新方法,探索创新开展界别活动的新思路、新机制,发挥界别在扩大社会各界有序政治参与中的重要渠道作用,不断扩大人民政协的团结面和包容性;二是要进一步加强委员队伍建设,强化委员学习培训、提高委员整体素质、尊重委员首创精神、维护委员民主权利,鼓励和引导广大委员深入实际、走向基层、贴近群众,在报效国家、服务人民中施展才华、建功立业;三是要进一步加强专委会建设,提高专委会组成人员的政治素质和业务能力,探索完善专委会的工作思路和工作方式,增强工作活力和成效;四是要进一步加强机关干部队伍建设,围绕建设"学习型、服务型、创新型、和谐型"机关,教育引导广大机关干部着力提高理论素养和政治水平,增强政务服务和统筹协调能力,大兴密切联系群众、求真务实、艰苦奋斗、批评与自我批评四种风气,努力造就一支政治坚定、作风优良、学识丰富、业务熟练的高素质政协干部队伍,为实现人民政协事业的新发展、新进步提供坚强组织保证。

加强政协自身建设、推动政协事业发展,必须以科学制度作保障。今年,我们要继续着力健全完善五个方面的工作机制:一是要健全完善履行三项职能的工作机制,不断推进政协履职的制度化、规范化、程序化。二是要健全完善提案选题、立案审查、领办督办、质量评价等机制,努力增强提案工作的针对性和实效性。三是要健全完善专委会的对口联系、工作协调等机制,不断提高专委会工作的成效。四是要健全完善委员学习培训、激励管理、权益保障等机制，着力增强委员履职的主体意识和责任意识。五是要健全完善政协新闻宣传工作机制，不断扩大政协工作的社会辐射力、影响力。

各位委员、同志们，当前，人民政协事业发展已站在一个新的历史起点上，做好新形势下的人民政协工作，责任重大、使命光荣。让我们更加紧密地团结在以胡锦涛同志为总书记的中共中央周围，高举中国特色社会主义伟大旗帜，在中共长治县委的正确领导下，同心同德，开拓进取，为谱写我县人民政协事业新篇章、夺取全面建设小康社会新胜利、创建魅力、实力、和谐新黎都而共同奋斗！

# 第三章 常委会、主席会议

政协常委会会议是政协全体会议闭会期间履行政治协商、民主监督、参政议政的主要形式；主席会议负责处理常委会的重要日常工作，并拟定常委会会议的议程草案和日程。常务委员会会议一般每季度举行一次，协商讨论政协工作重大问题并作出决定。常务委员会会议必须有全体组成人员过半数出席方可表决；会议需表决的事项，必须有全体组成人员过半数通过方能生效。

## 第一节 常委会会议

### 第七届常委会

七届常委会组成人员包括主席 1 人，副主席 3 人，常务委员 10 人，共计 14 人。七届常委会共召开 7 次会议。

1982 年 2 月 24 日至 26 日，县政协召开七届一次常委会。会议主要议题是：贯彻全国政协五届四次会议精神和省政协四届四次常委会议精神，学习中共长治县委扩大会议有关文件。

1983 年 1 月 19 日至 21 日，县政协召开七届二次常委会议，会议中心内容传达省政协四届五次会议精神。

1983 年 4 月 20 日至 22 日，县政协召开七届三次常委会议，传达国家、省、市会议精神。

1983 年 5 月 25 日，县政协召开七届四次常委会议，会议中心内容是：传达省政协五届一次会议精神。

1983 年 6 月 23 日至 25 日，县政协召开七届五次常委会议，会议中心内容是：学习全国政协六届一次会议和全国人大六届一次会议文件精神。

1983 年 7 月 27 日至 29 日，县政协召开七届六次常委会议，会议中心内容是：传达贯彻省政协五届二次会议精神。

1983 年 11 月 8 日至 11 日，县政协召开七届七次常委会议，会议中心内容是：学习传达党的十二届二中全会精神；针对整党工作和消除精神污染等问题开展座谈。

## 第八届常委会

八届常委会组成人员包括主席1人,副主席5人,常务委员9人,共计15人。八届常委会共召开常委会14次。

1984年10月16日至18日,县政协召开八届一次常委会,政协主席朱培荣,副主席李爱华、李树德、胡纪道、张金玉、张汉出席了会议。此次会议的主要内容是学习国庆35周年《人民日报》社论,学习邓小平、赵紫阳在国庆35周年大典上的讲话,以及中央办公厅[1984]32号、山西省委晋发[1984]22号等有关统战政策方面的文章;根据《政协章程》规定精神,结合本县实际研究了政协内部的机构设置和学习小组的划分,同时制定了必要的制度。会议最后由朱培荣主席安排下一阶段工作。

1984年11月6日至9日,县政协召开八届二次常委会议,会议中心内容是:学习贯彻中共十二届三中全会精神;划分学习组。

1985年1月5日至8日,县政协召开八届三次常委会议,会议中心内容是:学习传达中央、省、市政协会议精神;总结1984年工作,制定1985年打算;研究关于召开八届二次全体会议落实事宜。

1985年3月11日至13日,县政协召开八届四次常委会,会议中心内容是:传达学习贯彻中央一号文件;学习省、县委三级干部会议精神。

1985年5月22日至25日,县政协召开八届五次常委会议,会议中心内容是:传达全国、政协和省政协会议精神。

1985年7月24日至26日,县政协召开八届六次常委会议,会议中心内容是:认真贯彻落实中共山西省委党代会精神。

1986年1月27日至29日,县政协召开八届七次常委会议,会议中心内容是:学习中央领导在国家机关干部大会上的讲话;传达省、市政协为“四化服务”先进表彰会议精神;研究开展争先进、比贡献活动。

1986年3月17日,县政协召开八届八次常委会,会议中心内容是:研究召开八届三次全体会议有关事宜。

1986年6月9日,县政协召开八届九次常委会议,会议中心内容是:传达中央[1986]10号文件;围绕经济建设,研究成立文化教育、医卫、工业、社会服务、农业五个咨询服务组。

1986年7月3日至4日,县政协召开八届十次常委会,会议中心内容是:传达学习有关文件;研究落实全国地方政协工作会议精神;机构设置和人事任免。

1986年9月27日至29日,县政协召开八届十一次常委会,会议中心内容是:传达第九届会议精神;听取县委、县政府整党工作和全县经济形势情况通报;研究召开为四化服务经验交流会。

1986年10月28日,县政协召开八届十二次常委会议,会议中心内容是:学习中央六中全会决议;通报四化服务经验交流会议准备情况。

1987年2月16日,县政协召开八届十三次常委会议,会议中心内容是:传达中共中央一号文件和省、市政协工作经验交流会情况。

1987年6月9日至11日,县政协召开八届十四次常委会议,会议中心内容是:传达学习政协长治市七届一次会议精神;研究本县政协换届工作有关事宜。

## 第九届常委会

九届常务委员会组成人员包括主席1人,副主席4人,常务委员12人,共计17人。九届常务委员会共召开15次常委会。

1987年9月21日至23日,县政协召开九届一次常委会,会议中心内容是:安排四季度工作;政协内设机构(设立5个委员会、10个工作组);制定出台县政协几项基本制度。

1987年11月4日,县政协召开九届二次常委会,中心内容是:学习中共中央十三大报告。县委副书记李补安、宣传部长贾圪堆参加了会议。

1987年12月8日至10日,县政协举行九届三次常委(扩大)会议,县政协常委、各工作组组长共29人出席了会议。县委书记张学忠、政府副县长阎建华参加了会议,并同与会的政协委员协商对话,听取意见。会议期间,组织听取了关于十三大的录音报告,紧密联系本县实际,进行了认真的讨论。政协委员联系本县实际情况就全县端正党风、从严治党、科技改革、科技人员的合理使用、工商物价、县城环境的综合治理、文化教育以及粮食、财政、农牧、水利、粮食加工等方面的要求向县委、政府领导作了反映。县委书记张学忠、副县长阎建华对大家提出来的问题都一一做了回答,一些问题当场拍板解决。同时,会议还认真总结了县政协换届以来的工作情况并安排部署了下年首季度的工作。

1988年3月22日至24日,县政协召开九届四次常委会。

1988年6月3日,县政协召开九届五次常委会,会议中心内容是:安排部署九届二次全委会议有关工作。

1989年4月25日,县政协召开九届六次常委会,会议中心内容是:传达学习省、市政协会议精神,研究准备政协九届三次全会的有关事宜。

1989年5月11日,县政协召开九届七次常委会,会议中心内容是:研究确定九届三次全体会议相关事项;研究筹备组建县政协老委员联谊会有关事宜。

1989年6月6日,县政协召开九届八次常委会,会议中心内容是:传达中央有关文件,学习讨论邓小平同志的重要讲话和李鹏、杨尚昆等中央领导同志的重要讲话。

1989年7月12日,县政协召开九届九次常委会议,会议中心内容是:专题学习中央十三届四中全会精神。

1989年9月26日至27日,县政协召开九届十次常委会,会议中心内容是:传达学习市政协会议精神;研究部署下阶段工作和机关内部事宜。

1989年11月23日,县政协召开九届十一次常委会议,会议中心内容是:学习中央十三届五中全会公报;学习邓小平同志和江泽民同志的讲话;通过成立"长治县政协老委员联谊会";研究"长治县两个文明建设表彰先进大会"召开准备工作。

1990年1月12日,县政协召开九届十二次常委会,会议中内容是:对1989年的工作进行总结,对1990年的工作安排部署。

1990年2月23日,县政协召开九届十三次常委会,会议中心内容是:学习《中共中央关于坚持和完善中国共产党领导的多党合作和政治协商制度的意见》;传达县委三级干部会议精神;讨论中共长治县委

《关于进一步治理整顿和深化改革的实施意见》。

1990年4月20日，县政协召开九届十四次常委会，会议中心内容是：学习贯彻《中共中央关于加强党同人民群众联系的决定》；贯彻落实中共十三届五、六中全会精神；传达贯彻省、市政协会议精神；研究安排政协换届筹备工作。

1990年6月12日，县政协召开九届十五次常委会，会议中心内容是：研究十届一次全体会议具体召开时间，就有关政协换届事宜进行了详细研究和安排部署。

## 第十届常委会

县政协十届常委会组成人员包括主席1人，副主席3人，常委13人，共17人。本届共召开常委会13次。

1990年7月4日，县政协召开十届一次常委会，会议中心内容是：学习中央统战会议精神；讨论通过专门工作委员会及工作组调整名单；换届后有关事宜安排。

1990年8月23日，县政协召开十届二次常委会，会议中心内容是：讨论通过《长治县政协民主监督的暂行规定》；讨论"长治县八五计划纲要及十年规划设想"。

1990年10月11日，县政协召开十届三次常委会，会议中心内容是：传达市政协会议精神；研究了组织部分常委、委员外出考察事宜。

1991年1月28日，县政协召开十届四次常委会，会议中心内容是：传达市政协七届二十一次常委会议精神；听取县政协提案委员会"关于提案工作情况的汇报"，审议通过《提案工作试行条例》；听取本会关于组织有关人员外出考察学习的情况报告；政协机关有关人员调整；研究安排当前工作。

1991年3月28日，县政协召开十届五次常委会，会议中心内容是：传达贯彻省人大七届四次会议和省政协六届四次会议精神；研究召开县政协十届二次全体会议的准备事宜；研究安排当前工作。

1991年4月26日，县政协召开十届六次常委会，会议中心内容是：讨论《长治县国民经济和社会发展十年规划》和《第八个五年计划纲要》；听取和审议政协长治县第十届委员会提案委员会工作报告；审议政协长治县十届二次会议议程、日程、工作机构、大会发言等有关事项。

1991年12月26日，政协长治县召开十届七次常委会，会议中心内容是：传达学习中共中央八中全会精神和省委六届二次会议精神；研究讨论提出我县明年农村工作开创新局面的建议和研究政协明年工作新打算。

1992年3月23日，县政协召开十届八次常委会，会议中心内容是：传达学习中共中央2号文件关于邓小平同志在视察南方沿海五个城市时的讲话；传达省政协六届五次会议精神，研究商定四月上旬召开县政协十届三次全体会议的具体准备工作。

1992年4月2日，县政协召开十届九次常委会，会议研究召开政协长治县十届三次全体会议有关事宜，讨论审议常务委员会的工作报告和十届二次会议以来提案工作报告及十届三次会议议程、日程、工作机构、大会发言等有关事项。

1992年9月9日，县政协召开十届十次常委会，会议中心内容是：要求今年后四个月县政协工作要以经济建设和改革开放为中心积极开展工作以优异成绩迎接党的十四大胜利召开；贯彻市政协会议精神。

1993 年 1 月 20 日，县政协召开十届十一次常委会，会议中心内容是：对 1992 年的工作进行全面的总结，对 1993 年的工作进行安排部署。

1993 年 6 月 21 日，县政协召开十届十二次常委会，会议中心内容是：讨论通过政协长治县第十届委员会提案委员会工作报告；通过人事任免事项；研究其他有关事项。

1993 年 6 月 25 日，县政协召开十届十三次常委会，会议中心内容是：研究公开十一届一次全体会议有关事宜；制定了各委室规章制度及个人岗位工作责任制；下半年工作及对企业技改和农村达小康情况进行视察的工作安排；研究改选老委员联谊会和"三胞"联谊会事宜。

## 第十一届常委会

县政协十一届常委会组成人员包括主席 1 人，副主席 5 人，常委 14 人，共计 20 人。本届共召开常委会 11 次。

1993 年 11 月 24 日，县政协召开十一届一次常委会，会议中心内容是：学习中共十四届三中全会公报及全会通过的《中共中央关于建立社会主义市场经济体制若干问题的决定》；学习《中共中央关于学习〈邓小平文选〉第三卷的决定》；学习李瑞环在全国统战会议上的讲话；传达市政协在襄垣召开的学习工作经验交流会精神。

1994 年 5 月 9 日至 10 日，县政协召开十一届二次常委会，会议中心内容是：学习全国政协八届三次会议、省政协七届二次会议、市政协八届三次会议精神；讨论审议县政协十一届二次会议常务委员会工作报告；审议县政协十一届二次会议提案委员会工作报告；讨论县政协十一届二次会议议程及其他有关事项。

1994 年 5 月 17 日，县政协召开十一届三次常委会。会议中心内容是：根据县委意见，经广泛征求民主党派负责人及党外民主人士意见后，提议十一届二次会议期间增选张贵祥为县政协副主席，增选魏太平为县政协驻会专职常委。通过酝酿讨论与会全体常委举手表决一致通过，同意提请十一届二次全体会议大会选举。

1994 年 10 月 27 日至 28 日，县政协召开十一届四次常委会，会议中心内容是：学习中共十四届四中全会通过的《中共中央关于加强党的建设几个重大问题的决定》；学习中共长治县委办公室《关于认真学习贯彻党的十四届四中全会精神的通知》；学习《中国人民政治协商会议全国委员会提案工作条例》；传达市政协十三县（市、区）在潞城召开的第九届联谊会会议精神。

1995 年 5 月 5 日，县政协召开十一届五次常委会，会议中心内容是：审议通过政协长治县委员会十一届三次会议工作报告及提案工作报告；有关人事任免事项。

1995 年 11 月 3 日，县政协召开十一届六次常委会，会议中心内容是：学习《中共山西省委关于进一步加强人民政协工作的决定》；传达贯彻市政协八届十二次常委会议精神；通报长治市十三县（市、区）政协第十次联谊会情况。

1996 年 5 月 20 日，县政协召开十一届七次常委会，会议中心内容是：讨论决定政协长治县十一届委员会第四次会议的召开时间;讨论政协长治县十一届委员会常务委员会工作报告(草案)和提案工作报告(草案);协商增补政协委员事项。

1997年1月13日,县政协召开十一届八次常委会议。此次会议中心内容是:传达全省政协工作会议精神,学习贯彻十四届六中全会《决议》。上午,县政协主席郝审成首先传达了省委书记胡富国在省政协工作会议上的讲话。郝审成说,政协工作必须坚持正确的政治方向,明确政协本身的性质、地位、职能和作用。政协工作贵在求真,重在求实,要在有党委重视、政府支持、政协主动这三大合力的基础上,逐步走向制度化、规范化。下午,各政协常委在一起认真学习了十四届六中全会《决议》。

1997年3月5日,县政协召开十一届九次常委会,会议中心内容是:学习全国政协八届五次会议有关文件;研究召开政协长治县十一届五次会议有关事宜。

1997年9月16日,县政协召开第十一届十次常委会,会议中心内容是:学习讨论中共中央十五大会议精神。

1998年5月11日,县政协召开十一届十一次常委会,会议中心内容是:协商确定关于召开县政协十二届一次会议议程、日程;讨论通过县政协十一届常务委员会工作报告及其他报告;协商确定十二届县政协委员的界别设置及委员人选;其他有关事项。

## 第十二届常委会

县政协十二届常委会组成人员包括主席1人,副主席6人,常务委员14人,共计21人。本届常委会共召开会议10次(十二届常委会二次会议资料短缺)。

1998年7月28日,县政协召开十二届一次常委会,会议中心内容是:学习中共中央关于深入学习邓小平理论的通知及有关重要文件;研究部署县政协十二届常委会后半年工作要点;讨论县政协工作"两化"建设意见;任命县政协十二届委员会各委会主任、副主任。

1999年5月7日,县政协召开十二届三次常委会。

1999年8月5日,县政协召开十二届四次常委会。

1999年10月27日,县政协召开十二届五次常委会,会议中心内容是:学习江泽民总书记在庆祝中国人民政治协商会议成立五十周年大会上的讲话;传达贯彻市政协九届十三次常委会议精神;通报分析当前全县经济情况;研究组织委员视察长陵商品公路事宜。

2000年6月14日,县政协召开十二届六次常委会,会议中心内容是:研究决定召开政协长治县第十二届委员会第三次会议时间;讨论研究政协长治县第十二届委员会第三次会议议程、日程、工作机构等事项;讨论通过政协长治县第十二届委员会常务委员会工作报告及其他报告;研究部分工作委员会职能调整和更名。

2001年4月28日,县政协召开十二届七次常委会,会议中心内容是:研究决定召开政协第十二届委员会第四次会议时间;讨论研究政协长治县第十二届委员会第四次会议议程、日程、工作机构等事项;讨论通过政协长治县十二届委员会常务委员会工作报告及其他报告。

2001年8月29日,县政协召开十二届八次常委会,会议中心内容是:传达市政协九届五次会议精神;研究通过召开政协长治县十二届四次会议的时间、议程、日程、工作机构、常委会工作报告(草案)、提案工作报告(草案)。

2002 年 2 月 28 日,县政协召开第十二届九次常委会,会议中心内容是:通过召开县政协十二届五次会议的时间及有关事项;听取和审议政协常委会工作报告和提案工作报告,有关人事任免。

## 第十三届常委会

第十三届常委会组成人员包括主席 1 人,副主席 4 人,常委 20 人,共计 25 人。本届常委会共召开 13 次会议(第一次常委会资料短缺)。

2004 年 2 月 26 日,县政协召开十三届二次常委会议。会议中心内容是:传达省政协九届二次会议精神;学习省政协主席刘泽民在省政协九届二次会议上的讲话;贯彻落实县委九届二次会议精神。

政协长治县举行十三届一次常委会议

2004 年 6 月 18 日,县政协召开十三届三次常委会,会议中心内容是:传达市政协十届三次会议精神及中共长治市委政协工作会议精神;研究确定召开政协第十三届长治县委员会第二次会议时间;审议通过政协第十三届长治县委员会常务委员会工作报告(草案)及报告人,审议通过政协第十三届长治县委员会常务委员会关于县政协十三届一次会议以来提案工作情况的报告(草案)及报告人;审议通过政协第十三届长治县委员会第二次会议议程(草案)、日程(草案)、逐日执行常委及秘书长名单(草案),审议通过第十三届长治县委员会第二次会议工作机构;审议通过政协第十三届长治县委员会第二次会议列席人员范围和名额;讨论确定增补政协十三届长治县委员会委员名单。

2004 年 8 月 11 日,县政协召开十三届四次常委会,会议中心内容是:贯彻市委政协工作会议精神;讨论县委即将出台的《关于加强新时期政协工作的决定》。

2004 年 12 月 21 日,县政协召开十三届五次常委会,会中心内容是:学习《中共中央关于加强党的执政能力建设的决定》;研究"关于我县农民减负增收问题的调研报告";研究关于成立乡镇政协工作委员会有关事宜。

2005 年 4 月 13 日,县政协召开十三届六次常委会,会议中心内容是:传达省政协九届三次会议精神和市政协十届四次会议精神;研究确定县政协十三届三次会议召开时间;审议通过常委会工作报告及报告人、提案委提案报告及报告人;审议通过县政协十三届三次会议议程、日程、逐日执行常委及秘书长名单、工作机构;审议通过十三届三次会议列席人员范围和名额;人事任免。

2005 年 6 月 21 日,县政协召开十三届七次常委会,会议中心内容是:传达省、市政协信息工作会议精神;研究讨论县政协“关于加强信息工作的意见;”通报县政协“保持共产党员先进性教育整改方案”。

2005年10月14日,县政协召开十三届八次常委会,会议中心内容是:学习《中国共产党第十六届中央委员会第五次全体会议公报》;讨论关于开展节约资源、循环经济、推进百强调产的专题调研报告;人事任免。

2006年5月10日,县政协召开十三届九次常委会,会议中心内容是:听取和审议政协第十三届长治县委员会常务委员会工作报告;听取和审议县政协十三届三次会议以来提案工作情况的报告;讨论县政协工作报告征求意见稿;研究确定召开十三届四次全体会议有关事项。

2006年9月14日,县政协召开十三届十次常委会,会议中心内容是:传达学习《中共中央关于学习(江泽民文选)的决定》;传达学习中共长治县委《关于认真学习(江泽民文选)的通知》;传达市政协有关会议精神;讨论《关于对教育、科技、文化、卫生、体育事业的调研报告》。

2007年3月9日,县政协召开十三届十一次常委会,会议中心内容是:传达市、县有关换届会议精神;审议通过十四届政协长治县委员会换届工作方案。

2007年4月23日,县政协召开十三届十二次常委会,会议中心内容是:政协主席傅永祥传达贯彻上级换届会议精神;研究确定十四届县政协参加单位及委员人选。

2007年5月11日,县政协召开第十三届十三次常委会,会议中心内容是:讨论决定召开十四届一次会议时间;审议通过十四届一次全体会议主席团组成人员名单;审议通过县政协常委会工作报告、提案工作报告及报告人;审议通过十四届一次会议议程、日程、逐日执行主席名单(草案);县政府办通报提案办理情况。

## 第十四届常委会

第十四届常委会组成人员包括主席1人，副主席4人，常委20人，共计25人。从2007年8月至2010年底,本届常委会共召开10次会议。

2007年8月3日,县政协召开十四届一次常委会,会议中心内容是:研究讨论2007年工作要点:研究审定政协委员履行职责考评办法及常务委员会工作规则；关于十四届政协委员学习小组编组情况说明；听取政协科教委员会对全县农村义务教育经费保障和落实城乡基层医疗体系建设情况的调研汇报;传达市政协信息工作座谈会议精神。

2007年11月29日,县政协召开十四届二次常委会,会议中心内容是:贯彻学习十七大报告;讨论通过《关于对我县环境保护与生态建设情况的调研报告》。

2008年6月18日,县政协召开十四届三次常委会,会议中心内容是:研究确定政协第十四届长治县委员会第二次会议召开时间及会议有关事项;县政府办公室通报关于县政协十四届一次会议以来提案办理情况。

2008年6月23日,县政协召开十四届四次常委会,会议中心内容是:就委员调整作说明,并就新增委员情况作了介绍,通过协商讨论一致通过新增的6名委员人选。

2008年11月5日,县政协召开十四届五次常委会,会议中心内容是:学习《中共中央关于推进农村

改革发展若干重大问题的决定》;学习中国共产党第十七届中央委员会第三次全体会议公报;

2009年5月6日,县政协召开十四届六次常委会,会议中心内容是:研究确定政协第十四届长治县委员会第三次会议召开时间及会议有关事项;审议政协十四届常委会工作报告和提案工作报告;根据县委组织部(长县组干字[2009]25号文件)提名,按照政协章程规定,研究通过了任免名单,任命范李斌任县政协办公室主任;李春萍任县政协台港澳侨与外事委员会主任;张建忠任县政协教科文卫体委员会主任;王和平任县政协提案委员会主任;郭海波任县政协经济与人口资源环境委员会副主任;免去赵银虎县政协办公室主任职务;范李斌县政协经济与人口资源环境委员会主任职务;王树芳县政协教科文卫体委员会主任职务;张建忠县政协学习联络与法制委员会副主任职务;张建林县政协提案委员会主任职务;李有生县政协经济与人口资源环境委员会主任职务。

2009年11月26日,政协长治县召开十四届八次常委会议

2009年6月26日,县政协召开十四届七次常委会,会议中心内容是:讨论通过《我县创业就业情况专题调研报告》、《政协委员履行职能管理办法》等。

2009年11月26日,县政协召开十四届八次常委会,会议专题学习了《胡锦涛同志在庆祝中国人民政治协商会议成立60周年大会上的讲话》及《中共中央关于加强和改进新形势下党的建设若干重大问题的决定》。

2010年5月5日,县政协召开十四届九次常委会。政协20名常委参加会议,4名因事请假;政府办公室副主任张杰应邀参加了会议,政协各专委会主任、副主任列席了会议。会议由政协主席傅永祥主持。政协办公室主任范李斌就政协十四届四次会议会议召开时间(5月11日至13日),地点(鑫华生态园);向大会作了说明并请各位常委审议;同时会议审议通过了《政协工作报告》及报告人;审议通过《提案工作报告》及报告人;审议通过了十四届四次会议议程、日程,逐日执行常委及秘书长各单(草案);讨论通过编组办法及各组召集人名单、列席人员范围和名额。县政府办副主任张杰介绍《政府工作报告》起草、修改、内容等情况,通报了政府办对交办提案的回复办理情况。大家就此进行了讨论。政协主席傅永祥指出,政府工作报告提出了不少好的思路和规划,这对本县的转型发展、率先发展奠定了坚实的基础。关注民生是政府的重要工作。报告具体,思路清晰,只要按照目标踏踏实实去努力,就会达到目的。政协副主席牛外则对调整增补部分委员作了说明。

2010年8月13日,县政协召开十四届十次常委会议,政府副县长张向东应邀出席了会议,部分离任的县政协主席,副主席,政协各专委会主任、副主任县政协老委员联谊会领导以及相关人员列席了会议。会议由政协副主席申有宝主持。政府副县长张向东首先通报了本县前半年农业工作情况;政协副主席鲍金章作了《关于起草新农村建设视察报告》的情况说明，大家对视察报告进行了讨论审议，原政协主席贾圪堆、县政协常委王庄煤矿矿长李平书、县政协常委卫生局局长秦金水、县工商联会长王有明、北呈乡常务副书记政协工委主任张五清进行了发言；会议研究决定将县卫生局列为县政协民主评议首家单位。会议学习了省委书记袁纯清在全省领导干部大会上的讲话，政协主席傅永祥指出，袁纯清书记讲话是省委提出新的发展的指路明灯，非常新颖、准确，为山西今后发展指明了方向，上级要求市、县委都及时进行了传达学习。县政协要专门组织进行学习，以进一步提高思想认识，为经济发展和社会稳定多干实事，干好实事。

## 第二节 主席会议

主席会议，主要是研究政协主要工作及政协常委会召开之前，确定常委会召开时间、议程和日常工作安排。因一部分主席会议资料缺失，故将有记录的会议收录本编。

1995年3月9日，县政协召开主席会议。郝审成主席主持会议，参加人员有副主席陈一评、张守孝、花明新、傅怀珠、张贵祥，办公室主任赵银虎。会议研究召开十一届五次常委会议和筹备十一届三次全体会议有关事宜；会议机构建议由张贵祥副主席牵头负责，由王石魁、赵银虎具体承办；会务组组长由冯贵堂担任，副组长由赵补旺、王树芳担任；资料组组长为宋德珍，常安平担任副组长；生活组组长为王满芹，副组长为张积善、王小元；提案组组长由张贵祥兼任，副组长为李根文；组织组组长为张建设，副组长由郭学勤、梁志清担任。第一天会议由花明新副主席主持，郝审成主席作工作报告，张贵祥副主席做提案工作报告。大会闭幕由张守孝副主席主持，傅怀珠副主席做闭幕讲话。另外讨论了委员增补有关事宜，上述意见在下次召开常委会时进行讨论。

1996年5月15日，县政协召开主席会议，郝审成主席主持会议，副主席陈一评、张守孝、花明新、傅怀珠、张贵祥参加会议。会议研究召开十一届七次常委会议时间及十一届四次全体会议有关事宜，研究大会工作筹备机构、职责分工及各组负责人名单，常委会工作报告初稿征求意见，人大、政协两会食宿安排协调事宜。

1996年5月20日，县政协十一届委员会召开第六次主席办公会议，会议讨论通过增补政协委员及其他事宜。

1996年12月10日，县政协召开主席会议，会议学习中共中央六中全会《决议》，研究下一阶段政协工作开展事宜，搞一次工商企业、农村经济林发展状况方面的视察调研，分析关于私营企业发展方面存在的问题。具体分工为张贵祥副主席负责经济林调查，陈一评副主席负责工业企业的调查，张守孝副主席负责私营企业调查。

1997年1月7日，县政协召开主席会议，传达省政协工作会议精神。首先，会议研究十一届五次会议筹备事宜。大会筹备由副主席陈一评负责，办公室主任赵银虎全面负责协调安排，会务方面工作由冯贵堂、赵补旺具体负责,资料方面工作由宋德珍、王树芳、常安平具体负责,提案方面由王照星具体负责,组织方面工作由统战部副部长原长水具体落实,生活方面由李根文、张积善、王小元具体落实,会务保卫由办公室联系公安部门落实。其次,研究十一届五次会议议程及日程安排有关事宜。

1997 年 3 月 6 日,县政协召开主席会议。会议研究了政协十一届五次会议有关事项,确定大会主持人、报告人和工作机构(会务组、资料组、组织组、生活组、提案组和保卫组)以及其组成人员。

1998 年 5 月 10 日,县政协召开主席会议,研究召开十一届十一次常委会,确定政协十二届一次会议于 5 月 17 日召开。根据县委安排意见,政协主席郝审成作工作报告;副主席张贵祥作提案工作报告。

1998 年 7 月 20 日,县政协第十二届委员会召开主席会议,讨论县委关于政协专委会组成人员推荐人选事宜;通报市政协常委会议情况;研究确定召开十二届一次常委会议有关事宜。

1999 年 3 月 22 日,县政协召开主席会议。会议首先学习了中共山西省委常委会 1999 年工作重点;通报了最近召开的本县植树造林和电信工作会议精神;针对当前乡镇换届选举工作,要求主席、副主席,要深入基层对所包乡镇的换届选举工作检查指导,及时向县委汇报有关情况,保证所包乡镇的换届选举工作,公正合理、民主健康、依法顺利进行;会议还就政协会议制度、主席分工、行文规定及传阅等事项进行了研究。

2001 年 2 月 26 日上午,县政协召开主席会议,由贾圪堆主席主持会议,参加人员有副主席陈一评、张守孝、牛外则,牛二锁因病缺席,办公室主任赵银虎列席会议。会议学习了县委关于转变工作作风会议及县委八届二次会议精神,学习了江泽民总书记转变作风的重要讲话;学习贯彻市委"西沟"会议精神,认真转变干部作风,努力做到"深入基层、深入群众、深入人心",实现"农民增收、市民增利、干部增补、财政增加","敢于向腐败开战、敢于向"八大顽症开刀",敢于斗争、敢于批评。"

2001 年 3 月 26 日上午,县政协召开主席会议。政协主席贾圪堆主持会议,参加人员有副主席陈一评、张守孝、牛外则,副主席牛二锁因病缺席,办公室主任赵银虎列席会议。会议研究近期工作安排:4 月中旬召开两代会,工作报告由王树芳起草,政协副主席张守孝审查把关落实;提案工作报告由王照星起草,政协副主席陈一评审查把关:讲话材料由办公室起草,办公室主任赵银虎审查把关;委员大会议政发言材料由办公室负责把关。

2001 年 4 月 24 日上午,县政协召开主席会议,政协主席贾圪堆主持会议,参加人员有副主席陈一评、张守孝、牛外则,副主席牛二锁因病缺席,办公室主任赵银虎列席会议。会议传达县委常委会关于"两会"安排意见(原定会议召开时间推迟、具体时间未定);强调会议准备工作不能放松,会议资料要进一步征求意见,补充充实;同时布置"五一"放假期间机关值班安排研究召开十二届七次常委会议有关事宜。

2001 年 6 月 20 日上午,县政协召开主席会议,由贾圪堆主席主持会议,参加人员有副主席陈一评、张守孝、牛外则,副主席牛二锁因病缺席,办公室主任赵银虎列席会议。会议研究水库库区情况调查有关事宜。根据市政协通知精神,近期要求对较大规模水库库区情况摸底调查,为配合市政协搞好本次活动。现需要做两项工作,一是尽快与县政府及水利局部门联系,准备汇报材料,安排调研视察点;二是根据市政协通知要求,起草水库水资源开发利用和保护调研具体实施方案。

2001 年 7 月 13 日上午,县政协召开主席会议,由贾圪堆主席主持会议,参加人员有副主席陈一评、张守孝、牛外则,副主席牛二锁因病缺席,办公室主任赵银虎列席会议。会议由办公室主任赵银虎公报了市政协7月12日“引深创造环境、促进公正执法”调研视察会议精神，讨论拟定本县视察调研人员名单。

2001年8月22日，县政协召开委员会主席会议，由政协主席贾圪堆主持，参加人员有政协副主席陈一评、张守孝、牛外则，办公室主任赵银虎、机关有关委室主任列席会议，副主席牛二锁因病缺席。会议研究了准备召开十二届八次常委会有关事项及召开政协十二届四次全体会议有关安排，并责成机关当前具体事务由办公室主任赵银虎负责协调安排。

2001年9月19日，县政协召开委员会主席会议，由政协主席贾圪堆主持，政协副主席陈一评、张守孝、牛外则等参加了会议，办公室主任赵银虎列席会议。政协主席贾圪堆传达了9月18日市政协九届二十八次常委会议有关精神，传达学习了县委常委会议精神，研究了近期工作。

2006年4月30日，县政协召开主席办公会，会议研究了县政协办公楼改建施工方案；研究了关于县财政局副局长张建林兼任政协提案委主任事宜；研究召开十三届九次常委会议及十三届四次全体会议的时间及筹备工作。

2006年7月25日上午，县政协召开委员会主席会议，政协主席傅永祥主持会议，政协副主席牛外则、申有宝、鲍金章、李志文参加会议，列席人员有政协机关各委室主任、副主任。会议初步拟定十三县(市、区)政协联谊会在本县本年第三季度中上旬召开，讨论研究筹备有关事宜：大会秘书长由副主席李志文兼任，副秘书长由办公室主任赵银虎同志兼任，会务组组长主任范李斌担任，资料组组长由主任王树芳担任，生活组组长由韩金保担任，宣传组组长由主任李春萍担任，安全组由办公室崔冬明负责。

2006年11月28日上午，县政协召开委员会主席会议，政协主席傅永祥主持会议，政协副主席牛外则、申有宝、鲍金章、李志文参加会议，机关各委室主任、副主任列席了会议。会议传达省政协报刊发行和经验交流两个会议精神；关于加强政协工作意见安排；小结十三县(市、区)联谊会召开情况，安排各委室进行工作总结。

2007年2月2日，县政协召开主席办公会，会议主要研究当年换届有关事宜。

2007年4月18日上午，县政协召开委员会主席会议。政协主席傅永祥主持会议，政协副主席牛外则、申有宝、鲍金章、李志文出席会议，办公室主任赵银虎列席席会议。会议研究十二次常委会议于4月23日召开，讨论通过了会议议程；研究了换届筹备工作有关事宜及安排分工；通报前一段时间各项工作完成情况。

2007年5月8日上午，县政协召开委员会主席会议。政协主席傅永祥主持会议，副主席牛外则、申有宝、鲍金章、李志文出席会议，办公室主任赵银虎列席会议。会议听取办公室主任赵银虎关于换届工作准备情况的汇报，研究讨论召开县政协十三次常委会议有关事宜。

2010年5月5日上午，县政协召开主席会议。会议由政协主席傅永祥主持，政协副主席牛外则、申有宝、鲍金章参加会议，政协办公室主任范李斌列席了会议。政协主席傅永祥在会议上通报了政协十四届四次会议召开准备情况，政协副主席牛外则就政协委员调整一事作了简要说明。会议一致通过调整增补委员意见。

# 第二编

# 政协委员

政协委员作为各党派、无党派人士、人民团体和各族各界的代表参加人民政协,是人民政协履行职能的主体。政协委员在我国政治生活中享有很高的政治地位,肩负着重大的责任。充分发挥政协委员作用,对于履行政协职能,保证政协工作的顺利进行,具有特别重要的意义。

# 第一章 县政协委员

凡拥护《政协章程》,具有一定参政议政能力的社会各界人士及其他特邀人士,经一定程序批准,即可成为政协委员。长治县政协委员多为社会各界知名人士或事业有成者,在各条战线作出了成绩和贡献,社会影响力大,具有广泛的代表性。他们或被社会各界别提名推荐,或被政协特邀,经充分协商,由政协党委会议通过后,成为本县政协委员。他们以对国家和人民的事业、对人民政协组织高度负责的精神,履行职能,为长治县的经济发展和社会稳定发挥了自己应有的作用。

## 第一节 委员产生

1957年3月下旬,中共潞安县委根据山西省委、长治专署的指示,成立了政协筹备领导组。根据1954年12月中国人民政治协商会议第二届全国委员会第一次会议通过的《中国人民政治协商会议章程》的规定,按照统筹兼顾、全面安排、集思广益、细致周到的原则,经过广泛宣传和各有关方面的推荐,反复酝酿协商并提交县委审定,确立了政协长治县委员会构成的界别、委员名额和人选。经过社会各界讨论酝酿,共产生55名政协委员。

1958年9月,潞安县并入长治市,县政协同时并入长治市政协,县政协的55名委员成为市政协委员。长治市政协委员由67名增加至122名。

1961年9月,长治市、长治县分设。长治县恢复建制后,由合并期间市政协三届一次选出的常务委员2人、委员6人组成了新的政协长治县委员会,即政协长治县第三届委员会,1962年8月26日至29日,召开了长治县政协第四届委员会第一次会议,会议沿用长治市政协会议届次。此次会议产生政协委员50人,代表中国共产党、无党派民主人士、共青团长治县委员会、长治县总工会、长治县妇女联合会、文化艺术、科学技术、农林、医药卫生、工商、教育、手工业、民革、军烈属、少数民族、宗教16个界别。以后的第五届、第六届政协委员,其产生方法与上届基本相同。

"文化大革命"结束后,根据中央统战部《关于恢复省辖大城市的区和县政协问题的意见》和中共山西省委、中共晋东南地委的指示,长治县政协开始恢复工作。县政协在1981年4月召开七届一次会议前,经过民主协商,产生了政协长治县第七届委员会。政协第七届委员会由代表中共、民革、无党派民主人士、共青团、妇联、总工会、文化艺术、科学技术、农林、教育、体育、医药卫生、少数民族、宗教14个界别的40名政协委员组成。以后各届政协委员会委员由上届常务委员会协商决定。各届委员会任期内的委员变更由本届常务委员会协商决定。每届政协委员会的参加单位、委员名额和人选及界别设置由上届政协委员会主席会议审议同意后再由常务委员会协商决定。具体步骤包括提名推荐、协商确定建议名单、政协常委会协商通过、公告。增补政协委员,也要经过提名、协商、常务委员会会议通过和公告4个步骤。政协委员的任期与本届政协委员会任期基本一致,根据需要,委员可以连任或提前免任。

2004年3月,中国人民政治协商会议第十届全国委员会第二次会议对《中国人民政治协商会议章程》进行了修订,修订后的《章程》对政协委员会的构成、政协委员产生的程序做了规定,其程序与前基本相同。

## 第二节 委员名录

本志在收录长治县第七届至第十四届政协委员时,多以第一次会议登记在册名单为准。有些届中增补委员因资料缺失,不能录入。

### 第七届委员会委员名录

表2-1-1

| 姓名 | 性别 | 参加工作时间 | 主要工作简历 | 工作单位 | 委员界别 |
|---|---|---|---|---|---|
| 程金成 | 男 | 1944.6 | 县委书记处书记、监委书记、组织部长、公安局局长 | 长治县统战部 | 中共 |
| 郝保兴 | 男 | 1946.3 | 县委常委、副县长 | 农业局 | 中共 |
| 胡纪道 | 男 | 1949 | 旧军人少将副师长 | 县财政局 | 民革 |
| 郭继忠 | 男 | 1956 | 伊斯兰教阿訇、工人 | 东和清真寺 | 宗教界 |
| 许殿魁 | 男 | 1954 | 商人、工人、副厂长 | 副食品加工厂 | 工商界 |
| 申安福 | 男 | 1949 | 教师 | 县一中 | 教育界 |
| 李保珠 | 男 | 1946 | 演员、团长、公社副主任 | 红旗剧团 | 文艺界 |
| 梁吉祥 | 男 | 1965 | 技术员、副厂长 | 苏店电器厂 | 经济界 |
| 汪裕国 | 男 | 1964 | 医师、副院长 | 县二院 | 医卫界 |
| 刘天顺 | 男 | 1948 | 医生、医师 | 县中医院 | 医卫界 |
| 王聚才 | 男 | 1947 | 法院院长、科委主任 | 县科委 | 科技界 |
| 张汉 | 男 | 1964 | 教师、教导处副主任 | 县一中教导处 | 科技界 |
| 王荣生 | 男 | 1963 | 农业局、技术员 | 县农业局 | 农林界 |
| 朱贵孩 | 男 | 1956 | 营业员、副主任 | 西火供销社 | 经济界 |
| 王崇厚 | 男 | 1952 | 老中医 | 县二院 | 医卫界 |

（续表）

| 姓　名 | 性别 | 参加工作时间 | 主要工作简历 | 工作单位 | 委员界别 |
|---|---|---|---|---|---|
| 陈金生 | 男 | 1950 | 演员、团长 | 红专剧团 | 文艺界 |
| 周　海 | 男 | 1947 | 教员、总务主任 | 县一中 | 教育界 |
| 何敬斋 | 男 | 1952 | 教　师 | 县一中 | 教育界 |
| 张金玉 | 男 | 1955 | 干事、工商联主席 | 外贸局 | 工商联 |
| 原德智 | 男 | 1953 | 业务员、主任 | 北呈信用社 | 工商联 |
| 周新月 | 女 | 1958 | 售货员 | 苏店公社南庄供销社 | 工商联 |
| 杨凌云 | 男 |  | 务　农 | 苏店公社东申家庄 | 农林界 |
| 武发展 | 男 | 1946 | 干事、副行长 | 县银行副行长 | 特　邀 |
| 段永江 | 男 | 1955 | 教员、干事 | 县文化馆 | 文艺界 |
| 张德喜 | 男 |  | 教员、文史馆干事 | 苏店公社苏店大队 | 文艺界 |
| 张守智 | 男 | 1949 | 旧军人少校、党校干事 | 县党校 | 民　革 |
| 赖裕静 | 男 | 1967 | 归国华侨、教师 | 县五七大学 | 民主人士 |
| 高恩祥 | 男 | 1950 | 兽　医 | 县兽医院 | 民　革 |
| 张海棠 | 女 | 1949 | 县妇联干事、主席 | 韩店公社韩店九队 | 妇　联 |
| 陈振先 | 男 | 1950 | 医　生 | 西池公社卫生院 | 医卫界 |
| 郭铁旦 | 男 |  | 务农、大队支书 | 北呈公社六家大队 | 农林界 |
| 张富德 | 男 | 1961 | 医生、副院长 | 县一院 | 医卫界 |
| 董永芬 | 男 | 1942 | 医生、副院长 | 县驻市门诊部 | 医卫界 |
| 刘　宣 | 男 | 1949 | 干事、副主任 | 农机局 | 农林界 |
| 李步云 | 男 | 1961 | 教　师 | 县二中 | 民　革 |
| 殷道秀 | 女 | 1965 | 技术员、审判员、妇联主任 | 县妇联 | 妇　联 |
| 崔三孩 | 男 |  | 工人、副科长 | 经坊煤矿 | 经济界 |
| 李学密 | 男 | 1955 | 营业员、经理 | 荫城供销社 | 经济界 |
| 秦国珍 | 男 |  | 会　计 | 手管局经理部 | 经济界 |
| 史中和 | 男 | 1944 | 县政协主席 | 县革委 | 中　共 |

## 第八届委员会委员名录

表 2-1-2

| 姓　名 | 性别 | 参加工作时间 | 主要工作简历 | 工作单位 | 委员界别 |
|---|---|---|---|---|---|
| 安勇先 | 女 | | 干事、副主任 | 县妇联会 | 妇　联 |
| 李保珠 | 男 | 1946 | 演员、团长、公社副主任 | 红旗剧团 | 文艺界 |
| 张海棠 | 女 | 1949 | 县妇联干事、主席 | 县妇联 | 妇　联 |
| 杨凌云 | 男 | | 务　农 | 苏店公社东申大队 | 农林界 |
| 高恩祥 | 男 | 1950 | 兽　医 | 县兽医院 | 民　革 |
| 许殿魁 | 男 | 1954 | 商人、工人、副厂长 | 副食品加工厂 | 工商联 |
| 李步云 | 男 | 1961 | 教　师 | 县二中 | 民　革 |
| 张金玉 | 男 | 1955 | 干事、工商联主席 | 外贸局 | 工商联 |
| 刘天顺 | 男 | 1948 | 医生、医师 | 县中医院 | 医卫界 |
| 张德喜 | 男 | | 教员、文史馆干事 | 苏店公社苏店大队 | 文艺界 |
| 周　海 | 男 | 1947 | 教员、总务主任 | 县一中 | 教育界 |
| 段永江 | 男 | 1955 | 教员、干事 | 县文化馆 | 文艺界 |
| 秦国珍 | 男 | | 会　计 | 手管局经理部 | 经济界 |
| 何敬斋 | 男 | 1952 | 教　师 | 县一中 | 教育界 |
| 张　汉 | 男 | 1964 | 教师、教导处副主任 | 县一中 | 教育界 |
| 刘　宣 | 男 | 1949 | 干事、副主任 | 农机局 | 农林界 |
| 胡纪道 | 男 | 1949 | 旧军人、少将 副师长 | 财政局 | 民　革 |
| 郭继忠 | 男 | 1956 | 伊斯兰教阿訇、工人 | 东和清真寺 | 宗　教 |
| 原德智 | 男 | 1953 | 业务员、主任 | 北呈公社信用社 | 经济界 |
| 陈振先 | 男 | 1950 | 医　生 | 西池公社卫生院 | 医卫界 |
| 张富德 | 男 | 1961 | 医生、副院长 | 县一院 | 医卫界 |
| 崔三孩 | 男 | | 工人、副科长 | 经坊煤矿 | 经济界 |
| 董永芬 | 男 | 1942 | 医生、副院长 | 县驻市门诊 | 医卫界 |
| 李荣卿 | 男 | | | 卫生局 | 民　革 |
| 陈　忠 | 男 | | 医生、院长 | 八义卫生院 | 医卫界 |
| 宋树堂 | 男 | | 医　生 | 县医院 | 医卫界 |
| 于书田 | 男 | | 艺　人 | 曲艺队 | 文艺界 |

（续表）

| 姓　名 | 性别 | 参加工作时间 | 主要工作简历 | 工作单位 | 委员界别 |
|---|---|---|---|---|---|
| 申莲花 | 女 | | 农民 | 苏店公社苏店大队 | 农林界 |
| 朱培荣 | 男 | | 副县长、县政协主席 | 县政协 | 中　共 |
| 屈河鱼 | 女 | | 演　员 | 红专剧团 | 文艺界 |
| 郜俊保 | 男 | | 干　部 | 县政协 | 中　共 |
| 崔学斌 | 男 | | | | |
| 靳双好 | 男 | | | | |
| 陆祥坤 | 男 | | 教　师 | 县三中 | 教育界 |
| 王金海 | 男 | | 干　事 | 土地局 | 科技界 |
| 申安福 | 男 | | 教　师 | 县一中 | 教育界 |
| 杨富合 | 男 | | 眼科医师 | 县医院 | 医卫界 |
| 常秋来 | 男 | | 煤炭技术员 | 煤炭局 | 经济界 |
| 靳彦兵 | 男 | | 农民 | 西故县公社坟上大队 | 农林界 |
| 李爱华 | 女 | | 副县长、副主席 | 县政协 | 中　共 |
| 李年孩 | 男 | | 演　员 | 红旗剧团 | 文艺界 |
| 王华亭 | 男 | | 团委书记 | 县团委 | 共青团 |
| 傅成锁 | 男 | | | 苏店公社郝店大队 | 宗教界 |
| 张仁全 | 男 | | | | |
| 杨起山 | 男 | | | | |
| 董振祥 | 男 | | 民　革 | 南呈村 | 民　革 |
| 黎祖右 | 男 | | 干　事 | 科　委 | 科技界 |
| 李树德 | 男 | | 书记、政府办主任、副主席 | 统战部 | 中　共 |
| 李雪兰 | 女 | | 个体商户 | 琚　寨 | 农林界 |
| 王新宇 | 男 | | 书记、科协主席 | 科　协 | 科技界 |
| 孙安熙 | 男 | | | | |
| 刘连云 | 男 | | 工商局干事、民主人士 | 工商局 | 工商联 |
| 范　志 | 男 | | 外科医生 | 县医院 | 医卫界 |
| 宣高山 | 男 | | 联合校长 | 县四中 | 教育界 |
| 郭维成 | 男 | | 干　事 | 县档案局 | |
| 戴来旺 | 男 | | 工会主席 | 县工会 | 工　会 |

## 八届四次常委会议政协委员增补名录

表 2-1-3

| 姓　名 | 性别 | 参加工作时间 | 主要工作简历 | 工作单位 | 委员界别 |
|---|---|---|---|---|---|
| 牛二锁 | 男 | | 技术员、政协副主席 | 长治县 | 民主人士 |
| 刘唐哲 | 男 | | 教师、副校长 | 进修校 | 民主人士 |
| 张荷香 | 女 | | 副校长 | 赵村学校 | 教育界 |
| 郭正芳 | 男 | | 副校长 | 县实验小学 | 教育界 |
| 张爱果 | 女 | | 技术员 | 洗衣机厂 | 经济界 |
| 张守孝 | 男 | | 工程师 | 二轻局 | 经济界 |
| 赵书成 | 男 | | 支部书记 | 西山煤矿 | 经济界 |
| 郭学勤 | 女 | | 主　任 | 县对台办公室 | 经济界 |
| 刘桂玉 | 男 | | 局　长 | 县民政局 | 中共界 |
| 张德毅 | 男 | | 局　长 | 县财政局 | 中共界 |
| 马长青 | 男 | | | 回民代表 | 少数民族 |
| 田红会 | 男 | | | 宗教界代表 | 宗教界 |
| 秦文俊 | 男 | | 党委副书记 | 东和乡 | 中共界 |
| 邵德才 | 男 | | 党委副书记 | 韩店镇 | 中共界 |
| 屈福新 | 男 | | 党委副书记 | 王坊乡 | 中共界 |
| 苏改清 | 男 | | 农　民 | 东和乡辛呈村 | 农林界 |
| 陈天文 | 男 | | 工程师、副局长 | 水利局 | 农林界 |
| 李铁水 | 男 | | 干　事 | 县文化馆 | 文艺界 |
| 原长熙 | 男 | | 副主任 | 县计委 | 中共界 |
| 张兆成 | 男 | | 副局长 | 林业局 | 农林界 |
| 魏二旺 | 男 | | 副局长 | 乡镇局 | 科技界 |
| 贾有生 | 男 | | 副部长 | 统战部 | 中共界 |
| 王贤则 | 男 | | 农艺师 | 农业局 | 农林界 |
| 范和叶 | 女 | | | 台属代表 | |
| 李永录 | 男 | | | 天主教代表 | 宗　教 |
| 王爱生 | 男 | | 教　师 | 县一中 | 教　育 |

以上 26 人，为八届四次会议常委研究新增补委员。其中共产党员 9 人，非党人士 18 人，大专以上知识分子 13 人，基本上代表了本县各界人士。

# 第九届委员会委员名录

（以界别按姓氏笔画为序）

**1.中国共产党(5人)**

李树德　部俊保　贾有生　郭树清　韩国华

**2.中国国民党革命委员会(3人)**

李步云　张守智　胡纪道

**3.无党派民主人士(4人)**

刘天顺　刘唐哲　张守孝　张志恒

**4.共青团长治县委员会(1人)**

王华亭

**5.长治县总工会(1人)**

王清玉(女)

**6.长治县妇女联合会(2人)**

李福娥(女)　张爱果(女)

**7.文化艺术界(4人)**

傅怀珠　李铁水　崔嫦娟(女)　蒋喜福

**8.科学技术界(13人)**

王新宇　王金海　牛忠孝　刘屯柱　李清文　吴祥生　宋孝亮
杜德仁　郁映堂　胡秉芳(女)　陈玉堂　魏二旺　魏忠孝

**9.农林界(5人)**

王贤则　陈天文　苏改清　高恩祥　崔吉祥

**10.教育界(7人)**

王俊生(女)　白明山　李安虎　郭德文　张卯安　张俊英(女)　赵书庆

**11.体育界(1人)**

苏中才

**12.医药卫生界(9人)**

刘福林　李富明　陈　忠　陈振先　宋树堂　范　志　张富德
杨富合　景保柱

**13.社会福利团体(3人)**

牛志忠　刘桂玉　张学礼

14.少数民族(2人)

马吉武(回族)　董丽霞(蒙族、女)

15.工商界(2人)

刘连云　张金玉

16.宗教界(3人)

傅永德　傅成锁　冯元义

17.特邀人士(19人)

王保珍　申庆安　申金根　申金堂　李玉芳　朱宋保　宋建设
陈富山　邵德才　段小青　张炳文　张德毅　郭学勤(女)　原长熙
原黑则　杨天锁　杨起山　韩才则　翟保善

县政协九届二次会议增补崔天瑞、张元吉、李海莲、崔松虎、宋洛柱、董丽霞为政协委员。

## 第十届委员会委员名录

(以界别按姓氏笔画为序)

1.中国共产党(5人)

李树德　郜俊保　郭树清　贾有生　韩国华

2.中国国民革命委员会(3人)

王贤则　李步云　高恩祥

3.无党派民主人士(4人)

刘唐哲　花明新　张守孝　张志恒

4.共青团长治县委员会(1人)

张长兴

5.长治县总工会(1人)

王清玉(女)

6.长治县妇女联合会(2人)

李福娥(女)　张爱果(女)

7.长治县工商业联合会(2人)

司有旺　陈铁保

8.文化艺术界(4人)

傅怀珠　李铁水　崔嫦娟(女)　蒋喜福

9.科学技术界(9人)

王新宇　刘屯柱　李清文　陈玉堂　郁映堂　赵怀忠　贾国模
裴福宏　魏二旺

**10.农林界(12人)**

王保珍 牛正忠 宋建设 李兴旺 李振国 张平富 张炳文
陈天文 梁聚才 曹来狗 崔吉祥 魏忠孝

**11.教育界(11人)**

王俊生(女) 白明山 李仁贵 李安虎 林素娥(女) 张卯安 张俊英(女)
赵书庆 郭德文 秦振国 晁昆山

**12.体育界(1人)**

苏中才

**13.医药卫生界(7人)**

刘福林 李富明 杨富合 张富德 陈 忠 范 志 景保柱

**14.社会福利团体(3人)**

牛志忠 刘桂玉 张学礼

**15.少数民族(2人)**

马吉武(回族) 董丽霞(蒙族、女)

**16.宗教界(3人)**

傅永德 傅成锁 冯元义

**17.特邀人士(20人)**

王喜才 冯树忠 申才旺 申庆安 申金堂 田金旺 史林山
朱宋保 李玉芳 李善志 杨天锁 张德毅 邵德才 陈富山
段小青 郭学勤(女) 原长熙 原黑则 韩才则 翟保善

县政协十届二次会议增选王石魁为常务委员,三次会议增补何树魁为政协委员。

## 第十一届委员会委员名录

| 姓 名 | 性别 | 出生时间 | 籍 贯 | 工作单位 | 委员界别 |
|---|---|---|---|---|---|
| 郝审成 | 男 | 1940.3 | 浑源县 | 政 协 | 中国共产党 |
| 陈一评 | 男 | 1946.1 | 陕西省三原 | 政 协 | 中国共产党 |
| 张贵祥 | 男 | 1941.8 | 长治县东和乡西和村 | 统战部 | 中国共产党 |
| 郭学勤 | 女 | | 长治县西故县乡周南村 | 统战部 | 中国共产党 |
| 赵银虎 | 男 | 1955.10 | 晋城市泽州县下村乡 | 政 协 | 中国共产党 |
| 魏太平 | 男 | 1937.1 | 潞城市魏家庄 | 政 协 | 中国共产党 |
| 花明新 | 男 | 1937.11 | 黎城县西仵乡 | 县一中 | 无党派人士 |
| 刘唐哲 | 男 | 1940.10 | 潞城市史回乡 | 进修校 | 无党派人士 |
| 李水文 | 男 | 1946 | 长治县西火镇关家村 | 县政府 | 无党派人士 |

| | | | | | |
|---|---|---|---|---|---|
| 冯俊义 | 男 | 1962.10 | 长治县柳林乡柳林村 | 郝家庄乡 | 共青团 |
| 吴小华 | 男 | 1963. 6 | 江西省余平县 | 西池乡 | 共青团 |
| 李福娥 | 女 | 1949.11 | 长治县苏店镇郝店村 | 妇　联 | 妇女联合会 |
| 张爱果 | 女 | 1957.1 | 长治县苏店镇苏店村 | 洗衣机厂 | 妇女联合会 |
| 李冬英 | 女 | 1949.11 | 长治县郝家庄乡宋家庄村 | 郝家庄乡宋家庄村 | 妇女联合会 |
| 王清玉 | 女 | 1938.10 | 河　北 | 县总工会 | 总工会 |
| 王胜英 | 女 | 1948.8 | 长治县荫城镇荫城村 | 县总工会 | 总工会 |
| 刘屯柱 | 男 | 1937.2 | 屯留县上村乡 | 城 建 局 | 科学技术界 |
| 郁映堂 | 男 | 1948.10 | 沁　县 | 印刷厂 | 科学技术界 |
| 魏二旺 | 男 | 1939.7 | 武乡县丰州镇南坡村 | 乡镇局 | 科学技术界 |
| 赵怀忠 | 男 | 1943.10 | 长治县西火赵家庄村 | 锅炉厂 | 科学技术界 |
| 贾国模 | 男 | 1932.7 | 沁　县 | 煤运总公司 | 科学技术界 |
| 裴福宏 | 男 | 1951.1 | 长治县八义乡八义村 | 技术监督局 | 科学技术界 |
| 李清文 | 男 | 1938.11 | 沁　县 | 科　委 | 科学技术界 |
| 张维山 | 男 | 1945.4 | 长治县苏店镇南庄 | 水利局 | 科学技术界 |
| 郜家珍 | 男 | 1942.7 | 高平县三甲乡 | 科　协 | 科学技术协会 |
| 陈铁保 | 男 | 1938.9 | 长治县八义乡 | 老龄委 | 工商联合会 |
| 司有旺 | 男 | 1957.10 | 长治县苏店镇 | 工商联 | 工商联合会 |
| 程麻耐 | 男 | 1950.6 | 长治市西街 | 东和清真寺 | 少数民族 |
| 董丽霞 | 女 | 1960.1 | 内　蒙 | 西火学校 | 少数民族 |
| 马国兵 | 男 | 1972.1 | 长治县东和乡东和村 | 东和清真寺 | 少数民族 |
| 冯元义 | 男 | 1934.7 | 长治县柳林乡柳林村 | 柳林村 | 宗教界 |
| 傅成锁 | 男 | | 长治县苏店镇郝店村 | 南董村黄梅寺 | 宗教界 |
| 李先孝 | 男 | 1968.5 | 长治市东街 | 城关镇西苗村 | 宗教界 |
| 赵树林 | 男 | 1945.1 | 长治县王坊乡工农庄村 | 财政局 | 宗教界 |
| 王玉胜 | 男 | 1944.12 | 长治县苏店镇 | 民政局 | 社会福利界 |
| 牛志忠 | 男 | 1958.6 | 长治县城关镇西苗村 | 福利厂 | 社会福利界 |
| 张学礼 | 男 | 1941.4 | 交城县 | 县一院 | 社会福利界 |
| 傅怀珠 | 男 | 1948.12 | 长治县城关镇西苗村 | 文化馆 | 文化艺术界 |
| 李铁水 | 男 | 1942.5 | 长治县城关镇黎岭村 | 文化馆 | 文化艺术界 |
| 崔嫦娟 | 女 | 1966.5 | 长治县东和乡琚家沟村 | 红专剧团 | 文化艺界 |
| 申有宝 | 男 | 1955 | 长治县城关镇经坊村 | 城 建 局 | 文化艺术界 |
| 王俊生 | 女 | 1937.10 | 北京市 | 城关中学 | 教育界 |
| 张俊英 | 女 | 1955.7 | 长治县荫城镇荫城村 | 县一中 | 教育界 |
| 李安虎 | 男 | 1957.9 | 长治县屈家山乡李家岭村 | 县一中 | 教育界 |

| | | | | | |
|---|---|---|---|---|---|
| 张卯安 | 男 | 1951.11 | 长治县苏店镇苏店村 | 赵村联校 | 教育界 |
| 赵书庆 | 男 | 1947.10 | 高平县 | 县一中 | 教育界 |
| 晁昆山 | 男 | 1935.4 | 晋城市泽州县南村镇西村 | 职业中学 | 教育界 |
| 林素娥 | 女 | 1954.12 | 长治县城关镇韩店村 | 实验小学 | 教育界 |
| 秦振国 | 男 | 1956.3 | 长治县 | 西火中学 | 教育界 |
| 李仁贵 | 男 | 1939.5 | 长治县荫城镇荫城村 | 荫城中学 | 教育界 |
| 关云武 | 男 | 1955.6 | 长治县赵村乡 | 县二中 | 教育界 |
| 秦红珍 | 女 | 1969.6 | 长治县王坊乡河南村 | 县三中 | 教育界 |
| 董建国 | 男 | 1955.10 | 长子县 | 县五中 | 教育界 |
| 朱排常 | 女 | 1950.5 | 长治县苏店镇原家庄村 | 原家庄学校 | 教育界 |
| 王中秋 | 男 | 1945.9 | 长治县城关镇西苗村 | 职业中学 | 教育界 |
| 郭德文 | 男 | 1944.6 | 长治县西火村 | 县一中 | 教育界 |
| 杨海泉 | 男 | 1955.6 | 长治市郊区 | 工　行 | 经济界 |
| 刘必生 | 男 | 1942.1 | 襄垣县 | 农　行 | 经济界 |
| 王山虎 | 男 | 1950.10 | 河南林州市 | 西蛮掌煤矿 | 经济界 |
| 裴秋虎 | 男 | 1941.5 | 长治县八义乡 | 集运公司 | 经济界 |
| 陈富堂 | 男 | | 长治县师庄乡师庄村 | 师庄红旗煤矿 | 经济界 |
| 刘金文 | 男 | 1945.7 | 长治县城关镇韩川村 | 税务局 | 经济界 |
| 张守孝 | 男 | 1941.7 | 北京市良乡 | 工商联 | 经济界 |
| 李裕民 | 男 | 1942.8 | 长治县北呈乡南呈村 | 协达糠醛厂 | 经济界 |
| 王有兴 | 男 | 1942.8 | 长治县东和乡 | 东和乡辛呈醋厂 | 经济界 |
| 景剑峰 | 男 | 1965.1 | 长治县北呈乡 | 经坊煤矿 | 经济界 |
| 王良科 | 男 | 1955.2 | 长治县苏店镇 | 电工设备厂 | 经济界 |
| 王玉珍 | 女 | 1955.1 | 长治县西池乡 | 乡镇局 | 经济界 |
| 崔冬锁 | 男 | 1964.11 | 长治县苏店镇苏店村 | 稻香食品厂 | 经济界 |
| 王新芳 | 男 | 1941.3 | 长治县南宋乡南宋村 | 新建煤矿 | 经济界 |
| 王剑锋 | 男 | 1955.12 | 河南林州市 | 县中行 | 经济界 |
| 张申明 | 男 | 1963.5 | 平顺县 | 建　行 | 经济界 |
| 陈天文 | 男 | 1937.5 | 长治县王坊乡王庆村 | 水利局 | 农林界 |
| 崔吉祥 | 男 | 1936.4 | 长治县柳林乡林移村 | 长治县林移村 | 农林界 |
| 魏忠孝 | 男 | 1952.3 | 长治县西火镇 | 西火技改矿 | 农林界 |
| 梁聚才 | 男 | 1944.7 | 长治县荫城镇 | 荫城技改矿 | 农林界 |
| 曹来狗 | 男 | 1945.9 | 长治县荫城镇 | 荫城红旗煤矿 | 农林界 |
| 宋建设 | 男 | 1955.9 | 长治县荫城镇 | 荫城个协 | 农林界 |
| 张炳文 | 男 | 1944.5 | 长治县城关镇韩川村 | 韩川村 | 农林界 |

| | | | | | |
|---|---|---|---|---|---|
| 王保珍 | 男 | 1949.3 | 长治县苏店镇 | 苏店无件厂 | 农林界 |
| 李振国 | 男 | 1951.5 | 长治县南宋乡太义掌村 | 南宋乡太义掌村 | 农林界 |
| 张平富 | 男 | 1958.3 | 长治县西火镇西火村 | 西火镇西火村 | 农林界 |
| 牛正忠 | 男 | 1953.3 | 长治县 | 西火镇计生站 | 农林界 |
| 侯福根 | 男 | 1949.5 | 长治县城关镇南王庄村 | 城关镇南王庄村 | 农林界 |
| 黄小成 | 男 | 1954.6 | 长治县城关镇韩店村 | 城关镇韩店村 | 农林界 |
| 关扎根 | 男 | 1944.7 | 长治县西火镇关家村 | 农业局 | 农林界 |
| 苏中才 | 男 | 1939.9 | 长治县西故县乡周南村 | 老龄委 | 农林界 |
| 王弥泽 | 男 | 1942.11 | 长治县西池乡小河村 | 体　委 | 农林界 |
| 刘福林 | 男 | 1938.12 | 长治县西池乡 | 防疫站 | 医药卫生界 |
| 范　志 | 男 | 1937.5 | 长治县师庄乡师庄村 | 县一院 | 医药卫生界 |
| 张富德 | 男 | 1937.3 | 河南省 | 县一院 | 医药卫生界 |
| 景保柱 | 男 | 1957.9 | 长治县 | 城关镇卫生院 | 医药卫生界 |
| 张春莲 | 女 | 1940.6 | 介休县 | 中 医 院 | 医药卫生界 |
| 申金堂 | 男 | | 长治县 | 果品公司 | 特　邀 |
| 陈富山 | 男 | | 长治县城关镇经坊村 | 城关镇经坊村 | 特　邀 |
| 翟保善 | 男 | | 长治县东和乡 | 东和供销社 | 特　邀 |
| 韩才则 | 男 | | 长治县苏店镇 | 苏店镇苏店村 | 特　邀 |
| 原长熙 | 男 | | 沁水县东峪乡 | 计　委 | 特　邀 |
| 邵德才 | 男 | | 长治县西火镇 | 外贸局 | 特　邀 |
| 张德毅 | 男 | | 长治县赵村乡北宋村 | 财政局 | 特　邀 |
| 王福娥 | 女 | 1947.10 | 长治县司马乡辛庄村 | 对台办 | 特　邀 |
| 田金旺 | 男 | | 长治县北呈乡上村村 | 工商局 | 特　邀 |
| 史林山 | 男 | | 长治县苏店镇东贾村 | 地震局 | 特　邀 |
| 李天德 | 男 | 1942.10 | 长治县师庄乡师庄村 | 人大办 | 特　邀 |
| 申文奇 | 男 | 1956.7 | 长治市城区北董 | 苏店镇 | 特　邀 |
| 梁秀清 | 男 | 1958.16 | 长治县郝家庄 | | 特　邀 |
| 成利民 | 男 | 1963.11 | 长治县苏店镇西申庄村 | 西火镇 | 特　邀 |
| 李红星 | 男 | 1955.5 | 长治县苏店镇苏店村 | 粮食局 | 特　邀 |
| 李步云 | 男 | | 长治县城关镇东汉村 | 东和学校 | 特　邀 |
| 高恩祥 | 男 | 1930 | 长治县郝家庄乡 | 经坊兽医院 | 特　邀 |
| 王贤则 | 男 | | 长治市 | 农牧局 | 特　邀 |
| 吴秋生 | 男 | 1954.10 | 长治县西故县村 | 韩店镇 | 特　邀 |
| 郜石根 | 男 | 1943.2 | 长治县城关镇 | 公安局 | 特　邀 |
| 申联平 | 男 | 1960.11 | 长治县郝家庄乡郝店村 | 荫城镇 | 特　邀 |

| | | | | | |
|---|---|---|---|---|---|
| 阎志宁 | 男 | 1957.3 | 壶关县晋庄村 | 政府办 | 特 邀 |
| 韩金堂 | 男 | 1944.10 | 长治县经坊村 | 检察院 | 特 邀 |
| 和翠堂 | 男 | 1951.12 | 长治县东和乡 | 城关镇 | 特 邀 |

政协十一届二次会议增补委员:赵银虎、申有宝、赵树林。

政协十一届三次会议增补委员:王弥泽 、关扎根、马国兵、吴小华、张生明、魏太平、王剑峰、申联平。

政协十一届四次会议增补委员:阎志宁、和翠堂、韩金堂、王胜英。

## 第十二届委员会委员名录

| 姓 名 | 性别 | 出生时间 | 籍 贯 | 工作单位 | 委员界别 |
|---|---|---|---|---|---|
| 郝审成 | 男 | 1940.3 | 浑源县 | 政 协 | 中国共产党 |
| 贾圪堆 | 男 | 1946.2 | 沁水县端氏镇 | 政 协 | 中国共产党 |
| 陈一评 | 男 | 1946.1 | 陕西三源县 | 政 协 | 中国共产党 |
| 张贵祥 | 男 | 1941.8 | 长治县东和乡西和村 | 统战部 | 中国共产党 |
| 赵银虎 | 男 | 1955.10 | 晋城市泽州县下村乡 | 政 协 | 中国共产党 |
| 牛外则 | 男 | 1953.4 | 长治县郝家庄乡任家庄村 | 政 协 | 中国共产党 |
| 王照星 | 男 | 1962.4 | 长治县郝家庄乡王童村 | 政 协 | 中国共产党 |
| 王树芳 | 男 | 1963.11 | 沁县迎春乡段村 | 政 协 | 中国共产党 |
| 李根文 | 男 | 1951.1 | 长治县柳林乡郭堡村 | 政 协 | 中国共产党 |
| 李水文 | 男 | 1946.11 | 长治县西火镇关家村 | 政 府 | 无党派民主人士 |
| 鲍金章 | 男 | 1963.4 | 长治县八义乡北窑沟村 | 农业局 | 无党派民主人士 |
| 牛二锁 | 男 | 1941.10 | 长治县西火镇平家庄村 | 政 协 | 无党派民主人士 |
| 李国祥 | 男 | 1964.1 | 长治县城关镇东苗村 | 县团委 | 青年团 |
| 张文波 | 男 | 1969.1 | 屯留县西洼乡 | 县团委 | 青年团 |
| 王胜英 | 女 | 1948.7 | 长治县荫城镇荫城村 | 总工会 | 总工会 |
| 刘可意 | 男 | 1946.12 | 长治县东和乡南和村 | 教育局工会 | 总工会 |
| 王龙虎 | 男 | 1964.8 | 河南林州市 | 西蛮掌煤矿 | 总工会 |
| 李福娥 | 女 | 1946.5 | 长治县苏店镇郝店村 | 妇 联 | 妇女联合会 |
| 张爱果 | 女 | 1957.2 | 长治县苏店镇苏店村 | 洗衣机厂 | 妇女联合会 |
| 崔晋慧 | 女 | 1970.11 | 长治县八义乡龙山村 | 县报社 | 妇女联合会 |
| 张桂英 | 女 | 1959.5 | 长治市郊区关村 | 县妇联 | 妇女联合会 |
| 张守孝 | 男 | 1942.7 | 北京市良乡 | 工商联 | 工商业联合会 |
| 王联兵 | 男 | 1969.2 | 长治县东和乡辛呈村 | 工商联 | 工商业联合会 |
| 郭秀忠 | 男 | 1947.8 | 长治县东和乡辛呈村 | 文化局 | 文化艺术界 |
| 连广钦 | 男 | 1952.8 | 长治县高河乡上秦村 | 新华书店 | 文化艺术界 |

| | | | | | |
|---|---|---|---|---|---|
| 宋新文 | 男 | 1957.8 | 长治县南宋乡南宋村 | 城建局 | 文化艺术界 |
| 裴福宏 | 男 | 1950.12 | 长治县八义乡八义村 | 技术监督界 | 科学艺术界 |
| 常树毅 | 男 | 1946.12 | 壶关县黄山乡神后村 | 科　委 | 科学艺术界 |
| 张维山 | 男 | 1945.1 | 长治县苏店镇南董村 | 水利局水保 | 科学艺术界 |
| 刘建中 | 男 | 1952.8 | 长治县城关镇韩店村 | 城建局 | 科学艺术界 |
| 杜和平 | 男 | 1954.5 | 长治县贾掌乡沙河村 | 化肥厂 | 科学艺术界 |
| 申有宝 | 男 | 1955.6 | 长治县城关镇经坊村 | 城建局 | 科学艺术界 |
| 鲍和平 | 男 | 1946.5 | 长治县柳林乡鲍村 | 煤炭总公司 | 科学艺术界 |
| 景书义 | 男 | 1956.7 | 长治县荫城镇北头村 | 科　协 | 科学技术协会 |
| 王广清 | 男 | 1954 | 长治县北呈乡六家村 | 科　协 | 科学技术协会 |
| 张起山 | 男 | 1951.5 | 长治县王坊乡李坊村 | 红山煤矿 | 经济界 |
| 刘金文 | 男 | 1945.7 | 长治县城关镇韩川村 | 国税局 | 经济界 |
| 宋孝芳 | 男 | 1952.7 | 长治县西火镇桥头村 | 西火振兴煤矿 | 经济界 |
| 王建卫 | 男 | 1970.7 | 长治县城关镇池里村 | 二轻局生产科 | 经济界 |
| 李保堂 | 男 | 1946.10 | 长治县王坊乡南王庆村 | 搪瓷厂 | 经济界 |
| 崔德胜 | 男 | 1951.7 | 长治县柳林乡柳林村 | 锅炉厂 | 经济界 |
| 郭孝科 | 男 | 1953.1 | 长治县荫城镇大峪村 | 大峪村煤矿 | 经济界 |
| 张聚宝 | 男 | 1943.6 | 长治县东火乡十泉岭村 | 东火东华煤矿 | 经济界 |
| 陈富堂 | 男 | 1954.7 | 长治县师庄乡师庄村 | 师庄西岭矿 | 经济界 |
| 原　峰 | 男 | 1972 | 长治县苏店镇南董村 | 鑫磊电脑公司 | 经济界 |
| 贾庆兵 | 男 | 1971.1 | 长治县东和乡辛呈村 | 起重厂技术科 | 经济界 |
| 景剑锋 | 男 | 1965.2 | 长治县北呈乡北张村 | 经坊矿采煤 | 经济界 |
| 王玉珍 | 女 | 1955.1 | 长治县西池乡西池村 | 乡镇局 | 经济界 |
| 闫华文 | 男 | 1949.1 | 长治县北呈乡北呈村 | 人民银行 | 经济界 |
| 吴建平 | 男 | 1967.5 | 长治县八义乡北窑沟村 | 八义振兴矿采煤 | 经济界 |
| 王新成 | 男 | 1954.11 | 长治县王坊乡李坊村 | 西山煤矿 | 经济界 |
| 闫起超 | 男 | 1951.10 | 长治县司马乡王董村 | 司马乡 | 经济界 |
| 王光义 | 男 | 1953.11 | 长治县北呈乡北呈村 | 北呈纸业公司 | 经济界 |
| 李平书 | 男 | 1949.4 | 长治县贾掌乡原村 | 王庄煤矿 | 经济界 |
| 郭海珍 | 男 | 1956 | 长治县荫城镇内王村 | 内王二矿 | 经济界 |
| 宋建设 | 男 | 1955.10 | 长治县荫城镇荫城村 | 个协荫城分会 | 农林界 |
| 李双好 | 男 | 1949.8 | 长治县郝家庄乡南郭村 | 乡镇局 | 农林界 |
| 陈富山 | 男 | 1954.6 | 长治县城关镇经坊村 | 城关农村经济开发公司 | 农林界 |
| 冯双全 | 男 | | 长治县城关镇韩店村 | 韩店硫化厂 | 农林界 |
| 高秋生 | 男 | 1952.4 | 长治县苏店镇苏店村 | 苏店高新技术服务部 | 农林界 |

| | | | | | |
|---|---|---|---|---|---|
| 杨海旺 | 男 | 1950.12 | 长治县荫城镇琚寨村 | 荫城红旗矿 | 农林界 |
| 李保富 | 男 | 1954.7 | 长治县南宋乡南宋村 | 南宋乡南宋村 | 农林界 |
| 张合星 | 男 | 1945.12 | 长治县城关镇韩店村 | 锅炉辅机厂 | 农林界 |
| 周五红 | 男 | 1956.1 | 长治县西火镇中村 | 个协西火分会 | 农林界 |
| 宋安生 | 男 | 1957.8 | 长治县柳林乡东呈村 | 交通微波公司 | 农林界 |
| 宋平则 | 男 | 1962.12 | 长治县赵村乡北仓和村 | 北仓和汽车运输队 | 农林界 |
| 王秀林 | 男 | 1954.8 | 长治县苏店镇苏店村 | 苏店养鸡厂 | 农林界 |
| 王支堂 | 男 | 1954.8 | 长治县郝家庄乡宋家庄村 | 宋家庄村 | 农林界 |
| 郭玉兰 | 女 | 1952.11 | 长治县东和乡辛呈村 | 辛呈电石厂 | 农林界 |
| 王 斌 | 男 | 1970.4 | 长治县东和乡辛呈村 | 潞府酿造厂 | 农林界 |
| 李安平 | 男 | 1962.9 | 长治县东和乡东和村 | 振东实业公司 | 农林界 |
| 秦保庆 | 男 | 1950.8 | 长治县北呈乡北呈村 | 北张造纸厂 | 农林界 |
| 张俊英 | 女 | 1955.7 | 长治县荫城镇荫城村 | 一 中 | 教育界 |
| 蔡金水 | 男 | 1951.12 | 长治县荫城镇荫城村 | 五 中 | 教育界 |
| 宋明生 | 男 | 1962.9 | 长治县郝家庄乡信义村 | 二 中 | 教育界 |
| 关云武 | 男 | 1955.6 | 长治县赵村乡北宋村 | 城关中学 | 教育界 |
| 赵书庆 | 男 | 1947.10 | 高平市 | 一 中 | 教育界 |
| 孙爱林 | 男 | 1956.12 | 长治县北呈乡南岭头村 | 一 中 | 教育界 |
| 赵保娥 | 女 | 1957.10 | 长治县苏店镇西贾村 | 六 中 | 教育界 |
| 郭广平 | 男 | 1962.6 | 高平市 | 一 中 | 教育界 |
| 王中秋 | 男 | 1945.9 | 长治县城关镇西苗村 | 职 中 | 教育界 |
| 宋平英 | 女 | 1957.12 | 长治县司马乡义堂村 | 实 小 | 教育界 |
| 韩改枝 | 女 | 1956.11 | 长子县南漳乡东旺村 | 光明小学 | 教育界 |
| 靳淑红 | 女 | 1965.8 | 长治县司马乡司马村 | 欣欣幼儿园 | 教育界 |
| 王五锁 | 男 | 1958.5 | 长治县郝家庄乡信义村 | 四 中 | 教育界 |
| 秦红珍 | 女 | 1969.6 | 长治县王坊乡河南村 | 三 中 | 教育界 |
| 秦振国 | 男 | 1956.3 | 长治县西火镇西村 | 西火梁家庄学校 | 教育界 |
| 朱排常 | 女 | 1950.11 | 长治县苏店镇原家庄村 | 苏店学校 | 教育界 |
| 牛振玲 | 女 | 1971.8 | 长治县西火镇西火村 | 机关幼儿园 | 教育界 |
| 王弥泽 | 男 | 1942.11 | 长治县西池乡小河村 | 体 委 | 体育界 |
| 王 瑛 | 女 | 1962.11 | 长治县苏店镇 | 卫生防疫站 | 医药卫生界 |
| 李淑梅 | 女 | 1956.9 | 长治县东和乡西和村 | 一 院 | 医药卫生界 |
| 王国彬 | 男 | 1965.6 | 长治县苏店镇郝店村 | 一 院 | 医药卫生界 |
| 李荷香 | 女 | 1959.3 | 长治县西池乡小河村 | 中医院 | 医药卫生界 |
| 郜红卫 | 男 | 1967.11 | 长治县韩店镇经坊村 | 二 院 | 医药卫生界 |

| | | | | | |
|---|---|---|---|---|---|
| 常立新 | 男 | 1969.12 | 长治县北呈乡须村 | 正骨医院 | 医药卫生界 |
| 翟清则 | 男 | 1946.1 | 长治县柳林乡柳林庄 | 卫生局 | 医药卫生界 |
| 王玉胜 | 男 | 1944.12 | 长治县苏店东贾村 | 民政局 | 社会福利团体 |
| 赵怀忠 | 男 | 1946.10 | 长治县东火赵家下庄 | 玛钢厂 | 社会福利团体 |
| 马国兵 | 男 | 1972.8 | 长治县东和乡东和村 | 东和清真寺 | 少数民族 |
| 丁有虎 | 男 | 1954.9 | 长治县东和乡东和村 | 东和皮革制做厂 | 少数民族 |
| 王福深 | 男 | 1963.4 | 吉林省 | 河头如愿寺 | 宗　教 |
| 李先孝 | 男 | 1968.5 | 长治市东街安古苍 | 西苗天主教 | 宗　教 |
| 赵树林 | 男 | 1945.1 | 长治县王坊乡工农庄村 | 财政局 | 宗　教 |
| 王新安 | 男 | 1953 | 长治县城关镇韩店村 | 韩店基督教聚会点 | 宗　教 |
| 宋长生 | 男 | 1946.12 | 长治市郊区南寨村 | 工商局 | 特　邀 |
| 原长熙 | 男 | 1944.12 | 沁水县东峪村 | 计　委 | 特　邀 |
| 原功心 | 男 | 1953.11 | 长治县柳林乡寺庄村 | 财政局 | 特　邀 |
| 王福娥 | 女 | 1946.9 | 长治县司马乡辛庄村 | 对台办 | 特　邀 |
| 张瓜则 | 男 | 1943.7 | 长治县东和乡南和村 | 县　委 | 特　邀 |
| 张宝成 | 男 | 1950.8 | 潞城市 | 公安局 | 特　邀 |
| 张其文 | 男 | 1961.6 | 长治县西池乡小河村 | 县报社 | 特　邀 |
| 阎志宁 | 男 | 1957.4 | 壶关晋庄镇 | 政府办 | 特　邀 |
| 翟保善 | 男 | 1945.9 | 长治县东和乡东和村 | 县　社 | 特　邀 |
| 杜合平 | 男 | 1955.1 | 长治县荫城镇荫城村 | 公安局 | 特　邀 |
| 郭武德 | 男 | 1953.9 | 长治县城关镇韩店村 | 城关镇 | 特　邀 |
| 申文奇 | 男 | 1956.7 | 长治市城区北董 | 苏店镇 | 特　邀 |
| 成利民 | 男 | 1963.11 | 长治县苏店镇西申家庄村 | 西火镇 | 特　邀 |
| 赵臣香 | 男 | 1955.3 | 长治县西火镇西蛮掌村 | 荫城镇 | 特　邀 |
| 李振国 | 男 | 1954.7 | 长治县西火镇西火村 | 矿业公司 | 特　邀 |
| 韩金堂 | 男 | 1944.11 | 长治县城关镇经坊村 | 检察院 | 特　邀 |
| 王海青 | 女 | 1964.3 | 长治县高河乡白家沟村 | 韩店小学 | 特　邀 |
| 刘长春 | 男 | 1952 | 潞城市 | 县公路段 | 特　邀 |
| 黄启存 | 男 | 1955 | 山东省菏泽市 | 宝康建材市场 | 特　邀 |

## 第十三届委员会委员名录

| 姓　名 | 性别 | 出生时间 | 籍　　贯 | 工作单位 | 委员界别 |
|---|---|---|---|---|---|
| 傅永祥 | 男 | 1953.1 | 长治县韩店镇西苗村 | 县政协 | 中国共产党 |
| 贾圪堆 | 男 | 1946.2 | 沁水县端氏镇 | 县政协 | 中国共产党 |

| 陈一评 | 男 | 1946.1 | 陕西省三源县 | 县政协 | 中国共产党 |
|---|---|---|---|---|---|
| 牛外则 | 男 | 1953.4 | 长治县郝家庄乡任家庄村 | 县统战部 | 中国共产党 |
| 李志文 | 男 | 1962.10 | 长治县郝家庄乡高村 | 县政协 | 中国共产党 |
| 宋国萍 | 女 | 1956.6 | 长治县八义镇师庄村 | 县委党校 | 中国共产党 |
| 赵银虎 | 男 | 1955.10 | 晋城市泽州县下村乡 | 县政协 | 中国共产党 |
| 宋德珍 | 男 | 1954.7 | 长治县东和乡团山村 | 县统战部 | 中国共产党 |
| 王照星 | 男 | 1962.4 | 长治县郝家庄乡王童村 | 县后勤中心 | 中国共产党 |
| 王树芳 | 男 | 1963.11 | 沁县迎春乡段庄村 | 县政协 | 中国共产党 |
| 李春萍 | 女 | 1968.10 | 河南省安阳市淇县 | 县政协 | 中国共产党 |
| 李振国 | 男 | 1954.7 | 长治县西火镇西火村 | 民革支部 | 民　革 |
| 王海青 | 女 | 1964.3 | 长治县郝家庄乡白家沟村 | 韩店小学 | 民　革 |
| 申有宝 | 男 | 1955.6 | 长治县韩店镇经坊村 | 城建局 | 无党派人士 |
| 鲍金章 | 男 | 1963.4 | 长治县八义镇北窑沟村 | 农业局 | 无党派人士 |
| 段志荣 | 男 | 1963.11 | 沁县郭村镇 | 气象局 | 无党派人士 |
| 宋志兵 | 男 | 1969.12 | 长治县八义镇西八村 | 地震局 | 无党派人士 |
| 王跻华 | 男 | 1962.10 | 长治县北呈乡南呈村 | 县　社 | 无党派人士 |
| 景宏伟 | 男 | 1972.1 | 长治县郝家庄乡信义村 | 县检察院 | 无党派人士 |
| 崔　琳 | 女 | 1978.12 | 长治县韩店镇经坊村 | 八义镇政府 | 无党派人士 |
| 赵丽琴 | 女 | 1973.9 | 长治县荫城镇王坊村 | 东和乡政府 | 无党派人士 |
| 侯瑞芳 | 女 | 1975.7 | 晋城泽州县 | 苏店镇政府 | 无党派人士 |
| 郭海波 | 男 | 1975.7 | 长治县东和乡辛呈村 | 贾掌镇政府 | 无党派人士 |
| 朱宇杰 | 男 | 1978.8 | 长治县西火镇庄则河村 | 西火镇政府 | 无党派人士 |
| 曹振月 | 女 | 1971.8 | 长治县韩店镇柳林村 | 郝家庄乡政府 | 无党派人士 |
| 李小兵 | 男 | 1972.5 | 长治县贾掌镇原村 | 苏店镇政府 | 无党派人士 |
| 武淑芬 | 女 | 1972.5 | 长治县北呈乡南呈村 | 县编制办 | 无党派人士 |
| 杨阿艳 | 女 | 1974.9 | 长子县丹朱镇河西村 | 荫城镇政府 | 无党派人士 |
| 王新成 | 男 | 1955.11 | 长治县荫城镇李坊村 | 西山煤矿 | 总工会 |
| 朱燕萍 | 女 | 1968.2 | 屯留县东李高乡 | 中国银行 | 总工会 |
| 李会庆 | 男 | 1962.11 | 长治县东和乡东和村 | 总工会 | 总工会 |
| 李凌峰 | 女 | 1961.12 | 长治县贾掌镇原村 | 县妇联 | 妇　联 |
| 朱排常 | 女 | 1950.12 | 长治县苏店镇原家村 | 苏店学校 | 妇　联 |
| 王玉珍 | 女 | 1955.1 | 长治县西池乡西池村 | 中小企业局 | 妇　联 |
| 宋元萍 | 女 | 1962.1 | 长治县八义镇师庄村 | 国土局地产科 | 妇　联 |
| 王联兵 | 男 | 1969.2 | 长治县东和乡辛呈村 | 县工商联 | 工商联 |
| 原　峰 | 男 | 1971.3 | 长治县苏店镇南董村 | 鑫磊电脑公司 | 工商联 |

| | | | | | |
|---|---|---|---|---|---|
| 宋建设 | 男 | 1957.7 | 长治县荫城镇荫城村 | 个协荫城分会 | 工商联 |
| 郭秋林 | 男 | 1958.10 | 长治县郝家庄乡宋家庄村 | 宏正化工有限公司 | 工商联 |
| 高秋生 | 男 | 1957.4 | 长治县苏店镇苏店村 | 个协苏店分会 | 工商联 |
| 周五红 | 男 | 1956.2 | 长治县西火镇中村村 | 个协西火分会 | 工商联 |
| 张爱民 | 男 | 1959.9 | 长治县贾掌镇贾掌村 | 爱民食品厂 | 工商联 |
| 王　斌 | 男 | 1969.6 | 长治县东和乡辛呈村 | 潞府酿醋厂 | 工商联 |
| 王建栋 | 男 | 1968.12 | 长治县北呈乡六家村 | 雅王装潢部 | 工商联 |
| 田文德 | 男 | 1958.1 | 长治县北呈乡北张村 | 德信电器经销部 | 工商联 |
| 田清则 | 男 | 1966.2 | 长治县东和乡南和村 | 田昊电器超市 | 工商联 |
| 宋卫星 | 男 | 1971.11 | 长治县东和乡东和村 | 博大超市 | 工商联 |
| 宋外宾 | 男 | 1971.4 | 长治县荫城镇王坊村 | 宏运宾馆 | 工商联 |
| 杨会刚 | 男 | 1973.2 | 长治县西火镇东村 | 红台掌煤矿 | 工商联 |
| 贾旭琴 | 女 | 1967.4 | 长治县西火镇南掌村 | 红鹰大酒店 | 工商联 |
| 张春生 | 男 | 1957.3 | 长治县郝家庄乡岭上村 | 县文联 | 文化艺术 |
| 李书玲 | 女 | 1965.6 | 潞城县微子镇 | 县文联 | 文化艺术 |
| 宋新文 | 男 | 1957.5 | 长治县南宋乡南宋村 | 城建局 | 文化艺术 |
| 贾庆燕 | 女 | 1968.10 | 长治县苏店镇王董村 | 县文化馆 | 文化艺术 |
| 崔旭林 | 男 | 1964.9 | 长子县西南呈村 | 县红旗剧团 | 文化艺术 |
| 王慧敏 | 男 | 1969.9 | 长治县苏店镇南庄村 | 县教育局 | 文化艺术 |
| 苏　安 | 男 | 1954.11 | 长治县苏店镇苏店村 | 科技局 | 科学技术 |
| 刘建中 | 男 | 1952.6 | 长治县韩店镇韩店村 | 城建局 | 科学技术 |
| 裴福宏 | 男 | 1951.1 | 长治县八义镇八义村 | 技术监督局 | 科学技术 |
| 成志忠 | 男 | 1953.1 | 长治县西池乡坟上村 | 林产品公司 | 农　林 |
| 李书彬 | 男 | 1962.9 | 长治县苏店镇南庄村 | 农业局 | 农　林 |
| 陈富山 | 男 | 1954.6 | 长治县韩店镇经坊村 | 城关农村经济开发公司 | 农　林 |
| 李保富 | 男 | 1954.7 | 长治县南宋乡南宋村 | 南宋乡南宋村 | 农　林 |
| 王光义 | 男 | 1959.6 | 长治县北呈乡北呈村 | 北呈纸业公司 | 农　林 |
| 宋周清 | 男 | 1953.7 | 长治县郝家庄乡白家沟村 | 铸造厂 | 农　林 |
| 崔俊山 | 男 | 1953.3 | 长治县苏店镇西庄村 | 西庄运输队 | 农　林 |
| 乔俊红 | 男 | 1973.7 | 长治县郝家庄乡高村 | 县农产品开发园区 | 农　林 |
| 牛玉清 | 男 | 1954.5 | 长治县北呈乡北呈村 | 芸生粮业公司 | 农　林 |
| 赵喜忠 | 男 | 1966.6 | 长治县韩店镇南沟村 | 南沟村委 | 农　林 |
| 王支堂 | 男 | 1956.6 | 长治县郝家庄乡宋家庄村 | 宋家庄村 | 农　林 |
| 宋平则 | 男 | 1962.12 | 长治县南宋乡北仓和村 | 北仓和汽车运输队 | 农　林 |
| 陈怀生 | 男 | 1958.4 | 长治县贾掌镇东兴村 | 东兴村委 | 农　林 |
| 随天平 | 男 | 1967.5 | 长治县北呈乡西坡村 | 西坡村委 | 农　林 |

| | | | | | |
|---|---|---|---|---|---|
| 朱平菊 | 女 | 1972.8 | 长治县西火镇谷堆村 | 畜牧局动检站 | 农 林 |
| 郭翠菊 | 女 | 1971.10 | 长治县八义镇师庄村 | 畜牧局防疫站 | 农 林 |
| 王俊生 | 男 | 1960.9 | 长治县苏店镇苏店村 | 塑胶制品厂 | 农 林 |
| 赵建岗 | 男 | 1969.10 | 长治市郊区高庄村 | 农业局土肥站 | 农 林 |
| 宋玉毅 | 男 | 1976.11 | 长治县东和乡西和村 | 国土资源局 | 农 林 |
| 宋明生 | 男 | 1962.9 | 长治县郝家庄乡信义村 | 教 育 局 | 教 育 |
| 鲍喜堂 | 男 | 1958.10 | 长治县八义镇窑沟村 | 县 一 中 | 教 育 |
| 蔡金水 | 男 | 1951.12 | 长治县荫城镇荫城村 | 县 五 中 | 教 育 |
| 张俊英 | 女 | 1955.8 | 长治县荫城镇荫城村 | 县 一 中 | 教 育 |
| 赵书庆 | 男 | 1947.10 | 高平市 | 县 一 中 | 教 育 |
| 孙爱林 | 男 | 1955.4 | 长治县北呈乡南岭头村 | 县 一 中 | 教 育 |
| 牛思清 | 男 | 1966.5 | 长治县郝家庄任家庄村 | 县 一 中 | 教 育 |
| 秦红珍 | 女 | 1969.7 | 长治县荫城镇河南村 | 县 一 中 | 教 育 |
| 赵保娥 | 女 | 1957.12 | 长治县苏店镇西贾村 | 县 六 中 | 教 育 |
| 郭广平 | 男 | 1962.6 | 高平市建宁 | 县一中教研室 | 教 育 |
| 宋平英 | 女 | 1957.12 | 长治县苏店镇义堂村 | 实 验 小 学 | 教 育 |
| 韩改枝 | 女 | 1956.11 | 长子县南漳乡东旺村 | 光 明 小 学 | 教 育 |
| 靳淑红 | 女 | 1966.8 | 长治县苏店镇司马村 | 欣欣幼儿园 | 教 育 |
| 王五锁 | 男 | 1958.5 | 长治县郝家庄信义村 | 县 四 中 | 教 育 |
| 秦振国 | 男 | 1957.9 | 长治县西火镇西村 | 西火梁家庄学校 | 教 育 |
| 牛振玲 | 女 | 1971.8 | 长治县西火镇平家庄 | 机关幼儿园 | 教 育 |
| 关云武 | 男 | 1955.6 | 长治县南宋乡北宋村 | 县五中教研室 | 教 育 |
| 姚风玲 | 女 | 1955.2 | 长治县韩店镇韩店村 | 体育中心后勤股 | 体 育 |
| 崔晋慧 | 女 | 1970.1 | 长治县八义镇龙山村 | 县 报 社 | 新闻出版 |
| 王华栋 | 男 | 1968.4 | 长治县荫城镇中村村 | 广电中心新闻部 | 新闻出版 |
| 秦金水 | 男 | 1958.7 | 长治县八义镇八义村 | 县卫生局 | 医药卫生 |
| 王广清 | 男 | 1954.6 | 长治县北呈乡六家村 | 疾控中心 | 医药卫生 |
| 李淑梅 | 女 | 1956.10 | 长治县东和乡西和村 | 县医院妇科 | 医药卫生 |
| 王国彬 | 男 | 1965.6 | 长治县苏店镇苏店村 | 县医院内科 | 医药卫生 |
| 李菏香 | 女 | 1958.3 | 长治县荫城镇地南头村 | 中 医 院 | 医药卫生 |
| 郜红卫 | 男 | 1967.11 | 长治县韩店镇经坊村 | 县医院外科 | 医药卫生 |
| 常国新 | 男 | 1972.9 | 长治县北呈乡须村 | 正骨医院 | 医药卫生 |
| 翟爱清 | 男 | 1955.9 | 长治县韩店镇柳林村 | 县医院针灸科 | 医药卫生 |
| 傅淑琼 | 女 | 1967.12 | 长治县韩店镇西苗村 | 卫生防疫站 | 医药卫生 |
| 宋秀花 | 女 | 1961.12 | 长治县苏店镇义堂村 | 县二院妇产科 | 医药卫生 |
| 王彦兴 | 男 | 1958.10 | 长治县东和乡辉河村 | 民政局 | 社会救济福利 |

| | | | | | |
|---|---|---|---|---|---|
| 李俊德 | 男 | 1948.12 | 长治县苏店镇东贾村 | 东贾星火化工厂 | 社会救济福利 |
| 马国兵 | 男 | 1972.1 | 长治县东和乡东和村 | 东和清真寺 | 少数民族 |
| 丁有虎 | 男 | 1954.5 | 长治县东和乡东和村 | 东和皮革制作厂 | 少数民族 |
| 马景清 | 男 | 1953.6 | 长治县东和乡东和村 | 韩店联校 | 少数民族 |
| 李先孝 | 男 | 1968.5 | 长治市城区东街 | 西苗天主教 | 宗　教 |
| 王新安 | 男 | 1952.6 | 长治县韩店镇韩店村 | 韩店基督教聚会点 | 宗　教 |
| 李俊谷 | 男 | 1973.10 | 西安市 | 北天河交光寺 | 宗　教 |
| 孟　飞 | 男 | 1974.11 | 河北省阜平县 | 河头如愿寺 | 宗　教 |
| 王国清 | 男 | 1955.6 | 长治县韩店镇柳林村 | 柳林天主堂 | 宗　教 |
| 申文奇 | 男 | 1955.7 | 长治市城区北董村 | 招商局 | 经济企业 |
| 李平书 | 男 | 1949.7 | 长治县贾掌镇原村 | 王庄煤矿 | 经济企业 |
| 张起山 | 男 | 1951.7 | 长治县荫城镇李坊村 | 煤炭总公司 | 经济企业 |
| 宋安生 | 男 | 1957.8 | 长治县韩店镇东呈村 | 交通微波公司 | 经济企业 |
| 崔德胜 | 男 | 1951. | 长治县韩店镇柳林村 | 锅炉厂全质办 | 经济企业 |
| 车建斌 | 男 | 1969.9 | 长治县荫城镇河下村 | 地 税 局 | 经济企业 |
| 王建卫 | 男 | 1970.8 | 长治县韩店镇池里村 | 二 轻 局 | 经济企业 |
| 陈富堂 | 男 | 1959.10 | 长治县八义镇师庄村 | 师庄西岭矿 | 经济企业 |
| 王华荣 | 男 | 1955.12 | 长治县南宋乡南宋村 | 曙光矿 | 经济企业 |
| 刘成仁 | 男 | 1960.2 | 长治县南宋乡东和村 | 振东公司 | 经济企业 |
| 宋东贵 | 男 | 1955.6 | 长治县南宋乡东掌村 | 东掌矿 | 经济企业 |
| 郭玉兰 | 女 | 1953.12 | 长治县东和乡辛呈村 | 电石厂 | 经济企业 |
| 郭海珍 | 男 | 1955.4 | 长治县荫城镇内王村 | 内王二矿 | 经济企业 |
| 乔和平 | 男 | 1962.8 | 长治县东和乡东和村 | 振东集团石油公司 | 经济企业 |
| 原建忠 | 男 | 1960.2 | 长治县苏店镇苏店村 | 苏店邮电所 | 经济企业 |
| 琚有国 | 男 | 1962.8 | 长治县荫城镇大峪村 | 荫城镇红旗矿 | 经济企业 |
| 郭庆文 | 男 | 1969.7 | 长治县西池乡东池村 | 仙泉煤矿 | 经济企业 |
| 屈永胜 | 男 | 1959.1 | 长治县荫城镇坡头村 | 卫生监督所 | 特　邀 |
| 张建林 | 男 | 1963.12 | 长治县苏店镇苏店村 | 财政局 | 特　邀 |
| 陈建龙 | 男 | 1965.7 | 长治县韩店镇经坊村 | 法　院 | 特　邀 |
| 李付平 | 男 | 1956.10 | 长治县东和乡东和村 | 检察院 | 特　邀 |
| 杜合平 | 男 | 1955.1 | 长治县荫城镇荫城村 | 公安局 | 特　邀 |
| 郭武德 | 男 | 1954.6 | 长治县韩店镇韩店村 | 老干局 | 特　邀 |
| 王爱山 | 男 | 1957.6 | 长治县北呈乡南岭头 | 交通局 | 特　邀 |
| 赵虎胜 | 男 | 1962.12 | 壶关县树掌镇 | 工商局 | 特　邀 |
| 郭玉斌 | 男 | 1958.9 | 长治县苏店镇王董村 | 中小企业局 | 特　邀 |
| 张其文 | 男 | 1961.6 | 长治县西池乡小河村 | 国土资源局 | 特　邀 |
| 沈领喜 | 男 | 1965.10 | 晋城市泽州县 | 编制办 | 特　邀 |

| | | | | | |
|---|---|---|---|---|---|
| 景书义 | 男 | 1956.8 | 长治县荫城镇北头村 | 粮食局 | 特　邀 |
| 刘素芳 | 女 | 1972.10 | 长治县八义镇西坪村 | 县统计局 | 特　邀 |
| 靳永清 | 男 | 1959.12 | 长治县韩店镇韩店村 | 韩店镇政府 | 特　邀 |
| 郭富胜 | 男 | 1962.10 | 长治县荫城镇李坊村 | 贾掌镇政府 | 特　邀 |
| 杜海生 | 男 | 1963.11 | 长子县南漳镇南漳村 | 苏店镇政府 | 特　邀 |
| 王四清 | 男 | 1965.10 | 长治县北呈乡北呈村 | 县政府办公室 | 特　邀 |
| 张力军 | 男 | 1963.8 | 黎城县 | 县交警队 | 特　邀 |
| 张保平 | 男 | 1963.6 | 长治县苏店镇东申家庄 | 县法院 | 特　邀 |
| 宋文斌 | 男 | 1970.3 | 长治市郊区南寨村 | 郝家庄乡政府 | 特　邀 |
| 李秀峰 | 男 | 1954.6 | 长治县荫城镇荫城村 | 政务大厅 | 特　邀 |

## 第十四届委员会委员名录

| 姓　名 | 性 别 | 出生时间 | 籍　　贯 | 工作单位 | 委员界别 |
|---|---|---|---|---|---|
| 傅永祥 | 男 | 1953.1 | 长治县韩店镇西苗村 | 县政协 | 中国共产党 |
| 牛外则 | 男 | 1953.4 | 长治县郝家庄乡任家庄村 | 县统战部 | 中国共产党 |
| 李志文 | 男 | 1962.10 | 长治县郝家庄乡高村 | 县政协 | 中国共产党 |
| 赵银虎 | 男 | 1955.10 | 晋城市泽州县下村乡 | 县政协 | 中国共产党 |
| 王树芳 | 男 | 1963.11 | 沁县迎春乡段庄村 | 县政协 | 中国共产党 |
| 李春萍 | 女 | 1968.3 | 河南省安阳市淇县 | 县政协 | 中国共产党 |
| 范李斌 | 男 | 1961.4 | 长治县八义镇师庄村 | 县政协 | 中国共产党 |
| 张建林 | 男 | 1963.12 | 长治县苏店镇苏店村 | 县政协 | 中国共产党 |
| 王照星 | 男 | 1962.6 | 长治县郝家庄乡王童村 | 县后勤中心 | 中国共产党 |
| 李旭铭 | 男 | 1964.2 | 长治县苏店镇原家庄村 | 南宋乡党委 | 中国共产党 |
| 王志刚 | 男 | 1964.5 | 长治县南宋乡南宋村 | 西火镇党委 | 中国共产党 |
| 李振国 | 男 | 1954.7 | 长治县西火镇东村 | 民革支部 | 民　革 |
| 申有宝 | 男 | 1955.6 | 长治县韩店镇经坊村 | 县政协 | 无党派人士 |
| 鲍金章 | 男 | 1963.4 | 长治县八义镇北窑沟村 | 县政协 | 无党派人士 |
| 段志荣 | 男 | 1963.6 | 沁县郭村镇 | 县气象局 | 无党派人士 |
| 宋志兵 | 男 | 1969.12 | 长治县八义镇西八村 | 县地震局 | 无党派人士 |
| 郭海波 | 男 | 1975.7 | 长治县东和乡辛呈村 | 县计生局 | 无党派人士 |
| 吉阳萍 | 女 | 1975.8 | 晋城市阳城县 | 韩店镇政府 | 无党派人士 |
| 侯瑞芳 | 女 | 1975.7 | 晋城市泽州县 | 苏店镇政府 | 无党派人士 |
| 朱宇杰 | 男 | 1978.8 | 长治县西火镇庄子河村 | 西火镇政府 | 无党派人士 |
| 赵丽琴 | 女 | 1973.9 | 长治县荫城镇王坊村 | 东和乡政府 | 无党派人士 |
| 刑旭峰 | 男 | 1967.8 | 长治县韩店镇韩店村 | 西池乡政府 | 无党派人士 |

| | | | | | |
|---|---|---|---|---|---|
| 刘 亮 | 女 | 1978.11 | 长治县韩店镇韩店村 | 荫城镇政府 | 无党派人士 |
| 景宏伟 | 男 | 1972.1 | 长治县郝家庄乡信义村 | 县检察院 | 无党派人士 |
| 靳云峰 | 男 | 1976.5 | 长治县苏店镇原家庄村 | 贾掌镇政府 | 无党派人士 |
| 张海燕 | 女 | 1974.3 | 长治县东和乡西和村 | 县交通局财务股 | 无党派人 |
| 杨亚平 | 女 | 1978.9 | 长治县西火镇桥头村 | 县审计局 | 无党派人士 |
| 李 莉 | 女 | 1977.4 | 长治县北呈乡北和村 | 县环保局 | 无党派人士 |
| 牛志川 | 男 | 1978.1 | 长治县西火镇关家村 | 团县委 | 共青团 |
| 李会庆 | 男 | 1963.11 | 长治县东和乡东和村 | 县总工会 | 总工会 |
| 鲍 璐 | 女 | 1969.4 | 长治县八义镇八义村 | 县委党校 | 总工会 |
| 宋 烛 | 女 | 1965.2 | 长治县韩店镇韩店村 | 县节水办 | 总工会 |
| 李凌峰 | 女 | 1961.12 | 长治县贾掌镇原村村 | 县妇联 | 妇女联合会 |
| 宋元萍 | 女 | 1961.1 | 长治县八义镇师庄村 | 县国土局 | 妇女联合会 |
| 贾彩琴 | 女 | 1977.3 | 晋城市沁水县 | 县城建局 | 妇女联合会 |
| 王琴霞 | 女 | 1969.6 | 长治县北呈乡北呈村 | 北呈村 | 妇女联合会 |
| 王有明 | 男 | 1962.9 | 长治县荫城镇河南村 | 县工商联 | 工商业联合会 |
| 宋建设 | 男 | 1955.9 | 长治县荫城镇荫城村 | 个协荫城分会 | 工商业联合会 |
| 宋外宾 | 男 | 1971.4 | 长治县荫城镇王坊村 | 县宏运宾馆 | 工商业联合会 |
| 魏志明 | 男 | 1973.3 | 长治市城区 | 宏达润滑油公司 | 工商业联合会 |
| 刘成仁 | 男 | 1962.2 | 长治县东和乡东和村 | 振东集团 | 工商业联合会 |
| 张爱民 | 男 | 1959.9 | 长治县贾掌镇贾掌村 | 贾掌爱民食品厂 | 工商业联合会 |
| 董林军 | 男 | 1971.2 | 长治县八义镇师庄村 | 云仙阁大酒店 | 工商业联合会 |
| 原 峰 | 男 | 1971.3 | 长治县苏店镇南董村 | 鑫磊电脑公司 | 工商业联合会 |
| 贾旭琴 | 女 | 1967.4 | 长治县西火镇南掌村 | 县红鹰大酒店 | 工商业联合会 |
| 田文德 | 男 | 1958.1 | 长治县北呈乡北张村 | 德信电器经销部 | 工商业联合会 |
| 田清则 | 男 | 1966.2 | 长治县东和乡东和村 | 田昊电器超市 | 工商业联合会 |
| 宋卫星 | 男 | 1971.11 | 长治县东和乡东和村 | 博大超市 | 工商业联合会 |
| 陈 孝 | 男 | 1973.8 | 长治县八义镇师庄村 | 师庄宇鑫洗煤厂 | 工商业联合会 |
| 潜小梅 | 女 | 1970.1 | 长治县韩店镇韩店村 | 振东制药公司审监部 | 工商业联合会 |
| 王建栋 | 男 | 1968.12 | 长治县北呈乡六家村 | 雅王装潢部 | 工商业联合会 |
| 任书堂 | 男 | 1968.8 | 长治县韩店镇韩川村 | 县科协 | 科学技术协会 |
| 杨瑞英 | 女 | 1964.10 | 长治县苏店镇西申家庄村 | 县科技局 | 科学技术界 |
| 姚建国 | 男 | 1965.3 | 襄垣县 | 县公路管理段 | 科学技术界 |
| 贾云峰 | 男 | 1962.8 | 长治县苏店镇王董村 | 县计生服务站 | 科学技术界 |
| 李书玲 | 女 | 1965.8 | 潞城县微子镇 | 县文联 | 文化艺术界 |
| 焦万君 | 男 | 1976.4 | 长治县西火镇西火村 | 县书法协会 | 文化艺术界 |
| 崔旭林 | 男 | 1964.9 | 长子县西南呈村 | 县红旗剧团 | 文化艺术界 |

| | | | | | |
|---|---|---|---|---|---|
| 王慧敏 | 男 | 1969.9 | 长治县苏店镇南庄村 | 县教育局 | 文化艺术界 |
| 闫文秀 | 男 | 1958.11 | 长治县北呈乡北呈村 | 县作家协会 | 文化艺术界 |
| 李书彬 | 男 | 1962.9 | 长治县苏店镇南庄村 | 县农业局 | 农林界 |
| 成志忠 | 男 | 1953.1 | 长治县西池乡坟上村 | 县林产品公司 | 农林界 |
| 杨阿艳 | 女 | 1974.9 | 长子县丹朱镇河西村 | 县农业局 | 农林界 |
| 赵建岗 | 男 | 1969.10 | 长治市郊区高庄村 | 县农业局土肥站 | 农林界 |
| 郭彩萍 | 女 | 1970.11 | 长治县苏店镇苏店村 | 县水利局水政股 | 农林界 |
| 靳消气 | 男 | 1949.6 | 长治县韩店镇韩店村 | 韩店村委 | 农林界 |
| 赵国祥 | 男 | 1959.2 | 长治县荫城镇荆圪道村 | 荆圪道村 | 农林界 |
| 王志晓 | 男 | 1964.3 | 长治县荫城镇北峪村 | 北峪村 | 农林界 |
| 郭庆文 | 男 | 1969.7 | 长治县西池乡东池村 | 东池村委 | 农林界 |
| 李书文 | 男 | 1953.10 | 长治县北呈乡北和村 | 北和村 | 农林界 |
| 王文彪 | 男 | 1967.12 | 长治县东和乡辉河村 | 辉河村委 | 农林界 |
| 乔俊红 | 男 | 1973.8 | 长治县郝家庄乡高村 | 高村农产品开发园区 | 农林界 |
| 王支堂 | 男 | 1957.8 | 长治县郝家庄乡宋家庄村 | 宋家庄村 | 农林界 |
| 秦玉龙 | 男 | 1983.5 | 长治县苏店镇西申家庄村 | 西申家庄韩洋储煤厂 | 农林界 |
| 孟志刚 | 男 | 1973.11 | 长治县南宋乡南宋村 | 南宋鑫通养殖公司 | 农林界 |
| 崔平则 | 男 | 1962.12 | 长治县北呈乡朔村村 | 朔村生达饲料公司 | 农林界 |
| 崔文兵 | 男 | 1957.3 | 长治县北呈乡北岭头村 | 北呈水磨石厂 | 农林界 |
| 张和平 | 男 | 1965.9 | 长治县西池乡河头村 | 苏店荟鸥养殖公司 | 农林界 |
| 王天堂 | 男 | 1960.7 | 长治县西池乡小河村 | 小河养鹿厂 | 农林界 |
| 杨长军 | 男 | 1975.9 | 长治县贾掌镇新庄村 | 县鸿泰铝塑复合公司 | 农林界 |
| 贾红兵 | 男 | 1972.10 | 长治县南宋乡子乐沟村 | 子乐沟村 | 农林界 |
| 宋明生 | 男 | 1962.9 | 长治县郝家庄乡信义村 | 教育局 | 教育界 |
| 鲍喜堂 | 男 | 1958.10 | 长治县八义镇窑沟村 | 县一中 | 教育界 |
| 原永红 | 男 | 1966.8 | 晋城市高都镇 | 县进修校 | 教育界 |
| 郭书清 | 男 | 1962.7 | 长治县韩店镇寺庄村 | 县二中 | 教育界 |
| 王　玮 | 男 | 1968.7 | 长治县韩店镇西苗村 | 光明小学 | 教育界 |
| 牛思清 | 男 | 1966.5 | 长治县郝家庄乡任家庄村 | 县一中 | 教育界 |
| 秦红珍 | 女 | 1969.7 | 长治县荫城镇河南村 | 县一中 | 教育界 |
| 傅会平 | 女 | 1971.2 | 沁县城关镇 | 县一中 | 教育界 |
| 赵保娥 | 女 | 1957.10 | 长治县苏店镇西贾村 | 县六中 | 教育界 |
| 程庆明 | 男 | 1968.7 | 长治县郝家庄乡信义村 | 县四中 | 教育界 |
| 韩改枝 | 女 | 1956.11 | 长子县南漳乡东旺村 | 光明小学 | 教育界 |
| 牛振玲 | 女 | 1971.8 | 长治县西火镇平家庄村 | 机关幼儿园 | 教育界 |
| 崔明霞 | 女 | 1972.11 | 长治县北呈乡朔村村 | 县三中 | 教育界 |

| | | | | | |
|---|---|---|---|---|---|
| 张瑞芳 | 女 | 1977.10 | 长治县韩店镇韩川村 | 王坊小学 | 教育界 |
| 平云丽 | 女 | 1978.3 | 长治县荫城镇内王村 | 苏店学校 | 教育界 |
| 张　峰 | 男 | 1976.8 | 长治县贾掌镇定流村 | 贾掌镇前土门小学 | 教育界 |
| 孙秀德 | 男 | 1957.9 | 长治县北呈乡北呈村 | 县英杰中学 | 教育界 |
| 王根红 | 男 | 1978.5 | 长治县西池乡小河村 | 县职业高中 | 体育界 |
| 崔晋慧 | 女 | 1970.11 | 长治县八义镇龙山村 | 县报社 | 新闻出版社 |
| 王华栋 | 男 | 1968.4 | 长治县荫城镇中村村 | 县广电中心新闻站 | 新闻出版社 |
| 崔晓堂 | 男 | 1959.10 | 长治县八义镇龙山村 | 县民政局 | 社会救济福利 |
| 胡晓峰 | 男 | 1960.4 | 长治县苏店镇辛庄村 | 县残联 | 社会救济福利 |
| 马国兵 | 男 | 1972.1 | 长治县东和乡东和村 | 东和清真寺 | 少数民族 |
| 马景清 | 男 | 1953.6 | 长治县东和乡东和村 | 韩店联校 | 少数民族 |
| 王艳萍 | 女 | 1962.11 | 辽宁省黑山县 | 县技术监督局 | 少数民族 |
| 李先孝 | 男 | 1968.5 | 长治市城区东街 | 西苗天主教 | 宗教界 |
| 王新安 | 男 | 1952.5 | 长治县韩店镇韩店村 | 韩店基督教聚会点 | 宗教界 |
| 释觉博 | 男 | 1969.7 | 江苏省灌云县 | 北天河交光寺 | 宗教界 |
| 释广清 | 男 | 1974.11 | 河北省阜平县 | 河头如愿寺 | 宗教界 |
| 王国清 | 男 | 1955.6 | 长治县韩店镇柳林村 | 柳林天主堂 | 宗教界 |
| 车建斌 | 男 | 1969.9 | 长治县荫城镇河下村 | 地税稽查局 | 经济企业界 |
| 王建卫 | 男 | 1970.8 | 长治县韩店镇池里村 | 二轻局生产科 | 经济企业界 |
| 李福顺 | 男 | 1942.7 | 长治县荫城镇荫城村 | 荫城镇红旗煤矿 | 经济企业界 |
| 李广俊 | 男 | 1965.9 | 屯留县丰宜乡 | 经坊煤业有限公司 | 经济企业界 |
| 吕彦青 | 男 | 1965.8 | 河北省石家庄村 | 西山煤业有限公司 | 经济企业界 |
| 陈富堂 | 男 | 1959.10 | 长治县八义镇师庄村 | 师庄西岭矿 | 经济企业界 |
| 王华荣 | 男 | 1955.12 | 长治县南宋乡南宋村 | 曙光煤矿 | 经济企业界 |
| 常和保 | 男 | 1955.12 | 长治县南宋乡北宋村 | 北宋煤矿 | 经济企业界 |
| 李仁龙 | 男 | 1977.4 | 长治县八义镇南窑沟村 | 八义镇南窑沟煤矿 | 经济企业界 |
| 宋安生 | 男 | 1957.8 | 长治县韩店镇东呈村 | 交通微波公司 | 经济企业界 |
| 郭玉兰 | 女 | 1955.6 | 长治县东和乡辛呈村 | 辛呈欣隆电石厂 | 经济企业界 |
| 郭向荣 | 男 | 1971.7 | 长治县西火镇西村村 | 西火镇西掌煤矿 | 经济企业界 |
| 张旭亮 | 男 | 1981.3 | 长治县南宋乡关头村 | 南宋乡关头煤矿 | 经济企业界 |
| 田书彬 | 男 | 1974.2 | 长治县西火镇羊川村 | 西火兴华煤矿 | 经济企业界 |
| 贾学兵 | 男 | 1968.11 | 长治县荫城镇大峪村 | 荫城东山煤矿 | 经济企业界 |
| 赵玉廷 | 男 | 1959.2 | 长治县郝家庄乡郝家庄村 | 玉通机械设备公司 | 经济企业界 |
| 李　兵 | 男 | 1968.4 | 长治县贾掌镇原村 | 华泰水泥熟料公司 | 经济企业界 |
| 张其文 | 男 | 1961.6 | 长治县西池乡小河村 | 县国土资源局 | 特　邀 |
| 王爱山 | 男 | 1957.9 | 长治县北呈乡南岭头村 | 县交通局 | 特　邀 |

| | | | | | |
|---|---|---|---|---|---|
| 郭玉斌 | 男 | 1958.9 | 长治县苏店镇王董村 | 县乡镇局 | 特 邀 |
| 赵虎胜 | 男 | 1962.12 | 壶关县树掌镇 | 县工商局 | 特 邀 |
| 沈领喜 | 男 | 1965.10 | 晋城市泽州县 | 县编委 | 特 邀 |
| 张起山 | 男 | 1956.9 | 长治县荫城镇李坊村 | 县安监局 | 特 邀 |
| 李平书 | 男 | 1949.7 | 长治县贾掌镇原村 | 县王庄煤矿 | 特 邀 |
| 王四清 | 男 | 1965.9 | 长治县北呈乡北呈村 | 县政府办 | 特 邀 |
| 陈建龙 | 男 | 1965.7 | 长治县韩店镇经坊村 | 县法院 | 特 邀 |
| 李付平 | 男 | 1956.11 | 长治县东和乡东和村 | 县检察院 | 特 邀 |
| 王孝忠 | 男 | 1956.8 | 长治县东和乡辉河村 | 县公安局 | 特 邀 |
| 关安国 | 男 | 1962.6 | 长治县苏店镇苏店村 | 县国有资产局 | 特 邀 |
| 陈旭斌 | 男 | 1966.12 | 长治县韩店镇东呈村 | 荫城镇政府 | 特 邀 |
| 张力军 | 男 | 1969.12 | 黎城县 | 县交警大队 | 特 邀 |
| 景书义 | 男 | 1956.8 | 长治县荫城镇北头村 | 县粮食局 | 特 邀 |
| 刘素芳 | 女 | 1972.10 | 长治县八义镇西坪村 | 县统计局 | 特 邀 |
| 冯虎文 | 男 | 1966.5 | 长治县韩店镇黎岭村 | 韩店镇政府 | 特 邀 |
| 张保平 | 男 | 1963.6 | 长治县苏店镇东申家庄村 | 县法院立案庭 | 特 邀 |
| 靳永清 | 男 | 1959.12 | 长治县韩店镇韩店村 | 韩店镇政府总支 | 特 邀 |
| 杜爱庭 | 男 | 1956.12 | 长治县苏店镇西贾村 | 苏店镇政府 | 特 邀 |

## 十四届三次会议政协委员调整增补名录

| 姓 名 | 性别 | 籍 贯 | 工作单位 | 委员界别 |
|---|---|---|---|---|
| 王海燕 | 女 | 长治县东和乡 | 智燕说唱团 | 文化艺术界 |
| 李旭日 | 男 | 长治县西池乡 | 县一中 | 教育界 |
| 韩富山 | 男 | 长治县南宋乡长掌村 | 南宋乡长掌村 | 农林界 |
| 李建生 | 男 | 长治县八义镇岔口村 | 八义镇振义煤业 | 经济企业界 |
| 杨会刚 | 男 | 长治县西火镇 | 红台掌煤矿 | 经济企业界 |
| 宋继卫 | 男 | 长治县西火镇 | 振兴洗煤厂 | 经济企业界 |
| 常琪亮 | 男 | 长治县北呈乡朔村 | 县工业园区 | 特 邀 |

## 十四届四次会议政协委员调整增补名录

| | | | | |
|---|---|---|---|---|
| 牛泽玲 | 女 | 长治县西火镇平家庄村 | 县经贸局 | 经济企业界 |
| 武谚弘 | 女 | 长治县贾掌镇西岭村 | 贾掌镇西岭村委 | 农林界 |
| 李 军 | 男 | 长治县贾掌镇原村 | 县侨联 | 侨 联 |
| 李世民 | 男 | 长治县八义镇师庄村 | 八义镇师庄煤矿 | 经济企业界 |

# 第二章　省、市政协委员

## 第一节　省政协委员

根据有关资料记载，胡纪道、高国景为省政协委员，推选时间不详。

山西振东集团董事长李安平在山西省政协十届四次会议上增补为省政协委员。

## 第二节　市政协委员

### 第六届委员会（1983.1—1987.5）

1983 年 9 月，长治县由晋东南地区划归长治市辖管。长治市政协在 1984 年 3 月召开的六届二次会议上，决定增补本县下列人员为第六届市政协委员：

张元吉　长治县一中校长

胡纪道　长治县财政局副局长

宋大胖　长治县红专剧团副团长

韩　越　长治县一中教师

晋尚武　长治县农机局监理站站长

### 第七届委员会（1987.5—1992.6）

韩国华　长治县政协主席

胡纪道　长治县政协副主席

李树德　长治县委统战部部长

张守孝　长治县工商联会长

宋大胖　长治县红专剧团副团长

张元吉　长治县一中校长

崔天瑞　长治县农业局
崔松虎　长治县玛钢厂技术员、工人
宋洛柱　长治海棠洗衣机厂工人

## 第八届委员会(1992.6—1997.5)

郝审成　长治县政协主席
冯树忠　长治县政府副县长
张贵祥　长治县政协副主席、县委统战部长
张守孝　长治县政协经济委主任
常树毅　长治县职业高中校长
傅怀珠　长治县文化馆馆员
高恩祥　长治县兽医院院长
牛志忠　长治县社会福利厂厂长
王保珍　苏店镇无线电元件厂厂长
崔松虎　长治县玛钢厂技术员、工人
宋洛柱　长治海棠洗衣机厂工人

## 第九届委员会(1997.5—2002.3)

郝审成　长治县政协主席(1998 年县政协换届离职)
贾圪堆　长治县政协主席(1998 年县政协换届任职,1998 年增补为市政协九届委员)
冯树忠　长治县政府副县长
张贵祥　长治县政协副主席、县委统战部长(1998 年 5 月离职,不再担任统战部长职务)
张守孝　长治县政协副主席
牛外则　长治县委统战部长(1998 年 5 月任职,增补为市政协九届委员)
聂福禄　长治县工会主席
林素娥(女) 长治县实验小学教师
杨有根　红台掌煤矿矿长
李天保　长治县一院副院长
李安平　长治振东集团董事长
赵建国　长治海棠洗衣机厂支部书记

## 第十届委员会(2002.3—2007.6)

贾圪堆　长治县政协主席 (2004 年 5 月离职后,不再担任委员)

傅永祥　长治县政协主席（2003年6月任职，2004年5月增补为第十届市政协委员）
李安虎　长治县政府副县长
牛外则　长治县委统战部长
王联兵　长治县工商联会长
林素娥(女)长治县实验小学教师
杨有根　长治县红台掌煤矿矿长
常立新　长治县立新正骨医院院长

## 第十一届委员会（2007.6—　）

傅永祥　长治县政协主席
李安虎　长治县政府副县长
牛外则　长治县政协副主席，县委统战部长
宋外宾　长治县宏运宾馆经理
杨有根　长治县红台掌煤矿矿长
郭孝科　长治县东山煤矿矿长
王海青(女)长治县韩店小学副校长
常立新　长治县立新正骨医院院长
王建红　长治县北呈乡北张村支部书记
李燕玲(女)长治县中国银行行长

# 第三编

# 政协机构

中国人民政治协商会议是中国人民爱国统一战线组织，是中国共产党领导的多党合作和政治协商的重要机构，是我国政协生活中发扬社会主义民主的重要形式。县政协在组织构成、机构设置上，结合其自身工作特点，逐步建立和健全自己的工作机构和办事机构，形成了政协机关的统一整体。

# 第一章 政协常委会

政协潞安县第一届委员会于1957年4月召开,同时设立常务委员会。常务委员会由主席、副主席、秘书长及常务委员若干人组成。主席主持常务委员会的工作,副主席、秘书长协助主席工作。

根据《政协章程》有关规定,政协长治县常务委员会行使下列职权:决定召集并主持政协长治县委员会全体会议(每届第一次会议由主席团主持),审议提交全体会议的文件;组织委员贯彻实施政协长治县委员会全体会议的决议、决定以及全国政协、省政协、市政协作出的有关决议、决定,实施政协章程规定的任务;在全体会议闭会期间,审议通过向中共长治县委、县人民代表大会常务委员会、县人民政府提交的重要建议案;联系和指导县政协各工作小组工作;协商决定本届政协参加单位、委员名额和届中人选的变更及下届政协参加单位、委员名额和人选;决定政协长治县委员会专门委员会的设置、变更并任免其组成人员。

## 第一届常务委员会(1957.5—1958.9)

政协潞安县第一届委员会第一次会议于1957年4月29日至5月4日在长治召开,55名委员出席了会议。会议选举产生了政协潞安县第一届委员会常务委员会,选出常委17名,其中主席1名,副主席3名。

主　席:范任卿(县委书记兼)

副主席:王化行　郑兆兰　王松保

常　委:(按姓氏笔画为序)

王化行　王松保　王阳和　王喜英(女)　吕根山　朱瑞兰

张金玉　张厚卷　范任卿　郑兆兰　罗文华　杨秀清(女)

郝聘芝(女)　郭步堂　郭继忠　梁马豆　焦克功

秘书长:张　河

## 第三届常务委员会(1961.9—1962.8)

1961年9月,长治市、长治县分设后,组成了新的政协长治县常务委员会。常务委员会由4人(其中:有市县合并期间,长治市政协三届一次会议选出的常务委员2人)组成。其中主席人1人,副主席1人。

主　席:宋务迪(县委书记兼)

副主席:王化行(常务)

常　委:(按姓氏笔画为序)

王化行　　宋务迪(其他两人不详)

## 第四届常务委员会(1962.8—?)

1961年9月,恢复长治县建制后,政协长治县委员会沿用长治市委员会届次,于1962年8月23日至29日召开了四届一次会议,会议选举产生了政协长治县第四届常务委员会,选出常务委员12名,其中主席1名,副主席1名。

主　席:宋务迪(县委书记兼)

副主席:王化行

常　委:(按姓氏笔画为序)

王化行　宋务迪　李保珠　张金玉　张新年　张志恒
杨官元　祝永春　胡纪道　郭玉仓　焦克功　董永芬

## 第五届常务委员会(? -1965.8)

政协长治县委员会五届一次会议选举产生了政协长治县第五届委员会常务委员会,选出常务委员10名,其中主席1名,副主席1名。

主　席:宋务迪(县委书记兼)

副主席:王化行

常　委:(按姓氏笔画为序)

王化行　宋务迪　李保珠　张金玉　张志恒　杨官元
祝永春　胡纪道　郭玉仓　董永芬

1963年6月26日,政协长治县委员会召开五届二次会议,会议补选李良弼为政协副主席,王二秃、邓坚、马妙然、许殿魁为政协常务委员。

## 第六届常务委员会(1965.8-1966.5)

政协长治县委员会于1965年8月10日至14日召开了六届一次会议,会议选举产生了政协长治县第六届委员会常务委员会,选出主席1名,副主席1名(缺失常委组成资料)。

主　席:尹正南(县委书记兼)

副主席:王化行

## 第七届常务委员会(1981.4~1984.9)

1981年4月9日至15日,政协长治县委员会召开了七届一次会议,会议选举产生了政协长治县第七届常务委员会，选出常务委员 14 名，其中主席 1 名，副主席 3 名。

主　席：史中和

副主席：程金成　郝保兴　张金玉

常　委：(按姓氏笔画为序)

王荣生　史中和　申安福　刘天顺　许殿魁　李保珠
汪裕国　张海棠(女)　张金玉　胡纪道　郝保兴　郭继忠
梁吉祥　程金成

## 第八届常务委员会(1984.9~1987.8)

1984 年 9 月 24 日至 9 月 29 日，政协长治县委员会召开了八届一次会议，会议选举产生了政协长治县第八届常务委员会，选出常务委员 15 名，其中主席 1 名，副主席 5 名。

主　席：朱培荣

副主席：李爱华(女)　李树德　胡纪道　张金玉　张　汉

常　委：(按姓氏笔画为序)

申安福　刘天顺　朱培荣　李爱华(女)　李树德　李保珠
张金玉　张海棠(女)　张　汉　范　志　胡纪道　郜俊保
郭继忠　高恩祥　董振祥

1986 年 5 月，政协八届三次会议补选张守孝、郭树清为政协常委。

## 第九届常务委员会(1987.8—1990.6)

1987 年 8 月 20 日至 8 月 26 日，政协长治县委员会召开了九届一次会议，会议选举产生了政协长治县第九届常务委员会，选出常务委员 17 名，其中主席 1 名，副主席 4 名。

主　席：韩国华

副主席：李树德　胡纪道　张金玉　张志恒

常　委：(按姓氏笔画为序)

刘天顺　刘唐哲　李树德　李清文　李步云　张守智
张守孝　张金玉　张志恒　张俊英(女)　胡纪道　范　志
郜俊保　高恩祥　韩国华　郭树清　蒋喜福

## 第十届常务委员会(1990.6—1993.6)

1990 年 6 月 17 日至 6 月 22 日，政协长治县委员会召开了十届一次会议，会议选举产生了政协长治县第十届常务委员会，选出常务委员 17 名，其中主席 1 名，副主席 3 名。

主　席：韩国华

副主席:李树德　　张志恒　　花明新

常　委:(按姓氏笔画为序)

刘唐哲　花明新　李步云　李树德　李清文　范　志

张守孝　张志恒　张俊英(女)　赵怀忠　郜俊保　郭树清

高恩祥　韩国华　蒋喜福　傅怀珠　裴福宏

## 第十一届委员会(1993.6—1998.5)

1993 年 6 月 29 日至 7 月 3 日,政协长治县委员会召开了十一届一次会议,会议选举产生了政协长治县第十一届常务委员会,选出常务委员 19 名,其中主席 1 名,副主席 4 名。

主　席:郝审成

副主席:陈一评　　花明新　　张守孝　　傅怀珠

常　委:(按姓氏笔画为序)

牛志忠　田金旺　刘唐哲　陈一评　李水文　李步云

李清文　张守孝　张俊英(女)　张贵祥　张德毅　花明新

范　志　赵怀忠　郜家珍　高恩祥　郝审成　裴福宏

傅怀珠

1994 年 5 月,十一届二次会议增选张贵祥为政协副主席、魏太平为常务委员。

1997 年 3 月 27 日,十一届五次会议,增选贾圪堆为政协副主席,裴秋虎为常务委员。

## 第十二届常务委员会(1998.5—2003.6)

政协长治县委员会于 1998 年 5 月 17 日至 20 日召开了十二届一次会议,会议选举产生了政协长治县十二届常务委员会,选出常务委员 21 名,其中主席 1 名,副主席 4 名。

主　席:贾圪堆

副主席:牛二锁　　陈一评　　张守孝　　牛外则

常　委:(按姓氏笔画为序)

牛二锁　牛外则　申有宝　李水文　李平书　李安平

李振国　宋平英(女)　宋安生　张守孝　张起山　张俊英(女)

陈一评　赵怀忠　赵银虎　贾圪堆　常树毅　崔德胜

鲍金章　裴福宏　翟清则

2002 年 3 月,十二届五次会议补选申有宝、鲍金章为副主席。

## 第十三届常务委员会(2003.6—2007.5)

2003 年 6 月 24 日至 6 月 27 日,政协长治县委员会召开了十三届一次会议,会议选举产生了政协长治县第十三届常务委员会,选出常务委员 25 名,其中主席 1 名,副主席 4 名。

主　席:傅永祥

副主席:牛外则　　申有宝　　鲍金章　　李志文

常　委:(按姓氏笔画为序)

| | | | | | |
|---|---|---|---|---|---|
| 马国兵 | 王广清 | 王联兵 | 车建斌 | 牛玉清 | 牛外则 |
| 申有宝 | 乔和平 | 乔俊红 | 李平书 | 李志文 | 李振国 |
| 李淑梅(女) | 宋平英(女) | 宋安生 | 张俊英(女) | 张起山 | 赵银虎 |
| 段志荣 | 秦金水 | 崔德胜 | 傅永祥 | 鲍金章 | 鲍喜堂 |
| 裴福宏 | | | | | |

## 第十四届常务委员会(2007.5 — )

2007 年 5 月 14 日至 5 月 17 日,政协长治县委员会召开了十四届一次会议,会议选举产生了政协长治县第十四届常务委员会,选出常务委员 24 名,其中主席 1 名,副主席 4 名。

主　席:傅永祥

副主席:牛外则　　申有宝　　鲍金章　　李志文

常　委:(按姓氏笔画为序)

| | | | | | |
|---|---|---|---|---|---|
| 马国兵 | 王建卫 | 车建斌 | 牛外则 | 牛志川 | 牛振玲(女) |
| 申有宝 | 傅会平(女) | 李平书 | 李志文 | 李振国 | 李淑梅(女) |
| 吕彦青 | 张起山 | 段志荣 | 郭海波 | 秦金水 | 原永红 |
| 崔晋慧(女) | 傅永祥 | 鲍金章 | 鲍喜堂 | 潜小梅(女) | 魏志明 |

2009 年 5 月 13 日,十四届三次会议补选王有明、吉阳萍(女)、李建生、范李斌为常务委员。

# 第二章 工作机构

政协长治县委员会的办公室、各专门委员会是县政协组织委员进行经常性活动的工作机构，是在政协长治县委员会及其常务委员会领导下，为开好县政协全委会议、常委会议、主席会议服务；为实现多党合作、政治协商和发挥社会主义民主服务；为县政协委员和政协组织顺利履行职责服务的组织机构。政协机关各部门间职责清晰，任务明确，各司其职，分工协作，成为一个高效、协调的工作整体。县政协机关始终坚持加强思想、组织、作风、制度和工作设施等方面的建设，努力把自身建设提高到新的水平。

## 第一节 机构沿革

长治县政协自1957年成立以来，随着形势发展和实际工作需要，工作办事机构从无到有，从小到大，工作人员由兼职到专职，不断发展，逐步健全，经过了一个长期完善的过程。

“文化大革命”前，长治县政协内部没有设专门工作机构，主要工作由驻会人员负责，日常工作活动多以一些临时性工作组开展。

“文化大革命”结束后，1981年长治县政协恢复初期，政协长治县第七届委员会机关只设有一个办公室，仅有专职工作人员3名，其中办公室主任1名、副主任1名、干事1名。

1984年9月，政协长治县第八届委员会第一次常委会议研究，决定县政协机关除办公室外，另设3个工作委员会，即学习工作委员会、文史资料委员会、提案工作委员会；5个学习工作组，即农业学习工作组、工业财贸学习工作组、文体医卫学习工作组、科技学习工作组、统一祖国学习工作组。各委员会主任、副主任多为兼职。机关在编工作人员5人，其中办公室主任1人、副主任2人、干事2人。

1986年，根据中共中央[1986]10号文件“各级党委要为政协工作积极创造条件，对政协在干部编制、活动经费等方面存在的困难要确实帮助解决”的精神，经中共长治县委1986年6月24日常委会议研究，对县政协内设机构做了重新调整。调整后，县政协工作机构除办公室外，另设4个委员会，即学习委员会、文史资料委员会、提案审理委员会、统一祖国委员会。每个委员会下设办公室，为科级常设机构。机关在编工作人员9名，有办公室主任1人、副主任1人；学习委员会办公室副主任1人；统一祖国委员会办公室主任1人；文史资料委员会办公室副主任1人、干事4人。

政协长治县第九届委员会内设机构在八届的基础上适当进行了调整，各专门委员会由原来的4个增设为5个，即学习工作委员会、经济建设委员会、统一祖国工作委员会、提案工作委员会、文史工作委员会。委员会为政协内部常设科(局)级工作机构，不再下设办公室。工作组由原来的5个调整为10个，即机关、工业、农业、财贸、文教、医卫以及韩店、苏店、荫城、西火4个重点镇政协工作组。

1989年7月12日,县政协九届十次常委会议对上述5个工作委员会研究变更,各工作委员会直接称“委员会”,不要“工作”二字,并明确其工作职责,规定各委员会可设主任1名、副主任1–2名;在尚未配备专职主任、副主任之前,暂由政协主席、副主席、常委或具备条件的政协委员分别兼任。

政协长治县第十届委员会机构设置,除文史委员会更名为“政教文史委员会”、经济建设委员会更名为“经济委员会”,部分成员作了调整外,基本保持第八届、第九届框架,设5个委员会,10个工作组。

政协长治县第十一届委员会任期由3年改为5年,人员编制增至13人,各专委会逐步配备了专职主任或副主任。

第十二届政协换届后,根据政协章程和上级有关精神,经1998年7月28日十二届一次常务委员会会议研究,设一室四委,即办公室、提案委员会、学习联络委员会(将原学习工作委员会和统一祖国工作委员会合并)、政教文史委员会、经济科技委员会和7个学习活动组:党政机关组、文宣组、工农财贸组、城关片小组、荫城片小组、苏店片小组、西火片小组。

2000年6月14日,政协长治县十二届六次常务委员会议根据省、市政协机构设置要求及本县政协实际情况,为便于工作协调,对部分委员会予以更名,将原学习联络委员会更名为“学习联络与法制委员会”,经济科技委员会更名为“经济与人口资源环境委员会”,政教文史委员会更名为“科教文卫体委员会”,工作职能相应调整。

2002年6月,根据中央、省、市、县机构改革有关精神和要求,结合新时期政协工作任务的需要,经中共长治县委批准,长治县政协内设机构为一室五委:办公室、提案委员会、经济与人口资源环境委员会、科教文卫体委员会、学习联络与法制委员会、港澳台侨与外事委员会。机关行政编制8名,工勤人员编制1名。

政协长治县第十三届委员会除保持一室五委框架外,根据省、市政协有关精神,2004年12月,在全县各乡镇组建成立了乡镇政协工作委员会。

政协长治县第十四届委员会根据长县编发[2008]6号文件通知精神,于2008年4月正式成立长治县政协信息中心,属县政协办公室下辖全额拨款股级事业单位;2009年,根据长县编字[2009]4号通知精神,长治县政协信息中心由股级升格为全额拨款正科级建制事业单位,编制3名,科级领导职数1名。

附:长治县政协历届工作机构及领导人名录:

## 政协办公室历任主任名录

表3-2-1

| 序号 | 姓名 | 任职时间 | 任职届次 |
|---|---|---|---|
| 1 | 崔凤鸣 | 1981.12—1986.7 | 七、八届 |
| 2 | 郭树清 | 1986.7 —1990.9 | 八、九、十届 |
| 3 | 王石魁 | 1990.9 —1995.3 | 十、十一届 |
| 4 | 赵银虎 | 1995.3 —2009.4 | 十一、十二、十三、十四届 |
| 5 | 范李斌 | 2009.4 — | 十四届 |

## 八届委员会工作机构人员名录(1984.9—1987.8)

表 3-2-2

| 专委名称 | 职务 | 姓名 | 任职时间 |
|---|---|---|---|
| 学习工作委员会 | 主任 | 朱培荣(兼) | 1984.9—1986.7 |
| | | 张　汉(兼) | 1986.7—1987.8 |
| | 副主任 | 李树德(兼) | 1984.9—1986.7 |
| | | 张　汉(兼) | 1984.9—1986.7 |
| | | 段庆贞 | 1986.7—1987.8 |
| 文史资料委员会 | 主任 | 胡纪道(兼) | 1984.9—1986.7 |
| | | 李树德(兼) | 1986.7—1987.8 |
| | 副主任 | 郜俊保 | 1984.9—1987.8 |
| 提案审理委员会 | 主任 | 李爱华(女)(兼) | 1984.9—1986.7 |
| | | 李爱华(女)(兼) | 1986.7—1987.8 |
| | 副主任 | 张海棠(女) | 1984.9—1986.7 |
| | | 郭树清(兼) | 1986.7—1987.8 |
| | | 张守孝 | 1986.7—1987.8 |
| | | 傅怀珠 | 1986.7—1987.8 |
| 统一祖国工作委员会 | 主任 | 胡纪道(兼) | 1986.7—1987.8 |
| | 副主任 | 贾有生 | 1986.7—1987.8 |
| | | 崔凤鸣 | 1986.7—1987.8 |
| | | 郭学勤(女) | 1986.7—1987.8 |

## 九届委员会工作机构人员名录(1987.8—1990.6)

表 3-2-3

<table>
<tr><th>专委名称</th><th>职务</th><th>姓名</th><th>任职时间</th></tr>
<tr><td rowspan="2">学习委员会</td><td>主任</td><td>韩国华(兼)</td><td>1987.8—1990.6</td></tr>
<tr><td>副主任</td><td>郜俊保(兼)</td><td>1987.8—1990.6</td></tr>
<tr><td rowspan="3">提案委员会</td><td>主任</td><td>李树德(兼)</td><td>1987.8—1990.6</td></tr>
<tr><td rowspan="2">副主任</td><td>郭树清(兼)</td><td>1987.8—1990.6</td></tr>
<tr><td>李根文</td><td>1989.9—1990.6</td></tr>
<tr><td rowspan="3">经济建设委员会</td><td>主任</td><td>张金玉(兼)</td><td>1987.8—1990.6</td></tr>
<tr><td rowspan="2">副主任</td><td>张守孝(兼)</td><td>1987.8—1990.6</td></tr>
<tr><td>原长熙(兼)</td><td>1987.8—1990.6</td></tr>
<tr><td rowspan="3">统一祖国委员会</td><td>主任</td><td>胡纪道(兼)</td><td>1987.8—1990.6</td></tr>
<tr><td rowspan="2">副主任</td><td>贾有生(兼)</td><td>1987.8—1990.6</td></tr>
<tr><td>郭学勤(女)(兼)</td><td>1987.8—1990.6</td></tr>
<tr><td rowspan="2">文史资料委员会</td><td>主任</td><td>张志恒(兼)</td><td>1987.8—1990.6</td></tr>
<tr><td>副主任</td><td>郜俊保</td><td>1987.8—1990.6</td></tr>
</table>

## 十届委员会工作机构人员名录(1990.6—1993.6)

表 3-2-4

<table>
<tr><th>专委名称</th><th>职务</th><th>姓名</th><th>任职时间</th></tr>
<tr><td>政教文史委员会</td><td>主任</td><td>郜俊保</td><td>1990.6—1993.6</td></tr>
<tr><td rowspan="2">学习委员会</td><td rowspan="2">主任</td><td>花明新(兼)</td><td>1990.6—1991.7</td></tr>
<tr><td>王满芹</td><td>1991.7—1993.6</td></tr>
<tr><td rowspan="2">经济工作委员会</td><td rowspan="2">主任</td><td>韩国华(兼)</td><td>1990.6—1991.7</td></tr>
<tr><td>张守孝</td><td>1991.7—1994.8</td></tr>
<tr><td rowspan="2">统一祖国委员会</td><td rowspan="2">主任</td><td>张志恒(兼)</td><td>1990.6—1991.7</td></tr>
<tr><td>冯贵堂</td><td>1991.7—1993.6</td></tr>
<tr><td rowspan="2">提案委员会</td><td>主任</td><td>李树德(兼)</td><td>1990.6—1993.6</td></tr>
<tr><td>副主任</td><td>李根文</td><td>1990.6—1993.6</td></tr>
</table>

## 十一届委员会工作机构人员名录(1993.6—1998.5)

表 3-2-5

| 专委名称 | 职务 | 姓名 | 任职时间 |
|---|---|---|---|
| 学习委员会 | 主任 | 王满芹 | 1993.3—1998.5 |
| | 副主任 | 王小元(女) | 1995.3—1998.5 |
| | | 李生贵 | 1997.6—1998.6 |
| 经济委员会 | 主任 | 冯贵堂 | 1994.8—1998.5 |
| 提案委员会 | 副主任 | 李根文 | 1993.6—1995.3 |
| | | 王照星 | 1995.5—1998.5 |
| 文史资料委员会 | 副主任 | 王树芳 | 1996.2—1998.5 |
| 祖国统一委员会 | 主任 | 冯贵堂 | 1993.6—1994.8 |
| | | 李根文 | 1995.3—1998.5 |
| | 副主任 | 李有生(兼) | 1993.6—1998.5 |
| | | 郭学勤(女)(兼) | 1993.6—1998.5 |

## 十二届委员会工作机构人员名录(1998.5—2003.6)

表 3-2-6

| 专委名称 | 职务 | 姓名 | 任职时间 |
|---|---|---|---|
| 经济科技委员会 | 主任 | 冯贵堂 | 1998.5—2002.2 |
| 经济与人口环境保护委员会 | 主任 | 王照星 | 2002.2—2003.6 |
| 学习联络委员会 | 主任 | 李根文 | 1998.5—2002.2 |
| | 副主任 | 李生贵 | 1998.6—1999.3 |
| | | 王小元(女) | 1998.6—2002.2 |
| 学习与法制委员会 | 副主任 | 王小元(女) | 2002.2—2003.6 |
| 政教文史委员会 | 副主任 | 王树芳 | 1998.6—2002.2 |
| 科教文卫体委员会 | 主任 | 王树芳 | 2002.2—2003.6 |
| 提案委员会 | 主任 | 陈一评(兼) | 1998.6—2003.6 |
| | 副主任 | 王照星 | 1998.5—2002.2 |
| | | 李有生 | 2002.2—2003.6 |
| 港澳台侨与外事委员会 | 主任 | 李根文 | 2002.2—2003.6 |

## 十三届委员会工作机构人员名录(2003.6—2007.6)

表 3-2-7

| 专委名称 | 职务 | 姓名 | 任职时间 |
|---|---|---|---|
| 科教文卫体委员会 | 主任 | 王树芳 | 2003.6—2007.6 |
| 经济与人口资源环境委员会 | 主任 | 范李斌 | 2004.12—2007.6 |
| | 副主任 | 韩金保 | 2003.11—2004.12 |
| | | 李有生 | 2006.4—2007.6 |
| 港澳台侨与外事委员会 | 主任 | 李根文 | 2003.6—2004.6 |
| | | 李春萍(女) | 2004.6—2007.6 |
| 提案委员会 | 主任 | 张建林 | 2006.4—2007.6 |
| | 副主任 | 李有生 | 2003.6—2006.4 |
| 学习联络与法制委员会 | 副主任 | 王小元(女) | 2003.6-2005.6 |
| | | 张建忠 | 2005.10—2007.6 |

## 十四届委员会工作机构人员名录(2007.6—)

表 3-2-8

| 专委名称 | 职务 | 姓名 | 任职时间 |
|---|---|---|---|
| 科教文卫体委员会 | 主任 | 王树芳 | 2007.6—2009.4 |
| | | 张建忠 | 2009.4— |
| 经济与人口资源环境委员会 | 主任 | 范李斌 | 2007.6—2009.4 |
| | 副主任 | 李有生 | 2007.6—2009.4 |
| | | 郭海波 | 2009.4— |
| 港澳台侨与外事委员会 | 主任 | 李春萍(女) | 2007.6— |
| 提案委员会 | 主任 | 张建林 | 20007.6—2009.4 |
| | 主任 | 王和平 | 2009.4— |
| 学习联络与法制委员会 | 副主任 | 张建忠 | 2007.6—2008.11 |
| | 主任 | 张建忠 | 2008.11—2009.4 |

## 第二节 现有机构

长治县政协成立以来,从以界别设置的工作小组到组建正式在编的专门委员会,根据不同时期的工作任务,走过了一个逐步健全和完善的过程。1984 年,政协长治县第八届委员会,为了更有效地开展政协工作,确实发挥其"政治协商"和"民主监督"的职能作用,根据《政协章程》第四十六条的规定精神,经县政协八届一次常委会议研究,决定政协机关设立政协办公室、学习工作委员会、提案工作委员会、文史资料委员会。同时,设农村、工业财贸、文体医卫、科技、统一祖国 5 个工作组,并根据本县实际情况,另设"民革办公室",以利民主党派开展工作。当时,这些工作机构负责人多为兼职,直到 1986 年八届三次会议以后,内设工作机构才陆续配备了专职人员并逐步完善。

县政协各专门委员会是根据《中国人民政治协商会议章程》和政协工作需要设立的,它是在政协常委会和主席会议领导下,组织委员进行经常性活动的重要组成部分。各专门委员会依据《政协章程》的要求,分别组织实施全体委员会议、常务委员会议提出的各项工作任务,并就国家和地方经济、政治、科教、文化、社会生活以及统一战线内部事务等重要问题提出意见和建议。2002 年 6 月,根据中央、省、市、县党政机关及人大、政协机构改革精神,经中共长治县委批准,政协设一个办公室五个专门委员会,均为正科级建制。

### 办公室

设主任 1 名,负责县政协办公室各方面的工作,主持召开办公室各种会议,组织并制定和落实各项机关制度,督促检查各方面工作的执行情况,积极协助主席、副主席做好政协各项工作;负责全体委员会议、常务委员会议、主席办公会议的准备工作,根据主席提出召开这些会议的日期、议程积极筹备,并做好会议文件、讲话、报告的起草和审核,同时做好会议记录、整理归档工作;协助主席组织实施各种会议决议的落实、检查、督促;负责县政协各专门委员会和老委员联谊会之间的工作协调,上级来宾的接待和对外联络工作。同时在政协党组领导下,负责安排和处理机关日常事务,做好机关人员的思想政治工作并关心机关干部职工的生活,搞好机关组织建设、思想建设、作风建设,务实、高效地开展机关各项工作;做好对老干部的服务工作。注重发挥政协老干部的余热,切实使他们老有所为、老有所乐,并注意帮助他们解决生活中的实际困难和问题。办公室对机关的财务和车辆进行统一管理,并保持与主席、副主席、委员的联系,及时向主席汇报有关情况,完成好主席、副主席交办的各项工作任务。

## 提案委员会

设主任或副主任 1 名,在主席和分管副主席领导下开展工作。

其工作职责是:根据政协提案工作条例和政协工作要点,制定全体会议期间提案工作方案和提案委员会本年度工作计划;依照规定的程序,组织征集提案,对提案进行立案审查,并确定具体承办单位;对提案办理情况进行检查和督促,对办理不符合要求的,及时请承办单位重新办理;负责撰写一年一度的提案工作报告、提案征集审查报告;组织提案工作的宣传报道,搞好新委员提案操作培训,注重提高提案质量,提案办理质量和服务质量;加强与市政协提案委的联系,索取有关提案文件资料,搞好提案经验交流;积极参加机关组织的各项活动,搞好与各专委会联系与协作。

## 科教文卫体委员会

设主任 1 名,在主席和分管副主席的领导下开展工作。

其工作职责是:负责科技、教育、文化、史料、卫生、体育方面的工作。其根据主席办公会、常委会拟定的工作要点,制定有关科教文卫体方面的工作计划,并付诸实施,同时加强同县科、教、文、卫、体等有关部门的联系与协作,组织有关方面的专题调研、协商座谈、知识讲座等工作;加强同兄弟市、县、区政协有关部门的协作,交换资料、交流经验,以便互通情况,沟通信息;同时完成市政协科教委安排的专题调研及其他工作,并拟定有关调查报告;同时加强与省市政协文史委的联系,完成省市文史委安排的文史资料征集拟定工作。该委负责保持与有关界别委员的密切联系工作,促进委员自我教育,倡导乐于奉献、建功立业的精神并完成主席安排的其他工作事宜,参加机关组织的各项活动,搞好与其他委员会的合作。

## 经济与人口资源环境委员会

设主任 1 名,在主席和分管副主席领导下开展工作。

主要工作职责是:根据主席办公会、常务委员会确定的有关经济、人口、资源环保方面的工作要点,制定部署本委的工作计划和实施方案;撰写本委的论文、专题调研报告、社情民意信息等材料;收集并钻研本委的有关文件、材料、理论文章,创造性地开展工作;完成市政协经济委安排的工作和专题调研,并组织好汇报材料、文稿、参加人员等事项;加强同本委有关界别的政协委员联系,动员他们在做好本职工作的基础上开展各种社会视察调查和联系群众的工作,积极履行参政议政职能;及时向主席和分管副主席汇报本委工作进展情况,加强同办公室和各委的联系,搞好协作,共同做好政协工作。

## 港澳台侨与外事委员会

设主任 1 名,在主席和分管副主席的领导下,负责台、港、澳、侨和对外方面的联系、协调、宣传等工作,做好统战和团结工作。

主要工作职责是:根据主席办公会、常委会拟定的工作要点和本委的工作职责制定好年度工作计划,并全力付诸实施；加强同党政有关部门的联系与协作，组织有关方面的视察调研、协商座谈等工作；积极同兄弟县(市、区)有关部门的沟通，互通情况，交流经验；积极完成市政协外事委员会安排的视察调研和其他工作；加强与有关界别委员的联系，促进有关工作的顺利开展和提高；完成主席安排的其他工作事宜。积极参加机关组织的各项活动，搞好与其他专委会的团结协作，共同推动政协工作。

## 学习联络与法制委员会

设主任或副主任1名，在主席和分管副主席领导下开展工作。

主要工作职责是：根据主席办公会和常务委员会工作要点，制定本委的工作计划和实施方案；制定和安排政协机关的理论学习计划和学习内容，并定期检查督促学习情况，发放学习资料；加强同公检法执法部门的联系和协作，促进社会主义法制建设，维护全县稳定的社会局面；密切同委员的联系，促进委员搞好自我教育、自我学习。根据本委职责，搞好视察和调研工作；完成上级政协学法委安排的有关工作。搞好与各委的协作，参加机关组织的各项活动；定期向主席和分管副主席汇报本委工作进展情况，接受领导安排的各项任务；搞好政协理论研究工作，促进政协制度化、规范化、法制化建设。

## 信息中心

设负责人1名，在主席和分管副主席的领导下开展工作。

主要工作职责是：根据主席办公会、常务委员会确定的有关信息中心的工作要点，制定部署本委的工作计划和实施方案；撰写社情民意信息，既要加强与本系统的工作联系，又要加强与其他部门和单位的联系，及时了解社会各方面情况，变“被动采集”为“主动采集”，广辟信息来源，畅通信息渠道；参与市、县政协各委员会组织的调研、视察活动，并负责对外宣传、报道；负责收集社情民意、编发政协信息；加强沟通联系，经常与上级政协信息部门联系，明确工作要求，把握工作重点，交流工作方法，提高工作水平；及时向主席和分管副主席汇报工作进展情况，加强同办公室和各委联系，搞好协作共同做好信息工作。

附：

### 政协长治县委员会专门委员会工作制度

#### 第一章 总 则

第一条 根据《中国人民政治协商会议章程》的规定，政协长治县委员会设置若干专门委员会。

第二条 专门委员会的设置和变动，由常务委员会决定。

第三条 专门委员会是常务委员会和主席会议领导下的工作机构，日常工作由主任或主任委托的副主任主持。办公室负责协调。

第四条 专门委员会以邓小平理论、“三个代表”重要思想和科学发展观为指导，坚持社会主义初级阶段的基本路线,贯彻“长期共存、互相监督、肝胆相照、荣辱与共”的方针,紧紧围绕团结和民主两大主题,切实履行政治协商、民主监督、参政议政的职能。

第五条 专门委员会工作是政协工作的重要组成部分。专门委员会根据中国人民政治协商会议章程的要求,以及政协长治县委员会全体会议和常务委员会会议提出的各项任务,团结和联系委员及各族、各界人士,学习、宣传国家的方针政策,积极反映社情民意;就国家的大政方针以及政治、经济、文化和社会生活中的重要问题开展调查研究,提出意见、建议和提案,推动改革开放和社会主义物质文明与精神文明建设;维护社会稳定和民族团结,促进祖国和平统一;组织各种活动,积极为委员知情出力、履行职责创造条件。

## 第二章 组 织

第六条 专门委员会按照有利于联系各界、各方面人士,便于组织经常性活动和自愿、协商、统筹安排的原则组成。

第七条 专门委员会主任、副主任由常务委员会决定,委员由主席会议决定。

第八条 专门委员会根据需要,分设小组进行活动。

第九条 未参加专门委员会的政协委员,根据本人意愿,可同某一专门委员会建立联系,专门委员会应采取适当方式发挥他们的作用。

## 第三章 工作制度

第十条 专门委员会的各种活动应发扬社会主义民主,进行充分协商。专门委员会需对工作作出决定时,按照民主集中制原则办理。

第十一条 主席或主席委托的副主席、办公室主任,根据需要召开专门委员会主任联席会议,讨论研究专门委员会工作的重要问题。

第十二条 以政协长治县委员会和政协办公室名义发出的专门委员会文件,按规定的程序办理。

第十三条 专门委员会根据政协长治县委员会全体会议和常务委员会的决议精神,制订年度工作计划并提请主席会议审议。年度末向常务委员会提交工作报告。

第十四条 专门委员会应主动与县委、县人大常委会和县人民政府有关部门以及各民主党派、有关人民团体、各县(市、区)政协沟通情况,建立联系。

第十五条 本制度自常委会议通过之日起施行,解释权和修改权属常务委员会。

# 第三章 党组织

在各级统一战线组织中设立中共党组织，并使其成为有力的班子，是确保中国共产党对统一战线领导的重要一环。政协长治县委员会内中共党组织包括政协委员会党组与政协机关党支部两部分，根据《中国共产党章程》的规定，均承担着相应的职责与任务。

## 第一节 党组

为进一步完善中国共产党的领导体制，加强对政协工作的领导，1984 年 10 月，按照《中国共产党章程》规定，经中共长治县委批准，成立了中共长治县政协党组。县政协党组系中共长治县委员会的派出机构，受中共长治县委的直接领导，在政协长治县委员会中起核心领导作用。中共长治县政协党组成立后，受中共长治县委的直接领导，在政协长治县委员会中起核心领导作用。县政协党组的主要任务是：负责在长治县政协工作活动中执行党的路线、方针和政策，贯彻落实中共长治县委的决议、决定；加强同非党干部的团结，密切同群众和各界非党人士的联系；完成党和国家交给的任务；维护、巩固党和国家的纪律；指导县政协党支部的工作。

县政协党组成员由中共长治县委任命。党组设书记、副书记和成员若干名。政协长治县委员会历届党组书记，均由政协主席或即将提名的政协主席担任，副书记由副主席中的中共党员或即将提名为副主席的中共党员担任。

**长治县政协党组成员名单**

表 3-3-1

| 届 别 | 职 务 | 姓 名 | 任职时间 |
|---|---|---|---|
| 第八届 | 书 记 | 朱培荣 | 1984.10—1987.8 |
| | 成 员 | 李爱华(女) | 1984.10—1987.8 |
| | | 李树德 | 1984.10—1987.8 |
| | | 郜俊保 | 1984.10—1987.8 |

（续表）

| | | | |
|---|---|---|---|
| 第九届 | 书　记 | 韩国华 | 1987.8—1990.6 |
| | 成　员 | 李树德 | 1987.8—1990.6 |
| | | 郜俊保 | 1987.8—1990.6 |
| | | 郭树清 | 1987.8—1990.6 |
| 第十届 | 书　记 | 韩国华 | 1990.6—1992.5 |
| | 成　员 | 李树德 | 1990.6—1993.2 |
| | | 郜俊保 | 1990.6—1993.2 |
| | | 郭树清 | 1990.6—1993.2 |
| 第十一届 | 书　记 | 郝审成 | 1993.9—1997.3 |
| | 第一副书记 | 李树德 | 1993.2—1997.3 |
| | 副书记 | 陈一评 | 1993.2—1998.5 |
| | 成　员 | 张贵祥 | 1993.2—1998.5 |
| | | 赵银虎 | 1994.8—1998.5 |
| 第十二届 | 书　记 | 贾圪堆 | 1997.3—2003.6 |
| | 副书记 | 郝审成 | 1997.3—2003.6 |
| | | 陈一评 | 1998.5—2003.6 |
| | | 张贵祥 | 1998.5—2003.6 |
| | 成　员 | 牛外则 | 1998.5—2003.6 |
| | | 赵银虎 | 1998.5—2003.6 |
| 第十三届 | 书　记 | 傅永祥 | 2003.6—2007.6 |
| | 副书记 | 贾圪堆 | 2003.6—2003.7 |
| | 成　员 | 李志文 | 2003.5—2007.6 |
| | | 牛外则 | 2003.6—2007.6 |
| 第十四届 | 书　记 | 傅永祥 | 2007.6— |
| | 成　员 | 牛外则 | 2007.6— |
| | | 李志文 | 2007.6— |

# 第二节 党支部

长治县政协机关在七届委员会之前,没有单独设立的机关党支部。机关工作人员中的中共党员与中共长治县委统战部、工商联中的中共党员共同组成统战部联合支部,隶属县直机关党委、县直机关工委领导。1982年10月,经中共长治县委批准,县政协始设立机关党支部。长治县政协机关党支部是中共长治县委在地方党政机关中批准成立的、隶属县直机关委员会的基层组织之一,是政协机关思想政治工作的领导核心。其基本任务是:在政协党组的指导和县直党委(工委)的领导下贯彻中共中央的路线、方针、政策和上级组织、本级组织的决议,充分发挥支部的战斗堡垒作用和党员的先锋模范作用,团结、组织党内外干部群众,努力完成本单位的各项工作任务,做好对本支部党员的教育、管理、监督和服务工作。

县政协支部成立以来,注重自身建设,建立健全了各项工作制度,开展了各种形式的主题活动,使党务工作和支部建设不断得到了发展。

为巩固和扩大保持共产党员先进性教育活动的成果,进一步引深"联户创星、三级共建"活动,充分发挥党支部的战斗堡垒和党员的先锋模范作用,以"围绕中心、服务大局","建设一流队伍,培养一流作风,创造一流业绩"和共产党员"长期受教育,永葆先进性"为目的,坚持解放思想、实事求是、与时俱进,把开展共产党员先进性教育活动与经常性的党员教育管理有机结合起来,建立保持共产党员先进性的长效机制,使政协机关的"争先创优"工作逐步走向制度化、规范化的轨道,2006年1月17日,县政协召开了开展"三创二争"活动工作会。会上,支部书记赵银虎对政协党支部制定的"关于开展'三创二争'活动的实施意见"做了说明,并对有关工作作了具体安排。所谓"三创二争",就是在支部和党员队伍中开展"创建学习型单位、创建堡垒型支部、创建服务型队伍、争创先进基层组织、争当优秀共产党员"。此次活动主要是学习马列、毛泽东思想、邓小平理论和"三个代表"重要思想,保持共产党员先进性教育规定学习的内容;学习政协理论和统战知识和有关业务知识。学习中,采用"党员自学与支部集中学"相结合的形式,做到"全员学习"。政协机关支部根据工作实际制订了每月的学习计划,支部集体组织学习时间每月坚持不少于16小时,党员自学每天不少于半小时。同时支部开展了"读一本好书,上一次讲台,搞一次调研,写一篇心得"的"四个一"活动,实现互联互动,相互提高。在创建"学习型机关"活动中,加强党员教育阵地建设,支部建立了"三创二争"活动和工作资料专柜,达到有牌子、有旗子、有版面、有学习资料、有学习专栏、有活动时间、有活动记载、有活动成效;创建"堡垒型支部"坚持每月开展一次谈心活动;党员每半年向支部汇报一次工作;每季度召开一次支部大会;每季度召开一次组织生活会;每半年上一次党课;支部每半年研究一次支部建设工作;每月召开一次支委会;每月一次党小组活动;每半年评议一次党员;党员领导干部每半年召开一次民主生活会。通过这些必要的形式,一是加强了制度建设,规范服务行为,努力形成"靠制度管理,按制度办理"的良性运行机制;二是转变了工作职能,服务经济;三是转变了工作作风,践行党的宗旨。同时继续抓好联村联户为主的帮带活动,使所联系的农村党支部能够成为先进党支部,所联系的户成为文明户,要切实为群众办好事、办实事,使群众感受到党的温暖。2006年1月19日至20日,县政协组织医疗界的部分委员，深入到郝家庄乡、苏店镇的部分村，一方面对一些贫困户进行了慰问，给他们送去了一些物品。另一方面，还对村里的一些群众进行了免费义诊和免费赠送了药品。

2006年7月1日，政协机关共产党员在西沟教育基地重温入党誓言

2006年2月28日，为了认真贯彻落实中央保持共产党员先进性教育活动《关于在保持共产党员先进性教育活动中进一步学习贯彻党章的通知》精神，县政协机关党支部开展了一次学习党章活动。此次学习领导组组长为赵银虎、副组长王树芳，成员有张建忠、张海平。这次学习内容主要是《党章》和胡锦涛总书记在中央纪委第六次全体会议上的讲话，每周二上午8:00-10:00时为党员集中学习时间，老干部党小组结合实际情况自行组织安排学习时间，采用集中学习与自学相结合、集中学习与讨论相结合、学习与工作相结合的方法进行学习。大家在学习中认真做笔记，每人写出了1至2篇学习心得体会文章或工作调研报告，心得体会依据党章规定，结合工作实际，表现了自己认真履行党员义务，进一步提高学习贯彻党章，永葆先进性的自觉性。

2008年，按照县委深入学习实践科学发展观活动领导小组要求，县政协通过设立意见箱、召开座谈会、发放征求意见表等形式，广泛征求社会各界和有关人员的意见。经过对意见汇总，及时反馈给政协领导班子和成员。为开好专题民主生活会，领导班子成员带头做好表率作用，会前积极做好民主生活会各项准备工作，充分征求各方面意见和建议，领导班子成员之间相互谈心，认真撰写专题民主生活会发言材料，把专题民主生活会真正作为回顾过去、分析现在、谋划未来的契机。同时，制定了民主生活会方案。经过充分准备，在得到县委领导的批复后，于6月2日、3日下午，先后召开了党组民主生活会和党支部组织生活会。在政协党组民主生活会上，党组书记、政协主席傅永祥带头进行了发言，在总结过去的基础上，认真查找了不符合科学发展观要求的思想、学习、作风等不足，提出了今后方向和措施。其他党组成员也都按照民主生活会要求，结合工作实际，从学习、工作、作风等方面实事求是地查找了存在的问题和不足，明确了今后努力方向。在政协党支部召开的组织生活会上，办公室主任范李斌首先带头发言，对照科学发展观要求，认真查找了思想、工作、作风等方面存在的问题和不足，并提出了今后整改措施和方向。其他党员干部也都按照会议要求实事求是地查找了自己的不足和问题，明确了今后努力方向。

政协召开的党组专题民主生活会和党支部组织生活会，民主团结，坦诚相见，查找问题客观实在，整改目标明确可行，达到了民主生活会的目的，对于政协开展好整改落实阶段各项工作奠定了坚实的基础。

政协机关历届党支部成员名录

表 3-3-2

| 届别 | 党支部书记 | 党支部副书记 | 组织委员 | 宣传委员 | 任职时间 |
|---|---|---|---|---|---|
| 第八届 | 崔凤鸣 | 郜俊保 | 李根文 | | 1982.10—1986.7 |
| 第九届 | 郭树清 | 郜俊保 | 张康善 | 李根文 | 1986.7—1990.9 |
| 第十届 | 王石魁 | | 王照星 | 王树芳 | 1990.9—1994.7 |
| 第十一届 | 王石魁 | | 王照星 | 王树芳 | 1994.7—1998.7 |
| 第十二届 | 赵银虎 | | | 王树芳 | 1998.7—2002.4 |
| 第十三届 | 赵银虎 | | 韩金保 | 王树芳 | 2002.7—2009.4 |
| 第十四届 | 范李斌 | | 王和平 | 李春萍(女) | 2009.4— |

## 第三节 临时党组

为了加强党的领导,长治县政协在历届全会召开前,均根据长治县委的意见,成立临时党组,并下设临时党支部。临时党组接受县委领导,在会议召开前,对会议有关事项和议程进行审议,并对会议进行组织和领导。由于资料不全,本节内容从十届一次会议开始记叙。

十届一次会议设置临时党组织机构,韩国华任党委书记,李树德、郜俊保、郭树清任委员;临时党委下辖三个支部,第一支部书记田金旺、第二支部书记陈忠、第三支部书记原长熙。

十届二次会议设置临时党组织机构,韩国华任党委书记,李树德、郜俊保、郭树清任委员;临时党委下辖四个支部,第一支部书记田金旺、第二支部书记陈忠、第三支部书记原长熙、第四支部书记申庆安。

十届三次会议设置临时党组织机构,韩国华任党委书记,李树德、郜俊保、郭树清、王石魁任委员;临时党委下辖四个支部,第一支部书记田金旺、第二支部书记陈忠、第三支部书记原长熙、第四支部书记申庆安。

十一届一次会议设置临时党组织机构,郝审成任党委书记,陈一评、张贵祥任委员;临时党委下辖五个支部,第一支部书记范志、第二支部书记李清文、第三支部书记苏中才、第四支部书记杨海泉、第五支部书记田金旺。

十一届二次会议设置临时党组织机构,郝审成任党委书记,陈一评任委员;临时党委下辖五个支部,第一支部书记范志、第二支部书记李清文、第三支部书记苏中才、第四支部书记杨海泉、第五支部书记田金旺。

十一届三次会议设置临时党组织机构,郝审成任党委书记,陈一评、张贵祥任委员;临时党委下辖五个支部,第一支部书记李清文、第二支部书记部家珍、第三支部书记张德毅、第四支部书记刘锦文、第五支部书记田金旺。

十一届四次会议设置临时党组织机构,郝审成任党委书记,陈一评、张贵祥任委员;临时党委下辖五个支部,第一支部书记李清文、第二支部书记部家珍、第三支部书记赵银虎、第四支部书记刘锦文、第五支部书记田金旺。

十一届五次会议设置临时党组织机构,郝审成任党委书记,贾圪堆任副书记,陈一评、张贵祥任委员;临时党委下辖五个支部,第一支部书记李清文、第二支部书记部家珍、第三支部书记赵银虎、第四支部书记刘锦文、第五支部书记田金旺。

十二届一次会议设置临时党组织机构,贾圪堆任党委书记,郝审成任副书记,陈一评、张贵祥任委员;临时党委下辖五个支部,第一支部书记宋长生、第二支部书记蔡金水、第三支部书记刘锦文、第四支部书记常树毅、第五支部书记李双好。

十二届二次会议设置临时党组织机构,贾圪堆任党委书记,郝审成任副书记,陈一评、张贵祥、牛外则任委员;临时党委下辖五个支部,第一支部书记宋长生、第二支部书记蔡金水、第三支部书记刘锦文、第四支部书记常树毅、第五支部书记李双好。

十二届三次会议设置临时党组织机构,贾圪堆任党委书记,郝审成任副书记,陈一评、张贵祥、牛外则任委员;临时党委下辖五个支部,第一支部书记宋长生、第二支部书记蔡金水、第三支部书记刘锦文、第四支部书记常树毅、第五支部书记李双好。

十二届四次会议设置临时党组织机构,贾圪堆任党委书记,陈一评、牛外则任委员;临时党委下辖五个支部,第一支部书记宋长生、第二支部书记蔡金水、第三支部书记刘锦文、第四支部书记常树毅、第五支部书记李双好。

十二届五次会议设置临时党组织机构,贾圪堆任党委书记,陈一评、牛外则任委员;临时党委下辖五个支部,第一支部书记宋长生、第二支部书记蔡金水、第三支部书记刘锦文、第四支部书记常树毅、第五支部书记李双好。

十三届一次会议设置临时党组织机构,傅永祥任党委书记,陈一评、牛外则、李志文任委员;临时党委下辖七个支部,第一支部书记宋国萍、第二支部书记申文奇、第三支部书记秦金水、第四支部书记成志忠、第五支部书记宋德珍、第六支部书记李秀峰、第七支部书记宋明生。

十三届二次会议设置临时党组织机构,傅永祥任党委书记,牛外则、李志文任委员;临时党委下辖六个支部,第一支部书记宋国萍、第二支部书记申文奇、第三支部书记秦金水、第四支部书记李书彬、第五支部书记宋文斌、第六支部书记宋明生。

十三届三次会议设置临时党组织机构,傅永祥任党委书记,牛外则、李志文任委员;临时党委下辖六个支部,第一支部书记宋国萍、第二支部书记申文奇、第三支部书记秦金水、第四支部书记李书彬、第五支部书记郭武德、第六支部书记宋明生。

十三届四次会议设置临时党组织机构,傅永祥任党委书记,牛外则、李志文任委员;临时党委下辖六个支部,第一支部书记宋国萍、第二支部书记申文奇、第三支部书记秦金水、第四支部书记李书彬、第五支部书记张建林、第六支部书记宋明生。

十四届一次会议设置临时党组织机构，傅永祥任党委书记，牛外则、李志文任委员；临时党委下辖六个支部，第一支部书记张其文、第二支部书记李旭铭、第三支部书记秦金水、第四支部书记李书彬、第五支部书记王有明、第六支部书记宋明生。

十四届二次会议设置临时党组织机构，傅永祥任党委书记，牛外则、李志文任委员；临时党委下辖六个支部，第一支部书记张其文、第二支部书记王照星、第三支部书记秦金水、第四支部书记李书彬、第五支部书记王有明、第六支部书记宋明生。

十四届三次会议设置临时党组织机构，傅永祥任党委书记，牛外则、李志文任委员；临时党委下辖六个支部，第一支部书记郭玉彬、第二支部书记王照星、第三支部书记秦金水、第四支部书记李书彬、第五支部书记王有明、第六支部书记宋明生。

十四届四次会议设置临时党组织机构，傅永祥任党委书记，牛外则、李志文任委员；临时党委下辖六个支部，第一支部书记郭玉彬、第二支部书记王照星、第三支部书记秦金水、第四支部书记李书彬、第五支部书记王有明、第六支部书记宋明生。

# 第四章 机关建设

政协机关是为政协委员履行职责服务的政治机关。加强政协机关建设，提高机关工作人员的素质和服务水平，直接关系到政协履行职能、服务发展的能力和实效，关系到政协机关和政协干部的形象。长治县政协加强机关建设，不负时代重托，为发展人民政协事业作出了新的贡献。

## 第一节 思想建设

人民政协理论建设是人民政协事业发展的重要基础。重视人民政协理论研究，加强人民政协理论建设，是加强中国共产党的执政理论建设的重要内容，是人民政协各项工作真正体现时代性、把握规律性、富于创造性的客观需要，是开创新世纪新阶段人民政协事业新局面的一项十分重要的工作。开展人民政协理论研究，是坚持和完善共产党领导的多党合作和政治协商制度的需要，是巩固和发展新时期爱国统一战线的需要，是推进社会主义政治文明的需要，是建设人民政协理论体系的需要，是开创政协工作新局面的需要。长治县政协自觉运用马克思主义的立场、观点和方法来观察、分析和研究问题，把有利于巩固党的领导和执政地位，有利于推进社会主义民主政治建设，有利于维护社会政治稳定和国家统一，有利于实现中华民族的大团结大联合，作为人民政协理论研究的根本出发点，确保人民政协理论研究工作的健康发展。在开展人民政协理论研究的工作中，长治县政协以邓小平理论和"三个代表"重要思想为指导，坚持正确的研究方向，坚持理论联系实际，注意运用理论指导实践，发扬勇于探索和科学求实的精神，不断推进理论创新，促进了理论成果的转化。人民政协理论研究工作是政协全局工作的重要组成部分，既需要政协组织、政协工作者的努力，也需要全社会共同关注、通力协作。长治县各级政协领导高度重视人民政协理论研究工作，把思想理论建设摆在人民政协各项建设的首要位置；同时加强政协理论研究队伍建设，建立了一支政协理论研究队伍，调动社会各方面积极性，借助社会各界力量、凝聚社会各方人才，参与人民政协理论研究，把人民政协理论研究作为一项基础工程来抓。

加强人民政协理论研究，是新世纪新阶段人民政协工作实现新发展、开创新局面的基础性工作，长治县政协组织广大政协委员、全体政协工作者开展理论研究工作，坚持解放思想、实事求是、与时俱进的精神，大胆研究和探索，推动人民政协理论创新，为人民政协理论建设作出新的贡献。

1984 年，县政协副主席李爱华根据政协在新时期的地位和重要作用，撰写了《发挥委员作用，做好政协工作》的理论研究文章。1994年，县政协副主席花明新、傅怀珠为行使好政治协商、参政议政、民主监督的职能，分别撰写了《区县人民政协参政议政的思路》、《委员持证视察之我见》的理论文章。十二届政协主席贾圪堆认真学习政协理论，写出了《反映社情民意是人民政协的一项重要工作》、《人民政协要真正成为名副其实的民意机构》等多篇论文。政协十三届主席傅永祥为建设学习型机关，既组织机关干部学习邓小平理论、"三个代表"、科学发展观，又理论联系实际撰写了《履行职能重在主动》、《围绕第一要务，发挥政协职能》、《党的先进性靠党员先进性来体现》、《发挥政协独特优势，为构建社会主义和谐社会作贡献》等理论研究文章。政协副主席牛外则、申有宝、鲍金章、李志文也撰写了理论文章，发表在《今日黎都》。

县政协发扬人民政协勤于学习的优良传统，把政协机关干部的思想理论建设放在政协工作的重要位置，组织开展丰富多彩的各类学习活动，努力创建学习型政协机关。根据新形势新任务新要求，每一个政协干部认真学习中国共产党的路线方针和政策，努力学习现代经济、科技、法律法规等知识，深入学习政协章程、人民政协基本理论、基础知识和政协工作业务知识，为做好本职工作、提高履职能力，不断提升自身素质。

长治县政协将学习列入机关建设的头等大事，营造氛围，完善机制，灵活形式，注重实践，确保效果。县政协把加强机关职工认识作为抓学习的首要任务，切实增强机关职工学习的自觉性，变"要我学"为"我要学"。一是坚持集中学，有组织地学习讨论党的政策、国家法律法规、政协理论等，统一思想，形成共识，增强学习效果；二是鼓励自学，注重引导机关职工对政治理论、政协知识及政协工作经验认真学习，三是注重加强机关职工的实践锻炼，通过岗位交流不断增强其处理具体问题的综合能力。

## 第二节 作风建设

1983年7月，政协长治县党组立章法，明军令，责已正身，率先垂范，约法六条，提出要"不争权位，不抢荣誉，不搞特殊，不图名利，不计得失，不谋私利，勤勤恳恳，艰苦奋斗，做人民的公仆"；对"个人职责范围内的工作，积极主动，做到不推诿，不扯皮，出于公心，做好工作"。县政协机关干部身体力行，并要求广大群众、各界人士加以监督，按照《政协章程》的规定，努力把人民政协办成"委员之家"、"知识分子之家"，为政协委员广开言路、广开才路创造条件。

为了加强领导，建立正常的、高效率的工作秩序，1986年2月5日，政协长治县委员会拟定了《机关制度》，要求"努力改进工作作风，坚守工作岗位，按时上下班，坚持8小时工作制度，办公时间不会私客，不办私事，不擅离职守，所分配的工作不准推诿，当天事要当天办完"。

一系列规章制度的订立，使政协机关干部在多年的工作实践中养成了求真务实，脚踏实地潜心做事，认真负责做好每个岗位的每一项工作的作风。他们讲究工作质量和效率，避免漏洞甚至出现差错，对政协的每项工作、每项活动、每个工作环节以及政协领导交办的每件事情，讲究一个"实"字，做到事前注重设计策划、参谋协调、抓好安排；事中注重细致周到、落实到位；事后注重跟踪督促、抓好反馈。

县政协机关干部团结协作,以人民政协事业发展为重,做到共事共心、合心合力,委室之间相互配合协作,同事之间相互关心帮助,做到整个机关和谐共进。

工作中政协机关干部具备强烈的民主意识、良好的民主作风,能听得进不同意见、不同声音,能包容不同观点、不同信仰、不同生活方式的人,以平和的态度待人,以协商的方式处事。

县政协机关干部勤政廉洁,有“公事未完、寝食不安”的精神境界,有“质量不高、决不迁就”的工作追求,对职责范围内的工作、对领导交办的任务,严格按时限、质量要求尽心尽力办好,决不拖泥带水,爱岗敬业、勤政干事、艰苦奋斗、洁身自好,受到社会各界好评。

## 第三节 制度建设

加强政协机关建设,健全制度是根本。县政协坚持“科学、严谨、高效、规范、实用”的原则,不断充实健全政协机关管理制度。在充分考虑政协机关工作特点和人员结构的基础上,制定完善了多项管理制度。如《学习制度》、《公文处理制度》、《工作制度》、《请休假制度》、《经费管理制度》、《车辆管理制度》、《信息调研考核制度》,建立了中心组理论学习制度,出台了《关于办公室领导分工及专委会工作人员实行双重管理工作安排的通知》,明确了机关领导班子成员的职责和一般干部、工作人员的责任,增强了全体工作人员的全局意识、责任意识和时间观念,为政协机关工作的有序运转奠定了基础。这些制度不仅具有约束力,而且具有激励与鞭策作用,有效地调动了全体机关职工的积极性。

附:

### 学习制度

1.机关工作人员要认真学习和贯彻落实科学发展观、邓小平理论和“三个代表”重要思想,加强党的路线、方针、政策和政协统战理论知识的学习以及市场经济知识、现代科技知识的学习。以科学发展观为指导,不断提高自身素质和工作能力,更好地适应市场经济和工作需要。

2.每年年初要制定出学习计划,各委员会要结合工作需要,加强同委员的联系,指导委员搞好政治理论等方面的学习,坚持经常学习。

3.学习形式为集中学习和自学。集中学习除阅读、讨论外,还可针对性地提出问题邀请领导和有关教师讲课。学习计划由学法委负责制定,办公室负责组织。在积极参加集中学习的同时,个人还要主动地搞好自学。每周二上午为集中学习时间。

4.个人要做好学习笔记,不管是集中学习还是自学都要认真记笔记。对学习情况要进行不定期检查,好的给予表扬,差的提出批评,促使其改正。

5.领导应以身作则,带头参加学习。政协主席、副主席除参加县里或党组组织的学习外,还应抽出时间参加政协机关的集中学习。

6.机关全体工作人员要注重学习效果,真正形成勤奋好学、不断进取的良好风气。

## 工作制度

1.机关全体工作人员在工作时间必须坚守工作岗位,不准擅自离岗、脱岗、串岗、聊天、玩电脑游戏、看小说杂志、炒基金股票等,工作日中午一律不准喝酒(接待本市以外单位除外)。

2.对工作要认真负责,发扬务实、创新精神,按照岗位职责要求,尽责尽力,按时按质完成各项工作任务。工作中要不断增强主动性、积极性和创造性,努力使各项工作上一个新水平。

3.工作中要顾全大局,相互配合,相互协助,不准相互推诿、扯皮和相互拆台。

4.要转变工作作风,经常深入基层搞好调查研究,倾听民声,了解民意,加强和基层委员的联系。

5.牢固树立"诚信友爱,爱岗敬业,乐于奉献"思想,加强理论和道德修养,不断改进工作作风。

6.积极参加各项义务劳动和集体活动。

## 文件拟审和签发制度

**1.起草、定稿**

凡以政协委员会名义下发文件必须经办公室主任审阅后提交主席审阅,决定是否在主席办公会或常委会讨论,定稿后由主席签发。以政协办公室名义下发文件由办公室主任签发;其他专门委员会或有关单位负责人起草的文件,办公室主任审阅签发。所有文稿定稿后,均填写发文卡片。

起草文件必须严格、慎重,所有文件必须符合规范格式要求。发文要力求做到逻辑严密、层次分明,文字力求简洁、准确、通俗,标点符号使用正确,不滥用简化字,力求避免出现错别字。

发文要正确确定文件的密级及主送、抄送、抄报机关,既要防止滥抄、滥送,也要防止漏送。拟文底稿一定要有拟稿人、审稿人、签发人、校对人的签字,以明确责任。

**2.送印、校对**

文稿签发后,拟稿人要对其内容格式等进行检查,然后按文件、便函等规定格式进行登记编号,防止重编、漏编或错编。

送印后,要督促及时打印,特别是急件,更不能失时误事,要确定专人校对,印文要与原文核对,重要数字要反复核对,严防差错。

3.需上报待批或有关单位报送落实执行情况的文件,要进行登记,并落实督办部门和人员。有结果的,在原发文稿后页或专门登记簿上注明办理结果。

4.上级来文请有关领导传阅或有本会安排具体工作的文件要定出具体负责人,最后把落实情况上报上级部门或领导,并在本会文件后由具体负责人写明落实情况。

## 机关卫生制度

1.各办公室要保持日常清洁卫生。提倡养花养草,美化环境。

2.每天上班后,要打扫室内外卫生,保持干净、整洁,创造良好的工作环境。

3.人人讲究卫生,养成良好的卫生习惯,不随地吐痰,不乱泼污水,不乱倒垃圾,不乱扔烟头纸屑。

4.积极参加卫生劳动,爱护花草树木,爱护各种卫生设施。

5.坚持定期不定期卫生检查,好的给予表扬,差的提出批评。

## 机关考勤及请销假制度

1.机关全体人员必须按时上班,不得迟到、早退、无故缺勤。

2.机关全体人员实行上、下午签到制度,签到时间按照国家规定的冬、夏季作息时间执行。他人不得代签,无故不签到者按旷工处理。

3.机关全体人员要认真执行请销假制度。副科级以上干部直接向主席或副主席请假、一般干部职工向办公室主任请假,请长假按有关规定执行,无故不请假按旷工处理。

4.节假日上班或黑夜加班由主席、副主席或办公室主任批准记入考勤。下乡或出差等要事先打招呼,由办公室负责登记并注明事由,特殊情况可在事后说明。

5.办公室具体负责考勤,当日值班人员要监督考勤表不得随意填写或涂改,当日值班人员要恪尽职守,认真处理来电来信,不得擅自脱岗。

6.机关全体人员要严格执行考勤及请销假制度,考勤表由办公室逐月汇总,按季公布,年终总结,并作为个人年终考核和公务员考核依据。

## 机关值班制度

1.机关实行节假日值班制度,值班时间为当日早8:00到次日早8:00。

2.值班人员要认真负责,值班期间不准擅离岗位,有特殊事情一定要向带班领导请假。

3.值班领导负责本班的一些值班情况的安排和处理,如遇一些重要事情要在第一时间向主要领导汇报。

4.值班期间要负责单位的安全、电话接听,以及其他一些事情的联系和处理。

5.值班期间如发生问题,视情节轻重,按规定处理。

## 印章管理制度

1.印章由专人管理。

2.印章以规定格式在公安局注册备案后方可启用。

3.加盖委员会印章的文稿,须由主席或分管副主席批准。

4.加盖政协办公室印章的文稿,须由办公室主任或分管副主席批准。

5.盖章须由管印人亲手给予盖章。出据信函(如介绍信)须经分管领导批准由管印人盖章,并将领导批件附在信函存根后，无批件的请有关领导在信函存根上签字。

6.使用公章均要登记，经手人和用章人要履行签字手续。

7.归档。年终将使用过的登记簿、信函存根统一整理立卷，登记归档。

## 财务管理制度

为加强机关财务管理，节约开支，特制定以下制度：

1.政协机关财务会计负责机关财务工作。财务会计要严格执行国家财政规定，遵守财经纪律，树立廉洁奉公意识，严格开支审查，控制经费支出，管好机关各项经费开支。

2.机关财务实行办事公开、大家监督的原则。机关所有工作人员都要厉行节约，反对浪费，对于职务消费、单位公款报销项目以及长期借用人员的所有公款报销项目，要以人按项列表，在本单位内部一年公开一次。

3.健全财务支出登记，财务支出要定期报表，每季度财务人员需将机关经费支出使用情况以报表形式一式二份报办公室主任，由办公室主任向主席汇报经费支出使用情况，以便领导随时掌握了解机关财务状况。

4.机关购置办公用品要事先填写购物清单，由办公室负责统一购置，未经办公室主任批准其他人不得擅自购置。凡购物一律要有经手人签字。

5.机关凡需支出的项目，都要先请示后支出。一般性支出经分管副主席或办公室主任同意后可以支出，重要项目支出需经主席或主席办公会议研究同意后方可支出。

## 文书档案管理制度

政协及政协办公室形成或办理过的各种往来文书(包括印件、底稿、附件、影像、资料等)，均应定期立卷，统一归档。

**(一)文书立卷**

1.分类：将繁杂的档案文件及时进行分类，在分类中应注意以下几点：

(1)按照档案形成的特点和规律分类。

(2)保持文件之间的历史联系。

(3)考虑和区分文件的不同保存价值分别组卷。

(4)使组成的案卷便于查找和利用。

(5)根据实际情况按年代、问题、组织机构进行分类。

2.组卷：根据实际情况，灵活运用文件的六个特征(问题、作者、地区、文件名称、文书往来机关)，分别组合成若干个卷宗。

3.拟定案卷标题，清楚地揭示出卷内文件的成分和内容。

4.案卷正式确定下来后,将卷内文件按时间、重要程度、问题、作者、地区、文件名称、文书往来机关系统排列。

5.编写卷内文件目录。

6.编写卷内文件页码。

7.拆除档案文件上的书针等,装订案卷。

8.填写案卷封面。即:页数、件数、保管期限、案卷编号等。

**(二)档案的提供利用**

1.准备检索手段,编制案卷目录,重要文件资料书卡片、目录索引。

2.对前来查档人员,检查其是否持有经办公室领导、分管领导批准的介绍信函,查阅发至省级文件、政协常委会记录和借阅档案等需经分管领导批准。

3.对摘抄、复制的档案资料进行审核、登记,然后在摘抄、复印件上注明出处、时间,加盖办公室印章。

4.对借出的档案资料及时收回归档。

**(三)档案的登记**

1.建立档案收进、移出登记。

2.建立档案目录登记。

**(四)档案的鉴定**

1.根据鉴定标准进行鉴定。

2.档案的鉴定工作要在有组织、有领导的情况下分三个阶段进行:

(1)剔除没有保存价值的文件,按规定保存一、二年后销毁。

(2)对归档文件确定其保管期限。

(3)对需长期、永久保存的档案经鉴定后,移交县档案馆保存。

3.档案的销毁:对需要销毁的档案,应编造销毁清册,办理批准手续,然后销毁。

**(五)资料整理**

1.分类,先分种类,然后再按档案立卷分类方法进行编类。

2.排列,按问题并结合年代顺序进行排列。

3.编号,按分类进行编号。

4.登记(卡片登记)。

5.标签,按类标签。

6.入框,按类分别入框。

## 车辆管理使用制度

为了更好地发挥现有车辆的作用,确保政协各项工作正常进行,特制定以下制度。

**1.用车范围**

(1)本会主席、副主席工作用车;

(2)上级领导来我县检查视察工作和新闻记者采访的有关工作用车;

(3)办公室及各专委会工作用车;

(4)机关个人用车(仅限本人特殊情况用车)。

**2.车辆调度**

(1)办公用车统一由办公室调度、集中管理,首先保证主席、副主席工作用车,其他同志特殊用车根据情况具体协调安排;

(2)个人用车要提前和办公室主任联系,在保证领导正常用车的前提下酌情安排;

(3)司机未经批准,不得擅自出车。

**3.车辆管理**

(1) 政协机关车辆统一由办公室负责管理。办公室要经常对司机加强政治思想教育和业务技术学习,增强服务观念,提高技术水平,严格进行考勤制度,上班时间除公务出行外,其余时间必须坚守岗位、不得擅离职守,做到行车安全、准时;

(2)严禁公车私用和司机私自出车。因特殊情况用车时,须经办公室主任批准。凡未经批准或违反规定行车造成的一切后果均由司机本人负责;

(3)司机要保持车辆干净清洁,及时保养修理,不准病车上路,严禁酒后驾车;

(4)车辆需修理或更换零部件,除特殊情况外,一般要事先请示,未经批准擅自购买的零部件一律不予报销;

(5)认真执行假日公车封存制度,严禁公车私用;

(6)夜间或节假日无特殊情况一般不出车,司机有事须事先请假,未经允许不得擅离岗位,耽误工作。

**4.加强油料管理**

(1)车辆所需油料由办公室主任管理发放;

(2)油料发放标准:帕萨特每月300升,桑塔纳2000、3000每月260升,微型车200升,特殊情况经办公室主任审批可酌情增加;

(3)司机出车要填写出车记录和起止点、行车里程,油耗情况,每月汇总一次,交办公室审查。

**5.事故处理**

属安全责任方面的,司机本人承担经济损失的10%;私自出车或外借车辆出车发生事故的一切事故责任全部自负。

## 民主生活会制度

为充分发扬党内民主,创造一个知无不言、言无不尽、生动活泼的党内生活环境,充分调动广大党员工作积极性,促进党性、党风的根本好转,制定以下制度:

1.党内民主生活会每两个月召开一次。

2.民主生活会由机关支部书记主持,并请上级有关领导参加。

3.召开会议前要找准党性、党风方面存在的问题,确定民主生活会主题,制订方案,组织好学习,为开好民主生活会奠定基础。个人要认真撰写发言提纲,深刻进行自我剖析,以便开展谈心活动,坦诚交流思想。

4.到会党员人数不得少于全体党员的三分之二,以避免走过场。

5.会上支部书记要带头发言,正确引导以保证会议效果。

6.会议坚持批评与自我批评、惩前毖后、治病救人的原则,既防止形式主义,又防止棍棒伤人。

7.会议要确定专人做好记录,记录内容包括:会议名称、时间、地点、出席人员、缺席人员、主持人、议题、发言、决议等。会后,支部要整理生活会记录,以报有关部门。

## 廉洁自律及政务公开制度

为确保机关每个工作人员廉洁从政,争创清正廉洁的文明机关,特制定本制度。

1.严禁利用职权为配偶、子女、亲友、身边工作人员经商办企业提供便利条件及从中谋取非法利益。

2.在公务活动中,不准接受礼金、有价证券、礼品。

3.不准借婚丧嫁娶、子女升学等机会敛财。

4.不准用公款吃喝玩乐、出入高档消费娱乐场所。

5.严格执行公务接待标准,实行公务接待台账制,真实具体地记录每次被接待人员的姓名、职级、单位、人数等。在县城范围内调研和检查指导工作,一律不安排食宿。

6.不准用公款旅游或变相旅游,不参加无实质性内容的考察、培训活动。

7.机关政务工作要实行五公开,即:公开办事人员、公开办事原则、公开办事标准、公开办事程序、公开办事结果。

## 党组会议议事制度

1.党组会议由党组书记主持召开,党组书记外出可委托一名党组成员主持。

2.参加会议人员主要是党组成员,办公室主任列席会议。根据会议内容和研究事项,有关专委会负责人可列席会议。

3.党组会议就党内重大活动、干部任免、奖罚、重大财务开支以及重大事项进行研究讨论,并做出决定。

4.凡经党组会议研究决定的事项,应该坚决贯彻执行,任何个人无权擅自更改,如确需更改,必须重新召开党组会议研究议定。

5.党组书记和委托主持党组会议的党组成员可根据上会研究讨论的议题确定党组会议召开时间。

## 政协信息考核奖励办法

根据新形势新任务的要求，为了充分调动各方面了解和反映社情民意的积极性，切实加强政协信息工作，经政协常委会研究，制定以下信息考核奖励办法。

1.考核范围

全县政协委员、民主党派、工商联等政协参加单位，政协各专委会及乡镇政协工委。

2.评分及奖励标准

县政协征集信息总的要求，内容比较完整、有情况、有分析、有建议、有措施、观点鲜明、论证有力的研究型信息。符合以上要求，篇幅在1000字以上者为单篇；500字以下的为要目。

信息实行累计分法，标准如下：

(1)县政协信息中心每采用1条信息，单篇计4分，要目计1分。其中，经县级领导批示，有部门反馈的信息，每条加计4分。

(2)经县政协发送到市政协的信息，如被市政协采用1条，单篇记5分，要目记2分；市委、市政府内参采用或有市级领导批示，每条(不分单篇和要目)各加记5分。

(3)经县政协选送市政协信息中心编报到省政协的信息，如被采用1条，单篇记10分，要目记5分；被省委、省政府采用的加记10分；有省级领导批示或省厅级反馈的信息，每条加记10分。

(4)凡被全国政协采用的信息，每条加记20分；国家领导批示或国家级内参类刊物采用的，每条加记20分。

(5)被评为全省精品信息的，每条加记50分。

(6)一条信息分别被几家采用，实行累积计分。

此记分办法，适用于团体、政协各专委会、乡镇政协工委和委员个人。对乡镇工委的考核，原则上只对工委主任。由工委主任负责收集所属区域内的信息并统一上报。县政协将对得分情况，以月统计，按季通报，年终按得分多少评比排队。并以此确定年度信息工作先进集体和先进个人，予以表彰奖励，并向所在单位通报。

3.奖励办法

凡被县政协信息中心采用的信息，每篇每人奖励10元；市以上采用的信息，除按市里规定奖励外，县政协再适当奖励。标准为：市政协采用的奖励40元；省政协采用的奖励100元；全国政协采用的奖励400元；有各级领导批示的信息，按上述标准的50%另作奖励，奖金每半年兑现一次。

4.要 求

(1)每位政协委员除撰写提案外，应积极反映社情民意。县政协聘请的特邀信息员每月向县政协提供信息应不少于1条，每年被市政协采用的信息应不少于3篇(条)；各民主党派、工商联和人民团体、乡镇工委以组织名义报送并被采用的信息每年应不少于6篇(条)。县政协委员所报送的信息，可通过本人所在的党派、团体、专委会或乡镇政协工委向县政协报送，也可直接寄送县政协信息中心。

(2)报送信息者，一般应写清姓名、单位、职务、时间、特殊情况不愿公开姓名的，可以团体或界别名义上报,奖励照发。

(3)信息内容要真实、具体、准确,特别要注重反映当前的热点、焦点、难点问题。建议应具有及时性、新颖性和可操作性,文字精练、言简意赅。

(4)一般信息,由办公室主任把关签发,重要信息由政协主席签发。

## 第四节 基础设施建设

1981 年,县政协恢复后,相当一段时间挤在县委旧楼内办公。政协仅有 8 间办公室及一个小会议室,有 1 部电话、1 台老式打字机和手工油印机、十几张办公桌椅、几套旧沙发、一部超期服役的旧北京吉普车,办公条件十分简陋。机关全年办公费、业务费仅有 2 万余元,除给机关和委员订阅报刊、杂志外,所剩无几。

20 世纪 80 年代县政协使用的吉普车

1993 年,增加办公房间 6 间,新买了一辆普桑轿车。

1995 年到 1996 年,省、市、县相继出台了一系列加强政协工作的意见和决定,政协工作得到各级党政部门的重视,县政协工作逐步走向规范化,制度化。县政协配置了 1 台电脑,1 台复印机,办公经费得到适当调整和增加,办公条件不同程度得到改善。但由于当时县财力所限,政协机关办公条件拥挤简陋的状况仍未能从根本上得到改变。

1998 年,办公用房增至 21 间,新增一辆桑塔纳 2000 轿车。

2003 年 6 月,县政协换届后,新领导政协班子紧紧抓住县财政状况明显好转的大好时机,把新建办公楼改善办公条件提上重要日程。县政协主席傅永祥多次同县委、县政府主要负责人交换意见,磋商县政协办公楼建设事宜。2005 年 2 月 20 日,向县委、政府正式呈送了新建办公楼的请示。县委根据实际情况,决定将文化中心旧办公楼改造为政协办公楼。2006 年 3 月 25 日,县政协向县发改局呈送了《关于县政协改造办公楼的立项请示》;3 月 28 日,县发改局下达该项目的计划批复;4 月 5 日,县政府批复县政协办公楼改造方案及经费预算请示;4 月 30 日,县政协召开主席会议,就办公楼建设事宜进行专题研究。会议通过了改造方案,组建了由副主席李志文任组长,由政协办公室主任赵银虎任副组长的建设领导小组。是年 5 月中旬,县政协办公楼土建工程正式动工,到 11 月底工程基本完工。次年开春,进行室内外装潢,2007 年国庆节前正式完工。至此,投资 280 余万元、历时 18 个月的县政协办公楼改造工程全部竣工。改建后的县政协办公楼,由原来的单面二层小楼扩建为双面三层楼房,东西平房加固维修,院面石板硬化,构成了

政协机关办公大楼正厅

回廊勾连的中式院落；投资30余万元，更换了办公桌椅，配备了电脑、打印机、复印机、扫描仪、沙发、床等用品，办公条件大为改善。2007年11月4日，县政协搬迁新办公楼办公，并举行了挂牌仪式。

从2005年到2010年末，县政协逐年增添交通工具，连同以前的轿车计算，已有桑塔纳2000型1辆、上海帕萨特1辆，北京现代1辆，广州本田1辆，商务车1辆，并为老委员联谊会配备了1辆别克轿车。同时，配备电脑15台、打印机6台、复印机1台、扫描仪2台、空调13台、冰箱1台、电暖气3台、电视机5台，在政协会议室安装了先进的音响设备，初步实现了办公现代化。

## 第五节 争先创优

1996年3月，县政协撰写的《长治县旅游资源初探》一文获省政协论文奖。

2006年10月，被省政协表彰为“山西省政协工作宣传先进单位”。

2006年11月，县政协获长治市《晋商史料全览·长治卷》组稿工作二等奖。

2007年8月，县政协文史委员会获山西省政协“2003—2007年文史工作先进单位一等奖”。

2007年8月，被山西省政协授予“晋商文史资料征编工作先进单位”。

2007年8月，县政协编撰的《峥嵘岁月》，获山西省政协“山西省优秀文史书刊二等奖”。

2007年8月，县政协编撰的《历程》，获省政协“山西优秀文史书刊一等奖”。

2008年5月，获“长治市政协2007年度反映社情民意信息工作三等奖”。

2009年1月，获“山西省政协2008年度政协信息工作三等奖”。

2009年3月，获“长治市政协2008年度信息工作三等奖”

2010年1月，获“山西省政协2009年度政协社情民意信息工作先进单位”。

2010年4月，获“长治市政协2009年度信息工作二等奖”。

2010年10月，获“山西省政协2010年度全省文史工作宣传先进单位三等奖”。

2011年1月，被省政协表彰为“2010年度信息工作先进单位”。

2011年1月，被省政协表彰为“2010年度《山西政协报》发行工作先进单位”。

2011年1月，政协机关被县委、县政府表彰为“创建国家卫生县城先进单位”。

2011年3月，获市政协“2010年度政协信息工作一等奖”。

# 第五章 乡镇政协与社团组织

乡镇政协工作委员会除接受乡镇党委的领导，同时还接受县政协的领导。长治县乡镇政协与县政协下设的三个社团组织，共同有效地发挥了政治协商、民主监督、参政议政的重要作用，活跃并促进了政协工作的开展。

## 第一节 乡镇政协工委

根据《中共长治市委关于进一步加强新时期人民政协工作的决定》的精神，有效推进政治协商、民主监督、参政议政制度化、程序化，充分发挥人民政协的重要作用。经中共长治县委研究，决定在全县各乡镇设立乡镇政协工作委员会。2004年12月30日至31日，相继成立并正式挂牌。

乡镇政协工委基础建设工作

乡镇政协工作委员会的设立既是政协事业发展的需要，也是进一步加强民主政治建设的需要。它对于政协工作在基层的开展搭建了一个新的平台。乡镇政协工作委员会是县政协的派出机构，接受县政协和乡镇党委的双重领导，负责处理政协在本乡镇的日常工作。

根据长治县委研究决定，各乡镇政协工作委员会主任由乡镇党委副书记兼任。

乡镇政协工作委员会作为党委领导和县政协指导下的最基层政协工作部门，肩负着《政协章程》所赋予的重要历史使命。因此，乡镇政协工作委员会在新的形势下时刻高举社会主义和爱国主义的旗帜，始终把团结和民主作为两大主题，组织和领导所在乡镇的政协委员及社会各界人士，紧紧围绕中心，服务大局，通过多种形式和渠道，了解民情、反映民意，聚民心、聚民智、集民力，不断提高政治协商、民主监督、参政议政的质量和效果。乡镇政协主动依靠党的领导，积极协助党委、政府做好增强团结，凝聚人心，化解矛盾的工作，努力维护社会稳定，推动本地区的经济发展。乡镇政协工作委员会在工作中注重提高自己的政治素质和工作水平，增强创新意识，创造性地开展工作，找准位置，发挥优势，使乡镇政协工作委员会这一新生事物保持旺盛的生命力，开创了乡镇政协工作新局面。

政协乡镇工作委员会作为县政协的派出机构，接受县政协和乡镇党委的双重领导，负责处理县政协在本乡镇的日常工作。政协乡镇工委的主要职责和任务如下：

1.根据中共长治县委长发[2004]19号文件精神，由政协乡镇工委主任和统战委员组成政协乡镇工委，工委主任全面负责乡镇政协工作，统战委员作为工委成员，协助工委主任做好工作。

2.负责贯彻落实党的统一战线方针政策和上级政协的重要会议精神，向县政协反馈贯彻执行情况。

3.负责组织协调本乡镇区域内的政协委员开展工作，就本乡镇经济发展、社会生活中的重大问题，进行视察调研，提出批评意见和建议。

4.负责联系民营企业代表人士工作，为本乡镇引资上项牵线搭桥，为实施“三五”战略献计出力。

5.负责宣传贯彻有关祖国统一的方针政策，开展对港、澳、台、侨的联谊工作。

6.负责乡镇非党干部和各界代表人士的联系和团结工作，反映非党干部的各种愿望要求，帮助解决非党干部和各界代表人士工作生活中的各种困难。

7.负责做好各乡镇的基层非党知识分子、宗教人士和各界代表人士的思想政治工作，掌握社会动态，积极反映社情民意，为县委、县政府和乡镇党委、政府出主意、出点子，提供决策依据。

8.负责县政协的上下联系协调工作，贯彻落实县政协安排的各项工作任务。

9.承办县政协和乡镇党委交办的其他事项。

乡镇政协工作委员会诞生以来，在基层工作中发挥了独特的作用，得到了县、乡党委的重视和政府的支持。乡镇政协既是县政协的派出机构也是乡镇政协工作的主力，他们既当宣传员又当战斗员。做出了明显的工作实效，圆满完成了各项工作任务。

附：:

## 政协长治县第十三届乡镇政协工作委员会组成人员名录

韩店镇委员会主任：冯虎文
荫城镇委员会主任：李建平
苏店镇委员会主任：杜海生
西火镇委员会主任：张忠泽
八义镇委员会主任：屈联清
贾掌镇委员会主任：张五清
郝家庄乡委员会主任：郭玉平
北呈乡委员会主任：原泽英(女)
东和乡委员会主任：张志庆
西池乡委员会主任：和　伟
南宋乡委员会主任：张建国

### 政协长治县第十四届乡镇政协工作委员会组成人员名录

韩店镇委员会主任：秦岩伟
荫城镇委员会主任：陈旭兵
苏店镇委员会主任：侯立峰
西火镇委员会主任：宋立刚
八义镇委员会主任：李宏亮
贾掌镇委员会主任：和 伟
郝家庄乡委员会主任：原泽英(女)
北呈乡委员会主任：张五清
东和乡委员会主任：王凯琪
西池乡委员会主任：郭满平
南宋乡委员会主任：杨 斌

## 第二节 老委员联谊会

为加强同历届政协委员的联系，充分发挥离退老委员的作用，使他们在社会主义民主政治建设中，继续起到联络感情、化解矛盾、增进友谊、促进团结、共同为长治县的两个文明建设尽责出力，经九届常委会主席会议研究，决定成立“长治县政协老委员联谊会”。1989年11月23日，长治县政协举行九届十二次常委会。会议中，政协主席韩国华宣布成立老委员联谊会，并宣布了联谊会组成人员名单。首届联谊会不称会长，称主任，由原政协主席朱培荣担任。由于新创办，没有现成的经验可借鉴，其基本活动是列席政协的有关会议和参加政协组织的重大活动。

1993年7月29日，县政协老委员联谊会举行第二届一次会议，进行换届选举。经过换届选举，李树德担任会长，郜俊保担任秘书长。由于当时联谊会人数较少，根据县政协主席会议意见，会长、副会长、秘书长人选，以协商方式确定。办公地点借住在县人武部一楼。

县政协老委员联谊会第三届一次会议于1998年8月10日召开，会议以举手表决方式选举产生会长、副会长、秘书长。此次会议制定通过五章十一条的《长治县政协老委员联谊会章程》，明确了会员的权利、义务、职责。由于人武部改造，办公地点迁至旧县委后院西楼仓库内办公。其时，老委员联谊会的工作除参加政协一些会议及赴外参观、考察、联谊活动外，单纯组织活动较少。

县政协老委员联谊会第四届一次会议，于2006年3月24日在县政协会议室召开。会议由第三届联谊会副会长张贵祥主持，第三届联谊会会长郝审成作三届老委员联谊会工作报告，他从五个方面对过去工作作了回顾：一是注重学习，与时俱进不落伍；二是余热生辉，建言献策搞调查；三是广交朋友，加强联谊促发展；四是心系群众，微观服务办实事；五是立足本地，挖掘资本求发展。同时，也提出了老委员联谊会今后工作思路，进一步发挥老委员的积极作用，促进社会、经济发展。县政协主席傅永祥、副主席牛外则、李志文应邀出席会议。会议选举产生了第四届老委员联谊会会长、副会长、秘书长，通过了修改后的《长治县政协老委员联谊会章程》。会议通过选举，前政协主席郝审成再次担任会长，赵银虎担任秘书长。政协主席傅永祥在会上，对老委员们退而不休、休而不闲的精神表示感谢，对大家为社会主义革命和建设，为长治县经济发展做出的成绩给予了肯定。他表示，县政协今后对老委员联谊会工作，要加强领导和支持，纳入政协工作序列，希望老委员联谊会要进一步开展各项活动，深入一线开展调查研究，广泛听取和收集民意多出调研精品，多反映社情民意，不断提高工作水平和质量，关心长治县的经济建设和各项社会事业发展，关心支持政协工作不断开创新局面。

县政协老委员联谊会四届一次会议于2006年3月24日召开

2007年10月17日，老委员联谊会第四届二次会议在县宏运宾馆召开，会议由会长郝审成主持。会上，副会长张贵祥向全体会员通报了老委员联谊会一年来的工作情况，对今后工作提出了具体要求：要在传播科技信息工作上再多做文章；要继续抓好沼气示范工作，通过努力搞好推广；要搞好社情民意，深入调查研究。

2008年10月，老委员联谊会第四届三次会议在县宏运宾馆召开，会议由郝审成主持。

2009年9月26日，老委员联谊会第四届四次会议，在县政协常委会议室召开。会议由会长郝审成主持并向大会简要通报了一年来老委员联谊会活动情况。大家就老委员联谊会如何开展经常性活动进行了讨论。县政协主席傅永祥应邀出席会议并作了重要讲话，首先肯定了一年来老委员联谊会的工作，其次，提出了今后如何开展活动要求。

县政协老委员联谊会是县政协直接领导下的一个社团组织。成立以来，在县政协的高度重视和关怀指导下，坚持以马列主义、毛泽东思想、邓小平理论、“三个代表”重要思想和科学发展观为指导，围绕县委、县政府的中心工作及县政协的工作安排部署，主动发挥余热，积极开展活动，为县域经济和社会发展作出了一定的贡献。

老委员们利用退下来的充裕时间和与群众接触较多的便利优势，经常不断深入基层、体察民情、广收博采，针对热点焦点问题，撰写了一系列促进县域经济发展，提升城市面貌品味的社情民意和建议意见。

如:郝审成、张贵祥、常树毅等提出的“长陵公路拓宽改造势在必行”、《黎都公园建设中的问题及对策》、《提升县城品味的几点思考》、《城市建设应与实施园林化同步进行》等建议被政协《社情民意》采用后,得到了县委、县政府及各有关职能部门的高度重视并付诸实施。除此之外,部分老委员还积极参加县政协组织的企业调产改制、旅游资源开发、炎帝文化挖掘、名人故居征集、潞商资料收集等活动。

为共同探讨研究交流在市场经济体制下,更好地发挥优势履行职责,为经济建设、社会发展提供服务,县政协先后组织部分老委员远到港澳、山东、华东等地,近去壶关、屯留、黎城等县交流参观学习,使大家在切身体会祖国在改革开放中飞速发展的同时,扩大了视野,增长了见识、加强了联系、增进了友谊。同时,对外宣传了长治县的资源优势、人文历史、投资环境。

20世纪90年代初,为发展经济,国家大力支持各部门在政策法规允许范围内兴办、创办、领办、帮办各种有利于现代化建设的经济实体,县政协老委员联谊会,根据十一届县政协领导的意见,积极开展了领办和扶持创办经济实体活动。先后帮助组建了“长治县协力实业公司”、“长治县电力开关厂”、“长治县正泰煤矿”、“长治县南董机砖厂”等多个股份制形式的经济实体。这些经济组织,当时在县域经济发展和安置农村劳动力方面都发挥了一定的作用。2006年,围绕县委“三五”发展战略的总体思路,和保护环境、节能减排,建设美好黎都的要求,老委员联谊会设法筹集资金,会同县农业局,在本县南呈村又开展了沼气示范推广,帮助搞了沼气示范点。这一活动得到了当地群众的好评,取得了良好效果。

附:

## 第一届老委员联谊会组织机构

会　　长:朱培荣

副 会 长:李爱华(女)　张　汉

会　　员:张海棠(女)　刘　宣　李荣庆　张德喜　秦国珍　董振祥　李仁选　张玉兴　常秋来

## 第二届老委员联谊会组织机构

会　　长:李树德

副 会 长:何树魁

秘 书 长:郜俊保

会　　员:蒋喜福　刘桂玉　王新宇　李来双

工作人员:王长发　陈晓海

## 第三届老委员联谊会组织机构

会　　长:郝审成

副 会 长:李爱华(女)　张金玉　张贵祥

秘 书 长:郜俊保

会　　员:蒋喜福　　刘桂玉　　王新宇　　何树魁　　李来双

工作人员:陈晓海

## 第四届老委员联谊会组织机构

会　　长:郝审成

副 会 长:张贵祥　　牛二锁　　张守孝

秘 书 长:赵银虎(兼)

会　　员:李爱华(女) 张金玉　　田金旺　　王石魁　　翟清则　　郜家珍　　常树毅
李水文　　宋长生　　李天德　　王弥泽　　李福娥(女) 王福娥(女)

工作人员:陈晓海

## 长治县政协老委员联谊会章程

(1996年8月10日全体会议通过)

### 第一章　总　则

第一条　长治县政协老委员联谊会是中国人民政治协商会议长治县老委员联谊会领导下的联谊团体。它的宗旨是:以邓小平同志建设有中国特色的社会主义理论为指导,坚持党的“一个中心两个基本点”的基本路线,加强同历届离任政协委员的联系,努力发挥老委员余热,推动县域经济发展,加强同各界人士、侨胞、台胞、港、澳同胞的联谊活动,进一步联络感情,增进友谊,交流信息,为发展安定团结的政治局面、祖国统一、振兴中华、促进两个文明建设,做些力所能及的工作。

第二条　政协老委员联谊会将通过各种形式,宣传贯彻党在新时期的各项方针、政策,认真贯彻落实上级政协和县政协决定、决议;协助和推动全县各界人士进行有利于社会主义建设,经济上新台阶和农村提前达小康等活动,同时,要密切联系各方人士,反映他们及其所联系的群众的意见和要求,积极参政议政,努力协助政协发挥“政治协商,民主监督”的职能作用,积极配合各专门委员会开展工作。

第三条　政协老委员联谊会的一切活动,要以《政协章程》为准则。

### 第二章　组织原则

第四条　凡因超龄退出的各级、历届政协委员中,只要身体健康,并能参加老委员联谊会所组织的活动,经本人要求,老委员联谊会同意,均可接受为本会会员。如因特殊情况,本人要求退出本会的,立予批准。

第五条　老委员联谊会成员根据自己特长,开展多项咨询服务活动,既有统一组织也可分项活动,以使广开渠道,服务社会。

### 第三章　权利和义务

第六条　本会会员,在本会会议上有表决权,选举和被选举权;有对本会工作提出批评和建议的权利;有参加本会所组织的学习、参观、视察、联谊等活动的权利;在经济条件允许的前提下,本会会员可和应届县政协委员同样订阅学习资料。本会会员可根据需要和可能应邀参加县政协举行的报告会、茶话会、座谈会、专题调查、论证和各种视察活动。

第七条 本会会员的义务,必须遵守本会章程和有关规定,认真履行自己的职责,积极参加县政协和本会组织的活动,不断增强经济意识发挥自身优势,积极为发展和繁荣市场经济作贡献。

**第四章 组织机构**

第八条 政协老委员联谊会设会长1人,副会长2人,秘书长1人,由会长、副会长、秘书长组成会长办公会议实行集体领导

会长、副会长、秘书长候选人由县政协主席会议协商提出,经会员会议选举产生,任期五年,可连选连任。

会长办公会议,每季举行一次。全体会议每年举行一次,老委员联谊会的会长、副会长、秘书长应邀列席县政协一年一度的全委会议。

第九条 老委员联谊会的会长,列席县政协召开的有关会议和主席会议。副会长、秘书长列席县政协有关常委会议。

**第五章 附 则**

第十条 本会的活动经费如确有困难时,可报请县财政部门予以补贴。

第十一条 住所:长治县政协机关。

本章程全体会议通过后实行。

## 第三节 长江支队研究会

中国人民解放军长江支队是解放战争处于重大转折时期,中共中央华北局根据党中央战略部署,从太行、太岳两个解放区选调4500名干部组建的进军福建的一支特殊部队。为了更好地继承长江支队的革命传统,2009年8月,以长江支队第二代子女为主要成员的长江支队长治县研究会筹委会开始筹备组建工作。在筹备过程中,得到长治县政协主席傅永祥、办公室主任范李斌和长治县民政局的大力支持与帮助。长治县政协办[2009]第26号文件和长治县民政局长县民字[2009]61号文件批复,同意成立长江支队长治县研究会。法人登记证书为长民社证字第056号。

2009年11月11日,长江支队长治县研究会第一次会员代表大会在长治县宾馆三楼会议室举行。大会表决通过了《长江支队长治县研究会章程》。根据章程选举产生了长江支队长治县研究会第一届理事41人,常务理事12人,选举产生了会长、副会长,通过了秘书长、副秘书长的提名。屈晋文当选为会长。长江支队长治县研究会属学术性社会团体法人组织。研究会成立后,于2009年12月29日召开了中国人民解放军长江支队长治县研究会迎新年茶话会。参加茶话会的有长江支队老队员代表刘文则以及部分老队员遗孀,以及市政协秘书长柴守忠、长治市研究会会长侯成、副会长张建林等,共计100余人。

2010年3月8日,长江支队长治县研究会一行7人赴福建福州、南平等地,走访慰问了长江支队老队员罗晶(原长治县壶口人)、田健(长治县黎岭人)、左锋(长治县东和人)、王永祥(长治县池里人),获得了

宝贵的第一手资料。

2010年清明节前夕，长江支队长治县研究会筹集2万余元资金，在黎都公园建起占地12亩，植树3000余株的“长江支队纪念林”。

2010年4月6日，长江支队研究会栽植“纪念林”

2010年5月，隆重举行了长江支队研究会成立大会暨揭牌仪式，县政协主席傅永祥，县委常委、武装部长王振乾，县政协副主席鲍金章出席了成立大会，并为长江支队长治县研究会揭牌。长江支队长治市研究会、晋城市研究会以及长子、平顺、壶关等兄弟县市研究会参加了成立大会。

2010年9月，中国人民解放军长江支队纪念园暨南下干部纪念馆在长治县黎都公园建成。展览共分六个部分《光荣革命》、《南下历程》、《建功立业》、《续写辉煌》、《纪念活动》、《领导关怀》，集中反映了由太行、太岳4000余名干部组成的长江支队惜别太行、横渡长江、建瓯会师、接管地方政权，推行土地改革、建设福建的历史画卷。

# 第四编

# 履行职能

人民政协的主要职能是政治协商和民主监督,组织参加政协的各党派、团体和各界人士参政议政,其主要工作是履行职能。长治县政协以《宪法》和《政协章程》为依据,紧紧围绕长治县委、县政府的工作部署和本县发展目标,认真履行职能,积极进行政治协商、民主监督和参政议政,务实求真,努力反映客观情况,体现广大人民群众意愿和要求,为全县经济建设和社会稳定充分发挥了应有的作用,作出了积极的贡献。

# 第一章 视察调研

为了更好地理解国家和地方的方针政策，了解当地政治、经济、文化和社会生活中的重要问题，以便在决策之前进行协商和就决策执行过程中的重要问题进行协商，所以，组织委员围绕党和国家的中心工作，有重点地开展专项调查研究，进行充分论证，形成意见建议，成为政协履行职能坚实的基础和保证条件。组织政协委员视察调研是政协履行职能的基础环节，是调动委员积极性的有效形式，是活跃政协工作的重要途径。长治县政协紧紧围绕县委和政府中心任务确定政协视察调研工作思路，把握大局，努力把促进发展作为政协专题调研工作的第一要务，不断提高视察调研的质量和水平，凝聚社会各方面智慧，为促进经济又好又快发展和社会主义事业全面进步建言献策，贡献自己的力量。

## 第一节 视察调研

### 第七届政协视察调研工作

1983年11月，县政协常委胡纪道针对中小学生存在的视力下降状况，撰写了一份《长治县根绝近视眼实施方案(草稿)》，供政协常委参阅。12月中旬，县政协根据胡纪道提出的“力争在五至十年内实现全县无近视”的建议，两次组织部分委员，分赴长治县一中、荫城、八义、贾掌等7所学校对在校学生视力状况、形成近视的主要因素，进行了摸底和视力抽检调查。在此次调查中，召开了部分教师座谈会，走访了教学多年的老教师，并对城镇、乡村、山区、平原不同地区的各类学校作了检查对比。从对比中看，乡村学校在校生的近视眼比率一般低于城镇，山区学校则又低于平川学校。在校学生近视眼高中生多于初中，初中又多于小学，近视比率随着学生的升级而节节上升。高中在校生比率为44.5%，初中比率为38%，小学五年级最高比率为24%，三年级为16%。从分布的地区看：城市高于农村，城镇学校近视比率为35%以上，农村学校则为20%左右。形成学生近视的主要原因有三个，一是学生作业多、负担重；二是久坐灯下，以抄写为主；三是追求升学率，对学生施以“疲劳战术”。全县在校学生的近视状况，虽比城市低，但如不及时引起注意，着手采取措施，近视眼的比率亦将逐年升高。大家根据视察调研情况，提出了四点建议：第一，增大智力投资，把发展教育事业、改善教学条件放在重要地位；第二，努力提高师资水平，对不合格的公办教师，培训深造，民办不合格的取消资格，不得迁就；第三，改革教学办法，加强课堂教学，缩短夜间自习时间,减轻学生负担;第四,根据预防近视眼的工作,建议以1984年前半年为试验期,下半年新学年开始正式为根绝期,每个公社都要搞几个试点,以便总结经验,推动工作。

附:

## 长治县根绝近视眼实施方案(草稿)

一、总　则

1. 方针:为了使青少年在各级学习时期德智体得到全面发展,近视眼得到根绝,特制订此方案。

2. 根绝近视眼预定目标:从现在起,小学一年级入学儿童不再产生近视眼(先天近视除外),五年内根绝近视;小学五年后所收本县初一新生没有近视或少近视,十年内根绝近视;中小学现有近视学生人数比率逐年下降。

3. 各级学校学生学习水平要求:语文以提高写作能力及阅读能力为主,数学以提高解题能力为主;最大限度地废除死记硬背的教学方法及考试方法。

**二、根绝近视眼准备阶段**

根绝近视眼,关系到学生身心健康发展,又关系到教学质量的提高。因此,在实施之前,应作好如下准备工作:

1. 组织根绝近视眼领导小组;小组成员五至七人,以对教育事业较有经验的人员组成,负责制订根绝近视眼实施方案与主管部门密切联系,指导并督促各级学校贯彻执行。

2. 对全县各级学校进行一次普遍的体检。为了节约体检费用,体检项目暂以视力为主,由县、公社医院及县防疫站派员指导各校师生自检。然后将检查结果汇总记入永久性档案内,并逐年将视力复查结果登记存档。学校及防疫站应分别保存档案一份(具体办法县防疫站安排)。

3. 体检可分地区进行试点:全县选择城镇一个(含幼儿班、小学一个,中学一个);平原公社所在地小学一个,离公社最远小学一个;山区公社所在地小学一个,复式教学小学一个。

4. 根据体检结果,研究不同地区近视人数比率及轻重程度的差异情况,分析差异原因,为根除措施提供研究资料。

5. 体检试点完成后,一方面准备全面体检,一方面分析试点结果,积极为全面开展工作做好准备。

6. 在准备阶段,有选择地进行家访,征询家长对教学方面的意见,并征询他们对减少学生抄写作业时间,适当增加读书时间的意见。

7. 加强宣传,使广大群众了解近视的危害性及根绝的可能性。

8. 在方案实施之前,利用假期或适当时期组织部分教师及家长座谈,听取他们对改进的意见,修改或充实方案。

**三、根绝近视眼的具体措施**

为了有效地根绝近视,采取学校、教师、社会、家庭一齐动手,综合治理的方法进行。具体措施如下:

1. 课堂上的任务,应在课堂上完成,坚决刹住布置夜间大量的家庭抄写作业的教学法。

2. 家庭晚间自习,采取以读为主的方针,老师可适当布置在家诵读的课文,在国家没有编订补充的诵读教材前,由学校自选,或者复习本学年及以前各学年已读过的课文。

3.《数学练习册》、《语文练习册》内容,是对部分课本内习题的重复作业,应停止使用。但可作为教师教学的参考资料。

4.让学生放下"包袱",把每天上学所背负的各种工具书(字典、词典等)放下来,避免再把工具书当成课本背诵或抄写的情况存在。

5.各级学校考试试题,太偏重死记硬背知识,应改变为:语文考试应以作文(一题或数题均可)为主。作文分数应占语文总分数80%左右为宜(现一般为30%);数学题应以应用题为主,应用题占数学总分数不应少于70%。

6.课堂抄写作业时间,应在每日光线最明亮的时间进行,切忌在下午光线最昏暗时间进行。

7.学校及家庭都要注意学习或自习时间的光线。教室应尽可能两面开窗,电灯亮度,及悬挂高度与灯数量都要适当,过亮过暗,都有害视力。

8.学校应坚持两课一操制度,家庭应注意纠正学生在睡觉、吃饭、乘车、走路时看书,眼保健操每日不应间断。

9.班主任应承担学生近视眼根除或降低比率的责任,班主任职务不能经常更动,学生升级,班主任应跟班工作。

10.教师应加强家访工作,既指导学生自习,也辅导家长管教学生,促家长与学生共同进步,这是一项极有意义的工作(有利于扫盲,有利于推动社会的学习风气)。

**四、保证措施**

1.依靠党委,及时向党委汇报请示,这是搞好根绝近视眼工作的重要保证。根绝近视眼工作,要触动不少教学上的习惯方法,少数同志甚至领导同志有不同意见是正常的。对此,除应开诚协商,虚心请教外,也要防止被非主流问题所纠缠,拖延时日,影响预定计划的进行。因此及时向领导汇报请示,以便把意见及时统一起来,使工作顺利进展。

2.根绝近视眼,必须使理论与实际相结合,依靠教师及群众,采取边改,边研究,边修正(方案)方法,周密计划,大胆工作,不使根绝工作半途而废。

3.深入调查研究,发现典型,及时总结推广;同时注意找出工作中存在的问题,采取有效措施予以解决。

**五、附记**

方案除中小学必须执行外,幼儿园也要注意执行,特别是夜间读写字,看电视等活动,要尽量避免。

胡纪道

1983年11月15日

## 第九届政协视察调研工作

民以食为天,粮以土为源。1988年春后,为了加强农业生产,保证全县粮食产量稳步增长,县政协机关干部职工利用下乡之便多次对全县农业生产状况进行了调查研究。大家在调研中了解到,1988年全县粮食总产达到18500万斤,增产9.6%,是历史上第二个丰收年。但从农业生产发展势头来看,仍然令人担忧。由于牲畜大量减少,加上粗放耕作,大量土地被占用,地越种越少、越种越薄。特别是一些企业较多的乡镇,不上或少上农家肥,不增加农业投入,不少农业科学实用技术因缺乏人才而难于推行,所以直接影响农业生产的发展。为了改变这种局面,确立农业的基础地位,振兴全县的农业生产,县政协认真讨论了全县农业发展现状,撰写了《关于振兴我县农业,重视粮食生产,增加农业投入的建议》,对发展农业提出四点建议:第一,从思想上提高认识,强化农业的基础地位;第二,从改土治水入手,彻底改变农业的生产条件,抓好十万亩水地和十万亩中低产田改造,达到"三保田";第三,从科学技术上下功夫,走科技兴农的道路;第四,要从制度上完善生产责任制,逐步实现农业的适度经营和逐步发展立体农业的途径,大力发展蛋、奶、肉、菜、果,以增加社会的有效供给。此建议于1989年5月25日在县政协九届三次会议通过,并呈送县人民政府。

1989年3月,县政协组织有关人员配合教育部门组成调查组,对全县中小学学生流失和德育问题进行了调查。中国共产党十一届三中全会以来,全县教育事业有了很大发展,儿童入学率为99.9%,五岁及六周岁幼儿入学率分别达到71.9%和93.8%,达到了省教委的要求标准。1988年度,全县中考成绩总分、及格率在全长治市名列前茅,高考成绩明显好于往年,其中有93名被大专院校录取。调查中发现,在改革开放发展商品经济的大潮中,受新的"读书无用论"的冲击,个别学校发生了学生流失及品行不良的现象。究其原因,主要是:一部分人认为读书无望,读书无用;党风和社会风气不好以及宣传教育工作上的缺陷,影响了中小学生的健康心灵;物价上涨,书费增加,学生伙食费提高;学校经费不足,教师待遇低,影响了他们的工作积极性;学校没有把思想政治工作放在重要位置,放松了思想政治工作。如何改变上述情况?大家根据调研情况,撰写了《关于加强中小学校德育工作改变学生流失情况的调查与建议》,提出四点建议:一是各级党政领导要充分认识教育是立国之本,把思想政治工作放到主要位置,教书育人,搞好校风校纪的整治:二是充分认识教育是超前事业,要提高教师待遇,以调动教师的积极性,提高学校对学生的吸引力;三是要稳定物价,严禁学校乱收费,保证中学生的粮油供应,解决好农民子弟吃周转粮的问题;四是社会、家庭、学校齐抓共管,为学生创造良好的学习环境。县政协九届三次会议于1989年5月25日通过了此建议,并呈送县人民政府。

果树是一种重要的经济作物,在发展农村经济中,由于果树投资少、收益大,是农村的一项支柱性产业。为了促进林业发展,增加农民收入,1990年5月,县政协组织有关林业科技人员对全县223个果园中的184个进行了调查。全县从1958年大量种植果树以来,形成了成片果园1.1万亩,223个果园的规模,但90%以上果树仍是20世纪50年代发展的品种,多囿于本地自采自繁自育,品种单一,果品质量下降。据不完全统计,每年有3000余株死亡;年产800万斤的果品约有320万斤果品有虫病,有490万斤果品小、品质差,而且每年病虫果率、小果率有增无减,不少果园病虫相互栖息传染,使防治更加困难。如何更好地挽救当前果树大量死亡,发展果品生产,在认真调查研究的基础上,县政协责成政协委员王树芳撰写了《关于挽救果树死亡,发展果品生产的建议》。此建议呈送县委、县政府后,引起了县委、县政府的高度重视。次年,县政协组织有关林业科技人员再次对全县果园进一步进行了调查分析。针对全县果树生产的现状及存在的品种、技术、管理等问题,向县委、县政府提出三点建议:一是制定有效政策和措施,彻底更新劣种,加快良种化建设,二是开展基地建设。全面更新品种,开创一条适合全县引导生产发展的道路;三是搞好技术活动,努力提高技术人员业务素质。视察结束后,县政协于5月14日,撰写了《只有加快果树生产的现代化,才能提高我县果品生产效率》的视察报告,呈送县委、县政府。

## 第十届政协视察调研工作

1991年12月5日至7日,市政协副主席郭保来,市政协副主席、市工商联主席赵怀庆等一行12位人莅临本县,对本县发展村级集体经济,改变"空壳村"、"萎缩村"面貌进行了一次跟踪视察。5日上午,在县政府招待所北楼小会议室召开了汇报会。县委书记张学忠,副书记郝韵章,县政协副主席、县委统战部长李树德等参加了会议,县委农工部副部长王伟德向市政协视察组汇报了本县关于发展集体经济,改变"空壳村"、"萎缩村"的工作情况。全县"空、萎"村有41个,占全县行政村总数的16.1%,已起步改变的"空、萎"村共37个,占全部"空、萎"村的90%。其中起步较好、成效明显的有26个,占起步村的70%;同时,对起步好的原因和起步差的问题,以及县委、县政府采取的必要措施都一一做了具体汇报。5日下午至6日,分别对东火乡的西庄村,王坊乡的唐王岭村,司马村的看寺村,韩店镇的洞子沟,东和乡的琚家沟、曹家沟等6个典型"空、萎"村进行了实地视察指导。7日上午,在视察座谈中,市政协副主席郭保来代表视察组首先肯定了县委、县政府贯彻落实市委西坡底现场会议精神,在发展村级集体经济,改变"空壳村"、"萎缩村"方面做了大量的工作,解决了不少实际问题。他对起步好、成效比较明显的村庄,总结出三条经验:一是"空萎村"的党支部书记人选选得好;二是"空壳村"发展村级集体经济开发项目选得准;三是"空壳村"采取帮扶措施具体得力。同时,对一些领导干部解决"空、萎村"问题认识不足,措施不力;对33个村不搞土地提留等问题提出中肯建议。最后,县委副书记郝韵章代表县委对市政协视察组表示,所提建议将如实向县委汇报,并采取积极有效措施,尽快改变"空、萎村"面貌。

## 第十一届政协视察调研工作

1993年8月6日至25日,为了深入了解和研究工业企业技术情况和今后的对策,为本县经济上新台阶献计献策,县政协组织县政协委员中熟悉经济工作的经济部门领导、厂长经理、驻县市政协委员以及有关科技人员进行了视察。此次视察采取两种形式,一是集中组织视察,与县经委协商,本次对经坊煤矿、造纸厂、锅炉厂、起重设备厂进行了集中视察;二是部分委员持证就近视察,县政协经济界、科技界委员,除参加集中视察外,还就近选择有关单位持证视察或在本单位本部门视察。此次视察主要视察了本县实施"八五"计划以来企业技术改造、技改项目调整、产品结构节能降耗、提高产品质量档次、发展名优产品、增加出口创汇、企业技术开发、科研开发机构建立、技术咨询服务等内容。视察结束后,当月20日,视察组写出书面报告,交送县政协经济委员会。

1994年5月26日至30日,根据市政协的工作安排,采取市、县政协联合作战的方法,县政协组织部分政协委员并邀请一些县直涉农部门工作人员参加,深入北呈、南宋、屈家山、苏店等乡镇农村,就农村以家庭为基础的小生产如何同大市场接轨的问题,广泛同干部群众交谈,了解情况。通过为期5天的调查视察，委员们亲身感受到，当前在市场经济大潮的推动下，农民蛰伏在心底的致富欲望已强烈涌动起来，但由于受到诸多因素的制约，当前又处在新旧体制的转轨时期，发展农村市场经济与社会化服务滞后的矛盾已日渐突出。一方面，农民开始注重按照价值规律调整产业结构，力争获取较多的农业庭院经济收入，另一方面，由于市场发育还不完善，各项服务如信息咨询、技术指导、产品销售等跟不上，农民对发展什么心中无数。针对这些情况，县政协向县委、县政府报送了《关于对我县四乡(镇)九村经济发展现状调研视察的情况报告》，提出了"突破传统小农经济思想，大力发展开发性、商品性农业"；"改变生产方式，围绕主导产业，实施区域资源规模开发"；"强化科学技术，发展优质、高产、高效的科技型农业"；"大力发展农副产品相关工业，健全社会化服务体系，加强服务功能，构建农民进入市场的新机制"等四条推进农业经济发展的对策和建议，受到县委、县政府的重视。

为了促进三资企业健康、快速发展，1994 年 9 月 6 日，县政协配合市政协对本县洗衣机厂、起重设备厂等三资企业就投资、生产、销售、经营管理、经济效益、社会效益、政策运用、环境条件以及影响和制约三资企业发展的原因和亟等解决的问题等具体情况进行视察，并根据存在问题，提出了四条对策和建议；一是要强化兴办三资企业的意识；二是要有特殊的优惠环境，使投资者有利可图，增加吸引力；三是要改善投资环境，保证外商的合法权益；四是要设立精干的工作班子和办事机构。

为推进本县农业标准化种植和管理的进程，1994 年 9 月 22 日，县政协协同市政协组织有关专家和委员，对市农业标准化种植示范区的本县林移村进行了现场视察。林移村是由河南林县逃荒而来的移民村，林移村逃荒人的后裔一代接一代，发扬自力更生、艰苦奋斗精神，改造沼泽地、盐碱地，种植防护林，成为田成方林成网，处处有茂盛庄稼、处处有参天大树的新农村，曾得到国务院表彰。视察结束后，视察组对林移村开展农业标准化种植提出了三条建议：一是严格按标准化种植和管理；二是进一步发展现代产业化农业；三是不断总结经验，以点带面，推动全县农业标准化种植和管理。

为稳定局势、增加收入、安排农村剩余劳动力，促进非公有制经济进一步发展，1994 年 8 月至 9 月，县政协组织部分政协委员和有关职能部门，深入全县各个集贸网点和部分私营企业，采取个别访谈，集体座谈等形式，进行了四个专题的抽样调查，即"私营企业职工思想政治状况的调查"，"非公有制经济领域党员作用发挥情况的调查"，"私营企业职工劳动保护情况的调查"和"四大镇非公有制经济成分结构的调查"。针对个体私营经济存在的主要问题，提出了扶持引导，加快发展的意见和建议，撰写了《社会主义市场经济建设的重要力量》的调查报告。通过调查研究，发现和培养了一批勇于开拓，善于经营，爱国、敬业、守法，积极投身"光彩新事业"，热心社会公益事业的先进典型。

根据长治市委、市政府确定的"五个重点"、"六大目标"的战略任务和市政协的统一安排，1995 年 4 月 12 日，县政协及县农工部、农经委、农业局、蔬菜办等涉农部门有关负责人和技术人员，就全县玉米战略和蔬菜种植实施情况，在西火、北呈、苏店等乡镇进行了视察调查。从这次专题调查视察所到乡镇情况看，农村形势大好，广大农民在市场经济大潮的推动下，蛰伏心底的致富欲望已强烈涌动起来，已经从解决吃饭问题转变到致富达小康的途径上来。大家在调查中同时也了解到，由于部分农田水利设施不配套，农用生产资料价格上涨，部分农民市场经济意识还不强，不能保证生产投入，部分农民对科技致富的认识还不够高，积极性还没有全部发挥。因此，这些因素在不同程度上还影响着玉米战略、蔬菜种植的实施。粮食蔬菜生产是关系全县农村经济发展的一件大事，为保证玉米战略和蔬菜种植的顺利实施，委员们通过调查视察向县委及政府提出了《关于对我县玉米战略和蔬菜种植实施情况的视察报告》,提出五点建议:一是增加对土地的投入,努力改变生产条件;二是加强领导,搞好宏观调控;三是加强农技队伍建设,健全服务网络;四是分级管理,分片包干;五是加强宣传,提高认识,给予政策倾斜,适度放宽信贷规模,在政策、队伍、资金等方面给予支持,解决玉米战略和蔬菜种植实施中存在的问题,使科技指导及时到位,保证玉米战略和蔬菜种植的顺利实施。

1995 年 5 月下旬,为了研究农副产品的加工转化和综合利用,提高农村的总体效益,推动本县"玉米战略"、"三产两带"战略和农村经济发展计划的顺利实施,市、县政协联合行动,邀请县农经委、农业局、乡镇局、区划办等有关涉农部门人员参加,就农副产品加工转化和综合利用问题,深入到西火、柳林、苏店等乡镇的 12 个行政村,26 个农副产品加工企业和种养专业户,进行了认真细致的调查视察。通过视察,委员们普遍感受到,随着农村种养殖业的迅速发展,农副产品加工业正在悄然兴起。一方面,广大农民群众的市场经济意识明显增强,已不再满足于出售粮食和原料等初级产品来获取短期的眼前的较低的经济利益,而是以追求产品最佳经济效益为目标,瞄准市场上项目,搞农副产品加工,发展起了一大批以家庭为单位的加工作坊,一些村办、乡办、县办加工企业也相继崛起,成为获得较高附加值的重要农副产品加工企业。另一方面,由于政策不配套,行业之间缺乏协调,加之少数基层干部急功近利,只注重短期利益,忽视长远规划,对发展高科技含量的农副产品加工业未能引起足够的重视,尚未树立起大农业、大工业的思想。针对这些情况,县政协向县委、县政府报送了《关于我县农副产品加工情况的视察报告》,提出了 6 条推动全县农副产品加工业发展的建议,得到县委、县政府的采纳。此报告并抄报市政协办,市政协主席戴海水及其他副主席。

1995 年 8 月 25 日市、县政协在县造纸厂视察调研

1995 年 8 月 9 日,根据市政协祖国统一委员会工作安排,县政协组织市、县政协委员对本县三胞兴办经济实体诸如投资、生产、销售、经营管理、经济效益、社会效益、政策运用、环境条件以及影响和制约发展的原因和亟待解决的问题等具体情况进行了视察。视察结束后,县政协提出了针对性的意见和建议。

为了积极引导工交企业努力培植新的经济增长点,带动全县经济持续、快速、健康发展,1995 年 8 月 25 日,县政协配合市政协分别对全县的造纸厂、通用机械厂和锅炉厂,就培植新工业经济增长点情况进行了专题视察,针对存在问题,提出了五条对策和建议:一是要统筹规划,突出重点,带动一般;二是要科学论证,选好项目,把好审批立项关;三是要引入风险机制,完善区域技术进步配套政策和措施;四是要千方百计落实缺口资金,确保全县几个在建项目尽快投产达效;五是要转变政府职能,搞好服务。

为了深入了解全县畜牧业的发展情况并研究其对策，根据市政协通知要求，结合本县实际，1996年6月17日至21日，县政协组织熟悉畜牧业情况的县政协委员、部分驻县市政协委员和县农工部、畜牧局负责人和畜牧科技人员一行12人，由县政协主席郝审成带队，对全县以猪为主的畜牧业发展情况，进行了为期5天的调查视察。视察中，大家采取听汇报、深入饲养户现场走访和综合统计分析的方法，先后调查视察了4个乡镇、6个村和12户规模养殖户。通过这次调查视察，初步澄清了长治县畜牧业发展的现状，发现了一些典型经验，找出了一些影响和制约发展的问题。视察后，在总结经验、查找问题的基础上，县政协会同有关人员进行了专题研究，经过大家充分讨论分析，写出了《关于我县畜牧业情况的调查视察报告》，并呈送县政府供决策参考。这些建议得到县里的积极响应，推动了全县畜牧业"14357"开发建设项目的实施。

1997年1月14日至17日，为了深入了解和研究本县经济林发展情况与对策，县政协由郝审成主席、张贵祥副主席带队，组织部分农林委员、邀请经济林工作部门技术人员共12人，对苏店镇、贾掌乡、西故县乡、荫城镇、西火镇、东火乡、师庄乡、北呈乡等8个重点乡镇16个有代表性村的经济林状况进行了为期4天的视察调查，充分听取了种植户的意见，并组织全体视察人员进行了认真的座谈和讨论。长治县海拔高，光照强，昼夜温差大，具有发展经济林得天独厚的自然条件，出现了苏店东庄、师庄乡的范家山、东火乡的东火村和荫城镇北头村等一批管理好、具有一定规模的优秀果园，但也存在着不少亟待解决的问题。要克服重发展，轻管理，品种老化等问题，视察组提出了具有针对性的意见和建议：一是按照产业化和果树生产良种化、无毒化、规范化、标准化的要求，组织发展水果生产，实现水果生产的优化、优质、高产和高效；二是坚持发展与提高并重；三是提高科技含量和管理水平，实现水果生产增长方式的转变；四是严格管理，完善承包统筹安排，统一指挥，使工作有人抓、有人管。视察结束后，县政协于2月10撰写了视察报告，并将视察报告呈送县委、县政府，供决策部门在工作中参考。

1997年初夏，生猪屠宰和食品检疫成为百姓议论的中心话题。为进一步贯彻落实好江泽民总书记、李鹏总理的指示和国务院紧急通知精神，真正让群众吃上放心肉，县政协及时组织政协委员协同县政府办、财委、农委、商业局、畜牧局、工商局、公安局、税务局、物价局、卫生局等有关单位就本县生猪屠宰、集中检疫工作进行了专题视察。通过视察，县政协在向县委、县政府的报告中提出三点建议：一是县政府应对全县的生猪定点屠宰，集中检疫工作进行一次较为全面的研究，针对存在问题，采取得力措施，尽快加以解决；二是合理布点是群众普遍反映的一个重要问题，政府应对屠宰布点进行必要调整，以调动各方面的积极性，并与市政府联系，协调本县生猪在市内重复检疫收费问题；三是加强管理，严禁出现乱收费、乱检疫并杜绝个别检疫人员弄虚作假行为。这些建议得到县政府及时研究解决，群众普遍反映现在真正能够吃上"放心肉"。

为进一步贯彻落实中共中央十五大精神，推进农业产业化进程，根据省、市政协统一安排，1997年12月3日至6日，县政协组织部分政协委员，会同县农办、农业局、林业局、畜牧中心等有关单位，到司马、高河、北呈、西火、南宋、郝家庄、故县、苏店等8个乡镇就全县农业产业化经营情况进行了重点调查视察。大家在视察中看到，长县委字[1997]第28号文《关于加快全县农业产业化进程的实施意见》下发全县后，全县确立了加快实施农业产业化的指导思想，根据资源优势和市场导向相结合的原则，形成了以北呈、司马、苏店为主的蔬菜生产基地；以西火、荫城、王坊、南宋、赵村等乡镇为主的玉米生产基地；以苏店、北呈、高河、八义、东和等乡镇为主的畜牧业生产基地;以南宋、西池、苏店、贾掌、故县等乡镇为主的林果生产基地,全县农业向市场产业、规模农业、现代农业迈出了新的步伐。但是,全县农业产业化发展还处于初始阶段,产业初级粗放,科技含量低、效益不明显。主要存在农副产品加工企业发展滞后,广大农民认识低,市场开发滞后,一体化上不配套,缺乏指导组织开发等问题。要解决如上问题,应该做好以下工作:第一,完善市场体系,广开销售渠道;第二,参照省、市农业区域布局,合理调整县域农业经济布局,建立特色商品基地;第三,建立利益机制,调动各方面的积极性;第四,制定配套政策,创造宽松环境。农业产业化是一项复杂的系统工程,要在稳定家庭联产承包责任制的基础上,制订落实实施农业产业化的配套政策,只要适合"三个有利于",就要放手干,使农业产业化健康、稳步发展。视察结束后,12月8日,县政协将撰写的《视察我县农业产业化经营情况的报告》,上报市政协,并呈送县委,县政府。

## 第十二届政协视察调研工作

1998年6月10日至26日,县政协邀请国税局、地税局、工商局、乡镇局、财政局、人事局、劳动局、工商联、人民银行等有关部门负责人,并组织部分政协委员,采取上下配合、条块结合、全面了解、典型剖析的方法,对全县个体私营企业发展状况进行了一次为期半个多月的调查视察。1997年省、市、县先后出台了《关于加快发展个体私营经济的若干实施意见》后,全县的个体私营企业有了较快的发展。到1998年5月止,全县个体和私营企业经工商部门注册登记的总数为5124户,从业人数10735人,注册资金为4548万元。1997年,全县个体私营企业工业总产值为308万元,产品销售总额1710万元;1996年上交国家税款960万元,1997年为1200万元,1998年1—5月份上交348万元。但是,个体私营企业发展中存在的问题仍然很多,主要表现为五个方面:一是思想还不够解放,观念还没有更新;二是各方面关卡过多,一些改革措施还没真正落到实处;三是发展个体私营经济同发展集体企业一样,最大的制约因素是资金不足,投入跟不上;四是人才素质偏低,技术人才、管理人才十分匮乏;五是发展个体私营经济的领导管理部门不明确,职责权力有限。为了促进个体私营企业有一个较大的发展,大家提出了七点措施及对策:一是简化个体私营企业开办手续;二是真正落实各项优惠政策;三是理顺个体私营企业的注册登记以及交纳税费的渠道办法等;四是改革税费收缴办法,实行税费合一;五是对征税、收费实行监督卡和公开公布制度,定期公布于众,接受群众监督;六是对30万元以上的私营企业纳税大户,切实实现封闭管理;七是明确个体私营企业发展的直接主管部门,实行统一领导、统一规划、统一协调解决个体私营企业发展中的一切问题。6月28日、县政协将视察报告呈送了县委、县政府。

1998年8月31日至9月3日,为了确实弄清长治县人才现状及今后对人才需求、引进、培养使用等重要问题,根据市政协统一安排,县政协组织科技、教育界部分政协委员,由政协主席贾圪堆带队,对计委、科委、人事局、教育局、卫生局、工业局、二轻局、农业局等单位进行了调查视察。通过调研了解发现在使用人才方面,存在着用人机制不完善,环境条件受制约,生活待遇不平衡等问题。针对存在问题,大家建议县委、县政府在实施科教兴县的关键时期,要把人才战略列入日常的重要议事日程;建议县委、县政府主要领导要经常了解知识分子,大胆使用人才;建议每年划拨专项科研基金,用于高新技术引进与推广,并奖励那些在科研推广实践中作出显著成绩的杰出人才。视察结束后,县政协于9月撰写了《围绕科教兴县,实施人才战略》的人才战略实施报告,并将视察报告呈送县委、县政府。

根据市政协要求,县政协组织部分市、县政协委员,并邀请县农小办、农业局、乡镇局、畜牧局、粮食局、经管局有关人员,共同对全县近年来农民收入情况作了一次专门调研。这次调研活动从1999年11月15日开始,历时10天。先后深入到北呈、苏店、南宋、东和、王坊、东火、贾掌、屈家山8个乡镇以及永丰、苏店、东和、王坊、坡头等16个行政村,采取听取汇报、重点了解、抽样统计、入户算账的方法进行。调查结果表明,近年来,本县农民收入实际上增幅明显放慢,今年甚至出现了总体下降的趋势。导致农民收入下降的主要原因是:煤炭市场持续疲软,主导产业严重萎缩;农副产品价格低廉,农业增产不能增收;乡镇企业日益滑坡,农村剩余劳力增多;社会财力极度紧张,第三产业发展不足;干部思想混乱不稳,发展经济力度不够。为了有效地遏制长治县农村经济滑坡之势,推动农业和农村经济跨上新的台阶,视察组提出三点建议:一是按照高产优质高效要求,积极引导农民根据市场需求,调整农业和农村经济结构;二是按照龙头带基地,基地连农户的思路,积极引导农民发挥当地优势,推进农业产业化经营;三是正确处理巩固传统产品与开发新型产业的关系,大力扶持农民依靠科技进步,迅速实现乡镇企业的二次创业。11月26日,县政协将撰写的《关于全县农民收入情况的调查报告》,呈送了县委、县政府。

根据市政协办发[2001]21号文件通知精神,2001年6月27日,县政协与县水利局联系,由政协贾圪堆主席带队,组织部分政协委员同水利局技术人员,一同对全县7座水库基本情况进行了摸底调查。这7座中小型水库,由于年长失修,已多属险库,坝高和坝基宽度及维护均不达标准,且有裂缝。多数水库库内和坝体内外都已栽种作物和果树,溢洪道和槽管均不通,加上五座水库长年干涸无水,维修保护、开发利用就更无从谈起。由于水库建成以来,近30年来没有发生过大雨大洪,库内干涸无水,引不起有关部门和管理人员的重视,周围农民或种地,或种树,或发生裂缝,坝体塌陷无人问津。6月28日,县政协向水利部门通报了视察情况,并将《关于对我县水库水资源开发利用和保护状况调研的情况报告》一文,上报了市政协和县政府。报告中对水库水资源开发利用和保护状况提出了三个建议:①鉴于全县水库的实际情况,建议在精减管理人员的同时,将水库管理人员纳入全额事业单位管理;②增加投入,加固现有水库坝体,疏通溢洪通道,消除隐患,提高水库抗洪能力;③积极倡导水库管理承包责任制,库区周围可耕面积由承包责任人或买断人经营管理,或开发其他种养产业,强化内部管理机制,增值创收。

根据市政协第34号文件通知精神及长治县政协2001年工作要点安排,县政协于2001年10月10日至12日组织农林界政协委员和农小办、统计局、农业局、经管局领导深入全县11个乡镇22个村100余农户,对全县农村经济结构调整暨农民增收情况进行调研。长治县委、县政府把"大力调整农业结构、增加农民收入"列入农业和农村工作的重中之重,积极采取措施,狠抓落实,种植业结构日趋合理,养殖规模逐渐扩大,农民收入逐年增加。但是,要调整农村经济结构,还需注意解决在资金投入、土地调整、推广新技术、开拓市场等方面存在的问题,努力实现五个突破:一是在发展区域经济上实现突破;二是在发展外向型农业上实现突破;三是畜牧养殖业上实现突破;四是在种植业上实现突破;五是在农副产品的深加工上实现突破,确确实实做好本县农村经济结构调整工作,促进农民增收。视察结束后,县政协撰写了《关于对我县农村经济结构调整暨农民增收情况的调查报告》,并于11月将此报告呈送县委、县政府。

2002年6月,县政协组织部分政协常委、委员及教育部门有关人员,围绕"贯彻六中全会精神,加强改进作风建设,促进基础教育发展"这一主题,进行了一次调研活动。在政协主席贾圪堆带领下,先后到荫城、郝家庄两个乡镇的15所中小学和县二中、县四中以及教育局,对全县基础教育所涉及的九年义务教育、师资力量配备、教师工资发放、学校危房改造等四个重点问题,采取上下结合、单位汇报、实地验证、座谈访问的方法进行了认真调研。全县九年义务教育成绩虽然显著,但仍存在一些问题和困难:一是投入不足;二是基础设施尚有一定差距;三是教师数量短缺,结构不够合理;四是学校布局需继续调整;五是农村中小学教师应调应增应补部分由于财力吃紧,尚未完全到位。根据这一情况,视察组提出五点建议:一要本着就近入学、规模办学的原则,对全县中小学校布局及时进行调整;二要开通稳定可行经费筹措渠道,确保学校公用经费足额到位;三要继续把危房改造作为一件大事来抓,全力实现"校校无"、"人人上"工程;四要立即采取得力措施,解决教师短缺问题;五要想方设法尽快解决以往中小学教师工资待遇上的一些遗留问题。

## 第十三届政协视察调研工作

2003年7月8日至10日,县政协组成以主席傅永祥为组长,副主席牛外则、申有宝、鲍金章、李志文以及部分政协委员参加的视察调研组分两组深入到本县八义、南宋、苏店、西池等8个乡镇和心水果茶、南宋鑫隆洗煤、苏店综合开发园区、柳林绿丰脱水蔬菜厂等16个企业,进行调研视察。视察组先后听取了情况汇报,与部分村干部、有关企业负责人进行了座谈。通过视察,委员们充分肯定了本县乡镇政府转变职能所取得的成绩,但也提出了一些值得注意的问题:一是政府职能转变与市场经济要求还有很大差距,服务体系不健全,监督机制不完善,办事效率不高;二是思想观念解放力度不大,安于现状,危机感不强;三是调产步伐不快,产业结构单一,地面企业发展缓慢;四是农业基础设施脆弱,投入少,农民增收放慢;五是经济发展环境存在有不尽如人意之处。政协主席傅永祥及视察组在沿途考察中就这一系列问题进行了认真的思考和讨论,提出了一些看法和建议:一是领导部门围绕市场经济、政府职能、执政为民的要求进行职能转变;二是以农民满意度和认可度为出发点,搞好农村税费改革工作;三是统筹兼顾、协调发展农村经济和社会各项事业;四是创新机制,加强引导,搞好农村产业结构调整;五是创造宽松环境,加大科技投入,推动民营经济快速发展。

2004年7月,由政协主席傅永祥负总责,副主席牛外则、李志文任组长,政府办、财政、民政、劳动等部门以及部分政协委员为成员的调研领导小组,对全县社会保障体系建设进行了调研。本县社会保障体系建设在县委、县政府的高度重视下,各职能部门齐抓共管,取得了明显实效:一是机构健全,切实加强了领导;二是充分发挥了职能部门作用;三是加强协调,随时解决了前进中的困难和问题;四是重视宣传工作,大造了社会保障工作的社会舆论,增强了人民群众的社保意识;五是加大了调产改制方案。但在视察调研中也发现一些问题:一是社会保障工作的法律法规的可操作性不强,有待逐步完善;二是执法队伍数量严重不足;三是小额担保贷款程序不通;四是一些20世纪五六十年代创办的老企业资金严重不足,基本上无能力缴养老保险金;五是民营企业参保意识差;六是就业观念落后;七是需救助人员多,困难大与救助面窄、资金少的矛盾十分突出。根据以上问题,视察组特提出四点建议:一是政府及有关部门要高度重视社会保障体系建设这一系统工程;二是全社会都要关心再就业工作;三是加大引导农村剩余劳动力有序转移方面的工作力度;四是建议上级有关部门在政策允许范围内,尽可能给予补助,以保证社会保障资金足额发放。

2004年8月18日至26日，为了深入了解本县民营经济发展状况，进一步推动民营经济健康发展，县政协组成以主席傅永祥为组长、有关人员参加的调研组，就本县民营企业发展情况进行了专题调研。由于县委、县政府的高度重视，社会各界的关心支持，全县民营企业发展环境得到明显改善，发展态势良好。但在调研中也发现存在一些问题：一是发展不平衡，结构不合理；二是发展环境仍不够宽松；三是各级政府服务还不够到位；四是现有民营企业整体素质不高；五是民营企业普遍融资难；六是思想保守，小富即满。针对以上问题，视察组特提出六点对策建议：一要增强紧迫强，进一步加大调产力度；二要继续为民营经济发展创优环境，保驾护航；三要转变政府职能，增强服务意识；四要尽快解决民营经济普遍存在的融资难问题；五要解决民营企业发展中存在的占地难问题；六要努力提高民营企业的整体素质。视察结束后，9月10日县政协将视察报告抄报了市政协办公厅、市政协经济委，并抄送县委、政府两办。

2004年10月12日，县政协组织部分政协常委、委员、各专会主任等30余人，由主席傅永祥带队，对本县已经基本完工的县城政东街改造工程、城北街拓宽改造工程、韩北路拓宽改造工程以及在建的县城污水处理工程、黎都公园三期工程等县城重点工程项目进行了视察。在视察中，认真听取了城环局长杜建明关于工程实施情况及资金使用等情况的详细介绍，各工程项目负责人陪同视察并回答了委员们的咨询。在充分肯定成绩的同时，广大委员就视察中发现的一些问题提出了意见；一是部分工程进度缓慢，拖延时间太长；二是少数工程质量仍存在问题；三是工程后续管理制度不够健全，管理滞后，不少项目超预算。针对上述问题，委员们提出五点建议：一要进一步加大工程质量监管力度；二要坚持进度服从质量的原则；三要建立预算审计制度，特别是对超预算过多的项目，应严格审计；四要建立健全各项管理制度，加强市容市貌管理；五在今后县城新住宅区建设和旧城建筑改造时，要统筹考虑，着眼于长远。

根据市政协安排部署，从2004年12月6日至16日，由政协主席傅永祥带队，县政协组织部分县政协委员和民主党派代表，对农民减负增收问题开展了为期10天的专题调研。这次调研，采取点面结合，县、乡、村联动的办法，先后听取了农业局、经管局、财政局、县供销合作社、民政局等涉农部门的情况汇报，选择南宋、郝家庄乡有代表性的农村进行了重点调查，并召开了不同类型的座谈会。调研情况表明，全县上下紧紧围绕县委、县政府提出的实施“三五”战略，全面建设小康的宏伟目标，认真落实中央〔2004〕一号文件精神，在努力减轻农民负担、增加农民收入方面，取得了显著成效。但是，在落实中央一号文件的过程中，也出现了不少值得关注和需要逐步解决的新情况和新问题：一是发展不平衡，贫富差距拉大；二是农民减负增收的基础不稳固；三是农民素质偏低，难以适应市场经济要求；四是融资难，制约了农民增收和一些民营企业做大做强；五是农资价格不断上涨，无形中加重了农民负担；六是农村税费改革后村级公益事业等遇到极大困难。针对上述问题，视察组建议：一要继续深入贯彻落实中央〔2004〕一号文件精神，找出问题，采取有效措施加以解决；二要继续把农民增收作为县委、县政府的重点工程来抓；三要加强基层班子建设；四要加强培训，努力提高农民素质；五要大张旗鼓表彰奖励典型，在政策方面给予一定的扶持和鼓励，努力创造共同富裕的气氛和环境。

2005年8月4日，县政协组织部分驻县市政协委员、县政协委员及政协有关专委会负责人等共30余人，由主席傅永祥带队，对本县今年开工建设的7项城建重点工程进行了视察。由于县委、县政府对县城建设高度重视，投资力度大，不断完善管理机制和施工方法方式，加大监管和督查力度，为保证工程质量和速度奠定了基础。在视察过程中,广大委员就工程建设中出现的一些不足和问题提出了自己的意见:一是由于一些主客观因素的影响,致使一些工程项目不能按照预期计划完工,工期拉长,为县城交通和环境带来了一定影响;二是今年由于开工建设工程项目比较多,给工程项目管理和监督带来了一定难度;三是影响工程施工因素的一些协调工作有待进一步加强,切实保障工程施工速度。视察组针对上述问题,特提出如下建言:一要加强组织领导,进一步加大监管力度,提高监管质量和水平;二要组织精干力量,加强对干扰施工等问题的协调处理;三要严把事前监管和事中监管;四要树立高度责任感,百年大计,质量第一。

2005年9月下旬,县政协根据市政协通知精神,组织部分委员及有关部门负责人,重点对本县工矿企业节约和保护自然资源、发展循环经济、推进“百强调产”进行了视察和调研。全县确定和实施的“百强调产”项目58个(2005年新上的项目23个),总投资505509万元,完工项目14个,在建项目41个,前期项目3个;2005年本县和入围市新“百强调产”工程的项目8个,完工项目2个,在建项目6个。之所以取得以上成效,关键在于坚持科学发展观,领导重视,措施得力。但在此次调研中也发现存在着一些突出问题:一是不少企业领导对发展循环经济的认识不足;二是在发展循环经济方面缺乏必要的政策引导;三是由于受资金、人才、市场等因素影响,一些企业的“百强调产”项目进展受到制约;四是缺乏具有知名品牌的龙头企业,新上的一些小项目、小企业对循环经济的发展、经济结构调整的促进作用不明显。根据以上突出问题,特提出四点建议:一是加大发展循环经济推进百强调产的领导力度;二是加大发展循环经济、节约经济的宣传力度;三是建立和完善发展循环经济的政策机制;四是重视循环经济的技术引进、人才引进和推广应用工作,鼓励企业重点引进具有普遍推广意义的资源节约技术、能量梯级利用技术、相关产业链接技术和资源再生利用技术等。

2005年12月8日,由政协主席傅永祥带队,组织市县两级部分政协委员,对进一步贯彻落实中共中央关于加强新农村建设的精神,进一步推动全县新农村建设,对村镇建设进行了视察,并听取了有关部门的专题汇报。县委、县政府认真贯彻落实党中央关于加强农村工作的精神,每年都把改善农村基础设施建设作为一项重点工作来抓。全县农村普遍实施了低压线路改造工程、村村通油路工程、部分山区人畜吃水工程、中小学危房改造工程、改善卫生所条件工程等。这些工程的实施,极大地改变了农村的落后面貌,为广大农民的生产生活创造了良好的条件,为推进城镇化进程奠定了坚实的基础,涌现出永丰、南宋、东火、东庄、荫城、荆圪道、西申家庄、河南、北张、琚家沟等一批新型农村建设典型,代表了本县农村建设的新走向。本县的新农村建设取得了很大的成绩,但通过此次调研,也发现存在一些不足和问题:一是发展不平衡;二是规划滞后;三是重视不够,没有把资金用在新农村建设上。“生产发展、生活宽裕、乡风文明、村容整洁、管理民主”是中共中央十六届五中全会提出来的建设新农村的总体目标要求,如何认真贯彻落实好中央的精神,如何把本县新农村建设好,视察组提出五点建议,供县委、政府参考:一是各级政府要进一步加强对新农村建设的领导,加强对新农村建设的引导和管理,在本县制定“十一五”规划时应有所体现;二是加强规划管理,村村要制定总体规划,规划要有超前性、长远性;三是要坚持因地制宜,量力而行的原则;四是农村建设要本着节约用地、合理用地的原则,不一味贪大求全,不盲目扩展,尽量减少占用耕地;五是在重视硬件建设的同时,要把物质方面建设和精神方面建设结合起来。

2006年3月29日,县政协按照省政协民宗委通知要求,组织部分政协委员会同县统战部、工商联有关人员到回民聚居地东和乡东和村进行了专题调研。在经济发展建设中,少数民族居民在脱贫致富进程中还存在一定的问题:思想观念落后是阻碍少数民族聚居村贫困户脱贫致富的根源之一;科学技术意识淡薄是阻碍少数民族地区脱贫致富的根源之二; 缺乏资金是阻碍少数民族贫困人口脱贫致富的根源之三;缺乏劳动力是阻碍少数民族聚居村贫困户脱贫致富的根源之四。针对以上问题,提出了如下建议及对策:一要加强思想教育,增强贫困户脱贫致富的信心;二要加大科技培训力度,三要强化农村信用社帮助少数民族贫困户脱贫致富的意识;四要对缺乏劳动力的贫困户要重点帮扶。

2006年7月26日市、县政协就本县新农村建设情况进行了专题调研。为打造和谐黎都的重头戏,本县先后成立了领导机构,出台了具体实施方案,县、乡、村三级联动,形成合力,着力推进新农村建设。本县在推动新农村建设中,采取了一系列切实有效的措施和办法,取得了一定的成效,但也存在一些不足:一是新农村建设发展不平衡;二是产业结构不尽合理,产业规模不大,带动全县农村和农民增收有限,新农村建设资金缺口较大。针对上述不足,视察组撰写了《关于我县社会主义新农村建设调研情况的报告》,向县委、县政府提出五点建议:一是进一步加强领导,把新农村建设列入年度工作计划,严格检查考核;二是加快经济结构调整步伐,注重发展有一定规模的企业;三是多层次、多渠道搞好农民培训;四是积极稳妥推进城市化进程,扩大非农人口比率,减少农民数量;五是逐步建立和完善符合本县县情的社会保障机制。

2006年8月24日至28日,县政协组织部分政协委员及相关人员,由傅永祥主席带队,对本县教育、科技、文化、卫生、体育几个部门进行了视察调研。

**教育方面**

大家在视察中发现,有的学校办学思想不够端正;有的领导和教师工作漂浮,不思进取,作风不扎实;加之存在有县城公立初中学校设置不甚合理;义务教育办学条件、师资队伍、管理水平具有差异;教育技术装备不能适应课程改革需要等问题,都严重制约了教育,教学质量的提高。为此,视察组提出五点建议:一是加强领导,改革不适应教育发展形势或阻碍教育事业发展的机制和做法;二是加强对各级各类学校的管理,建立一套严格的科学合理的学校考核激励机制;三是加强对师资队伍的管理,不断提高教师的素质和质量;四是最大限度地使用教育资源;五是积极科学合理地发展民办教育。

**科技方面**

全县科技工作取得了一定的成绩,但是也存在三个方面的问题:一是科技队伍结构不合理;二是对科技投入不足,未能实现与经济发展同步增长;三是科技基础条件建设滞后,难以实现资源共享,造成人力和财力的浪费。为此,视察组提出四点建议:一要加强对新科技成果的引进和推广应用,推动本县新型工业化、农业产业化建设;二要加强科技信息网络建设;三要制定优惠政策,大力支持高新技术企业的发展;四要加强对技术人才的引进,重视对优秀专业技术人才的应用,充分调动他们的积极性。

**文化方面**

在充分肯定文化事业取得的成绩后,视察组也看到了存在的问题:一是文化专业人才欠缺,制约了文化事业更好地发展;二是创新工作不足,服务意识有待增强;三是农村群众文化开展的深度、广度不够;四是文化活动经费不足,专业文艺团体经济效益和社会效益不够理想。针对存在问题,视察组提出了四点建议:一要积极引导和组织开展好群众文化活动;二要进一步增强文化为大众、为人民服务意识;三要加强文艺精品创作,努力塑造几个叫得响的群众文化品牌;四要加强对文化市场的监管。

**卫生方面**

全县医疗基础设施得到了改善,初步形成公立、民营、私人共同发展的医疗格局,初步满足了广大人民群众的医疗需求,但是,由于全县公共医疗卫生服务体系经费投入严重不足,医疗机构管理体制比较僵化,医疗资源配置制度不够完善,医药领域中的不正之风没有得到有效解决,医务工作人员工资待遇偏低,工作积极性不高等诸多问题的存在,仍然严重影响了医疗机构的健康发展。为此,视察组建议:一要积极推进农村新型合作医疗制度的实施;二要加大投入,改善基层卫生院(所)条件;三要积极探索医改,改革比较僵化的管理体制;四要强化对药品市场和医疗机构的监管;五要加强对医护人员的管理,不断提高其业务素质;六要加强医疗卫生信息服务网络建设,实现资源共享。

**体育方面**

在视察中大家看到,全县体育设施和场所虽然不断增加,但仍不能满足人们的需要;由于体育尖子人才缺乏,竞技水平不高。为此,视察组提出三点建议:一要积极引导和组织广大人民群众参加各类体育活动;二要积极培养本县的体育竞技人才,提高竞技水平;三要加快体育设施和活动场所的建设。视察结束后,县政协于9月4日,撰写了《关于对我县教育、科技、文化、卫生、体育事业的调研报告》,抄报市政协,抄送县委办、政府办。

2006年10月26日,市、县政协就本县工业新型化情况进行了专题调研。长治县委、县政府,认真贯彻落实市委提出的“三三”战略,大力实施“三五”发展战略,积极推进工业新型化,坚持以科学发展观统领经济社会发展全局,求真务实,真抓实干,在工业新型化取得了初步成绩:一是煤炭产业扩规上档和煤炭再加工及利用成效明显;二是传统工业企业改制重组和技术改造扎实推进;三是新兴产业集约发展和规模化进程步伐加快;四是坚持科学发展观,坚持高标准,坚决关闭淘汰小型污染企业,坚持不新上一个污染企业。本县在进行工业新型化方面虽然有了良好的开端,取得了较大的成绩,但也存在一些问题和不足:一是新型产业发展速度不够快;二是企业经营者思想观念还相对保守;三是环境还不宽松,招商引资项目不多,引进的项目落实进度还不够快。针对以上不足,视察组在形成的调研报告中提出五点建议:一是各级领导干部和企业经营者要进一步解放思想,在工业新型化进程中建功立业;二是加强领导,搞好服务;三是加大科研投资力度,企业要与科研机构、大专院校挂钩;四是大力发展循环经济,进一步提高企业产品的深加工和转化能力;五是创优环境,进一步做好招商引资工作。

## 第十四届政协视察调研工作

2007年7月24日,政协根据市政协通知精神,在政协主席傅永祥的带领下,对长治县农村义务教育经费保障和落实及城乡基层医疗体系建设情况进行了一次综合调研视察。首先对省政府《山西省农村义务教育经费保障机制实施方案》进行了调研。长治县从2005年春季开始启动农村保障机制,至2006年底已在全县范围内基本落实了“两免一补”政策。从2007年春季开学起,根据《国务院关于深化农村义务教育经费保障机制改革的通知》(国发〔2005〕43号)《山西省农村义务教育经费保障机制改革实施方案》(晋政办发[2007]6号)以及长治市有关文件精神,全县所有义务教育阶段中小学校全部免除学生杂费,并提高(公办学校)公用经费,有效保障了学校正常运转,减轻了农民负担,降低了学生辍学率,巩固和提高了"普九"成果,总的情况是好的。但是,在落实中也存在一定问题:一是农村学校资金拨付运转慢;二是一些农村学校规模太小,经费不能保证学校正常开支;三是县城中小学生源超员,师资不足;四是各类学校图书、仪器缺乏购置经费等问题。为此,大家提出了三点建议:一是深化教育机制经费改革,注重政策倾斜,对贫困山区贫困家庭学生实行补助,实现教育公平;二是适当提高对农村义务教育经费的标准数量;三是加强对学校图书、仪器的管理,适当增加购置经费。其次,对全县城乡基层医疗体系建设进行了调研。本县新型农村合作医疗经过三年的争取和精心准备、协调和筹划,已于是年1月24日在全县全面启动。全县农民参合率达97.4%,乡镇村覆盖面达100%,实现了参合农民达85%的预定目标。农民反映看病难、看病贵和因病致贫、因病返贫的热点问题,基本上得到了解决或缓解。同时从县直医疗机构到乡镇卫生院、村卫生所,三级医疗卫生服务网络已基本构成,基础设施设备,就医环境都发生了前所未有的根本改变。但是,我们也必须清醒地看到,由于医疗体制、机制没有得到深层次的改革与创新,还存着许多群众不满意和与社会需求所不适应的诸多困难:一是乡镇卫生院、村卫生所的设施设备贫乏和落后;二是乡镇卫生院人员工资和县城医院人员工资标准不一样,造成乡镇卫生院医护人员少、水平低;三是卫生监督工作还存在监管不力,就医、安全用药、饮食卫生等存在有隐患;四是公共卫生体系建设、公共卫生机构的服务职能由于经费得不到保障,服务功能无法发挥。针对以上存在问题,大家提出了四点建议:一是逐步加强公共卫生服务体系建设,充分发挥公共卫生保障能力,确实维护广大人民群众的卫生健康,建议政府加大对卫生事业发展的资金投入;二是目前我县医技人才严重匮乏,建议政府根据有关精神,激活医疗机构用人、管人机制,促进医改进一步发展;三是解决乡镇卫生系统职工工资待遇低下的问题;四是卫生行政部门要加强对各级医疗部门的监督管理,加强对食品行业的管理,切实保障人民群众的身体健康。

为进一步完善农村民生工程,扎实推进和谐社会建设,2007年8月16日,县政协组织部分政协委员由主席傅永祥带队,对农村社保体系建设情况进行了专题调研。调查情况表明,经过近几年的努力,本县农村社会保障体系建设取得了明显成效,使广大农民享受到了改革发展的成果,为建设社会主义新农村、构建和谐长治县奠定了坚实的基础。但在视察调研中也发现存在一些问题:一是农民看病后报销手续繁杂,环节多,使农民感到报销难;二是农村低保标准相对来说偏低;三是一些农村"五保户"有病不住院,享受不到医疗救助;四是农村社会养老保险按储蓄式保险模式办理,大多数农民难以接受,积极性不高。针对上述问题,视察组特提出四点建议:一要高度重视,积极探索一套使广大农民受益的农村社会保障体系;二要加强社保机构和队伍建设,转变工作作风,增强服务意识,提高服务质量;三要加大投入,扩大覆盖面,逐步提高农村低保标准;四要结合实际,研究制定适合本县县情、有利于推动农村养老保险工作的实施办法。视察结束后,县政协于8月19日将视察报告抄报市政协办公厅,并抄送县委、人大、政府三办。

为推进本县"三化"项目建设进程,确保"三化"项目在2007年9月底10月初如期完工,根据县委工作安排,县政协于8月28日在政协主席、副主席带领下,组织部分委员对本县"三化"建设项目进行了视察。这次视察的"三化"建设项目有:县城南环路、文化路、光明北路延伸线、县文化中心、县体育馆、犇盛化工、山河巨能和南宋乡东掌村、苏店镇西庄村新农村建设。通过城建局、经贸局、文化中心、体育中心等有关负责单位的汇报和现场视察,委员们一致认为,本县"三化"项目建设动作大,质量高,呈现出一派红红火火的景象。委员们在视察中也发现了一些影响"三化"项目建设的问题和不足之处,概括起来主要有三点：一是光明北路延伸线工程，由于路基垫高，高压输电线路和通信线路直接影响了工程进度；二是县体育馆绿化及犇盛化工厂厂区绿化工作尚未动手；三是山河巨能资金缺口约3000万元，由于占地问题纠纷多，迟迟不能开工。针对上述存在的问题和不足，委员们提出三点建议：一要加大领导力度，及时解决项目建设中的具体问题；二是有关单位要为山河巨能有限公司抓紧办理并网手续和环评工作，为企业解决实际困难；三要新农村建设在注重村容村貌改造的同时，积极发展多形式股份制企业，增加集体收入，增强新农村建设后劲；四要牢固树立"百年大计质量第一"的观念，严把质量关，保证工程质量。

为加快畜牧养殖业规模化、标准化、产业化发展步伐和小康社会的建设，县政协于2008年4月9日组织部分政协常委、委员就全县的畜牧养殖业情况进行了调研和视察。长治县委、县政府认真贯彻落实国务院《关于畜牧业持续健康发展的意见》，大力发展规模养殖，全县畜牧业生产形势喜人，2007年以来，全县生猪饲养量达到20万头，牛饲养量达1960头，羊饲养量达4.7万只，全县鸡饲养量达100万只。全县肉、蛋、奶总产量分别达到9500吨、5000万吨、63吨。但是也存在一些亟待解决的问题：主要是全县畜禽标准化生产方式相对落后，饲养不科学，管理不规范，防疫不到位；另外全县在疫苗管理、动物检疫、市场监管等方面还存在许多欠缺；特别是乡镇畜牧兽医中心站建设资金缺口较大，人员老化，设备滞后，直接影响到全县动物重大疫病防治工作的有效开展。针对本县畜禽养殖业目前存在的上述主要问题，通过调研，提出五点建议和对策：一是突出发展规模化、标准化养殖，坚持走可持续发展的道路；二是加强技术培训、搞好示范，重点做好养殖大户的培训；三是继续加大动物重大疫病防控工作力度，确保全县畜禽产品生产安全和质量保证；四是继续抓好乡镇畜牧中心站建设，逐步解决好畜牧兽医队伍人员短缺、年龄偏大、技术落后、待遇偏低等问题；五是不断加大对规模养殖业和产业化龙头企业的扶持力度。调研结束后，县政协于当月24日撰写了视察报告，抄报市政协，抄送县委办、人大办、政府办及县直有关单位。

县政协于2008年4月25日就本县的环境保护与节能减排情况，组织部分政协常委、委员进行了专题调研。2007年县城II级以上天数达290天，超市下达任务30天。全县企业由$SO_2$由12050吨减排到7593.5吨，减排4456.3吨，节能量9.15万吨标煤，节能减排工作取得了明显成效。县委、县政府高度重视环保与节能减排工作，先后出台了《关于落实科学发展观加强环境保护决定的实施意见》、《长治县人民政府关于加强节能工作的决定》等文件，县政府并与各乡镇、重点企业签订了《环境保护工作目标责任书》和《节能目标责任书》，采取综合整治措施，有效加大了节能力度和降低排污强度。通过调研，认为全县环境保护与节能减排存在的主要问题是煤炭为主的结构性污染问题比较突出、自然生态比较脆弱、环保治理与减排投资严重不足，对此提出六点建议。针对煤炭为主的结构性污染问题，建议：对煤炭企业实行关小扶大，大型企业要实行清洁生产，坚持走工业新型化道路，大力发展循环经济，突出抓好节能降耗。针对自然生态脆弱的问题，建议：成立生态县建设领导组，加强对生态文明建设的领导，尽快编制生态县建设规划，组织实施生态保护工程。针对本县污染减排指标高，增速快的问题，建议：积极向上反映，调整本县$SO_2$、COD两项约束性指标。针对守法成本高，违法成本低的问题，建议：加大执法力度，对违法企业高限处罚，对环保模范企业实行奖励和优惠政策。针对环保与减排投资严重不足的问题，建议：县政府要逐年增加治污减排资金，特别是要支持利润较低的企事业单位进行治污减排。针对水污染问题，建议：严格实行取水许可制度，对重点用排水大户，采取现代化监控管理手段，努力提高水资源的管理和保护水平。视察结束后，县政协于当月28日撰写了视察报告，抄送县委办、人大办、政府办及县直有关单位。

根据市政协办公厅《关于对我市农村劳动力转移情况进行调研的通知》精神，县政协于2008年5月7日由政协主席傅永祥带队，部分政协常委、委员参加的调研小组对全县农村剩余劳动力转移情况进行了专题调研。本县农村劳动力转移工作主要采取校企培训、就业岗位培训、报刊资料和学历教育等各种形式进行培训人数达5000余人次，转移劳动力2900余人。全县农村劳动力转移工作取得了显著成绩，但也存在一些问题，这些问题主要是：农村劳动力市场机制不完善，农民工就业服务体系不健全、农民工文化素质普遍较低，缺乏劳动技能，难以在城镇稳定就业、农民工社会保障与福利待遇差等。针对以上存在问题，提出五点建议：一是建立和完善乡村剩余劳动力就业机制和就业服务体系；二是大力发展乡镇企业和县域经济，扩大当地农民工转移容量；三是加大对农民工培训的投入，千方百计提高农民工综合素质；四是要积极探索建立适合农民工特点的社会保障体系，逐步建立和完善农民工养老保险、医疗保险、工伤保险制度；五是加强对进城就业和外出务工的农民工合法权益的保护，依法查处用人单位侵犯农民工合法权益的违法行为。视察结束后，县政协于当月9日撰写了视察报告，抄送县委办、人大办、政府办及县直有关单位。

根据市政协文件通知精神，2008年7月8日至10日，县政协组成以傅永祥主席为组长，政协副主席牛外则、申有宝、鲍金章、李志文以及部分政协委员参加的视察调研组分两组深入到本县八义、南宋、苏店、西池等8个乡镇和心水果茶、南宋鑫隆洗煤厂、苏店综合开发园区、柳林绿丰脱水蔬菜厂等16个企业，进行调研视察，先后听取了情况汇报。与部分村干部、有关企业领导进行了座谈。通过视察，委员们充分肯定了本县乡镇政府转变职能所取得的成绩。但也提出了一些值得注意的问题：一是服务体系不健全，监督机制不完善，办事效率不高；二是思想观念解放力度不大，安于现状，危机感不强；三是调产步伐也不快，产业结构单一，地面企业发展缓慢；四是农业基础设施脆弱，投入少，农民增收放慢；五是经济发展环境还存在不尽如人意之处。视察组在视察过程中，就这一系列问题进行了认真的思考和讨论，提出了一些建设性意见和建议。傅永祥主席在沿途考察中就这一系列问题多次提出了自己的一些看法和建议。这些建议主要是：一是围绕市场经济、政府职能、执政为民的要求进行职能转变；二是以农民满意度和认可度为出发点，搞好农村税费改革工作；三是统筹兼顾、协调发展农村经济和社会各项事业；四是创新机制，加强引导，搞好农村产业结构调整；五是创造宽松环境，加大科技投入，推动民营经济快速发展。视察结束后，县政协撰写了《关于对我县“乡镇政府转变职能”情况的视察报告》，于当月呈报市政协，并呈送县委、县政府。

根据省、市政协2008年工作安排，就全面推进农村小康社会建设战略措施和实践中要进一步解决的突出问题和难点问题，县政协于2008年9月2日至5日，以傅永祥主席为组长，政协副主席牛外则、申有宝、鲍金章、李志文以及部分政协委员参加的调研组分两组深入到本县劳动局、农业局、国土局等15个单位和南宋乡、西火镇、韩店镇等6个乡镇并30余农户，进行了专题调研，并听取了有关情况汇报。在视察中，视察组就农村劳动力输出存在的困难和问题、农民收入的现状和农民增收缓慢的原因、党在农村的政策法规落实情况及存在问题、农村村民自治和农民行使民主权利的情况和问题、农村税费改革和农民减负情况、农村干群关系存在的问题、小城镇建设基本情况及存在问题、农村教育和农民素质教育及农民职业教育方面的现状和存在问题、农村医疗卫生现状存在问题、农业科技推广以及农产品市场信息体系建设中存在的问题、农村基础文化建设存在问题、农民生产贷款需求额与实际贷款情况与农村乡村两级债务情况、农村水利和道路等基础设施情况等 13 个问题进行了剖析,并提出了针对性的措施和建议。县政协于 9 月 13 日将撰写的《关于对我县全面推进农村小康建设情况的调研报告》呈报了市政协,并呈送县委、县政府,供政府各职能部门在工作中参考。

2008 年初,长治县委对县医院领导班子进行了调整,并拨出数百万专款用于改善基础设施。为了进一步了解班子调整后的工作情况,县政协于 2008 年 10 月 17 日由傅永祥主席带队,组织部分政协常委和委员对该院进行了专题调研。医院新班子在县委县政府的正确领导下,内强素质,外树形象、规范管理,团结带领广大医护人员以医院达标上等为目标,做了大量卓有成效的工作,医院面貌有了明显变化。9 个多月的工作表明:医院新班子没有辜负县委、政府的厚望,工作力度大,效果明显,得到广大群众的好评。但是,存在的一些问题也需亟待解决:一是基础设施落后,影响医院发展;二是人才严重短缺,结构极不合理;三是制度建设、监督管理有待加强;为此,视察组特提出四点建议:一是建议继续加大财政支持力度,根据县医院的实际情况,每年都资助医院购置部分医疗设备;并把医院职工工资地方补助部分按比例纳入财政范围;二是建议给予医院自主招聘权,自行到各相关大专院校招聘所需人员;三是建议县医院要狠抓制度建设,坚持绩效挂钩,搞好医院环境建设,为病人创造一个良好的就诊环境,为医护人员创造一个良好的工作环境;四是建议利用媒体、报刊、板报、版面宣传医院和科室带头人及好人好事,为建立达标上等医院大造舆论、树立威望;视察结束后,县政协于当月 23 日将视察报告抄送县委办、人大办、政府办及县直有关单位。

为了认真落实十七大精神,进一步推动和促进本县的环境保护和生态建设,县政协于 2007 年 11 月 16 日由傅永祥主席带队,组织部分政协常委和委员进行了专题调研。通过调研,大家认为:本县认真贯彻落实科学发展观,树立以人为本的发展理念,坚持把发展同环保生态建设紧密结合起来,追求绿色 GDP,在经济方面取得长足发展的同时,环保和生态建设也取得了同步发展。但是,在环保和生态建设方面也存在一定的不足和问题:一是全县矿山区生态环境破坏趋势还没有得到有效的遏制,废弃矿山没有得到有效的治理。工业企业污染减排任务繁重,全面达标工作还有较大差距;二是环保投入和能力建设不足;三是全民护林管林意识和观念不强,人为破坏树木现象时有发生。对此,大家提出了五点建议:一是加快经济结构调整步伐,大力发展符合国家产业政策的非煤企业,逐步改变我县煤炭偏重的经济结构;二是加大对企业的监管和处罚力度,加大环保投入;三是加强林木管护,确保成活率;四是建立环保和生态建设专项资金,保证环保和生态建设事业的可持续发展;五是把环保和生态建设列入重要议程,实行一票否决制,不断增强各级党委政府的责任意识。考察结束后,撰写了题为《关于对我县环境保护与生态建设情况的调研报告》的视察调研报告,抄报了市政协办公厅,抄送了县委办、人大办、政府办及县直有关部门。

根据市政协工作要点安排,县政协于 2008 年 12 月 3 日至 4 日,以政协主席傅永祥为组长,政协副主席牛外则、申有宝、鲍金章、李志文以及部分政协委员参加的调研组,分两组对全县有关乡镇和部分民营企业进行了专题调研。在此次视察调研中,召开了县直有关单位和部分民营企业家参加的座谈会,认真听取了他们的专题汇报及如何更好发展民营企业的意见和建议。参加座谈会的民营企业家谈到,全县现在民营企业规模普遍偏小,档次不高,缺乏在市场中有影响的龙头企业,也缺乏在市场中叫得响的品牌产品。民营企业的管理水平大多还停留在传统的经验管理上,“家族式”、“家长式”等传统管理还比较普遍,企业缺乏科学管理和现代管理。另外,民营企业技术力量薄弱,缺乏自己的产品开发和科研队伍,现有的技术力量根本不能满足企业发展的需要,企业上产品、上项目、上技改基本全靠买别人的技术来实现,因此企业非常被动。今后如何发展民营企业?他们针对存在问题提出了建议:一是引导、鼓励、支持民营煤炭企业向非煤企业发展,加快调产步伐,优化产品结构;二是解放思想,与时俱进,转变政府职能,建立办事高效、运转协调、行为规范的行政管理机制;三是进一步保护各类产权,有力促进非公有制经济的发展;四是加强科学化、规范化管理,努力提高企业的管理水平,用先进的、现代的管理体制和管理方式来代替传统的落后的管理体制和管理方式,建立一套科学合理的企业运行机制,保证企业健康、有序、快速发展;五是大力实施人才战略,提高企业的技术水平;六是建设政府—企业—市场—体化的信息网络体系,加快对有关信息的收集、分析、反馈速度。12月10日,县政协综合考察意见,将考察结果撰写了《关于对我县民营企业发展情况专题调研的报告》一文,上报市政协及县政府。

2009年5月,为进一步了解掌握本县新型农村合作医疗运行情况,县政协组织部分政协委员,在傅永祥主席的带领下,深入县新农合管理中心和部分乡村卫生院所进行了专题调研。调研情况表明,由于县委、县政府的高度重视和大力支持,加上职能部门的共同努力,本县新型农村合作医疗工作起步较早、进展顺利。全县农民参合率分别达到94.8%和98.13%,覆盖全县11个乡镇254个行政村。与此同时,在视察中也看到,由于新农合是一项新的工作,开展时间短,没有现成经验可以借鉴,实际运行中存在不少一些问题:一是住院报销比例偏低,农民医疗负担较重;二是多数卫生资源闲置,大量医疗收入流失;三是信息化系统不完善,管理缺乏有效监督,损害国家和参合农民的利益现象还时有发生。根据上述问题,视察组认为,要想真正把新农合这项惠民政策落到实处,还需县委、县政府加大工作力度,采取切实措施,为此建议:一是加大宣传力度,提高宣传效果;二是加大财政投入,引进优秀人才;三是搞好管理服务,提高医疗技术;四是不断完善制度,简化报销手续,方便农民报销。视察结束后,县政协于6月3日将撰写的视察报告报送县委、县政府。

为贯彻落实中共中央提出的"实施扩大就业和发展战略,促进以创业带动就业"总体部署,深入分析调查本县大学生、农民工、城镇失业人员创业就业的现状和存在的问题,向县委、政府科学决策提供参考,县政协于2009年6月18日至19日,由傅永祥主席带队,组织部分政协常委和委员,协同县劳动和社会保障局、经贸局、人事局、教育局、农业局、中小企业局、总工会、团县委、县妇联等单位,对全县创业就业情况进行了联合调研。2002—2008年,长治县累计安排高校毕业生就业1500余人,适当缓解了大学生就业难的问题;同时出台了《长治县关于大中专毕业生通过人才市场就业的若干意见》等规定,鼓励各类大中专毕业生到企业就业或自主创业,到农村创业。长治县为煤炭资源大县,由于政策性关闭了部分煤矿,相关链条产业随即关停,失业人员增多。同时,受国际金融危机影响,本县4854名外出务工人员返乡。除此之外,全县高校毕业生逐年增长,每年约有1000余人面临就业,登记在案尚未就业的往届毕业生有1798人,而此只占实际人数的三分之一,就业形势相当严峻。针对存在问题,大家提出了关于进一步促进创业就业的建议:一是政府促进,优化创业就业环境;二是财政支持,降低创业门槛;三是完善培训体系,提升创业人员的综合素质;四是加大服务力度,提高创业就业成功率。当月26日,县政协将视察报告上报了县委、县政府,以通过人才培训,提高就业率,变劣势为优势,开创长治县经济发展的新局面。

围绕将长治县打造成"上党交通港、三晋文明城、太行新明珠"的战略构想,2009年8月20日,由政协主席傅永祥带队,组织部分常委和委员对本县部分重点工程建设项目进展情况进行了专题视察。此次视察,集中放在成功淮海汽车发动机项目、高速路连接线生态治理绿化工程、综合体育馆三个重点工程上。这些重点工程的建设对于长治县实现“四个发展”举足轻重,影响深远。尤其在国际金融危机严重影响、国内经济面临严峻挑战的形势下,建议县委、县政府要审时度势,从贯彻落实科学发展观的高度重视重点工程的建设,采取切实有效措施,促进重点工程项目早日顺利竣工;要效仿市委、市政府派驻成功淮海汽车发动机项目一线工作室的做法,加大对全县所有重点工程的督导力度;要下大气力破解项目建设的瓶颈制约;要认真落实好征地、拆迁补偿政策,维护好失地农民和拆迁户的合法权益;要在工程期间落实责任,做好安全工作;要做好社会公益事业工程完工后的管理、维护工作,让老百姓长期获得好处,长久谋得福祉。视察结束后,县政协于8月23日,将视察调研报告报送县委、县政府,以期这些得民心、顺民意的工程顺利进展,为民造福。

为使县城集中供热这项民生工程真正发挥好作用,让居民过一个温暖的冬季,县政协于2009年9月25日由傅永祥主席带队,组织部分政协常委和委员对全县集中供热工程进行了专题调研。2006年以来,县委、县政府高度重视集中供热工程,富鑫集中供热一期工程于2007年投入使用,2008年又启动了二期工程,此工程的实施对于改善全县大气质量、优化县城热源布局、创造良好人居环境具有重大意义。通过调研,大家认为本县集中供热工程还存在着一些问题是:一是投入资金不到位;二是2007年冬季入网用户取暖费收费差价以及收缴用户二次网配套建设费、入网用户建设费等急需尽快研究;三是体制不顺内部管理不够规范。致使刚刚起步的集中供热公司经营困难,影响了全县集中供热工程的进展。为保证县城冬季按时顺利供热,视察组建议:一要理顺管理体制,明确县城建局为供热公司的主管部门;二要政府尽快研究、解决供热公司运营中有关的收费标准及补贴标准,协调供热用煤,确保冬季供暖;三要供热公司规范管理,开展节能降耗活动,降低成本,提高效益。视察结束后,县政协视察报告于当月6日撰写了视察报告,抄送县委办、人大办、政府办及县直有关单位。

2009年10月下旬,县政协遵照市政协办公厅关于进行台胞台属情况调查的通知,在全县范围内对台胞的有关情况进行了一次较为全面、系统的调查。全县共有台胞20人,其中1949年前后随国民党部队去台湾的有13人,改革开放后去台湾的有2人,另有5人具体不详。本县去台人员在台湾地区分布比较分散,居住在台北、高雄的相对较多。他们大多因年龄偏大,行动不便,近年来,回乡探亲越来越少。本县去台人员后代,由于生在台湾,对大陆家乡的感情,明显不如第一代台胞,由于本县台胞人数相对较少,且大多是工薪阶层,没有雄厚的富余资金,致使在沟通两岸交流交往、帮助家乡经济发展方面做得非常有限。根据长治县的实际情况,大家提出了三点建议:一是重视做好第二、三代台胞工作。二是建议各级政府要进一步加强对台胞台属工作的重视,加强对台胞台属的走访慰问。三是帮助台胞、台属和台商代表人士创业,利用资源招商引资,传达大陆发展信息,永葆两岸亲情的可持续发展,服务祖国的统一大计。考察结束后,县政协于11月5日将考察报告报送了市政协办公厅、市政协港澳台侨和外事委员会。

2009年10月23日,由县政协主席傅永祥带队,组织部分常委和委员对电力工作进行了专题视察。视察组先后深入北岭头电气化示范村、八义供电所及变电站实地参观视察,认真听取了电力公司总经理梁国平关于全县电力发展和电网规划情况的汇报。视察情况表明:近年来,本县电气化建设发展迅速,成效十分显著。同时前进中也面临着一些急需解决的困难和问题:一是网架结构依然薄弱,电网结构亟须改善;二是经营形势严峻,售电量完成困难;三是人才建设难以适应发展需求;四是电力发展环境不够宽松。

视察调研结束后，县政协将视察报告呈送县委、县政府，建议县委、县政府一如既往地加大对电力部门的支持力度，一是加大宣传教育力度，增强广大人民的发展意识、社会意识、责任意识；二是加大对破坏阻扰电力设施建设行为的依法打击力度；三是为了保证安全，建议由县财政拨款解决应急发电设备车一辆，以满足煤矿应急需要；四是建议电力部门创新服务意识，建立健全完善农村电气化管理的长效机制，满足群众高质量的用电需求。

2009年12月23日，在政协主席傅永祥带领下，对全县人口与计划生育工作情况进行了专题视察。本次视察采取听汇报、看资料与实地视察相结合的方式进行。视察组先后深入南呈村人口文化中心、荫城镇人口和计划生育服务站及县人口计生局实地参观视察，并且召开有公安局、教育局、民政局等相关部门负责人和部分委员参加的座谈会，认真听取了县人口与计划生育局的工作汇报。长治县为多年的全国计划生育先进县，由于大力开展婚育新风宣传教育。但是，也面临着一些困难和问题：一是技术服务人员严重缺乏；二是乡镇计生工作人员严重老化；三是党政领导重视程度有所下降，部分乡镇、村、单位的领导对人口计生工作重视不够，有个别乡镇、村的领导甚至不重视，认为人口计生工作是系统工作，把计生部门作为条管单位，在解决人口计生部门工作难题特别是经费投入上，没有给予足够的重视；四是社会抚养费征收困难；五是集体条件好的村实行按人头分红，有的农民为了获得更多的经济利益，出现了欲多生育子女的苗头。要解决这些问题，一是增加投入，进一步强化计划生育队伍建设；二是自我加压，进一步开拓计生工作新局面；三是夯实基础，进一步形成计生工作长效机制；四是加强力量，进一步强化征收社会抚养费力度；五是齐抓共管，进一步完善我县计生工作政策。视察结束后，县政协将撰写的视察报告呈送县委、县人大及县政府，并抄送县直有关单位。

县政协视察计划生育工作

2010年1月12日，为了解本县民办教育工作的进展情况，进一步推进我县教育体制改革和民教事业的健康发展，县政协常委会组织视察组在傅永祥主席的带领下，对全县的民办教育工作情况进行了视察。本次视察采取召开座谈会、听汇报与实地视察相结合的方式进行。视察组先后深入本县中元中学和宏智学校对这两所学校的教学楼、实验室、公寓楼、餐厅等进行了视察，听取了县教育局关于民办教育工作开展情况的汇报，并与部分民办学校的企业老板和学校负责人进行了开诚布公的座谈。本县坚持贯彻落实“积极鼓励、大力支持、正确引导、依法管理”的民办教育十六字方针，以加快发展为主题，以规范办学行为为重点，民办教育得到持续健康发展。但是，本县民办教育与全省其他先进地方相比，无论是从规模上，还是质量上，都尚有一定差距，既无一所在全省叫得响的民办学校，也无像吕梁、运城等地的大规模学校，主要存在有投入力度不足，引导监管不够，师资力量薄弱等问题。为此，视察组提出了四点建议；一是鼓励发展,进一步提升我县民办教育的知名度;二是加大投入,进一步确保民办教育的持续发展;三是完善监管,进一步健全民办教育的管理机制;四是优化师资,进一步推进民办教育的长足发展。民办教育是国家教育的一个组成部分,是政府教育的补充,要积极探索本县民办教育发展的多种形式,有效拓展本县民办教育的发展空间,促进本县民办教育健康发展。

2010 年 3 月 11 日,在县政协主席傅永祥的带领下,县政协组织相关部门负责人和部分委员深入天下都城隍旅游景区,通过听取汇报、实地察看等方式,对景区的发展规划及基础设施建设情况进行了专题调研。天下都城隍建在县城东南约 25 公里处的天子岭下,至今已近两千年,是本县重要的历史文化遗迹,也是本县旅游文化产业的龙头和特色旅游品牌,年接待游客 15 万余人次,年均旅游收入 100 余万元。2005 年,县委、县政府邀请有关专家对景区进行了总体规划设计,景区基础设施建设项目于 2006 年 8 月开工,累计投资 1096 万元,庙前广场、台阶、刘秀宫、假山、还愿区、钟鼓楼等工程项目已经全部竣工。正建设的城隍庙二期工程,包括城隍庙西院休闲区、东西花园及后院寝宫,已进入后期扫尾阶段,总投资 1000 余万元。视察中,大家发现景区建设存在有一定的困难和问题:一是因气候原因,工程进展速度缓慢;二是资金投入需进一步落实;三是景点宣传力度不大,知名度不高;四是制约景区发展的占地、供水、有关许可证件的办理等,需尽快完善;五是与景区配套的相关设施建设及景区日常管理滞后。为推进景区建设,县政协视察组提出五点建议:一是按照县"三干会"部署,建议利用天下都城隍传统庙会农历"五月十一"这一天,推出本县"中国长治天下都城隍道教文化交流盛典",以此打造特色文化旅游品牌;二是加快工程进度;三是加大宣传力度,提高天下都城隍的社会知名度和认可度;四是加大综合治理力度,提升景区的整体形象。五是广纳天下贤才志士,打造一支懂管理、懂规划、懂市场营销的团队,为本县大文化旅游产业的持续健康发展提供有力的人才保障。视察结束后,县政协于 3 月 12 日将视察报告抄送县委办、人大办、政府办、县直有关单位,为本县举办天下都城隍中华祈福节奠定了基础。

2010 年 6 月 24 日,根据市政协办公厅关于开展"煤矿企业兼并重组整合"专题调研的通知,县政协陪同市政协调研二组先后深入雄山五矿、振义煤矿,对本县煤矿企业兼并重组工作进行了专题调研。本县在兼并重组整合工作中,取得了很大成绩,一是煤矿规模化程度显著提高,二是煤炭工业可持续发展能力明显增强,三是煤矿安全保障能力明显增强。但是,也存在很多问题和困难,一是证件办理难,二是过渡期矿井开采难,三是下岗职工再就业难。为此,市、县调研组提出了四点建议,一是建议政府各主管部门能尽量精简程序,减轻企业负担,确保煤矿正常建设;二是过渡期煤矿的管理不搞"一刀切",设置合理过渡办法,对企业管理后的任职资格及开采办法给予一定的自主权。三是建议政府主管部门积极组织专家开展对资源整合煤矿企业安全管理方面的学术探讨和经验交流活动。四是建议政府优化就业环境,强力推进第三产业服务业快速发展,并在大型基础设施建设工程中留出一定工作岗位,用来安置煤矿失业人员。

为深入贯彻落实省委书记袁纯清的讲话精神,进一步探索建设新农村的新途径,2010 年 7 月 30 日,十四届县政协常委会组织视察组,在傅永祥主席的带领下,对本县新农村建设工作情况进行了视察。本次视察采取听汇报与实地视察相结合的方式进行。视察组先后深入本县苏店镇东贾红都专业合作社、东贾大棚蔬菜种植区、太行山农产品物流园区、北呈乡北岭头村秸秆气化站等地进行了视察,听取了县农业部门关于新农村建设工作的情况汇报。在视察中大家发现,本县产业结构较为单一,过度依赖煤炭产能扩张,县域经济发展极不平衡。加之农村劳力转移输出能力不足,造就"新型农民"能力不足,仍没有走出依靠资源的老路。为此，视察组对新农村建设提出了五点建议：一是因地制宜分类规划，继续加大投入，改善农民生产生活条件；二是坚持以点带面，加强扶持引导，充分发挥典型的引导作用；三是完善劳务市场，加固风险保障；四是夯实农民合作社组织建设，壮大合作社规模；五是加强培训指导，创新培训方式，逐步形成体系，随时随地提供培训服务。视察组认为，社会主义新农村建设是一项系统工程，也是一项艰巨繁重的长期任务，各级党委、政府和涉农部门的广大干部职工，要从战略和全局的高度出发，把产业结构调整作为新农村建设的头等大事，真正摆上重要议事日程，解放思想，与时俱进，助推全县新农村建设早日实现新突破。

## 第二节　视察调研报告

### 政治经济方面

#### 关于对我县个体私营企业发展情况的调查报告

1998 年 6月 28 日

县委：

6月 10 日至 26 日，县政协邀请国税局、地税局、工商局、乡镇局、财政局、人事局、劳动局、工商联、人民银行等有关部门负责人，并组织部分政协委员，采取上下配合、条块结合、全面了解、典型剖析的方法，对全县个体私营企业发展状况进行了一次为期半个多月的调查视察。现将情况报告如下：

**1.基本情况**

长治县为长治市辖的 13 个县区之一，全县 20 个乡镇，254 个行政村，85000 多户，31.7 万多人，属人多地少、资源丰富的城郊经济区域。

改革开放以来，随着党的富民政策的深入贯彻落实，尤其是去年省、市、县先后出台了《关于加快发展个体私营经济的若干实施意见》后，全县的个体私营企业有了较快的发展。到 1998 年 5 月止，全县个体和私营企业经工商部门注册登记的总数为 5124 户，从业人数为 10735 人，注册资金为 4548 万元。其中个体工商户为 5079 户，从业人员 9856 人，注册资金 2982 万元；私营企业 45 个，雇工 2879 人，注册资金 1566 万元。1997 年，全县个体私营企业工业总产值为 308 万元，产品销售总额 1710 万元，社会商品零售总额 1213 万元。上交国家税款（按国、地税局统计）：1996 年为 960 万元，1997 年为 1200 万元，今年 1–5 月份上交税款 348 万元。以上数字只是注册登记数和按同口径纳税统计数，实际数字与统计数字尚有一定差距。

首先，从个体户来看，工商部门注册登记的不包括一部分“先上车、后买票”的以及不固定经营地点的流动个体户，而在税务部门办理税务登记证的纳税户仅 1312 户；从私营企业数量看，差距较大，工商部门注册登记数为 45 户，税务部门按私营企业对待并征纳税的为 117 户，而乡镇局统计的数字为 355 户。造成数字互不对口的原因:一是一些"红帽子"企业,挂的是集体企业招牌,实际是私营企业,如东和振东实业公司等;二是以承包形式经营,实际上已租赁买断,除为原单位上交一定的场地占用费外,一切经营活动全部是私营企业性质,如西火红太掌煤矿;三是以个体户注册登记,实际上无论雇工人数还是经营规模,均大大超过了雇工八个人的标准,是典型的私营企业,如县城的一些规模较大的饭店等;四是既不注册也不办证的。

出现上述情况究其原因:一是观念上受左的影响较大,总把私营经济同资本主义等同起来,怕公开称为私营企业,一但世道变、政策变,吃个家使;二是总认为挂集体招牌有个后台,有个撑腰的,一旦经营上遇到麻烦,可找乡镇村或者挂靠单位出面协调、周旋周旋,也算是花钱买个放心;三是尽管经营场所以及部分固定资产已从原发包单位租赁买断,但仍没有及时变更手续,更换牌子;四是出于财务管理、税收上考虑,如以私营企业注册,就需建立健全财务制度就要建账,按经营项目、经营总额、按税率纳税,而个体户不起眼,一般都没有账,每月固定性征收几十元、百把元的税就行了;五是产品尚不定型,人员也不固定,经营状况且不景气,开开停停,不注册、不办证、不申报。经营者为偷税漏税方便,尤其像一些规模较大的建筑队,揽上个工程项目,找上一些人,每天固定大工多少钱、小工多少钱,活一干完,摊子也散了,人也找不到了,基本上不纳税。

**2.存在问题**

目前个体私营企业发展中存在的问题仍然很多,初步调查分析,大约有这样几个方面:

(1)思想还不够解放,观念还没有更新。尤其是长治地区属革命老区,集体化、公有制的观念在人们的头脑中扎根较深,尽管党的十五大已为个体私营经济正了名,明确指出非公有制经济是我国社会主义市场经济的主要组成部分,对个体私营等非公有制经济要继续鼓励、引导,使之健康发展。但人们总觉得非公有制经济名不正、言不顺、有风险,一旦世道变、政策变,怕象再来割资本主义尾巴一样,吃个家使。加上社会上仍有不少人对个体私营企业存在这样那样的看法或偏见,并没有做到与国有企业一视同仁,一样对待。因此,个体私营企业仍不能放开胆子大干,放开手脚发展。

(2)各方面的关卡过多,一些改革措施还没真正落到实处。尽管省、市、县都出台了加快个体私营经济发展的若干规定,省里20条、市里30条、县里40条,但这些条条基本上不解决什么根本的问题,有些条文只是作为书面上写的东西,弹性相当大没有多少实际意义,有些条文有些作用,但在落实中相当困难。从上到下各部门都从本部门的利益出发,发了不少"红头文件",制定了不少条条框框、各自为政、政出多门、互相矛盾、互相扯皮,其出发点大都是为了卡要、为了收费。现在要想办个企业,盖这个章,签那个字,不跑上几十趟,不请有关部门有关人员吃喝融通几次,是根本办不通的。现在个体私营企业承受的费种,实难统计,存在五多:有收费部门多、收费项目多、高额收费多,搭车收费多,重复收费多,另外还有硬性高价推销自己部门和关系户经营的商品,高额收取证照工本费,乱摊派、乱集资、乱罚款问题。在农商街开办一个歌舞厅,参与管理收费的单位多达十几家:有文化局、工商局、公安局、劳动局、物价局、税务局、城建局、土地局、环保局、消防队、派出所、防疫站、居委会等等,收费项目多达十几种,有文化许可证、特行证、体检合格证、营业执照等多种办证费,有文化、工商、劳动、物价、土地、城建、居委会等收的各种管理费,还有名目繁多的各种集资赞助费。尤其是一些经营效益好的私营企业,哪家也要去揩点油、收点费,税费比例极不合理。据税务部门调查,歌舞厅税费比例为1∶0.75,饭店为1∶2.8,全县个体私营企业税费平均比例约为1∶1.4,费一般都大于税。西火红台掌煤矿1997年上交的各种费及款多达22项415936元,这还不包括一些以矿上名义报销的电话费、差旅费、招待费、燃料费等。

(3)资金不足。发展个体私营经济同发展集体企业一样。目前最大的制约因素是资金不足,投入跟不上。一方面银行信贷部门没有贷款规模,无论是工行、农行还是信用合作联社,资金均十分紧张。尤其是长治县贷款规模过大,全县各项存款余额仅七点二亿元,而各种贷款余额多达6.6亿元,有的银行连居民储蓄存款都支付不了。个体私营企业根本不可能从银行得到贷款,得到资金支持。市里三十条中规定的建立个体私营企业发展基金和专项贷款,有关部门连知道也不知道。另一方面,个人手头的钱也相当有限。愿办企业者手头无资金,有少数人手头有点钱,又不敢轻易抛出去,怕搞不好蹋了;入股又怕肉包子打狗有去无回,不但赚不到利,反而连老本也搭了。第三方面从引进资金来看,更是困难重重,外资引不来,沿海发达地区的资金也流不进来,有的经多次洽谈达成个意向,但投资者一来实地考察,往往皆因投资环境差,办事效率低,各种关卡多,手续难办理等原因而告吹。第四方面,货款拖欠严重,不少私营企业因货款要不回来,资金周转不开,被迫停工停厂。城关镇热风锅炉厂,是一个拥有20多个职工,100万元固定资产的小型常压锅炉生产企业,产值100余万元,可现在外欠货款多达120万元。本县的光明小学、职业高中、市场服务中心、荫城工商所、经坊煤矿等单位就拖欠60多万元。不少私营企业往往因货款要不回来,不敢轻易发货,承揽买卖。

(4)人才素质偏低,技术人才、管理人才十分匮乏。个体私营企业大都是从事简单生产、经营、服务的企业,是靠卖力气挣点钱,产品科技含量低,从业人员基本上是一家人或亲戚朋友,古话说:亲戚不供财,共财两不来。起步初,方可合伙共事,一旦赚了钱,往往因利益分配发生矛盾,干不下去。雇工人员多数只是小学、初中文化程度,没有多少单独经营的能力和本事。前几年个体私营经济有所发展,应肯定绝大多数是守法经营、合法经营的。但也要看到,也有少数是靠胆子大、行动早、钻政策不配套价格双轨制、纳税制度不健全的空子和靠制假、贩假、经营伪劣商品谋取暴利坑害顾客的。今后随着法制的健全和质量检测制度的完善,个体私营经济要发展,必须靠素质较高的经营者、生产者,而这又不是一朝一夕,一下子可以解决的。

(5)发展个体私营经济的领导管理部门不明确,职责权力有限。一般地讲,发展个体私营经济,党委、政府是关键,有关职能部门必须通力合作,千方百计提供方便、排忧解难,才能促进发展。可现在,一方面党委、政府只能在宏观上抓一下,具体负责做发展工作的部门不明确,只有"助手"没有"主手"。而另一方面,种种立关设卡的所谓"管理"部门却不断增多,这些部门可以说只履行"管"的职能,不尽促进发展壮大的责任。从目前看,同个体私营企业有关的部门涉及工商、公安、乡镇、土地、城建、税务、金融、物价、矿管、环保、卫生、劳动、供水、供电等多个部门,但这些部门对个体私营企业发展大都是也管也不管,管收费、管发证、不过问经营、不服务生产。如农商街的供水,只抄表收水费,不注意输水管上的跑冒滴漏,不注意供水管理。据反映,有时一个月下来抄表用水量和实际摊水费量误差超过一、两倍。就收费来看随意性也太大,存在着乱收费、收人情费、收人情税等现象。同样是开歌舞厅、开门市,有的一个月交几百元上千元税费,有的一年也不交几分钱。

3.建议及对策

要使个体私营企业有一个较大的发展,我们认为今后要在以下几个方面采取相应的措施及对策:

(1)简化个体私营企业开办手续,把若干部门的审批权归于一家集体代办、一次办妥,或集中一室由“一条龙”定期办理。

(2)真正落实各项优惠政策,凡写在纸上的,就要落实兑现,不要光形成文件,执行不执行无人过问。

(3)理顺个体私营企业的注册登记以及交纳税费的渠道办法等,划清个体户和私营企业的界限,摘掉私营企业戴的“红帽子”。

(4)改革税费收缴办法,尽可能实行税费合一,收支两条线,统归财政这个大渠道。这样做有如下好处,第一,可解决乱收费、收人情费、人情税等不良现象,和多头收费,今天应付这家,明天接待那家,或一天同时接待多家的问题。第二,可增加财政收入,真正把预算外收费纳入预算管理,集中财力办大事。第三,可解决“小金库”胡支乱花现象,有利于纠正不正之风,有利于廉政建设,有利于加强职业道德建设。第四,适应机构改革需要,精兵简政,提高办事效率,减少行政管理人员。

(5)对征税、收费实行监督卡和公开公布制度,明确地把收费税项目、收费税依据、收费税标准、收费税单位印在上面,定期公布于众,接受群众监督。

(6)对30万元以上的私营企业纳税大户,切实实现封闭管理,不经县政府批准,任何部门和单位和个人都不得到这些私营企业去筹款、集资、收费,或干预企业的正常经营活动。

(7)尽快建立个体私营企业大发展的领导问题,明确个体私营企业发展的直接主管部门,实行统一领导、统一规划、统一协调解决个体私营企业发展中的一切问题,领导组办公室或由工商联承担,或由个体协会承担负责具体工作。今后无论统计什么情况,一律以领导组办公室提供的数据为准。

## 关于我县经济结构调整的建议

1998年11月25日

县委、县政府:

长治县位于上党腹地,土壤肥沃,气候温和,矿产丰富,交通方便。全县总面积483平方公里,山区、平川各占一半,总人口31.7万余人,人口密度高达655人,属典型的城郊资源型经济。

长治县的经济结构历来以农业和手工业为主,北半部盛产粮麻,南半县煤铁驰名,有“麻乡粮仓、煤乡铁府”之称。建国之后,随着社会的发展进步,县域经济结构逐步调整,农业基础地位不断加强,县营五小工业蓬勃发展,综合经济实力迅速提高。全县工业与农业的比重已由解放初的二比八,调整为九比一。农业内部,农林牧副全面发展,粮食、林果、蔬菜、畜禽四类主导产品,规模发展,高产高效。粮食作物和经济作物的种植面积已由原来的九比一调整为六比四,工业内部,基础扎实,门类齐全,煤炭、建材、家电、化工四大产业支柱,实力雄厚,举足轻重,仅煤炭一项每年就提供财政总收入一半以上。1998年长治县的国民生产总值将超过15亿元,工农业总产值将超过30亿元,财政总收入将突破亿元大关,粮食产量将继续稳定在1.5亿公斤以上,农民人均收入将接近2500元。但在市场经济体制日渐完善的情况下,长治县经济结构不尽合理的矛盾却越来越突出。从工业看,产业结构、产品结构尚不适应市场需求。比较突出的问题是:

**1.支柱产业,孤木难支,卖方市场,时过境迁**

煤炭是长治县的支柱产业,年产煤炭六七百万吨,但一方面矿点布局极不合理,东南山区200多平方公里之内,竟分布着172座煤矿200余个坑口,小小一块煤田,多矿多口采挖,重复投资,浪费资源,成本居高。另一方面,煤质较差,含硫量高,多数属贫瘦煤,市场基本没有销路。再加上国家产业政策调整,对煤炭行业实行关井压产政策,长治县的小煤窑面临价格、质量、增长方式、运行机制等多重压力,很难撑起全县经济建设这个大摊子。

**2.产品初级粗放,科技含量过低**

全县上百种工业产品中80%属"黑、大、粗、笨"的资源型粗放型初级产品,就连少数名优特产品的领先优势也不断下滑,曾一度在全国连获金奖的海棠洗衣机近年来也不景气,被挤出了全国七强之列。

**3.固定资产普遍投入不足,多数企业缺乏后劲**

长治县的工业企业绝大多数都是"文化大革命"中起步,土打土闹上马,靠贷款维持生计。先天本来就严重不足,后天营养又跟不上去,原先的一点点投入,经过多年超负荷运行均损耗殆尽,不少企业资产负债率超过警戒线,有的甚至资不抵债,处于不死不活濒临倒闭的状态。从农业看,农副产品的商品率较低,经济效益较差,农业产业化进程缓慢,农民每年从种养中拿到的纯收入不足全部收入的十分之一。经济结构不合理,严重制约着县域经济的发展,影响着县级财政收入任务的完成。长治县的经济运行要想走出困境,必须在调整结构上下大功夫,再也不能继续走单纯靠吃祖宗饭过日子的路子了,再也不能继续走大而全、小而全单纯靠县营企业唱大戏的路子了。必须根据国家的产业政策,围绕适应市场需求,提高经济效益这个中心,大力调整产业结构和产品结构,积极扶持个体私营经济发展,努力培育一批高技术含量、高市场占有率、高附加值、高回报率的骨干企业和拳头产品,形成规模适中的特色经济。

具体调整意见是:

**1.围绕农业产业化,打好"特色、规模、加工、流通"四张牌,创办"六大"农字号龙头企业**

(1)是以苏店为依托,联合北呈、高河、郝家庄、司马等禽蛋养殖基地和郝家庄肉联厂、县食品公司种猪厂,创办长治县禽蛋食品股份有限公司,实现禽蛋生产、加工、运销一体化。

(2)是以计生委为依托,联合东呈、贾掌等食用菌生产基地和县科委,创办长治县食用菌开发股份有限公司,实现食用菌制作、培育、烘干、运销一体化。

(3)是以县国营苗圃为依托,联合南宋、桑梓、安城、林移等三倍体毛白杨培育基地,创办长治县花木开发中心,实现优种苗木及花卉的科研、育苗、销售一条龙。

(4)是以城关糠醛厂为依托,联合辛呈糠醛厂、苏店长兴造纸厂,成立长治县秸秆转化利用股份有限公司,实行原料收储运输、产品生产销售一条龙。

(5)是以南宋鑫泉果茶厂为依托,成立长治县果品开发股份有限公司,利用长治县的苹果、黄梨、山楂、胡萝卜生产果脯、果酱、果茶、罐头,实现加工转化增值。

(6)是以振东农产品开发公司为依托,成立长治县蔬菜股份有限责任公司,公司下属可包括几个大型批零市场和数个恒温保鲜库,一座蔬菜脱水加工厂,大力开发无公害的干鲜蔬菜。

**2.围绕适应市场需求,提高经济效益这个中心,抓好骨干企业的挖潜改造,扩规上档**

(1)是打好"海棠"这块牌子,瞄准中小城市和广大农村市场,走多规格、大批量、流线型、高质量、多功能、系列化的路子，形成家用电器产品链，争取在一二年内使洗衣机的产量突破100万台。

(2)是抓住岩舒注射液市场看好的机遇，以扩股的形式，同“三九”等有关药业集团联营，改进生产条件，扩大生产规模，使生产能力达到100万盒以上，产值达到5000万元以上，利税达到1000万元以上。

(3)是集中注入资金，加快造纸厂的技术改造，使三号纸机立即顺利投产运行，保证箱板纸、茶板纸、涂布纸、瓦楞纸的生产能力达到两万吨以上。

(4)是继续抓好锅炉、起重设备等机械产品的更新换代和生产销售，使县营机械行业在激烈的市场竞争中站稳脚跟，长盛不衰。

**3.关小扶大，增强实力，绝不轻易放弃资源经济的路子**

(1)是以经坊、王庄、雄山、红山、红旗、西山、振兴、南宋等重点煤矿为成员，组建长治县煤炭企业集团，争取实行计划单列产、运、销一条龙，并逐步进行加工转化和型煤外销，真正把长治县的资源优势变为经济优势。

(2)是果断地关掉一批规模小、产量少、煤质差、破坏资源浪费严重的小煤窑。

(3)是以个体私营为主，抓住国家加大对公路、铁路、房地产等基础设施投入的良机，利用当地丰富的石灰石、铝矾土、黏土资源，快速发展水泥、石灰、石子、料石、砖瓦等建材产品，增加农民收入和地方财税来源。

**4.积极开发产品，建造新型骨干企业**

面向大市场，瞄准高科技，积极主动地同科研部门、高等院校挂钩联营，共同开发一批技术领先、品位较高、高效节能的轻工、电子产品及绿色食品，争取在两年之内兴办起四五个产值超亿元、利税上千万的新型骨干企业。

**5.进一步解放思想，下大气力促进私营经济发展**

今后，县级财政一般不再拿钱兴办国有及集体企业，也不能一而再、再而三地往那些连年亏损、资不抵债的企业填窟窿，扔黑钱了。与其年年挽救救不活，还不如痛痛快快地让它死去，重打锣鼓另开张。而发展个体私营经济，不需要国家多少投资，关键是给予政策，大开绿灯，创造个好的发展环境，要争取使个体经营经济在长治县整个经济中占的份额能在较短的时间内上升到40%甚至更多一些。

要实现上述调整意见，还有几点十分关键：

(1)是领导的思想一定要解放，观念一定要更新。不要怕骂“败家子”、“作塌鬼”，不要怕关停部分小煤窑，压缩部分产品，会影响县域经济实力。

(2)是政策一定要放宽，环境一定要优化。尤其是行政执法单位，行业主管部门，不能只顾及本部门、本单位、本系统权和利的得失，在调整时讨价还价，人为地制造难题，设置障碍。

(3)是对外界的干涉一定要顶得住，制肘一定要摔开。对条条块块、行行业业、方方面面的关系网要敢于冲破，尤其是关系到用人和权力分配等关键问题时，要铁了心、干到底，不能半途而废。

(4)是对群众的承受能力要估透，尤其是煤炭的关井压产。有的乡村和个人以前投入了相当数量的资金，现在不仅要断其财路，还要让其破产，如果方法草率，不过细地做工作，很容易引发激烈的矛盾冲突，给经济结构调整带来更多的麻烦，实际上广大群众对小煤窑这个无底洞是早有看法的，思想不通的仅仅是少数干部和特殊利益获得阶层。

## 关于对我县台胞台属情况的调研报告

2009年11月5日

市政协办公厅、市政协港澳台侨和外事委员会：

为了进一步了解和掌握我县台胞的有关情况，做好我县对台工作，促其为我市经济建设和社会发展服务，10月下旬，县政协遵照市政协办公厅关于进行台胞台属情况调查的通知，在全县范围内对台胞的有关情况进行了一次较为全面、系统的调查。现将调查的有关情况简要报告如下：

**1.基本情况**

全县共有台胞20人，其中1949年前后随国民党部队去台湾的有13人，改革开放后去台湾的有2人，另外5人情况不详。

**2.主要特点**

(1)分布较为分散。我县去台人员在台湾地区分布比较分散，居住在台北、高雄的相对较多。

(2)回乡探亲的台胞越来越少。由于我县去台人员主要是1949年前后去的，这些人中，年龄最小的现在也有70多岁，因年龄偏大，行动不便，近年来，回乡探亲的台胞越来越少。

(3)定居台胞家庭比较和睦。改革开放后，我县回乡定居的台胞一共有4人，现已相继去世，都是在台无依无靠的人员，而在大陆又有子女或侄子、外甥等亲属，这些人员回乡定居后他们生活都感到晚年幸福，家庭和睦，没有因家庭琐事而给当地政府或台办添加麻烦。

(4)第二三代台胞与大陆亲属的感情较淡。我县去台人员的后代，即第二、三代台胞，由于生在台湾，长在台湾，对大陆家乡的感情，明显不如第一代台胞，他们中有一部分人对家乡亲友比较陌生，有的别说是回乡探亲，甚至连与亲友的联系都失去了。

(5)帮助家乡经济发展非常有限。由于我县台胞人数相对较少，且大多是工薪阶层，没有雄厚的富余资金，致使在沟通两岸交流交往、帮助家乡经济发展方面做得非常有限。

**3.几点建议**

(1)重视做好第二、三代台胞工作。在认真做好对台各项工作的同时，要特别重视做好第二、三代台胞的工作。第二、三代台胞中，有的有较强的经济实力；有的通过国外求学、淘金，掌握了新的技术和信息。因此，重视做好第二、三代台胞的工作，将有利于促进和服务我市的经济建设。

(2)进一步加强对台胞台属的走访慰问。有部分台属反映，现在政府对台胞台属的关心重视程度不如以前，以前，特别是80年代末、90年代初，县里对台胞台属非常重视，每年都要走访慰问或召开座谈会，有影响的台胞回乡探亲，政府都派车接送，领导亲自接待。台属有困难，也能及时得到解决。因此，为进一步做好我市对台工作，建议各级政府要进一步加强对台胞台属工作的重视，加强对台胞台属的走访慰问。

(3)帮助台胞、台属和台商代表人士创业。创业最突出的问题是资金短缺，建议各级政府及相关部门认真研究在税收、收费、用地、用工等方面对台胞台属创业人士给予全方位的扶持和鼓励。同时，以此为媒介，利用资源招商引资，传达大陆发展信息，进一步获得台湾代表人士的认同感，永葆两岸亲情的可持续发展,服务祖国的统一大计。

## 工农业发展方面

### 关于全县农民收入情况的调查报告

1999年11月26日

县委、县政府:

最近,我们根据市政协要求,组织了部分市、县政协委员,并邀请县农小办、农业局、乡镇局、畜牧局、粮食局、经管局的领导参加,共同对全县近年来农民收入情况作了一次专门调研。这次调研活动从11月15日开始,历时10天。先后深入到北呈、苏店、南宋、东和、王坊、东火、贾掌、屈家山8个乡镇以及永丰、苏店、东和、王坊、坡头等16个行政村,采取听取汇报、重点了解、抽样统计、入户算账的方法进行。调查结果表明,近年来,我县农民收入实际上增幅明显放慢,今年县至出现了总体下降的趋势。现将情况报告如下:

**1.全县农民收入的总体情况**

长治县位于上党盆地,南山北川,东高西低,地平水浅,气候温和,资源丰富,交通方便。全县辖4镇,16乡,254个行政村,总面积483平方公里,总耕地37万亩,总人口31万,是典型的城郊资源经济型县区。

改革开放以来,全县上下全面贯彻党的路线、方针、政策、认真执行中央关于农村、农民、农业问题的重要指示,始终把提高农村生产力水平,保证农民收入稳定增长作为经济工作的重中之重,解放思想,奋力开拓,调整结构,改善条件,农村经济迅速发展,农民人均纯收入很快由1978年的不足百元增加至两千多元。这里除物价变动因素和有点虚夸水分外,实事求是地讲,农民收入还是有巨大变化的。但近年来,由于国际金融危机,国内需求不旺,市场约束加大,资金日趋紧张等原因,全县乡村企业日渐滑坡,农副产品价格猛跌,农民增收明显缓慢,多数地方处于徘徊不前或下降趋势。今年情况更不乐观,农村经济形势都不如上年,农民收入水平明显下降。从调查结果计算,1999年全县农民人均纯收入预计在2300元左右,比去年上报数字减少200元,比去年实际情况大体少收100元。从全县20个乡镇看,约有五分之一的乡镇,农民人均收入略比去年增长。增收原因:一是赶上特殊机遇。如南宋乡,因长陵商品公路拓宽改造,阻断了其他一些产煤乡镇的交通,而该乡不受此影响,运销看好,产销平衡。预计该乡全年煤炭产量可达65万吨以上,比1998年多10万吨左右,仅此一项,全乡可增收70万元,人均近100元;二是私人企业崛起。如东和乡,以振东公司为代表的私营企业迅速发展壮大,给该乡经济带来勃勃生机。该乡东和村民李安平创办振东公司六年来,一年一个新台阶,一年一个新变化,现已滚动发展成为拥有4000万元固定资产,年营业收入达1.5亿元的石油经营集团,仅上交国家税金今年就可达450万元,比上年翻一番。实现利润和从业人员劳务收入,亦有600万元之多,单此一项全乡即可人均增收50元;三是乡镇企业起死回生,如苏店村办电石厂,曾是一个年上交百万元的利税大户,去年由洗衣机厂职工周广文承包后,虽然投入两三百万元,终因电力、电价等种种原因,基本没有生产。今年重新由电力公司一能人承包后,效益明显提高,仅税收一项即可达百万元之多。而20个乡镇中,农民收入能与上年持平的寥寥无几,多数处于滑坡境地。少的减收百元左右，多的减收四五百元。东火乡，是长治县典型的山区乡镇，干旱缺水，土地瘠薄，虽有点矿产资源，但均是臭煤，前些年煤炭市场看好，臭煤也作香煤卖，全乡13座煤矿，年销售煤炭50多万吨，仅煤炭收入一项，人均就达1300多元，占人均收入总数的70%左右。而今年，该乡到10月底，仅销售煤炭4万吨。这样占农民收入一半以上煤炭收入的就成了泡影。

2.导致农民收入下降的原因

中国是个农业大国，12亿人口，8亿是农民。从整体看，农民是个弱势群体，农业是项弱质产业，尽管社会效益大，但经济效益低，在市场竞争中往往处于劣势。经过二十多年的改革开放，长治县的农业经济虽然实现了历史性的跨越，有了长足的发展，但基础并不牢固，结构尚不合理，农民增收难度远非过去可比。通过深入调查，我们发现，导致今年全县农民收入下降的原因主要是以下几点：

(1)煤炭市场持续疲软，主导产业严重萎缩

长治县是全国一百个重点产煤县之一，全县170多座煤矿，县办煤矿只有4座，其余均为乡村办，煤炭是农村经济的主导产业，20个乡镇中，有14个以煤为主。历史最高年，全县产销煤炭达600余万吨，总收入3.5亿元。可近年来，煤炭市场极度疲软，产销一年不如一年，再加上国家关井压产，今年又关闭小煤窑53座，压产140万吨。不仅全县煤炭产销量大幅度下降，据统计，今年煤炭产销量只能达到250万吨，将比历史最高年减少350万吨，比去年减少100余万吨。而且煤炭价格一直低落，香煤售价平均每吨不到40元，臭煤只有十四五元，除去生产成本和销售成本，不少煤矿亏本经营、煤炭产量锐减，农民采煤工的劳务收入也大大减少，全县近2万名农民采煤工，今年60%无事可做。往年一个煤矿工人，平均一年下坑10个月，每天至少收入25元，而今年多数煤矿只生产了三四个月，每人每天收入仅20元左右。仅此一项，全县产煤乡村人均将比上年少收入300元，比历史最好年少收800元，王坊乡坡头村，是一个只有275户1050口人的小山村，前些年煤炭经销红火，曾是全县知名的千万元村、小康村、双文明村，最好时(1993年)一年产销煤炭10万吨。1998年，虽然很不景气，仍产销煤炭2.5万吨，可今年总共生产原煤还不足6000吨。原因是煤质差，含硫量大，只卖出了几十吨炭块.最近同漳电订了1500吨销煤合同,名义上每吨售价31元，可实际扣去中介费7元、装车费2元、亏吨2元和各种税费7元，只能得到13元，可生产成本(包括工资、坑木、炸药、雷管、用电等)就得14元之多，这样，每销一吨，净亏1元多。该村原有农民挖煤工120多人，由于本村煤炭基本停产，多数人无活可干，少数人迫于生计，只好外出打工。

(2)农副产品价格低廉，农业增产不能增收

积极调整农业和农村经济结构、大力发展两高一优农业，是保持农民收入持续增长的根本途径。经过多年的努力，长治县的农业结构虽有较大调整，但粮食作物还是小麦、玉米唱主角，经济作物依然是以大路蔬菜为主，畜禽基本上仍是传统方法养殖，规模不大，特色不特，效益不高。今年全县尽管风调雨顺，又是一个大丰收年景。可由于农副产品价格逐年低落，种植业、养殖业普遍增产不能增收。以玉米为例，1997年国家定购价每斤0.63元，保护价0.56元，1998年定购价0.58元，保护价0.52元，而今年定购保护价为0.43元，而市场玉米价还不到0.38元，每斤仅定购价就比1997年下跌了0.2元，比1998年下跌了0.15元，如按市场价衡量，下跌幅度更大。按全县人均一亩粮田，仅粮食落价人均就少收150多元。从蔬菜看，今年菜价虽然平稳，但茄科作物收入不好，青椒、西红柿、茄子最多不超一千元，少的只能收入一二百元。东和村民王长安，全家6口人，老母亲操持家务，照看孙孙，他本人、老伴、儿媳种植蔬菜，儿子在外当小

工。今年除种 2.2 亩小麦、一亩玉米、3 分谷子外,共种各种蔬菜 5 亩 3 分(包括复种面积),其中,香菜 1 亩,红白萝卜 8分,西红柿 6 分,青椒 8分,葱 5 分,茄子 3 分,黄瓜 1 分,北瓜 1 分,芥菜 3 分,白菜 3 分,一共收入 5500 余元。而地膜、种秧、化肥、农药、浇地、电费等投入共花去 930 元,实际收入 4500 元,加上粮食收入 1250 元,儿子当小工收入 2000 元,本人当队长补助 500 元以及管井管水收入 300 元,全家今年共收入 8500 多元。人均 1420 元。这在东和村尚是中等收入水平。从畜禽产品看,猪肉为例,最贵时,每斤猪肉售价 4.5 元,而今年春节以后,相当一段时间,每斤毛猪售价仅 1.5 元,直到最近才回升到每斤 2.4 元左右,而市场猪肉最便宜时,10 元钱即可买到 5 斤猪肉,由于谷贱伤农,农民种养积极性严重受挫,1997、1998 年大白菜卖不出去,烂在地里,已使今年大白菜种植锐减;前几年生猪年饲养量曾上报数达 30 万头,今年,除上级一再要把水分挤干,把数字搞实外,实际上饲养也明显下降,全县生猪饲养量实实在在约 13 万头左右。

(3)乡镇企业日益滑坡,农村剩余劳力增多

90 年代初期,乡镇企业异军突起,超常规发展,是支撑农民增收的主要因素。由于长治县乡镇企业多数走的是靠出卖资源求增长之路,发展后劲十分有限,加上受整个经济环境的影响,全县乡镇企业效益逐年下滑, 对农民年均纯收入的贡献呈萎缩之势。从乡镇企业总收入看,1997 年总上报为 38.5 亿元,而 1998 年实完成 19.93 亿元,今年预计仅可完成 19 亿元,比 1998 年下降 5%,王坊乡前几年曾是我县乡镇企业实力最雄厚的乡之一,全乡 19 个煤矿,最高时年产销原煤 90 万吨,1997、1998 两年虽有下降,仍达 50 万吨,可今年仅生产 20 万吨,销售更加困难。前些年全乡从事煤炭采掘、运输的劳力约 4000 多人,人均年收入 6000 余元,农民在煤矿上干活的收入占到年人均纯收入的 63%,而今年,从事煤炭采、运的劳力尚不足一千人,人均年收入不足 2500 元,全乡有相当一部分强壮劳力无活可干。贾掌乡是长治县的耐火砖生产重要基地,全乡 13 个行政村,几乎村村有耐火砖窑,户户有人从事耐火砖生产,最高全乡年产耐火砖十三四万块,销售总收入达 1.5 亿元。今年由于市场没有销路,产品价格猛跌,货款回收困难,全乡耐火砖窑全部停产。原来从事耐火砖生产的农民大多数没活干,个别人到孝义、离石一带打工烧窑,也挣不上钱,勉强干上个把两月,就都返回本土。加之县营企业也不景气,下岗工人日渐增多,农民外出打工越发困难,连当临时工的去处也难找到。

(4)社会财力极度紧张。第三产业发展不足

长治县离市区较近,发展第三产业有一定的地理优势。前几年,除不少农民离土离乡,到市区做买卖、闯市场、跑运输、搞服务外,在县城、集镇及公路沿线也纷纷办起了一批商业、饮食、文化、娱乐等服务网点,不仅搞活了地方经济,而且大大增加了农民收入。可近两年来,金融信贷紧缩,社会财力极度紧张,干部、群众手中缺钱,餐饮、娱乐等消费场所日渐萧条。饭店吃饭人员锐减,商店货物卖不出,歌厅舞厅也“门庭冷落车马稀”,效益明显不佳,多数是维持经营,等待时机,少数甚至亏了血本。拿长治县歌舞娱乐场所相对集中的县城农商街来看,前两年,车水马龙,非常火爆,一个小歌厅一年最少也收入八九十来万,可今年就很不景气,三百多家歌厅,已有近一半关门歇业,有四分之一,时开时停,正常经营的也就六七十家。

(5)干部思想混乱不稳,发展经济力度不够

长治县近年来,由于县领导班子内耗严重,主要领导闹不团结,集中精力抓经济的合力并没能够真正形成。尤其是今年,《半月谈》披露了原县委书记王虎林突击提干问题之后,在全县引起了很大反响,省、市

组织纪检、检察部门正在集中力量查处。这一来，无论是县级，还是基层，干部思想都不够稳定，上上下下集中精力抓经济、促增收的力度明显不足，这也是在一定程度上影响了农民收入的增加。

3.保证农民收入增长的建议

从本世纪未到下世纪，是农村经济发展的一个重要转折时期。党的十五届三中全会把农业发展、农民增收、农村稳定提到了关系改革开放和现代化建设全局的高度来认识，最近中央经济工作会议又明确提出要进一步稳定农业的基础地位，着力调整农业和农村经济结构，千方百计增加农民收入。为了有效地遏制长治县农村经济滑坡之势，推动农业和农村经济跨上新的台阶，进入新一轮快速发展期，特提出以下建议：

(1)按照高产优质高效要求，积极引导农民根据市场需求，调整农业和农村经济结构，这是保证农民收入持续增长的根本途径。目前我国农副产品已由数量要求转变为质量需求，如果一旦“入世”，国外的农产品大量进入中国市场，必将使国内市场卖难问题更加突出。因此，单靠增加农副产品总量已不能适应农民增收的需要，必须尽快把农业的发展调整到以增效增收为中心的战略上来，从传统耕作农业向现代高科技生态农业转变，什么赚钱干什么，什么效益高就生产什么。首先，在种养殖上，要壮大特色，改善品种，发展“精品”。尤其是蔬菜，要上规模、上品牌、反季节、无公害、抓空档，引进发展市场看好、效益较高的新品种。其次，在发展乡村企业上，要由资源型为主，转变为科技为主，地下转地上，黑色转绿色，粗放转集约，资源转加工，大力发展资源耗费少，附加值高的加工增值企业。

(2)按照龙头带基地，基地连农户的思路，积极引导农民发挥当地优势，推进农业产业化经营。特别要下气力抓好农副产品加工业，发展和状大龙头企业，创办一批禽蛋加工、肉类加工、蔬菜加工、玉米加工、果品加工、秸杆加工的龙头骨干企业，开发一批农副产品加工转化的新产品。同时，还应在苏店、荫城、西火、城关、八义、北呈、司马等地适当兴办几个规模较大的农副产品批发市场及龙头经济组织，积极发展“订单农业”，组织多种形式的农副产品产销衔接活动，引导和鼓励农民和集体合作经济组织进入市场，从事农副产品流通，以推动种养业结构的优化调整，为加工企业建立稳定的生产基地，使农民和农产品转化加工企业双增收。

(3)正确处理巩固传统产品与开发新型产业的关系，大力扶持农民依靠科技进步，迅速实现乡镇企业的二次创业。乡镇企业是推动国民经济新高潮的一支重要力量，是农村经济的骨干支柱，是农民增收的根本出路，在整个农村经济中，三分天下有其二。因此，必须采取得力措施，遏制乡镇企业下滑态势，在机制上创新，在产业上创新，在产品上创新，在科技上创新。尤其在国家调整产业政策，整顿关闭“五小”的情况下，尽快摆脱“唯煤是企”的旧观念，大力发展高新技术产业，大力发展个体经济，使全县的乡镇企业走上科技型、集约型、生态型的良性发展轨道。

## 关于我县农业产业化经营情况的视察报告

1997年12月8日

市政协、县委、县政府：

为进一步贯彻落实十五大精神，推进农业产业化进程，根据省市政协统一安排，12月3日至6日，我县政协组织部分政协委员，会同县农办、农业局、林业局、畜牧中心等有关单位，就我县农业产业化经营情况，深入到司马、高河、北呈、西火、南宋、郝家庄、故县、苏店等八个乡镇进行了重点调查视察，现将这次调查视察的情况报告如下：

**1.我县实施农业产业化经营的基本情况**

全面实施农业产业化经营，是深化农村改革带有方向性的重大举措，也是建立社会主义市场经济体制的客观要求，同时也是实现农业和农村经济新突破的根本途径。近年来，长治县委、县政府把握大局、牢固树立发展农业的思想，把农业摆在发展县域经济的首位，全县上下全力以赴，不折不扣地把农业抓在手上，不断加强农业基础设施建设，增加对农业的投入，农业的显著经济效益渐渐凸显出来。特别是在实施农业产业化经营方面，长治县根据资源优势和市场导向相结合的原则，按照全县不同区域的自然条件、传统习惯、产业优势，积极发展和培育了粮食、蔬菜、畜牧、林果四大主导产业，形成了五大生产基地。即以北呈、司马、苏店为主的蔬菜生产基地；以西火、荫城、王坊、南宋、赵村等乡镇为主的玉米生产基地；以苏店、北呈、高河、八义、东和等乡镇为主的畜牧业生产基地；以南宋、西池、苏店、贾掌、故县等乡镇为主的林果生产基地，使我县的农业向市场化、规模化、现代化迈出新的步伐。

同时，我县积极依托五大生产基地，积极发展以农产品为主要原料获取更大附加值的龙头企业。在平川乡镇的小麦丰产区，建立了以麦秸为原料，生产用途广泛的箱板纸的造纸企业，不仅使麦秸变废为宝，而且促进了本产区的小麦生产。在本县的中心地带韩店镇，建立了以玉米芯为主要原料，生产出口化工产品糠醛的化工企业，使大量的玉米芯得到有效利用，年创汇平均在1500万元左右，成为长治县的主要出口创汇企业。在南部山区的南宋村建立以深加工红果为主的果茶厂，使附近的红果得到进一步加工，该企业年加工能力达63万瓶、年产值在150万元左右，调动了广大果农的积极性。在207国道沿线的司马、东和、北呈、郝家庄等乡镇，在长陵公路线的苏店镇建立了蔬菜批发交易市场，吸引了一批来自广州、深圳、上海、天津、武汉等地的老板进行蔬菜交易，尽管规模不大，但市场已初具雏形，促进了县域内的蔬菜生产。在北呈乡的西坡、六家、高河乡的景家沟等养猪大村，经纪人应运而生，使我县生猪源源不断地运往太原、天津、上海等省市，促进了我县畜牧业的发展。苏店镇已成为全市的养鸡大镇，1997年蛋鸡养量达到60多万只，蛋产量700多万公斤，不仅供应了长治市60%的居民食用，而且大量运往晋城、湖北、天津等省市，获得了较好的经济效益和社会效益。西火的玉米交易市场已具雏形，九六年交易量达5000万公斤，交易额2000多万元，不但活跃了当地的粮食市场，而且调剂了当地群众的生活。几年来，我县认真贯彻落实中央、省市精神，明确提出了“三产两带”和“三强”战略，使农业产业化取得了显著成效，主导产业初具规模，基地建设特色明显，龙头企业已成雏形，市场建设逐步兴起，农业产业化的框架已初步形成。

但是，我县农业产业化发展毕竟还处于初始阶段，产业初级粗放，科技含量低、效益不明显。主要表现在：一是农副产品加工企业发展滞后，档次低、辐射面小、难以带动农业产业化经营的发展，大型“龙头”骨干企业发展较少；二是广大农民认识低，各自为战，战略眼光短浅，农村主导产业难以形成规模，加之市场开发滞后没有形成较大规模和完善的批发交易市场；三是在一体化上不配套，有的有基地无龙头，有的有市场无基地，缺乏中间环节；四是缺乏指导组织开发工作，社会化服务跟不上，加之基础设施脆弱，阻碍着产业化的发展进程。

为此，县委、县政府以长县委字(1997)第28号文《关于加快全县农业产业化进程的实施意见》下发全县，确立了加快实施农业产业化的指导思想、方法步骤和目标任务，号召全县优化农业产业化结构，培育生产建设基地,积极发展龙头企业,全面推进农业产业化进程。为此,我县农业产业化将会有一个良好的发展环境。

**2.对我县农业产业化经营的意见和建议**

我县在农业产业化方面有了一定特色,但农业产业化面临的任务和困难还很多。通过视察,我们认为,发展农业产业化应从这样几个方面着手:

(1)完善市场体系,广开销售渠道。1996年由于受1995年蔬菜价格的引诱,蔬菜种植面积迅速扩大,产量激剧增加,但由于销售跟不上去,出现严重的蔬菜滞销,价格低的可怜,大量蔬菜烂在地里,挫伤了农民的种菜积极性。这一教训要求我们有关部门要按照统一开放、竞争、有序的要求,突出本地特色,合理科学布局,有指导地建立一批规模大,机制健全,功能齐全,设施配套,辐射力强的专业批发市场和生产要素市场。一是挖掘农村传统集贸市场潜力,吸引社会力量投资改建、扩建市场,增强市场带动能力。二是鼓励各行业、各部门围绕自身发展的需要,建立专业市场。三是支持农民个体或联户从事农副产品营销。四是建设规模大、辐射力强的大型批发市场。五是建立好本地市场,搞好国内市场,放眼国际市场。

(2)参照省市农业区域布局,合理调整县域农业经济布局,建立特色商品基地。这就要求我们的领导干部要有长远的、超前的、敏锐的眼光,瞄准当前和长远两个市场,实现产品集约化、服务系列化、产销合同化、效益超前化。

(3)建立利益机制,调动各方面的积极性。农户是农业产业化的主体和基础,必须维护农民的利益,调动各方面的利益,形成合理的利益机制。使龙头企业和农民利益均沾、风险共担。

(4)制定配套政策,创造宽松环境。农业产业化是一项复杂的系统工程,需要强有力的政策支持。要在稳定家庭联产承包责任制的基础上,制订落实实施农业产业化的配套政策,只要适合“三个有利于”,就应该放手去干,鼓励和引导资金、技术、人才、物资等生产要素向农业产业化方向流动,使农业产业化健康、稳步发展。

## 关于科技兴农,必先兴科技的调查与建议

1989年6月10日

党的十一届三中全会以来,我县在发展农业生产上一靠政策,二靠科学,三靠投入,促进了全县农业生产的迅速发展,特别是近几年来,通过推广普及优种,应用农业作物模式化栽培,优化配方施肥,地膜覆盖等农业技术,使粮食生产稳步提高,取得了令人瞩目的成就,粮食总产量1989年达到了2亿斤以上,比改革前的1978年提高37%,年递增率达2.4%以上。十年农村经济改革也给发展农业科学技术注入了新的活力,运用现代科学技术指导、决策农业生产出现了可喜的局面,科技要兴农,必先兴科技,也就是说:打铁先要本身硬的道理,被越来越多的人所认识,那么,如何推动科技的迅猛发展,就成为发展农业的必经之路。对此,我们进行了调查研究,现将我县科技兴农现状存在问题和发展对策报告如下:

**1.我县农科现状**

目前,我县农业技术推广体系经过整顿落实,已逐步趋于完善,初步形成了县、乡、村三级农业技术推

广网络。

(1)农科组织发展状况

去年以来,由于全县大办农业的气候形成,在县委、县政府的正确下,1989年初建立了县级农业技术推广中心,一个集农业植保、土肥化验为一体的中心大楼正在建设之中,并将配备较为先进的监测系统,中心的建成将推动全县现代化农业的进程。

乡镇农科推广站,去年也有新的发展,在原有的基础上根据国家有关政策,每个乡招聘了一名技术干部,乡镇农业科技人员的地位、待遇得到了初步改善。最近县委、县政府又发文,拨出专款,每村配备了一名农科人员。解决村级农科人员青黄不接的问题。目前,此项工作正在落实之中。据统计:县、乡、村三级从事农科的人员达400余人,这样,我县三级农科推广网络已基本形成,对发展全县的农业生产,运用农业科学技术成果将起到积极的推动作用。

(2)农科推广状况

近几年来,在发展农业生产中,我县在抓好常规农业技术推广的同时,重点抓了几项增产效益明显的新技术推广。

一是优种普及:全县从70年代开始抓优种推广以来,作为一项重点工程来抓,已取得了明显的增产效益。70年代优种普及率占总播种面积的70%;1989年全县播种面积32万亩,优种普及率达到了97%以上,(其中:玉米面积15万亩,优种普及率达99.5%。小麦面积10万亩,达100%。谷子面积6万亩,达98%。其他杂粮一万亩,达95%。仅此一项约增产粮食10%以上)。

二是推广农作物模式栽培技术。这项技术是我县1984年开始同山西农大协作挂钩开展的一项新技术项目,在全省属起步研究阶段。1985年在全县布置试验点9个,得出3000多个配方,输入电脑程序测算,得出最佳优化组合,1986年示范面积5000亩,其中:谷子亩产540.96斤,比对照增26.98%;玉米亩产963.38斤,比对照增17.93%,1989推广模式化栽培面积十万亩,增产粮食3000余万斤,约增加收益350万元。

三是推广优化配方施肥技术。配方施肥技术是1985年我县应用土垠壤普查成果,根据土壤养分的含量,作物对各种肥料的需求而采取的一种最佳施肥方法,这项技术也是"七五"期间国家推广的重点项目。据试验结果:玉米平均增产16.8%,谷子平均增产12.6%,1988年推广面积在10万亩以上,增产粮食556万斤,增加收益300万元.

四是植物保护。多年来,认真贯彻"预防为主、综合防治"的方针,并在全县建立了10个测报点,互通虫情预报,同时,狠抓了春播作物的药剂拌种,村村建有拌种站,基本上控制了病虫害发生。1988年全县拌种面积25万亩,其中:防治地下害虫18.32万亩,防治小麦腥黑穗病4.3万亩,开展农田灭鼠26.45万只,减少粮食损失40万斤。

五是地膜覆盖技术。覆盖农业是一项投资小、增产明显的突破性技术。1984年该项技术在蔬菜上推广,取得了明显的增产效果,覆盖蔬菜平均亩产12702斤,亩增1467斤,总增2000万斤,增益11万元。1986年后开始在粮食作物上应用,覆盖冬小麦5000余亩,玉米2000亩,一般增产均在25%以上。近两年,由于地膜价格的上涨,覆盖面积有所下降,但它的增产作用已得到了广大农民的充分肯定,覆盖农业将是今后粮食增产的突破性技术。

近几年来,我县在推广农业技术方面取得了一定成绩,获得了省、市的表彰,其中获省科技推广三等奖一个,市(区)科技推广二等奖2个、三等奖2个,县科技推广二、三等奖3个,这标志着我县农业技术推广工作出现了一个崭新的局面。

**2.科技兴农存在的问题**

我县农科推广工作,经过多年来的努力,已经有了一支相当规模的队伍,并且取得了好成绩,有些推广项目已达到国内先进水平。但由于种种原因,存在问题还不少,直接影响到科技兴农,主要表现有以下几个方面:

(1)各级领导对科技要兴农、必先兴科技的认识还有距离,因此,长期以来还没有把科技这支队伍从政治地位上、思想认识上、机构编制上、经济投放上、各行业的配合上等问题更好解决。因此,我县农科体制改革不能很好地进行,尤其是实行土地承包责任制以来,农科推广工作面临新的问题。三级推广网处于半瘫状态,推广人员青黄不接,推广经费短缺。同时由于从事农业工作地位低、待遇差,使广大农科人员产生了自卑感,弃农改行现象在乡、村两级较为严重。今年以来,虽作了一定工作,但没有从根本上解决问题。

(2)农科推广人员不足,技术素质差。全县目前现有从事农科推广人员,县、乡、村三级不足400人,却担负着全县20个乡镇,319个村,6.8万户,37万亩土地的农技推广工作。这就是说,一个农科人员负责170户,925亩土地的农技推广工作,根本不能适应形势的要求,科技人员少是现存的主要问题,尤其是乡、村二级,乡、镇农科站普遍只有一人,而且行政事务多,从事本业务的时间不足三分之一、技术水平偏低的问题也较为突出,乡村二级受过专门训练的人员为数不多,只能处理一般的技术问题,农民技术员的业务水平有待于提高,县农技中心的技术人员,也有一个继续深造、更新知识的问题。

(3)农科推广经费严重不足,难以组织较大范围的科技推广。近几年来,推广经费严重短缺,出现了有钱养兵、无钱打仗的局面。一些先进的农科成果难以推广应用。比如:地膜覆盖技术是国家"七五"期间推广的重点项目,目前在我县推广面积甚少,因此增加农业推广经费是发展农业成果推广应用急需解决的问题。

(4)推广设施严重落后:发展现代化的农业,必须有先进的科学仪器,目前农业的发展已进入电脑测控,科学化验分析阶段,我县尚处在比较原始的落后阶段。

**3.科技兴农的对策与建议**

农业是国民经济的基础,要使我县农业有个较大的发展,依靠科学技术进步,积极推广农业新技术是必不可少的关键环节,如何加快农科推广步伐,应用新技术成果,必须首先在组建科技队伍上下功夫,在各方面使科技本身有个较大的发展,才能更好担负起科技兴农的任务。为此,我们建议:

(1)各级领导要加强对农业的领导,充分认识科技要兴农,必先兴科技的辩证关系,重视科技推广工作,深化农科体制改革,进一步完善农业技术推广网络,切实解决农科推广工作中的认识问题和具体问题,把农业技术推广工作列入各级领导的议事日程,努力使我县农科推广工作出现一个新局面。

(2)要继续抓好三级农科组织的完善落实工作。建立县、乡、村三级科技推广中心站,分别由三级科技副县长、副乡长、副村长担任站长,同时要解决人员、经费不足等具体问题,改善科技人员地位、生活待遇、工作环境等基本条件。具体讲,县级推广中心要增拨推广经费,配备先进的电脑、化学分析仪器等,真正建成指挥全县农业生产的枢纽决策中心。乡、村二级要增加人员,提供活动场所,每乡至少配备 2–3 人,设立物资供应门市部,把农科人员从繁重的行政事务中解脱出来,建成一个独立推广农业技术的经济实体,形成一支县、乡、村三级有经济实力而不臃肿的科技队伍。

(3)要实行科技承包责任制。鼓励农科人员搞技术承包,积极创造条件,把科技承包引向集团性质的承包,由农口牵头,吸收科委、科协、银行、生产资料,保险公司参加,实行集团承包,逐步成为要钱有钱、要物有物的经济实力雄厚的集团,同时把农业科技承包引入风险竞争机制。为使这项工作顺利开展,政府要提供一定的活动经费,激发科技人员的承包积极性,制定并试行相应的奖罚制度,将科技承包与承包人的利益挂起钩来,推动科技承包工作向纵深发展。

(4)要搞科技横向联合,推广科研成果,聘请农业院校、科研单位的专家、教授来我县考察、讲学,搞协作攻关项目,培训农业技术人才,推广科技新成果。在这方面,我县与山西农大搞模式栽培试验研究,受益匪浅,应引起足够重视。

(5)改革现行推广体制,打破农科人员单纯推广技术的格局,变技术、物资供应为一条龙的服务,做到又开方又抓药。为此,政府要制定相应的政策,来保证农科人员推广农业技术所需的农用资金,把推广农业技术工作落到实处。

以上建议,十分粗浅,但以铜为镜,可以正衣冠;以史为镜,可以知得失,要发展农业生产,就必须推广应用农业新技术;要搞好技术推广,就必须坚持改革,拓宽视野,不断完善推广服务体系,注重科技新成果的应用,加强宏观效益管理,我县农业翻番的目标才能够达到。

## 关于对我县玉米战略和蔬菜种植实施情况的视察报告

1995 年 4 月 14 日

县委、县政府:

根据市委、市政府确定的“五个重点”、“六大目标”的战略任务和市政协的统一安排,四月十二日,我县政协同市政协,邀请县农工部、农经委、农业局、蔬菜办等涉农部门有关领导,就我县玉米战略和蔬菜种植的实施情况,在西火、北呈、苏店等乡镇进行了视察调查。这次视察结合我县的实际情况,重点对抓好玉米高产工程的开发,扩大玉米种植面积,普及玉米模式化种植技术,实现玉米超千斤县的目标以及在 19.4 万亩的玉米面积上,拿回一亿公斤以上的粮食产量等方面作了认真细致的了解。从这次专题调查视察所到乡镇的情况看,农村总的形势是好的,广大农民在市场经济大潮的推动下,蛰伏心底的致富欲望已强烈地涌动起来,对农业生产已经从解决吃饭问题转变到致富达小康的重要途径上来。大家在调查中同时也了解到,由于基础落后,党的一系列农村经济政策还没有完全落实,部分农民对科技致富的认识还不够高,积极性还没有全部发挥。因此,这些因素在不同程度上还影响着玉米战略、蔬菜种植的实施,较集中地表现在以下几个方面:

### 1.部分农田水利设施不配套

目前,我县有平川水浇地 10 万余亩,保浇地只有 7 万余亩,应用于玉米生产的很少,山区基本上没有水浇地,加上煤矿开采,水资源渗漏,地下水位下降,出现有井无水局面,再有就是机电、井、渠不配套,导致有水无用。

**2.农用生产资料价格上涨，农业比较效益低，影响农民对土地的投入**

今年，粮食价格虽然有所提高，但化肥、农药、农膜、种子等农用生产资料价格上涨更快。如太原磷肥，国家控购最高限价为每斤23.5元，但是到农民手中已成为30元，这样势必会妨碍农民对土地的投入，从而影响产量和效益。

**3.部分农民市场经济意识还不强，资金来源匮乏，不能保证生产投入**

这个问题反映在蔬菜大棚的修建上尤为突出。修建一座高标准、永久性日光温室需一次性投入8000余元，面对这样一笔资金，一家一户筹措不易，再加上农民对此认识不足，怕担风险，因此部分农民投入积极性不够高，这也影响着我县日光温室的规模发展。

**4.系列化服务跟不上，管理体制很不健全**

随着蔬菜生产规模的扩大，产、销矛盾也日渐突出，由于缺乏健全的服务体系，造成产销脱钩，科技服务不能及时到位，是造成蔬菜生产未形成规模的一个重要原因。

粮食蔬菜生产是关系我县农村经济发展的一件大事，为保证玉米战略和蔬菜种植的顺利实施，委员们通过调查视察，提出如下建议：

(1)增加对土地的投入，努力改变生产条件

种植业的生产是个物化投入，要提高种植业的生产水平，必须努力改变生产条件。县、乡(镇)、村、户要增加农业生产的投入，县委、县政府要责成水利、电力、农行等有关部门协助乡村在有水利条件的地块尽快完善浇灌设施配套，以发挥水利的作用。

(2)加强领导，搞好宏观调控

乡(镇)、村两级政府都要进一步加强对玉米战略和蔬菜种植的领导，认真贯彻党在农村的方针、政策，延长土地承包期，完善合同，调控农用生产资料价格，保护农民利益，对农田生产资料要采取最高限价和专营政策，产销直接见面，减少中间环节，以减轻农民负担，保证向土地更多投入。

(3)加强农技队伍建设，健全服务网络

蔬菜生产是一项“超、短、平、快”的农经项目，已逐步形成我县农村经济的主导产业，亟须完善管理体系，建立、健全蔬菜生产的科技化、系列化服务网络，为菜农培训科技人才、销售人才、信息人才、管理人才，形成产、供、销一条龙，科、工、贸一体化。

(4)实行首长负责制，分级管理，分片包干

县委、县政府要把蔬菜生产，特别是1000个蔬菜大棚的修建列入全县重要议事日程，有效地调配人力、物力、财力，及时地解决困难和矛盾；县五套班子领导，要分片包干、包乡(镇)包村，使县、乡(镇)、村三级都确定有专人负责，做到县有规划，乡村有重点，县对乡(镇)，乡(镇)对村层层签订责任书，任务层层分解，层层落实，层层把关，形成党政一把手亲自抓，其他领导配合抓，自上而下一齐抓的局面，从而保证蔬菜生产的顺利进行，使我县农村经济再上新台阶。

(5)加强宣传，提高认识，给予政策倾斜

近两年，我县推广兴建的四十余座温室，平均每年纯收入达5000余元，这充分证明了日光温室在我县成功推广。作为逐步形成我县农村经济一项主导产业的蔬菜生产，县委、县政府在今年农村经济会议上

也明确提出日光温室的兴建要上档次、上规模,今年要求建成1000个大棚。兴建一个高标准温室需投资8000余元,对农民来说,一次性投入这么多钱,难免思想有顾忌,具体困难也较大。因此,要想使日光温室在规模、档次上发展上去,就必须首先解决思想问题。要通过各种新闻媒介广泛宣传,使农民对兴建日光大棚的经济效益有所了解,统一认识。其次,要给予政策倾斜。适度放宽信贷规模,解决部分资金不足,可考虑每户贷款3000元,以示鼓励发展.与此同时,还要加强科技指导力量,及时给予指导.作为主管全县蔬菜生产、计划统计、科技推广指导工作的蔬菜办,亟待充实力量,建议县委、县政府在政策、队伍、资金等方面给予充实,包括提供交通和技术培训活动等方面的便利条件,以使科技指导及时到位,确保“科技兴农”战略的贯彻实施。

总之,围绕玉米战略和蔬菜种植实施中存在的问题,通过讨论,大家一致认为就上述建议需联手行动,以确保两大战略顺利完成。

## 关于对我县煤矿企业兼并重组整合工作情况的调研报告

2010年7月3日

市政协:

根据市政协办公厅关于开展“煤矿企业兼并重组整合”专题调研的通知,2010年6月24日,县政协陪同市政协调研二组先后深入雄山五矿、振义煤矿,对我县煤矿企业兼并重组工作进行了专题调研。

视察情况表明:近年来,我县煤矿企业兼并重组整合工作进展顺利,成效十分显著。同时在兼并重组中也存在一些急需解决的困难和问题。

**1.煤矿企业兼并重组工作进展情况**

目前,我县煤矿企业兼并重组第一阶段的签约、换证、接管、补偿四项工作已经基本到位,实现了两个百分之百、两个百分之九十,即:采矿权转让协议签订到位率100%,21个兼并重组煤矿全部签订了协议;证照换领到位率100%,全县保留煤矿30座,全部换领了采矿许可证;补偿资金到位率95%,全县应补偿煤矿21座(不包括5座单保矿井和4座主体自身矿井),现已补偿到位20座(晋煤集团仙泉煤业补偿未到位);主体企业接管到位率90%,全县主体企业应接管煤矿21座,现已接管到位19座(晋煤集团仙泉煤业有限公司和荫城大峪松树湾煤矿接管未到位)。

**2.煤矿兼并重组取得的成绩和经验**

(1)取得的成绩

一是煤矿规模化程度显著提高。全县煤矿单井规模由重组前平均24万吨提升到88.5万吨,增长3.6倍;二是煤炭工业可持续发展能力明显增强。全县煤矿采区回采率由重组前的35%提高到75%以上,井田面积由重组前的136平方公里增加到176平方公里,煤炭可开采储量由重组前的10.86亿吨增为73.93亿吨,产量由过去的1835万吨提高到2655万吨;三是煤矿安全保障能力明显增强。整合后,全县所有保留煤矿都将实现机械化开采,煤矿机械化开采率将由重组前的20%提高到100%;所有煤矿安装全方位智能化监控系统,建设安装安全防护体系;“七长”全部按规定配备到位,员工素质基本达到高中以上文化程度。

(2)工作经验

第一,严格把握政策,妥善处理各方利益关系。一是严格执行上级有关政策规定。在确定主体企业、确定保留矿井、退还资源价款、进行资产补偿等重大问题上,严格依法办事,坚持"三不"(不变通,不走样,不开口),做到了上下认可、各方信服;二是妥善处理和保障各方合法权益。在兼并重组中,我县对政策性关闭煤矿,除按省政府文件进行资源价款退还和补偿外,还按产能每吨补偿60元;对被整合煤矿企业,除退还资源价款和资源补偿外,还区分生产矿井和基建矿井分别按产能每吨补偿100元和120元;对保留煤矿,大都实行主体控股、被整合煤矿企业和其他成分参股的混合经济,联合办矿,利益共享;对原煤矿承担的社会责任,我县坚持以煤补农,以煤兴家的原则,在整合协议中对多数产煤乡村集体和农民的利益均由主体企业给予了接管和保障。

第二,坚持成熟一个接管一个,稳步推进煤矿兼并重组工作。在主体企业接管保留矿井过程中,我们坚持成熟一个接管一个,积极稳步推进煤矿兼并重组工作,确保主体企业能够全面、真正接管保留矿井。

第三,坚持从严监管,确保煤矿兼并重组整合期间安全生产。一是严格落实主体企业责任,明确被整合矿井的安全生产责任由主体企业负责;二是实行了"双五"包、保责任制度,即设立五人驻矿安检站和五人包矿巡察组,对所驻(包)煤矿实行不间断监管;三是在全县煤矿建立安全指挥中心;四是保持高压态势、严厉打击非法违法生产,确保煤矿安全生产。

**3.煤矿兼并重组存在的问题和困难**

(1)证件办理难

兼并重组后,保留矿井多数需要扩能改造,重新审批手续。由于涉及环节众多,办理进度比较缓慢,直接影响到矿井生产、基建工作的正常开展。鉴于2010年底过渡期矿井关闭,时间有限,而符合条件的矿因为证件不全而无法生产,对此,煤矿业主意见较大。

(2)过渡期矿井开采难

有些过渡期矿井,由于井田独立或者因为采空区影响形成了相对的独立状态,无法通过资源整合实现与主体或单保企业的资源整合。如果关闭会造成不可再生的煤炭资源的损失,而要生产,按照上级要求必须实行机械化开采,过渡期生产矿井的生产时间已不足一年,若要短期内完成大投入将得不偿失。

(3)下岗职工再就业难

由于本县关闭煤矿较多,致使数以万计的煤矿职工失业在家。鉴于当地非煤企业所需劳动力有限,不少勇于创业的职工又苦于资金羞涩、贷款困难,相当一部分下岗职工选择外出打工。但无奈于多数职工本身年岁已高或掌握其他工作技能不足,多半不能找到合适工作,造成不少家庭劳动力富裕却无工可做,靠吃老本而维以生计。当前形势尚可控制,但今后势必会诱发社会的不安定因素。

此外,煤炭资源整合后,看似井田面积增大了,看似能力增加了,实际上内中却包含着重大的隐患:扩充井田后的采空区分布情况不明,加上各环节不够协调,如果片面追求产量极有可能导致透水及瓦斯事故。

**4.几点建议**

(1)建议政府各主管部门能尽量精简程序,并针对兼并重组后各种证件的办理工作提供明确的工作程序,各部门之间应做到相互协调,以减轻企业负担,确保煤矿正常建设。

(2)过渡期煤矿的管理不能搞"一刀切",应设置一些合理的过渡办法,对企业管理后的任职资格及开采办法给予一定的自主权。

(3)建议政府主管部门在加强安全监督管理的同时,积极组织专家开展对资源整合煤矿企业安全管理方面的学术探讨和组织资源整合煤矿企业开展经验交流活动。

(4)建议政府优化就业环境。一是要大力发展农产品加工业。抓住建设社会主义新农村的有利时机,强力推进第三产业服务业快速发展,增强对农村剩余劳动力的就地安置能力;二是由政府出面主导,在大型基础设施建设工程中要留出一定比例的工作岗位,用来安置煤矿失业人员。

## 关于对我县新农村建设工作情况的视察报告

2010 年8 月 4 日

县委、县政府:

根据省委袁纯清书记的讲话精神,为进一步了解我县新农村建设的现状及问题,寻求探索建设新农村的新途径。县政协常委会组织部分常委,在傅永祥主席的带领下,于 7 月 30 日对我县的新农村建设工作情况进行了再视察。视察组先后深入我县苏店镇东贾红都专业合作社、东贾大棚蔬菜种植区、太行山农产品物流园区、北呈乡北岭头村秸秆气化站等地进行了视察,听取了县农业部门关于新农村建设工作的情况汇报。现将视察情况报告如下:

**1.我县新农村建设现状**

党的十六届五中全会提出建设社会主义新农村的战略任务后,县委、县政府带领全县人民紧紧围绕新农村建设"二十字"方针,以解决"三农"问题为目标,借助煤炭产能扩张和煤炭价格的提升,努力探索出一条"工业反哺农业,以煤补农,以城带乡"的新路子,使得我县的新农村如雨后春笋般蓬勃发展起来。

(1)惠民政策不断落实

近三年来,我县累计投资达 3.5 亿元,先后对 150 多个村庄的水、路、电等基础设施进行了改造;改造新增农村中小学校舍面积 16 万平方米;农村义务教育"两免一补"范围扩大到所有农村贫困家庭;乡镇卫生院"三改一建"和村卫生所"三创一建"基础设施建设工程全面完成;新型农村合作医疗制度全面启动;采用差额补助办法,对 2846 户实行了低保补助;实施农村劳动力转移"阳光工程"培训,促进农村剩余劳动力转移。这些惠民措施的落实有力地改善了农村人居环境,提升了农民的生活水平。

(2)农业产业化龙头企业发展势头强劲

我县大力推进以工补农,工业反哺农业的得力措施,使全县农业产业化发展走上了快车道,发展势头强劲,相继涌现出一些以农产品加工为主的农业产业化龙头企业。这些龙头企业集群的崛起,带动了几万户农户参与产业化经营,有效地促进了传统农业向种养加、产供销、贸工农一体化方向发展。

(3)农村劳动力持续转移

据不完全统计,目前我县农村劳动力约 129000 人,占总农业人口的 43.3%。劳动力就业构成比例是:从事第一产业的劳力为 55470 人,占总劳力的 43%;从事第二产业的劳力为 40000 人,占到总劳力的 31%;从事第三产业的劳力为 33540 人,占到总劳力的 26%。而我县过去从事农业的劳力占到 65%以上,近几年,每年以 4%-5%的比例向城镇和非农产业转移。

(4)农民专业合作组织兴起壮大

截至到现在,我县共成立各类农民专业合作社196家,其中今年新登记成立22家,注册社员3016人,带动农户28940户,占到总农户数的37%。产业范围已从水果、蔬菜等经济作物逐步拓展到畜牧、水产和粮食作物,经营内容由单纯的技术服务逐步发展到物资供应、产品加工、贸易销售等。我县的农民专业合作组织已成为建设现代农业、增加农民收入、提高农民组织化程度的重要载体,成为建设和谐新农村的主要生力军。

**2.新农村建设中存在问题**

(1)地域发展不平衡,农村自我发展能力不足

我县产业结构较为单一,过度依赖煤炭的产能扩张,还没有走出依靠资源的老路。这也就造成了我县县域经济发展区域性差距较大,发展极不平衡。煤炭资源集中的东南山区乡镇,由于经济条件优越,新农村建设大刀阔斧的开展;而中北部无资源的乡镇,经济发展增速缓慢,农村自我发展能力较弱,农民持续增收任务艰巨,新农村建设相对滞后。

(2)精深加工比重小,企业辐射带动能力不足

我县的农业龙头企业不少,但是精深加工比重小,且企业规模较小,辐射面较窄,总体竞争力和带动力较弱。农业产业链延伸也不够,大宗农产品多以原料和初级产品形式直接进入市场,制约了农产品质量标准和市场占有率的提高,导致农产品附加值低、农业比较效益低、农民收入低。

(3)中介组织欠缺,劳力转移输出能力不足

农村劳动力由于素质不高,信息不灵,缺乏指导、贷款担保难等阻碍,转移较难,直接影响到农民的创业和致富。而且我县农村的劳动力市场目前尚不适应形势需要,特别是专门的农村劳动力市场更是缺乏,管理办法单一,机制不完善,信息不够畅通,服务不够到位成为阻碍我县劳动力合理流动的大不利因素。

(4)合作社虚多实少,形成"大气候"能力不足

根据农业部门调研数字显示,我县的农业合作社真正起到带动发展的不多,发展前景不被看好,没有真正发挥其生力军作用。而像红都生态种植专业合作社这样形成体系,达到规模,良好运转的更是寥寥无几,尚不能形成"大气候"。

(5)培训事倍功半,造就"新型农民"能力不足

视察发现,很多农民反映渴望学习先进农业技术,但农业部门组织技术人员下乡进行培训,参与者却寥寥无几,三番五次动员也不见成效,致使培训流于形式,事倍功半。培训内容多停留在农业种植、养殖的层面上,还缺乏培育自主创业、推陈出新的"新型农民"能力。

**3.新农村建设相关建议**

(1)因地制宜分类规划,继续加大投入,改善农民生产生活条件

针对我县农村基础设施建设薄弱、投入需求量大而资金来源狭窄的实际,在认真执行政策的同时,要切实加大财政投入力度,调整财政支出结构,积极争取新农村建设项目资金,确保宽覆盖、多投资、快建设,进一步改善农村生活条件。建议县委、县政府今后在新农村建设中要确立"因地制宜、分类规划、突出产业、加大投入、典型引路、整体推进"的思路。具体讲,针对资源型农村,要加大引导转型发展力度,增强其可持续发展的后劲;针对新型产业型农村,要加大扶持力度,增强其自身"造血"功能;针对地贫无产业

型农村,要尽可能的加大投入,改善村居环境,提高人民的生活水平,同时要激励大型企业建立长效的帮扶机制,实现企业发展与扶贫开发双向互动。

(2)坚持以点带面,充分发挥典型的引导作用

东贾村成立红都生态种植专业合作社,兴建了全省最大的绿色蔬菜大棚区,不仅解决了全村200余人的劳动力,还为大棚用户带来了每年5万余元的收入,堪称是转型发展中的楷模和典范。北头岭村投资建成大型秸秆气化集中供气站,实则率先在全县为新型绿色环保农村树立了榜样。因此,建议县委、县政府对这些新典型要认真总结,加强扶持引导,加大宣传力度,充分发挥其典型示范作用。

(3)完善劳务市场,加固风险保障

在我县逐步建立一批劳务中介组织,专门服务于我县的劳务市场,为农村创业提供风险投资咨询服务,为农村劳务转移输出提供信息沟通,信贷担保、劳力管理服务,从而加快劳动力转移速度,降低剩余劳动力比例,也给农民致富增收提供实际帮助。

(4)夯实农民合作社组织建设,壮大合作社规模

在一定程度上讲,合理、高效又能代表农民利益的农民合作社是农业产业化经营的关键。因此建议县委、县政府:一是针对我县实情,大力发展农民专业合作社,充分发挥典型示范带头作用,在提高质量、拓宽领域、健全完善机制上下功夫,让合作社覆盖更多农户。二是坚持严格把关、重点扶持、不搞重复、不贪数量的原则,壮大我县的农村合作社规模。

(5)加强培训指导,逐步形成体系

农村职业技能培训对建设社会主义新农村有着重要意义。因此建议:一要继续加大培训指导力度,要调整目前农村教育与农民培训方向,加强农民创业激情的培养、创业知识的培训和创业项目的孵化,提高创业就业能力,鼓励农民就近就地创业。二要以青壮年农民、进城务工农民和返乡农民为重点,加大自身定位、市场分析、资源挖掘、自主创业等方面的培训,让广大务工人员真正学到自己所需要的东西。三要创新培训模式,进一步健全完善培训机制。四是创新培训方式,根据农民需要,随时随地提供培训服务。

视察组认为,社会主义新农村建设是一项系统工程,也是一项艰巨繁重的长期任务,各级党委、政府和涉农部门的广大干部职工,要从战略和全局的高度出发,把产业结构调整作为新农村建设的头等大事,真正摆上重要议事日程,解放思想,与时俱进,助推我县新农村建设早日实现新突破。

## 科教文卫方面

### 关于对长治县实施人才战略情况的调查视察报告

1995年4月14日

县委、县政府:

实施人才战略是科教兴县强县富民的根本性举措,是顺应知识经济、促进县域经济跨世纪发展的系统工程。为了确实弄清我县人才现状及今后对人才需求、引进、培养使用等重要问题,根据市政协统一安

排，我县政协由贾圪堆主席带队，组织科技教育界部分委员，从8月31日至9月3日对计委、科委、人事局、教育局、卫生局、工业局、二轻局、农业局等单位进行了调查视察，现将这次活动情况和可行性建议呈报如下：

**1.我县人才基本现状**

从狭义人才观点来看，我县大中专生和具有初级职称以上人员共有5371人，各类专业技术人才3819人，其中具备高级职称的26人，中级622人，初级职称的2749人；大专以上学历1200人，中专学历的2119人，高中236人，初中110人。具体来讲，具备以下四个特点：

(1)教卫战线，人才雄厚，管理有序，成效显著

教育上教职工总数4355人，在岗3969人，退休386人，公办3330人，民办629，各种教学人才共2087人，具备大专以上学历的885人，中专1704人，高中166人，初中52人。从职称来看，高级7人，中级400余人，初级2100人；小学教师合格率100%，初中教师合格率86%，高中40%，幼师210人，尚需300人。卫生战线总人数1235人，达到4人/千人，床位4583张，达到1.5张/千人，具有职称的人467名，正高2名，副高7名，中级112名，初级346名，具有中专以上学历的达到408人(本科14人、专科89人、中专305人)。

(2)农林战线，人才集中，使用合理，效益明显

农林战线共有人才146人，大专生63人，中专生40人，初中生14人；高级职称2名，中级39名，初级105人，基本上能人尽其材、尽职尽力，是我县农业战线的支柱力量，为农业发展做出了自己的成绩。

(3)工贸企业人才匮乏，人才难当，情况严重

(4)党政机关人才闲置，用非所学，浪费惊人

**2.存在问题**

从基本情况来：我县人才格局存在“三个不足、三个不合理”。三个不足是：①高级人才严重不足，高级职称人数仅达26名，本科毕业人少，高中教师合格率仅达40%；②专业特长人才严重不足，教育上音体美微机幼师教师短缺，其他行业缺乏有社会知名度的专家型技术带头人；③工程技术人才严重不足，具有10个重点企业2120人的工业系统仅有专业技术人才35人，县造纸厂至今没有一个专业人才。三个不合理是：①人才分布不合理，教医农类人才趋于饱和，工贸系统人才不多；②专业结构不合理，技术性人才短缺，社会科学方面人才多；③年龄结构不合理，高级人才大多退休或到退休年龄，后续人才跟不上。

**三、原因分析**

(1)用人机制不完善

提拔用人后工作离开生产线第一线，其特长或专业不能发挥；用人机制方面，进入渠道、分配人才、使用人才上存在“官位”思想领先局面，学生分配造成一种关系分配，不是以专业对口分配，学非所用，武大郎开店。

(2)环境条件受制约

技术人员进行科研和推广活动的设备、经费、资料等技术投资跟不上，技术人员不能进行正常的工作，便人才流失，孔雀东南飞。

(3)生活待遇不平衡

毕业生分配，找个好单位真不容易，一朝拥有，终身受用。再加上目前经济效益下滑，许多企业资不抵债，面临倒闭，工资就谈不上了，而行政机关工资发放基本达到100%，一些收费单位除工资外，还领到相当数量的奖金福利，人才分配可想而知。

**4.今后对策和建议**

以上情况已引起社会各界的普遍关注，当今世界科学技术突飞猛进，知识经济已见端倪，科教创新速度非常快，知识更新周期越来越短，科技成果转化为现实生产力的速度越来越快，产品的更新换代周期越来越短，因此，如何快速发展经济，适应社会进步和发展的趋势，归根到底是科学技术和人才的竞争，谁在科技发展上拥有杰出人才，谁就能够在激烈的竞争中取得胜利。为此，特提出以下建议：

(1)统一思想，提高认识，崇尚知识，全面实施人才战略

尊敬知识、尊重人才、高度重视知识分子的作用，是邓小平理论的一个十分突出、十分重要的组成部分。邓小平同志1985年3月7日在全国科技工作会议上关于“改革科技体制是为了解放生产力”的讲话中指出：“善于发现人才，团结人才，使用人才，是领导者成熟的主要标志之一”，“我们现在不是人才多了，而是真正的人才没有很好的发现，发现了没有果断地起用。………要放手地用人。总的看，我们对使用人才的问题重视不够”。县委、县政府领导同志以及各党政负责同志，要结合我县实际，结合本部门、本单位情况，以邓小平同志关于人才问题的精神，认真负责的回顾和总结落实知识分子政策、管理知识分子、管理人才工作方面的得失，把重视人才、重用人才、充分发挥人才作用落到实处。

(2)把人才战略列入日常重要议事日程，制定一套确实有效的人才战略实施方案

十一届三中全会以来，县委县政府对广大知识分子从政治、生活和工作方面都给予了一定的关怀。但从调查情况来看，有些知识分子作用没有得到充分发挥。有的领导因循守旧、谨小慎微，不敢大胆使用人才；有的嫉贤妒能，唯恐别人高于自己等，给发挥人才作用造成严重危害。

因此，建议县委、县政府要把人才战略列入日常的重要议事日程。面对知识经济新世纪到来之际，在实施科教兴县的关键时期，把高度重视人才，更好地充分发挥人才作用，让广大知识分子及杰出优秀人才没有顾虑、心情舒畅地在科教兴县的广阔天地施展才能，作为衡量和检验领导者和组织者的思想水平及工作能力的重要标准。这就需要一种机制、一套方案，在政策、环境、条件等方面给予优惠，让人才根据社会需要和个人特长自由选择大胆创新，并给知识定价，实行“谈判工资”、“专家持股”等。

(3)大胆使用人才，充分发挥人才作用

第一，县委、县政府主要领导要经常了解知识分子，特别是杰出优秀人才的工作和生活，每年定期召开一次全县各类专家型人才和有突出贡献的青年专家工作会议，听取专家汇报一年来的工作进展，根据专家的不同特长，下达新的攻坚项目，共商科教兴县新战略。

第二，根据江泽民同志今年在九届一次全国政协会议上强调指出“要进一步落实知识分子政策，尽管国家还比较困难，但一定要尽力解决知识分子在工作、生活中的实际问题”的指示精神，建议每年为全县杰出人才每人拔相当一部分的科研基础基金，从事高新技术引进与推广，同时，每年要在科技工作会议上奖励那些在科研推广实践中作出显著成绩的杰出人才。

第三，对专家型拔尖人才可适当放宽退休年龄，这类人才积累了丰富的经验，在社会上享有很大的知名度，他们那种对技术孜孜以求，对同志谦逊的态度，对工作严谨的作风影响着周围的人。如中医院陈忠

院长、县医院的尹彤芳、张富德等，一直受到大家的尊敬和赞扬，理应给予一定的照顾。

第四，鼓励人才进行科技创新和成果转化，我国的科技向生产的转化率仅为6-8%，而发达国家一般为50%左右，所以要千方百计提高科技向生产的转化率，培育高科技产业，占领未来市场。

(4)通过科教兴县，实施人才战略，大力培育新的经济增长点

瑞士机械表一度风行世界，1968年占世界市场份额的60%。同年，日本生产的石英表，比机械表准一千倍，一举击败瑞士。十年后，瑞士手表所占份额下降到10%，一念之差丢了半个世界！而令人更好奇的是石英表的发明者却是瑞士人。1994年，美国微软公司总裁39岁的比尔.盖茨成了世界首富，个人财产达129亿美元,1997年达400亿美元,今年又猛增到510亿美元,其公司的市场价格超过了美国三大汽车公司中的任何一家,名列全美第二,在十几年里就创造出超过美国名牌汽车公司一百多年积累的财富!我县金晶药厂从1992年引进科研成果并筹资建厂，刚过六年时间，现在已达到年产值5000万元，销售总额3500万元，拥有专业性大专生20多人的新型大厂，而且效益在逐年增加，成为长治县工业生产中新的经济增长点。以上事实说明，高新技术象法力无边的魔术师，造就了新一代亿万富翁。因此，在实施人才战略的同时，要不失时机地引进转化新的科技成果，培育一批科教兴材、科教兴厂的新型科教示范点，依靠市场逐步形成规模，形成新的经济增长点，同时也为人才发挥作用创造用武之地，进而达到全面科教兴县的局面。

(5)把教育放到培养人才战略地位来考虑，培养造就人才

教育是培养人才的基础，在学校认真贯彻德、智、体全面发展的教育方针，变应试教育为素质教育的同时，以学校为基地，结合本地实际，选择一种适用方式、通过职业培训，成人教育等形式，培育一批科教兴材、科教兴厂的典型，加快产业化进程，逐步走向科教兴县，从而培养一批德才兼备的人才。

展望未来，我们要扭转经济下滑局面，赶上先进县区，关键在县委、县政府领导，只要县委、县政府领导重视，上下一心，认真地全面深入推进改革开放，围绕科教兴县，突出抓好人才战略，正视知识经济大潮的到来，我们的目标就一定能够达到。

## 全县农村义务教育保障和落实及城乡基层医疗体系建设情况调研报告

2007年7月31日

市政协：

我们长治县政协根据市政协通知精神，在县政协主席傅永祥同志的带领下，于7月24至25日对长治县农村义务教育经费保障和落实及城乡基层医疗体系建设情况进行了一次综合调研视察，现将这次调研情况作出如下汇报：

**1.关于省政府《山西省农村义务教育经费保障机制实施方案》(晋政办发[2007]6号)的落实情况**

(1)基本情况

我们长治县从2005年春季开始启动农村保障机制，至2006年底已在我县范围内基本落实了“两免一补”政策。从2007年春季开学起，根据《国务院关于深化农村义务教育经费保障机制改革的通知》(国发

[2005]43号)、《山西省农村义务教育经费保障机制改革实施方案》(晋政办发[2007]6号)以及长治市有关文件精神,全县所有义务教育阶段中小学校全部免除学生杂费,并提高(公办学校)公用经费,有效保障了学校正常运转,减轻了农民负担,降低了学生辍学率,巩固和提高了"普九"成果。

2005年开始免除学生学杂费,财政支付460万元,农村小学生均82元,初中生均116元(民办学校补助一半)。另外转移支付小学生均90元;2006年农村没变,县城杂费没变,增加县城公用经费216万元(小学生均175元、初中生均216元);2007年义务教育学杂费农村小学生均107元,农村初中生均140元,县城小学生均152元,初中生均184元。目前,我县学杂费补助资金由中央和地方按6∶4的比例分担,其中地方负担部分由省、市、县(市)按5∶2∶3的比例分担。根据要求,我县2007年农村中小学校学杂费经费将达到520.59万元,其中县级财政承担42.56万元。与此同时,还努力保障贫困住宿生生活补助费42.53万元,其中县级财政配套21.27万元;配套农村中小学校舍维修长效机制资金72(含2006年15万元,转移支付危改资金42万元)万元;提高现有中小学公用经费的保障水平,公用经费达1219.50万元,其中县级财政配套879.17万元,其中标准生均公用经费455.56元,农村中小学转移支付资金283万元,薄弱学校建设经费140.61万元。经过努力工作,已分别将免除学杂费、提高公用经费保障水平补助资金以及农村中小学校舍维修长效机制资金共2015万元拨付到专户。我们已就农村中小学预算的作用、原则、管理和方法等方面,对各中小学(农村以乡镇为单位)会计作了系统培训,对2007年度全县中小学预算编制工作做出了具体部署,并以联校为单位全县汇总,试编了2007年全县中小学预算编制工作,总的情况是好的。

2.存在问题

(1)运转机制不畅通,目前农村学校资金拨付按照财政局—教育局—学校程序进行,由于农村小学在银行没有账户,运转慢,且中间环节有盘剥现象;

(2)农村学校规模太小,低于50个学生的学校,经费不能保证学校正常开支;

(3)县城学校和农村学校拨付标准不一样,不能体现城乡均衡发展思想;

(4)目前学校教师在住宿、就餐、取暖、缺少补助经费、自雇人员工资等没有经费解决;

(5)县城中小学生源超员,师资不足,每一个学校都有自雇教师;而农村学校班容量小,甚至几个、十几个学生一个教师;从生、师比计算,师资超员,而实际上还比较紧。生、师比计算方法对山区小学不科学。

(6)各类学校图书、仪器缺乏购置经费。

3.建议

(1)深化教育机制经费改革,注重政策倾斜,对贫困山区贫困家庭学生实行补助,实现教育公平;

(2)适当提高对农村义务教育经费的标准数量,以解决学校师生住宿、用餐、冬季取暖、学校看护等方面的经费;

(3)加强对学校图书、仪器的管理,适当增加购置经费。

2.长治县城乡基层医疗体系建设情况

(1)基本情况

全县城乡基层各级各类医疗卫生机构,目前共469所,其中行政村卫生所406所,学校厂矿卫生所(室)15所,县、乡两级综合医院(长治县人民医院)1所,县中医院1所,县妇幼保健医院1所,县驻市门诊部1所。全县乡镇卫生院20所，其中，中心卫生院4所，普通卫生院7所，卫生分院9所。全县个体专科医院4所，个体医疗机构23所。全县各级各类医疗机构共有卫技人员1486人。其中高级职称人员11名，中级职称人员92名，初级职称人员459名，达本科学历的236名，专科学历的566名，中专学历的119名。县、乡两级医生共有361名，每千人拥有11名医生，共有护士173人，每千人拥有0.52名护士；全县乡村医生和卫生人员781名，平均每村有3名农村卫生保健人员。从而构成一个多层次的医疗服务体系，为全县人民提供了一个较为方便、自主选择的基本医疗服务网络。2005年，我县全面启动了城市卫生支援农村卫生工作，认真落实了“下乡巡回医疗、专家定期坐诊、托管乡镇卫生院、领办卫生院和村卫生所”的实施方案和各种办法，从2005年至2007年利用三年时间，对全县农民进行免费体检、疾病筛查，并逐户建立农民健康档案，全县农民免费体检工作已基本完成。

我县新型农村合作医疗经过三年的争取和精心准备、协调和筹划，已于今年1月24日在我县全面启动。全县农民参合率达97.4%，乡镇村覆盖面达100%，参合农民达85%的预定目标。并制定出台了一系列的相关管理方案和实施办法。从4月份起，正式启动了参合农民医疗费用补偿程序。截至目前，已为11个乡镇196个村的751名参合农民住院患者，补偿医药费用共计821797元。其中补偿在5000元以上的8人，万元以上的3人，最高补偿到的16707元。对农民反映看病难、看病贵和因病致贫、因病返贫的热点问题，基本上得到了解决或缓解。同时对构建和谐社会、建设社会主义新农村起到了积极推动作用。

卫生工作从业人员的业务技能培训包括两大类人员。一类是对医疗卫技人员培训，一类是对从事食品经营人员的培训。对于医疗卫技人员的培训，主要是通过省、市、县三级分别进行。省、市、县每年都安排乡镇卫生院院长、医技人员、农民健康员进行卫生院医疗质量管理、农村卫生相关法律法规、医疗文书与病案管理；急性传染病监测报告；不明原因疾病处置；“五苗”全程免疫接种；应急急救：用药安全等基本医疗卫生及管理培训。对从事经营食品人员的培训，主要是通过县卫生局组织进行。卫生局监督科于全年的每周星期三，分别对全县的从业人员进行专业卫生操作及食品卫生行业法律法规培训。

药品监督管理主要是由药监局负责。药品流通主要有两个渠道，一是药品集中统一招标进行网上采购，县级用药单位有县医院、中医院、妇幼院。二是乡、镇村医疗机构用药均从县药材公司和二级站购进。总体来说，从全市乃至全省，药品流通渠道机制还不健全，药价高的问题还没有彻底解决，医药流通市场存在不规范现象。

社区服务站、医疗服务中心体系建设也开始关注。关于患者双转诊制度，根据我县新农合推广的一系列管理办法和城镇职工干部的医保相关规定，一是实行首诊负责制，二是转诊衔接制，村卫生所转乡镇卫生院、乡镇卫生院转县级医疗单位，县级医疗机构转上一级医疗单位。也可直接到县级或县级以上的医疗单位进行住院治疗，但根据新农合的有关办法，在不同级别的医疗单位治疗的补偿比例有所区别。

目前，我县医疗事业的发展体制较为健全，从县直医疗机构到乡镇卫生院、村卫生所，三级医疗卫生服务网络已基本构成，基础设施设备，就医环境都发生了前所未有的根本改变。但是，我们也必须清醒地看到，由于医疗体制、机制没有得到深层次的改革与创新，还存着许多群众不满意和与社会需求所不适应的诸多困难。

(2)存在问题

第一，乡镇卫生院、村卫生所的设施设备贫乏和落后，人员医技素质不高，服务功能低下，全县从县直

到基层医疗机构中,有专业特长的大专医技人才严重匮乏;

第二,乡镇卫生院人员工资和县城医院人员工资标准不一样,也是造成乡镇卫生院医护人员少、水平低的原因之一;

第三,卫生监督工作还存在监管不力,就医、安全用药、饮食卫生等存在有隐患;

第四,公共卫生体系建设、公共卫生机构的服务职能由于经费得不到保障,服务功能无法发挥。

(3)建议

第一,逐步加强公共卫生服务体系建设,充分发挥公共卫生保障能力,确实维护广大人民群众的卫生健康,建议政府加大对卫生事业发展的资金投入;

第二,目前我县医技人才严重匮乏,建议政府根据有关精神,激活医疗机构用人、管人机制,促进医改进一步发展;

第三,解决乡镇卫生系统职工工资待遇低下的问题;

第四,卫生行政部门要加强对各级医疗部门的监督管理,加强对食品行业的管理,切实保障人民群众的身体健康。

## 关于对县医院近期工作情况的调研报告

2008年10月23日

县委、县政府:

年初,县委对县医院领导班子进行了调整,并拨出数百万专款用于改善基础设施。为了进一步了解班子调整后的工作情况,县政协于10月17日由傅永祥主席带队,组织部分政协常委和委员对该院进行了专题调研。现将调研情况报告如下:

**1.当前县医院的工作情况**

医院新班子在县委县政府的正确领导下,内强素质,外树形象、规范管理,团结带领广大医护人员以医院达标上等为目标,做了大量卓有成效的工作,医院面貌有了明显变化。概括起来,他们主要做了以下几个方面的工作:

(1)加强培训学习,提高医护质量

自年初以来,从抓学习培训开始,进行了护理操作技能比赛、护理基本知识考试培训、医护人员法律法规培训、处方病历书写培训、院内感染管理全员培训等,对近年来新参加工作人员进行了医疗法律法规、医务人员职业道德规范、卫生事业发展前景等知识培训。通过培训学习,使广大医护人员增强了责任感、业务技术得到了进一步提高,医护人员的医疗安全意识进一步加强,为医院下一步达标上等和医疗安全奠定了基础。

(2)强化制度建设,规范管理流程

从规范管理着手,从抓劳动纪律做起,先后出台、完善了医疗核心制度等一系列的规章制度,医疗工作的运行走上了正常轨道。一至九月份门诊19323人次,其中危重病人258人次,与去年同期相比增加了35%,入院病人1869人次,出院病人1966人次,比去年同期增加20%以上,业务收入达到557.4万元,比去年同期增长38%左右。

(3)添置必要设施,改善医疗环境

运用财政拨付资金对住院楼、门诊楼及急诊科等楼顶进行了修缮与防漏处理,对病房墙壁进行了粉刷和油漆,更换了住院部及门诊楼走廊等场所的照明设备、临床一线医护人员的办公桌椅,维修更新了部分病床、被褥和所有床头柜及取暖用具等基础设备,购置了熨烫机、烘干机、胃镜消毒机、口腔综合治疗机等大型医疗设备,添置了多媒体播放设备等,使昔日医疗设施简陋的状况有了一定的改善。

(4)关心职工生活,改善后勤工作

按时足额兑现了职工通过考核的绩效补助工资;对职工和病人长期以来反映强烈的灶房问题进行了整顿,运行近半年来,反映较好。

此外他们还组织力量,按照上级要求对受"三鹿奶粉"影响的婴幼儿进行筛查。截止10月15日,医院共筛查婴幼儿3948名,收治住院患儿11人次,痊愈出院10人次,转上级医院1人次。

9个多月的工作表明:医院新班子没有辜负县委、政府的厚望,工作力度大,效果明显,得到广大群众的好评。

**2.存在的主要问题**

(1)基础设施落后,影响医院发展

基础建筑方面:门诊楼已经使用近三十年了,水、电、暖气设备老化,大、新型设备不能正常安装使用,诊室布局不合理,严重制约着医院的发展;住院楼同样与现代医院医疗要求有差距,病房门小、走廊窄,特别是手术室内,房间大小、窗户结构、水暖走向等已经远不能适应现在医院手术室基础设施的要求;急诊科也存在同样的问题,房屋、设备及地理位置也不能适应现在医院标准的要求,医院要达标上等,就必须进行大规模的修缮与改进。

医疗设施方面:医院急需的部分大型医疗器械和急救器械还无力购置,以至于部分能够收治、处理的病人流入其他医疗单位,既不方便病人诊治,也影响了医院收入。如CT检查,没有此项设备,颅脑外伤、脑血管意外及胸、腹、脊柱等病人就不能确诊,也无从治疗。急诊科的抢救设备配备不全,许多设备都已经落后、老化,无法正常使用,严重影响着急诊病人的抢救。

(2)人才严重短缺,结构极不合理

人才短缺问题是医院诸多存在问题中比较突出的问题。多年来,医院没有增添新生力量,2006年分配了5名同志,已有2名先后调出,今年分配了8名同志,大多属于中西医结合专业,综合医院的执业范围内只有中医科才是他们依法执业的场所,而医院现有的中西医结合人员早已超越了能够容纳的限度。加上卫生系统成立新农合中心、爱卫会,调出了16名医护骨干人员,以致于医护人员的梯队结构极不合理,医院各个医疗岗位上都出现了人才短缺、人才断档,医院不得不大量雇用临时人员,带来医疗、经济上的诸多问题。

(3)制度建设、监督管理有待加强

医院的许多制度没有有效配套的监督管理办法和措施,如保证医疗质量和医疗安全的医院十三个核心制度、医院医护质量管理制度等,都建立起来了,但保证这些制度落实的监督措施和管理办法还不配套,医院的管理有待进一步加强。

**3.几点建议**

(1)落实政策,加大投入

建议继续加大财政支持力度,根据县医院的实际情况,每年都资助医院购置部分医疗设备;医护人员的绩效补助工资额度还很小,同事业单位工作人员收入有差距,建议把医院职工工资地方补助部分按比例纳入财政范围,为县医院留人、招人、用人创造根本性条件;冬季即将来临,集中供热已经迫在眉睫。由于暖气管道等多年没有更换,漏水漏气严重,不能正常使用,必须立即改造、更新,所需费用望政府研究解决。

(2)理顺机制,增加人员

医院要想更好地服务于全县人民,必须招聘到有用的人才,使医院的人员结构日趋合理。建议给予医院自主招聘权,名额由县人事部门确定。今后医院人员招聘工作由医院根据本院实际工作需要,自行到各相关大专院校招聘所需人员,试用合格后按规定程序报请县委政府审批通过进入编制,以此畅通进人渠道、优化人员结构。

(3)加强管理,提升服务

县医院要狠抓制度建设,管理要科学规范;坚持绩效挂钩,充分调动医生的积极性;搞好医院环境建设,为病人创造了一个良好的就诊环境,为医护人员创造了一个良好的工作环境,通过提高医疗质量、改善服务态度来吸引患者就医。

(4)搞好宣传,拓宽业务

建议利用媒体、报刊、板报、版面宣传我们的医院和科室带头人,宣传医院里的好人好事,为建立达标上等医院大造舆论、树立威望;建议体育、文化中心多开展健康教育活动,强化全民健康意识,有计划针对性地开展健康教育宣传,组织开展有特色的体检活动,拓宽医疗业务,增加经济收入。实实在在保障全县人民人人享有医疗保健服务。

## 关于长治县乡村医生现状及意见的报告

2008 年 6 月 20 日

市教科文卫体委员会办公室:

按照市政协教科文卫体委员会的安排,根据县卫生局的汇报资料和个别走访调研,现将我县农村乡村医生现状及意见情况作出如下汇报。

**1.基本情况**

(1)我县共有 254 个行政村,设置村级卫生所 409 所,2007 年底共有符合乡村医生基本条件并持有乡村医生证上岗乡村医生 784 名,现在岗的 718 名,其中 50 岁以下的 552 名,50 岁以上的 166 名,取得中专以上学历的 362 人,现正在参加中专学历教育 2008 年毕业的中专生 162 名,取得执业助理医师以上职称的 67 名,承担公共卫生任务的乡村医生数有 249 人。

(2)近三年来参加市县分类进行培训的 3000 余人次,村级所有乡村医生均参加过传染病培训、急诊急救培训、合理用药培训。

(3)乡村医生的服务范围为广大农村,服务对象是农村农民。具体职责:负责落实传染病疫情的发现和报告,突发公共卫生事件的信息收集、报告和应急处理、疾病预防、妇幼保健、健康教育、残疾人康复、农民常见病、多发病的初级诊治等基本医疗服务工作,新型农村合作医疗的宣传,对参合农民的门诊费用补偿等事项。

(4)乡村医生待遇:全县持证乡村医生共有 718 名,根据《山西省农村卫生机构管理办法》中规定:"乡村医生的报酬从医疗服务收入中支付"。承担政府规定的公共卫生任务的乡村医生,与村计划生育专职人员实行"一岗双责"管理,择优聘用中专以上学历的卫生专业技术人员承担公共卫生和计划生育工作,视其工作量每月给予不低于 60 元的专项补助,省、市、县三级财政各承担 1/3,并列入财政预算。我县经过择优聘用每村确定了一名享受补助的乡村医生,共计 249 名。根据市政府设立农民健康员意见,我县在乡村医生中聘任了 254 名农民健康员,每月享受补助 30 元(市、县财政列入预算),也就是说我县乡村医生享受补助的只有 254 名,最低的 30 元,有 60 元的,对既承担农民健康员职责又承担公共卫生的,月补助可达每月 90 元。

**2.乡村医生工作现状及存在的突出问题**

乡村医生工作现状不容乐观,存在很多突出问题需加紧解决,目前现状是:农村卫生所工作用房简陋,设备短缺,医务人员知识陈旧、技术不精、医疗服务水平低,不能为广大农民提供安全、有效、经济的医疗服务和卫生、舒适的就医环境,农村农民得不到优质的医疗服务。农村预防保健网络善不完善,对公共卫生预警、预防和应急起不到应有的作用,究其原因:主要存在县、乡、村各级政府和组织不够重视农村卫生工作,资助不够,医疗卫生管理落后,农村乡村医生服务意识不强,更新知识提高医疗技术滞后,敬业精神不够,绝大部分乡村医生无待遇等诸多原因。

(1)村级卫生所基本实施建设不能满足为农民卫生服务的需要,我县虽然经过三年的努力,按照长治市农村卫生所"三创一建立"工作方案做了大量的工作,除少数经济条件好的乡村和经济条件好的乡村医生对卫生所进行了修缮和改造,我县卫生所达甲级卫生所标准的占 1/4,达乙级卫生所标准的占 1/4,仍有 1/2 的卫生所无法达标,根本不能保证其安全性,问题在于只靠乡村医生个人或村来解决问题较困难,关键是县、乡、村三级政府和组织对卫生所建设重视不够,不能履行法律法规所规定的职责。村卫生所在《山西省农村初级卫生保健条件》中明确规定,村卫生所应由村民委员会举办,《长治县人民政府关于推进社会主义新农村卫生所标准化建设实施方案》也强调乡政府要把卫生所标准化建设列入新农村建设发展规划,采取政府帮助,乡镇企业资助,村委统筹安排调整解决业务用房,无偿提供建筑用地,统筹解决占地、用电、用水、垃圾无害化处理等,绝大部分村卫生所基本实施建设,政策未能落实,县政府对达标卫生所的以资代补的办法也未达到落实。

(2)乡村医生人员素质低下,更新知识缓慢,医疗技术服务水平滞后。虽然各级卫生行政部门每年都对他们进行业务培训,但受经费的限制不能满足乡村医生进修学习的需求,即使是免费培训,乡村医生无任何待遇和补贴,不愿意参加,乡村医生培训参与率不高。关于乡村医生进行培训,提高技术服务水平问题。中华人民共和国国务院令《乡村医生从事管理条例》明确规定:"地方政府应当加强乡村医生的培训,采取多种形式对乡村医生进行培训"、"对承担公共卫生服务的乡村医生,其培训费列入财政预算"。卫生部、财政部、教育培训,乡村医生无任何待遇和补贴,不愿意参加,乡村医生培训参与率不高。关于乡村医生进行培训，提高技术服务水平。人事部、农业部《关于加强农村卫生人才培养和队伍建设的意见》也明确“必要的培训经费由当地人民政府在农村卫生专项经费中予以补贴，并为培训对象支付一定的劳务报酬”，这些规定关键是政府落实的不到位，致使人才培训不能如期实现。

(3)乡村医生无待遇或待遇不够优厚，乡村医生为农民服务的意识不强，敬业精神不够。全县718名乡村医生仅有254名享受很微薄的待遇，仍有464名乡村医生没有政府补贴，仅靠医疗服务收入维持生计，加之医疗技术有限、设备短缺，服务场所简陋，农民健康意识的增强，农民医疗服务的需求增强，农民对村卫生所无信任感、无安全感，小病大病进医院，致使卫生所业务收入较低，单靠卫生医疗服务收入不可生存，故乡村医生在服务过程中药品价格服务项目收费乱上涨，你越上涨，农民越不进门，形成恶性循环，就这样村级卫生所的乡村医生不得不另找门路维持生计，村卫生所三天开门两天关，更谈不上为农民提供优质服务，部分村卫生所形同虚设，小病不出村的愿望变为泡影。从2006年至今，全县已有70余名乡村弃医从农和出外打工，再不改善乡医待遇，照此弃医速度5年之内农村卫生保健网络会彻底垮掉，乡医就会所剩无几。

**3.几点建议**

为加强农村卫生体系建设，进一步加强农村卫生工作，修补好基层卫生服务网络，留住和吸引乡村医生安心为民服务，重点从以下几方面解决问题：

(1)首先解决农村卫生所乡村医生的待遇问题。实行以村卫生所为单位解决其中一名乡村医生工资补贴，实现最低工资制度或参照村官工资执行，由村和县财政两级按3∶7分担，工资列入县财政预算。

(2)落实好省委、省政府贯彻《中共中央、国务院关于进一步加强农村卫生工作决定》的实施意见：“对志愿到乡村卫生机构工作的医学院校毕业生，见习期执行定级工资标准，人事、工资关系由县级卫生行政部门统一管理，”鼓励医学院校毕业生到农村去，逐步更替原有的乡村医生。

(3)把村卫生所的达标建设列入政府推进社会主义新农村建设的重要一环，建设高标准的村卫生所阵地，乡镇政府和村民委员会在统一规划新农村建设时，采用政府帮助，企业资助，单位、部门帮扶的办法，解决村卫生所改造、修缮、新建资金，加快创建甲级卫生所步伐，县政府出台卫生所建设的优惠补贴政策，鼓励乡村医生自建卫生所，对建设达标的卫生所给予30%的资金补助，将此补贴款列入财政预算，为农民创造宽敞、卫生、舒适的就医环境，为乡医创造良好的工作环境。

(4)加大乡村医生的培训力度，努力在更新知识、提高技术服务质量和水平上下功夫，狠抓业务内涵建设。卫生行政部门制定乡村医生培训计划，负责组织乡村医生的培训工作。每两年对乡村医生进行一次大型业务培训，常年安排乡村医生进修和各专业业务培训，保证每5年参加进修学习时间不少于6个月，但要求政府按有关法律、法规和政府给予经费保障，特别是要将培训经费按乡村医生数量年人均200元培训费以及乡村医生培训务工费列入财政预算。

(5)卫生行政部门对法律、法规、政策规定的，有关农村卫生所要求及乡村医生待遇问题，整理说明向县政府提出建设性意见，政府加快制定有关规定予以落实。

## 关于对我县人口计生工作情况的视察报告

2009 年 12 月 28 日

县委、县政府：

根据年初工作安排，县政协常委会组织视察组，在傅永祥主席的带领下，于 2009 年 12 月 23 日对我县人口与计划生育工作情况进行了专题视察。本次视察采取听汇报、看资料与实地视察相结合的方式进行。视察组先后深入南呈村人口文化中心、荫城镇人口和计划生育服务站及县人口计生局实地参观视察，并且召开有公安局、教育局、民政局等相关部门负责人和部分委员参加的座谈会，认真听取了县人口与计划生育局的工作汇报。现将视察情况报告如下：

**1.基本情况和主要成效**

(1)狠抓落实，人口计划主要指标完成情况良好

按照国家人口计生委的统计口径 2008 年 10 月到 2009 年 9 月，全县共出生 2680 人，其中一孩 1810 人，政策内二孩 754 人，人口出生率 8.05‰，符合政策生育率 95.82%，比市计生目标责任书要求高 3.82%，全县落实“四术”2759 例，其中女扎 838 例，上环 1889 例，长效节育措施落实率 93.65%，比市计生目标责任书高 13.65%，全县领取再生育证人员跟踪服务率 100%，按需服务、针对性服务率达到 98.8%，利用人口信息引导服务率 95%以上，比市计生目标责任书要求高 10%，出生缺陷一级预防覆盖率达到 85%以上，比市计生目标责任书要求高 13%，圆满完成了市委、市政府下达的各项工作指标。

(2)以人为本，大力开展婚育新风宣传教育工作

2009 年，县计生局通过宣传形式的创新，大力营造人口文化宣传氛围，引深婚育新风进万家活动，举办了一年一度的元宵节人口文化一条街灯展，建起了长陵公路“人口文化通道”，建成了黎都公园“人口文化园”，建起了南呈、东庄、原家庄、东掌、永丰等高标准的人口文化示范大院 36 个。利用传统节日、“5·29”、“7·11”等纪念日开展人口文化大型街头集中宣传活动，普及计生政策、法律、法规、早期教育等知识。同时制作了计划生育“服务指南”、“爱心服务套餐”，促进了群众婚育观念的转变。

(3)关注民生，夯实了人口计生工作的基础

一是进一步了完善人口计生服务网络。积极协调上级人口计生部门和县财政，加大后续投入，完善了县服务大楼的配套工程，配备了彩超、全自动生化分析仪、儿童智力测试仪、男性检查仪等先进的设备 50 多台件，为开展特色服务提供了保障。二是狠抓国家扩大内需机遇，筹集资金，改善基层服务环境。先后新建了荫城镇、八义镇、西池乡三个乡镇的计划服务站。同时对苏店镇、西火镇、东和乡、郝家庄等计生服务站进行了规范改造。三是建立了县、乡、村贯通的人口信息网络，开通了“黎都人口”对外宣传网站和 43 个试点村的 OA 系统，建成了直接接受省市会议、培训的视频系统，开发了全省首家生殖健康电子档案管理系统，制作了方便服务群众的触摸式查询系统，为全县上下利用信息网络指导开展计划生育、宣传教育、生殖健康服务和人口信息交流搭建了人口信息管理和服务的“高速公路”。

(4)公正执法，计划生育依法管理水平又有新提高

一是依法规范、简化了 13 个办事程序，并利用服务大厅电子触摸查询服务台和公示栏的形式，主动

接受群众的监督；二是依法落实计划生育限制处罚政策；三是加大计划生育奖励政策的落实，初步形成了政府主导、财政支撑、部门落实、计生家庭受益的利益导向体制。

2.目前面临的主要困难和问题

(1)基层计生队伍建设亟待加强。一是技术服务人员严重缺乏。县站每年引流、上环、结扎、妇检、保健教育等工作，不仅事务繁琐，而且工作压力较大，仅有13名技术服务人员明显捉襟见肘；二是乡镇计生工作人员严重老化，乡镇59名工作人员中有44名是农民合同工，他们既没有学历，也没有职称，更没有行医证件，已难以适应人口计生工作的创新和服务水平的提升。

(2)党政领导重视程度有所下降。主要表现为两个方面：一是部分乡镇、村、单位的领导对人口计生工作重视不够，有个别乡镇、村的领导甚至不重视，认为人口计生工作是系统工作，把计生部门作为条管单位，一年到头不管不问，更谈不上工作上的支持。二是在解决人口计生部门工作难题特别是经费投入上，没有给予足够的重视。有的乡镇开展人口计生工作所需经费极其短缺，严重影响了基层人口计生工作的正常运转。

(3)社会抚养费征收困难。当前社会抚养费征收难的原因主要是：从当事人来看，存在主动缴纳难的问题，一是法律责任观念淡薄，不想缴；二是经济上确实有困难，不能缴；三是左右对比，怕吃亏，不愿缴。从计生执法人员看，存在积极征收难的问题，一是硬办法不敢，软办法不行；二是存在怕吃苦、怕得罪人现象。从部门协调来看，又存在协调力度不够的问题。

(4)按人头分红现象滋生，影响计划生育顺利实施。部分集体条件好的村或被征地等其他情况，实行按人头分红。有的农民为了获得更多的经济利益，出现了欲多生育子女的苗头，对人口计生工作的健康开展产生了极大的负面影响。

3.几点建议

(1)增加投入，进一步强化计划生育队伍建设。切实加强队伍建设，具体地讲：一要实事求是地确定和稳定计划生育人员编制。通过公开向社会招聘，吸收有资质医学专业的大中专学生，充实计生服务第一线。二要关心和落实乡镇计划生育专干的政治和经济待遇，激发计划生育专业人员的工作热情。三要加强对乡镇、村计生专干，乡镇计生服务站技术人员的业务培训，提高人口与计划生育管理服务水平和执法水平，真正做到人员、职责、待遇“三落实”，切实强化乡镇计划生育基础工作。

(2)自我加压，进一步开拓计生工作新局面。虽然目前我县计划生育工作是全市乃至全省计生战线上的一面旗帜，但跟全国先进的县市相比仍有很大的差距。为此建议县委、县政府要高度重视人口计生工作，加大力度，努力营造全社会支持参与计划生育工作的浓厚氛围。县计生局也要进一步创新服务形式、工作机制，针对新形势下出现的新情况、新问题，积极探索新的办法、新的措施，把工作做实，进一步创造有利于稳定低生育水平的政策环境。

(3)夯实基础，进一步形成计生工作长效机制。要严格执行党政一把手负总责亲自抓，分管领导具体抓，班子成员包片抓，驻村干部、村两委、计生服务员包村抓的责任机制，进一步落实村级党员干部责任联包制。完善对各乡镇、社区的计划生育主要指标执行情况进行定期排名通报制度，充分调动基层干部抓计生工作的积极性。对重点村要落实“一村一策”措施，将后进村的转化与乡镇和部门的考核挂钩，加大执行“一票否决”的工作力度。加强对村级工作的指导，强化村两委守土有责意识，增强村干部抓好计划生育的主动性和积极性。

(4)加强力量,进一步强化征收社会抚养费力度。积极探索实践,抓好试点工作。一是加强领导,落实责任。建议县委、县政府召开专题会议布置,并把工作任务细化、量化,把工作责任落实到乡镇、到村、到人;二是采取多种形式,广泛动员宣传。营造浓厚的社会抚养费征收氛围;三是充分调动相关部门积极性,由组织、纪检、公安、宣传、计生等部门组成征收领导小组,维护社会抚养费征收的严肃性。对阻碍、干扰、破坏人口计生工作的,公检法部门要加大打击力度,及时从严查处,依法追究法律责任。

(5)齐抓共管,进一步完善我县计生工作政策。人口计生工作是一项政策性强、涉及面广的社会系统工程,必须动员全社会力量,齐抓共管,合力推进。针对某些村庄按人头分红现象,建议县政府在制定和实施普惠政策时,要优先优惠考虑计划生育家庭,区别对待;同时要协调相关部门发挥整体合力,各司其职,务求实效。如公安、民政、卫生等要在党委政府的统一领导下,在户口申报和迁移、婚姻登记、农村合作医疗等方面把好关,履行好职责。

## 关于对我县民办教育工作情况的视察报告

2010年1月14日

县委、县政府:

“十年树木、百年树人”,为了解我县民办教育工作的进展情况,进一步推进我县教育体制改革和民教事业的健康发展,县政协常委会组织视察组,在傅永祥主席的带领下,于2010年1月12日对我县的民办教育工作情况进行了视察。本次视察采取召开座谈会、听汇报与实地视察相结合的方式进行。视察组先后深入我县中元中学和宏智学校就这两所学校的教学楼、实验室、公寓楼、餐厅等进行了视察,听取了县教育局关于民办教育工作开展情况的汇报,并与部分民办学校的企业老板和学校负责人进行了开诚布公的座谈。现将视察情况报告如下:

**1.我县民办教育的现状**

近年来,随着《民办教育促进法》及其《实施条例》的先继实施,我县坚持贯彻落实“积极鼓励、大力支持、正确引导、依法管理”的民办教育十六字方针,以加快发展为主题,以规范办学行为为重点,以发展素质教育为目标,依法加强对民办教育的审批、监督与管理,积极维护民办学校和受教育者的合法权益,促进了我县民办教育持续健康发展。主要体现在以下几个方面:

(1)政府高度重视

县委、县政府以及教育行政部门对我县民办教育的发展持坚决支持的态度,正确把握全县教育发展的大方向,坚定地认为“民办教育是社会主义教育事业的组成部分”,应积极鼓励、大力支持、正确引导、依法管理。

(2)管理落实到位

教育行政部门明确认识到民办教育的重要性,在积极鼓励、大力发展的同时,更加注重对民办教育的管理。07年以来,县教育局先后下发了《关于加强民办学校管理的规定》等文件,不断引导规范民办教育健康发展。

(3)规模逐渐壮大

民办学校已由1995年的1所发展到今天的40所；在校生由当初的不到百人发展到今天的万余人；教职工由当初的十几人发展到今天的七百余人,投入建校资金也达1.42亿元,并成为我县教育事业的重要组成部分。

(4)社会力量支持

改革开放以后,一些企业老板把兴办教育作为回报社会的一种形式。例如我县的中元中学、宏智学校就是由企业老板投巨资兴办的。另外一些大学毕业生也把举办教育作为自主创业的理想选择。

(5)教学成绩突出

我县民办学校在县教育行政部门的正确领导下,强化管理,求实创新,狠抓全面推进学生素质教育,教育教学稳步提高,得到了社会的认可。

**2.我县民办教育存在的问题与不足**

(1)发展水平较低

我县的民办教育事业从横向比较来讲,在全市属中上游水平,但从纵向比较而言,与全省其他先进的地方无论是从规模上,还是质量上,都尚有一定的差距,还有待于进一步发展和提高。比如,我县还没有一所在全省叫得响的民办学校,也没有像吕梁、运城一样大规模的学校。

(2)投入力度不足

从最近的学校安全考核评估反馈回来的意见看,一些民办学校缺少可持续发展眼光,因硬件设施和基础设施投入不到位,办学条件薄弱,致使在办学设施、内部管理、相关服务等方面都存在安全隐患。如文昌中学目前就因吃水难、排污难严重阻碍着正常的教育教学活动。还有几个学校存在学生住宿紧张的问题。

(3)引导监管不够

对民办学校的监管是一个系统性的社会工程,单靠教育行政部门的力量是远远不够的。如个别幼儿园无证办园,而仅靠教育部门一家进行关停很困难,还有在招生上把关不严,存在学生超编的问题,这些典型的案例给我们的工作带来很多麻烦,值得我们深思。又如大多数民办学校存在财务管理混乱现象,学校举办人不严格执行财务管理的规定,校企不分,损害了学生和教师的利益,给社会造成了不稳定因素。

(4)师资力量薄弱。

我县民办教育老师多来自社会招聘和学校招聘,大都是一些刚出校门的大学生,他们虽然知识丰富,但缺乏教育教学经验,且由于种种原因,这部分人流动性比较大,极不利于民办学校师资队伍的加强和稳定。

**3.做好全县民办教育的几点建议**

(1)鼓励发展,进一步提升我县民办教育的知名度

我县民办教育应立足当前良好的发展基础,学习借鉴先进省市经验,逐步探索建立我县民办教育的特色,资源整合利用,尤其是要整合幼儿教育。树立我县独具特色、高规模、高标准、高质量的民办教育形象。政府及相关部门要继续鼓励支持,尽力为民办教育的发展壮大提供“绿色”服务,让我县的民办教育成为一大特色。

(2)加大投入,进一步确保民办教育的持续发展

民办教育的发展要遵循可持续发展的规则，在硬件设施的建设上要考虑将来的承受能力和发展潜力。相关配套措施必须严格按照国家有关标准配备。政府及有关部门要做好把关工作,在审批和验收阶段就要核定其办学实力。对于一些公共设施建设,政府及相关部门要多给予扶持,帮助民办学校走出困境,与公办学校一视同仁,让民办教育也能充分享受公共财政的阳光。

(3)完善监管,进一步健全民办教育的管理机制

民办教育作为一项利民利教事业,其发展理应得到我们的大力支持。为此建议县委、县政府及教育行政部门要设置专门的民办教育管理机构,正确处理好支持与监管的关系、引导与发展的关系、鼓励与规范的关系、管理与服务的关系,逐步研究探索适合民办教育的长远发展机制,同公办教育一致,把民办教育纳入系统管理范畴,各部门协调配合,互相制约监督。针对当前财务监管空白现状,尽快研究制定监管措施,依法落实民办学校风险保证金提取及管理工作,加大民办学校财务监控力度,并定期开展民办学校财务工作检查,保证民办学校正常稳定运行。

(4)优化师资,进一步推进民办教育的长足发展

师资力量薄弱是制约民办教育的一大瓶颈。一是建议县委、县政府及相关部门为民办学校输送配备一定数量的公派骨干教师,开展传帮带活动,优化民办学校师资队伍,带动民办教师队伍素质的整体提升。二是人事、劳动等相关部门要探索采取增加自收自支式民办学校教师编制的方式,在不增加财政负担的基础上,为民办学校增设教师编制,统筹管理民办学校教师,采取为其缴纳各种保险、延续工龄等方法,设法提高教师待遇和保障度,进一步为民办学校留住人才,稳定师资力量,推进民办教育的长足发展。

民办教育是国家教育的一个组成部分,是政府教育的补充,我们要充分认识到发展民办教育的重要意义,认真贯彻落实“积极鼓励、大力支持、正确引导、依法管理”的方针,积极探索我县民办教育发展的多种形式,有效拓展我县民办教育的发展空间,科学规划、有序发展、做大做强,促进我县民办教育健康发展。

## 城建环保方面

### 关于对我县环境保护与生态建设情况的调研报告

2007年11月24日

县委、县政府:

加强生态环境保护,增强可持续发展能力,是党的十七大提出的新要求。建设生态文明是贯彻落实科学发展观,全面建设小康社会的必然要求和重大任务。为了认真落实十七大精神,进一步推动和促进我县的环境保护和生态建设,县政协于2007年11月16日由傅永祥主席带队,组织部分政协常委和委员进行了专题调研。现将调研情况报告如下:

**1.我县环境保护和生态建设取得显著成效**

通过调研,我们认为:近几年,我县认真贯彻落实科学发展观,树立以人为本的发展理念,坚持把发展同环保生态建设紧密结合起来,追求绿色GDP,在经济方面取得长足发展的同时,环保和生态建设也取得了同步发展。主要表现在以下四个方面:

(1)加大环境综合整治力度,有效降低排污强度

一是加强县城绿化建设。三年来,共绿化街道道路20公里,建设游园、广场绿地90万平方米,建设庭院化单位20个,人均公共绿地面积达到7平方米。大大改善了县城环境质量,提升了县城品位;2.强化污染治理,促进企业排污全面达标。投资3000余万元,新上了污水处理工程和县城集中供热工程。去年以来,县政府下拨100余万元专项资金,争取上级治理资金近千万元,解决了经坊煤矿等11家企业的污染治理缺口资金问题,有效保证了治污减排工程的顺利实施。先后对中和金鑫化工厂等11家二硫化碳企业进行了强制关闭;对长治县五龙实业公司、富潞冶炼厂等不符合国家产业政策的企业进行了强制取缔。3.实施环保重点工程,改善环境质量。在保证污水处理厂正常运转的基础上,重点实施县城集中供热、垃圾处理以及王庄、西山煤矿挡风抑尘墙等12项重点环保工程和8项废弃矿区生态恢复工程。这些工程投产后,将大大改善我县的生态环境。

(2)严格建设项目管理,有效防范新增污染

近年来,我县有关部门坚持以科学发展观为指导,把保护环境、改善生态、实现可持续发展作为全县发展经济的标尺,坚持宁可少要点GDP增长率和财政收入,也决不批一个污染项目。对新建项目的环保审批,做到"三个一律"。即:不符合国家产业政策的一律不批;不符合功能区要求的一律不批;重污染项目一律不批。先后否决掉木糖醇、铅冶炼等多个项目。与此同时,加大对已审批项目的环境监管力度,保证企业严格执行"三同时"制度,对环保要求不达标的,一律不准投入生产,力争从源头上控制污染。

(3)开展环保专项行动,规范企业排污行为

去年以来,我县先后组织环保、经贸、公安、发改、电力、安监等职能部门和有关乡镇,开展环保执法行动。共出动执法人员400余人次,动用装载机60台次,运输车辆50余辆,共取缔非法储煤场448家,淘汰落后产能企业17家,取缔小木炭窑117座。截至2007年11月11日,县城二级以上天数已达到248天。

(4)认真贯彻国家林业政策,加强生态建设

林业是生态建设的主体。我县认真贯彻落实《中共中央、国务院关于加快林业发展的决定》,积极响应省委、省政府提出的"山上固本,身边增绿,实施六大造林绿化重点工程"的号召,结合我县"三五战略",采取大手笔、大投入、大动作,全面实施了通道绿化、村镇园林绿化、交通沿线荒山绿化、县城绿化、环县城林带建设、厂矿区绿化六大造林绿化工程建设。截至目前,全县林地面积达到了8.13万亩,农田林网面积达到了19.2万亩,四旁树木达到了465万株,林木蓄积量达到了30万立方米,20%的村庄达到了园林化标准,通道绿化总里程达到了254公里,全县林木覆盖率由1980年的7.5%提高到了11.2%。尤其是秋季造林,规模之大、投资之大、力度之大前所未有。

**2.环保和生态建设存在的不足和问题**

(1)结构性污染较为突出。全县矿山区生态环境破坏趋势还没有得到有效的遏制,废弃矿山没有得到有效的治理。工业企业污染减排任务繁重,全面达标工作还有较大差距。

(2)环保投入和能力建设不足,环境保护基础设施还不尽完善,特别是环境监测能力还很薄弱。

(3)全民护林管林意识和观念不强。林木管护不到位,人为破坏树木现象时有发生;林业生态建设资金不足,缺少长效的资金投入机制;通道绿化与占地矛盾较为突出。

3.几点建议

(1)加快经济结构调整步伐,大力发展符合国家产业政策的非煤企业,逐步改变我县煤炭偏重的经济结构采取有效措施,加大投入,加强矿山生态环境建设。

(2)加大对企业的监管和处罚力度,使企业进一步增强发展循环经济理念,把经济效益和社会效益紧密结合起来,加大对环保的投入,力争全部达标。

(3)加强林木管护,确保成活率。要采取各种措施,加大对林业生态建设的宣传力度;要进一步完善适合县情的林木管护制度,建立专业队伍,保证必要的经费;采取多种方法,如建设林地隔离带和防火墙等,从根本上制止人为的破坏;要进一步落实好有关林业政策,鼓励支持各方面力量投资发展林业生产。

(4)多方面筹资,建立环保和生态建设专项资金,并随着经济的发展逐步增加,保证环保和生态建设事业的可持续发展。

(5)切实加强领导,把环保和生态建设列入重要议程,并作为各级领导政绩考核的重要指标之一,实行一票否决。不断增强各级党委政府的责任意识。

## 关于对我县环境保护与节能减排情况的调研报告

2008 年 4 月 28 日

市政协并县委、县政府:

我县政协于 4 月 25 日就我县的环境保护与节能减排情况，组织部分政协常委、委员进行了专题调研。现将调研情况报告如下:

**1.当前我县环境保护与节能减排工作状况**

我县主导产业为煤炭开采和深加工,兼有建材、化肥、造纸、机械制造、食品加工和养殖等产业。我县重点监控工业企业 104 家,其中:煤炭企业 97 家。我县环境质量总体上较好,没有焦炭、冶炼等重污染行业,2007 年县城 II 级以上天数达 290 天,超市下达任务 30 天。截至目前,II 级以上天数已达 105 天,SO2、COD 两项约束性指标分别削减 6%和 30%，超额完成阶段性任务。我县企业由 $SO_2$ 由 12050 吨减排到 7593.5 吨,减排 4456.3 吨,减排率为 37%,全县 COD 由 2378.6 吨减排到 1584.26 吨,减排 794.3 吨减排率为 33%,两项主要污染物减排量均超年度计划和任务,节能量 9.15 万吨标煤,在全市率先完成了节能任务,节能减排工作取得了明显成效。其主要做法:

(1)加强组织领导,建立健全节能减排责任制

近年来,县委、县政府高度重视环保与节能减排工作,先后出台了《关于落实科学发展观加强环境保护决定的实施意见》、《长治县人民政府关于加强节能工作的决定》等文件。同时,县政府与各乡镇、重点企业签订了《环境保护工作目标责任书》和《节能目标责任书》,将节能减排任务和指标分解到各乡镇、各企

业，年终对各单位完成情况进行考核。

(2)采取综合整治措施，有效加大节能力度和降低排污强度

一是加大县城环境基础设施和生态环境建设。县城污水处理工程和县城集中供热一期工程于去年正式投入运行，县城人均公共绿地面积达到了7平方米，县城环境质量有了明显改善。二是强化污染治理，促进企业排污全面达标。近两年，县政府下拨200多万元环保专项资金，争取上级治理资金两千余万元，有效保证了治污减排工程的顺利实施。截至目前，省、市控75家重点监控企业，全部通过了达标验收。三是实施环保与节能减排重点工程，促进污染减排与节能降耗工作。全县煤炭行业年产30万吨以上企业全面推行通风系统、压风系统、排水系统、主提升系统变频调速改造，一批挡风抑尘墙和污水处理等环保重点工程已完成并投入运行。水泥行业主要推广综合低能熟料烧成技术与装备，对回转窑、磨机、烘干机进行节能改造。

(3)加快调整产业结构步伐，解决结构性污染状况

近年来，我县按照"三五"发展战略，积极调整产业结构，地面产业不断发展壮大，煤炭独大的局面已逐步被打破，60万吨以上煤矿全部安装了挡风抑尘墙和污水处理设施，结构性污染有所缓解。

(4)严格环境执法，规范企业排污行为

一是积极开展环保专项行动，淘汰取缔落后、高耗能和重污染企业。二是加强环境现场管理、不断规范企业的环境行为。

(5)积极实施生态保护措施

我县聘请有关专家编制完成了《长治县煤炭开采区生态恢复治理规划》，不断加大绿化建设投入。去年以来，先后投资近两亿元，对公路、荒山进行大规模绿化；组织企业进行生态治理，煤炭企业主动治理塌陷区域，解决饮水困难；部分企业还对村庄进行搬迁，实施生态移民。

(6)加强环保能力建设，不断提高工作水平

一方面在硬件建设上，狠抓了环境监察大队标准化建设；另一方面在软件建设上，通过法律法规和相关业务知识的学习考核，环保监察、监测工作效率明显提高。

(7)实行严格环保考核问责制，落实各级政府责任

我县政府出台了《长治县政府系统领导干部环境保护考核办法》，规定了县、乡领导干部对环境保护的具体责任及考核措施。形成了职责明确、相互协调、部门联动的环保工作新格局。

(8)严格执行"三同时"制度，有效防范新增污染

一是在新建项目环保审批中，做到"三个一律"；二是加大已审批项目的环境监管力度，严格按照环评文件要求，落实"三同时"制度；三是严格项目竣工环保验收，不达环保要求的一律不准投入生产。

**2.存在主要问题及建议**

通过调研我们认为我县环境保护与节能减排存在的主要问题是：煤炭为主的结构性污染问题比较突出、自然生态比较脆弱、环保治理与减排投资严重不足。对此提出如下建议：

(1)针对煤炭为主的结构性污染问题，建议：对煤炭企业实行关小扶大，大型企业要实行清洁生产，坚持走工业新型化道路，大力发展循环经济，突出抓好节能降耗。加大对煤炭企业污染治理的力度，所有企业都要健全污染治理设施，实现粉尘和污水达标排放，实行中水利用。全面实施生态规划，积极完成生态

修复工程。

(2)针对自然生态脆弱的问题,建议:成立生态县建设领导组,加强对生态文明建设的领导,尽快编制生态县建设规划,组织实施生态保护工程。

(3)针对我县污染减排指标高,增速快的问题,建议:积极向上反映,调整我县 $SO_2$、COD 两项约束性指标,使减排指标符合我县发展的实际,积极探索发展与节能减排双赢的路子。新建项目尽可能上无排污总量和低耗节能的项目,淘汰关闭高污染高耗能项目。

(4)针对守法成本高,违法成本低的问题,建议:加大执法力度,对违法企业高限处罚,对环保模范企业实行奖励和优惠政策,对关闭后新上环保项目的企业,用调产基金给予扶持。

(5)针对环保与减排投资严重不足的问题,建议:排污费除用于污染治理之外,县政府应逐年增加治污减排资金,特别是要支持利润较低的企事业单位进行治污减排。如:医院、污水处理厂、垃圾无害化处理厂、集中供热公司等。

(6)针对水污染问题,建议:加强取水管理,严格实行取水许可制度,遏制超采势头,进一步优化取水布局,对重点用排水大户,采取现代化监控管理手段,实行 24 小时不间断用水监控,促使企业严格按照《山西省用水定额》标准合理取水,努力提高水资源的管理和保护水平,限制污水入河,实行入河排污口许可制度,坚决杜绝违法超标排放。

## 关于对我县集中供热情况的调研报告

2008 年10 月 6 日

县委、县政府:

为使县城集中供热这项民生工程真正发挥好作用,让居民过一个温暖的冬季。县政协于 9 月 25 日由傅永祥主席带队,组织部分政协常委和委员对我县集中供热工程进行了专题调研。现将调研情况报告如下:

**1.当前我县集中供热工程的现状**

搞好我县的集中供热,对于提高县城品位,改善环境质量,推进县城建设;对于节约能源、改善环境、促进工业生产、方便群众生活具有重要的现实意义。

2006 年以来,县委、县政府高度重视集中供热工程,富鑫集中供热一期工程去年投入使用,今年又启动了二期工程,目前进展基本顺利。总体呈现以下三个特点:

(1)集中供热发展较快。我县集中供热起步于 2006 年,成立了股份制式富鑫供热公司。工程总投入预计 11200 万元,占地面积 47 亩,建有一座装机容量 87MW 的热源厂,内安装 3 台 29MW 的热水锅炉及配套设施。兴建县城用户热力站 13 座,埋敷设管道一次网 12.07 公里。主要负责对县城范围内居民小区、行政事业单位和商品住宅楼进行集中供热。集中供热规模达到 123 万平方米,供热覆盖率 80%左右。

(2)集中供热初具规模。根据县城建设整体规划,结合富鑫供热公司的实际情况,县城集中供热项目采取分期实施,分步进行:一期工程投入资金 6500 万元,于 2007 年开始组织实施,供热面积 16 万平方米;二期工程总投入约 2200 万元(今年开始),截止 2008 年 9 月底,供热面积规模 80 万平方米,供热用户达 65%;三期工程将投入资金 2500 万元,预计到 2010 年完工。

(3)集中供热工程具有节约能源、减少污染、有利生产、方便生活的综合经济效益、环境效益和社会效益,是一项利国利民的基础工程、民生工程。工程启动后,目前已经取消小锅炉180余台、小火炉5000多个,节约煤4万余吨,折标煤28600吨,节约资金1500万元;减少煤、渣运输量53100吨,节约运费150余万元;减少烟尘排放量1000余吨,减少$SO_2$排放1500吨。

此工程的实施对于改善我县大气质量、优化县城热源布局、创造良好人居环境具有重大意义。

2.存在问题与建议

通过调研我们认为,我县集中供热工程存在的主要问题是:

(1)投入资金不到位,按照政府设定的投入比例,股东投入不足,政府配套资金尚未到位。

(2)去年冬季入网用户取暖费收费差价以及收缴用户二次网配套建设费、入网用户建设费等急需尽快研究。

(3)体制不顺,内部管理不够规范。致使刚刚起步的集中供热公司经营困难,影响了我县集中供热工程的进展。

为保证县城冬季按时顺利供热,我们建议:

(1)理顺管理体制,明确县城建局为供热公司的主管部门。

(2)政府尽快研究、解决供热公司运营中有关的收费标准及补贴标准,并按比例支付配套资金。协调供热用煤,确保冬季供暖。

(3)供热公司要规范管理,制定科学管理制度,开展节能降耗活动,降低成本,提高效益,实现良性循环,走上健康发展轨道。

## 重点工程建设

### 关于对我县重点工程项目进展情况的视察报告

2009年8月23日

县委、县政府:

围绕将我县打造成“上党交通港、三晋文明城、太行新明珠”的战略构想,为全力推进我县“四个发展”,县政协于8月20日,由傅永祥主席带队,组织部分常委和委员对我县部分重点工程建设项目进展情况进行了专题视察。视察情况表明,由于县委、县政府的高度重视,这些得民心、顺民意的工程普遍进展顺利,但也存在一些急需引起重视和解决的实际困难和问题。

1.目前工程项目进展情况

成功淮海汽车发动机项目:

我们视察的第一个重点工程是由山西成功投资集团有限公司在原山西成功淮海发动机有限公司基础上进行生产厂区搬迁并技术改造的投资项目。该项目被列为全市21个重点工程之一,也是我县实施“6131”发展战略的重点项目。项目总投资10.6亿元,总建设面积达10万平方米。项目搬迁改造完成后,将填补我省汽车制造业的空白，并可形成年产国Ⅲ、国Ⅳ以上发动机20万台的生产能力。年实现销售收入42亿元，利润2.8亿，税金1.5亿元。

项目建设期12个月。目前，该项目已新征土地800亩，正在建设缸体车间、缸盖车间、曲轴车间、凸轮轴车间、检测中心车间，工程进展有条不紊，井然有序。

高速路连接线生态治理绿化工程：

高速路连接线生态治理绿化工程涉及生态治理（300亩垃圾山绿化）、河道治理、道路拓宽、环境整治等四个方面内容，由山西荣海规划设计院规划设计，总规划建设面积1100亩，概算投资7000余万元。

工程于2009年3月中旬开工建设，经过12支园林建设施工单位的紧张施工，共种植10厘米以上杨树、柳树、油松、法桐、国槐、楸树及2.5米以上桧柏等树木5万余株，草坪及花灌木绿化25万平方米，人行便道铺装8800平方米，人工湖开挖面积15万平方米，共挖掘土方95万立方，治理垃圾山300余亩。初步形成了融山、水、园、林为一体，风格独特的山水园林体系

综合体育馆建设工程：

该项目为县政府投资兴建，是县政府承诺要办的12件惠民实事之一。该工程为一类建筑，规划用地76亩，总建筑面积12041.3平方米，建筑高度28米。周边设计地上停车位120个，整体平面布局高效合理，根据各部分的使用需求，分设各个功能区域。

工程于2009年2月开工，有效工期400天，预计2010年底竣工。到目前为止已完成总投资的40%。2009年底有望完成主体工程。

**2.加快项目建设的建议及措施**

重点工程的建设对于我县实现“四个发展”举足轻重，影响深远。尤其在国际金融危机严重影响、国内经济面临严峻挑战的形势下，建议县委、县政府要审时度势，从贯彻落实科学发展观的高度重视重点工程的建设，采取切实有效措施，促进重点工程项目早日顺利竣工。具体建议如下：

（1）加强重点工程督导力度，确保项目顺利实施。

用足、用活、效仿市委、市政府派驻成功淮海汽车发动机项目一线工作室的做法，加大对全县所有重点工程的督导力度。针对项目存在的困难和问题，力争在第一时间掌握，力求在第一时间主动介入。现在离上冻仅有80余天，施工黄金时间有限。为此建议县委、县政府加大领导力度，帮助项目科学组织、合理规划，抓紧时间加快施工进度，加强质量监理，确保项目顺利实施。

（2）下大气力破解项目建设的瓶颈制约。

一是资金制约问题。要采取多种方式，拓宽融资渠道，建立长效的银、企合作机制，努力实现合作双赢。同时要充分发挥中小企业信用担保公司和各类中介组织的作用，为项目建设搭建融资平台。二是用工制约问题。积极探索职业技术培训的新途径、新办法、新举措，积极与各类职业技术学院、培训中心挂钩，整合多种培训资源，采取定向培训、委托培训、岗前培训等有效形式，及时为企业提供用工需要。企业在搞建设的同时，也应未雨绸缪，及早谋划人才储备的问题。

（3）切实改善项目建设的施工环境。

广大人民群众识大体、顾大局，为项目建设作出了贡献。同样项目推进工作也离不开群众的支持和参与。要认真落实好征地、拆迁补偿政策，维护好失地农民和拆迁户的合法权益。要加强对群众的宣传教育

工作,讲清项目建设给群众带来的长远利益,争取群众的理解和支持。要尽力解决好“无地、无业、无保户”的实际问题,消除群众的后顾之忧。同时也要坚持依法办事,对少数无理取闹的群众,要有理、有利、有节地依法处置,为企业发展保驾护航。

(4)工程期间要落实责任,做好安全工作。

从视察情况看,一些工程施工现场确实存在着不少安全隐患。如高速路连接线生态治理绿化工程,其蓄水 20.5 万立方的人工湖已初具雏形,蓄水量也大,但除正中央观景台外两岸均无安全护栏,现场也无明显的警示标志,给观光游览者带来了安全隐患。为此建议应在施工现场建立一个安全生产协调管理组织,统一指挥施工现场施工进度、现场布置、设备设施的使用、管理、维护等现场安全协调管理工作。

(5)做好社会公益事业工程完工后的管理、维护工作。

我县当前正在建设的重点工程项目,不仅美化了县城环境,也促进了当地劳动力的就地安置,是一批真正惠民的民生工程。但是由于一些项目工程繁杂、面积较大,在使用过程中难免会出现一些损坏。为此要及早谋划,明确有关部门和领导责任,做好相关项目的后期管理和维护工作,让老百姓长期获得好处,长久谋得福祉。

## 关于对我县天下都城隍景区建设工作的调研报告

2010 年 3 月 12 日

县委、县政府:

3 月 11 日,在县政协主席傅永祥的带领下,县政协组织相关部门负责人和部分委员深入天下都城隍旅游景区,通过听取汇报、实地察看等方式,对景区的发展规划及基础设施建设情况进行了专题调研。现将调研情况汇报如下:

**1.景区建设基本情况**

天下都城隍建在县城东南约 25 公里处的天子岭下,至今已近两千年,是我县重要的历史文化遗迹,也是我县旅游文化产业的龙头和特色旅游品牌。如今的天下都城隍年接待游客 15 万余人次,年均旅游收入 100 余万元,已成为享誉三晋的道教文化旅游观光圣地之一。

2005 年,县委、县政府邀请有关专家对景区进行了总体规划设计。景区基础设施建设项目于 2006 年 8 月开工,截至`目前,包括庙前广场、台阶、刘秀宫、假山、还愿区、钟鼓楼等工程项目已经全部竣工,累计投资 1096 万元。现正建设的城隍庙二期工程,包括城隍庙西院休闲区、东西花园及后院寝宫,现已进入后期扫尾阶段,总投资 1000 余万元;另由庄子河煤矿建设的太极广场综合服务区项目,包括明清一条街工程、人工湖、古式戏楼、山门以及其他附属设施也正在施工中,但由于资金等原因,工程进度不理想。该工程建成后,将极大地拓展景区文化内涵,进一步提升景区知名度,增强我县的文化软实力。

**2.景区建设存在的困难和问题**

一是因气候原因,使得工程进展速度缓慢;二是资金的投入需进一步落实,收益分配需拿出意见;三是景点宣传力度不大,知名度不高;四是制约景区发展的占地、供水、有关许可证件的办理等,需尽快完善;五是与景区配套的相关设施建设及景区日常管理滞后。

**3.推进景区建设的几点建议**

(1)按照县"三干会"部署,建议利用天下都城隍传统庙会"农历五月十一"这天,推出我县"中国长治天下都城隍道教文化交流盛典",以此打造我县特色文化旅游品牌,推动我县第三产业发展。

(2)按设想目前距预定交流盛典的时间仅百十来天,基于时间紧,工程量大这一现实,为此建议:有关部门要统筹规划,编列工程计划,逐日考核工程进度,主体工程施工与内外装饰要同步进行,确保工期。资金拨付要及时到位,同时也要遵循节约办事的原则,既要隆重热烈,又要节约开支。有关部门要积极协调,尽快理顺占地、供水、办证等有关事宜

(3)加大宣传力度,提高天下都城隍的社会知名度和认可度。以举办"中国长治天下都城隍道教文化交流盛典"为契机,整合我县文化旅游资源,打造我县文化旅游活动品牌。

(4)加大综合治理力度,提升景区的整体形象。为此建议:一是工程施工中,要始终树立安全、质量第一的理念,加强工程质量监理,确保工程质量;二要加大对景区周边环境的整治力度,集中开展环境整治活动,提升景区的整体形象;三要加紧建设景区配套工程,诸如停车场、餐厅、配套房、人工湖等基础设施建设,提升景区的品位。

(5)广纳天下贤才志士,打造一支懂管理、懂规划、懂市场营销的团队,为我县大文化旅游产业的持续健康发展提供有力的人才保障。

## 其他方面

### 关于对我县畜牧养殖业调研视察情况的报告

2008年4月24日

县委、县政府:

为加快我县畜牧养殖业规模化、标准化、产业化发展步伐和小康社会的建设,县政协于4月9日组织部分政协常委、委员就我县的畜牧养殖业情况进行了调研和视察,现报告如下:

**1.我县畜牧养殖业发展状况**

近年来,县委、县政府认真贯彻落实国务院《关于畜牧业持续健康发展的意见》,努力加快畜牧业生产方式转变,大力发展规模养殖,不断提高畜牧业综合生产能力,全县畜牧业生产形势喜人,各项工作都有了长足的发展。去年以来,全县生猪饲养量达到20万头,其中:存栏7.1万头,出栏数达12.9万头;牛饲养量达1960头,其中:存栏1480头,出栏数达480头;羊饲养量达4.7万只,其中:存栏3万只,出栏数达1.7万只;全县鸡饲养量达100万只。全县肉、蛋、奶总产量分别达到9500吨、5000万吨、63吨。全县畜禽生产呈现出以下特点:

(1)畜禽养殖规模化和标准化生产迈上了一个新台阶。涌现出西火镇金科养殖公司、荫城镇洁思养殖公司、西池乡晋辉养殖公司和苏店镇南天河养殖园区、雄山兔业、荟鸥鹿场等一批品种优良、规模较大、饲

养水平较高的标准化养殖基地。

(2)畜禽标准化生产进程进一步加快。以规模大户和养殖小区为重点积极引导养殖户改善条件,动员养禽户离村建场,人畜混居,畜禽混养的现状得到了进一步的改变。

(3)重大动物疫病防控工作和畜产品安全监督工作有效开展。全面落实畜牧综合执法各项措施,严格实行动物报批、报检制度,扎实开展屠宰检疫、产地检疫、运输检疫,为我县畜禽生产安全健康提供了有力的保障。

(4)生猪生产得到较快恢复,规模健康养殖势头强劲。2007 年全县共核实能繁母猪存栏 6875 头,发放补贴款 34 万多元,能繁母猪投保率达到 80%以上。与此同时,我县还出台了一系列鼓励规模健康养殖的政策。在未来的 2—3 年内,我县将成为全省拥有规模健康养殖生猪生产企业最多、标准最高的县。

2.存在问题

(1)全县畜禽标准化生产方式相对落后,村中院内饲养畜禽、畜禽混养,生产区、生活区不分,饲养不科学,管理不规范,防疫不到位等问题还不同程度存在。

(2)重大动物疫病防治工作仍然是防控工作的难点。一是部分人员对动物重大疫病防控工作思想上没有引起足够重视。二是部分养殖户对国家要求的动物重大疫病免疫程序、监测措施认识不到位,不能积极有效配合工作。

(3)市场监管执法工作还需加强。全县在疫苗管理、动物检疫、市场监管等方面还存在许多欠缺,一些乡镇私屠乱宰现象有所抬头,上市畜产品检疫监管工作还没有完全到位,有待进一步强化和落实。

(4)乡镇畜牧兽医中心站建设资金缺口较大,人员老化、设备滞后,直接影响到我县动物重大疫病防治工作的有效开展。

3.建议及对策

针对我县畜禽养殖业目前存在的上述主要问题,通过调研,提出如下建议和对策:

(1)突出发展规模化养殖、标准化养殖坚持走可持续发展的道路,立足发展现代畜牧业,科学规划、合理布局,规范实施,实现环境资源、效益和发展的良性互动和协调发展。

(2)加强技术培训、搞好示范,重点是做好养殖大户的培训,不仅要做好标准化生产等技术培训,更要加强经营管理和市场信息的培训和有效服务。通过良种推广、科技下乡、技能培训等方式,帮助养殖户掌握畜牧兽医实用技术,降低生产成本,提高养殖效益。

(3)继续加大动物重大疫病防控工作力度,确保全县畜禽产品生产安全和质量保证。

(4)不断完善畜牧兽医体制改革,继续抓好乡镇畜牧中心站建设,逐步解决好畜牧兽医队伍人员短缺、年龄偏大、技术落后、待遇偏低等问题。

(5)不断加大对规模养殖业和产业化龙头企业的扶持力度。县、乡两级政府每年应安排一定资金用于良种补贴和防疫体系建设,金融部门应加大扶持产业化龙头企业的贷款力度,重点解决畜产品收购营销、加工的贷款,支持养殖大户扩大规模生产。

# 第二章　协商议政

加强与人民政协的政治协商，接受人民政协的民主监督，是人民政府联系群众，改进工作，实现重大决策民主化、科学化的重要途径。1989年9月29日，为了进一步加强同县政协的政治协商和工作联系，并形成制度，贯彻执行，切实把政治协商、民主监督纳入政府的决策制度和决策程序之中，根据党的十三大精神，长治县人民政府和政协长治县委员会作出了《关于加强协商联系的暂行规定》，对政协协商议政提供了制度保证。

## 第一节　大会议政

为了更好地参政议政，在每年召开政协全会之前，县委、县政府将全县的社会发展五年计划、年度计划、城市整体规划、重大建设项目、重大改革措施及政府工作报告等，提前印发给政协常委讨论，广泛征求意见，认真听取县政协及其有关委员会的意见，做到协商在决策之前。广大委员本着对人民利益高度负责的态度，围绕县委和政府的中心工作认真开展调查研究，关心全县人民大事，利用大会"议政发言"这一形式，积极建言献策，为全县经济发展和社会稳定提供了决策参考。

### 九届全会议政

1989年5月，在政协长治县九届三次会议上，共有11名政协委员作了大会发言：胡纪道副主席《以校友会为中心发展全民读写活动》；郭树清《加强中小学德育教育，改变学生流失现象》；王新宇《推广三项实用技术，走科技兴农致富之路》；李清文《发展科技抓基层，组建乡镇科技站》；郜俊保《振兴我县农业，重视粮食生产》；王贤则《重视秸秆还田，走有机农业道路》；陈天文《发展水利事业，为全县发展水地10万亩而努力》；郭学勤《重视对台工作，为统一祖国作贡献》；陈富山《关于腐败问题》；张富德《关于重视人才，尊重知识的建议》；李富明《建议搞好医院改革》。他们就教育发展、科技发展、农业生产、医疗卫生、祖国统一等问题，畅所欲言。他们的真知灼见，为政府决策提供了参考。

## 十届全会议政

1990年十届一次会议上,5名政协委员作大会发言:主席韩国华《科技要兴农,必先兴科技》;部俊保《挽救果树死亡,发展果品生产》;陈天文《利用煤矿废水,灌溉万亩良田》;王贤则《走自力更生道路,建立自己的良种基地》;傅怀珠《一点义务,一点思索》。政协主席韩国华在发言中指出,世界范围的经济竞争,综合国力竞争,在很大程度上表现为科学技术的竞争,科学技术长期落后的国家和民族,不可能繁荣昌盛,不可能自立于世界民族之林。一定要采取各种渠道培训基层干部和农民技术员,组织基层干部和农民学文化、学科学、学习各种专业知识,形成一种千家万户学科学,千家万户用科学,靠科技兴农,靠科技致富的良好风气,把科技兴农的伟大战略措施真正落到实处,使全县农业生产再上一个新台阶,再创一个好成绩。

1991年十届二次会议上,9名政协委员作大会发言:王石魁《在完善双层经营中心须引起高度重视和认真解决的几个问题》;部俊保《变废为利,开发山区管灌》;王贤则《只有加快果树生产的现代化,才能提高我县果品生产效率》;田金旺《县城急待建设一处农副产品批发市场》;郭学勤《扎扎实实做好对台工作,积极主动促进两岸交往》;朱宋保《靠调查分析利弊,为"八五"倾吐衷言》;张守孝《利用本土资源发展新型建筑材料——纸面石膏板》;贾国模《搞好煤炭防探水,做好煤矿安全生产》;张长兴《团结教育青年为"八五"建功立业》。政协常委王石魁《在完善双层经营中必须引起高度重视和认真解决的几个问题》的议政发言。他总结本县农村十年改革成功建立以家庭联产承包责任制为基础的统、分结合的双层经营新体制的经验,就今后完善双层经营中必须认真加以解决的几个问题提出了建议,下大力气帮助"空、萎"村改变面貌,保障农民的合法权益,进一步改善生产条件,推广科学技术,提高家庭经营水平,让农村的经济得到持续、稳定、协调地向前发展。委员朱宋保根据自己在实践中调查的问题,有的放矢,针对性地在《靠调查分析利弊,为"八五"倾吐衷言》发言中提出了七个问题:一是煤炭安全生产问题;二是关于计划生育和婚姻登记中的矛盾与问题;三是关于绿化荒山与生态平衡问题;四是建设新农村与土地管理问题;五是教育捐资与合理使用问题;六是建设精神文明问题;七是壮大集体经济问题,衷心地希望在"八五"期间,全县经济大发展,人民生活更幸福。

1992年十届三次会议上,7名政协委员作大会发言:张守孝《再谈我县果树发展现状及今后对策》;高恩祥《全面实施科技兴牧发展战略》;李清文《增强科技意识,加快科技改革步伐》;裴福宏《加强技术监督工作,保护消费者利益》;朱宋保《对乡镇政协工作和十年改革的几点体会》;陈富山《造成农村经济滑坡的非经济因素及其对策》;王石魁《抓经济,奔小康,人的因素是关键》。委员陈富山在发言中指出,农民和农村问题始终是中国革命和建设的根本问题,没有农村的稳定和进步,就没有整个社会的稳定和全面进步。要切实加强党对农村工作的领导,严惩腐败分子,搞好村级换届选举,建立健全村民议事制度,彻底抑制非经济因素所产生的消极的影响,推动农村经济飞跃发展。

## 十二届全会议政

2000年政协十二届三次会议上,7名政协委员发言:常树毅《促进县域经济发展的几点建议》;崔德胜

政协委员大会发言

《关于企业改制的一些思考》;宋长生《非公有制经济发展与政府职能转变》; 李双好《加大三个力度、搞好结构调整》; 张其文《我县农村产业结构调整中存在的问题及对策》;连广钦《加强图书发行工作、更好地为两个文明建设服务》;王胜英《私营企业用工不规范、职工合法权益难保障》。县政协委员、柳林乡党委书记张其文在发言中指出,通过产业结构的优化,达到农民增收、政府增税的目的,是当前农村经济工作面临的一个突出重点。要加强宏观调控,深化机构改革,优化调产环境,调整产业机构,齐抓共管促稳定,发展农村经济,让广大农民尽快致富。政协委员宋长生在发言中指出, 理顺政府与非公有制经济的关系,自然资源优势与其他生产要素的关系,传统产业与新兴产业的关系,产业结构与所有制结构调整的关系,在切入点的选择上大胆创新,在环境上大胆创新,把"三个有利于"和"发展才是硬道理"作为检验一切工作的根本标准,转变政府职能,推动全县非公有制经济发展。

## 十三届全会议政

2006年十三届四次会议上,19名政协委员发言: 申文奇《如何抓好招商引资工作促进我县经济发展》;王俊生《关于我县民办教育的调研情况》;郭玉彬《解放思想,扎实进取,全力推动中小企业民营经济实现跨越式发展》;靳淑红《县域经济发展与小城镇建设的关系》;李书彬《种子管理有待规范,种子经营亟待完善》;王新成《关于煤矿企业与周边村庄关系的调研报告》;张建林《关于县城社区管理情况的调查报告》;王彦兴《村委会换届后村级存在的问题及对策》;李振国《团结奋斗,谱写多党合作的新篇章》;杨阿艳《税改后村级组织面临的问题》;成志忠《关于"三农"问题的调研》;景树义《加快我县粮食产业化发展,促进社会主义新农村建设》;原峰《推动农村网络信息化,建设社会主义新农村》;赵建刚《我县农村标准化发展现状、问题及对策》;朱平菊《关于对我县奶牛养殖的调研报告》;朱宇杰《建设社会主义新农村关键在人》;刘素芳《增加农民收入是推进农村小康建设进程的根本保证》;王海清《当前教育收费方面存在的问题及对策》;郭富胜《"三农"工作需要抓大顾小》。政协委员郭玉彬在发言中指出, 作为"十一五"规划的开局之年,要开好头,起好步,真正地把全县经济社会的发展转到科学发展的轨道上来,使县域经济快速增长的势头得以延续,就必须认真贯彻党的十六大、十六届三中、四中、五中全会精神,按照省、市、县委的战略部署,在解放思想、更新观念上下功夫,在调整经济结构上下功夫,在转变经济增长方式上下功夫,在推进城乡经济发展上下功夫,在构建和谐社会上下功夫,努力实现全县经济社会又快又好地发展,确保"十一五"规划各项措施得到全面落实。政协委员李振国在发言中指出,以胡锦涛为总书记的中央领导集体,颁布了《关于进一步加强中国共产党领导的多党合作和政治协商制度建设的意见》,集全党智慧,全方位、多层面调动方方面面积极性,是建设和谐小康社会的重大举措,更是"立党兴国、执政为民"的重大举措;

《意见》体现了党统揽全局的构想,为"民主监督、参政议政"搭建了工作平台。政协委员王彦兴在发言中对村委会换届后村级存在的问题,提出了五点对策:一要拓展"素质工程",强化对当选干部任职能力的培训;二要理顺党支部和村委会之间的关系;三要加强农村党组织的建设;四要建章立制,强化依法办事;五要优化农村社会环境,积极探索发展村级集体经济的新路子。

## 十四届全会议政

2007年,县政协把大会发言作为协商议政的又一重要形式。根据众多委员的要求,确定了8名委员进行大会发言,开展协商交流。委员们从不同角度,对全县的"三农"工作、生态环境保护、社会保障体系建设、经济可持续发展、新农村建设以及教育卫生等方面的工作,提出了具有前瞻性、战略性和可操作性的意见和建议,受到了县委、县政府领导及各方面的重视,为县委县政府科学决策提供了重要参考。

2008年,在十四届二次会议上,有11名政协委员发言:王有明《各方配合、形成合力,促进非公有制经济健康发展》;胡晓峰《关于对残疾人工作的一些思考和建议》;李书玲《整合文化资源、发展文化产业,为加快文化强县建设注入新活力》;王玮《正视现状、强化管理,促进青少年健康幸福成长》;焦万君《关于对农村环境保护的几点建议》;李淑梅《关于我县医疗卫生事业发展的几点建议》;刘素芳《新农村建设要关注农民的幸福指数》;贾彩琴《村镇建设应加强规划管理》;李书彬《农资价格上涨应引起高度重视》;成志忠《全力保护绿化成果,推进生态园林县建设》;吕彦青《对我县构建和谐社会劳动关系的调查与思考》。县政协委员刘素芳非常关注农民的幸福指数,她在发言中指出,必须把农民幸福指数作为新农村建设的终极目标,以此建立一个新农村建设评价体系,从而使新农村建设真正成为造福农民的一项德政工程。农民对新农村建设的满意度、农民需求的民心工程建设、农民对新农村建设所得到的实惠是幸福指数的衡量标准。要在建设乡村一体化和城镇一体化上动脑筋,全方位、多渠道促进农民增收,提高农民对新农村建设给生产生活带来的幸福感和满足感。

2009年,在十四届三次会议上,13名政协委员作大会发言:王有明《应充分发挥工商联在政府管理非公有制经济方面助手作用的建议》;李书彬《关于我县新农村建设中存在的问题及对策》;刘素芳《关于我县新农村经济发展情况的分析与建议》;王四清《关于我县农村信息化的现状与对策》;李莉《关注环保,绿色发展》;原泽英《充分运用政府行为预防物价上涨》;王琴霞《进一步加强我县妇女工作的思考与建议》;郭玉斌《发展我县现代粮食流通产业的思考与建议》;原永红《强化管理,科学施教,大面积提高教育教学质量》;张慧丽《关于我县中医事业发展的思考》;乔俊红《关于加快民营企业发展的几点建议》;邢雪峰《关于改善西池学校办学条件的建议》;宋外宾《关于新农合存在的问题及建议》。王有明在发言中指出,非公经济的蓬勃发展,推动了以非公有制经济人士为主体的新的社会阶层的形成,涌现了一批政治上有觉悟、经济上有实力、事业上有贡献、社会上有影响的非公经济代表人士。广大非公有制经济人士以强县富民为己任,积极承担社会责任,在先富帮后富实现共同富裕、构建和谐黎都和践行社会主义道德观等方面,发挥着越来越重要的作用,受到社会的广泛关注和良好赞誉。要进一步鼓励支持非公经济快速健康发展,继续营造发展非公经济的良好环境,建立非公有制经济发展的良好机制,促进非公有制经济健康发展,非公经济人士要带领企业履行好社会责任,加强思想修养,提高精神境界,弘扬晋商精神,努力形成与社会主义市场经济相适应的价值观念和行为准则；积极参与光彩事业等，为建设实力、魅力、和谐的长治县作出贡献。物价上涨是百姓反映的热点问题。县政协委员原泽英指出，物价上涨直击民生，波及吃穿住行等方方面面，这些都是百姓最基本的生活需要。要科学决策，强化监管，出台惠民政策，提前采取必要措施进行预防稳控，扩大内需，稳定经济增长，最大限度地保证物价平稳。

2010年5月，在十四届四次会议上，27名政协委员发言：王有明《关于促进我县民营经济又好又快发展的建议》；原永红《关于加强我县民办学校师资队伍建设的建议》；吕彦青《关于企业转型发展的几点想法》；陈华丽《关于促进我县青年就业创业问题的建议》；李书彬《建好一个园区，带动三个产业》；张保平《关于促进司法工作维护社会和谐稳定的几点建议》；侯立峰《关于解决好园区建设等相关问题的意见和建议》；王海青《民办学校的现状及今后发展的建议》；宋外宾《克服不利因素，促进农民就业》；郭玉斌《我县发展粮食产业，确保粮食安全的思考》；宋明生《应把教师作为争创教育强县的第一资源》；闫文秀《关于提高我县文化软实力的思考与建议》；杨瑞英《农村科学发展科技创新应充分发挥大学生村官的作用》；景宏伟《关于加强我县农村干部职务犯罪预防的思考》；成志忠《关于加快东山区荒山生态恢复治理步伐的建议》；胡晓峰《完善残疾人社保制度，共建和谐社会》；李凌峰《关于提高妇联组织预防和化解矛盾纠纷能力建设的调研报告》；刘素芳《关于保持我县经济持续发展的建议》；宋志兵《绿地减灾应对策略》；王华栋《挖掘历史文化资源促进文化产业发展》；王玮《开展生存教育刻不容缓》；原泽英《关于妥善解决煤炭关闭整合后相关问题的建议》；李莉《发展低碳经济，倡导低碳生活》；李旭日《关于加快我县普通高中教育发展的建议》；李庆文《县医院现状及今后发展的建议》；张慧丽《加大投入推进医疗卫生事业新发展》；王四清《我县信息公开情况及建议》。

## 第二节　大会发言节选

### 靠调查分析利弊 为“八五”倾吐衷言

1991年5月20日

县政协委员　朱宋保

**1.关于安全生产和经济效益问题。**

在我县工业战线上，煤炭生产为我县主要项目之一，而煤炭生产的效益如何？重点要抓安全二字，只有抓好安全生产，发展经济才有保障。

我们西火镇，就可以说是一个煤矿密集区，近些年来，由于乱采乱挖不注意安全生产，因而，事故时有发生。透水、落顶、漏塌、掉井、瓦斯燃烧等事故都发生过。据调查，这些事故的产生，大多与死亡者直接违章作业有关。尤其是在生产中出现杀鸡取卵的短期行为和掠夺性的开采，导致企业后劲严重不足。一部分厂矿安全措施不力，发现上级安检部门检查就匆匆派人应付，有的安检人员，本身就是外行，也无实际经验,瞎指挥。从经济效益上看,有的煤矿吃了更改金,甚至吃掉固定资产,折旧资金。如西火镇,群众银行存款800万,企业贷款也达八百万。所以,建议在"八五"期间,尽快建立一支检查违章作业的安检队伍,彻底扭转各种事故下边造,上边做检讨的被动局面。二要学推广晋城矿务局的经验,一个月查不出一个违章作业隐患的安全员,扣发他当月的奖金和福利,记入"失职人员登记簿",作为年终考核的依据。做到"宁愿职工骂的走,不让家属哭着来"的安全措施。三要对企业进行不定期的审计,包括资金管理、安全生产、资源保护等方面。

**2.关于计划生育和婚姻登记中的矛盾与问题**

近年来,我县人口难以控制的原因固然很多,但与婚姻登记这一关卡的不紧也有很大的关联。社会上早婚、早育、未婚先育或者事实婚姻,还在不断发生。建议民政部门与计生部门来一次认真清查,澄清全县到底有多少没结婚证的或一对夫妇只有一张结婚证的,早婚早育和未婚先育的,事实婚姻,和年龄不足的,在摸清底子的基础上,制定过硬的对策措施。否则,单凭报表是不实的。西火镇两个计生干部,每天钻进报表里填数字,因而不务实际,当然报的数字也是不实在的。光靠罚款是不行的。罚款,有钱的不怕交钱。没钱的也不怕,反正土地是公有,要钱我没有,房子不够住,孩子抱不走,赖账。所以,要抓好计划生育,一要卡紧结婚登记关;二要实实在在抓好计划生育,要领导重视,全党动员,多管齐下,确实把人口增长拉开距离,真抓实管。

**3.关于绿化荒山与生态平衡问题**

1990年夏秋之间,因公外出采访,沿途所见,壶关、潞城、襄垣、屯留、长子等县公路两旁、田间小道,参天大树遮天蔽日蓄积量很大,长治县就比不上人家,甚至看见不断有人在公路两旁排水沟内烧茬子和树叶,连树也烧了。去年秋后枝叶落了的时候,我乘公共汽车从潞城返回路经苏店镇北路段,就有清除枝叶燎了大树的现象,长达0.5公里左右。对此,无人过问。另外,年年栽树年年死,只见花钱不见树。今年西火镇从山东引进"毛白杨"买的就是病株,死了一大半,除栽树技术因素外,我看主要是:责任制与经济利益没挂钩。西火镇西蛮掌村,由于领导重视,工资兑现,村民曹保松承包的700亩荒山,三年就绿化了,成活率超过了85%以上. 西村400亩荒山也是村委重视利用积累工绿化的,成活率也在80%以上。同时建议对公路两旁的树木,不到树龄不要及早更新重栽。

**4.建设新农村与土地管理问题**

党的三中全会以后,广大群众都富起来了,手里有了钱,对改善居住条件要求很迫切,都想住新房,住一堂房,但要注意规划,尽量使用弃耕地,同时要防止乱开砖瓦窑。据了解西火镇的西掌村,户数不多砖窑不少,全村就有14座。农民在自己承包的土地上取土烧砖瓦。建议各乡镇对各行政村的砖瓦窑都要有个统一规划,尽量节约土地,到土层厚的边远地上建设。要有一个"留下方寸地,交与子孙耕"的长远观念。

**5.教育捐资与合理使用问题**

发动群众,捐资办教育,这是一件好事,但教育捐资使用要合理,不能本末倒置,有的村,光盖教学楼不注重培养和改善师资条件。我们认为,师资问题是提高教学质量最根本的条件,盖楼还应次于这个方面。师资质量上不来,有好教学楼也出不来高才生。有的学校现在的师资素质本来不好,下棋打麻将耽误教学上课。例如有的村也在改善教学条件,把小学校从破庙搬进危房,从危房搬进马房,最后从马房又搬进漏房。一幢三年未建成的二层楼,只盖了一层就停建了,房顶上铺的水泥予制空心楼板块间有指把宽的缝隙,有窗扇没玻璃,四面透气八面进风,雪水化了漏进教室,雨水更没遮没拦,课桌凳也不够用,学生经常穿着雨鞋站在教室听课,孩子们遇到雨雪天就用双手把书包搂在怀里,生怕雨水淋湿课本。晴天还得谨防麻雀把屎拉在书上。老师呢?全校28个学生,三个教师可说不算少了。由于人浮于事,他们就有了闲工夫,下棋的下棋,打麻将的打麻将,结果有时一个老师也没有。在去年冬天竟发生过这样的事情,学生围着高火烤(没火筒),中了煤气,几个孩子出门就跌倒了。建议教育部门、各乡镇,在改善办学条件时,要注意到这些方面的"死角"。

**6.建设精神文明问题**

万里江山当思来之不易,伟大的中华民族能从"三座大山"下解放出来,是几千万革命先烈用鲜血换来的,我们现在都过上了好日子,衣、食、住、行都得到了改善,决不能忘记他(她)们?我们曾记得1949年4月解放太原,西火镇去了28个参战民工,太原东山被敌炮火震塌了窑洞,顷刻之间就牺牲了26人,26颗大白棺材放在了西火市场上。当时,张安定县长(当时管民政)怀着十分悲痛的心情,泣不成声地为他们召开了追悼会,他说:"先烈们,安息吧!我们决不会忘记你们,世世代代永远不会忘记你们?"谁能想到,当今西火镇西掌村,即出了件怪事,竟把烈士亭拆掉为村干部批了房基地,这是件十分使人痛心的事情。事情发生后,西火镇政协工作组、西火镇人大代表立即向镇党委、政府提出了意见。受到镇党委、政府的重视。当场拍板答应于今年内让西掌村把烈士亭修起来,并为此召开专门会议进行处理。建议县上要尽快建设一个"烈士陵园"。民政部门要查一下各乡镇村庄烈士亭的破坏情况,要求他们该建的建起来,该修的要修好。

**7.壮大集体经济问题**

壮大集体经济:一要办好村,乡(镇)企业增加收入;二要实行全方位经济提留,扩大积累资金;三要统分结合,搞好双层经营,该统的必须统起来,宜分的才能分下去,要解决好"联产承包"和"承包""联产"的两个概念。

## 利用煤矿废水 灌溉万亩良田

1989年5月24日

县政协委员 陈天文

**1.我县煤矿废水资源概况**

我县煤炭资源较为丰富,其地质储量34.76亿吨,可开采储量20.23亿吨,煤田分布214平方公里,占全县总面积的44.3%,全县20个乡镇,除北部平川地区的郝家庄、高河、司马、北呈、苏店、柳林六个乡镇无煤矿外,其余14个乡镇均有煤矿开采。党的十一届三中全会以来,我县乡镇采煤事业如雨后春笋、茁壮成长,现在经煤炭主管部门正式批准投产的县办、乡镇办、村办、联办等各种形式的地方煤矿达157个,其中县营4个,乡镇办18个,村办(包括联营)132个。1980年以后投产的煤矿,占全县煤矿总数的65.8%以上,89年全县原煤产量已达281.4万吨。

但是,随着煤炭工业的发展,以及国民经济指标的增长,我县水资源已出现严重短缺,山区十二个乡镇,有相当一部分村镇的人畜吃水困难(历史遗留村18个,解决不彻底的7个,因采煤漏水等新出现10个);平川地区的8个乡镇过去称为地平水浅,由于水位大幅度的下降,对水的需求量增加与水资源日趋贫乏的矛盾日益严重,直接影响着工农业生产和人民生活,水资源已成为制约国家经济发展的重要因素。节约水资源,合理利用和保护水资源,使其有限的水资源充分发挥其综合效益。充分利用煤炭废水已成为我县的当务之急。

**2.煤矿开采对地下水位的影响**

由于近年来煤矿大量开采,使煤层以上含水层大部分被疏干,如南王庆村以前基岩裂隙泉水常年不干,为该村的主要生活用水来源,近来由于煤矿排水使泉水和浅井干枯,(北宋壁1978年施工深度20.1米出水量为20方/时的机井,东故县深度124米出水量为20方/时的机井,也都因为附近煤矿排水干枯报废)。据县水利勘探公司资料,近十年内施工机井26眼,其水位水量都有不同程度的下降和减少。

南宋河、赵村河以前常有水,其源头即基岩裂隙水,河床第4系以下水位线,水量丰富,近年来因矿井排水,基岩水位下降,河水1—6月份断流,由于侧向补给量减少,第4系水位下降到3—5米,单井出水量也相应减少。黎岭、韩店70年代第4系地下水位深4—8米,水量较丰富,是村民和农田供水主要水源。现在水位下降到20–30米,原有民井大部分干枯或吊泵。黎岭只能靠矿坑水为供水水源。初步调查证明黎岭韩店附近煤系地层有断层破碎带。

总结起来,煤矿开采对地下水位影响主要有两种类型:一是基岩裂隙水位大幅度下降,泉水断流,相对减少了地下水的补给量,使水位下降,井水量减少;二是含水煤系地层,由于采煤系加深,排水量增加,造成水位下降,水位地质条件恶化,原来上下含水层之间的水力平衡状态被破坏,在构造破碎处,造成地下水垂直下漏补给矿坑水,或在无良好隔水层条件下形成越流补给。此外,我县年生活用水2000余万方,农业用水1500万方,工业用水3000万方,而年补给量(如雨雪)为2100万方(县级统计),也是造成水位下降的另一个原因。

**3.开发废水资源迫在眉睫**

随着工农业生产的迅速发展,特别是煤炭工业的超前发展,工农业用水量与日骤增,我县水资源已深感缺乏,水位下降速度令人惊奇,过去被称为地平水浅的情况一去不复回。1983年以来,苏店一带水位下降3–12米左右,韩店一带下降5—10米左右,东和一带下降3–7米左右,其他地带均有或大或小的下降。

据调查,长治县现有的157个煤矿中,无排水情况的41个,有排水的煤矿116个,各矿的排水量大小因自然条件相异而不同,全县煤矿年排水总量为494.7万吨,日排水量为1.4吨,这些水绝大部分未加利用而白白流失。如果稍加利用沉淀消毒就可发展水浇地4.5万亩,可供8.6万人的生活用水,可以建造0.4万亩养鱼池年产20万斤鱼。我县煤矿绝大部分分布在县境内的东部和南部山区,地形较高,是平川区水资源的重要来源,矿坑排水的结果,使大范围内煤系地层的地下水位大幅度下降,造成附近村庄用水井的水位下降,水量减少,直至干枯;同时也减少了对平川水资源的来源,甚至个别地段已开始从平川向山地煤层的反渗透。

**4.因地制宜,充分利用煤矿水浇灌万亩良田**

我县水资源已严重短缺,预计在本世纪末就会有明显感觉,不容乐观。开发利用水资源,减少浪费,发展煤矿废水灌溉良田已刻不容缓。据测定,我县每日白白流掉18335方,每年流失达669.2余万方,以一亩地浇灌一次需60方,一年三次,就可浇地3.7万余亩;一亩水利工程现在投资约需200元(甚有时打不出水来),如果把煤矿废水一次性抽贮到一个一万立方米的水池,可以浇地两千亩,投资十五万元,那么一亩平均投资75元,可减少成本投资125万元,全县煤矿废水年排出量669. 2万方,浇地3.7万亩,投资277.5万亩;而打井抽水浇地3.7万亩。就需投资740万元;利用煤矿废水浇地就可节约462.5万元。开发利用煤矿废水不仅能节约水资源,变废为利,而且省时省工,投资小,经济效益可观,是一项有利可行的利用途径。否则就相当于每年有462.5万元白白流失了。

由于国民经济指标的上升,特别是煤炭生产的飞速发展,我县水资源已受到严重威胁,在不远的将来,将严重制约着我县各行各业的发展和人民群众的生活健康,我们应当面对现状,从实际出发,痛下决心,采取措施,落在实处,绝不能让其放任发展,以至造成严重后果。开发煤矿废水灌溉万亩良田是一项切实可行而有效的重大项目,是关系国计民生的大事,建议县政府必须当作一件大事来抓,认真研究,分析情况,果断决策,解决好这件大事,使矿水利用,成为造福人民大众的事业。

## 促进县域经济发展的几点建议

2000年3月9日

县政协常委 常树毅

目前,人们的议论焦点开始集中在一个话题上——调产。

调产、产权改革是一场深刻的革命。改革的本质在于还权于责任人,目前的乡镇企业、村办企业科技含量较低,但在我县的经济成分中仍占有一定的比例,且多数不景气。能不能摘掉集体这个帽子?由名人或能人买断,解除干预,放开手脚,让责任人充分行使自主权,实行真正意义上的股份制,确立能人、名人的董事长地位。归集体所有的土地、厂房,应该折价入股,但股份只能占到49%,个人占到51%,这样做就会大大调动责任人的生产积极性,激发生产力,创造出惊人的效益。

进一步解放思想,大刀阔斧地发展科技型民营企业。试想如果长治县出现十个金晶药业、振东集团,长治县将是一个什么样子?长治县政府已经出台了一个鼓励民营企业发展的暂行办法,省、市同时也出台了一系列鼓励科技型民营企业的发展条例,现在是宣传不到位。要把政策交给群众,群众中确实是藏龙卧虎,我们企业经理、乡镇长、各村的能人、全体老百姓一心扑在经济上都去赚钱,打架斗殴、上访告状自然就会少了。有人说东方嫉妒与西方不同,东方是你行我治治你,告告你;西方是你行我比你更行。这是个素质问题,需要教育,更需要长期引导、转化。这是我说的第一点。

第二,科技是第一生产力,大概没有人持反对意见了,但要真心自觉地全方位地实施科教兴县战略,还存在一定距离。

今年以来,我们县乡镇这块采取一系列举措进行产业结构调整。7月18日,县委、县政府组织有关人员参观了9个点,除洗衣机、化肥厂外,其余基本属于小打小闹,真正左右县域经济,大幅度增加财政收入的项目仍然没有发展起来。煤炭是长治县的支柱产业。我的观点是放弃不可能,轻视"栽跟头",离开煤炭这个最大实际，长治县谈调产是不现实的，必须在煤炭的深加工上做文章。从去年开始起科委就支持科宏型煤的开发和黏合剂的研制，始至今日已经正式生产。前几天市科委于惠主任和韩工程师考察科宏型煤厂，认为能打开销路是一个了不起的成绩。目前订单源源不断，已超过20万吨，形势火爆。这种现象至少说明一个问题：科宏型煤的路子走对了。长治县148座煤矿，目前正常经营的有80余座，今年计划生产400万吨。假如有20个5万吨以上的煤矿增加科技含量，就地生产型煤，将转化100万吨，每吨以40元利税计就会增加4000万元。同志们，这是一个什么样的概念？这是长治县财税的半壁江山。

优势在于我们有煤，劣势是不符合环保。2000年各大中型城市开始拒绝使用原煤，这是一个难得的历史机遇，机遇对谁都是平等的，关键是抓住。科宏型煤先走了一步，带了个头。建议县委、县政府组织部分正在生产的煤矿矿长到山东、浙江等地考察，看看型煤销路究竟如何。如果销售看好，就要把这个蛋糕做大，彻底改变我们的劣势。

另一个现实是农业开发。长治县36万亩耕地，20万亩种玉米。正常年景1亿公斤的产量，这是一个无可争议的现实。尽管喊出了“南粮北菜”的口号，并且采取了某种措施加大“南粮北菜”的力度，但农民对种菜并不十分热心。我询问农业局关扎根局长，他说今年玉米种植仍然为18.8万亩。为什么？农民有农民的心理。玉米能换来白面能保持温饱，尽管玉米不值钱，但能保证不饿肚皮。传统的观念根深蒂固，农民不会去冒险种菜。如果在玉米深加工上做文章，也是一种调产。前几天我同李安平同志议论，他准备投资500万元引5条生产线生产电解淀粉盒。这一计划如果实现的活，长治县玉米将大大升值，到那时玉米不但是养家糊口的主食，而且将成为商品直接进入流通领域。我们期待这一天早日到来。

第三，打地域名牌，改长治县为“上党县”。这里我有四点依据：

1.长治市的优势很难变成长治县的优势，长治县最终要走城市化的道路，改县设市是大势所趋，也是长治县最终归宿。当改市时绝不会叫长治市第二，什么名字好呢？有4个可供选择：称太行市，但太行山远不如黄山、泰山、华山的知名度高；称潞州市或潞安市，但这些名字均不如上党市为好。

2.上党地名历史久远，中外驰名。我县从隋朝（公元583年）到明朝900年的时间，一直叫上党县；明朝嘉靖八年（1529）改为长治县，前前后后也不过471年的历史，我之所以不厌其烦引述历史，只想说明上党历史悠久，名震中外。“上党，所也，在于山上，其所最高，故曰上党。”

3.上党这个地域王牌无形资产无法估算。据说大邱庄这个地名开价一千万元，隐形资产专家评估50亿人民币。上党的知名度远远超过大邱庄。邓小平在他的军事生涯中有四大杰作：百色起义、千里跃进大别山、上党战役、淮海战役。我们说上党战役改变了中国历史的命运并不为过，从某种意义说是上党战役迫使蒋介石在“双十协定”上签字。上党战役是解放战争的序曲和运动战的演示，邓小平指挥的上党战役为其后来指挥淮海战役提供了实战经验，上党战役闻名中外。举一个小例子。一个壶关人到广州打工，钱丢了，无法回家只好沿街乞讨，一个好心广州人问他是哪里人。“山西长治人。”“长治在哪里？”这个壶关人灵机一动说，就是邓大人指挥上党战役的那个地方，这么一说不但给了他车费，还送给一百元，这就是上党名字的优势。一个大邱庄尚且值一千万，上党这个名字的无形资产又是多少？据说上党驴腊肉能在各大城市站住脚，除了质量上乘外，也沾了上党这个名字的光。如果我们拥有上党这个名字，从另一种意义上说，我们就拥有了财富。晋东南地区20个县区，谁要想打上党这个品牌，恐怕需今后的上党市委、市政府批准。

4.目前中国2千多个县中有350个对外开放县,长治县不在其中;有近600万人对外进行劳务输出,大概也没多少长治县人。名字的更改,知名度的提高,有利于长治县争取成为对外开放县。

鉴于上述四条依据,(有识之士还可以帮助找出更多的理由)不妨由县委、县政府出面,请示市委、市政府,由省委、省政府报请国务院批准长治县先改上党县,后改上党市,恢复历史本来面目,利用地域优势创造上党地区光辉灿烂的科技春天,那么这届政府也必将名垂青史。

各位委员、同志们,陈一评主席报告中说,目前长治县是"三特"时期,政治上特殊,经济上特困,工作上特难,确实切中时弊。目前长治县处于一个非常困难时期,正因为在困难时期,才需要我们的头头脑脑、全县同仁具备非常的思维。只有非常的思维,才能产生非常的方法和明智的决策,才能产生惊人的效果。

我们都是长治县的一个公民,有人把我们这伙人叫做精英或人才。牢骚无济于事,抱怨天上不会掉下钱来,骂爹骂娘也不见得就发了工资,只有积极建言献策同舟共济,齐心协力积极参与经济建设,把我县的经济搞上去,我们才能说一声"没有白当这届政协委员"。

## 严格执法　有效监督　努力成为新时期的经济卫士

2000年3月9日

县政协委员、工商行政管理局局长　宋长生

工商行政管理部门是政府主管市场监督管理和行政执法的重要职能部门,承担着维护经济秩序的重要职责,在建立社会主义市场经济体制中具有十分重要的地位和作用。随着社会主义市场经济体制的建立和发展,工商行政管理部门监管社会主义大市场的任务越来越繁重。因此,在现阶段,找准定位、明确职责,充分发挥工商行政管理职能,强化市场监督和行政执法力度,搞好工商行政管理工作,促进经济健康发展具有十分重要的现实意义。找准定位,明确职责,树立监管社会主义统一大市场观念,是做好新时期工商行政管理工作,促进经济健康发展的首要前提。江泽民同志在党的十五大报告中指出,要按照社会主义市场经济的要求,转变政府职能,进行机构改革,逐步建立办事高效、运转协调、行为规范的行政管理体系。不久前,经国务院批准颁发了《国家工商行政管理局职能配置,内设机构和人员编制规定》(即:"三定"方案),对工商管理职能在原有的完善对市场的监督管理,强化行政执法,建立健全适应社会主义市场经济体制的管理机制基础上,突出强调了进一步加大执法力度,加强市场监督管理,促进国民经济健康发展执法功能。这一转变是深化经济体制改革,促进经济和社会发展迫切需求,是政府职能转变的具体体现,"三定"方案进一步明确了工商行政管理机关的职能是主管市场监督管理和行政执法,并以此作为衡量工商行政管理工作是否到位的主要标志,取消了工商行政管理部门的市场培育建设职能,推动了市场办管脱钩工作进程,使工商部门进一步从大量的"非份内"工作中解脱出来,专心致力于市场监管和行政执法,成为名符其实的经济卫士。

进一步加大行政执法力度,深化市场管理,严厉打击各种经济违法违章行为,努力维护社会主义市场经济秩序,是做好工商行政管理工作,促进经济健康发展的有效手段。当前,我国正处于改革开放和现代化建设承前启后、继往开来的重要时期,社会主义市场经济体制还有待进一步发展和完善,各种不规范的市场行为将长期存在,假冒伪劣、合同欺诈、不正当竞争仍然是目前严重扰乱市场秩序和损害经营者、消费者合法权益的突出问题。因此,我们必须抓住重点,抓准要害,在加强市场日常监管的同时,努力加大行政执法力度,给不法经营行为以有力打击,使社会主义市场经济的发展逐步走上正轨,步入健康发展的快车道。

牢固树立以经济建设为中心的指导思想,以强有力的执法保障,以宽松的政策促发展,充分发挥工商行政管理职能作用,积极服务于改革开放和经济建设大局,是做好工商行政管理工作,促进经济健康发展的重要条件。党的十五大和国务院新一届领导班子把深化国有企业改革提到新的议事日程,作为搞好当前经济工作的重中之重来抓,足见其被重视程度。工商部门在这场事关国家经济发展全局的重大改革中,应始终坚持“三改一加强”原则,从政策法规,改革论证等各个方面,积极支持国有企业改革,帮助国有企业摆脱困境,现代企业制度的建立;对非公有制经济,要继续坚持“政府领导、法律规范、行业自律、工商监管、社会监督”的方针,做到执法上保护、政策上引导、管理上适应、服务上加强,从而全面推动和促进个体、私营等非公有制经济的快速发展。要努力搞好“再就业”工程,通过培育“再就业”市场,为下岗职工个体经营者、私营经济提供政策和手续上的优惠,把支持下岗职工再就业工作落到实处,缓解国家和社会压力,为政府、社会排忧解难。

适应时代要求,搞好工商行政管理队伍建设,培养和造就一支适应形势任务的跨世纪工商行政管理干部队伍,是做好工商行政管理工作,促进经济健康发展的根本保证。党的十五大给我们描绘出了跨世纪的宏伟蓝图,“三定”方案的出台又赋予了工商部门新的重要历史使命,这对工商行政管理干部队伍建设提出了更高要求。一是要进一步加强思想政治建设,确保工商队伍在政治上永远合格可靠。要坚持不懈地用邓小平理论学习,以理论上的坚定保证政治上的坚定。二是要进一步加强培训和教育,提高工商队伍整体素质。要以提高队伍战斗力为目标,积极深化教育培训和岗位培训,提高队伍的专业本领和能力,保证和提高队伍的行政执法水平。三是要加强反腐纠风工作。要搞好职业道德教育,认真纠正用职权吃、拿、卡、要等不正之风,努力建设一支政治坚定、精通、作风优良、纪律严明的工商行政管理干部队伍。

各级政府的高度重视和大力支持以及有关部门的能力配合,是做好工商行政管理工作,促进经济健康发展的有力保障。工商部门在以往的工作中,得到了各级政府及有关部门的大力支持和配合,推动了工商行政管理工作和工商部门自身建设的顺利进行。当前,是新的历史发展时期,在社会主义市场经济不断发展和完善的过程中,工商行政管理部门要牢固树立起监管社会主义统一大市场观念,以一流的干部队伍和一流的工作作风,争创一流的工作业绩,在机构建设、队伍建设、业务建设、经费保障等各个方面争取各级政府对工商行政管理工作的更大支持,以实现执法环境和工作条件的逐步改善,为履行工商行政管理职责提供有力保障,从而全面推动工商行政管理工作取得新进展,开创工商行政管理工作新局面。

## 对目前新型农村合作医疗制度的意见和建议

2009 年 5 月 12 日

市政协委员　宋外宾

建立新型农村合作医疗制度，是党中央、国务院履行“三个代表”重要思想，落实科学发展观，构建社会主义和谐社会，为切实解决农业、农村、农民问题而制定的一种由政府组织、引导和支持，农民自愿参加，个人、集体和政府多方筹资，以大病统筹为主的农村互助共济制度，对缓解农民因病致贫，因病返贫的现象有着十分重要的意义。为进一步了解农合制度推行情况，我特意走访了我县新农合办、县卫生局、县医院以及部分乡镇卫生院和参合群众。调查表明，建立新型农村合作医疗制度，对于提高农民健康水平、减轻医药费负担，帮助农民抵御重大疾病风险有重大作用，是解决农民因病致贫，因病返贫的有效措施。全县上下高度重视，政策宣传深入人心，合理补偿到位，农民积极性空前高涨，赢得了广大参合农民的好评。从调查的结果来看，新型农村合作医疗制度的建立，改善了患者的就医条件，减轻了农民的经济负担，参合农民得到了医疗实惠。普遍对新型合作医疗制度表示认同。

该项制度推行过程中还有一些问题和困难亟待解决。

**一、报销比例低、范围小**

新农合《基本药物目录》不能适应农民实际看病需要。县级医院使用《基本药物目录》以外的必须药品，如抢救危重病人使用的一些新特药品，当该部分医疗费占整个医疗费比重较大时，农民却得不到实惠。如一个病人医疗费为 5 万元，其中 4.5 万元为必须的非《基本药物目录》药品，也就是说只有 5000 元能够得到相应的补助。由于用药目录范围太小（特别是内科药物），根本不利于乡镇级就近就医用药，新农合《基本药物目录》亟待尽快修订。

**二、报销手续烦琐**

如果在本县区域内住院，出院时能一同结清给以报销，但在异地和外省就显得繁琐啦。要这手续，开那证明，报销比例也相对较少。况且或多或少存在“门难进、人难找、脸难看、事难办”现象。有的百姓住院后为报销手续，从农村到县城往返一趟，仅花销路费少说也需十多元。也有跑两三趟办不了事，更是花了冤枉钱。

**三、保障不全面**

目前新农合只保生病住院，没保伤残，农民出现无赔偿责任的交通事故、工伤事故，或意外伤残不少，医药费负担也不少，但不在农民医疗保险范围内。

针对上述问题和困难，我提几点建议：

1.适当扩大报销范围，调整补偿标准。农民的风险意识相对较差，更加关注眼前的利益，报付范围较小，难以调动他们参合的热情。应适当放宽使用质优价廉的常用药品，鼓励使用中草药，增加报付范围和比例，激发农民参合积极性。同时要根据资金运行情况适当调整补偿标准，使基金既不沉淀过多，也不出现透支，以提高农民的受益程度。

2.简化报销程序。为了给农民提供方便快捷的服务,建议由政府相关职能部门在乡镇卫生院设立农合医疗办事机构,在住院医治程序上,既要坚持属地指定医院为主,同时又要兼顾"病人选择医院、患者选择医生,而不是医院选择病人,,这一常理。做到凭住院方手续办事,取消不必要的信件、手续和证明。推行"一票办结制''。减少百姓不需有的中间环节和不必要的开支。公开本地、异地报销标准,坚持办事原则,提高办事效率。

3.实行农合医疗本购药办结制。即按照往年惯例,每户可按自己年交的金额和补助的金额,可一次性取药支付,也可日常取药支出。总之,当年金额支付完毕后,再买药由自己付款支付,这样即操作简便,又增加了透明度。

总之,各级党委政府一定要从实现"三个代表"重要思想,落实科学发展观,构建和谐社会的高度,充分认识新型合作医疗制度的重要性,必要性,采取切实有效措施,为群众提供方便快捷的服务,把这项惠及百姓的好事办实、办好,增加群众的满意度。

## 关于解决好园区建设等相关问题的意见和建议

2009 年 5 月 12 日

县政协委员　侯立峰

县委、县政府提出的"四个发展"和"八大规划"符合县情发展实际,深得基层广大干部的拥护和支持,对我县的科学发展、长足发展必将产生深远的现实和历史意义。作为一名政协委员、基层干部,结合我们苏店镇的实际,现就关于解决好失地农户就业安置和统一征地补偿标准等一些现实问题谈几点个人的意见和建议,不妥之处,敬请各位领导批评指正。

**1.基本情况**

苏店镇位于我县北端,与长治市相接壤,素有我县"北大门"之称。长陵公路、长晋高速、207 国道纵贯全境,交通优势、区位优势明显,工业技术人才力量雄厚,有着同城发展得天独厚的条件和优势。全镇辖 19 个行政村,国土面积 52 平方公里,4.2 万人,耕地面积 3.6 万亩,人均土地不足 0.8 亩,人口密度较大。

**2.面临的机遇和压力**

去年以来,县委、县政府提出了"四个发展"和"八大规划"的战略构想,太行山农产品物流园区一期工程去年冬天已经开工建设,教育园区一期工程已经画线准备开工兴建,另外,商贸园区、农业观光园区等几大园区在未来几年的时间内将先后落户我镇,这些园区的建成加上"五分钟便捷车道"和东外环路两条"经济主动脉"工程的落实,对我们这个典型的农业大镇来说可谓是天赐良机、机会难得,将给我镇的率先发展、转型发展、同城发展、文明发展带来空前的发展机遇和空间。

机遇之一:太行山农产品物流配送园区的建设将极大地带动和激发全镇干部群众调整产业结构的信心和干劲。我镇也于今年初因地制宜、因势利导提出了加快实施"东林、中菜、西粮"战略,在东部沿山村东外环东侧大搞荒山造林和干果经济林建设,在恢复山体生态的同时,进一步拓宽农民的增收渠道。东外环西侧和长陵公路东侧依托物流园区,以东西贾村蔬菜大棚为中心,带动周边村庄兴建大棚,形成市区以南最大的蔬菜生产基地，最大限度地提高农业产出效率。长陵公路以西是我镇的粮食生产基地，在搞好土地塌陷治理的同时，我们要鼓励和引导广大农民发展高产、优质、高效农业和养殖业，减轻因土地塌陷给农民带来的经济上的损失，努力做好做足“农”字大文章。

机遇之二：教育园区的兴建从表面意义上直观地表现为人口的积聚和膨胀，与海棠职业技术学校扩容工程、苏店、司马寄宿制小学的兴建相呼应，最直接的作用是对推动我镇第三产业的兴起，解决相当一批当地农民的就业和安置问题。间接和深远的意义在于通过教育氛围的影响和渗透，加快我镇文明发展的进程，进而达到民众素质整体提高的收效，为同城发展、转型发展打下坚实的基础。

机遇之三：在长陵公路以西开发观光农业园区建设，无疑给因司马煤业开采造成的大面积土地塌陷综合治理工作注入了一支“强心剂”。去年以来，在县委、县政府的正确领导和关心支持下，我镇以王董村为试点的土地塌陷治理工作全面铺开，工程现正在有序进行中，同时也积累了一些治理工作方面的经验。但是，土地塌陷一直在持续，对已经具备治理条件的土地，我镇计划在县委、县政府的统一安排下有序推开，本着“边塌陷、边治理”的原则，力争在3—5年的时间内，搞好郝店、冯村等村的土地塌陷治理工作，最大限度地减少因土地塌陷给农户造成的经济损失，尽快使土地恢复地力，保护好这片群众赖以生存的土地。并尽最大可能向高产优质高效方向发展。

在充分肯定这些机遇的同时，我们也应该清醒地看到工作所面临的压力：

压力之一：农产品物流园区、教育园区、商贸园区等几大园区的建设面临的首要问题就是占地。初步估计这三大园区的占地要达到两千余亩，甚至还要更多一些，这就意味着最少有二、三千人失去土地。这些农民失去土地后的就业安置问题，不容忽视地摆在了我们面前。

压力之二：近年来，县委、县政府结合县情实际制定出台了《土地征用的补偿办法和标准》。对土地现有的性质、产量和补偿标准作了细化。苏店镇地处韩店镇和工业园区的中间“衔接处”，存在与这两个相邻地块土地补偿标准不一致的问题。

**3.解决问题的建议**

(1)统一征地补偿标准，最大限度地“让利于民”。从目前已经开工兴建的太行山农产品物流配送中心情况来看，广大农民群众体现出了对此项工作极大的支持、理解和配合，同时也充分表达了群众迫切发展的心愿。我个人认为，土地是农民群众赖以生存的主要的生产要素，我们有理由有责任让失去土地的农民得到生活上的充分保障，希望县委、县政府制定出台园区建设优惠政策，与县城建设用地、工业园区建设用地统一补偿标准，最大限度地“让利于民”，使广大失地农户找到心理上的“平衡点”。

(2)多措并举，做好失地农民的安置就业问题。我镇地理和区位优势明显，农村剩余劳动力从事第三产业比例较高，我们一方面要继续做好引导工作，鼓励更多的失地农民进城务工从事第三产业，另一方面要建立失地农户档案，在园区建设或园区建成运行过程中适当地把文化程度高、市场经济意识强的农民安排到园区当中，解决他们的就业问题，使失地农户更多地体会到政府的温暖和体贴。

# 关于提高妇联组织 预防和化解矛盾纠纷能力建设的调研报告

2010年5月13日

县政协委员 李凌峰

妇联组织如何提高预防和化解矛盾纠纷能力建设,这是妇联干部不断思考和面对的课题,也是我们履行职责,竭尽全力想做好的最重要、最主要的工作任务。对于这个问题,我也经常在深入思考和遐想之中。作为一名当前在科学发展观指导下的妇联干部,必须清楚地、准确地把握和了解妇女群众最迫切、最现实、最直接的问题,就是在构建社会主义和谐社会的新阶段,怎样积极预防和有效化解矛盾纠纷为经济稳定发展、社会和谐创造环境。妇联组织作为女性群体代表,更应该发挥"半边天"作用,紧紧依靠党和政府的大力支持,坚持"一手抓发展,一手抓维权",整合社会资源,增强部门联动,不断增强预防和化解矛盾纠纷的能力建设,促进社会和谐发展。今年"三八"节期间,我们通过座谈、问卷调查、电话访谈等方式进行调研,从面临的主要矛盾纠纷、预防化解主要方法、存在的问题和加强能力建设四方面论述妇联组织如何加强预防、化解矛盾纠纷能力建设。

## 1.妇联组织面临的主要矛盾纠纷

从日常信访接待和调研情况可以看出,近一个时期妇联组织处理的矛盾纠纷主要体现在:

婚姻家庭纠纷:

(1)离婚率逐年上升。社会的发展改变了人们的物质生活,也改变了人们的精神生活。特别是改革开放后,人们的婚恋观发生了深刻的变化,离婚率居高不下,成为影响家庭、社会和谐的一大因素。

(2)老人赡养问题突出。一些子女推卸责任,使老人生活无着落。从调查、走访的情况看,多子女家庭相互推卸赡养责任的占全部赡养纠纷的70%以上;部分农村青年文化素质低,法制观念淡薄,拒不承担赡养老人的法定义务;一些老人在处理诸如分家、帮忙料理家务等事务中,或重男轻女、或重女轻男、或重大轻小、或重小轻大。从而导致子女与父母产生偏见,并把所得好处与赡养老人对等起来,形成多得好处多养老,少得好处少养老,不得好处不养老的格局;个别子女由于自然灾害,或供自己的孩子上学,或家中有病人等造成经济非常困难,导致在赡养老人问题上心有余力不足,没有能力赡养老人,使老人的赡养存在危机。老人赡养问题最终成为家庭、社会不和谐的又一大因素

(3)未成年人教育存在偏差。父母讨子女的教育和老人的隔代教育之间存在教育理念、教育方法等方面的差异,这些差异往往引发两代人在未成年人教育上的矛盾,造成家庭的不和谐。

(4)家庭暴力案例多。多年来,家庭暴力一直是妇女维权中不可忽视的主要内容。究其原因,主要有以下几方面:婚姻质量较低。夫妻双方相互调节适应能力差,缺乏应有的理性和法律意识,从而导致家庭暴力行为的发生;一些人员在处理家庭纠纷的过程中,认为家庭暴力是家庭琐事或夫妻间的私事,致使施暴者很少受到制裁,也无形助长了家暴案件的增长;在一些案例中,家庭暴力既是婚变的原因,也成为施暴者达到离婚目的的手段;家庭暴力取证难。家暴大多发生在家庭内部,具有一定隐蔽性的特点,而许多妇

女受到伤害时，没有及时取证，或难以取证，诉讼中当双方不承认时，就无法举证，往往在判决离婚时得不到法律的保护；对于不起诉离婚或法院不判决离婚的受害妇女要想得到赔礼道歉，停止侵害的保证和经济上的赔偿就显得相当困难。

(5)非婚同居的问题。当前随着人们的价值观趋于多元化，同居现象较多，同时也引发了一系列家庭问题。在我国现行法律中没有明确禁止同居问题。虽然《行政机关公务员处分条例》对于包养情人做出了处分规定，对于这类行为有一定的警示作用，但在现实生活仍存在着非法同居现象。特别是在农村家庭中，一些同居者法律意识不强，他们放任自由，由此引发非婚同居，未婚先孕、婚外情，非婚子女抚养等社会问题增多。

邻里纠纷：

主要体现在宅基地纠纷，农田纠纷等。虽然邻里纠纷表面看起来事情不大，但由于多发生在农村，涉及关系复杂，且村民法制观念不强，容易导致事态恶化。

征地拆迁安置纠纷：

在征地、拆迁等事宜中，由于当事人的切身利益受到侵害，且影响较大，容易引发群体性纠纷事件或群体性上访。

**2.当前妇联组织预防和化解矛盾纠纷的主要方法**

(1)引导广大妇女发展经济，增收致富。“仓廪足而知礼仪，衣食足而知荣辱”。以发展促和谐，引导妇女群众自立自强、安居乐业，从源头上预防和减少群众矛盾。主要形式有：开展“双学双比”、“巾帼建功”、“廉政文化进家庭”、“创建平安家庭”、“平安乡(镇)、村”、“巾帼示范村”等一系列活动，实施“巾帼创业等项目，举办各类技能培训班，提升女性创业能力，实现城乡妇女统筹发展。

(2)法制宣传。把加强对妇女群众的普法、禁毒、平安家庭创建活动、“五好文明家庭”创建活动宣传教育作为预防矛盾纠纷工作的重点常抓不懈，深入开展“三进五创六争”活动，通过法制宣传、培训、座谈等形式集中性的长期宣传，营造良好文明有序的社会环境和家庭氛围。

(3)信访疏导。妇联组织长期以来不断建立完善了信访登记、保密、案例分析反馈、法律咨询服务等信访维权制度，配备专职接访人员，在信访中做到分级负责、归口管理，坚持法律教育与思想疏导想结合，尽量将矛盾化解在萌芽状态。

(4)基层调解。充分发挥县、乡、村三级妇联组织的网络作用。联动社区(村委)派出所等部门，尽量通过柔性缓冲的调解力量化解当事人的矛盾纠纷。

(5)政治权利。通过参与立法，实现源头维权；大力推荐优秀女性人才积极参与女干部、女委员、女代表的选拔、任用，提高女性参政议政的比例，加大女性群体声音和妇女组织意见的反映力度，保证女性与男性平等地参与经济建设、社会管理，保障全体女性的基本合法权益。

(6)妇干培训。每年不定期组织妇干参加法律知识和业务培训，定期举办妇干培训班，不断提高妇干预防和化解矛盾纠纷的能力。

**3.存在问题**

从问卷调查可以发现，基层妇联组织在预防化解矛盾纠纷方面主要存在以下几方面的问题：

(1)整体工作发展不平衡。

主要是一些地方对妇联组织预防化解矛盾纠纷工作缺乏正确认识,对其在化解矛盾纠纷中的作用持怀疑态度,从而对预防化解工作重视不够、支持不力、经费投入不足。同时,有些偏远乡村普法力度不够,导致当地群众法律知识、法制观念比较缺乏遇到矛盾纠纷,习惯用闹事、暴力等非法手段解决,使一般的矛盾纠纷激化升级。

(2)基层妇联干部身兼数职,化解矛盾纠纷能力非专业化。

现阶段的基层妇干人手少,任务重,大部分都身兼数职,整体队伍的文化层次、知识结构和年龄结构不能适应化解矛盾纠纷的复杂性和艰巨性。

(3)妇联组织只有职能,没有职权,缺乏震慑力。

妇联组织在处理矛盾纠纷时,往往只能协调各相关部门进行调解,如果当事人不愿意调解,亦无能为力。一些地方的有关职能部门对妇联工作的支持配合不到位,在矛盾调处过程中存在着回避配合和参与的现象,未能形成多部门共同参与、齐抓共管的大格局,无法发挥自身的矛盾纠纷化解优势。

**4.关于妇联组织加强预防和化解矛盾纠纷能力的建议**

(1)要加大普法宣传力度,扩大宣传范围。

要采取各种形式,依托各种宣传载体,加大法制宣传力度,尤其是要深入乡村,让法律政策的精神真正普及到每一个家庭,同时,要将法制宣传教育与化解矛盾纠纷工作有机结合,把每一次化解矛盾纠纷的过程作为一次普法教育的过程,引导群众学会用法律武器来维护自身的合法权益,通过正常渠道表达自己的诉求,实现“化解一件矛盾,教育一片群众”的效果。

(2)要加强妇干业务知识、法律知识的学习。

随着我国法制化进程的加快和人们法律意识的增强,尤其在市场经济条件下社会利益关系的复杂性,要求妇联干部不仅要掌握政策和道德,更需要她们熟悉业务知识、掌握法律知识并运用法律武器进行工作。重点要抓好妇干的上岗培训与在岗培训,使其及时了解掌握妇联工作和预防化解矛盾纠纷工作的新要求、新经验与新方法,强化化解矛盾纠纷的方法和技能训练,增强培训的实效性,以适应工作需要。

(3)要加强各部门联动,共同预防化解矛盾纠纷。

要进一步加强各部门的联动意识,妇联组织要建立健全重大案件分析会制度,促进社会安定稳定。同时,要积极整合基层调解资源,发挥人民调解、司法调解、行政调解的作用,力争最大限度地把矛盾化解在基层,解决在萌芽状态,最大限度地减少群体性事件的发生。

# 第三章　民主监督

人民政协的民主监督是我国社会主义监督体系的重要组成部分，是在坚持四项基本原则的基础上通过提出意见、批评、建议的方式进行的政治监督。长治县政协根据社会主义民主政治和人民政协事业发展的需要，积极探索社会主义新时期的民主监督形势，进一步提高了民主监督的质量和成效，形成了科学合理、协调有序的民主监督长效机制，为全县的社会稳定和经济发展发挥了积极的作用。

## 第一节　特邀监督员工作

1989年，中共中央下发的《中共中央关于坚持和完善中国共产党领导的多党合作和政治协商的意见》指出："各级政府及有关部门可聘评符合条件和有专门知识的民主党派成员、无党派人士担任特约监察员、检查员、审计员和教育督导员，吸收他们参加政府监察、审计、工商等部门组织的重大案件的调查"。

民主监督员聘书

1990年9月，中共长治县委下发了《中共长治县委关于贯彻〈中共中央关于坚持和完善中国共产党领导的多党合作和政治协商的意见〉的通知》，县政协协同有关部门，即开始在这方面有意识地进行尝试和探索。1996年6月，根据中共山西省委晋发[1995]39号《关于进一步加强人民政协工作的决定》，和省、市、县政协工作会议精神，为完善本县的政治协商制度，确立民主监督意识，由县政协推荐，县纪委、监委、检察院、审计局、教育局等有关执纪执法部门，开始从县政协委员及各界人士中聘请特约纪检监察员、特约检察员、特约审计监督员、特约教育督导员，公安、物价等部门还从政协委员中聘请了特约案件评审员和特约物价监督员。县直各有关部门，在政风行风建设中，也都从政协委员队伍中，聘请了若干人员担任各部门的行风政风监督员，参加各单位的行风政风评议和监督，使政协委员多方位参与了民主监督。聘为民主监督员的政协委员，工作认真负责，把群众普遍关心和反映强烈的问题及时反馈给这些单位，提出建设性的意见和呼声，促使他们在工作中不断改进，不断完善，创建人民群众满意的机关。

1996年，由县政协推荐后，各单位下发通知，正式聘任政协委员为民主监督员。

特约检察员：张贵祥、王弥泽、李水文；

特聘审计员：张守孝、原长熙、魏二旺、张春莲；

特聘物价员：裴福宏、王胜英、李红星；

教育督导员：傅怀珠、李安虎、林素娥

1997年，为加强社会主义民主监督，长治县经济委特聘部家珍、陈一评、牛志忠为纪检监察员。

2003年6月20日，政协办公室崔冬明被县公安局聘请为交警执法监督员，具体听取社会各界对交警队伍以及交通管理中存在问题的呼声及建议，了解和掌握路面交通情况，负责向有关部门通报，并举报交警部门警风警纪问题。

2007年，县政协选派了不同界别30多名懂业务、责任心强的委员应聘到全县执法执纪部门任监督员，积极配合县委、县政府开展"树立行业新风、优化发展环境"的行风评议活动。受聘监督员共参加各行业各部门行风、政风评议120余次，拓宽了民主监督渠道，为优化全县发展环境尽了一份力量。

2010年7月，政协办公室崔冬明、政协委员郭海波被本县供电支公司聘请为行风监督员。

## 第二节 民主评议

对承担社会事务管理与服务的部门和行业开展民主评议工作，是政协履行民主监督职能的一种手段和有效举措，其目的是通过民主监督手段，努力促进党、政部门工作绩效，共同致力于和谐社会建设。为切实履行政协民主监督职能，推进卫生系统医疗作风的转变和服务质量的提高，根据《2010年县政协工作要点》和县政协十四届常委会议、主席会议协商意见，经县委同意，县政协组织部分常委、委员和机关干部职工对县卫生局工作进行了民主评议。

县政协对卫生局进行民主评议

此次民主评议活动首先成立民主评议工作领导组，组长为县政协主席傅永祥，副组长为县政协副主席牛外则、申有宝、鲍金章、李志文和县政协办公室主任范李斌；成员有县政协港澳台侨外事委主任李春萍、县政协教科文卫体主任张建忠、县政协提案委主任王和平、县政协经环委副主任郭海波、办公室主任科员韩金保、办公室副主任科员崔东明。评议领导小组下设办公室，办公室主任由郭海波兼任，负责民主评议具体事宜。

2010年8月27日，县政协召开了民主评议县卫生局动员会议，县政协副主席牛外则做了动员讲话。同时为了营造舆论氛围，县政协民主评议工作领导组将评议对象和民主评议的6个内容面向社会公告：一是贯彻执行国家有关法律、法规情况；二是工作绩效情况；三是班子和干部、职工队伍建设情况；四是廉政建设情况；五是行业服务质量；六是各项工作总体情况。8月27日，在《今日黎都》报和县电视台刊登公告，面向社会公开征求意见，欢迎全县社会各界人士对县卫生局的工作提出意见和建议，并于9月20日之前，通过信函、电话或电子邮件向县政协民主评议领导组反映，最大限度扩大政协民主评议的社会关注度和参与度。同时向全体政协委员发放征求意见表、召开服务对象座谈会，公开向社会各界广泛征求意见建议。此项工作从9月1日开展以来，共发放征求意见表200余份，收到征求意见表120余份，涉及方方面面的人物代表包括政协委员、监督员代表、乡镇政协工委、乡镇分管领导、部分村级卫生所代表、部分服务对象等，就新农合机构制度需规范完善，村级卫生所建设，县城小摊点食品卫生状况差，私人诊所监管不到位，公共卫生覆盖面不够，药品销售点整治力度不大等方面提出了10条意见，收集到相关建议12条。特别是西火镇西火村农民袁凯玲来电话反映其全身残疾，长年卧病在床，生活不能自理，希望卫生部门领导能到她家里了解一下情况，看能否照顾一下的情况，更是引起了领导组的重视。卫生局虚心接受政协委员和社会各界人士提出的意见和建议，将内部查找的情况和反馈的意见进行整理，并将自查报告上报县政协民主评议领导组。卫生局召开整改动员会议，统一对整改问题的认识，严格按照整改方案组织落实。

通过整改，卫生系统工作有了进一步提高：一是行业作风有所好转；二是解决群众"看病难、看病贵"问题初见成效；三是卫生投入进一步加大；四是医务人员的临床技能逐步提高；五是医疗机构依法执业意识得到强化；六是卫生执法和安全监管力度明显加强。评议中，评议领导组成员听取了县卫生局对民主评议整改落实情况的汇报，实地走访了县卫生局机关、县第一医院、八义镇卫生院、新农合等医疗单位。12月2日，县政协召开了民主评议县卫生局测评会。在此次会议上，部分评议委员和代表就关系群众利益的热点、焦点问题，面对面向卫生局进行提问发言，卫生局相关领导一一予以解答和表态。从《县政协民主评议县卫生局测评票》投票结果看，共发出满意度测评表46张，收回46张，其中"满意票"44张，满意率为95.7%，"基本满意票"2张，无"不满意"测评意见。县政协主席傅永祥出席会议并讲话。

附：

## 政协长治县委员会关于对县卫生局民主评议的报告

2010年12月8日

县委、县政府：

为切实履行政协民主监督职能，推进卫生系统医疗作风的转变和服务质量的提高，根据《2010年县政协工作要点》和县政协十四届常委会议、主席会议协商意见，经县委同意，县政协组织部分常委、委员和机关干部职工对县卫生局工作进行了民主评议。为搞好这次评议工作，县政协成立评议领导组，制订实施方案，从今年8月下旬开始，历时三个多月，通过宣传发动、征求意见、责成整改、座谈测评等形式，对县卫生局的工作业绩、行业服务、队伍建设等总体工作情况,进行了比较全面、深入的了解和评议。评议中,评议领导组成员听取了县卫生局对民主评议整改落实情况的汇报,实地走访了县卫生局机关、县第一医院、八义镇卫生院、新农合等医疗单位。在民主评议县卫生局测评会上,部分评议委员和代表就事关群众利益的热点、焦点问题与县卫生局的领导进行了面对面的评议发言,从测评结果看,共发出满意度测评表46张,收回46张,其中"满意票"44张,满意率为95.7%,"基本满意票"2张,无"不满意"测评意见。现将县政协民主评议县卫生局的总体情况报告如下:

**1.主要工作成效**

近年来,县卫生局在县委、县政府以及上级卫生主管部门的正确领导和指导帮助下,做了大量扎实有效的工作,取得了较大成绩,主要体现在以下几个方面:

一是行业作风有所好转。近年来,县卫生局通过规范医疗收费、简化就医流程、设立便民设施、完善临床、医技科室质量控制体系建设等方式,促进了全县医疗服务机构服务质量的提高。同时进一步加大了对医务人员收受"红包"、开大处方、花处方,滥检查、滥收费等违法违纪行为的查处力度,采取医院纠风领导组重点检查和局纠风监察组不定时检查结合的方式进行检查。县医院自2009年6月以来,通过自查、病人投诉等方式查处违反医德医风规定行为110余人次,对其中五人进行了强化教育,对表现良好的两个科室进行了表彰,使行业作风有所好转。

二是解决群众"看病难、看病贵"问题初见成效。去年以来,卫生局采取了一系列强有力措施,把解决群众"看病难、看病贵"问题作为头等大事来抓,取得了阶段性成果。首先简化了补偿程序。农合办与长治市内所有新农合定点医疗机构签订直补协议,所有直补医疗机构对参合农民全部实施先行垫付。其次调整补偿方案。为扩大参合农民受益面,提高参合农民受益水平。2011年,我县将对新型农村合作医疗补偿方案部分内容进行调整,提高部分病种的补偿比例,如0—14岁儿童先天性心脏病、白血病按总费用的70%补偿。

三是卫生投入进一步加大。几年来,县医院通过多方筹资,投入资金近千万元,购置了16排螺旋CT、MRI、DR、全自动生化分析仪等大型医疗器械,较好地满足了群众的医疗健康需求。同时,为了加强医院信息化管理,县医院今年增添了50余台电脑,初步形成了局域网,大大提高了工作效率。

四是医务人员的临床技能逐步提高。多年来,卫生局一贯坚持分期分批对我县各医疗单位工作人员进行"三基三严"培训,今年共培训三期,培训人数达到全县卫生工作人员的80%以上。并在全县卫生系统开展"三基三严"的岗位练兵活动,按照岗位类别,规定培训内容,强化"三基"技能操作训练,促使医务人员的临床技能逐步提高。

五是医疗机构依法执业意识得到强化。2010年,卫生局医政科对我县现有的42家具有《医疗执业机构许可证》的医疗单位进行了年度校验,对举办人不在现场、聘用非卫生技术人员、擅自扩大诊疗项目、擅自变更执业地点、擅自发布医疗广告、资料室不合格、出租《医疗机构执业许可证》等违法行为进行了查处,并有针对性地提出了整改意见,规范了医疗机构的执业行为,通过检查医疗机构依法执业意识得到强化。

六是卫生执法和安全监管力度明显加强。去年至今,我县卫生监督系统全面加强卫生监督执法工作,对全县的餐饮业进行了一次清理整顿,截至目前,共检查各类餐饮服务单位400余家次,查获过期食品

100余公斤，警告、责令改正135家次，立案4起，结案4起，罚款8500元，有力地震慑了违法经营行为，净化了食品市场。

2.存在的主要问题

对全县群众反映的问题，我们经过梳理，与卫生局进行了交流，其中一些亟须且容易解决的问题，卫生局已经整改落实。对于正在落实或由于种种原因一时难以解决的，经汇总整理，主要有：

资金投入方面。由于卫生事业经费投入不足、优惠政策难以落实到位、财政补偿机制不完善等原因，致使县医院软、硬件投入不够，医护急救措施滞后；很多基层卫生院卫生基础设施落后，技术力量薄弱，处于“求生存难、求发展更难”的状态。

行业服务方面。部分医护工作人员积极性不高，服务态度不好，技术水平有待提高；农村医疗机构相关制度不完善，配套措施不健全；在确定个别村级卫生所、负责人及补助资金时，出现一些不稳定因素。

队伍建设方面。人才短缺问题是诸多存在问题中比较突出的问题。由于技术环境落后，政府又缺乏可操作的优惠政策，再加上受限于编制、工作待遇低等方面的因素，导致很多卫技人才“进不来”、“留不住”，很多医院各个医疗岗位上都出现了人才短缺、人才断档现象。

执法监管方面。县城小摊点食品卫生状况差，有的酒店、饭店的卫生消毒措施成为摆设，纯属应付检查；受经济利益的驱动，有的医生还存在拿红包、吃回扣、开大处方的现象，导致医药治疗费用高，直接损害了广大人民群众的切身利益。

3.意见和建议

(1)政府应切实加大对卫生事业的投入，逐步完善财政补偿政策机制。同时，卫生局要与各乡镇政府密切配合，积极向上争项目、争资金，重点用于乡镇卫生院、村卫生所和社区卫生服务机构基础设施建设和医疗设备的购置，尽快改善我县整体医疗卫生状况。

(2)卫生局要继续加强医务人员培训的指导和管理，并积极引导鼓励在职人员加强深造学习，通过学历教育、短期培训、专题讲座、岗位培训等形式，提高学历和技术水平。同时要加大对村级卫生所的政策倾斜力度，补助资金要及时到位，合理规划村级卫生所，避免重复、超常规建设，更好地服务于百姓。

(3)建议县委、县政府制定“引进人才、留住人才、使用人才”的相关政策，并尽快建立与市场经济相适应，有利于人才成长、有利于人才竞争和有利于基层卫生院发展的人事制度，打破编制束缚，提高工作待遇，公开招聘录用一批正规医科大学毕业的大学生或聘用高素质、高技术骨干人员，彻底解决卫技人才匮乏，专业结构失衡的问题。

(4)卫生监督部门要进一步加大对餐饮服务业的监管，特别是人口流动大的小摊小贩、早餐晚点及庙会餐饮点的食品卫生安全，保障人民群众的生命财产安全。此外，要设立投诉中心并公布举报监督电话，加强卫生行风评议和医疗服务的监督，对医药购销和医疗服务中收受红包、回扣等违纪行为，要给予重罚并追究相关领导责任。

特此报告

# 第五编

# 提案工作

政协提案是政协委员和参加政协的各党派、各人民团体以及政协各专门委员会，向政协全体会议或者常务委员会提出的、经提案审查委员会或者提案委员会审查立案后，交承办单位办理的书面意见和建议。长治县政协提案工作实行“围绕中心、服务大局、提高质量、讲求实效”的方针，发挥人民政协的整体功能，凝聚各方面的智慧和力量，坚持从实际出发、循序渐进的原则，积极探索提高提案质量、办理质量、服务质量的方法和途径，广开言路，广纳诤言，使广大政协委员提出了许多有价值的意见和建议，产生了良好的经济效益和社会效益，为全县的经济发展和社会稳定发挥了重要作用。

# 第一章 提案征集

政协提案是人民政协履行职能中最直接、最有成效的形式之一。长治县政协自成立以来,始终把提案工作作为履行职能的一项重要内容,在每次全体会议期间,设大会提案审查委员会或提案组;全体会议休会期间,设提案工作专门委员会,并不断加强对提案工作的领导,不断改进和完善提案工作的方式方法,不断提高提案的撰写质量和办理效果,使政协提案工作越来越发挥出它应有作用。政协委员以个人或者联名方式提出提案;也可以界别和党派团体集体名义提出提案;政协各专委会可以专门委员会的名义提出提案。提案均围绕国家大政方针、爱国统一战线内部关系、地方重要事务以及人民群众关心的重大问题等方面提出。提案可以在全体会议期间提出,也可以在闭会期间随时提出。提案的书写要求规范,使用政协统一印制的提案纸,做到一事一案,实事求是,“有情况、有分析、有调查、有建议”。

## 第一节 各代会时期

1949 年 10 月,长治县第一届各界人民代表会议(简称各代会)第一次会议共收到代表提案 153 件,经整理立案 109 件,其中生产建设方面 18 件、文化教育方面 17 件、财政方面 19 件、司法方面 26 件、工商方面 17 件、治安方面 3 件、其他方面 9 件。提案审查委员会在会议期间,召集政府及有关部门对各类提案分别作了解答。

1950 年 7 月 24 日, 一届二次各代会共收到提案 121 件, 经提案审查委员会审查整理后, 立案 115 件。其中民政方面 20 件、农业方面 17 件、司法方面 29 件、文教方面 20 件、工商合作方面 10 件、财税方面 18 件、其他方面 1 件。会议期间,提案审查委员会根据提案内容,召集政府各有关部门召开专题会议,分别解答代表提案。

1951 年 6 月,一届九次各代会共收到提案 11 件。内容涉及军属代耕优抚和爱国捐献等事项。

1952 年 3 月,一届十一次各代会共收到提案 131 件,其中文教卫生类 21 件、财政经济类 32 件、生产建设类 27 件、社会治安类 9 件、民政类 42 件。提案审查委员会分类整理后,一一做了解答。

1952 年 6 月,一届十二次各代会共收到提案 310 件,其中生产建设类 114 件、财经类 101 件、政法类 54 件、文教卫生类 41 件。会议专门成立了由政府有关部门组成的提案委员会,下设 4 个小组:生产建设组、财经组、政法组、文教卫生组,会议集中一天时间专门解答提案。西火代表李金藏一届十一次会议提出的修建西火防洪渠的提案,经政府发动群众,组织力量施工,到本次会议召开时防洪渠已经修好。

1952年9月20日,二届一次各代会共收到提案1136件,由大会秘书处分类整理,汇印成册,分发给代表讨论,让代表充分发表意见,共商解决办法。70多名代表联名提出了产麻区售麻、小米棉花购买困难等问题,政府立即召集有关部门商量解决办法,决定由县供销社和花纱布匹公司订立购买2.5万斤棉花合同,解决群众购买棉花问题;由收购麻皮单位贷款2.5亿元(旧币),保证麻皮收购;由粮食公司下拨小米3万斤投放市场,以解决群众吃饭问题。

1952年11月,二届二次各代会共收到代表提案200件,综合分类后立案165件。其中政法方面46件、财经方面24件、生产建设方面56件、文化卫生方面39件。提案内容主要涉及互助合作、修渠打井、安装水车、扩大麻田面积、煤铁业发展以及农业合作化等问题,会议均给予认真解答。

1953年2月28日,二届三次各代会共收到代表提案123件,提案内容涉及贯彻婚姻法、废除封建婚姻制度和童养媳陋习、推广新式农具、举办农业技术培训、继续做好支援抗美援朝工作以及反对官僚主义等问题,其中需要政府有关部门会后办理的有42件。

1953年10月26日,二届四次各代会共收到提案302件。提案涉及农业支援工业、增产节约、支援灾区、植树护林、秋耕积肥以及县乡普选工作等方面,会议责成政府有关部门认真作了解答。

1953年11月30日,长治县召开第二届各代会第五次会议,由于距二届四次会议仅隔一个月时间,所以提案很少,仅收到9件,会议亦逐一做了解答。

附:

## 1949年山西省各代会有关本县所呈提案及答复情况

**1.要求政府运用民办公助扩大中西医疗所**

答:以上九案综合解答如下:因财经困难无法举办,最好区村政府建立基层卫生组织,协同当地医药合作社及私营诊所,将疫情反映专、县,令医疗队速往就治。长治成立中级医校普遍训练医务人才。

**2.要求给煤铁业以贷款扶持案**

答:以上十案,主要是要求增加工商业的贷款。根据贷款政策与目的,工商业的贷款,除银行以资金进行一部分外,主要的是组织社会游资,才能更符合其需要。过去我们某些行为,特别是小城市做得很不够,缺点很多。今后应当检查,努力克服。但在贷款的发放中仍必须掌握先公后商的原则。根据整个生产方针计划与金融市场的需要,并分别必要与可能,轻重与缓急。因为只有这样对整个国民经济的恢复与发展更为有利。

**3.要求修建漳河大木桥壶口大石桥添设脱离生产护路员案**

答:以上三十八案,系大路及桥梁建设问题,合并答复如下:因国家财政困难,今年中央对山西省公路建设暂不投资,而以护养现有公路为主,对直接影响生产建设,或直接危及行车安全之公路工程,政府拟发动群众给以修补路基路面,以维持现在交通为原则。

**4.要求政府扶植农村供销社打开手工业产品销路给予资金贷款并组织铁业技术实验场,研究技术质量之提高案**

答:政府扶植供销社打开手工业产品的销路,各级政府及合作社正在努力中。贷款可与银行接洽。关于给予资金,目前尚难办到,可与专业公司订合同,以增加资金流转速度。技术实验场不必专设,可在生产过程中研究改进。

**5.大量发动群众栽桑多养鸡羊加大副业收入案**

答:政府在本年农业生产计划中已有规定。

**6.要求政府给以较长期贷款以便大量制造水车及打洋井修井案**

答:政府本年在长治、太原、运城、临汾等地已定制5000辆新式管子水车,现陆续推广各县已有500余辆,4月初尚可发各县1000辆,争取6月底全部发出。还贷款时间,每年还三分之一,限3年还清。

**7.要求政府大量组织新式农具制造厂,并请专门人才研究改良制造新式农具并要求贷给农具贷款米二万七千石**

## 第二节 政协时期

由于资料不全,本节记叙内容为县政协第八届至第十四届的提案征集工作。

### 八届会议时期

八届一次会议共收到委员提案39件,经提案委员会审查,立案39件,其中,属于党政方面的7件;文教卫生方面的21件;政法方面的5件;科学技术方面的3件;其他方面的3件。

八届二次会议共征集到委员提案39件,经提案委审查立案39件,其中,属于教育改革方面的5件;工业方面的10件;农业方面的6件;组织人事方面的7件;有关党风、政纪方面的8件;其他方面的3件。

### 九届会议时期

九届一次会议共收到委员提出的各方面提案64件,经提案委审查,立案64件。其中,属于工业方面的3件;农业方面的8件;财贸方面的2件;交通运输方面的4件;科学技术方面的7件;文教卫生方面的10件;城乡建设方面的7件;党政方面的13件;有关人民生活方面的4件,民族宗教方面的1件;其他方面的5件。

九届二次会议共收到委员提案29件,经提案委审查立案29件。其中,属于党政方面的10件;属于工农业方面的6件;属于文教卫生方面的6件;属于党风和社会风气方面的2件;属于财贸和物价方面的1件;属于政治方面的4件。

九届三次会议共征集到委员提案35件,经提案委审查立案35件,在这些提案中,属于工业方面的4件;农业方面的7件;财贸方面的4件;文教卫生方面的9件;科学技术方面的2件;社会治安方面的3件;其他方面的6件。

## 十届会议时期

十届一次会议共征集到委员提案81件,经过提案委员会审查、立案77件,作为意见办理的4件。在立案办理的77件中,属于经济建设方面的28件,占立案总数的36%,属于科教文卫体方面的23件,占立案总数的30%;属于党群政法、人大、政协、社会治安方面的26件,占立案总数的34%。

十届二次会议共征集到委员提案79件,经提案委员会审查,立案75件,作为意见处理并送有关部门参考的4件。在立案处理的75件提案中,属于经济建设方面的26件,占立案总数的34.7%;属于科教文卫体方面的32件,占立案总数的42.7%;属于党群政法,劳动人事方面的7件,占立案总数的22.6%。

十届三次会议提案委员会共征集到委员提案53件,其中包括团体提案3件。经提案委审查,立案52件,作为意见供有关单位参考的1件。在立案处理的52件中,属于经济建设方面的24件,占立案总数的46%;属于科教文卫体方面的19件,占立案总数的37%;属于党群政法和劳动人事方面的9件,占立案总数的17%。

## 十一届会议时期

十一届一次会议共收到委员提案62件,经提案委审查立案61件。其中:属于经济建设方面的27件,占立案总数的43.5%;属于城建环保、科教文卫体方面的25件,占立案总数的41%;属于党群政法和劳动人事方面的10件,占立案总数的15.5%。

十一届二次会议共征集到委员提案61件, 经提案委审查立案58件。其中属于经济建设方面的26件,占立案总数的44.8%;属于城建环保、科教文卫体方面的21件,占立案总数的36.1%;属于党群政法和劳动人事方面的11件,占立案总数的19.1%。

十一届三次会议共收到委员提案67件,经提案委员会审查,立案66件,作为意见送有关部门参考落实的1件。其中属于经济建设方面的24件,占立案总数的36.3%;属于科教文卫体方面的8件,占立案总数的12.1%;属于道路交通、城市建设、环境保护方面的18件,占立案总数的27.3%;属于党群、政法、劳动人事、廉政建设方面的16件,占立案总数的24.3%。

十一届四次会议共收到委员提案76件,经提案委审查立案73件,作为意见或建议送有关部门参考办理的3件。其中属于经济建设方面的35件,占立案总数的47.9%;属于道路交通、城市建设、环境保护方面的15件,占立案总数的20.5%;属于科教文卫体方面的14件,占立案总数的19.2%;属于党群政法、劳动人事、廉政建设方面的9件,占立案总数的12.4%。

十一届五次会议共收到委员提案82件,经提案委审查,立案79件,占收到提案总数的96.3%。其中,属于经济建设方面的34件、占立案总数的43%;属于道路交通、城市建设、环境保护方面的21件,占立案总数的26.6%;属于科教文卫体方面的18件、占立案总数的22.8%;属于党群、政法、劳动人事、统一战线和廉政建设方面的6件,占立案总数的7.6%。

## 十二届会议时期

十二届一次会议提案委员会共收到委员提案67件，经审查立案63件。经征求提案人意见，作为来信来访处理的4件。立案的63件提案中属于经济建设方面的29件，占立案总数的46%；属于科学教育、文化体育、卫生保健方面的20件，占立案总数的32%；属于道路交通、城市建设、环境保护方面的14件，占立案总数的22%。

十二届二次此次会议共征集到委员提案74件，经提案委员会审查立案70件，作为意见送有关单位参考的4件。在立案处理的提案中，属于经济建设方面的44件，占立案总数的63%；属于科教文卫体方面的14件，占立案总数的20%；属于党群政法、劳动人事方面的12件，占立案总数的17%。

十二届三次会议共征集到委员提案79件，经提案委员会审查，立案78件。作为意见处理的1件。其中，属于经济建设方面的48件，占立案总数的59.7%；属于科教文卫体方面的22件，占立案总数的30.3%；属于党群政法、劳动人事、政协统战方面的8件、占立案总数的10%。

十二届四次会议共征集到委员提案23件，经提案委员会审查，立案23件。占提案总数的100%。在立案的提案中，属于经济建设方面的14件，占立案总数的61%；属于科教文卫体方面的4件，占立案总数的17%；属于党群政法、劳动人事方面的5件，占立案总数的22%。

十二届五次会议共征集到委员提案48件，良言良策46条。参与提案人数86人，占委员总数的75%。经提案委审查，立案48件，占到提案总数的100%，其中，属于道路交通、城市建设、环境保护方面的32件，占立案总数的67%；属于科教文卫体方面的10件，占立案总数的21%；属于党群政法、劳动人事、统一战线和廉政建设方面的6件，占立案总数的12%。

## 十三届会议时期

十三届一次会议提案委共征集到委员提案91件。经审查，立案处理89件，送交有关部门参考的2件。在立案处理的提案中，属于经济建设方面的13件，占立案总数的14.6%；属于城建、环保、交通方面的21件，占立案总数的23.6%；属于科技、文化、卫生、体育方面的25件，占立案总数的28%；属于旅游资源开发方面的5件，占立案总数的5.6%；属于廉政建设、工商管理方面的7件，占立案总数的7.9%；属于劳动保障方面的4件，占立案总数的4.5%；其他方面的14件，占立案总数的15.7%。

政协委员认真撰写提案

十三届二次会议提案委共征集到委员提案98件。经提案委员会审查,全部立案办理。在这些提案中,属于经济建设方面的35件,占立案总数的36%;属于城市建设、环境保护、道路交通方面的19件,占立案总数的19%;属于科技、教育、文化、卫生、体育方面的14件,占立案总数的14%;属于党群、政法、劳动人事、统一战线、廉政建设方面的27件,占立案总数的28%;属于旅游资源开发方面的3件,占立案总数的3%。

十三届三次会议共征集到委员提案79件。经提案委员会审查,全部立案处理。在这些提案中,属于经济建设方面的18件,占立案总数的23%;属于城市建设、环境保护、道路交通方面的22件,占立案总数的27%;属于科技、教育、文化、卫生、体育方面的19件,占立案总数的24%;属于党群、政法、劳动、人事、统一战线和廉政建设方面的14件,占立案总数的18%;属于旅游资源开发方面的6件,占立案总数的8%。

十三届四次会议共收到委员提案73件,经提案委审查,立案73件,占到提案总数的100%。其中,属于经济建设方面的15件,占到立案总数的20%;属于社会主义新农村建设方面的16件,占立案总数的21%;属于城市建设、环境保护、道路交通方面的10件,占立案总数的14%;属于科技、教育、文化、卫生、体育方面的16件,占立案总数的21%;属于党群、政法、劳动人事、统一战线和廉政建设方面的9件,占立案总数的12%;属于旅游资源开发方面的7件,占立案总数的12%。

## 十四届会议时期

十四届一次会议共征集到委员提案76件,经提案委员会审查,全部立案处理。在这些提案中,属于经济建设方面的9件,占立案总数的11.8%;属于城市建设、环境保护、道路交通方面的19件,占立案总数的25%;属于教育、科技、文化、卫生、体育方面的26件,占立案总数的34.2%;属于"三农"方面的14件,占立案总数的18.4%;属于党群、政法、劳动、人事、统一战线方面的8件,占立案总数的10.5%。

十四届二次会议提案委共征集到委员提案88件。经审查,立案处理86件,转为来信处理的2件。在立案的提案中,属于经济建设方面的12件,占立案总数的13.9%;属于科教文卫体方面的26件,占立案总数的30.2%;属于城建、环保、交通方面的19件,占立案总数的22.1%;属于党群、政法、劳动、人事、统一战线等方面的29件,占立案总数的33.7%。

十四届三次会议共收到委员提案80件,经提案委审查立案80件,占到提案总数的100%。其中属于经济建设方面的10件,占立案总数的13%;属于城市建设、环境保护、道路交通方面的24件,占立案总数的30%;属于教育、科技、文化、卫生、体育方面的23件,占立案总数的28%;属于"三农"方面的9件,占立案总数的17%;属于党群、政法、劳动、人事、统一战线方面的9件,占立案总数的12%。

十四届四次会议共收到委员提案92件,经提案委员会审查,立案87件,占到提案总数的95%。其中,属于经济建设方面的2件,占立案总数的2%;属于城市建设、环境保护、道路交通方面的18件,占立案总数的21%;属于教育、科技、文化、卫生、体育方面的23件,占立案总数的26%;属于"三农"方面的23件,占立案总数的26%;属于党群、政法、劳动、人事、统一战线、社会服务方面的21件,占立案总数的25%。

# 第三节 优秀提案选

**案　　由：政府要加强对村委换届选举工作的管理（19号）**

**提案时间：**政协长治县十三届四次会议

**提 案 者：**宋元萍

通过对历届村民选举工作的视察，了解到我县大部分村选举工作是按照《村民选举法》进行的，是合法的，是合乎村民意愿的。但是，有一些村在选举过程中严重违背了法律规定，致使"金钱票"、"人情票"、"帮派票"充斥其中，挖空心思为实现个人意志而花样百出，在社会上造成了恶劣的影响。

1.贿选。个别行政村在选举过程中暗箱操作，把个人意志通过贿赂的方式，强加到村民头上，玷污了神圣的选票。

2.拉帮结派。个别行政村在选举中拉帮结派，立山头，破坏了正常的选举秩序。

3.开空头支票。有的行政村在选举中，拿群众关心的热点问题、焦点问题做诱饵，空承诺、不兑现，激化了村民与村委间的矛盾。

为此建议：

村民选举工作要想充分表达村民个人的意志，不投"金钱票"、"人情票"、"帮派票"，选出真正能代表村民意愿的领头人来，带领村民共同致富。一方面政府要加大政策引导力度；另一方面要加大法律约束，通过调派工作组的方法深入到农村，走进村民家中，讲政策、讲法律、讲致富、讲前途，从而确保村民选举工作的正常规范进行。

民政局对十三届四次会议第19号提案的答复

尊敬的宋元萍委员：

你们好。你们提出的"政府要加强对村委换居选举工作的管理"的意见和建议收悉，经我们认真研究后，现答复如下：

1.您的这一意见提得很好，抓住了关键所在，切中问题要害，对改进政府工作具有很好的参考价值和指导意义。您重视关心我县基层民主政治建设的提案很好，在此我们表示感谢。

2.关于要加强对村委换届选举工作的管理情况，需给您说明的是，在选举过程中确有反映，有的村反映还非常强烈，在选举中贿选、拉帮结派、开空头支票等现象都不同程度的存在，但《村民委员会组织法》正在修订之中，中国的民主进程只是刚刚开了一个好头，我们相信，民主、法治的意识会越来越深入到广大人民的心中。

3.关于您提出的意见和建议，我们会在下一届村委会换届选举中同有关部门认真采纳，认真组织，确保此项工作的正常进行。

以上答复您是否满意，如有意见，敬请反馈。

感谢您对政府和我局工作的关心和支持，并欢迎今后提出更多的宝贵意见。

部门负责人：王彦兴
科室负责人：秦严箐
2006年8月5日

**案　　由：加快发展我县残疾人事业（21号）**

**提案时间：**政协长治县十四届一次会议

**第一提案者：**邢旭峰

**联名提案者：**刘亮

近年来，县委、县政府高度重视残疾人事业的发展，全县残疾人工作取得了较大进步，残疾人事业取得明显成效。残疾人在康复、就业、扶贫等方面得到救助，残疾人的各项权利得到了维护，受法律保护的程度得到增强，歧视残疾人现象明显减少。但是，由于自身的障碍和社会的歧视与偏见，残疾人的公民权利实现起来要比主流群体的成员付出更大的努力和代价，需要特别扶助。面对残疾人问题，社会的认识和态度十分复杂。直到今天，我县残疾人、残疾人家庭和残疾人就业工作仍存在下列一些困难和问题：

1.残疾人贫困人口多、生存、生活状况差，残疾人与健全人之间的贫富差距有逐渐拉大的趋势。

2.社会关心、支持、帮助残疾人及高度重视残疾人工作尚未形成氛围和达成共识。

3.扶助残疾人的政策、法规不完善、难以适应发展的新形势。

4.残疾人家庭生产生活状况，长期处于恶性循环状态，已是一个严重的社会问题。

5.残疾人就业难度增大。

为此建议：

1.建立公平机制，促进残疾人共享社会物质文明和精神文明发展成果。

(1)大力促进残疾人就业，不断增加残疾人劳务收入，千方百计帮助残疾人参与市场竞争和劳动就业是残疾人增加收入的唯一途径。

(2)进一步建立社会保障体系，不断提高残疾人的生活保障水平。

(3)积极开展社会助残活动，使更多的社会资源向残疾人事业倾斜。

(4)加大残疾人扶贫工作力度。

2.建立社会融入机制，促进残疾人平等参与社会。

3.建立健全残疾人权益保障机制，维护和发展残疾人的利益。

4.努力提高残疾人素质，充分发挥残疾人的主体作用。

残疾人联合会对十四届一次会议第21号提案的答复

尊敬的邢旭峰委员、刘亮委员：

你们好。你们提出的“关于加快发展我县残疾人事业的提案”收悉，经我们认真研究后，现答复如下：

1.你们的提案提得很好,抓住了当前残疾人工作中的一些重要问题,反映了广大残疾人朋友的呼声,对改进我县残疾人工作有很好的参考价值。

2.你们在提案中指出的我县残疾人、残疾人家庭和残疾人就业存在的困难和问题,我们进行了认真的研究,需给你们说明的是:

残疾人生活状况较差,和正常的健全人相比,提高和改善生活水平要慢一些、困难更大一些,这是客观存在,是个共性问题,也是解决起来难度更大的问题。但是尽管如此,我县在改善残疾人生活方面还是做了大量的有成效的工作。近年来,首先,县、乡镇党委政府都把残疾人扶贫工作列入了重要议事日程,在落实农村低保制度、新型合作医疗制度及社会救济等方面,都把贫困残疾人作为重点对象,保证了贫困残疾人享受合作医疗和最低生活保障。其次,县残联大力开展康复扶残和智力扶残,从根本上帮助残疾人改善生活状况。近年来,为残疾人免费安装假腿 178 条,等于解放了 178 双手,使这些残疾人有了一定的劳动和自理能力;为 467 名白内障患者免费施行了复明手术,使他们重见光明。康复扶残使许多残疾人因此成了自食其力的劳动者。此外,县残联每年都要举办多期残疾人实用技术培训班,使愿意接受培训的残疾人有了一技之长,提高了他们的就业能力。残疾人是一个庞大的弱势群体,我县现有残疾人 20000 多人,而且残疾和贫穷往往是双胞胎,因此从根本上解决残疾人的生活问题还需要我们做长期的努力。

树立现代文明的残疾人观,全社会都来尊重理解关心帮助残疾人,是一个国家、一个地区文明程度的重要标志,为此,我县近年来特别注重营造扶残助残的社会氛围,以赢得各级政府、各有关部门以及社会各界对残疾人工作的关注和支持,也收到了一定的效果。但是,对残疾人的歧视、对残疾人工作的轻视问题现在依然存在,开展残疾人工作有时候难度很大,需要我们继续努力。

我国正在逐步完善有关残疾人的法律法规,特别是近年来,残疾人法规日趋完善。根据法律法规,我们正在研究修改我县的残疾人优惠政策,以适应建立和谐社会的需要。

3.你们提出的改进残疾人工作的建议,提的很好,我们将进一步的研究,并认真落实。

(1)保障残疾人平等参与社会生活,共享社会发展成果,是残疾人工作的重要目标。今后,我们将进一步加强残疾人劳动就业工作,督促企业等用人单位认真实施《残疾人就业条例》,同时加强培训工作,提高残疾人就业竞争能力,加大残疾人劳务输出,帮助残疾人获得稳定的收入。我们还将继续保障残疾人的权益,进一步推动社会助残活动,进一步加大扶贫力度。

(2)维护残疾人合法权益,是残疾人工作的一个重点。根据上级残联的安排,县残联 2006 年专门设立了维权科,并与司法局、法院等司法部门进行联系,建立了残疾人司法援助制度,为残疾人提供优惠、优先的法律服务。今后,法律援助的事情会越来越多,我们将进一步加强维权工作力度,全方位开展维权工作。

(3)提高残疾人素质,促进残疾人主体作用的发挥,是促进残疾人事业发展的一个重要方面。提高素质,首先是提高残疾人受教育水平。为此,县残联已经向省残联和其他相关部门提出了在我县建立残疾人特殊教育学校的立项申请,力争尽快建一所特殊教育学校,使我县的盲、聋、弱智残疾人接受到正规的基础教育和康复训练。此外,继续加大技能培训,提高残疾人职业技能水平。同时,还要宣传教育广大残疾人,树立生活的信心和勇气,不怕困难,热爱生活,自尊自爱自强自立,做生活的强者。

以上答复你们是否满意,如有意见,敬请反馈。

感谢你们对政府残疾人工作的关心和支持，并欢迎以后提出更多的宝贵意见。

2007 年 11 月 2 日

**案　　由：加大公路沿线综合治理（50号）**

**提案时间：**政协长治县十四届一次会议

**提 案 者：**姚建波

近年来，我县境内公路建设发展迅速，路面路况得到较大的改善，如何保持当前良好的路况，以延长公路的使用寿命，是我们不得不面对的问题。

我县境内矿产资源丰富，车辆超载现象，屡禁不绝，无形中加大了公路的负荷，再加上公路沿线乡村较多，部分村民护路意识淡薄，随意乱搭乱建，倾倒生活垃圾都直接影响到公路的交通和使用寿命，这方面工作公路段养护人员和路政管理人员单方面努力还不够，需要有关部门和社会各界的积极配合，加大公路沿线综合治理力度，共同营造一个爱路、护路的良好氛围。

为此建议：

县里尽快出台公路沿线综合治理实施方案，以利于有关部门安排工作；希望涉及的部门和单位能够积极配合，继续深入开展公路沿线综合治理工作，充分调动起沿线村镇和群众美化身边环境的积极性，形成推进工作的合力；建议交警、煤检等部门加大治超力度，减轻公路负荷。

交通局对十四届一次会议第50号提案的答复

尊敬的姚建波委员：

您好。您提出的“加大公路沿线综合治理的提案”收悉，经我们的认真研究后，现答复如下：

1.您的这一提案提得很好，抓住了关键所在，切中问题要害，对相关部门改进公路养护工作，加大公路沿线综合治理力度，营造一个爱路、护路的良好氛围，起到了积极的促进作用。

2.为治理车辆超限超载运输状况，省政府已批准我县在长陵路东苗设卸载点。根据省政府的这一批复，县政府成立了由交通、交警两家组建治超办，近期内能开展工作，通过开展这项工作，以起到对公路沿线综合治理的效果。

以上答复您是否满意，如有意见，敬请反馈。

感谢您对政府交通工作的关心和支持，并欢迎今后提出更多的宝贵意见。

部门负责人：王爱山

科室负责人：李书堂

承　办　人：郭怀德

2007 年 8 月 15 日

**案　　由：建议政府尽早考虑农村老百姓冬天取暖问题（68号）**

**提案时间：**政协长治县十四届二次会议

**提 案 人：**张保平

近年来，煤价飞速上涨，而我们这农村老百姓冬天取暖，主要靠的是煤炭，虽然老百姓的收入有了提高，但与飞涨的煤价悬殊还是很大，冬天取暖问题依然是困扰老百姓的大事。

为此建议：

政府尽早考虑这一问题，使老百姓能过一个舒适的冬天。

民政局对县十四届二次会议第68号提案的答复

尊敬的张保平委员：

您好。你提出的"关于建议政府尽早考虑农村老百姓的冬季取暖问题的提案"收悉，经我们认真研究后，现答复如下：

1.你的这一提案提得很好，抓住了关键所在，切中问题要害，对改进政府工作具有很好的参考价值和指导意义，我们对此表示感谢。

2.近年来，随着煤炭价格的大幅度上涨，农民冬季生活取暖烧煤压力较大，特别是困难群众的冬季取暖问题更为突出。为解决农村特困群众的冬季取暖问题，县委、县政府2008年10月13日联席会议研究决定，对农村五保户、低保户、重点优抚对象特价特供冬季取暖用煤。农村五保户每户供煤1吨，所供煤炭由县财政全额补助；农村低保户按照1—2人户1吨，3—4人户1.5吨，5人以上户2吨，重点优抚对象每人1吨供应煤炭，每吨价格200元，县财政补助100元，每吨补助运费15元，个人承担100元。

3.你提出的"建议政府尽早考虑冬季取暖问题，使老百姓能过一个舒适的冬天"的建议很好，我们将作进一步研究，认真采纳，落实您的意见建议，力争解决农民的烧煤问题。

以上答复您是否满意，如有意见，敬请反馈。

感谢您对政府（解决农民烧煤问题）工作的关心和支持，并欢迎今后提出更多的宝贵意见。

部门负责人：王彦兴

科室负责人：崔晓堂

承　办　人：万振国

2008年11月16日

**案　　由：增加农村卫生投入提升基层卫生院的服务能力（26号）**

**提 案 时 间：**政协长治县十四届一次会议

**第一提案者：**秦金水

**联名提案者：**傅淑琼　宋文芳　宋秀花　李庆文

2007年国家"新型农村合作医疗"项目已在我县正式启动并开始运行，广大农民百姓也如沐春风。然而我县农村合作医疗主要服务提供者——乡镇卫生院的服务水平却不容乐观。虽然近几年我县乡镇卫生院的基础设施得到了改善，大部分卫生院进行了房屋改造和新建，但是医疗设备和医疗人才却严重短缺，医疗设备简陋。业务人员紧缺是顺利实施“新型农村合作医疗”项目的瓶颈。要想使合作医疗取得成功，切实解决老百姓“看病难、看病贵”问题，就必须提升农村卫生院的服务能力。

提高卫生院的服务能力，必须加强卫生院的建设。第一，要增加农村卫生投入，更新和配置各种检查设备及治疗仪器等硬件，改善住院条件，以满足群众的需要；第二，加强医疗人员的在职培训和进修学习；第三，制定优惠政策招揽人才，鼓励大中专毕业生到乡镇卫生院工作，解决乡镇卫生院人才危机，完善医疗机构的服务功能，促进合作医疗工作的健康发展。

为此建议：

县财政增加卫生资金投入，解决基层卫生院的硬件设备。人事局、卫生局要制定优惠政策，积极招揽医疗人才，严把“入院人才质量关”，把有知识、懂业务、爱岗敬业的人员充实卫生战线，为我县的卫生事业增添新鲜血液。

财政局对十四届一次会议第26号提案的答复

尊敬的秦金水委员：

您好。你提出的关于“增加农村卫生投入，提升基层卫生院的服务能力”的提案收悉，经我们认真研究后，答复如下：

1.您的这一提案提得很好，抓住了关键所在，切中问题要害，对政府改进农村医疗工作具有很好的参考价值和指导意义。基层卫生院的基础设施、医疗设备等条件所限，直接影响了卫生院的可持续发展。

2.关于增加农村卫生投入需给您说明的是，财政部门已按规定标准将农村卫生事业专项经费列入预算，主要用于发展农村卫生事业，今后还将视财力状况，逐步加大投入。

3.关于您提出的增加农村卫生投入问题，我们将作进一步研究，按照省委、省政府的3—5年时间，省、市、县共同筹资，使乡镇卫生院基本设备80%以上达到标准化建设的原则要求。待接到上级正式文件后，我们将按规定足额配套县级资金，支持乡镇卫生院设备更新，提升乡镇卫生院的服务能力。

以上答复您是否满意，如有意见，敬请反馈。

感谢您对政府财政工作的关心和支持，并欢迎今后提出更多的宝贵意见。

承办人：丁军辉

2007年8月5日

**案　由：民营企业融资难，严重制约着发展（73号）**

**提案时间：**政协长治县十四届二次会议

**提 案 者：**魏志明

民营经济是社会主义市场经济的主体，民营企业的发展是中国经济长期持续发展的保证，民营企业为富余劳动力和城乡下岗人员提供了就业机会,对国家调整产业结构,增强经济实力等方面发挥着重要作用。

融资困难是妨碍民营企业发展的重要因素,致使民营企业流动资金严重不足,无法保证生产和经营的需求。

为此建议:

1.希望政府及有关职能部门为民营企业提供有效的商务信息服务。

2.通过财政、税务、工商等部门来减轻民营企业的财务负担。

3.根据国家政策来扶持有潜力的民营企业。

4.有关部门在可能的情况下,给予民营企业帮助和支持。

## 中小企业局对十四届二次会议第73号提案的答复

尊敬的魏志明委员:

您好。您提出的关于"民营企业融资难,严重制约着发展"的提案收悉,经我们认真研究后,现答复如下:

1.您的这一提案提得很好,抓住了关键所在,切中了问题要害,对改进政府工作具有很好的参考价值和指导意义。政府和有关职能部门确实应该强化对民营企业有效的服务,财政、税务、工商等部门应该在法律和政策允许的范围内对民营企业,特别是有发展潜力,有发展前景的成长型民营企业加大扶持力度,并给予优惠照顾和帮助支持。

2.关于民营企业融资难影响发展的情况和问题,需要给您说明的是,这个问题由来已久,也是中小企业民营企业普遍存在的问题。其原因主要有以下几个方面:一是融资方式比较单一,缺乏直接的市场融资渠道;二是借贷期限短且数目不大,主要是用来解决临时性流动资金,很少用于项目开发和扩大再生产方面;三是银行的信贷观念还跟不上形势发展需要,对中小企业缺乏必要的了解和足够的重视,认为将资金投入中小企业、民营企业,风险大,成本高,工作量大且收效不大。为了解决这一问题,中国人民银行先后颁布了《关于进一步改善中小企业金融服务的意见》和《关于加强改进对中小企业金融服务的指导意见》,各银行也结合各自具体情况,制定出相应的办法和措施,市、县也先后出台了《关于进一步加快民营经济发展的决定》。长县[2004]18号文件《关于进一步加快民营经济发展的决定》第5条规定,金融部门要加大对民营经济的支持,各专业银行每年要安排一定贷款数额专门用于民营企业,对于具有一定经营规模和良好信用基础的企业,要积极主动为他们办理升级、授信手续;鼓励金融机构对重点民营企业实行驻厂信贷员制度。政策的出台和贯彻对中小企业、民营企业融资难的问题有一定的缓解,但因情况各异,这个问题尚未从根本上得到解决。特别是在目前全球金融危机的严峻形势下,这个问题就显得更为突出。

3.关于您提出的解决民营企业融资难的意见和建议我们将作进一步研究,认真采纳,认真落实。

(1)加大信息服务力度。要密切关注当前宏观经济形势变化,跟踪掌握宏观经济动态,向中小企业民营企业提供有关行业、市场等方面的信息,引导企业主动适应市场,帮助企业有效防范化解经营风险。

(2)省委、省政府正在酝酿出台解困中小企业的政策24条,即《关于进一步支持促进中小企业发展的若干意见》(草拟稿),解决中小企业融资难问题是其中一项重要内容,包括完善担保体系、建立信贷奖励和风险机制,增加金融信贷支持以及设立小额贷款公司等等,县委、县政府也在多方面征求意见,拟酝酿出台具体的贯彻办法，相信对解决融资难的问题会有较大的效力。

(3)为应对当前严峻经济形势，国务院决定今年4季度先增加安排中央投资1000亿元，我省计划三年内投入6000亿元资金支持经济发展，形势对我们中小企业、民营企业很有利。作为负责全县中小企业、民营企业工作的部门，要和企业一起抓住有利契机，积极同上级部门沟通联系，做好政策对接，项目资金对接和工作重点对接，努力为我县争取更多的资金。

(4)作为中小企业、民营企业也必须树立自身良好形象，加强与银行之间信息沟通，加强信用意识，自觉还贷，规范自身的金融作为，建立一种相互信赖的合作关系。

以上答复您是否满意，如有意见，敬请反馈。

感谢您对政府民营企业工作方面的关心和支持，并欢迎今后提出更多的宝贵意见。

部门负责人：王卫星

科室负责人：谢珍明

承　办　人：杨善志

2008年12月

**案　　由：加大我县一中基础设施建设投入(24号)**

**提案时间：**政协长治县十四届二次会议

**提 案 者：**鲍喜堂　秦红珍　牛思清　付会平

随着我县经济的快速发展，广大人民群众对子女高中教育的需求更加迫切，要求更加提高。近几年，县政府对县一中的建设已经投入了相当大的物质和资金，但与首批被评为我省示范高中的其他学校的投入比较，相差甚远。现在我校仍存在设施陈旧，实验、图书短缺等问题，极大地制约着学校的快速发展，尤其是新课程的许多内容无法开展。要使我县教育做强做大，就必须使一中成为上党地区、全省乃至全国的一张明片，以便全方位推动我县各行各业的发展。

为此建议：

1.加大资金投入；

2.改善基础设施。

教育局对县政协十四届二次会议第24号提案的答复

尊敬的鲍喜堂等委员：

你们好。您提出的“关于加大我县一中基础设施建设投入的提案”收悉，经我们认真研究后，现答复如下：

1.您的这一提案提得很好，抓住了关键所在，切中了问题要害，对改进政府工作具有很好的参考价值和指导意义。随着我县广大人民群众对优质高中教育要求的提高，办一所标准化的高中已迫在眉睫，优先解决设施陈旧、实验器材和图书短缺等问题是高中教育提高教学质量的关键。我们对此非常重视，并列入了议事日程。

2.关于县一中存在的设施陈旧，实验器材、图书短缺等情况和问题需要给您说明的是，对于县一中的设施设备的配置问题，我们始终是摆在优先发展的地位来加以考虑，目前，正在积极争取上级项目资金，加大对县一中的基础设施建设力度。

3.关于您提出的加大对县一中的资金投入力度以及改善基础设施的意见和建议，我们将做进一步的研究，认真采纳落实您的提案：(1)县政府逐年加大对县一中的投入力度。(2)尽力争取上级安排的有关项目，优先改善县一中的基础设施。

以上答复您是否满意，如有意见，敬请反馈。

感谢您对政府教育工作的关心和支持，并欢迎今后提出更多的宝贵意见。

部门负责人：宋明生
科室负责人：万文喜
承 办 人：万文喜
2008 年 12 月 18 日

**案　　由：改善我县投资环境（7 号）**

**提案时间：**县政协十四届二次会议

**提 案 者：**李广俊

县委、县政府鼓励各大企业及有识之士到我县投资兴业，也出台了许多相关政策、措施，这为我县投资上项创造良好的投资环境打下了坚实的基础，深得民心，符合人民群众心愿，也是实施我县发展战略的重大举措。

然而，在落实、实施这些政策措施时却步履艰难，特别是在办理土地、拆迁、电力增容等相关手续时，涉及与村民关系的协调，企业显得忧心忡忡，力不从心，望尘莫及，致使投资者或企业失去信心，怨声载道。这无疑会带来许多负面影响，很容易使政策、措施流于形式，更容易使投资者改变主意，扬长而去。

为此建议：

政府成立一个强有力的机构，真正为引资上项，发展经济全面协调，排忧解难，创造富有魅力的投资环境。

招商局对县政协十四届二次会议第 7 号提案的答复

尊敬的李广俊委员：

您好。您提出的“关于改善我县投资环境的提案”收悉，经我们认真研究后，现答复如下：

1.您的这一提案提得很好，抓住了关键所在，切中问题要害，对改善我县投资环境具有很好的参考价值和指导意义。如提案所述，县委、县政府这几年来积极鼓励各大企业及有识之士到我县投资兴业，出台了很多优惠政策，以吸引外商到我县投资，共谋发展。特别在 2007 年，县委、县政府为了加大招商引资力度，特出台了长县委发［2007]2 号《关于全力推进引资上项，加快全县经济发展的实施意见》的文件，对改善我县投资环境，加强招商引资力度作了进一步阐述和要求，这进一步显示了县委、县政府改善环境，吸引外资,促进发展的决心。

2.关于在落实、实施这些政策过程中遇到的问题,需要说明的是,在办理土地、拆迁、电容增加等工作中需要协调各有关部门,按照法律、法规和各项政策进行办理,尤其在土地和拆迁这两项工作中,由于国家土地政策严格控制建设用地,而我县土地占用又相当紧张,在企业办理用地过程中,确实要遇到意想不到的困难。众所周知,办理拆迁更是"牵一发而动全身"的难题,需要方方面面的协调工作,要想短期内解决,几乎是不可能的。多年来,我局积极为企业着想,为投资者着想,充当企业和政府之间的中间人,努力为企业服务,督促和配合相关部门进行工作,已使一些外来投资企业顺利落户,并投产见效,成为我县经济发展中的主力军,为我县经济发展做出了一定的贡献。在以后的工作中我们将一如既往地为企业服务,给企业当好保姆,为企业的发展扫清障碍。

3.关于您提出的改善我县投资环境的意见和建议,我们将进一步研究,认真采纳,认真落实。近几年来,县委、县政府加大投资力度,使我县的投资硬环境发生了前所未有的变化,这是有目共睹的。交通便利,公路畅通,信息通达,电力充足,服务周全,给外来客商提供了一个山川秀美、文明绿色的投资环境。在软环境建设方面,我县设立了政务大厅,为企业发展实行方便、快捷、顺畅的一站式服务,使企业能够享受便利的绿色通道。同时,我们还要努力在全社全营造诚信、亲商、安商、富商的社会氛围,让人人懂得"以诚招商,以情感商,以信留商",人人树立责任意识,合作意识和发展意识,保护好投资商的合法权益。真正做到"让别人发财,求自己发展"。

以上答复您是否满意,如有意见,敬请反馈。

感谢您对政府招商引资工作的关心和支持,并欢迎今后提出更多的宝贵意见。

部门负责人:申文奇
科室负责人:阎志刚
承　办　人:阎志刚
2008年12月

**案　　由:** 关于教育园区建设的看法(38号)
**提案时间:** 政协长治县十四届三次会议
**第一提案者:** 付会平
**联名提案者:** 秦红珍　鲍喜堂　牛思清　李旭日

一个地方的经济发展在于人才,人才的培养在于学校,办好高中教育能够有效培养高素质的人才,为地方经济服务好,办好高中教育可以起到拉动相关产业与县域经济发展的作用。我县高中教育点多、面广、线长、教育资源既不足又浪费,而教育园区的建立有利于整合教育资源,提高办学效益,高中教育园区的建设有诸多好处:

1.教育园区建成将成为发展教育事业的龙头,成为提升县城形象的重头;对县城建设产生积极的推动作用,带动房地产等行业的发展,加快县城扩张,增加就业机会。

2.教育园区的建成有利于实现运动场地、图书阅览、实验室等资源共享,资源利用最大化、最优化。

3.可加强校际间的文化、体育等交流,整体提升办学水平。

4.利于打造和提升文化教育品牌,吸引更多学子来学习生活。

为此建议:

1.教育园区建设应科学规划,合理布局,使其形成集学习、体育、消费为一体的新社区。

2.教育园区建设应高起点、高标准建设,将其打造成县域建设的一大亮点,让其真正成为提升教育的平台,县域建设的精品。

### 教育局对县政协十四届三次会议第38号提案的答复

尊敬的付会平等委员:

您好。您提出的"关于教育园区建设的看法等提案"收悉,经我们认真研究后,现答复如下:

1.您的这一提案提得很好,抓住了关键所在,切中了问题要害,对提升我县教育水平有很好的参考价值和指导意义。教育园区建设是关系到全县人民切身利益的大事,有利于整合教育资源,提高高中办学效益,是建设教育强县的一项重要举措,您的建议将对我县高中园区建设产生积极的推动作用。

2.关于"高中教育园区建设的看法"需要给您说明的是:我们根据全县高中教育的总体情况,将按照高起点、高标准,认真、全面、科学地规划设计。

3.关于您提出的高中教育园区建设看法,我们会作进一步研究,并认真采纳,认真落实。

(1)根据县委、县政府"6131"发展战略,我们在教育园区的规划、布局、选址和具体建设过程中,我们将结合县城长远发展规划,选择市、县中心地段,能起到辐射市、县两级的重要作用,争取将教育园区建成一个集教学、教研、健身等为一体,各项功能完善的全市一流的高中园区。

(2)教育园区的建设,我们将根据我县特点和其他教育园区之长,把长治县教育园区建设成一个高起点、高标准、有特色的高中教育基地,更好地为长治县教育服务,为广大人民群众服务,为县域经济发展服务。

以上答复您是否满意,如有意见,敬请反馈。

感谢您对政府教育工作的关心和支持,并欢迎今后提出更多的宝贵意见。

部门负责人:牛林虎

科室负责人:万文喜

承　办　人:万文喜

2009年8月10日

**案　　由:** 寄宿制小学安全令人担忧(43号)

**提案时间:** 政协长治县十四届三次会议

**提 案 者:** 张峰

随着国家关于"农村学校布局调整"政策的落实,我县现已建成数所寄宿制小学。寄宿制学校的建成,对于缓解当前农村学校师资短缺,整合教育资源,促进城乡教育公平发展起到了推动作用,但随之而来的校园安全问题也凸现出来,主要表现为:

1.住宿生的生活教师短缺。当前,负责学校寄宿生生活的生活教师,主要是接近退休年龄的老教师和各班班主任。

2.学校无校医。由于学生年龄小,经常会出现一些感冒、发烧、咳嗽等症状的常见性疾病,一旦发生,生活教师和校长便变成了临时医生,负责照顾每个孩子。

3.食堂、餐厅不符合标准。学校食堂和餐厅是在原有教室的基础上改造而成的,虽然暂时能使用,但90多名学生拥挤在一个不足50平方米的教室中吃饭,隐患无时不在。

为此建议:

1.加大对农村寄宿制学校的经费投入,规划和改造有关基础设施。

2.按照《寄宿制学校办学标准》,为农村寄宿制学校配备生活教师及校医。

教育局对县政协十四届三次会议第43号提案的答复

尊敬的张峰委员:

您好。您提出的"寄宿制小学安全令人担忧的提案"收悉,经我们认真研究后,现答复如下:

1.您的这一提案提得很好,抓住了关键所在,切中了问题要害,对增强寄宿制小学安全有很好的参考价值和指导意义,发展农村寄宿制小学是促进教育均衡发展、全面提高农村教学质量的必由之路和重要手段,随着农村寄宿制小学管理的不断规范,学校安全隐患,肯定会大幅度缩减,师生安全将得以保障,教学质量肯定会不断提高。

2.关于您提出的"学生的生活教师短缺、学校无校医、食堂餐厅不符合标准"的情况和问题,需要给您说明的是,教育行政管理部门已经专门出台了《农村寄宿制学校管理规范》,对学校安全管理、作息时间管理、生活教师配备、餐饮设施标准等作了明确的规定,县教育局已经请示县政府同意,与县卫生局共同研究,将按照寄宿制学校的实际办学情况合理配备生活教师、校医等,增加寄宿制学校经费投入,改善学校食堂、餐厅条件。

3.关于您提出的"加大农村寄宿制学校的经费投入,为农村寄宿制学校配备生活教师及校医"的意见和建议,我们将进一步研究,认真采纳、认真落实。目前,农村寄宿制学校正在不断建设和规范管理,寄宿制学校的经费投入明显高于其他学校,在校舍建设、生活设施配备等方面还有专门投入渠道,县教育局将不断总结寄宿制学校管理的经验,合理调配和使用一线教学工作人员和生活教师,保证农村寄宿制学校的规范发展,消除一切安全隐患。

以上答复您是否满意,如有意见,敬请反馈。

感谢您对政府教育工作的关心和支持,并欢迎今后提出更多的宝贵意见。

部门负责人:牛林虎

科室负责人:申增明

承　办　人:申增明

2009年8月10日

**案 由：**“煤炭经济后”的一点思考（83号）

**提案时间：**县政协十四届四次会议

**提 案 者：**王艳平

长治县是一个传统煤炭大县，创收基本来源于煤炭企业，对其他小型企业要求重视不够，但是随着我县许多煤矿的关、停，煤矿减少了，只保留了为数不多的20儿座煤矿。剩余劳动力增加了，群众收入也相应减少，怎样才能给这些剩余劳动力再找一个就业生财门路呢？我通过调查了解到，有些村民曾在煤矿上班，煤矿关闭后，不甘心坐在家中无所事事，想把挣到手的钱再投资发展，可许多国家政策情况也不很清楚，苦于不知有什么好项目可以投资发展。

从目前国内企业发展状况看，中小企业已成为扩大就业的主渠道，不仅可安排大量城市下岗职工，还可吸收大量农村剩余劳动力，有效解决农村劳动力的转移和就业问题，从而保证社会的稳定和经济发展。

目前中小企业在不少地方形成产业群，是产业链中的重要组成部分，很多中小企业的强项是在“专、能、特、新”方面发展，是创新不可忽视的力量。鉴于以上这种状况，我建议政府与有关部门可以组成专业机构为一些手中有钱想发展的村民，提供一些必要优惠政策、技术指导和咨询服务，统一宏观管理。

为此建议：

1.由于企业的人员自身素质不高，这就需要有专业人员来帮助投资者，选择一些含金量高、环保、节能、高效的中小项目作为资金的投向。

2.重点对这些人员进行法律、法规及国家许可政策的培训，不可盲目的投资生产，要有市场调查。

3.支持中小企业形成一个产业链，由品种单一向多元化方面发展，鼓励产业格局形成优势生态链。

4.加强政府对企业全方位扶持，免费为中小企业进行管理、人才推荐、组织技术方面培训。

5.通过政府招缆一些人才，来我县就业工作，为我县经济发展注入新鲜血液，是一种利国、利民的好事，应大力支持。

6.我县煤炭资源也不多了，几十年后很可能没有了创税大户，我们着手筹建挣钱稳定、产品需求量大的中小企业发展，为后代留下一份家业，保证县财政收入的持续稳定。

### 中小企业局对县政协十四届三次会议第83号提案的答复

尊敬的王艳平委员：

您好。您提出的“煤炭经济后”的一点思考的意见收悉，经我们认真研究后，现答复如下：

1.您的这一提案提得很好，抓住了关键所在，切中了问题要害，对我县中小企业发展有很好的参考价值和指导意义。政府和有关职能部门确实应该强化对中小企业有效的服务，发改、财政、税务、工商等部门应该在法律和政策允许的范围内对中小企业，特别是有发展潜力有发展前景的成长型中小企业项目创优发展环境加大扶持力度，并给予优惠照顾和帮助支持。

2.关于政府应鼓励中小企业发展壮大的情况和问题，特别是鼓励从煤炭企业向非煤企业转型发展，大力支持非煤地面企业发展已成为全县各级各界的一个共识。煤炭企业“长期靠不住，短期离不了”。只有大力发展非煤地面企业，特别是发展第三产业才是今后的出路所在。所以，县政府在鼓励发展地面中小企业方面做了大量工作。2004年市、县人民政府都出台《关于加快民营经济发展的决定》，决定在市场准入、创环境优惠政策、土地优惠政策等方面都作出了规定，但是，由于这些优惠政策的落实是一个多部门联动的工作，由于协调不够等方面原因，落实的不够扎实。近两年来，针对我县实际，为实现转型发展目标，县委、县政府作出决定，要求每个煤炭企业投资领办、创办一个非煤项目，地面企业发展方面效果较为明显。金融危机以来，国务院下发了〔2009〕36号文件《关于进一步促进中小企业发展的若干意见》，我县也实施了“6131”发展战略和“保增长、促稳定”工作措施，相信中小企业发展政策的落实，中小企业转型发展会取得较大成就。

3.关于您提出的政府应通过各种政策和培训为非煤地面中小企业的发展提供帮助等意见和建议，我们将作进一步研究，认真采纳，认真落实。

(1)国务院《关于进一步促进中小企业发展的若干意见》和省委、省政府《关于进一步支持促进中小企业发展的若干意见》24条。在进一步营造有利于中小企业发展的良好环境等方面的政策，我们一定要落实好，同时拟出台具体的贯彻办法，深入贯彻省、市文件精神。

(2)深化行政审批制度改革，要认真落实已出台的各项创环境优惠政策和服务程序，实现审批内容标准和审批程序的公开化和规范化。

(3)进一步加强中小企业服务体系建设。首先要利用现有服务体系，大力开展对中小企业各类人员的培训服务，积极实施中小企业银河培训工程和企业家训练营活动，对中小企业经营管理者实施全面培训。

加大信息服务力度，加大信息服务平台建设，特别要利用中小企业网等网络信息优势，为非煤企业和项目的发展提供服务。首先要做好产业指导，及时发布国家产业政策、信息及产业指导目录；第二要建立项目信息库，筛选符合我县县情的有关项目、建立项目信息库，供创业者选择；第三提供人才信息服务，搭建人才信息平台，收集各类人才信息，提供及时服务。

以上答复您是否满意，如有意见，敬请反馈。

感谢您对中小企业发展工作方面的关心和支持，并欢迎今后提出更多的宝贵意见。

部门负责人：王卫星
科室负责人：韩开心
承　办　人：郭　维
2009年10月13日

**案　　由：新市东街应有一个小型休闲区(46号)**
**提案时间：**政协长治县十四届四次会议
**第一提案者：**杜合平　赵银虎
**联名提案者：**郭武德　冯虎文

我县新市街是县城建设初期最早开辟的一条街道，新市东街即农商街区、长乐社区是这条街道的主要居民区和商贸区，然而贯穿东西的一条街道，却没有一个休闲健身的活动场所，原有的一个休闲活动广场，现已形成一个功能齐全的菜市场，过去老年人早上出来可以聚在这里健身交流，现在失去了这块场地。居民们，特别是老年人好像是失去了点什么，晨练出来没有个休闲去处。因此不得不跨马路到和谐广场、或到东边的铁路专用线旁，沿铁路溜达，很不便利，更不安全。

为此建议：

1.是否可考虑在这条街道新规划开辟一块休闲活动区；

2.农商街菜市场东面，新市东街公安小区西面有块荒废土地，已经搁置了好几年，是否能利用起来，绿化一下，安置些健身器材、形成了一个娱乐、休闲广场，以便满足群众的需求。

住房保障和城乡建设局对县十四届四次会议第46号提案的答复

尊敬的杜合平等代表：

你们好。你们提出的“新市东街应有一个小型休闲区”的意见收悉，经我们认真研究后，现答复如下：

1.你们的这一提议很好，提的很及时，切中问题要害，对改进政府工作和我局工作具有很好的参考价值和指导意义。

2.关于这一问题的解决需要说明的是：首先，县城总规划正在修编当中，对于居民区修建休闲场所是规划考虑的问题之一；其次，小型休闲区的规划布置要考虑其服务居民区的范围，就目前农商街现状而言，此区还需进一步改造，待时机成熟定会设立小型休闲区。

感谢您对政府和我局工作的关心和支持，并欢迎今后提出更多的宝贵意见。

部门负责人：李维山
科室负责人：郭文修
2010年11月24日

**案　　　由：提高全民素质 加强县城管理(85号)**
**提案时间：**政协长治县十四届四次会议
**第一提案者：**李淑梅
**联名提案者：**王国兵

近年来，我县的县城建设日新月异，突飞猛进，相隔一年半载未到县城，就真是难以辨认，给人以找不着北的感觉，县城建设成就的取得，得益于县委、县政府的正确领导，得益于城建部门前瞻性的规划设计，得益于各路施工大军的辛勤劳作，更得益于全县人民的关心呵护。但是，随着建设速度的加快，城区规模的扩大，外来人口的增加，相伴而产生了一系列的城市管理问题的出现，现就一些不良现象和做法，有碍县城文明建设的二三事反映如下：

1.县城府后西街，县医院东巷等地是居民集中居住地，而区域范围内，卫生环境极差，大小便、狗粪遍地，臭气熏气，给文明县城建设抹黑增阻，主要原因，一是没有开放设施，人为造成随地处理；二是全民素质教育、社区管理工作未能相应跟上。

2.县城主干道交通秩序基本井然有序，有章可循。而小巷小街却不尽然，非法客运车辆，乱停乱放，无人问津、无人管理，给居民生产、生活、工作带来诸多不便，前段时间，因车辆乱停放，致使一车辆将一过路行人撞成粉碎性骨折。造成居民曾一度时期极为恐慌,影响极坏。尤其县医院东巷长期停放危险物品运送车辆(油缺罐车),随意停放面包客车。

为此建议如下:

1.加强管理。建章立制,对非法营运的要予以取缔,保障人民群众的人身安全。对合法运营者,要规范管理、强化培训、做到规范有序。

2.加强对部分危险物品运送车辆长期在居民居住区停放的管理,给居民一个放心、安全的居住环境。

3.及早开放公共卫生设施并投入使用,加强管理,给居民一个"出路"。

4.加大全民素质教育、提高素养、加强管理、强化责任、监督检查。

总之,通过全民的共同努力,把我县的县城建设和管理工作,提高到一个新的水平。

住房保障和城乡建设局对县十四届四次会议第85号提案的答复

尊敬的李淑梅委员:

你好。你们提出的"提高全民素质,加强县城管理"的意见收悉,经我们认真研究后,现答复如下:

1.你的这一提议很好,提的很及时,切中问题要害,对改进我县城管工作有很好的参考价值和指导意义。

2.关于这一问题的解决需要说明的是:

(1)关于对府后街卫生问题的答复

我县环卫部门将进一步加强市容环境卫生管理,提高清扫、保洁、清运质量。做到"五净五无"(路面净、便道净、下水口净、果皮箱净,无瓜皮果核、无纸屑、无烟头、无畜粪、无杂物)。针对您提出的府后西街存在的问题,我们将加强巡回保洁,做到勤清理、勤巡查、勤管理。

(2)关于对县城客运车辆乱停乱放问题的答复。

县城主干道交通秩序井然有序,但在一些小巷仍有一些客运车辆乱停乱放,我们将高度重视,加强对这些重点路段的管理,增派人员,并联合交警、客运等部门积极采取措施,加强管理和引导,确保道路安全畅通。

以上答复您是否满意,如有意见,敬请反馈。

感谢您对政府和我局工作的关心和支持,并欢迎今后提出更多的宝贵意见。

部门负责人:李维山
科室负责人:聂福兵
2010年11月25日

**案　　由:关于对我县关闭煤矿占地复垦使用的建议(74号)**
**提案时间:**政协长治县十四届四次会议
**第一提案人:**王有明
**联名提案者:**贾建兵　董林军

去年以来,煤矿实行关闭重组,我县煤矿由原来的100多座减少到现在的30座,除去已复垦或改作他用的外,现在全县还有大约40—50座废弃矿山,每个矿山占地按30亩来算,应该有上千亩土地被闲置荒芜,造成了土地的浪费。

为此建议：

1.将井下设备和井上机械尽可能发挥出极大价值，或变卖或转用，地面土地恢复耕种。

2.利用原来建筑物，将转型发展中的新项目安排到废弃矿山，节省新增项目占地数量。

国土资源局对县十四届四次会议第74号提案的答复

尊敬的王有明等委员：

你们好。你们提出的“关于对我县关闭煤矿占地复垦使用的建议的提案”收悉，经我们认真研究后，现答复如下：

你的这一建议提得很好，与我局当前实施的土地置换是一致的，就是对原废弃工矿用地，重新安排项目进行有效利用。除用作置换和利用外的其他废弃矿山，我们也已根据实际情况和所在地的利用情况逐一进行了调查、登记。未能利用的我们将逐步进行复垦，作为补充耕地使用。

以上答复您是否满意，如有意见，敬请反馈。

感谢您对政府土地复垦工作的关心和支持，并欢迎今后提出更多的宝贵意见。

部门负责人：陈保明
科室负责人：李 明 薛书平
承 办 人：宋韵峰 姜秀堂
2010年11月29日

**案 由：在中小学开展写字教育(18号)**

**提案时间**：政协长治县十四届四次会议

**提 案 人**：张瑞芳

中国人写好中国字，这应当是中国教育的根本，也是最基本的要求。我国的教育，自古以来都是从教与学写字开始的，字写得如何，常常是衡量一个人是否受过教育或受教育水平高低的一个标志。汉字不同于拼音文字，它是中华民族智慧的结晶，是中华文明赖以传承和立于世界民族之林而不衰败的最重要的载体。写字教育在汉字文化圈有着悠久的传统。我国的近邻日本、韩国等都非常重视中小学写字教育、日本的书道，韩国的书艺有着非常广泛的基础，韩国甚至要把书艺向联合国申报非物质文化遗产。

由于应试教育的影响，我国中小学写字教育和中小学生的写字状况令人担忧，目前，写字课普遍被取消，偶尔有也只流于形式，多数学生的写字水平越来越差，字写得潦草难认，错别字屡出，提笔忘字的情况十分普遍。据几所小学高年级学生写字情况抽样调查，在被查60份试卷中有6份识别不出学生名字，抽查10本作文本，其中6本字迹潦草，行款不整齐。有的学生被抽查时，在读自已的笔记本时都竟然有字辨认不出来。

为此建议：

由教育部出台文件、规定；在全国中小学把写字课列入正式的课程表，而并非流于形式，在日常考试和中考(笔试)时，对卷面书写状况和水平至少安排一定的分数予以评定，高考作文也要把卷面书写作为考试标准之一。

教育局对县十四届四次会议第18号提案的答复

尊敬的张瑞芳委员：

您好。您提出的“在中小学开展写字教育的提案”收悉，经我们认真研究后，现答复如下：

1.您的这一提案提得很好，提出了目前中小学教育在规范汉字书写方面存在的问题，对改进政府教育工作具有很好的参考价值和指导意义。

2.关于在中小学开展写字教育的问题，需要给您说明的是，我们在此方面已做了大量工作，每年的小学毕业质量检测中，小学语文学科专设五分的书写分，以督促各小学在平时的教学工作中加强书写指导和要求。2010年5月份，以我县“打造全国书法之乡”这一活动为契机，县教育局出台了“关于在全县中小学开设书法课的课时及教师选用”等方面做了具体要求。目前，全县80%的学校已正式开设了书法课。县光明小学、县五中等学校的书法课已初见成效。

3.关于您提出的在中小学开展写字教育的提案，我们将作进一步研究，对您提出的意见和建议认真采纳，认真落实。

(1)经常性的下乡督查各校开设书法课情况，并对其开设情况进行评估。

(2)每学期开展规范汉字的书写大赛，采用奖励机制，促进书写教育的开展。

(3)继续发扬优良传统，在每学期的期末检测中，各年段的语文试卷上专设书写分。

以上答复您是否满意，如有意见，敬请反馈。

感谢您对政府教育工作的关心和支持，并欢迎您今后提出更多的宝贵意见。

部门负责人：牛林虎
科室负责人：赵建斌
承　办　人：申正祥
2010年11月25日

**案　　由：关于转移农村富余劳动力的建议(11号)**

**提案时间：**政协长治县十四届四次会议

**提 案 人：**常和保

在乡党委、乡政府的领导下，近几年我乡农村劳动力的转移力度得到进一步提高，劳动力转移工作取得一定效果.但近一年来，受全球金融危机和我省关停小煤矿政策的影响，原先在煤矿上班的村民，现在又处于失业和半失业状态。以北宋村为例，煤矿被关闭后，全村有三分之二的劳动力失业，今年大多无事可做。这样的状况如果长期存在下去，势必增加社会不稳定因素，因此这些人员的安置工作迫在眉睫。

为此建议：

1.加大宣传力度，积极引导就业。引导劳动力转变就业观念，积极外出务工。同时加强劳动力技能培训，努力适应产业需求。

2.地方国有企业应勇于承担社会责任,积极吸收有产业技能的劳动者就业。民企是相互依存、互相发展、互利共赢的关系,企业的发展离不开民情稳定,村民增收致富也离不开企业的发展,作为地方国有企业,在这样的时期,红山煤矿有责任为政府分忧解难,为其占有土地的北宋、北山、藏龙三个村的劳动力提供更多的就业机会,帮助解决当地劳动力的就业问题。

3.制定措施,大力支持劳动力自主创业。在自主创业者创业起步阶段,给予电、水、场地、交通、信贷等多方面的支持,鼓励他们自主创业。

## 农业委员会对县十四届四次会议第11号提案的答复

尊敬的常和保委员:

您好,您提出的"关于转移农村富余劳动力的提案"收悉,经我们认真研究后,现答复如下:

1.您的这一建议提得很好,抓住了关键所在,切中问题要害,对改进政府工作具有很好的参考价值和指导意义,您所提出的关于转移农村富余劳动力的建议,是当前农村急需解决的问题,也是实现城乡统筹发展的重要工作。

2.关于如何转移农村富余劳动力的情况和问题需要给您说明的是,根据县委〔2010〕年13号文件精神,围绕发展现代农业,拓宽致富门路,培育新型农民这一原则,县农委每年都要进行农业生产技术和农民务工技能的培训工作。每年完成农民科技培训任务5万人次,直接转移劳动力800人左右。同时要求县乡两级都要建立好农民培训基地,改革培训教材,引进培训师资,提高培训质量,确保劳动力培训就业。目前我县已实行凡政府行为的农民培训,一律由政府"买单"的优惠政策。

3.关于您提出的转移农村富余劳动力的意见和建议我们将做进一步研究,认真采纳,认真落实。我们将采取进一步措施。

以上答复您是否满意,如有意见,敬请反馈。

感谢您对农村劳动力就业工作的关心和支持,并欢迎今后提出更多的宝贵意见。

部门负责人:李书彬
科室负责人:刘金红
承 办 人:牛宇红
2010年11月25日

# 第二章　提案办理

提案工作能否发挥作用，取得实效，关键在于办理落实。为切实提高提案办理质量，使提案真正能落到实处，县政协与县委办、政府办就提案办理情况进行协商，互通情况，及时研究和解决提案办理过程中的一些问题，积极推动提案的顺利办理。同时，对于县委、县政府重视、群众关注的重点提案，由政协主席、副主席亲自督办，并对提案承办单位进行带案视察，一方面听取承办单位对提案工作的意见以及提案办理过程中存在的问题，另一方面对提案承办单位提出要求，切实增强办理效果。

## 第一节　办理落实

由于资料短缺，县政协八届一次会议前的提案审查、办理、落实情况无法记述。

### 八届一次会议

此次会议共收到委员提案39件，参加提出提案的委员33人。经提案委员会审查，立案39件，这些提案由本会办公室根据提案审查委员会的意见，分别送有关单位办理。截止到1985年4月1日，八届二次会议召开前夕，已收到受理单位对提案的办理回应38件，占全部立案提案的99%。1件因条件不具备办理条件，留作以后参考。

从已办理回复的38件提案落实情况看，提案件数虽少，但对于党和政府了解情况，落实政策，改进工作和促进经济体制改革等工作都有很大的参考价值。

### 八届二次会议

此次会议共征集提案39件，经提案委审查立案39件，这些提案内容丰富，涉及面广，有的提案不仅提出了建设性的意见，而且还提出了自己独特的见解和措施。充分体现了委员们对本县“两个文明”建设的高度责任感和主人翁态度。本会提案委员会和办公室的同志，对所有提案逐一分析，归纳分类，提出处理意见，及时转送各有关单位办理。经办公室同志和各承办单位努力，到八届三次会议召开前夕，除3件未办理外，落实或正在落实的提案有36件，占立案总数的92%。《建议成立机关幼儿园和老人游艺所》的提案，为做到小有所托，老有所乐，经有关部门的努力，幼儿园已经建立，老人游艺所正在筹划中。委员提出的《建议学校成立校友会》的提案，教育局正在研究中。有关建立文明村和关于党风政纪建设方面的提案，正在随着整党工作的全面铺开而逐步加以解决。《南宋至北宋间一段公路急需维修》和《解决县城内家属住房的混乱状况》等提案，有关部门非常重视，并着手组织人员调查解决。《在驻市招待所建立老人俱乐部》等提案，由于条件不具备，一时难以解决。

## 九届一次会议

此次会议提案委共收到委员提出的各方面提案64件，经提案委审查，立案64件。这些提案内容丰富，涉及面广，质量较前有所提高，充分体现了委员们为本县两个文明建设献计出力的高度政治热情和主人翁精神。

从办理情况看，在各有关单位的共同努力下，已有92%的提案得到了办复。已经及时办理的提案有43件，占提案总数的67%。委员提出《关于县城被糠醛厂污染》的提案，虽然历经几届政协提议，均未落实。九届政协委员又将此问题作为提案向县委、县政府提出，并提出处理这一问题的合理化建议，提案引起县委和县政府的高度重视，很快责成县计委、县城建局会同韩店镇等单位具体研究搬迁方案，县财政划拨搬迁专款50万元。大大加快了搬迁进度，到目前为止，糠醛厂新厂址建设即将竣工，可望在近期着手开始搬迁。为了彻底解决本县工农业生产用电不足问题，县政协委员经过深入调查研究，提出了《关于在我县建设火力发电厂》的提案。县委、县政府把此事列入重要议事日程，县委常委三次开会专门讨论，决定由县政府主持召开有关单位会议，责成县二轻局具体主办，县计委、电业局等单位积极协助、展开项目的前期考察论证、厂址选定，立项上报工作。经过努力，该项目已得到省、市主管单位的同意并列入计划，县政协也积极协助引进外资，如能实现3000万元的外资或贷款，项目可望在后半年开工建设。委员们针对社会上婚丧嫁娶大操大办、吃喝成风等不良风气，向全县人民发出了“简办婚丧嫁娶”的倡议书，受到了各级领导和广大人民群众的大力支持，目前，此风已开始向好的方向转化。对发展科技事业，推广普及科技成果方面的提案，正在有关部门的重视下，从增加科技投入入手，加大培训力度，搞好试验、示范，逐步落实。委员提出《关于修建旅客候车室的建议》的提案，在县政府的重视和支持下，已得到了解决。各界人士强烈要求恢复本县工商联。县委经研究，已责成统战部具体承办，现已基本筹备就绪，可望在前半年恢复。

有些提案建议很好，提的问题也比较准确，但因受条件制约，马上解决，确有困难，这类提案有15件，占立案总数的23%。

有少数提案，涉及个人问题或缺乏可行性或不符合政策规定暂不能办理，向本人或有关方面做了解释和说明。

## 九届二次会议

此次会议共收到45位委员提出的各种提案29件，经提案委审查立案29件。这些提案在各承办单位的努力下，交办的29件提案已全部办复完毕，办复率为100%。

提案被有关部门采纳，已经落实和正在落实的有24件，占到立案总数的82%。政协委员张爱果《关于增加学校经费和提高中小学德育教育的建议》的提案，得到县委、县政府的大力支持、政府已决定在1989年的财政预算中再增加教育经费投入，加大对学生道德教育的力度，并根据“中共中央关于加强中小学德育教育的通知”精神，使学校、社会、家庭都来关心和教育我们的后代，收到了较好的效果；针对政协委员李步云提的《关于农民买化肥难》的提案，县政府和有关部门对化肥的供应采取了专营专供，严禁倒买倒卖，基本解决了农民买化肥难的问题；政协委员朱宋保等提出的《加强西火镇民调工作和高压线被盗》的提案，经有关部门积极侦破，抓获了犯罪分子，有力地打击了刑事犯罪活动，社会治安状况得到好转。政协委员李铁水提出的《关于解决黎岭村群众吃水难》的提案，县政府责成经坊煤矿和黎岭村委共同承办，经过努力已基本解决了吃水难问题。

提案可行，虽已采纳，但仍需创造条件才能落实的有3件。政协副主席胡纪道提的《关于组织科技人员到乡镇企业搞技术承包》的提案，有关部门认为，这一提案符合本县的实际情况，很有必要这样做，但要组织好，协调好，制定出一些切实可行的规定和措施，这一工作的落实需要一个过程，有关部门已开始着于这方面的工作，相信随着改革的深化，这一提案会很快得到落实；政协委员张守智所提的《严惩犯罪分子和防止青少年犯罪的建议》的提案，已引起各级领导的重视，采取了一定的措施，取得了一定的效果，社会治安状况正在向好的方面转化。

提案虽好，但条件不具备不能办理或需向上级主管部门反映的提案4件。政协副主席胡纪道提出的《关于对严重犯罪分子从法律上修改“量刑”尺度加以严惩》的提案，县人大已受理并转呈上级有关部门；政协委员李铁水提出《成立县文联》的提案，虽然因条件不成熟，无法落实，但已引起了有关部门的重视。

## 九届三次会议

此次会议共征集到提案35件，经提案委审查立案35件，这些提案在各承办单位的努力下，到十届一次会议召开前夕，已全部办理完毕，办复率达100%。委员提出的《关于振兴我县农业，重视粮食生产，增加农业投入的建议》、《关于秸秆还田的建议》、《组建乡镇科技站的建议》等提案，得到县政府的重视，使农业投入比往年增加30%，加强了对农业的领导，大力推广农业新技术，使本县粮食产量超历史水平，突破了两亿斤大关；关于《加强中小学德育教育，改变学生流失状况的建议》、《关于以地方校友会为中心，开展全民读书活动的建议》等提案也引起了县委、县政府的重视，并专门召开党务会和县长办公会进行专题研究，采取了有力措施，建立了学校、家庭、社会三结合的思想教育网络，采取了七条措施，使学生的思想教育工作落到了实处，学生流失状况基本得到遏制。县工商联呼吁《对全县违纪小车应立即查封》的建议，县控办根据有关文件精神，立即对全县61辆违规小车进行了查处，并对有关人员进行党、政纪处分和经济罚款，全县共罚款282416元。委员朱宋保、宋建设《应加强煤炭管理，制止坑害消费者利益》的建议，得到县政府的重视，有关部门采取了有效措施，强行取缔了私人摊点，加强了煤炭上站检查工作，维护了国家和广大消费者利益；对政协委员陈振先、刘天顺《关于清除腐败、建立廉政法规》的提案，县委、县政府研究制定了《廉政十条措施》收到了良好效果；县财政局根据韩店糠醛厂的实际情况和政协委员邵德才反映的情况，给予免税一年的照顾；县公安局接到了不少委员反映的《要求加强社会治安》的提案，积极采取措施，打击罪犯，建立了治安联防队，增加警力，有效地促进了社会治安状况的好转。

在这些提案中，提案合理，因条件限制，承办单位正在创造条件办理的11件，占办复提案的31.4%，这部分提案大部分属于要求增加经费、改善工作条件和办学条件的，由于县财力不足，一时不能解决，需做好工作，创造条件解决。赵书庆等几位政协委员《要求解决县一中教师宿舍、住宅区、实验室通水通暖问题》以及有的委员反映《要求解决经费短缺》等问题，已引起了有关单位的重视，正在积极创造条件，逐步解决。

另外，因情况吃的不透，需做解释或需向上级反映的2件，占提案总数的6.1%，因涉及政法部门，已向领导和有关部门做了反映，有的已向提出提案的委员做了说明和解释。

## 十届一次会议

此次会议共征集到提案81件，经提案委员会审查、立案77件，这些提案在各承办单位的共同努力下，到十届二次会议召开前夕，已全部办理完毕。

提案确实可行，被有关部门采纳，已落实和正在落实的41件，占办复提案的60.6%。送交政府的《关于科技要兴农，必先兴科技》、《开发利用煤矿废水》、《挽救果树死亡，发展果品生产》等三个建议案都引起了县委、县政府的重视并得到采纳，制定了科技兴农的实施方案，采取培训科技骨干、典型示范、良种推广等方法来提高全县人民对科技兴农的认识和以科技致富的自觉性，在全县掀起了科技兴农热潮。在较少投入的情况下实现了1990年粮食产量又上了一个新台阶；对开发利用煤矿废水，县委、县政府采取了以点带面，取得经验逐步推广的办法，在本县西火镇中村利用新矿井水和万方水池进行山区管灌试点，为推广山区管灌，扩大水田面积开了个好头，取得初步经验；在这同时，县委、县政府针对本县果树死亡状况，找出病因，采取了有力措施，对全县果树技术员和果树专业户进行了技术培训，使果树死亡率明显下降，果品产量呈现上升趋势；政协委员李福娥等《要求组织委员外出考察》的建议，县委、县政府非常支持，拨专款组织部分常委分两路赴我国西南和东部沿海七省先进市县政协进行了参观学习，使委员开阔了视野，进行了一次深刻的社会主义和爱国主义教育；政协委员张爱果等《关于要求改善苏店煤检站车辆严重堵塞交通》的建议，得到有关部门重视，决定将煤检站搬迁，现已破土动工；政协委员刘屯柱《关于节约土地，开发利用空闲地》的建议，县政府采取了有力措施，对今后在县城建平房计委不予列入计划，计划对原城建家属院的平房进行改建，由平房改建为楼房，今年也将破土动工。为本县节约耕地，改善居民居住条件，美化环境发挥很好的社会效益。

提案合理，因条件不成熟，正在创造条件办理的21件，占办复提案的27.2%。这些大多属于要求增加经费、改善工作条件等方面的提案。教育界的委员《要求尽快解决教师住房和教学设备》、《要求解决我县知识分子农转非》等提案，已引起了有关单位重视，将随着本县财力状况的好转和有关政策的到位逐步解决；政协委员刘桂玉《关于人大代表名额中应有伤残人代表》的建议，县人大也很重视，只因县人大正值大会闭会期间，只能提交选举委员会确定，并在下次会议给予考虑安排。

因种种原因，暂不能采纳需作解释或向上级反映的15件，占办复提案的12.2%。提案中有的涉及机构设置的问题，根据中央“精减、消肿”精神，增加编制需向上级反映和从内部调整；有的提案涉及政法方面的问题，这就需报政法部门给予依法审定。

## 十届二次会议

此次会议共征集委员提案79件，经提案委员会审查，立案75件，提案质量从整体上看比往年明显提高，大部分提案反映了国计民生重要事务和人民群众普遍关心的热点问题。提案的确切性和可行性比以往都有很大改观，受到承办单位的好评。

十届二次会议以来的提案办理工作，受到党政有关部门的重视，到去年12月30日，73件提案得到回复，占办复总数的97%，2件提案是经过审理退回重新办理的，也在本次会议召开前办理完毕。

被有关部门采纳，已落实和正在落实的43件，占办复数的60%。政协委员高恩祥《关于加强长陵公路沿线治安管理》的提案，县公安局非常重视提案反映的情况，对韩川到苏店段集中力量进行了治理，打掉四个犯罪团伙，使该地段的治安状况有了明显好转；对政协委员梁聚财《关于加强煤矿安全管理》的建议，县煤炭总公司进行了认真的研究，并根据本县的实际情况，采取了3条措施：①加强领导，深入调查，根据煤炭资源分布状况合理布局开采；②加强煤炭开采安全监管、技术指导和探水设备的配套使用；③加强各种制度的落实，严格审批程序，使煤矿事故明显下降；对苏店政协小组提的《关于对苏店两所学校进行整顿的建议》，县教育局进行了专门研究，采取了有效措施，使学校面貌有了大的改观。

建议合理，因条件限制暂时不能解决需说明情况的24件，占办复总数的31%。政协委员李玉芳《关于提高老干部医疗费标准的建议》，县卫生局立即进行调查了解，对原来的医疗管理办法做了一些修改，但由于本县财力有限，还不能拿出足够的资金来满足需求，只能在今后县财政好转后，逐步考虑解决；对政协委员朱宋保《关于拓宽长陵公路》的提案，县政府认为提的合理，但由于本县财力有限，需向上级有关部门请示批准才能实施。

因种种原因不能采纳需说明情况或向上级反映的有8件，占办复总数的9%。有的委员提出《在乡镇设立政协专职小组长的建议》。根据中央、国务院机构改革前不得增设机构和全国政协“关于政协工作机构不再向乡镇延伸”的通知精神，不能采纳；对《供销社减免税收》的提案，县税务局根据有关通知精神，对1985年前的政策性挂账县财政已做过专项处理，目前此类问题在本县无力解决的情况下只能向上级反映。

## 十一届一次会议

此次会议共收到委员提案62件，经提案委审查立案61件。这些提案在各承办单位的努力下于十届二次会议召开前夕办理完毕，办复率为100%。承办单位采纳落实或正在落实的提案42件，采纳率为68%。

十一届一次会议以来的提案有三个特点：一是委员参政议政的意识性增强，建设性的提案增多，参与提案人数占委员总数的65%。政协委员范志、邵德才、张俊英等人均提案达到3件；二是提案质量有较大提高，大多提案能反映国计民生、民心、民意，紧紧围绕全县经济建设这个中心。政协委员李天德《关于加强县城建筑市场管理》、政协委员王清玉《关于加强县城规划，搞好配套服务设施》、政协委员王中秋《关于防止农业生产中掠夺性经营》等提案都能秉笔直言，如实反映情况；三是注重调查研究，不搞即兴之作，努力在建议，办法上下功夫，提案内容较前更加充实，书写提案较前认真具体。政协委员魏二旺、贾国模《加强县城交通安全管理》和《关于绿、美化县城的几点建议》的提案，理由充分、建议详细具体，并且还绘制了规划图形，受到承办单位的好评。

从提案办复情况看，绝大多数承办单位的主管领导是重视的，态度认真、积极，把办理委员提案提到加强共产党领导的多党合作、政治协商和本县民主法制建设的高度，当作大事来抓。教育局、工商局、城建局、公安局、农业局、卫生局的领导对提案办复亲自把关。实施措施明确，对一时不能办到的说明情况，受到提案委员的好评。1993 年，提案办理结果可分以下三种情况：①建议合理，被有关部门采纳，落实和正在落实的有 42 件，占办复总数的 68%。政协委员翟保善、冯俊义、邵德才、李仁贵《关于加强市场管理》、《修好路快致富》等建议，问题抓的准，理由充分，建议、方法详细具体，被有关单位采纳。②限于客观因素制约一时难以落实的 15 件，占办复总数的 24%。委员提的《开展多渠道办学》、《给中医院划拨医疗经费》等提案，虽然建议合理，但因条件所限暂不能落实。③因种种原因不能采纳的 5 件，占办复总数的 8%。这些提案确切性差、说服力不强，可行性和操作性差。虽然这些提案没有被采纳，但承办单位都及时给予说明和解释。

## 十一届二次会议

此次会议共征集到委员提案 61 件，经提案委审查立案 58 件。所有提案在十届三次会议召开前夕已由各承办单位办理完毕，提案办复率为 100%。承办单位采纳落实或正在落实的 45 件，采纳率为 78%。

从本届二次会议以来征集到提案的整体情况来看，委员提案的积极性进一步提高，参与提提案人数占到委员总数的 63%。提案质量也大为改观，不论从文字格式还是提案内容，都较前认真、具体、规范。确切地讲 90%以上的提案都注重调查研究，问题清楚、分析具体、办法可行，反映了民心、民意。委员们紧紧围绕经济建设这个中心和群众普遍关心的热点、难点问题，直言不讳地提出自己的意见、看法及建议。即兴之作大为减少，提案的可操作性增强。

去年本届二次会议后，提案委员会对全部提案进行了认真审查，及时送交有关部门办理，在本次会议前已全部办理完毕。从整个提案办理情况看，绝大多数承办单位领导重视，亲自参与办案，态度积极认真，对能办到的措施明确，对一时办不到的都能说明情况。提案办理从以前的简单答复型转向了务实、效益型。其中采纳落实 25 件，占办复总数 40%。政协副主席傅怀珠《关于保护王庄铁路沿线文物的建议》、政协常委高恩祥《加强市场物价管理的建议》、政协常委裴福宏《加强种子质量管理》和政协委员赵树林《建立司马批发市场的建议》等提案，问题抓的准，引起了政府部门高度重视，有的已经落实，有的已定出相应措施抓紧落实。

其次解释办理 28 件，占办复总数的 45%。政协委员李天德《关于设法安排城镇待业青年就业的建议》、政协委员陈富山《关于对农村干部采取保护措施的建议》及政协常委李步云《关于加强县城垃圾管理的建议》等提案，受到有关部门好评，这些提案能办的都已办理，一时办理有困难的也都作了详细的解释。

三是说明答复 5 件，占办复总数的 15%，《关于成立县文联的建议》和《关于加强水利资源的回收使用的建议》等提案，由于一时条件不成熟暂时不能办理，都能说明情况给予回复。

## 十一届三次会议

此次会议共收到提案 67 件，经提案委员会审查，立案 66 件，从这些提案看，具有两个特点：一是委员们的政治责任感进一步增加，通过提提案行使基本职能的积极性更加高涨，提案的数量和质量普遍有所提高。

十一届三次会议以来立案的 66 件提案，共转送到 37 个单位办理。到本次大会召开前，66 件提案全部办复，办复率为 100%。在提案的具体办理上，大致分为三种情况：一是被有关部门采纳、问题已经解决和正在解决的 64 件，占办复总数的 97%。政协委员张贵祥深入农村实地调查，就活跃本县农村经济，加快商品流通、及时传递商品信息、丰富农民文化生活等方面提出了《创造条件、繁荣经济、起集开市促进城乡贸易》的建议，得到县委、县政府的高度重视。县委书记王虎林亲自批示由政协牵头，协调工商、税务、物价、公安、供销等有关单位，拿出具体方案付诸实施。县长柴守忠已签发《关于在"四镇一乡"起集开市的通告》：城关镇每月农历初六、苏店镇每月农历初五、荫城镇每月农历初三、西火镇每月农历十五、八义乡每月农历初九为起集开市时间。这将为促进物资交流繁荣本县经济，产生极为深远的意义。政协委员张守孝、王山虎、王新芳、贾国模等委员提出的《关于合理开发管好用好煤炭资源的建议》，县政府及时召集有关部门进行研究，制定了一系列的办法措施，均收到较明显的效果。政协委员傅怀珠、刘金文、田金旺、王剑峰、吴小华、王玉珍等提出的《要加强长治县县城综合治理的建议》，县委常委会、政府县长办公会专题研究，成立了县城综合执法队，在主要街道设立了交通岗，有力地打击了地方邪恶势力、地痞流氓、欺行霸市等嚣张气焰，县城的综合治理得到明显好转，受到全县人民的普遍赞扬。政协委员高恩祥、牛振中、申文奇等提出的《关于重视农业的几点建议》，几年来县委、县政府始终把农业生产作为头等大事来抓。特别是去冬今春，集中人力、物力、财力大搞了秸秆覆盖和农田水利基本建设，受到省、市的表彰，捧回了"禹王杯"，并获奖金 3 万元、"213 吉普车"1 辆；政协委员花明新、王中秋、晁昆山、张俊英等提出的《关于搞好县城总体规划、加强县城卫生管理的建议》，也得到县委、政府的高度重视。目前，县城的总体规划已基本完成，政东路与二级路现已开通，政东路、新建路等沿街装饰工程已接近尾声，整洁、卫生、文明的县城已初步形成。二是建议合理、有关部门表示采纳，但由于受客观条件限制，难以一时解决，需要今年逐步落实的 2 件，占办复总数的 3%。

## 十一届四次会议

此次会议提案委员会共收到提案 76 件，经提案委审查立案 73 件。立案的 73 件提案，共转送到 32 个单位办理，在各承办单位的共同努力下，到五次大会召开前，73 件提案全部办理完毕，办复率为 100%。其中，被有关部门采纳，已经落实和正在落实的 69 件，占办复总数的 94.5%；建议合理，有关部门表示采纳，但由于受客观条件的限制，难以一时解决，需要今后逐步落实的 4 件，占办复总数的 5.5%。

政协委员李清文提出的《关于建强县发展县域经济的几点建议》、政协委员申文奇、王新芳、陈富山提出的《应出台建设工业小区优惠政策》、政协委员冯俊义、申有宝、张俊英、朱排常提出的《政府应控制县域内的消费基金走向》等提案，集中反映了实施"科教兴县"战略、建设经济强县、繁荣县域经济等方面的具体问题,县委、县政府极为重视。县委、县政府在确定建设全省经济强县奋斗目标和实施“三步走”赶超战略时,都有具体的安排和部署,每年都要把这些作为当年工作的重点来抓,并取得了很大成效。实施“科教兴县”战略,在苏店、荫城建设了工业小区,县城新建了瓜果批发市场、银桥市场、五金百货市场。县委、县政府将继续促进县城多功能广辐射的综合开发力度。政协委员王中秋、晁昆山提出的《创造一个让农民学技术的氛围》,政协委员李裕民提出的《应加大对农业、乡镇企业的投入》等提案,引起了有关部门的重视。县科委、县科协1996年举办各种形式的推广农村实用技术培训班16次,培训各类科技人员4.8万人次,发放科技资料6.8万余份,送科技书籍下乡2000余册,并在全县农村开展了“一户一个明白人,十户一个技术员,百户一个农艺师”的三项金桥活动,初步形成了一个农民争先学科技、用科技的氛围。乡镇企业再上新台阶以及书记、乡(镇)长工程的实施,都将把乡镇企业推向一个新水平。政协委员秦红珍、朱排常、李冬英提出的《关于加强农村基层组织建设》的建议、政协委员牛正忠提出的《关于加强农村工作的建议》等提案,也被有关部门采纳落实。政协委员张贵祥、王弥泽等八位联名提出的《体校应附设初中班的建议》、政协委员傅怀珠、田金旺、申文奇提出的《新闻单位应加强对县城环境卫生教育的宣传力度》、政协委员赵树林提出的《应尽快解决县档案馆建馆立项问题》等提案,都已经得到落实。体校附设初中班的建议,在多方努力下,已于1995年开班上课;县城环境卫生宣传教育工作力度正在加强;县档案馆建设已作为1997年县政府要办实事内容之一。

## 十二届一次会议

此次会议提案委员会共收到提案67件,经提案委审查立案63件。到十二届二次会议召开前夕,这些提案在各承办单位的努力下,已办理完毕,办复率为100%。

随着改革开放的不断深入和社会主义民主政治建设的不断完善，委员们的政治责任感大大增强,参政议政的民主意识大大提高,通过提案行使基本职能的积极性大大高涨。一是围绕经济建设这个中心,关注国家经济发展和社会进步,议大事的多了;二是紧扣县委、县政府建设高标准小康县奋斗目标献计策,提建议的多了;三是以社会热点为内容,代表群众利益反映社情民意的多了;四是深入调查研究,针对存在问题提出具体措施办法的多了;五是文字简练、语言流畅、书写认真、格式规范的多了。这些都反映出,委员们履行职能的积极性有了很大的提高。政协委员王玉盛提出的《关于加大农村村务公开工作力度的建议》和政协委员连广钦提出的《应在全县范围内增加农村图书发行网点的建议》,集中反映了当前农民渴望精神文化生活和依法治村的强烈要求。为此,提案委员会及时将这些提案转呈县委、县政府等有关部门,引起高度重视。县委召开了专门会议,成立了农村村务公开及民主管理工作领导组,制订了实施方案,并在全县各乡镇全面推行了村务公开制度,目前已取得明显成果。随着改革的不断深入,农村对精神文化生活的追求越来越强烈,县委宣传部牵头组织了多次“三下乡”活动,县新华书店适应农村形势的需求,在激烈的市场竞争中创新经营方式,除组织部分人员下乡送书外,还创办了全市首家图书超市,大大方便了农民朋友购书,活跃了县城的文化生活。政协委员刘可以、蔡金水、宋明生、申有宝等的提案,集中反映了本县教育改革取得的巨大成就,同时也反映了教育经费严重不足的问题。这些问题已经引起县委、县政府的高度重视,并多次开会研究讨论,认真解决。政协委员常树毅、原功心、景树义等十几名委员联名提出的

《关于加大我县科教兴县工作力度和走出我县财政经济困境的粗浅建议》等提案，引起极大关注。县委、县政府利用农村庙会人员集中的场合，组织有关单位深入农村广泛开展了“科技之春”和“科技与法”等宣传活动，受教育人数达5万人次以上。同时，县委、县政府针对煤炭市场出现的疲软状况，及时召开了财税攻坚等一系列会议，采取果断措施，克服重重困难，使本县的财政收入首次突破亿元大关。政协委员常立新、李淑梅、牛振玲、宋平则等委员就社会关注的一些热点、难点、焦点问题，坦诚已见，仗义执言，通过提案积极反映社情民意。《科教兴县应先兴科技》、《建立济困助学基金的建议》、《规范医疗秩序，提高服务质量》、《农商街娱乐场所应规范经营》等提案，都引起有关部门的高度重视。政协委员李福娥、裴福宏、刘建中、申有宝、宋新文、高秋生、景剑峰等就当前职工下岗等问题提出的提案，也引起有关部门的高度重视。通过各级党委、政府和社会各方面的共同努力，全县下岗职工基本生活保障和再就业工作取得了一定成效。

## 十二届二次会议

此次会议共征集提案74件，经提案委员会审查立案70件，这些提案除部分送请有关部门外，绝大多数送交县政府办公室办理。在各承办单位的共同努力下，到本次会议召开前夕，所有提案全部办理完毕。办理结果是：被承办单位采纳、已经解决和正在解决的48件，占办复提案的68%；建议合理、但因条件所限，暂时不能解决的22件，占办复提案的32%。据调查统计，县政协十二届二次会议以来，提提案者对办理提案的满意或基本满意程度明显好于往年。

十二届二次会议以来，广大提提案者认真贯彻本会“贯彻中心、服务大局”和“讲质量、上水平、求实效”的工作方针，提案的提出呈现出如下特点：一是多数提案能紧紧围绕县委、县政府的中心工作，反映全县经济建设、社会发展和人民群众生活中的大事要事。政协委员刘可以、蔡金水《关于加大教育投入全面推进素质教育》的提案，政协委员关云武《关于政府要保障教师工资正常发放》的提案，政协委员牛振玲、朱排常《关于应建立书记、县长接待日》的提案，政协委员陈富山《关于应充分认识虚报浮夸危害》等提案不仅选题突出，而且在对策和建议方面也提出了有重要参考价值的意见，受到承办单位的重视和好评。二是提案质量普遍受到提案人重视，立案率比上次会议有所提高，许多提案切中要害，见解独到，建议具体可行，为提案的及时办理提供了条件。政协委员张贵祥、赵银虎、申有宝《关于富民强县需要社会稳定》的提案、政协委员王玉珍《关于积极发展乡镇企业为下岗职工提供就业渠道》的提案、政协委员王建卫《关于增强环境保护意识改善县城周围环境》等提案。在承办单位收到后，都认为这些提案非常及时，符合本县县情，抓住了长治县经济发展的关键，建议很有针对性，措施又具体得当，体现了政协委员重于参政、敢于监督的责任感。三是多数提案在准备提出的过程中，调研工作比较深入，提案内容充分，具有普遍指导意义。政协委员赵臣香、宋建设、郭孝科《关于推动全县经济建设的几点建议》、市政协委员李天保、县政协委员李淑梅、王国兵《关于做好长远规划，建设园林县城的建议》、政协委员王五琐《关于加强政协委员学习的建议》、政协委员李福娥、裴福宏、崔晋慧《关于尽快制定南部被烧山林绿化方案的建议》、政协委员原长熙《关于县委、县政府实施的调整工业经济结构方案要实行目标责任制》的提案等，都充分体现了人民政协参政议政水平，切实发挥了人民政协的职能作用。

## 十二届三次会议

此次会议共征集委员提案79件，经提案委员会审查，立案78件。这些提案除部分送有关部门外，绝大多数送交县政府办公室办理。在各承办单位的共同努力下，到十二届四次会议召开前夕，所有提案全部办复完毕，办复率100%。从办理结果看，被承办单位采纳、已经解决和正在解决的62件，占办复总数的80%；建议合理，但因条件所限暂时不能解决的12件，占办复总数的15%，因种种原因不能采纳的4件，占办复总数的5%。

十二届三次会议以来，广大政协委员坚持"围绕中心，服务大局"的工作方针，紧紧围绕县委、县政府提出的"以调整经济结构为中心，以改革发展为动力，全面促进县域经济持续、快速、健康发展"的思路提出提案。政协委员申文奇、宋明生提出的《加大招商引资力度，加快培育新的经济增长点》的提案，政协委员李双好、李振国提出的《加大我县产业结构调整力度》的提案，政协委员宋长生、原功心、鲍金章提出的《加快发展信息产业，促进我县经济发展》的提案，政协委员赵银虎、常树毅、景江峰提出的《我县煤炭产业应走产、洗、加综合发展路子》的提案，政协委员裴福宏、申有宝、景树义提出的《应合理规划我县小商品市场》等提案，都集中反映了政协委员对本县经济发展方向的关切和期盼，具有重要的参考价值，受到县委、县政府主要领导和承办单位的重视。政协委员宋明生、张俊英、靳淑红、牛振玲提出的《政府应出台相应的政策，鼓励发展民办教育》的提案，政协委员李振国、宋平则提出的《要全面提高国民身体素质，应在中学生中增加课间营养餐》的提案，政协委员李淑梅、王国兵、秦红珍、朱排常提出的《搞好电视宣传，促进文明建设》等提案，都是在深入调研的基础上提出的。提案转到承办单位后，普遍反映符合本县实际，具有广泛的前瞻性，为县委、县政府制定政策提供了参考依据。政协委员张贵祥、赵银虎、常树毅提出《打地域名牌改长治县为上党县的建议》，政协委员王胜英提出的《搞好我县两个确保工作的建议》，政协委员王枝堂提出的《多组织科技下乡活动的建议》，政协委员陈富山提出的《应加大对司法腐败查处力度的建议》，政协委员刘建中、申有宝提出的《关于建立双休日文化娱乐活动市场的建议》，政协委员张贵祥、郭武德《关于建立县老干部活动中心的建议》，政协委员宋建设、周五红《关于在个体协会建立党团支部的建议》等提案，集中反映了社会上一些热点问题，坦诚已见、直言直语、大胆反映社情民意，引起有关单位的高度重视。

委员提出的《应加大产业结构调整力度》的提案，转送县政府后，县政府主要领导对此极为重视，指示办公室认真答复，在回复中指出：近年来，县委、县政府对产业结构调整多次进行研究，思路也逐渐成熟。1998年县里制定了《工业经济结构调整的意见》，1999年提出"南粮北菜"战略，2000年在充分调研的基础上提出调产的基本思路：突出工业结构调研，加快农业产业化进程，发展第三产业，加快小城镇建设，积极开发旅游资源，逐步形成以传统优势产业为基础，以三高产业为先导，以高效农业为依托，具有区域特色、布局合理、后劲十足的产业结构。因此，在县委、县政府的号召下，全县大张旗鼓地拉开产业结构调整的序幕。

民革主委李振国提出的《对过往长陵商品公路的本县车辆收费应给予优惠的建议》，转送长陵商品公路开发公司后，该公司极为重视，召开会议专门研究，制定了既能照顾本县车辆利益又能顾全大局的收费办法，受到提案人的好评。政协委员崔德胜提出的《应加强对县域周围环境污染治理的建议》，政协委员靳淑红、牛振玲提出的《县城人口数量增加,公共活动场所太少》的提案,城建局收到后,在答复中承诺:一要加快黎都公园的建设速度,争取2005年投入使用;二要视资金情况,在经坊路口和果品公司原址等地方再建几个小型绿地广场。政协委员郭秀忠提出《县城公共厕所太少》的提案,尽管在办理落实中有一定难度,但仍作了书面答复。

十二届三次会议的提案,体现了政协委员参政议政的积极性,发挥了人民政协民主监督的作用,符合提案严肃性、科学性、可行性和高标准、高质量的要求。因此,本县的提案质量上升到一个新水平。

## 十二届四次会议

此次会议共征集提案23件,经提案委员会审查,立案23件。这些提案在各承办单位的积极努力下,到五次会议召开前夕,所有提案全部办理完毕,办复率100%。

2001年以来,征集到的提案中近80%反映的是本县经济建设、社会发展和人民群众生活中的大事要事,委员们从不同角度、不同侧面运用提案献计献策,提出了不少建议可行、办法具体、便于操作的提案。《增加农业投入巩固农业基础地位的建议》、《大力推进企业改制的建议》、《加大财政税收工作力度的建议》、《五年实现双翻番要有过硬措施》等提案,为县委、县政府的决策提供了重要的参考依据。

积极实施科教兴县战略,加快科技、文化、教育事业的发展是委员提案的重要话题,委员们从教育体制改革,增加教育投入等方面提出了很好的意见和建议。委员提出的《抓好素质教育、提高师资质量》的提案、《政府提供优惠政策、大力倡导私人办学》的提案、《治理学校周边环境、改善学校办学条件》的提案,都得到重视和采纳,有的还被有关部门吸纳到文件当中。

本县县城建设一直是委员关心的热点话题,从十二届政协以来,有40%的提案反映的是本县城市发展滞后的问题,有的委员所提的问题从大局出发,坦诚已见,仗义执言。委员提出的《加强交通秩序管理,规范县城市场》的提案、《整治好县城主街道两侧店铺门面装饰》的提案、《建议在县城开辟科技一条街》的提案,均得到有关单位的采纳。

委员们十分关心本县精神文明建设,提出了《要加强县城综合治理的建议》、《坚决取缔非法营业性歌厅的建议》、《搞好县城卫生、维护县城整洁的建议》等提案,均得到有关部门的采纳和落实。

从提案的办理情况看,被有关部门采纳、已经落实和正在落实的提案20件,占办复总数的87%以上。委员提出的《关于规范医药市场的建议》转交有关部门后,县委、县政府召开专门会议,决定由县纪委牵头,协调卫生、公安、工商、技术监督等有关部门组成联合检查组,分赴各医院、卫生所、药店及药品经营单位,集中时间、集中力量、集中精力,在全县范围内开展了打击假冒伪劣药品、纠正医药行业不正之风的突击行动。经过半年多时间辛勤工作,取缔无证经营户56家,没收伪劣药品价值1.5万余元,焚烧一批假药,规范医疗站所100余家,受到人民群众好评。委员提出的《加强我县环境保护工作的建议》得到高度重视。县委、县政府多次召开会议研究部署环保工作,建立了"政府一把手亲自抓,负总责"的环保工作责任制,先后出台15个有关环保文件,关停、淘汰一批严重污染环境的企业,还通过法律宣传,电视讲话,人大代表、政协委员视察等方式,大大提高了各级领导和广大群众的环保意识,有力地推动了本县环保工作的开展。委员提出的《在居民小区设立家庭邮政信箱的建议》转送邮政局后,局长当即表示:尽管局里没有现成的信箱，就是到外地借也要在春节前挂上信箱。此提案办理后，从此结束了本县没有家庭信箱的历史。

在提案办理中建议合理、有关部门表示采纳，但由于受历史条件和客观条件的限制，难以一时解决，需在今后工作中逐步解决的提案有3件，占办复总数的13%。

## 十三届一次会议

此次会议提案委共征集提案91件。经审查，立案处理89件，这些提案按照分口交办的原则，分别送请长治县委、县政府所属单位和县政协办公室进行办理。作为意见处理的2件也及时送交有关部门参考。在承办单位的共同努力下，截止2004年5月底，89件提案已全部办复完毕，办复率为100%。在已办复的提案中，建议被有关方面采纳，已经解决和正在解决的66件，占办复总数的74%；建议合理，但因条件所限暂时不能解决的14件，占办复总数的15.7%；因种种原因不能采纳的9件，占办复总数的10.3%。

由于广大委员的积极参与和社会各界的共同努力，2003年的提案工作呈现了一些新的特点：一是紧扣中心，突出重点。大多数提案能够紧紧围绕县委、县政府的中心工作和人民群众生活中的重要问题，反映本县改革发展中的大事要事。企业改制、经济结构调整、非公有制经济发展、劳动就业、社会保障、农民增收、素质教育、环境保护等内容成为相对集中的话题。政协委员王跻华、李小兵关于《加强建立现代企业制度》的提案，政协委员乔俊红关于《政府应为民营经济发展创造优越环境》的提案，政协委员申有宝关于《加大干部职工养老保险金征缴力度》的提案，政协委员张起山、申文奇关于《为全县经济建设创优环境》的提案等，都突出体现了上述特点，与县委、县政府的工作思路和重大举措基本合拍。二是调研深入，质量提高。大多数提案准备充分，在提案产生前就做了广泛深入的调查研究，经深思熟虑后郑重提出。内容充分、立意正确、建议具体，因而提案更有深度，更有分量，更有价值。政协委员秦红珍、朱排常提出的《减轻小学生课业负担》的提案，得到教育局领导的高度重视。他们连夜召开局务会专题研究，制订出减负7条措施，并派出督导组深入全县上百所小学督促检查。使这一困扰多年的老问题得到有效遏制，学生、家长反映良好。政协委员申有宝等提出的《加大职工养老保险金征缴和发放》的提案，同样得到政府劳动保障部门的高度重视。该局局长郭海清亲自挂帅，面对编制不足、力量薄弱等困难，建立严格的工作责任制，假日不休息，加班加点，多方争取资金3700万元，使拖欠数年的职工退休金得以全部补发，并保证了养老保险金的按时足额发放，在社会上产生了较大反响，为稳定老职工、稳定全社会做出了突出贡献。政协委员张起山、申文奇、赵建国、王建卫提出的《下岗再就业问题》的提案，提交政府职能部门后，全县及时召开相关会议，相应出台了税收、工商、城管、职介、自主创业、小额贷款等多项优惠政策，并签订了再就业目标责任书。经过多方努力，使部分下岗失业人员得到妥善安置。三是建议可行，操作性强。不少提案在提出问题的同时，还设身处地提出了解决问题的办法措施，使提案更具有操作性。这也是提案采用率高的一个主要原因。政协委员陈富山、王斌关于《在长陵路以西增设外环货运线建议》的提案，政协委员赵喜忠关于《千方百计增加农民收入》的提案，政协委员鲍金章、王玉珍关于《依托名人文化，推进我县旅游业发展》的提案，政协委员崔德胜关于《地面企业做大做强的关键是深化改革》的提案，政协委员王华荣、宋东贵关于《南宋乡交通问题》的提案，政协委员刘成仁、乔和平关于《规范娱乐业发展》的提案，政协委员宋平英、张俊英关于《加强黎都公园建设和管护》的提案，政协委员宋新文关于《文化与环境建设》的提案，政协委员宋卫星关于《建设多功能体育活动中心》的提案，政协委员崔俊山关于《小学教育改革》的提案，政协委员宋秀花、李淑梅、郜红卫、李荷香关于《加大农村卫生事业投入》的提案等，由于建议具体，可操作性强，都取得了较好的效果。

从提案的办理情况看，由于办理单位的高度重视，广大承办人员的辛勤努力，办理速度明显加快，98%的提案能在规定期限办理完毕。劳动保障局、国土资源局、交通局、工商局、教育局等十多个部门和单位，在2003年12月底，已将十三届一次会议期间的37件提案全部办理完毕。

## 十三届二次会议

十三届二次会议以来，政协常委会及时总结经验，努力创新思路，制定了“分层办理委员提案制度”，对事关全局性的重要提案，经主席会议研究，直接提交县委办、政府办，对一些重点提案进行督办；对涉及面广的提案，召开提案办理会议，进行现场办案。通过认真落实分层办理制度，提高了办理效率和效果。

此次会议提案委共征集提案98件。经提案委员会审查，全部立案办理。这些提案按照分口交办的原则，分别送交有关单位进行办理。在承办单位的共同努力下，到三次会议召开前，98件提案已全部办复完毕。在已办复的提案中，建议被有关方面采纳、已经解决和正在解决的63件，占办复总数的64%；建议合理，但因条件所限暂时不能解决的26件，占办理总数的26%；因种种原因不能采纳的9件，占办复总数的9%。从总的情况看，提案的数量比上年有所增加，质量也有了明显提高。

调产工程是推进全县经济结构调整的重要举措，是全面推进本县小康社会建设的重要环节。它的提出和实施在政协委员中产生了强烈共鸣，引起了极大关注。政协委员裴福宏等关于调产的提案，引起县委、县政府的高度重视。县委、县政府把这一工作当作全年工作的重中之重来抓。除政策扶持外，县领导还经常深入现场解决问题，使经坊煤业洗精煤等5个重大调产项目很快建成投产；振东金晶药业等6个重点调产项目正在实施。这些都将成为本县新的经济增长点。针对调产中出现的新问题，政协委员王华荣、车建兵提出的《严厉打击煤矿改制后的黑势力、继续创优环境》的建议，同样受到了县委、县政府和有关方面的高度重视。有关部门针对性地出台了综合治理措施，有关部门对影响破坏经济发展环境的恶势力依法进行了重点打击。针对部分委员提出的煤矿安全生产问题，煤炭安监部门加大力度，采取了四条措施：一是建立健全了煤矿危险化学品的防火安全管理责任网络；二是层层落实煤炭企业四个层次的安全保障和九项现场管理措施，实现了省、市、县、矿四级联网；三是对全县所有煤矿矿长和驻矿安监员进行安全教育培训；四是对煤矿、道路交通、危险化学品进行了拉网式安全生产大检查，通过排查各种安全隐患，避免了重大事故的发生，零星事故控制在市政府下达的指标之内，道路交通、非煤矿山、易燃易爆物品、火灾等事故也比上年明显减少。

随着县域经济的发展，县城建设成为委员们十分关注的热点话题。政协委员宋平英、王慧敏提出《县城基础设施建设要统筹规划同步施工》的提案、政协委员宋平英、成志忠、王跻华、景宏伟等提出《统筹公厕规划，确保县城环境卫生》的提案，政协委员宋德珍提出《加强监管力度，花好钱、办好事》的提案，政协委员高秋生提出《保护生态环境，创建文明县城》的提案，政协委员申文奇、张起山、王建卫提出《加大县城管护力度，创造美好环境》的提案，政协委员郭武德、杜合平提出《重视县城环保、维护绿色家园》的提案，均对县城建设提出了意见和建议。有关职能部门根据他们的提案，围绕创建省级园林文化县城这一目标，提出了“一年打基础，三年大变样，五年超先进”的基本要求，针对工作中的薄弱环节，采取了五条措施：一是加强队伍建设，提高业务素质；二是增加机械设备，完善基础设施；三是健全各项制度，严格规范管理；四是加强宣传教育，接受社会监督；五是加大领导力度，强化责任意识。通过这些措施，切实加大县城市容市貌和环境卫生的管理力度，提高了城市品位和管理水平，一个规划合理，品位超前，功能齐全，环境优美，充满现代气息的新县城展现在人们面前。

本县的旅游资源蕴涵着浓厚的文化底蕴，旅游产业作为全县经济发展的新型产业，具有广阔的发展前景。政协委员宋新文提出的《营建文化强县》的提案，政协委员宋外宾等提出的《开发旅游，利在当代功在千秋》和《规划旅游区域分期逐步开发》的提案，政协委员张俊英、牛四清提出的《发展旅游事业培育旅游强县》的提案，与县委、县政府的工作思路基本合拍。县委、县政府将此列入重要议事日程，进行了多次专题研究，并成立了开发领导组和筹备组，加大了旅游开发的整合力度。县委宣传部精心组织拍摄了展现本县历史文化的六集电视系列片《黎都谣》，加大了对外宣传力度，推动了旅游业发展的过程，并对慈禧故里旅游区、雄山自然风光景区、首阳山、五龙山等景区分批进行整体规划。在五凤楼等文化古迹的影响带动下，南宋民俗特色文化搬上了中央电视台荧屏，扩大了本县的知名度和影响力。

党的十六届四中全会通过的《关于加强党的执政能力建设的决定》，首次提出建设社会主义和谐社会的执政理念。这一命题成为广大政协委员十分关注的重要议题。针对影响构建和谐社会的有关问题，政协委员李书彬、赵建刚提出《加大农业投入，增加农民收入》的建议，政协委员赵丽琴提出《尽快免除农业税》的建议，政协委员崔俊山提出《关于农村老年人生活保障问题》的建议，政协委员宋元萍提出《全方位重视，宽领域运作，实现劳务输出新跨越》的建议，政协委员王新安提出《小康社会应经济、文化、物质全面发展》的建议，政协委员李龙提出《社会治安防控体系亟待加强》的建议，政协委员李凌峰提出《成立“110”家庭暴力报警中心》的建议，前瞻性强，切中要害，得到了县委、县政府及相关部门的高度关注。针对群众上访这一困扰各级的焦点难点问题和少数人对上访问题的偏见，政协委员崔琳等提出了《对上访事件应区别对待》的建议。不少委员还从关注民生的高度，从小处入手，提出了与人民生活密切相关的意见和建议。政协委员王树芳关于《开通韩店与市区班车》的建议，政协委员靳永清关于《改造农商街公厕》的建议，政协委员王广清、秦金水、傅淑琼关于《预防矿工疾病，提高健康水平》的建议，政协委员王玉珍关于《开发集中供暖项目》的建议等，都引起了有关方面的重视和关注，有的已经得到解决，有的正在列入规划，准备分步实施，逐步解决。

## 十三届三次会议

此次会议共征集到委员提案79件。经提案委员会审查，全部立案处理。对于这些提案，提案委员会依据《提案工作条例》，按照分口交办的原则，分别送请县委、县政府所属单位和本会办公室进行办理。在承办单位的共同努力下，到四次会议召开前，所有提案已全部办复完毕，办复率为100%。在已办复的提案中，建议被有关方面采纳、已经解决和正在解决的63件，占办复总数的80%；建议合理，但因条件所限暂时不能解决的13件，占办复总数的16%；因种种原因不能采纳的3件，占办复总数的4%。

建设“经济强县”是每个委员的强烈愿望，发展经济作为全县工作的大局，始终是委员们关注的重点。政协委员张爱民关于《发展地面企业，建立民营经济发展基金》的提案，引起了县委、县政府的高度重视。在百强调产中，县政府科学合理地利用发展基金，支持发展了一批有潜力的调产项目。政协委员靳淑红、王慧敏提出的《充分利用煤炭资源坚持可持续发展》的提案、政协委员宋外宾提出的《发展非煤产业，搞好特色农业》的提案，引起县科技局的重视。他们会同经贸局、农业局、畜牧局等相关部门，筛选出好的项目，在全县范围内公布，为投资者掌握更多的信息和项目，准确把握投资方向起到了重要作用。就政协委员王新成《关于确保民营煤矿的安全生产及资源保护》的提案中提出的建议，县安全生产监督局组织力量对全县所有煤矿进行了全面整治，对一些不符合安全生产基本条件的矿井实行了关闭，并在全县煤矿中推行采煤方式技术改造。截止 2005 年 6 月底，实行技改的矿井已达到 65 个，从根本上保证了国家煤炭资源的科学合理利用，使全县安全生产保持了总体稳定的发展态势。去年本县煤矿企业事故起数和死亡人数大幅度下降，原煤生产百万吨死亡率为 0.5 人，创造了历史最高水平，受到了国家有关部门的表彰。

建设社会主义新农村是党中央的伟大战略部署，也是委员们始终关注的热点问题之一。委员们紧紧围绕“富裕、和谐、文明”，提出了很多好的意见和建议。政协委员赵丽琴《关于屈家山饮水解困工程至今不能供水》的提案提出后，县水利局非常重视，马上安排工程技术人员到现场维修管道，建立健全了供水管理机构，配备了专门管理人员。目前，工程运行正常，老百姓吃上了渴望已久的自来水。针对政协委员李淑梅《关于农村卫生工作的几点建议》的提案，县卫生局在全县农村共配备了 254 个健康员，并把每人每年 360 元的补贴争取列入了县级预算。一辆巡回医疗车，也专门服务到农村，进村入户为群众看病。2005 年还对全县 60 岁以上的农民免费做了体检，保障了人民群众的健康，促进了农村医疗卫生服务水平的提高。政协委员宋元萍等关于《重视“三农”问题》的提案，引起县政府的重视，出台了“长治县扶持农业优惠政策”。对种植中药材的农民，每亩补助 50 元；对新建日光大棚集中连片 20 个以上的农户，每亩给予 800 元的补助；对购置大、中型农机具的农民适当补助，极大地调动了农民的生产积极性，改善了文明卫生的生活方式，有效改变了广大农村的村容村貌。政协委员宋外宾提出的《加强对农村建房指导》的提案，有关部门采纳其建议，在加大宣传力度的同时，搞好规划和示范推广，一批新农村正在兴建之中。同样，政协委员郭海波、张力军、景宏伟、曹振月、赵书庆等关于建设新农村方面的提案也都引起有关方面不同程度的重视，有的得到解决，有的正在解决。

建设文明、和谐、具有现代化气息的新县城，既是全县人民的殷切期望，也是委员们关注的焦点。围绕建设平安县城，政协委员宋国萍提出了《打黑除恶、创建经济发展环境》的提案，切中要害，与上级有关部门的部署不谋而合。从 2006 年 3 月起，一场打黑除恶的战役在全县打响，一些长期为非作歹的地方邪恶势力受到打击，为经济发展创建了比较宽松的环境，人民群众有了安全感。根据政协委员常国新关于《农商街暗娼活动猖獗》的提案，本县公安局开创全国暂住人口管理先河，研制开发暂住人口“四留一建”系统软件，切实加强了对流动人口的管理，为根治社会丑恶现象，净化环境起到了重要作用。围绕建设文明县城，政协委员裴福宏、王玉珍提出《县城建设应注重设施管理》的提案，县城建局立竿见影，制定出台了县城管理方面的 30 多项规章制度，并聘请离退休老干部对市容市貌进行经常性的监督检查，使本县县城面貌有了明显改观。围绕建设卫生县城，政协委员郭玉斌、王思清、靳永清提出《县城改造应注重公厕配套建设》的提案，县委、县政府很重视，计划用二至三年时间在县城各主干道路新修公厕 6 座，县医院西侧的公厕已投入使用。政协委员宋外宾提出《县迎宾街便道、人大街心公园出租车管理不到位》的提案，县政府办和县城建局同交警部门取得联系，在各条新建路上规划出了出租车停车位，改变了出租车乱停乱放的状况。

## 十四届一次会议

此次会议共征集到委员提案76件，经提案委员会审查，全部立案处理。对于这些提案，提案委员会依据《提案工作条例》，分别送请县委、县政府及所属部门办理，所有提案已全部办复，办复率达到100%。在已办复的提案中，已经得到解决的24件，占提案总数的31.6%；正在解决的38件，占提案总数的50%；因条件所限暂时不能解决的14件，占提案总数的18.4%。

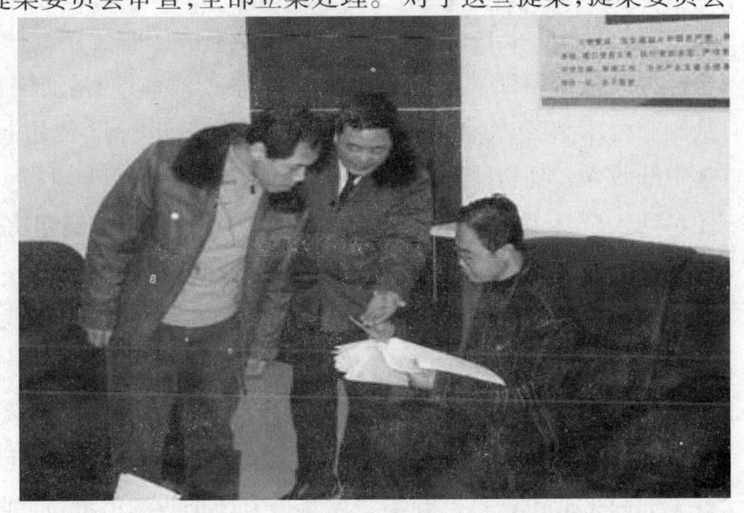

长治市政协视察县政协提案办理情况

从提案特点和效果看，广大政协委员、民主党派、人民团体、工商联，通过提案形式认真履行民主监督、参政议政职能，表现了高度的政治责任感和使命感，所提提案涉及面广，重点突出，可操作性强，解决了许多人民群众关注的热点、难点问题，为促进本县经济、政治、文化与社会建设发挥了积极作用。

“三农”工作是本县广大政协委员关注的重点，他们就本县“三农”工作中存在的一些问题以及如何更好地推动全县新农村建设积极建言。政协委员吉阳萍关于《关注农村环境卫生，加大财政投入力度》的提案、政协委员杨阿艳关于《关注农民工文化生活》的提案、政协委员孟志刚关于《制定农民养殖业优惠政策，加大对养殖业的扶持力度》的提案、政协委员原永红关于《加大对农村师资培训力度》的提案、政协委员秦金水关于《增加农村卫生经费投入，提升基层卫生院的服务能力》的提案等，聚焦“三农”，关注“三农”，反映了本县“三农”工作中需要解决的问题，得到了县委、县政府及有关职能部门的高度重视，使这些提案得到了很好的落实。为改善农村环境卫生状况，县、乡（镇）成立了环卫办，每个村都配备了保洁员，解决了农村环境卫生脏、乱、差的问题。针对农民工文化生活贫乏的问题，县委宣传部门公开选聘文化员，加强农村文化队伍建设。文化部门组织文艺人员深入厂矿、农村送戏、送电影等，举办各类大型文艺晚会近30场，观众累计达10余万人次。为大力扶持本县农村养殖业，县政府专门制定了有关扶持养殖业的优惠政策。另外，县里有关职能部门还加大对农村养殖人员培训，不断提高他们科学养殖的技术和水平。针对农村学校师资薄弱状况，教育部门进行了35天的全员培训，集中培训教师1000余人次。针对农村卫生经费投入较少和基层卫生院建设滞后问题，县委、县政府已经把乡镇卫生院 医疗健康工程列入2008年“五大民生工程”之一，并将农村卫生事业专项经费列入预算，拨付300万元解决卫生院基建资金缺口问题。

在本县的经济结构中，非煤产业发展相对滞后的问题制约着县域经济的持续健康发展。为此，有20多名委员分别提出了关于大力培育扶持本县地面企业发展的提案。调整产业结构，大力发展地面企业，推动本县经济又好又快持续发展，不仅是委员们关注的焦点，也是县委、县政府高度重视的大事。县委提出了打好项目建设硬仗，出台了《关于鼓励煤炭企业兴办非煤工业项目和公益事业建设项目的实施意见》，制定了相关的优惠政策，对新上的非煤工业项目，不仅由县直有关部门负责协调办理相关手续，而且还奖励企业一定数量的扶持资金。通过这一系列的鼓励措施，本县产业结构调整迈出了新的步伐。

中央提出构建和谐社会，不仅是社会发展的需要，也是社会文明的体现。贾红兵委员关于《新型农村合作医疗实施过程中存在的问题》的提案，县有关部门非常重视，认真研究，采取相应措施加以解决。一是加大农村新型合作医疗宣传；二是和市里有关医院建立直补协议，方便农民就医和补偿；三是加强对新农合经办人员的培训，提高他们的服务水平和效率；四是加快新农合信息系统建设，尽快实行网上审核；五是健全公示制度，将有关补偿程序和补偿政策进行公示，并接受群众的咨询和投诉。王艳平委员关于《完善中低收入者住房保障体系》的提案，县有关部门高度重视。目前，县里已经把新建1万平方米经济适用住房列入全县12件惠民实事之中，并建16套特困户廉租房。政协委员邢旭峰、刘亮关于《加快发展我县残疾人事业》的提案，县有关部门积极采取措施加以落实。一方面在落实农村低保、新型合作医疗及社会救济等方面，把贫困残疾人作为重点对象，另一方面开展康复扶残和智力扶残，先后为肢体残疾人安装假肢178条，为467名白内障患者免费施行复明手术。对于政协委员王建栋《建立城镇居民医疗保险》的提案，县委、县政府决定从2007年开始启动城镇居民医疗保险，并列为县委、县政府要办的惠民实事之一。关于政协委员陈旭斌、王有明《加大限制生产使用实心黏土砖，大力扶持推广新型墙体材料》的提案，县有关部门采取了严格控制实心黏土砖生产企业的审批，加强对实心黏土砖企业的监管，关闭了一批手续不全的生产企业，按规定落实了对经坊煤矿新型建材厂和顺发建材厂的免税政策等措施。根据政协委员郭彩萍《加强管理和综合开发利用水资源》的提案，县政府出台了《长治县实施城市节约用水管理规定细则》，相关部门对县城用水进行了详细规划，并进行了水资源普查，加大了对节约用水的宣传和监管力度，目前，正研究解决煤矿、工业废水的利用问题。

教育、文化、卫生事业一直是委员们关注的话题。政协委员秦红珍等提出了《基层教育薄弱，合理分配教师》的提案。对这一问题，教育部门采取相关措施加以解决。一是对口支教、帮教联谊，新分配大中专毕业生到农村山区学校工作；二是规定城镇教师必须在农村支教一年，否则不能晋升职称；三是加大对教师管理力度，引入竞争机制，奖励优秀教师。政协委员张瑞芳提出了《重视对农村寄宿制中小学的建设和管理》的提案，县委、县政府已决定新建10所农村寄宿制小学，进一步改善农村办学条件，解决部分农村孩子的上学困难问题。政协委员郭书清等提出了《关于加强对农村黑网吧的综合治理》的提案，县职能部门对此十分重视，采取措施进行综合治理。首先，对农村网吧加强监管检查，坚决取缔了一批手续不全、经营违规的网吧。其次，聘请了20余名义务监督员，加强对网吧的监督，初步遏制了农村网吧的违规经营，政协委员张和平提出了《关于尽快改善县人民医院医疗环境》的提案，涉及全县人民看病就医，县委、县政府非常重视，目前已对县人民医院的领导班子进行了调整，充实加强了领导力量，并拨款解决遗留问题。通过这些措施，县医院面貌已发生了大的改观。

## 十四届二次会议

此次会议提案委共征集提案88件。经审查，立案处理86件，转为来信处理的2件。所有立案的提案，在承办单位的共同努力下已全部办复。在已办复的86件提案中，已经解决或基本解决的28件，占提案总数 32.6%;正在解决的 42 件,占提案总数的 48.8%;建议合理但因时机和客观条件所限,有待今后解决的 16 件,占办复总数的 18.6%。根据反馈的情况,绝大部分提案者对提案办理表示满意或基本满意。

在撰写提案中,政协委员站在全县可持续发展和构建和谐社会的高度,紧紧围绕县委、县政府的工作思路,围绕县委、县政府应对金融危机的重要部署,围绕改革发展中的大事要事,围绕人民群众生产生活中的热点问题,提建议、献良策,体现了政协委员关心国事、关注民生的高度责任感和鲜明的时代感。从多数提案看,立意正确、内容充实、建议具体、便于操作,讲问题客观实在、实事求是,提建议言之有据、切实可行,符合提案质量可行性、科学性、严肃性的要求。一年来,通过提案的办理和落实,对全县政治经济和社会事业的发展起到了积极的推动作用,参政议政、民主监督作用也得到了进一步的体现。

为了促进文化市场的净化,政协委员王有明、王建栋等提出了《运用高新技术手段对网吧加强管理》的提案,县里根据现状及时成立了"专项整治领导小组",出台了《2008 年网络文化市场专项整治方案》,在全县网吧统一安装了经营监管系统。文化中心正在为实施"全国文化信息资源共享工程"做积极准备,建设全县绿色信息网络,实现资源共享。

为了促进教育资源的合理配置,针对农村中小学目前存在的布局不合理、资源不平衡等状况,政协委员张瑞芳提出《科学规划农村中小学布局,整合办学资源》的提案,县教育部门结合本县实际,制订了"十一五"学校布局规划,计划在今年建成西池、贾掌、师庄、大峪、六家、太义掌等 6 所农村寄宿制小学,目前已全面开工。

为了促进医疗条件的改善,政协委员秦金水、张慧丽就本县医疗机构和设施不适应当前发展需要的问题提出了《加大医疗卫生基础设施投入力度,改善我县医疗环境》和《解决乡镇卫生院医务技术人员短缺》的建议,县委、县政府根据实际情况先后拨付 700 万元和 300 万元,分别用于解决县医院和本县卫生系统基础设施建设及购置医疗设备,并为乡镇卫生院招录医务技术人员 45 名。

为了促进劳务关系的改善,政协委员吕彦青提出了《关于构建和谐劳动关系》的提案,县劳动保障部门在 11 个乡镇成立了劳动保障所,对规模以上非公经济单位全部进行了社会保险登记,为劳动者办理了养老保险、医疗保险、工伤保险手续,在一些小型非公经济单位也逐步开展了此项工作。

为了促进新能源在农村的推广利用,政协委员贾红兵等提出了《在我县农村推广沼气》的提案,县农业部门也加大了对这项工作的推广力度,先后在 200 多个村庄,建起农户沼气池 4000 多个,并在全县建起了 3 个大型沼气供应站,为在全县大面积推广实施这项惠民工程树立了样板、打下了基础。政协委员崔文兵、李书文、靳消气等 7 位委员提出的《关于给农民过冬生活用煤实行煤补》的提案,关系群众日常生活问题,县政府采纳该提案并妥善解决了农村特困群众的冬季取暖问题。2008 年 10 月,县委、县政府联席会议研究决定,对农村五保户、低保户、重点优抚对象特价特供冬季取暖用煤。农村五保户每户供煤 1 吨,所供煤炭由县财政全额补助;农村低保户按照 1—2 人户 1 吨,3—4 人户 1.5 吨,5 人以上户 2 吨,重点优抚对象每人 1 吨煤炭供应,每吨价格 200 元,县财政补助 100 元,每吨补助运费 15 元。

政协委员杨长军提出的《尽快把下岗职工纳入医保网络》的提案,得到了县政府领导和承办单位的高度重视,立即责成有关部门组织落实。2008 年 3 月份,出台了《长治县城镇灵活就业人员参加基本医疗保险实施办法》,明确规定,凡参加基本医疗保险并履行缴费义务的,就可享受基本医疗保险统筹基金支付待遇,解决了下岗职工和灵活就业人员的医疗保障问题。

政协委员杨亚平提出《如何面对禁止使用塑料袋》提案后，为了进一步提高全社会人民群众的环保意识，县政府责成环保局在2008年的“4.22”地球日和“6.5”世界环境日，开展使用环保塑料袋宣传咨询活动，并现场发放了1500个环保塑料袋，引导消费者正确使用环保塑料袋。同时还责成县工商局加大对“白色污染”塑料袋销售环节的监管力度，逐步减少或消除塑料袋的使用。

向提案工作人员移交委员提案

政协委员李广俊提出的《关于改善我县投资环境》的提案，对政府今后的工作具有很好的指导意义和参考价值。县委、县政府积极鼓励各大型企业及有识之士到本县投资兴业，出台了很多优惠政策，以吸引外商到本县投资，共谋发展。特别在2007年，县委、县政府为了加大招商力度，出台了《关于全力推进引资上项，加快全县经济发展的实施意见》，进一步改善了本县投资环境，加大了招商引资力度，本县的投资硬件环境发生了前所未有的变化，交通便利，公路畅通，信息通达，电力充足，服务周全，给外来客商提供了一个山川秀美，文明绿色的投资环境。在软环境建设方面，本县制定了一系列的招商引资优惠政策，设立了政务大厅，为企业发展提供了方便、快捷的“一站式”服务。同时，还努力在全社会营造诚信、亲商、安商、富商的社会氛围，让人人懂得“以诚招商，以情感商，以信留商”，人人树立责任意识，合作意识和发展意识，保护好投资商的合法权益。

## 十四届三次会议

全县各民主党派、人民团体和政协委员，认真贯彻中共十七大精神，切实把推动科学发展作为履行职能的第一要务，以高度的政治责任感和使命感，围绕“保增长、保民生、保稳定”中的重大问题深入实际调查研究，积极通过提案建言献策，共提交提案80件，经审查全部立案。所立提案经过各承办单位的努力，提案所提问题已得到解决的28件，占35%；正在解决或列入计划解决的20件，占25%；作为决策参考的24件，占30%；因条件所限目前难以解决已作出解释说明的8件，占10%。基本上做到了案案有交代，件件有答复，事事有回音，办复率达到100%。从收到的委员反馈意见看，大多数提案人对提案办理情况表示满意或基本满意。通过提案办理，使一些问题得到了不同程度的解决，进一步体现了政协在坚持和完善中国共产党领导的多党合作和政治协商制度、推动科学发展、促进社会和谐、加强民主政治建设等方面所发挥的积极作用。

2009年是全县应对金融危机严峻考验的一年，广大政协委员围绕经济转型、结构调整、生态环保、低碳经济、城乡协调发展等方面的问题，共提出提案24件。经过办理，一些意见和建议已被吸纳并落实到县委、县政府相关决策、发展规划和部门工作中。政协委员贾建斌、魏志明、王艳平等就制约中小企业发展的融资难、发展难、壮大难等问题所提出《政府应鼓励中小企业发展壮大》、《多管齐下解决中小企业融资问题》、《煤炭经济后思考》等提案，受到县委、县政府高度重视。县委、县政府修改完善了深化行政审批制度改革、降低信贷门槛、加大信息服务力度等办法和措施，进一步修订完善了四大班子包乡镇、包企业、包重点工程项目工作责任制，对“成功淮海发动机”等新上重点项目设立了一线工作室，实行现场办公，及时解决工程推进中的实际困难和问题，为企业创造了宽松的发展环境，对于全县转型发展起到了有力的促进作用。

“三农”问题历来是委员们关注的焦点和热点。县委、县政府根据中央有关政策，不断加大对“三农”的投入，进一步调动了广大农民调产增收的积极性。但在金融危机的大背景下，随着部分小煤矿、小砖厂、小石灰厂的关闭、整合及外出务工人员的大量返乡，农民致富增收步伐明显减缓。委员们针对这一问题，提出了不少提案，县委、县政府紧密结合县情，制定出台了一系列具有针对性和可操作性的支农惠农政策，不断扩大公共财政覆盖农村的范围，让公共财政的阳光普照农村。为提高农民致富能力，对农民实行科技和劳动技能免费培训，对有关部门、单位以及社会组织的培训，培训费由政府“埋单”。并采取公开招考的办法，向司马、王庄、经坊等大型煤矿输送了上百名劳动力。根据委员《新增财力尽量向“三农”倾斜》的意见和建议，县委、县政府对农户购买大型农机具和新建日光大棚、兴办养殖业等事项，在国家补贴基础上，又增加了10%的补贴，大大加快了农民致富增收和新农村建设的步伐。

围绕教育、文化、卫生、就业、收入分配、社会保障、居民住房、安全生产等方面问题，此次会议共提出提案28件。根据政协委员宋明生、崔明霞、张瑞芳、付会平等提出的《关于优化整合教育教学资源》，《科学规划农村中小学布局》，《促进义务教育均衡发展》的提案，县政府在2009年工作报告中明确提出了“小学向中心校集中、初中向县城集中、高中向园区集中”的总体规划，并在县六中附近新规划了教育园区。全县已完成17所农村寄宿制小学建设，合并了一些规模小、人数少的小学校，并把新建和改扩建的9所标准化中心小学和寄宿制学校以及高中阶段免费教育列为2010年本县10件惠民实事之一。政协委员崔晋慧、常国新、焦万君、原永红等提出《提升县城品位，方便群众出行》提案，受到县委、县政府重视，本县已于2009年9月开通了国内首家县城免费公交，方便了群众出行，受到了全县人民的称赞。根据政协委员牛思清、贾云峰等提出的《关于加大卫生整治力度》的提案，城建部门对县城的饮水管网、环卫设施进行了集中改造，县城生活废水实现达标排放，垃圾封闭清运，卫生监督管理制度进一步完善，使创建文明、卫生县城工作顺利通过了验收。根据政协委员李莉、张俊英、靳永清等提出的《关于改善县城居民集中供热状况》的提案，县政府及有关部门加大投入，增添设施，扩大了供热面积，得到了群众好评。针对农民群众生活中的“六难”问题，县政府积极筹措资金，对29公里农村公路进行了改造，并解决了25个村近3万人口的饮水安全问题，建设了200余套经济适用房和廉租房。还率先启动了新型农村社会养老保险，提高发放标准，为全县60周岁以上老人每月发放养老金50元，新型农村合作医疗参合率达到96%，受到全县人民的称赞。

着眼和谐稳定，积极协助党和政府协调关系，委员围绕廉政建设、社会治安以及信访等方面的问题，共提出提案12件。经过办理，对于推动党政机关转变作风、维持社会稳定和谐起到了积极作用。结合有关加强廉政建设的提案，县纪委、监察和政法部门开通纪检、监察举报网站，进一步拓宽了信访举报渠道，出台了“禁止公款吃喝、公车私用”等10条禁令，人民检察院制定了《关于加强和改进预防职务犯罪工作的实施意见》，从源头上预防和惩治腐败。结合不少委员关于土地塌陷恢复治理的提案，县政府出台了《因煤矿开采造成耕地塌陷的治理办法》,对土地塌陷补偿事宜明确规定,并责成土地部门采取有效措施加大对塌陷土地的治理工作,为全县生态环境建设打下了一个良好的基础。

此外,委员们还就加强和改善人民政协工作以及开发本县旅游资源、提高农村妇女干部待遇、基层民主建设等提出了若干提案。一些综合性、全局性、前瞻性较强的提案,对于拓宽党政部门工作思路,对于本县的长远发展,具有日益明显的参考价值。县委、县政府高度重视政协提案,主要领导多次作出批示,要求相关部门认真研究采纳。各承办单位把办理好政协提案作为坚持和完善中国共产党领导的多党合作和政治协商制度,坚持走中国特色社会主义政治发展道路的主要体现,并在全局工作中加以部署。许多承办单位对提案办理工作提出要求,并参与重点提案办理,一些承办单位通过多种方式,加强与政协委员的沟通,对承诺改进事项及时跟踪督办,着力推动了提案的办理落实。

## 第二节 优秀提案评选与表彰

### 2004 年

县政协十三届一次会议以来,广大政协委员和政协各参加单位,深入学习和践行"三个代表"重要思想,紧紧围绕县委、县政府提出的"三五"战略发展目标,全面建设小康社会的战略部署,大力弘扬求真务实精神,运用提案和反映社情民意方式,认真履行三项职能,积极建言献策,取得了良好的经济效益和社会效益。各单位和县直有关部门高度重视,认真办理政协提案,为促进政协调研成果的转化做了大量卓有成效的工作。2004 年 6 月 27 日县委、县政府、县政协决定对县政协十三届一次会议以来,办理提案先进单位、先进个人和优秀提案及提案者予以表彰。

**优秀提案及提案者**

尽快出台招商引资的优惠政策 (申文奇)
抓好村委换届审计确保换届稳定 (陈富山)
应将素质教育落到实处 (王海青)
地面企业做大做强的关键是深化改制 (崔德胜)
提高乡村医疗水平 (李淑梅)
办好高中教育,提高国民素质 (秦红珍)
发展我县旅游业,推动经济发展 (高秋生)
加强对绿色食品基地、示范区的科学技术指导和现代化管理 (裴福宏)
关于南宋乡的交通问题 (王华荣)
政府应为民营经济发展创造优越环境 (乔俊红)

**办理提案先进单位**

城建局 教育局 交通局 国土资源局 工商局 农经局 财政局 劳动保障局

### 办理提案先进个人

杜建明 宋明生 张其文 翟旭清 张建林 王贵平 申爱国 张宏斌 聂 宁

## 2005 年

县政协十三届二次会议以来，广大政协委员和政协各参加单位，深入学习和践行“三个代表”重要思想，紧紧围绕县委、县政府提出的实施“三五”战略、全面建设小康社会的奋斗目标，运用提案形式，认真履行职能，积极建言献策，取得了良好的经济效益和社会效益。各单位和县直有关部门高度重视，认真办理政协提案，为促进政协调研成果的转化做了大量卓有成效的工作。2005 年 4 月 18 日，县委、县政府、县政协决定：对县政协十三届二次会议以来办理提案先进单位和优秀提案及提案者予以表彰。

### 优秀提案及提案者

对上访事件应区别对待 (崔 琳)
双管齐下解决农村老年人生活保障问题 (崔俊山)
交通安全教育势在必行 (张力军)
加强监管力度，把实事办好，好事办实 (宋德珍)
县城公厕应统一规划，合理布点 (王跻华 景宏伟)
全方位重视、宽领域运作，实现劳务输出工作新跨越 (李凌峰 宋元萍)
关于建设“多功能体育活动中心”的建议 (宋卫星)
加强健康指导，增强人民体质 (王国彬)
加快小城镇建设，发展农村经济 (刘成仁)
建设小康社会必须全面发展整体推进 (王新安)
开发旅游，利在当代，功在千秋 (宋外宾)

### 办理提案先进单位

政府办公室 城乡建设环境保护局 卫生局 农业局
乡镇企业发展总公司 煤炭安全生产监督局 旅游发展中心 公安局
广播电视中心 信用合作联社

### 办理提案先进个人

聂 宁 杜建明 郭玉斌 郑路红 屈晋文 宋保臻 苗庆英 傅淑琼 和志林
王孝忠

## 2008 年

政协第十四届长治县委员会一次会议以来，广大政协委员和政协各参加单位坚持以科学发展观为统领，紧紧围绕县委、县政府中心工作和广大人民群众普遍关心的热点、焦点问题，运用提案形式，认真履行政协职能，积极建言献策，提出了许多有价值的意见和建议，受到县委、县政府的高度重视，经过认真办理，产生了良好的社会效益，为推动县域经济和社会发展发挥了应有的作用。各有关部门、单位高度重视政协提案，认真做好政协提案的承办落实工作，为推动政协履行职能制度化、规范化、程序化提供了有力的支持。2008 年 6 月 23 日，县委、县政府、县政协对县政协十四届一次会议以来，政协优秀提案和提案者、办理提案先进单位及个人进行表彰。

**优秀提案及提案者**

| | |
|---|---|
| 大力扶持新型墙体材料企业 | (王有明) |
| 农村妇女生产经营中的五大难题 | (李凌峰) |
| 我县煤炭过度开采，地下水资源受到严重影响 | (宋　烛) |
| 县城花草急需保护神 | (王建栋) |
| 建议加大黎都公园开发力度 | (崔晋慧) |
| 我县教育资源配置不合理城乡差别较大的问题值得重视 | (牛振玲) |
| 关注农村环境卫生，加大财政投入力度 | (吉阳萍) |
| 基础教育薄弱令人担忧 | (秦红珍) |
| 农村合作医疗存在的问题 | (贾红兵) |
| 进一步加大投入，提高校长、教师两支队伍的整体素质 | (原永红) |
| 加强对农村黑网吧的综合治理 | (郭书清) |
| 制定有效措施，整治农村公路两侧的垃圾 | (王爱山) |

**办理提案先进单位**

政府办　公安局　教育局　城建局　卫生局　经贸局　计生局　中小企业局　文化中心

**办理提案先进个人**

聂 宁　王孝忠　申正祥　张慧丽　王志文　郭海波　陈风庭　王晓励　刘红兵

## 2009 年

政协十四届长治县委员会二次会议以来，广大政协委员和政协各参加单位坚持以科学发展观为统领，紧紧围绕县委、县政府中心工作；围绕“五大民生工程、十二件惠民实事”；围绕广大人民群众普遍关心的热点、焦点问题，运用提案形式，认真履行政协职能，积极建言献策，提出了许多有价值的意见和建议，产生了良好的经济效益和社会效益，为推动我县经济社会协调发展发挥了应有的作用。各有关部门、单位高度重视政协提案，认真做好政协提案的承办落实工作，为推动政协履行职能制度化、规范化、程序化提供了有力的支持。2009 年 5 月 10 日，县委、县政府、县政协决定对政协十四届二次会议以来，政协优秀提案和提案者、办理提案先进单位及个人予以表彰。

**优秀提案及提案者**

运用技术手段对网吧加强管理 (王有明)
改善我县投资环境 (李广俊)
妇女对新农村建设的需求与期盼 (李凌峰)
乡镇卫生院卫技人员短缺应引起重视 (张慧丽)
创办全县人民满意的优质高中 (秦红珍)
节约电力能源,压缩无需开支 (郭玉斌)
体育场应该对外开放 (牛振玲)
让农村学生真正享受教育公平 (张瑞芳)
加大资金投入,进一步改善我县医疗环境 (秦金水)
加强全县饮用水管理 (焦万君)
建议在我县农村推广修建沼气池 (贾红兵)
对我县农村环境卫生的几点建议 (王建栋)
民营企业融资难严重制约发展 (魏志明)
尽快把下岗职工纳入医保体系 (杨长军)
关于构建和谐劳动关系的建议 (吕彦青)

**办理提案先进单位**

县政府办 财政局 交通局 城建局 农业局 教育局 民政局 劳动保障局
卫生局 文化中心

**办理提案先进个人**

聂 宁 张海燕 贾彩琴 李书彬 申正祥 崔晓堂 申爱国 张慧丽 程国清
邢反英

## 2010 年

为了更好地发挥政协委员的主体作用,进一步做好提案工作,2009 年 7 月 30 日,长治县政协制定了《政协长治县委员会关于进一步做好提案工作的意见》。《意见》要求政协委员要进一步强化提案意识,增强做好提案工作的责任感,充分发挥自身优势,尽心竭力做好提案工作;要求每位政协委员每年至少要参加 1 次调研或视察活动,每年至少要参与一件提案的筹划工作,对 2 年内无故不撰写提案、不参加提案工作的政协委员,视情况予以调整。同时各专委会、各学习小组要采取灵活多样的方式,每年分别组织政协委员集中学习 1—2 次;政协委员要主动学习,勤于思考,不断增强观察、分析和解决问题的能力。政协要突出抓好提案知识的培训,有针对性地编印提案培训资料,定期印发《提案汇编》,对优秀提案给予奖励。

提案委员会要经常与承办部门沟通，通过主席督办提案、提案办理协商会、提案办理现场会和组织委员视察等方式，及时了解提案办理和落实情况，客观、准确、如实地签署对提案办理的意见，促进提案有效办理。《意见》下发后，县政协紧紧抓住提案工作的征集、办理、服务三个环节，创新工作思路，提升工作理念，改进工作方法，积极引导和督促广大政协委员紧紧围绕县委、县政府提出的"四个发展"战略和实施的"6131"工程，献科技发展之计、奏社会和谐之音，有效地提高了履行职能的力度，为促进全县又好又快发展做出了积极贡献。2010 年 5 月 10 日，县委、县政府、县政协决定：对县政协十四届三次会议以来的政协优秀提案和提案者、办理提案先进单位及个人予以表彰。

**优秀提案及提案者**

煤矿开采导致的大面积土地塌陷治理工作应引起关注（侯立峰）

对大学生村官应加强管理（王有明）

加强乡镇公路绿化管理（吕彦青）

关于在各乡镇设立农村沼气站的几点建议（赵丽琴）

制定通道绿化成果管护措施迫在眉睫（成志忠）

中小企业融资问题应高度重视（魏志明）

关于扩大城镇职工医疗定点范围（张建林）

为我县文化资源文化产业注入新活力（李书玲）

金融危机影响下我县城镇青年就业创业形势严峻（陈华丽）

为方便市民出行建议在县城开通循环公交车（崔晋慧）

县党政机关事业单位应聘人员要执行劳动合同法的建议（沈领喜）

加大对广大教师培训力度的建议（秦红珍）

加大地面企业帮扶力度的建议（赵玉庭）

**办理提案先进单位**

县政府办　教育局　财政局　民政局　住房保障和城乡建设管理局
人力资源和社会保障局　文化服务中心　农业委员会　卫生局　水利局

**办理提案先进个人**

杜津力　张 杰　聂 宁　申 斌　李海峰　郭秀学　陈擎明　冯少鹏　牛学兵　王东风

# 第六编

# 社会活动

长治县政协的社会活动泛指在政协委员会全体会议、常务委员会会议闭会期间，按照政协章程的有关规定，组织政协委员开展的各项工作和活动。这些工作和活动，既是对全体会议、常委会议精神的落实，也是政协履行"三大职能"、发挥作用的方式和需要。县政协充分发挥自身优势，积极开展各项活动和工作，为全县经济上台阶和社会安定作出了应有的贡献。

# 第一章 学习与研讨

开展学习是人民政协的一项重要任务,是一项重要的基础性工作。早在1954年,毛泽东主席就把学习列为政协的五大任务之一。组织和推动政协委员和各界人士在自愿的基础上进行学习,是政协章程的明确规定,是提高政治协商、民主监督、参政议政水平的必然要求。长治县政协坚持自己提出问题、自己分析问题、自己解决问题的"三自"原则,实行不抓辫子、不扣帽子、不打棍子的"三不"政策,在坚持四项基本原则的前提下,百花齐放、百家争鸣,组织和推动政协委员认真学习马列主义、毛泽东思想,特别是邓小平理论、"三个代表"重要思想和科学发展观;认真学习时事政治、社会主义市场经济与社会主义法制的基本理论、现代科学技术知识;认真学习统一战线和人民政协理论,政协章程和有关规章制度等,提高了政协委员的理论素质和业务能力,为政协委员参政议政创造了条件。

## 第一节 专题学习

1982年7月24日,人大常委会副委员长廖承志,给在台湾的蒋经国先生写了一封信,用电报发到了台北。廖承志在信里说,祖国的和平统一,是千秋大业,台湾一定会回到祖国的怀抱,希望蒋经国能在统一大业中,贡献自己的力量。此信公开发表后,县政协组织委员学习了《廖承志致蒋经国先生的信》,召开了去台人员家属座谈会,同时组织委员编写了和统一的宣传稿,对台湾回归祖国、实现和平统一积极开展工作。

1982年8月18日至21日,县政协召开学习会议,中心议题是学习和讨论《中国人民政治协商会议章程修改草案》。出席这次会议的委员共29名,县政协副主席郝保兴、张金玉出席会议。会议由副主席郝保兴主持。

1982年10月12日至16日,县政协召开了政协全体委员会议,学习中共中央十二大文件。学习中,大家听取了县委书记郝永和关于全县在本世纪末实现工农业年总产值翻两番的初步打算,并进行了认真的讨论。大家说:"学习十二大文件,使我们既看到了祖国光明灿烂的未来,也看到了社会主义现代化的前景。从而,增添了信心,鼓舞了斗志。"政协常委胡纪道说:"我们有党中央的领导,只要我们上下紧密团结,沿着十二大指出的路子,脚踏实地走下去,翻两番的宏伟目标,一定能实现。"政协委员、韩店中学教导主任张汉说:"三中全会以来的实践证明,我们党对社会主义建设客观规律的认识、对马克思主义毛泽东思想的基本观点的认识、对掌握全局开创新局面的战略魄力和战略远见，都超过了新中国成立以来的任何历史时期。”政协委员王荣生说：“十二大要求，到本世纪末力争使全国工农业年总产值翻两番。只有实现这个目标，才能使我国国民收入总额和主要工农业产品的产量居于世纪前列。”政协常委申安福说：“要建成一个现代化的国家，分两步走是合乎规律的。要成一番事业，一口气达到目的是不可能的，饭要一口一口吃才行……”当谈到要抓紧两个文明建设达到三个根本好转时，委员们对祖国的社会主义建设充满信心。来自农业第一线的农民政协委员建议县委在完善联产承包责任制时，思想更要解放一点，手脚放大一点，生产责任制的推行，要根据群众的意愿，再彻底一点，包干责任制的方法最好，农民最欢迎。15日，分管政法工作的县委常委、县人大主任王良玉结合十二大文件的学习，向委员们传达了全国政法工作会议精神。在讨论中大家一致认为，听了全国政法工作会议的传达，进一步明确了新时期政法工作的任务。政协主席郝保兴说：“要正确运用法律武器，坚决打击严重破坏社会主义经济的走私贩私、贪污受贿、投机诈骗和盗窃公共财产等犯罪，坚决打击反革命分子和特务间谍分子，坚决打击严重危害社会治安的杀人犯、放火犯、抢劫犯、强奸犯、诈骗犯、投毒犯、盗窃犯和流氓集团首要分子……这就是新时期政法工作的任务和职能。”政协委员秦国珍说：“十二大要求在近五年期间，要抓好两个文明建设，达到三个根本好转，政法工作一定要做到工作细致，事实清楚，证据确凿，定性准确，量刑适当，程序合法，只有这样，才能开创更加安定团结的新局面。”16日，全体与会委员，赴晋城参观了城内的机关、商店，也参观了农村的东关大队和东四义大队。所见所闻，大家无不啧啧称赞。晋城的发展变化展现了三中全会以来人民物质生活水平提高，也体现了人们精神面貌的焕然一新。学文件，见行动，在十二大精神鼓舞下，本县将出现一个崭新局面。

《邓小平文选》在全国公开发行后，1983年8月20日，长治县政协组织全体委员认真学习了《邓小平文选》。这部《文选》集中了中国共产党的集体智慧，总结了中国社会主义革命和建设的实践经验，有分析，有论证，是一部重要的政治理论书籍，是马克思主义普遍真理与我国具体实践相结合的产物。它在政治、经济、思想、理论、科学、文化、教育、军队、党的建设、统一战线等各个方面都丰富和发展了马克思列宁主义、毛泽东思想。此次学习《邓小平文选》，是县政协下半年政治理论学习中的一项中心任务，机关干部在通读一遍的基础上结合学好全国人大、全国政协六届一次会议文件，写出了自己的学习心得和体会。学习方法坚持以自学为主，以读原著为主，以自己提出问题在实践中解决为主，以所在单位学习为主，联系自己的思想实践和工作实际，提高认识，统一思想，振作精神，自觉为四化建设作出贡献。学习期间，政协办公室组织大家听辅导报告会，开展学习讨论会、座谈会、交流学习经验，畅谈学习心得，互相切磋，促进了学习。

1984年10月26日，长治县政协组织全体委员认真学习了中共十二届三中全会文件。中国共产党十二届三中全会通过的《关于经济体制改革的决定》，阐明了加快以城市改革为重点的经济体制改革的必要性，紧迫性，明确了改革的方向、性质、任务和各项基本方针政策，是指导我国经济体制改革的纲领性的文件。此次学习后，11月12日，县政协常委集中学习两天，通过学习，领会精神，明确方向，增强信心，讲求实效，见之于行动。11月13日，县政协组织全体委员和各界人士进行学习一天。为了促进和有效地指导学习，政协于11月30日，组织全体机关干部认真开展学习《中共中央关于经济体制改革的决定》的活动，通过学习提高认识，用改革的理论和政策武装思想，加强团结，有效调动一切积极因素，自觉投身于这场伟大而深刻的改革,发挥人民政协和民主党派,人民团体,无党派民主人士在四化建设中的积极作用。各学习小组除主动抓紧时间自学外,每星期的二、四下午组织集体学习,在这有限的8小时内集中精力认真阅读和讨论文件,全面领会,深刻理解文件的精神实质,通过学习,把认识统一到党的十二届三中全会精神上来。此次学习三中全会文件,与学习《哲学》、《政治经济学》等理论结合起来,与学文化,学业务更新知识结合起来,同时结合学习《邓小平文选》以及邓颖超主席在六届二次会议上的讲话结合起来。在学习《决定》的基础上,理论联系实际,认真开展了"我为改革作贡献"活动,每个委员在各自不同的岗位上扬己所长,努力工作,为改革作贡献。

1985年5月,为了使政协委员的思想能适应当前形势的发展,县政协决定在5月至12月间开展一次学习活动。此次学习的内容为:学习《关于经济体制改革的决定》,为"慎重初战、务求必胜"的方针奠定思想基础;学习《辩证唯物主义和历史唯物主义原理》和《政协经济学》系统理论,结合邓颖超在全国政协六届二次、三次会议上的讲话,从理论到实际,上下联系,加深对《决定》的理解,自觉肩负重担、投身改革;学习业务知识,加强对《政协章程》和新时期统一战线方针、政策理论的学习,提高对四化建设和为三大任务服务的自觉性、积极性。此次学习分为两个阶段进行。第一阶段,5月至8月,以学习中共中央十二届三中全会《关于经济体制改革的决定》为中心,结合学习邓颖超在全国政协六届二次、三次会议上的讲话和党中央在十二届三中全会以来一系列的路线、方针、政策,从理论上弄通弄懂中共中央的路线、方针、政策,提高贯彻执行的自觉性;第二阶段,9月至12月,以《决定》为主线,系统学习《辩证唯物主义和历史唯物主义的原理》,联系实际,认识建设具有中国特色社会主义的正确性,提高改革开放的信心,同时结合学习新时期统一战线理论、政策,明确每个政协委员在"慎重初战"中肩负的重任。此次学习把54位委员按住地分为9个小组,以组为单位,指定地点,就地组织,灵活多样,虚实结合。在学习讨论过程中,大家发扬民主,畅所欲言、各抒已见,对改革开放提出了很多建议和要求。小组长认真听取了大家的发言和建议,并汇总向政协常委会进行了汇报。学习结束后,参会委员进行了学习交流。

1988年12月20日,长治县政协组织委员专题学习贯彻中国共产党十三届三中全会精神。中国共产党第十三届中央委员会第三次会议,是我国全面改革进入关键时刻召开的一次重要会议,全会提出的明后两年要把改革和建设的重点突出地放在治理经济环境,整顿经济秩序上来,以深化全面改革,推进社会主义商品经济的建立,这对于我国经济社会的健康发展具有重大意义,本县政协委员,各民主党派和工商联成员及各界人士,自觉把学习贯彻十三届三中全会精神作为以后两年的工作中心,通过学习提高认识,统一思想,增强信心,振奋精神,从思想上、政治上和党中央保持一致。全面正确地认识当前形势,全面正确地分析党的十一届三中全会以来改革的进程和改革的利弊得失。全面正确地理解治理经济环境,整顿经济秩序与全面深化改革的关系,理解改革的有利条件和暂时的曲折,明确改革方向,坚定改革信心,上下同心同德,大家共渡难关,实现全面深化改革的目的。全县政协委员通过学习,以大局为重。在各自的岗位上认真履行自己的职责,发扬艰苦奋斗、勤俭廉洁的优良作风,统一意志、统一行动、遵纪守法、令行禁止,与群众同甘苦,与党共患难,做清正廉洁的表率,同时,要进一步发挥"政治协商,民主监督"的作用,通过政治协商,对改革中的重大问题提出建设性的意见和建议,积极协助党和政府创建经济发展环境,整顿治理经济流通领域中的混乱现象和社会上的腐败现象。各位政协委员,民主党派和工商联成员,各界人士,按照中共长治县委的布置和安排,认真学习,宣传贯彻执行中共十三届三中全会精神,高举社会主义和爱国主义旗帜，广泛团结各方面的力量，增强在中国共产党领导下的统一战线的凝聚力，维护安定团结的政治局面，为夺取治理经济环境，整顿经济秩序和全面深化改革的胜利做出应有的贡献。

1989年6月6日至6月20日，长治县政协先后两次召集政协常委及各界人士，认真学习座谈讨论了邓小平的重要讲话和李鹏、杨尚昆等中央领导的重要讲话。学习由政协主席韩国华主持，全体政协常委、驻县城的部分政协委员和各界知名人士参加了学习，县委副书记李补安传达了邓小平的讲话精神，人大副主任牛二锁参加学习并发了言。通过学习邓小平的讲话以及李鹏、杨尚昆等中央领导的讲话，大家进行了热烈的讨论，一致认为中共中央一举平息首都反革命暴乱，是民心、党心所向，是关系到党和国家社会主义制度生死存亡的一场严重的政治斗争。邓小平的讲话高瞻远瞩，精辟阐述了这场反革命暴乱的性质、根源，指明了改革和建设的方向，是一个统一全党全国人民思想的纲领性文件。没有共产党就没有新中国，只有社会主义才能救中国，不少委员深有感触地说："在党和国家的危难关头，邓小平等老一辈无产阶级革命家力挽狂澜，挺身而出，及时制止动乱并为全国人民指明了方向。人民解放军为平息暴乱付出了血的代价，为国家为民族立了大功。"县政协主席韩国华在学习结束时要求本县全体政协委员各界人士要认真学习贯彻讲话精神，做好各自的工作和周围群众的思想工作，和党中央保持一致，为稳定局势作出贡献。

1989年7月12日，县政协召开常委专题学习会，认真学习讨论中共十三届四中全会精神和邓小平等中央领导的重要讲话。学习由政协主席韩国华主持，政协常委和各界知名人士参加了学习，县委副书记李补安参加并作了重要讲话。常委们在认真学习讨论邓小平以及中央领导同志的讲话后，一致表示，坚决拥护中国共产党十三届四中全会的各项决定，坚决拥护江泽民任中央委员会总书记。与会常委通过学习讨论，对中共中央四中全会精神有了较为深刻的理解，联系政协工作实际，在统一认识、振奋精神的基础上，表示要深入学好中共十三届四中全全文件，把思想统一到中共十三届四中全会精神上来，更加紧密地团结在党的周围，同党和政府风雨同舟，共渡难关。在讨论中，政协副主席胡纪道发了言，表示坚决拥护党的英明决策，坚决拥护四中全会精神，为统一祖国大业做贡献。韩国华主席要求本县政协委员和各界人士，认真学习贯彻四中全会精神，从思想上，政治上同党中央保持一致，为稳定局势，发展经济，惩治腐败，促进民主与法制建设，更好地协助党和政府做好各项工作。

同时，西火镇工作组召集政协委员，也认真学习了中共中央十三届四中全会公报和邓小平的重要讲话，表示坚决拥护中央、国务院的果断措施，把认识统一到四中全会精神上来，以邓小平的讲话为准则，做好宣传、团结社会各界爱国志士和人民群众的工作，与党中央保持高度一致。坚持四项基本原则，坚决反对资产阶级自由化，继续贯彻执行中共十一届三中全会制定的一个中心，两个基本点，坚定不移地走改革开放强国之路。

1989年7月16日，长治县政协专题学习贯彻十三届四中全会精神。全体政协委员联系动乱和反革命暴乱的严峻现实，认真学习中共十三届四中全会文件和邓小平的重要讲话，把思想统一到全会精神和邓小平重要讲话上来。全体政协委员表示，一定要立场坚定、旗帜鲜明地宣传全会精神，坚持四项基本原则，反对资产阶级自由化，做好周围群众的思想工作，坚决同党中央在政治上、思想上、行动上保持高度一致，高举社会主义和爱国主义旗帜，以"长期共存，互相监督，肝胆相照，荣辱与共"的精神，同党和政府风雨同舟，共渡难关，齐心协力，坚持立国之本，为走好强国之路而努力奋斗。

1989年10月6日，长治县政协举办江泽民总书记国庆讲话专题学习会。江泽民总书记在庆祝中华人民共和国成立四十周年大会上的讲话，以实事求是的精神，回顾了我国40年来特别是近10年来的历程，肯定了我国社会主义革命和社会主义建设中的伟大成就。总结了新中国成立以来特别是改革开放以来的经验，以及发生的学潮、动乱甚至形成反革命暴乱的教训，是一个指导当前全党工作纲领性的文件，对于进一步统一全国各族人民的思想，团结一致，巩固和发展40年来所取得的胜利成果，坚持四项基本原则，夺取社会主义现代化建设和改革开放的更大胜利具有十分重要的意义。学习和贯彻这个重要讲话精神，以自学为主，联系自己的思想、工作实际、深刻领会、付诸行动。此次学习到10月底，共组织委员集中学习、集中讨论了三次。大家根据讲话精神，提出了一些颇有见地的建议或意见，以推动全县各项工作的开展。通过学习，还开展了“我与40年”的活动，每个委员总结自己40年来的经历，特别是改革开放以来在“四化”建设中的贡献，写出了自己的学习心得体会。年底，县政协召开了“政协委员为四化作贡献”表彰会，表扬奖励了一批政协委员。

1989年11月5日，长治县民革支部在县政协会议室，集中学习讨论江泽民总书记在国庆40周年大会上的讲话。民革副主委胡纪道主持会议。会议期间，县政协主席韩国华、副主席李树德、政教文史委员会主任部俊保等到会祝贺，并通报了全县工农业生产大好形势。大家通过学习，提高了认识，统一了思想，明确了方向。民革成员韩越说：“在中国共产党的领导下，推翻了三座大山，治愈了多年战争的伤痕，新中国发生了翻天覆地的变化，国际地位有了显著提高。事实证明，没有共产党就没有新中国，只有社会主义才能救中国”。民革支委李步云说：“民革从孙中山先生倡导‘联俄、联共扶助农工’三大政策时期就同共产党联盟，同共产党一起参加新中国的建设活动，风雨同舟、患难与共40年。我们接受共产党的领导，在工作中进行政治协商，民主监督，充分发挥政党的民主作用，发挥各自的优势，为社会主义服务贡献力量。”不少政协委员、民革成员认为：“作为一个在共产党领导的多党合作的政党，坚持四项基本原则，就必须反对资产阶级自由化。十一亿人口的大国没有一个凝聚力，就丧失了战斗力，事业就无希望，怎能建设现代化呢？”最后，民革支部主委张守智作了总结发言，表示坚决贯彻执行“长期共存，互相监督，肝胆相照，荣辱与共”的方针，实行政治协商，民主监督，以政党的代表身份，就国家的大政方针、政策和人民生活中的大事，参政议政，充分发挥各自优势、智慧、特点作用，团结一致，积极努力，为独立、自主、富强、繁荣的社会主义强国贡献力量。

1989年11月23日，县政协举行常委（扩大）会议，专题学习中共十三届五中全会文件和中央领导重要讲话，并结合思想工作实际，畅谈了学习体会。通过学习，大家进一步认清了形势，明确了任务，提高了认识，统一了思想，一致表示要与党同心同德，团结一致，风雨同舟，共渡难关。有的常委在发言中说：“党的十三届四中全会确立了以江泽民总书记为首的新的党中央领导集体，抓了农业生产，掀起了农田基本建设高潮，狠抓了廉政建设，清理整顿公司，打击了经济犯罪，大刹不正之风，这才是抓住了要害。”在发言中，大家一致感到：以江泽民总书记为核心的新的党中央领导集体，在治理，整顿，深化改革中扎扎实实地抓关键、办实事、抓要害、刹歪风、广大人民群众一致拥护。会议由政协主席韩国华主持，副主席胡纪道、张金玉、张志恒出席了会议，参加会议的共24人。县委副书记李补安参加了会议，并作了指导性的发言。最后，韩国华主席简要安排了1989年的最后一段工作，强调委员们要认认真真学习，踏踏实实办事，扎扎实实搞调查，卓有成效的提出好建议来。

1990年春,中共中央发表了《中共中央关于坚持和完善中国共产党领导的多党合作和政治协商制度的意见》。为了认真贯彻、深刻领会文件精神,1990年2月23日,县政协召开了政协九届第十四次常务委员会会议,认真学习《意见》精神,在一些重大原则问题上统一了认识。政协主席韩国华主持会议,县委书记张学忠、县委副书记李补安参加了会议,并与大家一起讨论。县委书记张学忠作了指导性发言。在讨论中与会同志一致认为,中国共产党是一个久经考验、坚强而伟大正确的党,没有共产党就没有新中国,没有共产党也就没有我们民主党派的今天。《意见》既体现了加强和改善共产党领导的原则,又体现了进一步发扬民主党派作用的精神,民主党派参政议政和实行协商监督,是反映民意,贯彻政策,下情上传,上情下达的重要渠道,要更好地保证这一渠道的畅通,确实发挥作用。县委书记张学忠、县委副书记李补安在与大家交谈中,希望大家深刻领会文件精神,对县委、政府的工作要多提点意见和建议。政协主席韩国华强调要抓好四件事:一是为换届作好一切准备;二是为政协委员表彰会着手搜集资料,为《政协人物志》的编印作好准备;三是继续深入学好《意见》,用实际行动贯彻落实;四是积极贯彻省政协科技兴农会议精神,为本县全年农业生产新突破作出贡献。

1990年2月,《中共中央关于坚持和完善中国共产党领导的多党合作和政治协商制度的意见》下发后,县政协组织委员专题学习了中共中央的这个重要文件。委员们在学习讨论中,联系自己的思想和工作实际,通过讲历史、忆过去、摆事实、谈经历,以自己的实际经历和活生生的事实说明:没有共产党就没有新中国,没有共产党的领导就不可能实现社会主义,就没有国家的兴旺发达。从而,使大家进一步坚定了只有在中国共产党的领导下,才能从胜利走向胜利,人民才有希望,社会主义才能兴旺发达,坚定了坚持共产党领导的多党合作和政治协商制度,坚决跟共产党走的信念。

1990年3月,中共十三届六中全会召开后,县政协不失时机地组织常委、委员,认真学习了六中全会的有关文件。学习中,县政协委员重点学习讨论了《中共中央关于加强党同人民群众联系的决定》。委员们联系实际,一致认为,这是一个影响深远、又有现实意义的马列主义、毛泽东思想的重要文件,是党中央为发扬党的优良传统和作风,全面加强党的建设的又一重大举措,抓住了要害,击中了时弊。会议提出,凡党员委员一人至少要交三至五个党外朋友,做到一人交友三五个,十人联系一大片,发扬时时事事走群众路线的光荣传统。大家表示,要以实际行动,从各方面为保持和加强党与人民群众的血肉联系作出自己的贡献,真正起到桥梁和纽带作用。

1990年4月20日,县政协在县政协会议室召开常委扩大会,学习贯彻中共十三届六中全会精神。县政协主席韩国华主持了会议,副主席李树德、胡纪道参加了会议,列席会议的还有部分政协老委员联谊会委员。会议认真学习了《中共中央关于加强党同人民群众联系的决定》,并进行了热烈的讨论。会上副主席李树德传达贯彻了省政协六届三次会议和市政协七届四次会议精神,同时对本县换届工作作了简要的介绍。在学习讨论中,大家一致认为:《中共中央关于加强党同人民群众联系的决定》是个很重要的文件,击中了时弊,顺应了形势,意义重大。讨论中,委员们对党中央强调提出的恢复密切联系群众的优良传统倍感亲切。同时对党内一度出现的脱离群众现象深恶痛绝,并对当前党风、社会风气和经济形势的根本好转寄予厚望。最后,政协主席韩国华强调指出,中央关于加强党同人民群众联系的决定是一个很重要的文件,既恢复了党的优良传统,又抓住了立党强国的要害。要求每个委员,要结合自己的工作深入下去,调查研究,在换届前为县委、县政府提出真正有见地、有分量的提案、议案。

1991年7月1日，是中国共产党成立70周年的纪念日，中国共产党的70年，是光辉灿烂的70年，中国革命和建设的历史经验证明，没有中国共产党就没有新中国，没有今天人民的地位和国家的繁荣富强。在中国共产党成立70周年这一光辉节日到来之际，1991年6月16日，县政协召开了部分政协委员和各界人士"听党话、跟党走、颂党恩"专题座谈会，同时在全体委员中开展"一切服从党的需要，一心一意跟党走，一切从人民的利益出发"的"三个一"活动，以高度的政治责任感和主人翁态度，为促进本县经济振兴、实现十年规划和"八五"计划的奋斗目标作贡献。县政协通过开展各项纪念活动，深入进行一次爱党、爱国、爱社会主义的自我教育，自觉坚持四项基本原则，紧密团结在中国共产党周围，同心协力为实现社会主义现代化建设目标而奋斗。

1994年6月20日，长治县政协办公室在政协会议室组织全体机关人员，专题学习《政协山西省委员会关于加强同政协委员和各界群众联系的暂行规定》。通过学习，全体机关工作人员主要明确了两个层次的内容：一要加强政协与政协组成单位，与政协委员的联系，要定期以座谈会、联系会、视察、调查、接待、走访、联谊、简报、通报、信件、电话等多种形式，密切同政协各参加单位、政协委员的往来，增进了解和支持，畅通交流情况和信息渠道。二是要推动广大政协委员加强与各界群众的联系，政协机关干部、政协委员必须密切联系群众，体察群众的情绪，反映群众的愿望，真正代表自己所代表的那部分群众。通过专题学习，政协机关人员进一步明确了任务，增强了责任感。

1999年9月23日，政协长治县委员会在政协会议室组织机关全体同志专题学习《江泽民总书记在庆祝中国人民政协协商会议成立50周年大会上的讲话》。国家主席、总书记江泽民的讲话，全面回顾了人民政协走过的光辉历程，深刻总结了半个世纪以来政协工作的基本经验，明确提出了面向新世纪，政协工作的方针、原则。参加学习的委员，认真记好笔记，深刻领会《讲话》的精神实质。广大委员深有感触地说，《讲话》对加强新时期政协工作，对于动员全党、全国人民做好各项工作，不断推进建设有中国特色社会主义的伟大事业，都具有极其重要的意义。大家表示，作为政协委员，必须围绕党的中心任务开展工作，更好地为社会主义建设服务；坚持发扬民主，在推进有中国特色社会主义民主政治建设中发挥积极作用；政协委员要主动协助党和政府做好协调关系，化解矛盾工作，维护社会稳定；人民政协要广泛团结海内外中华儿女为实现祖国统一、振兴中华而奋斗。学习结束后，办公室主任赵银虎对这次学习进行了小结。

2000年6月12日，政协机关对"三个代表"学习教育活动进行了小结，政协机关6名正副科级实职和有关成员，经过学习教育、对照检查、整改措施三个阶段三个月时间的认真学习提高、广泛征求意见、深刻自我剖析、制定整改方案，完成了各阶段的任务。通过三个月"三个代表"学习教育活动，使大家受到了深刻的马列主义、毛泽东思想、邓小平理论的自我教育。江泽民总书记关于"三个代表"的重要论述是新形势下加强党的建设的伟大纲领和推进各项工作的行动指南，是中国共产党的执政之基、立党之本、力量之源。大家通过学习和实践"三个代表"，找到了自己工作中的差距，认识到自己过去在思想、工作、作风方面存在的突出问题，确实提高了自己的理论素养和实际工作能力，规范了工作制度，明确了工作责任制，接受了一次群众路线、群众观念再教育。政协机关在"三个代表"学习教育活动中不仅敞开大门搞整风，充分征求群众意见，而且制定了"三深"计划，与群众同吃同住同劳动，讲党课，授技术，定项目，尽自己所能为群众办好事办实事，受到群众拥护，维护了共产党员的形象。

2001年3月4日，政协长治县委员会出台了《在政协机关开展"三个代表"重要思想学习教育活动的实施方案》。江泽民关于“三个代表”的重要思想，是新形势下加强党的建设的和推进各项工作的行动指南。开展学习教育活动，对于实现县委八届二次（扩大）会议提出的“四个重点”、引深“三强四创”活动，提高机关干部素质具有十分重要的现实意义和深远的历史意义。这次学习以马列主义、毛泽东思想、邓小平理论为指导，按照江泽民总书记“三个代表”的要求，认真贯彻落实县委八届二次（扩大）会议精神，从团结稳定、改革发展出发，进一步提高了政协机关干部的整体素质，增强凝聚力和战斗力，为政协机关工作上水平、上质量、上档次提供了有力的思想保证。此次学习教育活动时间安排为3个月，从3月4日开始，到6月2日结束。学习培训阶段集中学习时间为20天，其中交流学习时间为8天；对照检查阶段听取意见时间为15天，其中对照检查时间为6天，召开民主生活会时间为9天；整改提高阶段为23天，其中制定整改方案时间为7天；落实阶段时间为16天，总结提高阶段时间为7天。政协党组对这次学习教育活动极为重视，作为政协全年工作的重要内容来抓。开展这次学习教育活动时，始终注重实效，严格标准，确保质量，保证教育活动健康有序的进行。

按照中共中央[1998]17号文件要求，本县县级领导班子和领导干部的“三讲”教育，在省委巡视组直接把关指导下，从2000年2月下旬开始，经过思想发动，学习提高；自我剖析，听取意见；交流思想，诚恳批评；认真整改，巩固成果四个段落，到4月底基本告一阶段。经过两个多月的集中教育，不仅增强了树立正确理想信念的自觉性，提高了贯彻执行党的路线方针政策的自觉性，而且增强了贯彻执行民主集中制原则的自觉性，提高了转变作风、拒腐防变的自觉性。县政协党组，在学习“三个代表”重要思想方面，一是坚持参加政协党组集体学习；二是基本能够组织政协机关干部坚持每周二上午集中学习，并主动作些宣讲辅导；三是根据县委安排，对政协机关作风集中进行了为期十天的集中整顿，较好地解决了纪律松懈，作风疲沓的问题；四是鼓励大家自学了党报党刊上刊登的有关“三个代表”的重要文章近百篇，机关工作人员都写了近万字的心得笔记，摘录了学习资料。在“三讲”教育活动中，县政协党组成员主动下乡，在农民家中吃住，帮助安城，信义，寨子等村解决实际问题20多件。特别是安城村“3·28”群众集体闹事、围攻公安执法人员的事件发生之后，政协党组成员，通过登门上户、座谈访问，深入调查、吃透情况，耐心说服、化解矛盾，实事实办、解决问题，坚决果断、依法治理等办法，共走访群众200多人次，了解掌握群众反映的各种问题80多条。几次和有关部门协调，帮助该村解决了全村的停电和低压线路改造问题；组织调用十多部推土机、装载机，帮助该村复垦了45亩废弃砖窑地；多次和市、县土地部门协商，帮助该村43户群众解决了拖了七八年的宅基地批占问题；同水利局、开发办等有关部门联系协商，为该村解决水泵9台，优种山药蛋种子万余斤，保证了抗旱春浇和种植结构的调整；抽调农村经营管理部门人员，对该村的财务账务进行了全面审计和公开；组织选举产生了60名村民代表，召开了第四次村民代表会议，完善了村民自治组织；配合公安部门对殴打公安干警、妨碍公务、已经触犯法律的个别人进行了实事求是的调查取证，依法予以处理；指导乡镇党委对该村领导班子进行了认真整顿，作了妥善调整。安城村问题基本得到解决，大局已经稳定，工作转入正常。同时针对“三讲”教育中群众提出的意见，积极落实整改，着力解决好存在的问题。在县级十个班子及领导干部“三讲”集中教育中，通过群众提，自己找，上级帮，共给县政协班子提出意见建议79条。县政协针对群众意见，制定出台了加强与政协委员联系的制度，修订了机关的学习制度，办文、办会制度，车辆管理使用制度，财务开支管理制度，主动考勤制度等。与此同时，县政协带头在7月召开的十二届三次会议上，打破惯例，不发纪念品，工作人员和领导同志吃工作便餐，三次会议共节约支出8万余元。此外,县政协召开主席会议,常委会议也不再安排统一就餐,机关还停开了一部吉普车。

2002年12月1日,长治县政协机关组织专题学习、宣传党的十六大精神并制订实施方案。党的十六大是中国共产党在新世纪召开的第一次全国代表大会,也是我国进入全面建设小康社会、加快推进社会主义现代化发展阶段召开的一次十分重要的会议。这次学习以马列主义、毛泽东思想、邓小平理论和“三个代表”重要思想为指导,深入学习宣传贯彻党的十六大会议精神,进一步提高政协机关全体干部、职工的思想素质和工作水平,增强政协机关党组织的战斗力和凝聚力,使机关作风进一步好转,工作效率显著提高,为促进本县经济快速发展提供强有力的思想保证和组织保证。这次专题学习成立了领导组,赵银虎担任组长,成员有王照星、王树芳、崔东明。学习时间从12月1日开始,到年底结束。学习结合机关工作实际,采用集中学与自学相结合的方法进行。集中学习时间为每周一上午8—12时,每周五下午2.30—5.30时。学习实行签到制度,每人在学习中认真做笔记,达到干部每人不少于一万字,职工不少于5000字,写心得体会两至三篇。自学时间则根据本职工作适当安排。学习内容主要以江泽民在十六大会议上所作的《全面建设小康社会,开创中国特色社会主义事业新局面》的工作报告,胡锦涛所著的《一篇马克思主义的纲领性文献》以及新党章和十六大精神辅导材料等20余篇文章。为了保证学习质量,县政协还与县委统战部在12月10日前共同举办了一次驻县城政协委员、工商联和各界民主人士学习十六大报告会。副科级以上干部在集中学习与自学的基础上,坚持每周至少到所包乡村同干部群众一块学习宣讲一次十六大精神,并结合“三农”工作,帮助基层解决一些实际问题,真正把“三个代表”落到实处。

2004年10月20日,长治县政协机关党支部根据中共长治县委[2004]20号文件关于组织广大党员干部认真学习十六届四中全会精神的要求,这次专题学习从2004年10月20日开始,到2005年元月15日结束,历时一个半月。这次学习的主要内容是党的十六届四中全会通过的《中共中央关于加强党的执政能力建设的决定》。为了切实搞好学习活动,政协机关党支部首先成立了领导组,组长由赵银虎担任,副组长为王树芳、韩金保,成员有崔冬明、段电良,办公室主任由段电良兼任。在11月15日前的集中学习阶段,大家重点学习了十六届四中全会公报和《决定》,同时把人民出版社出版的《〈中共中央关于加强党的执政能力建设的决定〉辅导读本》、党建读物出版社和学习出版社出版的《党的十六届四中全会〈决定〉学习辅导百问》作为辅助材料进行学习。每周一、二上午集中学习二次,总集中学习时间不少于5个小时。在11月15日至12月15日的引深学习阶段,由政协机关支部统一安排,办了学习专栏,开了学习心得交流会,并参加了全县举办的学习十六届四中全会精神知识竞赛,取得了优秀成绩。在学习中,大家从整体上、从精神实质上领会和把握全会的内容,克服浅尝辄止、割裂肢解、断章取义的不良学风,联系实际,注重学习效果,把学习四中全会精神同加强各级领导班子建设结合起来,同加强党的基层组织建设结合起来,同完善各项决策结合起来,同创新发展思路结合起来,同实施“三五”战略结合起来,同政协工作特色结合起来,推动政治文明、物质文明和精神文明协调发展。在12月15日至2005年1月15日的学习考核阶段,根据县委要求,政协支部将每人的学习笔记、学习资料、学习心得体会排列在一起,进行检查,打分排队并予公布;后又组织全机关党员干部参加了学习十六届四中全会精神进行统一考试,对学习结果予以检验。

根据县委深入学习实践科学发展观活动领导小组要求,为切实搞好县政协深入学习实践科学发展观活动,2009年3月16日经研究,县政协成立了深入学习实践科学发展观活动领导小组,政协主席、党组书记傅永祥任组长,政协副主席、统战部长牛外则,政协副主席、工业园区党委书记李志文任副组长;下设办公室，主任为赵银虎，成员为王树芳、韩金保。学习小组成立后，根据中共长治县委深入学习实施科学发展观活动领导小组《关于开展第二批学习活动的实施方案》的部署和要求，为扎实搞好学习实践科学发展观活动，使活动取得实效，即制定了《关于开展深入学习实践科学发展观活动的实施方案》。这次开展学习实践活动，全面贯彻党的十七大和十七届三中全会精神，高举中国特色社会主义伟大旗帜，以邓小平理论和“三个代表”重要思想为指导，认真组织政协机关全体党员深入学习实践科学发展观，围绕“党员干部受教育，科学发展上水平，人民群众得实惠”的总体要求，以“进一步增强‘四种意识’，突出‘两个主动’，开展‘五个一’活动，努力开创政协工作新局面”的活动主体和载体为抓手，紧密结合政协实际，进一步解放思想、实事求是，切实增强贯彻落实科学发展观的自觉性和坚定性，着力转变不适应、不符合科学发展观的思想观念，着力解决影响和制约科学发展的突出问题，着力解决党员干部党性党风党纪方面存在的问题，努力增强政协领导班子的凝聚力和战斗力，努力提高广大党员的党性修养，加强作风建设，把政协工作推向一个新高度。此次学习，组织严密，统筹兼顾，开门纳谏，坚持边学边改，把解决突出问题贯穿整个学习阶段，以学习实践活动促进各项工作，促进了政协各项工作的开展，收到了预期效果。

## 第二节 研讨座谈会

1982 年 12 月 14 日至 18 日，县政协、科协联合召开了知识分子、科技工作者座谈会。长治县委、县人民政府、县人大有关负责人参加了会议，并发了言。座谈会上，大家纷纷发言，畅谈自己的感想和体会。大家表示，一定要认真学习贯彻中共中央十二大文件，遵循中共中央十二大的路线、方针、政策，以蒋筑英、罗健夫为榜样，不畏艰险，一心扑在科学事业上，兢兢业业，努力工作，攀登科学高峰，以实际行动努力开创全县社会主义建设的新局面。参加座谈会的全县科技人员向全县科技工作者发出了题为《振奋精神，努力开创我县科技工作新局面》的倡议书，倡议全县知识分子和科技工作者，要不负党与人民的重托和信任，在不同的岗位上，发挥自己的专业特长，有所创新，有所前进。在各级党委领导下，积极发挥集体智慧和主动精神，为长治县翻两番的目标作出卓越的贡献。

1983 年 9 月 20 日，本县政协召开了部分委员座谈会，县委副书记吕敏就当前打击刑事犯罪活动进展情况向委员们作了通报。参加座谈会的委员们就这一问题学习了有关文件，进行了座谈。座谈中，委员们畅所欲言，认真进行了讨论。大家认为，党中央严厉打击刑事犯罪活动，抓的及时，打得痛快，扶正去邪，大快人心，是长治久安之举，是大合民意之行。但是也有些委员存着戒心，有些担心，怕说话过了头有人抓辫子，所以说话小心谨慎，顾虑重重，有的搬旧皇历对新形势过分担心。根据这些情况，政协组织委员学习了中央和省委有关文件，解除了顾虑，统一了认识，把顾虑换作信心，担心变作力量，决心在这次打击刑事犯罪活动中，从自己本身做起，做到“三检点”：检点自己一家的行为；检点周围亲戚、邻里、本家、朋友中有无劣迹；检点以往对子女的教育。“两宣传”：宣传党的政策，宣传国家《宪法》。进行法制教育，团结一致，为打击刑事犯罪活动贡献自己的力量。大家充分认识到，严厉打击刑事犯罪活动具有重大意义，只有对各种刑事犯罪分子从重从快的惩处才能有利于震慑敌人，保护人民，巩固人民民主专攻，有利于维护宪法尊严，加强法制建设，有利于维护社会、生产和工作秩序，发展安定团结的政治局面，有利于抵制资产阶级思想侵蚀，提高人民群众的政治觉悟，促进社会风气的根本好转。大家一致表示，要在县委的领导下，发扬大无畏精神，对刑事犯罪分子，进行大胆揭发，坚决斗争，共同努力，夺取这场严厉打击刑事犯罪活动斗争的胜利。

1983 年 10 月 14 日，省、市调查政协委员政策落实小组莅临本县，在县招待所小会议室召开了部分政协委员座谈会。会上先后有 6 位政协委员作了发言。胡纪道是埔军校第七期学员，原国民党少将军官，于 1949 年重庆起义。他说，县政协恢复后，被选进了政协，有机会参加了县委、政府、人大、政协召开的各种会议，学习了文件，参与了一些重要工作的讨论。在实际工作中，深深感到政协委员有职、有权、说了算数。张汉是老知识分子，非党人士，任长治县一中教导处副主任，县政协常委。他说，"文化大革命"中被当做国民党、黑帮分子，无数次的批斗，身心受到严重挫折，几乎走上自杀的道路。三中全会以后，平反昭雪，落实了政策，恢复了职务，给了第二次生命，从内心里感谢党。张守智是原国民党起义的校级军官，在县党校工作，任政协常委。他说，县政协恢复后，自己被选为政协常委，参加了政协召开的各种会议，了解到国内外大事，能听到党和国家在各个时期的方针、政策，参加政协组织的学习会、座谈会，感到天变宽了，眼睛亮了，头脑也清醒得多了。政协就是自己的家，隔几天就想回来看看，吐吐心里话。刘宣是黎城县人，非党人士，在县农机局工作。他说，实践证明，政协事情很多，又组织委员学习，又进行参观视察，又要专题调查研究，感到有内容，有事干。参加"专业户"视察，看到了三中全会后农民的喜悦，祖国的巨变，群众的富裕生活，深受教育。郭继忠，原籍河南，长治县东和大队人，是伊斯兰教的阿訇。他说，这几年党很重视民族宗教工作，中央几次下达文件，落实了宗教政策，县里又拨款建起了回民食堂，为回民提供了很多方便。张海棠，长治县韩店人，是老妇女干部。她说政协不是安排老人的名誉班子，无权没钱无事干，而是学不完，干不尽的工作班子，政协不断地组织委员学习，组织参观视察，列席县委、政府、人大的重要会议，讨论国家大事，真是学习有机会，说话有场所，出力有地点。他们对落实政策后的工作安排均表示满意。

1983 年 11 月 7 日至 9 日，县政协召开各界人士座谈会，学习讨论整党《决定》。会议认真传达学习了中国共产党十二届二中全会文件，同时着重就整党和清除精神污染两大决策进行了讨论座谈。到会的政协委员有民革成员、工作在第一线的工程技术人员及全县较有威望的老医生、老教师以及艺术戏剧界的名流共 33 人，大家欢聚一堂，共同学习，畅谈体会。县委书记王家壁，看望了与会的代表，并同大家进行了座谈。他在发言中联系本县实际，畅谈了自己学习《邓小平文选》和整党文件的体会。他向代表们表示，县委一定不辜负全县广大党员干部、群众的殷切希望，认真学习《决定》，搞好整党前的各项工作。为时三天的座谈会，通过学习文件、畅谈体会，提高了思想，统一了认识。大家一致认为，有党中央的英明领导，有十一届三中全会以来安定团结的政治局面，有党内外健康力量的强大优势，有十二届二中全会制订的一系列整党文件为指针，这次整党工作一定能按照中共中央的要求，把中国共产党建设得更加坚强，社会主义现代化事业一定会取得新的更大的胜利。在学习座谈中，代表们希望各级领导要迅速组织一支有领导干部和群众参加的检查队伍，对几年来上演的节目、所作的讲课、发表过的文章，普遍进行一次认真的清理。同时，严格制度，防止再搞精神污染。委员们在座谈中提出四条建议，一是学好整党文件，把思想统一到中央《决定》精神上来；二是在清除精神污染中，组织大清查，大宣传，在厂矿、社队建立"文化宫"、"游艺室"等，让社会主义文化占领阵地；三是在学习整党文件时，要边学边干，边干边改；四是要十分重视智力投资,发现典型,努力推广,认真检查落实知识分子政策和统一战线政策。

1985年元月3日至5日,长治县政协召开了有政协委员,各界人士参加的以"我这一年"为主题的座谈会。政协主席朱培荣主持了座谈。座谈会学习了《人民日报》1985年的《元旦社论》,学习了邓小平在中央顾问委员会第三次全体会议上的讲话,传达贯彻了中共中央1984年27号文件精神和六届全国政协常委七次会议精神,传达学习了长治市委书记李惠春1984年11月18日在市委工作会议上的报告。通过传达学习,与会委员一致感到党的两个三中全会给中华大地带来了生机。给亿万人民带来了欢乐。这充分说明了两个三中全会确确实实反映了十亿中国人民之心。大家坚信在十二届三中全会《决定》的威力推动下,翻两番的目标也一定能实现。在这次"我这一年"座谈会上,不少同志发了言,重点介绍各自一年的工作。大家一致认为:这是一次在实践中贯彻中央各项方针政策的经验交流会,是一次传经送宝会,也是一次政协委员如何发挥作用的研究会,启发和激励了每个代表。大家一致表示要在新的一年里,迈开新步,在中央1985年一号文件精神指引下,阔步前进。

1985年10月15日,政协长治县委员会召开各界人士座谈会,认真学习中国共产党十二届四中全会有关文件精神,政协主席朱培荣,副主席李爱华、李树德以及部分常委出席了座谈会。政协主席朱培荣首先发言,参加座谈会的同志一致认为陈云同志讲话中所说的无工不富、无商不活、无农不稳、无粮必乱,这话说得好,说到了点子上。不少委员对中央100多位主动让贤的老同志深表敬意,称赞这次新老交替是对古往今来"升为荣、退为耻"这一传统观念的巨大改革与突破。这一批老革命家的模范行为,为全国基层做了表率,将使我们党和国家更具有活力和朝气。出席这次座谈会的26位委员表示,一定认真学习、宣传贯彻这次党代会精神,把"团结奋斗、再展宏图"的号召,落实到实践中,为实现"七五"计划的宏伟目标多作贡献。

1989年9月26日,县政协召集政协常委及老委员联谊会部分成员及各界人士30余人,在政协会议室举行了庆祝新中国、人民政协成立40周年座谈会。县委书记张学忠、人大主任吕敏、县委副书记李补安出席了座谈会,同大家共叙40年大变化,共庆新中国和人民政协成立40周年。县政协主席韩国华主持座谈会。座谈中,与会常委、联谊会的老委员和各界人士感慨万千,大家畅谈:新中国成立的40年,是在党的正确领导下取得社会主义革命和建设重大成就40年,是全国人民摆脱贫穷落后逐步走向国强民富的40年。特别是党的十一届三中全会以来,社会主义祖国在改革开放中开拓前进,各项社会主义事业欣欣向荣,发生了翻天覆地的变化,工农业生产突飞猛进,人民群众收入大大增加,生活显著提高。没有中国共产党的领导,就没有新中国,不走社会主义这条金光大道,就没有今天的繁荣昌盛。坚持四项基本原则是立国之本,坚持改革开放乃强国之路。坚持立国之本,走强国之路,中国一定会更加兴旺发达,自立于强国之林。四大班子领导出席座谈会,县委书记张学忠在讲话中说,本县政协恢复以来,与党同心同德,同舟共济,在振兴全县经济和两个文明建设中出了大力。特别是在这次发生的由学潮到反革命暴乱中,本县政协委员、各界人士、思想稳定,积极工作,起到了很好的作用。同时通报了全县当前政治、经济体制改革的情况和廉政建设,反腐败方面的情况。最后,他希望与会的政协委员、各界人士、要各自发挥自己的特长,为振兴长治县作出更大的贡献。会议期间,政协主席韩国华传达了市政协召开的"双庆"表彰会议和沁县联谊会议精神,副主席李树德传达了省委统战工作会议精神,副主席胡纪道传达了市政协领导讲话,文史委主任部俊保传达学习了人民日报题为《发挥人民政协的作用》的社论。

1991年6月25日上午，政协长治县委员会在县政协会议室召开了部分政协委员和有关人士“迎七一，办实事，献厚礼”座谈会。座谈会上，大家踊跃发言，表示要以实际行动纪念中国共产党成立七十周年。在过去的半年中，不少同志为促进本县经济振兴，在科技兴农中办了很多实事、好事。在新形势下，大家决心为实现“十年”规划和“八五”计划的奋斗目标做贡献。参加这次座谈会的除政协主席、副主席、政协常委外，还邀请了农业、水利、畜牧、轻工、工会、团委、工商联、植保、煤炭等单位以及韩店、西火、荫城、苏店等乡镇负责人。

为了以实际行动纪念中国共产党成立七十周年，畅谈中共十三大以来的大好形势，1991年6月25日，县政协召开了非党人士和各界人士座谈会。张学忠、郝审成、郜俊保、冯俊琪、阎建华、韩国华、王小铠、李树德、花明新、张志恒、牛二锁、张守孝、高恩祥、傅怀珠、张俊英、刘唐哲、冯树忠、赵怀忠、李富明、王贤则、贾国模、陈铁保、冯贵堂、李清文、陈天文、关扎根、安勇先、王永生、马吉武、王清玉、张长兴、李福娥、郭学勤、王石魁、李根文、王新宇、朱宋保、申庆安、李先孝等参加了座谈会。大家在座谈会上，热烈歌颂了中国共产党70年光辉历程，以及所经历的艰难曲折；畅谈了三中全会以来的大好形势；进一步明确了新时期政协委员肩上的责任。

1992年9月8日上午，县政协、县委统战部、对台办在招待所中餐厅联合召开各界人士中秋座谈会，县委书记王虎林，副书记郝光熙，县委常委、纪委书记黄国俊，县委常委、宣传部长贾圪堆，政府副县长许春雨、冯树忠，县人大副主任殷道秀，县政协副主席李树德，纪委副书记范天保等，同本县100多位各界人士和朋友们欢聚一堂，共贺中秋佳节。会议由政协副主席李树德主持，县委书记王虎林首先向大家表示节日的祝贺，希望大家出主意、想办法，同心同德，群策群力，共同把全县的经济建设和改革开放推向一个新的发展阶段。县委副书记郝光熙代表县委、县政府向在座的各界人士祝贺中秋，并向全县的工人、农民、知识分子和广大干部，向台湾同胞、港湾同胞和海外侨胞致以亲切的问候，祝贺中秋快乐、工作顺利。他简要介绍的了本县上半年工农业进展情况，希望大家一定要有紧迫感、危机感、使命感，要树立“机遇意识”、“赶超意识”、“主人翁意识”，紧紧抓住宝贵机遇，加快改革开放步伐，奋起直追，为本县的改革开放和经济发展而努力奋斗。朱宋保委员带来来自北京乡镇企业发展的信息，认为乡镇企业的发展是广大农民走向共同富裕的主要途径。其他同志和朋友也踊跃发言，对本县各项工作提出了中肯而宝贵的意见和建议。最后，政协副主席李树德对座谈会进行了总结，表示要本着“统一祖国、振兴中华”的宗旨，把统一战线工作转移到经济建设和改革开放上来，把本县的各项工作做好，做出成绩来。

1993年9月30日，县政协组织部分委员以及驻县市政协委员就促进本县经济发展、项目开发举行研讨会。县政协主席郝审成、副主席陈一评、花明新、张守孝、傅怀珠、县统战部部长李树德、副部长张贵祥、郭学勤、政协办公室主任王石魁以及政协委员郜家珍、刘锦文、田金旺、杨海泉、裴秋虎、邵德才、申文奇、高恩祥、赵怀忠、牛志忠、晁昆山、贾国模、王良科、景剑峰、张维山、李红星、程麻耐、王保珍参加了此次研讨。此外，还特邀市政协经济处5名有关人员参加了研讨。大家就本县项目开发各抒己见，提出了很多好建议。

2003年6月18日，政协长治县委员会在宏运宾馆召开了十二届政协离任委员座谈会，政协主席傅永祥出席并主持会议。他代表县委、政府和县政协对离任委员在十二届任职期间主动参政议政、建议献策、尽职尽力给予充分肯定，并表示真诚的感谢。在座的离任老委员也纷纷发言表示，离任不离休，在有生之年要更好地反映民生民意，发挥余热。

2004年4月6日上午，在县政协会议室召开政协老干部工作座谈会。政协主席傅永祥主持座谈会，县老干局干部参加了这次会议。座谈会上大家重温了《政府工作报告》。县政协办公室主任赵银虎宣布政协机关支部退休老干部党小组组成人员情况。原政协副主席张贵祥宣布政协机关老干部学习制度、活动制度等事宜。老干局局长郭武德在座谈会上讲了话，部分老干部作了表态发言。

2009年4月23日上午，县政协在常委会议室召开了解放思想大讨论会议。机关全体人员参加了会议，离退休的老干部也参加了会议。会上，学习了《习近平同志在深入学习实践科学发展观活动第一批总结暨第二批动员会议上的讲话》和县委深入学习实践科学发展观活动领导组关于开展解放思想大讨论通知精神。政协主席傅永祥在会上进行了强调动员并进行了发言，他在发言中阐述了这次学习实践科学发展观的重要意义：一是开展解放思想大讨论活动是统一思想、凝聚人心的重大举措；二是开展解放思想大讨论活动是破解难题、推进科学发展的强大动力；三是开展解放思想大讨论活动是推动政协事业发展的客观要求。并要求大家克服因循守旧墨守成规的思想，树立勇于创新的意识；克服自我满足不思进取的观念，树立有为才有位的意识；克服畏难情绪，树立勇往直前的意识，凝心聚力，关注民生，加强自身建设，为长治县在新一轮科学发展中实现新跨越做出新的成绩。副主席牛外则、李志文在会上分别发了言。会议对政协机关开展解放思想大讨论活动进行了动员和安排，要求政协机关要充分认识开展解放思想大讨论活动的重大意义，进一步加强理解和准确把握科学发展观的内涵和根本要求，创新思想，与时俱进，积极履职，树立正确的政绩观和发展观，用科学发展观统领政协各项工作，推动政协工作再上新台阶。

附：

## 振奋精神努力开创我县科技工作新局面

——全县科技人员座谈会向全县科技工作者的倡议书

（1982年12月18日）

我们怀着极其兴奋的心情，参加了这次以政协、科协等单位召开的知识分子、科技工作者座谈会。县委、县人民政府、县人大常务委员会的负责同志参加了会议，并发了言，使我们感到十分荣幸，受到很大鼓舞。当前，全国人民正在认真学习十二大文件，贯彻落实十二大的路线、方针、政策。我们要以蒋筑英、罗健夫同志为榜样，不畏艰险，一心扑在科学事业上，兢兢业业，努力工作，为攀登科学高峰而忘我劳动，在县委和各级党委的领导下，以实际行动努力开创我县社会主义建设的新局面。

为此，特倡议如下：

**1.立即掀起一个向知识分子的优秀代表蒋筑英、罗健夫同志学习的活动**

蒋筑英、罗健夫的事迹，感人肺腑，催人泪下，使人振奋。我们要学习他们坚定正确的政治方向，对社会主义事业无限忠诚，为实现共产主义而献身的精神；学习他们对科学勇于创新，对技术精益求精的态度；学习他们热爱本职工作，一心扑在科学事业上忘我工作的拼搏精神；学习他们正直无邪，严于律已，宽以待人，不计荣誉、不计报酬、助人为乐的风格，要把这一活动在我县深入地开展起来。

**2.专心致志,勇于创新,为攀登科学高峰而努力**

党的十二大,为我们科技工作者大展宏图开拓了极其广阔的天地,也赋予我们空前光荣而艰巨的任务。我们要不负党与人民的重托和信任,在不同的岗位上,发挥自己的专业特长,有所创新,有所前进。在各级党委领导下,积极发挥集体智慧和主动精神,为我县"翻两番"的目标做出卓越的贡献。

**3.钻研技术,培育人才,为科学技术普及工作作贡献**

所有科技人员都要不断地学习政治、学习业务、学习专业技术,汲取新营养,搞好传、帮、带,积极培育新技术人才,重视科学技术的普及工作。要为广大农村和工厂培养造就一批科技人才;要帮助农村、厂矿的行政管理干部提高科学技术水平,使他们逐渐向知识化、专业化进军,从而,使我们的事业不断兴旺发达。

**4.坚持四项基本原则,不断加强自身建设**

自觉地坚持四项基本原则,不断地加强自身建设,是科学事业兴旺发达的力量源泉。全体科技人员,一定要树立崇高的共产主义理想和全心全意为人民服务的精神,努力学习,勇于创新,严谨治学,团结互助,存报效祖国之志,怀献身科学事业之心,做一个有理想、有道德、有文化、守纪律的模范。

同志们,海阔凭鱼跃,天高任鸟飞。让我们团结起来,在十二大的精神鼓舞下,在伟大的社会主义现代化建设的广阔天地里广施神通,展翅飞翔吧。

长治县科技座谈会全体人员

## 第三节 委员培训

1991年3月27日,县政协会同县科协对部分委员及果树种植户进行春季果树技术培训。这次培训着重于"果树修剪及病虫害防治"、"果园的技术疑难问题"、"介绍果树管理的新技术、新品种"等。这期培训班,因为针对性强,面对面传授,效果十分明显。

1991年11月25日,政协长治县委员会牵头与县科学技术协会共同主办了由部分政协委员以及果树种植户参加的冬季果树技术培训班。这次培训以果树修剪为主,理论联系实际,目的在于彻底改变本县落后的修剪手段,提高各果园技术管理水平。这次培训历时3天,采取理论辅导和现场演示的方法,参加学习培训的政协委员、果树种植户表示,这次培训浅显易懂,现场演示直观,不同品种,采取不同方法,有针对

县政协举办新委员培训班

性，大家感兴趣记得牢。

1995年，为了更好地组织学习全国政协《关于政治协商、民主监督、参政议政的规定》和山西省委《关于进一步加强人民政协工作的决定》，县政协机关选派6名工作人员到市委党校和有关部门举办的专业培训班学习，从整体上提高了机关的政治业务素质。

1998年12月，政协长治县委员会举办了新委员学习培训班。参加这次培训学习的是40余名十二届新委员。这期学习培训班以授课为主，讲授了人民政协基本理论和基本知识。通过这次培训学习，使广大新委员对人民政协的性质、地位、任务、职能、作用和政协委员的权利、义务等基本理论、基本知识开始有了比较明确的认识，进而增强了委员的光荣感、责任感和使命感。

2003年12月26日，县政协在县宾馆小会议室对县政协十三届新增委员进行了培训。培训以中共山西省委政协工作会议文件为主要材料、努力践行"三个代表"更好地发挥委员履行政治协商、民主监督，参政议政权利，提高政协委员整体素质。这次培训邀请市政协副秘书长连正元就"委员如何开展活动及如何发挥委员作用"做了专题辅导；市政协信息科长许元以如何搞好社情民意工作和如何撰写提案做了专题辅导，县统战部还就人民政协的性质、地位、作用及委员的权利和义务做了深入浅出的学习辅导。参加这次培训会的除新增的83名新委员外，部分老委员也参加了这次培训。

# 第二章 考察交流

组织政协委员走出去参观学习、热情接待兄弟省市政协前来参观学习，并与有关政协单位结成联谊单位，互相帮助，互相学习，取人之长，补己之短，开阔了视野，增加了见识，促进了县政协机关建设、政协委员素质提高和各项工作的开展。

## 第一节 外出学习考察

根据中共中央关于“组织政协委员走出去，看一看，开开眼界，回去考虑自己的工作，大有好处”的指示精神，1985年6月25日至7月14日，县政协副主席、统战部长李树德，副主席胡纪道一行14人，赴山东省、天津市、河北省、北京市等地进行考察学习。他们走访了当地的政协委员，听取了当地的经验介绍，得到了深刻启示，进一步提高了认识。考察归来后，他们撰写了《关于赴山东等地考察学习的情况报告》，上报了长治县委，并上报省、市政协。

是年11月7日至9日，县政协组织部分委员到黎城县黄崖洞参观学习。黄崖洞是八路军兵工厂所在地，抗日战争时期，为八路军对日斗争制造了大量枪支弹药，现已成为革命纪念地。大家通过参观学习，接受了一次革命传统教育。

1987年春，县政协组织部分委员到山东、河北以及本省的五台、太谷、祁县、武乡、黎城等地考察学习外地改革开放搞活经济的工作经验。这次学习考察提高了学习、宣传、贯彻、执行中国共产党十一届三中全会路线、方针、政策的自觉性和为四化建设服务的积极性。

1990年10月17日，由主席韩国华，副主席花明新、张志恒以及部分常委组成考察团，分赴西安、成都、武汉、上海、南京等地着重就参政议政、提案落实、机关建设、专委会活动等相关业务进行了为期15天的考察学习。在考察中，大家对各地政协解放思想、创新工作思路、积极协助党委政府工作、发展经济留下了深刻印象。大家一路走来，目睹改革开放以来各地的日新月异变化，学到了外地政协的经验，深感此次考察开阔了眼界，增加了知识。

1994年11月28日，长治市各县（市、区）政协微观服务办实事经验交流会在黎城召开。县政协副主席张守孝、办公室副主任赵银虎等参加了会议，并在会上做了题为《履行职能、发挥优势、搞好服务、多办实事》的交流发言。

1995年，县政协副主席、统战部长张贵祥一行3人到吕梁地区中阳县对政协、统战工作进行了考察学习。中阳县政协、统战部开展宗教活动的具体做法为“三必须、四为主、五不准”。“三必须”是：当地党委、政府必须对宗教组织加强领导，各宗教组织必须遵守党和国家的各项政策法规和法令，各级党委、政府必须教育、引导、带领教徒勤劳致富。“四为主”是：以教育为主，以政策管理为主，以宣传党的政策为主，以抓典型事例为主。“五不准”是：不准在18岁以下青少年中发展教徒，不准在举行葬礼时打信旗游街、祭奠，不准与外界非法串联，未经批准不准乱建教堂和活动场所，不准随意接待外来传教人员。中阳县的措施和经验使大家深受启发。

1995年5月29日，政协组织部分委员到河北省涉县，河南省林县、辉县、新乡、郑州、许昌、商水、周口、沈丘，然后进入安徽省太和、阜阳、蒙城、蚌埠、凤阳、滁州，江苏省南京、镇江、常熟、华西、张家港考察学习，返程途中并考察了山东省的曲阜、泰安、平阴、聊城、冠县等地。这次考察学习重在研究政协履行职能、村镇文明建设、乡村民营企业发展等几个方面。大家表示，通过这次学习，开阔了视野，明确了方向，进一步提高了改革开放的思想认识。

1997年10月10日，县长柴守忠带队到吕梁地区柳林县参观学习，部分政协常委随同参加，重点考察了农田水利建设、打旱井技术。

2003年9月27日至29日，县政协主席傅永祥应邀参加了在北京举办的“中国县(市)经济发展论坛”，听取了著名经济学家、国家民航首席顾问徐东华关于“中国经济和国际经济、区域经济、中国经济发展产业改革”等问题的精彩演讲。徐东华的演讲对于县域经济发展有现实指导意义。

2004年9月7日至13日，由县政协老委员联谊会组织到山东、辽东半岛考察，前政协主席郝审成，副主席李爱华、张贵祥、牛二锁、张守孝、陈一评，以及部分老委员参加了此次考察。青岛、大连、旅顺等地一些具体做法让大家深受启发：其一，景点在距离大门一公里处修建大型停车场，然后安排环保电瓶车接送，这样既安排了当地劳动力，又增加了农民收入。其二，旅游公司实行一条龙管理，即车辆、导游、参观、购物为一体。其三，特别注重窗口形象，如司机、导游及景区管理人员形象端庄，服务周到，态度和蔼，给人以舒服的感觉。其四，饭菜可口，适合各地人的口味。这些经验为长治县今后发展旅游提供了借鉴经验。

2005年7月1日，为纪念中国共产党诞生84周年，政协机关组织全体工作人员赴河南省林州市(原林县)红旗渠参观。大家从红旗渠源头，沿渠往南至青年洞口，多数同志还经“一线天”登上玉皇顶。林县人民改天换地的精神让政协参观人员深受教育。

2006年7月1日，为纪念中国共产党诞生85周年，政协机关人员和部分政协委员赴平顺县西沟参观西沟展览馆。全国一至十一届人大代表、著名劳动模范申纪兰向大家讲述了西沟几十年的奋斗史，并与县政协全体参观人员合影留念。参观人员受到了一次生动的党史教育。

2006年9月15日，政协机关及老委员联谊会一行19人由港澳台侨联络委员会主任李春萍带队到湖南省张家界、韶山等地考察学习。大家在韶山观光了毛泽东主席故居、铜像广场、纪念馆、滴水洞，再一次深刻领会到：没有共产党就没有新中国，没有毛主席就没有中国革命成功。在庐山参观了庐山会议遗址及毛泽东、朱德、蒋介石等住所，重温了党在庐山的几起斗争历史，深层次地提醒人们接受教训，认清历史、展望未来，任重道远。参加这次学习的有原政协主席郝审成，原政协副主席、统战部长张贵祥，原副主席陈一评、张守孝,还有原各委室负责人王石魁、李生贵、王小元、李根文、冯贵堂、王满芹、景贵保等。

2007年10月13日,县政协组织部分常委、机关工作人员赴江西、安徽等地就进一步改革开放、发展县域经济进行实地考察。参加这次考察的有原政协主席贾圪堆,政协常委工商联主席王有明以及政协机关各专委会范李斌、张建忠、韩金保、段电良等。

2007年10月25日,县政协组织部分委员及机关工作人员赴广西就当地的环境保护、旅游资源开发进行了为期五天的实地考察。这次活动由港澳台侨联络委员会主任李春萍带队,参加人员有韩金保、崔冬明、段电良、张海平等。

2008年6月13日至15日,由政协主席傅永祥带队赴宁武县参观考察。宁武县政协主席李应成、副主席佩芳、主任郑志峰就机关建设,改善办公条件、生态环境保护、旅游开发等工作进行了重点介绍。大家对宁武县政协全方位地参与全县旅游开发工作倍感兴趣,同时,双方还交流了信息工作开展情况。各委室负责人赵银虎、王树芳、张建忠、李春萍、范李斌等参加了这次学习考察。

2009年8月13日,由县政协主席傅永祥、副主席申有宝、鲍金章带领政协机关人员及各乡镇工委主任、部分政协常委到襄垣县考察学习。他们先后考察了王桥镇政协工委、农业系统政协工委阵地建设情况。襄垣县坚持搞好民主评议、做好民主监督、完善自身建设、严格履行考核制度的建设经验,给大家留下了深刻印象。长治县各乡镇政协工委主任表示,要向襄垣县乡镇工委学习,切实搞好自身的阵地建设。

附:

## 关于组织各界人士赴京参观学习的报告

政协长治县委员会

1982年6月20日

政协长治县委员会在县委和政府的大力支持下,于5月26日至6月11日由副主席郝保兴带领,组织了我县各界人士代表共10人,先后到北京、天津、太原、大同、五台等地进行了近20天时间的参观学习。代表中有少数民族、宗教界人士,有文化、教育、卫生战线的代表,有归国侨胞,也有在台人员的家属、亲人和民革成员等……他们各自代表着各方面人民的意愿,满怀激情地奔赴祖国的首都—北京。沿途,尽管天气炎热、住宿困难,旅途疲劳等给生活带来许多不便,但每个人始终保持着旺盛的精力,战胜了种种不可避免的困难,一道坚持到底。文化局副局长李保珠说:“我已是六十开外的人了,在晚年能来祖国的首都看看,是我一生最大的荣幸,这是党和国家对我们的关怀和支持……”他年老体弱,是九人中五老之一,身体又患高血压病,但他一路上精神振作,紧跟队伍,从不掉队。就这样,我们以较短的时间,有限的经费,很好的效果,圆满地完成了这次参观学习任务,达到了预期的效果。

这次学习参观的收获主要有以下几点:

**1.是一次极深刻的社会主义思想教育**

“只要你肯细心观察,在祖国的大地上,真是处处有学问啊。”这是政协委员张守智的旅途感言。的确,在匆匆的旅途中，所见所闻，使大家受到了一次现实的教育和鼓舞，在火车上、旅馆中服务员那种知冷知热，饿时送餐、渴时供水的服务态度，和上级领导机关对我们的关怀和支持，使大家受到了一次极其深刻的鼓舞和教育。5月26日我们从长治县出发坐夜车到太原，下车以后，就找到了省政协，政协秘书长刘秀峰从百忙中抽出时间来，热情地接待了我们，办公室的同志又向北京联系，替我们安排住宿，并给我们指出了应该参观的地方，使我们感到了社会主义大家庭的温暖。待坐车赴京的一刻，省政协又派专车送来了介绍信，那种无微不至的关怀和认真负责的工作作风，很让人感动。27日，我们顺利地进了北京，这已是下午6点多了，条条大街上人来人往车马如龙，正是下班时间。有些同志担心全国政协无人办公，怕找不到住宿地方而发愁，可事事出人预料，当我们找到全国政协以后，办公厅联络处的同志热情地接待了我们，赵工勤同志一方面给我们介绍了应该参观学习的主要地方，一方面打电话联系住宿，整整为我们忙了两个小时，才歉意地告诉我们说："总算找了个安身地方，就是太远啊，请先住下再说……"在参观中间，全国政协的同志到处奔跑，特别是参观中南海，全国政协向国务院作了请示，作了安排，为我们提供了很多方便，使这次参观学习得到了顺利完成。上级领导机关这种诚以待人的精神和对工作认真负责，一丝不苟的作风，给我们久在基层工作的同志树立了榜样。

在首都的十几天中，所见所闻，无不为之感动。汽车上扶老爱幼、主动让座的风格，售货员百挑不厌、笑脸迎送的服务态度，井然有序人多而不乱、车多而有序的交通秩序，公平交易、分两不短的商业道德，以及公安卫生等方面，无不使人感到文明古城的文明，所有这都足以反映了三中全会以来的大好形势。这些喜人的变化，使同志们受到了教育和鼓舞。政协常委郭继中同志说："人常说，在家千日好，出门事事难，在今天已不适应了，应该改下句为：出门处处暖了……"

**2.是一次很好的革命传统的教育**

在京期间，我们先后瞻仰了毛主席遗容，参观了中南海毛主席故居以及历史博物馆和军事展览馆。这是我们这次参观的主要内容，也是每个同志久已渴望的心愿。我们以两个半天时间瞻仰了伟大领袖毛主席的遗容，缅怀毛主席丰功伟绩，6月5日上午又参观了中南海毛主席的故居。在这里，同志们怀着敬仰的心情一边听工作人员关于毛主席生前和他的亲密战友刘少奇、周恩来、朱德等共同战斗和工作的介绍，一边详尽地观察着毛主席生前生活、工作所用过的每一件遗物。有的同志依依惜别，久久不愿离开。在历史博物馆和军事展览馆中，张张图片、件件实物无不浸透看老一辈无产阶级革命家的心血。"啊，没有老一辈的流血奋斗，哪有今天的幸福啊……"有人不禁慷慨激昂地发出了感叹。有的同志面对毛主席遗容，禁不住热泪盈眶。民革成员，县政协委员张守智同志说："原来想要看的东西，这次在京都看到了，回忆往事历历在目，怎不叫人心情激动呢？毛主席在世的时候，我没条件看到他，这次瞻仰了他老人家的遗容，实现了我多年的愿望。"他看到毛主席故居陈列的遗物后心情激动地说："毛主席的故居清雅简陋，生活简单朴素，为追求真理，他老人家勤奋好学，为革命事业费尽了心血，真是床上一枕席，地下万卷书。毛主席啊，真不愧为我们伟大的领袖。"总之，同志们一致感到，毛主席和老一辈无产阶级革命家们那种艰苦奋斗的革命精神与勤劳简朴的生活作风，正是代表了我党的优良传统，这是任何政党所不能比拟的，只有中国共产党这样的政党才能带领广大人民从胜利走向胜利，从而使我们更加体会道没有共产党就没有新中国。党的领导是革命胜利的根本保证。大家表示，一定要把这种好传统、好作风保持下去，发扬光大，为下一代作出好榜样。

**3.是一次现实的爱国主义教育,提高了民族自豪感**

在北京,我们集体游览了故宫、八达岭、长城、定陵、颐和园等闻名中外的古代建筑和文物古迹。每个同志在参观游览中,每到一处,都以十分激动的心情,赞不绝口,其中有的同志已几次游览过了,但还是百看不厌。县第二医院副院长汪裕国同志说:"我就生在北京。虽说看过多次,总觉得看不够,常看常新。特别是那雄伟壮观的建筑,设计精巧、结构严谨,恰到好处,既有时代风格,又有民族特点,充分显示了我国古代劳动人民的才能和智慧,难怪那外国人也纷纷前来参观。我深为我们有这样的祖先而自豪。"在游览了长城、故宫、颐和园、定陵之后,同志们一方面感到这些宏伟浩大的建筑显示了我国古代劳动人民的聪明智慧和中华民族的伟大,是中国人民的骄傲,同时也表现了历代封建王朝那种荒淫无度的糜烂生活,及对人民穷凶极恶的压迫手段。比古见今,今天我们老一辈的无产级级革命家们艰苦朴素的作风和赤胆忠诚为人民服务的决心,更激励了我们对党对社会主义的无比热爱。

**4.是一次爱国统一战线的再教育**

6月8日至13日由北京返抵太原途中,又顺便到大同云岗、五台等地进行了游览。通过对这一部分寺庙的参观学习,结合回忆党的革命史,使同志们进一步认识到党的爱国统一战线政策在各个革命时期的重要作用。在新的历史时期,党中央又给爱国统一战线这一"法宝"赋予了新的内容,如对寺庙的保护、对宗教政策的强调以及知识分子政策等,无疑这对组织浩浩荡荡的队伍,调动千军万马,共建社会主义现代化的祖国将起到更为重要的作用。正如有的同志在座谈中深有体会地说:"我党老一辈无产阶级革命家,毛泽东、周恩来、刘少奇、朱德等都十分重视统一战线工作,并把统一战线作为革命三大法宝之一,结果,我们的革命事业得以由胜利走向胜利。在新的历史时期党中央又一再强调告诉我们,在新的历史时期中,在今后很长的历史时期内,统一战线仍然是必要的,重要的,仍然有强大的生命力,仍然是我们党的一大法宝。"胡耀邦同志说:"我们不是讲要实现建设祖国、完成祖国统一和国际上反对霸权主义这三大历史任务吗?离开统一战线这个法宝是不行的。"党中央对统一战线工作的强调和重视,已在各方面发挥出难以估量的作用。这次,我们在参观了北京雍和宫和佛教圣地——五台山以后就深有体会,这里的和尚、喇嘛、尼姑等个个笑逐颜开,无忧无虑地行使着自己的权利,并吸引着来自世界各地的宗教人士。这是党的宗教政策在这里的体现,因而,团结了各界人士,调动了一切积极因素。

总之,通过这次参观学习,大家一致认为:这是一次难得的参观学习,既受到了一次深刻的爱国主义教育,也接受了一次革命传统教育;是一次爱国统一战线政策的再教育,也是一次美的艺术享受。如通过对故宫等古代建筑的参观、看到了我国古代劳动人民创造的光辉业绩,增加了民主自豪感,看了北京现代的"十大建筑",如大会堂、民族文化宫等,表现了我国现代化建设的前景,因而,增强了信心,振奋了精神,取得了在机关、学校所学不到的知识,在有生之年,誓为"四化"建设作出更大的贡献。

这次外出参观学习,除往返途中6天外,实际只用了13天时间,参观了30多个点。在经费开支上,我们处处从节约开支出发,不住大旅馆,不坐包租车。就这样,在各级政协的大力支持和同志们的共同努力下,以时间短,开支少,看点多,效果好而完成了这次参观学习任务。

## 第二节 外来参观学习

1990年9月5日，长治市政协老委员联谊会及部分县区老委员一行20多人，在原市政协主席郭贵琳和副主席高洪的带领下，由县政协主席韩国华、长治县老年扶贫协会主任孟全好、副主任王松保、老干局局长边良文等陪同下，用一天时间考察了本县贾掌等四个乡镇八个家庭院落。曹家堰农户曹世雄在自己宅旁、院落以及承包的土地上全部种植了优种葡萄，去年新产了1.2万余斤，一年成了万元户。前土门村退休干部李小锁在院内种葡萄，去年收入千余元，增加了财富，治好了疾病。贾掌村程海旺，在自己院内种蘑菇，年收入两万余元。苏店镇原家庄村景秋林，每年盆栽葡萄100盆，收入2000元，为城镇楼房庭院经济开辟了道路。郝家庄乡刘家庄村郭金盾养鸡3千只，种葡萄20余株，年收入近3000余元。司马乡王董村贾有生，院内种葡萄65株，年收入2000余元。长治县人多地少，人均土地只有一亩二分，在"庭院"宅基上挖潜力是发展经济的一大措施，这些闲空地充分利用起来，将大有可为。

1996年6月27日，江苏省洪泽县政协副主席周永法一行4人前来本县考察食用菌栽培工作。长治县为了引导农民脱贫致富，全面推行"星火计划"，在农村大力培训并指导农民种植食用菌，建成了柳林、贾掌两乡农村食用菌栽培基地，拓宽了农民致富路子，增加了农民收入。县政协主席郝审成、副主席张守孝、办公室主任赵银虎等陪同前来参观学习的客人，先后在柳林乡东呈、贾掌乡定流、西池乡小河等村进行了考察。洪泽县政协对长治县推广食用菌栽培技术的经验和做法给予高度评价。

1997年8月，山东省聊城市政协一行5人前来本县考察煤炭市场。县政协副主席牛二锁负责接待，陪同他们到荫城，西火，八义等煤炭生产乡镇进行了煤炭生产及销售调研。为了加强联系，增加信息，扩大煤炭销售渠道，同月，县政协办公室主任赵银虎协同煤炭局工作人员，又与山东省聊城市政协取得联系，在他们帮助下，考察了当地煤炭销售市场，签约了煤炭销售合同。

2001年8月16日，长治市郊区政协主席李秋莲、副主席吴迷荀一行9人到本县就民营企业发展、旅游开发进行了实地调研。郊区一行参观考察了振东实业公司、北呈芸生粮业等民营企业，同时还参观了天下都城隍、南宋五凤楼等旅游景点。长治县政协主席贾圪堆、办公室主任赵银虎陪同考察。

2006年春，襄垣县政协宋成彪主席带队来本县学习考察新农村建设。襄垣县政协一行先后到南宋乡永丰村、荫城镇荆圪道村、西火镇东庄村、振兴新村参观考察，对本县新农村规划布局、建设表示了极大的兴趣。长治县政协主席傅永祥、副主席申有宝、办公室主任赵银虎，全程陪同参观考察。

2007年冬，沁县政协张俊芳主席带队一行50余人来长治县参观考察。他们重点考察了县域经济发展及旅游景点开发。沁县政协一行先后考察了本县振东公司的金晶药业、五和食品公司，对振东公司从一个加油站起步发展为产值数亿、职工数千人的大型民营企业赞叹不已。同时，他们还参观了天下都城隍、南宋五凤楼，对长治县旅游景点的开发力度给予高度评价。

2008年3月11日，长治市城区政协主席杨栖莺、副主席常红兵一行12人来长治县实地考察。他们由本县政协主席傅永祥陪同，考察了南宋五凤楼、天下都城隍、县城黎都公园等景点，对于本县立足生态环境保护,加快发展旅游事业表示赞赏,表示要把长治县发展旅游经济的经验带回去加以推广。

2010 年 6 月 30 日, 长治市郊区政协主席崔子庆和三位副主席以及部分政协委员到长治县参观考察,重点参观考察了天下都城隍景区建设,对长治县举一县之力举办“中华千秋和谐天下都城隍祈福节”,做大传统文化产业,做好生态文化产业,做活神话故乡产业,推进由能源大县向文化大县战略转型表示赞赏。本县政协主席傅永祥,副主席申有宝、鲍金章陪同参观考察,并详细介绍了“天下都城隍”开发情况。

2010 年 7 月 6 日, 长治市城区政协 100 余人在政协主席杨栖莺的带领下来长治县考察民营企业发展。城区政协一行参观了振东集团的制药车间、五和食品基地、中草药种植基地,总裁李安平向他们介绍了振东集团由单一的加油经营,迅速发展到集石油销售、中西制药、功能食品、农业开发、生态旅游为一体的大型健康产业集团,实现了成功转型和跨域发展的经验做法。他们对振东集团跨越发展表示由衷的赞赏。长治县政协主席傅永祥、副主席鲍金章全程陪同了考察。

## 第三节 横向联谊

人民政协是大团结、大联合的统一战线组织。加强横向联谊、发展地方经济,是政协的工作范畴。上世纪 80 年代,为了使政协系统形成合力、提高履职水平,长治市 13 县(市、区)政协成立了联谊会。长治县政协在联谊会中相互交流,促进工作的同时,大力宣传本县优越的投资环境和优惠政策,广交朋友,增进共识,拓宽了经贸文化交往渠道,促进了经济发展。

1988 年,长治市各县政协在襄垣县召开了首次横向联谊会。这次会议为全市政协系统形成合力,提高履职水平探索了一条新路子。

1990 年 9 月 18 日,长治市十三县(市、区)政协第五次联谊会在本县召开。会议期间,各县(市、区)政协根据各自的工作特点,介绍了工作经验,市政协学习组织联络处处长杜向明、长治县政协主席韩国华、城区政协主席程前、武乡县政协主席韩世明、沁县政协主席张海彦作了大会发言。会议生动活泼,大家通过交流,取长补短,大受裨益。应各县政协主席的要求,与会代表参观了海棠洗衣机厂,考察了五凤楼等文物古迹。三天会议既交流了经验,又沟通了思想,促进了政协工作开展。

1993 年 9 月 16 日,长治市十三县(市、区)政协联谊会在沁源县举行。这次联谊会总结交流了政协在经济建设中开展工作的经验与体会,探讨了新形势下政协工作的新思路、新课题。

1994 年 10 月 20 日至 21 日,长治市十三县(市、区)政协联谊会在潞城市召开,省政协副主席、省委统战部部长路正西,市政协主席戴海水,副主席王怀中出席了会议。本县政协主席郝审成、办公室副主任赵银虎参加了会议。

1995 年 10 月 11 日至 13 日,长治市十三县(市、区)政协联谊会在长治市郊区召开。本县政协副主席陈一评在会上作了《抓重点,重实效,提高参政议政质量》的专题发言。

1996 年 10 月 25 日,长治市十三县(市、区)政协联谊会在屯留县召开。本县政协作为会员单位参加了会议。

2002年4月19日至20日，长治市十三县(市、区)政协联谊会在长治市城区召开。本县政协主席贾圪堆、办公室主任赵银虎等参加了会议。

是年10月24日，长治市十三县(市、区)政协联谊会在襄垣县召开。这次会议重点探讨了新形势下政协工作如何创新做法。本县作为会员单位参加了会议。

2004年6月4日，长治市十三县(市、区)政协联谊会在潞城市举行。本县政协副主席申有宝、鲍金章带队参加此次会议。

是年10月29日，长治市十三县(市、区)政协联谊会在黎城县召开。本县作为会员单位参加了会议。

2005年6月9日至10日，县政协主席傅永祥带队参加了在沁源县召开的长治市十三县(市、区)政协联谊会。

是年9月21日，长治市十三县(市、区)政协联谊会在武乡县召开。本县政协主席傅永祥、办公室主任赵银虎等参加了会议。

2006年8月9日，长治市十三县(市、区)政协联谊会在长子县召开。本县政协主席傅永祥参加了会议。

是年11月14日，长治市十三县(市、区)政协第九次联谊会在本县召开。本县政协副主席、统战部长牛外则在联谊会上做了题为《认真履行职能、积极推动发展》的发言。县委书记常光明到会致祝词，本县政协还举办了"相约今天"的文艺专场晚会。

2007年7月6日，长治市十三县(市、区)政协第十次联谊会在屯留县召开。本县政协主席傅永祥带队参加了这次会议，并在大会上做了题为《构建和谐社会、政协大有作为》的专题发言。这次会议对如何创新县(市、区)政协联谊工作，扩大内外交流提出了指导性意见。

是年11月18日，本县政协主席傅永祥带队参加了在壶关县召开的长治市十三县(市、区)政协十一次联谊会，并作了题为《抓住三个要点、服务和谐社会》的发言。

2009年7月18日，长治市十三县(市、区)政协第十四次联谊会在沁源召开。县政协主席傅永祥、教科文体委主任张建忠、经济与人口资源环境委员会副主任郭海波参加了会议。政协主席傅永祥作了《围绕保增长，保民生，保稳定，积极履职》的专题发言。

2010年7月7日，长治市十三县(市、区)第十六次联谊会在武乡举行。市政协主席王云亭赴会讲话，武乡县委书记周涛致欢迎词并介绍了武乡县经济和社会发展情况。本县政协主席傅永祥、经济委副主任郭海波、主任科员韩金保参加了这次会议。会上傅永祥作了《发挥政协优势、服务科学发展》的专题发言。

# 第三章 纪念与节庆活动

## 第一节 重大历史事件纪念活动

1985年，为了纪念抗日战争胜利40周年，县政协召开了各界人士座谈会。大家在座谈会上抚今忆昔，畅谈抗战时期军民一致抗日斗争的史迹，决心继承革命传统，以愚公移山精神为四化建设服务。会后，组织委员赴上党战役的“老爷山”、抗日战争时期的八路军总部所在地武乡的王家峪和砖壁等地进行了参观学习。委员们触景生情，有的赋诗忆英雄，有的在留言簿上挥笔抒怀，愿在有生之年为振兴中华付出自己的心血。

1986年，在孙中山先生诞生120周年纪念日时，县民革支部和市民革支部配合，举办了孙中山诞生120周年纪念活动。副主席胡纪道写了给蒋经国先生的公开信，敦促他为实现祖国统一、振兴中华早作抉择。与此同时，县政协还和统战部、对台办密切配合，利用中秋佳节、国庆节、春节召开台湾亲友座谈会，帮助本县13名在台人员台属与3人取得了通信联系。政协委员对台办副主任郭学勤还不失时机地深入在台人员的家庭了解情况、排忧解难、帮贫致富。

1994年8月19日至9月9日，县政协举办了庆祝人民政协成立45周年系列活动。一是政协委员选择有关爱国、统战、积极健康、文明向上的诗词文赋以及党和国家领导人对人民政协工作的论述等方面的内容，以毛笔书法、油画、国画等形式，歌颂了人民政协的光辉历程。二是积极配合长治市政协举办的庆祝人民政协成立45周年“人民政协知识竞赛”活动，委员们积极踊跃参赛，认真填写试卷，以实际行动纪念人民政协成立45周年。

老委员联谊会举行庆祝政协60周年座谈会

2009年，为纪念中华人民共和国成立60周年和县政协成立60周年这一伟大历史时刻，县政协本着既节约又隆重的原则，开展了一系列庆祝活动：首先召开纪念县政协成立60周年大会；其次与县文联举办“纪念县政协成立 60 周年”征文活动，组稿编撰《情系政协》一书；第三开展纪念人民政协成立 60 周年知识竞赛、政协委员书画摄影展以及乒乓球比赛等文体活动。此外，根据省、市政协安排，还积极参加省市摄影展、演讲比赛等。

## 第二节 节庆活动

1984 年 1 月 16 日至 18 日，县政协召开政协委员和各界人士座谈会，会上就全国政协主席邓颖超的《在新年茶话会上的讲话》进行学习讨论，并共度佳节。

1985 年 2 月 13 日，县政协与中共长治县委宣传部、统战部等有关单位共同召开了台港家属及各界人士迎春座谈会。

1991 年 1 月 29 日，县政协各界人士迎春茶话会在县政府招待所举行。县委书记张学忠，县长刘德宝，原人大主任吕敏，县委副书记郝审成、郝韵章，县纪检委书记冯俊琪，县委组织部长王小铓，副县长景起水，人大副主任郝贵章，县政协主席韩国华，副主席李树德、张志恒、花明新，老委员联谊会会长朱培荣，原政协副主席胡纪道以及县政协常委、部分老委员、县五大班子办公室主任，统战部、工商联、工、青、妇、科协、体委负责人，无党派知名人士、民革主委、四大镇政协组长等 60 多人出席了会议。县政协主席韩国华主持茶话会，他代表县政协向出席茶话会的各位朋友表示欢迎，对各级各部门对县政协工作的支持表示深切的感谢。县委书记张学忠、副书记郝审成、副县长景起水、县人大副主任郝贵章分别向大家通报了全县 1990 年工农业发展情况。大家对全县一年来的工作深感满意，对 1991 年的工作充满希望。

1992 年 1 月 21 日，县政协召开各界人士迎春茶话会。县委书记张学忠，副书记郝审成、郝韵章，县人大副主任魏振国，政协副主席李树德、花明新、张志恒等与各界人士欢聚一堂，共祝新春佳节。座谈会由政协主席韩国华主持，县委书记张学忠向大家通报了一年来全县国民经济建设取得的成就，代表县委向大家拜年。原政协副主席张汉用十件事实说明在中国共产党的领导下，屹立于世界民族之林的中华民族是十分强大的，是不可战胜的。原政协副主席胡纪道、李爱花、张汉等也出席了茶话会。

为了搞好本县经济建设，加快改革开放步伐，为本县的各项工作献计出力，建言立业，增进友谊，确立共识，团结奋进，1992 年 9 月 8 日（农历八月十二日），由县政协、县委统战部、对台办联合召开了各界人士中秋佳节联欢会。会议的主要议题是畅谈本县经济建设和改革开放的成就，喜庆中秋佳节。参加座谈会的有县委、政府、人大领导，各界人士、特邀人士、市政协委员、台属等共计 93 人。会议在县政府招待所中餐厅召开。

1993 年 1 月 15 日上午，县政协在县政府招待所中餐厅召开各界人士迎新春茶话会，茶话会上，大家积极踊跃发言，高度评价十四大会议，畅谈新年新春新打算，表示愿为振兴本县经济上新台阶、提前达小康的奋斗目标献计出力。出席这次茶话会的有县四大班子领导、各界人士、驻县市政协委员、工商联、统战部、老委员联谊会等共计 80 余人。

1994 年 9 月 19 日（农历八月十四日），县政协在县宾馆中餐厅召开各界人士欢度中秋佳节暨庆祝人民政协成立 45 周年座谈会。与会政协委员、全县各界人士畅谈人民政协 45 年来的光辉业绩和本县经济建设、改革开放的伟大成就。大家表示，喜庆中秋佳节，要抓住机遇，把本县各项工作继续推向一个新高潮，努力再上一个新台阶。县委、政府、政协等有关负责人，政协常委、各界人士、公、检、法、司、驻县市政协委员、老委员联谊会等，共计148人参加了此次座谈会。

1995年9月8日，举行中秋座谈会

为加强各界人士联谊，确立振兴县域经济的共识，促进本县的政治安定，经济发展，1995年元月20日（农历十二月二十）上午9时，县政协在宾馆中餐厅举行全县各界人士迎春茶话会。座谈会上，大家听取了县长郝韵章对本县1994年国民经济增长的情况报告，畅谈过去一年的大好形势和全县在经济建设中取得的重大成就，并为新的一年的工作建言献策。县委、政府、人大、政协、纪检委五大班子领导，以及政协常委、各界人士、特邀人士、老委员联谊会、市政协委员、八大口领导、公、检、法、电视台、报社等，共计140人参加了此次茶话会。

1995年9月8日(农历八月十四日)，县政协在县招待所中餐厅举行各界人士中秋佳节座谈会，共同欢庆中秋佳节。各界人士畅谈本县改革开放取得的成就，增进了合作共事的友谊。参加这次座谈会的有县委、人大、政府、纪检委、统战部、民主党派、工商联、各新闻单位等。

1996年2月1日，县政协举行各界人士迎春茶话会。县委、政府、人大、政协四大班子领导，全县市政协委员、八大口、各乡镇、各界人士参加了茶话会。在这辞旧迎新之际，大家共话本县“八五”计划取得的巨大成就，畅谈1995年全县精神文明和物质文明建设双丰收的大好形势，共商实施“九五”计划远景目标纲要之策，增进加深了各界人士之间的友谊。

1996年9月16日，县政协在县宾馆召开各界人士中秋座谈会，畅谈本县在建设经济强县方面取得的重大成就，共商本县精神文明建设和深化改革发展大计，进一步推动本县民主政治建设，促进祖国和平统一。县委办、人大办、政府办、纪检委办、统战部、工商联、民主党派，共80人参加了此次座谈会。

1997年元月30日(腊月二十三)，长治县政协在县宾馆举行各界人士、台属春节茶话会。这次茶话会主题是加强同社会各界人士的联系与合作，总结回顾1996年全县物质文明建设和精神文明建设取得的巨大成就，共同商讨1997年本县改革开放与社会稳定的发展大计，以新的姿态迎接香港回归和中共十五大召开。政协主席郝审成在茶话会上致词，县长柴守忠简要通报了本县1996年的经济发展状况。参加此次茶话会的有县委、政府、人大、纪检委等领导各专门委员会、老委员联谊会、驻县市政协委员及各乡镇负责人，共计90余人。

1997年9月12日(农历八月十一)，县政协在县宾馆餐厅举行各界人士中秋佳节座谈会。县长柴守忠通报了本县前半年经济发展情况：1—7月份是长治县经济发展遇到的困难最大，经受的考验最多的一个艰难时期，农业生产方面遇到了最严重的旱灾，煤炭市场相对疲软，工业企业产销失衡，县财政出现了多年少有的困难局面。面对困难，县政府以坚忍不拔的信心，锲而不舍的毅力，组织和带领全县人民克服困难，奋力拼搏，求实创新，使全县国民经济保持了稳定、健康的发展势态。与会人员就推进长治县民主政治建设、促进祖国和平统一、欢庆香港回归和迎接中共十五大胜利召开，表达自己的良好祝愿。参加这次座谈会的县四大班子领导、政协常委、政协委员、财委口、计委口、经委口、农经委、公、检、法、司、四大镇政协小组、政协老委员联谊会、统战部、工商联、对台办，共计108人。

1998年元月21日上午10时，县政协在县宾馆举行社会各界人士、台属迎春茶话会。参加这次茶话会的有县委、政府、人大、纪检委有关领导，市政协委员、各专门委员会、老委员联谊会、县电视台、县教育电视台、县报社，共120余人。欢聚一堂共话发展，1997年全县工作形势喜人，“创新四大战略，打好三大战役，抓好六项工程”取得突破性进展。参加茶话会的政协委员表示要顾全大局，再接再厉，同心同德，开拓前进，把全县工作做得更好。

为庆祝中华人民共和国建国50周年，纪念人民政协成立50周年，1999年9月23日，县政协召开政协成立50周年庆祝大会。50年来，共和国发生了翻天覆地的变化，人民政协取得了举世瞩目的辉煌成就，本县政协也为全县政治稳定、经济繁荣、社会进步和人民幸福作出了巨大贡献。参加这次大会的有县十二届政协委员、驻县市政协委员、各有关单位负责人以及县政协历届退下来的老领导，政协老委员联谊会会长、副会长、秘书长，政协机关全体人员。会议特邀市政协、县委、县人大、县政府、县纪委的有关领导以及兄弟县（市、区）政协主席参加，共计300余人。县政协主席贾圪堆致词，县委副书记程前讲话，市政府领导及兄弟县、市领导代表也分别讲话。庆祝大会结束后，大家共同观看了县老干局组织的太极拳表演。

2000年元月28日，县政协办公室在县煤运大厦召开全县各界人士、台属新千年迎春茶话会。座谈会上，大家豪情满怀，指点江山。在新千年春节即将到来的时候，回顾过去，瞻望前程，只有正确地总结历史，才能更好地走向未来。参加这次茶话会的有县政协常委、各界别政协委员代表、台属代表、县直有关单位负责人、驻县市政协委员、县政协老委员联谊会成员、历届离退休政协老领导、政协各专委会负责人，共计85人。

2001年元月17日上午，县政协召开全县各界人士、台属迎春茶话会。新老委员欢聚一堂，共话新千年大事、喜事。不少委员说：2001年，是新世纪的第一年，是实施“十五”计划的第一年，也是实现本县经济发展第三步战略目标的第一年。我们要振奋精神，建言献策，和各界人士共商兴县富民大计。茶话会在县宾馆举行。参加人员有县政协常委、各界别政协委员代表、台属代表、县直有关单位负责人，驻县市政协委员、县政协老委员联谊会成员、历届离退休的政协老领导、政协各专委会负责人。会议还邀请县四套班子领导出席。会议结束后，大家共进午餐。县委书记王斗林、县长阎建书向参加这次茶话会的各界人士敬酒，祝愿大家新年快乐，健康长寿。

2002年2月4日上午，县政协召开全县各界人士迎春茶话会。茶话会上，县委副书记关小平简要通报了过去一年的工作，各界代表围绕“五年实现双翻番，再造一个长治县”的奋斗目标和“四个战略”的实施，共话新年新打算，真正体现广大委员认真履行政治协商、民主监督，参政议政的职能。茶话会在县宾馆举行。参加人员有县政协常委、各界别政协委员代表、各界人士代表、各人民团体负责人、台属代表、驻县市政协委员，政协老委员联谊会长、副会长、秘书长，历届离退休的政协老领导及政协各工作委员会负责人。

2002年9月18日上午，县政协、县委统战部在县宾馆联合召开各界人士、台属中秋座谈会，共话富民强县伟业，同谋改革发展大计。王斗林、阎建书、关小平、樊志新、王玮、贾圪堆等四套班子领导出席座谈会。县政协贾圪堆主席主持座谈会并致辞，县长阎建书简要通报了全县2002年1至8月份经济运行和社会发展情况。座谈会上，县政协常委常树毅、民革副主委王海青等人发言，充分肯定了本县经济发展和社会各项事业所取得的成绩，并就调产、发展旅游等方面提出了很好的意见和建议。崔清则、祁尚文、武兆先、傅怀珠、傅永祥、李安虎、陈一评、牛外则、申有宝、鲍金章等也出席了座谈会。长治县民主党派、工商联负责人、无党派爱国人士、台胞台属、民营企业代表、民族、宗教界人士以及县直有关单位负责人参加了座谈会。

2003年1月24日，长治县各界人士、台属迎春茶话会在宏运宾馆举行。县四大班子领导关小平、樊志新、任文琳、王玮、贾圪堆、郭文忠、牛文明、李世钟、崔清则、黄福喜、祁尚文、武兆先、冯树忠、傅永祥、许智慧、王明德、石晓伟、李安虎、陈一评、申有宝、鲍金章等与社会各界人士、台属欢聚一堂，叙友情，话发展，迎新春。县政协主席贾圪堆主持茶话会。会上，县委副书记任文琳作了热情洋溢的讲话，代表县委、县人大、县政府、县政协向社会各界人士及全县广大工人、农民、知识分子和干部致以亲切的节日问候。牛文明希望各界人士在新的一年里要一如既往地关心和支持全县经济建设和社会发展，为全县改革、发展、稳定做出新的更大的贡献。社会各界人士及台属代表纷纷发言表示，在新的一年里，要以十六大精神为指针，解放思想，建言献策，同全县人民团结一道，创造长治县美好未来。

2004年9月23日上午，县政协在县宾馆召开全县各界人士中秋茶话会。各界人士欢聚一堂，围绕县委、县政府一年的工作目标，积极履行政协政治协商、民主监督、参政议政职能，共商全县发展大计。参加茶话会的有驻县市政协委员、县委、政府、人大、政协四大班子领导，政协常委、政协老领导、政协各专委会、县统战部、工商联、报社、电视台等。

2005年元月31日上午，县政协在县宾馆召开全县各界人士春节茶话会。茶话会上，县长关小平就本县的经济社会发展情况作了通报。全县政协局面稳定，经济快速发展，财政收入增加，各项事业取得了显著进步。对政协工作给予充分的肯定和高度评价。大家深受鼓舞也深感使命光荣、责任重大。大家对本县今后工作提出了建议，充分体现了社会各界人士关心县情、关注发展、关注民生的高度责任感。参加这次茶话会的有县政协常委、各界别政协委员代表、社会各界人士代表、驻县市政协委员、有关单位负责人、历届政协老委员、政协老委员联谊会负责人、政协各专委负责人。

2005年9月16日，县政协在县宾馆召开全县各界人士中秋茶话会。大家共话团圆，展望未来，共商本县发展大计。茶话会上，县长关小平通报了全县经济发展情况。县委书记常光明作了讲话。团圆不忘神圣使命，庆佳节增添履职豪情。大家表示一定要紧密团结在以胡锦涛同志为总书记的党中央周围，同心同德、奋发进取、不断把人民政协事业推向前进。茶话会结束后大家共进午餐。

2006年1月24日上午，县政协在县宾馆举办了全县各界人士迎春团拜会。参加这次团拜会的有县政协常委、各界别政协委员代表、社会各界人士代表、驻县市政协委员、各有关单位负责人、历届政协老领导、政协各专委会负责人。团拜会上，县长关小平通报了全县的社会经济发展情况，与会人员畅谈全面贯彻落实中共十六届四中、五中全会和省、市政协会议精神，履行职责，为开创新时期的崭新局面努力工作。

2006年9月30日，县政协在县宾馆举行中秋茶话会，130位各界代表欢聚一堂，喜迎佳节，共话团圆,共商本县全面达小康大计。茶话会上,县长关小平通报了全县经济发展情况:全县经济建设实现了跨越发展,财政收入提前四个月完成全年任务,各项社会事业呈现繁荣景象,县城面貌发生历史性的巨变,人民群众得到更多实惠,全县三个文明建设取得丰硕成果。特别是中共中央政治局常委、国家副主席曾庆红,于9月17日视察本县荆圪道村,对全县人民是极大的鼓舞和鞭策。县委书记常光明作了热情洋溢的讲话。

2008年9月12日,县政协在县宾馆举行各界人士中秋茶话会。政协主席傅永祥主持茶话会并讲话,对一年来全县广大干部群众紧紧围绕县委、县政府决策,坚持"好"字当头、创新驱动、统筹兼顾、稳中求进、打好五场硬战、抓好五大民生工程、办好十二件惠民实事、实现了经济社会又好又快发展进行了总结。副县长王明德就本县经济建设和社会发展作了通报,全面总结了本县的经济发展情况,并就今后建设富裕和谐长治县提出了意见。参加这次座谈会有驻县市政协委员、县政协领导、政协常委、政协老领导、各界人士、县统战部、县工商联、台属、政协各专委会负责人、政协老委员联谊会、各新闻单位。

2009年9月29日,县政协,在县宾馆召开全县各界人士庆祝县政协成立60周年暨中秋茶话会。茶话会上,政协主席傅永祥发表了热烈洋溢的讲话,着重回顾了县政协60年来,人民政协事业深深植根于党和人民建设社会主义的伟大实践,融汇了实现中华民族伟大复兴的历史进程。县政协成立60年,见证了长治县的改革开放、发展繁荣。他满怀深情地鼓励新老委员,提高履行职能的能力和水平,为实现全县科学发展社会和谐做出新的贡献。县委副书记、县长裴少飞代表县委、县政府向同中国共产党风雨同舟、荣辱与共的全县各民主党派、人民团体和各界人士,向全县政协委员和政协工作者表示节日的祝贺。他在讲话中充分肯定了县政协深入贯彻落实科学发展观,团结动员一切可以团结的力量,投身科学发展的伟大实践作出的重要贡献。他还就新时期政协委员履行职能、促进社会和谐、加强自身建设等方面提出希望。参加此次庆祝座谈会的有县四大班子领导、各乡镇书记、驻县市政协委员、县政协常委、县政协离退休老干部、乡镇政协工委负责人、县直单位负责人、政协各专委会主任、县工商联、老委员联谊会、社会各界人士,共计200余人。

2010年9月20日上午,县政协在县宾馆一楼宴会厅举行中秋茶话会。茶话会上,县委常委、副县长张向东通报全县经济和社会建设发展情况。县委书记、县长裴少飞作了重要讲话。他简要回顾了县委、县政府组织带领全县广大干部群众围绕"四个发展"总体思路,大力实施"6131"转型发展战略,各项工作取得了突破性的进展。上半年全县财政总收入首次跃居全市第一,并继续保持了全省十强。他希望大家继续发挥人民政协的特点和优势,紧扣第一要务,思富民之举,谋强县之计,献和谐之策,为跨越发展作出更大贡献。参加此次座谈会的有驻县市政协委员、县政协常委、县政协离退休老干部、乡镇政协工委负责人、县直单位有关负责人、政协各专委会主任、县工商联、老委员联谊会、社会各界人士,共计160人。

# 第四章 慈善 服务

## 第一节 慈善活动

1963年,时值三年自然灾害刚过,物质匮乏,生活艰辛,职工工资低下,政协副主席胡纪道为了支援国家建设,每月从自己的工资中拿出110元钱,这一举动得到党和群众的赞扬。

1982年,县政协委员张汉,惊闻沁水县遭受特大洪灾,于8月2日、9月1日先后寄去1000元,无私地支援了灾区人民。沁水县委、县政府来信高度赞扬了他的共产主义风格。9月5日,又为湖北省黄冈灾区捐款300元。

1988年,县政协委员、东和乡辛呈村村长苏改清,致富不忘乡亲,为造福后代,拿出20万元资金,在本村新建了一所中学。

1988年,县政协委员韩国珍,办厂致富以后,出资为全村办起了"图书阅览室",把广大青年从"麻将"、"台球"的角落吸引过来,以提高他们的知识水平,增强致富能力。

2005年,为响应胡锦涛总书记倡导的为困难群众特别是受灾群众"送温暖、献爱心"捐款活动,中共长治县委、县人民政府以长县委办〔2005〕81号文下达了《关于"献爱心、送温暖"集中捐助活动的通知》。通知发出后,县政协机关职工纷纷响应,伸出援助之手,为灾区捐款捐物,奉献爱心。县政协主席和副主席每人捐款100元,捐衣物2件。

2008年2月15日,县政协全体党员、干部、职工向南方灾区捐款480元。

2008年5月12日,四川汶川发生8级强地震。5月22日,县政协党员、干部、职工纷纷伸出援助之手,共向灾区捐款6.275万元。

2008年10月23日,县政协全体向灾区捐款1080元。

2009年11月20日,南方遭受冰雪灾害,县政协全体同志向灾区捐款1950元。

2010年5月8日,青海省玉树县发生地震灾害,县政协机关职工捐款1350元。

每年"六一"儿童节,县政协都要向实验小学和光明小学分别捐款500元,祝贺儿童节。

# 第二节 微观服务

## 第七届委员会时期(1981.4—1984.9)

这一时期,随着全国工作重心的转移和经济工作调整的进行,政协工作也相应跟着改变。新时期的统一战线和政协担负着两大任务,一是为四化建设服务,二是促进台湾回归祖国,实现祖国统一。县政协为了使全体委员和各界人士认清形势,统一思想,了解和掌握国内外政治、经济、文化教育事业、科学技术等情况,以便积极改进工作,适应四化要求,着重在全体委员和各界人士中大力提倡读书之风、思考问题之风、调查研究之风、平等待人和互相商量之风。组织有专长的委员征集文史资料,并加以整理、研究、编辑出版,有计划地抢救重要史料。参与县志的编写工作。

组织对台宣传,做好对台湾同胞和其在大陆的家属的团结教育和落实政策工作,促进台湾早日回归祖国,完成祖国统一大业。同时加强对西苗、东和天主教和伊斯兰教活动的保护和管理。提高宗教界委员的素质,尊重少数民族的风俗习惯,积极帮助少数民族聚居的村庄发展生产,团结他们同心同德搞四化。

1982 年,中共十二大召开,县政协委员们精神振奋,一个个积极争先进、抢重担、办好事。张汉将自己多年省吃俭用,节约下来的钱支援了灾区人民,接着又将自己 40 多年在教学中收藏的具有很高价值的一百多部图书献给了学校图书馆。广大委员还深入下去调查研究、了解情况、提出建议。为开发煤炭资源、落实知识分子政策、消除韩店镇糠醛厂的污染等做了大量工作。政协常委胡纪道身体力行经常深入工厂、农村,宣传中国共产党十一届三中全会以来的路线、方针、政策,宣传移风易俗,扶正祛邪,主动参与精神文明和物质文明建设,为促进本县的安定团结,做了不少工作。

1983 年是全面开创社会主义现代化建设新局面的头一年,又是实施新宪法,为国家的长治久安而奋斗的头一年。这一年政协召开知识分子座谈会,科技工作者座谈会,并结合各个时期的中心进行视察,向县委和政府提供了来自基层的建设性建议。如:对发挥本县优势、开发资源、成立煤炭技校、落实知识分子政策、提高中小学教育质量、开设技术服务中心、尽快采取措施清除糠醛厂污染等方面提出了建设性意见。

1983 年,政协还协同有关方面,协助落实知识分子政策、民族宗教政策、起义投诚和去台人员亲属的政策。特别是在知识分子问题上,发动委员以诚恳的态度与知识分子广交朋友,关心他们,了解他们,使他们能够心情舒畅,精神振奋地为人民贡献力量。

1984 年政协委员集中学习贯彻中国共产党十二大精神,逐步提高了委员为四化建设作贡献的自觉性。政协委员、一中教师张汉在一次学习会上说,“我是一名人民教师,忠诚党的教育事业是我的天职,热爱学生是老师职业道德的核心,也是做教学工作的前提,我愿身体力行为党的教育事业奋斗终生……”张汉曾先后捐出 300 多元的工资为学生们订阅了报纸、购置了图书、赠送了纪念章等。以鼓励学生上进。

## 第八届委员会时期(1984.9—1987.8)

随着形势的发展,政协结合不同时期的工作重点,紧紧围绕全县经济“翻番”的总目标,先后开展了“我为四化献良策”、“我这一年”和“为三大任务服务”等社会活动。通过这些活动,委员们在自己的工作岗位上献计出力,各显神通,基本形成了有言就参,有计就献,有力就出,有技就展,只要对经济建设和改革开放有利就干的生动局面。

1984年,政协委员集中学习贯彻中国共产党十二大精神,逐步提高了委员为四化建设作贡献的自觉性。政协委员、一中教师张汉忠诚党的教育事业,热爱学生,身体力行,先后捐出300多元工资,为学生们订阅了报纸、购置了图书、赠送了纪念章,以鼓励学生上进。由于协同各主管单位认真落实各项政策,大大焕发了知识分子的积极性。有的委员捐款捐物救济灾区人民;有的带领全家建桥修路;有的义务办学为四化培养人才;有的辛苦奔波为预防学生近视眼而广为呼吁;有的急病人所急走乡串户,扶危救人;有的讴歌吟诗,赞扬党的方针政策,表示决心为统一祖国,振兴中华,贡献自己的力量。

1985年,为了把“五讲四美三热爱”活动持续开展下去,县政协于3月25日至29日组织全县医务界政协委员,对全县病休老干部、部分专业户、军烈属进行一次巡回医疗。此次巡回医疗由县一院张富德任组长,范志任副组长,本县的名医陈忠、刘天顺、孙安熙、李荣庆、杨富合、陈振先、宋树堂等参加了巡回医疗。他们分两批深入王坊、屈家山、师庄等偏远乡镇25个村进行巡回医疗,为久病床头的退休老干部、军烈属送去了温暖。

为纪念中国共产党诞生65周年,1986年6月26日至28日,县政协织织本县部分医师到边远山区对老党员、老红军、军烈属以及近几年离退休老干部进行了医疗服务,得到了他们的一致好评。

县政协委员、县中医院院长陈忠身体力行,带头苦干,仅用两年时间,就实现了建院、挂牌、开业的愿望,受到了县委、县政府的表彰和群众的称赞,先后多次被长治市政府评为“先进集体”。

县政协副主席胡纪道,古稀之年,壮志不衰,不辞劳苦,徒步下乡搞社会调查,先后提出建议27条,给各报社、中央教育部等单位写了近三万多字的教学改革意见。他还和民革同志一起组织离退休的老医师成立了“医疗咨询服务组”,在全县山区开展医疗服务,深入村户给老委员、老干部治病。政协委员李雪兰是远近闻名的个体户,在改革开放的政策下走上富裕道路。她富裕不忘众乡亲,积极帮助引导乡邻们,解放思想、改变观念,做适合自己的生意,走适合自己的道路,为大家共同富裕、同奔小康贡献力量。

1986年5月15日,政协第八届长治县委员会第三次会议召开。会议号召广大委员要以经济建设为中心,促进两个文明建设。涌现出不少先进个人和团体。苏店学习组一年来向乡、镇学校提出了24条合理化建议。政协委员张德喜年过七旬主动当校外辅导员,东家进西家出忙个不停,他既访问家长又解决民事纠纷,做了大量工作,受到群众的赞扬。

赵村乡太义掌村台属李振国家里人多劳力少、经济困难。政协协同对台工作办公室和统战部一起深入太义掌村委和县林业局,就他承包山林统一了认识,完善了手续,这件事深深地感动了李振国一家。他见人就说:党和领导,对我一家这样关心照顾,我一定尽自己的力量把荒山变绿。并表示要给在美国的弟弟写信告诉家乡的变化。

1986年政协党组为了进一步,适应新形势的需要,以便较好地服务经济,服务中心工作,还成立了以科协主席、政协常委王新宇为组长的“农业科技咨询服务组”；以政协副主席李树德为组长的“工业企业咨询服务组”；以教育局副局长靳和阳（特邀）为组长，以政协委员教师刘唐哲为副组长的“教科咨询服务组”；以卫生局长王同兴（特邀）为组长的“医药卫生咨询服务组”；以统战部副部长、政协委员贾有生为组长的“祖国统一服务组”；以县妇联主任、政协委员安勇先为组长的“社会服务组”。政协领导均为编组成员，随组参加活动，协助小组搞好工作。

## 第九届委员会时期（1987.8—1990.6）

九届一次全委会以来，人民政协进入了新的发展时期，本届委员确立了以经济建设为中心的三大任务，以推动本县两个文明建设。首先，有组织、有计划、有目的地开展活动，根据每个委员的特长和担任的职务，把78个委员分别编为工业、农业、教育、医卫、统一祖国、社会福利等6个咨询服务组。各组紧紧围绕县委和政府的中心工作，结合本职业务，有计划地开展服务活动。医卫咨询服务组范志、陈忠、刘天顺、陈振先等委员，深入基层调查研究，先后到西火、东火、八义、屈家山、贾掌、故县等13个乡（镇）的24个村，10余个乡镇企业、学校，为254名老干部、老农民、老教师以及退离休老干部治病送药。广大群众反映：“人民政协为我们办好事，把党的温暖送到了家里。”负责祖国统一工作部门，采用多种方法为早日实现祖国统一办实事。在孙中山先生诞生120周年时，民革支部和市民革支部配合，举办了孙中山诞生120周年纪念活动。副主席胡纪道给蒋经国先生写了公开信，敦促他为实现祖国统一、振兴中华早作抉择。统战部、对台办密切配合，利用中秋佳节、国庆节、春节召开台湾亲友座谈会，帮助台属和在台人员取得通信联系。本县13名在台人员已有3人取得了通信联系。政协委员对台办副主任郭学勤，深入在台人员家庭了解情况，排忧解难，帮助脱贫致富。通过这些活动，有效地宣传了“一国两制”的方针，为早日实现祖国统一作出了贡献。在有计划地组织开展各项为四化建设服务活动中，不少政协委员利用自己的知识和技术优势，发挥聪明才智，为四化建设出力。政协副主席张汉年过花甲，退休后，仍然关心学习工作委员会的工作。驻市政协委员学习小组在他领导下，全组8名成员都在不同岗位做出了优异成绩。为了更好地宣传党的十一届三中全会以来的路线、方针、政策，他自费200余元，订阅了各种报志杂志，办起了法律咨询服务站。民革成员政协常委董振祥退休后，联系本村3名退休老干部、老教师，充分利用本村黑板报，大力宣传党的方针、政策和法律知识，深受群众欢迎。

根据县委统一安排，政协机关有3名正副主席和两名办公室主任积极参加了扶贫工作，他们分别到联系点赵村、东火、司马乡和两名主任包的赵村乡的太义、关头村。经过一年的积极工作，使这些乡、村的各项工作发生了变化，贫困面貌得到了改变。

1987年国庆前夕，县政协委员名老中医刘天顺，不顾自己年老体弱，从9月21日至28日为近百名病人进行了义诊，为广大群众所赞誉。

是年底，长治县召开了全县各界人士为四化服务经验交流会。出席会议的108个先进集体和个人代表，欢聚一堂，畅谈三中全会以来本县四化建设的大好形势，交流本人为四化服务的先进经验，使与会同志深受教育。各界人士热爱社会主义，拥护党的领导，刻苦学习，钻研技术，勤恳创业，善于协商，勇于监督的精神深受与会代表赞扬。他们的经验，各有千秋，催人奋进，大会还给108个先进集体和个人颁发了奖品和荣誉证,向全县各界人士发出了服务社会、服务农村的倡议书。

1988年6月7日,政协长治县委员会九届二次会议召开。这次会议的中心议题是根据中国共产党十三大精神努力为社会主义经济服务,为改革开放发展社会主义生产力服务。科协主席、政协委员王新宇带领科协全体干部为推广"S921"防治果树腐烂病等实用技术,对50多个重点养猪户和30多处果园进行了实地考察。他跋山涉水,跑遍了全县20个乡镇,使新技术得以在全县推广。年过八旬的名老中医刘天顺,早已退休在家,但他总是闲不住,每天登门治病者不下十余人,除此,他还主动为那些卧床不起的病人上门治疗,深受人民群众的爱戴。政协常委高恩祥,是祖传三代的老兽医。在业务上精益求精,工作认真负责,特别是对一些疑难病症,从不放过,一钻到底。在消灭牲畜"三号病"问题上,他苦下工夫,反复验证,终于取得成效,被评为省、市、县劳动模范。政协常委蒋喜福发挥自己擅长漫画的特长,作品不断在全国各种报刊上发表,并在全省获一等奖。新委员韩国珍办厂致富以后,拿出资金为全村青年办起了"图书阅览室",吸引广大青年向知识靠拢;当发现社会上一些人以打台球为名进行变相赌博时,他用现款购置了台球桌,让广大青年们免费娱乐,备受群众欢迎。委员陈富山为方便农民买化肥,购农药方便,自己投资办了一家商店,将化肥、农药拆整为零,变总卖为零售,为村民办了一大好事。

1989政协九届三次会议期间,广大政协委员深刻学习社会主义初级阶段理论和党的基本路线,提高了对建设有中国特色社会主义的认识,进一步调动了广大委员为经济建设服务的积极性。政协委员、水利局副局长陈天文,是本县水利战线上的老兵,对全县水利建设流过不少汗水。他多次建议恢复遭受破坏的北呈电灌站,建议采纳后就一头扎进去,既当设计师,又当指挥员,同时还当施工员,到处奔走呼吁,要投资,购设备。北呈电灌站被省水利厅列为全省重点建设工程,经过三年努力,现已投产见效。政协常委高恩祥是全县有名的兽医,仅1989年一年,经他治愈的病畜即达170余头。政协委员、眼科医师杨富合,认真钻研技术,拓展服务领域,在全县开展了防盲治盲活动,已诊治眼疾25000余人,治愈疑难病症1300例,其中复明手术300余例,有5篇论文在省《眼科通讯》及《山西医药杂志》上发表,其中《硅胶摘除白内障61例(72只眼)》一文,被长治市评为科技成果四等奖,并光荣地出席了1988年4月召开的第一届国际眼外科手术学术会议,交流了经验。他带领眼科医生为全县26万人进行了视力普检,为144名双目失明的患者进行了复明手术,长治县被卫生部命名为"防盲先进县"。政协委员、专业户苏改清,办厂致富后,自愿捐款22万为全乡办起一所中学,受到了社会各方面的好评。

## 第十届委员会时期(1990.6—1993.6)

长治县煤炭资源丰富,煤炭生产遍及城乡,随着乡镇矿的发展,全县地下水资源受到严重破坏,一度被誉为地平水浅的长治县面临干旱缺水的局面。面对这一现实,县政协进行了实地考察,提出了"利用煤矿废水,灌溉万亩良田"的建议,并在县委和政府等有关部门的大力支持下,在西火镇西火中村搞了山区管灌试点,仅投资5万多元就使千亩旱地变成水浇地,为全县山区利用煤矿废水发展管灌树立了榜样。西火镇群众说:"政协一条好建议,千亩旱地变水地。"西火镇的山区管灌被列为"山西之最"之一,并在《山西政协报》上发文报道。

1992年中国共产党建党71周年前夕,县政协与民政局共同组织了一支巡回医疗队到偏远山区为军烈属、复转军人、老红军、老党员、老干部、政协老委员以及五保户、残疾人送医送药,进行巡回治疗。为了保证治疗效果,特聘请市政协委员、和平医院内科主任医师张斌严、县中医院院长陈忠、县医院外科主任医师范志、医生张海生以及政协各专门委员会主任等参加了此次巡回医疗。医疗队在烈日下不辞劳苦,在5个偏远山区乡镇21个村庄,为37名患者进行了治疗和体检,受到当地领导和群众的热情接待和欢迎。在贾掌乡,医疗队特地到"光华残疾人福利厂"慰问,为7名患病者进行检查治疗。政协副主席李树德代表县委、政协向全厂职工问好,对这些自强不息的人们进行了鼓励和慰问。医疗队在太义掌村给台属李振国的妻子治病后,夫妇俩感动得久久说不出话来,眼眶溢满了泪水。

政协常委张守孝在县二轻工业局主持生产技术工作,工作一丝不苟,埋头实干,成了技术岗位上的一个"大忙人"。几年来,他不辞劳苦,对局属企业见困难就上,有问题就帮,帮县铸造厂扭亏为盈后,又一头钻进濒临绝境的"红旗木器厂",为他们出谋划策,捕捉市场信息,终于在原来产品的基础上,经过技术加工改造,推出了新产品。产品投入市场后,因质优价廉,十分畅销,被有关单位评为名优产品,厂况因之改变。

政协常委傅怀珠,身在韩店文化站工作,但他始终不忘农村这块沃土,把农民群众生活中的一点一滴,作为自己创作的主要素材。通过辛勤耕耘,他创作的《醋为媒》和《九月九》等曲艺作品,先后在全国、省、市曲艺工作大奖赛中连连获奖,本人被评为省级劳动模范,被誉为"农民作家"。

委员朱宋保年近花甲,退居二线后,豪情不减当年,一如既往兢兢业业埋头实干。他说:"我是个政协委员,又是共产党员,党员哪能分一线二线啊。"这几年除了出色完成镇党委分配给他的任务外,他还利用业余时间,为报刊写稿,反映农民的心声。长城(香港)文化出版公司出版《华夏子孙》一书,他有3篇作品入编,并出席了在北京人民大会堂举行的中外发行首发式大会。

## 第十一届委员会时期(1993.6—1998.5)

宏观献策与微观服务相结合,是政协为经济建设服务的一项开创性工作。县政协第十一届一次会议以来,紧紧围绕县委的中心工作,找准位置,选好角度,既注重宏观献策议大事,又注意微观服务办实事,进一步增强了政协工作的活力。

1993年12月,天气骤变,北风凛冽,一些身体素质较差、居住在偏远山区的军烈属、孤寡老人、老政协委员以及久病在床的离退休老同志,身体受到了影响。为此,县政协及县民政局组织了以政协委员、县一院高级医师范志为首的巡回医疗队,下乡上山为这些军烈属亲自登门送医送药。医疗队在县政协副主席张守孝、政教文委会主任郜俊保、学委会主任王满芹等带领下,冒着寒风跑了全县9个乡镇,36户人家,为48个军烈属、孤寡老人、政协老委员、久病在床的离退休老干部查病治病,所到之处受到了广大群众欢迎。

政协委员朱宋保,人老心不老,把关心群众生活中的事情当作自己义不容辞的职责,有事就及时向县、镇领导汇报,帮助群众寻觅解决办法。并经常召开政协小组会,研究解决问题的方法和措施。他曾协助破获假农药一案,为农民挽回经济损失3万余元。他还给《华夏子孙》一书撰写了7篇文章,并参与《区域经济》一书编写工作,履行了一个政协委员的光荣职责。

政协副主席张守孝，为了把长治县“潞府酿造厂”生产的熏醋系列产品打入外省市场，1994年5月，在河南辉县市召开的人才技术交易会上，提出了在辉县市建立“潞府酿造分厂”的建议，得到辉县市政协、工商联的积极响应，辉县市委、市政府也给予大力支持。经过可行性论证，签订了协议。

政协常委、工商局局长田金旺，积极扶持个体民营企业，使个体工商户发展到3188户，比去年增加504户；民营企业发展到25户，比去年增加8户。同时，为维护消费者的合法权益，积极组织政协委员和有关部门参与市场管理，开展打假、打骗活动，查处走私车4辆，捣毁制造假烟黑窝点两个，没收假酒1100多件、假烟300余条，查处各种违法违纪案件37起，价值50余万元。

政协常委、太行玛钢厂厂长牛志忠，立足市场抓质量，通过技改求发展，经过不懈努力，玛钢件技术改造计划被列为国家民政部重点技改项目。技改后，可形成年产1000吨成品玛钢件的生产规模，为残疾人提供了更多的就业机会。

政协委员、西蛮掌煤矿矿长王山虎，狠抓企业内部管理，在实现安全生产无事故、超额完成本矿各项经济技术指标外，1994年先后投资150万元兼并了西火中村矿和荆圪道两座濒临倒闭的村办煤矿，率先成立了“煤炭企业集团”，增强了企业的发展后劲。

委员王保珍是一位民营企业家，他创办的“苏店镇无线电元件厂”，1994年进入“长治市私营企业二十强”，实现产值80余万元，上交税收5万余元，捐资助教3000余元，支援村政建设5000元，成为本县民营企业界遵纪守法、致富不忘回报社会的带头人。

1995年5日，针对当前部分企业举步维艰、效益低下等问题，政协副主席陈一评发挥专业特长，先后为电力开关厂开发研制了用于电机保护的新产品—三相断路保护器。他及时了解企业发展动态，为企业提供技术咨询；同时，为企业牵线搭桥，把小型煤矿安全装置—井口防坠装置推荐给县飞华电器厂劳动服务公司生产；组织玻璃钢制品厂与飞华电器厂共同开发可用于灌溉及施肥的玻璃钢多功能灌车；在市场调研的基础上，应用先进的电子技术研制开发补偿器的更新换代产品，微机控制可控硅软启动器及小型三相电力稳压器，推动了企业的新产品开发。

是年10月14日，县政协副主席陈一评、办公室主任赵银虎在县焊条厂调研期间了解到该厂“无磁偏心仪”维修中存在技术方面一些困难时，陈一评利用其搞电器专业研究的专长及时为其排除了难题，解决了困难。

为了充分发挥政协的自身优势，县政协在全县政协委员中开展了为改革开放和经济建设献一条良策，办一件实事，搞一次咨询服务，写一篇论文，推广一项新技术或新经验的“五个一”活动。一年来，委员们共献良策114条，办实事208件，提供咨询服务367次，撰写论文12篇，推广新技术、新经验23项。

## 第十二届委员会时期（1998.5—2003.6）

在探索政协工作新路子的实践中，县政协注重引导委员联系本系统、本单位和身边的人和事，选好角度，找准位置，发挥优势，开拓进取，积极开展微观服务办实事活动。

县政协副主席陈一评为了充分发挥科学技术在兴县富民中的重大作用，他利用节假日，专心设计出了新一代开关逆变式交流电力稳压装置，并获得国家专利。副处级调研员、政协党组副书记张贵祥，因年龄关系，在换届时，从副主席岗位上退下来，但他时刻关心着全县的经济建设，多次同县政府有关领导跑长治，上省城，搞设计，列项目，终于使长陵商品公路建设列为全省公路建设的重点工程。之后，他又担任了长陵商品公路建设的副总指挥兼拆迁协调组组长，整日奔波在40多里的工地上，为拆迁征地做耐心细致的思想工作，公路沿线征地、拆迁、补偿工作如期完成，保证了工程按期开工。

县政协副主席张守孝担任王庄铁路建设副总指挥，为王庄铁路的顺利开通运营，花费了大量心血，流下了辛勤汗水。

政协机关工作人员，积极参加羊头岭公园、全县农田水利基本建设、城南护城河清淤建设及打黄扫非、税收攻坚、百日禁毒等一系列活动，树立了政协新形象。

县政协常委翟清则在本职工作岗位上，围绕“农民健康工程”的实施，在多渠道筹集资金建成县医院住院部大楼的同时，还筹资80余万元新建修缮了柳林、北呈、屈家山、八义、高河等5个乡镇卫生院，改善了基层卫生院医疗条件。

政协常委科委主任常树毅积极实施科教兴县战略和可持续发展战略，先后深入20多个乡镇100余个行政村，利用农村庙会，人员集中的场合，大张旗鼓地开展了“科技之春”、“科技与法”等宣传活动，印发各种技术宣传材料3万余份，受教育人数达5万人次。在他的积极倡导下，创办了《长治县科技》周报，向农民传播科技知识，同时为适应日新月异的科技发展形势，还以县四大班子及各局负责人为对象，创办了《科技决策参考》简报，为领导和各单位负责人决策提供参考，科技宣传工作走在全市各县(市、区)前列。

1999年，长治县向全国科技先进县冲刺。县委、县政府确立这一年为科技成果转化年。为了在本县确确实实营造一种学科学、用科技的良好氛围，进一步加快科技兴县战略的实施步伐，促进全县经济特别是农村经济的快速发展，使本县尽快进入全国科技工作先进县的行列，县政协会同县科委在全县各乡镇开展了科技大普及活动。此次活动，通过电视、报纸、板报、文艺表演等多种形式广为宣传，全县有近10万人次先后接受了科技教育，调动了广大基层干部的积极性，各乡镇学科学、用科技的氛围逐步形成。

荫城镇镇长和志林、南宋乡乡长王起堂、北呈乡乡长牛旭山、赵村乡乡长李双明等在县报发表文章，从各自的工作实际，畅谈了他们狠抓科技推广和应用，开展科技服务活动所产生的效果。柳林乡实施“五个一”科技战略，推动柳林乡经济发展的经验引起了大家广泛的兴趣；屈家山开展推广生物覆盖技术，立体种植，科学养殖取得了明显成效；贾掌乡大力推广玉米种植地膜秸秆覆盖技术，指导和帮助农民进行农业生产，鼓起了广大农民的致富积极性；西火镇全力推进科技发展，极大提高了农业科技含量；苏店镇镇长王满有把科技工作摆在突出的位置来抓，为科技发展打开了新局面；西池乡加速成果转化，促进了经济发展；城关镇(后改为韩店镇)全面推进“科技兴镇”战略，全镇的经济插上了腾飞的翅膀；高河乡乡长李维山以脱毒马铃薯高产栽培技术为突破口进行科技推广，让老百姓获得实实在在的利益；郝家庄乡坚持以科技进步为先导，以推广普及运用科技为重点，加速了科学技术向现实生产力的渗透和转化；王坊乡依靠科技进步，推动全乡经济发展，加大了科技在经济增长中所占的份额。

政协常委、振东实业公司董事长李安平，以一个企业家的眼光与胆识，从一个作坊式小油站起步，滚动成为固定资产达2600余万元的民营股份制企业集团。现在已拥有3个子公司、18个加油站、两个油库、1个汽车运输队、2个餐饮部、1个停车场、1个打火机厂、1个汽配厂、1个印刷厂。1998年营业收入1.2亿元，上交税金235万元，成为个体私营企业的杰出代表。

政协常委李平书、张起山，面对煤炭市场极度疲软的困境，千方百计抓销售、拓市场，为全县财政增收作出了新的贡献。

政协委员李保富，思想解放，敢想敢干，走出了一条两个文明一齐抓，农村各业一齐上的新路子，依托集体经济，实现强村富民。他本人荣获全省"共产党员标兵"、"省特级劳模"、"省优秀农民企业家"等称号，被群众称为致富奔小康的"领头雁"。

政协委员工商局长宋长生一手抓队伍建设，一手抓作风建设，带出了一支敢打硬仗、敢打恶战的工商管理队伍，端掉了加工劣质熟肉制品的黑窝点三个，查处了横河粮站在玉米中掺入贝壳粉等多起影响极坏的案件，维护了消费者的权益，树立了本县工商队伍的新形象。

政协委员立新正骨医院院长常立新潜心研究、刻苦钻研医学技术，创建了全县第一家创伤骨科医院，以精湛的医术、优质的服务治愈了一批又一批的伤病患者，赢得了社会的好评。

市政协委员、县医院副院长李天保，县政协委员医师李淑梅、王国兵等，数九寒天坚持义务为贫穷山区送医、送药、上门服务，诊治患者360余人，受到人民群众的广泛赞誉。

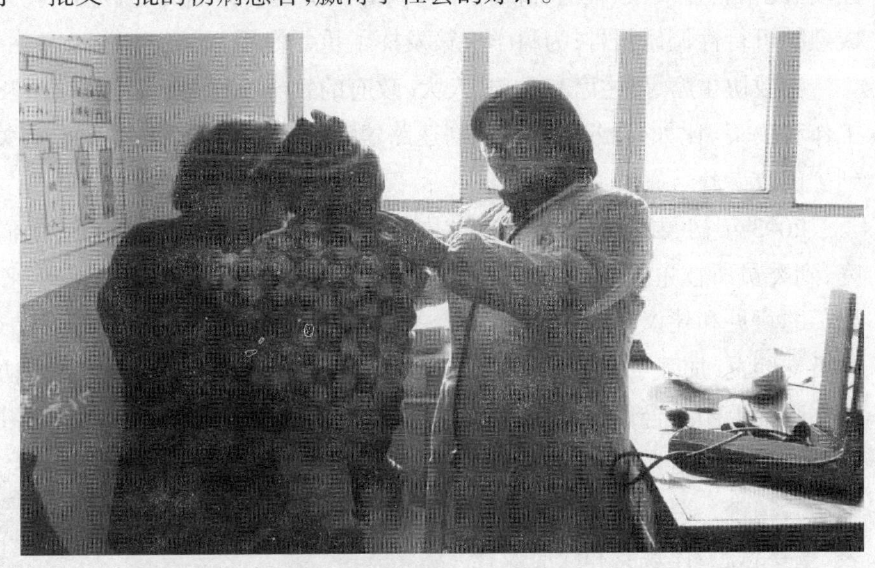

政协委员义务为贫穷山区群众送医、送药

根据省委"五下乡"活动要求，落实江泽民总书记"三个代表"重要思想，为了解决部分偏远山区群众就医难问题，2002年2月5至6日，由县政协科教文卫体委员会与民政局共同组织，特邀医疗界部分市、县政协委员及社会名医，在春节到来之时，进行了一次巡回义诊活动。2月5日和6日，医疗队先后在苏店镇、荫城镇，深入百姓家为群众看病，解决了他们看病难的问题。

政协常委鲍金章，常年工作在农业生产第一线，以发展农村经济效益为中心，积极开展农业技术培训、试验、示范和推广工作，帮助农民出主意、想办法，仅1999年一年就培训农业技术骨干3000多人次。承担的"粮食自给工程"、"旱作农业工程"、"无公害蔬菜生产"、"无公害果树生产"等工程项目，取得了良好的经济效益。

工商界委员西火镇个体协会会长周五红、荫城镇个体协会会长宋建设组织两地的个体工商户下温州等地参观学习，解放思想、更新了观念，使生意越做越大。

十二届县政协还在委员中间广泛开展了为改革开放和经济建设献一条良策、办一件实事、搞一次咨询服务、写一篇论文、推广一项新技术或新经验的"五个一"活动。仅1999年委员们就献良策294条，办实事204件，提供科技服务420次，撰写论文36篇，推广新经验、新技术124项，发挥了政协"人才库"、"智囊团"的积极作用。

## 第十三届委员会时期(2003.6—2006.10)

第十三届政协产生后,积极围绕中心、服务大局,履行人民政协职能,不断开创政协工作新局面。县政协常委会广泛动员和组织参加政协的民主党派、各人民团体、各界人士,把促进发展作为履行职能的第一要务,把推动改革和抓百强调产作为参政议政的重点课题,集中力量,深入调研,提出了一批有重要价值的意见和建议。

专题调研是人民政协参政议政的重要方式,也是政协工作的基础工程。县政协坚持与县委、政府目标同向、工作同心、行动同步。县政协紧紧围绕县委、县政府的中心工作,组织部分政协委员,深入农村、厂矿企业进行专题调研。先后就本县的百强调产工程、政府转变职能、走新型工业化道路、全面推进农村小康建设、民营企业发展、社会保障体系建设等经济建设方面课题,进行了7次社会调研活动,形成了翔实而成熟的可行性调研报告,为科学决策发挥了重要作用。

县政协主席、副主席和县委、人大、政府的领导一样,人人包乡镇、包工程、包项目,直接参与一些重要工作和决策。比如县城改造工程、高速路建设工程,协助县委、县政府有关领导抓一些具体工作等,真正做到了议政参政。

2003年初,县政协各专委会共同举办了"百名委员走访活动",他们深入机关、厂矿、农村、学校、家庭,到委员所在单位和住地,直接和委员促膝谈心,面对面地了解一年来委员的工作生活情况,认真听取委员的意见和建议,使各专门委员会的工作更加贴近群众、贴近实际、贴近生活。同时促进了机关干部和委员交朋友,加强了联系,达成了共识,强化了政协机关和委员之间,政协和各参加单位之间、政协委员之间在政治上团结合作、工作上相互支持、生活上彼此关心,成为肝胆相照的挚友和诤友。

为了贯彻落实中共十六届四中全会精神,努力践行"三个代表"重要思想,体现党和政府及社会各界对人民群众的温暖。2005年春节前夕,由县政协主席傅永祥带队,县政协教科文卫体委员会、县民政局、县残联共同组织,邀请县政协医务界政协委员,深入部分缺医少药的偏僻山区,进行了一次巡回义诊和慰问活动。1月12日至13日,义诊医疗队在西火、东和两个乡镇进行了医疗服务,受到了百姓的好评。

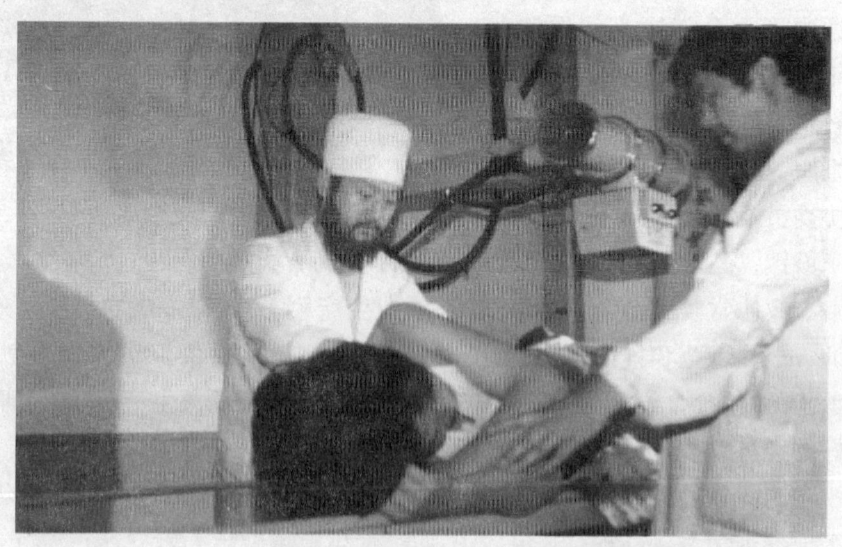

政协委员为群众查病看病

为努力践行"三个代表"重要思想,体现党和政府的温暖,积极为老百姓办实事、办好事,2006春节前夕,由市、县政协联动,县政协主席傅永祥带队,同县民政局、县残联联合组织医疗界政协委员,深入南宋乡南宋村、苏店镇西庄村进行一次巡回义诊和慰问活动。他们在村干部的介绍下,走进了多年生病卧床的群众家中，为他们把脉问诊、开药方，受到了群众的赞扬。

为发挥文史资料在存史、资政、育人等方面的作用，根据上级政协的指示，抢救性收集、整理、出版文史资料，使珍贵的史料流于后人，县政协编辑出版了《峥嵘岁月》一书，与县志办合作完成了《长治县潞商》一书的编写工作。

2007 年 1 月，在春节即将到来之际，县政协组织医卫界的政协委员，深入到郝家庄乡、八义镇部分偏僻农村，对缺医少药的农村贫困患者进行了巡回义诊，诊治患者达 500 多人，所到之处，受到广大干部群众热烈欢迎。

委员反映社情民意，是及时准确向各级党委政府传达人民群众呼声和愿望的重要手段，是联系广大人民群众的桥梁和纽带，是体察民情的重要一环。是年，为了加强反映社情民意工作，专门确立了一名工作人员负责政协信息工作，购置了微机、传真机，开通了省市政协信息网络，完善了制度，出台了信息工作奖励办法，为县委政府和上级部门提供了一批比较有价值的信息。同时，选派了 30 余名有一定经验的政协委员应聘到全县执法执纪部门任监督员，积极配合政府开展了"树立行业新风、优化发展环境"行风评议活动，拓宽了民主监督渠道，为优化全县发展环境尽了一份力量。

## 第十四届委员会时期（2007.6—2010.12）

宏观献策议大事，微观服务办实事，县政协十分注重发挥各位委员在经济建设和社会发展中的积极作用。2007 年，政协主席傅永祥，副主席李志文、申有宝、鲍金章、牛外则深入基层，包项目、包工程，实实在在为基层排忧解难。常委、委员发挥各自特长、智力优势和社会影响力，选好角度，找准位子，实事实办产生了较好的效果。经企界委员绝大多数是企业的法人、厂长、经理，或者业务技术骨干，他们是企业改革的生力军，同时又是县政协委员，承担着参政议政的重任。他们始终坚持发展是硬道理、人才是第一资源这一理念，敢闯禁区，敢破藩篱，敢为人先，路子越走越宽，企业越做越强，事业越来越兴旺。政协常委会广泛动员和组织参加政协的民主党派、各人民团体、各界人士，把促进发展作为履行职能的第一要务，与县委、政府目标同向、工作同心、行动同步，以推动实施和引深"三五"发展战略为重点，组织委员深入厂矿、农村、学校进行专题调研，先后就全面推进小康社会建设、民营企业发展、新农村建设、社会保障体系建设、乡镇政府职能转变等课题，进行了 24 次较大规模的社会调研活动，针对存在问题，提出了 120 余条可行性建议，向市政协和县委、县政府报送了 24 篇调研报告。这些重要成果，凝结着政协委员和政协各参加单位的心血和智慧，集中了委员们对我县经济社会发展的真知灼见，受到市政协和县委、县政府的高度重视，为科学决策发挥了重要作用。

深入基层、深入实际、深入群众，了解群众、服务群众，已成为广大政协委员的自觉行动。县直部门在乡镇、村建设农村信息服务站点的主要有农业局、科技局、文化局、广电局等部门。县政协通过这些服务站点，直接为农村百姓服务。农业局通过农业广播学校这一主要渠道为广大农村和农民传授农业生产标准化、蔬菜大棚、建设沼气池和使用沼气等实用技术。科技局在 11 个乡镇建立村级科技服务站点 260 个，覆盖所有行政村，为农民依靠科技增加收入提供了有力支撑。文化中心进一步完善农村党员现代远程教育，充分利用其现有设施在 160 个村建立了基层服务站点。广电中心在全县农村实施有线电视光缆工程，覆盖了所有行政村，87%以上的农户收看到了清晰的电视节目。

为认真学习贯彻落实十七大精神，全面建设小康社会，努力构建和谐社会，搞好公共卫生服务体系，提高医疗服务质量，为群众提供安全、有效、方便的医疗卫生服务，县政协根据2007年工作安排部署，在元旦、春节即将到来之际，市、县政协上下联动，在县政协傅永祥主席带领下，由县政协科教文卫体委员会、县民政局、县残联共同组织医务界政协委员于2007年12月21日至22日深入南宋乡南宋村、郝家庄乡王童村进行了巡回义诊和慰问活动，受到了患者的好评。

本县旅游资源积淀着深厚的文化底蕴，旅游产业作为本县经济发展的新型产业，具有广阔的开发前景。委员申文奇、高秋生等经过实地调查向县委递交了《发展本县旅游业，推动经济发展》的建议，与县委、县政府的工作思路合拍。县委、县政府对开发本县旅游事业多次进行研究，相继成立了县旅游开发领导组，组建了旅游发展中心，加大了对本县旅游资源的整合力度，推动了本县旅游业发展的进程，县财政拨款对天下都城隍庙、五凤楼、交光寺等一批文物古迹开始进行修缮。

委员张贵祥、王迷则、靳素红、王瑛、宋明生、牛振玲等，积极参加全县的"五下乡活动"，为全县人民送书、送药、送科技活动受到广大群众好评。

2008年，十四届一次会议以来，政协根据新形势的要求，把促进发展、关注民生、构建和谐社会作为参政议政的重点，围绕县委提出的坚持"好"字当头、创新驱动、统筹兼顾、稳中求进，打好五场硬仗、抓好五大民生工程、办好十二件惠民实事，努力实现经济社会又好又快发展的总体工作思路，紧紧抓住事关全县经济社会发展全局的重大问题开展调查研究，积极建言献策。政协先后就"三化"建设(工业新型化、城镇特色化、农业产业化)、农村合作医疗、社保体系建设、畜牧养殖业发展、农村富余劳动力转移等课题，组织常委、委员开展调研10多次，参与调研人数180人(次)，形成专题调研报告15篇。在对农村社会保障体系建设情况的调研中，政协针对本县农村养老保险进展缓慢、覆盖率低、参保农民少、农民大病报销难的问题，及时提出了建议：一是建议加大投入，扩在覆盖面，逐步提高农村低保户标准；二是建议加快农村养老院建设，切实解决五保户的"住、医、葬"问题。县委、县政府对这些建议高度重视，有关部门很快拿出了实施细则，有些问题已经得到解决。如农村新型合作医疗医药费报销环节多、手续繁的问题，经过有关部门的努力，已有明显改善，使农民真正享受到了新型农村合作医疗建设带来的实惠。县政协机关积极参与新农村建设结对帮扶活动，派出工作队深入到联系点韩店镇桥沟村，与干部群众一道研究解决农民增收、实施新农村建设规划等问题，并筹集资金1.5万元用于桥沟村解决群众吃水和修路问题。政协连续10多年坚持每年春节前组织医疗界政协委员深入乡村为群众巡回义诊，送医送药，受到广大干部群众的热烈欢迎和好评。汶川特大地震发生后，县政协机关干部职工和广大政协委员积极捐资20多万元，表达了对灾区人民的深情厚谊。

深入基层、深入实际、深入群众，了解群众、服务群众，已成为广大政协委员的自觉行动，委员王四清针对本县农村信息化进行了广 泛的调查。郝家庄乡副书记、政协委员原泽英，长期从事基层领导工作，关注民生、关心百姓的柴、米、油、盐，在物价方面做了详细的调查和比较。

2010年，县政协坚持把以人为本的理念贯穿于各项工作中，在各种场合为人民群众的切身利益鼓与呼。对于民生问题，政协采取全年关注、跟踪了解、重点视察的方法，促进了落实。县政协团委书记、政协委员陈华丽把服务青年就业创业作为团委工作的重中之重，广泛动员社会资源，着力实施了青年就业创业工程。通过农村青年小额贷款项目前、青年创业就业培训、开展劳务输出等一系列重要举措，促进了3000

多名青年就业。县政协协同县妇联引导广大妇女发展经济，增收致富，自立自强，安居乐业，以发展促和谐，从源头上预防和减少群众矛盾。西火镇副书记、政协委员原泽英，面对西火煤矿关闭带来的一系列问题，和镇政府一道狠抓转型发展，抓项目落实，上马了华鹏铝塑、荣泰木业、金科养殖等一批较大规模的地面非煤产业及转型项目，基本形成了以新型建材、特色养殖、规模种植为主的三大产业体系。粮食局局长、政协委员郭玉斌，利用工作便利条件在推进本县粮食发展，确保粮食安全方面做了大量工作，通过产供销、农工商一体化经营，将粮食的生产、加工、消费各个环节联结成一个完整的产业链，促进了产销区粮食流通确保粮食安全、增加农民收入。

根据市政协"关于开展政协委员送温暖活动的实施意见"要求，长治县市政协委员活动小组专门召开了会议，并讨论制定了帮扶本县两户贫困家庭的四年帮扶计划。为切实做好政协委员送温暖活动，达到预期目的，在四年帮扶计划中，明确了责任和任务。市政协委员傅永祥、牛外则、李安虎、宋外宾、杨有根五位具体帮扶郑丽琴，每年为其提供不少于3000元的帮助，保证两个子女不失学和生活上得到照顾；委员常立新、郭孝科、李燕玲、王海青、王建红五位负责帮扶胡中林，每年为其提供3000—5000元的帮助。按照帮扶计划，2008年8月21日，分别到郑丽琴、胡中林家庭进行了看望和慰问，分别送去3000元、4000元的慰问金。12月30日，县政协主席傅永祥带队又深入到郑丽琴、胡中林家庭进行走访和慰问，送去过年物品，并安慰他们一定要充满信心，自强自立。两户家庭对市政协委员对他们的关心和帮助深表谢意。

## 第三节 科技推广

1999年，长治县向全国科技先进县冲刺，县委、县政府确立这一年为科技成果转化年。为了在本县确确实实营造一种学科学用科技的良好氛围，进一步加快科技兴县战略的实施步伐，促进全县经济特别是农村经济的快速发展，尽快进入全国科技工作先进县的行列，县政协会同县科委在全县各乡镇开展了科技大普及活动。此次活动，牵涉面广，涉及人数多，活动形式活泼，调动了广大基层干部的积极性。

荫城镇党委、政府全力实施"科技兴镇富民"战略，不断强化干部群众科技意识，注重科技投入，加大科技成果转化，调整工农业传统结构，促进经济发展，取得了良好的经济效益和社会效益。南宋乡优化科技进步，构筑科技强乡之路。开拓市场，转变粗放的增长方式，开发新产品，改造老企业，大力发展科技产业。把产业结构转变到依靠科技进步的轨道上来，并在全乡形成尊重知识，尊重人才的浓厚氛围。实施科教兴乡战略，促进当地经济发展已成为全县乡镇长的共识。北呈乡乡长牛旭山、赵村乡乡长李双明从工作实际，畅谈了他们开展活动所产生的效果。乡政府配齐了乡科技领导班子，督促各村成立了科技服务组织，加强了科技培训，赵村农技校举办各类培训班30余期，受培训人数占到全乡人口的30%以上，使先进的致富信息迅速被农民所掌握。北呈乡属平川乡镇，地下资源缺乏，他们从实际出发推广蔬菜大棚，扩大种植面积，形成六家、南呈、北和蔬菜批发市场。乡农技校加强了科技培训和科技普及，先后培养示范村8个，示范户320户，科技致富带头人35户，年培训人数达1.2万人次。

柳林乡实施"五个一"科技战略，把发展农业经济落实为"五个一"科技工程。即建起一套服务机构；吸引一批科技人才；培养一批技术型农民；引进一批高科技技术项目；建立一个科技投入机制，在全县起到良好的示范带头作用。屈家山属山区乡镇，山多沟多坡多，资源匮乏，土地贫瘠。他们从实际出发，在种、养、加等方面开展推广与应用，大搞生物覆盖、立体种植、粮食转化加工、科学养殖，取得了明显成效。贾掌乡抓住推广玉米种植地膜秸秆覆盖技术并以此为突破口，推动了科技发展，贾掌乡春播下种时，政府全体机关干部亲自联系216家农户，在田间地头手把手地帮助指导农民进行地膜秸秆覆盖种植试验，试验面积达600亩，补贴农户资金8900元，秋后亩增235斤。司马乡组织科学技术服务小分队，指导和帮助农民进行农业生产。乡政府购买农用物质，以奖励在新技术推广、新品种运用等科技活动中的带头农民。西火镇确定了以镇长李志文为组长的科技领导组，全力推进科技发展，全镇共举办各类培训班50余期，参训人数达6000余人，用于科技三项费投入6万元，全镇科技带头人发展到500余人。全镇粮食总产稳定在950万斤左右，亩产稳定在1032斤左右。苏店镇党委一班人牢固树立科技为第一生产力的思想意识，定期专项研究指导科技工作，解决科技工作中的难点热点问题，每年科技投入不少于10万元，建立新产品试验区20个、农业示范园5000亩、绿色食品小杂粮2000亩、科技型养殖场5个。加速成果转化，促进经济发展是西池乡的主体思路。3年成果转化项目累计25项，其中新增工农业产值1500元，新增利税15万元。乡财政对科技成果转化的投入由1996年的1.5万元逐年增加到1998年的6万元，全年评出科技转化有贡献人员3名，先进单位5个，优秀转化项目3个，成果转化活动年宣传受教育面达80%。城关镇(后改为韩店镇)全面推进"科技兴镇战略的实施，全镇经济插上了腾飞的翅膀。他们针对骨干企业技术落后、设备老化的状况，进行科技改造，使拳头产品、骨干企业保持了持续发展。全镇累计投资4万元用于糖醛厂、池里煤矿、锅炉辅机厂等企业的技术改造，逐步解决了企业工艺落后、后劲不足、潜力挖掘不够的问题。糖醛厂应用渣煤混燃技术，不仅节约了煤炭，还大大减少了环境污染，降低了生产成本。农业生产实施农业科普化，着力推广地膜覆盖、配方施肥、立体种植、集约化管理等先进技术，农业科技普及率达到100%。在科技成果转化年活动中，高河乡抓住脱毒马铃薯高产栽培技术这一科技成果推广为突破口，把西下郝作为示范村，采取以点带面的方法，普及全乡。现在全乡12个村均有种植，栽培面积达到5000亩，平均亩产3700公斤，亩增收920元，全乡增收460元，全乡人均增收350元。

郝家庄乡坚持以科技进步为先导，以提高广大农民素质为前提，以推广普及运用科技为重点，加速科学技术向现实生产力的渗透和转化，努力推动全乡工农业生产实现持续、快速、健康发展。一是下大力抓好全乡农业科技推广体系和网络建设；二是下大力气抓好运用科技知识培训，提高农民素质；三是下大力气抓好科技典型示范。通过实实在在的抓，目前全乡科技示范户已达到400户，科技企业达到8个，科技示范基地建成3—5个，科技进步在全乡经济增长中贡献率达到30%以上。王坊乡依靠科技进步推动全乡经济的做法，从另一个角度验证了科技在经济增长中所占份额的重要性。王坊乡为了推动科技兴乡的快速实施，首先健全了领导管理体系。乡里成立了以乡长李根生挂帅的科技领导组，配备了专职科技副乡长，16个村都成立了由一名副村长主抓科技工作的领导组，从组织上保证了科技工作的推广运用。其次是大力开展科技宣传活动，强化科技培训。他们先后举办各类技术培训100多期，投入培训资金1.4万元，受训人数达5000余人，全乡85%的青壮年劳力基本上掌握了一至二门实用技术。

# 第七编

# 社情民意信息

全国政协第九届委员会常务委员会第十四次会议，对新形势下加强和深化反映社情民意工作的若干问题进行了专门研究，强调要真实地反映群众关心的问题，使政协成为中共中央了解真实情况、获得可靠信息、听取中肯意见的重要途径。此次会议制定了《政协全国委员会关于进一步加强反映社情民意工作的若干意见》的试用文件，使社情民意这项工作进一步规范化、制度化。长治县政协认真贯彻《政协全国委员会关于进一步加强反映社情民意工作的若干意见》，牢牢把握团结和民主两大主题，坚持正确的政治方向，有效利用自身优势，积极反映社情民意，为社会和经济发展、人民安康建言献策，为社会各方搭建了一个反映社情民意的大平台。县政协委员积极主动开展工作，把群众意愿和呼声通过信息形式迅速、真实地反映上去，许多建议得到县委、县政府的支持、肯定和重视，被全国、省、市采用和使用。长治县政协发挥自身优势，反映社情民意，积极建言献策，为各级政府了解民情、体察民意、集中民智作出了积极贡献。

# 第一章 政协信息

长治县政协把反映社情民意信息工作始终作为履行职能的一项基础工作和关键环节来抓。特别是在全国政协和省、市政协对信息工作提出更高要求的情况下,及时调整工作思路,进一步加大了信息工作的力度,使反映社情民意信息工作向前迈出了一大步。积极反映社情民意,一批事关民生、群众关注的问题得到了上级党委、政府的重视,部分问题得到了有效解决,政协信息的参政作用得到了充分显示。

## 第一节 反映社情民意信息工作

1995年1月14日,全国政协第八届常务委员会第九次会议做出了《关于政治协商、民主监督、参政议政的决定》,决定把了解和反映社情民意作为人民政协履行政治协商、民主监督、参政议政职能的一种重要形式。从此,反映社情民意信息工作作为各级政协的一项基础性工作,在政协系统开展起来。是年9月,山西省政协召开了第一次社情民意信息工作会议。同月28日,长治市政协印发了《政协长治市委员会关于密切联系委员和各界群众反映社情民意的规定》。在省、市政协要求下,长治县政协于1995年岁末组建了信息机构。当时的信息工作由政协办公室负责,信息员由办公室指定人员兼任。

2000年,县政协主席、副主席、常委、委员从反映人民群众呼声,维护人民群众利益出发,抓难点、触热点、碰焦点,共向省、市报送各类信息和社情民意40多条(件),其中被全国政协采用2条(件),被省政协采用15条(件),被市政协采用25条(件),其中农民增收困难重重、探头征收使企业步履维难、乡镇招聘干部过多过滥、中小学生减负“游戏厅”发财的现象值得重视、果树生产存在的问题及建议、财政收入吃紧支出浪费惊人、“海选”村官中的问题应充分重视、公开出台回收拖欠货款提取“费用”的办法弊端过多、各级政府应确保大中专毕业生如期分配上岗等重要信息和社情民意,引起了省、市政府及政协高度重视,有的被党报党刊加编者按后,公开刊登。

2002年,县政协落实“三深”计划,实行到基层、到委员所在地同委员“三同”,实地了解委员的工作、生活情况,倾听委员呼声和看法,加大了收集社情民意的力度,掌握了第一手素材。一年来共收集社情民意78条,上报9条,被上级采用9条,采纳率达100%。如《不要把“典型”当“点心”》等信息引起上级政协重视,成为热点问题,在群众中产生了影响。县政协主席贾圪堆被评为全市信息模范工作者,受到市委、市政府、市政协的表彰和奖励。

2003年,为加强反映社情民意信息工作,根据省、市政协要求,县政协确立了一名工作人员负责信息工作,购置了微机、传真机,开通政协信息网络。

2005年6月21日,县政协召开十三届七次常委会,政协主席傅永祥传达了省、市信息工作会议精神,提出今后要根据形势发展需要,特别是要根据市政协把信息工作纳入年度考核的新特点,加强信息调研、发布制度,强化信息激励机制,建立信息队伍,进一步创造良好条件,多写信息,多出精品,积极反映社情民意,确确实实把信息工作搞上去。大家就《长治县政协关于加强信息工作的意见》和《长治县政协信息考核奖励办法》进行了讨论,要求每位政协委员除撰写提案外,还应积极反映社情民意。县政协聘请的特邀信息员每月向县政协提供信息不少于1条,每年被市政协采用的信息应不少于3篇(条);各民主党派、工商联和人民团体、乡镇工委以组织名义报送并被采用的信息每年应不少于6篇(条)。6月23日,县政协召开信息工作会议。会议传达省、市政协信息工作会议精神,政协副主席申有宝宣读了《长治县政协关于加强信息工作的意见》,副主席鲍金章宣读了《长治县政协信息考核奖励办法》,并为特邀信息员张贵祥、王弥泽、常树毅颁发了证书。至此,县政协社情民意信息工作开始引起社会各界广泛关注,为进一步建言献策、问计于民奠定了基础。

2006年春,县政协开始编发《社情民意》。是年,共收到反映社情民意信息75条,政协信息中心编发32期,其中,政协学法委副主任张建忠编写的《整合煤炭资源,警惕第二次煤价暴涨》、原政协副主席张贵祥编写的《关于建设社会主义新农村,应注意保护古建筑与古树的几点建议》被省政协采用。是年中央"一号文件"提出,建设社会主义新农村要按照"生产发展、生活宽裕、乡风文明、村容整洁、管理民主"的要求,积极调整农业结构,加强农村民主政治建设和精神文明建设,促进农民持续增收。所以,"三农"问题在这一年一直是政协委员关注的焦点,在所编发的75条(篇)信息中,有12篇涉及新农村建设和农村经济发展问题。政协委员和特邀信息员根据新农村建设中存在的矛盾和广大农民的呼声,建言献策,针对性地提出了一些值得思考和运用的方法。针对农村建筑垃圾、生活垃圾倾倒地边路旁,既影响村容村貌,又污染环境的情况,政协办公室主任赵银虎编写了《农村村容村貌,垃圾处理是首要问题》、科教文卫体主任王树芳编写了《农村不是垃圾场》的信息,提出了垃圾要专人负责,经费到位,定点堆放,定时清理,粉碎处理、再生利用的建议。伴随着工业化和城镇化的高速发展,一些地方耕地将会减少,而世代以土地为生的农民,在失去土地后必然会失去生活的保障。根据这一发展趋势,学法委副主任张建忠编写了《保障农民地权,准许农民迁徙》的信息,提出"保障农民地权不受侵犯是维护农民公民权的一个重要底线",建议在规定的年限内,土地要成为农民的私有财产,任农民自由支配,同时要打破户籍管理中非农和农业户口的局限,允许农民户籍自由迁徙。

教育事业涉及千家万户。为了提高教育质量,培养优秀后代,政协委员代表百姓鼓与呼,多次就教育战线存在的问题,提出有见地的建议和意见。政协委员王海清根据教育乱收费表现形式越来越复杂,越来越加重学生和家长负担的现象,编写了《当前教育收费方面存在的问题及对策》的信息,分析了教育乱收费问题产生的原因及危害,提出了标本兼治的具体方法,为治理教育乱收费开出了良方。

2007年,县政协换届以来,县政协党组和主席会议多次研究信息工作,进一步统一思想,充分认识反映社情民意信息工作对推进民主政治建设,促进党政决策科学化、民主化的重要意义,切实把反映社情民意工作作为履行职能的重要基础和关键环节来抓。信息工作列入政协重要议事日程,在召开主席会议时,对信息工作作专题研究,纳入总体工作部署,明确任务、提出要求,并加以督促检查。同时规定,信息中心的有关人员可以列席参加政协各种会议和视察调研活动;可阅读重要文件、订阅内部参考资料,以了解重要情况,增强全局意识、大局观念;可参加有关学习培训,以便提高政治水平和业务能力。同时,组织信息人员赴外考察,以借鉴先进单位的好经验、好做法。县政协领导以身作则、身体力行,直接推动社情民意信息工作的开展。县政协主要领导在多种会议上强调社情民意工作的重要性,对重点信息进行审阅,以强化信息工作的地位,并经常提供线索,撰写信息。为此,在县政协机关形成了领导重视关心信息工作、办公室和专委会积极撰写信息、信息中心努力做好信息工作的良好氛围。县政协要求每位委员每年至少反映一条有价值的社情民意信息;坚持每季度一次的特邀信息员约谈会制度,围绕群众普遍关注的问题,预先出题目,确定约谈对象,听取委员的情况反映和意见建议,让与会人员充分反映社会热点和各方面情况。同时专委会的日常工作与反映社情民意的信息工作结合起来,在专题调研工作中重视收集和反映社情民意信息,从提案、专题发言中提炼信息,有效地拓展反映社情民意信息的渠道。

2007年,县政协紧紧围绕全县工作重点,把促进发展作为履行职能的第一要务,充分发挥政协委员的主体作用,认真开展反映社情民意工作。2007年共征集社情民意147条,有9条被省政协采用,有13条被市政协采用。长治县政协信息工作自2003年以来首次进入长治市先进行列,荣获长治市政协信息工作三等奖。这些社情民意涉及面广,内容丰富,具有前瞻性、警示性,引起了各级党委、政府的高度重视,为党委、政府及时了解社情民意,准确掌握社会动态,科学决策,促进群众关心的热点问题解决,发挥了十分重要的作用。

增强责任感,"做反映民意的喉舌"是十四届县政协对全体委员的基本要求,县政协将其作为具有政协特色的一项重要工作来抓,有效发挥了政协组织的特点和优势。同时也将此项工作作为政协坚持群众观点,实践"科学发展观"的有效途径,纳入了常委会工作议事日程,有研究、有布置、有督促、有检查。政协主席还利用会议、活动、走访和约谈等形式,积极宣传、发动,调动了委员们反映社情民意的积极性。2007年不仅信息数量增加,而且信息质量也有提高,信息内容更加贴近实际、贴近群众。了解和反映社情民意已逐渐成为全体政协委员的责任和共识。党的十七大召开后,引起了各界人士的关注,政协委员、各党派、团体纷纷投稿反映社情民意。大家一致认为,加强党的执政能力建设,是时代的要求,人民的要求,是我们党对新的历史使命的清醒认识,是我们党走向成熟的重要标志。县政协将这些意见和建议综合整理后,及时报送市政协,由于反映及时、快速、内容丰富、全面,受到市政协的表彰。

"三农"问题一直是委员关注的热点。在几十条关于事关民生的社情民意中,委员们就"小煤矿的矿工安置"、"提高农民矿工的待遇和地位"、"为贫困农民体检"、"重视医患矛盾"等问题,提出了具有前瞻性和警示性的建议。这些社情民意从不同角度、不同层面反映了群众的意见和愿望,具有强烈的时代感和独到的创新意识,受到市、县领导的高度重视。政协委员十分关心青少年成长,对未成年人沉迷网络、影响学习和身心健康忧心忡忡。他们经过调查,写下了《防范未成年人网瘾要多管齐下》、《网吧管理有弊端,毁了一代青少年》的信息,引起了教育部门的高度重视。教育部门协同有关单位,共同清理黑网吧,为广大青少年创造了良好的成长环境。是年是《长治县基本医疗保险》实施的第二年,广大群众由于对新"医保"制度不甚了解,反映强烈,委员们及时撰写了《应加大基本医疗保险宣传力度》、《对医疗保险制度改革的一点建议》等社情民意，受到县有关领导的高度重视。

2008年4月10日，为加强本县政协信息工作，经常委会议研究，长县编发〔2008〕第6号文件通知，正式成立长治县政协信息中心，为县政协办公室下属的县财政全额拨款单位，正式编制1名，自聘人员编制2名。是年，县政协共采集信息249条，市政协采用15条；省政协采用10条；全国政协采用4条。从是年起，为进一步获取信息，为针对性地收集信息开辟了通道、采取了新的方法。县政协每季度都要拟定1—2个专题，组织机关干部和部分政协委员、特邀信息员深入基层、农村征集相关的材料，收集相关素材，听取基层群众和委员们的意见建议，这样使了解的信息比较全面翔实，被全国政协采用的《基层委员对〈食品安全法〉（征求意见稿）的几点意见和建议》，《基层委员对〈中华人民共和国社会救助法〉（征求意见稿）的几点意见和建议》就是这样产生的。

政协反映社情民意，要充分体现智力密集、位置超脱的独特优势，才能为领导决策所倚重，得到党委、政府的重视。县政协针对有些信息缺少分析，泛泛而论，言不尽意；有的信息缺少针对性、可行性、可操作性的情况，通过上下沟通，反复联系，核实情况，提炼内容等一系列过程，努力使之成为情况翔实、分析透彻、建议可行的信息。所以要求从事政协信息工作人员对每一篇信息都要认真审阅、修改推敲，有效保证了信息的编报质量。是年，国有大事、难事，也有喜事、盛事，先是南方冰雪灾害，后是汶川特大地震，同时举办奥运会。汶川地震后，本县"立新正骨医院"在政协委员常立新的带领下，立即奔赴地震灾区抢险救灾，受到了灾区人民的高度评价和赞扬。县政协信息中心张建忠、张海平编写的《长治县立新正骨医院赴灾区开展救治活动》，被省政协上报全国政协，广为宣传本县政协委员的模范事迹。为增强人民体质，大力开展全民健身运动，借助奥运会东风，县信息中心张建忠、原娟静分别编写的《建议将8月8日设为"体育节"》、《建议增设"教练日"》均被省政协上报全国政协。2008年本县的社情民意信息工作首次进入全省先进行列，荣获山西省政协2008年信息工作三等奖。

2009年1月23日，长治县机构编制委员会，长县编发〔2009〕4号文件通知，统一长治县政协信息中心为县政协下属全额拨款事业单位，正科级建制，编制3名，正科级领导1名。2009年4月28日，县政协在县政协三楼常委会议室召开社情民意信息工作会议。此次会议通报了2008年及2009年一季度县政协社情民意信息采编情况，表彰奖励2008年度优秀信息员和先进信息工作者；会议要求每个委员至少编写一条积极反映当前发展中的突出问题，要求每一位政协委员必须贴近实际，贴近生活，贴近群众，加强同群众的联系，了解群众的情况，体察群众的情绪，关心群众的疾苦，不断挖掘信息，广辟信息来源。通过社情民意，反映群众的意愿和呼声，为党政决策提供依据和参考，不断提高反映社情民意工作的水平。

积极反映社情民意是学习实践科学发展观在政协工作中的具体体现，县政协将其作为具有政协特色的基础工作来抓。政协反映社情民意工作在常委会、主席会的领导下进行，分工明确，纳入常委会工作议事日程，建立和完善一系列反映社情民意工作制度。县政协通过常委会、新委员培训等会议，走访委员和政协各参加单位等活动，深入基层，体察民情，了解民意，带头撰写社情民意。为了进一步做好反映社情民意工作，县政协坚持每季度以书面形式向委员通报社情民意的征集、编辑情况，督促委员们按照政协常委会的要求，认真履行职责，积极反映社情民意。中共十七届四中全会召开后，基层委员高度评价此次会议的召开。县信息中心牛小亮、原娟静综合大家意见，编写《基层委员高度评价中共十七届四中全会》，这一条具有政协特色的社情民意信息，被省政协上报全国政协。县政协重视反映社情民意工作网络建设，一是努力发挥委员的主体作用；二是注重发挥各参加单位的集体作用；三是注意发挥特邀信息员、机关干部的骨干带头作用。县政协机关12名干部结合自己的工作实际积极反映社情民意，反映社情民意信息质量不断提高。进一步加强反映社情民意工作规范化、制度化、程序化建设，逐步完善反映社情民意工作的征集、编辑、报送机制，用累计计分法对委员和政协各参加单位反映社情民意的数量和质量进行量化考评，并纳入年终评选“优秀政协委员”的重要条件，更好地激发广大政协委员和政协各参加单位反映社情民意的积极性和主动性。发挥界别优势，提高信息质量。注重发挥政协整体优势，突出界别特色，多角度，全方位抓好反映社情民意工作，是2009年反映社情民意工作主要特点。一是县信息中心每年在各民主党派、工商联和人民团体中聘请一批特邀信息员，侧重反映具有界别特点的意见和建议，使政协反映的社情民意更具特色；二是通过界别渠道，积极反映社情民意。县政协历来重视通过界别了解和反映社情民意，这不仅使党政部门易于了解到其他渠道不易掌握的情况，也使政协反映社情民意工作更加生动活泼、富有特色。特别是通过界别了解到一些社会敏感问题和政策执行过程中涉及群众利益，容易引发社会矛盾的问题；三是强化委员界别意识。政协委员是多党合作的代表，每个委员都联系着一部分基层群众，通过委员能够发现其他渠道不易发现的问题，能够听到其他途径不易听到的呼声。为了总结经验，弘扬先进，进一步调动和激励广大政协委员、政协各参加单位、各专委会、特邀信息员反映社情民意的积极性，推动县政协反映社情民意工作创佳绩，按照《长治县政协反映社情民意工作表彰办法》，在十四届四次会议上，对6名优秀信息员和6名信息先进工作者进行了表彰。2009年，是长治县政协信息工作继续加强、创新发展的一年，也是县政协反映社情民意工作得到强力推进、成绩突出的一年。一年来，反映社情民意工作得到了省政协、市政协有关领导的悉心指导和热情帮助，得到了中共长治县委、县政府的高度重视，在县政协党组和主席会、常委会的领导下，通过政协各组成单位、各专委会和广大政协委员、特邀信息员的共同努力，反映社情民意工作取得了新的成绩。

县政协制定了“深化改革，加快发展，提高质量，打造精品”的目标，以全面提高社情民意质量，继续打造长治县政协工作品牌为核心，建立起网络健全、队伍过硬、渠道畅通、信息广泛、数量充足、质量优良的反映社情民意工作新格局；提出了成立信息中心、完善信息中心相应规章制度的建设，接受市政协信息处专项检查指导，外出考察学习全国政协社情民意直报点工作经验等多项具体任务；制定了加强对创建工作的组织领导、加强信息中心建设、增加反映社情民意工作的硬件投入，扎实推进创建工作。是年中，县政协主席傅永祥带队专程赴银川市、呼和浩特市考察学习反映社情民意工作经验；同兄弟市政协进行了资料交流；反映社情民意工作的分管副主席和信息中心人员也专程赴外地考察学习反映社情民意工作。学习兄弟政协的好的做法和经验，促进了县政协信息中心不断加强和改进工作，特别是从拓宽信息渠道、搭建工作平台、创新工作载体、做好发动工作、提高编发质量、强调追踪反馈、加强沟通反馈等方面，进一步提高反映社情民意工作的质量和水平。通过信息中心自身挖潜，加强反映社情民意工作的“制度化、规范化、程序化”建设，加之积极争取上级政协组织的支持和帮助，主动吸纳兄弟县区政协组织得好做法好经验。2009年1月，长治县政协荣获省政协颁发的“2008年度山西省政协信息工作三等奖”，对本县政协信息中心工作给予肯定，为信息中心进一步搞好反映社情民意工作开通了绿色通道，县政协信息工作搭上了“直通车”。为搞好第一个“反映社情民意活动月”的相关工作，县政协形成了《反映社情民意活动月活动方案》，并经县政协第十四届委员会第十次常委会议审议通过，印发政协各组成单位、专委会、政协委员、特邀信息员，并召开了集中反映社情民意活动月动员会议。会后，县政协各个方面，按照政协要求和活动月工作安排，积极组织开展相应工作。县政协主席、机关委员、机关干部带头参与反映社情民意工作；县政协联络委员会及分管主席亲自参加地片区委员组的活动，具体研究和指导推进反映社情民意工作；各专委会结合学习、视察、调研等活动的开展，切实有效地组织委员反映社情民意；政协组成单位先后召开专题工作会议，搭建工作机构，落实工作责任。

2010年，县政协为了适应全国政协及省、市政协对反映社情民意信息工作提出的新要求，县政协结合工作实际，进一步修改完善了《长治县政协信息工作考核奖励办法》，使信息工作走上了规范有序的轨道。一是建立了责任体系，建立了信息工作由信息中心主抓，各部门协助的分工负责制；二是健全工作机制，每年召开一次信息工作会议，对反映社情民意信息工作作上年度总结和下年度部署。每半年举行一次信息工作座谈会，学习领会全国政协、省、市政协有关精神，交流探讨信息工作经验，提高工作水平和成效；三是规范信息流转程序，对信息的采稿、编辑、审改、签发、报送、反馈和奖励表彰等环节作了明确规定。是年，全县共采集、编写社情民意信息274条，其中全国政协采用8条，省政协上报全国政协46条，市政协采用5条。

县政协主席傅永祥、办公室主任范李斌、文史委主任张建忠及信息员牛小亮、原娟静、申正祥等，对国务院和有关部门在网上公开征集修改意见的《网络商品交易及有关服务行为管理暂行办法（征求意见稿）》、《人民调解法（草案）》、《全国人民代表大会和地方各级人民代表大会代表法修正案（草案）》、《关于居民生活用电实行阶梯电价的指导意见（征求意见稿）》、《国家赔偿费用管理条例（送审稿）》、《土地管理法》、《表彰奖励工作条例》、《医疗机构药事管理规定（征求意见稿）》、《全国人民代表大会和地方各级人民代表大会代表法修正案（草案）》、《税收违法行为检举管理办法（修订稿）》等33部法律、法规，对照中共中央有关会议精神，根据当前形势发展，深入基层征求广大委员和群众意愿，具体提出了修改意见。这些修改意见经省政协上报全国政协后，其中5篇（条）被全国政协采用并转送有关部委。

2010年4月14日早7时49分，青海省玉树藏族自治州玉树县发生7.1级地震，截至15日7时，已造成589人死亡，8000余人受伤，1.5万户民房倒塌，给当地人民群众生命财产造成严重损失。“多所学校损毁严重”，学校建筑不堪一击。长治市政协委员、长治县政协主席傅永祥，长治县政协办公室主任范李斌，教科文卫体委主任张建忠，县政协信息中心原娟静指出，灾难是深重的，教训更是沉痛的。学生是祖国未来的希望，是每一个家庭的希望，校舍建筑的质量直接关系着他们的生命健康，为此，他们编写了《政协委员对玉树地震救灾工作的反映》，建议各地政府要在资金、人力上予以倾斜，按学校安全等级对校舍逐年进行修缮、加固；质检部门要加大力度对各地校舍安全进行检查，对不合格的校舍予以公布和监督修整；要采取措施普及教育，帮助学生树立防灾意识。同时，他们对新修改的《防震减灾法》提出建议，要加强地震研究和防震预报，减少灾害损失，保护人民生命财产安全。

长治市政协委员宋外宾、县政协教科文卫体委主任张建忠、信息中心牛小亮等关心教育事业，针对教育工作存在的问题，编写了《高考加分乱象亟待整治》、《假招生广告亟待加大力度整治》、《基层委员对设立国家助学金资助高中贫困生举措的反映》等信息，反映了广大群众的意愿。全国发生6起校园凶杀案后，为了保护祖国的花朵，长治市政协委员、长治县政协主席傅永祥，县政协教科文卫体委主任张建忠编写了《基层委员对构建安全校园的几点建议》，建议国家尽快制定《校园安全法》或者《校园安全条例》，为校园安全治理建立法律依据；要迅速制定校园保安措施，给学校配备保安，保安措施要制度化；学校要把校园周围潜在的危险排查出来，尽快采取措施，防患于未然。这一消息受到县委、县政府的高度重视，随即在全县开展了校园安全教育，签订了安全责任书，给重点学校配备了保安人员。他们对《国家中长期教育改革和发展规划纲要》中要修改的地方提出了意见，建议要推进公平教育，加大教育投入，落实高校办学自主权。在制定教改纲时应该吸取17年前教改方案的历史教训，改革教育思维，明确落实责任和问责机制。

2010年雨水多，很多地区发生大暴雨、泥石流。由于连日雨水冲刷，长治县部分南部乡镇出现泥土下滑，造成道路堵塞、田地损坏等现象，很多防护栏被冲坏，山下的道路、田地甚至房屋都受到了不同程度的毁坏，人民群众的生活安全正在遭受威胁。长治县政协信息中心牛小亮、原娟静编写了《建议我市为人群密集周边山区铺设山体防护网》的信息。他们建议：对岩层不实，泥土松散的山体要进行登记，分轻重缓急，对山体加盖防护网，使其减少落石、落土，避免灾害发生。

## 第二节 信息工作表彰

### 省级获奖

2009年1月9日，在山西省政协系统第十六次信息工作会议上，长治县政协反映社情民意信息工作荣获“2008年度山西省政协信息工作三等奖”，长治县政协学习与法制委员会主任张建忠荣获“2008年度山西省政协信息先进工作者”。长治县政协信息工作首次进入山西省先进行列。

2010年1月23日，在山西省政协系统第十七次信息工作会议上，长治县政协反映社情民意信息工作荣获“2009年政协信息工作先进单位”，在全省位列第十六名。长治县政协教科文卫体委员会主任张建忠荣获“2009年山西省政协信息先进工作者”。长治县政协信息工作再次受到政协山西省委员会的表彰。

2011年1月10日，在山西省政协系统第十八次信息工作会议上，长治县政协反映社情民意信息工作荣获“2010年度政协社情民意工作先进单位”。长治县政协教科文卫体委员会主任张建忠荣获“2010年度山西省政协信息先进工作者”。长治县政协信息工作连续三年受到政协山西省委员会的表彰。

### 市级获奖

2007年3月30日，政协长治市委员会召开2006年度“社情民意先进单位、先进个人、先进工作者和信息精品”表彰大会。在此次表彰中，县政协主席傅永祥编写的《要注意农村“吊账”、“包包账”问题》获社情民意信息精品奖。

2008年5月6日，政协长治市委员会召开2007年度“社情民意先进单位、先进个人、先进工作者和信息精品”表彰大会。在此次表彰中，长治县政协获“反映社情民意信息先进单位”三等奖。政协主席傅永祥获“反映神情民意信息优秀组织者”。政协学法委副主任张建忠、政协委员闫文秀分别获“反映社情民意信息工作先进个人”。

2009年3月26日，政协长治市委员会召开2008年度“社情民意先进单位、先进个人、先进工作者和信息精品”表彰大会。在此次表彰中，长治县政协获“政协信息工作先进单位”三等奖。政协主席傅永祥获“政协信息工作优秀组织者”和“政协信息工作先进个人”。政协学法委主任张建忠、政协信息中心科员原娟静分别获“政协信息工作先进个人”。

2010年4月19日，政协长治市委员会召开2009年度“社情民意先进单位、先进个人、先进工作者和信息精品”表彰大会。在此次表彰中，长治县政协获“政协信息工作先进单位”二等奖。政协主席傅永祥获“政协信息工作优秀组织者”，市政协委员宋外宾、市政协委员李燕玲及政协办公室科员牛小亮分别获“政协信息工作先进个人”。

2011年3月18日，政协长治市委员会召开“2010年度社情民意先进单位、先进个人、先进工作者和信息精品”表彰大会，在此次表彰中，长治县政协获“政协信息工作先进单位”一等奖，政协主席傅永祥获“政协信息工作优秀组织者”，市政协委员宋外宾、信息员牛小亮分别获“政协信息工作先进个人”，《建议对低保申请人进行网上公示》获精品信息奖。

## 县级表彰

2006年3月21日，长治县政协召开表彰反映社情民意优秀信息员、先进工作者大会。县政协委员闫文秀、焦万君、关安国、常树毅、李丽表彰为“反映社情民意优秀信息员”，王树芳、张建忠、韩金保、李明霞表彰为“反映社情民意信息先进工作者”。

2007年，本县政协信息工作者和信息员认真履行政协职能，用撰写政协信息的形式反映社情民意，开展协商监督，积极建言献策，信息数量稳中有升，质量不断提高，不仅为党和政府全面了解社情民意，实行科学决策、民主决策提供了重要参考，而且也扩大了政协的影响，提高了政协履行职能的实效。是年政协信息中心共征集编发社情民意147条。在发送的100余条信息中有9条被省政协采用，其中有4条上报全国政协；有13条被市政协采用，其中有4条上报省政协。2008年3月21日，长治县政协召开表彰反映社情民意优秀信息员、先进工作者大会，县政协委员闫文秀、焦万君、关安国、常树毅、李丽表彰为“反映社情民意优秀信息员”，政协机关王树芳、张建忠、韩金保、李明霞表彰为“反映社情民意信息先进工作者”。

**县政协2007年度反映社情民意采编统计表**

表7-1-1

单位：篇

| 姓　名 | 县政协 | 市政协 | 省政协 | 共计 | 备注 |
|---|---|---|---|---|---|
| 傅永祥 | 6 | 3 | 2 | 11 | |
| 张贵祥 | 1 | | | 1 | |
| 赵银虎 | 12 | 2 | 3 | 17 | |
| 王树芳 | 10 | 3 | | 13 | |
| 李春萍 | 1 | | | 1 | |
| 张建忠 | 52 | 6 | 6 | 64 | |

（续表）

| 姓　名 | 县政协 | 市政协 | 省政协 | 共计 | 备注 |
|---|---|---|---|---|---|
| 韩金保 | 40 | | | 40 | |
| 关安国 | | 1 | | 1 | |
| 常树毅 | 13 | | | 13 | |
| 焦万君 | 5 | | | 5 | |
| 闫文秀 | 2 | 1 | 1 | 4 | |
| 张海平 | 2 | | | 2 | |
| 岳进平 | 2 | | | 2 | |
| 李　丽 | 1 | | | 1 | |

2008年，本县政协信息工作者和广大政协委员认真贯彻落实政协十四届二次会议和2007年信息工作会议精神，围绕中心、服务大局，为全国和省市政协报送了大量具有参考价值的社情民意，得到了上级的高度肯定。全年共采编信息249条，其中4条被全国政协采用，10条被省政协采用，15条被市政协采用，同时本县政协被评为"山西省反映社情民意先进单位"。为鼓励先进，宣传典型，再创信息工作新业绩，根据《县政协社情民意信息奖励办法》的规定，2009年4月27日，县政协对常树毅、王弥泽、闫文秀、焦万君4名反映社情民意优秀信息员，张建忠、韩金保、张海平、牛小亮、原娟静反映社情民意信息先进工作者予以通报表彰。在表彰会议上，全体政协委员和骨干信息员表示要以先进为榜样，进一步认识反映社情民意信息工作的重要性，增强做好政协信息工作的自觉性，积极报送社情民意信息，努力提高社情民意信息的质量。

## 县政协2008年度反映社情民意采编统计表

表7-1-2　　　　单位：篇

| 姓　名 | 县政协 | 市政协 | 省政协 | 全国政协 | 共　计 | 备注 |
|---|---|---|---|---|---|---|
| 傅永祥 | 42 | 5 | 3 | | 50 | |
| 赵银虎 | 41 | 3 | 1 | 2 | 47 | |
| 王树芳 | 5 | | | | 5 | |
| 范李斌 | 4 | 1 | | | 5 | |
| 李春萍 | 4 | | | | 4 | |
| 张贵祥 | 1 | | | | 1 | |
| 宋德珍 | 1 | | | | 1 | |
| 韩金保 | 14 | | | | 14 | |
| 张建忠 | 129 | 11 | 7 | 3 | 150 | |

（续表）

| 姓　名 | 县政协 | 市政协 | 省政协 | 全国政协 | 共 计 | 备注 |
|---|---|---|---|---|---|---|
| 常树毅 | 9 | | | | 9 | |
| 王弥泽 | 5 | | | | 5 | |
| 张海平 | 10 | 3 | 1 | | 14 | |
| 段电良 | 4 | | | | 4 | |
| 岳进平 | 4 | | | | 4 | |
| 牛小亮 | 23 | 1 | | 1 | 25 | |
| 原娟静 | 22 | 1 | 3 | 1 | 27 | |
| 关安国 | 1 | | | | 1 | |
| 闫文秀 | 5 | | | | 5 | |
| 焦万君 | 8 | | | | 8 | |

2009年，长治县政协以科学发展观为统领，认真贯彻落实省政协信息工作会议及市、县政协信息工作会议精神，围绕党和政府的中心工作和基层委员普遍关心的热点问题，充分运用政协信息这一载体，为党和政府科学决策做出了突出贡献，受到了省、市政协的肯定和嘉奖。全年共采编信息342条，其中5条被全国政协采用，转化成了中共中央、国务院的决策，有2条被山西省政协采用，有27条上报全国政协，有10条被长治市政协采用。长治县政协信息工作再次荣获“山西省政协信息工作先进单位”，位列全省第十六名，连续三年受到长治市政协的嘉奖。为鼓励先进，推动工作，进一步搞好本县政协信息工作，充分调动政协各专委会、政协委员和特邀信息员撰写社情民意信息的积极性，有效地为党政部门科学决策服务，2009年4月28日，县政协在县政协三楼常委会议室召开社情民意信息工作会议。此次会议通报了2008年及2009年一季度县政协社情民意信息采编情况，表彰奖励2008年度优秀信息员和先进信息工作者；县政协主席、副主席、各专委会主任、副主任、县政协特邀信息员、民主党派、工商联负责人。在这次会议上，政协主席傅永祥作了《开拓进取，扎实工作，再创我县政协信息工作的新业绩》的讲话。要求切实形成政协信息工作的整体合力，大兴求真务实之风，深入开展调查研究，倾听民声、体察民情、反映民意，以改革创新为动力，协调

县政协对优秀信息工作者进行表彰

各方面的力量,调动各方面积极性,开拓进取,扎实工作,再创全县政协社情民意信息工作的新业绩。2010年5月10日,县政协对十四届三次会议以来反映社情民意信息工作的优秀信息员、委员和先进工作者予以表彰,张贵祥、常树毅、闫文秀、郭海波、王慧敏、焦万君评为反映社情民意优秀信息员、委员,范李斌、张建忠、韩金保、张海平、牛小亮、原娟静评为反映社情民意信息先进工作者。

## 2009年度反映社情民意采编统计表

表 7-1-3 单位:篇

| 姓名 | 县政协 | 市政协 | 省政协 | 全国政协 | 共 计 | 备注 |
|---|---|---|---|---|---|---|
| 傅永祥 | 90 | 1 | 13 | 4 | 108 | |
| 申有宝 | 1 | | | | 1 | |
| 范李斌 | 94 | 2 | 4 | | 100 | |
| 李春萍 | 1 | | | | 1 | |
| 张建忠 | 137 | | 15 | 4 | 156 | |
| 韩金保 | 9 | | | | 9 | |
| 赵银虎 | 15 | | 1 | | 16 | |
| 王树芳 | 8 | | | | 8 | |
| 郭海波 | 11 | 1 | | | 12 | |
| 刘 亮 | 8 | | | | 8 | |
| 张海平 | 14 | | | | 14 | |
| 段电良 | 1 | | | | 1 | |
| 牛小亮 | 101 | 2 | 11 | 2 | 116 | |
| 原娟静 | 88 | 4 | 9 | 1 | 102 | |
| 岳进平 | 9 | | | | 9 | |
| 张贵祥 | 1 | | | | 1 | |
| 常树毅 | 4 | | | | 4 | |
| 王弥泽 | 1 | | | | 1 | |
| 宋外宾 | 4 | | 1 | | 4 | |
| 闫文秀 | 4 | | | | 4 | |
| 焦万君 | 8 | | | | 8 | |

# 第三节 优秀信息选录

## 2006年

### 整合煤炭资源，警惕第二次煤价暴涨

2006年3月28日

长治县政协学法委副主任**张建忠**反映：为提高我省煤炭产业集中度和集约化水平，有效地整合煤炭资源，省安监局、国土资源厅等部门已联合展开煤矿关闭行动。2006年，我省将至少关闭1200座小煤矿。开采方式落后、回采率低下、安全没有保障的小煤矿是这次整合的重点。无疑，整合的焦点，绝大多数是小煤矿居多的产煤市县。

前几年对小型煤矿的治理整顿、关井压产，已经出现了煤价暴涨、搞煤者暴富等问题。因煤炭资源引发了许多不安定因素，群殴、群访事件屡有发生；一些用煤企业生产成本加大，有的甚至被迫停产；产煤大县的老百姓多数已买不起煤炭，只好停炉挨冻、砍树烧柴；有的抱怨用煤比用电还贵，一片怨声载道。今年要整合煤炭资源，根据上级精神，各产煤地区又要关闭一些小矿井，煤炭产量相对要有控制。为防止引发第二次煤价暴涨，笔者建议如下：

1.发改、安监、煤运、工商、税务、宣传等部门应联合制定出台一些政策，宏观调控抑制煤价暴涨，产煤市县应采取一些补助措施设法解决群众生活用煤。

2.对那些乘整合资源之机，采取不正当手段哄抬煤价，牟取暴利，大发横财的企业和部门要公开曝光，严肃查处。

3.对那些利用权势或地方势力，低价购进煤炭，囤积居奇，掺矸造假，再高价卖出的煤场要严加整治，严防中间环节"二次"提价。

4.对那些没有整合到或尚未整合的矿井，任何单位和个人不得乘机设置障碍，故意刁难，以保证其正常生产。

### 关于建设社会主义新农村应注意保护古建筑与古树木的几点建议

2006年3月29日

长治县原政协副主席**张贵祥**反映：随着中央一号文件的深入贯彻落实，一个规划建设社会主义新农

村的高潮即将到来,保护有价值的古建筑、古树木和稀有树种,应引起高度重视,提到议事日程上,采取有效措施加以保护,使这些"古物"为今所用,重放光彩。

我国是一个具有五千年历史的文明古国。古建筑是反映当时文化发展的一个重要标志,有着极为重要的历史价值,对今天开发旅游产业、兴办文化事业有着不可估量的作用。但是,由于人们的保护意识不强,受利益驱动的影响,被毁现象十分严重,一些有影响的民宅大院毁于一旦,有历史价值的庙宇、壁画被拆被盗。这种历史的惨剧在今天农村建设、道路拓宽改造、城镇规划建设中绝不能重演。对此,应责成有关部门进行一次全面普查,建档立案,告于属地严加保护,有条件者可整修翻新,恢复原貌。

古树木、稀有树种在我县仅存无几。据初步调查,我县国槐(唐槐)仅存4棵,分别生长在西坡、北呈、贾掌、原村4个村,距今已有1300多年。这4个村的大槐树除西坡严加保护外,其余3株由于保护不力,水源奇缺,加之求神拜药者甚多,烧香放炮时有发生,使大槐树饱受摧残,濒临死亡;另外,在我县的西坡村还有2棵生长60多年的毛白杨。据了解该村土改后,1946年春由贫协主任史干净狗老人在村南所栽,虽有60多年,但至今枝叶茂盛;西火镇东村有一棵上百年的白果树,俩三人都抱不住,可惜的是十几年前被伐掉,给我们留下了终生遗憾。鉴于此种情况,应责成林业主管部门,在全县进行一次全方位普查,无论产权是谁的,都应明令具有50年生长史的树木、30年生长史的稀有树种,立案登记,严加保护,一律不得随便砍伐。

实行保护与开发并重的方针,对于有历史价值的古建筑和古树木,应适当资助当地,确立保护设施,并积极鼓励当地投资开发,发展旅游产业,促进经济发展。

## 2007年

### 基层委员对《职工带薪年休假规定(草案)》的几点建议

2007年11月19日

长治市政协委员、长治县政协主席**傅永祥**、长治县政协信息中心**张建忠**反映:这几天,《职工带薪年休假规定》(草案)在广泛征求社会各界意见。这个带薪年休假规定同以往几次调整工作时间和休假制度不同的是,多了许多务实和倾听,真正尊重了公民的休假权。近年来,许多政协委员、网民、学者等通过不同形式的参与表达,最终促进政府重视带薪年休假问题并在法律层面上进行落实和细化。许多基层委员认为这个草案已经相当完善和规范,但仍有美中不足的地方:

1.对不能享受年休假者的补偿标准较低,只是按日工资标准给予补偿。建议应按正常薪酬的二三倍补偿;

2.惩罚机制有些缺乏。如果没有惩罚机制,年休假制度很可能在一些单位形同虚设,借故推诿。因此建议:如果用人单位不安排年休假也不进行补偿,经人事部门、劳动保障部门查实,应当进行行政处罚,公开在媒体上曝光;

3.对用人单位的界定有些狭窄,没有把支、村委会,筹建中的单位和一些驻华、驻外机构的代表处包括进去，这些单位的职工当然也需要休假。

## 政协报应开辟民主监督栏目

长治县政协办公室主任赵银虎反映：民主监督是政协三大职能之一，是政协参政议政的一条重要渠道、一个实质性的标志。但多少年来，民主监督在实际运行中，显得非常软弱无力。从监督力度来讲，人大的法律监督、纪委的党内监督、新闻部门的新闻监督，这些年来基本走向了规范、有章、有法、有规可循，但民主监督喊了多少年，一直讲制度化、规范化，可一直是一种无定式的模糊形式，没有真正落到实处。因此，笔者建议，在政协报开辟民主监督栏目，提供一个大众监督台，定期对各地群众关注的热点、焦点问题予以刊载，展开论谈。因为政协报作为政协机关和政协系统的唯一报纸，除了是指导各地政协工作的重要思想舆论工具外，也是政协委员参政议政、履行职能的一个园地，是社会各界反映社情民意、实行民主监督的一个窗口。近年来，报纸在参政议政方面、民主监督方面的力度显得很薄弱。开辟民主监督栏目，可以加强政协组织对社会各方面的监督，充分发挥各级委员、各界人士以及政协委员中被聘到各行业中的民主监督员的作用，把民主监督真正变成一种社会监督，以推动各项工作健康发展，为促进民主团结、构建和谐社会发挥优势作用。

## 基层群众对滥用“特权车”颇有意见

2007年9月4日

长治县政协办公室主任赵银虎、学法委副主任张建忠反映：出于打击犯罪、救灾救人的需要，国家给予部分车辆以通行上的一些特权，但这种特权显然只能给予执行任务中的警车、救护车、消防车这样的极少数特殊车辆，其他类型的车辆一概不能享有。但在一些地方，这种通行证特权却超出了这个范围，为一些领导、特权人士、企业老板所享用。比如：一些警车倚仗这种特权，不执行任务时也拉响警笛，大声呵斥路人，甚至在红灯期间，上下班高峰期，也要前面车辆让道；有些地方的领导用车、大企业老总用车也挂上了有特权标志的牌照，阻碍正常的交警执法；还有个别公务人员出行，动不动就警车开道，实行交通管制，给普遍民众通行造成诸多不便。凡此种种已引起了广大基层群众的强烈不满。这类“特权车”在不该行使特权的时候搞特权通行，不但导致其他车辆因为避让“特权车”影响正常行驶，而且容易引发交通堵塞、秩序混乱等现象。无疑，特权车的滥用，损害了他人平等通行的权利，强化了社会不平等的意识，助长了某些人的特权观念，损坏了社会的公平正义。

因此，基层群众呼吁：要建立健全特种车使用的相关法规，严格规定特种车的使用范围，彻底清理非公安部门使用的公安牌照，对任何违规的车辆，交警部门要杜绝法外开恩。

## 2008 年

### 建议地方设立创投风险基金

2008年4月18日

长治县政协信息中心**张海平**反映:调整产业结构,改变煤炭偏重的经济结构是我市乃至我省的一项紧迫而长期的任务。尽管说我们上下经过几年努力,调整产业结构已经有了明显进步,但离目标还有一定距离,需要做的工作还很多。就拿我市来说,近几年市委、市政府高度重视调整产业结构,并取得了不小的成绩,新上了一批非煤企业,但煤炭偏重的经济格局还没有根本改变。因此,调产任务还很艰巨。煤炭形势的持续好转给我们带来经济利益的同时,也给调产提供了一个较好的机遇。目前,政府、企业及部分企业家已经积累了一些资金,如何正确引导这些资金投向调产项目,更好地利用这些资金,发挥它的最大效率,是各级政府及相关人员面临的新课题。现在,有这么一种情况存在,那就是:有些企业及企业家在他们有富余资金的时候,他们并不是不想调产、新上项目,而是苦于找不到合适的调产项目;另外,在一些科研院所、大专院校以及相关单位中,就有一些有发展前景、技术含量较高、适合中小企业投资的好项目,但因为缺少资金不能上马。如果我们有一个中介组织能把二者很好地结合起来,把这些项目吸引到我们地方来,不仅盘活了资源,而且有利于地方调整产业结构。因此,笔者认为,地方有必要设立创投风险基金,为那些能落户到我们本地发展的好项目提供资金支持。为切实能把设立创投风险基金这项工作做好,真正发挥它的积极作用,特提以下几点建议:

1.创投风险基金设立。可以由政府单独设立,也可以政府为主导,吸引部分企业及个人参与,以股份制形式设立;还可以以社会中介组织形式设立,资金全部由企业、个人及有关法人提供,政府提供便利和支持。

2.创投风险基金投资对象。主要是投向企业有发展潜力、产品具有竞争力、具有一定的科技含量、符合国家产业政策和地方实际情况、适合中小企业投资的创新型项目。选择这样的投资对象主要原因一是投资不是很大,适合中小企业投资;二是这样的项目具有做大做强的潜力,有很多的大企业就是这样走过来的。

3.创投风险基金运作。首先,基金负责人一定要有高度的责任心,不仅对基金负责,更要对基金投资者负责;其次,对项目筛选一定要经过多方论证和科学考察,保证项目符合基金投资的标准,尽量避免和减少基金投资的失败和无效;第三,建立与项目企业的协商、监督、评估机制,保证项目顺利实施。

4.对项目企业按照有关优惠政策给予征地、办理手续,减免有关费用等支持和帮助。

### 警惕“低焦油”香烟误导消费者

2008年5月3日

长治市政协委员、长治县政协主席**傅永祥**,县政协信息中心**张建忠**反映:卫生部上月29日发布第三次全国死因调查数据显示:与生态环境、生活方式相关的肺癌已代替传染性疾病肝癌成为我国首要恶性肿瘤死亡原因。笔者认为,近几年来,我国肺癌的发病率急剧上升的原因,与“低焦油”香烟的宣传有很大关系。2003年国家烟草专卖局制定并发布了《中国卷烟科技发展纲要》,确定以降焦减害为主要任务的总体科技工作思路,以“高香气、低焦油、低危害”为主要方向的产品开发工作要求。2004年国家烟草专卖局出台《关于调整卷烟焦油限量要求》,决定从2004年7月1日起,凡盒标焦油含量高于15毫克的卷烟不允许进入交易市场。烟草专卖局领导鼓励烟厂:“要紧紧依靠科技进步,坚持中式卷烟‘高香气、低焦油、低危害’的发展方向,突出风格特色,提高产品质量”。于是,烟草商打着科技创新、“降焦减害”的旗号,吸引了更多烟民通过醒目标注低焦油、低烟碱量、低一氧化碳的标签来消解对健康风险的警觉,以达到自己扩大香烟销售目的。许多烟民受低焦油的误导,误以为焦油含量低于15毫克的香烟是比较安全无害的,由此导致我国的烟民有增无减。

实际上,吸“低焦油”香烟的人,为弥补尼古丁摄取量的不足,拼命把烟雾吸入肺部深处,使肺病多发区末梢部的烟雾吸入量增加,导致肺部深处的发病率增加。低焦油吸烟更深,治疗更难,危害更大。世界卫生组织的专家曾指出:“所有的烟草制品,包括所谓的低焦油香烟,都是致命的。不存在健康的烟草制品。”可见,香烟盒上标注的焦油量、烟碱量、一氧化碳量是具有误导性和欺骗性的。《国际烟草控制框架公约》已于2006年1月在我国正式生效,框架公约要求各缔约方要制定和实行有效的措施,确保烟草制品的包装和标签不造成一种产品危害较小的虚假印象。在框架公约、国人健康与商业利益这架天平上,“低焦油”这颗诱人吸烟的砝码应该如何摆呢?希望国家有关部门尽快采取有效措施,严控公共场合吸烟,扼制肺癌发病率上升。最起码在烟盒的正面应写上“吸烟致癌”的字样,把真实情况告知消费者。

## 农民工的健康问题不容忽视

2008年5月4日

长治市政协委员、长治县政协主席**傅永祥**,县政协信息中心**张建忠**反映:目前,我国有1600万家企业存在有毒有害作业,接触职业病危害因素的职工近2亿,而进城务工的农民工占绝大多数。他们干着其他人不愿干的活,成为职业病高发人群。这些农民工背井离乡,奋力劳动,渴望提高收入,渴望融入城市,但他们的健康问题却往往被忽视。

当然,进城务工的农民工大多数是青壮年,尚有资本来透支未来的健康,高强度劳动若干年之后,一旦有些农民工的健康状况出现问题时,往往会被用工企业解雇返乡。“挣不上几个钱,却落下一身病”是许多进城务工的农民工返乡时的真实写照。对职业病危害知识缺乏,加上生活重压,使许多农民甘愿冒安全与透支健康的风险,甚至要干一些不是人干的活。不仅仅是劳动者的问题,还有许多用工企业漠视职业病的防护,置国家规定于不顾;为了追求自身经济利益,不愿意建立劳动健康监护制度和措施,工作场所防护设施简陋,职业病防护用品缺乏。一旦他们有病,正规大医院较高的收费让他们难以承受,再加上劳动紧张、医疗保险缺乏等因素,使许多农民工只能在工地附近诊所看一些简单的门诊,有的甚至是“以身抗病”。虽然农民工也参加了新型农村合作医疗,但对他们而言,新型农村合作医疗保障的程度还不够,因为许多职业病是不治之症，一旦患上将会伴随终生。就拿煤矿常见的硅肺病来说，一年的治疗费数以万计，这对一个农民工来说，简直就是一个天文数字。许多用工企业往往不为农民工购买职业保险、工伤保险等，这就等于是把风险留给了农民工自己，把风险转给了国家和社会。漠视农民工职业病防护的后果是严重的，如果我们今天对农民工的健康问题不加以重视，不加大投入，将来国家将会承受巨大的风险和负担。

对此建议：

1.政府应进一步规范社会保障制度，要求并监督用工企业为容易引发职业病岗位上的农民工购买职业病保险、医疗保险、工伤保险等。

2.建立与新型农村合作医疗相衔接的“健康券”制度，当他们变换居住地或劳动场所时，“健康券”也跟随转移，通过各地方政府间的转移支付，让农民工所缴纳的健康保险可以积累使用。

3.建议“医改”能够建立以实际人口为基础的，中央统筹的公共卫生投入体制，让农民工不论是在农村还是在城市都能加入公共卫生保障体系。

## 建议尽快加快新能源开发

2008 年5 月 4 日

长治县政协委员、经济委主任**范李斌**，县政协信息中心**张建忠**反映：改革开放以来，我国煤炭占一次能源生产总量的比例一直居高不下，总是维持在 75%左右，约 78%的电力装机为煤电，84%的发电量来自煤电。电力对煤炭的依赖性很强。从 2008 年春天的冰冻灾害可以看出，我国能源对煤炭依赖性过大，又是长途调运，即“北煤南运”，处于一种脆弱的供需平衡状态，潜伏着重大的安全隐患。

面对日益增长的能源需求和国际石油价格高涨的情况，如果我国仍沿用粗放的能源供给，将会受到环境保护、资源浪费、运输成本等多方面因素的制约。因此，积极发展多种能源，迅速改变“一煤独大”的状况，已刻不容缓，迫在眉睫。

为此建议：

1.应加快科技开发和运用，促进煤炭的清洁、高效化使用。

2.应大力发展太阳能、风能等可再生性能源。

3.应加快发展核电的步伐。我国的核电主要集中在沿海地区，中西部地区也应该尽快发展核电。

4.应加快新能源和替代能源的开发应用。

5.应进一步开发水电，但要遵循适度、有序、科学、合理的原则，避免因电站过多而影响沿江、沿河的生态环境。

## 建议将 5 月 12 日定为“防灾抗灾纪念日”

2008 年 5 月 20 日

长治县政协委员、县政协办公室主任**赵银虎**，县政协信息中心**张建忠**反映：5·12 汶川里氏 8 级的大地震，夺去了六七万同胞的生命，数万同胞致残，几十万同胞无家可归，成为改革开放以来的特大灾难。因此，笔者建议，应把5月12日定为我国的"防灾抗灾纪念日"，每年值此宣传防震抗灾知识，提高全国人民的抗震防灾的意识。

对此，建议四川建立北川地震纪念馆，与此同时，全国各县（市）也应该设立抗震防灾纪念馆，规模可以不拘，通过图片、传媒、高科技等手段，让广大民众广泛接受灾害和救援的知识。同时，馆内也可展出实物，表扬在震灾中表现杰出的先进事例，揭露腐败恶劣案例。对于地震发生后临危逃逸、见死不救或侵吞救灾款物，发国难财的人，在给予法律严惩之后，也应该在纪念馆内将其劣迹一一展出，以警示世人。

## 建议增设"教练日"

2008年8月14日

长治县政协信息中心**原娟静**反映：2008北京第29届奥运会历时已整整五天，这五天里，中国的健儿们不负祖国的重托创造了一个又一个佳绩，一次次鲜艳的五星红旗升起，全中国的人为之激动、骄傲。五天里我们的目光始终追随着场上比赛的运动员，领奖台上的运动员。殊不知运动员辉煌的背后还有那么一个伟大的人——教练。

在首金获得者陈燮霞最后一次挺举成功兴奋地跑下比赛台时，女举教练马文辉激动地抱起了这个广东小妹。陈燮霞成功了，他可以缓一口气了。从陈燮霞腿伤到比赛，28天里马教练瘦了10多斤，头发都白了。他心里的压力绝不比陈燮霞小；卫冕成功，为中国夺得第8枚金牌的女子举重58公斤级运动员陈艳青，在赛后接受采访时谈到教练员曹新民时说："这么多年他一直是我的出气筒"；男子体操团体获奖后，体操队员纷纷把自己的奖牌挂在了体操队总教练黄玉斌的脖子上，一向严肃的他笑了，脖子上沉甸甸的，心里却轻松了许多。

一枚枚奖牌不仅仅承载了运动员的努力与拼搏，也饱含了教练员的心血。还有一些未能夺得奖牌的运动员，他们的教练来不及失落，就要顶住压力安慰、调整自己的弟子。运动员与教练员亦师亦友，教练员甚至把自己的弟子视同子女、舐犊情深。这样的感动有太多太多，正是这些站在背后的人默默地支持、指导才成就了一个个运动员、一块块奖牌。我们把掌声献给那些领奖台上英姿飒爽的身影时，请不要忘记他们身后同样值得尊敬的教练员。

我们国家为一些特殊的职业都设立了具有纪念意义的节日。教练员在当今这个弘扬体育的时代也称得上一个特殊的职业，他们的贡献不容忽视。所以建议相关部门考虑增设"教练日"，选择奥运会闭幕的那一天8月24日作为纪念日，让我们记住这些幕后的人们，他们站在幕后却演绎着更精彩的人生，正如奥运会闭幕了，但我们的体育事业却正在蓬勃发展！

## 对将8月8日设为"体育节"的建议

2008年8月22日

长治县政协学法委、政协信息中心**张建忠**反映：2008年8月8日，在这个象征着吉祥的美好日子，北京第29届奥运会隆重开幕，中华民族终于圆了百年的奥运梦想，鸟巢上空的圣火照亮了中华民族自信的心灵。从8月9日开赛以来，我国奥运军团的健儿们摘金夺银，金牌总数稳居榜首。应当承认，尽管金牌总数位居第一，但我国人口众多，离体育强国的距离还相当大。我国的竞技体育近30年来取得了可喜的成就，但群众体育却止步不前，甚至有所倒退。

“生命在于运动”，“发展体育运动，增强人民体质”，这样的道理十三亿中国人都懂。可问题是，很多时候，道理仅仅留存在脑子里，口号仅仅停留在嘴角边。许多脑力劳动者由于缺乏体育活动，年龄不大却有许多疾病，比如肥胖、近视、高血压以及肺活量、爆发力的不足等。金牌稳居第一是事实，可国民体质的每况愈下也是一个不争的事实。面对这样的现实，我们就应该弘扬奥运精神，设立我们自己的“体育节”。将8月8日设为“体育节”，就是要让我们永远记住这一天，有了自己的体育节，就可以提醒每个人不忘身体健康，不忘体育锻炼，时时将体育活动当作工作和生活的一部分。坚持每天锻炼一小时，健康工作五十年，幸福生活一辈子。

为此建议：

1.建议将8月8日定为法定的“体育节”。在这一天，公民可以自由的参加各项各类的体育活动。

2.建议在8月8日、9日、10日这三天时间内，以行业为单位，开展群众性的体育活动。对体育比赛的优胜者可给予物质和精神奖励。8日为法定假日，9日、10日可与双休日调换。

3.建议在评选劳动模范、先进工作者的时候，把是否参加体育活动以及参加程度作为参考标准。

4.建议地方党委、政府应将“开展群众体育活动计划”列入民心工程之中。

## 对个人所得税改革的几点建议

2008年8月25日

长治市政协委员、长治县政协主席**傅永祥**，县政协学法委副主任**张建忠**反映：个人所得税是一个增长潜力较大的税种，在未来财政政策体系中能够发挥自动稳定器的作用，能对收入分配格局产生较大影响，这就需要在其真正成长起来之前，各方利益冲突较小的时候，尽可能将其规范化。个人所得税制度的规范化，即使导致税收收入的下降，政府财政也能够承受。当前，个人所得税收入占税收收入比重约为7%。

笔者认为，我国的个人所得税制存在着一些问题，需要及时改革，一是，工资薪金所得与劳动报酬所得，同是劳动所得，依据有差别的税率征税有失公平。二是，对生计费用的扣除规定不尽合理。虽然两度提高了工资薪金费用扣除标准，工资薪金部分的个人所得税扣除额已从月1600元上升至2000元，但与物价变动联系的机制尚未确立起来，物价上涨时会导致纳税人适用税率上升，增加纳税人负担。三是，工资薪金的九级超额累进税率过于复杂，且税率太高，最高可达45%。四是，对工资薪金按月征收个人所得税会导致拥有相同收入的人，由于其年收入时间分布不均而造成税负的不公平，也造成了年度自行申报纳税计算上的不便。五是，只是要求个人作为纳税人，没有考虑到不同家庭的实际因素，没有考虑到不同家庭在养老、医疗、教育、住房等大笔开支的差异，不利于个人所得税分配作用的发挥。

为此建议：

1.个人所得税制改革的目标应以综合所得税制取代分类所得税制，可以以个人名义、家庭名义进行纳税。

2.建议调整工资薪金所得对应的九级超额累进税率，以达到降低税率之目的。

3.建议调整工资薪金费用扣除标准的设定方法，将该扣除标准与物价指数挂钩。

4.建议针对不同人群和消费结构，增加专项扣除项目。

## 基层委员对《中华人民共和国社会救助法〈征求意见稿〉》的几点意见与建议

2008年8月28日

长治县政协学法委副主任**张建忠**，县政协信息中心**原娟静**反映：8月15日，国务院法制办向社会全文公布了《中华人民共和国社会救助法〈征求意见稿〉》，截至9月8日向社会广泛征求各方面的意见与建议。对此，基层委员纷纷发表自己的看法和意见，主要有以下几点：

1.第一章，第七条：建议增加“村委会和街道社区对救助对象、救助款物应及时公布”。因为这样可以避免暗箱操作而引起村民或居民的疑虑。

2.第二章，第十三条：建议增加“在农村也可以采用村民投票的方式来决定享受最低生活保障待遇的家庭”。因为本村村民对每户的情况是比较了解的。

3.第三章，第十九条：建议增加“对特别困难的病人，救助部门应先垫资救助，而后再按手续报销费用。”因为有许多病人住院，本人家庭垫不起资。

第三章，第二十条：建议增加“对农村专项救助户的危房，乡、镇人民政府应发放危房维修补助金”。

4.第四章，第二十二条：建议增加“并尽快安排灾区学生恢复上课”。

第四章，第二十四条：建议增加“首先恢复灾区重建的学校、医院等”。

5.第五章，第二十七条：对一些意外伤者、急病患者等需临时救助的，当地救助部门应先救助而后再核实，申报。

6.第六章，第三十条：建议增加“拒交罚款的，以诈骗罪论处”。

第六章，第三十条，第二款：建议修改为“救助对象家庭收入和财产状况好转，在一年之内，不按照规定告知社会救助管理部门或者相关机构，继续享受社会救助待遇的”。因为贫困家庭的收入一般不稳定。

## 基层委员建议调整粮食直补政策

2008年9月17日

长治市政协委员、长治县政协主席**傅永祥**，县政协学法委副主任**张建忠**反映：从2004年开始，国家不仅取消了几千年的皇粮国税，而且还对农民实行种粮补贴。粮食直补政策的实行，其目的是为了调动农民种粮的积极性，增加农民的收入，但人均十几元、几十元的直补款在物价飞涨的大环境下，乃杯水车薪，基本起不到调动种粮积极性的作用。在人多地少的农村，土地的产值远远不能满足一个家庭的正常开支。在目前的情况下，打工仍然是农民家庭经济的主要来源，在地里种田的绝大多数是老弱病残，青壮年劳力已全部外出打工挣钱，可见，粮食直补政策并没有使农民能够安心种田。为了确保粮食直补款能公正无误地发到农民手中，镇(乡)、村两级需要做大量的工作，入户调查统计，公示后上报县级财政部门，经审核后，再进行每户应补资金公示。经公示无误后再由乡镇造表到指定的“一折通”金融单位，将资金划拨到位，然后是迎接上级部门不分次数的检查。乡镇政府因此要耗费大量的人力、物力、财力，增加了乡镇的行政成本。

新农村建设已经进行了三、四年了，但许多农村却变化不大，“山河依旧”在多数农村是普遍现象。原因只有一个，农村干部想干事却没钱。农村不像城市，所有的城市基础设施不需要市民掏钱，在农村，政府给的钱是有限的，后续的钱只能靠老百姓自己。因此有许多基层委员建议：既然国家花费大量的财力用于作用甚微的粮食直补，倒不如把粮食直补的资金集中起来使用，把有限的钱用在农村真正需要的地方，解决一些农民需要解决的问题。这就需要政府应及时调整修改粮食直补政策，把好钢用在刀刃上，为民真正谋福祉。

## 基层群众建议政府取消“免检”制度<br>加大对名牌产品的监管力度

2008年9月19日

长治县政协信息中心**牛小亮**反映：国家质检总局通报全国婴幼儿奶粉抽检情况，立即在基层群众中引起了强烈反响。毕竟，婴幼儿奶粉在老百姓的生活当中，占据着非常重要的位置。如今，在不合格的产品当中，赫然出现了河北三鹿、山西雅士利、内蒙古伊利、蒙牛集团、青岛圣元这样的名牌产品，怎能不让消费者震惊?在这些不合格婴幼儿奶粉中被检出含有三聚氰胺。三聚氰胺是一种低毒性化工产品，婴幼儿大量摄入会引起泌尿系统疾患。更令人吃惊的是，三鹿奶粉、雅士利奶粉、伊利奶粉等都是国家免检产品，这使得“免检”制度再次遭到人们的质疑。

在食品中添加三聚氰胺可以增加其在检测时的蛋白质含量，对人体能够造成危害。国家质检局去年就已经发现，并部署专项检查，为什么不及时修改相关检测标准?“国家免检产品”是不是忽悠消费者的护身符? 免检，是国家对企业的信任，但并不代表企业会一直坚持最初那份努力和认真，何况这过程百姓看不到，百姓只是相信国家。任何企业都应该处于检查的流程中，就算是畅销十几年，非常受欢迎的产品，也一样要坚持质量的检查。

《产品质量法》并没有明确规定设立“免检”制度，“免检”制度实际上是一种奖励措施。那些质量过硬的企业，根本不怕质量检验，“免检”的奖励对于他们没有任何意义。反倒是“免检”容易使他们产生进一步提高质量的惰性，个别企业甚至铤而走险，以“免检”制度做挡箭牌，为创收更多经济利润，在产品中难免做一些手脚。“免检”产品屡屡出现问题，就是一个明证。而且“免检”制度的出现，很容易造成不正当竞争。那些产品质量可靠，却未能取得“免检”资格的企业，在公众的心目中，其产品质量就没有那些“免检”的企业有保障。这不符合市场经济公平公正的原则。对产品质量进行检查检验，是政府的责任，政府放弃对产品的检验而授予“免检”资格，实际上是放弃了自己的职责。

为此建议：

1.建议政府取消“国家免检产品”和“中国名牌产品”称号，加大对违法企业的惩罚力度。对所有上市产品都要强制进行检验，不合格的产品要予以严格清查，并一查到底。

2.在医药、治疗、保健、营养和食品等公众安全的消费领域设置代言禁区。以防“明星效应”的火爆，带动广大消费者的购买倾向。促使一些不法生产企业在“大树庇护”下，为利益驱动弄虚作假，全然不顾老百姓的健康。

## 基层群众期盼尽快建立惩罚性赔偿制度

2008 年 10 月 10 日

长治市政协委员、长治县政协主席**傅永祥**，县政协学法委副主任**张建忠**反映：“三鹿”奶粉事件发生后，国家质检总局迅速查出 22 家企业生产的奶粉含有三聚氰胺。同时又宣布，所有供应奥运的国产奶粉、所有出口的国产奶粉都不含三聚氰胺。这说明，企业不是没有能力检测和防范三聚氰胺，质检总局也不是没有能力查处三聚氰胺。为什么有毒奶粉企业敢把三聚氰胺添加给国内消费者，却不敢添加给国外消费者？质检总局为什么不能尽到责任？应当承认，我国食品安全危机的背后是严重的制度缺失，首先是缺少一个惩罚性赔偿制度。因为一个国家的食品安全只靠政府来监管是远远不够的，来自广大公众的社会监督是很重要的。正是由于缺乏这种惩罚性的赔偿制度，严重限制了公众对食品安全的监督力量。一是普通消费者缺少监督动力。消费者权益保护法规定，消费者受到欺诈可获得双倍赔偿。这个双倍赔偿，不仅在实践中难操作，而且赔偿数目一般很少，消费者却要为此付出许多时间成本，绝大多数消费者只好选择放弃。二是无法调动一些公益诉讼人的积极性。根据现有的民法及司法制度，公益诉讼人即使赢了诉讼，得到的赔偿金也只是一点点，甚至连消费者权益保护法中的双倍赔偿都拿不到。因此，对于欺诈消费者的恶劣行为，很少有来自社会方面的制约。缺乏惩罚性赔偿制度，无形中放纵了企业的不负责任，不是消费者软弱，而是消费者走诉讼途径赢了官司却是得不偿失。正因为如此，企业才会不重视国内的消费者。如果出口欧美的食品侵犯了消费者的权益，则要付出巨额赔偿，所以企业会提高安全标准，相反如果进口食品侵犯了国内的消费者权益，其赔偿只是微不足道的，企业也就没必要为此付出额外成本。

公众监督积极性的缺失，政府监管的失灵，双重监督的缺失导致假冒伪劣产品泛滥，许多知名品牌居然长期大肆制造销售有毒食品，严重危害公民的生命健康安全，对此，基层群众呼吁尽快建立惩罚性赔偿制度。

为此建议：

1.建议建立健全惩罚性的赔偿制度，以巨额惩罚性赔偿来激励公众积极参与监督食品安全。

2.建议司法机关从“三聚氰胺”毒奶粉事件开始放宽消费者对公益诉讼的限制。加大产品责任精神损害赔偿力度,鼓励、动员公众对食品安全的监督。

3.建议修改消费者权益保护法,修改后该法要赋予消费者集团诉讼的权利。

## 建议检测机构和政府部门完全分离

2008年10月20日

长治县政协委员、县政协办公室主任**赵银虎**,县政协学法委副主任**张建忠**反映:产品检测,按理来说应该是由政府花钱买、由政府出钱来检测的。现在却是让企业提供产品来检测,企业当然是提供好的而不提供次的了。还有一个利益问题,政府跟企业之间的利益应该是通过税收来体现的,除此之外,不能有任何利益关系。可现在利益可多了,比如免检产品要收钱。当然,这种免检产品不是直接收钱的,而是通过检测单位来收钱的。卫生、质监、农业等部门都有自己的检测单位,这些检测单位都是这些部门的内设机构。是通过内设机构检测来收钱的,这就构成了一种利益链,因此,也就容易出问题了。这不仅仅包括免检产品,还包括名牌产品、QS〈食品质量安全市场准入制度〉等。“三聚氰胺”奶粉事件发生后,政府已取消了免检产品、名牌产品,但QS还在搞,QS是一个入市标准,但现在却用一个高标准来代替一个低标准,这本身就不对。既然政府已经取消了“免检”和“名牌”,下一步就该切断与检测机构的关系了。

为此建议:

1.政府部门应与检测机构彻底分离。检测机构用行政权力来获取利益是不应该的。检测机构应该推向社会,它为企业服务应向企业收费,为政府服务就向政府收费。

2.检测机构应该设为独立的第三方,独立负担法律责任。如果检测机构将不合格的检测成合格,要弄虚作假就要触犯法律。提供了假情报的,就要假一罚十甚至更多。

3.建议政府应放权让行业协会去管生产过程。市场经济条件下有些东西政府不该去管。也就是说,政府就管做出来的食品能不能吃就行了,至于做得好与不好应该由行业协会去管,生产过程也应该由行业协会去管。

## 基层群众对新医改方案有话说

2008年11月3日

长治县政协信息中心**张建忠**、**张海平**反映:医药卫生体制改革方案正在全社会征求意见,这让普通百姓对未来的就医环境充满了期待。可是,这个医改方案只是把重点放在了“看病贵、看病难”上面了,而没有把“看病怕”当作大问题来解决。这让基层群众深为忧虑。普通百姓到医院看病有四怕:一怕小病说成大病;二怕没病看成有病;三怕给你治病的医生不负责任;四怕看病时吃了假药。近几年来,医疗安全事件屡有出现:比如欣费事件、齐二药事件、甲氨蝶呤事件,前不久的西安新生儿不明死亡事件。医疗安全问题直接导致了医患纠纷的加剧。由于医患纠纷而引起的冲击医院等恶性事件呈逐年上升趋势。医院为了防患者家属“闹事”,可谓想尽高招,有的为医务人员配备钢盔,有的则聘请派出所所长做副院长。其实细究每一起医患冲突事件，几乎都不是因为“看病难、看病贵”而引起的，引发医患冲突的，大多数是患者的生命安全受到威胁的恶性事件。近年来，随着我国对医疗卫生事业的重视和医保制度的日益完善，“看病难、看病贵”问题已有很大程度的缓解，但老百姓的“看病怕”却一直未能引起足够的重视。基层群众期盼这次医改应该把当前严峻的医疗安全形势重视起来，以严格的程序和严厉的制度来解决老百姓的“看病怕”问题。如果老百姓的“看病怕”问题不解决，国家即便投入再多的钱，医保覆盖面再大、再广，也怕是达不到医改之目的。

令人担忧的还有，我国有逾五成的居民无钱就医，有近五成的农民病死家中。有资料显示，我国人口占世界的22%，但医疗卫生资源仅占世界的2%，就在这2%的医疗资源中，干群医卫资源还存在着严重不公。据中科院去年披露：在我国财政投入的医疗费中，80%是为850万以党政干部为主的群体服务的。因此，基层群众期盼“医改征求意见稿”能够倾听民意，切除特权所滋生的医卫不公之怪瘤。引进“草根”阶层的话语权，制衡和监督医改拟制者以公共权力“自肥”的行为，真正实现医疗卫生资源的公平设置。

## 合理布局 做好农村换届选举工作

2008年11月12日

长治县信息中心**原娟静**反映：今年的农村干部换届工作已提上日程，各县区也已经开始筹备，召开了换届选举动员大会，农村换届选举是基层工作中的大事，是农村工作的主要“动脉”，所以在新的工作全面开展之前，我们一定要做好充分的准备工作，以利于选举工作健康、有序的进展，为基层选拔更多优秀的“领路人”。为此建议：

1.选举领导小组提前到各村镇进行“民主评议”。了解往年选举活动中存在的纰漏和问题。

2.加大宣传“民主选举”力度。乡镇派专人到各村镇进行宣讲，充分地让老百姓认识民主的重要性，真正把握好自己手中的一票。

3.在有条件的村镇开展“竞聘上岗”制。通过公开竞选，发现更多年轻有为的新人，为农村基层事业注入“新鲜血液”。

4.严格选举程序。严查“收买选票”现象，这在基层选举中很普遍，也非一朝一夕可以扭转，相关部门要高度重视这一问题，对症下药，加以逐步治理。

5.逐步完善法律制度。针对现今选举中存在的问题完善和细化选举法规。尤其对一些破坏正常选举秩序的行为要作出明确的处罚规定，如：拉选票，威胁选民的行为等要受什么具体处罚，从而让不法分子和老百姓清楚地认识到问题的严重性来加以约束；包庇、隐瞒事实的个人和组织应如何处置等。

6.成立督查组。对选举完后的村镇进行回访，检验选票的真实性，不符规定的选举无效，符合程序的要由督查组形成复查报告，上报上一级组织并存档，作为备查资料。

## 基层委员盛赞陈云林访台

2008 年 11 月12 日

长治市政协委员、县政协主席傅永祥,县政协学法委副主任张建忠反映:前不久,陈云林的台湾之行在基层委员中引起了极大的反响。这次访台,是自十几年前海协会海基会成立以来首次在台湾举行的最高级别的接触,也是自中华人民共和国成立以来大陆赴台进行的最高级别的接触,其政治意义、历史意义是不言而喻的。陈云林这次访台,既没有涉及两岸关系的政治问题,也没有介入台湾内部的政治议题,国共两党 60 多年来的恩怨只字不提,只谈空运直航、食品安全、两地海运、邮政合作、观光旅游等事务性议题。

近代的中国人的国体之争、政体之争、主义之争、制度之争搞得曾经是轰轰烈烈。以前的国共两党都曾是"政治化"的政党,社会问题和政治问题不分,民生问题和民族问题不分。现在,国共两党尽管在国体、政体、主义、制度上还存在着争论,但在"去政治化"的前提下,将社会问题和政治问题分离,民生问题与民族问题脱钩这个方面已达成了基本共识。

整个中华民族之中形成了两大阵营,一大阵营是接受了历史教训正致力于"去政治化"的国共两大政党,另一阵营是台湾的少数民进党成员。他们仍在继承历史传统,借助将所有社会问题政治化,这让许多基层委员深为不解和忧虑。

共产党的高官陈云林与台湾马英九,吴伯雄等政要就经济民生问题进行事务性磋商,双方刻意避开了过去"政治化"的历史,也刻意回避了所有政治化的议题,共同开创了国共两党"去政治化"的合作局面。而台湾的民进党却是恰恰相反,无论是什么诉求,还是其以前"政治化"的老一套,这必将为中华民族所唾弃。海峡两岸"去政治化"前提下的合作,符合时代需要,符合两岸人民的共同利益,已经成为了两岸执政党的基本共识。基层委员期盼国共两党应在"去政治化"的前提下,共同发展,互惠互利,为两岸民众真正谋福祉,为实现两岸统一大业开辟一条新路径。

## 基层群众对法院的旁听证制度有话说

2008 年 11 月 14 日

长治市政协委员、长治县政协主席傅永祥,县政协学法委副主任张建忠反映:现行的法院旁听证制度,主要依据于最高人民法院去年六月发布的《关于加强人民法院审判公开工作的若干意见》,其中有几条规定,让基层群众有话说。

其一,"依法公开审理的案件,我国公民可以持有效证件旁听。人民法院应当妥善安排好旁听工作"。该规定中的有效证件当然可以是"居民身份证",也可以是其他部门颁发的证件,法院可以要求公民持居民身份证,也可以要求增加其他证件,问题是记者参加旁听,法院要求出示记者证,其实,记者也是公民,不应当对其有特殊要求。公开庭审允许公民旁听,当然应允许从事记者这一职业的公民旁听,也应允许他们以适当的形式记录、报道，记者只是在向法官采访时才应有义务出示记者证。另外还有，港澳台同胞和外国人要想获得旁听资格，也须经另一层审批，即高级法院外事部门的许可，也就是说这些人参加旁听需要出示外事部门的“许可证”。实际上，即便是临时停留在我国的外国人，也有可能受我国法院的管辖，也都有可能成为案件的当事人，也就都有权了解我国的法律和法庭审判，因此也就应该让在我国的任何人进入法庭。所以，基层群众希望法院的旁听证制度，不要再沿用特别许可和身份区别，持有效证件、区分境内境外的做法，应予取消。除发生在特殊时期的审判外，公民旁听不需要出示任何身份证明和特许证件，只需要经过安全检查就可以进入法庭。

其二，该《意见》规定：“因审判场所，安全保卫等客观因素所限发放旁听证的，应当作出必要的说明和解释”，那么，如果场所座位不够，该先满足谁呢？各地方法院往往利用这一自由裁量的条款，在平等的民众中进行旁听资格审查，有选择地发放旁听证，这是不是有悖于在法律面前人人平等的原则呢？该《意见》还规定：“可以有计划地通过相关组织安排群众旁听，邀请人大代表、政协委员旁听”。可一些地方法院的法庭往往较小，只能优先安排本地政要和人大代表、政协委员而将普通民众排斥于外。对此，基层群众微词颇多。因此建议在优先旁听方面，应首先考虑当事人包括被告人的近亲属，因为他们对于维护当事人的诉讼权利具有特殊意义，可以享有旁听的特权。在法院方面，应根据案件的社会影响，尽量选择较大的法庭审理，也可以安排在不影响审判庄严肃穆的前提下进行公开审判，还可以用特设录像间旁听或通过电视直播的方式向群众公开庭审的全程。

## 建议改革完善出租车管理体制

2008 年11 月 18 日

长治县政协委员、县政协办公室主任**赵银虎**，县政协学法委副主任**张建忠**反映：近期一些城市发生的出租车罢工事件，已经引起了全国总工会的关注。全总办公厅本月 14 日下发通知，要求各地推进出租车企业组建工会，重点推动以车辆承包费(份钱)等集体协商，签订集体合同制度。

引发出租车集体罢工的问题，其实是具有普遍性的，其共性问题是，车主和公司之间的关系极不平等，车主要承担几乎全部的风险和成本，而公司则仅仅是坐收管理费(份钱)，而油钱、违章罚款、车辆维修费、万一出了事故的赔偿等等，公司却一概不承担责任。再加上黑车车主与客运办内部暗地勾结，致使黑车有恃无恐，还有三轮摩的不服管教，肆无忌惮。这就使得有正规手续的客运和出租车司机难以维持生计。政府交管部门把营运执照发给了公司，而公司则凭借其垄断地位，把不平等的条件强加给车主，同时也把所有的成本和风险转嫁给了车主。

我们正处在一个利益多元的时代，利益的博弈本是平常之事，但我们相应的制度通道却长期不畅，当事各方也不能有序互动。在权力缺乏保障的情况下，出于自救的本能，罢工动员过程难以阳光化。于是，不爆发则已，一爆发就是突如其来，对一部分群众的不公平，却带来了对整个社会的不公平。罢工被强加给了整个社会，使整个社会不能不付出代价。单一的行政管制越来越无力承载不断升级的博弈。因此，按全总的要求组建工会，推进集体协商，签订集体合同的制度是远远不够的，因为，社会的稳定和团结需要有新支柱,这个新支柱就在民间。其实,民间力量并不可怕,可怕的只是民间力量的无序,而要从无序走向有序,首先就应该让民间力量合法化、阳光化,来减轻政府的负担。

为此,有三点建议:

1.政府应鼓励、支持车主们以自愿合作的方式成立行业协会。行业协会一方面配合政府主管部门的管理,另一方面,也是主要的方面,向车主们提供服务并帮助维权。这种车主们自愿、自主成立起来的协会,就不会凌驾于车主之上,也不会平白无故的收“份钱”了。

2.建议政府交管部门允许公民以个体经营方式经营客运车辆。只要是中华人民共和国的公民,只要他(她)的驾龄、年龄、身体状况、车辆状况符合要求条件,交管部门就应该给他们发放一个免费的营运执照。这样就可以改变出租车“户口”高达十几万的状况。

3.建议把营运执照定位成公共产品。免费提供给公民使用,若政府要控制总量,则可以让合格的申请者以抽签的方式获得,二年抽一次签。同时规定严禁中签者私自转让或买卖。在二年之内若不愿继续经营者,则必须交还营运执照且要受处罚。

## 建议山西省各类考试实行网上免费查分制

2008 年 11 月 25 日

长治县政协信息中心**原娟静**反映:近日,山西省自学考试分数刚刚揭晓,很多考生都迫不及待的上网查询,却只查到一个电话号码 16897797,要想获知自己的成绩,必须拨打 168 考试信息电话,而其一分钟收费高达 2.5 元,查询一次成绩最少耗时一分多钟,即 5 元钱。很多考生就抱怨,我们已交纳过考试费,查询成绩为什么还要额外支出?而且现今网络如此发达,很多省份早已开通网上查询,例如湖北省所有考试成绩都可通过湖北省招生考试网查知,无须花费一分钱,既快捷又省钱。

而我省除了少数人事部门主办的考试可以通过网上查询成绩,中考、高考、自考、成考等考试成绩的查询都需要通过拨打 168 信息台或发送短信息查知,皆需一定数额的查询费。很多考生对此提出了质疑,认为这种查分方式损害了考生的利益,属“变相”征收。

为此,我们建议:山西省对各类考试实行网上免费查分制,方便考生查询考试成绩。

## 建议尽快出台淘汰面粉增白剂的相关法规

2008 年 12 月 2 日

长治市政协委员、长治县政协主席**傅永祥**,县政协学法委主任**张建忠**反映:小麦粉是我们中国人的主食,尤其是晋冀鲁豫等北方数省均以面食为主。现在人们都很怀念二十年前的“没有增白剂、没有漂白味”的面粉。那时的小麦粉虽然含有麸皮,颜色稍黄,但口感很好,有一股麦香,人们都愿意吃。可我们现在所吃的小麦粉,要往里面添加增白剂,小麦粉竟像瓷一样的白,虽然好看,但吃起来却不好,如同嚼蜡。面粉行业中普遍使用的增白剂,其实是叫过氧化苯甲酰的一种化学物质,它具有强氧化性,可以缓慢地氧化面粉中的叶黄素、胡萝卜素，使其由略带黄色变为雪白，同时面粉原来的天然麦香亦会消失，还会散发出微弱的漂白粉味。有关专家认为，作为增白剂的过氧化苯甲酰虽然改变了小麦面粉的外观，但却破坏了小麦面粉中的叶酸等营养素，增加了人们的肝脏负担。人们长期食用含有增白剂的面粉，会造成慢性苯中毒，引起神经衰弱、头晕乏力等，甚至还有可能致癌。国家允许使用增白剂还增大了政府部门的监管难度，许多基层工商和质检部门反映，增白剂的超标已成为小麦粉质量抽查中发现的最主要问题。因为使用增白剂也导致了假冒伪劣的面粉越来越多，一白可以遮百丑，面粉雪白也掩盖了一些面粉企业的产品质量问题，一些不法分子一味为了增白，又想节省成本，竟往面粉里添加滑石粉、钛白粉等有害物质，致使"以假乱真、以次充好"，严重侵害了消费者的利益。

我国在小麦粉中使用化学增白剂已有二十多年之久了。现在欧盟各国已经全面禁用面粉增白剂了，但美国却并未限量使用，可我们不能跟人家美国比，美国的企业法制观念强，政府对违法企业的惩罚力度大，美国的面粉企业是不敢以身试法的。

因此建议：

1.在目前添加了增白剂的小麦面粉和其他面制品中，要强制标志"增白小麦粉"，标明添加的过氧化苯甲酰的百分含量。把消费者的知情权和选择权落到实处。

2.建议国家应尽快修订《食品剂使用卫生标准》，尽快淘汰化学增白剂过氧化苯甲酰作小麦粉处理剂的使用。在新标准出台前，应充分征求消费者、有关专家和规模以上小麦加工企业的意见，以防止"朝令夕改"。

3.政府和媒体应加大宣传力度，改变消费者对"白"面粉盲目追求的惯性，公开面粉增白剂对人体的危害，倡导绿色、环保的消费观。

## 中小城市应成立电动三轮车运管机构

2008 年 12 月2 日

长治县政协信息中心牛小亮反映：随着科技的发展，电动三轮车业得到了快速发展。由于电动三轮是环保车，没有空气污染，没有刺耳噪声，受到广大居民日逾青睐。

电动三轮的优势有三：一是电动车不需要办理机动车手续，手续简单。电动三轮车属非机动车，不需办理入户、驾证等手续，投入使用手续简单、方便；二是经济实用。电动三轮车免去了高昂油价的影响，费用低票价低，非常受客户的欢迎；三是具有较强实用性，由于其体积小，机动方便，可走街串巷，给乘客提供门到门的服务，具有出租车不具备的优越条件。

所谓物极必反，泰极否来。电动三轮具有很强的市场购买力，大量涌入市场，引发了一系列的社会问题：驾驶技术不过硬、交通法规不过关的三轮司机比比皆是，违规载客、随意停车的现象屡见不鲜，致使道路堵塞、交通事故时有发生，居民出行存在着严重的安全隐患；同时电动三轮车是继机动三轮之后又一种冲击出租车市场的非机动车，它的"暴热"严重影响了出租车运输市场的发展。

为此建议：

1.成立电动三轮车运管机构，加大市场监管力度。电动车出租营运要到专设运管机构登记上户、安装牌照、上缴保险,严禁"无照无牌"电动三轮非法载客,同时要联合公安、城管共同监管。

2.加强对电动三轮车司机进行技术、业务岗前培训,培训合格后发放"营运合格证"。对那些不参加培训,素质低,服务意识差或未取得合格证的电动出租车坚决取缔经营行为,净化出租市场。

3.制定合理的电动三轮出租收费标准,给乘客一个合适的价格。既不过高,影响居民出行方便,也不过低,造成燃油出租车难以营运。

## 2009 年

### 基层委员对胡主席在《告台湾同胞书》发表 30 周年座谈会上讲话的反映

2009 年1 月 10 日

长治市政协委员、长治县政协主席傅永祥,学法委主任张建忠反映:2008 年 12 月 31 日,胡锦涛主席在纪念《告台湾同胞书》发表 30 周年座谈会上发表了题为《携手推动两岸关系和平发展、同心实现中华民族伟大复兴》的讲话。胡主席的这个讲话从六个方面阐述了未来一段时期内我党对台湾问题的重要主张,体现出我党对台政策的变迁和对台思维的演变。第一次公开提出"在一个中国原则的基础上,协商正式结束两岸敌对状态,达成和平协议,构建两岸关系和平发展框架"。旋即,胡主席的讲话在基层委员中引起了极大的反响。大家都普遍认为,胡主席的"六点"意见为两岸达成和平协议划定了路线图:先讨论政治关系,后建立军事互信,最终结束敌对状态,达成和平协议。在 30 年乃至 60 年的大背景下观察,胡主席的讲话可谓是承前启后,意义非凡。

在过去的近 60 多年内,两岸在国际场合上各有攻守,内耗极大。随着大陆方面 30 年的改革开放,经济得到了高速发展与强劲崛起,同时外交经验也逐步增长。而台湾民众与国际事务,分享全球化的机会却颇为有限,可这种愿望却非常强烈。台湾的民进党正是利用了这一点,并将其引导为对大陆的仇视和敌意。胡主席的"六点"中的第四点,直接向台湾的民进党喊话,"只要民进党改变'台独'分裂立场,我们愿意作出正面回应"。台湾已经是多元的民主社会,任何言论及主张都是自由的,有一部分民众对台湾的前途是有不同看法的,民进党也不会在短时间内放弃"台独"意识形态的,面对如此现实,基层委员期盼我们党今后在胡主席"六点"意见的指引下,要积极主动地与其进行善意沟通,消除各种误解,以台湾民众喜闻乐见的方式,以整个中华民族的利益为考量,来逐渐消解这一隔阂。

胡主席的讲话一以贯之地延续了"一个中国"的既定基调,在这"六条"意见中,"一个中国"是基本的原则和底线。"同属一个中国"的说法虽然与台湾领导人马英九"同属中华民族"的说法已经基本一致,但许多基层委员还是认为,在未来的数年内,两岸在政治协商方面,仍会面临一系列严峻考验。尽管两岸在经济、文化交流方面已经次第展开,争议已经日益减少,但在政治协商议题方面将会有较大的障碍。对此,基层委员期盼国共两党,尤其是共产党,能够以更多的政治智慧,更多的包容谅解,更大的善意,秉持新思维,来共同擘划两岸未来。给两岸 13 亿中国人民带来和平发展的锦绣前程。

## 建议尽快开展多党合作下的党际监督

2009年1月21日

长治市政协委员、长治县政协主席**傅永祥**,县政协学法委主任**张建忠**反映:发展协商政治,推进民主监督,是我国发展政治民主的必经之路。前年发表的中国政党制度白皮书,将“1+8”协商政体作为基础政体肯定下来,是对阶级专政的重大修正。中国共产党领导下的多党合作制度,代表着最大多数人的根本利益。以人为本,就是不再以个人的阶级属性或其他属性为本,不再以阶级专政的方式区分社会阶层,尊重和承认每位公民的民主权利。中国共产党和八个民主党派也当然应该遵从共同的价值观。科学发展是硬道理,人权也是硬道理。六十多年来,八个民主党派与中国共产党荣辱与共、相濡以沫,已经成为了共同走过艰难历史进程的社会政治力量,与中国共产党有共同的愿望和主张,当然也希望与中国共产党共同进步、共同发展。

协商政体的发育,理所当然需要执政党、参政党的共同努力来发展成熟,开展多党合作下的党际监督,正如中国政党白皮书指出的尤其是对执政党的监督,其方式内涵将不同于党内监督,也不同于其他社会监督。开展多党合作下的党际监督可以克服制度性、体制性腐败,可以使执政党在思想上进步,策略上有效,权力运作上平稳。也可以使参政党与时俱进的发展,使参政党的参政水平、参政地位、参政内涵、参政意义提升和实化。党际监督制度对于防止腐败具有强烈的现实意义,应当属有序参政的重中之重。让多党派之间既互相合作又互相制衡,使各个党派都能够分担社会压力,促进社会安定。

对此建议:

1.在执政党与各参政党基层党组织领导成员之间建立联合共同学习制度,对共同关心的政治问题进行学习研讨。在平等交流的前提下,共同探寻执政与参政的最佳切合点。

2.在执政党与各参政党基层党组织间,应建立重要政情、社情民意通报制度,并随时征集各民主党派组织的反馈意见。

3.畅通党际监督的渠道,开通直通车。各参政党组织应将通过自身渠道获得的社情民意及时通报给同级执政党组织,使其尽快知道情况,作出正确决策。

4.扩大参政党的知情范围,加大参政党的参与程度,应建立党际工作信息沟通联系制度,政府部门与参政党的对口联系制度。参政党参加纪检、信访、党风廉政建设,案件检查与审理等工作制度。

5.建立健全党际监督的各项法规,使参政党能够在党委、人大、政府、政协等各种会议上充分表达自己的意见,并通过各种渠道,提出批评意见和建议。各参政党也要与时俱进,积极探索党际监督的新机制、新方法,把党际监督贯穿于参政议政的全过程。

## 基层群众对高中取消文理分科的反映

2009年2月12日

长治市政协委员、长治县政协主席**傅永祥**,县政协信息中心**牛小亮**反映:近来,教育部《国家中长期教育改革和发展规划纲要》就20个问题向全国征集意见。纲要一公布就引起基层群众极大关注，其中“高中取消文理分科的必要性和可行性”成为热议焦点。

笔者征集本县部分高中教师、学生以及家长意见，发现多数持反对态度。经整理如下：

1.学生负担会加重

作为学生家长，他们坚决反对高中取消文理分科，因为中学生的压力现状不允许高中取消文理分科。现在学生的负担已经够重了，如果取消文理分科，考试科目又增加，课业负担将会更重，这不利于素质教育的开展。

2.不利专业人才培养

教育的改革要真正减轻学生的负担，不要图多而全。现在的世界是分工的世界，我们每一个人的精力是有限的，分科符合潮流，也有利于学生的身心健康。如果取消文理分科，不但不会培养全才，反而会培养更多样样都会又样样稀松的庸才。一个人适合干哪一行，对哪一行有特别的才能特别的兴趣，我们就应该努力向这方面培养，这才是文理分科最人性化的一面。

3.时机不成熟无法操作

“高考考什么，高中教什么”！这么多年来，这成了不变的定律。人才的选拔制度不彻底改变，取消文理分班的条件便不成熟。取消文理分班，让学生文理全面发展，综合素质提高，但是效果会适得其反。想法是好的，但是不太现实，不好操作。

当然赞同取消文理分科的人，从学生、教师、家长到各界人士也有不少，意见也基本上比较一致，那就是分科容易造成学生知识面窄，文科生自然科学知识不足，理科生则缺乏人文科学素养，这样的分科对培养学生创新思维和综合素质不利。

笔者认为，造成学生负担重和学生整体素质低的原因并不是文理分科，而是考试制度。在目前的考试制度下，无论分科不分科，区别都不大。如果高考制度不改革，即使取消文理分科，不仅达不到培养综合素质人才的目的，反而因加重学生负担而民怨四起。只有把教育对准人本身，才能真正注重学生的健康全面发展，而这样的教育，必须建立以人为本的多元评价体系与升学制度。

为此建议：

1.高中教育和高考脱钩。如果把高中现在承担的职责中的高考去掉，问题就迎刃而解了。有的国家高中就只管教学，要考大学的去读预科。我们是否也可以把现在的高中一分为二，比如只有两年，到了3年级学生就可以自由选择。想考大学的再继续学。这样一来，高中肯定能静下心来进行高中阶段的基础教育，也不会再折腾来折腾去忙分班了。

2.高中取消文理分科，长远来看是一个趋势。但现阶段下高考模式不变的话，取消文理分科并不合适。取消文理分科需要一个过程，不能说推出就推出，要保持基础教育政策的相对稳定性。当建立了更科学的高校人才选拔制度后，高中的文理分班现象自然会消失，不需要硬性取消。

## 基层委员对2009年中共中央“一号文件”的反映

2009年2月20日

长治市政协委员、长治县政协主席傅永祥，县政协学法委主任张建忠反映：2月1日中共中央发布“一号文件”，《中共中央国务院关于2009年促进农业稳定发展农民持续增收的若干意见》的“一号文件”提出：“推进省直接管理县(市)财政体制改革，将粮食、油料、棉花和生猪生产大县全部纳入改革范围。”随着我国政治、经济体制改革和市场经济体系的确立和不断完善，改革市管县体制，建立省直接管县的公共行政体制，已经成为推动经济发展和深化行政体制改革的迫切要求和战略选择。省直接管县体制明显的好处在于中央和省下放给县乡的各种权益更直接便利，有利于县域经济特别是农村经济的发展。实行省直接管县，中央和省级政府还能够更好地根据县或县级市的具体情况，有针对性地制定县域经济发展的一系列方针政策，更好地辅助农村地区经济发展。

推进省直接管县，先从财政体制上突破，继而扩展为以县为单元的行政改革，逐步为县松绑。这个思路无疑是切合当前形势的，大方向是正确的，但是，还是有许多基层委员认为，省直接管县，在加强县级政府自主权的同时，也增加了权利滥用和公共利益被损害的风险，可能会产生一系列的社会问题。这个“大方向”有必要在具体操作上仔细思考和推敲。

对此，基层委员有以下几点建议：

1.应该与县域民主相结合，真正按民主的原则来进行县级人民代表大会的代表选举，进行竞争性直选，并使县级人民代表大会的代表专职化，再由县级人民代表大会的代表选举县长，经过5—10年的过渡，建议由全县选民直接选举县长。

2.建议改变异地为官的回避制度，建立党内决策权、执行权、监督权分开的政治分权制度。充分发挥地方政治精英对地方政治的主导作用，实现以地方之人，按地方之意，治地方之事。

3.地方政府应该是对本地居民负责任的政府。应改变执政党和国家机构的二元化运作模式，建议由执政党全面掌握国家行政机器，实行党政合一，选举授权。

4.县人民法院和县人民检察院在人事、财政、业务等方面与县级政府彻底脱离，直接对中央政府负责。为防止县法院和县检察院与县级政府出现审判和执行中的地方保护主义，影响到司法的独立性，可以考虑实行法官、检察官的流动回避制度。

## 基层委员对全国“两会”的召开充满期待

2009年2月25日

长治市政协委员、长治县政协主席傅永祥，县政协学法委主任张建忠反映：面对目前经济下行的困难局面，许多基层委员认为仅靠宽松的货币政策和积极的财政政策是解决不了问题的，应该与体制性政策的改革配合进行。因为体制性障碍涉及经济活动的制度成本，对经济行为的影响很大。在货币政策放松,积极的财政政策出台之际,应及时改革体制性政策。只有在体制性政策得以改革的前提条件下,才能在宽松的货币政策、积极的财政政策刺激下激发人民的创业、投资热情。否则,只能是马路修宽了,车辆却反而减少了,不可能达到刺激经济增长之目的。基层委员期盼全国人大代表和全国政协委员能够就这一问题进行深入的调研和研究,拿出切实可行的方案上交“两会”讨论、审议。

为此建议:

1.认真清理近几年的政策性法规和条例,对产业政策、市场准入、投资、环保、劳动、安全等方面的诸多法规条例作一个系统的评估,该坚持要继续坚持,该放松就要及时放松。捆绑经济实体的绳索该解开时就要解开。

2.取消一般产品的临时价格干预措施,让灵活的相对价格来反映市场的供求,引导供求之间的调整。价格改革要推向资源价格、利率、汇率等方面。

3.要进一步扩大市场准入,继续推进行政垄断部门的改革。破除行政垄断这项工作越深入,释放出的能量就越大。

4.近几年政府为了防止“过热”,一直严控土地的政策,现在有必要审时度势,适度扩大供地。在进一步缩小征地范围的同时,可以规范地启动集体非经营性建设用地入市。

5.现在的减税力度还可能不够,应该把增值税平头减去若干百分点,给濒临倒闭的企业一个立竿见影的政策。

## 基层群众呼吁取消出租车牌照管制

2009 年 3月 2 日

长治市政协委员、长治县政协主席傅永祥,县政协学法委主任张建忠反映:我国对出租车行业实行的是一种“特许经营”。实际上,也就是“牌照管制”。政府对出租车行业进行牌照管制是为了“能够得到有效监管,使乘客的人身安全和利益得到更好的保护”。与此同时,政府对出租车行业的牌照管制,也创收了数额巨大的租金。这些租金大部分进入了政府的腰包。问题是,在经济下行、出租车营运收入减少的情况下,由于“份子钱”(即租金)是否应该调整,司机与公司之间存在着不同看法,很容易发生罢工事件。仅去年 11、12 两个月就发生了重庆、三亚、汕头、广州等一连串出租车罢工罢运事件。许多拥有出租车牌照的司机,要么雇佣别人来开车,要么把带牌照的出租车出租给别人,自己却坐收牌照的租金,心安理得的当起了“资本家”。

对此,基层群众微词颇多。

其一,出租车牌照管制人为地隔离了大量司机的就业机会。如果取消了出租车牌照管制,在自由市场的竞争之下,出租车的数量就会大幅增加,司机们的就业机会也会大幅增加。在经济下滑,有几千万失业者的当下,政府应当考虑取消出租车的牌照管制。

其二,出租车的牌照管制大大提高了出租车单位里程的服务价格,侵害了消费者的权益。由于坐出租车价格较贵,许多人就改乘公交车和动用公车,而公交车通常是由财政补贴的,这也就增加了财政负担。

同时也催生出了“三轮摩的”的横冲直撞，给交通带来了严重的安全隐患。如果取消牌照管制，实行自由的市场竞争，出租车的单位里程价格就会下跌，对出租车服务的需求量也会大增，扰乱交通秩序的“三轮摩的”也会自动退出市场。

其三，出租车牌照的管制还会增加社会冲突的几率。在牌照管制之下，司机认为自己向公司缴纳了这么多“份子钱”，是受到了“盘剥”或“剥削”。政府通过对出租车的牌照管制创收了巨额的租金，应该明白，这并非免费的午餐，而是有多方面的社会成本的。如果取消了牌照管制，任何人均可以自由进出出租车服务市场，就能出现多种经营模式同时并存。让出租车司机自由竞争，司机就有充分的信息知道自己能挣多少钱，知道自己的“市价”是多少，也就能给自己“定位”了，社会冲突的几率也就降低了，同时也就有了巨大的社会利益了。为了这些社会利益，政府放弃牌照管制的租金是值得的。

其四，取消了牌照管制，出租车数量会不会太多，导致客源不足，司机收入不足呢？答案是不会的。因为市场会自动调整，调整的结果是司机的收入等于其另谋高就的收入。同时，在自由市场的竞争之下，出租车司机的“歧视拒载”和“挑选乘客”的行为也会受到完全竞争的约束，歧视和挑选乘客的行为将会被市场竞争所淘汰。

对此，基层群众强烈呼吁取消出租车的牌照管制制度，实行自由市场竞争制度，以扩大内需，增加就业，减少社会冲突、政府压力，全国“两会”在即，希望政府能够认真考虑。

## 基层委员高度关注“两会”召开　理性评议“两会”热点

2009年3月5日

长治县政协信息中心反映：备受瞩目的全国“两会”于日前在京胜利召开，为此，基层委员纷纷表示热烈的祝贺，衷心希望“两会”能够圆满成功。

据报道，截至目前，全国“两会”办公室征集到的议案、提案中，经济类多达半数。人大代表和政协委员针对当前形势下的各种热点、焦点问题积极提出自己的意见和建议，就十大焦点问题纷纷建言献策。对此，基层委员表示非常满意，希望代表、委员们真正为各界别、各团体代言，反映民生，解答民忧，真正把基层委员关注的热点问题在“两会”中得以落实：

一要认真研究解决农民工和毕业生的就业问题。农民工和大中专毕业生的就业问题，是目前摆在政府面前的一项重大现实问题，这个问题不能解决，我国保增长、保稳定的目标就难以实现。因此，基层委员期盼“两会”研究一些有效措施，出台一些优惠政策，切实解决这个问题。

二要下决心研究解决反腐倡廉问题。目前，社会上的各种腐败现象和不正之风，老百姓深恶痛绝，不仅难以根除，且有泛滥之势。因此，期盼“两会”能研究出一些惩防措施，从根本上消除腐败现象。

三要在“两会”期间，多研究些实事，少走些形式过场。现在，老百姓最关心的是民生问题，因此，“两会”代表、委员要多从百姓的民生问题着想，多反映一些基层人民的心声，多审议一些民生问题的议案、提案。

四要力求真实展现“两会”情况，畅通百姓知情渠道。相关媒体要真实展现“两会”盛况，尤其是关乎百姓民生的议案、提案、建议等,一定要力求真实具体。让基层群众更清晰、更详细的了解两会盛况,及时掌握关乎自己切身利益的民生问题的解决措施,便于随时上报自己的意见建议。

## "两会"闭幕后基层群众反响强烈

2009 年 3 月23 日

长治市政协委员、长治县宏运宾馆总经理**宋外宾**、长治县政协学法委主任**张建忠**反映:全国"两会"闭幕之后,基层群众对"两会"的话题议论的很多。以前的"两会",基层群众听惯了人大代表、政协委员们对政府工作报告的赞赏和喝彩的声音。而今年的"两会"却不一样,有许多人大代表、政协委员盯上了政府的"钱袋子"。有的人大代表、政协委员抱怨财政预算报告数字庞杂、项目不明,而且审议财政报告的时间也太短。新闻媒体也从以往的花边新闻走向了严肃的议题。这些明显的转变,使基层群众认为,"两会"正在不断向着一项严肃的政治活动接近。

全国人大代表、政协委员们紧盯政府的财政预算,是因为财政问题不仅是一个怎么花钱的问题,而是一个权力的归属问题,是任何一个严肃体制的根基问题。对此,基层群众认为单靠纳税人意识的苏醒,人大代表、政协委员的审议、监督是不够的。这必须在制度上进行改革。我国要走出目前形式重于内容的参政议政模式,就必须得推进公共财政制度的改革。

推进公共财政制度改革,首先要破解财政的行政主导模式。财政预算本来是由立法机关即全国人大来掌控的,但我国实际上却是由政府在主导。本来是个公共预算问题,实际上基本成了一个政府预算了。从法律规定方面来讲,目前我国的法律也是规定了全国人大的审批权,人大代表也就只能是要么按键同意,要么按键否决,要么弃权,并没有规定有修改预算报告的权力。为了今后"两会"上的预算报告不被人大代表所否决,所以就应该完善相关法规,明确赋予全国人大对预算草案的修改权。

## 对北川地震博物馆建设的几点建议

2009 年4 月 13 日

长治县政协学法委主任**张建忠**、信息中心**原娟静**反映:2008 年 5 月 12 日,汶川大地震之后,许多基层委员建议建一座地震遗址博物馆,这一建议得到了中央政府的采纳。中央政府在承诺修建地震博物馆时强调,地震遗址博物馆不是旅游场所,它是保持历史记录的文物,也是供人们凭吊、寄托哀思的一处纪念地。国家文物局也宣布,为此将在博物馆内竖起一座纪念墙,镌刻每一个遇难者的名字。建一座地震遗址博物馆,把 5.12 那惨痛的一瞬凝固下来,可以追想逝者、警示生者,可以寄托一个民族的悲情、反思和期盼。

现在,北川地震博物馆的规划已在紧锣密鼓地进行。北川地震博物馆该怎么建呢?从各方公布的情况来看,要建造价过亿元的雄伟殿堂;要建造价二千多万元的高空缆车;要建造价一千八百万元的商业旅游服务中心。汶川大地震不是简单的地壳运动,它是一场生命的大劫难,决不能成为一个商业道具。它应该是生命本位的博物馆，应该是生命的圣地。生命的圣地是不需要豪华和铺张的，生命的圣地是应该低调、朴素和内敛的。任何的豪华和铺张反而是对生命的亵渎。可这样的规划却是把生命纪念和旅游观光捆绑在一起的一个一揽子规划。所谓纪念逝者，只是这整个规划的火车头，后面长长的车皮却是旅游服务项目。换句话说，这样的规划附加了太多的商业味。地质学家说，北川在地震中遭受的各种次生灾害，在科学上是难得的标本，将这一标本保留下来，有着十分重要的科学价值。但如此高规格的规划，北川地震博物馆有可能要变成旅游景点，变成靠灾难来赚钱的新景观。

为此建议：

1.应把北川地震博物馆建成具有科研价值、历史价值、人文价值以及供人们凭吊、寄托哀思的纪念地。不能建成旅游景点。

2.为寄托哀思，在镌刻遇难者纪念墙的周围，允许亲人、朋友、游客给遇难者栽一棵树以示纪念。一个名字对应一棵树。

3.建议在每座废墟旁，立一块大碑。将遇难者的名字，生平，遇难的故事镌刻在上面，让每个死者成为栩栩如生的人。

4.对北川中学的地震破坏作出科学的分析。把每个遇难孩子的照片贴在北川中学纪念墙上。

## 基层群众对《中共中央国务院关于深化医药卫生体制改革的意见》有话说

2009年4月16日

长治县政协学法委主任**张建忠**，办公室**岳进平**反映：4月7日，《中共中央国务院关于深化医药卫生体制改革的意见》全文公布，旋即，在基层群众中引起了极大的反响。深化医药卫生体制改革，逐步实现人人享有基本医疗卫生服务的目标，是涉及13亿人的重大民生工程。这一方案汇集了众人的智慧，反映了群众意愿，体现了我国医疗卫生事业发展从理念到体制的重大变革，是科学发展观在医疗卫生领域的具体实践，全体人民"病有所医"迈出了历史性的关键一步。基层群众在盛赞新医改方案的同时也说出了一些对新医改方案的不同看法。有许多基层群众认为，新医改方案着力解决"看病难、看病贵"问题无疑是正确的，但不应该忽视医疗领域存在的其他严重问题，除"看病难、看病贵"之外，基层群众对医疗服务质量、医疗安全、医疗纠纷、医患关系等问题，同样也反映强烈。相比较"看病难、看病贵"问题，这些问题产生的原因更复杂，解决起来更困难，正因为如此，新医改方案应是一个艰巨复杂的系统工程，绝不可能仅仅靠加大投入就能解决的，基层群众期盼党和政府应该制定新医改后续政策，把群众反映的其他问题解决好。

众所周知，医疗纠纷是困扰医疗界的老大难问题。医疗纠纷产生的原因当然是多方面的，但其中最重要的一点是无法回避的。那就是医院在法律不完善，相关制度不到位的前提下片面推行市场化路线，导致医疗服务质量下降，患者对医院和医生越来越不信任。面对日益严重的医疗纠纷，新医改方案在"（十三）构建健康和谐的医患关系"一节中，要求"保护医务人员的合法权益"，这也从侧面反映出当前医患纠纷的严重程度，许多基层群众认为，在医患纠纷中，患者方面总体上是处于弱势的，解决医患纠纷的关键在医院方面,因此建议把“保护医务人员的合法权益”修改为“保护医患双方的合法权益”更加合适。

在“(十五)建立健全医药卫生法律制度”一章中,要求“完善药品监管法律法规,逐步建立健全与基本医疗卫生制度相适应、比较完整的卫生法律制度”。新医改当然必须在法律法规框架下才能推进,可是,法律的监管能否到位是新医改能否成功的关键。对此,基层群众颇为忧虑,因为目前的多部医药法律法规有明显的缺憾。比如,《医药管理法》就没有将医疗机构的制剂纳入常规药品管理,造成了一定得监管盲区。《医疗器械监督管理条例》也有不少毛病,它导致医院内不少医疗器械要么是没有注册的“非法”产品,要么是合法产品但质量却不行。另外,《医疗机构管理条例》、《医疗事故处理条例》、《执业医师法》等法规也有许多不完善的地方,基层群众期盼相关部门能够及时修订完善。

## 新医改不能重视治病忽视防病

2009 年 4 月27 日

长治市政协委员、县宏运宾馆总经理**宋外宾**,县政协学法委主任**张建忠**反映:有关资料显示,我国目前有高血压患者 1.6 亿到 2 亿,脂肪肝患者 1.3 亿,糖尿病患者 5000 万到 7000 万。高血压、脂肪肝、糖尿病都属“富贵病”。卫生部第四次国家卫生服务调查主要结果显示:2008 年,我国有医生明确诊断的慢性病病例数达到 2.6 亿,过去十年,平均每年新增近 1000 万例慢性病病例。最新的流行病发病情况也表明,随着生活方式的改变,中国的“富贵病”、“慢性病”的发病率正日益走高。

可见,如果我国不从源头上去减少人群中的“慢性病”、“富贵病”的危险因素,来提高整体人群的健康水平,等发生了病再去处理,后果是不堪设想的,因为许多“慢性病”、“富贵病”是医不好的,药物将会伴其终生。

最近出台的新医改方案,其指导思想和基本原则都很好,得到了老百姓的赞同。可在执行层面上,有一个问题被忽视了,应该通过什么途径来提高全民的健康水平,并有效的防治“慢性病”、“富贵病”呢？这应该也是保证新医改成功的关键问题之一。我国现在有近五分之一的人患有各种“慢性病”、“富贵病”,而且患者人数每年都在增加。如果新医改只在“诊断和治疗”方面投资,而忽视各种健康风险因素对现在健康的人口的损害,患病人数必将不断增多,现有的医疗系统必将不堪重负。如果新医改只关注医疗服务而忽视慢性病的上升和蔓延趋势,势必会对我国有限的医疗资源造成极大的浪费。所以说,国家投资的大量医疗资源不能只是投资在治疗疾病上面,因为如果对健身锻炼,健康管理方面投资不足的话,病人就会越来越多。就是新医改能够解决了“看病贵”、“看病难”问题,但面对庞大的慢性病、富贵病的“后备军”,该怎么办呢？因此新医改既要关心少数人的看病难、看病贵问题,也要关心大多数人预防疾病、健康生活的问题。建议新医改在执行层面上一定要从根本上抛弃只关注“治疗疾病”的错误观念。以新观念指导实践,用健康领域的最新科学进展指导无病的人真正关注健康,管理健康。适当加大投入,引导现在健康的人积极参加体育活动,合理膳食、健康生活、防止疾病。

## 基层委员对猪肉价格暴涨暴跌时的建议

2009年5月30日

长治市政协委员、县政协主席傅永祥，教科文卫体委主任张建忠反映：前年，猪肉价格不断上涨，政府出台了诸如补贴养猪大户，奖励养猪大县，奖励工厂化养猪等多项措施，拿出了很多钱用于补贴，刺激生猪生产。在去年，有许多基层委员就认为，政府的鼓励养猪政策见成效后，也就是肉价下跌的时候。果然，不出一些基层委员所料，从去年年底，猪肉价格就逐渐走低，到现在又因为甲型H1N1流感的原因，一斤猪肉就和一颗白菜的价钱差不多了。猪肉价格如此的暴涨暴跌，政府该怎么办呢？对此基层委员提出了猪肉价格暴涨暴跌时的建议。

1.目前的猪肉价格正是在暴跌的时候，一般情况下，猪肉价格的暴跌分两种情况，一种情况是需求大减，主要是猪传染病和与猪相关的传染病流行所致。比如前几年的口蹄疫，今年的甲型H1N1流感。另外一种情况是供给大增，主要是政府补贴，刺激生猪生产后所致，在这个时候，基层委员认为政府要做好两件事：一是要采取积极措施，加大宣传力度，尽快消除消费者的恐慌心理，努力使广大消费者恢复正常消费；二是要积极做好储备猪肉和增加猪肉出口的工作。

2.在猪肉价格暴涨的时候，基层委员认为，政府最好不作为。之所以这样，是因为猪肉价格暴涨时，养猪是有利可图的。生猪生产在价格规律的引导下是会自然恢复的。如果政府在肉价暴涨的时候补贴生产者，则会导致生猪生产的非正常增长，注定生猪出栏之时就是肉价暴跌之时。许多基层委员认为，在猪肉价格暴涨时，政府不应该花钱补贴生产者，而应该在恢复母猪基地建设，生猪疫病预防和品种技术改良等方面做工作。并且在节假日做好发放储备肉等工作。

## 资源型市县应及早应对“矿竭城衰”问题

2009年6月10日

长治市政协委员、长治县政协主席傅永祥，教科文卫体委主任、信息中心主任张建忠反映：自去年年底金融危机席卷全球以来，我国所有的资源型城市和产煤大县都在“过冬”。从资源开采到下游销售，整个产业链遭到重创，政府财政收入大幅下滑，有的地方甚至预料工资都将难以为继。这在过去，至少是在八年以前，那时的矿产资源价格不断攀升，这些市、县都享受着黄金岁月带来的繁荣。可是，繁荣的背后，单一的经济结构，庞大的社会人员负担，千疮百孔的自然环境，甚至连片的棚户区等，成为了“一煤独大”市、县所面临的困境。经过几十年的开采，这些资源型市、县已经进入了衰退期，如同一个步入暮年的老人，“矿竭城衰”已成为一个绝非危言耸听的话题。

以我们山西的许多产煤大县来说，“一煤独大”的思想根深蒂固。重视煤炭生产，轻视其他产业；煤炭产量越来越大，其他产业却渐趋萎缩。这些产煤市、县在经过几十年的煤炭开采之后，还面临着贫富分化严重，环境问题日益严峻、资金外逃，以及寻找替代产业困境等多方面的社会问题。尤其是在经受金融危机冲击之后，短期内是难以找到产业转型机会的。

为此建议：

1.在资源开采的高峰期，在财政收入快速增长的过程中，地方政府应预留一部分资金。建议每年从财政上拿出一笔资金作为以后的转型发展资金。预防在资源枯竭后，出现产业链的断裂。

2.应出台一个公共政策，设法引导我省的外逃资金留下来。并出台优惠政策，吸引他们参与高科技、环保、文化、城乡建设等产业。

3.产煤大市、县应承担起能源服务商的角色，这种能源服务将会是一个产业，可以形成技术、设备等多方面的转型发展。

4.面临资源枯竭的市、县，要综合考虑自己的区位优势。要在中央与地方政策、地方经济发展与生态环境承载力，地方企业与当地居民之间寻找一个平衡点，来制定最佳的转型发展方案。

## 山西应抓住煤炭压力缓解的时机及时转型发展

2009 年7 月 6 日

长治县政协主席傅永祥，教科文卫体委主任、信息中心主任张建忠反映：长期以来，我们山西省的煤炭产量一直处在全国第一的位置，承担着向全国输送煤炭，确保全国能源安全的重任。这种格局在今年已被打破，内蒙古自治区煤炭产量已超过山西，位居第一，山西屈居第二，新疆煤炭产量也在紧紧跟进。山西向全国输送煤炭，保证全国能源安全的压力大大缓解，这正是我们山西转型发展的大好时机。有资料显示，占国土面积 71.4%的西部地区蕴藏着丰富的自然资源，尤其是煤、石油、天然气等的储量更丰富，但该地区的人均 GDP 远低于长三角、珠三角等资源相对匮乏的地区。和该地区如出一辙的是，我们山西的十一地级市几乎都属于资源型城市，而我们的资源型城市的年均经济增长速度却明显低于外省非资源型城市的平均水平。自然资源富有的经济体，经济发展反而不容乐观，这是我们山西的困境，我们山西应该抓住这次煤炭压力缓解的大好时机，及时推进经济的转型发展。

为此建议：

1.要在大力推进煤炭资源的大整合之时，及时进行经济的转型。前期应做好以下工作：建立早期预警系统；制定财政援助、转岗培训、搬迁和工作分享政策；建立资源开发补偿和衰退产业援助机制，促进地区经济基础的多样化发展。

2.建议设立煤炭、资源基金，避免因煤炭价格波动而引发区域经济的大起大落。

3.要清除煤炭资源的寻租行为，加大人力资本的投资力度，引导员工、激励企业开展技术创新，为企业的转型发展打下基础。

4.各地市应制定本地区的煤炭开采计划，合理开采煤炭资源，坚决制止地方煤矿，尤其是私人煤矿对煤炭资源的掠夺性开采。

## 基层委员针对“7.5”事件建言献策

2009年7月14日

长治县政协主席**傅永祥**，教科文卫体委主任、信息中心主任**张建忠**反映：本月5日在乌鲁木齐市发生打砸抢烧严重暴力事件以来，基层委员普遍表现出对幕后策划分子热比娅、“世维会”、打砸抢烧暴徒的无比憎恨；对无辜死伤群众的无比哀痛。几天来，基层委员们纷纷表示坚决拥护党中央维护新疆稳定的各项决策，并强烈呼吁要严惩哪些有确凿证据的打砸抢烧分子，做到除恶务尽。

以前在新疆曾发生过多起恐怖案件，但这一次“世维会”把制造恐怖、制造混乱的核心，隐藏在了打砸抢烧这样的群体性事件当中了，其目的就是想把更多的人搅入其中，让更多的无辜群众受到伤害，来达到他们把恐怖气氛达到最大化的目的。如果除恶不尽、手段不硬，在西藏、新疆等地方还可能会有无辜群众受到他们的祸害，这是我们每个人都不愿意看到的事情。有证据表明：7月1日，“世维会”专门开会，策划通过网络、电话、手机、短信等多种方式煽动境内闹事。7月4日晚，境内有人在互联网上大量发帖，鼓动7月5日在乌鲁木齐市人民广场、南门等地方非法游行示威，以策应境外的“三股势力”活动。7月5日凌晨，有人在网络上散发非法集会信息。显然，他们是在利用现代通讯手段策划暴力的。面对这些新情况，基层委员建议，首先要对群体性事件发动破坏活动的形态加强研究，要以不引发暴力，不让民众失控为前提。二要思考恐怖分子利用新的通讯工具串通呼应的应对之策，在防范和处置方面要做到“魔高一尺、道高一丈”。

同时，基层委员也寄语哪些失去亲人的同胞们，在这个悲伤的时刻，只想说：“我们不复仇”。如果恐怖分子的极端之举，被扩散为民族之间的对立，族群之间的仇恨，很可能会酿成真正的悲剧。他们的目的就是想搞民族分裂，破坏团结，我们不能中了他们的圈套。历史也证明，民族矛盾引发仇恨、残杀，直至互不相容，任何一个国家都是无法承受的。冤冤相报，受害的还是普通的群众。要相信党和政府，会妥善处理好这个事情的。

## 基层委员建议明确资源税的使用范围

2009年7月28日

长治县政协办公室主任**范李斌**，县政协教科文卫体委主任、信息中心主任**张建忠**反映：就我们山西而言，煤炭运销系统持续了近二十多年的收费，将在8月底结束。由资源税取代部分煤炭收费的改革方案已经出台。作为改革的铺垫，财政部和国税总局曾经下达通知，要求各地对煤炭资源税情况重新进行调研。这次费改税对于煤炭富有的我省而言，可谓影响深远。煤炭资源富有地多为经济社会发展相对落后的区域。开矿又会导致侵占农田、破坏植被、污染环境、土地塌陷、水系破坏等一系列问题。矿产资源虽归国家所有，但资源所在地的老百姓也应当享有一定的资源利益。这正是开征资源税最主要的政策目的。可我国的资源税开征二十多年来，却迟迟未能建立起刚性的制度约束，对矿区周边群众的直接利益补偿或生态补偿都没有落到实处。我国的资源税从一开始就被界定为地方税,虽说政策设计时对地方政府负责实施矿区生态恢复有要求,但从来没有被地方当正经事对待过,地方人大、政协也没有认真监督过。地方政府是买车盖楼有钱,吃喝出国有钱,矿区周围的生态治理却没钱。尽管近几年各地方政府的治理生态环境的力度很大,但也只是城市周围,道路两侧的绿化。对因采矿导致的土地塌陷、山体开裂、浅水层流失等治理的投入不大。

近闻资源税改革已提到了议事日程之上。相关部门已将改革方案上报全国人大。许多基层委员认为,如果改革后的资源税不改变税收的使用权,不明确使用对象,不建立严厉的监督和问责机制,一旦资源税征缴对象扩大,征缴比例提高,非但不会起到保护资源可持续利用,保护矿区生态环境的目标,反而会刺激地方政府急功近利式的发展,使现有的矿产资源遭受大规模的掠夺式开采。为此,基层委员建议:一、资源税的征收要按照矿井的核定生产能力来确定,对超能力开采和回采率不达标的矿井要提高征收资源税的比例。二、所征收的资源税要明确其使用范围,建议50%要用于矿区周围的生态治理。30%要用于解决资源所在地老百姓的生计或利益补偿问题。

## 基层委员对国务院关于修改《工伤保险条例的决定(征求意见稿)》的建议

2009年7月29日

长治县政协信息中心**牛小亮**、**原娟静**反映:日前,国务院法制办公布了《国务院关于修改〈工伤保险条例〉的决定(征求意见稿)》,征求社会各界意见,为此基层委员纷纷献策。经笔者整理主要有以下几方面:

1.反对删去条例第十四条第(六)项,即取消上下班途中受到机动车事故伤害认定为工伤。基层委员认为不作工伤认定不利于保护员工的合法权益,为促进我国社会保障机制的健全和完善,对工商认定可以作出限制性规定。建议本项改为在上下班途中受到本人无责任的机动车事故伤害应该认定工伤。即如果侵权人不能全部赔偿或未投保交强险的,不足部分用人单位仍应进行工伤赔偿。

2.第二条中同意第二方案:“对出现死亡、重伤或5人以上轻伤的,应及时赶赴现场”。这样不仅有利于调查事故的真实原因,而且也对用人单位善后情况进行了强力监督,真正起到维护职工健康权益的作用。

3.第十六条中同意第二方案,一次性工亡补助金标准为60个月至80个月的统筹地区上年度职工月平均工资。适当延长补助金支付时间,可以有效安置和抚慰工亡家属,便于他们今后能够维以生计。

4.第二十一条中规定:“拒不协助人力资源和社会保障行政部门对事故进行调查核实的,由人力资源和社会保障行政部门责令改正,并处2000元以上2万元以下的罚款。”基层委员认为处以2000元以上2万元以下的罚款太少,不利于引起用人单位的警示。建议对于重大事故拒不配合的,处以五千以上十万以下的罚款,必要时追究刑事责任。

5.意见稿没有涉及对不便组织统计缴纳工商保险的临时雇工单位、个体的相关规定,这些职工如果出现工伤事故,其鉴定、认定、赔偿事项依然无章可依。为此建议增加相应法规,这些职工一旦认定为工伤,应由主要负责人、雇主予以赔偿,具体赔偿办法及监督机制可以参照企业、个体工商户的相关措施。

## 基层群众呼吁在刑法中增加危险驾车罪

2009年8月6日

长治县政协教科文卫体委主任、信息中心主任张建忠,信息员原娟静反映:2009年7月23日,四川省成都市中级人民法院判定成都12·14特大交通事故肇事者孙伟铭以危害公共安全罪成立,判处其死刑。2008年12月14日中午,在成都发生了一起4人死亡1人重伤的惨烈车祸。肇事者孙伟铭在明知自己没有驾驶执照且知道自己醉酒的情况下,驾车超速行驶,肆意横行,结果酿成了12·14特大交通事故。孙伟铭的死刑判决在媒体上公布之后,旋即引起了基层群众的强烈争议,该不该定危害公共安全罪判处死刑成为基层群众在街头巷尾的热议焦点。

按照我国现有的法律规定,醉酒驾车与爆炸、放火、决水、投毒等危害公共安全的行为难以等同,把酒后驾车认定为以危害公共安全罪,从而提高惩罚力度,有扩大规定之嫌。无独有偶,继成都、南京罪酒驾车肇事案之后,在杭州莫干山路,又有一名叫魏志刚的人醉酒驾车将一少女撞死。有基层群众提出,在醉酒驾车而导致杀机四伏的马路上,“危害公共安全罪”能不能成为防止马路杀手的防火墙呢?值得深思。

依照刑法第115条,危害公共安全罪最高可处死刑。但“过失犯前款罪的,处三年以上七年以下有期徒刑,情节较轻的,处三年以下有期徒刑或者拘役”。这也就是说与普通的交通肇事罪相比,醉酒过失前提下的危害公共安全罪,其量刑并无多大悬殊而且弹性还大。罪名重,刑罚反而会轻。以此可见,危害公共安全罪还不足以构成对醉酒驾车肇事犯罪的有效阻击。对此,基层群众呼吁应在刑法中增加危险驾车罪,应以独立的罪名来惩治醉酒驾车等危险驾车行为。应规定,只要实施了醉酒驾车、无证驾车、繁华路段飙车、服用毒品、麻醉品后驾车等危险驾车行为的,不管是否发生了后果,都要认定为犯罪。如果发生后果严重的,最多可判无期徒刑或死刑。同时,基层群众也呼吁媒体要加大“开车不喝酒,喝酒不开车”的宣传力度。并建议司机在每年到交警队审分的时候,与交警部门签订酒后不驾车责任书,同时,也要把肇事后的劝酒者列入连带责任之中。

## 长治市雷泽淀粉厂问题屡治不改应引起高度重视

2009年8月11日

长治县政协信息中心原娟静反映:位于长治市南郊、原家庄村北外环路上的长治市雷泽淀粉厂,主要以生产淀粉、销售淀粉为主,是一个老污染企业。生产过程中大量排放污水、臭气,给周围的老百姓的生活带来很大不利。几年来,市环保部门等屡次检查、监督,责令停产整顿,但是时断时续,问题没有根治,生产仍然继续,夏季,清风徐来伴随的是一阵阵的恶臭,当地的老百姓为此怨声连连,责怪政府部门不够重视,已成为一大隐患。

以往治理采取的都是相关部门接到举报,进行检查、整顿,风波一过生产就恢复正常,并没有使该问题得到根治，现在的淀粉厂仍在有序的生产着，一阵阵的恶臭使得周围村庄的居民放弃了午后、傍晚的乘凉，窝在家中躲避。不知道这样的生活他们能坚持多久?不知道这样的恶臭会为当地居民的日常生活埋下多少隐患，若干年后，他们这里会不会出现生育缺陷的“怪圈”，这些关系老百姓健康安全的问题都值得政府及相关部门引以高度重视，不能仅限于小治理、小整顿。

雷泽淀粉厂为当地带来危害已成为不争的事实，当地群众呼吁政府部门尽快出面干预，关闭此企业，还老百姓一片干净的天空。

## 要关注农民“菜篮子”

2009 年 8 月 19 日

长治县政协委员、办公室主任**范李斌**，信息中心**原娟静**反映：今年，尤其是夏季以来，很多人到蔬菜市场时发现菜价非常贵，想买些便宜的菜都很难，这在以往的夏秋种植季节是不存在的。今年的菜价为何贵了？我们就此走访了市场、菜农以及有关部门。

统计发现，往年的一些当季蔬菜在今年价格都是居高不下，像平常的西红柿，往常都是 0.3—0.5 元 / 斤，今年却高达 1.0—1.2 元 / 斤；小白菜往年都是每斤几毛钱，今年也在 1.0 元 / 斤左右；青椒、黄瓜、芹菜等等价格都比同期高出许多，甚至葱、姜、蒜等基本调味用品价格都上涨至同期价格的 2—3 倍，有些地方甚至更高。很多农民反映，现在到菜市场都不知道该买些什么，菜篮子轻了不少，只能买一些相对便宜的蔬菜，营养搭配根本顾及不到，尤其是一些中低收入家庭，甚至到了吃不起菜的地步，确实是一个值得引起关注的问题。根据调查、走访主要是因以下几个原因所致：

1.市场供不应求，供需失衡。由于今年各地出现一些灾害，而且一些蔬菜大省供应不足，导致外援跟不上，本地蔬菜又不能满足需要，致使价格上升。

2.外地蔬菜的运输成本上涨，导致蔬菜价格上升。今年的油价较高，导致运输成本上升，加之其他运输成本增加，价格当然随之上涨。

3.根本原因还是蔬菜供源少。蔬菜价格居高不下，根本原因还是供源少，拿我省来讲，很多地方自己种植蔬菜，而且近年来的大棚蔬菜种植量也有所上升，但是满足当季蔬菜和普通蔬菜供应还勉强，反季蔬菜及非本地产蔬菜就无法得以供应，必须依靠外援。

为此我们提出以下几点建议：

1.当地政府要密切关注农民菜篮子，相关部门要做好对此项工作的调查、研究，及时掌握当前的形势，以便出台一些调控措施，缓解高价局面，保证老百姓基本需求。

2.当前国家、省、市都出台了许多惠民政策，补助建蔬菜大棚。当地农业等部门要把好时机，鼓励有条件的地方建立蔬菜基地，满足内需。尤其是要针对性向老百姓提供有价值的种植信息，增加种植品种，提升反季生产能力。

3.地方政府及相关部门，要做好改良土地，加强灌溉设施等农田建设的工作，老百姓自己有土地，只是很多缺少灌溉设施沦为旱田，种植单一，大量的蔬菜等需要购买，这无疑增加了他们的经济负担。

## 基层教师对《通用规范汉字表(征求意见稿)》反映强烈

2009年9月1日

长治市政协委员、长治县政协主席傅永祥,信息中心牛小亮反映:《通用规范汉字表》自8月12日起面向社会公开征求意见以来,44个字形进行微调的汉字引起了广大基层教师的关注:正在征求意见的《通用规范汉字表》中不仅恢复了51个异体字,还拟对44个汉字"动刀整形",调整其写法。对此,笔者通过电话联系和走访调查发现,反对和质疑的声音相对集中,很多基层教师担心因为调整汉字出现一些不该出现的问题。

基层教师郑武认为,文字是文明的重要标志,可不断补充、完善,但对成型的、广泛使用的文字轻易改动,不可取。另一位教师王晶波也提到:"现在是信息时代,要修改,涉及的面太广,会引起文字混乱。"他认为,此次"整形"的44个汉字,绝大部分都具有通行度高、易于识别的特点。一旦轻易改动,这些文字的书写习惯将不得不改变,由于调整前的字形已经烙进了教师和学生心里,现在突然改正会比较困难,甚至在一个时期内会造成"错误百出"。

一位高中微机教师把汉字"整形"比喻为"大楼修补"。他说,汉字"整形"就像一个大楼已经盖好了,但需要修补,但用的砖却不一样。在语言信息中,字为基础,砖变了,房子怎么修?汉字"整形"不仅是字形的问题,全社会的信息系统都要发生变化。现在银行、保险等用的都是巨型机,具有独特的操作系统,这些花费不菲的巨型机不会因汉字"整形"而更换,即使是"打补丁"升级所花费用也是天文数字。

教育系统一位校长表示,《通用规范汉字表》体现的是铅字时代的思维,一旦汉字实施了这些调整,各类文化产品诸如辞书之类的东西就得从头修改一遍,劳时费力不说,更要花去买者和卖者双方的大量钱财,经济成本之巨,肯定会令人惊异。

据有关部门介绍,此次编制的《通用规范汉字表》历时8年,经过专家全盘考虑、反复研究才得以出台。但是,已经广为人们接受并广泛使用的常用字要不要改、怎么改,恐怕不能光考虑专家们所说的汉字"字理"问题,更重要的要看应用是否方便。

此次推行新字表的一个主要原因是为方便信息储存和管理,但是,一些字在"整形"后反而不规律、不统一,给应用徒添麻烦。例如"刹"和"铩"字中的"杀"字写法本来相同,在修改后写法却不一致了。这说明,此次修改在字的选择上并不成熟。

在50多年简体汉字的使用过程中,无论是新词的添加还是异体字的规范,每一次调整和改进都是建立在符合人们普遍的文字审美和使用习惯上。《通用规范汉字表》尚在征求意见阶段,44个汉字要不要"整形",希望教育部和有关部门再三斟酌。

## 基层委员对即将召开的十七届四中全会积极建言

2009年9月9日

长治县政协办公室主任**范李斌**，县政协教科文卫体委员会主任、信息中心主任**张建忠**反映：即将召开的中共十七届四中全会已成为近期基层委员热议的焦点。在7月23日的中共中央政治局会议上就确定党的十七届四中全会要“研究加强和改进新形势下的党建问题”。“党内民主”在中共十六大上提出，并被提到“党的生命”的高度。这几年来，“党内民主”始终是基层委员们的热点话题。基层委员期望“党内民主”这一“与党命运攸关”的问题能够再次成为中央全会的重点议题。

对此，基层委员建言如下：

1.要按照决策权、执行权、监督权“三权“互相制约的权力运行机制，提升纪律检查委员会的地位。要充分发挥全委会对常委会的监督作用；常委会对书记的制约、监督作用，并出台具体的便于操作的细则。

2.对实现民主选举、党务公开、言论自由、反腐倡廉等问题要配以具体的落实措施，责任要到位，因为“一个行动比一打纲领更重要”。

3.直接选举是党内民主的基础。村一级已经实现了直接选举，应该扩大到乡镇一级。应积极推进直接选举乡镇长、乡镇书记，并制定具体的操作规则。

4. 对以下几项重大制度要做出具体的论述和操作细则：①如何推出和实行领导干部的财产申报制度。②如何遏止“三公”的消费问题。③如何实行党的代表大会代表任期制和党代表大会的常任制。④如何实现普通党员、媒体监督领导干部的问题。

## 建议我市设立“环卫工人节”

2009年9月9日

长治县政协办公室主任**范李斌**、信息中心**牛小亮**反映：城市环境卫生水平是一个城市文明程度的反映，是社会主义精神文明的窗口。当前正值我市创建卫生文明城市之际，环卫工人作为维护、保持城市环境卫生的重要力量，以“宁愿一人脏，换来万家洁”的无私奉献精神，创造了良好的城市生活环境，为“四位一体”建设做出了积极而重大的贡献。

目前，环卫工人的社会地位低，福利待遇低，劳动条件差的状况仍然存在。每逢年节，都是环卫工人最苦最累的时候，但微薄的收入却与他们的苦、脏、累的工作极不相称，这些问题的存在严重制约了环卫事业的发展，也对我市创建卫生文明城市产生了不利影响。

为了使我市广大群众增强环卫意识，增进对环卫工人的理解，进一步激发环卫工人更高的劳动热情，笔者建议我市设立环卫工人节，并将该节定为每年的10月26日。因为50年前的10月26日，国家主席刘少奇亲切接见了淘粪工人时传祥，对于提高环卫工人职工的社会地位，教育人们树立正确的价值观、人生观、世界观产生了广泛而深远的影响。到目前为止，全国已有了广东、广西、天津等20多个省、自治区、直辖市设立了环卫工人节，我们长治作为全国魅力城市也应该走在城市建设的前列。

## 基层委员对十七届四中全会胜利闭幕反响强烈

2009 年 9 月 18 日

长治县政协信息中心**牛小亮**、**原娟静**反映：为期四天的十七届四中全会已于 9 月 18 日胜利闭幕，由于正值举国上下喜迎祖国六十大庆之际，这次会议备受社会各界所关注，在基层委员中引起了极大的反响。我们党已经有 88 年的光荣历史了，在漫长的岁月当中，难免会产生一些不良的东西。而一个党要永葆青春，就必须像人一样，能够吐故纳新，不断地新陈代谢。本次全会着力研究加强和改进新形势下的党建问题，就像是一场久旱的甘雨，不仅来得及时，也下到了广大人民的心间。

十七届四中全会指出，加强和改进新形势下党的建设，要做到六个“必须坚持”。对此，基层委员一致认为六个“必须坚持”提的非常到位、非常具体、非常严谨，不仅庄重地梳理和提炼出了我们党已取得的宝贵经验，也总结和汲取了教训。会议开的非常成功，取得了极大的成果。基层委员纷纷为此表示祝贺，同时也提出了几点期盼：①出台更多的惩治外逃贪官的措施，加大力度着力破解这一贪官外逃的腐败样式，着力从制度上整治腐败现象，使我国的反腐工作进入一个新的层次。②希望国家尽快在全党范围内深入开展反腐倡廉活动，尽早完善并推出“官员财产申报制度”等惩防腐败制度。③干部公推直选在基层群众中反响热烈，取得了很好的效果，希望适时在乡镇一级大力推行。

## 基层群众对“巨额财产来源不明罪”颇有微词

2009 年 10 月 14 日

长治县政协主席**傅永祥**、信息中心**牛小亮**反映：巨额财产来源不明罪与贪污罪和受贿罪有着密切的联系，很多巨额财产来源不明就是没有被查明证实的贪污罪和受贿罪。巨额财产来源不明罪从法理来说，本质上就是一个兜底性的刑法条款，价值在于严密法网，堵塞漏洞，使拥有巨额财产却拒不坦白来源的犯罪分子受到应有的惩罚。但在实践操作中，巨额财产来源不明罪非但没有起到应有的作用，反而让贪污受贿者钻了法律空子，变得更加肆无忌惮。

如果按照贪污受贿罪处罚，受贿数额在十万元以上的，要处十年以上有期徒刑或者无期徒刑，情节特别严重的，处死刑，并处没收财产。若是按照《刑法》中对巨额财产来源不明罪的规定，最多只能判处五年以上十年以下有期徒刑，财产也只有差额部分予以追缴。由于巨额财产来源不明罪比贪污受贿罪量刑过轻，贪污受贿者便对其贪污受贿行为缄口不言，尽管纪检委查出贪污受贿者有巨额来源不明财产，但苦于证据不足，除举报或已查实的贪污受贿数额外，其余只能以巨额财产来源不明罪处理。而来源不明的财产数额，往往总是大于已经查明的贪污受贿数额，一些案件查明的贪污受贿数额甚至不及来源不明数额的百分之一。对此，基层群众颇有微词，意见很大。甚有之认为巨额财产来源不明罪不仅为贪污受贿者提供了赦免罪行的平台，也为司法机关反腐不力撑起了一把“保护伞”。

为此，基层群众强烈呼吁：

1.建议尽快加大巨额财产来源不明罪的最高刑，并添加附加刑。除缴获犯罪分子的非法所得外，还要追加罚金。

2.尽快制定有关公职人员财产申报的法律条文,在法律层面形成完整系统的财产申报制度。如果出现公职人员拒不申报或虚假申报,要依据“拒不申报财产罪”或“虚假申报财产罪”追究其相应的刑事责任。

3.司法部门要尽量减少“来源不明财产”的绝对数量和相对比例,争取多查清一些问题,决不能坐等法律的修改,让腐败分子有机可乘;更不能降低反腐工作的要求,用“巨额财产来源不明”作为搪塞。

## 基层群众期盼尽快村村有农家书屋

2009年10月20日

长治市政协委员、长治县政协主席**傅永祥**,县政协教科文卫体委主任**张建忠**反映:当前,我国的新农村建设正在如火如荼地进行着。现在的农民在吃、穿、住等物质条件提高、改善之后,强烈渴望精神方面的满足,他们在精神文化方面的需求已日益明显。随着新农村建设的高潮迭起,赌博、封建迷信活动等陋习正在逐渐失去其“市场”。文艺演出、读书、看报、上网、下棋等逐渐成为了广大农民朋友在农闲之时新的娱乐活动方式。据笔者了解,尽管这几年各乡镇都建立起了乡镇文化站,可一个乡镇的一个文化站根本解决不了全乡镇十几个村的需求问题。目前,广大农村缺书无报是一个很为普遍的问题,农村书荒已经存在许多年了。除学生用书之外,绝大多数家庭几十年来根本不买科普、文化等方面的书籍。所以,尽快建设好村村都有的农家书屋,给广大农民提供一个免费看书、学习的场所是当前现状和形势最起码的要求,也是基层群众急切期盼的事情。

为此建议:

1.县、乡两级财政要尽力扶助农家书屋。要结合本村、本乡实际,因地制宜地建设农家书屋,按照群众所需给群众配备看得懂、用得上、留得住的书籍。

2.当前,村村都配有大学生村官。建议大学生村官要兼任农家书屋的管理员,制定和完善书屋的各项管理制度,保证农家书屋的规范运行。

3.要创新、探索建设农家书屋的有效途径,采用各种方式使用好农家书屋。建议采取定期向其他部门借书;同其他村的农家书屋交换书籍;接受社会捐赠等灵活多样的方式。

4.要探索农家书屋发展的长效机制。建议采取发起向本村籍在外工作人员和家庭条件较好的农户每年给农家书屋增加一本书的倡议,这本书可以写上自己的名字。所有权还是本人的。这样可使农家书屋具有长久的生命力。也可调动农民朋友读书,用书的热情。

## 基层群众对"钓鱼式执法"颇有微词

2009 年 10 月 29 日

长治县政协常委、县政协办公室主任**范李斌**，信息中心**牛小亮**反映："钓鱼式执法"几年前在各地就普遍存在，这几年有愈演愈烈之势。这背后有着巨大的利益链条。庞大的处罚金额支撑起了一个畸形的执法平台，执法机关雇用无业人员假扮"乘客"搭车，"乘客"则负责引诱司机收费，并把车引入执法人员设好的埋伏圈。从派出钓饵、设套、埋伏，到抓人、扣车、罚款，这个过程一气呵成。一辆车少则罚一万元，多则 2 万到 3 万元。而据《法制日报》报道，上海市法院在去年夏天与上海市交通行政执法局等有关部门共同形成了一个审理出租汽车管理行政案件的内部规定，支持行政机关的做法。

"钓鱼执法"本就让人感到惶恐和气愤，法院与行政部门的"约定"则更是让人有气难撒，徒呼奈何。如果法院与行政部门事先就"钓鱼执法"达成共识，那么就意味着，当事人的行政诉讼之路已经预先被堵死，纵然起诉亦属徒劳。目前我国现行法律尚未就"钓鱼执法"作出明确详尽的禁止性规定。只有《最高人民法院关于行政诉讼证据若干问题的规定》第 57 条规定，以利诱、欺诈、胁迫、暴力等不正当手段获取的证据材料不能作为定案依据。但这一规定过于笼统含糊，缺乏针对性，在实际操作中，由于行政诉讼证据由被告方行政部门提供，行政部门在证明己方未采取利诱、欺诈等手段时明显占有优势，因此，依据此规定定性"钓鱼执法"非常困难。

鉴于"钓鱼执法"滋生了司法腐败的土壤，造成司机与交通部门矛盾纠纷不断，严重影响了群众正常出行和社会和谐稳定，基层群众强烈呼吁政府从立法环节对"钓鱼执法"进行明确详尽的禁止性规定，从法律源头进行封堵，彻底根除这一执法怪象。

## 长治县部分乡镇移动信号微弱　建议移动公司尽快维修调试

2009 年 11 月 5 日

长治县政协主席**傅永祥**、信息中心**牛小亮**反映：近一月以来，在长治县西火镇、荫城镇等部分乡镇的一些村庄，移动信号非常微弱。室外存有一半信号，勉强可以通话；室内信号起伏不定，时有时无，致使通话断断续续，GPRS 也无法正常登录。不仅严重影响了当地群众的日常通信和无线上网，也大大增长了移动用户不必要的通话次数和话费支出。有时因为信号太差，还造成一些好友或者恋人之间的误会。当地群众对此牢骚满腹，意见很大。

为维护当地群众的正常通讯得到保障，提升移动公司在当地的信誉和服务，笔者建议：

1.移动公司应尽快派遣技术人员深入基层，通过实地走访了解，查清造成信号微弱且不稳定的原因，并立即着手进行维修、调试。

2.在政策允许的情况下，建议移动公司对于信号微弱地区的移动用户给予 5—10 元的话费补偿。这样既可以取得当地群众的体谅和理解，也可以表明中国移动立足于优质服务、满意服务的坚强决心。

## 基层委员对《中华人民共和国统计法实施条例(征求意见稿)》的修改意见

2009年11月20日

长治县政协信息中心**牛小亮**、**原娟静**反映:近日,国家统计局发布了《统计法实施细则》(征求意见稿),广泛征求社会各界意见。为了更好地完善《统计法》,更加有利于统计执法工作的开展,基层委员有如下几点修改意见:

1.建议将意见稿中所涉及对政府综合统计部门(统计局)的名称,均改为"统计机关"而不称为"统计机构";将所涉及的政府统计部门的统计人员称为"统计公务人员",而不称为"统计人员"。

机关和机构完全是大相径庭的两个概念,其中涉及是否具备"行政主体资格"的问题。如果不具有行政主体资格,则不能以自己的名义实施行政行为。我国法律中,一般对独立的"行政主体"称为"机关"。设立统计机关便于实现统计的独立性,而统计机构一般是指内设单位。而将"统计人员"称为"统计公务人员",目的是与调查对象的"统计人员"相区别,便于明确权利、义务和法律责任。

2.意见稿将制止弄虚作假作为保证统计数据质量的主要价值取向,而对于影响统计数据质量的另一个重要因素——统计力量、统计工作渠道与日益繁重的统计任务的矛盾重视不够。为此建议:一是街镇应当设立统计工作站,以解决当前乡镇合并、统计任务激增的矛盾。二是村居(社区)委员会要设置专兼职统计员。否则,统计工作将成为无源之水。当然,应当同时规定村居(社区)委员会专兼职统计员的工作及人头经费由政府公共财政解决。

## 即将出台的电动摩托车新规值得商榷

2009年12月7日

长治市政协委员、县政协主席**傅永祥**,信息中心**原娟静**反映:据悉,国家标准《电动摩托车和电动轻便摩托车通用技术条件》将于2010年1月1日开始实施。标准的核心是40公斤以上、时速20公里以上的电动车划入机动车范畴。这意味着如果按照即将执行的新标准,很多电动自行车将被划为机动车,随之带来的变化是,车主可能需要考驾照、上机动车牌照,可以驾车驶上机动车道。

大家都知道,电动自行车,由于其方便、快捷、不需要支付上路费用等,已经成为了普通老百姓出行的主要交通工具,我国市场目前约有1.2亿辆电动自行车存在。今天,国家要出台措施控制电动自行车使用,还要征收名目繁多的费用,无疑对老百姓而言,算是一个坏消息。不过,不可否认,由于电动自行车的盛行,确实出现了许多不可避免的问题,例如,交通事故增加,电动车市场鱼龙混杂,道路紧张等等。国家及相关部门规范电动车市场确实是当前需要,可是,改革建立在危机百姓利益的基础上就显得有点背道而行了。问题的关键还在于,降低标准就能根治电动自行车存在的问题吗?新政策还未出台,民怨就四起了,不得不重新商榷。更有甚者,电动车制造商都已经想好了应对国标的临时措施。谁能保证上牌照时车的重量和行驶在路上时的重量是一致的?交管部门总不能过磅检验吧?显然这样的新规缺失实际操作性。

为此,我们建议:

1.暂缓执行新标。一项政策的出台首先要多方征求意见,确保其实施的长久性和可行性,而非实施过程中漏洞百出进行不下去再更改。既然新标引起了各界的争议,还希望相关部门能暂缓执行,进行系统论证和多方研究,把相关实施细节考虑清楚,保证电摩新标准能有效落实。

2.完善配套机制。相关部门出台的只是一个数据型的标准。其实施需要法律、制度等相关制度性的约束,而且还得相关部门操作性的配合。如果不出台相应的法律法规和详细的管理细则,制定再完善的技术标准都是没有实际效果的。政策和操作也需要良好衔接,尤其交管部门如何予以落实都应该给予完善配套。

3.立足实际,站在普通百姓角度制定政策。一切政策和规定到头来都是为了服务百姓,那么其制定的过程也应该立足百姓需求和实际。为此,希望相关部门能深入基层,合理制定新标准。

4.减少收费。电动车变机动车,消费者要考驾照、上牌照无疑是一大负担。建议国家及有关部门把好收费关口,尽量减少收费。对于培训更是应该减免费用,进行全民教育。以合理的培训方式增加电动自行车驾驶者的交通法规意识,从根本上解决电动自行车交通隐患的存在。

5.不断研究出台好的政策措施。新标准不宜一刀切。面对如此庞大的电动自行车销售和消费市场,建议我们应该先规范后治理。逐步提高电动自行车的生产标准,规范电动车销售市场,再进行消费市场的治理,保护消费者的利益。可以不断研究一些改善措施,如试点改革、增加车险等,来逐步理清电动车市场。

## 建议修改《土地管理法》第五十八条

2009 年 12 月 29 日

长治市政协委员、县政协主席傅永祥,教科文卫体委主任张建忠反映:国务院法制办组织的研讨会正在讨论废除《城市房屋拆迁管理条例》,制定《国有土地上房屋征收与拆迁补偿条例》。笔者认为,如果旧的拆迁条例被废除,代之以新的条例,无疑将减少像唐福珍自焚这类悲剧的发生。然而,致死唐福珍的并非仅仅是只有拆迁条例。比如《土地管理法》也有类似问题,也应该进行修改。

现行的《土地管理法》第五十八条规定了五项可以收回国有土地使用权的情形:(一)为公共利益需要使用土地的;(二)为实施城市规划进行旧城区改建,需要调整使用土地的;(三)为土地出让等有偿使用该合同约定的使用期限届满,土地使用者未申请续期或者申请续期未获批准的;(四)为因单位撤销、迁移等原因,停止使用原划拨的国有土地的;(五)为公路、铁路、机场、矿场等经核准报废的。按照这个规定,强制性收回国有土地使用权的行为,可以在非公共利益的"为实施城市规划进行旧城区改建"的活动中进行。这不仅违背了《中华人民共和国宪法》第十条和第十三条将征收或者征用土地及公民私有财产的行为限定于"国家为了公共利益的需要"的规定,而且也给地方政府或拆迁公司的暴力拆迁提供了"法律"依据。

为此建议:

1.建议将《土地管理法》第五十八条的第(二)项删除。

2.建议将《土地管理法》第五十八条的第(三)项修改为:住宅建设用地使用权期间届满的应自动续

期;非住宅建设用地使用权期间届满后的续期,应依照相关法律法规办理。

## 教师绩效工资实施中暴露出的问题亟待引起重视

2009年12月30日

长治县作协副主席闫文秀,信息中心牛小亮反映:义务教育阶段学校教师绩效工资实施以来,总体上是好的,但也暴露出一些不容忽视的问题。其主要表现:一是偏重教学成绩,忽视育人功能。在对教师绩效工资考评中,工作质量要占到很大一块,所谓工作质量主要是指学生的考试成绩,而在育人方面却很少得到体现。单纯地把考试成绩作为衡量教师工作好坏的主要指标,过分追求显性的“实绩”,势必导致教师急功近利,忽视对学生隐性的教育和培养,这既偏离了教育的根本目的,也违背了国家设立绩效工资的初衷。二是不视具体情况,采取“一刀切”。工作量也是考评的主要内容,而工作量却很难确定,国家固然有规定标准,但死套又不现实。具体到一个教学单位,有超工作量的,也有不达工作量的,无论超工作量还是不达工作量,这都不是教师本人所能选择的,教师情愿在城镇学校代50个学生而不想呆在山区代5个学生,不能说代5个学生的没有完成工作量而代50个学生的就是超工作量。不视具体情况,按统一标准去衡量的方法有欠科学。三是对绩效工资这块“蛋糕”,“分食”者众多。有些学校为了体现“多劳多酬”原则,把绩效资当中的奖励部分拿出来作为超工作量津贴和兼职岗位津贴予以统一管理使用,这样的话,班主任、兼职者、中层管理人员和其他人员就能从中分得一块“蛋糕”,而真正在教学一线工作的教师就平空少了一块“蛋糕”。表面上看似“竞争”,实质上造成了教师心理上极大的不平衡。

国家设立绩效工资的目的,在于提高教师工资待遇和社会地位,并以此为杠杆,激励教师爱岗敬业、努力工作,充分调动他们的工作积极性,为“教育兴国”作出贡献。然而,绩效工资也是一块“烫手山芋”,实施的科学合理,会起到促进作用,否则,轻则挫伤教师工作积极性,重则引发上访告状,形成社会不安定因素。为此,笔者建议如下:

1.正视差异,因地制宜。必须承认城镇与农村、学校与学校、班级与班级、学生与学生之间,无不存在着巨大的差异性,情况千差万别,没有可比性,拿一个标准,采取“一刀切”的做法无疑是“刻舟求剑”,是不可取的,应视具体情况而定。凡属于正常上班、能够完成学校安排的工作任务的,可视为满工作量,享受足额的绩效工资。

2.体现教育功能,重“教书”更重“育人”。学生智力和基础各异,师资水平也不尽相同,单纯靠考试成绩来衡量教师的做法过于简单化、片面化,应全面衡量,尤其是对学生的教育和培养。凡能够完成备、讲、辅、改、考、教研活动和其他教学任务的教师,即使考试成绩不理想,只要尽了心力,也应视为上乘的工作质量。对于考试成绩突出者,应以精神鼓励为主,切不能在“蛋糕”上打主意,学校应坚持正确导向,努力营造“教书育人”的浓厚氛围。

3.建议班主任、兼职者、中层管理人员的津贴不从教师绩效工资的奖励部分中提取,以保证教学一线教师的绩效工资不受“分食”。

## 2010年

### 基层委员对《政府投资条例(征求意见稿)》的几点修改建议

2010年1月22日

长治市政协委员、长治县政协主席傅永祥,县教科文卫体委主任张建忠反映:近日,国务院法制办公开对《政府投资条例(征求意见稿)》征求意见。基层委员纷纷提出了自己的看法。经笔者整理主要由如下几点建议:

1.对于第十三条。其中"对经营性建设项目的投资补助作为资本公积金管理"的表述不够准确,建议修改为"经营性建设项目的投资补助应转增企业的资本公积"。同时,还应增加如下内容:"对经营性建设项目的投资补助所形成的费用或者财产,应该按照《中华人民共和国企业所得税法》及其《实施条例》的有关规定,在计算企业纳税年度应纳税所得额时,不得扣除或者计算对应的折旧、摊销扣除"。

2.对于第十五条。其中"贴息资金不形成新的权益,在建项目冲减工程成本,竣工项目冲减财务费用"的表述不妥。建议作如下修改:"贴息资金不形成新的权益"应删除。原因是取得贴息资金形成企业的负债,而非企业的所有者权益,这是一个常识性问题,现行财务会计制度已有明确的规定。加上一句"贴息资金不形成新的权益",反而有"画蛇添足"之感。对于"在建项目冲减工程成本,竣工项目冲减财务费用"建议修改为"按照现行财务会计制度的有关规定进行账务处理"。原因是《中华人民共和国会计法》规定,全国统一的财务会计制度(包括会计准则)由财政部制定。"在建项目冲减工程成本,竣工项目冲减财务费用"本身就是现行财务会计制度的规定,显然不如直接用"按照现行财务会计制度的有关规定进行账务处理"的表述好。这样处理的好处是,即使现行财务会计制度的有关规定进行了补充完善或重新修订,也不会出现制度规定之间相互矛盾以至无所适从问题。

3.对于第四十条。其中"采用直接投资方式的非经营性投资项目,一般应当通过招标等方式选择专业化的项目管理单位,负责项目的建设实施"的表述不妥。建议将"一般应当通过招标等方式"修改为"采用公开招标方式,应通过报纸、网络等媒体对外公示项目招标信息"。

4.对于第五十条。将审计部门与其他部门并列,并规定"依据本条例和其他法律法规,在各自职责范围内,对政府投资进行监督检查"。这样的表述显然是违背《中华人民共和国审计法》的。应该增加"管理和使用政府性资金的部门、单位和个人,必须接受国家审计机构的审计监督"。

### 基层委员对《中华人民共和国村民委员会组织法(修订草案)》征求意见稿的修改建议

2010年1月27日

长治市政协委员、长治县政协主席傅永祥,教科文卫体委主任张建忠反映:近日,《中华人民共和国村民委员会组织法(修订草案)》正在征求意见,基层委员积极响应,纷纷提出了自己的修改意见,经笔者整理如下：

第一条，建议修改为："为了保障农村居民实行村民自治，建设和谐、文明、民主、适宜人居的村庄社区，促进农村社会主义物质文明、政治文明和精神文明建设，根据宪法，制定本法"。

第三条，建议修改为：根据村民居住状况、人口多少，按照便于群众自治，有利于经济发展和社会管理的原则设立村民委员会。

村民委员会的设立、撤销、范围调整，由乡、民族乡、镇的人民政府提出，经村民会议讨论同意，报县级人民政府批准。已经在城市中的村民委员会的撤销和治理方案，由所在地的县、区级民政机关提出撤销村民委员会建议和采取城市社区治理方案建议，经过村民会议讨论同意或者制定城镇社区治理方案，报县级人民政府批准。

村民委员会可以根据村民居住状况、集体土地所有权关系、历史沿革等划分若干村民小组。

第五条，建议将第 2 款修改为：村民委员会协助乡、民族乡、镇的人民政府开展工作。乡、民族乡、镇的人民政府确定村民委员会中的具体机构承担协助任务。

第十七条，建议将第 1 款修改为：以暴力、威胁、欺骗、贿赂、伪造选票、虚报选举票数等不正当手段当选村民委员会的主任、副主任和委员的无效。

第十八条，建议修改为：村民委员会的主任、副主任和委员具有下列情形之一的，其履行职务能力自行终止，不再履行职务：

（一）丧失民事行为能力的；

（二）部分丧失民事行为能力的；

（三）被判处拘役以上刑罚且未适用缓刑的；

（四）被剥夺政治权利的。

第二十条，建议将第 2 款修改为：村民会议由村民委员会召集，村民委员会成员主持。有十分之一以上的村民或者三分之一以上的村民代表提议，村民委员会应当在收到提议之日起 30 天内召集村民会议。村民委员会不履行该职责的，由有十分之一以上的村民或者三分之一以上的村民代表推举村民会议临时召集人，召集和主持该次村民会议。

第二十一条，建议修改为：村民会议应当有本村 18 周岁以上村民的过半数或者本村三分之二以上的户的代表参加方可召开，所作决定应当经到会人员的过半数通过。必要的时候，可以邀请驻在本村其他单位派代表列席村民会议。

第二十四条，建议将第 1 款修改为：村民代表会议由村民委员会召集，村民委员会成员主持。村民代表会议每季度召开一次。有五分之一以上的村民代表提议，应当召集村民代表会议。

第二十五条，建议修改为：村民会议可以制定和修改村民自治章程、村规民约等村民自治规范，并报乡、民族乡、镇的人民政府备案。

村民会议制定的村民自治规范以及村民会议或者村民代表会议讨论决定的事项不得与宪法、法律、法规、规章和国家的政策相抵触，不得损害社会公共利益，不得有侵犯村民的人身权利、民主权利、合法财产权利和其他基本人权的内容。

第二十六条，建议将第 1 款修改为：村民小组会议应当有本村民小组 18 周岁以上的村民过半数或者本村民小组三分之二以上的户的代表参加方可召开,所作决定应当经到会人员的过半数同意。

第三十六条,建议修改为:驻在农村的机关、团体、部队、国有及国有控股企业、事业单位及其人员不参加村民委员会组织,但应当通过多种形式参与农村社区建设,并遵守有关村民自治规范。

村民委员会、村民会议或者村民代表会议讨论决定与前款规定的单位有关的事项,应当与其协商。

## 基层委员建议尽快建立农产品溯源标识制度

2010 年 3 月 12 日

长治县政协主席傅永祥,教科文卫体委主任张建忠反映:前几日,随着武汉市农业局率先公开例行的一次抽检结果——来自海南三亚的豇豆豆样品水胺硫磷农药超标。海南的农产品农药超标问题随之被我国许多地方的农检部门所证实。随后,全国各地纷纷围剿海南毒豆角,海南的豇豆乃至海南的热带农产品正遭遇着一场有史以来的最大信任危机。

据笔者了解,现在我国对农产品的检测机构是多头管理,没有一个专一的部门来管理蔬菜。在农产品进入流通批发市场前,主要由农业局负责抽检;进入了农贸市场,则由工商局负责;进入超市,则由质检方面负责。农产品从田间地头到人们的餐桌,至少要经过三个部门的抽检,既然是抽检,就肯定有漏检。对一些大的农产品基地,检测部门尚有能力进行检查,但对成千上万的个体农户,一个个蔬菜大棚的检查,几乎是不可能的。所以,要从根本上杜绝农产品的农药超标问题,就要控制其源头,把农药残留超标问题解决在萌芽状态。

鉴于此,许多基层委员建议如下:

一是国家要尽快建立农产品溯源标识制度。溯源标识制度可以追溯到农产品产自哪个县、哪个乡、哪个村、哪个大棚,还可以知晓其所用的化肥、农药和种子的来源。

二是当地农业部门要把每一种农产品的产地、加工地、认证信息、药物残留等各种信息公布在互联网上,供顾客查询。

三是当地农业部门要对分散的农户进行“三统一”管理,即是统一购药、统一配药、统一施药,农药的来源,稀释的浓度、集中撒药的时间等等信息都要一律记录在案。

四是如果发现了违规生产者,就要按其出产量进行巨额罚款,并责令该农户的农产品一年之内不许上市。

## 基层委员对“两会”热点问题热议不断

2010 年 3 月 17 日

长治市政协委员、长治县政协主席傅永祥,县政协教科文卫体委主任张建忠反映:2010 年的全国“两会”什么最热?是低碳经济、低碳生活。从全国政协的一号提案到全国人大要对绿色经济立法,从政府工作报告强调的要打好节能减排攻坚战和持久战到人大代表的议案,“低碳” 这两个字正在成为 2010 年全国

"两会"最热门的词汇。备受基层委员关注的全国"两会"已胜利闭幕,"低碳经济、低碳生活"传达了我国即将要加快经济发展方式的信息。在加快转变经济发展方式的过程中,追求一条低碳、绿色、可持续的发展道路正在成为基层委员的共识。虽然全国"两会"闭幕了,但基层委员对"两会"焦点问题的议论却远没有结束,"低碳生活"、"低碳经济"依然是基层委员热议的焦点。基层委员认为,低碳经济实际上就是一种低能耗、低污染、低排放的经济模式。要严格控制二氧化碳的排放量,主要涉及节能、环保、新能源、清洁技术和清洁生产等诸多领域。目前我国最大的二氧化碳排放量来自于发电,没有电,什么也干不成,而发电则需要大量的煤。能够替代煤的能源尚且没有,这是一个很现实的问题。我国的一些新能源技术标准尚和国际上不一样,况且央企还能左右国家的政策,这就给我国在使用新能源技术方面造成了诸多麻烦。国家的能源政策该如何调整才能调动起全社会"低碳生活"的积极性,值得我们思考。

为此,基层委员提出了几点建议:

1.在"低碳经济、低碳生活"建设中,各级政府要采取得力措施积极推动其向前发展,为新能源技术的应用创造良好的环境和条件。在政府、技术、市场这个环节中,政府的作用是第一位的。

2.建议改革现行的税收体系,尽快出台资源税,在适当时机出台"碳税",并把发展"低碳经济"实实在在放在政府财政预算之内。

3.建议各级政府要尽快因地制宜地制定行业政策,加大财政投入,加强节能投资,加大"低碳"预算安排力度,并要不断创新和完善对"低碳"投入的手段。

4.政府要把财政资金和节能减排挂起钩来,要重奖节能减排先进单位。政府要对节能环保、低碳经济有利的产品、设备优先纳入到政府的采购名单中来。

## 基层委员对《国家中长期教育改革和发展规划纲要》的反映

2010年3月18日

长治县政协教科文卫体委主任、信息中心主任张建忠,信息中心牛小亮反映:《国家中长期教育改革和发展规划纲要》既是"两会"讨论的热点,也是基层委员热议的焦点。《国家中长期教育改革和发展规划纲要》描绘了未来我国教育改革和发展的蓝图,让基层委员充满了期待。可有基层委员提出了,该纲要使用了诸多"逐步"和"探索"等词语,让人觉得教改好像是在"摸着石头"逐步探索着"过河"。只有方向和目标,却没有具体的行动方案。

对此,基层委员大致有三个方面的反映:

1.推论性的成分太多。该纲要提出"要促进教育公平","积极发展学前教育","切实缩小校际差距","着力解决择校问题"等等,这些都是些推论性的东西,同实践效果相距甚远。该纲要规定,"教育投入到2012年要达到GDP的4%",有基层委员认为,为推进教育的公平,实现上述目标,这些投入是不能满足的,建议将财政性教育投入占GDP的比例从2011年4%开始,到2015年增加为5%,以后逐年有增不减。并要在人大成立教育拨款委员会,制定教育预算,让人大监督政府严格按预算拨款。

2.部分问题缺乏全面的考虑。该纲要提出"成立国家教育体制改革领导小组,研究部署、指导实施教育体制改革工作。”有基层委员提出，这个改革领导小组是成立于教育部之内呢？还是在国家科教领导小组之下呢？如果在教育部内部，有关推进政校分开、管办分离的改革，会不会要受到来自教育行政的阻力呢？而要选择部分地区和学校开展重大改革试点，又该如何处理地区和学校的改革权与政府部门的关系呢？这些问题不能含糊不清。

3.部分问题责任措施、问责机制不健全。1993年公布的《中国教育改革和发展纲要》就已要求落实高校的办学自主权，后又写入了高等教育法，可现在，高校仍是没有办学自主权，就是因为在纲要和高等教育法里没有对政府部门干涉高校办学自主权的问责。这次教改纲要虽然“问责”字眼有4处，但究竟谁来问责并没有明确。如果还是上级政府问责下级政府，就如同“公婆管儿媳”，最终是没有一个地方政府会被问责。近几年来，国家审计部门审计出一些地方政府挤占、挪用上级政府的转移支付，而且存在一边实行免费义务教育一边又乱收费的现象。可在通报之后，也没有几个政府教育部门的官员因此而问责辞退。还有，本身就是“逐步”完成的责任，该如何做到切身问责呢？因此，基层委员建言，本次教改纲要应该吸取十七年前教改方案的历史教训，改革教改思维，明确落实责任和问责机制。

## 基层群众对保证疫苗安全的几点建议

2010年4月7日

长治市政协委员、长治县政协主席傅永祥，县政协教科文卫体委主任张建忠反映：近一段时间以来，媒体接连报道了山西多例儿童疑因接种疫苗后出现严重的不良反应的病例。“山西问题疫苗事件”让基层群众倍感恐慌。本来是为儿童健康保障的疫苗，现在却成了剥夺儿童健康的“毒苗”。不仅在山西，其他地方也出现了因接种疫苗而导致的病症，这不能不使基层群众对疫苗的安全性深为担忧。

对此基层群众建议如下：

1.要加强疫苗监管能力的建设，细化监管的依据。卫生、药监、流通、物价等管理部门之间的密切协作是第一步的。对于作为技术支撑的相关实验室建设要尽快加大投入力度。并要对疫苗审评、生产、流通、标签、说明书、不良事件报告等事项出台专门性的规范性文件。

2.要加强通过政府监管、企业自律、信息公开、社会参与等多方面的共同努力，减少疫苗风险，强化对疫苗的全过程控制和监管，对每批疫苗制品进行强制检验、审核，作为批准其出厂上市或进口的前提条件。各级疾控中心、疫苗批发企业应具备符合疫苗储存、运输温度要求的设施、设备，做好温度监测工作。

3.对于疫苗预防接种异常反应等信息要及时向全社会公开。通过疫苗信息公开制度的完善，促进相关的免疫规划、疫苗监管、预防接种等工作的法制化，以此来减少个别人在其间的权力滥用和社会公众所面临的不确定性的风险。

4.要整合相关的信息、监管资源，建议建立由疾控中心，药品监督两部门共同管理的预防接种异常反应报告及监测体系，对应对疫苗的安全性问题提供基础性数据支撑。

5. 政府对疫苗的采购必须采用公开招标的方式。让所有参与投标的供应商在同一起跑线上公开竞争，让公众有效监督政府的采购过程，避免因疫苗采购失范而危及疫苗安全性、有效性等情况。

6.建议由相对中立的机构牵头，由多部门、多学科的专家组成，来共同进行预防接种异常反应的调查和诊断工作。

7.建立健全疫苗接种者的救济渠道。各级法院应依法及时受理疫苗损害赔偿案件并依法进行裁判。

8.鉴于疫苗损害赔偿案件的专业性,建议建构专业、中立、高效的裁决机制,来裁决疫苗损害的赔偿请求,并为受害人及其家属提供必要的法律援助和专业援助。

## 青海玉树地震给我们的又一次警示

2010年4月15日

长治市政协委员、长治县政协主席**傅永祥**,政协办公室主任**范李斌**,教科文卫体委主任**张建忠**,县政协信息中心**原娟静**反映:4月14日早7时49分,青海省玉树藏族自治州玉树县发生了7.1级地震,截至15日7时,已造成589人死亡,8000余人受伤,1.5万户民房倒塌,给当地人民群众生命财产造成了严重损失。地震发生后,党中央、国务院高度重视,胡锦涛主席温家宝总理分别作出重要指示,要求全力做好抗震救灾工作,千方百计救援受灾群众。这次灾难又一次牵动了我们基层委员的心,大家纷纷表示要密切关注灾区状况,尽自己所能为灾区献上绵薄之力,帮助灾区人民渡过难关,也在此向灾区人民鼓劲,党和政府以及全国人民不会丢下你们,灾区一定可以重振,这是我们基层委员为灾区送上的祝福!

灾难是深刻的,教训更是沉痛的。日前,从媒体公布的新闻中我们又一次看到了这样的字眼"多所学校损毁严重"。这再一次给了我们深刻的警示。为什么发生地震学校建筑总是那么不堪一击?总有那么多学生遭受灾难?汶川地震已经给了我们深刻的教训,时过两年,同样的悲痛再一次上演,这样的悲剧还要重复几次?学生是祖国未来的希望,也是每一个家庭的希望,学校是孩子们最密集的地区,校舍建筑的质量直接关系着他们的生命健康,现在的情况却恰恰成为弱区。这不得不让我们深刻的警醒。

国家近年来对于教育的投入不断加大,尤其是汶川地震之后对于学校建设的标准都有了一定明确的规定,可是总不能地震一块,痛下决心改造一块。由着现状维持一天就增加一天的危险系数。学校建筑的安全不容忽视了。

为此,我们建议:

1.上级相关部门直接下发通知,硬性规定各地对所在地学校的房屋等级、抗震系数等进行认定,统一备案,并研究制定校舍应达到的安全标准。

2.各地政府要在资金、人力上予以倾斜,按学校安全等级对校舍逐年进行修缮、加固工作。确保五年之内所在地校舍达到国家和地方标准要求。

3.质检部门要加大力度对各地校舍安全进行检查,对不合格的校舍予以公布和监督修整。并制定条例规定对于有关校舍建筑的腐败行为予以加倍处罚。

4.不仅要将向学生普及安全知识和救生防护技能等作为学校教育的硬性考核任务。还要考虑采取措施普及教育,帮助学生树立防灾意识,正确认识灾难,形成科学、完整的灾难观。

## 基层委员对构建安全校园的几点建议

2010年5月19日

长治市政协委员、长治县政协主席傅永祥,县政协教科文卫体委主任张建忠反映:一向宁静的中小学校,现在正成为警力部署的重点。从3月23日发生在福建南平的校园凶杀案开始,到现在全国已发生了6起校园凶杀案。全社会该如何来保护祖国的花朵?这一议题已经上升到了"国家高度"。这几起校园凶杀案,有的是精神病人失控,有的是蓄意报复社会,不同程度上都折射出了更深层次的社会问题。政府在短时间内迅速开启了应急保护机制,在每个学校门口配备警力,加强巡察。但基层委员认为,这样的做法终究不能成为日常的政府行为,这样的警戒状态是有期限的。如何来长期有效的保护校园、构建安全校园?基层委员建议如下:

1.建议国家尽快制定《校园安全法》或者《校园安全条例》,要为长期的校园安全治理建立法律依据。

2.迅速制定校园保安措施,每个学校至少要配备两名保安。学校的保安措施要制度化。

3.除本校的老师,工作人员外,其他人一律不准进入校园。学生的家长入校园必须凭居民身份证,且要履行严格的登记程序。

4.整个校园要安装闭路电视,进行电视监视。在学校的重要出入口要安装电子眼。由保安和值班老师负责。

5.每个学校要与地震、避震演习结合起来,每隔一段时间要进行自我保护的训练和演习。

6. 每个学校都要定期举行学校与家长共同参与的安全讨论会,把近期校园周围潜在的危险排查出来,尽快采取措施,防患于未然。

7.对政府来说,除了要持续关注农村流动人员外,还要特别关注城市的低收入群体,政府要尽量给他们最低的生活保障,或者尽量给他们一份体面的工作,也要适时进行一些心理方面的干预。

## 基层委员针对部分城市内涝问题建言献策

2010年5月24日

长治市政协委员、长治县政协主席傅永祥,县政协教科文卫体委主任张建忠反映:近来,一场场的超强暴雨肆虐我国南方多个省份,已有近百条生命在暴雨灾害中遇难,几万辆汽车在洪水中浸泡,老百姓的生命和财产遭到了巨大的损失。洪涝灾害主要集中在城市,人们不禁惊呼,我们的城市到底怎么了?究竟是哪一个环节出现了问题?因为城市的热岛效应,大中城市频繁地成为暴雨袭击的中心。过去我国的大中城市规模不大,结构也比较简单,雨水排出城市相对容易。改革开放以来,我国的城市你追我赶,迅速扩张,城区不透水的硬化面积几乎全部覆盖(绿地除外),雨水的自然渗透能力大为降低,城市内涝也就迅猛异常。尤其是现在,城市搞立体开发,地下游乐场、地下仓库、地下停车场,地下餐馆等等,大城市还有地铁系统、地下商店等等,这些特点导致了大中城市成为易受暴雨洪涝袭击的高风险区域。天灾虽然说是难以避免的，但也暴露出了我们对城市建设方面诸多违背自然方面的问题。针对这些问题，基层委员提出了一些建议：

1.建议专门制定《城市防洪法》，要对城市的防洪涝预防、规划、政府责任，进行全方位的立法。

2.建议采用透水砖铺设人行道，最大限度的铺设透水路面，增加城市的透水面。

3.建议建立修建城市雨水蓄池制度，应硬性规定，开发商每开发一块土地，就必须附设一个雨水调蓄池。雨水可以通过调蓄池缓慢渗入地下，以减少因城市过量采水导致的地下空洞。旱时也可用之浇灌花草。

4.建议城市要广泛利用广场、体育场、停车场、小区等场所建设渗水井，这样能够使雨水尽快渗入地下，减少城市内涝。

5.现在的一些重大工程上马，都硬性要求必须做环境影响评估，不过关则不能上马。对此，也应该硬性要求，重大工程上马也要进行洪水影响评价，不过关则同样不能上马。

## 高考加分乱象亟待整治

2010年6月1日

长治市政协委员宋外宾、县政协教科文卫体委主任张建忠、信息中心牛小亮反映：2010年的高考即将到来，高考加分问题再度成为考生家长热议的焦点。笔者从教育部门了解到，教育部的加分规定只有14种，可地方上却有近200种加分项目。近200种的加分规定，政出多门，乱象纷呈，老百姓对此颇有微词，清理各种不合理、不规范的加分势在必行。国家高考的加分政策可分为两大类：即是照顾性加分和鼓励性加分。照顾性加分是指考生的自然属性和国家相关政策下的加分，是国家对受各种因素导致的教育欠发达区域考生的一种补偿，是对竞争起点不平等的矫正，体现的是实质公平，应该坚持下去；鼓励性加分是指考生通过自身努力取得某些方面的成绩而获得的加分。笔者认为应该取消，因为不论是体育特长、文艺特长，还是三好学生的考生，都最终是奔着高考加分的目的而去的，这不能算是真正的素质教育。而且与考生的自然属性相比，奖励性加分的因素太繁杂太难以监控，寻租的空间太大。当然，在目前的应试教育体制下，鼓励引导学生注重综合素质无疑方向是正确的，但把提高考生综合素质的希望寄托到奖励性加分上，却是一个方向性的错误。

对此建议：

1.教育部应给予高校可以不承认除教育部规定的14种加分项目之外的加分权利。在录取工作中，不考虑加分投档的考生。

2.对于第一批或提前录取的高校，不考虑教育部规定的14种加分之外的加分项目，地方教育部门应按照考生的原始分数对考生排队，向考生所报高校投档。

3.对于二本院校、三本院校、高职高专院校等地方性高校，地方教育部门应明确加分项目，做到公平公正，可以将地方性加分加入高考分数当中。

## 虚假招生广告亟待加大力度整治

2010 年6 月 30 日

长治县政协常委、县政协办公室主任**范李斌**，信息中心**牛小亮**反映：随着高考、中考相继结束，各高校招生工作即将全面铺开。据基层群众反映，近几年来，一些不法分子在招生广告中设置陷阱，利用家长“望子成龙、望女成凤”的急切心理，散布花钱可以买重点学校名额、“自由招生”等虚假信息，假冒学校招生人员，伪造招生公文公章，谎称有熟人或内部指标，迷惑考生和家长以此诱骗钱财。同时，据笔者调查，一些成人教育学院和自考学院也在故意弱化与普通高等教育学院的区别，打擦边球，以普通高校的名义把学生骗进学校。还有个别资质不全的民办高校私下通过招生中介对外违规招生，等考生进了学校才发现根本无法取得正规的毕业证和学位证。而从目前情况看，虽然县级以上地方各级工商行政管理部门都设立了专门的广告监督管理机构，但普遍存在人员数量不足和一些人员素质不高的状况，使许多虚假广告无法及时依法查处。为此，基层群众建议：

1.加强工作人员的教育管理，对涉及考生的基本信息要严格保密，严禁向招生单位和中介机构提供任何考生个人信息，避免信息泄露，为不法分子所利用。

2.各招生单位要通过网上查询、现场问答、媒体宣传等方式，加大招生政策、招生简章、加分考生名单等信息公开的力度，切实做到招生公开透明。公安、工商等部门要通过电视、电台、报纸、互联网等媒体，及时发布警示信息和防骗策略，提醒广大考生及家长不要轻易相信招生广告，增强防范意识。

3.通过实施重点市场巡查提高监管执法效能。以学校、旅馆、集市周围，辖区内各大专院校设立的招生代办点、宣传点为重点，把独立学院、民办高校、中外合作办学机构（学校）及项目、成人高校和各类专修学院等非学历高等教育机构的招生简章和广告作为重点监控对象，纵深整治虚假招生广告。

4.建立举报奖励制度，公示奖励标准和奖励办法，广泛征集虚假招生广告的违法线索，发现违法行为及时依法查处，切实维护广大考生利益，真正做到举报必查、违法必究。对于随意发布招生简章和广告的民办高校，可给予 1 万元至 3 万元罚款、减少招生计划或者暂停招生。

## 基层委员对延长建筑物寿命的建议

2010 年 7 月 5 日

长治县政协办公室主任**范李斌**、教科文卫体委主任**张建忠**反映：前不久，“中国的建筑平均寿命 30 年”的论断在网上炒得沸沸扬扬，也因此点燃了由“楼倒倒”、“楼脆脆”等系列事故而酝酿已久的社会情绪，如何延长中国的建筑物的寿命成为了基层委员近期热议的焦点。有一个建议值得重视，具体如下：

建议国家制定建筑职责与保险法规，运用法律与经济手段，实行强制性的工程保险制度来促使建筑企业提高工程质量,建议凡从事工程建设的单位(业主、总承包商、设计)施工、质量检查等单位)都必须向保险公司投保。保险公司必须要求每项工程在建设过程中委托一个质量检查公司进行质量检查,并给予投保单位在保险费支付上的优惠。质量检查公司必须保证其第三方客观公正的地位,不能在国内参与除质量检查以外的任何商业活动。质量检查公司在接受工程项目的质量检查任务后,要从工程的设计、施工招标阶段开始,直到工程竣工验收、交付使用进行全过程的监督,最后向业主提交工程质量评价报告。质量检查公司必须配备完善的检测设备,且要接受当地人大、政协及公众的监督,若建筑物出现质量问题,保险公司必须及时赔付且要追究质量检查公司的责任。让保险公司对建筑物的质量负责到底。

## 《破产法》实施过程中出现的问题亟待重视

2010年7月13日

长治市政协委员、长治县政协主席**傅永祥**,教科文卫体委主任**张建忠**反映:新修订的《破产法》实施已经快三年了,一些积极作用已呈现出来,一些资不抵债或现金流出现危机而处于破产困境的企业,借助破产重整之程序,成功的走出了困境。但同时也暴露出一些问题。主要是一些退出市场的企业本应该走破产程序,可它们却选择逃避破产程序,把企业失败的成本转嫁给了债权人和广大职工,这也就可能把失败成本转嫁给社会和当地政府。本应该申请破产的债务人逃避破产程序,表面上看起来,似乎有益于债务人,实际上却是既无益于债务人,也无益于债权人和广大职工。若许多倒闭企业不走破产程序,其结果将会是企业主卷款潜逃,留下没法清理的债务、债权关系,促成许多的失业人员出现,给社会带来不和谐的隐患。

目前,我国的各级工商管理局,只是管理公司的注册,登记和注销、吊销,没有能力去管理企业的破产案件,也不能去监督企业是否逃避破产。各级人民法院也没有能力管理破产案件,也缺乏分析未来个人破产案件的数据。很明显,造成《破产法》的实施效果不好的主要原因就是缺乏一个配套的政府管理机构。为此建议:

1.建议在各级工商管理局设立破产管理办公室。主任由该局局长兼任。其职能是负责推进《破产法》健康有序的实施,管理破产方面的各项行政事务。

2.设立的破产管理办公室,要搜集各种企业的信息和市场方面的信息。要搜集和完善各类破产数据,为决策者决策提供翔实、准确的资料。

3.破产管理办公室要成为一个对相关董事、监事、高管进行监督的责任机构,要配合《公司法》,落实公司董事、监事、高管的诚实义务,以进一步提升市场经济的诚信度。

4.我国目前的破产管理人由各级人民法院来管理,但法院作为审判、裁决机构不应该行使这方面的管理职能,建议这项工作由破产管理办公室来做,这种管理不是干预,而是监督,要甘当破产案件中的守护人。

5. 政府作为市场经济的信用提供者和公共产品的提供者,又由于个人破产案件的破产事务不能盈利,个人参与破产的动力不足,破产管理办公室应该以法律援助的形式,为私人的破产提供服务。

## 基层委员对"十二五"规划的几点建议

2010年7月22日

长治市政协委员、长治县政协主席**傅永祥**，教科文卫体主任**张建忠**反映：最近，"十二五"规划即将制定，五年一度的关于五年发展规划的讨论已经开始。过去的五年规划注重于确定经济增长目标，主要有GDP增长目标、产业增长目标、投资增长目标、城镇化目标等等。相对于所制定的目标，我国经济会经常性地处于一个过热的状态，甚至会出现大起大落。经济上升时期，几乎都是政府鼓励投资和贷款的时期，这也就导致了经济过热、通货膨胀、资产泡沫等。此后再用行政手段、贷款额度等进行"打压"，结果又导致经济下滑、工人失业等，最后政府又不得不重新启动刺激政策。该如何避免政府主导的经济过热，始终是我国宏观经济面临的挑战性问题。对此，基层委员认为，我国在"十二五"期间，如果能够通过宏观管理机制的改革，使经济增长的稳定性得以提高的话，其所带来的经济效益和对国民的福祉，将会比用投资来达到几个增长目标要强的多。基于"十二五"发展规划正在讨论之中，基层委员针对"十二五"规划积极建言，主要有如下几点：　1.地方人民政府要按照科学发展观的基本要求，注重可持续发展、注重环境保护、注重资源使用效率，特别要关注民生和社会事业。同时，要将GDP从地方政府的考核指标中剔除，并且对GDP增长过高而引发的环境恶化的地方政府进行问责。

2.如果从考核指标中剔除GDP在"十二五"期间难度较大的话，在"十二五"期间，至少也应该提高在地方政府业绩考核指标中环保节能、社会安全、教育卫生、居民收入、住房交通等指标的权重，使这些项目的权重超过GDP。

3."十二五"期间应加快健全社会保障体系的步伐。建议将国资委系统所持有的上市国有企业股权的一部分转移到社保体系，用于提高养老金标准和医疗报销的比例。建议将国有企业的分红比率从目前的5%—10%提高至"十二五"期间的30%—35%，这部分红利应用于医疗、失业、养老保险。养老金和失业保险的支付标准应与社会平均工资的增长挂起钩来。

4.应尽快启动汇率改革，继续加大汇率的弹性。"十二五"期间人民币汇率弹性应该与我国的国力、市场经济国家的地位和人民币国际化的目标相匹配、相适应。要进一步提升货币政策的独立性，国务院可以确定每年的货币增长目标，具体的使用工具，诸如改变利率、存款准备金的操作等，应交与专业人员去掌握和操作。

## 对解决养老金空帐的几点建议

2010年7月27日

长治县政协主席**傅永祥**、教科文卫体委主任**张建忠**反映：中国社科院的一份报告显示，我国养老金空账规模大约为1.3万亿。所谓的"空帐"就是养老金个人账户空置，实际上是国家对个人的一种欠债。当前尚未退休的职工所缴纳的个人账户资金被挪用支付给了此前没有个人账户的已退休老职工，而后者的养老金原本是应该由国家埋单的。国家该如何来埋单？建议如下：

1.建议让国有企业来承担部分养老金。应通过国有股转让，国有企业收益分红等办法给补养老金缺口，也可让国有资产的溢价每年以百分之十的速度补入养老金。

2.建议征收资本暴利税。国有资产是应该服务于民、用之于民的，应对证券市场获得暴利者征收级差高额资本利得税。以目前我国资产增值的速度，以征收资本暴利税解决部分养老金缺口问题，应该说是切实可行的。

3.建议国有资产在证券市场保值增值的同时，每年应将一部分红利划归给养老金。

4.建议各地方政府每年应拿出财政收入的百分之十补给到养老基金。同时要切实减少党政机关的公车、公款吃喝、公款旅游、考察等消费。

5.建议要建立全国统一的账户，保证人户合一。养老基金要掌握在可以信赖，受到全面监督的组织手中。设立网页，任何人都可以查询，做到公开公正。

## 基层群众对《关于领导干部报告个人有关事项的规定》出台后的反映

2010 年8 月 11 日

长治县政协常委、办公室主任**范李斌**，长治县政协教科文卫体委主任、信息中心主任**张建忠**，信息中心**原娟静**反映：上月，中共中央办公厅、国务院办公厅发布了《关于领导干部报告个人有关事项的规定》，并发出通知，要求各地区各部门认真贯彻执行。该规定所指“领导干部”包括：各级党的机关、人大机关、行政机关、政协机关、审判机关、检察机关、民主党派机关中县处级副职以上(含县处级副职)的干部。国有控股企业(含国有独资金融企业和国有控股金融企业)的领导班子成员。过去，因为对领导干部家庭收入及财产等相关信息申报没有明确的制度性规定，客观上留下了监管的漏洞，一些领导干部在报告个人事项上有意隐瞒甚至回避，更让一些人钻了空子，已经查处的贪官基本上都有“个人财产来源不明”。与 2006 年颁布的《关于党员领导干部报告个人有关事项的规定》相比，该《规定》的最大亮点是增加了“官员住房、工资薪金、奖金，以及配偶子女就业情况”的报告事项，虽然离财产公示制度还有一些差距，但从修补制度“漏洞”角度看，是大大的前进了一步，这对于进一步强化廉政制度建设乃至预防领导干部腐败，将起到积极的推动作用。该《规定》发布一个月以来，基层群众是热议不断，争先发表自己的看法。大体上有以下几点：

1.基层群众认为要落实好该《规定》还应该不断地强化督促和引导。这就要求具体受理领导干部个人事项报告的组织(人事)部门进一步把工作谋划细致，每一环节都要考虑周全，诸如对工资薪金、奖金以外的讲学、咨询、股票、期货、基金等相对隐蔽的额外收入，采取什么方式报告，报告之后如何给予保密；纪检监察机关如何鉴别合法收入与“灰色收入”，消除领导干部对这类信息报告的疑虑，等等。

2.基层群众认为要落实好该《规定》还应该建立健全信息比对机制。信息比对是目前识破隐瞒虚报的有效监督办法，建立跨部门的信息比对机制，通过劳保、银行、证券、税务、工商、公安、住房等部门核查家庭存款、住房、汽车、股票等财产收入。这种办法完全可以应用于领导干部个人住房、工资薪金、奖金,以及配偶子女就业情况等信息申报和监督上。

3.基层群众认为要落实好该《规定》还应该建立再监督机制。纪检监察机关(机构)和组织(人事)部门要加强对本规定执行情况的监督检查的规定没有错,可问题是谁去监督纪检监察机关(机构)和组织(人事)部门?当然,纪检监察机关(机构)和组织(人事)部门的领导干部,只要在规定监管的级别范围内,就应该接受同样的检查监督,可谁去监督他们呢?靠上级对下级的监督是一种办法,靠本地区人大,政协的监督也是一种办法,建议在此基础上建立再监督机制,让人大,政协专门负责监督领导干部个人事项报告的受理部门,实施再监督。

## 建议我市为人群密集周边山区铺设山体防护网

2010年8月24日

长治县政协信息中心**牛小亮**、**原娟静**反映:今年的雨水尤其多,很多地区出现了大暴雨、泥石流,我市虽不是易发灾难地区,但是在当前多雨季节也不能大意。尤其是在一些山地多的地区,由于连日来雨水冲刷,山壁多出现泥土下滑,造成道路堵塞、田地损坏等现象。以长治县部分南部乡镇为例,尽管在山体周围筑起了防护栏,但是仍难以抵挡泥土的下滑,很多防护栏被冲坏,山下的道路、田地甚至房屋都受到了不同程度的毁坏,人民群众的生活安全正在遭受威胁。

灾害重在防御,根据我市多山体,且离群众生活区较近的现状,在此建议:

1.在全市上下展开各县区尤其是多山、偏远地区的山体状况普查,重点查看群众居住地附近的山体,对于岩层不实,多松散泥土的山体进行登记。

2.按实际情况,分轻重缓急,对山体加盖防护网,使其减少落石、落土。

3.所需经费可采取市、县共同筹集的方式,市政府下拨专用经费,各县区依财力,分摊部分经费。

4.市级政府部门拥有管理权限,统筹管理,建立详细的实施方案,各县区具体负责。

## 基层委员对《中华人民共和国全国人民代表大会和地方各级人民代表大会代表法修正案(草案)》的几点修改意见

2010年9月7日

长治市政协委员、长治县政协主席**傅永祥**,政协办公室主任**范李斌**,教科文卫体委主任、信息中心主任**张建忠**,信息中心**牛小亮**反映:《中华人民共和国全国人民代表大会和地方各级人民代表大会代表法修正案(草案)》正在网上公布面向社会征求意见。基层委员期盼已久的代表法修正案终于列入全国人大常委会的议事日程。对此,基层委员纷纷提出了自己的看法,具体有如下几点:

1.关于第三条,拟将第六条改为第五条,增加一款,作为第三款:“代表不脱离各自的生产和工作岗位。代表出席本级人民代表大会会议,参加统一组织的闭会期间的活动,应当安排好本人的工作,优先执行代表职务"。笔者认为,草案拟增加该款的本意是叫停人大代表专职化的尝试。问题是,代表一届任期为五年,五年中代表的生产和工作岗位的变化是在所难免的。比如说,官员代表到退休年龄是不是需要退休?企业主是否有权辞退具有代表身份的员工?等等,如果依照此条规定,官员代表依法要求不退休、企业代表依法拒绝企业主的辞退怎么办?因此,建议删除"代表不脱离各自的生产和工作岗位"。如果依据国情人大代表专职化,现阶段不可行,代表法应该明确。应该明确:"实现人大代表兼职化"或"不提倡人大代表专职化"。

2.关于第二十六条,拟增加一条,作为第四十六条:"代表应当严格区分从事个人职业活动与执行代表职务,不得利用执行代表职务干涉具体司法案件或者招标投标等经济活动,不得利用执行代表职务牟取个人利益"。笔者认为,草案拟增加该条的本意是禁止公权私用。人大代表是人民群众的法定代言人,代表依法履职行权的行为是公权行为,当然不能假借执行代表职务为个人牟取私利。代表"不得利用执行代表职务干涉具体司法案件或者招标投标等经济活动"这句话提法不妥。虽然代表"利用执行代表职务干涉具体司法案件或者招标投标"在现实中多有发生,但是其他领域利用执行代表职务干涉有关机关、组织正常工作和活动的行为也时有发生。该条文仅列举具体司法案件和招标投标两方面具体情况,的确能起到制止代表在这两方面公权私用的良好法律效果,但对现实中还存在的其他公权私用现象仅用一个"等"字模糊过去,作为法律用语表述显得不够准确、全面、严谨。笔者建议:应该将"不得利用执行代表职务干涉具体司法案件或者招标投标等经济活动"这句话修改为"不得利用执行代表职务干涉有关机关、组织的正常工作和活动"更为妥当。

3.关于二十七条,拟将第四十条改为第四十八条,增加一款,作为第三款:"代表有本条第一款所列情形的,原选区选民或者原选举单位可以依法予以罢免"。代表法第四十条第一款为:"代表有下列情形之一的,暂时停止执行代表职务:(一)因刑事案件被羁押正在受侦查、起诉、审判的;(二)被依法判处管制、拘役或者有期徒刑而没有附加剥夺政治权利,正在服刑的。"关于罢免代表理由,从法理上来说,人大代表违法犯罪不一定非要终止其代表资格,只有在被剥夺政治权利后,代表资格才自行终止;但代表无论违法犯罪与否,无论"问题代表"的问题是大是小,只要选区选民认为该代表不称职,就可以联名提出罢免申请案,要求罢免其代表职务。为此,笔者建议:罢免"问题代表"的理由所列情形要准确、全面。建议修改为:"代表有本条第一款所列情形的,原选区选民或者原选举单位可以依法予以罢免"(一)违法违纪的;(二)有损职业道德、社会公德、代表职务形象的;(三)没有能够反映选民的意愿和要求,选民依法联名要求罢免的。

## 基层委员对设立国家助学金资助高中贫困生举措的反映

2010 年 9 月 28 日

长治市政协委员、长治县政协主席**傅永祥**,政协办公室主任**范李斌**,教科文卫体委主任、信息中心主任**张建忠**,县职中副校长**申正祥**反映:日前,财政部、教育部发文,决定建立普通高中家庭经济困难学生资助政策体系,从今年秋季起,中央与地方共同设立国家助学金,用于资助普通高中在校生中的家庭经济困难学生,平均资助标准为每生每年1500元。扶困助学是国家的责任。在免除义务教育阶段学费和为贫困大学生提供助学贷款的情况下,政府又把资助普通高中贫困生纳入责任范围,设立国家助学金,无疑是一个弥补助学断裂的务实举措,值得称道。因为高中阶段不是义务教育,学费比较昂贵,对于贫困家庭来说,学费真就成了影响孩子就学的障碍,如果因贫辍学不能完成高中学业,至少对提高国民科学文化素质是一个遗憾。问题是,好的政策能否得到有效落实?还真是个需要认真考虑的问题。基层委员认为,政府设立国家助学金,只是搭建了政策体系,要想真正惠及贫困家庭的高中生,需要多方面从贫困学生的角度出发,把有限的助学金用到刀刃上,让贫困学生充分享受政策的阳光。对此,基层委员建议:

1.建议建立起一套有效的保障措施。如果国家助学金完全由中央支付,其来源是能够保证的。而现在是由中央与地方共同设立,是不是有可能会出现地方想方设法、千方百计向中央要钱挪作他用而贫困生却不能充分享受呢?这种情况应该考虑到。

2.国家助学金用于家庭经济困难学生,而贫困学生的标准该如何确定?在贫困学生界定上,应该有个明确的标准,并且监督机制必须跟进,这种因制度和机制不完善、不到位造成的有空子可钻早已不是什么新鲜事。应该真正做到公开、透明。

3.建议建立相应的配套措施或制度。应该说,财政部、教育部设立国家助学金,只是一种导向。从现实来看,1500元的救助款项和20%的惠及率,对于解决高中贫困生上学难问题,只是杯水车薪。建议出台相应的配套措施或制度,动员全社会的力量,引入民间慈善机制来共同资助高中贫困生。

## 基层群众对物价持续上涨反响强烈

2010年11月16日

长治市政协委员、长治县政协主席**傅永祥**,政协教科文卫体委主任、信息中心主任**张建忠**反映:按近年来的惯例,每年到了年终岁尾的时候,老百姓都要盘点这一年事关民生最为突出的事,往往用一个字来表达。那么今年的关键词是什么呢?应该是:"涨"。为什么是"涨"呢?每个人都可以回忆一下。这一年,虽然有拆迁等事关民生的事件,但相对物价上涨还是不可比的。一轮又一轮的物价涨势,令人措手不及,难以承受。而且物价上涨涉及每一个人,谁都无法置之度外。GDP涨了一倍,生活水平却下降一半!在这种形势下,老百姓为了生活,便想尽一切办法活下去。于是,在楼顶上、城市绿化带或花盆里种青菜、旧衣服改成新款式、剩饭剩菜做泡饭等等,其实,这些做法根本解决不了涨价的问题。

基层群众认为,要解物价持续上涨难题,还得政府出手,运用财政、金融等杠杆作用,从政策上加以调整。十七届五中全会传递出的信号是推动民富,国家如此之富,还富于民还需要中央政府调整政策。前不久,为有效地抑制物价,各地物价部门正在及时监控重要商品物价,据说,多部委正在打"组合拳"来控制物价。寒流来了,物价上涨的寒流也来了。但愿在这个寒冬里,平民百姓相互温暖着。为此建议:

1.对中低收入阶层而言,以食品价格为代表的生活必需品价格的上涨则会直接增加生活成本。"涨"之中为了确保低收入群体不受伤,应该建立物价上涨与困难补贴的联动制度。

2.建议职能部门加强价格监测分析,及时发现苗头性、倾向性问题,防范价格异常波动。要坚决打击不法商贩、行业协会、供应商的无序涨价和哄抬物价行为。

3.要发挥各类媒体正确舆论的导向作用,引导社会各界客观看待价格波动的影响,理性对待市场价格变化,稳定群众的消费预期,消除群众的恐慌心理。

4.积极组织货源或动用储备物资。加强对农副产品生产的补助,实施各种优惠政策,保护农民以及生产企业的积极性,畅通货源,并加强流通环节的管理。

## 缓解交通拥堵,提倡低碳出行

2010 年 11 月 30 日

长治县政协办公室主任范李斌、信息中心王晓竹反映:交通拥堵在几年前还只是存在于北京上海等大城市的问题,可是随着人民群众生活水平的提高,私家车日渐增多,我市的交通拥堵问题也日渐明显,在上下班高峰期,市区主干道经常出现交通拥堵的现象。

针对我市中小城市的实际情况,以及我市的地理地貌特征,我们建议借鉴丹麦哥本哈根市的做法,在全市提倡骑自行车上下班这一低碳出行的方式,以缓解交通拥堵问题。

1.我市提倡骑自行车上下班及日常出行有以下三大优势。

(1)我市是一个中小型城市,由于城市相对较小,东西南北的距离不是很远,一般骑自行车可以在 30 分钟左右抵达。

(2)我市地处盆地,地形起伏不大,城市道路相对平坦,没有太大的坡度,适合自行车出行。

(3)我市的主要干道都有相对封闭的非机动车专用通道,如果稍加改进可以使自行车出行更加方便。

2.我市提倡自行车出行存在的三大问题。

(1)思想观念的转变难度大。在大部分人眼中车是地位和财富的象征,在这种潜在思想的左右下,人们即使出行很短的距离也会选择开车,不仅浪费时间,而且会造成不必要的资源浪费,汽车尾气的排放还会污染环境。

(2)非机动车专用通道不畅通。有些主干道没有专门的自行车等非机动车专用通道,导致汽车与自行车抢道,甚至把自行车逼到无路可走的境地;另外有很多机动车在非机动车道上违章停车,本来留给自行车通行的车道经常被压缩,导致自行车与机动车抢道而行,存在很大的安全隐患。

(3)非机动车的停车收费及日常管理问题有待进一步完善。自行车、电动车等非机动车的停放收费标准比较混乱,有些超市、商场为购物者提供免费的存车场所,有的则为私人圈地收费,费用从 3 角到 1 元不等。另外市区大部分街道都画有专门的汽车车位,但并没有考虑自行车的存放问题,导致很多骑自行车出行的人将车在路边随便停放,极易导致丢窃事故的发生。

3.关于在我市提倡"低碳出行"的三点建议。

(1)以机关单位为试点,以领导干部为模范,在全市掀起低碳出行的浪潮。很多领导干部从住所到单位其实不过十几分钟车程,在上下班高峰期,与骑自行车的速度几乎不相上下。因此我们建议所有住所与工作单位距离较短的领导干部选择自行车出行。

(2)加强人性化设置,在单位设立车棚,并建立专门的更衣室,方便领导干部将骑乘服换为工作装,有条件的还可以设立浴室等。对一个月骑非机动车上班达到一定天数的可以给予相应的奖励。

(3)加强道路管理,提高自行车出行安全。规范非机动车与机动车的专用车道,确保自行车的行车安全。在必要路段设置自行车停放点,方便自行车零时停放。规范超市、商场自设自行车停车场的停车收费管理,明确相关责任。

## 合理整治我市县际客运交通

2010年12月14日

长治市政协委员、长治县政协主席**傅永祥**,长治县政协办公室主任**范李斌**,信息中心**王晓竹**反映:目前各县区通往市区的交通方式主要有两种:一是公交车,如长治县的201、202,长子县的601,壶关的101,潞城的313等,二是面包车,如长治县的面包车乘降点在金威名店,壶关的在长治商厦,长子的在客运中心对面。

由于两节临近,各县区前往市区购物采购年货的客流量增加,长治县、长子县、壶关县等县区的客运交通已经出现了一些问题,客运办,交警队等有关部门虽然每年都会在春运来临之际进行一段时间的集中整治,但是效果并不十分明显,而且还给群众的出行造成了一定的负面影响。据调查,群众对县际公交车、面包车主要有以下不满。

1.县际公交车存在问题

(1)超载严重,由于部分县区的公交车由私人承包经营,为了利益的最大化,而忽视了运输安全,有时候一辆公交车硬要塞进100多人。过度拥挤的车厢成了窃贼的温床,事故的隐患。

(2)车速过慢,为了尽量多拉,车主大多选择了“慢跑”的做法,据调查各县区公交车大都存在这样的问题,采用拖延时间的办法使乘降点蓄积尽可能多的乘客。另外在行车途中招手即停,停靠时间过长也是造成公交车车速过慢的主要原因。

(3)司乘人员服务态度差,据群众反映,各县际公交车的司乘人员一般都有车主临时雇用,大多没有经过专门培训,没有良好的服务意识和服务态度,经常与乘客发生口角和争执。

(4)乱收费问题,县际公交车上虽然标明了各路段的收费标准,但有些售票员还是会根据“实际情况”出现随意涨价的情况,另外对于老人、小孩以及行李的收费也都是有售票员一个人说了算,没有统一标准。

2.县际客运面包车存在问题

(1)黑车大量存在,县际客运面包车一部分是正式挂牌营业的,除此之外还存在着大量的黑车,这部分黑车常年与客运办、交警部门打游击,采用各种方法躲避查处私自载客。

(2)超载严重,面包车,被人们亲切的称为“小车”,为了多拉客人,他们都在自己的车内安放了工具箱,小板凳等设施,就是这样的小车,往往要塞进10人左右,远远超过了核准载客数,存在极大的安全隐患。

(3)乱收费现象严重,“小车”存在的乱收费问题比“大车”更为严重,小车的收费灵活性很强,往往根据客源量,以及乘车时间作出价格调整,随意性很大。

为此基层委员呼吁:

1.交通部门和交警部门要在春运阶段抓好县际客运的超载查处问题,并将这一制度经常化、制度化。

2.在县际公交车的行车路线上合理设置公交站牌,规范公交车的停车问题,减少停车次数,在保证行车安全的前提下,做好公交车的提速工作。

3.明确收费标准,要根据各县区的实际情况,合理制定大车和小车的收费标准,并在各县区的客运站点进行公示。

4.加大查处“黑车”力度,杜绝私拉乱载现象的发生,切实保护广大群众的乘车安全。

# 第二章 信息采用

反映社情民意信息工作是政协委员履行三大职能的重要基础，是发扬社会主义民主、促进科学民主决策的重要形式，是党和国家社会舆情汇集和分析机制的重要组成部分。从2007年初全国政协《关于加强和改进反映社情民意信息工作的意见》出台以来，县政协机关主要领导主抓、信息工作者积极努力，所编信息被各级政协采用和上报，信息工作取得了令人欣喜的成绩。

## 第一节 信息采用

### 全国政协采用

#### 2008年全国政协采用4篇

1.建议将5月12日定为“防灾抗灾纪念日”并设立地震遗址博物馆 （赵银虎、张建忠）

2.基层委员对《食品安全法(草案)》的几点意见和建议 （赵银虎、张建忠）

3.基层委员对《中华人民共和国社会救助法〈征求意见稿〉》的几点意见与建议 （张建忠、原娟静）

4.基层群众建议政府取消“免检”制度，加大对名牌产品的监管力度 （牛小亮）

#### 2009年全国政协采用5篇

1.基层委员对全国“两会”的召开充满期待 （傅永祥、张建忠）

2.生猪价格大幅下跌现象亟须重视 （傅永祥、张建忠）

3.基层委员对新疆乌鲁木齐市发生的严重暴力犯罪事件反响强烈 （傅永祥、张建忠、牛小亮）

4.基层委员对《中华人民共和国社会保险法〈草案〉》的几点意见和建议 （张建忠、原娟静）

5.基层委员对《个体工商户条例(征求意见稿)》的修改意见 （傅永祥、牛小亮）

2010 年全国政协采用 8 篇

1.政协委员对玉树地震救灾工作的反映 （傅永祥、范李斌、张建忠、原娟静）

2.高度重视近期物价上涨过快问题 （傅永祥、张建忠）

3.基层委员对《网络商品交易及有关服务行为管理暂行办法（征求意见稿）》的几点建议 （张建忠、牛小亮）

4.关于《人民调解法（草案）》的修改意见 （傅永祥、张建忠、牛小亮）

5.基层委员对《全国人民代表大会和地方各级人民代表大会代表法修正案（草案）》的几点修改意见 （范李斌、张建忠、牛小亮）

6.对《关于居民生活用电实行阶梯电价的指导意见（征求意见稿）》的建议 （范李斌、张建忠、牛小亮）

7.关于《国家赔偿费用管理条例（送审稿）》的几点建议 （傅永祥、张建忠、申正祥）

8.建议对低保申请人进行网上公示 （范李斌、张建忠、申正祥）

## 省政协采用

2006 年省政协采用 2 篇

1.整合煤炭资源，警惕第二次煤价暴涨 （张建忠）

2.关于建设社会主义新农村，应注意保护古建筑与古树木的几点建议 （张贵祥）

2007 年省政协采用 5 篇

1.开辟民主监督栏目 （赵银虎）

2.基层群众对滥用“特权车”颇有意见 （赵银虎、张建忠）

3.红色旅游景点不应带有迷信色彩 （张建忠）

4.乡镇主要领导调整不宜太频繁 （张建忠）

5.学校成空巢，工程仍上马 （闫文秀）

2008 年省政协采用 2 篇

1.合理布局，做好农村换届选举工作 （原娟静）

2.建议山西省各类考试实行网上免费查分制 （原娟静）

2009 年省政协采用 2 篇

1.基层委员建议明确资源税的使用范围 （范李斌、张建忠）

2.我省村官考试选拔工作存在问题及建议 （原娟静）

## 市政协采用

### 2007年市政协采用9篇

1.当前我市农村的一些民生问题应引起重视 （王树芳）
2.关闭小煤矿的同时要作好矿工安置工作 （赵银虎）
3.长治县应改设为“上党县” （王树芳）
4.要提高农民矿工的待遇和地位 （张建忠）
5.长陵路边个别村存在毁绿地建商铺现象 （张建忠）
6.建议出台资源价款在企业逐年摊销的相关办法 （关安国）
7.农村私立幼儿园亟待规范 （闫文秀）
8.农民朋友期盼书刊杂志亭到农村去 （张建忠）
9.基层群众呼吁尽快改革法院的审委会 （傅永祥、张建忠）

### 2008年市政协采用15篇

1.基层群众呼吁改革生猪定点屠宰制度 （赵银虎、张建忠）
2.基层中共党组织应充分发挥民主党派的作用 （傅永祥、张建忠）
3.养老保险不应该“一国两制” （赵银虎、张建忠）
4.建议地方设立创投风险基金 （张海平）
5.建议尽快加快新能源开发 （范李斌、张建忠）
6.农民工健康问题不容忽视 （傅永祥、张建忠）
7.政府部门应从贵州瓮安事件中汲取教训 （张海平）
8.建议尽快推广滴水灌溉法 （傅永祥、张建忠）
9.基层委员建议调整粮食直补政策 （傅永祥、张建忠）
10.建议将8月8日设为“体育节” （张建忠）
11.基层群众建议规范各办事机构收费明细 （原娟静）
12.检疫检测机构和政府部门应完全分离 （赵银虎、张建忠）
13.基层群众对新医改法案有话说 （张建忠、张海平）
14.基层群众对法院的旁听证制度有话说 （傅永祥、张建忠）
15.应成立电动三轮车运管机构 （牛小亮）

### 2009年市政协采用6篇

1.建议我市加大对中小学校教学环境的整治 （原娟静）
2.破产倒闭企业职工遗留问题需尽快解决 （郭海波、原娟静）
3.要关注“菜篮子”工程 （范李斌、原娟静）

4.建议我市设立“环卫工人节” （范李斌、牛小亮）
5.长治县部分乡镇移动信号微弱,建议移动公司尽快维修调试 （傅永祥、牛小亮）
6.长治市雷泽淀粉厂污染问题屡治不改应引起高度重视 (原娟静)

2010年市政协采用5篇

1.虚假招生广告亟待加大力度整治 （范李斌、牛小亮）
2.建议我市为人群密集周边山区铺设山体防护网 （牛小亮、原娟静）
3.对搞好长治市“十二五”规划的几点建议 （范李斌、张建忠、牛小亮）
4.建议以低碳出行方式缓解交通拥堵 （范李斌、王晓竹）
5.合理整治我市县际客运交通 （傅永祥、范李斌、王晓竹）

## 第二节 信息上报

2007年省政协上报全国政协4篇

1.多数农民对现行的农村社会养老保险颇有微词 （傅永祥、张建忠）
2.基层群众期盼国家《行政强制法》尽快出台 (赵银虎、张建忠)
3.谨防“公款看奥运” （张建忠）
4.基层委员对《职工带薪年休假规定（征求意见稿）》的意见和建议 （傅永祥、张建忠）

2008年省政协上报全国政协8篇

1.建议修改《刑法》第135条 （傅永祥、张建忠）
2.基层群众呼吁改革生猪定点屠宰制度 （赵银虎、张建忠）
3.基层委员对“大部制”改革的几点建议 （傅永祥、张建忠）
4.基层委员对政府工作报告的反映 （张建忠）
5.长治县立新正骨医院赴灾区开展救治活动 （张建忠、张海平）
6.建议增设“教练日” （原娟静）
7.建议将8月8日设为“体育节” （张建忠）
8.基层委员盛赞陈云林访台 （傅永祥、张建忠）

2009年省政协上报全国政协27篇

1.基层委员对全国“两会”召开充满期待 （傅永祥、张建忠）
2.基层委员对《中华人民共和国社会保险法（草案）》的几点意见和建议 （张建忠、原娟静）
3.基层委员对《在纪念党的十一届三中全会召开30周年大会上的讲话》的反响 （赵银虎、张建忠）

4.基层委员对胡锦涛主席在《告台湾同胞书》发表30周年座谈会上讲话的反映 （傅永祥、张建忠）

5.基层委员对2009年中共中央"一号文件"的反映 （傅永祥、张建忠）

6.基层委员对全国"两会"闭幕反响强烈 （宋外宾、张建忠、牛小亮、原娟静）

7.基层群众盛赞质检总局及时叫停添加"OMP" （牛小亮）

8.基层群众对高中取消文理分科的反映 （傅永祥、牛小亮）

9.对山西省焦煤集团屯兰矿"2·22"瓦斯爆炸事故的思考 （傅永祥、原娟静）

10.关于《中华人民共和国救灾条例（征求意见稿）》的修改意见 （张建忠、原娟静）

11.建议尽快出台禁用面粉增白剂的相关法规 （傅永祥、张建忠）

12.基层群众对《国家人权行动计划》出台的反映 （傅永祥、张建忠）

13.对道路交通事故处理相关问题的建议 （范李斌、原娟静）

14.生猪价格大幅下跌现象亟须重视 （傅永祥、张建忠）

15.基层委员对《新医改方案》的反映 （傅永祥、张建忠）

16.基层委员对《机动车驾驶证申领和使用规定修正案（征求意见稿）》的几点建议 （范李斌、张建忠）

17.对《托儿所幼儿园卫生保健管理办法（草案）》的修改建议 （赵银虎、牛小亮）

18.对《行政强制法（草案）》的几点建议 （傅永祥、张建忠）

19.基层委员对新疆乌鲁木齐市发生的严重暴力犯罪事件反响强烈 （傅永祥、张建忠、牛小亮）

20、基层委员对《个体工商户条例（征求意见稿）》的修改意见 （傅永祥、牛小亮）

21.基层委员对《国务院关于修改〈工伤保险条例〉的决定（征求意见稿）》的建议 （牛小亮、原娟静）

22.基层教师对《通用规范汉字表（征求意见稿）》反映强烈 （傅永祥、牛小亮）

23.基层委员高度评价中共十七届四中全会 （牛小亮、原娟静）

24.即将出台的电动摩托车新规值得商榷 （傅永祥、原娟静）

25.基层委员对《拘留所条例（征求意见稿）》的意见和建议 （傅永祥、牛小亮）

26.基层群众对"钓鱼式执法"颇有微词 （范李斌、张建忠、牛小亮）

27.基层委员对《中华人民共和国统计法实施条例（征求意见稿）》的修改意见 （傅永祥、牛小亮、原娟静）

**2010年省政协上报全国政协46篇**

1.建议修改《土地管理法》第五十八条 （傅永祥、张建忠）

2.教师绩效工资实施中暴露出的问题亟待引起重视 （闫文秀、牛小亮）

3.基层群众对"巨额财产来源不明罪"颇有微词 （傅永祥、牛小亮）

4.建议在刑法中设立非法人体医学试验罪 （范李斌、张建忠）

5.对《医疗机构药事管理规定（征求意见稿）》的建议和意见 （傅永祥、张建忠）

6.基层委员对《税收违法行为检举管理办法（修订稿）》的意见和建议 （张建忠、牛小亮）

7.建议尽快建立农产品溯源标识制度 （傅永祥、张建忠）

8.农村“留守孩子”的心理健康问题亟待关注 （张建忠、牛小亮、原娟静）

9.基层政协委员和民主党派成员对《铁路建设条例（征求意见稿）》的修改意见 （张建忠、牛小亮）

10.基层委员对《表彰奖励工作条例（征求意见稿）》的几点建议 （范李斌、张建忠）

11.基层委员对《中华人民共和国政府采购法实施条例（征求意见稿）》的意见和建议 （范李斌、牛小亮）

12.基层群众对《国有土地上房屋征收与补偿条例（征求意见稿）》的修改意见 （傅永祥、张建忠、牛小亮）

13.基层委员对“两会”胜利闭幕反响热烈 （傅永祥、张建忠、牛小亮、原娟静）

14.对《国家中长期教育改革和发展规划纲要》的修改意见 （张建忠、岳进平、牛小亮）

15.政协委员对玉树地震救灾工作的反映 （傅永祥、范李斌、张建忠、原娟静）

16.基层委员对《网络商品交易及有关服务行为管理暂行办法（征求意见稿）》的几点建议 （张建忠、牛小亮）

17.建议切实重视学校建筑安全 （范李斌、张建忠、原娟静）

18.基层委员对新修订《防震减灾法》的建议 （傅永祥、张建忠）

19.高考加分乱象亟待整治 （宋外宾、张建忠、牛小亮）

20.建议把囤积居奇、恶意炒作价格行为纳入法律规范范畴 （范李斌、张海平）

21.基层委员对《彩票管理条例实施细则（征求意见稿）》的意见和建议 （张建忠、牛小亮）

22.基层委员对近期民资炒作农产品现象积极建言 （张建忠、王和平）

23.对《中华人民共和国人民调解法（草案）》的几点建议 （傅永祥、张建忠、牛小亮）

24.基层委员对王家岭矿难建净言 （傅永祥、张建忠）

25.基层委员对《公共场所卫生管理条例实施细则（征求意见稿）》的几点修改建议 （张建忠、段电良、原娟静）

26.关于解决养老金空账的几点建议 （傅永祥、张建忠）

27.关于防止化工事故重演的几点建议 （范李斌、张建忠）

28.基层群众对《关于领导干部报告个人有关事项的规定》出台后的反映 （范李斌、张建忠、原娟静）

29.建议对低保申请人进行网上公示 （范李斌、张建忠、申正祥）

30、基层政协委员对设立国家助学金资助高中贫困生举措的反映 （傅永祥、范李斌、张建忠、申正祥）

31.对《发布证券研究报告暂行规定（征求意见稿）》的几点修改建议 （张建忠、张海平、牛小亮）

32.基层委员《对外劳务合作管理条例（征求意见稿）》的几点修改意见 （张建忠、牛小亮）

33.基层委员对“十二五”规划的几点建议 （傅永祥、张建忠）

34.基层群众对《家用电器产品召回管理规定（征求意见稿）》的意见和建议 （傅永祥、张建忠、牛小亮）

35.《破产法》实施过程中出现的问题亟待重视 （傅永祥、郭海波、张建忠）

36.关于《人民调解法（草案）》的修改意见 （傅永祥、张建忠、牛小亮）

37.基层委员对《报废机动车回收拆解管理条例（征求意见稿）》的意见和建议 （张建忠、牛小亮）

38.基层委员对《全国人民代表大会和地方各级人民代表大会代表法修正案（草案）》的几点修改意见 （范李斌、张建忠、牛小亮）

39.基层委员对《中华人民共和国刑法修正案(八)(草案)》的几点修改意见
(傅永祥、范李斌、张建忠、申正祥)

40.基层政协委员对《关于人民法院深入推进打黑除恶专项斗争的工作意见》反响强烈
(张建忠、牛小亮)

41.关于《国家赔偿费用管理条例(送审稿)》的几点建议 (傅永祥、张建忠、申正祥)

42.对《关于居民生活用电实行阶梯电价的指导意见(征求意见稿)》的建议 (范李斌、张建忠、牛小亮)

43.基层群众对《城市公共交通条例(征求意见稿)》的意见和建议 (张建忠、牛小亮)

44.高度重视近期物价上涨过快问题 (傅永祥、张建忠)

45.关于《〈中华人民共和国婚姻法〉若干问题解释(征求意见稿)》的几点修改意见
(范李斌、张建忠、牛小亮)

46.对《国有土地上房屋征收与补偿条例(第二次公开征求意见稿)》的修改建议
(傅永祥、范李斌、张建忠)

# 第八编

# 文史资料

文史资料工作是周恩来总理亲自倡导的一项重要事业，是我国文化事业的一项经常性、基础性工作。长治县政协根据政协统一战线组织的特点，进行本县古文化、近代史、现代史资料的征集、研究、出版等事宜，具有鲜明的政协特色和统战特色，在存史、资政、团结、育人等方面发挥着独特的作用，推动了本县文化事业的繁荣和发展，日益受到广大政协委员和社会各界的重视及好评。

# 第一章 文史资料工作

长治县古称上党，历史悠久，文化积淀厚重，文史资料丰富。特别是近、现代文史资料，深刻记录了本县重要的历史事件和历史人物。委员们以亲历、亲见、亲闻的第一手资料，记叙历史风云和巨大变迁。收集整理出版文史资料是开展爱国统一战线，促进人民政协大联合，激励各界人士团结，利在当代、惠及后世的有效形式。

## 第一节 文史概要

长治县政协的文史资料收集整理起步于1981年。"文化大革命"后，第七届政协成立，设一名委员专门负责此项工作。1984年第八届政协产生，设置了"文史资料委员会"，主任由副主席胡纪道兼任；1986年成立了"文史资料编写组"（非正式机构），李树德任编委主任，同时抽调部俊保、李天吉、刘唐哲、张积善、张守志、陈铁保等6人组成编委会，开始了长治县文史资料第一辑的编写工作。

1987年3月12日，县政协召开第二次文史研究工作会议。会议中，参会人员认真学习了全国第五次文史资料工作会议精神，核查了全县自1986年下半年以来所征集的部分文史资料，大家就征集文史资料各抒已见，发表了意见。

从1987年4月《长治县文史资料》第一辑问世至2010年，已陆续编辑出版《长治县文史资料》第二辑、第三辑。同时编辑出版的还有反映长治县老一辈革命斗争史的《峥嵘岁月》，反映本县文物庵、庙、寺院的《长治县寺庙史话》，展现了本县古代人民的聪明才智和勤劳古朴的创造精神。

《长治县潞商》一书成稿于2006年。长治县民风纯正朴实、历史文化悠久深厚，这种古老的民风铸就了曾经显赫一时的一代潞商。"铁府荫城"为"潞商"的集中体现，书中直叙了长治县独特的地理位置、丰富的煤铁资源、深厚的人文环境、精湛的制铁技术和完善的商业网络。荫城铁业的产业化发展、销售链条式发展模式是长治县潞商区别于其他晋商最鲜明的地方特色。书中还介绍了"陈慎德家族"、"贾掌古商道"、"晋福祥银号"、"永记铁庄"等有代表性的商业厂家。

2006年，县政协编辑出版了大型文献专著《历程》。《历程》从长治县政协的历史沿革、重要文献、调查报告、重要提案等诸多方面详细地记述了长治县政协的发展历程。在人民政协成立60周年前夕，编辑出版了《情系政协》一书。《情系政协》回顾了广大政协委员在60年的岁月中始终与全县人民息息相通，始终与县委、县政府同舟共济、荣辱与共，表现了他们不畏艰辛、辛勤耕耘的精神和志气，表现了他们关注民生、敢建净言的智慧与胆识。

陆续编写出版的6本书共计252篇，100余万字。

## 第二节 文史资料简介

1987年4月，《长治县文史资料》编印出版。全书收编41篇文章，分为文物古迹、历史事件、人物春秋和其他四部分内容。

长治县政协编写的各种文史资料

文物古迹部分重点介绍了"万里荫城"、"南宋五凤楼"、"天下都城隍"、"首阳山石窟石佛"、"羊头山双塔"等。书中对铁府荫城重点作了详细介绍。荫城镇位于长治县城南15公里的雄山脚下。这里，当年不仅是长治地区铁制手工业产品的集散地，也是晋、冀、鲁、豫四省铁货交流的枢纽，古称"天然铁府"。早在汉唐时代，荫城铁货就誉满全国。汉朝在上党建设有铁官，荫城驻有铁商，荫城周围的132个大小村庄，村村都有铁炉，人人都会打铁铸器、声誉甚高，远销全国各地。荫城铁器造型别致，各有千秋，特点鲜明。据记载，荫城铁货，种类多达两千余种。到这里做铁货生意的国内客商分九路：关东客（东北三省）、京客（京、津）、上府客（太原、大同）、口外客（内蒙、新疆）、西府客（陕、甘、宁）、河南客（河南、湖北、安徽）、山东客（青岛一带）、两广客（广东、广西）、西南客（云、贵）；在国际上远销俄罗斯、日本、朝鲜、尼泊尔、越南、不丹等，所谓"万里荫城"名不虚传。

玉皇观为国家级重点文物保护单位，桑木梯子荆木梁世之罕见，层层挑角飞檐、华椽翠壁、琉璃脊兽、八卦罩顶，结构精巧，别具特色。

天下都城隍庙演绎了汉武帝刘秀斗王莽、躲追杀、兴汉室封天下都城隍于斯的传奇故事。

历史事件部分集中记述了长治县抗日战争、解放前夕的几起重大历史事件，如《长治县城沦陷记》、《区干队抗日活动片段》、《抗日决死三纵队在小宋》、《日军西陕暴行录》等篇，详细地记述抗日战争期间，我县军民与敌艰苦卓绝的斗争故事。1938年2月，日军侵犯晋东南地区，国民党47军三一一旅（川军）奋起反击，面对侵略者的飞机、大炮无所畏惧，鏖战两天，日军始终未能攻下县城。21日上午，日军集中炮火将北门打开一个缺口，川军与日寇展开巷战，旅长李光源亲率将士与日军巷战搏斗，后终因寡不敌众，县城遂于1938年2月21日沦陷……几起重大历史事件深刻地反映了长治儿女同仇敌忾、保卫家园的英雄事迹。实为开展传统教育、激励后人的真实教材。

第三、四部分为人物春秋与其他。文史资料收集整理了冯风林、郭士栋等先烈忠于祖国、忠于人民、英勇杀敌的英雄事迹,同时忠实地记录了名兽医高国景、名演员杨爱英、名艺人宋万春的传奇人生。

1992年10月,长治县文史资料第二辑出版,收集文章35篇。第二辑基本沿用第一集的纪实手法、大体分为三部分内容:文物古迹,人物春秋,要事纪略。文章坚持实事求是的原则,较客观、公正地记叙了历史人物和事件。《长治县一中概貌》、《战火中的八义女校》、《前进中的红专剧团》、《荣潞草炭公司兴衰记》等篇目资料翔实、记述流畅、教育性强。如《战火中的八义女校》,该校成立于1935年春,1938年日寇第一次侵入县城,八义女校遭到洗劫。从此,被迫停办。八义女校在那种外侮内乱的情况下,能有这样一批妇女勇敢地冲破封建枷锁,打破来自各方面的世俗偏见,毅然投入到抗日战争前线,实在是一种难能可贵的精神。"八义女校"时间短、功业大,解放了妇女,支援了抗战,是本县开天辟地的一桩大事情。本辑还集中介绍了一代英烈侯国英、抗日县长鲍德山、武工队长范守仁等,高度赞扬了他们在对敌斗争中无私无畏、忠诚党的事业的高贵品质。

2005年5月,文史资料第三辑出版,书名为《峥嵘岁月》。这集出版适逢抗日战争胜利60周年和长治解放60周年前夕,编写组经过艰苦细致的调查、收集、核实、整理,采集了数十篇鲜为人知的历史故事,其内容丰富、真实可信。县政协主席傅永祥亲自为该书作序。书中记述了"抗日烽火中的工人自救会"、"牺盟会长治活动觅迹"、"共产党在我县创建过程"、"国民党长治县党部书记吴鼎之死"、"上党古城潜伏记"等。不仅真实地再现了当年艰苦斗争的场景,而且详记了一批共产党人、爱国人士的大无畏牺牲精神和民族气节。

《长治县潞商》一书编辑于2006年初。潞商为晋商重要一脉,因独特的地理位置,丰富的煤铁资源,精湛的冶铁技术,形成有别于晋商的地方特色。本书由"行业春秋"、"潞商家族"、"人物"、"商镇"、"宅院"、"字号纪事"、"商业民谣、谚语"七个部分组成。长治县潞商严格意义上讲为铁商。清代至少有上百年间为荫城铁业鼎盛时期,其品种达3200余种,行销19个省区及南洋等地。铁业的繁荣兴盛带动了其他行业的蓬勃发展,荫城一举成为闻名遐迩的商业名镇。同时也陆续涌现出一批极具代表性的人物,经坊陈慎德,柳庄杜满贵,南宋秦政德、秦敏德兄弟,苏店张克宽,荫城李欣等家族。商业道德、悠久深厚的历史文化赋予了他们目光远大的志向和坚忍不拔的意志。这些传统的个性品质构成了长治县潞商精神,逐步形成了一套行之有效的管理办法、商业规则、经商理念、管理制度,也给后人留下了宝贵的经营财富。书中还浓墨重彩地介绍了可供瞻仰的具有极高建筑造诣的故居院落,这些又共同构成了长治县地方特色的铁器文化。

由于战争频繁、洋货冲击、社会变革、自然灾害等方面的原因,长治县铁业技术的传承受到严重影响,致使逐渐走向衰败。铁业的凋零也对长治县社会、经济和文化产生了重大影响,也引起后人众多思考。收集整理潞商资料,重温潞商昔日辉煌,抢救潞商史料文化,挖掘长治县潞商兴衰的历史原因,探述铁商文化消亡的诸多因素,是对我们祖先创造出丰富传统文化历史负责任的举动,也是弘扬传统文化、发扬潞商精神、激励后人重振潞商雄风、再铸潞商辉煌的重大举措。

2006年10月,由政协主席傅永祥主编的《历程》一书出版。这本书凝聚着长治县历届政协委员会的心血,挥洒着编写组辛勤汗水。《历程》一书集中体现了县政协组织和历届委员,按照《政协章程》规定,围绕中心议大事,献智献策办实事,先后组织各种调研和视察100余次,向县委、政府报送各种报告和建议案200多件,提出各种提案2500多件,征集编撰各种文史资料上百万字,在围绕中心、建言献策、履行职能上,在体察民情、反映民意、集中民智上,在发挥优势、开拓进取微观服务上,在和衷共济、化解矛盾、广交朋友上,在一国两制、和平统一、团结联合上,在历练内功、增长素质、树立形象等诸多方面,均做了大量的工作,做出了重要的贡献,并积累了许多宝贵的经验。

《历程》着重反映政协57年来的发展历史。57年春夏秋冬,57年风雨兼程,57年沧海桑田,57年开拓奋进。长治县政协植根于上党这块文明的沃土,蕴涵着炎帝故乡的芳泽,汇通内外文化,融合科学精神与勤劳智慧于一体,形成智力超群的政协"人才库"氛围,折射出政协委员睿智的思索、深邃的思想、超群的哲理。这次在人少事多、资料残缺不全而又时间紧迫的情况下,把收集到的资料分成组织沿革、重要讲话、工作报告、调查研究、重要提案五个部分,大家可以通过这些资料、了解历届政协工作和活动情况,彰显政协工作底蕴、传承政协工作职能。

2008年6月,由原政协主席贾圪堆编著的《长治县寺庙史话》印刷出版。县第十三届政协主席傅永祥为该书作序。《长治县寺庙史话》是本县文史资料重要的组成部分。寺庙作为宗教祭祀的场所,既是民族宗教文化的代表,也是传统民俗文化的载体,更是悠久历史文化的象征。寺庙文化的深厚内涵已渗透到政治经济、文学艺术、社会生活的各个层面。它包含的丰富内容,涉及天文、地理、建筑、绘画、书法、雕刻、音乐、戏剧、文物、庙会、民俗等诸多领域,具有鲜明的民族风格和民俗特色。

为了保护寺庙这一宝贵的历史文化遗产,使其完整地保存下来,传承下去,使宗教文化为社会服务,本着抢救、保护、传承的原则,县政协特组织力量,对这一历史文化现象进行了全面的挖掘和整理,以达到存史资政、昭示后人、服务社会的目的。在此项工作中,原县十二届政协主席贾圪堆花费了大量的心血和汗水。他在退休之后多次深入全县各地,走访调查,实地考察,反复查阅资料,认真研究考证,终于完成了这本极具史料价值的图书。

2009年10月,在纪念长治县政协成立60周年前夕《情系政协》一书付印出版,全书收集46篇文章11万字。《情系政协》一书由县长裴少飞作序,政协主席傅永祥主编。全书分"光辉历程"、"主席访谈"、"往事回眸"、"委员风采"、"散文拾萃"、"人物纪实"六个部分。《情系政协》一书以讴歌人民政协成立60周年为主线,以亲历、亲见、亲闻的第一人称写法,回忆了本县政协履行职能、促进社会主义民主政治建设的历程,畅谈了各位委员参加政协活动的亲身经历和感悟。语言真实朴素、史料有根有据,其中颇多令人动容、发人深省、催人奋进之处。

附:文史资料篇目

## 长治县文史资料第一辑

表 8-1-1

| 栏 目 | 文章名称 | 撰稿人 | 备 注 |
|---|---|---|---|
| 史海拾贝 | 说古道今话长治 | 文史办 | |
| | 漫话长平之战 | 李善志 | |
| | “干草会”举义始末 | 董证祥 | |
| | 在灾荒的年代里 | 沁 丰 | |
| | 长治县义和团起义概述 | 王子清 申维汉 | |
| | “五四”运动对第五高小的影响 | 李应选 | |
| 文物古迹 | 万里荫城考 | 刘连云 | |
| | 玉皇观“五凤楼” | 沁 峰 | |
| | 五龙山怀古 | 连步万 | |
| | 首阳山石窟石佛考略 | 部俊保 | |
| | 天下都城隍 | 李善志 | |
| 长治风物 | 苏店网子铺 | 李保珠 部俊保 | |
| | 长治铜乐器厂简述 | 俊 林 | |
| | 羊头山双塔 | 贤 仁 | |
| | 潞麻简介 | 王哲书 | |
| | 长治沿革三字歌 | 张德喜 | |
| | 旧俗婚礼及其他 | 李应选 | |

（续表）

| | | | |
|---|---|---|---|
| 抗日事件 | 县城解放前夕见闻 | 韩秋和遗稿 | |
| | 抗日时期四中的一次学潮 | 文史办 | |
| | 抗日战争时期的长治县 | 牛力峰 | |
| | 长治县城沦陷记 | 文史办整理 | |
| | 区干队抗日活动片断 | 文史办整理 | |
| | 抗日决死三纵队在小宋 | 郭保珠 | |
| | 韩川据点的酷刑 | 县文史办 | |
| | 长治抗日动员委员会 | 之　人 | |
| | 抗日战争中的民运工作团及工人运动点滴 | 自　芳 | |
| | 日军西陕暴行录 | 阎志宁整理 | |
| | 国民党四十军东掌战斗记 | 秦国珍 | |
| | 北宋河沟截汽车 | 秦国珍 | |
| | 抗日战争二三事 | 原述等 | |
| 人物春秋及其他 | 伪县长聂士庆事略 | 文　星 | |
| | 天主教情况简介 | 韩正中 | |
| | 东和回民的由来和风土人情 | 张守志 | |
| | 冯风林同志传略 | 冀　洲 | |
| | 忆郭继忠 | 文史办整理 | |
| | 缅怀郭士栋烈士 | 李应选 | |
| | 念张忠莹先生 | 靳志中 | |
| | 名兽医高国景先生 | 高恩祥 | |
| | 第一个登台的女演员 | 文化局 | |
| | 名艺人宋万春 | 原　敏 | |
| | 上党名丑王和则 | 文化局供稿 | |
| | 红专剧团四十年 | 文化局供稿 | |
| | 周总理与文史资料 | 文史办 | |
| | 政协会徽的由来 | 文史办 | |
| | 文史资料与党史资料、地方志的区别 | 文史办 | |
| | 编后感言 | 部俊保 | |
| | 后记 | | |

## 长治县文史资料第二辑

表 8-1-2

| 栏　目 | 文章名称 | 撰稿人 | 备　注 |
|---|---|---|---|
| 文物古迹 | 玉皇观"五凤楼" | | |
| | 羊头山北魏石塔 | | |
| | 正觉寺 | | |
| | 天下都城隍 | | |
| | 丈八寺唐塔 | | |
| | 泰山庙 | | |
| | 古佛堂 | | |
| | 洪福寺 | | |
| | 关帝庙壁画 | | |
| 往事回眸 | 政协长治县历史梗概及领导名录 | | |
| | 长治县一中概貌 | 县一中供稿 | |
| | 战火中的八义女校 | 王记新 | |
| | 前进中的红专剧团 | 济　川 | |
| | "模范示教"简述 | 林　艳 | |
| | "荣潞草炭公司"兴衰记 | 王从政 | |
| | 民国时期的县区村机构及施政概述 | 沁　峰 | |
| | 长治县铜乐器发展小史 | | |

（续表）

| | | | |
|---|---|---|---|
| 历史斗争 | 教八团在长治的回忆 | 陈大东 | |
| | 在抗日救国的日子里 | 黎　颖 | |
| | 国民党长治县党支部书记吴鼎之死 | 韩志中 | |
| | 日寇在县城里的暴行 | 文史办 | |
| | 战火中的长治县委 | 文史办 | |
| | “五星红旗”就是这样插起来的 | 群　言 | |
| | “牺盟会”在长治活动随想录 | 高　峰 | |
| | 长治县工人运动片断 | 李光华 | |
| | 国民党长治县党部事略 | 史志民 | |
| | 抗日烽火中的工人救国会 | 文史办 | |
| | 在战火中的其他抗日组织概貌 | 文史办 | |
| 人物春秋 | 忆范守仁同志 | 王一夫 | |
| | 一代英烈侯国英 | 梅　祥 | |
| | 小议鲍德山 | 秋　林 | |
| | 刘魁尧事略 | 自　伟 | |
| | 名兽医高国景 | 高恩祥 | |
| | 一名普通红军战士的自述 | 林　艳 | |
| | 李有成传略 | 张孝恩 | |

## 峥嵘岁月

表8-1-3

| 篇　目 | 文章名称 | 撰稿人 |
| --- | --- | --- |
| 1 | 中国共产党在我县创建过程 | |
| 2 | 国民党长治县党部事略 | |
| 3 | “牺盟会”长治活动觅迹 | |
| 4 | 日本侵略者在长治城暴行一瞥 | |
| 5 | 国民党长治县党部书记吴鼎之死 | |
| 6 | 抗日烽火中的工人救国会 | |
| 7 | 抗日战争中的中共长治县委机关在南沟 | |
| 8 | 智取天险老顶山 | |
| 9 | 在抗日救国的日子里 | |
| 10 | 李福海革命经历 | |
| 11 | 缅怀为解放长治而牺牲的敌工战士 | |
| 12 | 上党古城潜伏记 | |
| 13 | 太行四分区敌工站烈士名录 | |
| 14 | 农业合作化高潮中的前明农业社 | |

# 长治县寺庙史话目录

# 长治县潞商

表8-1-4

| 栏目 | 文章名称 | 撰稿人 | 备注 |
|---|---|---|---|
| 行业春秋 | 概述 | 成军飞 | |
| | 行业春秋 | | |
| 潞商家族 | 陈氏家族发展史略 | 屈国青 | |
| | 张华家族 | 成军飞 | |
| | 秦氏家族的铁货经营 | 屈国青 | |
| 人物 | 陈慎德 | 屈国青 | |
| | 杜满贵其人 | 成军飞 | |
| 商镇 | 荫城镇 | 成军飞 | |
| | 西火镇 | | |
| | 贾掌古商道 | 屈国青 | |
| 宅院 | 陈家大院 | 屈国青 | |
| | 秦家大院 | | |
| 字号纪事 | 恒盛毓 | 屈国青 | |
| | 瑞盛钉店 | 成军飞 | |
| | 同阳堂 | | |
| | 金升号 | | |
| | 文和号 | | |
| | 晋福祥银号 | | |
| | 永记铁庄 | | |
| 商业民谣、谚语 | 理念类 | 成军飞<br>屈国青 | |
| | 义利观类 | | |
| | 经验类 | | |
| | 铁业谚语类 | | |

## 情系政协

表8-1-5

| 栏目 | 文章名称 | 撰稿人 | 备注 |
|---|---|---|---|
| | 序 | 裴少飞 | |
| 光辉历程 | 在庆祝县政协成立60周年会议上的讲话 | 裴少飞 | |
| | 在庆祝县政协成立60周年会议上的讲话 | 傅永祥 | |
| | 重视支持政协工作充分发挥政协作用 | 长治县委、县政府 | |
| | 继往开来创伟业　与时俱进谱华章 | 政协长治县委员会 | |
| | 做高素质的政协委员 | 傅永祥 | |
| | 长治县政协组织沿革 | 王树芳 | |
| 主席访谈 | “有为”才“有位” | 韩金保 | |
| | 往事可待成追忆 | 闫文秀 | |
| | 商海游弋见真情 | 闫文秀 | |
| 往事回眸 | 回忆中秋团拜会上的一次议政发言 | 张贵祥 | |
| | 简忆长陵线经坊至羊川段改建工程始末 | 张贵祥 | |
| | 一段人情往来小叙 | 张贵祥 | |
| | 腊梅一枝春意闹 | 宋明生 | |
| | 六载耕耘情作孽 | 韩金保 | |
| | 一段鲜为人知的故事 | 韩金保 | |
| | 亲历县政协机关搬迁前后 | 赵银虎 | |
| | 解不开的政协情结 | 常树毅 | |
| | 一所高级职中的变迁 | 常树毅 | |
| 委员风采 | 弘扬晋商精神　重振晋商雄风 | 牛小亮 | |
| | 一息尚存　看病不止 | 冯贵清 | |
| | 幸福使者 | 张保善 | |
| | 难忘汶川行 | 韩金宝 | |

（续表）

| | | | |
|---|---|---|---|
| 委员风采 | 雄山脚下铸丰碑 | 郭海波 | |
| | 煤海写春秋 | 崔晋慧 | |
| | 饮水思源知恩图报 | 牛小亮 | |
| | 心中始终装着老百姓 | 牛小亮 | |
| | 浅谈政协委员履职 | 秦金水 | |
| | 发挥工商联在管理非公有制经济方面的助手作用 | 王有明 | |
| 散文拾萃 | 湘桂记游 | 贾圪堆 | |
| | 新编珍珠倒卷帘 | 傅怀珠 | |
| | 都是为了你 | 傅怀珠 | |
| | 好大一个博物馆 | 傅怀珠 | |
| | 看盛世中华 展辉煌成就 | 王海青 | |
| | 我心中的政协 | 原永红 | |
| | 好东西还需好招牌 | 崔晋慧 | |
| | 五谷山的传说 | 韩金保 | |
| | 地名更迭话沧桑 | 常树毅 | |
| | 我的政协情愫 | 原娟静 | |
| | 定格在记忆中的那一刻 | 原娟静 | |
| 人物纪实 | 胡纪道同志二三事 | 宋海祥 | |
| | 好医生范志 | 韩金保 | |
| | 难忘的岁月 | 张贵祥 | |
| | 回忆我的爷爷范守仁 | 范李斌 | |
| | 北京知青王艳华 | 闫文秀 | |
| | 三属之家 | 王弥泽 | |

# 第三节　出版物发行

## 《历程》首发式

2007年5月13日，县政协于召开十四届一次会议之时，在宏运宾馆举行了大型文献《历程》一书首发式。县政协主席傅永祥，副主席牛外则、申有宝、鲍金章、李志文，办公室主任赵银虎以及《历程》一书的执行主编王树芳，编辑范李斌、李春萍、李有生、张建忠、韩金保、王爱国、崔冬明、段电良、张海平及参加十四届一次会议的全体委员参加了首发仪式。

《历程》一书抚今追昔记述了长治县政协植根上党沃土，会通内外文化，融合科学精神与勤劳智慧，表现了政协组织对本县各项事业发展的情怀和贡献，透视着政协委员睿智的思索和深邃的思想，折射出政协“人才库”智力超群、历久弥新的人文特色。全书总计40万字，20幅图片，分“组织沿革、重要文献、工作报告、调研报告、重点提案”5个栏目，编录有各个时期县委、县政府、县政协的重要文件和政协机关的规章制度，历届政协全体会议上的政协工作报告及县委主要领导讲话；收录了政协参政议政的视察调研报告和重点提案，全方位反映了长治县政协从1949年到2006年50余年的光辉历程。

在此次发行仪式上，政协主席傅永祥对《历程》一书给予中肯的评价，向编写人员致以诚挚的谢意。会议结束后，全体编纂人员合影留念。2007年，该书被省政协评为山西优秀文史书刊一等奖。

## 《情系政协》首发式

为了纪念县政协成立60周年，讴歌伟大祖国60年翻天覆地的历史变化和人民政协事业的繁荣发展，2009年，本县政协历时半年时间，编辑出版了《情系政协》一书。全书总计11万字，60幅图片，分为“光辉历程、主席访谈、往事回眸、委员风采、散文拾萃、人物纪实”6个栏目。全书以讴歌人民政协成立60周年为主题，以亲历、亲见、亲闻第一人称写法，回忆了本县政协履行职能、促进社会主义民主政治建设，畅谈历程，汇集了活

2010年1月20日，县政协举行《情系政协》首发仪式

动的亲历和感受。县委书记、县长裴少飞亲自为本书作序。2010 年 1 月 20 日,在县政协机关三楼会议室举行了首发仪式。政协领导和本书编撰人员共计 30 余人参加会议。会议由政协副主席申有宝主持,本书主编政协主席傅永祥作了讲话,对全体编撰人员的辛勤劳动给予充分肯定和高度评价。本书执行主编韩金保介绍了本书的编撰过程,执行副主编常树毅代表编撰人员作了典型发言。会后,全体编撰人员在政协办公楼前合影留念。

# 第二章 历史文化调查与建议

人民政协的文史资料收集整理是一项既有益于今人，又惠及后世的文化事业。做好人民政协的文史资料工作，对于团结和联系海内外各界人士，巩固和扩大最广泛的爱国统一战线，对于研究近、现代历史和补充国家档案史料，为社会主义物质文明和精神文明建设提供借鉴，都具有不可替代的作用。1984年后，政协长治县第八届委员会开始组织力量对本县的历史文化进行调查。

## 第一节 历史文化调查

### 长治县历史文化初步调查

1987年，政协长治县第九届委员会文史委对本县的历史文化进行了深入细致的调查，从民族分布、朝代更迭、近代史发展等方面查寻长治县历史文化的演变。调查组翻阅了明《潞州志》、《潞安府志》，清《潞安府志》和《长治县志》，在长治市图书馆阅读了大量有关涉及本县的图书报刊资料，在县档案局查阅了数百卷的档案卷宗，并走访了几十位古稀老人，对长治县的历史文化、历史变迁和风土人情有了清晰的认识。

长治县位于太行山西麓，南与高平、陵川为邻，东连壶关，西接长子，北靠长治市，总面积483平方公里，人口近30万，居民以汉族居多，少数民族有回族、满族、蒙古族、畲族等，共有518人。少数民族除回族为明代迁徙而来外，其余俱为改革开放随着经济发展或婚配、或工作调动而迁至本县。本县融合了多民族文化，共同繁荣发展。

早在一万年以前，人类的祖先就在这里劳动、生息。中华民族始祖炎帝神农氏在这块土地上完成了人类历史上从渔猎到农耕、从游牧到定居的伟大变革。这里“与天为党”，居高设险，关山伟固，表里山河，自古为兵家必争之地。数千年来，一幕幕征战话剧在这里上演。殷商时期，这里为黎国。西周时“西伯戡黎”，黎归周所有。战国时，韩、魏、赵三家分晋，为韩所辖。秦王政十一年（公元前236）发动长平之战，秦攻占其地，置上党郡。东汉建安十一年（公元206），曹操出邺城，登太行，夺壶关，灭高干，其地归魏。南北朝时，这里先为匈奴贵族刘渊建立的前赵所有；后为定居上党的羯族石勒建立的后赵占领。公元386年鲜卑族慕部首领慕容永（即西燕皇帝）进据上党郡，以此为都。唐明皇李隆基登基前曾任潞洲别驾，在上党居住三年养精蓄锐,回长安后一举夺得皇帝宝座。潞洲成了他发迹之地。唐李儇宗被黄巢赶出都城长安后,任用沙陀族头领李克用击败黄巢。李克用父子在潞州与后梁帝朱温等展开了20年的拉锯战,最终由其子李存瑁在潞州三垂岗发动夹寨之战,最终消灭了后梁,建立后唐。宋朝建立后把潞州作为军事战略要地。明朝永乐六年至九年,沈简王朱模于潞州建藩国,筑皇城。朱模死后葬于本县北呈乡东北,并安排居民看守,这就是后来繁衍数代逐渐形成的东坟、西坟两村。明嘉靖八年(1529)取"长治久安"之意,置长治县,沿用至今。1972年11月,县治从长治市内搬迁至羊头岭下的韩店镇一带,开始建设新县城。

抗日战争胜利后,著名的上党战役在这里发起,刘、邓前线指挥部设在本县苏店镇北天河村。上党战役拉开了全国解放战争的序幕。战争给长治县造成了累累创伤,也锻造了一批批共和国卫士,铸就了团结奋进的太行精神。抗日战争、解放战争、土地改革、社会主义建设,随着时代与社会不断发展、不断丰富、不断更新,使长治县的历史文化积淀更加浓厚,在社会主义建设时期得到新的升华,在改革开放年代得到新的发扬。长治县历史文化体现了团结统一、爱好和平、勤劳勇敢、自强不息的民族精神。

## 戏曲调查

1988年4月,政协长治县第十三届委员会责成文史资料委员会,对长治县的戏曲发展进行了深入调查。在本县,影响最大的是上党梆子、上党落子、干板秧歌和潞安鼓书。本县的红专剧团演唱上党梆子,红旗剧团演唱上党落子,而在县境内影响极大、群众喜闻乐见的干板秧歌,由于时代的变化,干板秧歌剧团已在本县解体,不复存在。

上党梆子形成于泽州,清初传入本县,上党梆子在其发展过程中,形成了"州底"和"潞府"两大流派。"州底"派流行于原泽州府管辖的晋城、高平、阳城、陵川、沁水5县。"鸣凤班"及后来的高平"三乐意"(俗称东宅戏)、"万亿班"都属此派,其特点是比较稳重委婉,抒情性强。"潞府"派流行于隶属潞安府的长治、长子、襄垣、屯留、黎城、潞城、壶关、平顺8县和原沁州管辖的沁县、武乡、沁源3县,特点是更显豪放。最早的有代表性的班社有"三义班"、"乐意班"等。"三义班"比较灵活,唱岳家将戏多;"乐意班"格律比较严谨,唱杨家将戏多。

长治县戏曲形成一定气候应该追溯到清道光15年(1834年—1835年),由长子人李祥林在太义掌成立同乐会,开始以唱干板秧歌为主,后逐渐改唱上党落子,主要剧目有《精忠报国》、《访昆山》、《五丈原》、《雁门关》、《白虎鞭》、《伍子胥出樊城》等,主要活动于潞安府以及河南、河北等地。南泉庄天成班,清光绪23年(1907),班室以演潞安秧歌为主,演出剧目主要有《望月楼》、《大团圆》、《金镯玉环记》、《访江南》等,主要演员有陈金贵、郭计全、杨双保,主要活动在潞安府各地区,1953年停演。

荫城火星剧团在今王坊村成立,由30人组成。王定忠任团长,阎兴则、崔消气任副团长,主要演员有张金刚、杨保则、郭起胜等,演出主要剧目有《劝荣华》、《双转意》、《夺秋魁》、《义恩缘》、《岐山脚》。《岐山脚》中王定忠扮演的赵公明"要牙"声蜚三晋、名噪冀豫,堪称一绝。1948年剧团搬至桑梓小池上,又排练了现代剧《赤叶河》、《金不换》、《春生结婚》等。杨爱华等一批女演员初露头角。1951年秋,"胜利"、"建国""光明"三个剧团整顿,胜利剧团调专署,"建国剧团"改为"建设剧团"。1954年,长治县和潞城县合并为潞安县,成立了潞安县人民剧团戏剧总团,下设三个分团,"建设剧团"为第一分团,专演上党梆子。这时主要剧目有《小二黑结婚》、《人往高处走》、《五十块钱》、《中秋之夜》等现代戏，还继承排练了《天波楼》、《访永宁》、《天河配》、《杨八姐游春》等传统戏。1957年秋，剧团东进邯郸，演出剧目有《卓文君》、《薛刚反唐》《黄河阵》等。宋大胖在《薛刚反唐》中饰演薛刚，性格鲜明，嗓音豪放，功底扎实，吐字清晰，感情充沛，给河北人民留下了深刻印象。

1958年7月，“建设剧团”改为“红专剧团”。剧团整顿后编排了赵树理的《万象楼》、《石子河上的英雄》和新编古装戏《麟鹤屏》、《荆紫关》等。上党梆子有独特的艺术风格，能给人明朗、清晰美的享受。上党戏的最大特点是豪爽奔放、善于讴歌英雄豪杰，表现朝代史实，而这也正好和太行人民骁勇强悍、不畏权势、爱憎分明的性格和民风浑然一体。

1976年，粉碎“四人帮”后，重排传统剧《麟鹤屏》、《杨八姐游春》、《义恩缘》、《黄鹤楼》、《小刀会》、《十五贯》、《宝莲灯》，涌现出了马树红、冯双明、王玉英、赵宏斌、王水秀、张书堂等优秀演员。1988年，红专剧团参加了山西省在晋城举办的振兴上党梆子调演，所带剧目为新编历史剧《西施》，演出轰动了泽州。《西施》一剧获综合治理大奖，同时获创作、导演、音乐设计、舞美设计4项大奖。崔婵娟获主演金牌奖，贾庆艳获配角金牌奖，李学斌、袁有顺、黄金元、马树红获得配角银牌奖，陈志平获配角铜牌奖，周海根（特邀）、侯秀林获灯光艺术设计、舞美效果奖。调演归来，县政府为其举办了庆功会，长治市劳动委员会为剧团荣获一等功。崔婵娟、贾庆燕荣记个人一等功，给其他获奖人员分记二等功。是年，在山西省青年演员“杏花奖”广播大赛中，崔婵娟又摘取“杏花奖”，徐步强获音乐设计奖。

长治县除“红专剧团”等专业剧团外，还有不少业余演出剧团，影响较大的有东呈上党梆子剧团等。

红专剧团团长王二秃于1963年政协长治县委员会五届二次会议上，增选为政协常委；崔婵娟于1988年当选为山西省人大代表，于1999年被省戏剧家协会授予“跨世纪新星”称号。

长治县红旗剧团，其前身是八义镇八义村组建的秧歌剧团，后改唱上党落子。红旗剧团于1964年2月解散，1979年后重新组建。李保珠复任团长。李保珠任团长期间，曾于1961年和1963年分别当选为政协长治县委员会第四届、第五届常务委员。

此次调查承前启后，有益于在新时代保护戏曲文化，促进戏曲事业发展。调查结束后，文史资料委员会将此次调查结果整理成文，部分文章编入《长治县文史资料》，部分文章作为历史资料交与县志办。

## 寺庙文化遗产调查

2003年，县政协十三届委员会加强了文史工作研究，成立了以政协主席傅永祥，副主席李志文，委员赵银虎、王树芳等新组成的《长治县文史资料》编委会。为了使本县寺庙历史文化遗产较好地保留、传承下去，使宗教文化为社会主义服务，为建设实力、和谐、富裕、文明的新长治县服务，本着抢救、保护、传承之原则，县政协特邀请原政协主席贾圪堆等，组织力量，对寺庙历史文化进行了全面调查、挖掘和整理，以达到存史资政、昭示后人、服务社会之目的。原政协主席贾圪堆多次深入全县各地，走访调查，实地考察；反复查阅资料，认真研究论证，终于完成了这一任务。

长治县地处上党腹地，历史悠久，源远流长，是中华民族发祥地之一。本县历代所创建和重葺的各类寺庙数量颇多，既有佛教的寺庵庙院，也有道教的宫观庙阁，还有儒教的庙坛祠殿，更有一大批民间群祭群祀的俗神、杂神庙堂。这些建筑,有的历代多次重葺重建;有的历经沧桑,甍断瓦破,墙倾垣圮,栋折榱崩;有的早已坍塌、焚毁、拆除,不复存在。长治县的寺庙建筑创建最早、年代久远的当为北魏永平年间创建的内王宝云寺;规模宏大、香火旺盛的首推西燕慕容永时期修建的五龙神庙宇;工艺精湛、保存完好的应数历代皆有修葺的南宋玉皇观;影响较大,游客如云的莫如天子岭上的天下都城隍庙。而村镇中历代寺庙建筑最多的是荫城、南宋、八义、韩店、东和、寺庄等地。从北魏到明清,全县境内的佛寺建筑大约有上百座,比较有代表性的有:位于荫城镇鸡山村(现更名为藏龙村)王帽顶上的宝云寺;位于苏店镇看寺村创建于唐太和年间(827—835)、宋熙宁三年僧贞玘重建、元至顺三年(1332)重修的正觉寺;位于西火镇西峰山中的翠岩寺;位于苏店镇北天河村的交光寺;位于荫城镇李坊村的洪福寺。荫城镇历为上党名镇,各种寺庙建筑不仅数量多,而且规模大,庵、观、寺、院样样齐全。寺庙作为宗教活动的集体场所,旧时讲经、传道、修身、养性、求神、还愿、开光、朝拜、祭祀、庙会等宗教活动相当频繁。这些宗教活动,既有消极、愚昧、麻痹人们精神的一面,也有劝人积德行善、追求自由永恒、活跃生活情趣的一面。它同科学及哲学、文学、艺术等社会意识形态相结合,形成的特殊社会文化现象,是本县历史文化的一个组成部分。

本县寺庙有着丰厚的文化积淀和思想内涵,是一笔极为珍贵的历史文化遗产。精湛的建筑结构,是历代劳动人民和建筑工匠经过长期实践,不断总结、完善、创新而逐步形成的,是聪明才智的综合结晶,是外观形象、内涵思想、环境文化、审美趣味的和谐统一;鲜明的建筑装饰,不仅表现了完整的形式美,而且还寓寄着丰富的思想内涵,充分反映了各个不同时期人类物质生活、思想意识、文化信仰及祭祀活动;丰富的楹联诗文、珍贵的书法刻石艺术,凸显了浓郁、感人的文化氛围,表现了厚重的文化传统和影响力。

由于历史的原因,长治县的大部分寺庙被拆毁,一些保留下来的需尽快维护修葺。党的十一届三中全会以来,随着大改革、大开放格局的形成,中国文化重新呈现出百花齐放、多元并存的繁荣景象。长治县的寺庙作为历史文化遗产得到人民政府和广大人民群众的重视和保护。尤其是随着旅游产业的迅速兴起,寺庙古建筑作为非常珍贵的文化遗产,作为内涵丰富的人文景观,被直接派上了用场。县委、县政府及文物旅游部门对县境内现存的一些损坏严重、岌岌可危的寺庙及时进行维修抢救;把一些文物价值高、文化内涵丰厚、可供游人观赏的寺庙,列为旅游开发重点项目,聘请专家规划设计、恢复原貌。另外,还有不少有识之士,纷纷慷慨解囊,捐款捐物,自发对一些有一定影响的古寺古庙进行修复。此次调查,摸清了家底,有利于进一步抢救、保护、修葺、开发、利用本县的寺庙文化遗产。

调查结束后,原政协主席贾圪堆对调查资料认真整理,编著出版了《长治县寺庙史话》一书。

## 潞商调查

2006年5月,为了抢救潞商文化,弘扬潞商精神,以潞商精神促进本县的经济发展,县政协邀请县志办的冯龙珍、屈国青、成军飞等组成了潞商调查组,对本县潞商进行了全面调查。调查组走遍了明清时期遗留下来的深宅大院,走访了对潞商历史了解的老人,查阅了大量的文档卷宗,对本县的潞商历史及文化有了进一步的了解。

长治县历代与州府同治,其特殊的地理位置与深厚的历史文化,造就和培养了一大批具有卓越贡献的潞州商人,其最有代表性的莫过于“铁府荫城”。古时,潞州以荫城为中心,辐射晋城、阳城、高平、壶关等多乡镇的铁货,其铸造历史悠久,源远流长。战国时,这里的适用铁制品已经很丰盛。秦朝时,这里的采煤、冶炼已初具规模。汉唐时，潞州已用铁铸钱造币。清朝至明国年间，荫城铁货发展到鼎盛时期，“荫城铁水奔流全国”，铁货交易年均一千余万两白银。荫城镇成为闻名遐迩的商业名镇。由于荫城铁货带动了周边村庄商业发展，西火、南宋等村镇商人多与经营铁货有关，涌现出了经坊陈慎德、南宋秦氏家族、苏店张氏家族等一批长治县潞商。县政协潞商调查组在调查中除调查长治县潞商的商业历史和建筑外，还总结分析了潞商的经营之道和经营理念，对长治县未来的经济建设及发展提出了值得借鉴的经验和教训，对长治县新潞商的思维理念注入了文化活力。

此次调查结束后，县政协将调查结果整理成书，编辑出版了《长治县潞商》一书，受到了广泛好评。

## 第二节　建　议

### 南宋玉皇观五凤楼维修建议

1984 年 4 月 15 日，县政协与县文化局共同就本县南宋村玉皇观五凤楼维修问题进行了协商，并向县政府提出了维修五凤楼的建议。

长治县南宋玉皇观五凤楼，系我国明代建筑，整个建筑全用木制构件套制而成，通高 20 米，五重檐歇山顶，上复琉璃瓦，外观雄伟，结构为我国现存不可多得的古代木构建筑之一。在漫长的历史岁月中，由于风雨侵蚀，加之年久失修，其自然损坏较为严重，特别是三、四两层的假檐部分榫松动，廊坊歪斜，垂柱塌落，使这座雄伟的古代高层建筑大加减色。为抢救这一历史文化遗产，省文物局曾于 1982 年下拨维修经费 1 万元，鉴于工程量太大而维修经费太少，而又一时难以物色维修工匠，故这项工程就一直搁置下来。1984 年省文物局从实际出发，又追加五凤楼维修经费 2 万余元。经过反复慎重勘测分析，实施开工维修刻不容缓。此次维修五凤楼要在不失其明代建筑结构特征的前提下，能就则就，能补则补，确已损坏，原样更新；重点放在三、四两层假檐的更换、抬平和榫口的紧固方面，复修之后，保证达到不走原样，坚固持久，线条清晰，棱角分明。同时在揭瓦时必须做到灰泥填足、摊平、抹光，以利散水，既美观又耐用。

此建议呈送县委、县政府后，县政府当即给予批复。维修工程于当年 5 月开工，当年 10 月底竣工。维修结束后，县政府勒石以记修缮之事。此次维修，加固了五凤楼，保护了文化遗产，为后来申报评定市省级文物保护单位、国家级文物保护单位奠定了基础。

### 开展全民读书活动建议

1989 年 11 月，年已 80 余岁的长治市民革副主委、县政协副主席胡纪道，给政协寄来一份建议案，建议在全县各级学校开展一个以“校友会”为中心的全民读书活动，以培养青少年的学习兴趣，以提高广大人民群众的文化素质。

所谓"校友会",是以各类校为基点,吸收社会上离校从业人员,组成"校友会"。胡纪道认为,利用"校友会"这种形式开展读书活动的好处是:

第一,易推行。我国各级各类学校,遍布全国各个角落,学校附近的多数人大都是从这个学校里走出来的。所以,既有旧时师生之情谊,又有重温在校昔日之余热。校内校外相通。书本知识与实践的结合必然会形成一个教者诚,学者顺的局面。所以此法易推行,效果好。

第二,见效快。教师和校友同居一地,比邻相望,对开展教育活动十分方便,较以往组织扫盲队、办培训班来的快,收效大。

第三,成果大。"校友会"是国内外各级学校通用的组织形式,具有联络感情、砥砺品德、砥砺学问、互助合作的优良传统,既可以把社会上的闲散人员吸收到正道上来,安定社会秩序,又可通过读书活动,培养造就一批人才,为科技兴农铺通道路。

组织"校友会"开展群众性的读书活动,是抵制"六害"使青少年走向成才道路的一个重大措施,也是维护治安,为两个文明建设造就人才的捷径,大力推行很有必要。为此,胡纪道提出了三条措施:一是组织"校友会",首先应拟定章程,内容含有宗旨、组织程序、学习开展方法等;二是"校友会"组织设会长一人,副会长、顾问若干人,以学校领导、当地党政领导、资深校友、地方名人等组成,以学习组具体领导学习;三是学习方法,应本着不违农时,配合生产,以自学为主,自选所需教材,结合生产业务学以致用。

巴西华人周尚夷先生说:"未来的世纪是中国的世界,但在走向未来的道路上,要时刻重视对人的教育。"胡纪道关于以"校友会"为中心开展全民读书活动的建议,受到县政协的高度重视。呈报县委、县政府后,拟定读书方案,开始在全县开展全民读书活动。

## 雄山翠岩寺风景旅游开发建议

1994 年 11 月 12 日至 26 日,县政协组织部分政协委员和有关部门的工作人员,对本县的南宋五凤楼、原家庄泰山圣母庙、八义鹞子山、大峪关帝庙明代壁画等古迹进行了全面细致的考察,向省政协及有关部门呈送了《长治县旅游资源初探》的调查报告。在考察中,特别是西火镇西火村的翠岩寺,因其特殊的历史文化遗产,引起政协委员的极大兴趣和关注。翠岩寺为宋代建筑,坐落在西火村西 2 公里的雄山脚下,由于历史的原因,翠岩寺基本不复存在,只留下残墙断壁。漫步废墟,残垣断壁的正门匾额上,苍劲有力的"翠岩古刹"四个大字,半截石刻"造极"的沙石门匾横卧瓦砾,现还剩三层"藏经楼"完好无损。翠岩寺三面环山,古松柏繁茂,清泉流水,地居幽静,可谓"春来花满山,秋至野果香,清泉溪中流,云雾绕山转",四方香客慕名而来,香火极旺。西火村村民一直有重建翠岩寺的愿望。县政协通过与文博馆等方面的有关人士研究论证,认为其具有较高的开发价值,提出了《雄山翠岩寺风景旅游开发建议》。此建议提出后,得到了西火村村民的大力支持。县政协通过多方联系,同新华社中国图片报驻山西工作站协商,签订了合作开发协议。

## 建造“潞府酿造厂”建议

为了把本县生产的熏醋系列产品打入外省市场，政协副主席、工商联会长张守孝于1994年5月参加了河南辉县市召开的人才技术交易会。通过市场调查，发现本县酿造的熏醋系列产品，在河南占有一定的市场份额。特别是柳林乡柳林陈醋厂生产的“喜林牌”老陈醋，色泽乌红而澄清，酸绵而不涩，芳香而微甜，具有调味、清食、健脾、和胃、杀菌之功效，很受群众欢迎。回来后，他向县政协提出在辉县市建立“潞府酿造分厂”的建议，转送县委、县政府后，得到高度评价，认为这一建议既有助于扩大本县的影响力，有利于帮助农民致富，同时也是本县传统醋文化的继承、传播和发展。经过联系，此建议亦得到辉县市政协、工商联的积极响应和辉县市委、市政府的大力支持。经过可行性论证，双方签订了协议，开始着手筹建“潞府酿造分厂”。

## 旅游开发建议

2001年，长治县委、县政府提出了“五年实现双翻番，再造一个长治县”的发展目标，围绕“经济结构调整、经济体制改革、小城镇建设、旅游资源开发”的战略部署，成立了旅游开发领导组，专门负责本县旅游开发的组织、指导、协调、实施等工作。为了发展本县的旅游业，挖掘本县的旅游资源，做好旅游开发的前期规划工作，使本县的天下都城隍庙、五凤楼、首阳山、慈禧故居等一批各具特色的自然景观和人文景观逐渐得到开发，2002年7月，政协主席贾圪堆根据本县悠久的人文历史、丰厚的文化积淀和独具特色的自然景观、民俗风情，撰写了题为《精心打造，联手开发，整体推动，突出特色》的旅游开发建议，提出了本县旅游开发的指导思想和思路，确立了“精心打造，合理规划；资源共享、联手开发；点面结合，整体推动；提高品味，突出特色”的32字发展原则，建议将全县旅游资源确定为炎帝太行寻踪游、宗教文化探秘游、名人故里勘证游、雄山陶水观光游四大旅游主题，先从“单项游、观光游、便捷游”起步，然后向“综合游、休闲游、度假游”过渡，逐步做大做强旅游这一朝阳产业。此建议经政协常委会研究后，报送市政协和县委、县政府，并在8月6日的《长治县报》发表。此建议引起了社会各界的广泛关注和热议。长治县委、县政府根据此建议，多方征求意见，决定把黎都公园建设作为带动全县旅游开发的“龙头”工程来抓，以此促进全县旅游资源开发工作步入快车道。

# 第九编

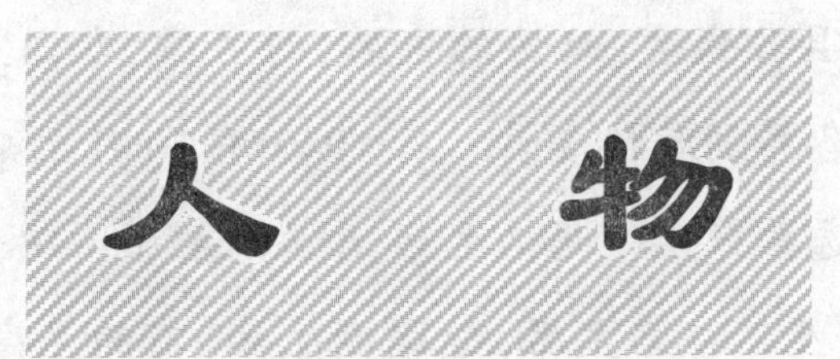

本志收录人物为本县各代会、政协的主席、副主席、办公室主任,同时收录部分在本县有影响的社会各界别政协委员。从1949年10月至1954年7月,据不完全统计,长治县各代会选举产生了两名主席、6名副主席;从1957年5月到2010年底,长治县政协选举产生了9名主席、22名副主席。有的主席或副主席因缺乏个人资料,无法收录,故不再记入本志。

# 第一章 人物传记

## 第一节 各代会、政协机关干部

### 朱培荣

朱培荣(1927—1988),政协第八届长治县委员会主席。男,汉族,武乡县韩北乡乔南村人,初中文化,中共党员,1943年3月参加工作。先后任南山大编村武委会主任、长治市公安局警察、忻县军分区、定襄武装部干事,忻县、岚县、五台县人武部科长,保德县人武部部长、政委,长治县革委会主任、副县长、政协主席。

### 史中和

史中和(1918.10—1990),政协第七届长治县委员会主席。男,汉族,沁源县灵空山镇下兴居村人。1937年8月在沁源县牺盟会参加革命工作,12月在山西省青年决死三中队任战士、班长、管理员;1942年在沁源加入中国共产党;1945年在沁源县三区任区委委员;1946年调沁源县五区任区委书记;1950年4月调高平县三区任区委书记;1952年7月任高平县工会主席;1954年8月任高平县人民政府副县长;1958年11月调晋东南专署地质局任党委副书记、副局长;1959年8月调晋城县人民政府任常务副县长;1962年复调高平县人民政府任副县长、县委常委、工业部长;1966年12月任高平县委常委、县革命委员会副主任;1971年调长治县任县委常委、革命委员会副主任,期间,参与和领导了长治县化肥厂、齿轮厂、起重设备厂、洗衣机厂、经纺煤矿、王庄煤矿等厂矿建设和改造,经坊煤矿铁路专用线设计和筹建工作,为长治县工业发展做出了一定的努力和奉献。1981年任长治县政协第七届委员会主席。1984年9月离休,1990年去世。

### 范任卿

范任卿(1922—2010),原名范锡奎。政协第一届长治(潞安)县委员会主席(兼)。山西黎城县人,1942年加入中国共产党。

1940年秋，参加工作任黎城二区建设助理员；1942年9月任黎城县政府看守所所长；1944年秋，任黎城一区副区长、区长；1947年9月任长治市二区区长；1950年春，任长治市工商局长；1951年秋，任长治市政府副市长；1952年至1965年先后担任长治县政府县长、潞城县县委书记、屯留县县委书记；“文化大革命”中被夺权，1971年至1975年任长治县委副书记、革委主任、县委书记；1975年任交城县委书记，1977年任吕梁地委财贸部长；1980年任吕梁地委副书记。

## 王林堂

王林堂(1922—?)，长治县第一届各界人民代表会议主席(兼)。男，汉族，山西省黎城县人，1939年加入中国共产党，高中文化程度。

1937年参加工作，在黎城牺盟会游击队任政工员；1943年至1947年先后任黎城三区区长、黎城二区区委书记；1952年至1955年10月任长治县委书记、武乡县委书记；1955年4月至1961年9月任忻县地委农工部部长、雁北地委农工部部长；1961年9月至1962年9月任忻县地委书记处书记；1962年9月至1966年7月省委农工部处长；1971年3月至1978年9月任晋东南地委常委、副主任；1978年9月任晋东南地委、行署常委、副书记、副专员。

## 师丕珍

师丕珍(1919—？)，长治县第二届各界人民代表会议主席。男，汉族，1919年7月生，山西长子县西堡头乡善村人。1939年1月加入中国共产党。1938年4月参加工作，先后在壶关县牺盟会、潞城县牺盟会任秘书、科员等职；1942年至1946年任壶关县一、二、四、五区副区长、区长；1948年至1951年任黎城县政府副县长、县长；1951年6月至1954年7月任长治县县长、县委书记；各代会主席，1954年任长治市市长；1956年任山西省建设厅秘书长、党组书记；1958年至1967年，先后任晋东南专员公署副专员、统战部长；1970年至1976年任晋东南地区电业局副书记、主任；1977年12月后任晋东南地区革委副主任；1978年11月任晋东南行署副专员。1986年离休，先后担任省、地、市老年体协副主席、主席、顾问，市关心下代工作委员会副主任，市直老干部党委会副书记。

## 宋务迪

宋务迪(1921—？)，政协第三、四、五届长治县委员会主席(兼)。山西省长子县西王坡人，1938年10月参加工作，同年加入中国共产党。1939年任屯留牺盟会训练班指导员；1947年5月任长治一、四区监委会书记；1948年10月任沁源地委党校支部书记；1949年任长子县委宣传部长；1952年任长子县委副书记；1956年任长治地委、纪委书记、长治地委宣传部副部长；1961年9月任长治县委书记、政协主席。

## 王化行

王化行(1908—1967.2),长治县第二届各界人民代表会议副主席,政协第三、四、五、六届长治县委员会副主席。乳名秃孩,男,汉族,长治县工农庄人。民国24年(1935)太原师范毕业,受聘担任县城第一高等小学教师。民国29年(1940)在国民党长治县三区(荫城)当文牍员。次年,只身投奔驻平顺的长治县抗日民主政府,从事抗日工作。1932年,被选为晋、冀、鲁、豫边区参议会参议员。1945年解放后,担任县第三高小(东和高小)副校长;1947年土改中被遣返回村。后落实政策,恢复其教职工作,先后在县第二高小、第三高小担任副校长;1958年县、市合并后,任长治市第三中学校副校长;1961年任长治县副县长。相继担任长治县各界人民代表大会常务委员、副主席,潞安县政协副主席,长治县政协副主席、政府副县长等职;曾任三、四、五、六届长治县人大代表。

"文化大革命"中被批斗。1967年2月23日(农历正月十五),含冤离世,享年59岁。

## 郝保兴

郝保兴(1919.7—1988),政协第七届长治县委员会副主席。男,汉族,山西省壶关县人,1938年加入中国共产党。

1934年参加工作,1938年任南阳护村武委会主任、村长;1942年任壶关县二区区干队队长;1944年任壶关二区区长;1949年调任潞城县二区区委书记;1952年任潞城县副县长;1953年任平顺县副县长;1955年至1958年任壶关县副县长、县委副书记,1965年任长治县四清工作团团长;1967年被扣上"走资本主义道路当权派"的帽子,停止工作。

1971年平反后,恢复工作,任长治县造纸厂书记;1977年任长治县农业局书记;1979年调入县委,任落实政策办公室主任;1981年至1984年任长治县政协副主席。

## 李树德

李树德(1933—1998.9),政协八、九、十届长治县委员会副主席。男,汉族,山西屯留县吾元镇人,中共党员,1951年参加工作。1951年至1957年在行政干部学校任教师;1957年至1958年在屯留县委工作;1958年至1963年在晋东南地委工作;1963年到长治县工作,历任苏店、西池公社党委书记,县政府办公室副主任、县委党校常务副校长、县委统战部长、县政协副主席等职。1992年主持政协长治县第十届委员会日常工作。

## 胡纪道

胡纪道(1909—?),政协第七、八、九届长治县委员会副主席。男,汉族,湖北省仙桃市人,大学文化程度,1949年参加工作。曾在部队学校任军事教员,副科长,长治县财政局副局长,县政协副主席,民革山西省委员会委员,民革长治市委员会副主委。

## 裴成业

裴成业(1918——?),长治县第二届各代会副主席。长治市人。1938年参加工作。历任主要职务:长治县第一高小校长,长治市一中、二中、三中、七中副校长。

## 郑兆兰

郑兆兰(1905—?),政协潞安县第一届委员会副主席。山西省潞城市人。毕业于长治第四师范学校。历任主要职务:潞安中学副校长,潞安县西白兔学区联合校长,潞城县副县长,潞安县政协副主席。

## 张志恒

张志恒(1929—?),政协第七、十届长治县委员会副主席。男,汉族,河北省蒿城县良村人,民主人士。1946年在石家庄市华丰裕当学徒2年,后返至塔无庄学校读书,1949年在石家庄公义兴汽车厂学习修理,1951年后到蒿城瑞华、信恒制棉厂工作。1953年调阳泉三泉矿业社工作,1956年调长治县荫城矿机厂,长期负责产品研制开发工作。1964年在引进技术的基础上,带领工人制造出“荫城号”打井机,受到了国家农机部、水电部、二轻部的联合表彰,荣获技术革新二等奖。1962年8月当选为政协第四届长治县委员会常务委员,1963—1965年连任政协五、六届长治县委员会常务委员。1966年,当选为长治县第六届人民代表大会代表。1973年,调长治县化肥厂工作,任技术员,副厂长。由于工作认真,注重技术革新,曾多次评为先进工作者,并出席省、市、县劳模表彰大会。1980年,当选为长治县第七届人民代表大会代表,1984年9月当选为长治县人大常委会副主任,1987年8月当选第九届政协副主席,1990年连任政协第十届政协副主席。

张志恒从生产第一线来到政协机关,职务虽变,但艰苦奋斗本色不变,以饱满的热情投入到政协工作当中,认真学习,积极开展工作,为搞好政协工作,作出了应有的贡献。

## 张 汉

张汉(1920.3—？),政协第八届长治县委员会副主席,男,汉族,山西沁水县郑庄镇南郎必村。

1938年在五专署民运科工作;1949年到1953年先后在沁水县郑宏联校、县第一高小任教;1952年至1953年6月在山大师院理化专科学习。1953年7月至1963年8月在高平县一中任教师、教导副主任;1963年9月至1965年8月在晋东南地区教育工作组工作,1965年9月至1984年长治县一中任教导副主任。1981年至1984年9月当选政协第七届长治县委员会委员,常务委员。1984年加入中国共产党。

张汉同志几十年如一日,忠诚教育事业,工作兢兢业业,认真负责,谦虚谨慎,艰苦朴素,深受教师和同学们的爱戴,他多次为湖北黄冈,山西沁水等灾区捐款1500余元,帮助灾区重建家园;还自费300余元购置图书,办起了法律咨询服务站,深受群众欢迎。

## 郭树清

郭树清(1934—1993),政协第八届长治县委员会常委,办公室主任。男,汉族。长治县荫城人,1951年参加工作,中共党员。

历任韩店中学团委书记、荫城公社主任、中村公社书记、县社队局局长。

## 崔风鸣

崔风鸣(1930.7—1996),政协第七届长治县委员会办公室主任。男,汉族,中共党员,长治县北呈乡北岭头人。

1946年参加中国人民解放军历任通讯员、重机枪手、班长、火力排排长,1948年加入中国共产党,曾参加淮海、渡江、华中等战役,后随部队挺进大西南,并多次立功受奖。1949年选送到第六步兵学校学习;1952年毕业后分配到四川省江津县人民武装部工作,授中尉、上尉衔;历任助理员、区武装部部长,副政委等职;1976年转业回地方工作,任长治县化肥厂总支副书记,1981年4月任长治县政协办公室主任。

崔风鸣在部队期间,英勇善战,多次受到部队嘉奖;转业后继续发扬光荣传统,勤奋工作,努力进取,在平凡的工作岗位上做出了优异的成绩。

## 第二节 其他各界人士

### 张海棠

张海棠(1921.12—1984.4),政协第七、八届长治县委员会常务委员。女,汉族,长治县韩店村人。1947年加入中国共产党,1949年3月参加革命工作。

1947年至1949年在韩店村委工作;1949年至1953年3月任第三、四区妇联委员;1953年至1955年10月在长治县妇联工作;1955年至1957年5月任晋城县妇联会副主任;1957年5月至1961年10月任阳城县妇联会主任;1961年10月至1973年6月任长治县妇联会主任。

### 段永江

段永江(1932.3—1985.11),政协第七、八届长治县委员会委员。男,汉族,山西省武乡县上司乡张庄村人。1958年加入中国共产党,大专学历。

1955年在山西省教育学院毕业后,由国家统分到长治县韩店中学任教。在他的悉心教导下,为本县培养了一批优秀美术人才,山西书画家宋富盛、民间艺术家冯文珍、军旅画家郭三则等都师出段门。1970年6月调入长治县文化馆从事美术工作。他的作品涉及广泛,如油画、版画、国画、书法篆刻、雕塑等,尤其擅长民间剪纸艺术,其作品多次在全国刊物发表、获奖,创作的《喜上眉梢》剪纸作品,被邮政总局收录并制成邮票发行;1981年被吸收为全国美术作家协会会员。

### 申安福

申安福(1926—1988),政协长治县第七、八届委员会常务委员。男,汉族,长治县苏店镇辛庄村人,无党派人士。1942年毕业于省立第三联合中学高中部,1948年在西安绥署译电人员训练班学习,后任译电员。1950年在川南教导团学习;1950年至1952年在本县小宋村任小学教师。1952年至1956年先后在荫城完小、荫城职工业余学校任教。1956年9月,在韩店中学任教师,1982年至1984年任长治县进修学校副校长(主持工作),曾多次荣获地、县模范教师称号。

## 刘天顺

刘天顺(1901—1995),政协长治县委员会第七、八届常委。男,汉族。长治县西池村人,出身医药世家。15岁随父潜心钻研中华医学,20岁行医看病。1950年后,被推荐到长治三区中西医研究所工作,曾编写有《良方汇集》一书;20世纪60、70年代,先后在仙泉、荫城等社队医院坐诊。1995年3月病逝,终年85岁。县委、县政协等机关为刘天顺送了花圈,县、乡、村7000余人前去吊唁、挥泪送别。

## 高恩祥

高恩祥(1930—1996),政协长治县七至十一届委员会委员、常务委员。男,汉族,长治县郝家庄人,县民革主委,高级兽医师。

私塾毕业后,随父从事兽医工作,1945年上党战役期间曾随父为陈赓部队的战马医治弹伤、鞍伤,受到第二野战军的通令嘉奖。1948年进入北方大学兽医系进修深造,1950年以优异成绩毕业。

他在长治市、长治县兽医院工作40余年,1950年被省政府授予"技术革新能手"称号,1987年被评为高级兽医师。他多次受到市、县政府表彰,两次获国家农牧渔业部嘉奖;先后撰写论文20多篇,1993年撰写的《理法方药》一文获山西省星火科技论文奖。

他积极承担社会工作,认真组织开展长治县民革工作,高举爱国主义旗帜,积极参政议政,充分发挥了民主党派的作用。

## 陈　忠

陈忠(1934—2001),政协第八、九、十届长治县委员会委员。男,汉族,祖籍河南省。1948年来到长治县五区联诊所学医;1950年以优异成绩考入山西中医进修学校;1953年毕业后分配到八义乡卫生院工作,先后任医生、副院长、院长。他长期调查研究地方风土人情,生活习性,搜集民间偏方,精心筛选数十味中药自制丸、散、膏等,经临床应用明显效率在80%以上。他先后在上海中医、北京智力开发大学医疗系进修,曾在《中国中西医结合》杂志上发表《治疗类风湿性关节炎600例体会》等中医论文8篇。1978年调任长治县人民医院院长;1984年奉命筹建县中医院,先后设立了内、妇、儿、外、针灸等十多个科室,配置了放射、B超、心电图、血流变化验等医疗设备。1986年,陈忠被评为山西省劳动模范。

2001年,因病去世。

## 范 志

范志(1935—2008),(曾用名范河源),政协第七届至第十一届长治县委员会常务委员。男,汉族,长治县八义镇师庄村人。其父早年投身革命,曾任八路军武工大队政委,在抗战中不幸英勇牺牲。作为烈士遗孤,他化悲痛为力量,不断奋发向上,刻苦读书,以优秀成绩于1959年考入山西医科大学,从此抱远大理想,献身医学。1964年6月,毕业后分配在长治县人民医院工作。工作期间,刻苦钻研医术,不仅医术精湛,而且对待工作一丝不苟,尽心尽力,医德高尚,为本县首屈一指的外科大夫,被百姓誉为“外科一把刀”;对待邻里亲朋,乐于相助,凡有疾病赶来相求者,总是尽心为其诊断治疗,从无厌倦;后任长治县人民医院外科主任,副院长至退休。任职期间,先后多次获市县表彰;担任长治县政协七——十届常务委员期间,积极参政议政,为长治县的经济建设和卫生事业发展提出了许多宝贵意见和建议。

# 第二章 人物简介

## 第一节 政协机关干部

### 韩国华

韩国华(1932— ),政协第九、十届长治县委员会主席。男,汉族,武乡县涌泉乡祁村人。1949年9月武乡县师范毕业后参加工作。先后在武乡县斜道沟小学、东村小学任教。1952年8月调武乡县政府卫生科、人事科任科员,1953年9月25日,加入中国共产党。1955年8月后任武乡县窑上沟乡党委秘书、副书记。1958年3月调武乡县委办公室通讯组工作,历任干事、副主任、副组长。1964年12月任武乡县城关公社党委书记。1969年8月任武乡县民兵团政工组副组长。1971年5月任武乡县韩北公社党委委员、副书记,1974年3月任党委书记。

1975年11月任中共武乡县委副书记兼县纪检委书记。1983年6月调任中共潞城县委副书记。1987年8月调长治县工作,任长治县九届、十届政协主席。其间撰写了20余万字的调查报告、提案、建议案等,为长治县的发展起了极大的作用。1991年撰写的《科技要兴农,必先兴科技》一文,荣获了长治市科学技术协会一等奖。1992年5月,调政协武乡县委员会任正县级调研员。

1993年2月离休后,于1994年担任武乡县关心下一代工作委员会第一副主任、主任。期间,武乡县关工委被评为全省关心下一代十佳集体之一。他被评为全国、全省关心下一代模范工作者,省、市离休模范干部。

### 郝审成

郝审成(1940.3— ),政协第十一届长治县委员会主席。男,汉族,山西省浑源县人。1966年8月毕业于山西农学院,1966年9月参加工作。中共党员。

1968年8月至1970年1月在4589部队锻炼;1970年2月至1981年6月在长治县电炉厂工人、医生、办公室主任;1981年7月至1984年12月在长治县人事局任干事、副局长;1985年1月至1991年8月在长治县委组织部任副部长、部长,县委常委;1991年9月至1993年5月任长治县委常委、副书记;1993年6月至1998年5月当选政协第十一届长治县委员会委员、主席、党组书记。1987年以来，先后当选本县第六、七次党代会代表，长治市第五次党代会代表；长治县第九、十、十一届人大代表。2000年离任后担任政协第三届老委员联谊会会长。

郝审成同志数十年如一日，忠于党的事业，工作认真负责，谦虚谨慎，顾全大局，严于律己，多次受到上级党政部门的表彰。离任后，他仍然关心政协工作，关注社会热点，反映社情民意为社会和经济发展建言献策；他撰写的《长陵公路拓宽改造势在必行》的建议，得到县委重视，当年列为重点工程，为长治县的经济发展作出了贡献。

## 贾圪堆

贾圪堆（1946.2— ），政协十二届长治县委员会主席。男，汉族，山西省沁水县端氏镇人。中共党员，大学学历。1969年9月参加工作。1969年9月至1972年4月在长治县粮食局任干事；1972年4月至1975年5月任长治县革委业务组干事；1975年5月至1982年2月任中共长治县委财贸政治部、长治县财政贸易委员会科员；1982年2月至1984年11月任中共长治县委办公室秘书科副科长，中共长治县委办公室副主任；1984年12月至1997年4月任中共长治县委常委、县委宣传部部长；1997年4月至1997年9月任长治县县委常委宣传部部长、政协党组书记；1997年9月起不再兼任县委宣传部部长之职；1998年5月任长治县政协主席、党组书记；政协长治市第九届、第十届委员会委员，长治县第七至十二届人民代表大会代表。

贾圪堆熟悉县情，了解民意，有较丰富的基层工作经验，有较强的写作能力和理论功底。他长期主管宣传工作、意识形态工作和分管文教卫生、体育、计划生育等项工作。他工作求真务实、开拓进取；作风正派、团结民主；道德品行端正、政治坚定。他主编和参与编写出版了《爱我中华、爱我长治》、《法学大要》、《民间故事集成》、《长治县寺庙史话》等书籍，曾先后被评为山西省宣传思想先进工作者，山西省德育工程建设先进工作者，山西省先进理论工作者。

2007年离任后，他接任县关工委主任、老年体协主席。他积极倡导在全县11个乡镇开展老年全民健身活动，获市委表彰；2010年当选为“三晋文化研究会”会长，深入研究，撰写文章，取得了优异成绩。

## 傅永祥

傅永祥(1953— ），政协第十三、十四届长治县委员会主席。男，汉族，山西省长治县人，大学学历。1971年2月参加工作，在本村学校任教，1972年10月加入中国共产党；1973年8月至1976年8月在山西大学读书；1976年9月至1984年10月历任长治县农建指挥部、落实政策办公室、文教部干事；1984年11月任长治县政府办公室副主任；1990年9月任长治县贾掌乡党委书记；1993年7月任长治县政府副县长；2003年6月当选为政协长治县委员会主席、党组书记。2004年5月增补为政协长治市第十届政协委员，后连任市政协十一届委员。

参加工作40年间，他喜好学习、勤于思考，参与《山西能源经济》一书编撰工作，多篇论文在国家、省、市刊物上发表；主持政协工作以来，先后主编刊印了《峥嵘岁月》、《潞商》、《历程》、《情系政协》等文史资料；并组织编写《长治县政协志》、《长治县人物志》，由山西人民出版社出版。

傅永祥多次受到上级党政部门表彰。1993年获市"爱国卫生先进工作者"荣誉称号；1995年获市"关心支持妇女儿童事业好领导"奖；1997年获市政府颁发的"农田水利基本建设先进工作者"奖；分管全县农业期间，长治县于1996年、1997年两度夺得全省农田水利基本建设"禹王杯"奖；1999年获市"无偿献血先进组织者"奖；他曾被省科委、省农牧厅授予推广农业科技"模范工作者"，被省农牧厅、省环保局授于治理环境"优秀工作者"；2000年获省环境整顿领导组颁发的"环境整治先进个人"奖；2006年，他担任长陵公路翻修总指挥，短短一年时间完成宽22米、长13公里的长陵公路翻修工程，得到省有关部门的表彰。2008年兼任长治县慈善分会会长，由于工作努力，促进了全县慈善事业工作的开展。2007年以来，他编写多篇政协社情民意信息，并认真指导编写人员，促进全县信息工作迈入长治市先进行列；2008年、2009年、2010年长治县政协荣获"山西省政协信息工作先进单位"称号。从2008年到2010年本人连续三年获得市政协信息工作"优秀组织奖"；2010年担任"天下都城隍文化旅游节"组委会主任，圆满完成了县委交与的任务。

## 王松保

王松保（1924.10— ），政协潞安县第一届委员会副主席。男，汉族，长治县西故县村人。中学文化程度，1941年参加革命工作，1942年2月在敌占区加入中国共产党，并在上级党组织的领导下，组成了抗日游击小组，成立了村党支部，积极进行抗日斗争。1945年5月，西故县村公开成立了抗日村政权，任政治主任兼抗日村长。1946年春，由二区区委借调到高河小区协助开展土改运动和组织发动大生产。1947年3月调二区区分委，同年7月长治县委、政府、县武委会组织全县民兵、民工1300余人编为作战团，随太岳四纵，陈、谢大军从洛阳、新安一带首渡黄河到豫西伏牛山一带参战，王松保任营教导员。迂回豫西战场和国民党王牌军胡宗南决战。胜利凯旋后，参加了三地委鹿家庄整党、整风工作；结束后调长治县荫城第四区工作，任区委组织委员，区委副书记。1949年2月调八义五区，任区长，同年9月又调回荫城四区，任区委书记。1951年9月带职到省委党校学习至1952年3月。"三反"运动后，任政府财委秘书、统计科长、县供销社主任。1955年任县委秘书，1956年任统战部长，县政协副主席。1958年8月调荫城公社任主任，1959年3月调韩店公社任书记。1961年任长治县财贸部长，1962年第三次调荫城任公社书记。1965年任郝家庄四清工作团团长，年底调任东和工作团任政委。1973年3月调县化肥厂任总支书记，1978年任县供销社主任，财贸部长。1982年任长治县人大副主任。

王松保从小家庭贫穷，上无片瓦，下无立锥之地，四处逃荒度日，深受旧社会三座大山压迫剥削。因为经历深重压迫，18岁参加共产党，经过党组织的培养教育，在战火中逐步成长起来。在几十年的工作中任劳任怨，吃苦在先，兢兢业业工作，全心全意为人民服务，坚持原则，维护了党的纪律和国家法律。

## 张金玉

张金玉(1929— ),政协七、八、九届长治县委员会副主席。男,汉族,初中文化程度,长治市人,1945年在荫城参加商业工作。1957年当选为政协长治(潞安)县第一届委员会常务委员,后又于1961年、1963年当选为政协长治县第四届、第五届委员会常务委员。1972年到长治县外贸局工作,1981年当选为长治县政协副主席。

## 李爱华

李爱华(1930— ),女,汉族,武乡县故城镇邵渠村人。14岁在信义小学读书,时任村公安员、儿童团团长;1946年任妇救会主席;1947年3月加入中国共产党,任信义村副村长;1948年秋调区妇联工作;1949年到二地委(左权地委)党校学习,是年秋,转文补校读书,毕业后调到长治县六区工作;1953年升任区团委书记、团县委组织委员,后任中苏友好农庄党委组织部长,县妇联副主任等职;公社化以后任高河公社党委副书记、副主任等职;1970年插队到韩店,插队结束后,任县计划生育委员会主任,县妇联主任;1981年被长治县第七届人民代表大会选举为长治县人民政府副县长;1985年当选为县政协副主席;1990年离休,同年担任县关工委主任。

## 花明新

花明新(1937.07— ),政协第十、十一届长治县委员会副主席。男,汉族,无党派人士,山西黎城县西仵人,高中文化程度。1959年9月参加工作,历任长治县一中(韩店中学)数学教师、教导主任、副校长、第一副校长和校长等职务,中学高级教师,1979年被评为山西省模范教师。1996年被评为省德育先进工作者和长治市"刘俊谦式的"好干部,三次被评为长治市先进教育工作者。曾任山西省八届、九届人大代表、长治市第八届、九届、十届人大代表、长治县1987年至2002年人大代表,1998年当选长治县人大副主任,至2002年3月届满。

花明新从事中学教学工作四十余年,始终在县一中工作,探索总结了课堂教学、班主任工作、学校管理等一系列方法和经验。1991年担任校长后,立足学校实际,积极探索新形势下教育改革的新模式、新途径。在管理上,率先在长治市实行了年级组长负责制,继而完成了以岗位责任制和教师聘任制为主的五制改革。并积极倡导以学生为主的教育模式,开展以自我教育、自我管理、自我服务为主要内容的学生自治自理活动;狠抓素质教育,实现由应试教育向素质教育的转轨,提出了对培养目标要以"三个一样"来对待,为人才的培养、社会的稳定、县域经济的发展,做出了应有的贡献。长治县一中多次受到县委、县政府的表彰和奖励,连续多年评为长治市教育工作先进单位,先后被评为山西省优秀示范校,山西省文明学校，山西省综合治理先进单位、山西省体育传统项目校等。

在担任县政协副主席期间，仍兼任一中校长，肩挑两副担子，社会活动多，负担重，但他积级参加多种社会考察、经济调研、参政议政等活动，以及与学校工作密切相关的民意调查、体育文化等社会活动，认真写提案，为参政议政做了大量工作。

## 张贵祥

张贵祥(1941.8— )，政协第十一届长治县委员会副主席。男，汉族，长治县东和乡西和村人。1961年8月韩店中学毕业，同年8月参加工作，在中国人民解放军长治县人民武装部任警通、文印、司务长等职；1966年3月调长治县人民委员会人事局任干事；1966年8月任长治县民政局干事兼会计；1967年7月调县革委核心小组机要室机要员；1968年7月调县革委政工组综合办公室任干事；1972年3月调任县革委知识青年上山下乡办公室任副主任，主持全面工作；1974年5月晋东南地区在长治县召开了知识青年管理教育工作现场会，交流推广本县经验；是年11月，天津市赠送本县北楼底知青点汽车1辆。1974年12月任司马公社党委书记；1981年1月任北呈公社党委书记，他结合当地实际，建成20华里长的速生丰产林带，因成绩突出，1983年被授予“省林业劳动模范”，奖励一级工资；1984年12月，任县供销联合社主任、党委书记；1985年4月，任荫城镇党委书记；1987年3月出席了华北地区在唐山市召开的小集镇规划建设座谈会，5月份出席了山西省在榆次市召开的小集镇规划建设经验交流会，作了大会发言；1987年11月任县计划委员会主任，并被推选为市计划委员会常务理事；1993年3月任县委统战部部长，并当选为县政协副主席。在担任政协副主席期间，积极建言献策，撰写提案和社情民意信息，如《创造条件，繁荣经济，起集开市，促进城乡贸易》、《黎都公园建设中的问题及对策》、《新农村建设中，应注重保护古树》等建议和提案被县委、县政府和省政协所采用，并多次被上级评为模范信息员。2000年9月退休后，被聘为长治县老年大学校长和县老年学学会会长。他领导的老年大学先后被列入市级示范校和省级示范校，主编的《黎都老年》成为全县老年人喜爱的刊物，受到全县各界人士的赞扬。

## 牛二锁

牛二锁(1941.10— )，政协第十二届长治县委员副主席。男，汉族，长治县西火镇平家庄村人。1959年8月韩店中学毕业后，考入晋东南工业技术学校。1966年12月毕业，分配到晋城县常村煤矿任采煤技术员，1971年调晋城县工业局任采煤技术员兼煤化科内务干事，1977年7月调长治县乡镇企业局任技术员，1980年任副局长，1984年任长治县政府副县长，1987年被选为县人大副主任，1999年当选县政协副主席至退休。

1975年在晋城县工业局工作期间，参加了山西省在汾阳县召开的地方煤矿改造研讨会，他以晋城县大阳煤矿的实例向会议作了小煤矿改造势在必行的发言，被省煤炭厅收集到《小煤矿改造》论坛汇编中。

1984年任政府副县长后，牛二锁分管煤炭、交通，除继续抓好重点煤矿改造外，还协助开通了贾掌乡北五村通往长治壶口的公路，同时重点抓了经坊煤矿的铁路开通建设。三下郑州，五跑新乡，克服困难，经坊煤矿铁路终于按时开通。1998年8月当选政协副主席后，积极建言献策，促进了政协工作的开展。

## 张守孝

张守孝（1942— ），政协第十一届、十二届长治县委员会副主席。汉族，大专文化，无党派人士，北京市良乡人。1962年北京电力学校毕业后，在北京国营507厂参加工作；1969年9月至1983年8月在长治县低压电器厂任技术员、工程师、副厂长、厂长；1983年8月调任县二轻局生产科科长、主任科员；1993年任工商业联合会会长、山西省工商联八次会议执行委员。在低压电器厂工作期间，亲自组织改型设计了XJO系统电动式自耦减压器；1976年，主持设计了县化肥厂供水系统自动控制装置；1978年参与设计了40多台（套）专用组合机床，并生产出首批拖拉机；1986年被县委、县政府授予“为四化建设作出突出贡献”先进个人；1980年协助县铸造厂对柔性机械接口煤气管道生产线进行了技术改造，获市科技进步二等奖。多次被评为省、市、县先进个人或劳动模范；曾当选政协长治市七、八、九届委员，长治县八、九、十、十一、十二届政协委员。

## 陈一评

陈一评（1946— ），政协第十一、十二届长治县委员会副主席。男，汉族，陕西省三源县人，中共党员，大学学历，工程师。1969年8月参加工作。1969年至1984年在长治电工设备厂工作，历任技术员、副科长、副厂长、厂长、书记；1984年6月至1987年任长治县经委副主任、经委主任、总工程师；1993年当选县政协副主席、任党组副书记。期间曾先后被推选为省六届人大代表，县九、十届人大代表；曾先后获省科技成果奖两次、地市科技成果奖三次，两次参加电工技术全国学术讨论会交流，有关论文多次在专业杂志发表，并获省优秀论文证书一次，获国家专利一项，立三等功一次。2007年离任后，积极参加老区促进会工作，参与编写了《红色记忆》一书。

## 傅怀珠

傅怀珠（1948.12— ），政协十一届长治县委员会副主席。男，汉族，长治县西苗村人。1962年因学校停办从长治市工读大学初中二年级肄业返乡务农，其间当过民办教师和工厂临时工。1979年被录用为文化员，1988年取得馆员（中级）技术职称。1992年任长治县文化馆副馆长。1994年晋级副研究馆员（高级）技术职称。1993年6月当选长治县政协副主席，1998年5月当选长治县政府副县长；2002年3月当选长治县人大副主任至2007年5月届满卸任。是山西省第八届、长治市第九、第十届和长治县第十一、十二、十三、十四届人大代表及长治市第八届、长治县第九、第十、第十一届政协委员。社会职务有山西省曲艺家协会副主席、长治市曲艺家协会和长治县曲艺家协会名誉主席等履职过程。

傅怀珠长期从事群众文化及文艺创作，其中尤以曲艺创作成就突出——潞安大鼓《醋为媒》、《九月九》、《拙老婆》、《小城变奏曲》、《不了情在歌声里》等脍炙人口，享誉曲坛，曾先后10多次在全国获奖；《新编珍珠倒卷帘》、《唱太行》、《水》等3部作品分别在1995年、2005年和2008年获得中国曲艺最高奖"牡丹奖"。1991年6月，中国曲协、山西文联和长治市文化局、长治市文联以及长治县委、县政府6家联合召开了"傅怀珠曲艺作品研讨会"，对其创作方向和艺术成就给予了充分肯定。他多次获得市、县劳模和特级劳模荣誉称号，三次荣记省级一等功，两次进人民大会堂接受表彰。2009年9月被评选为长治县首届"感动黎都"十大道德模范之一。

## 牛外则

牛外则(1953.4— )，政协第十二、十三、十四届长治县委员会副主席。男，汉族，长治县郝家庄乡任家庄村人。1970年12月24日加入中国共产党，1971年5月参加工作，大专学历。

1970年12月至1971年4月长治县郝家庄乡任家庄村供销社职工。1971年5月至1971年9月郝家庄供销社业务员。1971年10月至1977年12月屈家山公社团委书记。1978年1月至1982年1月屈家山公社管委副主任。1982年2月至1983年3月屈家山公社管委主任。1983年4月至1984年10月脱产在党校学习。1984年11月至1986年7月故县乡纪检书记(正科)。1986年8月至1990年4月故县乡副书记(正科)。1990年5月至1996年1月西池乡乡长、党委书记。1996年2月至1998年8月王坊乡党委书记。1998年9月县政协副主席、统战部部长。

他多年来坚持学习马列主义、毛泽东思想、邓小平理论、"三个代表"重要思想和科学发展观及理论、经济、科技、管理、统一战线方针政策等相关知识。平易近人，宽以待人，关心下级。工作务实，思路清晰，作风民主，克己奉公，廉洁勤政，群众基础扎实，有较强的领导水平和工作能力。

## 申有宝

申有宝(1955— )，政协十二、十三、十四届长治县委员会副主席。男，汉族，长治经坊村人。1972年1月至1974年9月韩店公社通信员。1974年9月至1977年9月华中工学院读书。1977年至1991年山西省机械设计研究所，从事电力电气科研设计，其中，"PYD平移喷灌机"科研设计项目，荣获1982年省政府颁发的科技成果集体二等奖。1987年晋升为工程师。1982年山西省青年书法家协会会员。1983年山西省直书画协会常务理事。1987年中国书法家协会山西分会会员。1988年山西省书法家协会草书研究会会员。1990年至1995年为山西省第六届青联委员。1992年长治市书法家协会常务理事。1992年长治县书法家协会副主席、名誉主席。

1991年10月,任长治县城建局工程师。1993年至1998年长治县十一届政协委员。1998年至2002年长治县十二届政协常委、副主席。2003年连任长治县十三、十四届政协常委、副主席。

申有宝爱岗敬业,从1977年至2008年,30年坚持爬图板、搞设计,所做工程设计有几百项,从未出现差错,连年被评为先进工作者。他经常写有关城乡建设与发展方面的文章,1992年被《山西建设报》聘为特约通讯员,1993年又被《中国建设报》聘为通讯员。2002年3月当选长治县政协副主席以来,一直分管教科文卫体工作,始终把政治协商、参政议政、民主监督三大职能放在首位,关注民生,求实履职,对本县城市建设、文化、教育、科技、卫生、体育事业发展起到了积极的推动作用。

他爱好广泛,对文、史、哲、考古、收藏等多有涉猎,书法作品多次获国家、省、市大奖,并在《书法报》、《中国建设报》、《山西日报》等报刊登载,部分作品被国内和日本等博物馆收藏,作品和传略被《中国当代青年书法家辞典》、《中国当代书法家大辞典》、《中日现代美术通鉴》等十多部辞书收录。

## 李志文

李志文(1962— ),政协十三届、十四届长治县委员会副主席。男,汉族,山西省长治县郝家庄乡高村人,在职大学学历,中共党员。1982年11月参加工作,历任长治县赵村乡政府煤管员、行政秘书、党委秘书、纪检书记(期间在长治市委党校脱产学习二年);1994年8月任长治县司马乡党委副书记;1996年2月至2001年10月历任长治县西火镇党委副书记、常务副书记、镇长、党委书记;2001年10月任长治县荫城镇党委书记;2003年6月当选为长治县政协副主席;2007年11月兼任长治县工业园区党委书记。

多年来在工作中,兢兢业业,尽职尽责,出色完成了各项任务,为县域经济发展做出了积极贡献。在乡镇工作期间,他坚决贯彻落实县委、县政府制定的战略决策,加强基层组织建设,发展地方经济,拓宽农民致富渠道,增加农民收入。尤其是在小城镇建设中,科学规划,集中力量实施,为小城镇的进一步发展奠定了坚实的基础。在政协工作期间,紧紧围绕县委、县政府中心工作,坚持发展第一要务,解放思想,扎实工作,积极履行政治协商、民主监督、参政议政职能,先后就本县重大问题和政协一班人开展了28次大型调研视察活动,写出了实事求是的调研报告,得到了县委、县政府的肯定。在参与本县重点工程和经济工作期间,认真负责,不辞辛苦,努力工作,圆满完成了自己所承担的任务,得到了上级的赞誉。

## 鲍金章

鲍金章(1963.4— ),政协十二、十三、十四届长治县委员会副主席。男,汉族,大学文化,长治县八义镇北窑沟村人。1985年8月分配到长治县农业局工作,1988年8月任助理农艺师,1993年10月任农艺师,2002年2月任总农艺师职务。1988年5月当选为县政协常委,2002年3月当选为长治县政协副主席。

参加工作以来,积极开展农业技术培训、试验、示范和推广工作,调整农业产业结构,优化农业区域布局,推广了蔬菜大棚种植、配方施肥、秸秆覆盖栽培、绿色农产品生产等农业技术;承担了“山西省高产玉米组合及综合配套技术”、“山西省高优高农业综合技术推广”、“长治市绿色果品生产”和“长治市绿色蔬菜生产”、“长治县玉米高产开发”等多项工程项目的实施,取得了很好的经济效益。其中“长治县‘1155’工程及玉米高产开发”项目,1998年2月获长治市人民政府科技推广应用二等奖;“绿色专用玉米生产集团承包”,2003年2月获长治市人民政府技术承包一等奖,论文《山西玉米茎腐病病原学研究》在《山西农业科学》1988年第1期发表;《山西玉米茎腐病病原种类及其复合侵染研究》,1989年1月6日获山西农业大学第三届科学报告会优秀学术论文奖;《玉米秸秆覆盖田病虫害发生特点及防治技术研究》,获山西省农业系统面向二十一世纪农业科技优秀论文一等奖,并于1999年8月在《科技情报与经济》上发表;撰写的《调整农业产业结构,促进我市经济发展》一文,2000年10月在《农经研究通讯》上发表;《调整农业产业结构,促进我市经济发展》、《调整种植结构,提高农业效益》两篇论文,被山西省农学会评为三等奖。2007年3月参与编写中原农民出版社出版《农业科技入户手册》一书。

他经常深入基层,进行调查研究,对本县的农业生产、文化、教育、卫生、旅游业发展等工作进行了调研,撰写了《大力发展我县民营经济》、《加快我县农业产业化进程》等提案和《推进我县新农村建设》等调研报告,认真履行政协职能,围绕中心,服务大局,做出了积极的贡献。

## 王石魁

王石魁(1934— ),政协第十、十一届长治县委员会办公室主任。男,汉族。长治县西火镇人,高中文化程度,中共党员。

1946年3月,在华北煤铁公司荫城分公司参加工作,任会计员;1954年调省手工业联社长治专区经理部任总会计;1957年任潞安县高河乡团委书记;1959年任长治市韩店区联社副主任;1964年调任故县公社党委书记;1969年至1978年先后任南宋公社、师庄公社党委书记;1979年至1991年任县农业机械管理局局长、党支部书记;1991年至1995年任政协第十、十一届长治县委员会办公室主任、政协常委。

## 赵银虎

赵银虎(1955.10— ),政协第十三、十四届长治县委员会委员、常务委员、办公室主任。男,汉族,山西省晋城市人,大专学历。1971年10月参加工作,1976年10月加入中国共产党。

1971年10月至1972年12月在长治县电器厂学工,后任政工组干事;1972年12月参加中国人民解放军52895部队,历任部队修理连军械修理员、电影放映员;1978年4月复员后,在长治县邮电局办公室帮助工作;1978年7月分配到长治县木材公司任业务员、办公室主任;1984年3月调长治县人事局任干事、科员;1992年4月调长治县委督察室工作,1993年3月至2010年任长治县政协办公室副主任、办公室主任、党组成员。2010年5月离岗后担任县政协老委员联谊会秘书长。

赵银虎多年来坚持学习马列主义、毛泽东思想、以邓小平理论为指导，不断提高自己的政治素养和理论素质，工作认真负责，团结同志、任劳任怨，获得大家赞许。他主管政协机关工作以来，始终坚持清廉、谨慎、勤恳原则，各项工作井井有条，卓有成效，赢得领导信赖。2007、2008两年时间，他根据县政协领导安排承担了办公楼改造工程，期间严把质量关，在较短的时间内使办公楼交付使用，改善了办公条件。他关注民生，积极撰写社情民意，撰写的《政协报应开辟民主监督栏目》被省政协采用，《浅谈县级政协委员素质》一文，在省政协理论研讨会获优秀论文奖。2010年参加了《长治县政协志》、《长治县人物志》编写工作。本人喜好书法，为中国书画艺术家协会会员、山西省书协会员、长治市书协理事、长治县书法协会副主席，书法作品多次在全国或地区性书法大赛中获奖并入编《中华国粹大典》、《新世纪中国书画名家精品宝典》、《山西硬笔书法家精品集》、《北京军区"大地杯"书画篆刻作品集》等30余部书画集，是长治县炎帝碑林建设的倡导、发起、组织者之一。

在部队服役期间，获嘉奖三次，1976年参加唐山大地震抗震救灾立三等功一次。在木材公司和县人事局工作期间，多次被中共长治市委及长治县委评为优秀共产党员、长治市物质系统先进工作者、长治市人事系统先进工作者、县劳动模范。

## 范李斌

范李斌（1961.4—　），政协第十四届长治县委员会常务委员、办公室主任。男，汉族，长治县师庄人，中共党员，大专文化程度。

1976年6月至1979年10月在东和乡东和村插队；1982年7月毕业于山西省水利学校（农水专业）；1982年7月至1990年9月在长治县政府办公室任干事；1987年9月至1989年7月在市委党校理论大专班脱产学习；1990年9月至1993年4月任政府办公室副主任；1993年4月至2003年11月先后任县农经委副主任、农小办副主任、农业局副局长；2003年11月至2009年4月任县政协办公室主任科员、经济与人口资源委员会主任；2009年4月，任政协第十四届长治县委员会常务委员，办公室主任。

范李斌参加工作以来，工作变动较为频繁，但始终爱岗敬业，积极主动工作。在农业局工作期间，积极参加一年一度的农田水利基本建设，认真实施农业中低产田改造项目，1995、1996年连续两年夺得全省"禹王杯"，本人被评为模范工作者。负责政协办公室工作以来，坚持学习、提升素质、求真务实、勤政履职，努力改善机关工作作风，取得了较好的成绩。他关注社会热点问题，先后撰写数十篇信息；其中《政协委员对玉树地震救灾工作的反映》、《建议对低保申请人进行网上公示》等被全国政协的采用，多次评为"先进工作者"和"模范信息员"。

## 第二节 其他知名人士

### 张富德

张富德(1937— ),政协第七、八、九、十、十一届长治县委员会委员。男,汉族,河南省西平人,本科学历,中共党员。

1961 年参加工作,先后在长治县医院任内科、中医科主任;1984 年至 1994 年任长治县人民医院院长。在数十年的临床工作中治愈病人数万。尤其在治疗肠梗阻、中毒性痢疾、中毒性脑膜炎、类风湿性关节炎、习惯性流产、不孕不育等疑难杂症上有丰富的经验,并写出了 10 多篇医学论文,其中 6 篇在全国性医学杂志上发表。退休后,仍坚持坐诊为病人看病。

### 王弥泽

王弥泽(1942— ),政协十一、十二届长治县委员会委员。男,汉族,长治县西池乡小河村人,中共党员。1962 年参加工作,先后在荫城完小、小河学校、西池学校任教师、教导副主任、主任,在故县、荫城、韩店等联合学区任联校长,在县三中、县二中任副校长、校长、党支部书记,兼任县教育工会副主席。1989 年调教育局任副书记、副局长、书记。1993 年调体委任主任,2002 年退休;曾任长治市第六届党代会代表,县政协第三届老委员联谊会委员,老年体协副主任。

任教师时,虚心学习、刻苦钻研,所带班级被评为县模范班级;任学校领导后仍坚持带主科,深入一线进行教研、教改,首开内王村面向全县高薪聘请教师的教改工作。他在西池学校担任领导期间,同老师们一道自制教具数百件,全县在该校召开了自制教具现场会,受到了市、县领导的赞许,并在全县推广其经验。到县二中工作后,充分调动各方面的积极性,教育、教学质量稳步提高,连续三年中考成绩名列全县前茅,本人也多次被评为市、县模范。

1993 年调任体委主任后,他采取“走出去大搞群众运动,办体校提升竞技水平”的办法,体育工作搞得既轰轰烈烈又扎扎实实,先后同组织部、宣传部、农工部、工会、妇联、厂矿等 30 多个单位举办了“红山杯”、“长化杯”、“经铁杯”、“新华杯”等运动会 130 余次,同时还成立了球类、棋类等各种协会十个。他注重人才培养,县体校先后为省、市体校输送了 16 名运动员,其中申晓亮同学荣获了全国射击竞标赛小口径卧射冠军; 本县选拔的残疾人运动员杨育鹏在全国残疾人运动会上分别获得 800 米、5000 米、1500 米第二、第三和第五的好成绩;《中国体育报》、《科技报》、《长治日报》先后报到了长治县体委的做法;体委连续三年评为“县模范单位”,本人评为省级“全国健身计划先进工作者”。

## 李天德

李天德(1942.10— ),政协第十一届长治县委员会委员。男,汉族,长治县八义镇师庄村人,1961年参加工作,1970年加入中国共产党。

1961年至1976年,先后在内王、北楼底、赵村小学及北宋中学任教。在15年的教师生涯中,竭尽全力,为教育事业发展作出了贡献。1976年9月,从北宋中学调县计划生育办公室工作,在县计划生育领导组和计生办的领导下,深入农村、厂矿,认真总结故县公社"一簿三卡"育龄妇女管理办法,在晋东南地区得到广泛推广,受到省、地领导的表彰,推动了计划生育工作的开展。1984年任屈家山乡党委书记,1986年至1995年任县政府办公室副主任。

1995年至1998年,李天德任人大办公室主任期间,认真做好本职工作,组织参加人大执法检查和工作视察调研,听取审议各项工作报告,依法监督"一府两院"工作,履行了人大代表职责,完成了办公室各项工作任务。工作40年来,他认真负责,团结同志,不论在何岗位,都出色地完成了各项工作任务。

## 常树毅

常树毅(1945.11— ),政协第十二届长治县委员会常务委员。山西省壶关县人,男,汉族,中共党员。

1963年参加工作,历任荫城小学教师、中学教师、教导主任;1973年调县教育局工作,1982年任长治县五中第一任校长、支部书记;1987年至1997年创办县职业高级中学并担任校长、支部书记;1992年至1997年任全国职教协会常务理事;1992年6月至1997年5月为长治市第八届政协委员。在职业中学任职期间,他结合长治县的实际,开展颇具特色的"面向农村、面向乡镇企业、面对社会"的教学改革,得到上级教育部门和广大群众的肯定。1996年县职业中学跨入省级重点职业中学行列,本人多次被评为市、县"先进工作者""劳动模范"。1997年调长治县科学技术委员会工作,任常务副主任(正科)主持工作。

他执笔编写了《职中学生修养20条》,并先后在《人民教育》、《山西日报》、《山西教育报》、《晋东南报》发表了《农村职业教育思考及对策》、《关于中小学德育工作系统性建设的思考》、《棍棒之下难出秀才》等十余篇论文;参加了由国家科学技术文献出版社出版的《挑战二十一世纪》大型丛刊的编写工作。1991年被授予"全国职业技术教育先进工作者"称号。在科委工作期间,他和科委一班人创办了《科技信息》、《科技决策参考》,为县委、县政府提供了参考意见。通过三年努力,2001年,长治县跨入全国科技先进县行列。

2006年离任后,被选为政协老委员联谊会委员,同时被县政协聘为特邀信息员,被老年学会聘为《黎都老年》编委。2010年8月兼任"长江支队长治县研究会"秘书长,积极协助创办了《南下干部纪念馆》,同年,参加了《长治县政协志》编写工作。

## 郭孝科

郭孝科(1953— ),政协第十二届长治县委员会委员。男,汉族,长治县荫城镇庄头村人,中国共产党员。

1989年至2000年先后担任长治县荫城镇大峪村村委副主任、煤矿矿长;2001年至2009年任长治县东山煤业有限公司董事长兼总经理,任县工商联合会副会长、市十一届政协委员、县十一届、十三届人大代表。

1996年获县"特级劳模"称号,2001年至2010年评为县"劳动模范"。2008年荣获市"关心员工企业家"称号;2010年荣获市级"劳动模范"。政协第十三、十四届长治县委员会,常务委员。

## 李保富

李保富(1954— ),政协第十二、十三届长治县委员会委员。男,汉族,长治县南宋村人,1978年加入中国共产党,大专文化,经济师。

1973年至1977年间任南宋村团支部书记、民兵连长;1979年至1982年任南宋村党支部副书记、书记;1983年至1992年任村委主任;1992年任南宋村党总支书记、村委主任、长治县鑫通企业集团总公司董事长兼总经理;当选为市、县人大代表,中共长治县委员会委员,南宋乡副乡长、党委副书记。

1994年获省"乡镇企业家"称号;1996年被山西省委授予"优秀共产党员"称号;1998年被评为山西省特级劳模。

## 李振国

李振国(1954— ),政协第十二、十三、十四届长治县委员会委员、常务委员。男,汉族,县民革主委,长治县西火镇东村人。1971年参加工作,潞安矿务局石圪节煤矿工人;1974年加入中国人民解放军51087部队侦察兵,1976年入团, 同时获连级嘉奖一次;1978年转业后在淮海厂当工人,1980年调回长治县矿业公司担任统计员。

从业期间注重学习,悉心攻读夜大、函大、刊大,同时在深圳行政管理学院和孔子函授大学等多所学校学习,取得硕士学位和毕业证书。1996年被中国国民党革命委员会吸收为国民党员,1997年任民革长治县支部主委,1998年5月被推选为十二届政协委员、常委,十三、十四届连任政协常委。2007年增补为民革山西省第十届代表,并荣获山西省民革优秀党员称号。

本人热爱文学创作,曾先后在各类刊物发表作品200余篇,被《中国作家》、《全国乡镇》、《启迪》杂志编辑部聘为特约记者、特约编辑。1994年7月结集出版《情系星辰月》一书,获中国艺术研究院和孔子函授大学当代文学研究会科研一等奖。

## 鲍喜堂

鲍喜堂(1958.3— ),政协第十三届长治县委员会委员,十四届常务委员。男,汉族,长治县八义镇北窑沟村人。中共党员,大学本科学历,中学高级教师,任山西省物理学会常务理事,长治市物理学会理事长,长治县政协常委,长治县一中校长、党支部书记。

鲍喜堂1980年7月毕业于长治师范,1980年8月至1986年7月在长治县三中担任物理教师,1986年8月至1989年3月任教导主任,1989年3月至1996年7月任县三中党支部书记、校长,1996年8月至2001年5月在长治县一中任副校长,2001年5月任一中校长、党支部书记。

自参加工作以来,他积极投身教育、教学改革,躬身实践,积极尝试,探索总结出了“激发兴趣、入读自理、改错升华”物理教学法,并在全市推广,被评为市“十佳教学能手”和省首批“教学能手”,多次被评为省、市、县劳动模范、优秀教师、先进教育工作者和标兵教师,1989年被国家教委、人事部联合授予“全国优秀教师”光荣称号。

他担任一中校长后,自我加压,负重前行,确立了“以人为本,多元发展”的办学理念,制定了学校发展的长远规划,坚持“以德治校”和“科研兴校”的发展战略,狠抓师资队伍建设,积极筹资改善办学条件,开创了学校教育、教学工作的崭新局面。2001年以来,学校连续10年被市委、市政府和县委、县政府授予“模范单位”称号;2003年,被评为“长治市名校”,本人评为“名校长”;2005年,长治县一中首批进入山西省示范高中行列,还先后被授予“山西省文明学校”、“山西省德育示范校”、“山西省依法治校示范校”、“山西省法制教育先进单位”等荣誉称号。

## 王有明

王有明(1962— ),政协第十四届长治县委员会常务委员。男,汉族,长治县荫城镇河南村人,大专学历,中共党员。

1983年10月至1985年8月就读于山西省计划统计学校;1985年8月参加工作任国营三〇四厂会计、统计员;1990年调任县人口和计划生育局工作,先后任科员、副主任、副局长、局长等职;2006年调县工商联工作任主席。在三〇四厂工作期间,由于工作积极主动,成绩突出,被评为“先进工作者”;在计生委工作期间多次评为“县优秀党员”和“模范工作者”。2006年调任工商联工作后,连续5年被市工商联评为“先进个人”;2009年被省工商联、省总工会评为“先进工作者”;同年,县工商联被评为“新晋商新形象活动、关爱员工、实现双赢活动”先进单位;单位连续5年受到省工商联表彰。2008年长治县工商联出席中华全国工商联表彰大会,并获得“全国工商联系统先进单位”殊荣。

## 王海青

王海青(1962.3— ),政协第十二、十三届长治县委员会委员。女,汉族,长治县郝家庄乡白家沟村人,1985年9月参加工作,大学学历,县民革副主委,小学高级教师。

1985年至1989年在长治县第六中学任教,1989年至2009年在长治县韩店小学任教,后任副校长;2009年8月任长治县文昌学校副校长。从教26年来,勇于创新,大胆改革,取得了优异成绩。1990年至1995年连续五年评为县"教学能手"、"模范教师";1998年5月被长治市教育局评为"优秀思想品德课教师";1999年4月,获长治市"电教能手"称号;同年获长治市"骨干教师"和"学科带头人"称号;2000年评为山西省"骨干教师"。从教期间撰写了20多篇优秀论文,在省、市报志杂志发表。2002年以来,担任长治县政协十二、十三届委员,2007年6月增补为长治市十一届政协委员。

## 常立新

常立新(1969.12— ),政协第十二届长治县委员会委员。男,汉族,长治县北呈乡人,大专学历,医师职称。

1986年创办长治县立新正骨医院,并担任院长、主治医师。2002年被推选为政协第十届长治市委员会委员,第十一届连任市政协委员。2006年任长治县工商联副会长;2008年5月组建抗震救灾医疗队赴四川救灾。多年来,他先后被授予长治市十大杰出青年、长治县优秀民营企业家、感动黎都大道德模范、市级劳动模范等光荣称号。

## 宋外宾

宋外宾(1971— ),政协第十三届长治县委员会委员。男,汉族,无党派人士,长治县荫城镇王坊村人。

1991年任县煤炭运销公司业务员;2001年任长治县李坊煤矿总经理;2002年任长治县宏运宾馆总经理;2006年任长治青年企业家协会副秘书长;2007年当选为长治县作家协会主席。

他热衷公益事业,为家乡捐资修建公路、节水工程200余项;同时,开办艺术餐吧,组建大唐绣房,举办"宏运杯"征文大赛,创办《宏运风情》刊物,宏运宾馆已成为文化交流、研究的一块阵地。

曾荣获共青团山西省委、省中小企业局授于的"山西省优秀乡镇企业家"和"山西省青年创业明星"称号,2009年至2010年,连续被评为市政协信息工作先进个人。

## 马国兵

马国兵(1972.1— ),政协第十三、十四届长治县委员会常务委员。男,回族,山西省长治县东和村人。

1990年就读于长治市清真北寺学习阿拉伯语专业,1992年先后到河南省郑州、南阳等地学习深造;1994年任东和清真寺阿訇,1998年当选为政协十二届委员;同年,增补为长治县第十二届人大代表;政协十三、十四届长治县委员会常务委员。

# 第三章 名 录

## 2005年模范政协委员名单(30名)

表9—3—1

| | | | | | | | |
|---|---|---|---|---|---|---|---|
| 王华荣 | 鲍喜堂 | 宋国萍 | 段志荣 | 车建兵 | 申文奇 | 张俊英 | 郭海波 |
| 常国新 | 部红卫 | 李淑梅 | 朱燕萍 | 李平书 | 崔晋慧 | 乔俊红 | 陈怀生 |
| 张爱民 | 崔德胜 | 杨会刚 | 乔和平 | 刘建中 | 郭武德 | 郭海珍 | 裴福宏 |
| 王爱山 | 李书彬 | 王广清 | 宋安生 | 杜和平 | 田文德 | | |

## 2010年长治县政协在职人员名录

表9—3—2

| 姓　名 | 性别 | 出生年月 | 政治面貌 | 文化程度 | 职　务 | 参加工作时间 | 籍　贯 |
|---|---|---|---|---|---|---|---|
| 傅永祥 | 男 | 1953.1 | 中共党员 | 大学 | 主　席 | 1971.2 | 长治县韩店镇 |
| 牛外则 | 男 | 1953.4 | 中共党员 | 大专 | 副主席 | 1971.5 | 长治县郝家庄乡 |
| 申有宝 | 男 | 1955.4 | 非　党 | 大学 | 副主席 | 1972.1 | 长治县韩店镇 |
| 鲍金章 | 男 | 1963.4 | 非　党 | 大学 | 副主席 | 1985.7 | 长治县八义镇 |
| 李志文 | 男 | 1962.10 | 中共党员 | 大学 | 副主席 | 1982.11 | 长治县郝家庄乡 |
| 范李斌 | 男 | 1961.4 | 中共党员 | 大专 | 主　任 | 1980.4 | 长治县八义镇 |
| 李春萍 | 女 | 1968.3 | 中共党员 | 大学 | 主　任 | 1990.11 | 河南省安阳市 |
| 张建忠 | 男 | 1971.4 | 中共党员 | 大学 | 主　任 | 1992.7 | 长子县南漳镇 |
| 王和平 | 男 | 1962.11 | 中共党员 | 大专 | 主　任 | 1982.7 | 长治县荫城镇 |
| 郭海波 | 男 | 1975.7 | 非　党 | 大学 | 副主任 | 2000.6 | 长治县东和乡 |
| 韩金保 | 男 | 1953.3 | 中共党员 | 大专 | 主任科员 | 1974.9 | 长治县韩店镇 |
| 崔冬明 | 男 | 1953.1 | 中共党员 | 中专 | 副主任科员 | 1971.3 | 长治县韩店镇 |
| 刘　亮 | 女 | 1978.11 | 非　党 | 大学 | 副主任科员 | 2001.7 | 长治县韩店镇 |

（续表）

| | | | | | | | |
|---|---|---|---|---|---|---|---|
| 段电良 | 男 | 1966.11 | 中共党员 | 中专 | 会　计 | 1981.5 | 武乡县上司乡 |
| 牛永红 | 男 | 1972.7 | 非　　党 | 高中 | 司　机 | 1989.3 | 长治县西火镇 |
| 赵银虎 | 男 | 1955.10 | 中共党员 | 大专 | 主任(离岗) | 1971.10 | 晋城市泽州县下村乡 |
| 李根文 | 男 | 1951.5 | 中共党员 | 高中 | 主任(离岗) | 1969.1 | 长治县韩店镇 |
| 李有生 | 男 | 1955.1 | 中共党员 | 中专 | 副主任(离岗) | 1971.2 | 长治县韩店镇 |
| 张海平 | 男 | 1963.4 | 中共党员 | 大专 | 科　员 | 1984.9 | 长治县东和乡 |
| 岳进平 | 男 | 1959.10 | 中共党员 | 高中 | 司　机 | 1978.11 | 长治县韩店镇 |
| 宋旭平 | 男 | 1965.10 | 非　　党 | 大专 | 科　员 | 1985.9 | 长治县八义镇 |
| 牛小亮 | 男 | 1984.7 | 中共党员 | 大学 | 信息员 | 2005.7 | 长治县西火镇 |
| 李明霞 | 女 | 1977.12 | 非　　党 | 高中 | 文印员 | 1994.9 | 长治县韩店镇 |
| 牛晓辉 | 男 | 1987.4 | 非　　党 | 大专 | 司　机 | 2005.3 | 长治县郝家庄乡 |
| 李晋琪 | 男 | 1990.10 | 非　　党 | 高中 | 通讯员 | 2009.10 | 长治县北呈乡 |
| 原国栋 | 男 | 1985.7 | 非　　党 | 大专 | 司　机 | 2004.8 | 长治县韩店镇 |
| 王晓竹 | 女 | 1984.6 | 中共党员 | 研究生 | 信息员 | 2010.11 | 长治县郝家庄乡 |
| 常五弟 | 男 | 1945.7 | 群　　众 | 初中 | 门　卫 | 1970.8 | 长治县韩店镇 |

## 2010年长治县政协机关离退休人员名录

表9—3—3

| 姓　　名 | 性别 | 出生年月 | 政治面貌 | 文化程度 | 原任职务 | 参加工作时间 | 籍　　贯 |
|---|---|---|---|---|---|---|---|
| 郝审成 | 男 | 1940.8 | 中共党员 | 大学 | 主　席 | 1965.1 | 山西浑源县 |
| 贾圪堆 | 男 | 1946.2 | 中共党员 | 大学 | 主　席 | 1968.1 | 山西沁水县 |
| 张守孝 | 男 | 1941.7 | 非　　党 | 大专 | 副主席 | 1962.6 | 北京市良乡 |
| 张金玉 | 男 | 1928.3 | 非　　党 | 高小 | 副主席 | 1955.5 | 长治市城区 |
| 陈一评 | 男 | 1946.1 | 中共党员 | 大学 | 副主席 | 1968.1 | 陕西三源县 |
| 李爱华 | 女 | 1930.11 | 中共党员 | 初中 | 副主席 | 1948.11 | 山西武乡县 |
| 张贵祥 | 男 | 1941.9 | 中共党员 | 初中 | 副主席 | 1961.8 | 长治县东和乡 |
| 牛二锁 | 男 | 1941.8 | 非　　党 | 中专 | 副主席 | 1966.12 | 长治县西火镇 |
| 冯贵堂 | 男 | 1946.3 | 中共党员 | 大专 | 主　任 | 1961.1 | 长治县郝家庄乡 |
| 李生贵 | 男 | 1942.11 | 中共党员 | 高中 | 主　任 | 1963.1 | 长治市郊区 |
| 王石魁 | 男 | 1934.8 | 中共党员 | 高中 | 主　任 | 1952.1 | 长治县西火镇 |
| 王满芹 | 男 | 1935.1 | 中共党员 | 中专 | 主　任 | 1956.1 | 山西黎城县 |
| 王小元 | 女 | 1952.1 | 中共党员 | 中专 | 副主任 | 1968.1 | 长治县北呈乡 |
| 景贵保 | 男 | 1949.10 | 非　　党 | 初中 | 司　机 | 1964.10 | 长治县西池乡 |

# 附　录

本志附录收入文献辑存、讲话选录、理论文章、经验材料、文史资料选编、文史资料篇目、文学作品等几个内容，从不同时期、不同侧面反映了县政协的发展、变化和完善，表现了政协委员的素质和所作的贡献。

# 文献辑存

## 政协潞安县委员会关于1957年度政协工作规划意见(草案)

1957年7月19日

我县政协是遵照上级指示和县委直接领导下于本年5月初新成立的。为了适应当前新形势的大变化,要认真研究和执行毛主席关于正确处理人民内部矛盾的指示,按照“百花齐放、百家争鸣、长期共存、互相监督”的方针,听取群众对党政领导的各种反映,密切联系群众,团结一切积极因素建设社会主义。目前正处在全党整风运动阶段,要听取党外群众意见帮助党整风,坚决克服主观主义、官僚主义和宗派主义的工作作风,进一步团结一切可能团结的人士为建设社会主义新农村而奋斗。为此特将政协工作规划如下:

**1.做好政治协商工作**

通过政协组织密切联系广大人民群众,吸收各方面的意见,沟通政策思想,对国家有关重大问题和各项措施进行协商,并且积极地帮助党政宣传贯彻执行,这是政协的基本任务之一,以此来发挥全体人民的高度责任感和积极性。政协常委会计划在三四季度各召开一次会议(或者扩大常委会议),第三季度在7月15日后召开,主要内容是:

(1)各委员多提意见帮助进行整风。

(2)具体帮助解决下边学习情况,经验交流等。

(3)成立工作组,要经常与政协取得联系,及时反映下边具体情况,达到政协联系广大人民群众之目的。

(4)组织视察组进行视察工作,第四季度在10月15日左右召开会议,其内容一是总结政协成立以后的日常工作,研究第四季度工作;二是组织视察组进行视察工作;三是检查下边学习情况,发现问题,具体帮助解决。

**2.组织视察组**

深入实际视察工作,对各界人士的思想改造有重大意义。计划在7月15日后组织15名委员,分为三个组,分赴各地进行视察工作。

第一组,王化行、罗文华、郭步堂等在机关内视察。视察内容一是机关干部作风问题和整风中改进情况等;二是党与非党关系问题;三是非干部的职权问题。

第二组，高仰卿、米瑞芝、申安和、赵三女等前往视察。视察内容一是南呈、六家的水利建设问题、改良耕作制度；二是农业社牲口饲养问题；三是社内社外养猪问题；四是小麦分配后是否有问题。

第三组，王定国、李义密、张金玉等6人视察。视察内容一是企业内的增产节约问题；二是工商业的公私关系问题；三是私改后的定息问题。

视察结束后各组写出书面总结进行重点汇报，然后举行座谈会，谈心得，谈感情，好的选送报社，以资鼓励。为此在视察前必须做好准备工作，而后进行，同时特别注意收集群众反映和意见，以便改进工作，实现互相监督职能。

**3.加强联系人民群众工作**

通过政协组织进一步扩大人民民主生活制度，联系广大群众，增强团结，把社会各阶层的消极因素调动起来变为积极力量共同建设社会主义社会。同时贯彻各项政策法令以及重要措施，每人以个人关系要主动地去联系群众，要建立经常通讯往来制度，要求每半月信件联系一次（信封、信纸、邮费等统一由政协解决），着重反映各时期中心工作中存在的一切问题（特别监督整风中对党员干部工作作风等问题）。政协要分开问题的性质，能解决的一定要解决，能转办的及时转办，保证做到件件有着落，事事有交代，以增进各委员经常联系的信心。另外政协定期或者不定期组织小型座谈会、报告传授会和个别访问等。

**4.加强对各界人士的思想改造**

通过政协组织学委会，领导各界人士和知识分子进一步学习和不断地进行思想改造。特别在目前新形势的大变动时期更需要加强学习，有计划、有组织帮助他们提高政治理论水平和社会主义思想觉悟，更好地为人民服务，从而在自觉、自愿、自有的原则基础上，组织各界人士学习。根据学委会初步订出计划和学习内容如下：

（1）学习资料主要是毛主席的两个报告、党史、报纸上有关时事问题及反右派斗争的文章等。

（2）学习方法：分开地区讲解传授和不定期举行小型座谈会，写学习心得；工商联人士学习由专职老师代课；加强独立思考问题；在学习中提出问题，具体帮助解决问题，达到思想提高与改造之目的。

（3）经常注意培养典型示范，加以表扬，推动一般学习，争取学习平衡发展。除了报纸外，所有学习资料由政协机关负责解决。同时学委会和学习小组要保证经常联系，形成制度。

对县级各单位（住市内）各界人士（包括上、中、小知识分子）的学习领导，必须采取在自愿原则的基础上学习马列主义哲学原理和宣传唯物主义，批判资产阶级的唯心主义思想观点，进一步学习正确处理人民内部矛盾和各种政策法令，以及国内外各时期的重大事件政治问题等。学委会除深入各组辅导了解情况外，必须坚持每星期三接头讨论制度，对提出的问题要详细记录，加以研究分析进行解决，对正确的适当采纳，对不正确的进行说服教育以理服人，以提高认识达到自我改造的目的。

对在乡知识分子和社会人士的学习，必须根据学习计划布置学习内容，要做到既学习必须有检查。要总结典型经验，要经常用信件联系了解学习情况，学习每一段落，根据可能的条件写出学习心得，必要时政协驻会人员深入农村（重点组）了解学习情况，改进学习，并计划每季度召开一次在乡学习成员座谈会，得出学习结论，提高学习兴趣。

通过上述各种形式组织学习，主要是加强团结教育改造，特别是对老年委员们的思想改造，要因地制宜，能接受多少算多少。总之，是要把所有委员同志们的社会主义思想理论水平在原有的基础上提高一步，再去联系广大群众，听取各种反映，帮助党的整风，自上而下改进工作作风。为此本着扩大民主的精神，团结一家的态度，贡献自己一切力量共同建设社会主义工业化。

政协常委人员要适当参加体力劳动，但是年老体弱的不要勉强参加。参加体力劳动自然容易同劳动人民息息相关，他们中间存在的问题能够及时了解。如毕业生不愿参加体力劳动，就说："住学校盼毕业，毕业后没职业；要知道没职业，不住学校费心血。"他们认为"万般皆下品，唯有读书高"。这是剥削阶级的论调，这些是受了资产阶段思想的影响。马列主义原理是劳动最光荣，同群众同甘共苦。

为了实现上述工作任务，提出以下保证：

(1)在党的直接领导下加强政协工作，常委人员不断研究日常各项工作，做到心中有数，争取主动性。

(2)政协要定期召开常委会议(每月一次，凡参加政协无论党员与非党不准无故缺席，特殊情况例外；有事要请假，表示对政协工作重视)。

(3)凡是国家有关重大问题和采取重要措施需要协商事情均到政协进行民主协商讨论，沟通政策思想，对上下级每个时期工作取得联系，并要进行互相监督，使各项工作不出错误，或者少出错误。

(4)加强各界人士的学习，首先要加强对学委会名符其实的领导，重新整顿学委会组织，必须定期研究学习制度是否适当，防止冷热病发生，并且要做到有布置、有检查、有总结、有表扬，形成制度经常化。

## 责已正身　率先垂范
## 长治县人民政协约法六条

1983 年 7 月 10 日

立章法，明军令，责已正身，率先垂范，是端正党风的第一要领。实现党风的根本好转，各级领导机关的身体力行，起着举足轻重的重要作用，为此，经政协党组讨论，特约法六条，公之于众，以供广大群众、各界人士助以监督执行。

第一，努力学习马克思主义、毛泽东思想，以适应现代化建设的需要，真正从思想到行动和党中央保持一致，做四化建设的促进派。

第二，坚持四项基本原则，坚定地贯彻执行党的十一届三中全会以来制定的一系列方针、政策。维护《宪法》尊严，做执行《宪法》的模范。并按照《政协章程》的规定，把人民政协办成"委员之家"、"知识分子之家"，为他们广开言路、广开才路创造条件。

第三，率先垂范，严以律己，不争权位，不抢荣誉，不搞特殊，不图名利，不计得失，不谋私利，勤勤恳恳，艰苦奋斗，做人民的公仆。

第四，严格执行集体领导和个人负责制。重大问题召开政协常委会集体讨论决定，个人职责范围内的工作，积极主动，做到不推诿，不扯皮，出于公心，做好工作。

第五，调查研究，组织视察，发挥人民政协民主监督的作用。通过重点视察，专题调查研究，发现新问题，总结新经验，协助党和政府搞好各项工作。

第六，遵守《准则》，严格党的组织生活，开展批评与自我批评，交流思想，促进团结。

## 关于县政协工作机构设置决定

1984年9月9日

为了更有效地开展政协工作，确实发挥其“政治协商”和“民主监督”的职能作用。根据《政协章程》第四十六条的规定精神，经县政协八届一次常委会议研究，决定县政协机关设立：一个办公室，即政协办公室；学习、提案工作、文史资料三个“委员会”以及农村、工财、文卫、科技、统一祖国五个工作组。除此，根据我县实际情况另设“民革办公室”一个，以利民主党派开展工作。

现将各委员会和工作组组成人员的名单列下，专职人员待组织上配备齐全后再作安排。

### 学习工作委员会

7人组成：

主　任：朱培荣

副主任：李树德　张　汉

委　员：范　志　郜俊保　安勇先　宣高山

主要抓委员的学习、视察、专题调查等，活跃政协工作。

### 文史资料委员会

7人组成，其任务主要是组织政协委员和各界人士收集历史资料，并通过开展调查，了解情况，广征博采进行征集撰写。

主　任：胡纪道

副主任：郜俊保

委　员：王新宇　安勇先　戴来旺　张德喜　张守智（聘请）

### 提案审理委员会

7人组成，主要负责对委员的提案审查处理工作。

主　任：李爱华

副主任：张海棠

委　员：李保珠　刘　宣　李步云　刘连云　杨富合

根据《政协章程》规定精神，三个委员会为人民政协常设机构。依照上级相应机构的设置和兄弟市、县的人员编制，每个委员会都应配备一至二人具体承办日常工作。

另外，为了便利委员们各自的学习工作活动，本会又根据委员们不同的业务范围和工作实际，因地制宜,分别划为五个学习工作不同业务范围的基层组织,组织推动各方面力量积极参加两个文明建设,务求有关单位予以支持。

**农业学习工作组**

组　长：张海棠

副组长：刘　宣

组　员：王华亭　杨起山　张仁全　靳彦兵　李雪兰　郭维成　张德喜

**工业财贸学习工作组**

组　长：戴来旺

副组长：王金海

组　员：刘连云　常秋来　秦国珍　许殿魁　原德智　靳双好

**文体医卫学习工作组**

组　长：李保珠

副组长：宣高山

组　员：刘天顺　陈　忠　陈振先　董永丰　宋树堂　屈河鱼　于书田　李年孩　崔学斌　何敬斋　周　海　段永江

**科技学习工作组**

组　长：范　志

副组长：王新宇　高恩祥

组　员：陆祥坤　杨富合　张富德　安勇先　杨凌云　黎祖佑　申安福

**统一祖国学习工作组**

组　长：李步云

副组长：郭继忠

组　员：董振祥　傅成锁　孙安熙　李荣卿　崔三孩　申莲花

# 中共长治县委关于进一步加强人民政协工作的意见

1985年5月25日

各乡(镇)党委,县直各党委、党组、支部(支部):

人民政协是我国人民爱国统一战线的组织,在长期的革命和建设中,发挥了重要的历史作用。在新的历史时期,我国爱国统一战线具有更大的生命力,仍然是我国人民团结战斗、建设祖国和统一祖国的重要"法宝"。在争取实现80年代三大任务的伟大斗争中,人民政协作为统一战线组织,肩负着光荣的重大历史使命,它是我国政治生活中发扬社会主义民主的一种重要形式。根据"长期共存、互相监督","肝胆相照、荣辱与共"的方针,人民政协将对国家的大政方针和群众生活等重大问题进行政治协商,并通过建议和批评发挥民主监督作用。因此,人民政协作为一个统战组织,它是科学社会主义的重要组成部分,是全党的一项重要工作,需要全党来抓。为了充分有效地发挥人民政协的作用,确实开创我县政协工作新局面,特提出如下几点意见,望各级党组织认真贯彻执行。

1.加强对党员、干部统战理论的宣传教育,提高对人民政协工作的认识。多年来,由于"左"思想的影响,人们对统一战线和人民政协工作缺乏正确认识,有的甚至存在种种偏见,直接影响着人民政协工作的顺利开展。因此,各级党组织一定要把党的统战理论政策的教育,作为党员干部政治理论学习的一门必读课程,广泛宣传在新的历史时期人民政协的性质、地位和作用以及搞好人民政协工作的重要性。县委党校在党员干部培训中增设有关爱国统一战线的课程。通过宣传教育,达到两个"明确",即明确党的统战工作在我国各个革命历史阶段中起的重要作用;又明确新时期统战工作的历史使命和重要意义,从而提高各级领导干部和广大群众对人民政协工作的认识。

2.把人民政协工作作为党委一项重要工作来抓。人民政协是发扬社会主义民主、联系各方面人民群众的纽带,是党联系人民群众的桥梁。它能更加广泛地反映各方面人士的意见和要求,充分发挥其协商和监督的作用。县委每年至少要对政协工作讨论三至四次,听取工作汇报,倾听党外各界人士的意见,以改进我们党的工作。各级党委都应重视政协工作,支持政协开展各项活动。为了便于活跃政协工作,各乡镇党委、县直各党委、党组、支部要确定一名副书记或党委成员分管此项工作,使其更好地发挥"知情、出力、协商、监督"作用。

3.各级党委要大力支持政协和政协委员的工作,从各方面为他们提供方便。人民政协集聚着各方面的人才,他们有威望,有知识,有丰富的社会经验。各级党组织一定要重视发挥他们的作用,让他们人尽其才,才尽其用。对人民政协组织的各项社会活动要大力支持。外出学习考察、本地视察活动、开展调查研究、座谈讨论、开会学习等均应积极支持给予方便。对政协委员的提案,要认真办理,不得草率从事。

4.广开言路,保证政协委员有更多的机会参与重大问题协商。政协委员可列席县人民代表大会,政协常委可列席县人大常委会议。凡有政协委员的单位,召开工作会议要邀请他们列席参加,保证委员们有更多的机会参与重大问题的协商,有关文件要及时给县政协主席、副主席阅读;凡对部、局以上干部传达的文件,县政协要传达到常委和学习工作组组长;凡向群众传达的会议文件,县政协可先组织委员传达学习，使委员们能及时了解党的政策，做到早“知情”多“出力”。

5.切实搞好政协干部的配备和文史资料的搜集整理工作。人民政协为统一战线组织，代表各民主党派、各人民团体、无党派人士的利益，协助党和政府宣传贯彻党的路线、方针、政策，是我们国家体制的重要组成部分。它接触面大，工作范围广，在工作上有一定的独特性，各级党组织应从各方面给予支持。组织上人事部门在给人民政协调配干部时，一定要选拔那些政策观念强，思想品质好，有理想、有知识、懂礼貌、守纪律的同志，以便更好地与党外朋友一道，开展工作。

文史资料的搜集、整理、出版，是人民政协的一项重要业务，在我县也是一项新的工作，各级党组织有责任为这一工作推荐人才、搜集和提供资料，让我县的一部分珍贵历史资料早日与广大群众见面。

# 政协长治县委员会机关制度

1986 年 2 月5 日

为了加强领导，建立正常的、高效率的工作秩序，使我们政协工作更好地适应四化建设的要求，特制定以下机关制度：

**1.工作制度**

努力改进工作作风，严守工作岗位，按时上下班，坚持 8 小时工作制度，办公时间不会私客，不办私事，不擅离职守，所分配的工作不准推诿，当天事要当天办完。提倡做份外工作，严格请示报告制度，及时掌握了解情况，并向领导汇报。

**2.学习制度**

要坚持理论联系实际的学风，学政治、学理论、学文化、学业务。以自学为主，每人都要写学习笔记，每星期三、五下午为集体学习时间，每月要抽出两个下午为业务学习时间. 由办公室分管主任统一组织，机关全体同志不得无故不到，有事要请假，定期考核。

**3.会议制度**

为了坚持民主集中制原则，更好地改进工作作风，今后要定期召开主席办公会和常务委员会；对召开的政协全体委员会议，会前由办公室负责内务行政工作的副主任，内务干事拟出议题，做出预算，积极和有关单位联系好具体事宜。但要本着节约的原则办事，坚持清茶一杯。

**4.文件管理和保密制度**

机关所来文件、信件、报纸等都要随时处理，不得积压。凡是上级来文、来电、来函等公文一律由办公室内务干事编号登记。经办公室分管主任签发后报送领导审阅再行办理。对所有文件不准乱扔、乱放和任意损坏。机密文件更不得乱扔、乱折、乱借、丢失，否则要追究责任。对所有文件都要由内务干事妥善保管。

要做到每月清理一次，年终汇总归档。办公室分管主任签字的文件、材料等，打字员不得随意打印。严格掌握签发份数、节约纸张。

5.财经审批和财产管理制度

严格执行国家财政规定,勤俭办好一切事业,节约行政经费、反对铺张浪费。机关一切办公用品、用具等不得随便乱拿、乱放、更不得随意归己。所需购置的一切办公用品、用具均由办公室分管干事造册预算,经分管领导或分管主任审批后支付购置。机关的一切财产要确定专人负责,严格管理,造册登记。

6.小汽车使用和管理制度

为了充分发挥小汽车的作用,方便工作,提高工作效率,要首先保证本会主席、副主席因公外出用车。机关其他同志因公和急病就医也可使用。但任何人不得随意指派司机外出,应由办公室分管主任根据轻重缓急,公私有别统筹安排。司机、车辆要做到经常保养,确保正常出车。

7.请销假制度

凡机关干部职工都要严格执行请销假制度。今后干事、职工请假三天以内要由分管主任批准,三天以上由分管领导批准;办公室主任、副主任请假由主席、副主席批准,主席、副主席请假要事先与其他主席、副主席说明请假事由。对未经批准,未打招呼,擅自离开工作岗位的同志要在机关全体会议上点名批评,并做出检查。

8.参加劳动和卫生制度

发扬党的艰苦奋斗的作风,机关干部都要积极参加劳动。凡机关组织的集体劳动。任何人不得擅自不去,有事请假,机关全体同志每天上班后首先要积极主动打扫清洁自己的办公室,然后再进行工作。

9.来访接待制度

对所有政协委员及他人来访,机关每个同志都要热情接待,不得怠慢,对所反映的事由、问题要有记录,并及时向领导汇报,真正将我们政协机关办成委员之家。

10.安全保卫制度

加强社会治安,严防坏人破坏捣乱。今后对一切来人先要进行过问,不准随意往办公室留人。节假日要轮流值班。任何人不准随便离开工作岗位。

以上各条制度要认真执行,互相督促,自觉遵守。

## 关于几项基本制度的规定

1987年9月20日

政协长治县委员会

根据《政协章程》规定,结合本县的具体实践,为确实保证人民政协工作的顺利开展,特制定以下几项基本制度:

1.全体委员会

每年至少举行一次,与县人民代表大会同时召开,参加会议人员,除本届全体委员外,还可根据会议的内容和工作的需要,邀请有关人员列席会议。全体委员会议由本届常务委员会主持。换届的首次会议则应由会议选举的主席团主持。

会议内容,根据《章程》规定的全委会议所应行使的职权范围拟定会议内容。

(1)听取和审议常务委员会的工作报告及政协工作的其他有关报告。

(2)参与国家和地方事务的重要问题讨论,并以提案的方式提出各项建议和意见。

(3)选举委员会的主席、副主席和常务委员。

(4)讨论并通过有关决议。

**2.常务委员会议**

拟定每两月召开一次,召开时间根据工作需要而定。一般应尽量与县人大常委会同时召开,以便行使参政议政"协商、监督"的职能。

参加人员:全体常务委员,各工作委员会的主任和副主任、工作组长列席会议,其他有关同志也应根据会议内容的需要,由主席会议决定。

会议内容要按照《章程》所规定的常务委员会应行使的职权范围拟定如下:

(1)讨论关于召开全委会的筹备工作并通过有关会议事项。

(2)讨论贯彻全国政协和省、市政协有关全局性的决议和地方性的重要问题。

(3)研究和讨论贯彻落实全委会所作的各项决定的情况。

(4)听取并审议各工作委员会的工作情况汇报。

(5)研究和审议委员提案的处理情况,并将重要提案提交县委或政府有关部门办理。

(6)决定本会的工作机构设置和人员变动,并任免其领导成员。

(7)听取县委、政府及有关部门的工作报告。

(8)列席县人大常委会议,参与国家政治生活,进行政治协商。

**3.主席会议**

每月召开一次,特殊情况临时决定,办公室主任、副主任列席会议。会议由主席主持召开。

会议内容:处理常务委员会日常工作的重要事项。

(1)研究决定召开常委会议事宜,讨论提交常委会议决定和审议的议题。

(2)审议各工作委员会和工作组所提出的涉及全县性的工作计划和活动方案。

(3)听取各委、组的工作汇报并检查部署下一步工作。

(4)讨论机关干部的调整、使用和调出、调入。

**4.各工作委员会主任、副主任和工作组组长联席会议**

每两月召开一次。原则上和常委会同时召开,或者根据会议内容需要,有分有合交错进行。

会议由主席或主持工作的副主席主持召开。主要内容是:

(1)汇报和交流各工作委员会和工作组的情况。

(2)研究在具体工作中所出现的共性问题。

(3)协调各工作委员会之间在工作上的配合,以及开展联合行动的有关事项。

# 政协长治县委员会 长治县人民政府
# 关于加强协商联系的暂行规定

1989年9月29日

加强与人民政协的政治协商，接受人民政协的民主监督，是人民政府联系群众、改进工作、实现重大决策的民主科学化的重要途径。为了进一步加强同县政协的政治协商和工作联系，并形成制度，贯彻经常，切实把政治协商、民主监督纳入政府的决策制度和决策程序之中，根据党的十三大精神，结合我县实际，特作如下规定：

1.政府各职能部门的工作人员要加强统战理论学习，从实现党的基本路线、建设社会主义政治的高度，充分认识人民政协的战略地位和重要作用，更新观念，增强民主意识，积极支持人民政协履行政治协商、民主监督基本职能，自觉接受人民政协的民主监督。

2.为增加人民政府的透明度，使政府决策走向民主化、科学化，县政府在研究制定国民经济和社会发展五年计划、年度计划、城市整体规划、确定重大建设项目、论证将要采取的重大改革措施等全县性的大事时，应听取县政协及其有关委员的意见，做到协商在决策之前。县政府每年提请县人民代表大会审议的政府工作报告，要提前印发给政协常委讨论，征求意见。

3.政府召开常务会议或有关的重要会议，应邀请县政协有关领导同志参加。

4.政府各职能部门在研究全县性的重大问题或召开有关会议时，应通知县政协有关专门委员会派人参加，参与协商，并同有关的专门委员会之间经常互通情况，开展对口协商。

5.县政府领导同志应邀请参加县政协有关会议时，政府有关领导同志要做好安排，积极参加，向政协通报有关情况，听取政协委员的意见和建议，还可就一些群众迫切关心的问题，通过政协组织协商讨论。

6.县政府及各部门、各单位对县政协及其专门委员会组织的视察、考察和专题调查等活动，要热情接待，大力支持，积极配合，并如实介绍情况，在工作上提供方便。政协委员所在单位要积极支持政协委员的工作，充分发挥他们的作用。

7.县政府对县政协移交的各项建议案和重要问题的调查报告，要经县长办公会议研究。政府办公室要将办理情况和结果及时向政协通报，做出回复。各部门、各单位要认真贯彻执行县政府关于办理人民代表议案和政协委员提案的决定，对政协委员提案要高度重视、认真研究、专人办理、领导把关、切实落实、做到件件有着落，项项有回声，对其中的某些重大或疑难问题，要主动与政协协商或联合调查处理。

8.为推动和改进政府工作，县政府将根据需要，每年召开一至两次征求意见会，请政协委员中的专家学者和各界代表人士对政府工作提出意见和建议。

9.双方办公室主任，要加强联系，沟通情况，交换意见，协商解决有关问题。同时，两家办公室按照工作需要及时交换有关文件、简报、资料，在报送县委、人大和政府的同时，要送政协及有关委员会参阅。

10.县政府对政协在基本工作条件上存在的困难，应根据需要积极解决。

# 中共长治县委关于贯彻《中共中央关于坚持和完善中国共产党领导的多党合作和政治协商制度的意见》的通知

1990 年 9 月 7 日

各乡、镇党委、县直各党委、总支、支部：

《中共中央关于坚持和完善中国共产党领导的多党合作和政治协商制度的意见》(以下简称《意见》),科学地总结了建国 40 年,特别是党的十一届三中全会以来,中国共产党领导的多党合作和政治协商制度的成功经验,进一步明确和完善了具有中国特色的基本政治制度和政党体制,体现了中国共产党在事关国家长治久安根本问题上高度负责的态度和推进民主政治建设积极进取的精神。认真贯彻落实文件精神,对于进一步维护我国安定团结的政治局面,促进社会主义现代化建设和祖国统一,把我国建设成为富强、民主、文明的社会主义现代化国家具有十分重要的现实意义和深远的历史意义。根据中央《意见》精神和省委的实施意见和要求,结合我县的实际情况,提出以下具体要求,特通知如下：

**1.加强各级党委同民主党派组织之间的合作与协商**

(1)县委以及各基层党委的主要领导人,要邀请各民主党派主要领导人和无党派的代表人士举行民主协商会,就有关大政方针、重要决策、重要人事安排,经济和社会发展规划,科学教育文化领域以及统一战线方面的重要问题等进行协商讨论,充分听取他们的意见和建议。每次协商的内容,应事先发出通知,做好必要的准备。要求每年举行一至两次。

(2)县委及各基层党委主要领导人要根据形势需要,不定期邀请民主党派领导人和无党派的代表人士举行小范围的谈心活动,就共同关心的问题广泛交谈、沟通思想、交换意见。

(3)县委及各基层党委要定期召开民主党派、无党派人士座谈会,通报交流有关重要情况,听取民主党派、无党派人士的建议和意见。座谈会每季举行一次,重大事件随时通报。有的座谈会可委托县政协党组或县委统战部举行。

(4)除会议协商外,各民主党派和无党派人士就重大问题需邀请县委或有关党委负责人交谈时,应及时答复安排。

(5)县委要加强对民主党派的政治领导,要根据实际情况,邀请民主党派负责人列席有关会议,向他们传达有关文件精神。县委主要领导、政协党组织主要负责人,要应邀参加民主党派组织的重要活动、会议,并为民主党派开展活动提供方便,更好地发挥他们的积极作用。

(6)民主党派享有宪法规定的权利和义务范围内的政治自由,组织独立和法律地位平等。县委和各基层党委要支持民主党派独立自主地处理自己内部的事务,支持他们开展各项活动,并给予帮助和指导。县委主要领导人要同民主党派负责人保持联系,在政治上、思想上互相了解和帮助,做到肝胆相照,对民主党派负责人和无党派知名人士的来函要亲自阅读,认真处理;在合作共事中出现矛盾时,应当在四项基本原则的基础上,按照"团结—批评—团结"的原则,求得正确解决。

(7)县委统战部是县委主管统战工作的职能部门,要抓大事,议大事,协助县委同各民主党派保持密切联系。要深入了解情况,掌握政策,调整关系,贯彻执行中央和上级党委的方针政策,帮助工商联和民主党派解决工作中的实际问题。

(8)宣传、广播等单位要加强共产党领导的多党合作和政治协商制度的宣传。

**2.进一步发挥民主党派成员、无党派人士在人大、政府、政协的作用**

(1)在县人大代表中应保证无党派人士和民主党派成员占有适当比例,人大副主任中应有非党人士任职。

(2)县政府及其有关部门要积极选配符合条件的民主党派成员、无党派人士担任领导职务,近期先在教育、科技、文化、卫生、体育、农林及司法部门的领导班子配备。各基层单位要向县委组织部、统战部推荐可以担任副局级以上领导的民主党派或无党派人选。各级党委、政府和有关部门,要积极支持各民主党派举荐人才。

(3)选配民主党派成员、无党派人士担任政府副局级以上领导职务,要坚持德才兼备的原则和干部"四化"方针。考虑到目前的实际情况,对他们的年龄要求和任职资历可适当放宽。县委组织部、统战部和政府人事部门,要对推荐的适合任职条件的人选,认真做好考察和培养工作,成熟一个,配备一个。

(4)县政府及其有关部门可聘请符合条件和有专门知识的民主党派成员、无党派人士担任特约监察员、检查员、审计员和教育督导员,吸收他们参加政府监察、审计、工商等部门组织的重大案件的调查。

(5)县政府及其有关部门召开全体会议和有关会议时,可邀请民主党派和无党派人士列席会议,组织他们参与全县重大经济决策和社会发展规划的调查研究及论证,并积极支持他们开展经济、科技、教育、法律、医卫、文化等咨询社会服务工作。民主党派要加强同港澳台侨胞和外籍华人的联系,积极开展海外联谊工作,协助引进资金、技术和人才,为兴县富民多作贡献。

(6)县委要确定一名副书记分管政协统战工作,各级党委也要确定一名党委成员分管此项工作。

(7)要保证民主党派和无党派人士在各级政协党委中占有一定比例。正副主席中的非中共人士应多于中共党员人数,政协各专门委员会要有民主党派和无党派人士参加,专门委员会正副主任中也要有民主党派和无党派人士。

(8)在人大、政府部门、政协机关任职的中共党员与民主党派、无党派人士,所有国家公务人员,必须严格遵守政纪、法纪,全心全意为人民服务。中共党员特别是领导干部应当同非中共人士建立良好的合作共事关系,相互理解,互相支持,搞好工作。

**3.支持民主党派加强自身建设**

(1)县委组织部、统战部要协助民主党派进一步加强班子建设,帮助他们抓好后备干部队伍的建设,制订规划,完善制度,付诸实施。建立党外后备干部队伍的日常工作,由统战部主管,有关部门和单位要紧密配合,通力协作。

(2)支持和帮助各民主党派、按照中央的精神,巩固组织、提高成员政治素质,增强参政议政能力。

(3)支持和帮助各民主党派对成员加强思想政治工作,深入进行坚持四项基本原则和反对资产阶级自由化的教育;深入进行爱国主义、社会主义教育和国情教育,以及民主党派同中共长期合作的优良传统教育。

县委统战部要对民主党派和无党派人士的培训工作做出规划，县委党校要根据规划制定教学计划，县政府要在经费上给予支持，不断改善培训条件，提高培训质量。

(4)帮助各民主党派认真贯彻中央关于机关工作的条例，采取措施，切实加强自身建设，改善工作条件，给他们创造一个良好的工作环境。

上述精神，原则上适用于工商联。

## 政协长治县委员会关于政协委员履行职能的考评办法

2007 年 8 月3 日

为了进一步发挥政协委员履行三项职能的主体作用，强化激励机制，充分调动每位委员的积极性，推动政协各项工作的顺利开展.根据《中国人民政治协商会议章程》的有关规定，现结合我县实际情况，特制定如下考评办法：

**1.考评内容及标准**

(1)县政协全委会议

凡参加全委会议全部议程的委员每人记 40 分(期间每缺席一次会议扣除 10 分)；因事因病请假者记 0 分；无故缺席者，在考评总分中倒扣 10 分。此项内容由县政协办公室负责考核。

(2)县政协常委会议(指常务委员)

每参加一次会议记 5 分；因事因病请假者记 3 分；无故缺席一次倒扣 5 分。此项内容由县政协办公室负责考核。

(3)撰写提案情况

原则上要求每位委员一年至少要撰写 1—2 件提案；委员每撰写 1 件提案记 10 分(两人以上联合提案，第一提案人记 10 分，其他提案人按降 2 分依次递减)；审查立案后加记 10 分；被县政协作为重点提案处理的再加记 10 分；对于全年未撰写提案的委员，在考评总分中倒扣 5 分。此项内容由县政协提案委负责考核，考核结果由县政协办公室负责存档。

(4)反映社情民意情况

原则上要求每位委员一年至少要反映 2–4 条社情民意信息。县政协信息中心每采用 1 条，对提供者记 5 分；市政协信息中心每采用 1 条，对提供者记 10 分；省政协信息中心每采用 1 条，对提供者记 20 分；全国政协信息中心每采用 1 条，对提供者记 50 分；有领导批示的 1 条加记 10 分；对于全年 1 条社情民意也未反映的委员，在考评总分中倒扣 5 分。此项内容由县政协信息中心负责考核，考核结果由县政协办公室负责存档。

(5)大会议政发言情况

每次全委会前，每个委员都要深入调研，积极撰写议政发言材料。委员只要向县政协报送一篇书面议政发言材料，就可在考评中记10分；如被采纳，在大会上进行发言或者书面交流者，再加记10分。此项内容由县政协办公室负责考核。

(6)政协组织的各类活动

此项内容指县政协或县政协各专委会组织的视察调研、形势报告会、研讨会、座谈会、专题协商会、培训会、文体活动等各类活动，委员每参加一次记5分。此项内容由县政协办公室负责考核。

(7)小组活动情况

委员每月都要按时参加小组的集中学习和视察调研活动，每参加一次记5分(包括全委会期间小组讨论)；因事因病请假记0分；无故缺席一次倒扣2分。此项内容由县政协学习联络与法制委员会和各委员活动小组组长共同负责考核，考核结果由县政协办公室负责存档。

(8)其他情况

此项内容为委员履行职能考评附加奖励内容。主要包括委员在本职工作岗位做出突出成绩、有重要学术成果，在社会上积极捐助公益活动、办好事办实事受到社会好评，或者对政协工作有突出贡献等项内容，委员可凭有效证明、证书申报奖励得分，由县政协办公室酌情加记奖励分。

**2.考评办法**

(1)采取年度考评和届末考评相结合的办法。实行一年一考评，并为届末考评积累情况，提供依据。

(2)建立健全政协委员履行职能考评制度，县政协办公室要对每位委员建立委员档案，做好委员平时履行职能的登记工作，每年年终要统一印制《长治县政协委员履行职能年度考评表》。由县政协办公室、相关专委会和各学习活动小组长对前7项考评内容进行核实，并根据委员提供的有关证明材料如实填写第8项考评内容，最后由县政协办公室依据考评标准进行打分。委员得分总数即为本年度履行职能考评得分，五年考评得分的平均数为委员届内履行职能考评得分。

(3)每次年度考评完毕，县政协办公室要及时将委员考评情况装入委员档案，进行归档管理，将此作为委员年终表彰和委员资格取舍的重要依据。

**3.表彰与批评**

(1)根据委员年度考评得分情况，将委员分为四个档次：即模范委员、称职委员、基本称职委员和不称职委员。常务委员考评分档依次递增20分。

(2)在每年召开的全委会上，要对上年度委员履行职能考评情况进行通报。对积极履行职能、成绩突出的政协委员要进行通报表扬；对不积极履行职能的政协委员要给予通报批评。

(3)对委员实行动态管理。政协委员年度考评不及格或者两次无故不参加政协全委会，均视为自动辞去政协委员资格。常务委员一年内无故两次以上不出席政协常委会议，均视为自动辞去常务委员职务。县政协将按照《政协章程》的有关规定和程序办理。

**4.附 则**

(1)本办法经政协长治县委员会常务委员会会议讨论通过后实施。

(2)本办法由县政协办公室负责解释。

# 政协长治县委员会办公室关于厉行节约的实施方案

2009 年 6 月 12 日

为认真贯彻落实中央、省、市、县有关厉行节约精神，切实抓好我单位厉行节约工作，特制定如下实施方案。

**一、指导思想**

开展厉行节约反对铺张浪费专项活动要以科学发展观为指导，以改革创新为动力，以“廉洁、节俭、增效”为目标，以健全制度、建立长效机制为保证，努力从源头和过程上制止各种铺张浪费行为的发生，提高公用经费的使用效益，确保中央和省、市、县关于勤俭节约和廉洁自律的相关规定得到有效落实，干部职工“艰苦奋斗、勤俭节约、廉洁自律”的意识进一步增强，形成坚持厉行节约，反对铺张浪费的良好风尚，真正把有限的资金和资源用在“刀刃”上，建立健全一套比较完备的节约增效规章制度。

**二、主要内容**

1.节约用电

(1)加强空调设备管理。机关工作人员要带头自觉执行室内温控标准，做到室内无人时不开空调，切实需要开时也要坚持定时适度原则，坚决杜绝长时间运转。开空调时不开门窗，坚持定期清洗空调，提高空调能效水平。会议室空调要本着切实需要、合理控温、及时关闭原则，节约用电。

(2)节约照明用电。办公室、会议室等场所尽量采用自然光，尽可能少开灯或不开灯，室内亮度足够时不开灯；离开办公室要随手关灯，做到人走灯灭，杜绝“长明灯”、“白昼灯”。计算机、打印机，复印机及传真机等办公设备不用时，应随时关闭，在长时间未使用及下班后自觉关闭各类电器电源、减少待机消耗。

(3)加强用电设备运行管理。有关责任人要切实担负起对用电设备的管理，坚持节约原则，不用时要及时关闭电源，增强节约用电的自觉性和责任心。加快照明系统节能改造，推广使用节能型照明灯具。

2.节约用水

加强用水设备的日常维护管理，及时检查更换老化的供水管路及零件；在用水区域应设置节约用水标志，使机关干部职工养成良好的节水习惯。控制各个阀门、龙头的出水流量，杜绝“长流水”，切实减少耗水量。

3.严格办公经费和办公用品管理

加强办公经费预算管理，严格办公经费支出审批程序，从紧控制办公经费支出。办公经费管理使用应公开、透明，严禁以办公用品名义列支其他费用。严格办公用品配备标准，建立办公用品领取登记签字制度。在细化政府采购预算编制的基础上，对通用办公设备和同类采购事项，实行集中统一采购，从价格、质量等方面综合确定供应商。充分利用网络办公，加快推进无纸化办公，减少纸张文件的印制；打印用纸尽量双面印，做好纸张的最大利用。严格控制通讯费用支出，根据工作需要，正确选择电子邮件、电话、挂号、普通邮件等通信方式，提倡言简意赅，缩短通话时间。大宗印刷要实行公开招标，择优选择印刷厂家。

4.从严控制会议和公务接待经费开支

改进会风和文风，进一步精简会议、活动和文件，提倡开短会、发短文，提高效率。严格执行会议开支范围、开支标准，严格控制会期和参会人员，节约会议开支。执行招待费开支范围、开支标准等有关规定，不搞超规格接待。坚决杜绝工作日午间饮酒、私客公请和各类公款馈赠等行为。

5.加强公务用车的节能管理

严格执行国家有关车辆节油的规定，逐步更新不符合节能、环保要求的车辆。新购公务用车优先选购节能环保型和清洁能源型汽车，严格控制高油耗车辆的购置。公务车辆统一实行定点维修、定点保险和定点加油，推行一车一卡，严格执行单车油耗定额，努力降低油耗。坚持科学管理、规范驾驶，按时保养，减少车辆部件非正常损耗，降低车辆维修费用支出。合理安排车辆出行线路和用车人员搭配，尽量减少车辆空驶里程。对集体公务活动，提倡集中乘车；非紧急情况下城区范围内外出尽量步行或乘公交车，不使用车辆。加强日常管理，严禁公车私用。

6.严格差旅费管理

认真执行《关于进一步加强因公出国（境）管理的若干规定》（中办发〔2008〕9 号），严格控制因公出国（境），加强经费预算约束。严格执行出差、报销审批制度，严格控制出差人数和天数。出差期间发生的旅游景点浏览费用等，一律不准报销。

**三、主要措施**

厉行节约工作涉及面广，是一项系统工程，也是一项必须长期坚持的工作。做到主要领导亲自抓，分管领导具体抓，明确科室责任，建立健全的工作责任制，做到人员到位、责任到位、措施到位。切实抓好工作落实，确保目标顺利实现。

1.认真做好节约宣传教育工作。组织全体干部职工认真学习有关节约的重要意义、目标要求和政策规定，教育大家从现在做起、从自身做起、从小事做起，节约每一度电、每一滴水、每一升油、每一张纸、每一支笔、每一分钱，自觉养成勤俭节约、珍惜公物的良好习惯。加大宣传力度，广泛宣传节约工作的重要意义，增强全体干部职工的节约意识，普及节约知识，营造人人节约、事事节约、环环节约的良好氛围。

2.逐步建立节约长效机制。逐步完善机关车辆管理，办公楼管理、接待管理、财务管理等制度。建立健全节约工作责任制，使节约工作逐步走上制度化、规范化的管理轨道。

# 长治县政协委员履行职责管理办法(试行)

2009 年 6 月 26 日

为了深入贯彻落实中共中央和省、市、县委关于加强人民政协工作的意见精神，进一步推进政协履行职能的制度化、规范化、程序化建设，根据《中国人民政治协商会议章程》(以下简称《政协章程》)及有关规定，结合我县实际，特制定本办法。

第一条 提高认识,切实增强使命感。政协委员是政协工作的主体,充分发挥政协委员的主体作用,对促进和加强政协委员队伍建设,切实履行政治协商、民主监督、参政议政职能,进一步增强委员履职的责任感、光荣感和使命感,具有十分重要的意义。县政协委员要自觉遵守《政协章程》和县政协的各项决议,珍惜委员荣誉,主动深入实际,深入基层,发挥自身优势和特长,积极调查研究,议政建言。要正确处理好参加政协活动与做好本职工作的关系,切实发挥好委员在界别群众中的代表作用,自觉维护政协委员的良好形象。

第二条 加强学习,提高素质。县政协委员要适应新形势、新任务的要求,以邓小平理论和“三个代表”重要思想为指导,深入贯彻落实科学发展观,认真学习领会党的方针政策、统一战线和人民政协理论及有关业务知识,按照《政协章程》要求,履行委员义务,不断增强综合素质和社会责任心,努力提高履职能力和水平。

第三条 履行委员职责,积极参加政协会议。县政协常务委员、委员应按通知要求出席政协的全体委员会议、常务委员会议、专门委员会议和其他有关会议,并积极讨论和发言。特殊情况不能出席的,必须履行请假手续,并且会后要进行补会。委员参加会议活动情况要记入委员个人履职档案,作为年度考核的重要依据。

第四条 参加调研视察,积极议政建言。政协委员要积极参加县政协组织的各项专题调研、视察、考察等活动,认真撰写调研报告和议政材料,充分发表自己的意见和建议。

第五条 认真撰写提案,积极反映社情民意。政协委员要密切联系所代表的党派、团体和界别群众,深入了解民情,充分反映民意,广泛集中民智,认真撰写提案和反映社情民意信息。每位委员每年至少要撰写一份提案,反映一条质量较高的社情民意信息。

第六条 积极参加委员学习小组活动。委员学习活动小组是发挥委员作用的一种重要载体。县政协委员要把参加小组活动作为履行职责的重要方式。各小组要创新活动形式,开展丰富多彩、卓有成效的活动,每季度组织委员开展一次学习,进行一次专题调研、视察等活动。委员个人也可自行开展走访调研。县政协各专委会要及时掌握委员活动小组的活动情况并给予指导。

第七条 建立县委、政府领导接待委员日制度,进一步畅通党和政府与人民群众联系沟通渠道,为政协委员的意见和建议直接进入决策层提供平台。

第八条 开展走访委员活动。年终,县政协办公室和各专门委员会要对全县政协委员进行走访,深入了解委员工作生活情况,积极帮助委员解决实际困难。

第九条 实行年度考核,建立考核档案。县政协委员的履职考核采取日常考核与年终考核相结合的办法进行。日常考核由县政协办公室和各专委会负责。委员参加全委会、常委会和政协的各类会议活动的情况由县政协办公室和各专委会负责收集,撰写提案情况由提案委收集,反映社情民意信息情况由县政协信息中心收集。

委员考核内容分为参加会议、调研视察、撰写提案、反映社情民意信息、参加委员小组活动、学习培训等六个方面。县政协要对委员履职情况实行年度考核,并将考核情况进行通报及归档。对履职作出优异成绩的委员予以表彰奖励;对连续两年考核不称职的委员,依据《政协章程》的有关规定,按程序做出相应处理。处理情况分为:诫勉、通报批评、劝退直至除名。处理结果要及时告知本人。

第十条 开展优秀委员评选活动。县政协每年要根据委员年度履职考核情况和参加社会公益事业等方面情况，评选优秀委员。考评结果将作为换届时调整委员的重要依据。

第十一条 搞好服务，切实做好保障工作。县政协机关要为委员参加学习和履职提供服务，创造条件。要建立健全委员提案跟踪督办、调研视察成果落实、社情民意信息反馈的制度，认真做好对委员的意见、建议和来信来访的受理、督办、转办等工作；要及时掌握委员的工作岗位、职务变动和通讯地址、联系电话情况，更好地为委员履职提供服务。县政协委员履行职责受到阻挠或委员权利受到侵害时，要依照法律和《政协章程》的有关规定，依法维权，切实保障政协委员的正当权益。

第十二条 本《办法》由县政协常务委员会负责解释，自常委会议通过之日起施行。

## 关于进一步做好调查研究工作的意见

2009 年7 月 28 日

为进一步提高政协履行职能的能力和水平，更好地为党委、政府科学决策服务，促进我县经济社会全面协调可持续发展，现就加强调查研究工作提出如下意见：

**1、提高重视程度**

调查研究是人民政协履行职能、献计出力的重要方式和有效途径。要组织和推动政协委员经常深入基层，深入群众，了解新情况，研究新问题，力求使所提意见和建议有深度、有高度、有新意。政协机关要坚持把调研作为做好工作的前提和基础，形成制度，形成习惯。

**2、发挥优势特色**

充分发挥政协人才荟萃、智力密集的优势，加强对经济社会发展中重大问题的调查研究，努力提出有见解、有份量的意见和建议。充分发挥政协位置超脱、联系广泛、渠道畅通的优势，客观真实地反映情况，提出建议。充分发挥政协以界别组成的特点和优势，更多地反映各界群众普遍的诉求。充分发挥政协时间和精力相对充裕的优势，认真谋划，周密组织，用较多、较长时间进行较为深入的调查论证，使调研工作上水平。

**3、选准调研课题**

牢牢把握促进发展这个政协履行职能的第一要务，紧紧围绕县委、县政府中心工作和“6131”转型发展战略，切实加强对全县经济社会发展中具有全局性、战略性、前瞻性重大问题的调研。调研的选题可以提前和党政领导沟通，或接受党委政府的委托，就其需要了解但暂时无暇顾及的问题开展调研；可以结合县委、县政府的工作部署进行调研，或向党政职能部门征询意见后确定选题；可以从委员建议和提案中、从与委员联系中、从社会各界群众的呼声中，遴选和确定题目。同时就政协履行职能和加强自身建设方面的重要问题加强调研，总结实践经验，提出改进工作的意见和建议。每年年初，县政协主席会议对年度调研工作作出安排；常委会议选择三至四个比较大的课题进行重点调研；主席会议可有计划地就某个地区或部门的工作调研视察，知情议政；各专门委员会选择两至三个课题组织委员开展调研。

**4、改进组织方式**

调研课题确定后，要制订切实可行的调研方案，经办公室主任协调，报分管主席同意后实施，牵头的委、室负责调研报告、建议案的起草工作。各专委会及其所联系的界别委员小组的调研，由各专委会负责组织。调研人员的组成要以政协委员为主体，也可邀请有关部门和非委员的专家学者参与。调研地点的选择既要重视“面”，更要重视“点”，既要到工作局面好的地方去总结成功经验，更要多到困难的地方去，研究解决问题的方法，还可以开展系列化、连续性的调研。

**5、深入了解实情**

要深入实际，多听取基层干部和群众的意见，察实情、求真情、谋实招，注重宏观与微观相结合、静态与动态相结合、定性调查与定量分析相结合，把客观情况尤其是带有倾向性的问题摸准、摸透。同时利用现代信息技术和手段进行资料的搜集、整理和加工，积极使用统计调查、问卷调查、抽样调查、网络调查和民意信箱、无陪同调研、建立调研联系点等方法，努力增强调查研究的客观性、真实性和系统性。

**6、加强研究工作**

在深入调查、掌握第一手资料的基础上，切实在研究上多下功夫，追求立论的深度和高度。可通过专题研讨会、论证会、委员访谈等方式，进行研讨，集思广益。要努力运用马克思主义的立场、观点和方法，吸收现代科技成果，对调查取得的丰富材料进行缜密的分析、综合、论证，透过现象探究本质，得出符合客观实际的科学结论，提出解决问题的办法、对策和建议。

**7、精心撰写报告**

在调查、研讨之后，调研组要集体研究提出调研报告的总体思路和主要观点。调研报告要求材料翔实、观点鲜明、论证有力，各项建议力求有较强的针对性、科学性和可操作性，文风简洁朴实，努力打造精品。

**8、促进成果转化**

政协常委会议协商调研课题时，可邀请党委、政府领导和相关部门负责人到会，使调研的情况和建议能够被党政领导及时了解和采纳；对关系党政重要决策或地方经济社会发展大局的意见和建议，可以用《建议案》等正式文件的形式，送达党委、政府及有关部门；对某些专项的内容，及时转化成集体或委员个人提案，送交有关部门承办；对苗头性问题、警示性意见和某些不宜公开的内容，整理成社情民意，专报有关领导和部门；对一些适宜公开的成果，则利用新闻媒体加以宣传，以增进共识。

**9、主动联系跟踪**

调研报告报送后，要积极主动地加强与党委、政府及有关部门的联系和沟通，促进调研成果的采纳和应用。政协的调研和建议进入决策实施程序后，可以通过视察和调查，跟踪了解有关方面是否认真落实，效果如何，群众反映怎样，还需要调查论证哪些问题。

**10、搞好协调保障**

县政协机关要加强对调研课题的选择，时间、地点、人员、车辆的安排等方面的协调。及时了解调研工作部署的实施情况，为搞好调研工作创造必要的条件，定期组织优秀调研报告交流评选表彰活动，激励和推进调研工作。

# 政协长治县委员会
# 关于进一步做好提案工作的意见

2009年7月30日

政协提案是政协行使政治协商、民主监督和参政议政职能的一个重要方面，是坚持中国共产党领导的多党合作和政治协商基本政治制度的一个重要载体。加强和改进提案工作，有利于各民主党派和无党派人士积极通过人民政协履行职能，充分体现我国社会主义政党制度的特点和优势；有利于扩大公民有序的政治参与，实现人民依法管理经济和文化事业、管理社会事务的权利；有利于推进我国的社会主义民主政治建设。实践证明，提案工作水平取决于政协委员的参与程度。因此，为了更好地发挥政协委员的主体作用，进一步做好提案工作，现提出如下意见：

**1.进一步提高政协委员对提案工作的认识**

提案工作是人民政协一项重要工作，是建言献策的重要载体。提案工作的质量不仅是检验政协工作水准的重要标准，也是衡量政协委员综合素质和参政议政能力的重要尺度。政协委员要进一步强化提案意识，增强做好提案工作的责任感，充分发挥自身优势，尽心竭力地做好提案工作。政协要把提案工作情况作为考评政协委员履行政协职能的重要内容，对两年内无故不撰写提案、不参加提案工作的政协委员，视情况予以调整

**2.加强学习和培训，提高政协委员的理论政策水平和提案撰写能力**

理论政策水平是做好提案工作的前提和基础，政协委员要加强对政协理论、相关政策、法律法规以及做好提案工作必备知识的学习和掌握，努力提高理论政策水平。政协要利用全体会议、常委会议、主席会议、专题会议、以及座谈会、交流会、联谊会等多种形式，引导政协委员学习。各专委会、各学习小组要采取灵活多样的方式，每年分别组织政协委员1-2次集中学习。政协委员要主动学习，勤于思考，不断增强观察、分析和解决问题的能力。政协要突出抓好提案知识的培训。政协要有针对性地编印提案培训资料，定期印发《提案汇编》。

**3.努力使政协委员知情明政**

知情明政是提高提案质量的关键环节。政协要做好信息的交流和互动，让委员及时了解全县经济建设和社会事业发展的动态。要坚持走访委员制度，加强与政协委员思想交流和沟通。政协委员要积极参加政协各种会议和视察调研活动，了解县情，了解社情，了解民意，每位政协委员每年至少要参加一次调研或视察活动。

**4.认真做好提案的选题工作**

选题是提高提案质量的首要环节，政协各专委会和政协委员要注意围绕县委和政府重视、人民群众普遍关心的问题，潜心研究，科学、准确选题。政协各专委会要为委员选题和撰写提案提供条件，给予帮助，政协提案委员会要在选题上发挥参谋和指导作用。政协委员每年至少要参与一件提案的筹划工

作。

**5.改进提案的征集方式**

改变政协全会期间征集提案的状况，放宽提案征集时限，增加平时提案数量。全会召开前两个月，政协提案委员会要编发提案参考目录，政协各专委会和政协委员要筹划和组织提案；全会召开前一个月，提案委员会开始征集和审查提案。要发挥政协网络作用，政协委员可通过网络完成提案的提交、交流、反馈等工作。

**6.努力提高提案的撰写质量**

提案工作要坚持“三先三后”的原则，即先论证，后议政；先联合，后联名；先深化，后转化。政协委员要在充分调研的基础上，认真撰写提案，努力提高提案质量。要增加集体提案的数量，集体提案的数量原则上不低于提案总数的10%。要加大对提案的修改力度，提案委员会在尊重提案者意愿的前提下，通过各种方式修改和完善提案，进一步深化提案。要把重点提案列入计划，各专委会每年重点提案不少于一件，形成一批精品提案，对优秀提案给予奖励。

**7.进一步规范提案的审查工作**

要严格立案标准，规范审查程序，完善会前及时审查、会中集中审查、会后复核审查的“三审制”。依照《提案审查实施细则》、《转办提案处理办法》、《不予立案提案处理办法》等规定，认真处理各类提案。对未予立案的提案，提案委员会要尊重提案者的民主权利，及时向委员说明原因。

**8.认真做好提案的跟踪办理和落实工作**

提案委员会要经常与承办部门沟通，通过主席督办提案、提案办理协商会、提案办理现场会和组织委员视察等方式，及时了解提案办理和落实情况。政协各专委会和政协委员要加强与承办部门的联系，客观、准确、如实地签署对提案办理的意见，促进提案有效办理。

# 讲话选录

## 充分发挥人民政协作用 为“四化”建设献计出力

——在政协长治县八届一次会议上的讲话

1984在9月24日

县委书记 王家璧

各位委员、各位同志:

正当全县人民满怀激情迎接我们伟大祖国建国三十五周年的时候,中国人民政治协商会议长治县第八届委员会第一次会议胜利召开了。首先,我代表县委和县人民政府向大会表示热烈的祝贺!向各位委员,各位同志并通过你们向在各条战线上努力工作,辛勤劳动的各族人民,各民主党派,各人民团体和各界人士致以亲切的慰问和衷心的敬意!

各位委员、各位同志:

党的十一届三中全会以来,党中央以勇于开拓,锐意进取的革命胆略和脚踏实地、埋头苦干的求实精神,领导全党和全国人民胜利地完成了在指导思想上拨乱反正的任务,顺利实现了全党工作重点的转移,我国的社会主义建设事业出现了蓬勃发展的新局面。当前,我县也同全国、全省一样,政治上安定团结,经济上欣欣向荣,形势发展十分鼓舞人心。农业战线,随着连续三年三个中央一号文件的贯彻落实,党的富民政策已在农村深深扎根。社会主义商品生产出现了前所未有的发展势头。今年,全县夏粮生产获得历史上的第一个高产年,总产达到2893万斤,秋粮长势大大好于往年,丰收已成定局,全年粮食总产突破15000万斤大有希望。以煤炭、建材、养殖、工副业为主的农村多种经营发展尤为迅猛,到8月底全县多种经营收入已经完成2800多万元,占到年计划的64%。工交战线通过认真执行“调整、改革、整顿、提高”的八字方针,企业素质显著提高,结构布局日趋合理,经济体制改革也有了新的发展,出现了产值、产量、经济效益、财政收入同步增长的喜人景象。到8月底 全县工业总产值已经完成5605万元,达到年计划的78.7%,比去年同期增长了24%。工业企业实现利润285万元,比去年同期增长46.9%,上交财政利税总额已达270万元。比去年同期增长了80%。财贸战线、城乡商业体制改革、迈开了新的步伐,全县市场繁荣,购销两旺,财政收入增加,金融信贷活跃,人民生活水平明显改善。与此同时,教育、科学、文化艺术、医疗卫生、计划生育等各条战线也都取得了可喜的成绩。所有这些都是在省、市委领导下,坚决执行党中央的路线、方针、政策的结果,都是全县人民共同努力奋斗的结果,这同我县爱国统一战线的不断发展,人民政协工作的不断加强是分不开的,也是和在座的各位委员,各界人士的通力合作共同努力分不开的。

现在,我就如何进一步开创我县政协工作新局面讲三点意见:

**1.人民政协前程远大,大有可为**

毛主席在总结中国革命的主要经验时说:"统一战线、武装斗争,党的建设是中国共产党在中国革命中战胜敌人的三大法宝。"当前,我们正处在迎接新的经济振兴和新的技术革命的伟大时代。党的十二大提出我国人民在新的历史时期的总任务是,团结全国各族人民,自力更生、艰苦奋斗,逐步实现工业、农业、国防和科学技术现代化,把我国建设成为高度文明,高度民主的社会主义国家。这是一个十分鼓舞人心而又相当艰巨的任务。要实现这八项总任务、总目标,就必须依靠全体人民团结一致,同心同德,必须尽一切努力进一步巩固。加强由全县社会主义劳动者、拥护社会主义的爱国者和拥护祖国统一的爱国者组成的最广泛的爱国统一战线组成浩浩荡荡的队伍,去为之奋斗。所以,在今后很长的历史时期内,统一战线仍然有强大的生命力,仍然是我们建设社会主义的一大法宝,它的地位和作用不是可以削弱,而是更加重要,它的范围和对象,不是可以缩小而是更加扩大。人民政协是我们党领导下的中国人民统一战线的总部,也是全国人民实行革命大团结的一种十分重要的组织形式,它作为具有广泛代表性的统一战线组织,工作对象包括各民主党派的代表人物、无党派知名人士、非党知识分子干部、起义投诚的原国民党军政人员、原工商业者、少数民族的上层人物、爱国的宗教领袖人物、去台人员留陆的家属和亲属、港澳同胞、归国华侨和海外侨胞、还有个体工商业者。这是一支庞大的队伍,在这支队伍中,他们比较有知识,有比较广泛的社会联系,又有为国出力,为四化出力的强烈愿望,许多人在科学技术,文教卫生,企业管理,对外贸易等方面具有丰富的专业知识和宝贵的经验,确实是人才济济,博学多能,是建设社会主义物质文明和精神文明的一支重要力量。因此,在我国的政治生活、社会生活和对外友好活动中,在进行社会主义建设,维护国家的统一和团结的斗争中,人民政协不仅发挥着重要作用,而且这种作用是无可取代的。从这个意义上看,人民政协确实是中国共产党把马克思列宁主义的普遍真理同我国具体实践结合的一个典范,是建设具有中国特色的社会主义在政治上的重要表现,正像邓小平同志所强调的那样,是"前程远大,大有可为"的。我们一定要充分认识人民政协工作的重大意义,尽最大的努力做好工作,完成党和人民赋予我们的光荣而伟大的历史使命。

**2.继续清除"左"的影响,全面落实党的各项统战政策**

党中央制定的新时期统一战线的方针、政策和原则,是巩固和发展爱国统一战线的根本。近几年来,县委和有关部门在落实党的统战政策方面,做了大量工作,平反纠正了一批冤假错案,清理解决了许多历史遗留问题,极大调动了各方面的积极因素,我县爱国统一战线工作出现了兴旺发达,生机勃勃的新局面,县政协在全县的政治生活和四化建设中也越来越发挥着重要作用。但是,同党中央的要求相比,我们的工作还存在不少问题。在落实党的各项统战政策上,有些地方和单位还有重视不够甚至消极应付的情况,在落实党的知识分子政策上,轻视知识,轻视人才,不尊重知识分子的情况,致使一部分政协委员,党外人士和知识分子的积极性还没有充分调动起来。这些问题,从不同的侧面,反映了"左"的影响。仍然束缚着我们的思想,耽误着我们的工作。胡耀邦同志一针见血地指出,"这几年的统战工作,不是做得过分,而是做得不够;不是做得太多,而是还少了一些;不是做得十全十美,而是还有距离。""当前和今后应当加以强调的还是继续肃清"左"的影响,防止和克服关门主义,孤家寡人,包打天下的错误倾向。"因此我们一定要进一步清除"左"的影响。全面落实党的各项统战政策,清除"左"的影响就要从理论到实践,从原则到具体，从思想到感情，从口头到行动上彻底否定“文革”，清除“左”的影响，就要清除那种把统战政协工作看作“可有可无”、“无足轻重”的错误认识，就要彻底清除那种对党的新时期的统一战线方针、政策产生怀疑，认为对一些“统战对象”“落实政策过头了”“对知识分子照顾太多”的错误言论。当前在落实统战政策上要按照“态度积极抓紧办，实事求是去落实”的要求，抓紧解决好三个问题，一是对历次政治运动中处理错了的问题，尚未纠正平反的，要彻底纠正平反，虽已作了纠正但尚有尾巴的，要彻底割掉尾巴；二是“文化大革命中”被查抄的财物没有归还本人的要按中央的原则规定，妥善加以解决；三是要积极地为知识分子提供发挥才华的用武之地，尽可能地为知识分子创造良好的工作条件，要通过全面地落实党的各项统战政策，进一步调动广大党外人士和一切爱国力量的积极因素，发展和壮大我县的爱国统一战线，共同努力完成80年代以至90年代的三大任务，共同努力为实现党的十二大提出的总任务，总目标而努力奋斗。

**3.人民政协要充分发挥自己的优势，为我县的综合改革和对外开放献计献策，成为县委、政府的参谋**

人民政协的主要任务是政治协商和民主监督，我们党历来重视通过人民政协同各民主党派，各人民团体和各界党外人士进行民主协商，加强党同民主党派和一切爱国力量的团结合作。为了充分发扬民主协商的优良传统，我们一定要继续坚定不移地贯彻执行“长期共存、互相监督、肝胆相照、荣辱与共”的方针，主动同党外同志交朋友，虚心听取各位委员，各位同志的意见和要求，努力搞好和各民主党派、广大党外人士合作共事，今后，县委要真正把统战工作和人民政协工作摆到自己议事日程上来，认真听取统战工作，政协工作部门的汇报，大力支持他们的工作。县委、县政府还要经常同政协的各界人士举行民主协商会，座谈会，就全县的大政方针，政治生活，四化建设以及各项社会经济，群众生活等重要问题，进行民主的、平等的、真诚的、积极的协商和讨论，广泛听取各方面的批评、建议和意见，同时，我们也希望人民政协。在座的各位委员，各位同志，要充分发挥自己联系群众广泛、各种人才荟萃的优势，加强对党和政府工作的监督，帮助我们及时发现纠正工作中的缺点和错误。改进我们的各项工作，当前尤其要抓紧抓好体制改革和对外开放两件大事，积极提供兴利除弊的意见和建议，做改革和开放的促进派，当县委、政府决策的好参谋。

各位委员、各位同志，现在我国已经进入了以实现社会主义现代化建设为中心任务的历史新时期，新的历史时期赋予人民政协的任务十分繁重、十分光荣。胡耀邦同志指出:“毋忘团结奋斗，致力振兴中华”，让我们高举爱国主义的旗帜、更加紧密地团结起来，发扬统一战线的优良传统和作风，振奋精神，努力工作，为振兴我县经济推进我县的两个文明建设努力奋斗。

祝各位委员、各位同志身体健康，祝大会圆满成功。

## 在政协长治县九届一次会议上的讲话

1987年8月20日

县委书记　张学忠

各位委员、各位同志:

政协长治县九届一次会议，在各位委员和全体与会同志的共同努力下，圆满完成了预定的各项议程，会议开得很好,我代表中共长治县委向你们表示祝贺。

会议期间,大家听取了上届政协常委会的工作报告和几个专题报告,就新形势下如何进一步做好人民政协工作,进行了认真的讨论。会议还列席了县人大九届一次会议,听取了《政府工作报告》及其他一些报告,并以高度的政治热情和主人翁的责任感,对我县的各项大政方针,本着"肝胆相照、荣辱与共"的精神,提出了许多卓有见地的建议和意见,充分体现了政治协商、民主监督的作用。会议还根据《政协章程》规定,在充分酝酿和民主协商的基础上选举产生了政协长治县九届委员会的领导机构,会议期间,我们根据这届委员会新委员多的特点,还组织学习了《政协章程》,学习了省委统战工作会议以及市政协七届一次会议的有关文件,虚实并举,得益不少,会议开得生动活泼,充满了民主团结和奋发向上的气氛,开得很有成效。有的同志高兴地说:"这次会议是一次议大事、长见识,讲团结、促进步的会议"。

下面我讲三点意见:有不当的地方,请批评指正。

**1.珍惜大好形势,进一步巩固发展爱国统一战线**

党的十一届三中全会以来,我县同全国、全省一样,各条战线都焕发出新的生机,整个形势大好,十分鼓舞人心。

在政治思想战线上,通过这两年县、乡、村三级整党,各级党委狠抓了党的思想建设、组织建设、作风建设,广大党员干部,普遍受到了一次理想、宗旨、党风、党纪、党性教育,政治素质和思想素质有了明显提高。从而,进一步坚定了共产主义的远大理想,增强了全心全意为人民服务的观念,提高了同党中央在政治上保持高度一致的自觉性,巩固和发展了全县安定团结的政治局面,促进了改革、开放、搞活的顺利进行。今年以来,县委按照党中央的部署,结合我县实际,运用多种形式,对广大党员、干部、群众进行了坚持四项基本原则,反对资产阶级自由化和党的十一届三中全会以来路线、方针、政策的教育,进一步明确了四项基本原则是建设具有中国特色社会主义的立国之本,改革、开放、搞活是总方针、总政策,增强了广大党员、干部、群众执行三中全会以来路线、方针、政策的自觉性,提高了坚持改革,开拓前进的积极性,促进了各项工作。

经济建设战线,继续保持持续、稳定、协调发展的好势头。

农业生产,稳步前进,形势喜人。今年夏粮,虽遭受了"倒春寒""干热风"等自然灾害,但仍然获得好收成。全县小麦总产3561.6万斤,比去年增长4.5%;乡镇企业总产值1–7月份完成4129.26万元,较去年同期增长12%。

工业生产,持续增长。1–7月,工业总产值完成11310.35万元,占年计划的75.4%;比去年同期增长58.6%;实现利润904.75万元,比去年同期增长1.87倍,占年计划的93.7%。

财贸战线,市场繁荣,物价稳定,购销两旺。1–7月份财政收入为751万元,较去年同期增长15.9%,全县储蓄存款余额达到6538万元,比去年同期增长737万元;全县人均存款达233元,城乡人民生活水平显著提高。

上述成绩的取得,是全县人民共同努力的结果,其中凝聚着各位委员和各界人士的心血和汗水。如胡纪道副主席,年过七旬还跋山涉水搞调查,深受人民称赞。政协委员,中医院院长陈忠同志,自愿将他用心血换来的两千元稿费,奉献给县中医院的建设,他不仅每日坚持门诊,还急病人之所急,走村串乡,主动为患者上门医治,被群众誉为"人民的好医生";副主席张汉同志虽然退职离休,但一如既往地投身两个文明建设，他自费投资为街道办起“宣传栏”，宣传党的方针、政策，向广大青年进行普法教育，多次受到省、市、县有关部门的表彰奖励。委员张守智、高恩祥等都能以主人翁的态度，在为我县两个文明建设中做出了很大成绩，受到了群众的赞扬。现在，全县人民正以更加坚实的步伐向前迈进，我们要紧跟形势，继续努力，为四化大业作出更大的贡献。

**2.充分认识人民政协工作的重要性，解放思想，进一步开创政协工作新局面**

人民政协是在中国共产党领导下，由各民主党派和社会各阶层人士共同组成的爱国统一战线组织，是我国政治体制的重要组成部分，它在社会主义革命和建设的各个历史阶段都发挥了重要的特殊作用。

在新的历史时期，随着“一国两制”构想的提出为港澳问题的解决铺平了道路。人民政协进入一个新的发展时期，爱国统一战线也出现了新的格局，那就是：在中华民族大团结、大统一的旗帜下，新时期统一战线的爱国主义性质更加鲜明了，凡是赞成祖国统一的人，不论属于那个阶级、政党和集团，都是爱国统一战线团结争取的对象。二是统一战线的范围和规模进一步扩大，统一战线形成两个大的范围：一个是由大陆全体劳动者和爱国者组成的以社会主义为政治基础的联盟；另一个是广泛团结几千万台湾同胞，港、澳同胞，海外侨胞，以拥护祖国统一为政治基础的联盟；这两个范围的联盟构成新时期统一战线的整体。三是爱国统一战线要立足大陆，面向台湾，面向港澳、面向海外，把推进“一国两制”方针的实施作为工作重点之一，争取实现国共两党的第三次合作。这一新格局给人民政协注入了新的生机和活力，也给人民政协提出了新的任务。这就是要在党的领导下，紧紧围绕“统一祖国，振兴中华”这个总目标，团结一切可以团结的力量，调动一切积极因素，为推动“一国两制”的实施，实现和平统一而服务，为建设社会主义物质文明和精神文明服务，为社会主义民主和法制建设服务。所以说：新时期人民政协的地位不是削弱了，而是更加重要了。人民政协的范围不是小了，而是更加扩大了，活动天地更加广阔了，政协委员肩负的担子不是轻了，而且更加重了。由此可见，新时期人民政协工作正如邓小平同志所说的那样“前程远大，大有可为”。希望在座的委员和同志们一定要自爱自重，尽心竭力，努力完成党与人民赋予我们的历史使命，确实把我县人民政协工作推向一个新的台阶。

**3.坚持四项基本原则，反对资产阶级自由化，切实加强党对统战、政协工作的领导**

当前，在我国的政治思想上，正在开展着一场坚持四项基本原则，反对资产阶级自由化的斗争。斗争的目的还在于更加紧密地团结全国各族人民，更有成效地进行社会主义现代化建设，而资产阶级自由化的实质恰恰是与人民愿望相违背。搞资产阶级自由化的实质是反对四项基本原则，企图把具有中国特色的社会主义建设道路引向歧途，这是我们所不能容忍的，因为它关系到国家的前途和命运。对此，我们必须旗帜鲜明态度坚决，把这场斗争进行到底。为了使这场斗争健康地发展，党中央明确规定：反对资产阶级自由化斗争，严格限于共产党内，主要在政治领域中进行，不联系经济体制改革，农村政策，不层层找代表人物，不搞上挂下联，不搞人人过关，决不让过去那种“左”的故伎重演。我们相信，随着反对资产阶级自由化斗争的深入发展，我县的两个文明建设将出现一个崭新的局面。

坚持四项基本原则，是我们的立国之本，而加强党对人民政协的领导也是一项不可动摇的基本原则，全党抓统战，又是我党在革命实践中形成的优良传统之一。中央领导同志一再强调，统一战线是党的总路线、总政策的重要组成部分。尤其在新的时期、新的形势下，统战工作更有深远的重大意义。为此，县委要求各级党委一定要做到：

(1)加强党对政协工作领导,必须进一步学习和深刻领会党的统战理论政策,不断提高对统战工作的长期性、迫切性和重要性的认识,要自觉地、真正地把统战工作摆在各级党委的重要议事日程,要从各方面支持政协工作,解决委员提出来的问题,认真地听取他们的意见,特别是委员所在工作单位,要主动地协助和支持他们参加县政协所组织的各项活动。同时,要邀请他们参与本单位有关政治生活中的重大问题的协商,让他们在本职岗位上知情出力,有职有权。

(2)各级党政部门的主要领导,要带头做好政协统战工作,模范地执行"长期共存,互相监督"、"肝胆相照,荣辱与共"的方针。随着改革、开放、搞活方针的贯彻,人民政协的地位及其担负的使命将越来越重,其活动的范围亦将逐渐扩大,要把统战工作延伸到基层,延伸到海外。今后,乡镇也要逐步建立健全政协组织,为保证工作正常进行,各级党委要认真贯彻县委[1985]28号文件精神,切实加强领导,并要十分注意做好台属、港胞亲属的工作,要同他们交朋友,为他们办实事,帮助他们脱贫致富,热情地为他们沟通与亲人的联系,支持他们为统一祖国大业而努力工作。各级领导同志都要带头广交党外朋友,要以诚相待,合作共事。

(3)政府各业务部门,要在工作上经常与县政协的各个工作组取得联系,做到相互配合,密切协作,互相支持,共同为振兴中华、建设长治县献计出力。

(4)加强自身建设,搞好本部门的政治思想和业务素质。从事统战政协工作的同志,要进一步学习统战理论、政策和本职业务,提高工作效能。要自尊、自重,热爱本职工作,要学习党的改革、开放、搞活等有关政策,适应形势和工作的需要。努力工作,用自己的工作成绩,取得领导和群众的支持和信任。人贵在自爱,先自爱而为人所爱,要高瞻远瞩,务实创新,当好党的参谋和助手。

最后,提几点希望和要求:

**1.充分行使自己的职能,把政治协商、民主监督形成经常化和制度化**

政治协商、民主监督是人民政协的主要职能,也是建设具有高度社会主义民主的重要体现。它对于加强我们各级党委、政府的自身建设,反对官僚主义,改进工作作风,使我们的工作不发生或少发生失误,都有着十分重要的意义。因此,我热切希望各民主党派和各界人士,要同心同德和衷共济,把这一制度坚持好、执行好,形成经常化、制度化,以发挥其更大的作用。

**2.要以高度的主人翁责任感,为促进两个文明建设献计献策**

人民政协,聚集着我县各方面人才,是一个人才济济的"宝库",随着经济体制和政治体制改革的日益深入,将会出现许多新问题新情况,这就需要我们认真去探索,去认识,去解决。这就要求我们去充分发挥人民政协"人才库"的作用,才能把全县改革、建设不断推向前进,希望在座的各位委员,各界人士一定要发挥自己的知识和智力优势,急经济建设之所急,想经济建设之所想,通过各种渠道,为我县城乡建设奉献自己的力量。

**3.政协委员、各界人士要发挥自己联系广泛的优势,广交朋友**

随着开放政策的不断扩大,回乡探亲和参观旅游的海外人士将会越来越多。我县在台人员和港澳同胞,虽然不是太多,但做好这些人的工作对于统一祖国大业,还是十分有意义的。我们要本着"立足大陆,面向台湾,面向港澳,面向海外"的精神,利用自己联系广泛的优势,向亲朋好友通信、通电、走访,积极宣传"一国两制"的方针,宣传我们两个文明建设的大好形势,以增进互相了解建立友谊,为实现和平统一大业作出贡献。

**4.加强自我教育,不断提高社会主义觉悟**

各位政协委员和从事统战工作的同志,要发扬自我教育的优良传统,努力学习马列主义、毛泽东思想和党在各个时期的路线、方针、政策,学习现代科学技术,不断提高自己的政治素质和业务水平。

政协机关要认真搞好服务,努力把政协机关办成"委员之家"。

各位委员、各位同志,在新的历史时期,人民政协担负着光荣而艰巨的任务,希望各位委员和各位同志,要团结一致,共同努力,开拓前进,创造性地开展工作,为祖国统一,振兴中华,建设长治县这一宏伟事业作出新的更大贡献。

## 在政协长治县九届三次会议闭幕会上的讲话

1989年5月25日

县委副书记　李补安

各位委员、各位同志:

我县政协九届三次会议即将结束了。这次会议在政协党组和主席团的领导下,在全体委员的共同努力下,开得很成功。会议始终充满团结、民主、改革、向上的热烈气氛。

这次会议,是在治理整顿和深化改革的关键时刻召开的。过去的一年,人民政协在县委领导和上级政协的指导下,认真贯彻中央关于治理整顿和深化改革的精神,为促进我县经济建设的稳定发展,维护安定团结的政治局面,促进祖国统一做了许多有益的工作。在这里,我代表长治县委向大家表示诚挚的谢意。

这次会议,委员们认真审议了政协九届二次会议以来的工作报告,列席了人大九届三次会议,听取并讨论了政府工作报告,并且对有关事宜做了相应决议。会议期间,大家开诚布公,畅所欲言,对我县治理整顿、深化改革和廉政建设中突出的问题提出了许多有见解的意见和建议,充分表现了委员们高度的事业心和责任感,表现了各位委员对党、对人民高度负责的精神。根据当前的形势任务,结合我县的实际情况,下面我向政协的同志们提几点希望和建议。

**1.重新认识新形势下人民政协的地位和特点,进一步发挥政协协商监督、参政议政的作用**

人民政协是包括各民主党派,各人民团体和社会各方面代表广泛的爱国统一战线组织,是共产党领导下的多党合作的主要形式,发扬社会主义民主的重要渠道,是改革和建设的一支重要力量。政治协商、民主监督,是我国社会主义民主制度的一个重要组成部分。因此,我们全党都要从建设社会主义民主政治的高度,从统一祖国,建设四化,振兴中华的全局出发,提高对新时期统一战线和人民政协的认识。

在新的历史条件下,如何更好地发挥参政议政的作用呢?首先要提高政协委员的参政意识。要通过组织委员学习、召开专题讨论会和局委座谈会等多种形式,进一步提高委员对人民政协性质、地位和任务的认识,提高全体委员的参政意识,增强民主监督的自觉性。委员们要做到了解上情、通晓下情。了解上情就是正确理解党和政府的方针政策。通晓下情就是要吃透情况和问题,通过大量的、细致的调查研究,在召开例会的情况下,对党和政府的建议,用提案的形式提出来。党和政府对每一条提案要有一个明确的答复,可以允许有个答复过程,但一定要落实。委员们平时要多写一点调查研究的文章,可以利用舆论阵地去发表,也可以直接送交有关部门去参考。其次,政协的工作要走向经济建设、精神文明建设的实际,结合实际,办点实事,有益的事。人民政协不只会动口讲道理,而且还会动手办实事。既要抓大事,又要从小事做起,包括把团结党外的各界人士和思想疏导工作做好也是实事。再次,要进一步强化监督机制,强化监督意识,促进提案、议案和意愿的实现。我们对党政部门,对国情、县情要有一个深入的了解,提一些切实可行的建议、意见,同时还要体谅党和政府的困难。党政部门要尊重政协的意见,把委员们的每一项议案要看成是对工作的关心和爱护。决策过程中就要和政协的同志协商,让他们超前参政,超前议政,决策之后,要有个交代,就是我们通常所说的协商于决策之前,监督于决策之后。这样,政协的作用就充分发挥了,而且党政部门和政协的关系就会进一步协调和谐。我们党委的统战部门要体现党的领导,要加强对政协的联系和指导,政协也要积极同统战部门联系配合,共同把统一战线工作做好。

最近,有一些地方闹学潮,引起了社会各界人士的关注和忧虑。部分学生走上街头游行、请愿,甚至静坐、绝食。学生们提出“民主、法制、推进改革,反对腐败、惩治官倒,对话”等要求,这同党和政府的目标是一致的,党和政府是理解的,也是十分重视的。中央领导同志也肯定了学生们的主观愿望是好的。党和政府采取了理智克制的态度。但学生们采取的方法不对,如果到处罢课、游行、绝食,就会影响正常的工作秩序、教学秩序、生产秩序,市场秩序。就可能导致全国更大范围的动乱,就可能带来同他们的愿望相反的结果。5 月 20 日凌晨开始,中央采取了英明果断措施,李鹏、杨尚昆同志讲了话,得到了全党全国人民也包括搞学潮的绝大部分学生的拥护。现在势态逐渐地平稳下来了,大家担心的动乱问题基本解决了。我认为,大家反对动乱,不是泛指广大同学们带有热情愿望的活动,而是指极少数别有用心的人利用学生,甚至直接混进去煽动捣乱,比如长沙、西安、太原少数不法分子搞起来了打、砸、抢、烧,闹得大城市不安宁,铁路不畅通,秩序混乱,人心不安,影响工作、生产、教学,这是不是动乱? 对此,我们政协的同志也是十分关注的。这几天大家也都看了报纸、电视,听了广播。中央明确表态后,大家悬着的心也落在肚子里了。大家心目中都有一个比较明确的客观的看法。这个看法有三点是统一的。一点是我们希望能够加快对官倒问题、教育问题、物价问题、分配不公等问题的解决;一点是我们都为党和国家遇到的困难和出现的比较复杂的局面忧虑;一点是对中央采取的维护安定的果断措施是坚决拥护的。但是,我们光忧虑,光希望,是不够的,而要珍惜来之不易的安定团结的局面,抓住时机,特别是调整时期,把经济工作进一步理顺,求得经济工作的稳步发展。既要脚踏实地做好本地区、本部门、本单位的工作,搞好生产,又要克服急于求成的思想;既要有坚定的实现四化振兴中华的理想和信心,也不要急于求成。大家都要有过几年紧日子的准备,和党共度暂时出现的难关。

现在,从中央到省、市领导、都十分注重与群众对话。对话是个好办法,通过对话,统一认识,求得问题的逐步解决。但是,对专门搞动乱的人不能光是谈。大家知道军队都进去了,这也是迫不得已,军队进去也不是针对学生。当然,我们县没有出现游行、请愿的情况。但是,我们的“小气候”,也是生活在“大环境”中的,影响也是存在的。为此、政协的同志要广泛联系各界群众;多学习、多联系、多宣传、多教育,促进安定团结的政治局面,巩固和发展改革开放的大好形势。这是县委对全体政协同志的一点希望。

我们应该有信心,应该相信党中央、相信国务院,不要出现一个问题、就怀疑党,怀疑社会主义。我们相信党中央、国务院能够解决的很好，对改革开放还是应该充满信心的。共产党是执政党、处在执政地位，领导地位，起着核心的作用，但是我们实行的是共产党领导下的多党合作制，我们执政为的是人民，还得要听取各民主党派人士的意见。共产党不仅代表四千多万党员的利益，而且代表各民主党派、全国各族人民的利益。即便党和政府的工作出现一些失误，或一些干部出现一些问题，我们的党还是有希望的党，整体还是好的。特别是好在党有自知之明，能够认识自己存在的问题，主动地纠正问题，左的能纠、右的也能纠。困难的时候能走过来，和平时期的困难也能克服。历史和实践都证明，没有中国共产党就没有新中国，只有社会主义能够救中国。在中国不会也不可能再有个什么别的党能够代替中国共产党，这也是社会发展的必然历史。这一点各民主党派的认识是清楚的，都是能够自觉地团结在党的周围的。

**2.政协要在治理整顿和深化改革中推进廉政建设，抓好廉政建设，推进治理整顿、深化改革的进程**

为什么我们党把治理经济环境、整顿经济秩序作为今明两年，或者再长一些的工作重点呢?不是因为我们的改革开放不对、或者不应该改革开放。变革、变法、改良这些名词历史上就有过。但是，过去的变革，改良都失败了。历史上商鞅变法，王安石变法、光绪变法等都是在封建社会搞的，都失败了。直到中国共产党建立之前，中国仍然处于一个封建、官僚、买办统治的、帝国主义列强分割的旧中国。那时还没有找到一条正确的道路。中国共产党成立后，经过新民主主义革命，建立了新中国，确立了社会主义制度，为中国找到了一条正确的道路。

可是，在“文化大革命”十年内乱中，把政治、经济、文化等各个领域、乱到了崩溃的边缘。十一届三中全会后，才把中心工作转移到经济建设上来。但是，我们发展的模式，很长一段时间，照搬了那时苏联的方式，对社会主义阶段没有一个成熟的认识，生产力发展很慢。我们的国家仍然比较贫穷。十三大之后，党中央提出了社会主义初级阶段的理论和基本路线，确立了“一个中心、两个基本点”。我们的指导思想才更加明确，加快了改革的步伐。改革开放是正确的，应该坚定不移地进行下去。但由于我们对国情的认识还比较肤浅，仍然有急于求成的思想，加之一些失误，改革中确实出现了不少的困难。比如近两年来，出现的通货膨胀、物价上涨等等。这些问题如不及时、认真地解决、改革就难以顺利进行。所以，中央提出了治理、整顿的方针，这实际上是国民经济的一次重大调整，是各方面的调整。目的是克服困难、理顺关系、调整结构，加强宏观控制，更好地前进。我们不是不要速度、不要前进，更不是不再改革。比如说煤炭、电力紧张、原材料紧张、化肥、农药紧张，一部分生活必需品也紧张。在紧张的情况下，都要想大发展、快发展、高发展、可不行呢!这就像散了会一样，大家都想很快从一个大门一起挤出去是不行的，要有秩序地出去，看起来慢，实际上快。要调整就是要整顿治理。所以，治理整顿和深化改革的目的是一致的，治理整顿是为了更好地促进改革，但本身也是一种改革，他们是相辅相成的。

治理也好，整顿也好，改革也好；靠谁去带领，靠谁去组织，靠谁去实施，靠谁去落实?说到底还是要有一个领导的问题、人的问题。领导干部、领导部门，如果不廉洁、如果贪污腐败、官倒私倒，自己就没有一个好的形象，就没有权威，就不会领导好治理整顿和改革。所以，抓好廉政建设既是执政党自身建设的需要，也是治理整顿、深化改革的需要。是不是说我们各级领导和党员都不廉洁呢?绝对不是。应该说，全党整体是好的，绝大部分党员干部都是好的。但确实有腐败问题，不然，人民群众为什么议论?为什么举报?为什么请愿?这些问题如果再继续下去，不得了。尽管人数少，但影响大、危害大。它不仅说明廉洁问题是人民的呼声和要求，而且在党内切实就存在有不廉洁的问题。必须认真地抓好廉政工作，才能促进治理整顿和深化改革。

还有一个“小气候和大气候的问题”。有些人担心,社会上出现这样多的问题,只靠我们政协委员去努力,或者长治县人民去努力,是不是行啊?这种担心是有一定道理的。“大气候”是“小气候”组成的,“小气候”不改变,整体的环境就难以改变。光坐而论道,连“小气候”也没有信心去改变、去创造,说明对“大气候”也缺乏信心,那就“大气候”也不会从天上掉下来。我们只有脚踏实地从长治县做起,从每一个部门做起,从长治县的各级领导干部、党员做起从自己和每一个家庭做起,才能使人民群众看得见、摸得着、信得过。

廉洁是不是光要求党员、干部呢? 当然党员领导干部是重点,但不是党员的或者不是领导干部的人,搞不正之风也是不好的。这说明人们不是反对共产党,而是反对贪污、反对受贿、反对官倒,希望廉政、希望务实。同志们,县委希望政协的各位委员和全县人民一道,为创造长治县的“小气候”、长治县的好形象,同心同德,共同奋斗,争取把解决问题的时间缩短一点,使政协的人们、全县的人民更放心一点,搞改革、搞建设的劲头更足一点。

同志们:人代会、政协会结束后,代表和委员们将要回到各自的工作岗位上去,我们希望大家宣传“两会精神”、模范地贯彻治理经济环境、整顿经济秩序,全面深化改革的方针,并且监督各级党委和政府贯彻这一方针。只要我们善于宣传群众,组织群众,大家同心同德、团结一致、艰苦奋斗,治理整顿和深化改革的目标就一定能实现。

## 在政协长治县十届一次会议上的讲话

1990 年 6 月 17 日

县委书记　张学忠

各位委员、各位同志:

今天,政协长治县第十届委员会第一次会议隆重开幕了,我代表中共长治县委向大会致以热烈的祝贺!

在过去的三年里,县政协九届委员会认真履行政治协商、民主监督职能,积极参政议政,促进了全县各项工作,取得了显著的成绩。

三年来,县九届政协委员会在政治上坚定地坚持四项基本原则、旗帜鲜明地反对资产阶级自由化,特别是在去年春夏之交北京发生动乱、反革命暴乱期间,全体政协委员认真学习党中央国务院一系列重要文件及中央首长的讲话,提高了认识,明辨了是非,始终站在党和政府的一边,坚守岗位,做好工作,用实际行动,为维护安定团结的政治局面做了不懈的努力;在两个文明建设中识大体、顾大局,与党同心同德鼎力合作,对县委、政府的各项工作给予了大力支持,充分体现了“长期共存、互相监督、肝胆相照、荣辱与共”十六字方针的精神。在工作上政协能紧紧围绕县委的工作中心,主动地组织政协委员,就我县的政治、经济、教育、科技等各项工作以及人民群众普遍关心的问题开展调查研究,写出了不少有分量的调查报告和建议案，提出了一些很有见解的宝贵意见和改进措施，为县委的正确决策提供了可靠的依据。在此，我代表县委向各个委员、各位从事政协统战工作的同志，表示诚挚的感谢！

我们这次会议，是在全县人民深入贯彻党的十三届四中、五中、六中全会精神的时候召开的，是在治理整顿、深化改革取得明显成效，全国政治、社会、经济稳定发展的形势下召开的。这对进一步贯彻《中共中央关于坚持和完善中国共产党领导的多党合作和政治协商制度的意见》(以下简称《意见》)，对于学习贯彻《中共中央关于加强党同人民群众联系的决定》，对于进一步发展我县安定团结的政治局面，巩固和扩大爱国统一战线，都具有十分重要的意义。县委希望全体政协委员要依据国家宪法和政协章程履行自己的政治权利和神圣使命，以高度的政治责任感和主人翁精神，打开思路想问题，广开言路吐真情，把我们这次会议真正开成一个团结合作、发扬民主、奉献智慧、富有成效的大会！

下面，我代表中共长治县委讲几点意见，也是对各位委员的希望。

**1.把学习贯彻《意见》当作一项政治任务，贯彻始终，付诸实施**

中共中央重要《意见》的发表，是我国政治生活中的一件大事，是搞好统一战线和政协工作的指导性文件。全县各组织和全体共产党员、政协和政协全体委员，都要认真学习《意见》，深刻领会《意见》的精神实质，充分认识坚持和完善中国共产党领导的多党合作和政治协商制度的重大意义。特别是各级党组织的领导同志、政协工作人员和全体政协委员要带头学习，在领会和掌握《意见》基本精神的基础上，组织好本单位的学习，推动人大、政府、各民主党派、工商联和无党派人士的学习，把党内外的思想认识统一到中共中央重要《意见》的精神上来。

在学习文件的基础上，要认真抓落实，对文件中规定的各项措施和制度要逐条研究讨论，然后结合自己的工作实际制定贯彻《意见》的措施，并让其付诸实施。政协要在组织的各种活动中，充分发挥作用，为各民主党派、工商联、无党派各界民主人士参政议政创造条件，畅通渠道，支持各民主党派加强自身建设和开展工作，真正使人民政协成为各党派、无党派爱国人士合作共事参政议政的重要场所，成为党密切联系人民群众的桥梁和纽带。

总之，希望政协和各位委员，要把学习、宣传、贯彻和落实中共中央的重要《意见》，作为当前和今后一个时期的一项重要工作，抓紧抓好，抓出成效来。

**2.认真学习贯彻党的六中全会精神，协助党委和政府发扬密切联系群众的优良传统**

党的十三届六中全会作出了《中共中央关于加强党同人民群众联系的决定》，这不但是当前维护社会稳定的重大举措，而且也是我国社会主义事业蓬勃发展的强大动力。密切联系群众，不论过去、现在，还是将来，都是我们立国立党之本，是我们战胜和克服各种困难，夺取革命和建设胜利的根本保证。要采取各种形式和通过各种渠道，围绕三中全会提出的加强党同人民群众联系七个方面的问题，对全体党员，特别是领导干部深入进行马克思主义群众观点和群众路线的再教育，增强执行党的群众路线的自觉性。人民政协要充分发挥自己协商监督的职能作用，积极协助党和政府密切与人民群众的联系。政协的视察、调查研究活动，要采取多种形式，扎扎实实深入下去，切切实实了解广大人民群众的真情实意、要求与愿望，实事求是地向政府反映，以便改进我们的工作，充分发挥人民政协在党与人民群众联系中的桥梁和纽带作用。

**3.发挥政协优势，为维护社会稳定，推动全县两个文明建设作出更大贡献**

当前，稳定高于一切，稳定压倒一切，政治稳定、社会稳定和经济稳定是保证治理整顿、深化改革和国民经济持续、稳定、协调发展的前提条件。如果没有稳定的环境，就什么事也办不成，保持我县的政治稳定、经济稳定和社会稳定，符合人民的根本利益，是全县人心所向。但是，由于复杂的国内外形势，国内有不安定因素，我县也同样有不安定因素。人民政协作为广泛的爱国统一战线组织，要团结广大人民群众和各界人士为保持我县的稳定继续做出努力，要围绕治理整顿和深化改革方针的贯彻积极提出建议，协助县委和政府克服困难、解决问题，协助县委和政府推进廉政建设、民主与法制建设和社会主义精神文明建设。人民政协要继续发挥人才多、联系面广的优势，高举社会主义和爱国主义两面旗帜，围绕爱国和稳定这一主题，一如既往地协助县委与政府做好"活血化淤"工作，消除社会矛盾，化开"未成先解"的疙瘩，净化社会环境，为推进我县两个文明建设作出新的贡献。

**4.努力搞好自身建设，提高政协整体素质**

人民政协是最广泛的爱国统一战线组织，是实现共产党领导的多党合作和政治协商制度的重要组织形式，它在社会主义现代化建设事业中，肩负着很重要的历史使命。因此，只有加强自身建设，提高政协整体素质，才能更好地完成历史赋予自己的光荣任务。根据中共中央《意见》和人民政协章程规定，人民政协要组织和推动委员学习马克思列宁主义、毛泽东思想，学习党和国家的方针政策，学习时事政治，以利于统一认识，促进在共同基础上的合作。政协各机关干部，要加强政治理论和业务知识的学习，增强为委员服务的观念，使自己的工作更加适应新形势、新任务的要求。要加强思想政治工作，深入进行坚持四项基本原则和反对资产阶级自由化的教育、爱国主义和社会主义的教育、国情教育和艰苦奋斗的教育，以及民主党派同中共长期合作的优良传统教育，从而提高委员和政协干部的政治素质，力求把人民政协的工作提高到一个新的水平，以适应新形势的需要。

各位委员，今年是90年代第一年，也是夺取治理整顿、深化改革胜利的关键年。

县委相信，在全县广大共产党员、各民主党派、无党派人士和全县人民的共同努力下，通过贯彻中共中央的重要《意见》和《决定》，我们一定能够在维护政治、经济和社会的稳定，在两个文明建设中，做出新的更大的贡献。

## 为改革开放献计献策 为经济建设建功立业

1992年4月13日

县委书记　张学忠

各位委员、各位同志：

政协长治县十届三次会议今天隆重开幕了，我代表中共长治县委对这次会议的召开表示热烈的祝贺。

这次会议，是我县政协本届全体委员会的最后一次会议，再过一年时间，十届委员会就任期届满了。在过去的两年中，我县政协紧紧围绕党和政府的中心工作，认真贯彻落实《中共中央关于坚持和完善中国共产党领导的多党合作和政治协商制度的意见》，积极发挥人民政协"政治协商，民主监督"的职能和多层次“智力库”的优势，为进一步巩固我县安定团结的政治局面，促进改革开放和经济发展做出了积极贡献。在此，我代表中共长治县委向全体委员和与会同志们表示衷心感谢。

过去的一年，是我县执行“八五”计划和十年规划的第一年。在省、市委的正确领导下，全县人民全面贯彻党的“一个中心，两个基本点”的基本路线，紧紧围绕经济建设这个中心，深化改革，开拓进取，全县的各项工作都取得了新的成就，工农业生产持续稳步发展；教育、科技、卫生、计划生育等多项工作成绩喜人；人民生活水平进一步提高；全县安定团结的政治局面进一步得到巩固和加强。

当前，我国的经济建设正处于十分关键的时期，全国万马奔腾，千帆竞发，一派改革向上的气象，我们一定要认真贯彻执行邓小平同志的谈话精神和七届全国人大五次会议以及政协七届全国五次会议精神，进一步加大改革的力度，扩大开放，以敢创、敢冒、敢为天下先的精神，加快我县的经济建设步伐。

新的形势、新的任务，赋予人民政协新的使命，也为人民政协发挥作用提供了广阔的天地。机不可失，时不再来，人民政协一定要肩负历史的使命，在当前和今后一个时期，认真抓好以下工作。

**1.发挥政协自身优势，为加快我县改革开放步伐做出新贡献**

改革开放以来，我县经济建设取得了很大的成就，但是，我们应当清醒地看到，同全省先进县相比，我们还有一定的差距。同发达地区相比，差距就更大。造成差距的原因，主要是我们的思想还不够解放，改革开放胆量还不够大，步子还不够快。因此，必须抓住当前有利时机，解放思想，勇于实践，胆子再大一点，步子再快一点，措施再扎实一点，才能跟上全省、全国的步伐，加快我县改革开放和经济发展的步伐，要靠全县人民的共同努力才能实现，而人民政协有着人才密集，知识密集，人员分布广泛，社会交往面宽的优势。可以说是人才荟萃，是我县改革开放的智力库。当前，我们在改革中面临着许多亟待解决的新情况、新问题。如农村改革方面：如何进一步完善家庭联产承包责任制，如何进一步健全社会化服务体系，增加“统”的功能，如何壮大集体经济实力，引导农民走共同富裕的道路；企业改革方面，如何打破“三铁”，转换企业内部经营机制，如何调整产业产品结构；在政治改革方面，如何转变政府职能、实现“小政府、大服务”等等。这些都需要群策群力、集思广益，才能顺利地进行。我们人民政协，就是要发挥智力库的优势和有利条件，充分调动各个委员的积极性、主动性、创造性，增强责任感、紧迫感，围绕改革开放的重大任务和措施，深入实际，调查研究，积极献计献策，为加快我县改革开放的步伐，提供决策依据，为我县经济建设再创新水平，再上新台阶，作出应有的贡献。

**2.充分发挥政协的职能作用，迈出民主监督新步伐**

人民政协最重要的任务和最大的实事就是政治协商和民主监督。这就是人民政协既不同于国家权力机关，又有别于人民团体的本质特征。充分发挥自己的这一特点，对于建设中国特色的社会主义民主政治有着十分重要的意义。因此，人民政协必须重视发挥政协的职能作用，围绕经济发展，强化民主监督意识，克服消极等待思想，解放思想，大胆陈词，敢于直言，敢于讲真话，敢于发表不同意见，既陈兴利之议，也提除弊之见，还要注意从微观方面的协商向宏观方面的协商监督发展；从单一形式、单一渠道的协商监督向多形式、多渠道的协商监督发展；从一时一事的协商监督向经常化、制度化的协商监督发展。只有这样，人民政协的基本职能才能得到充分而有生机的体现。要进一步清除“左”的影响、“右”的倾向。大胆监督，勇于监督，善于监督。邓小平同志的重要谈话和中共中央政治局全体会议明确了判断姓“社”还是姓“资”的标准，即主要看是否有利于发展社会主义生产力，是否有利于增强社会主义国家的综合国力，是否有利于提高人民的生活水平。这“三个有利”也是衡量人民政协协商监督职能发挥得如何的重要标志,希望人民政协和每个政协委员在参政议政中,在协商、监督时,以此为标准,凡符合“三个有利于”的人和事,我们就支持帮助,对一切不符合“三个有利于”标准的,就应该大胆地提出批评、反对并及时提出改进意见。

**3.加强人民政协的自身建设,不断适应形势的新要求**

随着改革开放向纵深发展,大量的新情况、新问题不断涌现,要适应新形势的要求,跟上新形势的步伐,政协必须不断加强自身的建设,提高参政议政能力。一是要发扬自我教育的优良传统,不断提高自己的政治素养。今年要学好邓小平同志关于建设有中国特色社会主义的一系列重要论述,把握其精神实质。要进一步解放思想,放开手脚,坚定信心,振奋精神,提高执行党的路线、方针、政策的自觉性,提高参政议政水平,提高民主监督能力。二是要不断加强政协的机关建设,健全机构,强化职能,完善制度。同时,要把竞争机制引入政协工作,鼓励大家勇于参政议政,敢于发表不同意见,并把那些大胆改革勇于实践的人士吸收到政协里来。三是人民政协党组要进一步加强思想政治工作,组织委员学习马列主义、毛泽东思想,学习党的各项方针、政策,学习社会主义理论,在重大原则问题上保持认识上的一致,把政协整体素质提高到一个新的水平。

各位委员、各位同志,从现在起到本世纪末,是我国社会主义建设的关键时期。我们面临的任务是光荣而艰巨的。目前深化改革,扩大开放,抓住中心,发展经济的强劲东风,锐不可当,抓住机遇,发展自己,奋起直追,已成为全县人民的共同呼声。我们这次会议的召开,就是全体上下共商兴县富民大计,愿各位委员进一步解放思想,开动脑筋,奉献更多的良计良策,为把我县经济搞上去建功立业。

## 在县政协十一届一次会议上的讲话

1993 年 7 月 2 日

县委书记　王虎林

各位委员、各位同志:

中国人民政治协商会议长治县第十一届委员会第一次会议,经过与会同志们的共同努力,已圆满地完成了预定的各项议程,今天就要胜利闭幕了。会议开得很好。会议期间,委员们以主人翁的高度责任感,认真履行了参政议政的职责,对县政府的工作报告,对加速我县的改革开放和经济建设步伐,对加强社会主义精神文明建设,加强民主法制建设以及进一步开创政协工作新局面,提出了许多很有见地很有价值的意见和建议。会议开得热烈,充满了民主、团结的气氛,是一次团结、民主、共商兴县富民大计的大会。这对于进一步组织和动员全县人民以中共十四大精神为指针。认真落实刚刚结束的中共长治县第七次大会提出的今后五年的各项任务,促进我县农村提前五年基本达小康和经济迈上新台阶必将产生积极的推动作用。值此机会,我代表中共长治县委,向县政协十一届委员会全体委员,并通过你们向全县各民主党派、各人民团体和各界爱国人士,表示亲切的问候。对这次大会的圆满成功,表示热烈的祝贺!

我县十届政协,在各级党委、政协的领导和指导下,在全体政协委员和政协机关的同志积极努力下,发挥了人民政协"人才库"和"智囊团"的优势，在技术咨询、提案处理和文史资料的征集编写等方面都做出了可喜的成绩；在推动全县两个文明建设，增强团结，维护社会稳定等方面主动地配合县委、县政府做了大量的工作，倾注了大量的心血，做出了积极的贡献。这次换届，由于年龄关系，部分老同志就要从政协岗位上退下来。这些老同志顾大局、识大体，以自己的实际行动为进一步实现新老交替带了一个好头。在此，我代表中共长治县委向这些退下来的老同志表示崇高的敬意。

当前，我国的社会主义现代化建设进入一个蓬勃发展阶段。抓住机遇，加快我县经济的发展，使我县经济尽快地跃上一个新台阶，是新时期赋予我们的重任，也是全县三十万人民的共同心愿。在去年，县委、县政府就根据小平同志南巡谈话精神和省、市委的要求，制定了我县农村提前达小康和经济再上新台阶两个方案。刚刚结束的中共长治县第七次代表大会和即将通过的《政府工作报告》，进一步明确提出了今后五年间我县的宏伟奋斗目标。现在，大政方针已定。我们一定要以贯彻落实党的十四大精神为动力，把全县人民包括各方面的力量凝聚在一起，真抓实干，奋力拼搏，切实把我县经济推向一个又快又好的发展阶段。

人民政协作为最广泛的爱国统一战线，是实现共产党领导的多党合作和政治协商这一基本制度的重要组织形式，在新形势下，人民政协肩负的历史使命具有不可替代的重要作用，为了进一步搞好今后的政协工作，充分发挥人民政协的职能作用，共同实现兴县富民的战略任务。在此，我讲三点意见：

**1.用党的十四大精神指导政协工作，确立和坚持经济建设为中心的指导思想**

中共十四大确立的邓小平同志建设有中国特色的社会主义理论是社会主义现代化建设的力量源泉。十四大强调的毫不动摇地坚持"一个中心，两个基本点"的基本路线，为我们从思想和工作上进一步指明了方向。人民政协是最广泛的爱国统一战线，是党和人民群众联系的"桥梁"。要充分发挥政协的自身优势，最大限度地把我县各方面的力量团结起来，统一于一个共同的政治基础上，围绕一个共同的政治目标。这个共同的政治基础就是建设有中国特色的社会主义理论。共同目标就是实现十四大精神所制定的战略目标，推动经济的加快发展和社会主义的全面进步，实现振兴中华、统一祖国的共同愿望。这就需要我们认真学习全面理解十四大精神，用建设有中国特色社会主义的理论，武装全体委员及其联系的各界人士的头脑，并使之成为全体成员的共同行动纲领。在政协工作中要进一步解放思想，转换观念，改革传统的思维方式和工作方式，紧紧围绕经济建设这个中心，勇于探索，不断创新，认真落实十四大制定和确立的关于政协工作的各项方针政策，努力开创政协工作新局面。

**2.充分发挥政治协商、民主监督的职能，积极参政议政**

人民政协依据宪法和政协章程，认真履行政治协商、民主监督的基本职能，是我国社会主义民主制度的一大特色。它有利于集思广益，实现决策科学化、民主化。有利于及时纠正失误，改进工作，有利于求得共识，推动各项事业的健康发展。加快改革开放和经济建设步伐，实现我县农村提前五年达小康和经济再上新台阶的战略目标是一项极其艰巨而繁杂的系统工程，有许多新情况、新问题、新矛盾亟待我们去了解、去研究、去解决，迫切需要全体政协委员认真履行政治协商、民主监督的职能。所以，从这一角度上讲，人民政协在当前新的形势下的任务不是减轻了，而是加重了，人民政协发挥作用的天地不是缩小了，而是拓宽了。我们要充分认识人民政协在新时期的地位和作用，振奋精神，勇于投身实践，以主人翁的姿态，积极主动地就改革开放、经济建设和建立社会主义市场经济体制等重大问题，在深入调查研究的基础上认真负责地提出意见和建议来,协助县委和政府做好宏观决策。同时,要积极参与和配合政府有关部门大胆实践,总结经验,开展多方面的咨询服务。要随着市场经济体制的建立和广大人民群众物质文化生活的提高,不断地丰富政协工作的内容。要把人民政协的各项活动,纳入经济建设的大潮中。总之,人民政协既要穿针引线当红娘,又要脱鞋下海捕大鱼,积极主动地去研究新情况,解决新问题,为我县农村提前五年达小康、经济再上新台阶,进而实现我县跃入全省经济强县而积极进取,奋力拼搏,大胆地干,大胆地闯,不断谱写新的篇章,作出新的贡献。

**3.切实加强政协的自身建设**

人民政协,作为全县五套班子之一,岗位重要,任重道远。在这个岗位上工作,同样是国家强盛的需要,人民富裕的需要;是受党的委托和信任,在集中精力狠抓经济建设的实践中,不论县委、人大、政府、政协,同样没有一线、二线之分,都处在改革开放夺取现代化建设新胜利的前沿阵地。人民政协既担负着多党合作、政治协商和促进祖国和平统一的使命,也肩负着在现代化建设中参政议政,给党委政府当参谋、做助手,充当“智囊团”的艰巨任务!这就要求我们政协的全体委员不仅要有良好的愿望和饱满的热情,又要有严肃认真的工作态度,既要有较强的政治敏锐性,又要有相当的政策水平。所以,新一届政协委员必须加强学习,努力搞好自身建设。要继续发扬自我教育的优良传统,自觉学习建设有中国特色的社会主义理论,努力掌握它的主要内容,基本观点,抓住精髓,把握实质,联系实际,学以致用。自觉地学习和掌握党的统战理论和国家法律政策,努力学习现代化知识,不断提高自己的政治业务素质,以适应新的形势的需要。要在学好理论的同时,发扬开拓进取、严谨务实的作风,组织委员们要深入群众,深入实际,抓住群众普遍关心,人民政协亟待解决的热点问题,把“问题”吃准,把情况“吃透”,运用马列主义的观点、方法,分析和解决这类问题,提出切实可行的意见和建议,不断提高工作的质量和效率。政协委员以及政协机关的全体同志都要做合作共事的模范,廉洁奉公的模范和发扬民主的模范,在全县树立良好的形象,维护人民政协的崇高威望。

全县各级党组织,全体共产党员,尤其是党的各级领导干部要提高对政协工作重要性的认识,从巩固我国基本政治制度的高度,充分认识政协的重要作用和地位,从各方面关心支持政协的工作。

改革开放和现代化建设的新形势、新任务,既向我们提出了更高要求,也为全体委员和各界人士施展个人才华,发挥自身优势,实现远大抱负开辟了更加广阔的天地。我们一定要解放思想,勇于创新,振奋精神,努力工作,八仙过海,各显神通。我相信,在中共十四大精神指引下,通过全体政协委员的共同努力,我们政协工作一定能出现一个崭新的局面,提高到一个崭新的水平。让我们携手共进,为实现我县农村提前达小康和经济再上新台阶而共同努力吧!

# 在政协长治县十一届五次会议上的讲话

1997年3月25日

县委书记　王虎林

各位委员、各位同志：

在全县人民认真贯彻落实八届全国人大五次会议和全国政协八届五次会议精神，满怀信心地朝着建设经济强县的目标奋力冲刺，以优异成绩迎接香港回归祖国和中国共产党第十五次全国代表大会胜利召开的大好形势下，政协长治县第十一届委员会第五次会议今天胜利召开了。委员们带着全县各界人士的重托，肩负着参政议政的神圣职责，欢聚一堂，共商建设经济强县大计。这是我县政治生活中的一件大事。这次会议，将在全面回顾总结过去一年政协工作的基础上，重点围绕我县九七年经济和社会发展的各项目标任务，进行认真讨论，建言献策。在此，我谨代表中共长治县委，对会议的召开表示热烈的祝贺！向来自全县各条战线的政协委员、民主党派、各界人士代表以及全体与会人员致以亲切的问候！

刚刚过去的1996年，是实施"九五"计划的第一年。一年来，全县各级在县委的正确领导下，高举邓小平建设有中国特色社会主义理论的伟大旗帜，以党的基本路线为指针，以建设经济强县为目标，同心同德，艰苦奋斗，抓住机遇，开拓进取，努力推进我县"三步走"赶超战略的实施，全县经济和社会各项事业都取得了令人满意的成绩。全县国民生产总值完成120.5亿元，比上年增长7.57%；工农业总产值达到31.976亿元，比上年增长33.02%；粮食生产再创历史最高水平，总产量达到1.5064亿公斤，比上年增长10.9%；乡镇企业完成总产值32.38亿元，比上年增长6.81%；农民人均纯收入达到1970元，比上年增长25.6%。各项建设取得显著成效。高标准、高质量完成了132公里的乡村公路铺油任务，是当今全市铺油最多、完成工程量最大的县区之一。其中郝家庄、司马等七个乡镇率先实现了村村通油路，王庄铁路专用线正线铺轨近4公里，受到市委、市政府的肯定表扬。农田水利基本建设以速度快、标准高、质量好而受到水利部和省市有关部门的高度评价，再次荣获全省"禹王杯"。县城改造和建设再上新台阶。迎宾路改造铺油开通，迎宾大厦主体工程提前完工；年初既定的35件实事全部按计划落实。以建立现代企业制度为目标，围绕两型转变，不断引深企业改革，工业经济增长质量和效益明显提高。对外开放取得突破进展。先后与德国玮琪4家等公司、外商进行了经济合作洽谈，并达成了合资合作意向，即将正式谈判签约。这预示着我县经济活动的领域将进一步向深度和广度拓展，标志着我县经济的外向度有了明显提高。在狠抓经济建设的同时，全县上下认真学习贯彻六中全会精神，以思想道德建设为突破口，开展了丰富多彩的群众性文明争创活动。教育、科技、卫生、体育、文化等各项事业均有了新的进展。党风廉政建设和社会治安综合治理明显加强，全县社会安定，政治稳定，经济繁荣。总而言之，我们在"九五"计划第一年开好了头，起好了步，为我们完成今年的各项工作任务奠定了坚实的基础。

在过去的一年里，县政协紧扣县委决策思路，把政协工作的重点放在服从服务全县工作大局上，团结带领全县政协委员和各界人士深入学习贯彻党的十四届五中、六中全会和县委七届七次全体扩大会议精神，认真履行政治协商、民主监督、参政议政职能，充分发挥人民政协"人才库"、"智囊团"作用，深入实际，调查研究，积极参与，建言献策，为推进我县“三步走”赶超战略的实施，加快县域经济发展步伐提供了强有力的精神支持、舆论支持和智力支持。表现出了肝胆相照，坦诚相见，和衷共济，为民负责的崇高精神。可以说，过去一年我县之所以能取得如此丰硕成果，是与全县政协委员们的辛勤工作和不懈努力分不开的。在这里，我再次代表县委、县政府对县政协常委会及全县政协委员们表示诚挚的谢意！

各位委员、各位同志，1997年是我国社会主义现代化建设进程中极为重要的一年。我们将迎来香港回归祖国和中国共产党第十五次全国代表大会召开两件举世瞩目的大事，就我县来讲，建设全省经济强县也已进入冲刺阶段。在新的形势下，县委对政协及全体委员寄予殷切的期望。希望县政协能够继续围绕全县工作大局，明确任务，找准位置，选好角度，发挥优势，努力工作，为两件大事的顺利完成创造更好的政治、经济和社会环境，为实现建成经济强县的目标做出新的、更大的贡献。为此特向大家提出三点要求和希望。

**1.加强理论学习，完善自身建设，努力推进政治协商、民主监督、参政议政的规范化、制度化**

建设有中国特色的社会主义理论包含着丰富的邓小平同志新时期人民政协的深邃思想，是新时期人民政协工作的理论基础、政策依据和科学依据。全县政协委员要认真学习这一理论，要把学习理论知识同党的十四届五中、六中全会特别是将要召开的党的十五大的精神结合起来，同建设经济强县的实际工作结合起来，善于从工作中发现问题、解决问题。通过学习，进一步巩固人民政协的各民主党派、各界代表人士团结合作的共同政治基础，增强贯彻执行党的基本路线、基本方针的自觉性。不断完善自身建设，努力提高提案质量，使政协提案在我县的政治和经济生活中发挥更大的作用。要坚持以实践经验推动工作，有组织、有计划地把政治协商引向深入，切实有效地开展民主监督，进一步拓宽参政议政领域，提高参政议政水平，努力推进履行职能的规范化、制度化。

**2.认真履行职能，积极参政议政，为建设经济强县和实现跨世纪宏伟目标再立新功**

全体政协委员要紧紧围绕我县“三步走”赶超战略以及今年的工作部署，深入实际，调查研究，更加扎实有效地做好反映社情民意工作。运用多种形式，广辟信息来源，认真听取和如实反映委员、各界人士及广大人民群众对我县的政治、经济、文化和社会生活重要工作的意见和建议，为县委、县政府了解群众要求，体察群众情绪发挥桥梁纽带作用。要发挥政协人才荟萃的优势，积极主动地送文化下乡，送科技下乡，为群众多办实事、多办好事，努力推进“科教兴县”战略的实施。要充分发挥人民政协联系广泛的作用，主动同港台同胞与家乡的联谊工作，积极为我县与外商合资合作牵线搭桥，加快我县的对外开放步伐。要坚持“长期共存，互相监督，肝胆相照，荣辱与共”的方针，认真履行政协监督职能，大胆地对党政领导干部和机关工作人员进行有效的民主监督，克服官僚主义、形式主义、个人主义和腐败现象的蔓延滋生，为我县的两个文明建设献计献策，切实把我县的改革开放和现代化建设推向前进。

**3.发挥协调作用，巩固稳定大局，为我县经济建设和社会进步创造良好的政治氛围**

全县政协委员要立足本职，胸怀全县工作大局，要深刻认识团结稳定的必要性和重要性，要正确把握改革、发展和稳定三者的辩证关系。增强做好政协工作的责任感、使命感和紧迫感，自觉服从党的领导，发挥人民政协的协调作用，积极协助县委、县政府巩固和发展团结稳定的社会政治局面。加强同各民主党派、各社会团体和各界人士的联系，做好协调关系、化解矛盾、增进共识的工作。把政协委员参政议政的积极性充分调动起来，形成建设经济强县的巨大合力。以大联合达到团结，以大团结促进发展。

各位委员、各位同志，1997年，我们面临的各项工作艰巨而又繁重，县委殷切希望县政协常委会及全体委员在这次会议上都能紧紧围绕县委工作思路，提出好的意见建议。县委相信，经过全体委员的共同努力，这次政协大会一定能开成一个集思广益、建言献策的大会；一定能开成一个民主、团结、求实、鼓劲的大会。让我们携起手来，高举邓小平建设有中国特色社会主义理论的伟大旗帜，把握大局，抓住机遇，奋力拼搏，把我县建设成为全省乃至全国经济强县，以实际行动迎接香港回归祖国，迎接中国共产党第十五次全国代表大会的胜利召开。

## 在政协长治县十二届三次会议上的讲话

2000年7月19日

县委副书记(主持工作)　程　前

各位委员、各位同志：

政协长治县第十二届委员会第三次会议今天隆重开幕了，我代表中共长治县委对大会的胜利召开表示热烈的祝贺！

这次会议是世纪之交我县召开的一次非常重要的会议，是全县政治生活中的一件大事。会议将认真总结一年来县政协围绕中心、服务大局，积极履行职能的基本经验，深入讨论我县改革和发展特别是贯彻落实县委提出的“二四五”经济工作思路、调整经济结构、企业改制等一系列重大问题。圆满完成这次会议的各项任务，对于全面贯彻市委七届三次全体(扩大)会议精神，全力推进我县改革开放和社会主义现代化建设事业，具有十分重要的意义。

1999年，在我们长治县的发展历史上是极不平凡的一年，是政治经济形势非常严峻的一年。这一年，是《半月谈》(内部版)披露我县突击提干问题，政治影响最大的一年，是我县干部群众思想波动最大的一年；是我县群众上访频繁，社会问题最多的一年；是我县经济运行遇到困难最多的一年。这一年，政治事情多，经济欠账多，上级查案多，基层上访多。面对这种复杂的局面，全县广大干部群众在县委的领导下，认真贯彻党的路线方针政策，团结一致，艰苦奋斗，有效克服和化解了各种不利因素，使全县经济保持了持续稳定发展。全县国内生产总值完成12.8亿元，财政总收入实现了亿元目标，达到10088万元，粮食总产量达到1.5亿公斤，农民人均纯收入达到2504元，经济发展避免了大的滑坡。党的建设、党风廉政建设、精神文明建设和民主法制建设等各项工作都取得了较好成绩，推动了全县社会各项事业的不断进步。这些成绩的取得，是党的路线方针政策指引的结果；是四套班子齐心协力、真诚团结和全县广大干部群众奋力拼搏的结果；是全体政协委员率先垂范、积极奉献的结果。在这里，我代表县委向大家表示衷心的感谢和亲切的问候！

1999年，我县政协在中共长治县委的领导下，以邓小平理论为指导，各方面的工作都取得新的进展，为推进全县的改革、发展和稳定做出了积极的贡献。围绕县委、县政府的中心工作，认真履行政治协商、民主监督、参政议政三项基本职能，在全县改革开放和现代化建设中发挥了应有的作用；进行专题调研、办理委员提案、反映社情民意三项基础工作在广度和深度上都有了新的进展;在发扬民主、促进团结、联系各界和台属工作中发挥了特殊作用;规范化、制度化建设稳步推进,工作质量和工作效率大大提高;按照中央和中共长治县委的部署前一段开展了“三讲”教育,加强了干部的学习和培训,干部素质进一步提高,自身建设进一步加强。

2000年是新旧世纪交替之年,是改革、发展、稳定的任务十分繁重的一年。做好今年的各项工作,意义重大,责任重大。从当前来看,我县的改革、发展、稳定都面临诸多矛盾和困难。对此,我们必须保持清醒头脑,既要看到困难,更要看到有利条件。今年,我国将加入世贸组织,世界经济形势正向强势发展,为我县经济发展提供了很大的空间;中央继续实施扩大内需等促进经济发展的一系列政策措施,省委作出了调整经济结构的重大决策,市委加大了经济工作的力度,这些对于指导我们的工作,促进我县经济发展至关重要;通过开展“三讲”教育,四套班子和领导干部坚定了信心,振奋了精神,改进了作风,兴县富民的责任感和紧迫感明显增强,在我县改革和发展的一些重大问题上取得了共识。在新的一年里,我们要以邓小平理论为指导,全面贯彻党的十五大和十五届三中、四中全会精神和省委七届九次、市委七届三次全体(扩大)会议精神,认真学习江泽民同志“三个代表”的重要论述,在进一步理清我县经济发展思路、明确经济发展战略的基础上,认真落实中央、省市特别是县委、县政府关于推进改革和发展的一系列政策措施。从目前一段时期讲,我们要以“三个代表”思想为指导,以调整经济结构为中心,以改革开放为动力,全面认真实施县委提出的“二四五”经济工作思路,经过三五年的努力奋斗,实现“争全市第一,创全省一流”的目标。为此,我们首先要突出抓好经济结构调整、企业改制和全县社会稳定三件大事,抓好科技进步和引进资金、人才、技术工作,大力实施科教兴县、科技富民和可持续发展战略,尽快扭转我县经济滑坡的被动局面,促进全县经济持续、快速、健康发展。同时,要切实加强精神文明建设和民主法制建设,促进社会全面进步。要进一步加强党的建设,巩固“三讲”教育成果。要进一步处理好改革、发展、稳定的关系,确保全县的社会稳定。为完成上述任务,我们必须努力增强社会各界人士的团结,把方方面面的积极性充分调动起来。

中国共产党领导的多党合作和政治协商制度,是我国的一项基本政治制度。人民政协是我国人民爱国统一战线组织,是我国社会主义民主政治的重要形式。面对跨世纪发展的新任务,党和人民对政协的要求更高了,政协工作的任务更重了。去年,江泽民总书记在纪念人民政协成立五十周年大会上发表的重要讲话,是新时期人民政协工作的纲领性文件,也是各级党委在新时期坚持中国共产党领导的多党合作和政治协商制度的行动指南。江总书记指出:“统一战线工作是全党的工作,人民政协事业是建设有中国特色社会主义事业的重要组成部分。改革开放越深入,经济建设越发展,越需要加强统一战线和人民政协的工作。”各级党组织要认真学习、深刻领会江总书记讲话精神,站在全局的高度来认识新时期人民政协在国家发展和民族振兴事业中的重要作用。要进一步加强对政协工作的领导,认真落实中央《通知》、全国政协《规定》和省委的《决定》。要全力支持政协履行职能,采取切实措施制定出台关于加强政协工作决定、努力推进政协履行职能的规范化、制度化建设。要自觉接受政协的民主监督,主动地听取政协委员和各界人士的批评和建议。要积极支持政协开展多种形式的参政议政活动。要进一步加强政协机关组织建设,切实解决政协机关面临的实际问题。

全体政协委员要认真学习邓小平理论和江总书记“三个代表”的重要思想,江泽民同志在广东高州市考察工作时,提出了"三个代表"的重要思想。"三个代表"是我们的立党之本、执政之基、力量之源。面向新世纪,我们要全面推进建设有中国特色社会主义的伟大事业,又必须认真学习、深刻领会"三个代表"的重要思想,充分认识"三个代表"的重要意义。带头做好"三个代表"。要一如既往地坚持"围绕中心,服务大局"的工作原则,解放思想,大胆探索,用创新的思路去思考和解决改革发展中遇到的矛盾和问题,特别要就我县经济结构调整、产业优化升级、县营企业改革、创造良好环境、扭转经济滑坡,以及教育科技创新等重大问题,深入调查研究,切实提出有针对性、操作性、前瞻性的建议。要积极探索和实践加强政协民主监督的新路子。要以各种多样和确实有效的形式,使政协的参政议政活动生机勃勃、富有成效。要突出"团结、民主"两大主题,团结稳定是政协工作的一个主题,政协从事的一切工作,都必须从维护全县的团结和稳定出发,都要有利于团结稳定。要了解和反映社情民意,做好理顺情绪、凝聚人心、协调关系、化解矛盾的工作,促进全县社会稳定。

各位委员、各位同志,这次会议是十二届政协在本世纪召开的最后一次全会,也是一次承前启后、继往开来的重要会议。希望大家集中精力,同心同德,积极建言立论,把这次会议开成一个民主、团结的大会,开成一个求实、鼓劲的大会,为全县的经济发展和社会全面进步作出应有的贡献。

新的千年已经开始,新的任务在召唤我们,我们正处于一个大有希望、大有作为的时代,让我们更加紧密地团结在以江泽民同志为核心的党中央周围,高举邓小平理论伟大旗帜,在中共长治县委的领导下,围绕县委的中心工作,服务大局,发挥优势,建言献策,为实现"争全市第一、创全省一流"的宏伟目标而努力奋斗。

## 在政协长治县十二届四次会议上的讲话

2001 年 9 月 5 日

县委书记　王斗林

各位委员、同志们:

今天,政协长治县第十二届委员会第四次会议隆重开幕了,我代表中共长治县委,对大会的胜利召开表示热烈的祝贺!

这次会议是进入新世纪召开的一次非常重要的会议,也是全县政治生活中的一件大事。这次会议的召开,对于全面贯彻江总书记在庆祝中国共产党成立 80 周年大会上的重要讲话、中国共产党长治市第八次代表大会和县委八届三次全体会议精神,"实现五年双翻番,再造一个长治县"的宏伟目标,具有十分重要的意义,我们要把这次会议开成解放思想、转变观念、明确目标、真抓实干的会议,开成发扬民主、建言献策、团结一致、谋求发展的会议,开成为实现"十五"翻番目标而努力奋斗的会议。

过去的一年,是全县各级党组织高举邓小平理论伟大旗帜,认真贯彻执行党的一系列方针政策,坚持党的解放思想、实事求是的思想路线,深化改革,扩大开放,全县人民艰苦奋斗、克服严重困难并取得一定胜利的一年。我们进行了"三讲"教育和"三个代表"重要思想学习教育活动,各级领导干部的作风有了明显转变,思想政治素质有了明显提高,精神面貌发生了明显变化。县委、县政府提出了经济发展的“四个重点”,制定了促进经济发展的措施和办法,狠抓财政税收征管工作,全县财政收入再次超过亿元。我们顺利完成了撤并乡镇和新建制乡镇换届工作。党的建设、党风廉政建设、精神文明建设、民主法制建设和各项社会事业都取得了一定成绩。特别是今年在县乡两级机关和广大干部中开展的“三个代表”重要思想学习教育活动和对江泽民总书记“七一”重要讲话的学习贯彻中,县委针对党员干部中存在的问题,提出了鼓斗志、树形象、抓党建、促发展的工作指导思想,狠抓了经济发展“四项重点”工作的实施,今年上半年,全县财政收入顺利过半,实现了历史性突破。其他各项工作都取得新的成绩。

过去的一年,是我县人民政协事业取得新发展、实现新进步的一年。县政协和广大政协委员高举邓小平理论伟大旗帜,按照江泽民总书记“三个代表”的要求和七一讲话精神,坚持“围绕中心,服务大局”的工作方针,充分发挥自身独特优势,在继承中发展,在发展中创新,认真履行人民政协的三项职能,深入开展调查研究,积极建言立论,反映社情民意,在企业改制、结构调整、小城镇建设、旅游资源开发和科教兴县、优化环境、可持续发展、社会主义精神文明建设等方面,提出了很多切实可行的意见和建议,为全面实现“九五”计划的战略目标和制定“十五”计划,为全县的政治稳定和社会发展,作出了积极的贡献。这里,我代表县委向县政协和全体政协委员,致以崇高的敬意和诚挚的感谢!

各位委员、同志们,新世纪的第一个五年,是我县经济和社会发展的关键时期,是我县经济走向振兴,实现富民强县目标的重要阶段。县委八届三次全体会议明确提出了到2005年国内生产总值由“九五”末的117亿元达到23.4亿元,财政总收入由“九五”末的1.0237亿元达到2.1亿元,实现国内生产总值和财政总收入双翻番,力争再造一个长治县的宏伟目标。要实现“十五”翻番目标,就必须用江总书记“三个代表”重要思想和“七一”讲话统揽全局,以“三个有利于”为标准,进一步解放思想,更新观念,真正做到“四放”,即思想放开,政府放手,干部放胆,群众放心。要教育广大干部群众树立强烈的市场意识、商品意识、竞争意识和创新意识。发扬艰苦奋斗精神,不断开拓前进。要实现翻番目标,首先必须充分认识实现翻番目标的必要性和可能性,坚定信心,不能动摇。必须真抓实干,切实转变作风,继续坚持“三深”、“三敢”、“三带”,弘扬“四不怕”精神。要勇于深入调查研究,善于发现深层次问题,敢于解决突出问题。要坚决反对形式主义、官僚主义。要推广市委提出的工作排队法和发现问题、解决问题、追究责任法。要比引资金多少、上项目大小,比经济效益高低。要响应市委的号召,打好转变作风的硬仗,以作风的大转变促进经济的快发展。

各位委员、同志们,统一战线始终是我们党的工作全局的一个极为重要的方面,始终同党的前途息息相关,是夺取我国革命、建设和改革开放事业胜利的重要法宝,也是我们继续推进现代化建设,完成祖国统一大业,维护世界和平与促进共同发展的重要保证。年初在中央召开的全国统战工作会议上,江泽民总书记明确指出:“统一战线工作的根本任务就是争取人心,凝聚力量,为实现党和国家的宏伟目标而团结奋斗。”他还强调指出,人民政协是爱国统一战线组织,“充分发挥人民政协政治协商、民主监督和参政议政的重要作用,是坚持与完善共产党领导的多党合作和政治协商制度的必然要求,各级党委要把人民政协的政治协商作为共产党领导的多党合作和政治协商的一个重要形式,作为科学决策的一个重要环节和发扬社会主义民主的一条重要渠道,在工作中认真加以落实”。全县各级党组织和有关部门一定要认真学习,深刻领会江泽民总书记的讲话精神,要同学习贯彻“七一”讲话结合起来,充分认识人民政协工作的战略地位和重要作用，重视和发挥人民政协作用的历史重任，广泛团结一切可以团结的力量，调动一切积极因素，化消极因素为积极因素，以推动“五年实现双翻番，再造一个长治县”的奋斗目标的全面实现，推动党和人民的事业不断从胜利走向胜利。同时，县政协要一如既往地坚持“围绕中心、服务大局”的工作原则，围绕经济建设这个中心工作，进行深入细致的调查研究，提出切实可行的意见和建议，促进科学决策。要充分发挥广大政协委员的主体作用，集思广益，创造性地开展工作。要积极探索和实践政协履行政治协商、民主监督、参政议政职能的新路子，努力使政协履行职能进一步制度化、规范化。要加大民主监督力度，重点围绕“五年实现双翻番，再造一个长治县”的奋斗目标，深入有效地开展民主监督。要突出团结、民主两大主题，把反映社情民意当作一项基础工作来抓，做好协调关系，化解矛盾，理顺情绪的工作，为经济发展创造一个良好的社会政治环境。要进一步加强对台对外联谊和交往，为新世纪我县的对外开放、经济发展和文化交流献智出力。

各位委员、同志们，政协人才荟萃，其参政议政、咨询建言，对于“五年实现双翻番，再造一个长治县”的奋斗目标具有重大作用。因此，必须进一步加强政协的自身建设，包括加强队伍建设、组织建设、政治思想建设、作风建设和业务建设等各个方面。要识大体、顾大局、敢直言、持公论。古人云:“天下之患，莫大于举朝无公论。”又云:“有言责，计万世是非，不计一时荣辱。”要强调深入调查研究，反对官僚主义和形式主义，知实情，说实话，既报喜，也报忧。要通过不断学习马克思主义、毛泽东思想和邓小平理论，认真学习贯彻江泽民同志“七一”讲话精神，不断实践“三个代表”，提高自身的理论水平、政治水平和科技水平，提高调查研究能力和咨询建言能力。希望全体委员和同志们在提高自身素质上，在提出政协参政议政和咨询建言水平上能作出更大的努力，取得更大的成绩!

各位委员、同志们，新世纪是实现我县腾飞的世纪，也是人民政协工作大有可为的世纪。这次会议就是一个新的起点。让我们更加紧密地团结在以江泽民同志为核心的党中央周围，高举邓小平理论伟大旗帜，在中共长治县委的领导下，认真学习贯彻江泽民总书记“七一”讲话精神，努力实践“三个代表”重要思想，认清形势，坚定信心，狠抓落实，乘胜前进，为“实现五年双翻番，再造一个长治县”的宏伟目标而努力奋斗!

## 在政协长治县十三届一次会议上的讲话

2003 年 6 月 24 日

县委书记 常光明

各位委员、同志们:

中国人民政治协商会议长治县第十三届委员会第一次会议今天胜利开幕了，在此，我谨代表中共长治县委向大会的胜利召开表示热烈的祝贺！并向各位委员、各位同志致以亲切的问候！

这次会议是在全县人民认真贯彻落实党的十六大精神，大力实施“三五”战略，全面建设小康社会的新形势下召开的，这对团结全县各界人士，集中各方面的智慧和力量，进一步形成团结和谐、共谋发展的良好局面,推进我县小康社会的建设,具有十分重要的意义。

刚才,听了贾圪堆主席所作的常务委员会工作报告和陈一评副主席所作的提案工作情况的报告,很受鼓舞。县政协十二届一次会议以来,大家在县委领导和市政协的指导下,高举爱国主义和社会主义两面旗帜,突出团结、民主两大主题,紧紧围绕县委、县政府的中心工作。认真履行政治协商、民主监督、参政议政的职能,积极参与全县大政方针的协商讨论,深入基层调查研究,真实反映社情民意,提出了许多有价值的意见和建议,做了大量有利于我县经济发展和社会进步的工作,为推进我县的改革、发展、稳定做出了积极的贡献。可以说,我县的每一个变化,每一步前进,都与广大政协委员主动参政议政、积极建言献策密不可分,都包含着广大政协委员的辛勤汗水和不懈努力。值此机会,我代表县委、县政府向全县政协委员以及各界人士表示衷心的感谢!并向因年龄、工作岗位变动等原因退下来的十二届老委员致以崇高的敬意!

今年是全面贯彻落实党的十六大精神的第一年,也是我县大力实施"三五"战略、全面建设小康社会的开局之年。刚刚闭幕的县第九次党代会明确提出了今后五年的主要任务和奋斗目标,提出了财政总收入保持 17%的增长速度,农民人均纯收入保持 8%的增长速度,振奋人心,令人鼓舞。也就是说,今后五年,我县的经济总量、综合实力和人民生活水平将发生一个大变化,将再上一个新台阶。要实现这一目标,不仅需要全县上下精诚团结,需要全县党员干部只争朝夕,而且需要广大政协委员和社会各界人士积极参与。我们广大政协委员中,集聚着全县各方面的智慧型人才,是全面建设小康社会的重要力量,只要大家心往一处想,劲往一处使,我们的目标就一定能够实现。下面,我就新形势下如何进一步发挥政协的职能作用,讲几点意见:

**1.围绕中心,充分发挥职能,为全县三个文明建设立新功、作贡献**

围绕中心,服务大局是人民政协履行职能必须遵守的原则,也是政协工作开创新局面的基础。面对经济全球化、知识经济的强大冲击波,面对我国加入世贸组织、实施西部大开发战略难得的发展机遇,面对我县大力实施"三五"战略全面建设小康社会的发展热潮,新的形势对政协工作提出了新的要求。人民政协工作,要紧紧围绕全面建设小康社会的中心任务,主动服务于全县经济建设的大局,充分调动各方面的智慧和力量,有效发挥政协职能,主动建言献策,积极参政议政,为全县的三个文明建设再立新功。

坚持和完善中国共产党领导的多党合作和政治协商制度,是我国政治文明建设的一个重要方面。县委、县政府和县政协要共同努力,把政治协商制度落实到具体的工作当中,通过统筹安排,多方联动,使政治协商规范化、制度化、程序化。首先,要切实加强党对政协工作的领导。县委要把支持政协工作列入县委的主要议事日程,定期听取政协党组的汇报,及时研究和解决政协工作中的突出问题和具体困难。各乡镇、各部门也要积极配合政协开展视察、调研等活动,努力营造党委重视、政府支持、部门配合、社会协调的政协工作良好氛围。其次,在重大决策和重要工作部署之前要主动与政协协商,广泛听取政协委员的意见和建议,提高决策的科学化和民主化水平。第三,政协也要主动与县委、县政府协商,发挥代表性强、联系面广、人才荟萃的优势,围绕全县深化改革、扩大开放、调产改制的调研论证,及时向县委、县政府提建议、献良策,共谋发展大计。

民主监督是政协的一项重要职能,也是人民民主监督的重要组成部分。县政协和各位委员要树立超前意识、责任意识和主人翁意识,不断加强民主监督的力度,要从不同角度、不同侧面对县委、县政府决策的执行情况，对人民群众关心的热点、难点、焦点问题进行实事求是的监督。同时，要把监督与服务有机结合起来，寓监督于服务之中，更好地最大限度地发挥好政协职能。

参政议政是政治协商、民主监督的拓展和延伸。要履行好参政议政的职能，贵在主动，重在实效。县政协要积极组织各民主党派、人民团体和各族各界人士广泛参与，充分发挥政协委员"人才库"、"智囊团"的作用，围绕我们正在开展的调整结构、引资上项、发展民营企业、建设经济园区等工作主动走下去、走出去、做调查、搞研究，集思广益，向县委、县政府建善言、献良策，为开创我县全面建设小康社会新局面作出更大的贡献。

**2.适应形势，把握两大主题，合力打造全县团结、稳定的社会环境**

团结、民主是政协工作的两大主题。随着时代的发展和社会的进步，团结增加了新对象，民主增添了新内容。人民政协只有不断研究新情况，解决新问题，才能适应新的形势。我们政协由二十个界别的各行各业代表组成，涉及面大，联系面广。要充分利用这些有利条件，把团结各界人士和维护社会稳定作为政协工作的一个着力点，在全县创造一个有利于改革、发展的社会环境。要经常深入基层、深入群众、深入生活，进行调查研究，重视反映群众关注的反腐倡廉、社会治安、困难职工生活保障、下岗职工再就业以及实施"三五"战略中的各种利益关系处理等问题，倾听民意，集中民智，使政协反映社情民意的工作不断拓宽和深化。要认真分析研究当前社会结构出现的新情况、新变化，加强同民主党派和社会各界的联系，最大限度地把一切可以团结的力量团结起来，把一切有利于发展的积极因素调动起来，积极支持、协助县委、县政府做好统一思想、理顺情绪、化解矛盾、排忧解难等工作，努力维护安定团结的政治局面。只要我们认真协调好各方面的关系，真正做到团结民主，就一定能够实现肝胆相照、荣辱与共的大联合。

**3.与时俱进，加强自身建设，不断开创政协工作新局面**

人民政协是我国的爱国统一战线组织。党的十六大把统一战线总结为中国共产党领导人民建设中国特色社会主义必须坚持的基本经验，表明了我们党巩固和发展最广泛的爱国统一战线不可动摇的决心。因此，人民政协工作必须按照与时俱进的要求，不断加强自身建设，努力开创工作新局面。

(1)加强学习，增强做好政协工作的使命感和责任感。进步的社会是学习型的社会，只有不断地学习，才不会被淘汰，才不会停滞不前。这次会议是换届会议，新委员占相当比例，因此学习的任务很重。大家要认真学习党的十六大精神，学习"三个代表"重要思想，学习邓小平理论，不断增强政治意识、大局意识。大家还要认真学习政协理论知识，学习市场经济知识、法律知识和科学文化知识，不断拓展视野，扩大知识面，增强做好政协工作的使命感和责任感。要走出去学，请进来学，进一步更新观念，解放思想，能够科学地分析、研究和解决新形势下政协工作面临的新情况、新问题，创造性地做好各项工作。

(2)要提高委员素质，强化委员队伍。政协委员是政协工作的主体，政协的一切成就离不开广大委员的积极参与和主动奉献。每一位委员都应该把政协委员这一社会荣誉同社会责任统一起来，尽心尽力履行自己的权利和义务。要通过举办报告会、研讨会等方式全面提高政协委员的素质。要深入实际进行调查研究，把体察民情、反映民意当作自己的天职，把全县各界群众普遍关注、反映强烈、要求迫切的问题及时反映给县委、县政府。要建立和完善对委员履行三大职能、开展专题调研、提交提案、反映社情民意和参加重要活动等工作的考核制度，不断提高政协队伍的整体水平。

(3)进一步加强政协自身建设。党的十六大确立了全面建设小康社会的奋斗目标，社会主义现代化建设又开始了新的篇章。面对新的形势和新的任务，县政协要大胆实践，勇于探索，创新工作理念，拓宽工作领域，不断提高工作水平。要加强作风建设，继续发扬实事求是、理论联系实际、密切联系群众的作风，牢记“两个务必”，不断改进工作方法，培养造就一批高素质的政协工作干部队伍。要充分发挥好党和政府联系群众的纽带作用，以“团结、务实、创新、争先”的良好风貌，推动全县政协工作的蓬勃发展。

各位委员、同志们，我们的发展正进入了前所未有的时期，新的形势和任务赋予了我们光荣而艰巨的使命。让我们以昂然的精神状态紧密团结在以胡锦涛同志为总书记的党中央周围，高举邓小平理论伟大旗帜，认真贯彻十六大精神和“三个代表”重要思想，团结拼搏，勇于创新，团结一致，同心同德，为实现全面建设小康社会的宏伟目标而努力奋斗！

## 在政协长治县十三届四次会议闭幕会上的讲话

2006 年 5 月 18 日

县委书记　常光明

各位委员、同志们：

县政协十三届四次会议，经过全体委员和与会同志的共同努力，圆满完成各项议程，今天就要胜利闭幕了。这次会议是在全县上下深入贯彻中共十六届五中全会精神，站在新的历史起点上，全力推进“十一五”时期的新发展新跨越，加快全面建设小康社会进程的形势下召开的。我们坚持平等协商、存异求同、广开言路、畅所欲言，整个会议充满了合作共事、民主协商的气氛，充分体现了中国共产党领导下的多党合作和政治协商制度的政治优势，充分显示了人民政协这一具有中国特色的政治组织和民主形式的生机与活力。会议期间，各位委员和同志们以饱满的政治热情和强烈的历史使命感、社会责任感，紧紧围绕长治县经济和社会发展“十一五”规划纲要，着眼于全县 32 万人民的切身利益，认真履行职责，积极建言献策，提出了许多宝贵的意见和建议，并形成了广泛的共识。这次会议开得很成功，是一次民主、和谐的会议，是一次团结、求实的会议，是一次催人奋进的会议。

各位委员、同志们，过去的一年，对于我们长治县来讲，是经济建设和社会各项事业取得长足进步的一年，是我县发展历程中具有里程碑意义的一年，是近三年来全县各级各部门广大干部群众认真贯彻县委“思想大解放、经济快发展、全面建小康”的基本工作思路，引深落实“五大举措、五场硬仗、五园经济”的“三五”战略的伟大实践，取得阶段性、历史性巨大成就的一年。回首这三年来，我县的改革发展波澜壮阔，县城面貌天翻地覆，结构调整成效明显，经济社会全面进步，各项事业欣欣向荣，各项工作蒸蒸日上，改革发展的成果惠及城乡、惠及全县人民群众。这些成绩的取得，是县委、县政府正确领导、科学决策的结果，是县四套班子团结一致、真抓实干的结果，是全县各级领导干部和广大人民群众开拓进取、奋力拼搏的结果，也是全体政协委员和社会各界人士认真履职、共同努力的结果。在此，我代表中共长治县委，向共同致力于强县富民、全面建设小康社会的民主党派、工商联、无党派人士、各人民团体和社会各界人士，致以崇高的敬意和衷心的感谢！

各位委员、同志们，今后五年，对于我们长治县来讲，是切实转变经济增长方式、深入推进经济结构调整、全面落实科学发展的关键时期，是承前启后、继往开业、全面建设小康社会的重要阶段。站在新的历史起点，我们既面临着难得的机遇，同时也经受着严峻的挑战。综观全局，全球经济一体化进程加快，国内经济继续保持了平稳较快增长，科学发展观深入人心，东部率先、西部开发、中部崛起的梯度递进、全方位改革开放、加快发展的格局已经形成。与此同时，我们长治县经过近三年来的思想大解放、作风大转变、环境大创优有力的推动了经济的快速增长和社会的全面进步，为今后的发展奠定了坚实的基础。面对近年来我们所取得的来之不易的大好局面，面对当前稍纵即逝的战略机遇，面对全县人民思发展、想致富、求和谐、盼小康的热切期望，我们责无旁贷、义不容辞，必须以高度的政治责任感和历史使命感，一如既往、一以贯之地努力推进富民强县和全面建设小康的伟大实践。

县委、县政府对今年及今后五年的工作已经作出了战略部署，提出了明确的任务目标。深入学习贯彻这次“两会”精神是全县广大干部群众当前的一项重要工作。要切实把“两会”的精神，贯彻到县政协开展政治协商、民主监督、参政议政的各项工作中去，把学习贯彻“两会”精神与学习贯彻《中共中央关于加强人民政协工作的意见》紧密结合起来，在服务县委、县政府工作大局的实践中，不断体现人民政协的制度化、规范化、程序化建设的成果。在此，我代表中共长治县委讲几点意见：

**1.深刻领会《意见》精神，全面提高服务水平**

《中共中央关于加强人民政协工作的意见》是中共中央专门就政协工作颁发的纲领性文件，是指导新世纪、新阶段人民政协工作的基本指针。当前要把学习贯彻《意见》作为统领全局、带动全局、推进全局的重要工作，摆在突出位置，抓紧抓好。要树立履行职能的责任感和使命感，增强做好新时期政协工作的主动性、创造性，切实加强和改进政协工作。

一要服务发展这个第一要务，为“十一五”规划的实施建言献策。紧紧围绕“十一五”规划的战略目标，抓住具有全局性、战略性、前瞻性的重大课题，进一步丰富、发展和完善“三五”战略，着力推进社会主义新农村建设、推进经济结构调整、构建和谐社会，开创我县经济、政治、文化和社会建设的新局面。要深入开展调查研究，提出高质量的意见和建议，为促进县委和政府决策的科学化、民主化发挥积极的作用。二要服务政治文明，坚持走中国特色政治发展道路。人民政协是我国政治生活中发扬社会主义民主的一种重要形式。坚持和完善人民政协这种民主形式，是社会主义民主政治的本质要求。县政协在组织委员视察等活动中多做调查研究，为县委和政府决策提供可靠依据。三要服务先进文化，推进社会主义精神文明建设。要深刻领会胡锦涛总书记在全国政协全会上提出以“八荣八耻”为主要内容的社会主义荣辱观，对推进社会主义精神文明建设的重要意义。广大政协委员要率先垂范，以实际行动带头践行社会主义荣辱观，促进良好社会风气的形成和发展。四要服务社会发展，推进社会主义和谐社会建设。各界别政协委员要密切同社会各界的联系，要积极协助县委、县政府做好协调关系、化解矛盾、理顺关系的工作，要及时了解社会生活中的重要情况和群众关注的热点问题，深入基层，联系群众，反映人民群众的意见和要求，帮助群众排扰解难，维护社会稳定。

**2.凝聚科学发展合力，推动“十一五”目标实现**

要最广泛最充分地调动一切积极因素，紧紧依靠广大人民群众的智慧和力量，紧紧依靠全体政协委员和社会各界人士的团结奋斗，形成众志成城、共图大业的局面。

一要坚持科学发展观。科学发展观是我们全面推进经济建设、政治建设、文明建设和社会建设的指导方针。要把全县经济社会发展转入以人为本、全面协调可持续发展的轨道，遵循科学发展的宗旨，转变经济增长方式，积极寻求一个适合我县特点的符合国家产业政策的发展模式，就要不断增强贯彻落实科学发展观的自觉性和坚定性，使加快科学发展深入人心，成为全县上下的自觉行动。要把科学发展观贯穿于经济社会发展的各个方面，贯穿于做决策、定规定、抓工作、上项目的各个环节，使科学发展观真正成为各项工作的统领。要深化体制改革，健全市场体系，按照“十一五”规划确定的经济社会发展指标体系，完善工作评价体系和干部考核体系，加大对践行科学发展观的考核力度。要从思想上、组织上、作风上和制度上形成落实发展的有力保障，把全县上下的热情、干劲和力量，都汇聚到加快科学发展的伟大实践中来。二要营造团结民主的良好氛围。团结和民主是人民政协的两大主题，是人民政协性质的集中体现，也是巩固和发展民主团结、生动活泼、安定和谐的政治局面的重要保证。只有紧密团结，发扬民主才更有基础；只有发扬民主，加强团结才更有力量。要贯彻长期共存、互相监督、肝胆相照、荣辱与共的方针，加强与民主党派和无党派知名人士的合作共事，把全体社会主义劳动者、社会主义事业的建设者、拥护社会主义的爱国者和拥护祖国统一的爱国者紧密团结起来，把关心、支持和帮助我县发展的各界人士团结起来，广开言路，广交朋友，营造团结民主、和衷共济、奋发向上的浓厚氛围，巩固和发展新时期最广泛的爱国统一战线。

**3.发挥政协自身优势，推进和谐社会建设**

全面加强经济建设、政治建设、文化建设和社会建设，实现“十一五”发展目标，既对政协工作提出了新的要求，也对县政协及其政协委员和社会各界人士履行职能、发挥作用提供了广阔舞台。县政协要高举大团结、大联合的旗帜，围绕中心，服务大局，充分发挥自身优势，全面履行政治协商、民主监督、参政议政的职能。每位委员都要增强责任感和使命感，在共同的大目标下团结起来，想全局、议大事、谋发展、促和谐。

一要充分发挥人才荟萃、智力密集优势，广谋良策，促进发展。人民政协素有“人才库”、“智囊团”之称。政协委员既是履行政协职能的主体，又是各条战线的建设者，要认清使命、珍惜荣誉、为民服务、奉献社会、积极贡献自己的聪明才智。二要充分发挥代表性强、位置超脱的优势，反映民声，促进和谐。人民政协在构建和谐社会中具有重要地位，政协的主要职能、组织结构、工作原则和活动方式，在促进社会和谐上有着独特的优势和作用。要着眼于社会多样性特征更加突出、各种差异明显扩大、利益关系和社会矛盾日趋复杂的现实，发挥统一战线的广泛性、包容性、多样性优势，进一步密切与人民群众的联系，要把群众的呼声、意愿和企盼作为第一信号，更加关注民生、充分了解民情、广泛反映民意，妥善协调各方面的利益关系，为我县的改革和发展减少阻力、增加助力、形成合力。

**4.加强和改善党对政协工作的领导，促进政协工作的全面创新**

加强和改善党对政协工作的领导，既是做好政协工作的根本保证和创新政协工作的重要条件，也是科学执政、民主执政、依法执政的有效途径。

一要提高认识，摆正位置。各级党委要认真贯彻中央和省市委关于加强新时期政协工作的要求和部署，特别是要认真贯彻中央5号文件精神和省市委的实施意见，充分认识人民政协的地位和作用，按照总揽全局、协调各方的原则，进一步加强和改善党对政协的领导，切实支持县政协围绕民主和团结两大主题，履行好政治协商、民主监督、参政议政的职能，形成党委重视、政府支持、政协主动、部门配合的政协工作格局。要把政治、经济、文化和社会生活中重要问题的协商纳入决策程序，做到重大问题协商在县委决策之前、人大通过之前、政府实施之前。要尊重、保障和不断扩大政协委员的知情权、参与权和监督权，为政协委员发挥民主监督职能创造宽松环境。要委托政协承担一些重要课题的调研，进一步增强参政议政的实效性。

二要完善机制，创新工作。政协工作要更加体现时代性、把握规律性、富于创造性，就要使工作的内容更加丰富，机制更加健全，程序更加规范。要不断完善组织结构，改进活动方式，在政治协商的内容和形式、民主监督的途径和机制、参政议政的范围和渠道等方面不断地进行探索和创新，形成完善的制度和机制，推进政协工作的制度化、规范化和程序化。

三要大力支持，多办实事。要及时研究解决政协工作中的重大问题，要认真倾听来自政协的意见和建议。自觉接受政协的监督，加强政协干部队伍建设，优化政协干部结构，关心政协干部成长，做好政协干部的培养选拔使用和交流工作，认真解决政协工作中存在的具体困难和实际问题，为县政协和广大政协委员开展工作创造良好条件。

坚持与时俱进，搞好自身建设，是人民政协发挥作用的前提和基础。县政协和广大政协委员，要保持坚定正确的政治方向，坚持走中国特色社会主义政治发展道路，坚持共产党的领导，坚定不移地贯彻执行中央和省市委关于加强政协工作决定的方针政策。通过广泛深入的协商讨论，使党的主张成为民主党派、人民团体和各界人士的共识，为实现县委提出的目标和任务共同奋斗；要发扬自我学习的优良传统，适应新形势新任务的要求，完善学习机制，更新知识储备，优化知识结构，做到学以修德、学以增知、学以致用，不断提高理论政策水平和自我综合素质；要增强履行职能的总体能力，坚持识大局、顾大局，敢直言、持公论，自觉从全局考虑问题，善于寻找不同群体的共同关切，始终高举大团结大联合的旗帜，创新发挥作用的模式，增强履行职能的效果；要弘扬求真务实的工作作风，深入基层、深入群众、广泛调研，使政协工作与全县改革发展的实际贴得更近，与人民群众的意愿扣得更紧。政协委员中的中共党员，要继承和发扬统一战线和人民政协的优良传统，广交、深交党外朋友，努力成为合作共事的模范、发扬民主的模范、廉洁奉公的模范。政协机关干部要自觉学习，热爱工作，勇于奉献，真正成为政治坚定、作风优良、学识丰富、业务熟练的高素质工作人员。

各位委员、同志们，创新的时代召唤着我们，宏伟的目标激励着我们。我们一定要高举邓小平理论和“三个代表”重要思想伟大旗帜，紧紧围绕“十一五”发展规划，认真履行政协职能。团结各方面的力量，增进各方面的共识，凝聚各方面的智慧，为“十一五”目标的实现做出新的更大贡献！

# 在庆祝县政协成立60周年暨中秋茶话会上的讲话

2009 年 9 月 29 日

县委副书记、县长　裴少飞

同志们、朋友们：

适逢新中国和人民政协 60 华诞，我们在这里欢聚一堂，隆重庆祝长治县政协成立 60 周年，并和大家欢度中秋佳节，我感到十分高兴。在此，我代表县委、县政府，向为人民政协事业的发展作出重要贡献的老领导、老同志表示崇高的敬意！向同中国共产党风雨同舟、荣辱与共的全县各民主党派、人民团体和各界人士，表示亲切的问候！向全县政协委员和政协工作者，向所有关心、支持人民政协工作的各界人士，表示衷心的感谢！

中国人民政治协商会议，是中国共产党把马列主义统一战线理论与中国具体实践相结合的伟大创造，是中国共产党同各民主党派、人民团体和各族各界人士长期团结奋斗的伟大成果。60 年来，同全国政协一样，我县政协走过了不平凡的历程，取得了巨大成绩。

60 年来，政协长治县委员会在中共长治县委的直接领导下，在革命、建设和改革的进程中，发挥优势，建睿智之言，献务实之策，在全县的政治生活中发挥了不可替代的作用。在全面建设小康社会的伟大征程中，人民政协深入贯彻落实科学发展观，团结动员一切可以团结的力量，投身科学发展的伟大实践，为应对国际金融危机冲击、保持经济平稳较快发展，作出了重要贡献。

人民政协 60 年的光辉历程和辉煌业绩昭示我们：全面建设小康社会，实现中华民族的伟大复兴，必须高举邓小平理论和“三个代表”重要思想伟大旗帜，认真坚持并不断丰富人民政协发展壮大的经验，进一步坚持和完善中国共产党领导的多党合作和政治协商制度，发扬人民政协的优良传统，团结一切可以团结的力量，把各方面的智慧和力量凝聚到我们正在进行的伟大事业中来。我们要认真学习贯彻胡锦涛同志在庆祝人民政协成立 60 周年大会上的重要讲话，站在全局的高度充分认识新时期人民政协的重要作用，把做好政协工作作为提高党的执政能力、推动政治建设的一个重要目标，努力在全社会形成一种重视、支持和关心政协工作的良好氛围。

当前，我们国家正处在改革发展的关键阶段，机遇前所未有，挑战也前所未有，机遇大于挑战。我县应对国际金融危机冲击、保持经济平稳较快发展任务繁重，推动科学发展、促进社会和谐任务繁重，保障和改善民生、维护社会稳定任务繁重。我们必须认清形势，抓住和用好重要战略机遇期，全面推进经济建设、政治建设、文化建设和社会建设，全面建设小康社会。

完成上述任务，必须充分调动全县人民的积极性、主动性、创造性，把各方面的智慧和力量凝聚起来。在这个伟大实践中，人民政协应该也完全可以发挥更大作用。在新的历史条件下，人民政协要高举中国特色社会主义伟大旗帜，以邓小平理论和“三个代表”重要思想为指导，深入贯彻落实科学发展观，继承和发扬人民政协优良传统和宝贵经验，牢牢把握团结和民主两大主题，紧紧围绕全县工作大局，扎实有效地履行政治协商、民主监督、参政议政职能,切实发挥好协调关系、汇聚力量、建言献策、服务大局的重要作用,为推进全县经济建设和社会建设作出更大贡献。

**1.继续把推动科学发展作为履行职能的第一要务**

紧紧围绕党委、政府的中心任务开展工作,是各级政协组织履行职能必须遵循的原则,也是政协工作不断开创新局面的基础。我县正处于改革发展的关键时期,保持经济平稳较快发展,维护社会和谐稳定,努力推动"四个发展",是全县工作的大局,人民政协要认真贯彻落实中共长治县委、县政府应对金融危机的重大决策,统一认识、坚定信心,在逆境中发现和培育积极因素,从变化中捕捉和把握难得机遇,为促进我县科学发展作出积极贡献。要充分发挥政协人才荟萃、智力密集、位置超脱的优势,以课题为纽带,选择具有全局性、宏观性、前瞻性的重大课题展开调研和协商议政活动,多想科学发展大事,多谋科学发展大计,努力为实现以人为本、全面协调可持续的科学发展建睿智之言、献务实之策。

**2.继续在促进社会和谐中发挥重要作用**

在经济体制深刻变革、社会结构深刻变动、利益格局深刻调整、思想观念深刻变化的新形势下,人民政协要坚持把发扬民主、增进团结、协调关系、化解矛盾作为履行职能的重要着力点,努力为促进社会各种关系的和谐发挥作用。要坚持民主协商、平等议事、求同存异、体谅包容的原则,关注不同阶层利益诉求,协助党委政府妥善处理好各方面利益关系。要坚持以人为本,倾听群众呼声,关心群众疾苦,围绕群众普遍关心的民生问题开展调查研究,反映社情民意,积极建言献策,推动形成社会和谐人人有责、和谐社会人人共享的生动局面。

**3.继续加强人民政协自身建设**

人民政协要坚持解放思想、实事求是、与时俱进,弘扬求真务实精神,大兴求真务实之风,主动适应新形势新任务的要求,按照宪法和政协章程的规定,不断加强自身思想建设、组织建设、作风建设。要注重加强政协委员队伍建设,维护委员民主权利,鼓励和引导广大委员深入实际、走向基层、贴近群众,在报效国家、服务人民实践中施展才华、建功立业。各级政协委员要切实发挥在本职工作中的带头作用、政协工作中的主体作用、界别群众中的代表作用,自觉树立和展示委员良好形象。要加强政协机关建设,着力提高全局观点、服务意识,增强政务性服务能力和统筹协调能力,为人民政协有效履行职能、顺利开展工作提供有力保障。

**4.继续加强和改善对人民政协的领导**

各级党委要从发展社会主义民主、推动科学发展、促进社会和谐的战略高度,进一步提高对人民政协工作重要性的认识,进一步加强和改善对人民政协的领导,保证中央关于加强人民政协工作各项方针政策落到实处,更好地运用人民政协这一政治组织和民主形式为实现党的总目标总任务服务。一要充分发挥政协党组的政治核心作用,加强政协领导班子和机关干部队伍建设,重视政协干部的使用和交流,关心政协干部的成长和进步。二要支持政协充分履行职能。要坚持重大问题主动与政协协商,自觉接受政协民主监督,认真对待来自政协组织的意见和建议,加强督办,及时答复。要支持政协开展多渠道、多层次、多形式的联谊交往活动。三要为政协开展工作创造条件。要着力解决政协工作中遇到的实际困难。政协所需经费要在历年基础上,根据实际需要,不断有所增加。政协委员参加政协组织的活动,所在单位和涉及单位要给予支持和保障。

同志们、朋友们,“雄关漫道真如铁,而今迈步从头越”。60年风雨同舟,60年共创伟业。县政协与全县人民共同奋斗。人民政协的不朽业绩,凝聚着历届政协委员的心血和汗水,汇聚了党和人民的支持和厚爱。我们坚信,为新中国建立做出过贡献,在革命、建设和改革中创造过辉煌业绩的人民政协,一定会在发展中国特色社会主义事业的伟大进程中谱写更加灿烂的新篇章!

# 在政协长治县十四届四次会议上的讲话

2010年5月11日

县委书记 裴少飞

各位委员、同志们:

今天,政协长治县第十四届委员会第四次会议隆重开幕了。这是全县人民政治生活中的一件大事。开好这次会议,对于进一步激发全县广大干部群众干事创业热情,凝聚共谋发展合力,谱写长治县率先发展、转型发展、同城发展、文明发展的新篇章,具有十分重要的意义。在此,我代表中共长治县委,向大会的胜利召开表示热烈的祝贺!向出席会议的全体政协委员和同志们表示亲切的问候!同时希望通过大家的共同努力,把这次会议开成一次团结民主的大会、凝心聚力的大会、促进发展的大会、共建和谐的大会。

过去的一年,是长治县经济社会加快转型、科学发展迈出坚实步伐的一年,是各方面工作取得显著成绩的一年,是和谐社会建设取得重大进展、人民群众得到更多实惠的一年。成功汽车制造、易通钕铁硼永磁材料、华鹏铝塑、振东医药、潞安机械制造、惠丰特车制造等重点转型项目千帆竞发、蓬勃发展。煤矿兼并重组和资源整合取得重大进展,六大煤炭主体企业全部到位,为长治县加快转型奠定了坚实基础。我们率先启动了新型农村社会养老保险,为全县60周岁以上老人每人每月发放养老金50元,让农民养老不再犯愁,让农村家庭更加和睦。不断巩固新型农村合作医疗成果,率先建立了大病医疗救助机制,率先试行基本药物药品零差价,让群众看病就医更加实惠。率先免除高中阶段学生学费、信息费和书本费,全面改善农村寄宿制学校办学条件,让教育更加公平,让我们的孩子都能接受优质的教育。全面铺开陶清河流域生态治理,海子河游园一期工程如期完工,造林绿化持续推进,让我们的生活环境更加优美。率先开通了县城免费公交,进一步提高农村公路等级水平,让群众出行更加方便。2009年,全县生产总值完成87亿元,同比增长12.5%;财政总收入完成24.1亿元,同比增长33%,增幅全市第一,总量由全市第三跃居第二,名列全省第十。全县人民企盼的“全省十强梦”终于实现。这些成绩的取得,既是全县人民团结奋斗、开拓进取的结果,也是县政协和广大政协委员尽职尽责、卓有成效开展工作的结果。

过去的一年,县政协在中共长治县委的领导下,牢牢把握团结和民主两大主题,认真贯彻落实科学发展观,积极履行政治协商、民主监督、参政议政职能,紧紧围绕全县经济社会发展中的重大问题主动献策,促进了党委、政府决策的科学化、民主化;积极投身长治县经济建设第一线,在推进全县重点工程和中心工作中尽心尽力,促进了党委、政府决策部署的落实;拓宽民主监督途径,立足推动党政部门工作建言,活跃了全县民主政治建设氛围;广泛联系社会各界人士,主动协调关系、化解矛盾、凝聚人心、维护稳定,为全县的经济建设、社会和谐、凝心聚力做出了突出的贡献。县委对县政协一年来的工作是满意的，也是充分肯定的。在此，我代表县委向广大政协委员、社会各界人士和在政协岗位上辛勤工作的同志们，表示崇高的敬意和衷心的感谢！

各位委员、同志们，在今年年初的县十届二次党代会上，我们确立了当前和今后一个时期加快我县科学发展步伐的"四个发展"战略，提出了我县"十二五"经济社会发展的"三全、五更"奋斗目标，描绘了长治县科学发展的美好蓝图。今年，是我们全面实施"四个发展"战略的开局之年。做好今年的各项工作，为既定目标的实现奠定坚实基础，为"十二五"规划的启动创造良好条件，至关紧要，意义重大。县委希望县政协和全体政协委员要围绕这一奋斗目标，进一步增强责任感和紧迫感，以高昂的热情、务实的作风、创新的举措，为加快我县经济社会发展献智出力。借此机会，我代表县委对如何做好新形势下的政协工作提四点意见。

**1.认清形势，解放思想，牢牢把握发展第一要务**

发展是解决长治县所有问题的关键。当前，全国各地到处呈现出千帆竞发、百舸争流的强劲发展态势，我们的兄弟县区也都在抢抓机遇、大上项目、谋求发展，竞争形势咄咄逼人。我县处于不进则退、慢进亦退的境地。面对压力、面对挑战，大家一定要正确看待我们已取得的成绩，科学判断当前的经济形势，努力破除"小富即安"的消极思想，坚决摒弃等、靠、要等落后观念，进一步坚定勇往直前、逢机必争的信念，深度挖掘我们的优势和潜力，以更大的气魄谋划发展，以更硬的措施争先创优，以思想观念的大解放促进经济社会的大发展。在今年的全县三级干部会议上我们提出全县生产总值增长10%；财政总收入完成28.7亿元，增长20%;农民人均纯收入努力保持两位数增长，力争达到10%以上的预期目标。要圆满完成今年的各项工作任务，谋求大发展、实现新跨越，不仅需要全县上下的共同努力，还必须充分发挥人民政协和广大政协委员的重要作用。县政协和广大政协委员要牢固树立和认真落实科学发展观，把发展作为第一要务，切实增强做好新时期政协工作的责任感和紧迫感，以更加敏锐的眼光和思维，紧紧把握时代的脉搏，担负起历史赋予的神圣使命。

**2.围绕中心，服务大局，求真务实发挥职能作用**

围绕中心、服务大局，是人民政协履行职能的基本原则。保持经济平稳较快发展，是今年全局工作的重中之重，也是政协履行职能、服务大局的首要任务。一要提升政治协商的高度。要充分发挥人民政协人才荟萃、智力密集的优势，把政治协商的重点放在研究解决经济社会发展中的重大问题上，紧扣保增长、保民生、保稳定三大任务，议大局之事、立发展之论、创有用之举，争取有更多的成果纳入县委视野、辅助政府决策。二要增强民主监督的力度。要积极探索民主监督同法律监督、行政监督、舆论监督相结合的新途径、新办法，广泛采取提案、民主评议等多种形式，对县委、县政府确定的中心工作和群众关心的热点难点问题开展专项视察和专题调研，督促有关职能部门认真履行自身职责，以舍我其谁的精神争取项目，以优质高效的服务优化环境，以全力以赴的干劲狠抓落实，为经济社会健康发展保驾护航。三要拓展参政议政的广度。各位委员要立足于本职工作，选择县委、县政府高度重视、人民群众普遍关心的问题，选择具有综合性、全局性、前瞻性的课题，组织开展深层次、宽领域、多形式的调查研究，多建箴言，广献良策。同时，要进一步发挥参政议政作用，定期召开座谈会，认真收集意见建议，使参政议政的渠道更加广泛和畅通。

3.倾听民声,体察民情,尽心竭力办利民之事

人民政协是党委、政府密切联系群众的桥梁和纽带,是促进社会和谐稳定的重要力量。当前,长治县的发展已经进入一个蓄势起跳的关键时期,机遇与挑战同在。我们必须把促进改革发展同保持社会和谐稳定结合起来,高度重视各类社会不稳定因素。我们希望县政协和全体政协委员按照履职为民的要求,把维护社会和谐稳定作为重要职责,多做团结鼓劲、协调关系、排忧解难、化解矛盾的工作,进一步深入到群众中去,多听听老百姓的"心里话",多看看老百姓的"身边事",多算算老百姓的"生活账",最大限度地减少不和谐因素。同时,要发扬政协关注民生的优良传统,强化以人为本的理念,积极倡导和开展扶贫帮困、爱心救助等社会公益活动,千方百计帮助困难群体解决生产生活中的实际问题。特别是广大企业家委员,不仅要肩负起做大做强企业、促进全县经济平稳较快发展的重任,更要肩负起努力扩大就业、维护社会稳定和谐的重任,切实为县委、县政府分忧,为广大群众解难。

4.加强领导,创造条件,为政协开展工作提供保障

政协工作是党的全局工作的重要组成部分,是社会主义民主政治建设的重要内容。县委将一如既往地支持政协按照章程开展工作,切实解决政协在工作中遇到的困难和问题。县委、县政府要根据中心工作,及时给政协出题目、交任务,使政协工作与县委、县政府工作相互衔接,形成合力。县政府召开重要会议,要主动邀请政协有关领导参加。县委、县政府有关部门召开重要会议,也要主动邀请政协相关专门委员会负责同志参加,虚心听取委员的意见和建议。各级各部门要尽可能给政协履行职能提供方便。政协开展调研、视察、考察活动,涉及的乡镇、部门和单位都要大力支持、主动配合。对政协提交的提案、建议案和调研报告,要高度重视、认真研究、抓好落实、及时反馈。政协委员所在的部门、单位都要支持他们参加政协组织的活动,提供必要的条件。要切实帮助政协和各民主党派改善工作条件,尽力在办公经费、办公设施等方面解决实际问题,为政协履行职能提供必要的物质保障。要加大对统一战线和政协工作的宣传力度,在全社会进一步形成重视、支持政协工作的良好氛围。

各位委员、同志们,新的目标催人奋进,新的形势鼓舞人心。在"四个发展"的道路上,我们的任务艰巨,责任重大。希望大家坚定信心,胸怀全局,同心同德,奋力拼搏,为加快建设富裕、文明、和谐长治县而努力奋斗。

最后,预祝大会圆满成功,祝各位委员身体健康,工作顺利!

# 经验材料

## 抓重点重实效 提高参政议政质量

1994年5月

长治县政协

政协长治县第十一届委员会第一次会议以来，我们紧紧抓住为经济建设服务这条工作主线，围绕县委、县政府的中心工作，抓住重点，注重实效，认真履行政协职能，努力提高参政议政质量，为我县改革发展和稳定作出了贡献。

**1.加强协商讨论，积极参政议政**

每年全委会召开之前和会议期间，我会组织委员围绕我县的政府工作报告和国民经济与社会发展计划以及财政预算等重大问题进行协商讨论，共商我县大计。委员们在大会发言、小组讨论、对口协商座谈会中，对我县改革开放和两个文明建设，提出许多积极的意见和建议。每次常委会议都确定一个带全局性的重要问题作为主要议题进行深入讨论。去年以来，我会先后就搞活国有企业，加强农业和贯彻落实中共十四届四中全会精神等问题组织专题讨论，常委们围绕中心议题畅所欲言，各抒己见，参政议政出现了新气象。

今年9月下旬，我会组织常委专题讨论了《长治县国民经济和社会发展"九五"计划和2010年规划》(征求意见稿)。与会者认为征求意见稿既肯定了"八五"期间的成绩，也不回避存在的问题，思潞清晰，富有开拓精神，有一定的系统性、完整性。同时也提出在确定今后15年的经济发展速度和经济指标时要留有余地；生产力布局要兼顾民族地区和贫穷落后地区；要培新的后续支柱产业；要大力发展第二产业；要重视基础性研究。对农业发展问题，与会者建议要开辟资金渠道，逐步提高农业投入；开发非耕地资源；改造中低产田；加强农业科技开发，推动科教兴农；妥善处理好人口、粮食、增收和扶贫四个大问题。政协主席郝审成在会议结束时说，大家的发言有情况、有分析、有意见、有建议，是一次认真负责的高水平的参政议政和高水平的政治协商，达到了有深度、有高度、有新意的要求。县政协要据此整理出一份综合材料，如实向县委、县政府反映。

**2.开展专题调查，主动献计出力**

我会围绕大局，重点抓了农业和县营工业企业两大专题的调研。去年上半年和今年3月，我们共组织6个调查组分赴9个乡(镇)开展较大规模的农业调查，就进一步加强对农业和农村工作的领导，深化农村改革，巩固农村科技推广网络，确保农民增产增收等问题提出意见和建议。调查中提出的许多意见和建议被采纳。去年5月份，我会组织部分政协委员并邀请一些县直涉农部门的领导参加，深入我县北呈、南宋、屈家山,苏店四乡(镇)九村,就农村以家庭为基础的小农户如何同大市场接轨的问题,广泛同干部、群众交谈,了解情况,通过为期五天的调查视察,委员们亲身感受到,当前在市场经济大潮的推动下,农民蛰伏在心底的致富欲望已强烈涌动起来。但由于市场发育还不完善,各项服务如信息咨询、技术指导、产品销售等跟不上,农民对发展什么心中无数。针对这些情况,我们向县委、县政府报送了《关于对我县四乡(镇)九村经济发展现状调查视察的情况报告》,提出了"突破传统的小农经济思想,大力发展开发性、商品型农业"、"改变生产方式,围绕主导,产业,实施区域资源的规模开发"、"强化科学技术,发展优质、高产、高效的科技型农业","大力发展农副产品加工业,健全社会化服务体系,加强服务功能,构建农民进入市场的新机制"等四条推进农业经济发展的对策和建议受到县委、县政府的重视。

去年下半年,我们组织20多名政协委员对我县有代表性的3家县营工业企业进行调查,总结了搞好县营企业的经验,推出了企业存在的9个方面的困难和问题,提出了13条具体的意见和建议,其中有12条建议被有关部门采纳。今年,我会围绕"工业兴县"问题深入开展调查研究,积极出主意,想办法,就深化国有企业改革,加快发展二轻企业和民营企业提出了意见和建议,得到县政府的高度重视. 其中关于成立工业领导小组,关于建立县领导挂钩重点厂或重点项目责任制,关于制定再振工业雄风的规划和实施细则. 关于加强企业家队伍建设等意见和建议,已被采纳并付诸实施,促进了县城经济的发展。

各专门委员会在配合常委会主要议题开展工作的同时,坚持少而精的原则,精选课题开展调查视察活动,现在,各专门委员会已成立了工业、农业、非公有制经济、物价、教育,社会治安等6个专题调查小组,通过反复跟踪调研,不断发现新情况,解决新问题,提高调研水平。

**3.发挥委员作用,反映社情民意**

我会组织和推动委员开展经常性的学习、座谈和调查研究等活动,较好地解决了全会后委员活动少的问题。委员通过开展各项活动,保持与本界群众的密切联系,了解和反映社情民意。常委会制定了《关于做好反映社情民意工作的意见》,建立了制度,把做好反映社情民意工作作为政协和政协委员的一项重要的经常性工作,倡导每位委员每年至少提出一条建议,反映一条信息,及时把委员的真知灼见和人民群众的意愿向县委、县政府及有关部门反映。我会还加强提案工作,重视民主党派、人民团体提案,不断提高提案质量和办理质量,及时准确地反映社情民意,为改革开放和现代化建设献计献策。

**4.完善工作制度,提高服务质量**

加强政协自身建设,提高政协队伍的整体素质,是新形势下开创政协工作新局面的重要保证。十一届一次会议以来,我们从思想、组织、作风和制度等方面,加强政协队伍的自身建设,坚持用邓小平同志建设有中国特色社会主义理论和党的路线方针、政策武装全体委员和机关工作人员的思想,从整体上提高政协队伍的素质,通过建立规章制度,进一步规范了常务委员会的工作、会议和活动,提高了常委会议的质量和参政议政的水平。通过整顿机关工作作风,明确岗位责任制,进一步增强了政协机关工作人员的服务意识,提高了服务质量和工作效率,使各项工作进一步制度化、规范化。

十一届一次会议以来,我们把征集、办理、落实好委员提案作为帮助县委和政府实现决策民主化、科学化的一条重要渠道。通过加强同委员的联系,发放提案工作基本知识,开展提案知识咨询等形式,促进了委员提案数量的增加和质量的提高,提案的办复率和采纳率也好于过去。据统计,十一届一次会议以来,共征集委员提案132件,经过审查立案的125件,这些提案基本做到件件有着落,案案有答复。

总之,近三年来,我县政协切切实实地发挥了自身的职能,参政议政水平不断提高,在两个文明建设中,发挥了重要作用。受到长治县委、县政府的表扬,得到了长治市政协的充分肯定,但是,我们的工作与其他兄弟县区相比,还存在差距和不足,今后一定要虚心向兄弟县(区、市)学习,取长补短,迎头赶上。

## 履行职能 发挥优势 搞活服务 多办实事

1994 年 9 月 26 日

长治县政协

李瑞环同志在全国政协八届常委会第三次会议上的讲话中指出:"经济问题是我们国家的中心问题。经济形势的发展变化,决定和影响着社会生活的各个方面,决定和影响着国家的稳定和发展,经济工作是全国人民关心的热点问题,也是人民政协参政议政的中心议题。"他要求人民政协在研究经济问题时"要抓主要问题",要"面对实际,跟踪实践","不但要研究问题的总体,而且要研究问题的各个方面。只有这样,我们的认识才能客观全面,参政议政才能切实有效"。李瑞环同志的讲话,不仅指明了人民政协的工作方向,而且解决了新时期人民政协工作的重点问题。根据李瑞环同志的讲话精神,长治县政协积极探索宏观献策与微观服务的最佳结合点,既注意从宏观着眼,履行职能议大事,又注意从微观入手,发挥优势办实事。从而把微观服务搞得生动活泼,热气腾腾,富有成效。主要发挥了三个方面的作用:

**1.发挥人民政协在领导机关决策中的协商咨询作用**

建立社会主义市场经济体制,不仅需要安定和谐的政治经济环境,而且需要广大人民群众的积极参与和大力支持。人民政协由于位置超脱,视野开阔,使政协与群众保持了更密切的联系,更多地了解了他们的愿望、意见和要求,掌握了第一手材料,恰恰能够提出更多的有创建的思路和可操作的对策。现政协副主席、工商联合会长张守孝同志,在深入社会实践大兴调查研究的过程中,了解到南宋乡服务体系跟不上,致使农民大量山楂果存在出售难的问题时,急群众之所急,想群众之所想,主动请缨,1992 年三上北京,从轻工业部食品发酵研究所引进了山楂果茶配方和生产工艺,1993 年 8 月基建安装完毕并投入批量生产,于年底山楂果茶投放市场。预计今年年产量可达 1500 吨,可就地消化山楂、胡萝卜 3000 余吨。原县政协副主席李树德同志,根据长治县工业布局分散、县城商业萧条、市场功能弱化的现状,经多方论证,提出在县城开辟农贸市场。即中心开花、四面辐射、带动县域经济全面发展的"圆心理论",受到中共长治县委、县政府高度重视,对长治县改革开放和经济发展起到了很好的促进作用。

近年来我们紧紧抓住经济建设这个中心,从我县改革和发展的实际出发,围绕县委、县政府提出的工作目标,就全县的煤炭生产、运销等问题进行了有重点的调查研究,并写了调查报告供县委参考。同时,对全县的教育卫生事业、农业生产、市场、物价等也配合政府有关部门进行了视察,提出了建议。特别是针对全县果树生产和发展趋向问题,多次组织有关部门和部分委员,进行实地考察,经过多方论证,先后向县委、县政府呈交了《挽救果树死亡,发展果树事业》、《只有加快果树生产的现代化步伐,才能提高果树生产效率》以及《再谈我县果树发展现状及今后对策》等专题报告,均被县委、县政府采纳,并从 1991 年开始把发展果树生产作为农村奔小康、经济上台阶的战略决策,在全县掀起了高潮。

**2.围绕经济建设,发挥人民政协牵线搭桥的作用**

人民政协容纳了民主党派、人民团体、各界人士的代表人物。他们大多数直接从事各项具体工作,接触实际问题较多,因而,既有比较丰富的阅历和经验,又有广泛的社会联系,是一个潜力较大的"信息源",这对于在经济建设中输出、引进、牵线搭桥,具有十分有利的条件。这些年来,我们就是利用这一优势,从而把微观服务工作搞得生动活泼,推动了全县的经济建设。

让河北的串枝红优质杏来我县安家落户。1991 年副主席张守孝同志在深入基层搞调研时,和城关镇经坊村委的领导一起,结合村情,突破固有的种植模式,从河北巨鹿县引进串枝红优质杏千余株,当年试种,大多成活,现已移栽发展,三五年即可挂果。这种杏个大、味甜,杏仁也可食用;制成杏脯、罐头,将填补我县空白。

让山西老陈醋在河南扎根。河南省辉县市工商联召开 1994 年人才技术交易会,县政协副主席、工商联合会长张守孝同志应邀参加了这次会议,并提出在辉县市成立"潞府酿造分厂"的建议,得到辉县市政协和工商联的积极配合,受到辉县市委、市政府的大力支持。经过双方的一致努力,厂址选定,技术论证等具体事宜已通过,并于今年 7 月 23 日签署协议。预计不远的将来,山西长治县老陈醋将在河南开花结果,进入辉县市的酒店、饭店和寻常百姓家。

**3.发挥人才优势,开展技术服务**

人民政协具有人才荟萃、智力雄厚的优势,在日常工作中,我们十分重视发挥这一优势,为全县经济建设服务。政协委员王中秋,本是一名生物理化教师,几年来,他在从事教学工作时,还不断搞些农作物种植及实用技术方面的实验,先后引进树木种植、药材、花卉 200 余种,成功并推广 30 余种近 200 亩,遍及全县 10 多个自然村,20 多个专业户,其中像王董的贾来顺、东和村的王得清亩产值均在 1500 元以上,收到良好的经济效益和社会效益。1993 年 3 月 9 日,王中秋老师和几位有专业特长的教师筹办成立了"长治县职业高中高效农业科技开发部",并挂牌对外进行农业技术服务。该部到目前为止,已举办短期技术培训班 3 次,下乡传授技术 20 余次,办街头咨询服务站 6 次,集体巡回考察 3 次,无偿培训技术人员 500 人次,技术咨询 1000 余人,并组织编写了适合本县特点的《果树优质高产栽培技术》、《中草药栽培技术》,创办了《致富导报》等。

政协文史委主任郜俊保、学委会主任王满芹两位老领导,虽然年事已高,但他们始终坚持站好最后一班岗,每逢秋去冬来之时他们就主动与民政和医疗部门联系,抽调医务界政协委员中的老中医组成巡回医疗队,深入到偏远山区,为那些年老体弱、行动不便的离退休老干部、政协委员、复残军人,送医送药,服务上门。几年来,他们深入全县 22 个自然村,为 34 名患者进行了治疗,受到了患者和广大人民群众的欢迎。

由于我县政协委员积极参与社会实践,使政协与群众保持了密切的联系,更多地了解了他们的愿望、意见和要求,更多地了解了基层情况,掌握了第一手材料,因此能够提出更多的有创建的思路和可操作的对策。人民政协汇集了大批学有所长、业有所专、富有真知灼见的人才,这些人既有宏观献策的能力,又有微观服务办实事的本领,让他们在参政议政的舞台上一展身手,在经济建设实践中施展抱负,无疑是一件利国利民的大好事。因此,我们还将再接再厉、选好角度、找准位置、发挥优势,把今后一个时期变成政协工作的活跃期,开创新局面的开拓期和作出新贡献的创造期。

# 坚持党的领导 抓好党建工作
# 全面推动新时期政协各项工作

2004年3月2日

长治县政协

人民政协是共产党领导的爱国统一战线组织，是中国共产党领导的多党合作和政治协商的重要机构。近年来，长治县政协党组狠抓党的建设和自身队伍建设，以党建促发展，以党建推动政协各项工作的开展，围绕中心，服务大局，正确履行职能，为县域经济发展做出了应有贡献。

**1.坚持党的领导，认真学习、贯彻、落实党在新时期的各项路线、方针、政策，切实按照县委提出的总目标、总要求开展工作**

(1)毫不动摇地坚持共产党领导下的多党合作和政治协商制度。只有坚持党的领导，才能适应新时期的要求，更好地做好政协工作。长治县政协党组始终坚持这一信念不动摇，在县委的领导下，忠实履行自己的职责，按照县委提出的总目标、总要求去想问题、办事情，一切围绕县委的中心工作去开展。

(2)积极参加县委中心组组织的学习活动，认真学习党的路线、方针、政策，认真学习“三个代表”重要思想以及中央、省、市有关会议精神。利用党组书记列席县委常委会议的机会，及时了解县委的中心工作和精神实质，并及时召开党组会议，随后通过机关支部会议以及政协常委会议，向大家认真传达会议精神，保证了中央、省、市有关政策及相关信息的畅通，为基层委员更好地知情参政、发挥职能作用奠定了基础。

(3)对事关多党合作、统一战线和经济发展以及自身建设的重大问题、重大视察活动、重要社情民意、重要意见和建议及时向县委请示汇报，以便更好地为县委提供决策依据，同时也使县委领导及时了解政协的工作。

**2.加强党组织自身建设，增强凝聚力和战斗力**

(1)县政协党组成员一方面积极参加省、市有关部门组织的培训，边学习，边做笔记，并写出相关的论文和体会。另一方面，在机关内部坚持每周学习制度。在搞好政治学习的同时，人民政协基础知识和专业知识以及其他有关业务知识也是政协机关党支部学习的重要内容。通过培训和学习进一步增强了广大党员干部的政治素质和业务素质，提高了每一位同志的工作水平。

(2)完善党组织各项制度，包括学习制度，组织制度、会议制度、通报制度等等，使党建工作逐步向制度化、规范化迈进，从而保证了领导班子的团结、和谐和战斗力。

(3)加强作风建设，牢固树立为人民服务思想，作风正，政通人和，百业俱兴。作风不正，政废令弃，万事不举。政协党组一班人清醒地认识到这一点，为此，从各方面加强作风建设，解决在作风方面存在的一些问题。一是坚持以马列主义、毛泽东思想、邓小平理论和江泽民“三个代表”重要思想为指导，运用科学的世界观和方法论，用高尚的思想道德要求鞭策自己，扎扎实实做好每一项工作；二是坚持解放思想，实事求是，与时俱进，反对因循守旧，不思进取。创新思路，创新工作方法，使大家的思想和行动更加符合客观实际，更加符合县情和时代发展的要求；三是求真务实，反对形式主义，克服以会议贯彻会议、以文件落实文件的工作方式，注重深入实际，深入基层进行调查研究，及时掌握新情况，发现新问题。这已成为政协党组一班人的一项良好的工作制度，每年都进行几次大型的调研活动。如就“政府职能转变”、“全面建小康现状”、“民营企业发展情况、”“社会保障”等问题，深入有关单位和企业进行专题调研，并写出相应的调研报告，分别报送市政协、县委、县政府和有关部门，供其在决策中参考；深入基层走访政协委员，倾听他们的想法和建议，以便改进政协工作。四是树立革命的人生观，提倡艰苦奋斗，反对享乐主义，培养积极向上、健康文明的生活情趣，自重、自省、自警、自励，端正态度，不比享受比贡献，时刻牢记为人民服务的重要宗旨。

(4)不满足现状，不断地充实自己，完善自己。政协党组一班人利用一年两次的全市各县(市、区)政协联谊会与兄弟县(市、区)相互交流，互相借鉴，并先后多次到兄弟县市去“取经”，学习他们的长处、他们一些好的工作方法，来弥补自己的不足。有了比较，才能看到差距、看到不足，才能增强向更高目标迈进的信心。

(5)坚持以人为本，强化服务观念。政协委员是政协工作的主体，是联系各界群众的纽带，是履行三项职能的基本队伍和主力军。他们大多工作在基层和第一线，最能及时了解基层群众的呼声，也能及时捕捉社会生活中存在的一些问题。如何更好地发挥他们的作用，为他们提供发挥作用的舞台，政协机关起着重要的作用。为此，政协党组一班人想为委员所想，急为委员所急，想方设法为政协委员提供尽可能的服务。一是建立委员接待制度；二是坚持和委员联系制度；三是对委员反映的重点问题和提出的一些合理化建议，仔细研究分析，并及时反映给有关领导和部门；四是免费为委员征订《山西政协报》等报志杂志，让他们及时了解政协之声音；五是举办培训班，对政协委员、尤其是新委员进行培训，为达到好的效果，专门邀请市、县有关领导和专业人士进行讲课，使广大委员了解政协的基础知识，知道了自己的职责和如何为履行好职责而努力工作。

**3.加强统战工作，突出团结和民主主题，共同为县域经济建设服务**

人民政协是爱国统一战线的组织，其实质就是团结一切可以团结的力量，为建设社会主义事业共同奋斗，这是政协义不容辞的责任，也具有不可替代的优势。多年来，县政协党组织十分注重同我县民主党派、工商联、无党派人士、民族宗教人士的团结合作，与他们荣辱与共，肝胆相照，共同在县委的领导下开展工作。党组成员建立了与党外人士交朋友制度，经常和他们联系，向他们通报县委、政府、政协的工作重点，倾听他们的意见，及时解决他们在实际生活中遇到的一些问题。通过座谈会、茶话会、联谊会、联席会、征求意见会、统战知识竞赛等多种形式，让他们积极参政议政，增进友谊，增强共识，促进团结和统一，大力营造和谐宽松的民主氛围，充分发挥他们在建设经济强县中的积极作用。协助党委、政府做好化解矛盾、凝聚人心的工作。经常深入基层，深入群众，了解真实情况，对社会生活中出现的热点、难点问题，分析原因，找到症结所在，一方面做好耐心细致的说服解释工作，一方面向有关部门及时反映，提出建议。另外充分发挥政协“人才库”、“智囊团”作用，千方百计调动他们的积极性、主动性和创造性，为我县的经济建设贡献他们的聪明才智。

4.发挥基层党员的模范带头作用,树立政协组织新形象

政协委员中的中共党员大部分都是领导干部和特邀人士，为了能充分发挥这些人的模范带头作用,县政协党组与他们建立了联系制度,使他们在各自的岗位上在做好本职工作的同时切实履行好政协委员的职责。和他们一道深入基层,为群众提供一些有益的服务。如下乡巡回医疗服务、参加村里的植树劳动、和农户建立联系帮助农户致富活动,为村里基础建设捐款捐物、利用个人技术为农民提供种植、养殖等服务,充分体现了政协组织对社会公益事业的热心,拓展了政协工作新途径,树立了政协新形象。

## 紧扣发展主旋律 积极履行三大职能

2005年9月20日

政协长治县委员会

发展是我们一切工作的第一要务,同样,发展也是我们政协工作的重中之重。当前,正是我市全面推进百强调产、加快发展区域经济之际,我们长治县人民在县委、县政府领导下,广大干部群众紧紧围绕县委、县政府“三五”发展战略,开拓创新、扎实工作,取得了可喜的成绩。经济建设实现了跨越发展,各项社会事业呈现了繁荣景象,县城面貌发生了明显改变,人民群众得到了更多实惠。我县政协在市政协的有力指导下,在县委的正确领导下,以邓小平理论和“三个代表”重要思想为指导,牢牢把握团结和民主两大主题,深入贯彻省、市、县政协工作会议精神,围绕中心、服务大局,切实履行政治协商、民主监督、参政议政职能,各项工作都取得了明显进步,为维护我县和谐稳定的社会局面发挥了重要作用,为全面建设小康社会作出了新的贡献。

1.围绕中心,尽职到位谋发展

人民政协是我国发扬社会主义民主的重要形式,政治协商、民主监督、参政议政是新时期赋予人民政协的主要职能。近年来,我县政协按照“民主、团结、求实、鼓劲”的工作方针,不断地通过全委会总体参政、常委会重点协商、主席会专题议政、专委会对口监督的方式,利用政协主席参加书记办公会、列席县委常委会和召开四套班子联席会的机会,认真履行职能,共谋发展。首先就年度政府工作报告、制定“十五”计划草案、加快县域经济发展、加强三个文明建设、促进社会事业进步等重大问题,及时进行协商讨论,既增进了各方面人士的相互沟通和理解,也发现和集中了广大委员的智慧和经验,还促进了县委、政府决策的民主化、科学化。与此同时,我们还在深入调研、广纳铮言、集思广益、增进共识的基础上,采取集中委员视察、撰写督办提案等方法,多次就改革开放、经济发展、社会进步中人民群众极为关注的热点问题,主动向县委、政府建言立论、献计献策。近三年来,县政协先后向县委、政府及有关部门提出建议、意见300多条,报送专题报告28份,征集督办团体、委员提案289件,内容涉及构建和谐社会,可持续发展、农民增收、城镇建设、公正执法、生态环境保护、基础设施建设、旅游资源开发、完善社会保障体系等方方面面。这些建议、意见和提案,有的被县委、政府作为决策的重要依据,有的被直接吸收到县委、政府的文件之中,使政协工作真正做到了尽职有为。

### 2.精选课题，调研献策不断深化

围绕县委、县政府的中心工作，服从和服务于全县改革发展稳定的大局，这是人民政协履行职能的一条重要经验。而搞好专题调研，则是政协履行职能的基础环节，也是调动各界委员积极性的有效形式。近年来，我们进一步把开展专题调研、建言献策作为活跃政协工作的重要途径。每年都要根据上级的指示、县委的要求、全县的实际，精选一批课题，采取单独组织或上下联动的方法，组织政协常委、委员和专委会成员以及有关职能部门的负责同志，集中进行视察，深入实际调研，然后经过反复讨论分析，形成内容翔实、观点鲜明、操作性强的调查报告和专题建议案，报送县委、政府和上级政协及有关单位。近年来，本届政协共先后组织大型专题调研视察活动 18 次，其中配合省、市政协上下联动搞了 8 次，自定课题、单独组织的 10 次，提出针对性解决问题的建议 108 条，及时为县委、政府和有关方面了解情况、改进工作提供了重要的参考和决策依据。其中城镇建设、农民增收减负情况分析、县域经济结构调整、促进公正执法等报告和建议，都引起了县委、县政府和有关部门的高度重视，有的县里主要领导还亲自作过专门批示，有效地促成了问题的解决，有力地推动了工作的开展。和专题调研密切相连的反映社会民意，是人民政协一项实际效果突出、更富有政协特色、又有广阔发展前景的工作。近年来，我们多次要求和鼓励参加政协的各党派、团体、界别和广大政协委员广调查，讲真话，进铮言，献良策，把深入调研了解和反映社情民意寓于政协各项工作之中。县政协还专门出台了进一步加强政协信息工作、及时反映社情民意的意见，政协办公室机关专门配备了微机和传真机，建起了政协信息网络系统。近年中，县政协共受理基层群众来信 150 多件，收集整理各种信息 300 多条，其中这些来自基层群众中的真实情况，集中了全县各界人士的愿望和呼声，集中了人民群众关注、社会反映强烈的热点、难点、焦点问题，引起了各方面的高度重视，为县委、县政府和有关部门掌握情况、化解矛盾、解决问题、制定政策、改进工作起到了很重要的作用。

### 3.紧扣发展大局作贡献

宏观献策议大事，微观服务办实事，是新时期人民政协工作的主要工作内容。紧扣经济建设中心，服务改革开放大局，是人民政协必须遵循的原则和主旨。十三届县政协汇集了全县各条战线、各个方面的各种人才，是一定意义上智慧组合。近年来，常务委员会始终围绕发展大局作为政协工作的着力点和落脚点，十分注重发挥各位委员在经济建设和社会发展中的积极作用。主席、副主席和县委、人大、政府的领导同志一样，人人包乡镇、包企业、包项目、包工程、实实在在地为基层排忧解难。县政协主席傅水祥同志在参与县城道路拓宽改造工程期间，和其他领导同志一起精心组织、认真负责地工作，顺利完成县城拆迁改造和道路建设工程；政协副主席、统战部长牛外则同志在参与长晋高速公路长治县段协调工作中，不辞劳苦，认真负责，面对一些突发事件，凭着自己丰富的农村工作经验，千方百计想办法，保证了高速公路的正常施工和全线通车；政协副主席李志文在参与全县经济工作中，为我县调产改制、职工社会保障，做了大量工作。其他常委、委员也都发挥了各自的专业特长、智力优势和社会影响力，争相奉献。经企界的委员，绝大多数是企业的法人、董事、厂长、经理和业务技术骨干，在实际工作中，他们以结构调整为中心，以改革开放为动力，狠抓调产改制、扩规重组和挖潜改造，企业市场竞争能力日益增加，企业经济效益快速增长，工商联、非公经济界的委员，坚持“发展是硬道理，引资是生命线，人才是第一资源”，敢闯禁区，敢破藩篱，敢为人先，路子越走越宽，企业越做越强，事业越兴越旺。如振东实业有限公司，短短几年，在巩固扩大石油经营的基础上，通过扩规上档，超常发展，又新上了金晶制药和五和食品两大龙头企业，成了蜚声三晋的巨人集团。

此外，农林、教育、卫生、科技、文化、体育、民族宗教、社会福利、群众团体和民主党派中的委员，也都充分利用各自的代表性和工作特点，在全县经济发展中，尽职尽责，施展才华，做出了显著贡献，闯出了一片新的天地。

**4.发挥优势，促进发展保稳定**

团结和民主是政协工作的主题。近年来，我们在扩大联谊、达成共识、维护稳定、促进团结方面也做了大量工作。一是坚持共产党领导的多党合作和政治协商制度，十分注重团结民主党派、工商联、无党派人士，把大家一致统一到发展这个第一要务上来。县政协经常向民革支部、工商联互通信息，交流思想，积极组织党派团体及委员，参与政协组织的重大活动，大力营造和谐宽松的民主氛围；二是认真做好民族、宗教工作，广泛同民族宗教人士交友谈心，引导宗教与社会主义社会相适应，充分发挥爱国宗教人士在全县经济建设中的团结稳定作用；三是协助县委、政府做好化解矛盾、凝聚人心的工作，经常组织政协机关干部深入基层、深入群众，对事关人民群众切身利益的问题，如"三农"问题、纠正社会"三乱"现象、强化社会治安综合治理等问题，多次以多种形式、多条渠道及时反映，提出建议，耐心细致地做说服解释工作。

**5.提高素质、转变作风重建设**

围绕经济建设搞好政协工作，需要有一支高素质的委员队伍，需要有完善的规章制度，需要有良好的工作作风和环境，需要政协机关提供优质服务。为此，我们十分重视政协的自身建设工作，始终把提高领导班子、委员队伍、机关人员的综合素质作为围绕全县经济建设搞好政协工作的前提和基础来抓。一是通过加强政治理论学习、深入开展"保持共产党员先进性"教育，不断地加强了政协领导班子的建设。县政协领导班子所有成员，都认真地坚持了党校统一培训、中心组集中学习、机关学习日等规章制度，并能联系实际、加深理解，用邓小平理论、"三个代表"重要思想指导政协各项工作；二是通过多种形式，不断增强了委员队伍的整体素质。县政协建立了主席、副主席、常委联系委员、委员联系群众制度，建立了委员集中学习日制度，还专门为常委、委员们订阅了《政协之友》、《山西政协报》，印了学习资料，积极引导政协委员系统学习邓小平理论、"三个代表"重要思想和党的各项方针政策，系统学习政协统战理论与各方面的知识，从而进一步提高了广大政协委员履行职能的自觉性；三是以提高服务水平为目标，加强了机关建设。特别是通过开展争创最佳服务机关活动，大力弘扬了敬业精神、服务精神、协作精神，使机关的办文、办公、办事效率有了明显提高。

总结我们这几年的工作实践，我们在围绕全县经济建设中，努力实施"三五"发展战略，积极履行政协的三大职能，我们的各项工作确实有了大发展、大进步、大成效，但是，和兄弟县区政协相比仍然存在不少差距，如个别委员履行职能的素质不高，在围绕全县经济建设中心中履行职能的内容、形式和程序还有待进一步明确和完善。这就需要我们认真对待，努力加以改进。

# 继往开来创伟业 与时俱进谱华章

2009年9月28日

政协长治县委员会

金秋时节，硕果累累，我们满怀喜悦，迎来了建国60周年和人民政协60华诞。与此同时，也是长治县政协成立60周年的喜庆日子。60年来，长治县政协始终与党和政府风雨同舟、和衷共济，与全县人民同呼吸共命运，为维护祖国统一，促进发展进步作出了不可磨灭的贡献。近年来，面对新的形势、新的任务，新一届政协领导班子在县委的正确领导和上级政协的指导下，认真贯彻中共十七大精神，高举中国特色社会主义伟大旗帜，牢牢把握团结和民主两大主题，围绕中心、服务大局，组织广大政协委员，认真履行政治协商、民主监督、参政议政职能，充分发挥协调关系、汇聚力量、建言献策的作用，为促进全县社会经济建设又作出了新的贡献。

**1.围绕中心、认真组织政治协商**

近年来，在认真总结历届政协经验的基础上，按照新形势、新任务的要求，我们进一步完善了全委会总体协商，常委会重点协商、专委会对口协商的协商机制。为使协商更加有效，我们尤其重点抓了全委会的总体协商。在每年例会期间，组织委员对"一府两院"及财政预决算报告进行协商讨论。委员们以高度的政治热忱，进诤言、献良策、谋发展，提出了许多有价值、有分量的意见和建议。对各小组讨论意见，我们坚持及时收集汇总，提出修改意见和建议，使不少意见建议得到及时交流和采纳。与此同时，我们还把大会发言作为参政议政的又一重要形式，从每位委员发言中筛选重点进行协商交流。委员们从不同角度，对全县的经济和社会发展提出了许多具有前瞻性、战略性和可操作性的意见和建议，受到县党政领导及各方面的重视，为科学民主决策提供了重要参考。

**2.发挥优势，切实加大民主监督**

一是通过民主评议，实施民主监督。几年来，我们坚持组织委员对政府及职能部门进行民主评议，在评议过程中，按照"民主监督、全面评议、献计献策、共谋发展"的原则，把评议的重点放在促进县委、县政府决策的落实上，放在机关工作人员为群众服务的宗旨意识上，放在促进职能部门依法行政、改进工作上。通过评议，充分肯定成绩，针对存在的问题，提出切实可行的建议，基本达到了群众满意，县委、县政府满意，政协委员满意。几年来，县政协有近百名常委、委员积极参与了对县直部门及垂直管理部门的行风评议和考核，参加了对县里每年一度的科级干部民意测评。就党风廉政建设等问题，向县委、政府及有关部门提出意见建议500余条，有效地促进了机关作风和行风建设，增强了干部工作积极性和主动性。

二是通过提案形式，实施民主监督。近几年来，我们共征集提案470余件，全部立案处理，内容涉及多个方面。我们以提案办理的制度化、规范化为重点，加强指导，规范运作。通过带案视察，重点提案督办，表彰优秀提案，加强提案反馈以及落实提案办理责任追究制度等行之有效的方法和措施，提高了提案征集、交办、督办的质量和效率。在县委、政府和有关部门的高度重视及大力支持下，各项提案全部办理完毕。提案的办理，对全县各方面工作产生了较好的影响，对实施民主监督，推动发展、促进和谐发挥了重要作用。

三是通过政协信息，实施民主监督。为了改变政协信息一度在全市排名落后的状况，政协常委会特别加大了工作力度，通过召开会议，建立专业队伍，充实采编人员，严格考核和奖惩制度，领导带头撰写社情民意等有效措施，使政协信息工作一年一个新台阶。五年来，共编发社情民意信息400余篇，被省市政协采用150余篇。尤其是去年以来，全国政协采用4篇，省政协上报全国政协8篇，省政协采用2篇，市政协采用15篇，被县委、政府信息中心转发数篇。县委、县政府领导和各部门也对政协信息工作给予了极大的关注和积极响应，使信息起到了应有作用，成为党和政府听民声、悉民意、察民情的重要渠道，也使广大委员受到激励和鼓舞。

**3.服务大局，增强参政议政实效**

几年来，我们根据新形势的要求，坚持把促进科学发展，关注民生、构建和谐社会作为参政议政的重点，紧跟县委实现经济社会又好又快发展的总体工作思路，紧紧抓住事关全县经济社会发展全局的重大问题开展调查研究，积极建言献策。先后就三化建设、农村合作医疗、社保体系建设、畜牧养殖业发展、农村富余劳动力转移、县城集中供热、中小企业发展等群众普遍关心的课题，组织了50多次大型调研活动。同时，我们还与省、市政协联合开展了四个重点课题的调研活动，参与调研人数达570余人(次)，形成调研报告上百篇。调研报告中提出的不少意见和建议，得到了市政协及县党政领导的重视和肯定，有的被采纳到有关文件和规划中，调研成果得到了及时转化。

政协领导还同党政部门领导一样，在县委统一安排下，直接参与了包乡镇、包厂矿企业、包重点工程工作。特别是在县城改造、高速路建设、长陵路拓宽等重点工程中，县政协领导深入一线，靠前指挥，做了大量理顺情绪、化解矛盾的工作，使工程项目如期顺利完成，受到上级领导的表扬和全县人民的称赞。

**4.强化素质、提升委员履职能力**

政协的活力在委员，政协的工作靠委员。针对两次换届，新委员多，对政协工作理论和业务不熟悉的实际情况，采取多种措施，加强对委员的培训和管理。一是邀请省市专家学者举办专题培训班，组织委员学习政协基本理论、基本常识和提案撰写知识。二是完善考核机制。制定了《政协委员履职考评办法》，细化量化了考核指标，对委员履职情况进行记录和书面述职，并作为奖励和委员调整的重要依据之一。三是创造良好的履职环境。修改完善了《委员及界别活动试行办法》，完善了学习小组。在视察调研活动中，尽可能邀请委员参加。建立了政情通报制度和对口联系制度，鼓励委员知情参政、知情议政，鼓励委员察民情、听民意、建诤言；通过会议对积极履职的委员进行表彰奖励，通过新闻媒体及时反映委员在各自岗位上建功立业，尽委员之责，建发展之言、排稳定之忧，办利民之事的先进事迹。使委员不仅提高了素质，而且提升了履职的荣誉感和使命感。据不完全统计，五年来，全县政协委员共向各级党委、政府提出意见建设1400多条。委员作用的充分发挥，也进一步扩大了政协的影响力。

**5.改善条件、提高机关服务水平**

本着"创新、活跃、求实、和谐"的工作思路，深入开展了创建"学习型、服务性、和谐型"机关活动，建立完善了各项机关工作制度，在机关强化讲大局、讲奉献、讲责任的意识，着力提高办事、办会、办案的质量和水平。同时，开辟了活动室，每年都要组织迎新春书画展和体育比赛等丰富多彩的活动，活跃了机关气氛，形成了奋发向上、共谋发展的良好氛围。并积极争取县委、县政府大力支持，投资300余万元对原文化局办公楼进行了加层、改造、装修。机关新配备了电脑、空调、复印机、桌椅沙发等办公用具，更新了工作用车,使政协机关办公住房拥挤、设施简陋的状况得到了根本改善。机关干部职工的敬业精神、服务精神、团队精神、创新精神进一步弘扬。集体编撰的《历程》、《峥嵘岁月》、《长治县潞商》三本书分别荣获省政协2007年度文史资料一、二、三等奖。一度在全市排名落后的政协信息工作,也奋起追赶,去年荣获省政协三等奖,首次步入先进行列,成为近年来政协工作的一大亮点。

忆往追昔,岁月峥嵘,翘首未来,任重道远。光荣的使命激励我们阔步向前,勇挑重担,发展的责任催使我们尽心尽力,勇于奉献。面对新的形势和任务,我们要更加积极主动地履行政协职能,为实现长治县科学发展、社会和谐做出新的更大的贡献。

## 健全工作机制　注重信息质量

2009年1月28日

长治县政协信息中心

近年来,长治县政协始终把反映社情民意信息工作作为履行职能的一项基础工作和关键环节来抓。特别是在全国政协和省、市政协对信息工作提出更高要求的情况下,我县政协及时调整思路,进一步加大了信息工作的力度,使反映社情民意信息工作向前迈出了一大步。2008年,政协信息中心总采编信息240余条,其中4条被全国政协采用,10条被省政协采用,15条被市政协采用,受到了省市政协的表彰。全年共编发《社情民意》249期,一批事关民生、群众关注的问题得到了党政领导的重视,部分问题得到了有效解决,政协信息的参政作用得到了充分显示。

回顾一年来的工作,主要有以下几点体会:

**1.注重信息工作、充实完善机构**

社情民意,是开展协商讨论的客观依据,是开展民主监督的重要内容,是参政议政的基本素材。做好反映社情民意信息工作,是活跃和推进政协工作的重要途径。因此,我县政协领导非常重视政协信息工作。2007年换届以来,县政协党组和主席会议多次研究信息工作,进一步统一思想,充分认识反映社情民意工作对推进民主政治建设,促进党政决策科学化、民主化的重要意义,切实把反映社情民意工作作为履行职能的重要基础和关键环节来抓。首先,完善机构、配备人员。工作职能明确落实到县政协信息中心,并公开招聘了两名大学生充实到信息中心,从事专职信息工作。其次,信息工作列入政协重要议事日程。主席会议每年都对信息工作作专题研究,纳入总体工作部署,明确任务、提出要求,并加以督促检查。三是创造良好条件。信息中心的同志可以列席参加政协各种会议和视察调研活动;可阅读重要文件、订阅内部参考资料,以了解重要情况,增强全局意识、大局观念;可参加有关学习培训,以便提高政治水平和业务能力。每年都要组织信息人员赴外考察、学习1–2次,以借鉴先进单位的好经验、好做法。同时县政协领导十分注重以身作则、身体力行,直接推动社情民意信息工作的开展。县政协主要领导在多种会议上强调社情民意工作的重要性,对重点信息进行审阅,以强化信息工作的地位,并经常提供线索、撰写信息。为此,在县政协机关形成了领导重视、关心信息工作,办公室和专委会积极撰写信息,信息中心努力做好信息工作的良好氛围。

**2.规范流转程序、健全各项制度**

制度健全是做好信息工作的关键，也是推进信息工作规范有序、切实有效的保障。为了适应全国政协及省、市政协对反映社情民意信息工作提出的新要求，我县政协结合工作实际，进一步修改完善了《长治县政协信息工作考核奖励办法》，使信息工作走上了规范有序的轨道。一是建立了责任体系。建立了信息工作由办公室主任主管，信息中心主抓，各部门协助的分工负责制。二是健全工作机制。每年召开一次信息工作会议，对反映社情民意信息工作作上年度总结和下年度部署。每半年举行一次信息工作座谈会，学习领会全国政协、省、市政协有关精神，交流探讨信息工作经验，提高工作水平和成效。三是规范信息流转程序。对信息的采稿、编辑、审改、签发、报送、反馈和奖励表彰等环节都作了比较明确的规定。普通信息由办公室主任审定签发，重要信息由主席签发。信息一经采纳便及时告知提供者，每半年通报一次信息采编和采稿情况，每年进行一次表彰奖励。

**3.拓宽信息渠道，保证源头活水**

广泛了解和收集反映社情民意，保持社情民意的源头活水，是政协信息工作活跃、有效的关键所在。几年来，我县政协一直要求每位委员每年至少反映一条有价值的社情民意信息；坚持每季度一次的特邀信息员约谈会制度，围绕群众普遍关注的问题，预先出题目，确定约谈对象，听取委员的情况反映和意见建议；专题常委会议安排反映社情民意的议程，让与会人员充分反映社会热点和各方面情况；把专委会的日常工作与反映社情民意的信息工作结合起来，在专题调研工作中重视收集和反映社情民意信息；从提案、专题发言中提炼信息，有效地拓展反映社情民意信息的渠道。为进一步获取信息，有针对地收集信息开辟了通道、采取了新招。从去年起，我们每季度都要拟定1–2个专题，组织机关干部和部分政协委员、特邀信息员深入基层、农村征集相关的材料，收集相关素材，听取基层群众和委员们的意见建议，这样使我们了解的信息比较全面翔实。比如，被全国政协采用的《食品安全法＜征求意见稿＞》，《社会救助法＜征求意见稿＞》就是这样产生的。

**4.体现自身特色，保证信息质量**

政协反映社情民意，要充分体现智力密集、位置超脱的独特优势，才能为领导决策所倚重，得到党委政府的重视。我们针对有些信息缺少数据、言而无据、内容单薄，或只有面上情况而无点上事例，或只有点上事例而无总体概况；有的信息缺少分析，泛泛而论，言不尽意；有的信息缺少针对性、可行性可操作性的情况，通过上下沟通，反复联系，核实情况，提炼内容等一系列过程，努力使之成为情况翔实、分析透彻、建议可行的信息。为此，我们要求从事政协信息工作的同志对每一篇信息都要认真审阅、修改推敲，有效保证了信息的编报质量。

虽然我县政协在反映社情民意信息工作中取得了一些成绩，但与我市兄弟县(市、区)政协相比还有不少差距。主要在提高委员反映社情民意积极性和扩大参与面上，缺少有效的措施；有些信息质量还不够高，上报采用的信息还比较少，一些有价值的信息未能及时挖掘报送等。因此，我们要通过这次全市政协信息工作会议，认真学习借鉴兄弟县(市、区)政协的宝贵经验，进一步提高对反映社情民意信息工作的认识，增强工作的主动性、针对性、有效性，努力使我县政协的信息工作更上一个台阶。

# 发挥政协优势 服务科学发展

政协长治县委员会

近年来,我们长治县呈现出经济稳步增长,社会和谐稳定,各项事业竞相发展的良好局面。2009 年,全县生产总值完成 87 亿元,同比增长 12.5%;财政总收入完成 24.1 亿元,同比增长 33%,增幅全市第一,总量由全市第三跃居第二,名列全省第十。全县人民企盼多年的"全省十强梦"终于实现。在此当中,长治县政协始终坚持把促进科学发展作为履行职能的第一要务,紧紧围绕县委提出的"四个发展"战略和"三全五更"目标,团结带领政协各参加单位和广大政协委员,在应对危机中建言献策,在加快发展中主动作为,为我县有效抵御国际金融危机影响、实现经济社会平稳较快发展作出了积极贡献。

**1.发挥政治协商优势,为完善发展规划建言**

2009 年,县委十届二次全会提出了"率先发展、同城发展、转型发展、文明发展"战略构想和今后 20 年的发展规划,极大地鼓舞和增强了全县人民的力量和信心。在我县推进"四个发展"的进程中,县政协先后两次邀请退下来的政协老领导、老委员以及社会各界人士代表召开座谈会,就县委提出的"四个发展"战略和"6131"转型发展规划进行认真的协商讨论。大家畅所欲言,各抒已见。在为县委描绘的宏伟蓝图感到振奋和鼓舞的同时,按照科学发展观的要求,针对规划和设想中的不完善之处,提出了中肯的意见和建议。县政协及时收集汇总,归纳整理为 5 个方面共 19 个问题,以政协建议案的形式向县委、县政府提出了报告。这些具有前瞻性和可操作性的意见建议,受到县委、县政府领导及各方面的高度重视。县政府采纳这些建议,组织有关部门在重新论证的基础上,对规划进行了进一步的修改和完善。最终形成了"走调整产业发展之路,加强生态保护,整合空间资源,建设园林化生态城市"的总体规划目标。在如火如荼的创建"全省文明和谐县城"和"全国卫生县城"活动中,县政协常委会对创建情况组织了多次视察、调研,对创建中小打小闹,重治标轻治本等问题,针对性地提出了"高标准规划、大规模植绿、精细化管理、新机制运作、大手笔投入"等建设性的意见和建议,为全省文明县城、卫生县城的创建尽心尽力,作出了积极贡献。

**2.发挥民主监督优势,为促进决策落实献计**

随着"四个发展"战略的不断推进,我县先后铺开了 30 多项重点工程。成为全县人民关注的热点话题。县政协本着既为党和政府分忧,又为人民群众解愁的理念,坚持把民主监督贯穿于工程建设的全过程。在主动做好宣传解释、疏导说服、协调促进工作的同时,综合运用提案、专题视察、社情民意信息、专项监督等有效形式,坚持在参与中支持,在支持中服务,在服务中监督。在短短三个月内,组织政协常委、委员进行了三次集体视察调研。在充分肯定成绩的基础上,针对其中存在的突出问题,提出了严格安全措施和质量检测、时间服从质量、坚持文明施工和加大检查力度等意见和建议,并组织了回访视察,使一些意见建议得到及时采纳和转化。对那些直接关乎民生的重点工程,更是加大力度,重点参与、重点监督。今年年初,县委、县政府为了加快我县从资源大县向文化大县的战略转移,全面展示我县深厚的文化底蕴,做大做强我县特色旅游和相关文化产业品牌,启动推出了"中华千秋和谐天下都城隍祈福节"活动,傅永祥主席担任组委会主任。为了把这件全县上下极为关注的大事办好,傅主席先后三次组织委员和有关人员进行了专题视察。

针对存在问题，提出了加快施工进度、确保工程质量、加大宣传力度、统筹景区发展等建议，协调和督促相关部门采取措施加紧落实，保证了祈福节的圆满成功，得到了社会各界人士和广大干部群众的好评。

**3.发挥参政议政优势，为转变发展方式出招**

长治县是全国100个重点产煤县之一，70%的财政收入靠煤炭，煤炭已成为全县的支柱产业。特别是近几年，随着煤价的大幅上涨，受利益驱动，不少乡村热衷于发展煤炭企业，相对忽视了地面企业的发展。经过分析研究，县政协立足长远，从增强县域经济发展后劲考虑，确定把履行职能的重点和主要精力放到促进地面企业的发展上。主席、副主席带领各专委主任，历时半个月，走访了全县所有乡镇和数十家地面企业，召开了不同类型的座谈会、论证会。谈现状、摆问题、找根源、寻良方，经过周密细致的研讨论证，在政协常委会上形成了《关于落实科学发展观，加快发展地面企业的建议案》，县委、县政府据此作出了《关于进一步加快民营企业发展的决定》，并出台了相应的优惠政策措施，从各方面加大了对地面企业发展的扶持力度。为了帮扶民营企业战胜金融危机，县政协主要领导带领常委、委员先后到华泰熟料公司、荣泰木业公司等企业实地调研，向县委、县政府提交了专题调研报告，提出并推动落实了许多切实可行的帮扶措施。在此基础上，为了进一步推动全局，县政协还认真总结本县无煤炭资源的郝家庄乡扬长避短、依托城市、因地制宜、以村带户大力发展民营企业的成功经验，建议县委、县政府召开现场会，向全县进行了推广。经过全县上下的共同努力，全县民营经济发展势头良好，不仅环境得到明显改善，项目投资成倍增长，发展速度明显加快，而且产业结构和产品结构渐趋合理，效益不断提高，尤其第三产业和养殖业发展迅速，已成为全县最具发展后劲的新的经济增长点。

**4.发挥人才智力优势，为凝聚发展合力尽责**

政协委员由各个方面的代表人士组成，同人民群众有着密切的联系，是党和政府联系群众的桥梁和纽带。我们坚持把以人为本的理念贯穿于各项工作的始终，将保障和改善民生摆在履职的重要位置，始终为人民群众的切身利益鼓与呼，努力为加快县域经济发展凝聚人心、积聚力量。在每年的例会期间，县政协都要组织委员对"一府两院"及财政预决算报告进行协商讨论。对各小组讨论意见，县政协及时收集汇总，并主动邀请县委、县政府领导参加小组讨论，面对面听取委员对全县工作的意见和建议，使不少关系民生的重要意见和可行建议得到及时交流和采纳。为了全力助推民生项目建设，县政协围绕我县"十大惠民实事"的推进实施，着重就教育均衡、创业就业、医疗健康、社会保障、住房安居等民生工程的落实、民生问题的解决、民生事业的发展建言献策。针对因政策性因素和受金融危机影响，部分小煤矿、小砖厂、石灰厂被关闭整合，外出务工人员返乡，就业形势严峻的现实问题，县政协在专题议政中针对性地提出了"政府促进，优化就业创业环境；财政支持，降低创业门槛；完善培训体系，提升创业人员的综合素质；加大服务力度，提高就业创业的成功率"等建议，县委、县政府协调组织各部门，先后开展农民工就业知识免费培训、启动农村青年创业小额贷款项目、积极开发公益岗位、制定出台优惠政策、鼓励企业吸纳下岗职工等，有效地促进了农民工返乡创业和下岗职工再就业，适当缓解了就业难的问题。

以上是我县政协在助推县域经济科学发展方面的一些尝试和体会，与兄弟县区相比，还有一定的差距。他山之石，可以攻玉。我们要以这次会议为契机，认真学习各县区政协的好经验好做法，不断改进工作为县域经济发展献计出力。

(2010年长治市、县(区)政协第十六次联谊会经验材料)

# 发挥委员主体作用关键要搭建好履职平台

政协长治县委员会

政协工作的潜力在委员，实力在委员，活力在委员。能否真正发挥政协委员的主体作用，很大程度上决定着政协履行职能的质量和水平，事关政协的地位和形象。近年来，我们在发挥委员主体作用方面作了一些探索，也收到了显而易见的效果。实践证明，搭建好知情、活动、制度三大平台是发挥委员主体作用的关键环节。

**1.搭建知情平台，构建委员服务于经济社会发展的广阔空间**

委员参政议政的必要前提是知政，知之愈详，议之愈确。因此，为了积极为委员营造知情问政环境，让委员多知情、知实情，首先我们坚持和完善情况通报制度，邀请党委、政府负责同志就委员关心的问题通报情况，接受委员的问政咨询，听取委员意见，尽量让委员吃透“上情”。在每年的迎春团拜会和中秋茶话会上，我们都要邀请政府领导通报全县经济和社会建设情况，引导委员提出具有前瞻性和可操作性的意见和建议，为县委、县政府制定新的规划方案提供决策参考。其次要积极开展调研视察活动，为委员深入实践创造条件，让委员熟悉“下情”。为了全力助推重大民生项目建设，县政协先后组织委员对成功淮海发动机项目、农村电气化建设、新农村建设、天下都城隍建设等民生工程进行了重点视察。就加快工程建设进度和确保工程质量进行协商讨论，提出了不少建设性的意见和建议。针对重点项目征地中群众反映强烈的征地补偿问题，提出了相关建议，县政府从实际出发专门出台了文件，就失地农民的安置补偿问题作了具体规定，有力地推动了民生问题的有效解决。三是采取请进来教，走出去学等方式，了解和学习外地的先进做法和先进理念，让委员掌握“外情”。去年，我们组织各乡镇政协工委主任到襄垣县学习考察乡镇政协阵地建设情况。回来之后，借鉴他们的经验，在现有平台的基础上，各乡镇工委积极创建委员活动阵地，健全委员规章制度，大大拓展了委员履职空间，在此基础上，我们还动员界别、乡镇联络活动组，以委员活动室为阵地，组织开展联欢联谊、座谈交流、议政建言等活动，进一步增强了政协组织的凝聚力。

**2.搭建活动平台，提升委员服务于经济社会发展的能力水平**

在调研视察中发挥委员的主体作用。调研视察是委员发挥作用最直接、最有效的途径。调研过程中，我们注重听取委员意见，充分发挥他们专业精通、信息灵通的优势，形成调研成果后，及时向委员反馈领导批示及建议落实情况，必要时组织委员跟踪视察，进一步提出改进意见，力求使调研成果能够得到及时转化。2006年4月，县政协在组织视察长陵路长治市南关至本县经坊段公路翻修改造工程时，一些委员反映原路改建已不能适应目前和未来发展需求，希望借改建之机，在原路基础上适当加宽，修成起码十年不落后的准一级路。我们把上述意见带到政协常委会上，经过充分讨论，向县委提出了专题报告。县委、县政府认为政协的建议具有前瞻性和可行性，随即召开四大班子联席会议，采纳报告中的建议意见，果断做出了增加投资，在原路16米基础上左右各加宽3米非机动车道，修成一级路的决议。实践证明：这条路的建成，对本县及周边县区的经济社会发展起到了极大的促进作用。

在提案工作中发挥委员的主体作用。提案是发挥委员作用,服务中心工作最直接的有效载体。近年来,我们多方采取措施,加大了提案的工作力度。通过学习培训、加强宣传、表彰先进等形式,激发委员撰写提案的热情和积极性。同时对提案认真审查,严格把关,并加大了催办督办力度,努力提高提案的办理质量和效率,使委员所提意见和建议尽可能落到实处。其中一些高质量的提案都被县委、县政府采纳并付诸实施。根据崔晋慧委员提出的"提升县城品位,方便群众出行"的提案,去年9月我县开通了国内首家县城免费公交,方便了群众出行,受到了全县人民的称赞。根据牛四清委员提出的关于"加大卫生整治力度"的提案,城建部门对县城的饮水管网、环卫设施进行了集中改造,县城生活废水实现达标排放,垃圾密闭清运,卫生监督管理制度进一步完善,创建文明、卫生县城顺利通过了验收。根据李莉委员关于"改善县城居民集中供热状况"的提案,县政府及有关部门加大投入,增添设施,扩大了供热面积,有效缓解了县城居民的"过冬难"问题。这些提案的办理落实,也极大地激发了委员的履职积极性。

在反映社情民意工作中发挥委员的主体作用。政协委员植根于人民群众之中,能够直接倾听群众的呼声,体察群众的情绪,直接面对各种矛盾和问题。为了有效调动广大政协委员反映社情民意的积极性,我们组织委员通过调研、视察、提案、座谈、走访等多种形式,主动收揽信息,认真收集和研究重要问题,了解群众所思、所盼,掌握群众的思想动态。利用社情民意这一畅通渠道,把群众普遍关注的热点问题及时反映上去。去年我们共征集编发社情民意342篇,其中全国政协采用5篇,省政协采用24篇,市政协采用10篇,许多信息引起党政部门的重视,促使一些群众广泛关注、社会反映强烈的问题得到解决。如关于因煤矿开采造成耕地塌陷问题,农民群众生活中的"六难"问题,农村基础水利设施年久失修损坏严重问题等。由于这些都是与人民群众生产生活密切相关的问题,因此理所当然地受到群众赞誉,促进了社会和谐。

**3.搭建制度平台,激发委员服务于经济社会发展的内在动力**

强化管理是委员履职之本。如果没有严格的规章制度和工作机制,发挥委员主体作用也就只能是一句空话。为了切实加强对委员的教育管理,促进委员主体作用的发挥,我们着重从两个方面入手。

一是建立约束机制。近年来,我们根据政协章程,从有利于发挥委员作用出发,结合实际制定了《县政协委员履职管理办法》,对委员学习、参加会议、撰写提案、调研视察、反映社情民意等方面提出了具体要求。同时,建立了政协委员实绩档案,完善了政协委员年度履职通报制度,引导委员在规范和约束中提高素质,调动了委员自我加压、争先创优的主动性。

二是建立激励机制。为调动委员建言献策、履职尽责的积极性,每年政协全委会都要对各界别中涌现出来的优秀政协委员进行表彰奖励,并利用新闻媒体对优秀委员的典型事迹进行广泛宣传,不仅激发了委员的工作热情,也提升了人民政协的影响力。此外,我们还坚持在每年春节前开展走访委员活动,政协机关干部不定期深入委员所在界别和单位了解委员思想、工作生活情况,听取委员对政协工作的意见,帮助委员解决一些实际问题,大大增强了委员的凝聚力和向心力。

政协事业的发展无止境,委员作用的发挥也无止境。我们决心借这次机会,学习先进县区的好经验、好做法,不断加大探索实践力度,使我县政协工作在服务县域经济社会发展中再创新业绩,再谱新篇章。

(2010年长治市、县(区)政协第十七次联谊会经验材料)

# 发挥余热再扬鞭　老当益壮谱新篇

政协长治县老委员联谊会

2010 年 12 月 20 日

各位领导、各位来宾：

时和岁丰，辞旧迎新。在我们盘点 2010 年所做工作，准备在“十二五”开局之年更好地开展活动之际，迎来了在我县召开的全市两级政协老委员联谊座谈会，这既是对我们的鼓励，也是对我们的鞭策。我代表长治县老委员联谊会向参加座谈会的市、县区的各位领导和朋友，表示热烈的欢迎。我县政协老委员联谊会是 13 个县区组建较早的县份之一，到目前已度过了 21 个年头。21 年来，老委员联谊会发挥自身优势，在社会发展和经济建设中，献计出力开展了一些活动。借此机会，我将我县老委员联谊会的工作向大家做一简要汇报。

**1.老有所乐，联谊会里自奋蹄**

无论退休还是退职，都是人生新的起点，把自己主动融入社会，承担某种社会责任，余热生辉，实现人生价值，才能感到生活的乐趣。联谊会为一批老委员实现人生价值提供了用武之地。我县老委员联谊会酝酿于 20 世纪 80 年代中期，成立于 80 年代末。1989 年 11 月 23 日，为了充分发挥历届离退休老委员在社会主义民主政治建设中的积极作用，促进我县经济发展，经县政协九届十二次常委会议研究，决定成立“政协长治县老委员联谊会”。首届联谊会由于新创办，加上没有现成的经验可借鉴，其基本活动仅限于列席政协的有关会议和参加一些政协组织的重大活动。1993 年 7 月在新一届县政协的关怀指导下，联谊会进行了换届选举。新的领导班子根据当时形势发展需求，提出了“宏观建言献良策、微观服务办实事”的工作思路，在开展调研活动的同时，积极创办经济实体，为县域经济建设尽了微薄之力。1998 年 8 月老委员联谊会召开三届一次会议，通过了五章十一条的《长治县政协老委员联谊会章程》，明确了会员的权利、义务、职责，联谊会工作逐步走向规范化。2006 年 3 月老委员联谊会举行四届一次会议，会议除选举会长、副会长外，还专设了秘书长，增补了会员，通过了修改后的《长治县政协老委员联谊会章程》。回顾联谊会 21 年的工作实践，可以说是一届一个变化，一届一个台阶，一届一个面貌。尤其是近 5 年的工作，更是取得了长足进步。长治县老委员联谊会的工作开展，得益于县委、县政府领导的关怀重视、更得益于县政协领导的大力支持。联谊会成立初期，没有办公场所，有事到会长家商谈，后来借住在人武部办公楼里，而后又搬迁到县委大院库房内。但无论办公条件多么简陋，联谊会成员始终坚持不懈地根据拟定的工作思路，扎扎实实地开展工作，感到参与联谊会的各项活动是颐养天年的乐事。2007 年，县政协办公楼建成后，政协主席傅永祥责成办公室专门给联谊会安排了办公场所。现在，联谊会既有固定的办公场所，也有一定的活动经费，还配置了交通工具，基本保证了日常活动的需要。政协召开常委会议和组织调研视察，每次都给联谊会分配一定的名额。县直各部门对老委员联谊会的工作也非常支持。在科学发展观学习实践活动中，县委组织部从联谊会成员中选派了4名同志担任科学发展观学习实践活动指导组组长。县里筹建老年大学、老年学学会时，县委又提名副会长张贵祥担任老年大学校长，同时兼任老年学学会会长。几年来，我县的老年大学工作出色，已顺利通过了省级示范校验收。老年学学会创办的《黎都老年》既是老年学员的必读刊物和精神食粮，也是传承历史的载体和文化交流的平台，深受广大离退休老同志的喜爱。

**2.老有所学，与时俱进做奉献**

学习是一个永久的话题。只有坚持学习才能永葆革命斗志。多年来，根据联谊会老同志多，且多已离退休或退居二线的实际，我们把组织会员学习作为联谊会的重要工作来抓。一是在组织会员自学马列主义、毛泽东思想、邓小平理论、“三个代表”重要思想和科学发展观的同时，还认真组织会员集体学习了中共中央关于构建社会主义和谐社会、节约型社会等有关内容，使会员们紧跟时代步伐，掌握形势政策，提高理论水平。其方法是布置专题，发放学习资料，领会精神实质；组织专题讨论会，就文件的要点，反复议论，明确其思想内涵，达到明确工作方向；组织撰写心得体会，从理论上、思想上、理解党在新时期的方针，路线、政策。特别是在“三个代表”、“科学发展观”这些当代重大理论课题上，通过专家辅导，学习讨论，同志们对其重要思想产生的时代背景、重要意义、精神实质、基本内涵都有了较深刻的理解。年近古稀的王石魁同志尽管文化程度偏低，仍然书写了三万余字的心得笔记，并满怀深情在座谈会上说：“我们要从文件中揣摸精神，做一个紧跟形势、明明白白的共产党人。”二是坚持理论联系实际，结合形势政策学习。我们重点围绕我县“6131”发展思路和“四个发展”，以及建设环境友好型、资源节约型等方面内容进行了专题学习讨论，会员们理论联系实际，学习有动力、有活力、有成效。同时，联谊会在每次组织专题调研之前，还组织会员认真学习有关政策和业务知识，促进大家熟悉业务、扩大视野，便于知情问政。通过形式多样、持之有效的学习，用先进理论武装头脑，进一步统一思想、增进共识，为更好地献计出力、发挥作用夯实了思想基础。在科学发展观学习实践活动中，联谊会成员王弥泽、常树毅、田金旺、翟清则等同志，潜心研读，他们以自己的亲身体会和积累的知识，向基层党员讲中国共产党发展史，讲新中国成长史，讲改革开放以来翻天覆地的变化，讲科学发展观的时代背景、思想内涵、精神实质。讲解深入浅出，理论联系实际，既有亲切感，又有说服力，很受基层欢迎。学习活动结束后，组织部进行了总结，联谊会的4位同志都受到了表彰。

**3.老有所谋，关注民生建良言**

关注社会热点，反映社情民意，为社会和经济发展建言献策，是联谊会的一项主要任务。县政协十分重视来自老委员的声音，把联谊会的张贵祥、赵银虎、王弥泽、常树毅等同志聘请为“特邀信息员”。他们就长治县的社会和经济发展、城市品位提高、县城面貌改变、民生、民意、民情等方面撰写了大量信息。这些有价值的社情民意信息和建议，多数被县委、县政府、县政协所采纳。我县的长陵公路是长治、壶关、陵川三县煤炭运输的主要干线，运输车辆多，堵车时有发生，既影响了煤炭生产，又影响了群众出行，社会反响很大。郝审成、张贵祥二位同志到长陵公路做了调研，听取了群众意见，撰写了《长陵公路拓宽改造势在必行》的建议。县委、县政府对他们的建议高度重视，经论证后，当年即被列为重点工程，投资6000余万元，将长陵公路县城至壶关段，改建为高等级的二级路，缓解了运输压力，促进了煤炭外运。张贵祥撰写的《民间古树应予保护》，赵银虎撰写的《政协报应开辟民主监督栏目》被省政协采用；常树毅撰写的《提高县城品位的几点思考》,引起了相关部门的高度重视。王弥泽、常树毅撰写的《关于在我县扩建"南下干部纪念馆"的建议》,被县《决策内参》采用,县委书记、县长裴少飞阅后,当即作出批示:"应由民政、党史等部门协同挖掘史料,及早开展前期准备工作。"在加快建设长治市南部新城区、实施"1+5"上党城镇集群框架建设、长治县"十二五"规划等方面,结合我县经济社会发展实际,几位联谊会会员通过实地调查、反复讨论,提出了十多条操作性很强的意见和建议,受到县委、县政府的高度重视。今年上半年,我县筹办中华千秋祈福节前夕,组委会邀请部分联谊会同志参加座谈,大家踊跃发言,充实了中华千秋祈福节内容。7月份,县委委托县政协就长治县撤县改区,广泛征求各界人士意见,联谊会多数成员参加了讨论。他们查阅了《潞州志》、《壶关志》、《长治县志》等历史史料,阐述了改长治县为"上党区"的理论依据及历史、现实意义,得到县委、政府的认可,上报了市委。几年来,联谊会积极参加了政协组织的旅游资源开发、企业调产改制、县城重点工程进展、新农村建设等二十多项调研、视察活动,为县域经济的转型跨越发展,尽了心、出了力。

**4.老有所为,服务社会办实事**

广泛参与,广交朋友,沟通联系,扩大交往,是联谊会的独特优势。近年来,联谊会多层次、多渠道开展联谊活动,先后组织部分老委员远赴江苏、河南、四川、广西等地参观学习。今年联谊会会长郝审成、副会长张贵祥等还到云南走访看望了南下老战士,为他们带去反映南下干部学习、战斗、生活的大型书刊《红色记忆》和反映老干部生活的《黎都老年》。真诚的走访、联谊,既是感情的交流,也是南北文化的沟通。不少在滇的本县籍老战士,抚今追昔,感慨万千。他们惦记家乡亲人,思念家乡一草一木,愿意在有生之年为家乡的建设尽绵薄之力。此外,联谊会还组织老委员到邻近县区参观学习,拓宽了视野,增长了见识。

老有所为,实事实办,是联谊会的一贯作风。联谊会都是离退休和退居二线的老同志,不再担任领导职务,但干事业的热情却丝毫不减。上世纪90年代中期,先后给南董村筹资8万余元,建立了一座机制砖瓦厂;协助飞华电器厂几名老技术骨干在苏店筹办了电力开关厂;主动帮助太义掌村筹建了一座年产9万吨原煤的小煤矿。这些企业对我县的经济发展起了一定的积极作用。

2006年换届以来,联谊会转变工作思路,重点关注民生民情,鼓励会员走进民营企业,协助他们开展工作。张守孝、杜合平、申文奇等先后到振东集团为推进企业文化发展做了大量工作;常树毅、苏安分别受聘到山西康寿园食品有限公司和芸生粮业有限公司担任总经理,协助进行现代化管理,这两个企业已双双获得市级农业产业化龙头企业称号。联谊会积极推广农村沼气使用技术,先后为南呈村筹资6万余元,帮助110户家庭建起了沼气池,解决了农民做饭、照明问题,促进了环保低碳生活。为了开展全民健身运动,联谊会会员王弥泽协同县老体协深入11个乡镇辅导开展全民健身活动。5年时间,这一活动在全县得到普及,获得市委表彰。

在社会活动中,联谊会已成为一个充满活力的群体。长治县创办全国书法之乡,会员郭武则、赵银虎是主要策划者;三晋文化研究会成立,几位会员成为台柱子;《黎都老年》创办,多名会员成了刊物编委;长江支队长治县研究会组建,一名会员被聘请为秘书长。2008年8月,根据政协领导的安排,联谊会承担了《长治县政协志》、《长治县人物志》的编写任务。他们先后赴晋城、长治、潞城档案室、图书馆,查阅了上千本卷宗,走访了数十位健在的老领导、老委员,撰写了近百万字的志书,预计可在明年脱稿付印。2009年,为纪念人民政协成立60周年,老委员联谊会积极参与了由政协主席傅永祥主编的《情系政协》编写工作。

参加编写工作的联谊会老委员满怀激情,用亲身经历赞颂了人民政协的光辉历程。该书出版时,县委书记、县长裴少飞欣然作序,对政协工作给予高度评价。联谊会成员无论从事那方面工作都能出色完成任务,受到了各级领导的好评和赞扬。

回顾多年的工作,我们有四点深刻的体会:

一是永远不要忘记自己是共产党员。从工作岗位上退下来后,百姓接触多了,真话听得多了,社会上令人看不惯,看不顺眼的事也了解多了。但是,我们要坚信党是伟大的,某些党员的堕落并不代表一个政党的兴衰,应与党中央始终保持高度一致。

二是乐于笑看人生,保持一个好心态。联谊会除坚持正常的学习活动外,还经常举行小范围的活动,或敬老祝寿,或交流养生之道,鼓励大家每年设定一个目标,或读一本书,或计划一次旅行,增加乐趣、增加信心。同时鼓励大家加入社会团体,让大家既在台上表演,也在台下鼓掌,锻炼心态,平淡人生。

三是甘当助手,乐做配角。配角不是无为,而是大有作为。自觉做到"尽职而不越位,帮忙而不添乱,切实而不表面"。围绕中心,服务大局,多动脑,勤动手,始终把建言献策做为第一要务。

四是紧紧围绕政协的主导思想,开展工作,既要锦上添花,更要雪中送炭,紧密结合县委、县政府的中心工作,调查研究,提出建议,以便整体发挥联谊会参政议政的特殊作用。

领导重视搭平台,老骥伏枥壮志在,夕阳年华霞满天,老树新花年年开。各位领导,我县老委员联谊会在县政协的领导下,在全体会员的努力下,积极、稳妥、活跃,有序地开展了一些工作,为长治县改革、发展、稳定做出了点滴贡献,但是,与各兄弟县区相比,工作还有不少差距。我们愿通过此次座谈会的相互交流,进一步向各兄弟县区学习,把工作做得更好,更扎实。

(2010长治市、县(区)政协老委员联谊会长治县现场会经验材料)

# 理论文章

## 学习邓小平理论的几点认识

政协主席 傅永祥

我国的社会主义制度确立以后,有关"什么是社会主义,社会主义的本质是什么、怎样建设社会主义"的争论一直不断。理论上没有既定的答案可供参考,实践上也没有现成的经验可供借鉴,它作为一个历史性课题摆在所有社会主义建设者面前。直到 1992 年春,邓小平同志在"南巡"讲话中明确提出"社会主义的本质,是解放生产力,发展生产力,消灭剥削,消除两极分化,最终达到共同富裕"。这是目前对社会主义本质最科学最完整的概括。这无疑也是邓小平理论的一个伟大贡献。邓小平理论不是书房里的学问,而是实践中的哲学,其论断在 21 世纪的今天依然具有重要的现实指导意义。时值新中国成立 60 周年之际,吾重温邓小平理论,才更加深刻体会到一代伟人的深邃和睿智,遂产生一些粗浅的认识诉诸笔端。笔者由于水平所限,难免失之偏颇,敬请斧正。

我国社会主义现代化建设的总设计师邓小平同志在指导我国改革开放的过程中,反思了我国过去对社会主义认识的偏差,逐步提出了社会主义本质的命题,从最根本的意义上回答了什么是社会主义、社会主义的本质是什么、怎样建设社会主义的问题。邓小平同志指出:"社会主义本质,是解放生产力、发展生产力、消灭剥削,消除两极分化,最终达到共同富裕。"这一理论体现了生产力和生产关系的统一,突破了把计划经济当作社会主义本质的传统观念,它是对科学社会主义理论的创新和发展?。首先,本质论中"解放生产力、发展生产力"强调的是生产力方面的内容,"消灭剥削,消除两极分化,最终达到共同富裕"强调的是生产关系方面的内容,他们二者是辩证统一的。把生产力放在第一位,决定了中国特色社会主义事业必须以经济建设为中心,同时明确了剥削、两极分化都不是社会主义的东西,必须加以消灭和消除。所以邓小平在强调解放、发展生产力的同时,又把消灭剥削、消除两极分化、最终达到共同富裕作为社会主义本质的内容,使其二者有机统一,从而使我们更加深刻理解其内涵。其次,本质论突破了把计划经济当作社会主义本质的传统观念。长期以来,我们把计划经济等同于社会主义,把市场经济等同于资本主义,认为社会主义社会就必须搞单一的计划经济。在建国之初,高度集中的计划经济体制确实适应了当时生产力发展的要求,发挥了巨大作用,但随着经济规模的不断扩大,经济关系的日趋复杂,其弊端逐渐暴露,严重阻碍生产力的发展。邓小平主张市场经济与社会主义基本制度结合起来,建立和发展社会主义市场经济体系,从而突破了以往的传统观念,创造性地发展了科学的社会主义理论。第三,邓小平在对社会主义本质的概括中，一连用了五个动词："解放"、"发展"、"消灭"、"消除"、"最终达到"。这说明社会主义本质的实现是一个渐进的、动态的过程。这是因为我们所处的社会主义社会本身就是一个由低级到高级、由不完善到完善的发展过程，那么，在这一长期过程中，体现的社会主义本质也不可能一蹴而就，它同样需要经历一个长期的发展。邓小平这种以动态的方式来概括社会主义本质，无疑是在坚持科学社会主义基本原则基础上的理论创新，是对科学社会主义理论的重大贡献。

邓小平理论的社会主义，是以半殖民地半封建社会为起点的社会主义，是经济文化比较落后的社会主义初级阶段，而不是以资本主义发达阶段为起点的社会主义。这是对中国基本国情最科学的认识，是中国最现实的国情，这就是邓小平理论的现实基础。也正是基于这一现实，邓小平指出："鼓励一部分地区、一部分人先富裕起来，也正是为了带动越来越多的人富裕起来，达到共同富裕的目的。"如果离开让一部分人先富起来，而去抽象地谈论共同富裕，只能回到平均主义的路子上去，导致共同贫穷；如果离开共同富裕，而片面强调让一部分人先富起来，就可能导致两极分化。贫穷不是社会主义，平均主义不是社会主义，两极分化也不是社会主义。把握好社会主义初级阶段理论，必须将社会主义与初级阶段有机结合起来。既不能只讲社会主义而不讲初级阶段，也不能只讲初级阶段而不讲社会主义。我们过去头脑发热，急于求成，就是忽视了这一国情，因而犯了"左"的错误。

邓小平理论的社会主义，是以经济建设为中心，不断解放和发展生产力的社会主义，而不是以阶级斗争为纲的社会主义。三十年来，我国的社会主义建设事业取得举世瞩目的伟大成就，人民的物质文化生活发生了翻天覆地的变化。每提及我国的经济发展，我们应该首先会想到作为建设有中国特色社会主义的总设计师邓小平同志。如果说没有毛泽东思想就没有新中国，那么没有邓小平理论就不会有今天的繁荣昌盛。可以这样讲，正是有了邓小平理论的指引，我国的经济才获得无限的生命力，才得以有今天的繁荣景象。

邓小平理论的社会主义，是改革开放的社会主义，不是僵化、故步自封的社会主义。这是强国之路理论，也是发展社会主义最重要的路线、方针和政策，这是党的基本路线"两个基本点"中的一个。改革是全面的改革，包括经济体制改革和政治体制改革等一系列改革，这是社会主义制度的自我完善，是中国的第二次革命，是解放生产力的根本途径。开放是全方位的开放，是解放和发展生产力必不可少的外部条件，也是适应经济全球化趋势的唯一正确选择。党的十一届三中全会以来的飞速发展，归根到底就是改革开放带来的丰硕成果。也正是因为党中央坚定不移地推进改革开放，才使有中国特色的社会主义焕发出空前未有的生机和活力。

邓小平理论的社会主义，是与市场经济相结合的社会主义，不是搞单一计划经济模式的社会主义。在改革开放和现代化建设过程中，邓小平顶住来自各方面的压力，以巨大的政治勇气突破把计划经济当成社会主义本质特征，把市场经济等同于资本主义的传统观念，认为"计划多一点还是市场多一点，不是社会主义与资本主义的本质区别；计划经济不等于社会主义，资本主义也有计划；市场经济不等于资本主义，社会主义也有市场。计划和市场都是经济手段。"邓小平关于计划经济和市场经济不是判断社会性质的标准，关于社会主义也可以搞市场经济等理论创新，为确立经济体制改革目标，为正确认识社会主义本质，为指导社会主义现代化建设，都做出了不可磨灭的贡献。也正是经济发展模式的根本转变，才实现了社会生产力的高速发展，才使得广大人民群众的物质文化生活水平有了显著提高。

邓小平理论的社会主义,是以按劳分配为主体,多种分配方式长期共存,最终实现共同富裕的社会主义,而不是平均主义和两极分化的社会主义。它明确启迪我们对于一个走上社会主义道路的经济不发达国家,初级阶段是一个不可逾越的阶段,在这个阶段,要坚持以公有制为主体,各种经济成分长期共同发展;要坚持以按劳分配为主体,其他分配形式为补充,逐步实现共同富裕。这是社会主义的分配理论,也是建立社会主义市场经济体制,适应生产力发展水平的必然要求。也正是因为改革开放以来不断改革和完善分配制度,不断地激发和调动了广大人民群众自觉建设社会主义的积极性,才取得了举世瞩目的伟大成就。

邓小平理论的社会主义,是经济社会协调发展,物质文明和精神文明共同进步的社会主义,不是一手硬一手软的畸形的社会主义。在经济建设与精神文明建设的关系上,邓小平同志确立了以经济建设为中心的指导思想,同时十分强调精神文明建设,他指出,“在社会主义国家,一个真正的马克思主义政党在执政以后,一定要致力于发展生产力,并在这个基础上逐步提高人民的生活水平。这就是建设物质文明。过去很长一段时间,我们忽视了发展生产力,所以现在我们要特别注意建设物质文明。与此同时,还要建设好社会主义的精神文明,最根本的是要使广大人民有共产主义理想、有道德、有文化、守纪律。”邓小平同志提出的“两手抓、两手都要硬”的思想,这是正确处理经济发展与社会进步,物质文明与精神文明重大关系的科学认识,是辩证唯物主义和现代系统思维在社会主义建设理论中的应用。也正是基于“两手抓、两手都要硬”这一理论,使得当今社会主义中国出现空前未有的民族团结、社会进步、政治稳定、科学昌盛、文化繁荣、人民安居乐业的大好局面。

总之,邓小平理论作为马克思主义在中国的发展,即我们党与时俱进的指导思想发展的一个新阶段和一个重要组成部分,上承马列主义、毛泽东思想,下启“三个代表”重要思想、科学发展观。它作为一个相对独立的思想体系,在马克思主义中国化进程中,在中国特色社会主义事业发展进程中,其地位、作用和影响是深远的。

## 党的先进性靠党员先进性来体现

2006 年 3 月 2 日

政协主席 傅永祥

中国共产党是马克思主义政党,是用科学的理论武装起来并按照民主集中制原则组成的统一整体。我们党有 6800 多万党员,党员是党的肌体的细胞和党的活动主体,党员的素质如何,党员队伍的状况如何,直接影响到党的存在与发展,影响到党的性质和党的凝聚力、战斗力。党员先进性是党的先进性的具体体现,没有党员的先进性,党的先进性也就无从谈起。反之,党的先进性又是党员先进性的集中反映,没有党的先进性,党员的先进性也无法长期保持。由此可知,党的先进性和党员先进性既是具体的历史的、又是辩证的、统一的,它们统一于历史发展的进程中,统一于伟大的社会实践中。

中国共产党作为马克思列宁主义与中国工人运动相结合的产物,是中国工人阶级的先锋队,是中国人民和中华民族的先锋队。它从诞生之日起就是一个先进的政党。因为,它有科学的指导思想——马克思列宁主义,先进的阶级基础—中国工人阶级,鲜明的宗旨——全心全意为人民服务,最终的奋斗目标——实现共产主义。中国共产党从成立到现在,经历了80多年的发展,它始终把国家和人民的利益放在第一位,除了无产阶级利益外没有自身利益,只有解放了广大人民群众,最后才能解放自己。它在各个不同历史时期都始终坚持马克思主义为指导,从中国实际情况出发制定自己的路线、方针、政策,完成时代赋予它的光荣使命。在80多年的历史发展中,中国共产党之所以由一个领导人民为争取翻身解放而奋斗的党,成为一个领导人民掌握着全国政权并长期执政的执政党,其执政地位越来越巩固,执政基础越来越坚实,执政方针越来越科学,执政能力越来越提高,就是因为它能始终代表中国先进生产力的发展要求,代表中国先进文化的前进方向,代表中国最广大人民的根本利益,因而能在80多年的奋斗中不断壮大发展。

在各个不同历史时期,由于我们党面临的任务不同,对共产党员的要求也就有所不同,共产党员先进性的内涵自然也有所变化。在革命战争年代,共产党员的先进性主要表现为冲锋在前,不怕流血牺牲;在社会主义革命和建设时期,主要表现为吃苦在前,享受在后;在改革开放和社会主义现代化建设新时期,又主要表现为带头执行党的路线方针政策,自觉学习实践邓小平理论和"三个代表"重要思想,胸怀全局,心系群众,奋发进取,开拓创新,立足岗位,无私奉献,不断为改革开放和社会主义现代化建设作出新贡献。正因为在各个历史时期涌现出了许许多多优秀的共产党员,中国共产党才会长期受到人民的爱戴;正因为有许许多多的优秀共产党员在不同的历史时期,与时俱进,始终保持党员先进性,不惜为了党和人民的利益牺牲自己的一切乃至生命。党的事业才会不断走向新的辉煌。

当前,我国正处在全面建设小康社会、加快推进社会主义现代化建设的新的发展阶段,党所处的环境、所肩负的任务、党员队伍的状况都发生了重大变化,全国各族人民要求中国共产党进一步执好政、掌好权,保证国家的长治久安。因此,在新的历史条件下,中国共产党任重而道远,每一个党员都必须以高度的历史责任感和严肃的时代使命感,继续保持先进性,确保我们党始终走在时代前列。

从总体上看,我们的党员队伍是适应时代要求、具有战斗力的,广大党员在各项工作中都发挥了先锋模范作用。但是,在一部分党员中也确实存在着若干与保持党员先进性的要求不相适应的问题,有些问题还很突出,很严重。比如,一些党员理想信念动摇,党员意识和执政意识淡薄,带领群众前进的能力不强,难以发挥先锋模范作用;一些党员干部事业心和责任感不强,思想作风不端正,工作作风不扎实,脱离群众的问题比较突出;一些党员领导干部思想理论水平不高,解决复杂矛盾的能力不强,有的甚至以权谋私,腐化堕落;一些党的基层组织凝聚力、战斗力不强,有的甚至软弱涣散、不起作用。这些问题的存在,严重影响了党的先进性,损害了党在人民群众中的威信。对于这些问题,我们不能不警惕。因此,我们党开展的保持共产党员先进性教育活动,可谓非常及时,非常必要。每一个党员都要抓住这一机遇,反省自己,提高自己,使自己适应新形势的要求,为党和人民继续作出新的贡献。

**1.时刻牢记党的宗旨,自觉实践"三个代表"**

毛泽东同志在《为人民服务》中指出:我们的共产党和共产党所领导的八路军,新四军是革命的队伍,我们这个队伍完全是为着解放人民的,是彻底地为人民的利益工作的;党的十五大、十六大也指出:建设有中国特色的社会主义全部工作的出发点和落脚点,就是全心全意为人民谋利益。共产党员要倾听群众呼声，关心群众疾苦，为群众办实事，办好事。

全心全意为人民服务是我们党的最高宗旨，是我们党的立党之本，执政之本，它是我们共产党员的天职。我们党的路线、方针、政策是靠每一个共产党员的实际工作去影响群众，带动群众的，从而形成众多人的实践活动。

也许有的党员同志会认为，现在是市场经济了，人人参与竞争，经济是第一位的，我只要干好本职工作就不错了，哪有精力去关心别人呢？持有这种想法的人，已不自觉地将自己混同于一个普通老百姓。尽管我们处在改革的大潮中，很多方面都发生了历史性的转变，开放搞活成为我们的主旋律，但我们万万不能忘记，我们的社会根本制度没有变，全心全意为人民服务仍然是我们党的宗旨，我们是最广大人民根本利益的忠实代表。目前，有些群众之所以对党内存在的一些腐败现象深恶痛绝，恰恰是由于我们党内的极个别人背离了"全心全意为人民服务"的宗旨，他们心里装的不是群众，而是用人民赋予的权力为自己捞取好处，以权谋私，最终成为人民的罪人，严重败坏了党的形象。从这些腐败分子演变的过程看，一个共同的特点，就是忘记了群众，忘记了党和人民的利益，不能自觉抵制资产阶级和其他剥削阶级腐朽思想的侵蚀，私欲膨胀，争名夺利，从而引起了群众的不满。因此，必须引起我们每一个共产党员的深思和警觉。

无论在战争年代，还是在改革开放的新形势下，共产党人为人民服务的宗旨是永恒的，要做到这一点就必须：首先，要坚持不懈地学习马列主义、毛泽东思想、邓小平理论和"三个代表"重要思想，以基本理论作为我们行动的指南，要自觉地加强思想改造，清除头脑中非无产阶级思想，努力改造自己的主观世界，真正理解我们党全心全意为人民服务的宗旨，扎扎实实树立为人民服务的思想；其次，要脚踏实地地做好本职工作，模范地履行一个共产党员的职责，自觉实践"三个代表"。要把对党忠诚体现在具体的日常工作和学习上。无论做什么工作，都要树立高度的责任感，爱岗敬业，乐于奉献，尽心尽力把工作做好。一切都要以党和人民的利益为出发点，不能急功近利，更不能计较个人得失。要克服华而不实，飘浮虚荣的工作作风，做老实人，说老实话，办老实事；第三，要善于学习，掌握工作的本领。我们从事的工作，是在社会主义市场经济条件下，面临许多新问题，新矛盾，新内容，没有雄厚的文化知识、管理知识、现代科技知识，就是有好的愿望，也只能是事倍功半。在任何时候都必须不断地更新知识；丰富自己的工作技能和实践本领，善于在工作中开拓创新，提出新的思路和见解，这样才能把良好的愿望和实际工作效果结合起来，实现动机与效果的统一。

**2.坚持学习，树立正确的人生观**

共产党员的先进性不是天生具备的，而是在不断学习、不断实践的过程中通过不断地总结和提高自己的思想境界，才形成的。讲学习是讲政治的前提，只有不断加强学习才能在政治上保持清醒的头脑。我国的改革开放和社会主义现代化建设进入了攻坚阶段，我们面临着复杂的形势，要适应新形势，完成新任务，必须坚持马克思主义的政治方向、政治立场、政治观点，提高政治鉴别力、政治敏锐性，防止和排除各种错误思想和倾向的干扰。要做到这些，不学习、不用科学的理论武装思想是不行的。没有科学理论的武装，就不能确立正确的世界观、人生观、价值观，也就不可能有高度自觉的政治意识、坚强的党性和共产党人的浩然正气。

只有不断学习，才能在思想上保持高尚的境界。人总是要有点精神的，但精神境界不是天生的，而是在学习和实践中培养和塑造的。讲正气，必须养正气，这就要不断地学习和读书，知识多了，本领就会增大，精神境界就会提高。读书使人高洁。在这方面，老一辈革命家为我们做出了光辉的榜样。学习有利于提高我们的知识水平，增强做好工作的本领。当前，人类正在经历一场全球性的科学技术革命，国家间的竞争，关键在于科学技术实力的竞争。我国是发展中国家，将长期处于社会主义初级阶段，要实现社会主义现代化宏伟目标，缩小与发达国家的差距，必须坚定不移地实施科教兴国战略，因此，我们要坚持不懈地学习科学技术知识，才能为国家的富强、民族的振兴、社会的进步多作贡献。

**3.身先士卒，充分发挥先锋模范作用**

共产党员要保持先进性，就是要体现时代的要求，做到胸怀共产主义远大理想，带头执行党和国家现阶段的各项政策，勇于开拓，积极进取，不怕困难，不怕挫折。在战争年代，共产党员始终冲锋在前，涌现出了许多可歌可泣的英雄人物，如：董存瑞、黄继光、邱少云、张思德、刘胡兰等，他们不仅是那个时代的英雄，而且是我们这个时代学习的楷模；在社会主义建设初期，也涌现出了许多英雄人物。如：王进喜、雷锋等，在目前的社会主义现代化建设时期，同样也涌现出了许多英模如：孔繁森、牛玉儒等。他们忠实践行了为党为人民谋利益的诺言，为党为人民做出了杰出的贡献。正是他们的出现，使广大人民群众对党产生了无比的信任，看到了共产党才是他们的希望，从而受到了广大人民群众的尊敬和爱戴。因此，我们每一位共产党员都应该向英模学习，学习他们冲锋在前，不怕牺牲，吃苦在前，享受在后，乐于奉献的崇高精神，自觉实践入党时的诺言，真正发挥一个共产党员的先锋模范作用，为党为人民尽职尽责，把党员的先进性体现在我们的实际工作中，为党争光、争荣誉，不断增强党的凝聚力和战斗力。

**4.加强党性锻炼，提高自身素质**

共产党员要真正做到全心全意为人民服务，一切以人民利益为最高标准，就必须不断加强党性锻炼，以马列主义、毛泽东思想、邓小平理论和“三个代表”重要思想为指导，认真贯彻落实党的十六届四中、五中全会精神，坚定共产主义理想信念，树立马克思主义的世界观、人生观和价值观，坚持正确的权力观、地位观和利益观。始终与人民群众同呼吸、共命运、心连心，坚持和落实科学的发展观和正确的政绩观，一切以人民利益为重，按照“三个有利于”标准，切实实现和维护广大人民的利益。重实际，说实话，办实事，求实效，加强同人民群众的联系，改进工作作风，倾听群众心声，时刻了解他们的想法和愿望，做传播和践行先进思想和文化的榜样，充分发挥党的战斗堡垒作用，全心全意为人民服务，正确处理国家利益、集体利益和个人利益之间的关系，坚持个人利益服从集体利益和国家利益。发扬艰苦奋斗、勤俭节约的优良传统，严格遵守党的纪律和国家法律，勤政廉洁、执法为民，为构建和谐社会尽自己最大的努力。

**5.坚持党员标准，积极投身于全面建设小康社会的伟大实践中**

在任何时候，我们都不能降低党员标准，尤其是在市场经济新形势的今天，面对着灯红酒绿、花花世界，有些党员变得昏昏然，没有经得起诱惑，翻了船。这方面的例子很多很多。因此，我们始终不能忘记自己是一个共产党员，不能忘记党的宗旨，不能忘记党的最终目标。虽说我们党领导全国各族人民取得了新民主主义革命、社会主义革命和建设的伟大胜利，建设有中国特色的社会主义强国也取得了举世公认的巨大成就，中国综合国力进一步增强，在国际上的地位也越来越重要。但也应看到，我国还是发展中国家，还处在社会主义初级阶段，和发达国家相比，还有一定差距，我们的路还很长，任务还很艰巨，要实现党的宏伟目标，还需要共产党人和全国人民继续不懈的努力，齐心协力，奋勇拼搏，一往无前。这就要求我们每一位共产党员要保持清醒的头脑，深刻理解和准确把握新时期共产党员保持先进性的具体要求，坚定理想信念,加强世界观改造,勤奋学习,努力提高实践“三个代表”重要思想的本领,立党为公,勤政为民,兢兢业业,勤奋工作,严格党员标准,自觉执行党的纪律,始终坚持“两个务必”,永葆共产党人的政治本色,积极投身于改革开放和社会主义现代化建设的伟大实践当中,实实在在为党和人民的事业作出新贡献。一方面体现自己的人生价值,另一方面,把党员个人理想与才智同党的事业、人民的命运紧密地融合在一起,在实践中发挥党员的先锋模范作用,使党的先进性体现得更加生动具体。

# 反映社情民意是人民政协的一项重要工作

政协主席 贾圪堆

江泽民同志曾多次提出:“各级领导干部都要讲实情、说真话、实事求是地反映社情民意。”人民政协作为我国最广泛的爱国统一战线组织,既是中国共产党领导的多党合作和政治协商机构,也是我国政治体制中不可或缺的重要民意机构,长期以来。由于受“官本位”、“权至上”的影响,社会上不少人常常把人民政协看做是可有可无的“拍拍手”、“荡悠悠”、“咿儿呦”单位。一些从党政部门转到政协机关工作的同志,也总觉得四大班子之中,唯有政协无权无势、人微言轻。一没政策权、二无立法权、三没行政权,虽说有个说话权,也往往是“不说白不说,说了也白说”。因此,目前不少基层政协组织,并没有把了解民情、反映民意、集中名智、代表民声这一光荣任务和崇高使命真正担当起来,党和国家团结联系社会各界的民意机构作用远没有真正发挥好。

**1.掌握社情,反映民意,是实践“三个代表”、坚持“以人为本”的必然要求**

人民政协,顾名思义,是社会各界政治协商的地方。“人民”二字,范围很广,管子曰:“人民鸟兽草木之生物也。作为民意机构,人民政协代表民意天经地义,反映社情理所当然。如果人民政协也像个别官僚衙门一样,不重视民情民意,不知道人民群众赞成什么反对什么,不懂得人民利益所在,怎么能代表人民,为了人民?如果在政协机关工作的人,也像个别糊涂官员一样,不清楚民情民意,不知道各个方面的实际情况,不掌握各界人士的情绪、动向,怎么能竭尽全力为人民的利益去鼓与呼?如果广大政协委员,也像一些无所事事之人一样,不了解社情民意,不能够很好地去协调各方面的利益关系,不能够最大限度地去集中人民群众的智慧和力量,怎么能促进社会各项事业的全面发展进步呢?

现在我国已进入全面建设小康社会的关键时期,改革开放日益深入,社会发展显著加快,尤其是在经济成分、经济利益、就业方式、组织形式多样化的情况下,不同社会群体的利益需求日益增多,社会生活中的新情况、新问题、新矛盾大量涌现。急需专门机构去调查了解、集中反映、分析研究。而人民政协是最适宜担此重任的。人民政协作为民意机构,不仅位置超脱,在组织上具有最广泛的代表性,在政治上具有最大的包容性,而且受部门和地区利益局限又较少,是能够比较客观公正地反映各种情况和问题,及时将基层与高层决策部门之间加以相互沟通的。这正是实践“三个代表”重要思想根本所在,是坚持“以人为本,以人为先”的必然要求。这既是人民群众的愿望,也是国家长治久安的需要,更是进一步提高我们党的领导水平和执政能力的重要保证。

**2.掌握社情,反映民意,是人民政协发挥优势,履行职能的重要环节**

人民政协工作的主题是团结民主,主要职能是政治协商,民主监督,参政议政。而团结、民主的基础是民心民意,社情民意既是协商讨论的客观依据,也是民主监督的重要内容更是参政议政的基本素材。多年的工作实践证明,大量的社会情况和群众意见,能归纳出许多重要的议题和建议,社会各界对不合理的社会现象直接或间接的批评、揭露,是对各级领导机关,权力部门和领导干部最强有力的民主监督,人民群众普遍关心关注的热点、难点、焦点问题是参政议政、建言立论的最好教材。抓住了了解社情、反映民意这个基础,就抓住了当前我国政治生活中亟待重视和解决的大问题,就抓住了全面推进政协工作的关键。

当前,在了解和反映社情民意上,各地均不同程度地存在这样一些问题:一是一些地方官僚主义严重,形式主义泛滥,下面的真实情况往往难以顺畅地反映到上面;二是许多领导干部又往往面对社会生活中复杂的矛盾问题,尤其是一些群体性、突出性的问题,事前信息不灵,事发后又苦乏良策,无法下手,穷于应付;三是不少有识之士的聪明才智不能很好地予以发挥,他们的一些真知灼见往往还滞留在基层,散佚于民间,得不到应有的重视。这种情况,迫切要求人民政协这个民意机构必须真正担当起重任,充分发挥人才荟萃、智力集中、渠道畅通、联系广泛的优势,确实把了解和反映社情民意抓紧抓好。在这方面,各级政协组织,既要及时了解和反映社会生活中带有普遍性、倾向性、突出性、苗头性的问题,也要注意了解和反映观点不同,甚至截然相反的意见和看法,既要科学汇集各个方面、各个界别的综合信息,也要重视具体人或事的特殊情况。总之,要通过了解和反映社情民意,真正使政治协商更加切实,民主监督更加有力,参政议政更加有效。

**3.掌握社情、反映民意,人民政协要在自我努力上下功夫**

讲实情、说真话,及时了解和反映社情民意,说起来轻松,做起来并不容易。这些年,各级政协组织,在了解和反映社情民意上做了大量工作,取得了一定成绩。但不少地方与中共中央的要求,与人民群众的希望,还有一定的距离。特别是一些基层政协组织并没有真正成为名副其实的民意机构。比较突出的表现是:一是有的人“民意”意识较差,认为现在普遍是“一把手”说了算,了解和反映社情民意作用不大,爱干发号施令、掌管实权之事,爱办有情可送的实惠之事,不大重视民意工作;二是有的人有担心心理,怕了解和反映社情民意,触动了某些人的个人私利,得罪了方方面面,惹上不必要的麻烦,因而顾虑重重,少说为佳,不敢直面矛盾,不敢如实反映尖锐的敏感问题;三是有的人缺乏吃苦精神,不愿做深入细致的研究分析工作,一知半解,似是而非,人云亦云,见事迟,动手慢,不善于综合提炼。

为此,各级政协组织和在政协机关工作的同志,必须增强政治意识、统战意识、责任意识和“民意”意识,努力当好最广大人民利益的忠实实践者,当好各方面、各界别人民群众的代言人。一要真正“亲民、爱民、为民”,切实体察民情、民心,亲民所亲、忧民所忧、急民所急,与人民心连着心;二要牢固树立以民为师的思想,虚心向人民学习,广交朋友,多交诤友,多“下访”、多请教、勤记录、勤思考、善归纳、善汇报,真正把人民群众“拥护不拥护、高兴不高兴”作为我们了解真情、听取忠言的出发点和落脚点,努力使人民的利益不受侵犯;三要强化质量意识,在突出特色、多出精品上下工夫,必须严把关、少而精、抓精品,不能“捡到蓝中就是菜”。各级政协一定要把了解和反映社情民意定位在被决策部门采用或对领导决策有所帮助、有所裨益上;四要充分发挥政协委员的主体作用。政协委员是政协工作的主体,也是了解和反映社情民意的主体。各级政协组织一定要积极创造条件,采取多种措施,发动更多的政协委员,深入基层,关注民生,倾听群众呼声,体察群众情绪,分析社会现象,反映社情民意。只有所有的政协委员的积极性都调动起来了,我们了解和反映社情民意的视野才能更开阔,渠道才能更畅通,质量才有大提高。

反映社情,代表民意,是人民政协工作的基础。新时期人民至上一定要牢固树立与时俱进的思想观念,坚持用“三个代表”思想指导反映社情民意工作,坚持把人民利益放在首位,坚持把自己的活动同人民群众的喜怒哀乐息息相通,努力把政协组织真正建设成为名副其实的“民意机构”,为促进我国的民主政治建设做出新的贡献。

(载于长治市2004年《政协论文选》)

# 发挥委员作用 做好政协工作

政协副主席　李爱华

能否打开政协工作新局面,对于能不能充分有效地发挥每个委员作用是一个关键性的问题。近一年多来,我们抓住了这一关键、因而活跃了政协工作,充分体现了政协在新时期的地位和重要作用。我们的体会有两点:

**1.抓住“学习”这一环节,认真落实胡耀邦同志对党外人士要知情、出力的指示**

近一年来,本会坚持了两月一次的学习、一月一次的主席会议和一季一次的工作研究会议,使学习、会议经常化、制度化。在这样的例会上,我们除了研究和集体承办一些具体工作外,主要任务是组织学习,即根据规定范围,使常委、委员及各界党外人士,参加应该参加的会议,阅读应该阅读的文件,听取应该传达到的资料。真正落实了知情出力的指示。

我们在学习中主要采取了“一议”即“议大事”;“二联”即联系思想实际,联系本身业务;“三提”即提出新问题,提出新打算,提出新建议。

“议大事”就是在学习讨论中,议在新的历史时期,摆在全党和全国人民面前的头等大事,即搞四化、翻两番,建设有中国特色的社会主义,统一祖国大业,为世界和平,人类进步作贡献。议的目的就是要调动委员和各界人士建设社会主义现代化的积极性,把每一个人的思想统一到党的总任务、总目标上来,统一到党中央为达到这一目标而制定的各项路线、方针、政策上来,从思想到行动真正和党中央保持一致。在学习十二大文件时,我们狠抓了这方面的问题,效果很好。

“二联”即联系思想实际,联本行业务。真正从思想到行动解决问题。如在学习《邓选》时,专门就新时期统一战线工作联系思想实际作了讨论。委员刘宣同志说:“邓小平同志对党的统一战线工作在新时期的重要作用作了阐明,说理有力,句句实在,我受益匪浅,我被选进政协,开始摸不着头脑,总觉得这是个名誉单位,无啥事可作。通过学习,感到以前想法幼稚可笑。加上这几年政协工作的实践,事实更教育了我,使我深刻认识到,人民政协不仅是爱国统一战线组织,同时,也是一个马克思主义同我国具体实践相结合的典范,是建设有中国特色的社会主义在政治上的重要形式,是一个伟大的统一战线的重要组织,正如邓小平同志说的那样,“前程远大,大有可为”。

“三提”即在学习的基础上，通过联系思想实际，联系业务，结合参观视察、专题调查，把自己所见所闻，由理论到实践，总结起来提出自己的新打算；对怎样创工作新局面，提出新问题；然后根据问题，提出新的建议。如委员胡纪道同志就是通过视察，专题调查以后，发现有一部分社队对办学不重视，学生上课无教室，大队却花钱盖舞台。学生中出现了“两多”(即视力不正常的多，学习成绩差的多)现象，提出了力争在十年内实现全县基本无近视的建议，并写出了自己的打算和措施，受到了省政协陶健副主席的赞扬和市、县党委的重视。

总之，通过定期组织学习，确实达到了知情、出力的效果。如委员、中学教师张汉同志说：“两年来，通过学习和参加各种会议，学到不少东西，看到了不少过去难以看到的文件，补充了我在学校里学不到的知识，这是党和政府对我的关心和信任，这一点，我是深有所感的，为了表明我的心意，我总想用一切机会尽自己所能，为国分忧，这几年虽然干了几件我应该做的事，但比之党对我的信任还差得远，我要继续努力，以有限的生命放出更多的光和热”。

**2.抓住“灵活”两字，工作灵活多样，注重实效**

根据政协工作的特点，围绕党的中心，工作方式要灵活多样，以更好发挥委员们的作用。在两个文明建设中，我们结合“五讲四美三热爱”活动，根据委员们年龄大，居住分散以及多数老同志，出于炽热的爱国心而愿为四化献余热的特点，我们开展了“读书活动”和“为社会服务活动”。在这个活动中，委员们都自觉地通读了《邓小平选集》，学习了《陈云文稿》，并写出了心得体会，在学习的基础上主动地承担社会义务，办了很多好事。如有的委员省吃俭用，从自己工资中挤出3000余元用于救济灾区人民和为学生们订阅报纸，鼓励学生上进。如中学教师张汉同志，1982年沁水遭灾以后，他从自己工资中挤出1000元现款，自动支援了灾区人民，1983年湖北省黄冈地区又遭水灾，他又捐出300元的工资，支援了灾区，受到灾区党和人民的赞扬。在平时工作中，他不断地为学生购置参考韦籍、教学图片等，也达1000余元，因而受到了全校师生的爱戴，去年光荣地出席了全国“为人师表会议”。有的委员离休闲不住，上山下乡作贡献，如75岁的委员胡纪道同志，主动地在全县学生中调查近视眼状况，所到之处，学校师生都为之感动。有的自办“青年之家”，承担教育待业青年的义务，如张守智委员，带领全家把一条脏、乱、差的街，翻修一新，为人们所赞颂。有的为学校甘当校外辅导员，有的牺牲自己休假日，为一些单位作画，有的委员急人所急，随叫随到把病人当亲人。如山区医生陈振先同志，1983年的下半年，不顾凛冽寒风，跋山涉水累计达3000里，为病人治病700多例，做到了随叫随到，不吃请，不收礼，不摆架子，不推诿，群众亲切地称他为“贴心医生”。

在平时，我们也十分注意工作上的灵活性，如在开会期间，适当地安排“小型参观”，看看专业户，跑个先进点，既让委员们看到党的政策的威力，也让委员们看一看人民生活的新变化，从中开阔眼界，耳目一新。. 在活动形式上，既有集中开会，又有个别座谈，有时采取“走亲戚”的方式，互相访问，交流思想。有时，召开小型座谈会，人数不拘，互吐心事。因而，委员们一致感到，灵活多样好，工作不死板，开会不厌烦，越干越有劲，收效大。

**3.抓先进典型，为新人好事叫好**

在日常工作中，本会工作人员都分工与委员联系，一有时间就以“串亲戚”的方法互相交往，一是通过上下往来，互通情况；二是交谈学习工作，从而交流经验，共同促进。

在上下通气的“串亲戚”活动中，如发现委员中的好人好事，先进模范事迹时，我们就及时利用各种方式，进行表彰。如委员梁吉祥同志，原是洗衣机厂的工程师，对技术刻苦钻研，早有改革洗衣机誓创“名牌”的打算，但一直受不到厂领导的重视。1981 年恢复政协组织时，我们从大量材料中得知这位工程师有志改革，辛勤劳动的事迹后，就建议领导吸收为本会委员，从此，他更加勤奋苦钻，技术上精益求精，产品上积众所长，以敢于闯关、敢于创新的精神，创出了“海棠牌”洗衣机，并一跃而成为全国名牌产品。发现这一人才后，我们与有关单位联系、推荐，为其拍手叫好，在全县工程技术人员中反响很大，推动了全局工作。现在，梁吉祥同志又被提拔为该厂厂长并被选为省人大代表、全省劳动模范。

# 县区人民政协参政议政的思路

1994 年 10 月

政协副主席　花明新

全国政协八届二次会议修订的政协章程，进一步拓宽了政协工作的领域，使其内容更加丰富，形式更加多样，范围更加广阔。随着社会主义市场经济体制的建立，各级政协要结合工作实际，以自己特有的长处和独具之优势，为改革开放，为社会稳定，为建设有中国特色的社会主义，行使好政治协商、民主监督、参政议政的职能，使中国共产党领导的多党合作和政治协商这一基本制度，在新的历史时期发挥更大的作用。

县区政协在新的历史时期如何参政议政呢？就此，谈几点不成熟的看法和思路。

**1.要掌握一个“法”字，重视一个“情”字，牢记一个“心”字**

首先，政协委员要在政协组织的带领下，积极认真地学习好宪法和各项政策法规。因为无论协商也好，监督也好，必须把握住党、政、群团都应遵循的共同准则——法律。否则参政议政就达不到高度，缺乏应有的力度。同时，也应该看到，用法律来约束大家的言行，带有一定的强制性，单有法律约束并不利于协商议事，故而，还需要动之以情。作为县级地方政协，要了解县情，体察民情，特别要关心政情。干部情况（情绪、性情等）如何，是建言献策必须考虑的前提。只有弄通“情”字，才能取得积极配合，才能在理解、谅解的基础上创造团结和谐的参政议政局面。参政议政遵循的原则和采用的方法，都是服从于为人民群众根本利益服务这个目的的，因为社会主义民主的本质内容是人民群众当家做主，所以，关心人民群众最关心的事，站在国家和人民的立场上去参政议政，做到与人民群众心灵上沟通，才能敢言，才会直言，才有诤言。这就要求牢记一个“心”字——对大众的事要关心，对各级领导提意见、提建议要诚心，参与协商、听取意见要虚心。

**2.想大事，议大事，要强化超前意识**

参政议政就要想大事，议大事。想和议，都应在事前做到心中有数，不能当事后诸葛亮。对于县区政协来讲，“大事”也有国家级、省市级、区县级的区别。下一级的大事，总是由上一级的大事引发出来的。县区政协必须善于通过学习，深刻领会党中央、全国政协、省、市、县各级领导的意图，把握各个阶段的工作重心，选择好政协工作的角度和位置，结合县区实际，在议大事之前，定专人列专题，深入基层调查研究取得第一手资料，然后组织大家就县区发展的热点问题和上级精神进行探讨和分析从而达到问题的结论能见度高、清晰度更大。

超前思维和超前行为，是由超前意识决定的。而超前意识，则需要科学培养、锻炼，形成习惯。县区政协应该抓好学习这件事，上边的精神要学的早，贯彻的早；下边的动态要分析的早，还要抓好调查研究和信访工作，抓好提案议案的收集工作；抓好通报县情、启发思路的工作。使委员们在实际的工作中进入超前思维状态，日久天长，逐步形成超前意识。

**3.协商要有基础，监督要讲方式，参政议政要抓时机**

政协进行政治协商是一种双向的组织行为。从县区的情况来看，政协委员和党政领导由于工作岗位和所处环境不同，在掌握政策精髓方面，在全局观点方面，政协委员一般不如党政领导，而在某些专业技术方面，研究特定的知识范畴内的问题，政协成员又具有优势。所以政协在参政议政时，既要大胆地、认真负责地履行职责，发表意见，提出建议，又要谦虚谨慎地听取各方面的情况介绍，以防止和修正自己的偏见，为协商创造条件。毛泽东同志一贯把批评与自我批评作为克服个人主义、自由主义、官僚主义的武器，用以扫除团结前进道路上的障碍。县区政协在开展协商活动时，必然涉及各级党委、人大、政府和各党派、团体，要坐的拢，谈的诚，也应利用这一武器，建立牢固的政治协商基础。另外，协商还有一个共同基础，那就是共同的利益。因为，政协议的是大事，是涉及广大人民群众切身利益的事，参与协商各个方面都有共同语言。所以，掌握议大事这条原则很重要，不能陷于琐事，更不能搞派性。

民主监督也是需要讲究方式方法的。政协章程总纲中提出的十二字方针："长期共存、互相监督、肝胆相照、荣辱与共，""互相监督"就体现了民主。政协是监督的主体也是客体，监督的好坏与监督的方式方法有很大关系。一方面，县区政协应该利用长期积累的经验开展这一工作。例如，举行提案发布会、专题咨询会、县区情况通报会等。有的地方还可征得党政领导的同意，建立接待日制度，使散在的监督变为有组织的监督，使拖延的问题得到及时反映。另一方面，进行监督要有正确的思想方法，始终从团结的愿望出发，实事求是，讲究实际，注重实效，在时效性上斟酌，既不能隔靴搔痒，不接触实际；也不能不考虑可接受性和所提意见的可行性。只有这样，才是良好的监督，才能使监督长期有效地进行下去。

参政议政必须抓时机。因为县区工作十分繁杂，头绪多，各方面的领导很忙，有时参政议政的机会稍纵即逝。政协要根据常规开好固定的例会，做到早安排，早通知，有议题有征询意见书，还要利用超前思维所获得的见解，抓住时机，向领导进言献策，做到雪中送炭，从而提高参政议政的实效。

**4.县区政协必须用自己参政议政所取得的积极成果来证明自己存在的价值**

人民政协作为共产党领导多党合作和政治协商的重要机构，在社会主义民主政治建设中，有其独特的重要作用，它与人大相辅相成，构成了具有中国特色的民主政治体制。李瑞环主席在全国政协八届二次会议上的讲话中指出，参政议政和政治协商、民主监督是一致的，政治协商、民主监督是参政议政的主要内容和基本特点；参政议政是政治协商、民主监督的拓展和延伸；参政议政对象更加广泛，内容更加丰富，形式更加多样，方法更为灵活。这就拓宽了政协工作的渠道和领域，使政协工作在社会主义市场经济的条件下，展现出广阔的视野。县区人民政协在这种新的大好形势下，要有所作为，改变已往某些地方或单位忽视政协的倾向，就必须积极参政议政，提出有见地的建议和有质量的批评，有效地实施民主监督。由于地方政协工作开展得不平衡，县区政协在人们心目中的位置也有差别，越是不重视行使自己的职能，越是得不到应有重视。因此,政协要超越职能部门的局限,在宏观上超脱地思考问题,参政议政要参到点子上,议到根本处,围绕党和政府的中心工作和当前的主要任务,通过深入调查,广泛听取各方面的意见,反复论证,多方考察。有条件的话,可以选取县情类似的县区,进行类比分析,力争在议政时,言之有物,考之有据,从现象到本质,以不容置疑的事实向党政部门提供信服的资料和依据,促进决策的科学化、民主化。要多做工作,多办实事,力戒清谈和高谈阔论。

综上所述,政协工作能否得到党政领导的重视、支持和社会各界的承认,关键在于加强自身建设和政协委员作用能否得到充分发挥。各级政协在取得党委、政府和社会各界的支持的同时,能做到积极介入,增强参加意识;建言献策,起到参谋作用;努力学习,提高"参议"素质;诚恳谦虚,创造协商氛围;调查研究,增加监督力度;宏观服务,注重实际效益,县区政协的工作就会向前推进一步。

## 委员持证视察之我见

1994 年 10 月

政协副主席 傅怀珠

政协委员是人民政协行使政治协商、民主监督、参政议政职能的主体。在委员的全部活动中,持证视察则是政协委员行使权力、发挥作用的一个重要方面。

党的十四大和新的政协章程,为政协委员的视察活动提供了政治依据。为保证政协委员行使民主监督的权力,各级政府还为同级政协委员颁发了"视察证",规定委员可以集体,可以联合,也可以单独持证对本地域范围内的各方面工作进行视察。实践证明,政协委员的视察活动,为人民政协行使职能增强了活力,丰富了参政议政的内容,加大了民主监督的力度,在两个文明建设中收到了明显的效果。但是,毋庸讳言,目前这种视察,从质与量上看,都还十分有限。集中统一组织视察,往往表现在政协机关和常委之中,而大多数委员,受时间、经费等诸多因素的制约,还没有充分动员起来,组织进去。单独的或自由结合的持证视察,还基本上停留在"视察证"的条文之中,相当多的委员并没有真正去实行。

应该说,分散的、经常的、单独的视察是政协委员视察的主要形式。只有把所有政协委员都动员起来,就地就近去过问人民群众生产生活情况,发现问题,及时反映,才能更充分地体现人民政协的职能,更完美地塑造人民政协的形象。

视察活动存在的"一条腿"现象既有政协主体思想上和组织上的根源,也有社会的根源,而且是互为因果的。从思想上来讲,一部分委员参政议政观念淡漠,仅仅把政协委员看作为一种荣誉,没有认识到自己身为政协委员,已有相当的权利也有相应的义务。因此,除了出席一年一度的政协会,基本上不参与政协会,基本上不参与政协的活动。也有一部分委员,有责任心,有使命感,但又觉得自己所处地位平平,不愿意去抛头露面,甚至害怕来自社会的嘲讽。虽有参与意识,但又裹脚不前,放弃了自己的政治责任。因此,出现了政协会议一结束,委员活动无声无息的消极倾向。

从组织上讲,政协领导机关对委员的单独视察,缺乏必要的发动、鼓励和组织。由于委员们分布在各条战线，把大家全部集中起来，经常进行大规模的集体行动，事实上不太可能，而且效果也不一定好。要求委员们就地就近分散行动，既灵活、又广泛、更持久，确是行之有效的好形式。政府颁发的“视察证”上用了“可以”这样一个弹性很大的提法，作为客体当然也有不便于使用“必要”之类的硬性词语。但是，作为政协组织，应该对自己的委员有个比较明确的要求。比如，规定每个委员一年至少要视察几次，采取收集视察汇报、交流视察体会、通报视察动态、表彰视察先进等等方式，最大限度调动委员单独或联合视察的积极性，却是十分必要的。此外，按照权利义务对立统一规律，对进行单独或联合视察的委员予以一定的经费补贴，解决他们的误工、差旅开支也是应该的。

从社会方面讲，由于委员单独持证视察尚未形成气候，人们对委员这种活动还比较陌生，不理解、不支持、不热情也是存在的。尤其是视察中主要表现的是批评意见，难免又增加了这一活动的难度。

当然，从这一点上讲，也是相辅相成、互为因果的。有动作才会有影响。由于我们自己无声息，就难怪人家不认识。要让社会接受政协委员的视察，关键还在于政协委员要去视察。越是没影响，越是要动作，才会出现新局面。

总而言之，政协委员的持证视察，目前存在“一条腿”现象。要改变这种状况，首先要提高委员的认识，其次要从组织上采取必要的措施。同时，应在社会上宣传政协委员持证视察的意义。

试想，一个县、一个市、一个省乃至全国，有成百上千数十万个各级政协委员持证视察，在国家的政治、经济文化生活各个领域发表自己的见解，行使自己的职权，使社会上的正气更加发扬，歪风得以遏制，实现决策的民主化、科学化，那将是一种多么生动活泼的政治局面。

（载于长治市政协《人民政协理论研究论文选编》）

## 围绕加快发展解放思想 解放思想推动加快发展

2003年8月14日

政协副主席、统战部长 牛外则

县委在全县经济工作会上提出“思想大解放，经济快发展，努力开创我县建设小康社会新局面”的总动员，近期又在全县进一步展开“思想大解放，经济大发展”的大讨论，解放思想已成为全县人民的共识。但是，解放哪些思想，怎样解放思想，却是一个常说常新的永恒话题。回答这个问题，必须坚持把解放思想放在发展的大局中去思考，努力做到经济和社会发展需要在哪里攻关，思想解放就能够在哪里打开第一个缺口，以思想观念创新收到牵一发而动全身的效果。据此，我认为应该做到以下两个突破。

**1.在构筑开放型经济体系上实现解放思想的新突破**

我国加入世贸组织形成的新的开放格局迫切要求我们的思想理念要有新的变化。为此，我们(1)要加强世界眼光，摒弃长期以来形成的自身一地一域，固于一时一念求发展的传统思维定式。善于从经济全球化的走向和更宽阔的领域来谋划本地区、本部门的发展战略。走进大世界呼吸新鲜空气，依托大背景汲取发展动力；摒弃关门称王、夜郎自大的盲目自满情绪，以先进生产力的发展趋势和国际水平为参照系，寻找自己的比较优势,确定自己的发展重点,提高整体适应和驾驭复杂局面的水平,增强核心竞争能力;摒弃在家千般好、出门万事难的固守田园思想,发扬温州人想尽千方百计、吃尽千辛万苦、走进千家万户、说尽千言万语的顽强进取精神,充分拓展发展空间。(2)要强化双赢意识,破除经济活动中你死我活的"冷战思维",树立联大靠强的思想,克服"不敢碰硬"的小打小闹观念。必须看到,方兴未艾的新一轮产业调整,实际上是以科学技术为动力,以跨国公司运作为载体的新一轮国际大分工。随着市场的打开和大公司的无孔不入,宁当鸡头不当凤尾的"鸡头"已经没有立足之地了。只有敢于与强者对话,善于合纵连横,才能够成为一个产业的领军人物或把小鱼串在大串上,增强自己的竞争能力和抵御风险的能力。(3)要增强诚信意识。诚信不仅是社会主义道德建设的重要支点,也是社会主义市场经济的内在要求,更是一个地区对外开放健康发展的长远保证。

**2.在进一步改善经济发展环境上实现解放思想的新突破**

几年来,我们强力推进经济发展环境的改善,取得了明显成绩,"环境就是生产力","你发财,我发展"、"你发了财,我才能发展"的意识不断增强。但是,必须看到我们的经济发展环境还有很多不尽如人意的地方,而且随着经济社会的发展,生产规模的扩大,经济发展对环境的要求也在不断变化升级。特别是中国加入 WTO 以后,需要我们从更高的层次来审视环境改善问题。过去发达地区改善经济发展环境,往往先着眼于政策,尤其集中于让利和减税,然后辅以服务环境、法制环境、舆论环境等等,形成一种以宽松为主要特征的经济增长条件。这在一个时期显现出了强劲的凝聚力。现在的问题是,随着经济的发展和开放的扩大,让利的空间越来越小了,让利的竞争日趋激烈。与此同时,投资者的理念也发生了新的变化,投资是为了回报,这一点无可厚非,但不同时期,决定投资回报的因素并不相同,现在投资者越来越关心的是一个地区的公平竞争程度和能否形成一个产业的高地和温床,即能否造就相同的产业高度集中于本地区的成长现象,能否形成某一产业的优势集群。这种产业集群,由于集中在特定的地区,可以使这里形成更高的产业分工,出现更为熟练的劳动力市场的先进的附属产业,进而产生专门化的服务性行业以及基础性设施。形成更高的产业效率,进而出现投资的强大吸引力。因此,今后一个时期,我们是否能从自己的实际出发,以兴县项目为支撑,培育和形成一个或几个具有优势的产业集群区,将是非常重要的环境问题,也是能否生存发展的重要条件。

## 更新观念 敢为人先

2003 年 8 月 14 日

政协副主席 申有宝

很早以前,山西就有经商的高手,商业贸易有过辉煌的历史。就拿我县荫城的铁货生意来说,也曾远销京津等地,由此赢得"万里荫城"之美誉。随着时间的推移,"晋商"的光环日渐暗淡,山西的经济落后了,究其根源是我们的思想观念、思维方式、人文环境等跟不上发展要求所致,我县也不例外。

回顾昨天,是为改变今天,更为创造明天。2003 年,长治县吹响了思想大解放、经济快发展的号角。

坦率地说,我们长治县今年是解放思想年,是经济加速发展年。这样说一点也不为过,年初县委动员全县上下解放思想的举措,已赢得了前半年经济的快速发展,财政收入超过了亿元。县城建设的规模、力度,投资之大、速度之快,是前所未有的。总之,解放思想让我们看到了希望的曙光。近日我县再掀解放思想大讨论的高潮,必将使我县经济发展再加马力,与时俱进。

实事求是地说,要想使我县经济发展的速度持续快速增长,必须上下齐心,下大气力打造尊商、扶商、经商的牢固平台,创造良好的招商引资环境,使全县上下敢于走亲商、扶商、爱商之路。要让全县家喻户晓,人人懂得"要想富更新观念言商务"的道理,必须把挣钱叫响,把生活提高,把发展加快,进入创优环境、发展经济的良性循环快车道。

纸上谈容易,实际干还真难,知难而上首先是勇气、智慧和胆量。齐鲁人"敢为世人先,敢作天下大",我们长治县人敢不敢?我想,长治县的各级领导"敢为、敢做",全县人民一定"敢为世人先,敢做天下大"。但这种"敢为、敢做"是要经过思想大解放、观念大更新的大痛苦、大愈合,才能完成经济腾飞的大振兴、大发展的,这是必经之途。

其次是当经济发展形势喜人之际,山东人保持了难能可贵的清醒。我们也要学习人家保持这份清醒,决不能有满足现状小富即安的思想,把眼光放得远些,外面的世界很精彩,外地的发展实在太快了,我们应该正视现实,居安思危,在发展中找差距,在对比中寻不足。正如常书记在学习邱维邦的文章时所批注的:"在效率、速度上,我们的差距太大,太大了!这些差距如何改变纠正,我们要深刻地认识到形势喜人的背后是形势逼人,时不我待。"

发展是硬道理,环境是生命线,招商引资,亲商、扶商、经商是出路。现在是市场经济社会,所以必须按照市场经济规律办事,要端正对国营、民营的看法,不论是国营还是民营,市场竞争决输赢。国营企业已不是一统天下,民营企业正在崛起大有可为,我县振东集团就是民营企业的先锋。民营企业、民营经济将会成为我县经济发展的生力军,增长点。我们应倍加珍惜和扶持这支力量。打造平台,亲商爱商,就是要给投资者一个优良的环境,就是要亲近投资者,关心投资者,扶持投资者,一句话就是让投资者放心经营大胆挣钱,共创双赢。

其三,我们要学,学古人借东风草船借箭,学外地先进经验招商引资,借鸡下蛋;我们要创,创环境为发展经济打造平台;创思维,嫁接快发展想挣钱敢挣钱的新思维。从千年尘封的传统意识中解放出来,除旧布新,纠正误区,打破传统观念对商品经济的蔑视,再不能有"沾钱即铜臭"的老习惯了,解放思想喊了多少年了,但我们这里多多少少还存在有不敢挣钱、不会挣钱的计划经济的禁锢。不敢亲商,更不敢经商,就连言商也生怕别人瞧不起,这是一个思想不解放的观念问题,也是一个影响经济发展的潜在问题。其实,经商也没什么可怕的,只要按章纳税,即使是摆个摊卖东西也不丢人。只要脚踏实地敢于放下架子,从小做起就会壮大的。

言商、亲商、经商虽不是什么新事物,但也不是每个人一下都能接受的,要加大力度多宣传,多开导,思想才能跟上市场经济发展的步伐。

一个县的经济发展如果没有商家老板的投资介入,是很难快速致富的。可以说无商不富,商小难富,商多能富,商大大富,这就是做大做强的道理。只有投资者多了,经商言商的多了,发展经济的气候形成了,规模膨胀了,经济发展的速度就会加快。

两度解放思想使全县上下一派振动，黎都人敢于正视现实，敢于从落后的观念中觉醒，我们要振奋精神，从理论和实践两个层面上齐头并进，走常书记所谋之路："一个县要想发展，必须真正走（而不是口头走，文件走）解放思想—创造环境—优惠政策—优质服务—全民亲商、扶商、爱商之路"。

# 克服"满足现状"思想 加快我县经济发展

2003年8月21日

政协副主席 鲍金章

为加快我县经济发展步伐，近段时间，我县又一次开展了思想解放大讨论活动。通过学习"三个代表"重要思想和党的十六大精神、县委书记常光明同志在县第九次党代会上的报告、外地发展经验等文章，使自己再一次认识到解放思想的重要性，思想上有了进一步的提高。最近，参观了郊区、潞城、屯留，触动很大，感受很深，这些周边县区新企业之多、规模之大、档次之高、发展之迅猛令人震惊，而我们与之相比，感到落后了，差距加大了。

我们为什么发展落后了？我认为，思想不解放是根本原因。"满足现状"、"因循守旧"、"小富即安"的思想影响甚深。"满"字当头，严重地影响了经济的发展。"满"使得不少干部安于现状，不求进取，没有危机感，缺乏责任感，缺乏敢想、敢干、敢创的精神。"满"使得我们长治县长期沿袭着挖煤、卖煤的经济运行轨迹，过分地依赖资源，不寻求其他发展途径。"满"使得多数人始终走不出"小农经济"的圈圈。"满"使得外地有钱人走不进来，而本地有钱人又不去投资，不去扩大再生产，不向更高目标奋进。"满"使得不少企业只维持现状，不求更大发展，在市场经济的冲击下逐渐消亡。"满"使得我县产业结构单一，无法实现可持续发展。"满"使得我县发展环境长期以来未得到彻底改善。

为加快我县经济发展，要坚决破除"满足现状"、"小富即安"的消极思想，大胆解放思想，大胆创新。

**1.解放思想，开拓创新**

解放思想就是消除旧观念、旧框框、旧陋习，克服"满足现状"的思想。解放思想就是要不断学习外地发展先进经验，开阔眼界，不断寻找自己的不足，以此激发自身不甘落后的精神，激发自己的自主精神、开拓精神、创造精神，激发其内在动力投身于经济建设之中。

目前，要突破影响我县经济发展的传统观念，加快思想解放的步伐。解放思想的过程也是创新的过程，要实现观念创新、市场创新、制度创新、技术创新和产品创新，最终实现人力、物力、财力资源的优化配置。要消除制约我县经济发展的体制障碍，加快各项改革，要围绕解决制约改革、发展、稳定的突出矛盾，联系实际，剖析典型，逐步完善。要善抓机制，不断开拓创新，在全县上下形成与时俱进的新观念。

**2.解放思想，干部是关键**

因为干部是全县人民发展经济的带头人，是县域经济发展的"火车头"，为此，每个干部要发扬"群众至上、事业为重、政令畅通、埋头苦干"的优良传统，要有压力，要有强烈的事业心和责任感，以"勤政、务实、高效、廉洁"的作风，深入基层，密切联系群众，切实解决企业发展、群众生产和生活中存在的问题，要以经济发展为己任,兢兢业业,勤奋工作。政府要转变职能,把职能转变到为经济发展服务上来,建立起办事高效、运转协调、行为规范的行政管理体系和工作机制。

**3.创优环境,加快发展**

目前,我县发展环境仍不宽松,这已成为制约我县经济发展的重要因素。今后,要加大创优环境的宣传力度,教育广大干部群众充分认识创优环境在发展经济中的重要性和必要性,自觉维护和执行县委的决定,在全县上下形成一个为发展企业、发展经济的社会氛围,社会各界都要大力支持企业的奋斗精神,每个人都要用自己的行动,关心和支持企业的发展。

优化环境,政府是主体。政府要创造优良环境,服务经济发展,把发展民营经济作为加快发展、富民强县的突破口来抓。坚持"三个有利于"标准,放宽领域,降低门槛,大力支持,强化服务,着力营造宽松环境,推动民营经济发展。要加大政策扶持力度,加大依法保护力度,加大环境整治力度,为企业的发展创造优良环境。

**4.全民动员,引资上项**

解放思想关键在于落实,在于真抓实干。思想解放不解放,决定看经济发展不发展。思想解放的程度决定经济发展的速度。经济发展不发展,关键看企业发展的怎么样,看引资上项的数量、规模、效益怎么样。因此,发展企业、引资上项,是当前经济发展的重点和焦点。通过这次解放思想大讨论,要在全县上下就这一问题达成共识,动员全县干部群众行动起来,尽自己的力量,通过多种途径,引资上项。

我们要树立项目强县战略,迅速发展壮大经济园区,提升改造传统产业,大力扶持发展新型产业,千方百计引资金、上项目,采取"政府从宽、条件从优、手续从简、费赋从轻"的原则,招来客商,留住客商,稳住客商,确保我县经济快速发展。

## 解放思想 更新观念 围绕大局 共谋发展

2003 年 8 月 23 日

政协副主席 李志文

为了认真贯彻《中共中央关于在全党兴起学习贯彻"三个代表"重要思想新高潮的通知》精神,进一步激发全县广大干部群众解放思想、与时俱进、抢抓机遇、加快发展、全面建设小康社会的热情,大力营造发展氛围,创优发展环境,提升发展理念,切实把学习"三个代表"重要思想落实到发展这个第一要务上来。县委决定在全县开展第二次"思想大解放,经济快发展"大讨论活动,以此推动县域经济的快速发展。这次大讨论是关系到我县全面建设小康社会,增强综合实力,提高全县广大人民群众的物质文化生活水平,建设经济强县的一件大事。同时也是关系到我县能否适应市场经济大潮、跟上时代发展步伐,避免淘汰和落后的关键所在。因此我们一定要充分认识到这次大讨论的重要性和必要性。我县第九次党代会提出了今后五年的奋斗目标,那就是在 2000 年的基础上到 2005 年经济再翻番。这一宏伟目标鼓舞人心,但也非常艰苦。要实现这一目标靠什么?就是要靠全县人民解放思想,更新观念,用创新的工作方法去工作,用超常规的思想和超常规的速度去发展,只有这样才能顺利实现我们的目标。

长治县作为工业大县曾一度在长治地区各县区处于领先地位。但最近几年我县的经济发展速度明显地落后了,一些周边县区如潞城、襄垣已经走到我县前面了,屯留、郊区综合实力也呈现出了极大的后劲。发展势头猛,我们面临的是前有“标兵”,后有“追兵”。因此我县的经济建设处于关键时期,如果还是安于现状,习惯于以前的思维和做法,那么我县和先进县区的差距将会越来越大,最终会被市场无情地淘汰出局。要想彻底扭转目前的局势,把经济强县和全市首富县的桂冠夺回来,必须解放思想,更新观念,彻底从以前的那种不合时宜的老套套、老框框中解脱出来,冲破那些不利于发展经济的一些旧思想的束缚,轻装上阵,一心一意谋发展,那么长治县就有希望,就有光辉的明天。

随着我国改革开放的不断深入,市场经济体制的建立和不断完善,以及成功加入世贸组织,这说明我国的经济建设和发展已不再是单一的面对国内,而且还要面对国外,经济全球化是新时期的主要特征。面对新形势和新的挑战,我县的经济工作必须做好积极应对工作。这就要求我们一定要解放思想,转变观念,抛弃传统计划经济时代的想法和做法,一切以市场经济为导向,按照市场规律和法则的要求想问题、办事情。把我们应该做的工作提前做好,只有这样才能适应市场经济的要求,在发展经济的大潮中与时俱进。

作为政协部门虽说不是经济主体和经济管理部门,但解放思想、更新观念同样非常重要。作为政协领导,更要适应形势,适应发展中的市场,才能指导和落实全县经济发展,才能更好地履行职能,做好参政议政的表率。面对我县大力实施“三五”战略、全面建设小康社会的新局势,如何更好地做好政协各项工作,努力适应建设经济强县的新要求,是值得我们认真思考的问题。

解放思想,更新观念是加强政协自身建设、开创政协工作新局面不可或缺的重要因素。加强自身建设,一方面要加强学习,学习党的十六大精神,学习“三个代表”重要思想,学习党的各项方针政策,学习各种有关理论和专业知识,不断提高自身的理论水平和工作水平。另一方面要加强思想和作风建设,不断增强政治意识、大局意识、服务意识,对政协工作要有强烈的责任感和使命感,团结、务实、创新、争先、讲求工作效率,注重工作质量。此外就是要解放思想,更新观念,开创性地开展政协工作,大胆实践,勇于探索,努力拓展履行政协职能的新途径。

解放思想,更新观念是更好地履行三大职能、服务于经济建设的强大推动力。新时期政协的中心工作就是要紧紧围绕县委提出的“实施三五战略,全面建设小康社会”的宏伟目标,认真履行三大职能,为我县经济建设出谋划策,建言立论。面对新的形势和新的要求,如何才能保证政协工作在原来的基础上有一个较大的突破和更大的发展,关键就是要解放思想,更新观念,只有这样才能用创新的思维去想问题、办事情,充分调动广大政协委员参政议政的积极性和创造性,充分发挥政协“人才库”、“智囊团”的作用,多方位、多渠道、多层次开展工作,主动走下去、走出去,做调查,搞调研,集思广益,真正为我县的经济建设出一些好点子,谋一些好策略。

解放思想,更新观念,不能只停留在口头上,一定要真正落实到实际的工作中。另外,解放思想是我们党的思想路线,也不是一载二载的事情,它是长期的事情,一定要持之以恒,以宽阔的胸襟、战略的眼光、开放的心态不断地去学习新东西,接受新思想和新观念。俗话说“流水不腐,户枢不蠹”,只有这样,我们的思想才会常新、不僵化,才能始终以新的姿态,新的观念去迎接各种新的挑战,永远立于不败之地。

# 浅谈县级政协委员素质

1994 年 10 月

政协办公室 赵银虎

政协职能作用的发挥是通过委员的工作活动来体现的,委员是政协工作的主体,在政协活动中,始终处于主导地位。

委员素质是委员参政议政、开展各种活动的基本条件。委员的素质低,影响着政协工作的活跃程度,决定着政协职能的履行效能。委员素质越高,政治协商、监督作用会发挥得越好,参政议政会越有成效。

随着我国改革开放步伐的加快和建立社会主义市场经济体制的整体推进,对人民政协工作提出了新的任务和要求。作为县级政协委员,如何适应形势要求而不断提高自身的素质呢?这里谈几点看法。

县级政协委员,处在政协工作的最基层。工作在基层,生活在基层,了解的是基层各界人士的反映,看到的是基层工作的实情。其联系实际更直接,了解民情更真切,反映民意更真实。但是,县级委员由于受客观条件的限制,又构成了其在文化修养、知识结构、议政能力等方面与上级政协委员的明显差别。因此,作为县级政协委员就必须通过各种途径,不断加强自身修养,提高素质,只有这样才能完成党和人民赋予的重托。

**1.要不断提高政治素养**

人民政协是广泛的统一战线组织,是参政议政机构。它不同于党委,没有领导权;也不同于政府,没有行政权,其工作主要是通过说话,及时地反映各族各界人士的意见和建议,在政治、经济、文化、社会生活等方面,维护人民群众的根本利益,协助党委、政府正确决策。

县级政协换届之后,委员队伍中增加了不少新成分。这些政协队伍中的新兵,尽管在各界人士中具有代表性,在各行各业中是劳模带头人,但对政协工作还缺乏认识。一些同志当了委员,可能还不知道当一名政协委员该讲什么,该做什么。个别委员,也许还把政协的协商、监督看成是可有可无,对委员的参政议政当成是务虚的工作。自我认识不高必然影响政协职能作用的发挥。转变这种观念,就必须要加强政治理论学习。政协章程规定:“组织和推动委员在自愿的基础上学习马克思列宁主义、毛泽东思想,学习建设有中国特色社会主义的理论,学习时事政治,学习和交流业务和科学技术知识,增强为祖国服务的才能”。这个规定是委员的义务,也是对委员的要求。每个委员要在自觉自愿的基础上,通过学习,提高政治理论水平,增强对人民政协性质、作用、地位、任务的认识。通过学习,提高思想政治素质,树立政协委员的光荣感、责任感、使命感。

**2.要广泛学习各种社会科学知识**

政协的各项工作是通过委员的活动来体现的。协商也好,监督也罢,既是参政议政,就必然要涉及党和国家的方针、政策、法律、法规,就要涉及政治、经济、文化、工、农、财、文各个领域、各条战线、各个方面。这就要求政协委员必须具备一定的政策、理论水平和各方面的广博知识。因为政策是委员参政议政遵循的原则,知识是一个人掌握现代自然科学、社会科学和其他一切科学的基础。两者都是政协委员替人民群众说话,为经济建设服务,为祖国昌盛作贡献的必备本领。社会上把政协委员的素质概括为:政治阅历丰富,思想品德高尚,智力资源雄厚,独立思考意识强,主人翁精神好。而作为一名政协委员,要真正具备这些条件,就确实需要从各方面勤奋去培养,从多方面努力去掌握。这样才能不断开阔视野,肩负起政协的历史使命。

**3.要有同各方面人士团结合作的宽广胸怀**

任何工作都有它独具的专业特点,有一定的专业要求。政协工作的专业特点,主要是突出了统战性。正如在它的基本任务中规定的:尽一切努力,进一步巩固和发展爱国统一战线,调动一切积极因素,团结一切可能团结的人,同心同德,群策群力,以经济建设为中心,维护和发展安定团结的政治局面,促进社会主义民主和法制的建设,促进社会主义精神文明建设,推动社会主义市场经济的发展,为实现我国各族人民的根本任务而奋斗。所以说,当一名政协委员,首要的任务是要熟悉统战工作,具备交朋友、搞统战的业务素质,善于同社会各界人士及人民群众交朋友,以诚相待。主动诚恳地搞好同各民主党派、各界爱国人士的团结合作,发挥他们共同的才智,广开言路,为把我国建设成一个富裕、强盛、民主的社会主义现代化强国而奋斗。

**4.要增强责任感,提高参政议政能力**

人民政协的主要职能是政治协商和民主监督,组织参加本会的各党派、团体和各族、各界人士参政议政。对国家和地方的大政方针以及政治、经济、文化和社会生活中的重要问题,在决策前进行协商,执行中进行监督。政协委员作为政协履行协商、监督、参政议政职能的主体,提高参政议政能力是十分必要的。县级政协委员,大部分分布在乡、村以及县以下企事业单位,相对地文化素质偏低,这就给参政议政带来了一定的难度。比如,有的委员,当委员有荣誉感,却不知委员的职能是什么,应该履行哪些义务,发挥哪些作用。不懂如何去协商,不懂怎样去监督,不知参政参什么,议政议什么。开会陪陪,讨论听听,一届任下来,没有一条建议,也没有一条意见。还有些委员,缺少参政议政知识,找不到自己的位置,选不准参政的角度,因而缺乏参政议政的勇气。改变这种状况,除前面提到的加强学习、修养,增强参政意识外,还应加深对李瑞环主席提出的政协工作"三条原则"的学习和理解。正确认识人民政协的性质、地位和作用,将"尽职而不越位,帮忙而不添乱,切实而不表面",三句话,作为工作的方向和依据,学会看问题,学会找问题,学会分析、研究和商讨问题,通过实践提高参政议政能力。

**5.要养成深入实际,调查研究的良好作风**

调查研究是政治协商的前提,是政协参政议政的主要工作方法,也是政协委员熟悉情况,了解民意,提高自身素质的重要途径。委员是代表各界人士说话,为各界人民群众办事的,能够广泛代表民意。

**6.要发挥模范带头作用**

委员是各界人士的代表,也是革命和建设事业的骨干力量,在广大人民群众中堪称带头人。这就要求每个政协委员都要充分发挥自身的优势,宏观上履行参政议政职责,微观上搞好办实事活动。要利用和发挥自身的专长,选择一些力所能及的工作,从"献一条良策,办一件实事,搞一项咨询,兴一方经济"着手,实实在在办些实事,做些实绩,为各界群众做出表率。总之,每个委员只要能够找准位置,善于发挥自己长处,就一定能够围绕经济建设这个中心,不断提高自身的素质,为政协工作开创新局面作出新的贡献。

# 委员风采

## 胡纪道同志二三事

胡纪道同志,湖北仙桃市人,1909年出生,大学文化程度。新中国成立前曾住过黄埔军校、陆军炮校和陆军大学,担任过国民党尉、校、将官职务。建国前夕,顺应时代潮流,毅然随陆军大学官兵起义。之后,被分配在北京炮校工作,为抗美援朝训练了一批又一批炮兵。1953年由部队转业地方,从事经济建设,先后任长治县财政局副局长,政协七、八、九届长治县委员会副主席,民革山西省委员会委员,民革长治市委员会副主任。他总认为前半生向人民欠了账,一心想加倍工作,将功补过,多为群众办些好事。

1962年,胡纪道同志在任财政局副局长期间,兼管全县电气化工程。那时他已经五十开外的人了,每天头戴草帽,身背挎包,风尘仆仆,跋山涉水,跑遍了全县的山庄窝铺。在他的带领下,经过广大群众的艰苦奋斗,只用了一年多时间,就建成两座35KV变电站,70余公里35KV线路和400多公里10KV线路,使全县每个村庄都通了电。在当时条件下,不向上级伸手,完全依靠本县力量完成这样大的工程,这是许多人连想都不敢想的事。为此,胡纪道同志受到了省委、省政府的通报表扬,长治县也被列为全省首批初级电气化县。

这以后,胡纪道的干劲更大了。谁知,天有不测风云,人有旦夕祸福,神州大地刮起一股叫做“文化大革命”的风暴。运动一开始,他就大难临头,受到冲击,揪住历史问题,被挂牌游街,巡回批斗,接着又被关进了“牛棚”。许多人纷纷议论:“这下子老胡可难以翻身了!”然而,胡纪道坚信这些做法绝不是共产党的政策,迟早总要纠正。因此,他不悲观,不泄气,在力所能及的范围内仍然勤勤恳恳地努力工作。在“五?七”干校期间,他办起了一个十二三人的小工厂兼小农场,不到两年时间,就创造利润20余万元,减轻了财政负担。

党的十一届三中全会以后,改革的春风吹遍了祖国大地,胡纪道的“问题”也得到了纠正,1981年被选为第七届县政协副主席。他无比振奋,虽已年过七旬,决心把余生献给长治县,献给长治县人民。他主动履行政协职责,积极开展各项工作。1983年,针对当时全县财会人员奇缺的状况,义务办起会计培训班,培养输送了一大批懂业务会经营的财会人才,受到了县委、县政府的表扬。针对当时全县学前教育的薄弱环节,他带领教育界委员,走访了城乡20多所中、小学,接待了60多名家长和教师,广泛征求了各方面意见。他提出了“普建幼儿班,闯过识字关”的提案。县委、县政府采纳了他的意见,组织了专门机构,增拨了教育经费,在全县所有乡镇和80%以上村庄建起了幼儿园{班},托幼工作在全省名列前茅。

经过长期考察,胡纪道发现不少学校存在单纯追求升学率的倾向。因学习负担过重,学生们每晚要在灰暗的灯光下完成几小时作业,往往念不完初中就戴起了近视镜。胡纪道对此忧心忡忡。为了解决这一问题,他特意邀请十几名政协委员和民革成员,冒着严寒,自带视力表,深入有代表性的15所中小学校,对学生进行视力测试,并组织学校领导和教师座谈讨论,听取他们的意见。此后,他又同有关部门研究,拟订了避免近视的具体方案和建议。这一建议引起了各级领导的重视,开始着手从各方面改善学生的学习条件,全县中小学教室全部安上了玻璃,按要求配置了灯光,大大改善了采光和照明条件。经过一段时间后测试,学生的近视比例由原来的72.6%下降到百分之36.5%,有效地提高了学生的健康水平。

进入20世纪80年代后,为了发展山区经济,帮助群众致富,他不顾年老体衰,先后深入到屈家山、贾掌、西火、赵村、八义等五个乡镇进行了一个多月的矿产资源调查,基本摸清了资源分布和储藏状况,提出了调研报告,为有关部门决策提供了依据。为了进一步开发利用,变资源优势为经济优势,晚年他还曾计划到深圳、广州、厦门、海南等地,走访当年在黄埔军校的老同学、老朋友,通过多种渠道,引进外资、技术和人才,但由于身体原因,没有成行。他经常对人讲:“党关怀起义人员,咱理应更好地为人民服务,为四化出力。”

胡纪道同志,以感恩之心,时时处处关心民生疾苦,关心全县公共事业的发展,走访、调研、体察民情,力所能及的办了不少看似小事的大事,以实际行动践行了一个政协副主席的职责和义务。

(宋海祥)

# 活雷锋——张汉

张汉同志原是长治县一中教导主任,曾任政协八届委员会副主席,1985年离职后,人离心不离,志在千里,他办的好事,数也数不清,大家称他是本县的活雷锋。

他忠诚党的教育事业,为培养“四有”人才,写笔记400余万字;为保护学生视力,自做放大教学挂图百余张,自制直观教具30余件,创制了“活图版”教学法效果良好。为鼓励学生向雷锋学习,1983年3月,自费230元2角4分为学生购赠152套文具用品。同年8月为学生购阅图书、照片1181册、张,赠给初二138名学生每人动物照片一张和五枚面式“不到长城非好汉”纪念章。自费77.4元,为5个班学生订报10份。1984年3月自费52元,为学生购阅30余张宣传画,160多本书刊杂志,建立了流动图书馆,净化学生心灵,陶冶共产主义情操。同年6月,在老伴病故,工资收入下降及报价上涨的情况下,自费163.52元,为初中3个年级8个班的学生订阅报纸7种13份,给学生输送健康的精神食粮。1984年9月至1985年2月,每隔一天,从市内乘车到韩店中学上课,自支路费50余元,谢绝了校领导给报销路费的诚意。

想他人所想,急他人所急。1982年8月5日,为沁水县捐献救灾款1000元,9月5日,又为湖北黄冈灾区捐献救灾款300元;同年12月把价值57.15元的百本科技书籍献给了县图书馆。1983年1月18日将祖上遗留下的24.48平方米的房基地和基地内的核桃树和柿树各一棵,无偿献给了南郎大队。1984年12月9日,动员全家为“爱我中华、修我长城”进行赞助50元;还代病故的老伴也赞助了50元。1983年3月在韩店镇南街创办了“个人宣传栏”,自费为街道居民订阅了《中国农民报》、《长治日报》等。

1985年2月离职后,在长治市、西大街建立了法制宣传专栏,为办好专栏努力学习政法知识,写笔记百余万字，截至1988年底，曾自筹600余元，排制版面400多个，剪贴文章5000多篇，标题显著、内容丰富、富有教育意义、吸引读者3万人次。张汉说："我就是要以实际行动来体现和党中央保持一致的。"

（原载1989年《政协专刊》）

## 古稀多壮志 赤诚报国心

张守智系县政协常委、县、市人大代表，民革县支部主委。虽是七十岁高龄的老人，但他古稀多壮志，以服务四化，振兴上党为己任，一片赤诚报国心。

几年来，他人老不服老，经常顶风冒雨骑着自行车到全县十余个乡（镇），六七十个村庄，行程上千里，访问了300多名干部和群众，归纳整理了70多条意见，向乡、县、市提供30多条建议，了解了实际情况，反映了群众的心声。我县良种场，原是培育良种和种猪的基地。但由于受左的干扰，良种场名存实亡，老张了解到这一情况后，多次提建议得到县领导的采纳后，终于恢复起来，开始培育小麦优种和种猪。

老张是从部队转到地方工作的。在部队任过教员，对青年教育有一定经验。他在长治市西关居住时，这条街有些无业青年，无事生非打架斗殴，小偷小摸，赌博闹事，甚至有的留娼卖淫。严打刑事犯罪中，有8名被判刑，还有12名青少年轻微犯罪。为了挽救青少年，老张主动和居委会商量，得到街道政府、派出所支持，为引导青年走向正道。他将自己家适合青少年阅读的书籍60多册贡献出来，又掏钱订了4种报刊送交青少年之家。在他的带动下，附近工厂、单位和居民也进行了捐献，购图书百余册、报刊十多种，还购象棋、乒乓球、台球等玩具。每当夜晚70多名青少年在这里看书读报、下棋打球。借此机会老张又每星期一、三、五晚上给他们讲法律知识和道德修养，并鼓励他们自谋职业，自食其力走向人生之道。失足青年刘太平，随父修自行车，改变了小偷小摸的恶习。回族青年（残疾人）马大气，经讲法律，知道留娼卖淫是犯法行为，改正了错误，12名失足青年都有不同程度的转变，青少年们感激地说："听上张爷爷的话，咱们的道路走不差"。

（原载1989年《政协专刊》）

## 水利战线上的老兵—— 陈天文

县政协委员陈天文，1959年山西水校毕业，分配到长治县水利局工作。1981年晋升为工程师，1984年任县政协委员，1987年任命为县水利局副局长。

他30年如一日，战斗在水利建设第一线。1962年参加了全县"35千伏输变电工程"的勘测设计，1970年亲手设计了上秦万亩电灌站、北宋万亩灌区、东庄八五水库等大中型工程。对改变我县农业生产条件，促进农业生产的发展起到了重要作用。1984 年他牵头组织水利工程技术人员 30 多人，运用单公里成数抽样法，跋山涉水，历经一年时间，进行了全县水土保持专项规划。根据调查、测绘、设计、计算等大量的技术资料，撰写出五万多字的《长治县水土保持专项规划报告》。为今后决策我县水土保持工作，合理开发利用水土资源，提出了比较可靠的科学依据。1986 年他蹲点北呈井片（北呈、东和两乡），对开灌区进行了样榜性的复核规划设计工作，又亲手撰写了十余万字的《长治县北呈井片复核规划设计报告》。北呈井片工程经省水利厅批准，已正式列为省管重点井片工程。（投资 260 万元，发展水地二万亩）。1987 年以来国家已投资 88 万元，到 1988 年底已更新配套机井 80 余眼，建成水泥防渗管、渠 40 余公里。安装地埋低压线 35 公里，新建灌溉管理自动集控室五处；恢复与新增水地 0.9 万亩。

1987 年秋，他亲赴天津地区考察，借鉴外地经验，推广使用“管灌新技术”，研制应用了“内衬塑膜外护水泥保护层管道”。这种新管材，每米造价 4.01 元，较普遍应用的塑料管材（每米 9.83 元），节省投资 59%，仅 1988 年管灌一项工程就节省投资 4.5 万元，共需建设的 60 公里管灌工程完成共可节省投资 34 万元。灌溉管理实行比较先进的自动集中控制技术，也收到了明显的效果。现在每次浇地用水量由过去的 70 多方下降到 50 方左右。亩次浇地成本由过去的二元多，降到 1.5 元左右。此全井片再经二、三年的建设即将按照新的规划设计范围，形成我县第一个工程设施标准化、灌溉管理自动化、低耗高效的示范型井灌区。

长治县哪里有了水利工程，哪里就洒下了老陈的汗水。他顶烈日冒严寒同广大群众战斗在水利水保建设第一线，做出了很大的奉献。曾荣获县政协，长治市水利局与长治市人民政府“先进工作者”荣誉称号。

（原载 1989 年《政协专刊》）

# 陈忠委员和他的“三省”医院

广大群众把长治县中医院誉为“三省”医院，即：省事、省钱、省时间。“三省”医院的好院长就是我县政协委员陈忠。

陈忠院长说：“我是个医生，还是个政协委员，就更应该顾大局，晓大理，从大处着眼，从小处努力，做好本职工作，为党和人民多作点贡献。”

1985 年，陈忠同志筹建县中医院时，亲自动手，带领大家日夜操劳，在一片荒地上，建设起一座崭新的县级中医院。与此同时，充实了医务人员，改善了管理制度，组织了业务知识的学习，提高了素质，使医院在短短数年得到了根本的转变。

陈忠同志几十年如一日，全心全意为患者治病，每天诊治 30 余人次，经他手诊治的达 3 万多人次，在全县颇有名气。

陈忠同志担任中医院院长后，事情多了，坐诊时间少了，能否坚持门诊为患者治病呢？他想了一个主意，为自己定了一条工作、门诊两不误的“双轨制”。即上午处理门诊，为患者就医；下午处理行政工作，开会、议事。这样,大大方便了患者,即使数十里、上百里的患者都能在上午诊治完毕,使他们高兴而来,满意而去。群众高兴地说:“老陈是想病人之所想的好医生,急病人所急的好院长。”

(原载1989年《政协专刊》)

## 人民尊敬的老中医—— 刘天顺

77岁的老中医刘天顺,是县政协常委。他行医50多年,一贯以重医德、精医道,为患者负责的精神,深受人民尊敬。

刘医生谦虚谨慎,好学上进,他虽退休,每天除门诊接待30多人次外,还针对重症肝炎这一疑难病症,进行了深入研讨,写出了“重症肝炎及其治疗”的论文。

急性重症黄疸肝炎,病势凶猛,发病急剧。古人有瘟病发黄,死人最暴之论。患者有条件的花大钱住院治疗,无条件者只能在病痛中苦熬,因而病入膏肓,难以救药。刘医生为此病多方探讨,临床实验,大见成效。农民李春景年已70岁,突染此病,不能自理,即送医院诊治。住院半月,花资七百,仍不见效。无奈出院返家,神志不省,急求刘医生诊治。患者肝脏肿大,全身重度黄染,如不急救,大有性命之危。刘医生将自己临床实验之药剂供出,连服两剂,热退身凉、神志清醒,黄疸大为减退,转危为安。临别,又开以用小剂清热、解毒利水退黄之药,自家调理而病愈,至今老农身体健康如常,呼刘医生为“救命神医”。

(原载1989年《政协专刊》)

## 弘扬晋商精神 重振晋商雄风

——记山西振东实业有限公司董事长李安平

牛小亮

山西振东实业有限公司创建于1993年10月1日,在李安平董事长的带领下,以“诚信阳光,创新日上”为理念,经过十五年发展,今已成为拥有十二个子公司,资产15.8亿元,员工3000余人,集“石油销售、中西制药、食品生产、中药种植、绿色旅游”五大产业为主的健康产业集团。2001年公司跻身全国民营企业500强,先后荣获山西省“十佳科技民营企业”、全国“双爱双评”先进单位等称号。李安平董事长也被评为全国优秀企业家、全国劳动模范。

近年来,集团抓住“晋商”文化传播契机,营建全国销售网络,销售业绩连年增长,2008年实现销售收入15.1亿元,创税1.28亿元,到目前为止,已累计为国家创造了超过4亿元的税收。

振东集团历来重视文化建设,在十五年的积累沉淀中逐渐形成为企业建设的一个重要环节,李安平像对待生产、经营管理一样亲自抓,并发动全体员工全员参与,在实践中总结、在总结中提炼、在提炼中升华，形成了以“与民同富、与家同兴、与国同强”为核心的价值观、以“锻造精品振东，重振晋商雄风”为理想、以“责任、阳光、诚信、亲和、简单”五大体系为核心的特色文化。创新了“个人工作程序化、岗位管理流程化”两大管理工程，总结出“差距、梳理”等管理模式，引领和指导着振东走向新的成功。

董事长李安平认为：“‘晋商’是一个拥有几百年历史的商业文化品牌，蕴藏着丰厚的文化底蕴。晋商的本质是文化，现代晋商应在新时期树立晋商的新形象，用文化的力量重塑人心。真正的晋商是靠物流起家，汇通天下、货通天下，把当地的产品卖出去，并在流通领域激活全国市场”。

基于此种认识，李安平从创业初就没有像大部分山西商人一样去做煤焦铁类传统产业，而是选择流通性较强、以经营成品油业务为主的加油站起步，在秉承传统晋商诚信、精明、勤奋、节俭精神的晋商品牌基础上，大胆创新、跨越发展。凭借过人的胆略、优质的产品、贴心的服务，经营上越做越强，很快跻身于全国成品油销售的前列，成为华北地区信誉最好、网络最大、销售收入最高、基础最扎实的民营石化经营企业。

2000年，经公司董事会研究，决定资产重组，把振东29座油站和2座油库转让给了中石化。7月18日在市国税大厦，李安平主持召开了二次创业誓师大会，大会结束后，集团迅速成立了三个项目考察小组，分赴全国积极开发考察项目。2001年、李安平果断决策，一举收购濒临破产的金晶制药公司，并于2002年11月顺利通过GMP认证。

2003年的阳春三月，“非典型肺炎”疯狂地席卷了中国大部分地区。然而李安平董事长却逆流而上，置危险于不顾，到“非典”高发的城市和医院去宣传公司，慰问医护人员。特殊时期的缕缕真情，令白衣天使们感动不已。也就是仅仅在几个月的时间里，李安平董事长用最低的成本建立了一支上千人的、享誉国内医药界的销售铁军，创造了又一个振东奇迹。

2006—2008年，振东制药认真落实药品生产“安全、有效、稳定、可控”方针，以“创新模式，打造品牌”为中心，实现了首轮重组“泰盛、开元”的战略构思；完成了在国内主板上市的前期准备及股改、申报工作；承担了国家十一五岩舒大品种技术改造重大专项科技项目；实现了由传统营销向学术营销的转型，在北京、上海、广州等城市创建了由山西籍医药人士组成的“晋医联谊会”，全力打造“晋医、晋药、晋商”的三晋新晋商战略，致力于打造中国健康产业品牌。截止2008年底，振东制药已具备20亿元的生产规模，拥有总资产近10亿元，比2005年增长157.3%，员工2300余名，比2005年增长187.5%，拥有352个品种，在全国同行业位居第18位，销售收入、利税等综合经济指标名列全省第一。

在振东集团发展壮大的同时，他们积极投入社会光彩事业，广泛开展了“一帮一”、“手牵手”活动。按照与区域共同发展相结合、与当地资源相结合的要求，根据企业自身实际，把“光彩事业”的重点放在了开发当地资源、农业种植产业化生产方面，实实在在帮助当地人民增收致富。

集团下属中药材公司采用“公司＋基地＋农户”的经营模式，与农户签订保护价合同，在老区武乡、沁县、壶关等地发展黄芩、柴胡、苦参、党参、远志等地道药材5万多亩，使两万余户农民直接受益。在贫瘠的山坡地每亩种植中药材的年纯收入平均达到1000元，与种植其他大秋作物相比，每亩增收500元，使老区农民真正得到了实惠，走上一条摆脱贫穷、共奔小康的致富道路。

2006年以来，在李安平董事长的带领下，集团多次走进大别山革命老区，从资金、技术等方面与大别山企业结成“财富一帮一”对子，出资200多万元，解决老区企业发展中的实际问题。并与安徽乐健公司结成互帮对子，为促进老区经济社会的快速发展作出了积极的贡献。

“每年拿出利润的10%奉献社会。”这是董事长李安平代表集团对社会的承诺。公司专门成立了“扶贫济困委员会”，制定了制度化的“敬老日”、“扶贫济困日”、“冬助日”、“中华仁爱天使”等法定活动日。十几年来，振东集团已累计为社会捐款5500多万元。值得一提的是，在08年汶川大地震中，集团员工就为灾区捐款120余万元，自愿献血30万cc，集团向地震灾区捐赠价值1000余万元的一线救急抗菌药品，还为长治医学院川籍87名学生捐款现金102万元，并资助他们到其完成学业为止。

“他的爱心和品质，比晋商前辈体现得更加充分、更加完美！”这是著名学者余秋雨在四川卫视《余秋雨访谈录》中对公司董事长李安平的评价，同时也是对振东集团履行社会责任的肯定。

（原载《情系政协》）

## 一息尚存看病不止

——记原县医院院长，七、八、九、十届政协委员张富德

冯贵清

“你这类风湿关节炎也不见好，怎不去县医院找张富德医生看看呢？他看这类病有经验。”

“你结婚快四年了，也没个孩子，快去县医院找张富德医生吧，他治这不育症是魁首。”

“我感冒快一个月了，吃药、打针、输水，都不抵事，看来得去找张富德医生吃上两副中药哩。”

“我这两天的胃又不舒服了，看着东西不想吃，又得让张富德医生开上副中药调理调理哩。

听着这些街谈巷议，可以想见，我县人们对张富德医生是何等的信任和赞誉啊！

张富德同志出生于中医世家，父亲就是当地一位名医。受其家庭的影响和教育，他从小在心灵里就播下了想当一名好医生的种子。高中毕业后他考进了山西医学院，攻读医学专业。1961年毕业，分配到我县人民医院工作，开始了他一生为人民奉献医技才能的生涯。

他是县医院建院以来的第一批本科医大学生，一来就成了医疗技术上的带头人。他先在普外科主刀，后又到妇产科助产。就在他正要展示自己才华的时候想不到得了严重的类风湿关节炎。因当时医疗条件有限，医治无效，他的右腿膝关节和右手指关节极度扭曲变形。但他没有灰心，没有泄气，他钟爱自己的事业，不能再操手术刀了，就到内科去当主治医生。他是一个西医大夫。在临床实践中，他常常发现，有些病症，特别是有些慢性病、疑难症，用西医治疗未能见效，而服用中药却产生了意想不到的效果。1982年他拖着病腿赴北京中国中医研究院——广安门医院进修中医学。进修回来，他的中医诊疗水平有了一定提高。

为了做到精益求精，在工作中，他利用一切能够利用的时间，反复阅读中国中医经典专著，深刻领悟中医理论精华；连续订阅所有国家级的中医杂志，及时了解我国当代医学界弘扬祖国传统医学的新经验、新成就；坚持书写病案记录，随时从中总结经验，吸取教训。仅仅几年时间，他就用他的心血记满了学习笔记50本，病案记录15簿，累积起来足有二尺多高。我在采访他时，看着这一摞摞记满了的本簿，想着他那

不同寻常的苦学精神，仿佛听到了他在主攻中医学时行进在崎岖山路上的脚步声。

功夫不负有心人，他又成了我县有名的中医。

2001年，就在他65岁那年，组织上给他办理了退休手续。因为他是位中西医都久富盛名的医生，医院舍不得让他离去，就又将他返聘到医院来，他退而不休，每天坐着轮椅到医院上班。

2003年7月，随着年岁的增大，加上看病劳累，原本就残疾的身体显得更垮了，两条腿都不能行走了。医院念他行动不便之苦，而将其坐诊室设在了他的家里。

老妻在医院的配合下，给他在家里整修了一间临街房，内设候诊、就诊两室。室内摆放着一些仅供候诊、就诊用的桌椅、沙发、条凳，看上去十分简陋。就是在这样一间简陋的坐诊室里，他每天要接纳20多名求诊者。

每天上午8点半，张富德医生自雇的家庭服务员搀他坐到轮椅上，把他推到坐诊室，一直要坐到12点。有时因病人多，就要坐到下午1点。为了充分利用看病的时间，他让服务员代笔替他写病历、开处方。

每看一个病人，他总是笑脸相迎，先用幽默的话语向病人问好，让病人就座，消除病人的拘谨害怕心理，造成医患之间的和谐气氛。诊断时认真细微地望病态、问病史、查病情、号脉象，经过反复思索，分析出病理、病因，辨证施治，对症下药；用药坚持能吃药不打针，能打针不输水，能用廉价药品，决不用贵重药品的原则，尽量减轻病人的经济负担。诊后他还要深入浅出地将诊断的病症、病理、病因、如何用药、需要治疗多长时间，怎样防止此类病的再度发生等医学常识，一一向病人讲清楚。有的病人，病已看过，还不想离去。问他，你怎么还不走呢？他说："张医生，你讲得真好，我还想再听你讲讲哩。"

张富德医生就是这样一个精心为病人看病的人。

从2003年7月到现在，他在自家坐诊不到四年时间，就已看病2万多人次，有效率达到90%以上。经他妙手医治，许多病人解除了病痛，恢复了健康。当一个个不育症患者，已怀孕的时候；当一个个习惯性流产者，已怀足就要生产的时候；当一个个中毒性痢疾、脑炎患者，已痊愈的时候；当一个个慢性病、疑难症患者，病情有了好转的时候……他们无不感到越过严冬，回到明媚春天的惬意和快慰。我县官道村有一个患严重类风湿关节炎的中年妇女，两手已变形，膝关节也伸不直，拄着拐杖行走，痛苦至极。经张富德医生连续治疗了三个月，奇迹般的好了。她特意来感谢张富德医生，深情地说："多亏你了，我真该早点来找你啊，要是早让你治，我也不会花掉那么多冤枉钱了。"

采访就要结束时，我问他："张医生你今年已73岁了，身体又不好，还要每天不辞辛苦地看病人，医院每月发给你多少津贴啊？"

"医院收入不好，只能发给我400元左右吧。"

我摇了摇头说："不多不多。"

"津贴多少我不在乎，只要我还能为人看病就心满意足了。别看我每天辛苦劳累，可只有这样，才感到活得幸福，活得充实，活得有意义啊！"

接着我又问他："照这样说来，这病你还要继续看下去了？"

"一息尚存，看病不止，一直要看到我咽下最后一口气。"

（原载《情系政协》）

# 幸福使者

——记市政协委员、长治县立新正骨医院院长常立新

张保善

在上党,“大胡子医生”的容颜几乎无人不熟,“常立新”这个名字几乎无人不晓。这也许是因为他是市政协委员、曾两度荣获“长治市十大杰出青年”、身兼“山西省光彩事业理事会理事”的缘故,也可能是他的高超医术在一个个痊愈患者口中竖起的一块块“广告牌”……

**“我要当一名最好的正骨医生”**

刚过“而立”之年的常立新,满腮早已蓄满了长胡须,给人一种老成深沉、儒雅大度的印象。

常言道有志不在年高。1987年,刚刚走出校门,时年17岁的常立新便执意到襄垣后堡潞安矿务局总医院骨科,找在此任主治医师的舅爷爷学医,发誓:“要像爷爷一样当一名最好的正骨医生!”

当时该院骨科在晋东面乃至山西省早已声名远扬,慕名而来的省内外求医者络绎不绝……常常因医院床位少而使许多创伤患者不能得到及时救治,初来乍到的常立新把这一切看在眼里急在心上。白天手脚勤快地做着爷爷的助手,晚上如饥似渴地学习《人体骨骼学》、《人体解剖学》、《骨科原理学》等大量专著,充实着自己空白的头脑。

几个月后,爷爷将立新拉到自己的跟前神态严肃地说:“立新呀,从今日起你就是爷爷的正式徒弟了!”“这是真的?”喜形于色的立新就象风雨过后看到了彩虹。

自此,爷爷手把手地教立新临床手法正骨医术。立新白天临床学习,晚上钻研理论知识,并在自己身上反复模仿练习。

与此同时他还拜手法正骨造诣很深的骨科几位教授、专家为师,不耻下问,虚心好学,像久旱逢甘霖的幼苗汲取着丰富的医学营养,沐浴着阳光雨露的滋润……

有志者事竟成。常立新终于掌握了“手法正骨法”的基本功。

是金子总要发亮。经过3年多干中学、学中干的学医之路,常立新的心头萌生了一个大胆的念头:自己开一个骨科诊所,为病人解除痛苦。

一个刚刚20岁的年轻人,要独自闯出一条自己的道路、开辟出一片施展才华的天地谈何容易。论技术,自己只是初出茅庐、小试牛刀,要资金,自己拿不出千元……但困难难不倒英雄汉。没有场地,暂时租赁了刘家山矿的4间门面和地下室;没有器械,父亲卖掉了家里的小卖部,凑齐万余元资金购置了必备的医疗器械和病床。1989年3月,在爷爷和父亲的支持下,一个名为“后堡创伤正骨专科经坊门诊部”的诊所,在位于长治县经坊村长陵公路旁开张。

自此,常立新又迈出了人生新的一步。对前来求医的创伤患者,他既当医生又当护士,时刻关注着患者病情状况,并亲自为患者调理食补,送到床前……

在此同时,立新还主动深入村户为行动不便的患者服务。开始是为经坊、韩店、苗村等周边群众上门

诊疗服务,渐渐地他的诊所服务范围扩大开来。

常立新,这个原来人们陌生的名字,渐渐地被熟悉,认识并传播开来,名声越来越大。

幸运之神总是青睐那些志向远大的人。常立新正是具备了远大志向,才使得他牢牢将命运握在自己手中,凭着常人难以想象的毅力和付出一步步走向成功。

**“只有医术精湛,才能让患者满意”**

常立新清楚:掌握高超的医技医术是一个医生为患者解除痛苦、缩短疗程、节省费用的根本。他在吸收爷爷手中传统的手法正骨医术的基础上,不断兼容多家正骨专家的特长和优点,立志要创立一手具有自己独特风格和优势的“手法正骨法”。他利用请进来指导、走出去上门请教的途径,先后请潞矿总医院骨科的杨建业教授及张云芳、李长晋两位手法正骨专家和市人民医院骨科主任崔树科大夫来诊所进行临床医学指导,立新耐心细致地聆听着一字一句的传授,仔细观摩着恰到妙处的一招一式,品味着其中的科学奥秘……师长的言传身教似汩汩甘甜的乳汁滋润着立新求知若渴的心田,哺育着他在医学之路上茁壮成长。

丰硕的果实总是垂青为之付出心血和汗水的人。常立新凭着自己的灵性和勤奋终于在临床中创立了集民间传统正骨医术与现代骨科医学为一体,并蓄各家正骨门派之优长、凝聚自己多年临床经验结晶的“手法正骨法”。常立新的手法正骨法,采用动静并用、手法复位、骨筋肉皮兼顾等技法,利用现代骨科高技术手段辅之以中医药结合的治疗,加快患者康复和巩固。该医法具有手法轻柔、手术精湛、患者痛苦小等特点。与传统正骨及其正骨医术相比,以其痛苦小、见效快、花费低、方法简便等独特优势,受到广大患者欢迎。

追求者的目标是无止境的。为避免骨科创伤患者在创伤部位再次增加新的创伤,常立新在初诊创伤患者后,总是迅速地利用X光透视设施再行仔细地会诊,对每一个患者都能因伤情而异迅速制定出治疗方案。能在无创伤下完成的治疗,他从不采纳有创伤的治疗方案。

**“为病人解除痛苦、减轻负担是我的天职”**

随着常立新医术的提高和诊所知名度的扩大,现有的几间门市已远远不能满足病患者的要求,已难以容纳络绎不绝、蜂拥而至的住院患者。是看摊守本停滞不前?还是激流勇进把诊所做大?常立新没有让机遇从自己眼前错过,适时将诊所从经坊村搬迁到了苗村木器厂,租赁楼房30多间,床位也较过去增加了50多张。同时,投资20多万元购置配备了现代化诊疗设备,医护人员也增加为20余人,正式将“立新正骨诊所”更名为“立新正骨医院”。自此,走上了规范化运作的轨道。

1996年,常立新又在东苗村的全力支持下,征地3亩,投资100多万元,在长陵公路苗村口一侧,建筑起一幢欧式门诊治疗大楼。同时,又投资30多万元,购置了B超机、X光机、心电图机、心电监护仪等一批现代医疗设备,配备设置了门诊室、X光透视室、B超检病室、病理化验室、手术室、住院部,建成了功能完善、集门诊、住院为一体的现代骨科医院,医院病床由40余张增加到100多张,医护人员达到60余人,同时,为患者尽快康复着想,安装关节功能康复锻炼器,设置了“患者健身房”。

正是常立新的良好医德和精湛医术才使立新正骨医院充满无穷魅力。有人给住进立新正骨医院和住进某家大医院的相同创伤患者算了一笔经济账:在立新正骨医院治疗费用仅200元,住进时间为半月或

1个月,无须“二次创伤”;而住入某大医院医疗费用则至少需2000元以上,治疗周期需4—5个月,况且往往还要遭受“二次创伤”之痛苦。立新正骨医院的优势不言自明。这也正是立新正骨医院充满魅力的奥秘所在。

据不完全统计,立新正骨医院建院近20年来,接诊的病患者已达10万人(次)之多,为患者节省和减免的各项医疗费用在100万元以上。至于为患者节省工时带来的效益,更是一个无法计算的巨额数字。同时,他十分乐意参加社会公益事业活动,县里每年组织的“送医下乡”活动,常立新第一个踊跃参加;县政协光彩事业活动中,他常常无偿提供设备、药品,服务百姓;医院所在的东苗村无论修路,还是建学校,他总是慷慨解囊捐献;汶川特大地震发生后,他亲率医疗队火速奔赴灾区,救治伤员上百名;一些贫困家庭的孩子上学难,他一连资助20多名“穷孩子”入学……一次次无偿捐款、捐物累计达10余万元。他,无时不在向社会表达着自己的一片爱心、一腔热忱……

如今的长治县立新正骨医院已从一株弱不禁风的幼苗,茁壮成长为一棵浓荫蔽日、枝繁叶茂的参天大树。一座投资300多万元的住院部大楼拔地而起,医院的60余名医护人员业务水平迅速提升,充满无限生机的创伤正骨医院将会给更多的群众带来福音。

(原载《情系政协》)

## 雄山脚下铸丰碑

郭海波

站在风云涤荡的改革浪潮中,他用一个企业家的气魄、胆识和一个共产党员的心胸、情怀,在巍巍的雄山脚下,谱写了新的华丽篇章。他就是长治市十二届政协委员、长治县十一届——十四届人大代表、县工商联副主席、县东山煤业有限公司董事长——郭孝科。

郭孝科,土生土长的长治县荫城镇人。近年来,东山煤业在他的带领下,秉承“团结拼搏,艰苦创业,依靠科技,勇攀高峰”的企业精神,将一个名不见经传的小企业发展成为集开采和洗选烟煤和无烟煤的现代化新型企业,振兴了地方经济,造福于桑梓百姓。

长治县东山煤业有限公司位于长治县荫城镇东,距市区25公里,与长陵公路毗邻,交通便利。矿区井田面积1.527平方公里,现开采15#煤层,年核定生产能力15万吨。他视安全生产为企业发展之本,对企业管理不断进行规划创新,建立健全了一套安全生产制度措施,使矿井安全生产能力得到迅速提升。坚持以人为本、科学发展,他将改善职工工作生活环境列入企业发展的长期规划之中,先后对矿井进行技改,总投资1000余万元,新建矿区职工宿舍20余间,新建职工澡堂110平方米,新建监控室、电控室、提升机房,使生产工作环境焕然一新。

富而思源、勇担社会责任是一个成功企业家义不容辞的职责。近年来,他先后投入大量资金支援家乡的新农村建设。为荫城镇庄头、木坡村修路栽树投资50余万元;为庄头村安装健身器材投资4万元;位卑未敢忘忧国,2008年“5.12”汶川大地震发生后,他一次性向灾区捐款10万元,表达了一个共产党员的赤子情怀。

2008年,他在长治县苏店镇投资3000余万元新建高标准、现代化的养老活动中心项目。该项目被长治县县委、县政府确定为2008年全县12项惠民工程之一。养老活动中心项目是他响应长治县委、县政府号召落实党中央、国务院构建和谐社会政策的义举,该项目的建成将为长治县的老年人提供一个"老有所养,老有所学,老有所为,老有所乐"的好场所。工程占地面积12299.50平方米,建筑面积10813.25平方米,建筑功能分为A、B、C、D连廊5个区域。其中,A、B区为老年居住区;C、D区工作人员居住、办公活动区;D区为就餐、供热区;连廊为连接A、B、C、D四个区域的通道和就医区。养老活动中心拥有200余套公寓标准间,水电暖卫生设施齐全,能同时容纳400余名老年人居住生活,同时可提供30多个就业岗位,整座建筑物为花园式主题造型。目前,该工程已进入尾声阶段,即将投入使用。

这就是郭孝科,他把自己的信念、品格和追求,坚定而执著地写在雄山脚下,在"努力超越,追求卓越"的企业精神指引下,在无数摸爬滚打锤炼中,悄然建起了一座大写的丰碑。

(原载《情系政协》)

# 煤海写春秋

崔晋慧

一副结实的腰板,一张黝黑的脸庞,着一身朴素的棕色休闲装,说话声音洪亮,走路稳健有力,办事雷厉风行,他就是赫赫有名的长治县王庄煤业集团公司董事长,市、县政协委员,十三、十四届政协常委李平书同志。他,四十载扎根矿山,情洒一方土,丹心献煤海。而今,他仍初衷不改,孜孜奉献在长治县煤炭战线上。

## (一)

1949年4月,李平书出生在长治县贾掌镇原村一普通人家。这位共和国的同龄人,伴随着祖国成长的脚步开始了他一生的追求。打记事起,父辈的勤劳、刚强和乐于助人的品德就深深影响着他。"男子汉靠自己的本事吃饭"这句话成为他"为人生"的准则。光阴荏苒,转眼他已长成一血气方刚的北方小伙。1969年8月,他中学毕业后分配到长治县王庄煤矿上班。这在当时,是多么令人羡慕的工作啊,虽然人们那时习惯叫它"小王庄",以区别长治北面的大型国营煤矿"大王庄",但那又怎样呢?毕竟从此他端上了"铁饭碗"。李平书却不这样认为,他是个非常有抱负的人。他认为,他的事业才刚刚起步。上班第一天起,他就暗暗发誓,一定要在这里干出个名堂来。刚开始,他对矿上的工作一窍不通,领导就让他干些杂活,烧炉工、下料工、采煤工、修理工、电工……可以说矿上所有的工种他全都领教过,吃了不少苦,流了不少汗,他无怨无悔,而且样样工作都干得很出色,从中他体验到了劳动的快乐,也掌握了一套套实用技术,慢慢地,他年纪轻轻就成了矿上的"行行通"。工友们佩服他,领导赏识他。上班第二年,他就光荣地加入了中国共产党。那年,他21岁。

从一名普通矿工到一名光荣的共产党员,李平书的思想境界一下子提高了。他明白,党就是工人阶级的先锋队,作为一名党员,就要时刻牢记党的宗旨,充分发挥党员的先锋模范作用,带头作表率,吃苦在前，享乐在后，为企业、为党、为国家作出更大更多的贡献。决不能看摊守本，要用知识武装头脑，靠智慧创造财富，要节能降耗，要改变矿区落后的生产面貌，建设一流的现代化矿井。从此，他与时间赛跑，白天争分夺秒干工作，晚上孜孜不倦啃书本，多少个不眠之夜，在工友的鼾声中，他废寝忘食，如饥似渴地捧读钻研一本本《地矿工程学》、《地质构造学》、《矿井勘探》等煤矿专业书籍。困了，用凉水冲把脸，饿了，啃一口硬馒头。功夫不负有心人，几年下来，他学到了不少矿山管理知识。系统的理论知识加上他丰富的实践经验，为他日后一步步走向成功积累了资本，奠定了基础。芝麻开花节节高，他从煤矿采煤队队长，到煤矿生产科科长，再到煤矿副矿长，他的"官"越当越大。工友们在羡慕的同时，都不由得伸出了大拇指，发出了内心的赞叹："李平书是个人才，是个当领导的料"。1984年，众望所归，他理所当然地当选为王庄煤矿矿长，企业法人代表。

(二)

天行健，君子以自强不息。李平书当上企业一把手后，可谓"大权"在握，但是他从不专权，不以权压人，他以民主求团结，始终坚持把矿长的中心地位同矿党组的核心地位统一起来，做到大政方针集体决策，具体工作分工负责，领导班子团结战斗，被县委、县政府称为"放心班子"。在他的领导下，王庄煤矿矿务公开的形式和作法在长治县工交企业出了名，全矿涉及费用开支的9大科室33项费用逐月公开，其典型经验在全县推广。同时，他非常重视职代会的作用，积极支持职代会工作，广开言路，鼓励职工为企业发展献计献策，凡是职工提出的合理化建议，一旦被采纳，都要当场给予奖励。他深信，一个企业的领导，只有把职工当作企业的主人，职工才会为企业分忧，才能形成合力，众志成城战胜困难，保证企业健康发展，在激烈的市场竞争中立于不败之地。他常说，"煤矿工作最艰苦，煤矿工人最辛苦，我当官，不为别的，只是想多为国家出点力、多为矿工们做点事。"四十年来，他恪守"壮大煤炭企业、改善职工生活"两个基本原则，努力做到言行一致。他认为，企业不发展，老是守着现有的摊子，怎么能与时俱进?同时，职工作为企业的主人，企业不发展，职工生活条件怎么能改善?只有发展企业，职工的主人翁地位才能体现，企业才能发展壮大。四十年来，他固守那方黑土，始终以一颗平常的心，信守着自己的承诺，书写着自己的人生，为矿区的千家万户，描绘着心中的理想王国。那个昔日年产10万吨的小煤窑。在李平书的大手革新下，一天天壮大起来，从10万吨、60万吨、90万吨、120万吨，目前正向着180万吨的现代化矿井冲刺。四十载，万物更迭变换，王庄煤业风生水起，以旧貌换新颜。不变的是他那一颗永远为党、为人民、为矿山奉献的心和与之相伴的黑金黄土。抚今追昔，那一个个驶去的年轮仍难以忘怀。

——2002年，在煤炭市场极度疲软的情况下，他审时度势，发动职工集资入股，筹集资金1750万元，进行了60万吨煤矿技改，形成了采运流水生产线作业，矿井供电系统形成了双回路，实现了低位放顶煤一次采全高技术，技改工程投产后，实现了日产量3000吨，达到了年产60万吨的矿井生产能力，这是向现代化矿井迈出的实质性步伐。同年，又筹集资金230万元，对原有双轨4吨箕斗提升系统进行改造，采用大倾角皮带提升，工程仅用一个月时间，即全部完工，投产达效后，日产原煤4000吨，具备了年产90万吨的生产能力。

——2003年，响应上级"关井压产"调产政策，自筹资金3000万元，开始对矿井进行年产90–180万吨配套改造，历时一年，120吨矿井生产能力改造结束。同时铺开的还有"续建铁路专用线"工程。2003年5月1日，由郑州中原公司牵头的5家承建施工单位进驻王庄开始基建，工程历时18个月，全长5.9公里，投资3100万元，占地155亩，建涵洞8座，桥梁1座，土方20余万方，拆迁各类民房5户，迁移坟墓115座，今年11月26日，工程全线贯通，并顺利通过各部门验收。这标志着该矿已形成拥有16.5公里的铁路专用线和一个占地50亩的集运站的销售网络，同时也为180万吨销售能力奠定了坚实的基础。

——2004年底，他们又紧锣密鼓地吹响了向180万吨现代化矿井进军的号角。

工程建设期间. 在李平书的工作日程表上没有星期天，也没有节假日。每天从早上6点一直忙到深夜，零点交接班的矿工总能看到他办公室的灯光，三秋如一日，这盏不灭的明灯凝聚了企业的灵魂，温暖了矿工的心窝。

(三)

人生的价值在于奉献，事业的成功在于拼搏。李平书的这句座右铭是他对人生和事业的精辟见解，又何尝不是对他本人的真实写照。

工作中的他一丝不苟，原则性很强，他经常下井到一线检查指导工作，对违章作业的处理从不手软，也不徇私为己；生活中的他却平易近人，随和谦恭，乐于助人。他的内心装满了矿工兄弟，矿工出身的他对煤矿工人的疾苦和艰辛十分了解，对矿工充满了爱心和关怀。他今年60周岁，已落下不少病根，医生劝他做全面检查，他总是没时间，确切地说，他心里只装着企业和在企业上班的几百号矿工。他经常挤出时间去看望离退休职工，哪个职工生病住院了，他都挂在心中，哪个职工家庭有困难，他都带头资助……

四十年来，他为人为官，矿工们有口皆碑。为人，他以职工利益为己任，四十载扎根矿区，不计得失，矢志不渝地为建设一个现代化矿井而奋斗拼搏，永不言悔；为官，他淡泊名利，不图回报，四十载清风两袖，始终保持着一个共产党员的本色。他的所作所为，党没有忘记他，人民没有忘记他。荣誉的桂冠一个个戴在他的头上："县特级劳动模范"、"三民两优"优秀矿长、1993年、1997年、2003年先后被省煤管局、省煤炭厅命名为"安全生产先进工作者"，1985年他还光荣地出席了山西省第五次党代会。荣誉面前，他从不居功自傲，他总把自己的成功归功于全体矿工——"没有大家就没有我，我只是大家中的一个代表。"多么朴素、多么诚挚，这就是李平书，一个充满睿智、富有胆识的当代企业家，一个务实稳健、追求无止境的煤海之子。

(原载《情系政协》)

# 饮水思源　知恩图报

## ——记长治县政协常委、山西振义煤业有限责任公司董事长李建生

牛小亮

山西振义煤业的所在地，是潞州八义瓷窑的发端之地，这里人杰地灵，从来不乏天降之才。始建于1980年的山西振义煤业有限责任公司(原名窑沟联营煤矿)，2004年经改制核准后更名为山西振义煤业有限责任公司。李建生凭其创新的思维和开阔的胸襟，执掌起振义煤业的航舵。

一个企业家的人生观直接影响着企业的发展方向和定位。李建生接手企业后的短短几年，是企业发展史上建设最快，职工收入增幅最大、得到实惠最多的几年。企业整体形象在李建生求真务实的实干当中

得以提升。以李建生为首的矿委班子领导坚持以科学发展观为指导、以“科技兴矿”为依托，狠抓安全生产无事故。公司现拥有煤田面积 2.4656 平方公里，原煤储量 1110.85 万吨，年设计生产能力为 30 万吨。

李建生不断强化管理、深化改革，为企业发展投入了大量资金。2008 年投资 1000 余万元建起了矿区挡风抑尘网墙；投资 2000 余万元新建科研、办公、餐饮、服务于一体的综合性办公大楼，除此之外，企业还实施环境保护和生态绿化工程，矿区绿化、亮化、硬化等总投资达 360 余万元，而总投资 2400 余万元的“心水果茶”迁址扩建项目已在筹建之中。

振义煤业所取得的成绩，得到了上级领导的高度评价。连续三年荣获市、县级先进单位，文明单位，模范工会。安全生产先进单位等光荣称号。

企业的健康、快速发展体现了一个企业家的智慧和胸怀。饮水思源，知恩图报。随着企业实力的不断增强攀升，李建生将捐助公益事业由同情、感恩上升到了企业的义务和责任。短短几年来，他先后投资 12 万元支持家乡教育事业、向社会慈善事业捐款 28 万余元、投资 700 余万元兴建了一所高标准的现代化寄宿制学校、网球场，投资 100 余万元用于支持新农村建设。2008 年 5 月 12 日的四川汶川特大地震发生后，李建生先后向地震灾区捐款 3 万元，又缴纳特殊党费 2 万元。

李建生的义举赢得了社会的广泛赞誉和高度评价。多年来，他先后被长治县县委、县政府评为安全生产先进工作者、先进企业家、先进党务工作者、捐资助教模范，并于政协十四届长治县委员会第三次会议上光荣当选为政协常委。

（原载《情系政协》）

# 心中始终装着老百姓

——记县政协委员、长治县荆圪道村党支部书记、村委主任赵国祥

牛小亮

荆圪道村位于长治县东南山区。全村 276 户，928 口人，耕地 621 亩。就是这样一个名不见经传的偏僻小山村，经过短短几年的努力，很快成为集时尚建筑与传统民居相结合，现代文明与田园风光相融合，公共设施与人居环境相和谐的社会主义新农村，得到了国家、省、市，县各级领导的高度评价。

谈到荆圪道的巨大变化，群众都会竖起大拇指，称赞他们的好带头人——荆圪道村党支部书记、村委主任赵国祥。

## 花自己的钱办集体的事

几年前，荆圪道村还是一个贫穷闭塞、默默无闻的“落后村”。人心涣散，怨天尤人，连乡镇干部下乡也尽量绕道走。村里有本事的，都扑棱着翅膀往外飞。

渴望过上幸福富裕生活的荆圪道人，在 2003 年 1 月的村委会换届选举中，把土生土长的赵国祥推上村委主任的位置。2004 年 7 月，赵国祥又被推选担任了村党支部书记。赵国祥，这个在市场经济大潮中拼

打了20多年的硬汉，当时已是全县闻名的民营企业家，拥有自己的汽车运输队、洗煤厂。一贯热心公益事业的他，放弃了自己的企业，带着群众的重托、百姓的期盼，勇敢地挑起"村官"这副重担。

当时的荆圪道村集体无收入、学生无校舍、群众吃水难、交通不便利，严酷的现实摆在了面前。他和支村委一班人经过反复思考与研究，找出了全村经济落后的症结，制定了发挥资源优势和地理优势，壮大集体经济，发展个体企业，带动全村共同富裕的新思路。集体没钱，他就从自己家里垫。需要人力，他就动员党员干部投义工。要想富，先修路。他又筹资70多万元，修起了1700米长的通村水泥路，彻底改变了交通不便的落后面貌。再苦不能苦孩子，再穷不能穷教育。村里先后投资50万元，新建了一座教学楼，购置课桌30套，配置电脑20台、电视机6台，给教师增加了补贴，提高了生活待遇。

集体经济不发展，新农村建设就没有基础。村办煤矿几年前因经营困难被承包出去，要想收回集体经营，至少需要300多万元。在村委会上，干部们一听，立时傻了眼。300万元从何而来？如果煤矿搞不好，那得几代人来还债啊！因此，有人主张不收回，有人主张用"武力"解决。赵国祥却大包大揽，掷地有声："钱我来想办法，赔了算我的，挣了归集体。"赵国祥言出必行，经过东挪西借，终于筹足300万元，通过法律渠道收回了煤矿经营权。而后自己又主动垫支100多万元对煤矿进行技术改造，恢复生产。此后随着经济的发展，又投入技改资金2000余万元，把年产6万吨的小煤矿改造成为年产原煤30万吨的中型煤矿，为壮大集体经济，解决群众就业难、致富难找到了出路。

赵国祥为了集体利益，不怕自己赔钱为群众办实事，大伙儿心里踏实了，放心了。赵国祥在群众中威信更高了。

## 集体的事大家说了算

集体经济的好转，使一些党员干部打起了个人的小算盘。有的想把自己的亲属安排在企业主要岗位上，有的想把集体的钱全部分光花尽。按说赵国祥有职有权，最有条件谋私利送人情。但是他始终坚持公开、公平、公正，一碗水端平。

赵国祥兄弟四个，他排行老大，老二在洗煤厂，老三跑出租，老四经营运输。他的媳妇也是本村人，兄弟姐妹也不少。赵国祥对他们说："进村办企业的事都不要找我。谁有能力，自己到外面闯。"因此，安排企业负责人，由村党支部，村委会集体提名、推选；企业用工优先照顾贫困家庭；搞村政建设花钱，采取公开招标，集体采购。

2005年以来，荆圪道村先后投资5000万元，新建了村委办公楼、学校，硬化大街小巷，打深井、安装自来水，新上大型现代化养殖场，建广场、体育场、社区服务中心、……每一项支出，每一项工程，坚持集体研究，公开招标，定期召开党员会、支部会，群众代表会，对党务、财务，村务及时公布，并由村纪检监督小组全程参与监督。在村里主要街道设立举报箱、公开举报电话，自觉听取群众的意见和建议。在村内建设廉政文化一条街，营造廉政建设的浓厚氛围。

公生明，廉生威。赵国祥带领的支村委成为群众信得过、靠得住的"铁支部"。

## 群众的利益时刻挂在心上

2005年，在村内街道改造中，石岸工程由于质量差，造成了塌方。在支村委联席会上，赵国祥对所监管工程出现的质量问题主动自罚1万元，弥补给集体造成的损失。在他的带动影响下，支村两委对所有出现质量问题的工程都主动承担责任并作了经济处罚。洁思养殖有限公司施工建设,占地多,涉及的党员、干部也多。在用地补偿费上,干部、党员和群众一视同仁,没有一个人多要集体一分钱。

群众的疾苦,赵国祥始终挂在心上。村民车启富由于家庭经济困难,母亲去世后,赵国祥主动从家里拿出1000元上门慰问。他还与支村委一起研究决定,村里的特困户享受定期补贴。对村里考上大中专学校的家庭发放助学金。他还动员自己的亲属,从自己经营的洗煤厂利润中,每年为群众发放白菜、米、面等生活用品。

党风正、民心顺。赵国祥的一言一行让百姓放心,更得到广大群众的支持。煤矿搞技改,71岁的群众田反则,主动让地,支持集体经济发展。村里搞村政规划,群众都主动按照集体的安排建设新房。村里的卫生工作,家家户户积极配合,保持街道干净整洁。

如今,漫步荆圪道村中,一排排整齐的别墅式小洋房新颖别致,一片片绿地花草透着沁人心脾的花香。平坦蜿蜒的青石路、依山而建的休闲广场,超市、商店、医疗所等便民设施应有尽有,让人仿佛置身于一个充满城市气息的社区内。荆圪道正朝着"功能齐全、设施完善、环境优美、群众幸福"的农村城市化方向迈进。赵国祥和他的乡亲们正满怀信心,在建设和谐、文明、富裕的新农村征途上,大踏步前进……

(原载《情系政协》)

# 文史资料选编

## “干草会”举义始末

清朝末年，朝政每况愈下。对外割地赔款，乞求和平；对内敲诈勒索、贿赂盛行。人民怨声载道，于是在义和团举义之后，在我县西火一带又爆发了“干草会”农民起义的壮举。

### 桥头举义

1919 年 9 月 10 日，受武昌革命军起义的影响，我县“干草会”农民起义就在雄山乡桥头村爆发了。

秋去冬来，又是一年的最后几个月了。有一天，桥头村铁匠赵铁钟与农民苏小兴等闲话，谈到“穷人难度腊月寒”时，有人提出向村里富户焦海春借粮借款，并推出赵铁钟为代表和焦家交涉。

焦海春是桥头村的大绅士，也是全村有名的富豪，他得知这一消息后，便将赵铁钟、苏小兴等叫到他家里，私设公堂，大加整治，并一再声言要把他们送西火县佐，以法处之。这就激起了赵铁钟等人的怒火。在忍无可忍的情况下，赵铁钟、苏小兴和东火村的袁顺兴为首率众举义。起义前，以“干草”为火炬，浩浩荡荡游行于闹市，人们称为“干草会”。

长治县“干草会”于 1919 年 11 月正式组织起来以后，提出了“打倒乡绅、老财，抗交苛捐杂税”的口号，正式推选赵铁钟、苏小兴、袁顺兴三人为头领，并以“鸡毛信”的形式向各村发出，信中写道：“火烧恶乡绅，抗粮抗捐要行动”；“一家出一人，一村传一村，打富济穷人，人人要关心”。“鸡毛信”发出后，各地民众纷纷响应。一时，人山人海从四面八方聚集桥头村，所以，桥头村就成了长治县“干草会”农民举义的发生地了。

### 严惩贪官污吏

1919 年的 11 月，“干草会”的起义军，手执“火炬”，浩浩荡荡奔向焦家。焦海春一家闻讯早已躲起来了。“干草会”开进焦家大院后，一边开仓放粮，一边放火烧房，一些围观群众大叫大喊：“焦道干（焦海春的小名）要烧你个干崩干……”跟随群众人山人海，拍手叫好声不绝于耳。

火烧焦家后，“干草会”当场提出：

先烧西头焦海春，
抗租打霸救穷人。
村村恶绅都烧尽，

安安稳稳过光景。

火烧焦家后，队伍稍作整顿，然后率众出村，沿路群众自愿入伍者络绎不绝，成群结队一排二三里。队伍出了桥头村，开进荫城镇。在荫城镇广大群众的簇拥下，陆续将荫城镇恶霸李宁恕、桑梓村的恶绅崔贵牛等几十个财大气粗、仗势压榨人民、无恶不作的恶势力，一样在众怒声中放火焚烧，面对冲天大火，这班平日骑在人民头上作威作福的吸血鬼们，一把火烧得他们气焰全消。

桥头村“干草会”的义举，轰动全县。随之，八谏乡也在师庄农民郭德和韩店镇的靳来旺、靳水则的倡导下，先后带领农民将八义村的陈治生、南泉庄的裴恩厚、东和村的李作仁以及苏店镇的陈天佑等劣绅土豪的房舍一烧而尽，紧接着太平乡在关村农民陈双马、冯丙寅的带领下，率众出击，先将捉马的乡绅焦俊生的房屋烧毁，并将罪大恶极的焦俊生扔进了火里烧成灰烬。“干草会”因此声名大振，“干草”之火燃遍全县。这一举惊破了乡绅恶霸胆，吓得知县藏县衙。知县陈汝光迫于众怒才胆战心惊地登门解围，但无济于事。

“干草会”入城后，火烧了清朝举人罗缔珍和北街绅士杨观惠的房子，然后入县衙向知县陈汝光提出：免粮免税。陈汝光被迫答应，“干草会”数千人众遂兴高采烈退出县衙。

### 爱憎分明铁纪律

长治县“干草会”农民起义军，始终以“打富济贫”为宗旨，所以深得众望。从 1911 年 7 月起事至次年 2 月与知县终于达成协议。这期间，由于“干草会”纪律严明，专抱打天下之不平，深得人心。所以这次起义，几乎人人卷入运动，村村涌起浪潮。乡村那些乡绅土豪，几乎无一幸免，而对众多百姓则秋毫无犯。他们有六条纪律：一、抗粮抗捐；二、火烧恶绅土豪；三、不窃取任何财物；四、不牵累左邻右舍；五、不连累好人，伤害百姓；六、以红旗为志，插旗者烧，无旗者保，倘有违者，严惩不贷。所以社会秩序井然，民间各安其所。

### 受蒙蔽，又告失败

“干草会”的起义，因受当时历史条件所限，加以官府的欺骗，即以目前利益的实现而自行解散。

“干草会”解散后，各乡绅齐集县衙纷纷上告。如太平乡附城村大绅士刘祖尧、北街绅士杨观惠以及五龙乡山头村的范子才等向知县提出要求：一是赔偿损失；二是严惩肇事者。知县陈汝光未敢擅自处理，即请知府刘焕衢请准山西省当局派潞、泽、辽、沁镇守使杨沛林来长治镇压。于是关村的陈双马、冯丙寅、桥头的赵铁钟、师庄的郭德清、韩店的靳来旺、靳水则等先后被杀害，被烧绅士，却获得了加倍赔偿。“干草会”农民起义，虽以失败而告终，但对一贯横行乡里、鱼肉人民的恶霸豪绅等封建统治者，却是一个沉重的打击，使他们认识了人民的力量，懂得了“善有善报，恶有恶报，不是不报，时间不到”的客观规律。

## 长治县义和团起义概述

1986 年 7 月 25 日

王子清、申维汉供稿

### 兴起与发展

轰轰烈烈的义和团运动在全国兴起以后，各地纷纷响应。我县义和团运动，是从晋城、高平等县传播发展起来的。

当义和团举义的消息传到我县以后，苏店镇的农民李元和、韩补眼等人带头组织参加。他们按照义和团的宗旨与信条，挂标志、树信号，安排家家门上挂红灯，门楣上一律标以“义和团神用”五个大字。并积极倡议：凡参加义和团的群众，都要“效关平、周仓之忠，学唐僧取经之志”。平常读书、念咒、焚香礼拜，并以练功为本，个个手舞大刀，左右盘旋，风雨不辍，以显神勇。他们坚信，只要功到神自助，他们的口号是“天降神，义和团，打洋鬼子保中原”和“劝奉教，入团练，不叫黎民忘祖先”等，有反帝爱国的含义。那时，长治城内的大街小巷也贴有“天无云，地焦干，全是洋鬼子遮住天”的标语。这些口号、标语起到了唤起民众，灭洋救国的作用。

长治县的义和团很快发展到3000多人，于光绪二十六年(1900)七月间，先将贾村、柳林教堂焚毁，并杀死罪大恶极的教民10余人。随之，又与高平的义和团合在一起(高平义和团住长治城南关帝庙内)，于同月下旬，将长治城内的天主教堂也烧了，并将打伤了义和团团勇的教徒武纪昌于十字街头当众镇压，吓得荷兰的高神甫连夜逃往河南林县去了。长治城有一教徒武冬景，背着两个大元宝往泽州(今晋城)方向逃窜，也被义和团团勇劫杀于途中。这样，城内所有的教民惊恐不迭，自动汇集于县衙，纷纷要求出教，改邪归正，不再借助洋势，崇信洋教，背国害民了。

长治洋人洋教清剿归正后，义和团又转战潞城、马厂、天贡等村镇，将教堂焚烧。义和团给帝国主义者借传教以愚弄中国人民的阴谋一个沉重的打击，显示了中国人民不可侮。

### 可悲的结局

义和团的反帝斗争，激起了帝国主义对清王朝的不满。1900年8月，英、美、德、法、俄、奥、意、日等八国联军，联合向我天津、北京等地进犯。在京津危机的情况下，西太后和光绪皇帝逃往西安，并派遣庆亲王奕劻和直隶总督北洋大臣李鸿章为议和全权代表(实为卖国代表)，向帝国主义乞求和谈。光绪二十七年(1901)九月七日，清政府在北京和帝国主义签订了丧权辱国的《辛丑条约》，把一个轰轰烈烈的义和团运动镇压下去了。

义和团失败后。当时，长治县知县刘守春一面勒令烧教堂，杀教徒，让团勇身穿孝服为死者送葬立碑外，一面派县卒到苏店捕捉李元和等。李元和闻讯后，集聚团勇多人将县卒围打出村，并当场击毙一人，余者狼狈而逃。而后，知县又二次派官兵40余名围攻苏店。翌日，正逢李元和为儿子娶妻之日，趁李不备，突然包围，将李家大大小小一律捆绑押赴县城。不久，李元和就从容就义了。

这次义和团的反帝斗争虽然失败了，但却使一切帝国主义者认识到一条真理：“中国人民不好欺”、“中华民族不可侮”。给企图瓜分中国的一切帝国主义吃了一副清醒剂，使长治县人民明白是非，分清了敌我。

## “五四”运动对第五高小的影响

李应选

1919年春天，那时，我刚交十五岁，考进了本县第五高级小学校，校址就在东和村。

当轰动全国的“五四”运动传来长治以后，县城里的省立第四师范、第四中学以及第四女子师范、第三职校等大中学校的学生受北京各大专院校的影响，在长治街上开始了游行示威。于是，全县的五所高小也轰动起来。我所在的第五高小，计有3个班的学生共150余人，在第一班班长崔俊杰的率领下，也排队上街，手举小旗，沿路高喊:“收回山东权利！”“废除21条！”“惩办卖国贼!”“拒绝巴黎和会签字”等口号。在罢课游行的第二天，学生们组织起来，佩带“宁死不买日本货，坚持不要缠足女人”的黄色圆形布质徽章，表现了新一代青年学生对当时那些封建统治者崇洋媚外和对内残酷压榨的不满。

我们五高小驻在东和村的西陵寺，这个寺院规模较大，所有正殿以及四眼阁都挤满了神胎泥像。弄得学校连个上课的地方也很紧张。在那个封建迷信的时代里，任凭拥挤也无人敢动神胎一指。“五四”运动高潮一到，师生们听到北京的大学教授、文人、学者都主张破除迷信，他们大胆挣脱封建礼教的羁绊，向封建统治者宣战。在此影响下，我们也提出了:“向北京学习，向神胎要教室”的口号，发动学生将神像的双臂打掉，有的把眼睛挖去，然后抬到野外一砸了事。这样，既解决了学生的校舍和教室，也动摇了统治中国几千年的封建迷信思想。

“五四”以前的高小，学生大部分在上初级小学时就读完了《四书》、《五经》，到了高小，这些科目、课程虽不另外设置，可是，在一个星期内也要适当地安排讲解一两次经学，内容着重是讲《论语》。据说，这是“温故而知新”。所以学生每在自习时间，除必须背诵所上的国文课外，还特别安排了在初小时所上过的经书。有的读写《千字文》和《论说精华》，有的复习《孟子》、《古文释义》、《东莱博义》等古典著作。至于作文，仍然离不开之、乎、者、也的文言八股。写出的文章，越古奥难懂，越认为是上好的文章。

“五四”传来的文化新风，对我们这些学生和老师，有很大的震动。以前一向好弄古董、说话咬文嚼字的同学，也千方百计地抄几篇时髦文章、白话文读一读。这样，逐步把学校的文风扭转过来了。所以说“五四”运动，在长治县的文化战线上确实是一次启蒙运动，它有力地冲击了几千年的封建礼教，解放了思想，为光明的未来，揭开了新的一页。

## 抗日时期四中的一次学潮

文史办

1943年初春，长治四中在学生王振德等几位同学倡导下，举行了一次激动人心的“九一八”纪念大会。会议未开以前，校方千方百计予以阻挠，把学校大礼堂也控制起来，门上加了两把大锁。门锁了但锁不住同学们的爱国热忱，他们冲破种种阻力，终于在校园内举行了集会。这个纪念活动，对长治各个学校影响很大，使团结抗日的火焰越烧越旺。

纪念大会后，校方立即采取了报复行动，把王振德等几个积极倡议的同学开除出校。除名榜一贴，全校学生纷纷抗议，与校方对抗了半月之久，数次张挂“除名榜”，均被同学们所撕。这次学潮，在社会上反响很大，激起了群众的抗日救国热情，打击了卖国投降者的气焰。

## 抗日决死三纵队在小宋

郭保珠采访整理

1938年秋,山西抗日决死三纵队队部驻扎在长治县小宋村。队部设有旅部、宣传部、军需处、特务连、文工团等,共四百余人。

三纵队部所属十几个团,有九万人的兵力(包括部分骑兵),遍布在小宋村十五里以内的村庄里。

决死三纵队纪律严明,处处以人民利益为重。军事法庭经常受理一些民事诉讼案件,并判处过七八个严重违法乱纪人员的死刑。其中有贪污军饷军粮的连长,因而取得了广大人民群众的信任。

当时,正当国共两党第二次合作时期,决死三纵队由两党共管,但主要军事权仍掌握在国民党手中,我党在军中主要搞宣传活动、军纪教育,常以说书、唱戏、家访、张贴标语、做士兵和群众的宣传教育工作,进一步发动群众,团结一致,开展抗日救国活动。至今,人民忆及三纵队驻扎小宋,仍怀念不已。

## 北宋河沟截汽车

秦国珍

1941年的农历4月初,驻荫城镇的日本侵略军,在一个大雾重重的早晨,就急急匆匆地从荫城开出三辆军用大卡车,车上帆布篷盖得严严实实,随车日兵荷枪实弹,如临大敌地开出荫城,急忙向西南方的南宋方向驶去。车到达北宋河槽附近(即现在的北宋水库所在地)时,被我军提前放置于汽路上的树木、石块所阻拦,车不能继续前进。当日军下车搬取障碍物时,被我四面埋伏的抗日游击队突然袭击,搞得敌人晕头转向,慌作一团,有的当场被击毙,有的钻入车轮后面,有的凭车顽抗。北宋河滩一时枪声大作,一霎间汽车上的篷布被枪弹击掉了,车上装载的武器弹药也被击中着火,噼里啪啦的爆炸声和战斗的枪炮声混成一片。趁混乱之机,我八路军游击队的战士,奋起向汽车队进击。汽车附近仍有几个日军带伤顽抗,经过激烈战斗,最后全被我军击毙。等到荫城据点的日军得悉赶来救援时,这里已是车毁人亡,尸骸遍地了。

## 上党名丑——王和则

文化局供稿

名丑王和则,系我县东掌村人。十四岁时,随班学艺,先后在潞城的王曲"三乐班"、屯留"乐意班",长子县南呈"三乐班"等戏曲老家干过,与梆子戏里颇有名头的仁楼、楼子、白计则等名角为师兄师弟。

王和则学艺，一开首就攻唱丑，由于他刻苦好学，勤于练功，不久成名，艺满潞府。他与当时的名丑宋东发(苍蝇)齐名。

王和则唱丑出了名，各路戏班争相竞邀。每逢"七月初一"长治物资交流大会期间，晋东南的各路剧种都进府献演，人才荟萃，名角齐集，共展技艺，各显千秋。那时，长治城内，四街高搭彩台，分上、中、下三层，每层都是五彩缤纷的玻璃制作，光辉夺目。上层为假人假马扮装的故事；底一层即是戏班演出的台地。那时节，各显技艺以争夺观众。在这种情况下，王和则就成了各家戏班争夺的对象了。就凭他那副"铁嗓子"、"钢牙口"，一出声就满场叫好。群众啧啧称赞说："还是和则的把式"。于是，观众如潮涌向他的台下。

1943年，王和则和段二森、张桂枝、平福成共赴太原演出，王和则在古装戏《黄河阵》中扮演申公豹，获得太原各界人士的好评，并多次为此披红挂彩以示赞誉。

王和则唱丑出了名，四面八方有人请，他的身价也随着抬高了。单说"盘缠"，平常一个台口也得八、九块或十几块银元。如有一年，在本县团山村唱戏，一些富户人家，乡绅、地主破例赏他二十块银元。又一年的正月初六，他一个人从南宋东掌老家起身到潞城的"三乐班"去集中，路经长治城，被城里的大商号东家掌柜们拦住不放，非要他住长治唱两天戏不行。王和则万般无奈，只好留下与票友们同台唱了三天。临走时，四街商号纷纷酬谢，为王和则送行，仅东街的"同茂号"和西街的"同心元"两个商号就酬金三十元。由此可见一斑。

王和则唱丑，在上党地区方圆百里闻名遐迩，就是凭着自己的不懈努力，有了技艺而发了福。他一生一心走正路，不坑、不骗，挣得一份辛苦钱，新建了一院新房，并成了家，第二年又为亲兄弟买了一匹骡子。

王和则弟兄五个，唯有他破例进了戏班，唱了戏。他父亲一再阻拦，骂他是"败坏门风"的"败家子"。王和则踢破清规戒律，冲开了道道白眼与讥笑的世俗偏见，走出了自己的道路，用自己辛勤所换来的艺术，扭转了贫困的家境，为当时的"戏子"们增添了光彩。

王和则扮戏扮得好，扮什像什，名不虚传。他在《乾坤带》中扮演的焦光普，表白清利，身段优美，活现了一个身在北番、心在宋朝的可敬可佩的人物；又如《十美图》中的太监，他扮相凛然。在审严嵩读状子中，一字一句，句句清晰动人，把感情、气氛、语调、音量融于一体，似青云直冲霄汉，如瀑布直下幽谷，使奸相严嵩，面对事实，臭汗淋淋，无言以对。再如他在《九仙台》中扮演的伍尚，当唱到："乌鸦不住头上叫，不久大祸来到了……"两句时，悲愤交加，场场叫好。尤其是见到伍子胥以后，由嘻笑、冷笑、苦笑、悲笑直到狂笑，段段哭声均使台下观众心碎胆裂，为伍子胥一家的遭遇深感悲伤、深表同情。

1943年，在日寇统治下，潞、泽地区遭受特大灾荒，大有光绪三年之状："路有冻死骨"、"时闻狼叫声"。王和则就在这个时期，逃生太原，好容易找到了侄儿也是徒弟王成则，想找个谋生之路，谁知叔侄相见，抱头痛哭一场，生活找不到，无奈才找老乡，觅亲友东凑西借凑了50元伪钞，送叔父上火车返回老家。王和则下车后，就碰到几个老搭档，他们说：任超的三乐二班，在潞城的贾村一带演出。他得到消息，带病找到戏班，饱饱吃了两碗面条。谁料，多日挨饿，一旦饱餐，结果在回老家东掌的半路上死亡，终年33岁。

从此，上党失去了一位地方戏的名丑演员。

# 日本在西陕村的罪行

1938年,日本帝国主义侵占我上党地区不久。在我县荫城镇的西陕村,曾经发生过一起震惊全县的日本侵略军残酷屠杀我平民百姓的大惨案,这就是我县历史上骇人听闻的“西陕大屠杀”,也叫“西陕惨案”。

西陕村,位于我县东南部的老雄山脚下,解放前,全村大约有40来户人家,200多口人,属荫城镇的一个小村庄。

1938年的农历三月初五,正是荫城镇传统的清明节会。东方刚刚发亮,就从八义方向开来了日本鬼子的一个中队,当日军进入内王村东边时,突然遇到早已埋伏在老雄山的我抗日游击队和民兵的联合袭击,日军被这突然的冲击,弄得晕头转向,又不敢贸然进攻,只得停下来,朝着雄山发炮猛击,顿时,雄山上一片火海。

西陕村的老百姓,听到密集的枪炮声,知道日本鬼子来了,都纷纷躲藏。青年农民李铁则、李黑猪等,一面保护群众躲避藏身,一面派人到村外巡逻放哨,察看敌人的动向。

巡哨的小伙子叫李胖东,他一出村就发现老雄山上的松林已大火熊熊,烟尘满山,鬼子的炮弹还一个劲儿在半山上爆炸,20多个日本兵正向村子走来。看到这里,他便扭头回村报讯,刚刚走了没几步就被鬼子发现了,日本士兵一边向他开枪射击,一边吆喝紧追,胖东一看跑不脱,一闪身躲藏在一堵土墙后面,警惕地注视着敌人。

在村里正忙着保护群众转移的李铁则等,听到村外枪声越来越近,估计敌人已经进了村口,便迅速集中了几个年轻人,手持红缨枪,朝村外迎着敌军跑去。他们刚跑到村口就发现敌人正向村里逼进,于是立即隐蔽起来,准备与敌人拼斗。

追赶李胖东的几个日本士兵不见了胖东的人影,以为被打死了,就放心向村里走去,一个日本兵手端步枪刚走进胖东所隐蔽的断壁,就被胖东用红缨枪给戳死在地,李胖发拔出枪头正要举步撤离时,被后面赶来的日本兵用刺刀刺穿了胸膛,一个血气方刚的青年就这样倒在了血泊中。

日军在炮火掩护下,继续向村里逼进,一个矮个的军官,嗷嗷地喊叫着走在最前面,这家伙刚走到村边一个房子跟前,就被李铁则猛一枪扎透了胸膛,后边跟随的一群鬼子见势,气得嗷嗷大叫,一边喊,一边向李铁则以包围的形势逼过来。李铁则一看这群恶狼扑来,他满脸怒气,毫无惧色,对准走近自己的一个大个子鬼子兵猛扑过去,两手抱住一起滚滚进了附近的一口水井里,与鬼子同归于尽,光荣地牺牲了。

日军一见还未进村,连续丢了三条命,怒火中烧,便立即命令在村边一场高地上架起机枪和迫击炮向村里射击,一时枪弹齐发,烟尘蔽天,整整打了一顿饭时辰,直打得村里房倒屋塌,硝烟弥漫,敌人才拥进村去。进得村后,见房就烧,逢人就杀,进一户,杀一家,家家过,户户到,一直搜到村大庙以东的一个草房时,突然发现了一个地洞里藏着人,敌人朝着洞口叽儿咕喽地喊成一片,见无人答理,就向洞口塞入干草,倒进煤油,点火燃烧起来,这一下,洞里隐藏的26个群众被烟火烧死在洞里了。其中有十八九个妇女和小孩,也有躲不动的五六个老人。

在这场血腥大屠杀中,死得最惨的是李铁则一家。

李铁则同敌人滚打牺牲后，他的爷爷、奶奶也被日寇吊在房梁上满身浇上煤油火化成灰。父亲、母亲、叔父、叔母也被鬼子用刺刀挑破肚子，把肠子一条条地挂在树上折腾死了，两个孩子被砍了头，其嫂子被7、8个日本兵强奸后用刺刀当场刺死；全家18口人，除其弟李小根和妹妹躲藏在外幸免以外，其余都惨死于日寇屠刀之下。另外，宋成则一家5口全被杀死，崔少英的6口之家死了4个，少英年轻的妻子被侵略军轮奸后，用刺刀砍去了一条腿一条胳膊，死于非命；产妇李景则正在生小孩，孩子刚露头就被这伙强盗一刀砍成两截，双双死于血泊中。就这样，40多个日本侵略军在西陕村，从早晨到中午，整整烧杀了半天多时间，共屠杀西陕村大小108口，占到当时全村人口总数的78%，造成重伤致成终身残废的9人；6户被杀绝，烧毁房屋80余间，抢走各种牲畜、家畜150余头(只)。一个富裕喧闹的山村，成了静寂、悲惨、冷冷清清、凄风苦气的山野了。

3月8日，抗日牲盟会派人给西陕村遭难的村民送来了救济粮，也送来了党和爱国同胞们对西陕难民的关怀，西陕人民面对亲人，在感激与对侵略者的愤怒中，发誓奋起抗日，消灭战争，永保世界和平！至今西陕村附近几个村庄还流传着这样的顺口溜：

三月初五正清明，
村里闯进日本兵。
爱国青年血气刚，
手执红缨战敌群。
刺死几个日本兵，
惹得日寇发了疯。
机枪大炮齐叫唤，
大街小巷血淋淋。
杀了一百单八口，
剩下孤儿寡妇几十人。
血海深仇不能忘，
消灭战争卫和平。

(姚慧民遗稿　阎志宁整理)

# 抗日战争时期的长治县概述

牛立峰

1937年，我县的抗日组织随着形势的发展而日益活跃。特别是八路军的一二九师进驻长治以后，他们贴标语、散传单，广泛宣传党的抗日救国政策，并大量地揭露国民党、阎锡山的反共滥言，出现了全民抗战，团结抗战的新局面。

1943年春，粉碎了日军的九路围攻，抗日烽火遍及全县。随着抗日牺盟会的出现，党领导下的抗日救国力量更为活跃了。当时的口号是:“有人出人”、“有钱出钱”、“有力出力”;二是团结起来,打击坏官、坏绅、坏人,扶助好官、好绅、好人;从此让人民群众,划清界限,惩罚严明,借以反对国民党反动派的反共阴谋活动,从而摧毁阎锡山的反动政权。当时,我县县委的公开牌子是“八路军工作团”,县委书记是王琳,县城西街驻有八路军总部民运部,部长是黄镇同志,群众亲切地称他为黄部长,在长治一带影响极大。

在县委的领导下,我县牺盟会出面组织了抗日自卫队和抗日游击小组。同时,训练地方基层骨干。紧接着工救会、农救会、青救会、妇救会等组织也如雨后春笋一样,相继出现,抗日之花遍地开。

1939 年,日军二次侵占长治。随着形势的突变,全县出现了三个政权:一是日本直接统治下的日伪政权;二是与日伪勾勾搭搭的国民党县政府,县长是聂士庆;三是我党领导下的抗日县政府,当时的县长是张燮堂。三足鼎立,两厢对峙。党中央根据日、伪、顽互相勾结反共的形势,提出了“坚持抗战,反对投降;坚持团结,反对分裂;坚持进步,反对倒退”的口号,与敌、伪、顽进行了针锋相对的斗争。1939 年下半年,国民党顽固派在全国发动了又一次反共高潮。山西的阎锡山认为:“中日不议而和,国共则不宣而战。”所以,他首当其冲发动了“十二月事变”,矛头对准共产党、牺盟会、决死队,致使抗日武装遭到损失。当时的县委和抗日县政府只好随八路军从西火、大掌等村开始向壶关、平顺等地撤退。到 1940 年 6 月,地委决定:克服重重困难,重新开辟长治工作,先成立公安局,总共十几个人。局长武雄密、指导员贾本成(王董村人)。1942 年,康宇接任局长,当时,公安局的任务:一是恢复党的基层组织;二是动员和组织群众对敌斗争;三是对敌伪人员进行分化瓦解;四是了解敌情;五是打击汉奸、特务和坚决与人民为敌的顽固分子,为民除害。

公安局成立以后,开始只在晚上活动,并分头到各村进行宣传和组织工作,张贴散发传单。一日,收到一份传单,传来了百团大战的胜利消息,这一胜利消息,大大鼓舞了群众,震慑了敌人。

1941 年至 1943 年,我方工作有了进展,但斗争又进入了更为艰苦的阶段。因为日军将矛头由国民党直接转向了我抗日力量。他们实行了“强化治安”,并对我在敌占区的工作人员和进步群众实行了大包围、大清剿。国民党顽固派也同时发动了又一次反共高潮。就在这时,国民党县长聂士庆暗地投降了敌人。他们互相勾结,使我方腹背受敌。既要门前打虎,又要后门拒狼,斗争十分艰巨。就在这种情况下,太行四分区武工队于 1942 年 3 月成立了,原公安局人员全编入武工队。军区还派来几十名排以上干部作队员。队长秦绪贤(四川人),政委霍正光,牛力峰任文书,任务除行使公安局工作外,还要开展政治攻势和武装斗争,要像一把钢刀插入敌人的心脏。并配合正规军夜袭敌人的据点,扒铁轨,割电线,以牵制敌人的力量,打乱敌人的部署,因而粉碎了 1942 年日军对壶关、平顺的扫荡计划。

从此,长治县的工作进入了一个新时期。这一年,地委派万青主持县委工作,又派史宏泉、张苏斌等同志充实抗日政权。政府也相继建立,县长是郑国栋,机关驻扎于平顺、壶关、长治的边缘地区,并成立了一、二、三区。一区在北门外,区委书记王玉山;二区西门外,区委书记牛力峰;三区在东门外,书记是鲍德山。

1944 年,薛明接任县委书记后,时间不长又调往东北,由王琳接任。为了响应毛主席提出的“扩大解放区,缩小沦陷区”的口号,进一步对敌开展斗争,1945 年 4 月,又在荫城一带建立了一个新一区,牛力峰任区委书记,兼武工队政委,一直到“8·15”日本投降。

日本无条件投降后,阎锡山派史泽波率军占领长治。我军在刘、邓指挥下连攻五城,肃清外围,歼敌 35000 人,一举攻克长治。这就是有名的上党战役。1945 年 10 月,长治解放,人民得以重见光明。

# 长治县城沦陷记

抗日战争时期,长治县城曾先后两次为日本侵略军所占领。

第一次是于1938年的2月13日,日军的“108”师团,从京汉线上的邯郸地区发兵向我晋东南地区进犯;侵略者的铁蹄踏破河北、河南两省,进入我省的东阳关。2月19日,日寇先头部队近3000余人,进逼我县县城北门。当时,镇守县城的是国民党川军47军“311旅”。47军的指战员们严阵以待,先将四门把紧,即奋起抗击,日军侵略军利用了其陆军、空军的优势,两下夹击,妄图一举而下,结果未能如愿。

国民党47军为保卫县城,身冒弹雨,英勇抗敌,面对侵略者的飞机、大炮,无所畏惧,鏖战两天,日军始终未能攻下县城。

21日上午,日军侵略者集中炮火将北关城墙的一处打开一个缺口,相继向城内爬进;川军守城司令“311旅”的旅长李光源,亲率将士,挺枪而上,与日军肉搏巷战。副司令李光渊负伤后,营、连、排长杨狱民、夏抗涛,前仆后继,浴血奋战,至死不退。有的带伤激战直至战死沙场。后来,因寡不敌众,致使守城将士除少数从南城墙撤出一部分外,其余的均壮烈牺牲。长治县城遂于1938年2月21日沦陷。

同年的4月27日,我八路军三五五旅收复长治。日本侵略军少数部队由长邯路逃往武安,大部分侵略军则向晋城以南溃逃。

第二次是于1939年的7月,日军侵略者“109”师团奉命从榆次、太谷一带,窜进子洪,发动了对长治地区的第二次进犯。7月30日,我县县城再次为日军侵略者所占领。直到1945年的8月,日本无条件投降,长达6年之久。6年中,由于日本侵略者“三光”政策,使我县城乡人民遭受惨重的损失,令人触目惊心。

## 一、人口损失惨重

长治县城的人口在日军侵占以前为24139人,6年时间减少了3648人。其中:被日本侵略者无故杀害的463人,被抓去当壮丁没有下落的119人,被日伪军投毒致死的27人,被抓折磨、病饿而死的2203人,因灾荒、战乱、逃亡他乡无音讯的263人。

1945年,县城解放时,城内军民被日本侵略者打伤致残、流浪街头者653人,因惊、恐、饿而卧病不起的680余人,少衣缺食、终日起卧街头的1681人。

## 二、耕地损失惊人

抗战前夕,我县城关计有耕地29690亩。日军侵占6年中,修碉堡、筑炮楼、挖战壕、设据点、开沟、砌墙以及围扎铁丝网,划禁地、设靶场荒废侵占耕地达4470余亩,比原来减少了耕地15.8%。

## 三、粮食损失数字大

抗战前,全城粮食总产为30830904石。在日本占领后的6年时间,减为29619837石,较战前减少了1211068石。

在占领的6年里,日军抢劫、烧毁粮食,计2344251斤,强征硬派粮食3843531斤。

### 四、房屋损失更严重

抗日战争以前,县城内共有房屋 45928 间。6 年中,由日本烧毁、拆除了 14471 间,损失达 9.1%。

### 五、大牲畜锐减一大半

1938 年前,全城计有牛、马、驴、骡等大牲畜 1133 头。到 1945 年县城解放统计损失了 704 头,占原有大牲畜的 62.14%。

### 六、劳动力损失更寒心

日本侵占县城以后,无休止地抓夫、派工,修筑碉堡达 239 个,每个堡垒、据点均需用工 6406 个,合计征用民工 1529068 个;修据点、筑工事 94 处,每处需用工 600 个,合计征用民工 54600 个;修炮楼 210 个,每个用工 200 个,合计征用民工 42000 个;修公路 61 段,征用民工 235200 个;修封锁沟壕 28 段,征用民工 25030 个。

其他差务,亦颇繁多,仅一项日寇每天征用民工 191 个,总计为 1148377 个。综上所述,就民工征用一项,日军侵占县城后的 6 年时间,共征用民工达 3116078 个。

1945 年 8 月 15 日,日本无条件投降。8 月 23 日,驻守县城的日军司令原全福的 14 旅团把长治交给阎锡山军队后,即北撤沁县。从此,就揭开了保卫抗日战争果实的序幕——打响了上党战役的炮声。

10 月 8 日,伸手窃取胜利果实的阎锡山部队 10000 余人,随司令史泽波冒雨南逃,全军覆没于沁水的桃川。从此,满身创伤的长治人民才又重新回到了人民的怀抱。

(文史办整理)

## 缅怀郭世栋烈士

李应选

郭世栋,男,雁北浑源县人,家贫寒,世代务农。父兄常以不识字为憾,送世栋到太原读书时,世栋年仅 14 岁。入学后,受父兄勤劳俭朴之教益,刻苦钻研,孜孜不倦,为当时学校之优秀生。

“七七”事变,太原等相继沦陷,世栋鉴国家之危局,弃文就武,毅然参加了抗日决死队后,随军辗转至长治地区。因抗战需要,转入地方工作,亲率地方游击小组,四出抗日。时年 20 岁。

郭世栋,刚毅果决,少年英俊,言传身教,驭下有方,上自领导,下及群众,无不颔首称赞。

1942 年,正是战事纷起,敌伪猖獗之时,郭世栋同志担任了长治县第 4 区区长,带领抗日军民,活跃于全区,除奸锄暴,打击反动势力。根据毛主席的“麻雀战术”,相机行动,与敌周旋,保存了自己,打击了敌人,使一切反动势力闻名丧胆,无敢为害。深得抗日领导之器重,提任为“联络长”。随着活动范围的扩大,他经常出入于敌占区,活跃于长治、长子两县之边沿,如入无人之境,成为人民心中的“主心骨”,敌人眼里的“鬼见愁”。

俗话说:“国有贤士,敌国忌之。”烈士之英名,敌人闻之却步,遂欲处心积虑以除之。1944 年 12 月 24

日，郭世栋同志因公住宿团山村，被团山敌特李添盛得知，勾结辉河特务张大山，一起向驻韩店据点的敌伪告密。敌伪派保安团出发包围团山村，并逐步缩小包围圈，直至逼近郭世栋同志所住宿的小院。在既无战友相援，又没武器自卫的情况下，郭世栋同志仍然态度从容，镇静如山。他从敌人的枪声和行动中判断东南方向围兵较少，遂拔脚向东南方向突围，跑至该村窑沟处，被敌人乱枪击毙，终年刚刚 26 岁。

郭世栋同志牺牲后，全村干部群众，痛哭流涕，备敛入棺，安葬于本村北高岗，并立碑撰文以作纪念。从此，每年清明节，村上男女老幼为之扫墓，以慰英灵。

1962 年春，烈士之胞兄不远千里来团山搬取之尸骨。据其兄谈：世栋，14 岁离家赴并学习，从未回家省亲，太原失守，战乱不息，也不见书信寄家。20 余年，杳无音信，父母盼儿，望眼欲穿，直至 1962 年才从本处一个曾在晋东南工作过的同志那里得到信息，知弟牺牲于此地；承蒙团山父老兄弟错爱，立碑致祭，深表谢意。

在扶骨归乡之际，团山群众又隆重地召开了追悼会，敬颂烈士荣归故里。

在追悼会上，团山群众送有挽联、挽诗。摘录悼词两首如下：

其一

慷慨悲歌大钱堆，
投笔从戎离晋北，
壮志未酬宗泽恨，
功业已满坠泪碑。
蝴蝶梦中千里外，
子规声里不知归，
革命胜利父母愿，
化鹤归乡心无愧。

其二

抗日战争多英雄，
有文有武郭世栋；
四海为家干革命，
祖国处处是亲人；
太行山中抗敌寇，
抛洒热血为人民；
团山男女常怀念，
英雄世代传佳名。

# 长治县政协主席傅永祥访谈录

韩金保

**笔　者:**傅主席,您好!今年是全国人民政协成立六十周年,也是长治县政协成立六十周年。您能谈谈县政协将开展哪些庆祝活动吗?

**傅永祥:**为纪念这一伟大的历史时刻,我们将本着既节约又隆重的原则,开展一系列庆祝活动:首先要召开纪念县政协成立六十周年大会;其次要举办"纪念县政协成立60周年"征文活动,组稿编撰《情系政协》一书;第三要开展纪念人民政协成立60周年知识竞赛、政协委员书画摄影展以及乒乓球比赛等文体活动。此外,根据省、市政协安排,我们还将积极参加省市摄影展、演讲比赛等庆祝活动。

**笔　者:**傅主席,听说您来政协前一直从事党政工作,岗位转换后,感觉有没有什么不适应?

**傅永祥:**确切点说,我是2003年6月从县政府副县长的位置上转任县政协主席的。2007年换届,又得以连任。在此之前,先后在政府办副主任、乡党委书记、副县长等党政领导岗位上工作了20个年头,其中任副县长10年。到县政协工作后,感到政协工作与党政工作相比确实有自身的特点和规律,可以说从工作角色到职能、方法、对象都有所不同,好些方面都需要适应和转变。比如,角色上要适应从"主动"到"被动"的转变,职能上要适应从"实"到"虚"的转变,工作任务上要适应从"硬"到"软"的转变,思想上要适应从"忙"到"闲"的转变等。

**笔　者:**您是如何看待和适应这些转变的呢?

**傅永祥:**我感到任何事情都不是绝对的,充满了辩证法,在一定条件下可以相互转化,关键取决于我们的思想认识和自身素质。从几年的工作实践中,我体会到:政协工作的目标取决于四个要素,好的带头人,好的班子,清晰的思路,好的制度。这四个要素中,我作为"班长"起主导作用。政协与党政的关系虽然是参政和议政的关系,但如果我们能积极地履行职能,政协工作就能从被动围绕转化为主动参政;如果我们勤奋用心,淡泊名利,宁静致远,闲里也有大文章;如果我们能坚持虚功实做,同样能干出成效,产生实实在在的影响和作用;如果我们能创新制度,加强职能的制度化、规范化、程序化建设,软任务同样可以干得有声有色,同样可以大有作为。关键是要把握好思想不松劲、参政求实效、建言重质量,在人民政协这个新的岗位上照样可以作出新的贡献。

**相关链接:**近年来,长治县政协及其常委会认真贯彻中共十七大精神,高举中国特色社会主义伟大旗帜,牢牢把握团结、民主两大主题,围绕中心,服务大局,组织全体政协委员,认真履行政治协商、民主监督、参政议政职能,充分发挥协调关系、汇聚力量、建言献策的作用,为促进全县经济和社会建设作出了积极贡献。在每年的例会期间,都要组织委员对"一府两院"及财政预决算报告进行协商讨论,对各小组讨论意见,县政协及时收集汇总,并主动邀请县委、县政府领导参加小组讨论,面对面听取委员对全县工作的意见和建议,使不少意见建议得到及时交流和采纳。同时,还坚持把大会发言作为协商议政的又一重要形式,引导委员从不同角度,对全县经济和社会建设提出不少具有前瞻性、可行性的意见和建议,为县委、县政府科学决策提供了重要参考。

**笔　者：**有人说政协"不说白不说，说了也白说"，您对这一说法有何不同看法？

**傅永祥：**说实话，在我来到政协的这几年，确有一些委员的建议、提案没有得到很好的落实。这其中可能有多方面的原因，除了少数确有单位领导不重视之外，有些属于脱离实际暂时无条件落实，有些属于本身提得不够合理，没有说到点子上。只要能说到点子上，就可能不白说了。有一个例子很能说明问题：2006年，按照县委分工，我负责协调实施长陵公路长治市南关至本县经坊段翻修改造工程，原定投资2800万，计划当年完工。就在准备签订合同的时候，听到不少干部群众反映，认为原路改建不能适应目前和未来发展需求，希望借改建之机，在原路基础上适当加宽，修成起码十年不落后的准一级路。我们把上述意见带到政协常委会上，经过充分讨论，以议案形式向县委提出了报告。县委认为政协的建议具有前瞻性和可行性，随即召开四大班子联席会议，采纳了政协的建议，果断做出增加投资、在原路基础上左右各加宽3米非机动车道、修成一级路的决议，并责成县政协负责实施，使这项全长13公里、总投资5400万元、造福子孙后代的惠民工程得以当年顺利竣工。通过这件事，我体会最深切的一点是：凡事预则立，不预则废。给群众办事不能打官腔，什么尽快啊、稍后解决等。尽快有多快，稍后有多后，永远有多远？这种不切实际的承诺没有任何意义，瞄准了就要脚踏实地干成一件事。路在人民脚下，碑在人民心中。

**笔　者：**众所周知，长治县的经济增长幅度在全市13县区名列前茅，请问傅主席，您觉得在此当中政协发挥了哪些作用？

**傅永祥：**客观地讲，长治县的发展靠的是县委、政府的正确领导，靠的是全县人民的团结奋斗和共同努力。我个人认为，作为政协，在重大事务上，与其用心去创造机会，还不如更多地利用现有的机会。俗话说，众人划桨开大船，政协作为大团结、大联合的组织，什么时候都应高举团结大旗，团结能人做大事，团结好人做实事，团结有错的人不坏事。几年来，我们发挥自身优势，把专题调研作为参政议政的基本功，认真落实科学发展观，坚持把有关全县发展的难点问题、有关群众切身利益的热点问题、全县上下普遍关注的焦点问题，作为履行职能和开展工作的重点，组织和带领委员深入基层，深入群众，摸实情、听真话、建诤言，促进了全县经济和社会的发展。

**相关链接：**长治县是全国100个重点产煤县之一，70%的财政收入靠煤炭，煤炭已成为全县的支柱产业。特别是近几年，随着煤价的大幅上涨，受利益驱动，不少乡村热衷于发展煤炭企业，相对忽视了地面企业的发展。经过分析研究，县政协立足长远，从增强县域经济发展后劲考虑，确定把履行职能的重点和主要精力放到促进地面企业的发展上。主席、副主席带领各专委主任，历时半个月，走访了全县所有乡镇和数十家地面企业，召开了不同类型的座谈会、论证会。谈现状、摆问题、找根源、寻良方，经过周密细致的研讨论证，在政协常委会上形成了《关于落实科学发展观，加快发展地面企业的建议案》，针对全县经济发展中存在的发展不平衡、结构不合理、环境不宽松、服务不到位以及规模小、效益差等问题，提出了转变政府职能、加大扶持力度、积极创优环境等6条对策和建议。并针对地面企业发展中普遍存在的占地难、融资难等长期困扰和制约企业发展的瓶颈问题，提出了外引内联、尽可能利用倒闭破产企业的闲置资产等10多条建议和解决办法。县委、县政府据此作出了《关于进一步加快民营企业发展的决定》，并出台了相应的优惠政策措施，从各方面加大了对地面企业发展的扶持力度，在全县掀起了新一轮发展地面企业的热潮。在此基础上，为了进一步推动全局，县政协还认真总结本县无煤炭资源的郝家庄乡扬长避短、依托城市、因地制宜、以村带户大力发展民营企业的成功经验，建议县委、县政府召开现场会，在全县进行了推广。经过全县上下的共同努力,全县民营经济发展势头良好,不仅环境得到明显改善,项目投资成倍增长,发展速度明显加快,而且产业结构和产品结构渐趋合理,效益不断提高,尤其第三产业和养殖业发展迅速,已成为全县最具发展后劲的新的经济增长点。

**笔　者:**看来政协确实做了大量富有成效的工作,在此我还想了解一下,与其他县区相比,有没有自己的特色?

**傅永祥:**要说特色,就是立足"煤乡",着眼和谐,在积极探索建立以煤补农的长效机制、在促进全县的新农村建设方面我们做了一些探索和努力,当然,也收到了不错的效果。

**相关链接:**近几年,长治县政协组织引导全县政协委员,围绕建立以煤补农机制,推动促进新农村建设,组织了多次视察、调研,提出了不少有见地的提案,县委采纳这些意见和建议,筹集调产资金,筑起了以煤补农的"蓄水池";实施结对帮扶,开通了以煤补农的"直通车";出台鼓励政策,架设了以煤补农的"助推器"。通过建立三个长效机制,推动了以煤补农,强化了强农惠民政策。促进了农民增产增收,有效化解了长期以来屡次发生的村矿矛盾,促进了农村和谐发展。同时,也推动了煤炭企业的转型发展,促进了现代农业建设。

**笔　者:**听说你们长治县政协的办公条件在市辖 13 县区政协中是最好的,这当然取决于经济条件好和县委、县政府的大力支持。您能谈一下政协如何才能取得县委、县政府的重视和支持吗?

**傅永祥:**在这方面,根据我的体会,政协要想得到县委、县政府的重视和支持,首先要自觉服务于大局。什么叫大局?事关一个地方改革、发展、稳定、和谐的事就是大局;各级党委、政府正在带领人民群众做的中心工作就是大局。人民政协围绕两大主题,充分发挥三项职能作用,都应服务于大局,与党委、政府的中心工作对接合拍,真正做到思想上同心、目标上同向、行动上同步,人民政协才会特色强、定位准、作用大。其次还要善于换位思考,互相谅解宽容。我本人长期在党政领导岗位工作,有党政工作的体验。到政协后,更有时间学习和调研,可以静下心来思考一些问题,也更容易听到人民群众的一些真实意见,考虑问题比起党政岗位上更理性一些,遇事尽量体谅县委、政府工作的难处,尽量不提过高要求,不求全责备,处处从大局出发。由于历史原因,我县政协与县委机关长期挤在一栋旧楼内办公,条件十分简陋。虽然大家迫切希望改善办公条件,但我们考虑到县财政前几年比较困难,只能把美好愿望藏在心底。近年来,随着县域经济的快速发展和县财政状况的根本好转,我们适时地向县委、政府提出了改善办公条件的建议,得到了积极回应。两年来,县财政先后拨出专款 300 余万元,对原县文化馆办公楼进行加层、改造、装修,并新配备了空调、电脑、复印机及桌椅沙发等办公用具,更新了工作用车,政协机关住房拥挤、设施简陋的状况得到了较大改善。事实充分说明,作为县级政协,要想真正树立起应有的地位,首先要在促进全县经济和社会发展中有所作为,"有为"才能"有位"。

**相关链接:**几年来,长治县政协常委会积极配合县委、政府的中心工作,围绕实践落实科学发展观、新农村建设,全县"十一五"规划等重大课题,组织广大政协委员开展政治协商活动;围绕构建和谐长治县、发展非煤产业、建设农村社会保障体系等课题,深入调研献策;就全县的"三化"建设、农村新型合作医疗、生态环境保护和建设、农村剩余劳动力转移以及县城集中供热、医院建设等直接关乎民生的课题,开展不同规模的视察监督活动,形成专题报告 50 余篇,为党政领导科学决策、民主决策起到了积极作用。2007 年,县政协编撰的《历程》、《峥嵘岁月》、《长治县潞商》三本书分别荣获省政协当年文史资料一、二、三等奖。一度在全市排名落后的政协信息工作也首次步入先进行列。坚持每年春节前组织医卫界政协委员深入偏僻山村为困难群众免费义诊,已成为雷打不动的制度,等等。政协的出色工作得到了县委、政府和社会各界的好评。

**笔　者:**傅主席,您的任期还有三年,您能结合自己的工作体验谈一下如何做好县级政协主席吗?

**傅永祥:**根据我的切身体验,人民政协在整个政治体制中处于参政的地位,而作为政协主席在政协组织中则处于主导地位,要求很高,责任重大。要真正办好政协的事,充分胜任主席这一职位,首先要解放思想、转变观念、坚持学习、勇于实践、敢于创新,勤政为民;与各方面协商,形成清晰的工作思路;突出重点,每年抓住几项重点工作,抓出影响和实效;发扬民主,虚怀若谷,努力发挥委员的主体作用,形成工作合力;重视制度建设,用制度规范和创新政协工作,推进人民政协事业的新发展。只有这样,才能不负重托,不辱使命。

(作者系县政协办公室主任科员,原载《情系政协》)

# 往事可待成追忆

## ——对话陈一评

闫文秀

陈一评,北京市人,1946年出生于高级知识分子家庭,1969年哈尔滨工业大学电机系电器专业毕业,工程师,先后担任过长治飞华电器厂厂长、长治县政协第十二、十三届副主席、党组副书记。

**笔　者:**听说您的经历比较坎坷,能具体谈谈吗?

**陈一评:**要说坎坷,那都是时代造成的,没有哪一个人能脱离时代而按着自己的想法走下去的。我是69届哈尔滨工大毕业,当年没能分配,是因为受到父亲的牵连。父亲是国防科工委一机部的高级工程师,"文革"中受到冲击,被打成"反动权威"。我政审不合格,只好在家呆了一年。于1970年才分到地方,到当时的晋东南专区报到,本应该分到淮海机械厂的,可上边有精神,说是要充实地方的力量,便来到了长治县。初来乍到,两眼一抹黑,一个外地人,谁也不认识,县里管分配的一个干部好像是为了照顾我。他说,小伙子,你就到师庄去吧,那儿离火车站近,回家方便。我当时心里特感激他的,就高高兴兴地去了。结果一瞧那儿的情况,跟自己所学的东西丝毫不沾边,根本发挥不了自己的特长,心里感到很沮丧。后来听说苏店有个电器厂(飞华电器厂的前身),便自个找了去。厂长那人特别痛快,一听说我是这么个情况,二话没说,拉上我就去找县里那个管分配的干部,跟那干部说,这个大学生,我要了,你给他把手续办了吧。当时的电器厂实际上是陶瓷厂,比小作坊好不了多少,生产工艺落后,没什么技术含量,只是制作主席塑像什么的,产品没有销路,二十几个正式工,四五十个合同工,已经18个月没开过工资了。我到了生产技术科,因为厂子小,就啥也管,啥也干,主要跟几个人搞技术革新,改原来的陶瓷产品为机电产品,如电机、开关什么的。这样一直到75年,形势有所好转,小平同志出来主持工作,要提拔一批懂技术的充实到领导岗位,这时我被提拔为副厂长,1980年当选为厂长,1984年调到县经委,1993年当选为县政协党组副书记、副主席，连任两届，于2003年退了下来。

**笔　者：**据说有一次换届你差点当选副县长，如果得以升迁的话，会在仕途上走得更远一些，为何没有促成这件事？还有，你一心想从事自己的专业，也曾有过机会，是因为什么错失了那些机会？

**陈一评：**1984年我到政府锻炼，1987年突然心脏病发作，在太原住院期间，县里的主要领导去看望我时跟我谈过，说是准备让我当分管工业的副县长，因为在这之前，组织上考查时，对我的评价是最好的，可是后来由于种种原因没能选上，我也没找领导，我觉得当不当那都无所谓，我是搞技术的，当官并不是我的心思。我想的是，国家培养一个大学生不容易，很想找一个能够发挥自己专长的地方，为国家的现代化建设出把力。要说机会也有过几次，但个人的命运并不完全掌控在自己手上，它是随着国家政治形势变化而改变的。首先是因为受家庭的影响，如果不是因为父亲的问题，自己大学毕业后很可能会一帆风顺，很可能分到学以致用的地方，发挥比后来更大的作用。学校是负责任的，因为当初分配不当，后来调回过我的档案，想着给我重新安排，还给当地政府写过信，来过函，但后来不知为什么，没有任何结果。再后来经熟人介绍，要我到太原机械厂工作，可我经过了解情况后，发现那里并不能发挥自己的专长，因此也就没走。1978年全国科学技术大会召开后，父亲平反了，工作也恢复了，他仍在国家一机部当高级工程师。这时父亲跟我说，除了上海和西安外，其他地方的大企业你都可以去。当时我正好晋升为工程师，晋东南只有两个，我是其中的一个。当父亲知道这个情况后说，人家地方上对你还是蛮重视的，那你就干脆不要走了。我也觉得他说的有道理，这样走了怪对不住人的，所以就彻底死了要离开的心。最后一次机会是建山厂搬迁，人家是点名要我走的，说我的技术派得上用场，但由于身体状况不好，也就放弃了。

**笔　者：**许多东西都是历史造成的，那么你在远离自己专业的工作岗位上，在学术上有没有什么进展和建树？

**陈一评：**的确是这样的，之所以没有抓住机会，既有客观因素的制约，也有身体方面的原因。当时由于居住的条件太差，我得了风湿性心脏病，这个病很麻烦，先后做过三次大手术，换过心瓣，装过支架，体力严重不支。尽管这样，多年来我也一直没有中断对专业技术的研究，因为对这方面的兴趣很浓。1983年在长沙召开的中国电工技术学会节能学术研讨会上，在没有任何熟人和关系的情况下，我的论文《开关逆变式交流电力稳压器》成为大会的交流材料，得到与会专家、教授和学人的赞赏；1998年我的论文又在《中国电工》杂志上发表，我发明的“送电电源”也得过国家专利，发过专利证书，但由于当时经济条件的限制，没能投入生产，这事想起来非常遗憾。在大学时，我们班上一共25个人，在县里工作的也就只有我1个，他们当中有博士生导师，也有市长、司长什么的，应当说他们的作为都比我大。

**笔　者：**你在政协领导岗位上一干就是两届，这期间，你为县域经济发展出过哪些好点子，提过哪些好建议？你对政协工作的期待是什么？

**陈一评：**客观地说，我在政协还是做了不少工作的，在参政议政、提合理化建议方面都是尽了力的。比如，发挥煤炭资源优势、开发新的产业、转型发展等，但有的建议被采纳了，有的就没有，也许是当时的条件还不成熟吧。我一直在思考，我们要搞可持续发展，仅仅靠挖煤这种掠夺性开采是不行的，煤炭资源有限，挖完也就没有了，这是一种短视行为，必须同时开发和发展其他产业，比如加工业、养殖业、制造业、服务业等等。我们有这样的基础，尤其工业基础，改革开放初期，我们不是有过不少产品么，洗衣机、电冰箱、锅炉、矿机，还有沙轮什么的，为什么一个个都垮了，这个问题值得反思，不过，现在搞也还来得及，因为当年的那些技术骨干、营销人员、领导干部大都还在,还有一定的优势,如果再过几年、十几年那可真就不行了,县里要有这方面的长远规划,在政策上要大力倾斜,在经济上要大力支持,要不断扶持新的产业,并逐步做大做强,形成规模效应。

政协不同于政府,也不同于人大,应当说,政协在县域经济发展决策方面有着不可忽视的作用。政协是个很好的平台,很好的建言献策的渠道,完全可以大有作为。对于政协来说,一是要不断加强自身建设,提高参政议政水平和能力;二是广泛吸纳各种人才,想办法发挥他们的聪明才智,共同为全县发展出谋划策,发光发热。

(作者系十四届县政协委员,原载《情系政协》)

# 回忆中秋团拜会上的一次议政发言

张贵祥

时间应追溯到2001年的中秋团拜会上,参加会议的有县四套班子领导,各局负责人和政协各阶层的代表,地点在旧招待所北楼会议室。会议由贾圪堆主席主持,与会者对县委、政府的工作所取得的成绩给予了充分肯定,贾主席提出让我发个言。借此机会,我就大家所关心的热门话题黎都公园建设做了个简要发言。当即被时任县委书记王斗林所肯定,并当场指示樊志新副书记将我的发言内容与城建部门作具体研究,拿出个可操作的办法上县委常委会议决定。会后,我将发言内容进行了系统整理,并以社情民意的形式呈送有关领导及相关部门。

正是这次议政发言,引起了县委对黎都公园建设的高度重视,并列入了县委的重要议事日程。从2002年春天第一期工程开始,黎都公园的建设步入了有规划、有步骤、有要求的建设时期。至今历时八年多时间,由于历届县委、政府领导的高度重视,一个美景如画、布局合理、建筑宏大的黎都公园展现在全县人民的面前,并吸引了大批的外埠人士前来观光、旅游。黎都公园已成为我县的一大亮点。

这件事虽已过去了八年之久,至今仍记忆犹新,历历在目。感到欣慰的是我尽了一份政协工作者的责任,直言不讳地提出了自己的意见和建议,引起了县委的高度重视,并得到了认真落实。这不仅是对我个人的肯定和鼓励,也是对政协工作的支持和鞭策。这件事说明,政协委员要想体现自身价值,在参政议政方面真正有所作为,必须实事求是,出以公心,敢讲真话,决不可趋炎附势,随声附和。

附:

## 关于黎都公园建设中的问题及对策

关于县城西边羊头岭的开发问题,早在1996年春,县委、县政府就决定将森林公园的建设由陶清河水库改在羊头岭,这一决策很快得到了广大群众的积极响应。随着旅游业的发展,为了和炎帝在我县境内的活动紧紧联系在一起,又把羊头岭森林公园改称为“黎都公园”。从1996年春至今每年都在上边栽树,六年来已具有一定的植被规模，人们不分严寒酷暑，上山锻炼身体的越来越多。今年以来，县委、县政府把开发旅游资源作为发展县域经济的四大战略重点之一来抓，黎都公园的建设列入了县委的重要议事日程，并承诺在2003年使黎都公园正式投放使用，这是全县人民拍手称快的一件大好事。为了实现县委的这一目标，我想就黎都公园建设中耳闻目睹的一些问题，简要的谈点个人的看法供领导参考：

问题一：树粮争地矛盾突出。羊头岭既不高，面积也不大，六年来树苗多栽于荒坡，但也有不少栽在了韩店、黎岭、池里、西坡群众的责任田中，因此形成了树粮争地的矛盾，由于栽树占地补偿没有落实，有的群众干脆刨树种地。

问题二：规划不到位，树种单一。六年来基本上是那里好挖那里栽，那里石多就避开，布局很不合理，且树小又品种单一，几年来都栽的是小塔松和刺柏这样的小树，没有20年的生长期形不成规模。

问题三：缺乏管理，毁坏严重。六年来尽管财政拿钱、干部捐钱买树不少，但成活率很低。由于土地使用权没有被征用，加之山上无人管理，因而小树被刨被烧的不少。六十年代栽种的大柏树偷砍的、剥皮的随处可见，摇拽的，攀折的屡见不鲜，加之羊群的乱啃、乱刨使大小树木难逃厄运。小小的一个羊头岭，那能经得起如此践踏。

问题四：操作单位没有落实，管理责任不够明确。森林公园也好，黎都公园也罢，六年来仅限于县委春天发出的栽树号召，一年四季无人问津，所毁树木无人追究。

问题五：缺乏具体远景规划，没有界定公园范围。六年来仅限于春天的栽树，没有一处建筑景点，范围也没有界定，哪里栽树，哪里建什么景点无人知晓，如此等等。

由于上述问题的存在，致使黎都公园的建设六年来步伐缓慢，收效甚微。

为此，我提出以下几点建议供领导参考：

1.界定公园范围，尽快征用土地。眼下秋收将要结束，进入冬季，正是征用土地的大好时机。不解决土地使用权的问题，在老百姓地里栽树搞规划，行不通。错过今冬就又耽误一年，2003年建成公园就是空话。

2.规划明确具体，景观布置到位。明春从栽树、修路、景观建筑都应按规划要求来做，应避免种了刨、刨了栽的重复劳动。

3.树种要多样，树秧尽量大一点。这几年栽树都是小塔松和刺柏，生长速度相当缓慢，要使公园尽快形成规模，明春栽树可考虑针阔混交，就是松柏树也是宜大不宜小。

4.以单位定任务，树种景点一块分解。根据各单位的具体情况，把栽树、修路、建设景点具体分解，提出要求限期完成。

5.实施单位要落实，责任要明确。县委政府拿出实施方案后，必须把具体的任务落实到各单位头上，做到任务明确、责任明确，签订责任状，确保公园建成投入使用。

6.出台优惠政策，创造良好环境，吸引社会各界有经济实力人士到羊头岭投资建设，开发旅游事业。

7.组织写作班子或聘请专家学者，收集挖掘羊头岭乃至我县整个旅游景点的民间传说，增加景点的神奇性。

**(作者系十一届县政协副主席，原载《情系政协》)**

# 在政协工作的思索与感悟

韩金保

我是2003年底，确切地说是2004年元旦的前一天调到政协工作的。在此之前，曾先后在县委文教部、县委办、政府办、纪检委、体改委任职。前前后后在县委、政府机关工作长达30多个年头。到政协后，先是在经济委工作，而后也编撰过社情民意，屈指算来，在政协也已整整6个春秋。追忆起来，有诸多思索与感悟洋溢心间，借此机会，信手拈来几段，也算是在政协工作的一个小结。

## 一

“不入宝山，不知宝山蕴藏无价奇珍；不登高峰，不知天外有天风景迷人；不到政协，不知天地广阔前程似锦”。这是市政协一位老领导到政协后的感言。对此，我也深有同感。

尽管我长期在县委机关工作。但在政协战线上只能算是一名新兵。对人民政协的基本理论、基本知识，特别是对政协工作知之甚少。记得第一次写材料，就闹出了把政协委员称作政协代表的笑话。通过进入政协工作，才开始走近政协、熟悉政协，认识到政治协商制度是我国政治体制的重要组成部分，政协履行着神圣职责，担负着光荣使命，我为自己在岗的最后一站能成为政协大家庭中的一员感到荣幸和自豪。我深感咱们国家的政治体制设置得非常好，政协制度是一项伟大创新，完全符合中国国情，体现了中国特色社会主义的优越性。人们都说，政协是人才库、智囊团，此言确实不虚。因为来自各个界别的政协委员，不少是顶尖人物，社会精英。在各自的领域、行业、部门都作出过突出贡献，有过辉煌业绩。他们学有专攻，技有专长，不是专家教授，便是行家里手，反正都是我自愧不如的佼佼者。他们讲真话、说实话、有真知灼见；他们献良策、吐诤言，是铁中铮铮。和他们交谈，如春风拂面；听他们讲话，会茅塞顿开。由于位置超脱，他们的意见力透纸背、一针见血，他们的建议言简意赅，精辟超前。有人说，世界上最美好的东西，莫过于有几个头脑聪慧、心地正直，能够推心置腹的朋友。我能有幸到政协工作，和这么多的人交上朋友，彼此真诚互信，没有利害冲突，真乃人生一大乐事。

## 二

俗话说学会讨吃扔不了棍，学会杀猪撂不了刀。由于我过去长期在党政机关从事文秘工作，算是有点文字功底，到政协自然又重操旧业。担负起了工作报告、调研报告、领导讲话等文字材料的起草工作。大大小小的文字材料不知写过多少个，不敢说著作等身，摞起来也有二三尺高。

我这人有个特点，说不上是优点还是缺点，就是遇事太认真，为此虽也吃过不少亏，但至今仍本性难移，痴心不改。记得刚进政协，傅主席便让我帮助起草政协提案报告，说是“帮助”，实为代笔。当时自己新来乍到，连政协工作的术语概念都不熟悉。虽然自己当年曾给县委书记当过秘书，常言说三天不干手生，何况已间隔10多年不动笔墨，自知不像当年那样文思敏捷，因此丝毫不敢懈怠。为了写好报告，我查了很多资料，又翻阅了上级机关和历年的有关报告，斟字酌句，反复推敲，力求准确无误。2008年、2009年我连续两年担任大会资料组长，虽然主席对工作报告已经基本满意，但我为了精益求精，除自己修改外，还请县委办高手关炜同志帮助斟酌推敲。有人劝我，差不多就行了，不一定有人细看，何必那么认真。我却不敢苟同。在我看来，每年一次例会，层次高、影响大，委员中本就人才济济，又有四大班子领导到场，报告写的好不好，影响个人名誉事小，影响政协工作和荣誉事大。就连其他同志起草的材料，只要领导安排，我也视同己出，认真修改加工，绝不敷衍应付。青年同志向我请教，我就像当年老师对我一样，倾心相授，真心希望青出于蓝而胜于蓝，使政协事业后继有人。

2009年后半年，为了纪念全国政协和我县政协成立60周年，县政协开展了委员书画展等一系列纪念活动。我受命组稿编辑《情系政协》一书。按照计划，至少需要10多万字的文字材料，要求必须亲见、亲历、亲闻，范围局限于委员或者政协工作者。在稿源缺乏、时间紧迫、人手不够的情况下，我没有望而却步，为了按时完成任务，我千方百计组稿，废寝忘食改稿，亲自动手写稿，度过无数个不眠之夜，在领导和周围同志的配合支持下，终于赶在年底成书。也算在有生之年，为政协留下了一点成型的东西。

内行的人都知道写材料是个苦差事，要说忙，确实是忙；累，也确实是累。经常需要通宵达旦，节假日不休息也是常事。但我却能以苦为乐，无怨无悔。常有人问我为什么？我想主要有两点：一是责任在身，二是心情舒畅。傅主席信任我，我才能放手干；同志们支持我，我才能放心干。离开领导信任和大家的支持，我即便浑身是铁也打不了几颗钉子。借此机会，我向他们表示真挚的谢意。

三

调研视察是政协工作的重头戏。在政协工作期间，我先后参加过数十次调研和视察。通常事后都要写出相应的报告上报县委、县政府。由于我直接参与报告的起草和修改工作。我在撰写和修改报告时，尽量站在政协的角度，对所调研单位成绩高度概括，对问题实事求是反映，对意见建议下功夫挖掘，有时为了搞清问题，还要进行回访核实。2004年4月，在关于民营经济的调研中，我随主席、副主席历时半个月，跑遍了全县所有乡镇和部分企业，参加了不同类型的座谈会，谈现状、摆问题，找根源、寻良方，经过周密细致的研讨论证，形成了比较翔实的调研报告。报告中针对民营经济存在的重地下轻地上、结构不合理、环境不宽松、服务不到位等现实问题，向县委、县政府提出了“加大扶持力度、积极创优环境、实行龙头带动”的建议。针对民营企业发展中普遍存在的融资难、占地难等长期困扰和制约企业发展的问题，提出了“外引内联，充分利用闲置资产”等十多条建议和解决办法，引起了县委、县政府的高度重视，并据此出台了相应的优惠政策和措施，从各个方面加大了对民营经济的扶持力度。在全县很快掀起了新一轮发展民营经济的热潮。

这件事使我体会到，政协开展调研是为党委政府的决策服务，所以对政协组织来说，调查研究好比是“十月怀胎”，成果则是“一朝分娩”，能不能切实把凝聚着委员智慧的对策建议变成党委政府决策的参考和依据，是衡量我们调研成效的重要标准。因此必须扑下身子、深入调研、打造精品，才能真正发挥政协的作用。

四

政协工作最精彩的场景莫过于一年一度全体会议上的议政发言。会场内外庄严肃穆，台上台下座无虚席。一个个发言者慷慨激昂，声情并茂，一个个与会者神情专注、严肃认真，再加上县领导的到场，更增添了几分神圣,几分隆重。

我到政协以来,对每年全会上的议政发言特别好奇,认为是开阔视野,了解下情的极好机会。尤其是最近几年,领导安排我负责委员发言材料的把关工作,使我有幸成为第一读者。从中也发现过不少好材料,像农林界的郭玉斌,李书彬委员,文教卫生界的王玮、秦金水、李淑梅委员,党群界的王有明、李书玲、申文奇、刘素芳委员,他们的发言观点明确、主题突出、论述精辟、有的放矢,并能在发言时旁征博引将问题讲得清清楚楚。可见他们会前都进行了认真的调查研究,对情况掌握的又具体又清晰,再加上他们较好的表达能力,不时引来台上台下的阵阵掌声。尽管每年发言者都有新面孔,发言内容都有新变化,但他们饱满的政治热情,始终如一。

事实证明,正是这种参政议政的有效形式,对党和政府广集民智、科学决策提供了依据;使人民政协作为党和政府联系人民群众的桥梁纽带作用得以充分体现。自己虽然不是政协委员,但我能为自己借修改发言材料间接发挥参政议政作用感到欣慰和自豪。

## 五

说来也许是一种缘分。我和傅永祥主席已经是第三次在一起工作了。第一次是 1978–1984 年期间,我俩先后在县委文教部就职,后因文教部撤销,我和他分别去了县委办和政府办工作;第二次是在 2000–2003 年底,当时他时任副县长,而我因当时所在单位撤并到政府办,又有幸在一起工作了四个年头;第三次就是 2004 年他被选为县政协主席,我也随后进了政协。人常说,人生难得一知己。我和他从相遇、相识到相知,算来已经 30 年有余。尤其在我人生受挫、身处逆境的低谷期,门庭冷落,心情沮丧到了极点。而他却毫不避讳,多次登门,在世态炎凉中带来了温暖和慰藉。虽时过多年,那份真情、那份感动仍长留在记忆中。尽管他不断升迁,我和他由原来的同事变成了上下级,但在我心目中,他没有那种居高临下、盛气凌人的感觉,没有上下级的隔膜,倒更像是兄长和挚友。大到国家大事,小到家庭琐事,几乎无所不谈。尤其是他对同志、对朋友的那份坦诚,对事业、对工作的那分执着,对金钱、对名利的那份淡薄,着实令我敬佩。我常想,一个单位要想留住人,特别是留住有用的人,无外乎靠事业留人、待遇留人、感情留人。我到政协工作,既不为名也不为利,在某种意义上可以说是冲着傅主席高尚的人品和信任而来。俗话说,人无信不立,国无信则衰。信任是心与心的叠加,信任是情与情的延伸。被人信任,是做人的荣誉;信任他人,是为人的根本。我曾在一年春节期间给傅主席发过一条短信,原文是:世有渊明,菊花无憾也;世有白石,梅花无憾也;世有嵇康,琴瑟无憾也;世有伯牙,子期无憾也;吾有汝为友,今生亦无憾也!聊以表达真挚的情感和知遇之恩。

## 六

政协委员是社会各界、各方面的代表和精英,智力密集、人才荟萃。政协是各界人士互相学习、互相交流、互相促进的大学校,是有识之士畅所欲言、建言献策、集思广益的大平台。6 年来的政协工作,使我学到了很多书本上学不到的东西,感觉心胸开阔了,境界提高了,似乎站得更高、看得更远了。

快乐源于热爱,成功源于敬业。常言说,刀不磨要生锈,人不学要落后。我感到人的一生离不开学习,也离不开工作,热爱学习、热爱工作就是热爱生命,热爱生活。学习是政协的优良传统,我愿在这所特殊大学里,不断学习,不断进步,提升自我。

## 七

我在政协工作的6年,正是人民政协事业波澜壮阔、蓬勃发展的6年。而我却因经常伏案工作,腰椎弯曲了许多,一些中老年常见病也开始悄然光顾。再过四年,我就到了法定退休年龄。在斗转星移中,我已青春不再,但我无怨无悔。在此期间,我珍惜工作机会,珍惜宝贵时间,为人民政协事业的发展尽过心,使过劲,作出过贡献。我希望有一天,当我回首往事的时候,不会因虚度年华而悔恨,也不因碌碌无为而羞愧。我可以自豪地说,在人民政协事业发展进程中,有我的辛勤和努力,也有我的汗水和奉献。

(作者系县政协办公室主任科员,原载《情系政协》)

# 亲历县政协机关搬迁前后

赵银虎

今年是长治县政协成立六十周年。60年来,长治县各项事业发展之快、变化之大,令人难以置信。政协办公地点的变换,既是政协工作发展的见证,也是县城变化的缩影。我在政协工作了17个年头,亲历了办公楼改建搬迁的全过程。抚今追昔,油然生出几多感慨,多出几分感受。

我是1993年调到政协工作的。那时,整个县政协机关和县委挤在一座旧楼内办公。政协仅有10多间办公室及一个小会议室,办公条件十分简陋。一部电话、一台老式打字机和手工油印机、十几张办公桌椅、几套旧沙发、一部超期服役的旧北京吉普车,这可以说就是县政协机关的全部家当。机关全年办公费、业务费仅有2万余元,除给机关和委员订阅报刊、杂志外,所剩无几。那时候的县政协真是活动缺场所、开会愁会场、下乡少车辆、来客愁接待。因此,改善县政协机关办公条件,建设政协机关办公楼,成为几任政协领导、干部职工和广大政协委员多年的期盼和愿望。

就是在这样的简陋条件下,县政协在认真履行职能,为全县的经济和社会发展作出了积极贡献。政协的出色工作得到了县委和各界的充分肯定和好评。随着形势的不断发展,1995年中共中央13号文件批转了全国政协《关于政治协商、民主监督、参政议政的规定》,省、市、县委也相继出台了一系列加强政协工作的意见和决定,政协工作再次迎来了发展的春天。中共长治市委于1996年7月召开了全市政协工作会议,会上各县(市、区)委领导汇报了贯彻落实中央和省委通知精神情况。7月中旬,省委、省政府、省政协又组成联合检查组分赴各地督促检查中央《通知》精神和省委《决定》的贯彻落实情况。这一系列措施对各级党委、政府加强和改善政协工作起了很重要的作用。

这次督促检查之后,县政协工作逐步走向规范化、制度化。机关办公条件也逐步得到了不同程度改善,首先是配置了电脑、复印机,更新和增加了办公用车,办公室和政协办公经费也得到了适当调整和增加。由于当时县财政财力所限,政协机关办公拥挤、设施简陋的状况还未能得到根本改变。

2003年6月,县政协换届后,政协新班子根据财政状况明显好转的实际,不失时机地把机关建设提上重要日程。为争取政协机关办公条件的早日改善,傅永祥主席多次同县委、县政府领导交换意见,磋商县政协办公楼建设事宜。2005年2月20日,向县委、政府正式呈送了新建办公楼的请示,并提出二套建设方案:一是在县城黎都街南侧位置规划政协办公楼,二是在县委、政府院内东侧空地建设政协办公楼。请示呈上后,当时县委主要领导认为,县委、政府院内场地狭小,建政协办公楼不妥,倾向县政协在黎都街选址。

根据县委主要领导的意见,县政协经过实地考察,拟选址黎都街县法院东侧(即现在的县计生委办公楼位置)。当时该地域上空架有3.5KV司马矿专用高压线,规划建设前须先协调高压线路改造。为此,傅永祥主席、李志文副主席带我多次到司马矿和市电力部门以及经坊村委找有关领导协商交涉,经过近半年多时间的努力,高压线路才终于拆除改造入地。当时已是年终岁尾,我们计划来年开春动工。不过很多事总是计划赶不上变化。没想到2006年春节过后一上班,县委主要领导找傅主席商量:考虑到文化事业的长远发展,县文化中心需新建综合办公楼,其旧办公楼紧靠县委、政府,地理条件好,建议将文化中心旧办公楼改造为政协办公楼,原选址让给计生委使用。就县委、政府的这一意见,县政协很快召开主席办公会,从全县大局考虑,经过斟酌、比较,同意县委意见并随即由办公室于3月25日向县发改局呈送了《关于县政协改造办公楼的立项请示》,3月28日县发改局下达该项目的计划批复,4月5日关小平县长批复县政协办公楼改造方案及经费预算请示。

4月30日,县政协又专门召开主席会议,就办公楼建设事宜进行专题研究。会上我首先向各位主席通报了办公楼建设方案的几易几变过程。傅永祥主席转达了县委、县政府领导对政协办公楼改造的有关意见。随后,会议通过了改造方案,组建了由李志文副主席任组长,由我任副组长的建设领导组。聘请刘建忠(原城建局副局长、总工程师)为技术和质量负责人,崔冬明同志作为甲方代表负责质量监督。

会后,我们立即与城建部门协调联系,积极办理相关施工建设手续。5月9日与林州市建筑工程总公司长治分公司签订了建设工程合同,当月中旬土建工程正式动工。原定当年8月底完工,施工中由于部分项目变更等种种不确定因素,一直到11月底工程才基本完工。次年开春,又进行室内外装潢,07年国庆节前正式完工。至此,投资280余万元、历时十八个月的县政协办公楼改造工程全部竣工。此后,又投资近30余万元,更新了办公设施。元旦前夕,机关正式迁入新楼办公。坐在宽敞明亮的新办公室,想想过去,看看现在,大家心情分外舒畅,工作热情十分高涨。

我在政协工作期间,经历了无数大大小小的事情,但这件事却至今难以忘怀。办公楼的建设,不仅见证了政协的变化和发展,从另一个角度,也充分体现了党和政府对政协工作的重视和支持。在庆祝全国政协60周年华诞和县政协成立60周年前夕,撰写此文,以作纪念。

(作者系十二、十三届县政协常委、办公室主任,原载《情系政协》)

## 解不开的政协情结

常树毅

今年是人民政协成立60周年,也是长治县政协60华诞。作为多年的老委员,参与了市、县政协十多年的工作,我对政协产生了特殊的感情。从担任市政协委员、县政协常委直至现在的老委员联谊会会员,蓦然回首,融入政协这个大家庭已经18个年头,我与政协结下了不解之缘。18年沧桑岁月,18年人事更迭,诉说着一段不平凡的年华。我,一个名不见经传的小人物,竟也能冠冕堂皇地议论政府大事,说来也许令人难以置信,但这却是活生生的事实。

25年前的1986年,我受命和几位同志创办长治县职业高中。学校成立后,我担任第一任校长兼党支部书记。由于白手起家,无现成经验可循,我和同志们一道,按照党的教育方针,坚持面向农村、面向乡镇企业、面向社会的办学方向,创立了“一五三”办学框架和模式,即一个中心,五个基地,三个网络。一个中心是把学校办成全县职业技术教育中心;五个基地是先进技术实验示范基地,农村实用技术推广基地,初、中级技术人才培训基地,经营管理服务基地,信息传递咨询基地。三个网络是种植技术服务网络;中草药种植技术服务网络;煤炭技术传授网络。逐渐形成了“以质量求生存,以特色求发展、以管理求效益”的办学理念,确立了符合时代要求的“合格+特长”,“素质+效益”和“升学与就业、对口升学与普通高考、文化教育与艺术教育”有机结合的多层次办学模式。经过努力探索,走出了一条颇具本县特色的教学、生产、经营管理、技术推广、社会服务五结合的办学新路子,得到了上级领导和广大群众的肯定。1986年办学,1988年被省教委确定为合格职业中学。1989年国家教委副主任王明达、职教司长王文湛、省教委主任宋玉岫、副主任张原理、长治市副市长戴海水等领导先后到学校视察,称赞学校是振兴长治县农村经济的摇篮。当年获省教委“山西省职业技术教育先进集体”荣誉称号。1990年被市教育局评为“勤工俭学先进单位”,1993年、1995年,被长治市委、市政府评为“模范单位”。同年5月,经省政府对学校全面考核评估,确认为“山西省重点职业高中”。1999年6月,省教委对学校复查评估,被评为“省文明学校”,称赞学校“思路清、目标明、办学理念独特、教学管理科学规范、教学成绩突出、经验值得推广”。不久,我和当时担任副市长的戴海水同志一齐出席了国家教育委员会、计划委员会、劳动部、人事部、财政部联合在北京召开的全国职业技术教育工作会议。同时被授予“全国职业技术教育先进工作者”光荣称号。大概出于这样的背景,长治市教育局党组推荐我担任了长治市第八届政协委员。1992年,我荣幸地参加了市政协八届一次会议。那时自己还比较年轻,能参加市政协会议,协商讨论全市的重大事情,感到既是一种荣誉,又是一种责任,既神圣又荣耀。记得当时小组安排撰写提案,我联系了原长治市教育局长栗志峰、市美术协会会长孟多昕、市一中副校长曹龙等同志联名撰写了《农村职业教育方向在农村》等提案,得到了大会的认可。担任市政协委员的五年间两次受到市政协的表彰。1996年还被评为优秀提案先进个人,本人简历及彩照还入选了1996年《长治政协年鉴》。

1998年5月,长治县政协第十二届一次会议召开。那时我已由县职中校长调任长治县科学技术委员会主任,荣幸当选为常务委员,感觉责任更大了,担子更重了。第一次常委会,和翟清则、李水文等同志(他们均是常委)调侃说:“咱也是长治县四套班子中的一名常委。”除每年全会时撰写提案、听报告、参加小组讨论提建议意见外,又多次参加常委例会。凡讨论全县重大问题,我基本上是逢会必发言,积极发表个人意见和建议。

我虽然是政协常委,但本职工作在科委,如何促进全县的科技发展,是主题、是大局。我觉得政协是个大环境,是个大平台,完全可以推动科学技术的普及与发展。2000年,长治县正创建全国科技先进县,万事俱备,只因科技三项费没有到位,按规定有可能被一票否决。于是,我和政协主席贾圪堆同志找到当时的阎建书县长,陈诉了利弊,使事情很快有了转机,在财政比较困难的情况下,该项经费陆续落实到位。

2001年，长治县跨入了全国科技先进县的行列。这件事使我体会到，任何工作都不是孤立的，不能把他们对立起来，而应有机的结合，相互促进，才能共同发展。

在我任县政协常委的五年间，根据县政协领导的安排，我还在全会上做过几次大会发言，阐述人才兴县的大计，得到了领导们的赞许。全会休会期间，县政协组织的有关活动，凡通知我参加的，我都尽可能抽时间参加，履行自己的职责和应尽的义务，充分发挥了一个政协委员的作用，多次被评为模范政协委员。

2003年6月，按照相关规定，我不再担任政协常委。2006年10月，我从工作岗位退休。但政协的同志没有忘记我，又选我为第三届长治县政协老委员联谊会会员，同时，被聘为政协"特邀信息员"，最近又让我参加《政协志》的编撰工作。这是领导对我这个老委员的信任，我十分珍惜这个荣誉。国学大师季羡林说："我把自己的一生比作100米。67岁我只走了30米，后70米是67岁后走完的。"我不敢和大师类比，但奋斗、工作、进取总是可以的。在此期间，我自觉服从县政协和老委员联谊会的安排，参加力所能及的工作。围绕中心、服务大局、充分利用自己已经休息但有充足时间，且身体还健康的有利条件，深入生活，体察民情，了解民意，及时把自己掌握的第一手资料写成书面材料向政协反映。主动献言建策，不少意见建议被采用，有的还被吸纳到相关文件中。几年来，我先后撰写了《县城夏季建立夜市好》、《民营企业应建立工会》、《关于提高县城品位的思考》、《长治县旅游要敢打"慈禧"这张牌》等数十篇信息，连续三年我都被县政协评为优秀信息员。

目前，长治县委提出率先发展、转型发展、同城发展、文明发展。全力建设上党交通港，太行新明珠，三晋文明城。这是一个十分振奋人心的战略目标，全县上下都在积极参加"科学发展我践行"活动。我们这代人作为共和国的同龄人和见证人，将一如既往参政议政，为长治县的发展添砖加瓦，为长治县政协60周年献上美好的祝愿！

（作者系十二届县政协常委，原载《情系政协》）

# 文学作品

## ●散文

### 泰山寻鼎记

李安虎

泰山乃五岳之首，泰山乃书法名山，闻名全国，饮誉世界。

泰山脚下有座岱庙，岱庙里有座天赐殿。

天赐殿前中置一尊铁鼎，乃“山西潞安府长治县铸”，为了解掌握铁鼎的详细资料，我决定前往岱庙一趟。因铁鼎是明代所铸，属保护文物，害怕索取相关资料困难，于是先同省文物局办公室程书林主任联系，让其帮忙给山东省文物局出具一个拍照函，为我们提供方便。我取得裴少飞县长的同意，当即同泰安市文化局刘少强局长通了电话，向其说明我们前去的意图，刘少强局长非常热情、热心、爽快答应，并说只要不搬走铁鼎，一切皆可帮助。

己丑春风次日早晨，天空灰蒙蒙的，飘着毛毛细雨，我与《山西画报》社的高级记者张忠平、张炜、郭伟一行四人乘车前往山东泰安岱庙寻鼎，因受天气的影响，车速很慢，心情也显得有些沉闷。一路上，思着鼎，想着鼎，聊着鼎，鼎的魅力已经征服了我所有的大脑细胞，这时的大海似乎就是为铁鼎所长的。同时，心里还有一种顾虑，此行能否顺利拍到，满意而归?

车辆行驶到山东聊城时，太阳露出了笑脸，心情也转好了许多。约下午2时余，我们安全到达目的地——山东泰安。

到了泰安后，所有的疲劳早已忘却干净，一行四人，犹如开赴战场的士兵，二话没说，直奔岱庙。岱庙，又称东岳庙或泰山庙，位于泰安市区北，泰山南麓。其南北长406米，东西宽237米，总面积9.6万平方米，是泰山最大、最完整的古建筑群，是历代帝王举行封禅大典和祭祀泰山神的地方，创建于汉代，至唐时已殿阁辉煌，宋真宗时，又大加拓建，修建天赐殿等建筑，天赐殿是岱庙的主体建筑，是东岳大帝的神宫。殿面阔9间，进深4间，通宽22米，规模宏大，辉煌壮丽，与北京的故宫、曲阜的大成殿合称“中国古代三大宫殿”。殿前中置有明代万历年间潞安府长治县铸造的大铁鼎。

铁鼎高154cm，宽115cm，长170cm，上铸有“山西潞安府长治县铸”、“大明国万历之年菊月”、“东岳泰山碧霞之君圣”等文字，且铸有铸造者的名字，“金火匠李才周，李玉清、李玉山、贾世仁、贾世辛、师尚其、师尚材、师尚田”。系明万历之年(1573年)九月铸造，铁鼎呈长方形体，四足粗大，瑞兽俯地，两耳高耸，体形硕大。四周铸有精美的花卉等图案，尤其耀眼的是在铁鼎的口沿边上，铸有二龙戏珠，两条苍龙一左一右，张牙舞爪，腾云驾雾，栩栩如生。铁鼎气势雄伟，稳如泰山，与天赐殿的雕梁画栋，红墙碧瓦，相互映衬，在蓝天白云下好似一幅精美绝伦的画卷，越发显示了封建皇权的威严与至高无上。它的铸造成功足可反映明代我县冶炼铸造技术的精湛，是铁货中的精品。

铁鼎现放置在天赐殿前，是不争的事实。而铁鼎是为碧霞元君女神铸造的，这也是不争的事实。碧霞祠位于岱顶，祠以山门为界，分内院和外院，内院正殿供奉着泰山女神碧霞元君(俗称泰山娘娘)，是一组高山建筑中的杰作。每年前往泰山朝拜碧霞元君的善男信女络绎不绝，香火旺盛。其建于宋大中祥符之年(1008年)，较岱庙的天赐殿(建于宋大中祥符二年)早一年。如果施工正常，碧霞祠竣工应当早于天赐殿，而铁鼎又是专为碧霞元君女神铸造，理当将之送往岱顶祠内，为何却放置在天赐殿前呢?难道是送之岱顶山高路险，人力不济吗?依我看，不会。潞商铸造铁鼎的诚心、信心、决心、细心、耐心非同一般，再加上他们的富有天下闻名，他们只要敢铸，只要能铸成，再高的山，再险的路，雇佣人力，花费财力，将之送之岱顶，是不会难倒潞商的。再说，能从长治送之泰安，就不能从泰山脚下送泰山绝顶吗?功亏一篑的道理，聪明的潞商难道还不明了吗?

那么，是什么原因没能使铁鼎送之岱顶碧霞祠，圆了潞商的心愿呢? 难道是天气因素不能运送? 抑或是人为因素不让运送? 一切的一切，都已无法知晓只能猜测，真实的原因已成为历史之谜。如果铁鼎的运送者地下有知的话，一定会让“梦”捎个信息，解开我们心中的“闷”。只可惜，人死如灯灭，一切都是“如果”。虽说铁鼎没有送到岱顶的碧霞祠，供碧霞元君女神享用，让铸造者和送运者留有遗憾，但铁鼎立于天赐殿前距今476年，仍然完好如初，供东岳大帝享用，供广大游客参观，供众多学者研究，这就是铁鼎的价值，这就是铸造者的骄傲，这就是长治县人民的荣誉。这也远远超出了铸造者和运送者的初衷，是他们始料不及的。

时间过得好快啊，一转眼太阳西下，天空渐渐地由蓝变灰，由亮变暗，极尽变幻之能事。热闹的岱庙开始平静下来。我们一行四人站在天赐殿前，望着先民铸造的大铁鼎感到无比的自豪与荣耀，幸福的喜悦难以言表。

(作者系市政协委员、长治县副县长)

# 两代人的情怀

范李斌

李福海是我县八义镇师庄村人，一生行戎，战功赫赫。他不但不居功自傲，而且以自身革命历史教育子女，听党话，跟党走，老老实实做人，扎扎实实工作。

每逢9月3日抗战胜利纪念日，李老总要把儿女们召集到身边，给他们讲“过去的事情”。儿女对他过去杀鬼子、打敌人，几十次立功受奖的往事都能倒背如流。在样板戏唱红的年代，小儿子李京陆曾用《智取威虎山》里的一句台词戏称爸爸是“上校团座”。在儿女们的眼里，父亲是打过“虎”、上过“山”的英雄。

李福海确实是“上校”。1955年军队首批受衔他是少校，后来荣升为上校。他向来对这些看得很淡，不争不要。自打他1937年4月走进军官教导团的学兵行列，同年成为决死纵队的一名抗日战士，这辈子深入过多少次敌人据点，打过多少次仗，连他自己也记不清了。百团战役、晋中战役、太原战役，他都是身先士卒，有些经历已载入当地史志。1949年干部南下时，32岁的李福海在组织的关怀下与杨常林走到了一起结为夫妇。后来，由于晋中军区需要干部，他们又留在了北方。此后，李福海在部队任过行政科长、主任、医院政委、总后某仓库主任，现为正师职。而杨常林1955年转业回了地方，离休时最高职务是科级。她参加革命仅比丈夫晚五六年。

提起那时的经历，两位老人只有一句话，那就是“不打鬼子活不成，不奋起战斗就会当亡国奴……”。革命战士应有的民族气节和政治觉悟，革命队伍官兵一致、甘苦与共、团结友爱的优良传统，两人至今记忆犹新，并当作人生一笔宝贵财富，一种幸福，经常用来教育、鼓舞后一代。对于子女们来说，老人的经历本身就是一部常翻常新的“教科书”，老人的言行就是后辈人生路途上的“指导员”。

二女儿李春艳参加工作就在高平车站当装卸工，后来担任“三八”女子装卸队队长。该装卸队被评为铁道部百面红旗之一、全国“三八”女子模范装卸队。她生小孩没满月，就走上了生产第一线，她的事迹曾上过《中国青年报》的头版头条。李春艳还被选为河南省人大代表、全国六届人大代表。在她身上，奔流着父辈矢志不渝的血脉；三女儿李春英从山西医学院毕业后，考取了国外某大学硕士研究生，攻克某项尖端医学课题，如今与丈夫一道在加拿大工作。三儿子李京陆、二儿子李榆生大学毕业后，于1991年加入了香港佳地集团，分别担任佳地集团（山西）房地产开发有限公司总经理和经理助理，投资数亿元，在太原市建造了佳地花园高级住宅小区，为省城市政建设作出贡献。在他们身上，充盈着父辈爱国爱家的赤子情怀。

“不脱离群众”、“不贪图钱财”、“不要忘本”，这是李福海常在儿女们耳边念叨的话，句句都铭刻到了孩子们的心里。虽然如今有两个儿子是港商，可他们从来没有给家里寄过什么贵重的东西。因为他们知道父亲的脾气，家里是容不得这些的。而李京陆与中国残疾人基金会会长邓朴方先生的合影，李老却高高兴兴地同自己的戎装像和其他战友的像挂在一起。人世间的真挚感情，家人之间的无限亲情，在他看来是最可珍贵的无价之宝。

“大刀向鬼子们的头上砍去！”这句歌词李福海太熟悉了，听起来好像带着《义勇军进行曲》的旋律。儿女们如今在各自岗位上奔波，不也是自己几十年奋斗、努力的继续吗？“落后就要挨打，贫穷就要受人欺负”。李福海认准了这个理儿。正是处于这样的心情，他对严重腐蚀党和国家健康肌体的腐败现象和社会上的不正之风甚为切齿，他说：“过去个别同志因为沾了士兵一点‘伙食尾子’，大会小会向大伙检讨个没完。那时，大家工作上都是拼命的，谁也说不准第二天能不能活着回来，活着就要拼命干。可现在有的人恰恰翻了个个儿！享受上追求高标准，工作上却很差劲，这怎么能行？”也许是旁观者清，离休后，李老都要看报纸、翻文件、撰写革命回忆录，到工厂、商店、学校讲传统。“只有大伙齐心协力，团结在党中央周围，尽心尽职，把中国建设的更强大、更富裕，小‘鬼子’才不敢欺负咱！”

（作者系十四届县政协常委、办公室主任）

# 师生情结

常树毅

校友相聚，缅怀往事，不约而同地谈到初中时的班主任张怀枝教师。琚平和、秦金明、牛入学三同学嘱托我写一篇怀念张老师的文章。我担心自己文笔笨拙，迟迟没敢动笔，前些天金明同志又来电催促，我试着凑成下面一段文字。

张怀枝老师，是长治县苏店镇东庄人。少时家境一般，父亲属于那种庄稼汉里的精明人，苦巴硬撑让他读了个师范。怀枝教师天资聪颖，悟性极高。他原在壶关县第一高小任教，1958年黄山中学成立时，被选为黄山中学一班的语文教师并兼任班主任。天公作美，我们这群天真无邪的少年荣幸地成为张老师的弟子。

张老师在壶关教育界小有名气，上世纪60年代壶关县举行全县性的教师观摩赛讲，他讲的鲁迅先生的《一件小事》获得了第一名。他爱好打篮球，无论学校还是县里大型篮球比赛几乎都有他的身影。我们经常看见他无法控制鼻涕流出，他总是自嘲地说："爱什么就吃什么亏，这不争气鼻子就是让篮球砸坏的。"他为人豁达，不拘小节，为资助贫困学生上学，他经常从自己微薄的工资中拿出三五元钱支持困难学生。须知，在20世纪60年代三五元钱，几乎是当地一个强劳力一个月的收入。张老师为人和蔼、人缘好，上课是严师，下课为好友，称得上良师益友。记得初二时一个星期六的下午，他叫上我、秦金明、杜周则等几个偏爱古典文学的学生说："长治县荫城有个庙会，你们别回家了，咱们去看戏。"我们几个高兴得直跳。吃罢中午饭，我们就上路了，过大峪山，沿老北河，我印象足足走了30多华里，反正到荫城已是华灯初上，一片光明，那也是我第一次见到电灯。记得那夜看得是一部古装神话剧。剧情已经很模糊了，但张老师那种设身处地为学生开阔视野、培养学生多接触社会、多拥有知识的良苦用心，至今我们不能忘怀。

张老师晚年的境遇颇为坎坷。由于不公正的原因，20世纪的70年代，张老师回到他的故乡老家。他坚信真的就是真的，谎言掩盖不了现实。他没有潦倒，那时时兴批林批孔，张老师成了大队的宣传员。当时我调到长治县教育局工作不久，借下乡的机会找到张老师的家。师生一见，甚为凄婉。看着老师简陋的住宅，零乱的家具，又失去固定的收入，妻子也离他而去，生活甚是艰难，心中不免涌起一丝酸楚。我把身上仅有的20元掏出来偷偷地塞到了张老师的被褥下。临起身时，张老师说："听说你到教育局工作？如果有可能，让我到那个学校再教几天书。"老师啊，您受了那么多委屈，年近花甲，仍然眷恋着三尺讲台，割不断教育情思。我说："你放心，我一定尽力而为。"那时，我也刚来教育局不久，办这么大的事感到老虎吃天无法下口。好在天无绝人之路，无意中我打听到教育局的会计冯治安同志与张老师是同学，由老会计出面事情出奇的顺利，不久张老师到了苏店五七中学(现在的长治县六中)当了一名代理教师。尽管工资不高，总算有了一笔稳定的收入，他又恢复了往日的自信，代起了文科班的历史。

20世纪的80年代，我到过北京一趟，见到当时在国家劳动人事部工作的校友琚平和同志，我把张老师的情况简单地介绍了一下。他一再叮咛代他看望一下张老师。带着他的心愿，我又去了他住的小村子东庄。好像他下地刚回来，我把酒交给了他。他说："买这么贵重的东西。我说这不是我的，是平和让我给你捎回来的，酒牌子我记不清了，好象是比较名贵的五粮液、剑南春之类。他很高兴："平和进步大，有政治头脑，是块干大事的料子。"我说："全班四五十人数他的官大。"他接口说："老师有什么，最大的愿望就是盼弟子成才。"接着他又说："20年了，很想念你们，又很怕见你们，我这个样子……""张老师，你别多虑，分别多年，天各一方，想来看看你的，总不会嫌弃你什么……"平时能说会道的我，不知为什么变得笨嘴粗舌，说不出更好的安慰话来。

记得我最后见到他的是20世纪的90年代初。困扰了他一生的噩梦终于醒了，他被平了反，补发了工资。据说，壶关县教育局邀请他重新执教，并且承诺他地点由他挑。他找到我说："壶关我是不去了，物是人非，我精力也不济了，如果还能留到长治县，就在苏店中学工作一段了此苍生。"我同意他的选择，并协助他办好相关手续，直到在苏店中学退休。

不知为什么，退休前的一段时间他烦躁，烟抽得凶，酒也喝得凶，我劝过他，他说："对酒当歌，人生几何，我精力旺盛的六年是在砖窑上度过的……"由壶关回村后由于砖窑工分高，他一直在砖窑劳动。透过迷漫的烟雾，看着他那不屈的饱经沧桑的老脸，我无言以对。说什么呢？那个动乱的年代何止摧残了他一个人？

张老师走了，他走得安详，走得静悄悄，他没有给任何人打招呼。当时我已经调到政府部门工作，他去世两个月后的一天，我办公室忽然来了一个陌生的年轻人，进门就叫叔叔，我实在想不起来这个侄儿是那里人。他说："我是张怀技的儿子，爸爸不在了，已经安葬两个月了。"我当时生气地说："为什么现在才来告诉我？""我爸爸不让打扰您，说办完丧事再告诉您。"还能说什么呢？面对还没有完全从悲痛中解脱出来的年轻人，我久久说不出话来。多么好的老师啊！我深深地内疚，常常地自责，为什么不勤打听着点，以至错过这最后的机会。

（作者系十二届县政协常委）

# 三属之家

王弥泽

建国后是烈属，改革开放中又成了台属。故事的主人是我二岳父。

我岳父叫李光庆，小名丑则，其二弟叫光林，三弟光太，居住在长治县西池乡南耳村。

二岳父光林于1945年秋18岁时完了婚，为了保卫翻身后的红色政权，又于同年腊月（1946年元月）自愿参加了解放军。入伍那天，刚过门不久的二岳母起早给他烙了三张小粉面饼，又将亲手做的两双千层底新鞋一同放在包袱里，让二岳父带上。出门时，岳父拉住他的手，泣不成声地说："光林啊，你最远只去过韩川村（离南耳十里），外面的事你啥也不知道，出门在外，要照顾好自己。好好干，为咱村咱家争光。放心走吧，你媳妇全家会照顾好的。"全家人和街坊把他送出了村。1946年3月，南耳村干部和群众敲锣打鼓为岳父家的大门上挂上了黄底红字的抗属牌子，上写"抗属光荣牌"。从此，岳父家享有抗属待遇。

二岳父入伍后，在长子县新兵处集训两个月便参加了战斗。在临汾战役中，他头部受伤住了野战医院，家中得知后，岳父急忙看望了他。后来，二岳父便随大部队南征北战，与家里失去了联系。与他一同入伍的人经常往家里写信，唯有他音信杳无。家里焦急万分，不停地到乡政府、县民政局打听他的消息，没有回音，同时也到与他一起当兵的家里询问，有的说"不知道"；有的说"弄不清"；还有的说"会不会'光荣'了？"岳父焦急万分，二岳母更是牵肠挂肚，就这样全家苦苦等了多年，毫无实信。后来，感到没什么希望了，不能再耽误二岳母的终身，一再劝说二岳母改嫁。1957年，苦熬了十多年的二岳母无奈地改嫁了。1960年，县民政局通知说二岳父于1947年为国牺牲了，发了烈士证。村里将岳父大门的抗属牌换成了烈属牌。从此我岳父家又成了烈属。1977年，按家乡风俗，家里的侄儿男女为二岳父烧了30周年纸，以示缅怀和悼念。

1990年六月初三，岳父正在家中午休，忽听有敲大门的声音，便出去开门，只见乡政府的一位干部说："老李，你兄弟回来了。"又见门前站着一位头戴礼帽身穿T恤衫和短裤的很白净的陌生人大声喊着："我找着了，这就是我的老家！"

此时岳父急着说："我在这儿住了70多年，怎么成了你的家了？"听了这话，陌生人目不转睛地看着满脸胡子、又黑又瘦的老岳父问："你是不是我哥？"

岳父看着面前顶多只有50岁的人反问道："你是谁？"

"我是光林呀。"陌生人说。

岳父笑着说："我有个兄弟是叫光林，可惜早已'光荣'了。已经烧了30年纸了，他那里还会活着？我那会有你这么年轻的兄弟！"

陌生人一听急了，抢着说："哥啊！我真是光林啊！你如果不信，听我说说咱家的情况。咱住着二孔土窑三间南屋，喂着一匹青骡子和一群羊，你赶车卖煤，我和三弟放羊种地，你今年75岁，三弟光太59岁，我是63岁。对吧？我年轻，是台湾水土好、生活好。哥啊哥，你怎么连我也认不得了呢？"说着说着陌生人和同来的一位年轻人一块儿哭了起来。倔强的岳父听他讲的字字是实、句句是真，为了进一步弄清真假，又问道："你说我的小名叫什么？你头上可否受过伤？"

陌生人一听马上扑到岳父跟前，摘下礼帽急着说："哥啊，你小名叫丑则，我头上的伤，至今还没长头发呢！"

岳父抱着他的头仔细地看，确实有块伤疤未长头发，果真是亲兄弟光林，猛一下子抱住他的头。陌生人搂住岳父的腰痛哭流涕，哭喊着："我真是你的光林弟啊！"

乡干部和村上人扶着二位回到家里，岳父含着激动的泪水高兴地认了自己的亲人——光林和同来的亲侄儿。弟兄俩坐在炕上慢慢地叙开了往事。

晚饭后，二岳父讲述了自己复杂艰难的寻家经历。

"哥啊！说来话长，我在外天天想家，天天想家里人，经常想你多大了，啥样子，我找家找得好苦啊！临汾战役后，我们部队又千里挺进大别山，在大别山战役中二次受伤住院后，被国民党部队包围，拉到了广州，又乘轮船到了台湾。伤愈后在台湾花莲市医院搞护理工作，生活还可以。1964年又结了婚，生有二男一女，家庭和睦，子女孝顺，生活幸福。那个时候，两岸关系很紧张，虽早有探家的念头，但不敢讲。直到1978年大陆改革开放的喜讯传到台湾，坚定了我探亲的决心。1982年写了一封信寄往山西省长子县南耳村李光庆（又名李丑则）收，三个月后邮局查无此村此人退给了我。我心中很苦闷，老家怎么一个人也没有了呢？我想绝对不可能。1987 年又写了一封同样地址的信，结果同前。两封退回来的信使我心里十分难过。饭吃得也少了，觉也睡得不实，天天坐卧不安，思来想去决心回大陆探亲，哪怕是老家无一个人了，也要回去看个明白。老婆和子女们都支持我的想法，且都愿意陪我来大陆探亲，这时才让儿子写了赴大陆探亲申请书，交到政府待批。终于 1990 年阴历五月批准了我的申请。我那时高兴得无法形容。六月初我同大儿子一块乘飞机经香港、广州再到太原，在省城找到对台办开了个介绍信，打的直奔长子县。长子县对台办的两个小年轻人接待了我。他们虽很热情，但不知道南耳村在哪里，去问了问其他人，都说不知道。这可愁死我了，上哪儿去找啊？没办法我和儿子又打的返回太原，打算改日返台湾。当时我心乱如麻，心想我探亲怎么这样难？南耳村怎么这样难找？想来想去一夜未眠。早上起床后，我和儿子去省对台办告别，他们还未上班，我俩只好在门口坐等。这时来了一位长者，见面就笑呵呵地问："同志，你们这么早，等谁啊？"儿子说："我们是从台湾来山西探亲的，找不着老家准备返台的。"

"你老家是什么地方？"长者问。"我老家是南耳村。"我抢着说。"啊，南耳是个小村，我在那村下过乡，是长治县西池乡，好找啊！"长者笑着说。一听此话，我和儿子高兴地蹦了起来，我儿子哀求着说："大爷，请你快告诉我们吧，不然要把我爸急死了。""好，我给你写个路线，照着走保险没错。"长者边说边写，一会儿便写成了。为表达感激之情，儿子拿出 1000 元以示酬谢，长者很严肃地说："我怎么能收钱呢，这是我该做的，你照着我写的放心去吧，保证没错。"我也不知该怎么谢长者，只是鞠了个躬，说了声谢谢，便急忙租车直达长治县对台办。县对台办的同志很热情，并派专人专车把我俩送到了乡政府，乡政府领导更热情，还和我父子俩共进午餐，饭后便派人把我俩送到南耳。这个时候我和儿子心中非常激动，觉得老家人真好，都是如此厚道。一进南耳村，我心里便有了印象，到了家门口我高兴地喊起来："这就是我的家。"但在自家门口我哥又卡住不让回家……"

说着弟兄俩又激动地哭起来了。"尽管我探家如此艰难，但我终于实现了我的心愿——回家了！见到亲人了！"

晚上，老弟兄俩躺在一张床上，一直说到夜里三点，还觉得满肚子话没有说完。

第二天，村上的长者、同龄人、本家、街坊邻居，亲戚朋友来得很多，又炒了五桌家乡菜，大家欢聚一堂，恭贺二岳父回家探亲，共庆全家团圆，随后还耍了三场电影，全村同乐。

二岳父在家住了几天后，又去北京看望了其弟光太（三岳父），便满心喜悦地回台湾了。

二岳父来老家后，内弟便把烈属牌子摘掉了，一个烧了 30 年纸的死人变成了大活人。从此岳父家又成了台属。二岳父虽说返回了台湾，但我们却共同企盼两岸人民继续加强交往，共建和谐，早日实现祖国统一大业。

（作者系十一届县政协委员）

# 赶驴人 补鞋匠 民营经济

李善志

早些年，长治地区有两道风景线，给人印象颇深：一是山东毛驴车，一人一驴一车，一溜长蛇阵，虽不威武，却也壮观。“赤日炎炎似火烧”，一个裤头，一条毛巾，个个像三国时的许褚，赤膊上阵。“寒风凛冽透骨凉”，单裤棉衣，外加一条破被，风雪无阻，劳作不止，拼搏不息。山东人穷，能吃苦——当时给人这样一种印象。二是江、浙一带的女修鞋匠，小巷大街，随处可见，多则十数个，少则三五个，修鞋机一字摆开，水灵灵的江南女子，逢人不看脸，先看脚，不嫌脚汗臭气，修起鞋来，全神贯注，甜甜的语音，娴熟的技术，个个像阿庆嫂一样会待客，惹得一些年轻人刚买的新皮鞋，也要去钉铁掌子，走起路来，“嘎嘎”作响，甚是惬意。南方女人真能吃苦！当然，她们那里也肯定不富，要不然，水灵灵的大姑娘，谁愿意背井离乡，去干那并不十分体面的营生呢？这些赶驴人、修鞋匠大概就是外省民营经济发展的雏形，而我们恰恰忽略的就是：他们出力流汗受苦，甘闻脚汗臭气的同时，口袋也渐渐地鼓了起来。

进入20世纪80年代后不久，这两道风景线慢慢都消失了。短短10多年工夫，山东、江、浙一带以民营经济为主体的乡镇企业突飞猛进，举世瞩目。当年的“驴车驾驶员”、“鞋裁缝”恐怕早已成了大小老板、正副经理了，住进了小洋楼，“驴车”换“轿车”，“修鞋机”换成“流水线”，鸟枪换炮，真的阔起来了。

我们这里自然也发生了变化，以民营经济为主体的资源型乡镇企业的发展，也使农村、农民富了许多。这虽是一个不争的事实，但不能不承认，与沿海一些地方相比，我们的经济发展确实是慢了点，差了些。慢在那里，差在何处？慢就慢在民营经济发展上，差也差在民营经济发展上。这就引出了一个问题：为什么同在一轮红日下，同在一片热土上，山东山西一山之隔，江、浙也并不十分遥远，为什么那里的民营经济早已是繁花似锦，果实累累，而我们这里依然在原地徘徊，面貌依旧呢？原因肯定多方面的，但笔者认为，最主要的有两个原因：一是小富即安、不求进取的思想根深蒂固，二是缺乏一种不怕出力流汗，不怕脚汗臭气的顽强拼搏精神。

伴随着改革开放大潮的到来，以民营经济为主体的乡镇企业应运而生，可以说乡镇企业的发展过程实质上就是民营经济的发展过程。作为市场经济的产物，民营经济从诞生之日起，就是在夹缝中求生存，在风雨中谋发展，困难重重，步履维难。面对缺乏资金、项目、技术、人才的现实，沿海一带的人们不等、不靠，敢于在东西南北，在国内国外，不停地跑，不停地找，哪怕“赤日炎炎”，何惧“寒风凛冽”，知难而进，遇险敢闯，以“宁叫驴死，不能退坡”的勇气，以“甘闻脚汗，一心赚钱”的精神，感动国内的天神，感动国外的上帝，硬结束了“赶驴、修鞋”生涯，闯出了一片新的天地。而我们呢？还是在资源上绕圈圈打转转。“温饱而知足”，“赚多少是个够呢？”“发展经济嘛，慢慢再说，”“等等再看，”“说不定什么时候天上能掉下馅饼。”有的就是干起来了，又这也不行，那也不好办，一步赶不上，步步赶不上，于是，距离愈拉愈大。

时不我待，该是清醒的时候了。经济全球化，中国入世，世事变化日新月异。激烈竞争，优胜劣汰，不可避免，小富即安、知足常乐的思想早已是过去的皇历。眼下，省、市、县已将发展民营经济作为一本重戏来唱，兄弟县市也已为我们树立了典型样板，我们的有识之士不抓此机遇，更待何时？

笔者认为，只要我们敢于冲破旧思想、旧观念的桎梏，只要拿出当年山东人赤膊上阵的精神，顽强拼搏，百折不挠，如此，我们的民营经济必是另一番景象。

花开万朵，果满枝头。

（作者系十届县政协委员）

# 一穗嫩玉茭

李天德

嫩玉茭,煮着吃或者烧着吃,香甜可口,老少都爱。而我要说的这穗嫩玉茭,却又苦又涩,每每想起来,如同万箭穿心。

那是1960年. 我在长治二中读高中。七月的一天. 我回师庄老家,一进院,就见父亲双手抱头一声不吭地蹲在台阶上发呆,本家嫂子李女则哭成了个泪人,抱着哇哇啼哭的一岁多的女儿,也不哄一哄。我凭经验感觉准是发生了什么事。

那时的村民都在食堂吃大锅饭。妈妈告诉我,女则坐月后奶水不足,孩子饿得皮包骨头,这两天一滴奶水也下不来。她的丈夫(我的本家哥李天心)在陶清河修水库,女则一时没了主意。今早晨天不亮她去南井担水,在井边的地里偷偷掰了一穗嫩玉茭想给女儿煮煮吃。谁料想,她刚把玉茭掖在怀里,护秋的枝顺伯就从玉茭地走出来,看了她一眼走开了。

女则嫂子担水回来害了怕,早饭、午饭都没敢去食堂打,是我父亲捎来的。按当时队里规定,抓住偷秋的小偷,处理的办法,一是扣灶,二是开全队社员大会批斗,三是游街示众。

发生了这样的事,可真把人难住了。女则嫂子一家三口. 与我家是远方同族,住在一个院里。她贤惠、善良,视我父母如亲人,担水扫院. 拉土调煤什么活都帮忙,还给我缝衣做鞋。两家关系很好,不知道的,还认为我们是一家子。

我妈无可奈何地问我:“俺俩都老啦,天心又不在. 你看怎么办哩?”

我分析当时的情况,认为早晨发生的事情,现在天快黑了既没扣灶,也没开会,护秋的也许还没给队长报告,我们只能看情况,走一步、说一步,自己不能吓死自己。这样一分析. 心里不慌了,我就去东屋做嫂子的思想工作. 怕她一时想不开,发生什么意外。

嫂子听了我的分析,心情仍然没有平静下来,她双手拍打着脑袋,懊恼地哭着说:“兄弟呀,我活了二十四五,一根针、一条线也没拿过人家的。这几天,奶水一口也没有,家里又没一粒粮。闺女饿得哇哇直哭,恨得咬奶穗穗。我鬼迷心窍啦,偷掰了队里的一穗嫩玉茭,想给孩子填填肚子,我真该死呀!真该死!”。

“你甭害怕!估计护秋的没看见!”我说。

“我知道。看秋的枝顺伯瞅着我把玉茭掖在怀里了。”

“看见也不怕!估计他还没报告队长!”我说。

“南井上那块地丢了不少玉茭,至今还没抓住一个小偷。再抓不住,队里要罚看秋的。现在抓住我了,肯定要报告!”

“你别自己吓自己,早晨发生的事情,现在快一天啦没动静,估计问题不大。我一会儿去问问枝顺伯,看看情况再说!”我绞尽脑汁,想办法,找理由,解劝女则嫂子。

就在这时,外面传来“当当当”的敲锣声。按习惯,敲锣就是集合全队社员到食堂院开会。

一听锣响,女则嫂吓傻了,大半天才缓过气来,不迭声地说:“完了,完了,要批斗了,要游街!我怎么做人？完了，完了。”

听到锣响，我也不知道该怎么办。与爸爸商议一番，决定让嫂子在家，我们三人去开会，给队长请个假，就说女则嫂病了。

事情到了这个份上，女则嫂反而冷静下来．她胸有成竹地说：“没事不找事，有事不躲事。天塌下来有地顶着，不就是一穗玉茭吗，一个死什么也顶得住。”嫂子对我父母说，“你们先走，我与天德兄弟说两句话。”

两个老人一出门，女则嫂哭着说：“老弟呀，你天心哥不在家，没个主事的。今天，如果发生什么事，你告诉天心，我不是贼，别记恨我!闺女玉兰她还小，你在读书，学习好，将来准吃公家饭，挣公家钱，替我照顾照顾苦命的兰兰．我就放心了。”

嫂子的话吓得我头都要炸了。我说：“你别这样说，我想不会出事!至于兰兰，你的闺女，就是我的闺女，咱共同照顾小兰兰。”嫂子听了我的话，像完成了一件大事一样，松了口气对我说：“你去吧，我在家等你们！”

这夜在食堂开会，出乎意料，队长布置当前生产，批评三个护秋的不负责任，每人罚工10个。

会结束后，我端着饭盆，飞一样向家跑去，想把这个消息告诉女则嫂。我喊着“嫂子、嫂子”，冲进东屋，只见兰兰爬在地上，哭得上气不接下气，女则嫂却不见了踪影。我突然意识到事情不妙，马上在满屋查找，看看留有什么没有，找来找去，在床上发现了一纸条，上面写着：“我不是贼，替我照顾闺女，南井。”

我把纸条的内容告诉爸妈，又急忙报告队长，与邻居们一起向南井跑去，从井里捞上了女则嫂子，人已经没气了。天心哥从水库回来后，大伙帮他葬了妻子女儿玉兰暂时由我妈照顾着。

后来听人说，我村的李大眼在山西省委工作，他把李女则因一穗嫩玉茭跳井自杀的事向领导作了汇报。后来，省里、晋东南地委真的派了工作组落实调查。但也只是走了个过场，没有下文。1961年底，食堂解散了，粮食分到了各户，还分了自留地，村里人的日子才逐步有了好转。

1961年，我高中毕业后当了小学教师。想起这个本家嫂，我常常后悔，那天，我要不去队里开会，在家看着她，肯定不会出这事情。她要我照顾兰兰的“临终遗嘱”深深地刻在我心上。这是一个善良母亲的希望，我没有任何理由不去实践自己的承诺。几十年来，我总是多方照顾帮助兰兰。兰兰上学后，曾跟随我学习了三年，她找对象时，先征求我的意见，才问她爸。有人说，我们像亲父女一样。他们哪里知道，我这是内疚，这是补偿，这是在圆一个善良母亲的梦!

（作者系十一届县政协委员）

# 征服

政协委员　宋外宾

上学时，曾经学过一篇描写挑山工的课文，写的是作者在泰山遇到的一群快乐的挑山工，当时只是被他的文章所感染，对挑山工并没有什么感受，当我真正地在华山遇到挑山工时，对我却是一种心灵的震撼!

华山天险，举世闻名。七月初，天气闷热，我与友数人冒暑同登华山。当我们乘缆车从北峰出来后，已累得气喘吁吁了，终于在途中遇到了从山下上来的久违的挑山工。

一位年过六旬的白发银须的挑者引起了我的注意：他衣着褴褛，肩上搭着一条破旧的毛巾，拄了根木拐，挑着一担分成小袋的水泥，"嘿啾嘿啾……"地在山路上穿行，想来他哼着的节奏，一来是为自己鼓劲，二来也提醒了来往游客让下道。我跟在他的身后，正巧到了华山一险——天梯。所谓天梯，倒不算高，有十几米，但却是直陡直陡几乎90度的一块石崖上凿了一排石梯，旁边拉了根铁链，平常游客空手上去都比较困难，更不必说身挑重担的老者了。我正思量着时，只见他把手杖往担上一插，一手扶扁担，一手抓铁链，噌噌几下就爬了上去，简直可以用身轻如燕来形容他了，直把我看了个目瞪口呆！

我两手抓着铁链，费了好大的劲才爬上去，一看，老人已走出很远，爬在远处崎岖的山路上了。我好不容易满头大汗追上他聊了起来……老人的老伴早死，无儿无女，已在这华山间挑行了三十多年了，年轻时一担要挑到80—100斤左右，现在也挑个四五十斤，一天挑两次，上时背货，下时背垃圾，算下来一天能挣三十多块钱，一年有五六个月的时间挑。冬天、雨雪天就在山下休息，用老人的话说，喝酒、吃饭是没问题了……我一听傻了，一天两趟，还要负重！我坐了一半缆车，才爬到这儿，就已经汗水湿透衣背，两腿发困酸累了，他却要在这悬崖峭壁凿出的山路上，不知劳苦地挑上两次！泰山只是高，付出的是汗水和劳累，而华山是险，除了汗水和劳累，还要付出血和生命的代价（每年华山都有游客和挑工不慎落崖身亡的记录）。这里是万丈高山，脚一滑，跌下万丈深渊就是粉身碎骨，不是迫于生计，谁又乐意冒险做这样的营生呢？

老人顾不上多和我搭茬，匆匆挑担赶路了。望着他被重担压得微驼，在拥挤的山路上蹒跚远去的背影，心头不禁涌上一丝酸楚。

过龙脊岭时，山路变得更加危险难行，又遇到一个背工，大约40来岁，背了约有80多斤的背篓，一手拄拐，一手竟然握着一个口琴在吹，头也不抬，边走边吹《解放区的天》、《东方红》……不时停下来喘口气，用他已经分不出颜色的破毛巾擦擦汗，还不忘大声问一声："本人吹得好不好？""好。"上山下山的游客都附和着鼓起掌来。"再来一个要不要？"他又问。"要。"大家鼓掌叫起好来。他仍不抬头继续吹了起来……我的眼睛湿润了，我也爱吹口琴，但这是我看过的最动人的口琴演奏了。

其实，他不会在意别人是否会赞扬他的琴声，也不在意别人是否关注他、记得他，这是他的生活，每天这样周而复始，为了一家老小的生存，枯燥而艰辛地背！挑！

在华山上遇到了很多像他们这样的挑山工，有的唱民歌，有的打竹板，有的吼秦腔……他们都没有让身上的重担压得直不起腰来，都想着法让自己的挑山之路变得生动起来，在他们的眼里，这艰辛的工作是生计、是希望，也是阳光……

经过三小时的艰苦攀登，我们终于到了华山南峰，海拔2160米的华山绝顶，这里有的只是兴奋的游客了，那些挑山工，有的在我们登顶途中已经遇到挑担下山了，有的说不定已准备下午第二次的负重再登了。这时，有一群兴高采烈的年轻人爬了上来，一个小伙子顾不上擦满头大汗，在山顶上大喊起来："我上来了！我是胜利者！我征服了华山！……"

是啊！此时的他们是胜利者，也是幸福者，但真正征服华山的，又何尝不是那些挑山工呢？他们挑起的不仅仅是生活的重担，也挑起了华山的精彩，他们成了天险华山一道亮丽的风景线。他们挑起的是整个华山，是真正的华山征服者！

（作者系十三届县政协委员）

# 杨柳依依

王志晓

一弯柳叶眉如剪似描，两只丹观眼微闪秋波。五年不见，她竟出脱得如此风韵妩媚啦！

“老同学，我当孩儿王啦。”兰兰声音清脆，“在老铺山腰那座古庙里。”

我用惊疑的目光盯着她：“哄人哩，凭你的学习成绩，进不了高等学府，中专总差不离吧？怎会去当幼儿老师？！”见我不信，她顺手指指山坳，脸上透露出欢悦的表情：“今天天色好，我特意带他们来春游，你看看，我那些心肝宝贝玩得多开心！”我循着手指的方向望去，只见眼前不远的山坳里，几十个天真可爱的孩童正追逐在桃李树下采撷着野花，他们嬉闹着、奔跑着，似天空的百灵鸟无忧无虑，尽情玩乐。

我似有所信，五年前初中毕业时那动人的一幕浮现在脑际……

也是春光明媚、杨柳摇曳的时节，我们同窗共读的几十个学生将要离开母校，劳燕分飞。想着园丁的苦心哺育，想着同学之间的深情厚谊，很多人泪眼盈盈，别情依依，唯有兰兰双手托腮，一双水灵灵的明眸遥望着蓝天，同座的丹丹好奇地问兰兰：“你在想甚哩？”“我想呀，驾驭雄鹰翱翔蓝天，驰着巨轮巡戈浩海；我还想呀，坐上自己制造的宇宙飞船到王母娘娘的蟠桃园去摘桃子吃。”刚跨进门槛的罗祥龙老师听后，脸上洋溢着幸福的微笑，他高兴地对大家说：“天高任鸟飞，海阔凭鱼跃，你们要像兰兰一样，立下志向，为创造美好的未来而努力奋斗！”

“你看，那杨柳多美呀！”兰兰清脆的声音把我从往事中惊醒，我这才意识到自己仍在山中曲径上默默地挪动着双脚。

五年戎马，我曾经热切希望能跨进芳草萋萋的军校。戈壁沙滩上操枪弄炮，严冬酷暑下摸爬滚打，我丝毫没有退却之意。而今，仍回到了自己沟沟洼洼的故乡，重操修理地球的旧业。失望，我是多么失望啊！

柳前月下，能轻拂我的一怀愁绪吗？山径溪旁，能揉洗我的缕缕烦丝吗？谁晓得呢？我独自踏上了通往山间的小路，途中想不到竟邂逅了我的同学兰兰。

在兰兰面前，我只是垂头望着脚下陈年残积的落叶，继续挪动着双脚。

仿佛猜透我的心思，她莞尔一笑：“怎么，叫你失望啦？”“不，我是想，咱们让老师失望啦。”“会吗？”她反戈一击，而后，娓娓谈起自己的感受。

“说实话，我有过美好的追求，希望自己成为一根栋梁，支撑祖国的高楼大厦。可是，每当我看到家乡天真活泼的儿童因无陶冶情操的场所而不能健康成长的时候，我的心就像刀绞一般难受。难道能让自己的兄弟姐妹就永远这样愚昧无知地生活下去吗？不！家乡人民需要我，需要知识，我应该把所学的知识献给他们。于是，我放弃了高考的机会，回村当上了幼儿教师。我感到，理想首先要出自建设家乡，让它摆脱愚昧，逐渐走向富裕文明。”

揣摩着她意犹未尽的话语，我渐渐抬起头来，只见山下百里柳堤枝条斜斜，千顷麦田一片油绿；和煦的春风过后，杨柳袅娜多姿，麦田绿浪翻滚。我的神思随着春天那桃红柳绿的美丽画面激越地飞荡起业，我仿佛看见这些祖国的花朵在春风孕育下已桃李满天下，他们或置身于钢花飞溅的工厂；或驰骋于广阔无垠的田野;或紧握钢枪守卫祖国的大门;或挥洒笔毫为祖国描绘壮美的画图……

想着想着,我的心弦猛然震颤起来。是啊,为祖国“四化奋斗的路就在每个人的脚下。兰兰清楚地看到了,而自己却茫然不知所措。

兰兰与我轻快地挥手道别,望着她的背影,我不由大步向前走去。

(作者系十四届县政协委员)

# 回 家

崔晋慧

每年的国庆假期,正是老家秋收的时节,熬不过母亲那句“放假没事,就帮家来秋收吧”的招呼,自己确实又找不出可以搪塞的充足理由,所以,结婚十几年来,每年我都与爱人回家帮忙秋收。因此,虽然是在外工作的我,这么多年来,从来没有在假期潇潇洒洒地出外转转,看看。特别是等假期结束上班后,听朋友同事聊天说起假期玩得如何如何美时,在眼羡人家的时候,心里还有一种说不出的滋味,总觉得是家里人拖累了自己。

今年国庆,我终于可以堂而皇之地出外疯玩几天了,理由是单位要利用假期组织大家出外参观学习。这下,自然而然母亲就不再要求我回家帮忙秋收了,在母亲看来,女儿工作的事那是头顶大事,一定是耽搁不得的。如此这般,我终于像放飞的风筝一样心无遮拦地上路了。坐上风驰电掣般的列车,一路上风光旖旎的美景,在几天的行程中,确实让我有了乐不思蜀的感觉。很快,假期结束,为表示我对家人的友爱,在返程的前一天下午,我特地到当地集贸市场采购礼物。这时在我的旁边,我发现一个上了年纪的老人,只手里提着两个很重的提袋。好奇心驱使我和老人聊起来。原来老人的儿子明天要从外地来,这是儿子全家第一次回家看她,老人上街买了儿子最爱吃的猕猴桃,还为小孙子准备了可口的零食……看着老人满头白发,颤抖的满是皱纹的双手,还有略带疲惫却充满期待的眼神,我的心好像被什么东西碰了一下。老人很和蔼,谈话中她给我讲了不少她儿子的事,还帮我挑选了货真价实的当地名特产,特别是当她听说我要给母亲带点东西时,她显得更加热情,连声说“应该的,应该的”。

一会儿,老人坐了一辆人力车回去了。望着老人离车渐远的背影,我的双眼有点潮湿。这就是父母啊,在你年轻时因为担心你,在你耳边唠叨,因为你生病他们吃不下睡不着,因为你远行他们日夜牵挂。看到你不耐烦,他们也要告诉你:“自己小心,在外面不习惯就回家,你还有爸妈!”他们希望接到你的电话,希望你能回来看看他们,哪怕只是一眼……可是往往等来的只有一句:“爸妈,我最近太忙,你们有什么事就给我打电话。”作为孩子的你又哪里知道有再大的困难,生再大的病父母也不敢告诉你,只怕影响你的工作,给你添麻烦。你又哪里知道每次你要回家他们会多开心,为了迎接你提前好几天就开始准备。你又哪里知道他们算着日子,不管相隔多远都会为你送去生日的祝福……

忽然想起一句谚语:父亲给儿子东西的时候,儿子笑了。儿子给父亲东西的时候,父亲哭了。这一辈子,能无私地把东西给你的人是父母,而作为子女,回报得却是相当有限。欠得太多的,能让你欠的,而且不求回报的也就只有父母了。

树欲静而风不止，子欲养而亲不待。看着渐行渐远已经模糊的老人的身影，我不由自主地取出电话：“妈，家里秋还有不？歇着，明天我就回家，等我回去再收……”

（作者系十四届县政协常委）

# 开封的小巷

焦万君

如果把开封比作一篇散文，小巷便是其中最抒情的句子；如果把开封比作一幅画卷，小巷便是其中最美丽的线条。

开封并不大，但小巷非常多。曲曲折折，四面交通，如密匝的毛细血管，布满古城全身。

我喜爱独处，无事的时候，常一个人到小巷里走走。

小巷的风景是恬静的，恬静地如名门闺秀，深居简出。这里，没有人流的拥赛，没有噪音。你一个人静静地走着，两旁的瓦舍高高低低参差错落，向你抖出一卷浓淡相宜的水墨；偶尔，一枝桃花或一丛修竹，从院里探出墙头，花香幽幽，叶影浅浅，摇曳出小巷的情韵。

走着走着，忽然，迎面高墙壁立，似乎断了去路。待左右一瞧，另一道小巷又引向深处。走累了，你不必担心饿肚，抬眼便有一处酒帘斜挑，脉脉向你招手。踱进去一看，嘿，原是一家陈设古朴的小酒店，花几角钱，你便会一饱口福。

小巷的风景是悠闲的。漫步小巷，不比在大街小巷行走，尘世的诱惑，小心的提防，可以免去。你可从从容容地走着，或背手沉思，或体味宁静，恰如一条自在的游鱼，穿行于静静的小溪之中。

有时，在向阳的一隅，会有两位垂鬓老翁，守着一盘残局，运算机锋一着妙棋，“将军！”两个人开怀大笑；身旁的笼中鸟受到感染，叽叽喳喳，窜跳着助兴。而在另隅，四位老太太围绕一桌，握着麻将，呼呼啦啦，一张好牌打出，满座皆叹。

一路走，一路细细品味，你也许感受到自已好像步入一个世外的“桃园”。是的，闹市呆久了，你不妨到小巷走走，领略一下小巷风情，你自会有独到的享受。

（作者系十四届县政协委员）

## ●小说

# 无标题故事

傅怀珠

“文化大革命”中，某山村“深挖洞”。及至深处，地道一侧露一石室；开启小口，异味扑鼻。

民兵连长环顾左右：十几个“自来红”皆不敢入。于是，有人献言：“叫老呆进！”

“老呆”者，本村大地主兼北京小资本家程某之子是也。其襁褓中失母，三岁时由乳娘携至北京，于大栅栏附近程家字号找到乃父。傅作义将军大开四门接受整编，他已穿起收裆裤。后实行工商业改造，其家每月可拿定息数百元。六四年读完大学，又当研究生，专攻考古。有两篇论文引起郭沫若注意，由是研治更勤。

“红色风暴”初起，家乡苦于缺乏阶级斗争“活靶子”，选派代表进京去揪老地主，然程某人已自杀身亡；代表们懊丧之余，找到其子所在之研究所，要求提人。经首都造反派核准，是子得以遣返原籍，戴帽管制。

考古书生，为人木讷；笨手笨脚，行动迟缓——于是乎，家乡广大革命群众皆呼之为“老呆”。

按照阶级斗争观点，“老呆”不得参与事关战备之“深挖洞”；然洞下石室内中凶险莫测，连长因以决定对其实行“控制使用”：授予手电一支，命其只身进洞。

洞下石室，条石垒砌；深广丈许，举手有余。内中堆放上古竹简数十捆。每片竹简，宽不及寸，长过二尺；皮条编扎，已朽，手触即散。手电照看，隐有字迹；形如蝌蚪，不可通读。

凭专业知识，“老呆”推断：或许是春秋战国遗籍。估计为秦始皇“焚书坑儒”时，有人坚壁于此。其中有亡佚两千多年的先秦文献也未可知。——发现如此重大，竟使“老呆”热血沸腾，心速加快，周身战栗不已！出至洞外，连连高呼：“国宝！国宝！”

众人以为石室所藏，必是：银洋、元宝、金砖、金条……但见“老呆”摇头喘息之后说是“竹简”，便面面相觑，不知其为何物。

于是，“老呆”一反“呆”相，从上古人“结绳记事”讲起，到“甲骨金文”、到“削竹韦编”，到秦吞六国、“焚书坑儒”……如作学术报告，口若悬河、滔滔不绝，直讲得人们目瞪口呆，如同堕入云里雾中！……

正当“老呆”忘乎身份处境，大讲此一发现如何重要，将会解开许多千古哑谜，应立即报告上级，请派专家前来清理之时，民兵连长不厌其烦，以适当方式请他“退出历史舞台”。

“老呆”顿时醒悟，立刻缄口不语。

连长指挥下洞挖掘，“老呆”嗫嚅上前，提出事关重大，请勿轻动。连长不予理睬，继续发号施令。不料“老呆”呆性发作，大叫“外行无知，无权插手！”拦在洞口，不准下人！

连长大怒！痛斥几声不见其退；以“干扰深挖洞，破坏搞战备”诸语轰之，亦不见其去。无奈只好以满腔革命义愤，组织阶级队伍，采取时兴手段，对地主资产阶级孝子贤孙进行现场批斗！

喊完“凡是敌人反对的……”等口号，众人呼啸入洞，如同扠柴搂棒，转眼间便使这批文物“出土”，堆放洞外,约有数车。

众见这所谓“国宝”,不过一堆黑糟污烂腐朽木片而已,便对“老呆”讪笑打趣。连长拾取一片看过,断言为“阴阳先生迷信物品”,下令引火,就地焚烧。

“老呆”情急,急不可言。见众人不可理喻,乃至下跪呼号……

引火人见状迟疑,连长斥其立场不稳。亲自引火,奈朽木潮湿,一时不易燃起。于是命人提来汽油一桶烧泼其上。

“老呆”突然提出,愿出资三万,将竹简买下。连长惊愕,问钱在何处;“老呆”郑重其事,说他北京银行内存封三万;日后有变,必然发还……一语未了,口号声乍起:不准阶级敌人复辟变天!……一根火柴划燃扔出,稀世古籍顿时腾起熊熊烈焰!

“老呆”如同一匹受伤野狼,围绕火堆狂奔乱叫,指骂连长“千古罪人”,复扑进烈焰,扭动摔打,企图灭火,力终不逮,须臾倒下,一股皮肉焦臭,旋即扩散开来……

众人相觑,呆若木鸡。

连长不屑一语:“自取灭亡,死有余辜!”

第二天,竹简余烬,“老呆”残骸,就地刨坑深埋。

此后,红日照旧东升西沉,“深挖洞”到第二年春天告一段落。

二十年后,我去该村询问:

——当年地道,早已塌平;洞口所在,亦无人能够确指;

——连长后来升任支书,不幸患癌症死于 1976 年秋天,坟穴在“大队革命公墓”内占一比较靠上位置;

——1978 年冬,北京来函,要“老呆”进京领取银行封存遗产,然“老呆”未曾婚配,更无子嗣,村上派人进京联系“由集体继承”,不准,返回;

——关于“老呆”,人言:他念书太多,以至呆愚,若不为几车朽木片而死,落实政策返回北京,安不继续享福?——叹惜之意,如此而已!

我无言。

(作者系十二届县政协副主席)

# 二 百 五

申有宝

“二百五”是钱?是钱,是笔小钱。

“二百五”是人?是人,不,人之绰号。

闻之茫然,不知所云。于是,朋友讲了这故事。

中秋节之后,局长随同一群集资户迁入新居。

局长住在老宅的时候,是没有客厅卧室之分的。电视机一直就搁在那架老缝纫机上。“更上一层楼”住进三室一厅,客厅布置成了重点。添沙发、备茶具、挂字画、置盆景,可电视机依旧压着那缝纫机,又摆进了客厅。

收拾停当,局长坐在沙发上审视着、品味着。虽说摆设不甚合套,但心里倒也满足。这里毕竟有自己的劳动,别的不说,墙上那幅"知足常乐"的大作就是局长自书自制的。

局长乐在其中,自我感觉良好。

不日,客至局长家的人都觉他那客厅摆设不伦不类,有点酸酸甜甜的味道。局长不管这些,可他老婆却死要面子。攀比心理使然,只要有人提及和客厅、电视等有关的话题,便会急眼。因为这,她和局长生气说:"咱这客厅摆设就像一家'二百五'的杰作。"她也几次三番催他弄个电视柜,局长有些厌烦,说:"只要节目好,咋支摆都能看。"

春节将至。

一天,局长回到家里见妻子不悦,关切地问:"又咋了?"

"咋也不咋。"妻子说:"生闷气呗。"

局长劝妻道:"有啥闷气跟我说说,别像孩子似的。"

"跟你说了又咋,和你说多少遍了,给弄个电视柜来,可你哪肯哩。"

局长说:"别生气,明天我就去买。"

"买买买。"妻子冒火来气地说,"整个'二百五',就知道买。我说你好歹也是一局之长哩,管那么多下属企业,跟哪个单位的头吱一声,他还不帮这个忙。"局长欲答未答,妻又说:"我不跟你磨牙,明天弄不来,你就别回这个家!"

局长哈哈一笑。心想:"春节了,亲朋好友要来,是该弄个电视柜。再说这缝纫机常年压着,使用也怪不方便的。"

第二天,局长来到办公室。抓头挠腮,咬咬牙,狠狠心,终于想通了:为了老婆,犯一次错。抓起话筒,拨通家具厂王厂长的电话:"喂,你是……"

"哦,是局长呀,您有事吗?有事尽管吩咐,我会尽力去办。"王厂长殷勤地说。局长本来要说"我想让你给弄个电视柜"的。但他张大嘴上下动动,半天却说:"啊、啊,没,没事。"局长定定神才又说:"告诉你,一定要把好名牌产品质量关……"局长手心里攥着汗放了话筒,瘫坐在椅子上。

第三天,当局长下班回到家里,看见电视机放在崭新漂亮的电视柜上。局长欲问却止,他虽不是惧内,但一想因为这事妻子没少和他生气,心里犯怵起来。无奈,局长只好难得糊涂,伺机再问。

局长知道妻子有个弱点,从小爱脸红,见了生人会脸红,干了错事儿,脸会红得厉害。局长摆好阵势正在和妻子玩着察言观色的游戏。

"回来了。"妻子沏上一杯热茶,满面春风地说:"累了喝杯茶,歇会儿吃饭。"

"啊,噢。"局长呆呆愣愣地,心说:"她脸一点不红,莫非是到店里买的?"

再作进一步观察。无疑,妻子一切正常。

局长被现代化妆术所骗。

第四天,局长一上班就问秘书:"你找王厂长了?"秘书说:"我没找他,是他找我。王厂长无意中知道你想买个电视柜,就让司机顺便给你捎来一个,说是让你看看质量的。"

这天中午，局长妻子早早备好酒菜。等待丈夫回家共进午餐。

局长回家见妻子高兴，自己也高兴。进餐中，乘着酒兴指指电视柜问其妻：

“这电视柜好不好？”

“好啊，堂堂名牌产品咋会不好。”

“你怎么知道这是名牌产品？”

“店里看的呗，明码标价二百五十元嘛。”

至此，局长紧追一句：

“这柜子哪来的？”

“不是你让王厂长弄的吗？司机带话，说是王厂长让你鉴定质量的。”

局长又说：“假如你是顾客，你说这柜子质量如何？满意不满意？”

“质量挺好的，当然满意啦。”妻子有些不耐烦地说。

局长最后拍板，说：“既然你我都满意，这柜留下了。”

第五天，局长掏出刚发的工资对秘书说：“解铃还得系铃人，请你代我把钱交给王厂长，就说，电视柜质量基本合格，顾客买下了。”

晚上，妻子跟局长要工资，局长说：“咱不是用那钱买了电视柜嘛。”

“二百五。”妻子喃一声脸红了。

故事结束了。

局长的绰号却成了永远。

（作者系十二、十三、十四届县政协副主席）

## 红雨伞

闫文秀

那时候，村上人管学校叫书坊。

我们村的书坊，在河沟南沿的大庙里，东西横亘的河沟，把大庙和村子分隔开，那儿地势低洼，长了好多树，掩映在树丛中的大庙，只有透过树缝才能隐约看见它的真身。伏天时，那儿是蝉的海洋，高亢、悠扬、拖着长调的知了声此起彼伏，回响在村子上空。

不过，这个伏天，蝉的叫声听上去很干燥，人听了心烦意乱。天真是太旱了，已经好久没有落雨了。野地上蒸腾着袅袅热气，道上满是浮土，踩上去一陷很深，脚芽子又烫又黏。日头红杆杆的，连窜在街上的狗都吐着舌头直喘气。河沟干了，庄稼蔫了。有人躲在树阴下骂，这个鬼天气！有人眯缝着眼睛说，甭怕，苗儿是神苗儿，旱不死的，喝着露水照样抗得住。

还是麦苗返青时落过一场雨，下了一黑夜，盆满钵满的，下透了。天晴路干后，我娘拎了篮子跟我下地去拔菜，我看见岭地上那些麦苗可精神了，它们绿汪汪、刺楞楞的，全都笑逐颜开，随风荡漾，好像是，我挤你你挤我闹着玩耍，呼出的气息又浓郁又清新。那些天，我娘高兴，没事的时候，她就盘腿坐在炕上剪窗花，一边剪，一边哼着小曲儿。突然有一天，她正哼着，我就听见光棍正庆在院子里说，看来哇，今年年成不赖，吃面又有指望啦。这时，东屋的小妈就接茬道，正庆呀，你就知道吃，除了吃面还想吃甚。光棍正庆说，想吃甚，想吃你哇。小妈说，过来吃啊，你个龟孙东西，也不怕硌了你的狗牙！光棍正庆就追她，她急惶惶地逃进了我们家。

小妈弓着腰，双手托在炕沿上，好半天才喘上一口气。这个疯小妈！我在窃笑她，瞧把你怕的，光棍正庆又不是大老虎，真能把你吃了呀。小妈睨我一眼，瞅住我娘说，嫂，嫂，军军也该上书坊了，前年和年时都误了，今个总不能再误了吧。我娘说，这不时不节的，人家肯收？小妈瞪住眼我娘说，不收咋的，还有个有我哩，叫我跟那个女的说。我娘就应下了。小妈之所以这样硬气，是因为她在书坊给老师做饭。用她的话说，就是伺候人。听起来好像是有气似的，实际上，她是正话反说，故意掩饰自己的得意。想想看，三两个人的饭，到饭时才去做，一天下来，八分工就挣到手了。这么好的事，要不是她在大队当会计的相好杨怀有替她说情，哪轮得上她呢。

第二天前晌，我娘送我去书坊。

我娘还是个小媳妇，乍看还像个大闺女，背后甩着两条长辫子，迈着一双半大的脚。听她说，小时候我姥姥逼着她缠脚，她死活不肯，总算就范了，可好又赶上"土改"，于是就放开了，别看那是一双走形变样的脚，但走起路来一点都不比男人们差。她牵着我走在街上，一边走，我脚下一边踢着块小石子，磕磕绊绊的，过了河沟上的土桥，就来到了大庙。

对于大庙，我并不生疏，之前我跟着我娘来烧过香。它上下两个院子，进去北边是正殿，东西两边，一边是厢房，另一边是个高高的阁楼。过了月亮门，上边院子的一溜东屋是大孩子们的教室。

从阁楼下的嘈杂中，一个女的迎过来。我眼前登时一亮，她真好看啊！脸儿俊，皮子白，眼睛又黑又亮，一忽闪一忽闪的，好像会说话。我娘、小妈，还有村上的那些姐姐姨姨婶婶没有一个比得上她。我仰脸瞪着她，样子傻傻的。她微笑着，摸了摸我的头问我娘，这就是小军军吧？多乖啊。她摸我头时，我缩了缩脖子，觉得痒痒的，心里不由荡了一下。我娘直丢丢地瞅着她，你……你是？她说，我就教他们的女老师啊。我娘突然明白过来，噢，你就是女老师！听他小妈说过，怨不得哩。女老师的脸红了，说桂巧是他小妈？就是她跟我说的，孩子都七岁了，早该送来的，怎么耽搁到现在呢。我娘温吞半晌，说头儿孩子一直生病，几次都误了送他。

还是女老师刚来的那阵子，我就听小妈和我娘说过：她是从城里下放到咱村的，她男人是个什么"派"，在一个很远的农场劳动改造。女老师在城里原来教中学，咱这儿没中学，校长觉得她一个外路人，又带着一双儿女，怕她教小学不方便，就征求她的意见，她主动要求代学前班，她说她喜欢孩子。小妈还说，女老师长得跟七仙女似的，还说着一口洋话。消息传开后，男人们稀罕，就有轻薄的后生溜到书坊，随便找个借口，站在阁楼前偷瞧人家，那下作样儿，馋得连口水都流下来啦。

女老师拉着我往阁楼下的屋子走，她的手皮子细细的，柔柔的，身上还有一种好闻的味儿。屋子里坐了好多小孩儿，我一眼就看见了南院三婶子家的小铁，他也看见了我，把噙在嘴里的铅笔取来叫我哥。女老师向他们说，又来了一位小朋友，大家欢迎他。于是便有的拍手，有的喊叫，一派混乱。我想，她叫我小朋友，小朋友是个什么呢？

接下来，我就跟女老师在一起了。

她教我们数数:一、二、三……教我们认小动物:鸡、鸭、鹅……教我们唱儿歌:狗哥哥,狗哥哥,狐狸抓住我,快来救救我……她帮我系裤带,擦鼻涕,手把手教我削铅笔。我喜欢她挨住我,喜欢闻她身上的香味儿。她总是笑吟吟的,又耐心,又亲切。

有时候,她会在门口洗一大盆衣物,旁边是她的儿子和女儿,俩人蹲在地上捉蚂蚁耍,那个小男孩儿胖墩墩的,刚学会走路,还有些踉踉跄跄;小女孩儿则是清清秀秀,就像画上的外国小女孩儿一样。我们叫她小洋人。瞅女老师不在跟前的时候,就有人过去撩逗她,小洋人小洋人叫着,然后,摸她一下,推她一下。谁叫她长得那么俊呢,还不跟我们玩,我们妒忌她。女老师总是不停地洗啊洗,她把一件件衣物洗出来,拧干了,拎起来拍地一甩,细小的水粒儿在太阳映照下,变得色彩缤纷,有时还会出现一道弯弯的虹,不过转眼就没了。她洗了那么多东西,大人的,小孩的,衣服,裤子,背心,天蓝枕巾,藏青被套,雪白床单,还有从来没有见过的,像两个小碗连在一起的东西,总之,那两棵黑皮老柏树中间的绳子上,挂了一绺儿花花绿绿。

我很快就有了一伙玩伴,小铁,双虎,还有大瞪眼,他们都是我的铁杆兄弟,我跟他们玩得天昏地暗。去村东的池塘里学浮水,我一下去就呛了水,险些上不来;在河沟里逮上蝌蚪,装在墨水瓶子里,架在火上薰它们,瞅着它们一个个翻了肚子;用弹弓打鸟、打蝉,还故意打坏了街上新按的路灯;跟村西头的那些人开仗,在一个孩子的头上砸了一个血口子,我娘陪着人家在卫生所缝了好几针。如此等等,劣迹斑斑。

上书坊前,我是个很内秀的孩子,话又少,脸皮又薄,只要跟生人说话,脸一准会红。可是,上书坊才几个月,我就变成了另外一个人。我娘认定我是跟上小铁学坏的。小铁比我早上一年书坊,结果没升上一年级就和我到了一起。三婶子跟我娘说,这俩贼汉,疯起来可是有伴啦。

其实,我是不想跟上他们学的,本质上我还是一个生性安静的孩子。有时候,他们在院子里追撵,我却很少参与,自己斜倚着墙,目光游弋在西边女老师门前,看她坐在那儿瞧书的样子,出来进去的样子,或是洗衣物的样子,还有小洋人和她弟弟耍的样子。

很快,我就闯祸了。

这天放学后,我们在教室里耍了一会儿,等出了大门时,我们碰上了小洋人,就把她逼到一个墙旮旯。小铁和双虎,他俩带头扒下裤子,掏出小鸡鸡就往小洋人身上尿,我也跟着他俩一起来,几股尿线挑了老高,落下来,就落在小洋人的裤子和鞋上。她侧着身,双手捂着脸呜呜大哭。

正在这时,不知是谁报告了女老师,看见女老师赶了出来,小铁和双虎哗地一下跑了。我却没来得及拔腿,就被女老师拽住了胳膊。

她把我拉到她的屋子里,我低着脑壳,像个小罪犯一样立在那里,两腿瑟瑟发抖,心里像狂奔着好多小鹿一样跳个不停。我辩解说,不、不是我,是小铁和双虎。

女老师问小洋人,是他吗?

小洋人瞅瞅我,甩了一下头。

我的心终于放了下来,其实我也尿了,只是没有尿住她。

女老师的脸舒展开了,摸着我的头说,军军别怕啊,不是就好,不要跟上他们学,要做个好孩子,做个好孩子,记住了吗?

我嗯嗯着。

她说,回去吃饭吧。

我没敢再看她,低着脸赶紧溜了出来。

第二天我病了。高烧不退。我娘说我中暑了。我娘说,说你你哪听,见天跟上他们疯,这下好了,瞧你还疯不疯了。我娘一边嘟囔一边用蘸了冷水的毛巾往我额上敷。恍惚中,我看见女老师站在我跟前,军军别怕啊,不要跟上他们学,要做个好孩子,做个好孩子,记住了吗?我嗯嗯着,心里好生惭愧。我知道自己错了,我才不愿意做个坏孩子呢,我再也不跟上他们学了。老师,我不敢了,再也不敢了……我突然说出声来。我娘怔了一下,说你不敢甚了,这孩子咋说胡话,这还了得,是不是跟上什么了。我娘赶紧请来了后街的王半仙,王半仙看了我一阵儿,跟我娘说我是冲了什么神。我娘便铰了一堆五色纸,又是烧香,又是祷告,可折磨了一番我也不见好转,我娘又只好背我到卫生所找医生,医生开了些小药片,我吃了才渐渐好了。

我又上书坊了。

红燎燎的午后,本应该老老实实待在家里歇晌,可我睡不着,便背着我娘偷偷溜出来跑到书坊,在女老师的水缸里跟一伙人抢喝冷水。女老师的门外搭着个简单的厨房,是几个男老师帮她搭的,两块门板,上边遮了半张席片。垒了轮土火,放了只黑釉半大水缸,还有一只葫芦瓢。我们像饮牛一样,一瓢一瓢的,你争我夺,结果是,缸里缸外,身上地下,洒得到处都是水。不一会儿,半缸水就喝光了。小妈做饭的厨房在上边院子,那儿经常是锁着门,所以,女老师这儿,就成了我们唯一可以解渴的地方,因为大庙里,只有她一家人住着,她既是老师,又是看大门的。

有次,站在女老师窗前,我忽地想干点什么,便踮起脚尖,透过纸缝儿偷看里边,发现女老师背着身子坐在桌前,正翻着一本厚厚的书,她静静的,忽而支楞起下巴沉思,忽而又拿起笔,刷刷刷在纸上写什么。那张不大的床上,小洋人和小男孩儿睡得正香。

发现水缸见了底,我心里突然有些不忍,害光了老师的水,她还得自己弄,还不如替她弄几桶。小铁小铁,咱给老师搅水吧。小铁答应了。我们拎了桶去了井边,桶是木桶,怕弄满了搅不动,可桶一下到井里还是吃满了水,我们俩撅着屁股,使着劲儿搅辘轳把,却楞是搅不动。突然,两只手伸了过来,那手指白白的、长长的。原来是女老师。看上去她有些慵懒,没睡醒的样子,就更是好看了。她把我和小铁拉开,自己一下一下往上搅,搅得很吃力,水桶到了井口,她提溜过来,放在铺着青苔的石头上,然后打着哈欠,捋了下散在额前的一绺头发,微喘着气说,这么沉,你们哪搅得动啊,以后不要来井边,这儿危险。听了这话,我心里暖暖的,觉得她真好。

有一天,我正在家里玩,我娘,小妈,还有光棍正庆,不知因为说着什么,他们就打起赌来了。只听光棍正庆说,我要是敢呢?小妈说,你要是敢,要是敢啊,我就给你十块钱。后来,结果是光棍正庆输了。隔了两日,当小妈跟我娘再提说这事时,我才懵里懵懂地知道了事情的来龙去脉。原来,光棍正庆觉得女老师长得好看,想她男人又长期不在身边,一定需要有个男的给她"帮忙",便说下大话,要去勾引勾引女老师,跟她说会话,然后摸摸她。那天夜里,他果然壮着胆子去了女老师的屋子。女老师还从来没有见过他,看他一副猥猥琐琐贼头贼脑的样子,很是诧异,可又不表现出来,神情镇静,面带微笑,说你有什么事吗?好像你不是小孩的家长啊。女老师大大方方地瞅着他,说着一口好听的洋话。光棍正庆溜了她一下,当下就傻了,便结巴道,也、也没甚事,只是想……想……嘿嘿,嘿嘿。他的目光不敢触碰女老师,连正眼都没再敢看女老师一眼，就被女老师客客气气地送出门来。

光棍正庆摆着头说，那女的，厉害，真是厉害！

咋个厉害？小妈追问道。

说上不来，反正厉害，叫人的邪心生不出来。

算服气了吧，苍蝇不叮无缝蛋，你当人家是个一般人。小妈得意地说。

光棍正庆嘿嘿笑。

傻笑甚你？

要这么说来，你是一个有缝的蛋哇？

这话可是伤到了小妈的痛处。

放你娘狗屁！小妈急了，一鞋帮子照他脸扇了过去。

小妈是我远房本家一个五叔(我称他小爸)的女人，五叔先是在青海当兵，几年前，他转业到了宝鸡铁道上工作，因为路途远，他一年半载才回来一趟。小妈有些耐不住寂寞，不知什么时候，就跟村上的会计杨怀有好上了。这话是三婶子跟我娘说的，她俩说时嗓门压得很低，神神秘秘的。出于好奇，我竖起耳朵听，还是听见了，我虽然不太明白她们的意思，但凭直觉知道那不是什么好事，小妈这人坏，背着五叔干不正经的事。开始，我也不是很相信，有天半夜，我起来尿尿，忽然听见房后扑通响了一下，好像是有人从崖岸上跳了下来，接着，就听见东屋门轻轻地吱一响，我一下想到了找小妈那个人，心里慌慌的，有种莫名的兴奋，后来再也没睡着。

再说光棍正庆，他爹娘死得早，没人料理他，就有些二杆子样儿。年轻的时候，经媒婆介绍，他也相过两回亲。头一回，是人家闺女嫌他家太穷，也就没了下文。第二回，本该是有希望的，因为女方当家的说了，穷怕啥，祖业都是人闹的，只要人好就行。可是呢，他却犯了个致命的错误。头一次他在女方家吃饭，是猪肉臊子大扯面，闺女在给他端饭时，闺女她爸多了个心眼，就想试试这人究竟怎么样，便跟闺女耳语了几句，于是，那碗大扯面里只加了一点点臊子，饭端到他的手里，他搅了搅就开吃了。闺女半低着脸，拿眼角瞟着他，羞答答地说，瞧瞧有味儿没有。他吸溜了一下，说，有味、有味。里间闺女她爸一听这话，心里就生出些疑惑。等到上第二碗饭时，闺女他爸就狠狠加了些臊子。当闺女再问他有味没味时，他的回答仍是有味有味。这回闺女他爸的心就彻底凉了，说这人莫非是个不识数……后来，这件事就当成经典传开了，都说他是个傻子。其实，他哪傻呢。

有天在教室，我瞅见女老师坐在一只马扎上，手托着下巴，眼睛死死盯着一处，心事重重的，一点都不开心，再细瞅，又发现她眼圈红红的，好像是哭过。我的心不由沉下来，老师她咋了，谁又惹她了，我们又没捣乱，又没再往她的小洋人身上尿尿。这时，我忽地想到了光棍正庆，是不是因为他呢？虽然他没有得逞，可他毕竟找了女老师。于是我就恨他，你敢欺负我老师！就想着报复他一下。可咋得报复呢，脑壳一动，有了。

放学回去后，瞅他人不在，我便拣了几块瓦片轻轻放他的脑门上，就等着看他的笑话。果不其然，天傍黑时，他哇哇叫着跑过来，嘴里骂骂咧咧的，一只手捂着脑袋，拨拉开乱糟糟的头发，叫我娘看，又叫小妈看。你俩瞧瞧，瞧瞧，砸了一个大疙瘩，什么人干的这好事，想砸死老子哇，我日他爹！他有些怀疑是小妈所为，小妈也从他脸上读出来了，小妈便赌咒发誓，光棍正庆一脸茫然。我却躲在一旁偷着笑。

……

我们教室的阁楼上，是个充满神秘的地方，有人说，那上边住着一个白胡老汉，白胡老汉红眼睛，白眉毛，拄着一根比他高出两头的桃木拐棍，那雪一样白的胡子直挂在胸脯上，嘴巴藏在胡子里根本看不见，却听见里边叽哩咕噜地响。听说以前，有个小孩儿就瞧见过他一次，白胡老汉当时正在楼梯口偷看下边，那个小孩儿啊地大叫了一声，就尿了裤子。有时候，我猛一想起来，就觉得如芒刺背，脊梁上冷飕飕的，好像是，我正被一双红眼睛盯着看，便不由得回过头瞟，结果啥也没有，只有那漆黑而笨拙的木楼梯。

天还是没有下雨的迹象，一点都没。村干部也急了，便叫南头开肉铺的老肥宰了一头猪，然后请来了八音会，抬着整猪吹吹打打的，一群人马便到五龙山向雷公老爷去求雨。怀着无限的虔诚，也向雷公老爷许诺要是落场透雨的话，就给他披红挂彩，就给他请来地区一分团唱三天大戏，可一连求了两回，仍是没能奏效。没有一丝丝云彩的天上，泛着白花花的光晕。人们跟地里蔫了的庄稼一样，彻底绝望了。

五黄六月最难煎熬，可还得一天天熬。我光着膀子还嫌热，恨不能扒下身上的皮才痛快。这天后晌放学后，我和小铁，双虎，还有大瞪眼几个只顾在教室里耍，谁也没有注意到外边的天气变了，黑云压顶，闷热无比，雷声在远处轰隆隆滚动。双虎试着趴上楼梯，在缝隙里往上边打探究竟，正在这时，不知是谁喊了一声，瞧，白胡老汉！楼梯上的双虎吓得滚跌下来。然后又有人上去，又有人喊。如此这般，自己吓唬自己，倒也灵验，每回都会使人魂飞魄散。我们玩得乐此不疲。可是，双虎和大瞪眼他们是什么时候走的，我却一点都不知道，当外边砸下豆大的雨滴时，教室里只剩下了我和小铁两个人了。再耍也没意思了，我俩就准备冒雨回去。

这时，女老师跑进来，她说，下雨了呀，你俩咋还不知道回家？

我和小铁躲闪着她的目光，也不吭气，低着头一拔腿冲出门去。

你俩回来！身后传来一句话。

我俩只好乖乖返进来。

走，到我那儿。女老师说着，便不容分说地拽着我俩跑向她的屋子。

见我和小铁头上湿了，她拿了一条干毛巾给我们俩擦了一下，然后，她从墙根底拎起一把伞，是红色的油纸伞，往上提，伞吱吱地响，全撑开了，便护着我俩出了屋子。

路上的浮土已经被砸下的雨点和成了稀泥，泥水一摊一摊。我的鞋底很快沾满了泥，很沉。震耳的雷声夹杂着一道道闪电在耳畔轰响，雨大，风也大，天地间一派混沌。我和小铁紧依在女老师的两侧，我缩着脖子，一只手紧紧扯着她的衣角，雨伞不是被风刮的东倒西歪，就是整个地翻过去。雨点砸在伞上发出一阵又一阵的啪啪啪声。她脚步有些蹒跚，不敢走得太快，怕我俩跟不上。当走上土桥时，我看见河沟里的水已经很大了，混浊的水裹挟着一些杂物，湍急地向村西流去。

女老师把我们俩一直送到大门口，我跑进院子，停下，回过头看她，她还瑟缩着身子伫在那儿，眼睛看着这边，生怕我认不得家似的。看上去，她那么瘦弱，那么单薄，我喉咙里突然有一种温热的感觉。

我进了屋子好会儿，心里还惦记着大门外的女老师。我娘说，这么大的雨，也不见你身上咋湿啊。我说，是老师打伞送我来的。我娘说，瞧你这孩子，什么都不懂，老师来了，也不说叫她进来避避。我娘说着，便往大门口张望，我的目光也跟过去，可是，哪还有她的影子呢。我突然有些后悔，为什么啥都不懂，要是叫她进来避一会多好啊。

雨下个不停，连喘息一下都不。天色渐渐苍茫下来，雨愈发大了，像许多大盆往下直倒，哗啦啦，哗啦啦，噪声一片。我娘说要是早下俩月该多好，可惜庄稼都干死了。她说着叹口气，又说兴许赶茬豆子，还有荞麦甚的还许有救。眼瞅着，院子里的水越涨越高，门限下老鼠哨的洞开始往家进水了，我娘赶紧找出一团棉絮塞住它。可水还是往高涨，很快又漾过门限漫进屋子。我娘慌了，说哪见过这么大的雨啊，分明这是地生水哩。水进了屋子一点办法都没有，我娘和我，还有三个弟弟只好躲到了炕上。

我娘开始想我爹，怨他也不回来看看。爹在一个名叫陶清河的地方修水库，那是县里的一个大工程，已经修了两年多了，调集了全县各个村的精壮劳力一万多人。爹隔很长时间才要回来一次，每次回来都看见他戴着一顶破草帽，虽然很疲惫，可还是要到后院转一转，给猪剁点草，往圈里垫些土。然后住上一晚上，第二天打早就走了。

雨幕完全隐到了漆黑中，忽然，传来一声轰隆声，瓮声瓮气的，好像很近，又好像很远。我娘神色紧张地说，是不是后边的崖皮踏下来了，要那样，两只猪可就完啦。

屋子里的水越积越多，越涨越高，眼瞅着就要漫到炕上了。挂在墙上的那盏煤油灯的火苗摇曳着，上面积了一个大大的灯花，昏黄的灯影映到满漾漾的水面上，然后就听见咣当咣当的碰撞声，原来是瓦盆、水缸什么的全飘浮起来了。我娘开始后怕了，说这可咋弄啊，要是再进水，只好卸下门扇来，咱娘儿几个就趴到上边，冲到哪算哪。

终于，我困得歪在炕角睡着了，雨是什么时候停的，我全然不知。

当我醒来时，已是满屋子刺眼的阳光。我看见我娘在收拾地上的淤泥。

我背了书包往书坊走，路上被雨水冲得寡咧咧的，石子砖块全都裸露在地面上，地头岸边冲了许多大豁口，有些人家的院墙，还有房子也倒塌了。街上站着一簇簇人，他们好像在议论什么，感叹什么，惋惜什么。他们的眼睛全都盯着一个方向——河沟南沿。

我慢慢仰起脸，顺着他们的目光望过去，不看还好，一看吓了一跳：正殿没了，厢房没了，阁楼没了，整个大庙都没了，那儿被夷为平地，整个变成了一片瓦砾了。

女老师呢，她去哪了？我不禁为女老师担心起来。这时，就听见旁边的大人们说：

她和两个孩子抱着一根木头，在水里不停地扑腾，扑腾。

不是吧，谁说她是踩着水，一厢薅着一个箩筐，里边放着俩孩子。

不管咋，反正是有人瞧见啦。

瞧是瞧见啦，可那么大的水，没法救啊。

瞎说，就有人救来着。

谁？

南头卖肉的老肥，给她扔了条绳子，可是没够住，绳子就给卷跑了。还有东头的光棍正庆，下到水里扑腾了几下，也没拽住人，倒是自己呛了不少水，才拽住一棵树上来了。

没个好水性，下去也是白送命。

唉，人可算个甚，多好的女老师，说没就没啦。

有球办法，水火无情哪。

……

我脑子里一片空白，明知道女老师出事了，可无论如何也不愿意相信这是真的。她真的被大水冲走了，淹死了？不，不不，决不会的。她那么俊，那么好，还能被大水冲走，还能被淹死？

但我还是相信了，想着再也见不到她了，她再也不会教我了，我心里难过极了。我便疯也似的往家跑，跑啊跑，风在耳边嗡嗡响，眼前像放幻灯片一样，晃动的全是女老师：脸儿俊，皮子白，眼睛又黑又亮，一忽闪一忽闪的，好像会说话；她的脸舒展开了，摸着我的头说，军军别怕啊，不是就好，不要跟上他们学，要做个好孩子，做个好孩子，记住了吗；大雨中，她撑着一把红雨伞，我和小铁紧紧依在她的腿两边……我跑得气喘吁吁，昏昏沉沉。

终于到家了。我倚在门框上痛哭起来，哭得泪眼模糊，伤心欲绝。我娘根本不知道发生了什么，她用古怪的目光瞅着我，一遍又一遍追问，你这是咋啦，咋啦？我终于忍住了哭，抹了把鼻涕，抽动着身子说，老师……我老师……我要她教我，要她教我……

我娘还是不解，傻孩儿，她不教你，嗯，谁教你。

教，教，你、你就……

我急得直瞪她，不知道该怎么样才能向她说清楚。

这时，小妈不知什么时候站了在我身后，她苦巴着脸说，还教个甚啊，夜黑来那大水，把一家人不知道冲到哪了，连个囫囵尸首也找不着了。

我娘张开的嘴，半天没合上。

……

村上决定在公社旁边盖一座新书坊。

暑假过后，我上了一年级，我们按班级被临时分散在大队仓库、戏台院和有闲房的家户上课。

秋后的一天，小妈跟我娘说，嫂，知道不，女老师的男人来了一趟，那人胡子拉碴，穿得邋里邋遢，看上去可老相啦，他捧着一把野花，摆在旧书坊的砖堆上，低着脸站了半天，然后才走了。嫂，你说这城里人，人都不在了，还献甚么花，这不是活出洋相么。

我娘没有吭上声。

这是我家乡 1962 年发的一场大水。

在那之后的漫长岁月里，有多少个夜深人静，或是独坐的时候，我的眼前，仿佛有一滴红墨水落在鲜纸上，然后它越洇越大，越洇越大。我于双眼模糊中，想起当年村上的大庙和书坊，想起那个连她名字都叫不出的女老师。那儿，曾是我人生启蒙的开始，也是几个美丽生命的悲情之地。

哦，红雨伞啊！

（作者系十四届县政协委员）

●诗歌

## 文史资料编辑感言

1986 年 9 月

郜俊保

回顾历史,颇有感触,信笔留句,以慰忠魂。

历代王朝战事频,
攻城掠地论雌雄。
生命财产遭洗劫,
孟女无缘怨长城。
一声春雷天地动,
五星腾起扫乌云。
太平盛世今朝现,
硝烟化作喜炮声。

(作者系八、九、十届县政协常委)

## 离会抒怀

1991 年 6月 24 日

路石

胸怀报国志,
如愿入政协;
眨眼六春秋,
胜上十年学。
如今年迈离会去,
为的是:
“智力库”里添新血。
身离去,心还念,
四化路上不歇脚。

于 1987 年秋月

# 述 怀

辛未年初首

花明新

自从事教登讲台，心理变幻至如今。
青春年华失雅气，老态龙钟学天真。
手执教鞭自责自，评古论今口问心。
唯恐言行有差错，贻笑大方误后人。
常欲桃李满门墙，更望大木参天起。
睡中梦及考场事，醒来已是汗遍身。
并非人老胆量小，只缘事关万家心。
深知圣火烧天红，全靠樵夫苦集薪。
我为人民搞教育，欲使黄土变成金。
怎奈才学两不济，愧悔交加烦双鬓。
当年风华今安在，惟余拳拳不老心。
恐负长治父老托，笔风墨雨苦耕耘。

（作者系九、十、十一届县政协副主席）

# 剪不断的情缘

（2009年3月6日晚于天津狗不理）

张贵祥

阳春三月，应原在我县北楼底村天津插队知青之约，前往天津会友，受到真诚热情接待。为表感激之情，欣然而作。

天津的三月乍暖还寒
虽衣着单薄
但心情激荡
浑身暖洋洋
观赏候车大厅
漫步站前广场
伫立海河之畔

不由地引起了我的遐想……
当年从海河之滨到太行之巅
如今又从太行腹地来到海河之旁
虽遥隔千里
你来我往却那样频繁
这是挚友的牵挂
知己的交往
剪不断的情缘
那是上世纪的1970年
全国有一种声音
知识青年上山下乡
到农村去锻炼成长
虽说时间有长有短
却收获了一种精神财富
那就是精神的陶冶和意志的磨炼
你们把美丽的青春留在太行
父老乡亲会永远记在心间
往事回首
难忘我们在一起议论居住环境的改变和生活的改善
在春耕大忙季节支部为知青盖起两排新房
从破庙搬入新居是那样的欢畅
寒来暑往十多年
你们甘愿做奉献
荒山变绿有你们的参与
农田改造有你们的甘甜
田间地头有你们的笑声
新农村建设有你们的血汗
你们用自己的言行
赢得了群众的赞扬
迎来全区各地分管领导到北楼底现场参观
天津市革委曾赠送汽车一辆
如今时过境迁
当年风华正茂的你我他
现已年近花甲 儿孙满堂
在尽享天伦之乐的美好时光

却常想四十年前结下的那段情缘
久别重相聚
大伙又团圆
这是感情的链接与涌动
更是历史的追溯与延长
让情凝大家心
谊聚大家力
携手并肩
共同拥抱美好的明天
永远　永远……

注:①候车大厅指新建的天津火车站候车大厅,其建筑风格之美,堪称国内一流,令旅客驻足品味观赏。

②站前广场指火车站前面的广场,宽广气派,实为天津市的一大亮点。

③晋东南地区召开知识青年管理教育现场会,长治县作为重点参观点前来参观。

④赠送汽车一辆,指1974年晋东南地区在长治县召开知识青年管理教育现场会后,当天天津市革委赠送北楼底知青汽车一辆。

(作者系十一届县政协副主席、统战部部长)

## 岁月之歌

李振国

日月与天地并行
载着苦难的风
载着甜美的梦
旋转在太阳和月亮的中间
人与大自然的美景
形成无数道风景线
——穿越
列车压碎沉沉的夜
铁路,公路连接
心境如那片蓝色的海水
又像那流动的清泉

一片纯洁
血浆与地岩以及烈火
在风雨中同生
生活的美景
从手中擎起
画成一个完美的梦
吃、喝、住、行
都诞生在这岁月里

（作者系十二、十三、十四届县政协常委）

# 后 记

当把《长治县政协志》最后一稿校编完毕，合上书页时，如释重负，一种欣慰感悄然而生。因为，这项可以告慰历届政协领导和委员的德政工程，在十四届委员会的领导下，通过编辑人员辛勤耕耘，终于如期竣工。

政通人和，盛世修志。2009年3月，长治市政协召开会议，作为工作任务安排布置全市各县区编纂《政协志》。由于长治县政协在2006年已编印了约有50万字反映政协工作的《历程》一书，在那次会议上，市政协并未把长治县政协编纂《政协志》一事列入计划之内。2009年8月，十四届长治县政协委员会考虑到《历程》一书，虽然反映了县政协工作的若干层面，但并未以志书的形式记录长治县政协历史发展的全程，也并未记叙政协工作开展的全貌，所以仍然决定编纂首部《长治县政协志》，并计划于2012年1月出版。为此成立了由政协主席傅永祥任主任、副主席任副主任、政协各委室负责人为成员的编纂委员会，同时聘请热心政协、且熟悉政协工作几位退下来的同志承担全志的整理编写任务。在整理编写过程中，编纂委员会多次听取编写工作汇报并及时予以指导，原政协主席郝审成、贾圪堆对编志工作提出了详尽的意见和建议，原政协副主席张贵祥和一些老委员多次与编志人员倾心交谈，提供了大量资料，为志书顺利竣工奠定了基础。

2010年9月，政协十四届委员会根据工作安排，拟将《长治县政协志》的付印出版工作提前至2011年6月。为实现这一计划，县政协又聘请了其他编撰人员，并要求充实志书内容，调整编写结构。虽然增加了编写力量，但由于付印出版时间提前，编志内容有所更改和补充，无形中带来了诸多的压力和困难。为了按时完成任务，编撰人员不辞辛苦，牺牲了节假日，精心编写，严谨考证，反复推敲和修改，终于不负众望完成了这一浩瀚的志书编纂工作。

本志在编纂过程中,得到了长治县委、县政府的高度重视和关心。县委书记、县长裴少飞多次听取汇报,帮助解决有关具体困难和问题。县政协主席会议研究编纂事宜,审定纲目,提出指导意见和要求,为编纂工作的顺利进行提供了有力保证。县政协机关全体工作人员为编志做好服务工作,携手共进,竭尽全力。县志办、档案局为查阅资料给予了大力支持,积极配合,不厌其烦。志书编纂人员根据人民政协和地方史志编纂理论,坚持以马列主义、毛泽东思想、邓小平理论和"三个代表"重要思想为指导,深入落实科学发展观,以《政协章程》为依据,坚持实事求是的原则,查阅了大量的原始档案和资料书籍,并走访了政协老领导,补充了大量的新材料。编志人员披沙拣金,去伪存真,一丝不苟,精益求精,使这本志书的体系更为完整合理,语言更加简练,为志书付出了极大的心血和汗水。可以说,这一部翔实记录长治县历届政协组织机构、重要会议、重要活动、重要文献等方面情况,全面反映61年来政协的发展历程和履职尽责的志书,是集体的智慧,是共同的创作,是共有的结晶。在此,谨向所有支持和关心本志编纂工作的领导、各界人士和有关单位表示衷心的感谢!

欣慰之余,但仍有诸多的遗憾。本志由于涉及时间较长,部分年份资料匮乏,加之编写人员水平有限,难免存在疏漏和错讹之处,敬请各级政协委员、社会各界人士和广大读者批评指正。

2011年4月8日